执行典范

执　行　典　范　丛　书

顾问　宋朝武　肖建国

执行异议之诉
裁判规则理解与适用

（第三版）

曹凤国　主编

法律出版社
LAW PRESS·CHINA
北京

图书在版编目（CIP）数据

执行异议之诉裁判规则理解与适用 / 曹凤国主编. 3 版. -- 北京：法律出版社，2025. -- ISBN 978 -7 -5197 -9960 -1

Ⅰ. D925.04

中国国家版本馆 CIP 数据核字第 2025ED4599 号

执行异议之诉裁判规则理解与适用（第三版）
ZHIXING YIYI ZHISU CAIPAN GUIZE LIJIE YU SHIYONG(DI - SAN BAN)

曹凤国 主编

策划编辑 冯雨春 张 颖
责任编辑 张 颖
装帧设计 李 瞻

出版发行 法律出版社
编辑统筹 法律应用出版分社
责任校对 王 皓 王语童
责任印制 刘晓伟
经 销 新华书店

开本 710 毫米×1000 毫米 1/16
印张 67.5 **字数** 1134 千
版本 2025 年 8 月第 3 版
印次 2025 年 8 月第 1 次印刷
印刷 北京金康利印刷有限公司

地址：北京市丰台区莲花池西里 7 号（100073）
网址：www.lawpress.com.cn
投稿邮箱：info@lawpress.com.cn
举报盗版邮箱：jbwq@lawpress.com.cn

销售电话：010 - 83938349
客服电话：010 - 83938350
咨询电话：010 - 63939796

书号：ISBN 978 - 7 - 5197 - 9960 - 1　　**定价**：228.00 元

凡购买本社图书，如有印装错误，我社负责退换。电话：010 - 83938349

《执行异议之诉裁判规则理解与适用》
（第三版）

编辑委员会

作者一览

（按姓氏拼音排序）

主　编

曹凤国　中国政法大学法学博士，中国法学会银行法学研究会副秘书长、中国行为法学会执行行为专业委员会常务理事

第一章，第二章，第四章，第十九章第七节，第二十三章，第二十九章，第三十一章，第三十三章

撰稿人

范广越　华东政法大学法学学士，中国行为法学会执行行为专业委员会

第十一章，第十三章第二节、第四节，第十五章第一节、第二节、第三节，第十八章第二节、第五节、第六节，第十九章第五节、第六节，第二十一章，第二十二章，第二十五章第一节、第三节、第四节、第五节，第三十章

洪泉寿　上海财经大学法律硕士，广东省湛江市中级人民法院政治处副主任

第三章，第五章，第六章，第八章，第十三章第一节、第三节，第十八章第一节、第三节、第四节

李　哲　中国政法大学法学硕士，江西省婺源县人民法院院长、三级高级法官、江西省高级人民法院执行局执行二处原处长

第九章，第十章

钱铁钢　对外经济贸易大学法律硕士，宁波仲裁委员会仲裁员、宁波市中级人民法院审判监督庭原副庭长

第十五章第四节，第十六章

王　芳　香港城市大学博士研究生，深圳市中级人民法院商事审判庭审判长
第十四章，第十七章

卫东亮　武汉大学法学硕士，广东省高级人民法院破产审判(执行裁判)庭副庭长
第七章，第二十章

杨继周　北京大学法学学士，深圳市宝安区人民法院审委会委员、新安人民法庭庭长
第十九章第一节、第二节、第三节、第四节，第二十六章

赵盛和　西南政法大学法学博士，广东外语外贸大学研究员、广东省高级人民法院原法官
第十二章，第二十五章第二节，第二十七章，第二十八章

邹林堃　中国政法大学法学硕士，浙江省高级人民法院执行局法官
第二十四章，第三十二章

第三版修订说明

《执行异议之诉裁判规则理解与适用》(第二版)修订后,基本实现了异议之诉类型的全覆盖,成为广大法官、律师、公司法务人员办理执行异议之诉案件的必备工具书。

2025年7月24日,《最高人民法院关于审理执行异议之诉案件适用法律问题的解释》经过多年反复讨论与征求意见,终于颁布施行,为部分类型的案外人异议之诉案件的审理提供了较为明确的法律依据,并对以房抵债、拆迁安置补偿等几类实体权利排除执行创建了新的裁判规则,虽然对争议较大的借名买房、代持股权等异议之诉未能涉及,但也对本书的内容提出了与时俱进的修订要求。

法律作为一种不断完善的实践,异议之诉裁判规则完善是通过两个维度进行的:一是异议之诉审判前沿不断推陈出新,经过实践检验后,对不少类型化异议之诉的裁判结论作更符合司法政策发展和当事人利益平衡的调整,比如,对购房人自身过错的认定,标准逐渐从严格转向宽松;二是执行异议之诉司法解释的出台,对已经达成共识的裁判思路和规则予以确认,消除不必要争议,统一同类案件的裁判尺度。同时,实体法也发生了较大变化,最新颁布的公司法和民法典合同编司法解释所确立的制度,也对异议之诉的裁判产生实质性影响,本次修订时一并纳入,以期更好地反映立法立法动向,紧扣新法脉搏。

本次修订,仍力求保持原书的结构和风格,主要内容如下:

1. 根据最高人民法院颁布的执行异议之诉司法解释,从法条释义的角度,全面阐释条文的理解与适用,以便读者更好理解立法背景和重点。

2. 补充了执行异议之诉审理与执行实施、再审、破产程序的关系。

3. 就物权期待权排除执行的基本原理从法理和比较法视角进行了深入探讨。

4. 将基于以房抵债(包括工抵房)提起的异议之诉从物权期待权中分离出来,独立成章,重点论述。

5. 增加基于非典型担保提起的异议之诉的类型。明确有追索权保理排除执行的规则;融资租赁的出租人和承租人均有可能作为案外人提出异议之诉,区分案外人身份并分析其所提异议之基础,研判排除执行的规则。

6. 重新梳理优先权排除执行的制度安排。如账户质押权、抵押权、留置权、建工优先权等优先权利,重点探讨案外人权利与各种优先权之间的保护与平衡。

7. 增加基于股权转让、股权代持、股权让与担保、股权共有提起的异议之诉。

8. 增加刑事裁判涉财产执行中案外人异议的处理。分析刑事涉财执行案件中案外人救济模式,全面展示利害关系人以及案外人不同权利主张应当选择的救济程序。

9. 对基于到期债权异议之诉的裁判规则进行系统梳理。

10. 结合最新司法案例,讨论基于明股实债、让与担保等投融资领域的交易模式,能否以抽逃出资为由追加股东为被执行人问题。

11. 对部分原有案例予以更新,选取近几年最高人民法院发布的指导性案例、典型案例以及各省高级人民法院作出的生效裁判。

综上,全书依据公司法等实体法、异议之诉司法解释,结合经典案例,再次精心打磨,力求回应立法动向,反馈审判前沿、刷新实践操作,从异议之诉的理论基础、法律适用、裁判尺度等多个视角为读者呈现一部动态化的异议之诉"百科全书"。希望本次修订能够进一步满足不同读者需求,为异议之诉理论和实务研究提供有价值的参考,为中国法治进程作出应有的贡献。

曹凤国

2025 年 8 月 1 日

第二版修订说明

《执行异议之诉裁判规则理解与适用》自2022年10月出版以来,深受各界认可,得到全国各级人民法院法官、学者、律师和金融机构从业人员的好评,不到半年的时间,销售告罄,已经作为办理执行异议之诉案件的必备工具书,也成为从事异议之诉理论和实务研究的权威参考书。

异议之诉辐射范围较广,随着司法实践的不断发展,法律适用上的分歧也呈现阶段性特点,对争议较大但暂时还没有经典案例作为支撑的难点和热点问题,第一版暂未纳入;同时,异议之诉案件类型越来越丰富,很多争议问题经过实践的反复检验,公正、公平解决不同主体之间的利益冲突的裁判规则逐渐明朗,为完善异议之诉制度提供了更加清晰的准绳;另外,最高人民法院关于异议之诉的司法解释征求意见稿经过长时间打磨,渐趋成熟,对司法裁判的规制思路越发清晰;近期,《最高人民法院关于商品房消费者权利保护问题的批复》的出台也为本书修订提供了契机。基于以上原因,应法律出版社冯雨春分社长之邀,决定对本书相关内容予以修订和完善。

本书重点修订内容如下:

1. 从异议之诉既判力扩张视角,在同一执行标的存在轮候查封的情况下,通过合并审理和赋予异议之诉判决对现有查封与未来可能出现查封的解除效力,解决足以排除执行的案外人重复提起异议之诉的问题。

2. 增加基于政府融资平台公司账户的异议之诉类型。区分账户资金的性质以及是否属于国家财政性资金,达成对财政性资金安全维护和债权人合法利益保护的平衡。

3. 增加基于股息红利提起的异议之诉类型。股权(份)在拍卖、抵债前未分配利润归属的判断应当区分抽象利润分配请求权与具体利润分配请求权,以公司是否作出具体的决议和分配方案作为认定标准。

4. 增加被征收人基于房屋征收补偿协议提起的异议之诉类型。因社会公共利益的需要而进行土地征收、房屋拆迁,在因产权调换协议引发的纠纷中,对被征收人拆迁补偿安置权益予以特殊保护。

5. 增加基于资管计划份额收益权提起的异议之诉类型。分析资管计划份额收益权的法律性质,讨论收益权的受让人是否能排除对份额执行及其救济路径问题。

6. 结合商品房消费者享有的超级优先权与其他优先权的平衡保护问题,对最新出台的《最高人民法院关于商品房消费者权利保护问题的批复》进行深度解读。

7. 在不动产执行方面,将与住房配套使用的唯一车位、车库纳入一般买受人物权期待权保护范畴;以房抵债排除执行方面,对不同情形下的"支付全部价款"作了重新界定。

8. 动产执行方面,对所有权保留出卖人排除执行和买受人排除执行的法律适用规则予以深度研究。

9. 增加基于执行夫妻共同财产提起的异议之诉类型。

10. 在追加变更异议之诉方面,吸纳《公司法(修订草案二审稿)》关于公司不能清偿到期债务时股东出资义务即加速到期的内容,将股东出资义务加速到期之情形纳入《变更追加规定》第 17 条适用范围,力求实体法和程序法的有效衔接;另外,对依据《公司法解释(二)》如何认定抽逃出资重新作了梳理,明确非法定情形下不宜以抽逃出资为由追加股东为被执行人。

最后,对第一版中表述不准确和舛误之处,予以更正。

经过本次修订,基本实现了异议之诉类型的全覆盖。

本书坚持准确及时回应最新立法动向、由表及里体现审判前沿、与时俱进砥砺裁判规则的初衷不变。尽管司法解释的制定机关对借名买房、以房抵债、股权代持的实际权利人能否排除执行或者附条件排除执行的利益衡量和规则设计尚存犹疑,但本书依然在诸多疑难复杂的问题上提出了较为明确的见解,希望不仅能为办理相关异议之诉案件提供更为精准的法律适用指引,也能最大限度满足读者精益求精研究异议之诉的实际需求。

曹凤国

2023 年 6 月 20 日

总　序

曹凤国博士在军都山下和小月河畔度过了十年的求学生涯,算是一个土生土长的法大人。我记得那是十七年前的秋天,他硕士研究生在读,我在法律出版社参加一个学术研讨会,将要离开的时候,他很真诚地跑到前面请我一起合影留念,并表达了对学术研究的渴望。我以为他只是对民法感兴趣,没想到他分配至法院工作多年,成为一名法官后,并没有抛弃当初的理想,只不过研究的重点转向了民事程序法和强制执行法,这份坚持也很是难得。他认为,我国民事执行的理论研究尚属薄弱,加上制度建构的落伍,实践中反馈的问题较多,应得到理论界和实务界更广泛的关注,从理论和实务、实体和程序相结合的多维视角推进对民事执行的系统化研究。2019 年初冬,他来看望我时,再次阐述了他针对民事执行领域重点和难点问题组织编写一套具有实践指导价值的丛书的愿望。尽管想法多少有些理想主义成分,且付诸实施的难度不小,但相信以他长期对执行理论的研究为基础,辅以丰富的立法和实务经验,能够高水平完成这样一个专门研究执行前沿问题的宏大工程,我对此深表嘉许并给予鼓励。

民事执行现在已经引起全社会的广泛关注,我也了解中国社会确实还存在执行难的问题,最高人民法院有针对性地开展了"基本解决执行难"的专项行动,从信息化和规范化的角度继续探索建立不再产生执行难的长效机制,也取得了一些成效,但执行难还未根治。从民事权利的保障看,裁判的执行是保障人权的重要手段、整合社会诚信体系的关键制度、司法权威的基本表征。执行程序作为实现公平正义的"最后一公里",如果不能充分体现对权利的尊重,不能高效地兑现实体权利,对市场经济的主体而言,反而拉长了把纸面权利转换为现实权利的时空距离,也就弱化了社会主体内心所认知的司法公信力。目前看来,无论是审判权还是执行权,与其动辄对市场主体重大财产权利进行实体处分的强大功能相比,其行使还没有受到理性的制约,司法自由裁量权还没有生成相对统一、具有可预见性的尺度,这也是人民群众对司法实践仍有微词的症结所在。

在某种意义上,强制执行法的重要性不亚于《民法典》,但相对于发育较为成熟的民事实体法,强制执行法刚刚提上立法日程,能不能制定出一部适合中国国情、现代化的强制执行法,从理念定位、基本原则、体例结构、制度设计、措施手段等方面作出科学安排,仍具有较大的不确定性,需要顶层设计者以及每一位从事法学理论和实践研究的法律工作者高度关注并积极建言献策。

我对法治中国的前景依然保持乐观,法官和律师作为法律共同体的中坚力量,要站在正义河流的源头,多一些悲天悯人的济世情怀,不向强权屈服,只向真理低头。在通往法治国的道路上,不应仅是呐喊,还要顺应时代发展潮流,洞察社会需求,深入研究法律规则的运行效果和规律,以一点一滴的实际行动推动法治社会的来临。

生于忧患、死于安乐,我希望更多的青年才俊能珍惜当下,热切地投入中国法律制度的实证研究和理论研究中去,成为法治社会的践行者和推动者,为法治中国的建构贡献应有的力量。

是为序!

江 平*

2019 年 12 月 4 日

---

* 中国政法大学终身教授。

序

自2007年修改的《民事诉讼法》首次确立案外人异议之诉和许可执行之诉制度之后,《民事诉讼法》司法解释和民事执行单行司法解释分别规定了分配方案异议之诉、变更追加当事人异议之诉、债务人异议之诉等多种类型的执行异议之诉制度,我国的实体性执行救济制度逐渐完善起来。然而,由于执行异议之诉制度自身的复杂性、理论认识的不统一性、法律和司法解释规定的不够细致等原因,我国的执行异议之诉裁判规则并不统一。即使是最高人民法院发布的指导案例,也还有商榷的余地。最为典型的是第54号指导案例。该案的裁判要点为“当事人依约为出质的金钱开立保证金专门账户,且质权人取得对该专门账户的占有控制权,符合金钱特定化和移交占有的要求,即使该账户内资金余额发生浮动,也不影响该金钱质权的设立”,裁判结果为“农发行安徽分行对长江担保公司账户(账号尾号9511)内的13,383,132.57元资金享有质权”。该案裁判的要点和结果并未就农发行安徽分行对执行标的享有的权利是否具有排除执行效力、本案是否应当停止执行案涉账户内的资金等争议焦点作出评判,显然偏离了案外人执行异议之诉案件的应然裁判方向,造成了“程序空转”。执行异议之诉裁判规则不统一,可能形成裁判结果难以预测、制度功能难以发挥的局面,随之而来的是制度设计目的落空的风险。统一执行异议之诉的裁判规则,已经成为我国民事执行理论研究、实践操作和立法工作的一项重大课题,也是实现司法公正必须完成的紧迫任务。

统一执行异议之诉的裁判规则,首先要加强对执行异议之诉制度的理论研究,认清执行异议之诉制度的规律。包括准确分析执行异议之诉的性质、类型、诉讼标的的识别、裁判效力的主客观范围等内容,核心是要准确把握执行异议之诉与民事之诉、执行衍生诉讼的差异性,分析执行异议之诉案件裁判的特殊性。同时要加强对现有执行异议之诉裁判规则进行分析,总结出符合规律、具有遵循价值的裁判规则,剔除不符合规律的裁判结果,从而既指导法官审理和裁判执行异议之诉案件,也促使当事人准确形成合理诉讼预期,确保实现执行异议之诉制度的应有功能。

曹凤国博士等长期从事执行异议之诉案件审理工作的法官,以法学原理和审判实践经验为基础,结合其他法院公开的裁判文书,从理论与实务、程序与实体等多维角度,聚焦执行异议之诉案件热点和难点问题,全面梳理现有执行异议之诉案件的裁判规则,提出作者对相关问题的独到见解,最终形成了《执行异议之诉裁判规则理解与适用》一书。作为该书部分章节的第一读者,笔者认为,本书具有以下三个显著特点:

第一,理论与实务相结合。本书既有对操作指引和审判前沿经典案例的梳理总结,又有对理论阐述和制度构建的建议。作者重视解决实务问题,引用了大量真实的案例,但是分析论证没有停留在实务应对层面,而是重视法律条文背后的制度法理,尽可能挖掘实务问题的理论基础,探索制度的应然走向,实现理论与实务相结合。全书按照"法律依据—制度阐释—操作指引—审判前沿"的基本思路进行写作和体例结构安排,足见作者坚持理论与实务相结合的用心,也扩充了本书的读者范围。

第二,分析细致。全书对执行异议之诉涉及的理论和实践问题进行了全面、细致的分析,对实践中所有的执行异议之诉类型进行了分类研究,尤其是分19章对案外人执行异议之诉案件可能涉及的实务问题以及案外人可能主张的权利进行了细致分析。在现有的著述中,如此系统、细致的分析极为罕见,因此也是难得的成果。

第三,可读性强。本书作者均为资深法官,不但法学理论功底深厚、实践经验丰富,而且表达能力强、文笔流畅。阅读本书,如听作者娓娓道来,内容既有理论深度,又不失趣味和生动,确是一种享受。

我与曹凤国博士认识已经十多年了。他在学校攻读的是民商法专业,取得博士学位后便到法院从事民事执行实践工作。在民事执行程序中,实体权利冲突比比皆是,解决实体权利冲突成为民事执行工作的重要内容,也是民事执行工作的难点所在。学习和研究实体法出身的曹凤国博士在工作岗位上具有极大的优势,也取得了可喜的成绩。自相识以来,我经常向他讨教,我们也经常在一起切磋民事执行理论与实践问题,彼此相当熟络,理念也颇为接近。《执行异议之诉裁判规则理解与适用》出版之际,曹凤国博士嘱我为该书作序。尽管明知自己作序的资历不够,但是盛情难却而欣然应允。趁此机会,我愿将自己作为第一读者的读后感受记于此,以期与广大读者交流。我相信,无论是法学理论研究者还是法律职业实务人员,只要阅读本书就会得到启发并获得有参考价值的资料、观点和方法。同时,该书的出版必将引起业界对相关问题的进一步重视,从而推动民事执行异议之诉裁判规则的统一进程。

谭秋桂*

2022年8月13日

---

* 中国政法大学诉讼法学研究院教授、中国法学会民事诉讼法学研究会常务理事、中国行为法学会执行行为专业委员会副会长。

寻找异议之诉裁判规则的真谛

——兼评徘徊在路口与风口的异议之诉理论、立法与审判

最高人民法院关于执行异议之诉司法解释的征求意见稿虽已向社会公布多年,但迟至《民事强制执行法(草案)》提交立法机关审议之后,具体出台施行时间仍难以确定,不难猜测,如何建构以消解尺度分歧为依归的统一裁判规则,已经成为异议之诉立法与审判的主要痛点。

异议之诉从来没有像现在这样引起法律界乃至全社会的高度关注,不仅成为执行理论研究、制度设计和实务讨论的热点,也成为最高人民法院司法解释制定中的难点。异议之诉之所以成为诉讼与执行中如此令人着迷的领域,如果说源于它作为尚属陌生的制度,仍需法律共同体对其运作规律继续进行深层次探索,毋宁说其源于异议之诉适用标准的巨大差异和裁判结果的高度不可预知性。异议之诉的理论和裁判向我们反射出一片光怪陆离的镜像,即使作为审理案件的法官,当其很自信地认为已经接近某类纠纷裁判法理的真相,实际上可能陷入了更深一层的迷惘。

从理论看,往前回溯七十四年,法学家杨兆龙在《新法学》创刊号撰文痛陈法学研究之贫乏现象,提出"内容陈腐、范围狭窄、技术机械、见解肤浅、创新薄弱"为法学理论研究之病灶,而这20世纪中叶法学理论研究中的固有缺陷并没有在当下执行领域得到充分弥补。无论是民事强制执行法还是异议之诉司法解释,其起草和出台过程之缓慢和艰难,理论研究的长久虚弱与后劲不足难辞其咎。异议之诉制度作为执行救济的舶来品,在与本国实践勉强嫁接后,因缺乏长久的理论积淀,尚未积攒足够的研究力量对域外主要国家执行前沿学术成果、立法变革、司法数据,展开系统化的跨时空、跨制度、跨文化的挖掘、撷取和分析,迫使我们不得不将目光局限于域外民事执行和异议之诉裁判领域整体图景的简单涉猎和粗糙感知,满足于对现行法律条文的主观评判和个案的枯燥论说,必然间接弱化理论研究对裁判实践的指导功能。

民事执行具有实体程序纵横交错、权利聚合冲突的独特体质,叠加执行裁判所特有的高技术含量气质,需要学术界加大对异议之诉理论研究的投入,不断发现实

践拓展的新现象、新观点,揭示其内在运作规律。然而,至少目前,我们还没有找到能够实现以上目标的技术方法。即使从实体法和程序法、诉讼与执行展开综合性研究,也还没有得到足够的重视。过往,要么固守价值论,过度注重解决实体问题,忽略执行程序的效率本位;要么偏重解释论,使法官疲于对个案标准的正当化坚持。民事执行理论研究方法的薄弱与守旧,对异议之诉的立法和裁判不可避免的产生消极影响。

执行理论不应满足对现行实证法的注解和诠释,而应对滋生执行怪现象之土壤予以冷静谛察。案外人异议之诉在扩大权利救济路径的现实压迫下闯入民事诉讼法,但理论体系的贫乏与青涩,似乎只能给实践提供一个能否排除执行的空泛判断,对诉讼目的、制度架构、审执关系均缺乏微观化的深度思考。如果执行理论始终停留在对法律规范解释的浅表层,就不能真正对立法与裁判的优化产生实质性改变,进而提升实践涵养下的理论引领立法的能力。

从立法看,异议之诉的立法长期缺乏对本土问题的归纳、矫正能力,异议之诉制度设计也体现出先天不足的后遗症。《民事强制执行法(草案)》的内在气质也表明,条文的起草者并没有对理论研究成果予以足够重视和充分吸收。对德国、日本等主要大陆法系国家以及我国台湾地区的理论成果和实践经验的选择性借鉴,也必然要经历一个相当长时期的本土化过程。异议之诉制度的建构如果不能立足于本国国情,过于生硬的制度移植终究难以改变我国执行裁判领域的现实处境。与此同时,立法的碎片化与地方化,也加剧了裁判结论的多元蜕变。异议之诉的有效规范不仅散落于多部司法解释,而且地方法院出台的意见与指引,长期不能被上位阶的法律或司法解释所吸收,名目繁多的非司法解释性规范性文本扩延了裁判尺度之间的裂痕。

执行衍生争议实现从非诉化处理到进入诉讼救济的历史转变,却留下了实体判断规则的空白,立法虽设置了可以前行的"指示"路标,却没有实际运作所需要的理念支撑和制度构成。执行异议之诉不仅与异议复议、不予执行、执行回转、执行监督组成了立体化的监督网络,也与案外人申请再审、第三人撤销之诉、另案确权之诉构成了交叉性的救济体系,导致异议之诉立法陷入对某类主体过度救济与其他主体救济匮乏的二难境地。救济手段的重叠设置造成立法对案外人利用执行异议之诉拉长标的物处置周期的非理性行为束手无策。

从裁判看,执行异议之诉作为执行衍生实体争议的解决机制,从最初的纯粹权利救济方法发展为更加复杂的立体化的救济体系,从赋予作为实际权利人的案外人诉讼救济路径发展为以阻却执行实施权为目的的法律技术手段,以至该诉讼制度的本身具有了超越执行实施程序和审查程序独立存在的价值。但异议之诉审判中程序法与实体法的龃龉与疏离,不仅培育了滋生法律适用分歧的土壤,还给裁判结果的高度不可预测埋下了种子。以往包括最高人民法院在内各级法院的判例,似乎向我们展示了不同时空下这类案件裁判思路的摇摆不定,多数判决在略显苍白的裁判理由中让当事人感受到了对实质正义和形式正义二难选择的过分纠结。事实上,在债权人和实际权利人的利益取舍与平衡上,裁判的主导者也多会衍生出若干个更加微观的标准。至少表面看来,这些微观标准并无泾渭分明的差别,但却实质上决定了每一个异议之诉案件的最终裁判结果,司法自由裁量权所展现出来的保守和任性的双面向在异议之诉的视域内高频度交错辉映,让我们在渴望统一裁判尺度和产出可预期裁判结果的焦虑等待中越发感到无所适从。抛开个案事实点面差异因素,法官所剪取的规范依据的不确定性直接决定了裁判结论分歧的必然性。裁判过程中变动不居的法律适用,催生出千差万别的同案不同尺度。从案外人异议是否最终被裁判支持的统计学观察,权利滥用语境下的案外人异议在消磨执行程序效率价值的同时,给异议程序的发起者带来的只是消极性的期间利益,从而逼迫债权人向僵化的案外人异议制度造成的程序空转反复退让,而多元性的裁判标准在诉的发起者和被动接受者之间反复游离,实质正义的天平倾向了某个不真实的权利存在。如果我们不能厘定相对稳定的债权保护和排除执行的法律规则,裁判变数也会动摇当事人对执行程序和诉讼程序的正向期待。

本书由长期从事实务研究的执行专家和一线资深法官精心打造,涵盖案外人异议之诉、追加变更异议之诉、分配方案异议之诉、债务人异议之诉等全部实践热点、难点问题,不仅深度剖析异议之诉与其他当事人、案外人救济路径之间的竞合关系,对于每一个类型的异议之诉,均从法律依据、制度阐释、操作指引和审判前沿四个微观层面切入,由理论到实务、由逻辑到经验,向读者描绘了一幅执行异议之诉受理、审查和裁判的立体动态图景,展现了物权、债权、股权、知识产权等不同位阶权利相互碰撞、确定和比选的艰难过程。

本书不奢望引领读者走出异议之诉的裁判困境,但至少可以在三个维度上实现通透掌握。一是为立法者提供一个相对趋同的思维逻辑。立足于"法律关系 + 基础权利 + 目的"的三元构造,站在实体法的视角对法律关系进行定性,寻找实体权利的法律位阶,判断系争权利的最终归属。继而以实体法为依循,引导法官在权利定性和价值判断上实现思维趋同,克服异议之诉裁判结果的高度不可预测性和权利比较障碍,使裁判者在"债权人"与"权利人"之间顺利取舍。二是为裁判者提供一个相对明晰的审理边界。案外人异议之诉的审查内容在个案中不断扩展,既有法官主动扩大审查范围的冲动,也有受制于案外人多样化诉讼请求的困扰。如配偶作为案外人基于共同财产提出异议,如对是否构成夫妻共同债务进行审查,则偏离了案外人异议之诉的应然内容,裁判结果可能变更原生效法律文书的内容,甚至直接剥夺当事人的另案诉权。三是为当事人提供一个权利行使的基本认知。在多元化救济途径尚未整合的境况下,当事人困囿于交叉重叠的救济渠道,饱受选择偏差之苦。将案外人提出的异议一揽子纳入案外人异议范畴,实际上侵蚀了“特定实体权利”决定“特定主体”存在的正当性基础,混淆了执行分配、执转破、行为异议、执行监督等制度的救济功能。只有坚持执行程序效益优先的价值目标,固守“特定主体”救济对象的有限性和非常态性,并使之成为民事执行制度设计遵循的重要原则,才能尽量避免将更多的案外人牵涉进入执行程序。

本书撰写、统稿工作历时四年,尽管诸位作者兢兢业业、殚精竭虑,但因时间和能力有限,不足之处仍在所难免,烦请各位方家不吝批评指正!

曹凤国

2022 年 9 月 10 日

于北京西郊

凡　例

1.《最高人民法院关于审理执行异议之诉案件适用法律问题的解释》(2025 年),简称《异议之诉司法解释》;

2.《最高人民法院关于适用〈中华人民共和国民事诉讼法〉的解释》(2022 年),简称《民事诉讼法解释》;

3.《最高人民法院关于民事执行中变更、追加当事人若干问题的规定》(2020 年),简称《变更追加规定》;

4.《最高人民法院关于人民法院民事执行中查封、扣押、冻结财产的规定》(2020 年),简称《查扣冻规定》;

5.《最高人民法院关于人民法院民事执行中拍卖、变卖财产的规定》(2020 年),简称《拍卖变卖规定》;

6.《最高人民法院关于人民法院办理执行异议和复议案件若干问题的规定》(2020 年),简称《异议复议规定》;

7.《最高人民法院关于人民法院执行工作若干问题的规定(试行)》(2020 年),简称《执行规定》;

8.《最高人民法院关于适用〈中华人民共和国民事诉讼法〉执行程序若干问题的解释》(2020 年),简称《执行程序解释》;

9.《最高人民法院关于人民法院办理财产保全案件若干问题的规定》(2020 年),简称《财产保全规定》;

10.《最高人民法院、国土资源部、建设部关于依法规范人民法院执行和国土资源房地产管理部门协助执行若干问题的通知》(2004 年),简称《国土房管部门协助执行通知》;

11.《最高人民法院关于人民法院强制执行股权若干问题的规定》(2021 年),简称《股权执行规定》;

12.《最高人民法院关于公证债权文书执行若干问题的规定》(2018 年),简称《公证执行规定》;

13.《最高人民法院关于执行权合理配置和科学运行的若干意见》(2021 年),简称《执行权配置意见》;

14.《最高人民法院关于执行案件立案、结案若干问题的意见》(2014 年),简称《执行立结案意见》;

15.《最高人民法院关于执行和解若干问题的规定》(2020 年),简称《执行和解规定》;

16.《最高人民法院关于适用〈中华人民共和国民事诉讼法〉审判监督程序若干问题的解释》(2020 年),简称《审判监督程序解释》;

17.《最高人民法院关于进一步加强民事送达工作的若干意见》(2017 年),简称《民事送达意见》;

18.《最高人民法院关于适用〈中华人民共和国民法典〉物权编的解释(一)》(2020 年),简称《物权编解释(一)》;

19.《最高人民法院关于适用〈中华人民共和国民法典〉有关担保制度的解释》(2020 年),简称《担保制度解释》;

20.《最高人民法院关于适用〈中华人民共和国民法典〉合同编通则若干问题的解释》(2023 年),简称《合同编解释》;

21.《最高人民法院关于刑事裁判涉财产部分执行的若干规定》(2014 年),简称《刑事涉财执行规定》;

22.《第八次全国法院民事商事审判工作会议(民事部分)纪要》(2015 年),简称《八民纪要》;

23.《全国法院民商事审判工作会议纪要》(2019 年),简称《九民纪要》;

24.《最高人民法院关于商品房消费者权利保护问题的批复》(2023 年),简称《商品房消费者权利保护批复》;

25.《最高人民法院关于审理商品房买卖合同纠纷案件适用法律若干问题的解释》(2020 年),简称《商品房买卖合同解释》;

26.《最高人民法院关于审理城镇房屋租赁合同纠纷案件具体应用法律若干问题的解释》(2020 年),简称《房屋租赁合同解释》;

27.《最高人民法院关于审理建设工程施工合同纠纷案件适用法律问题的解释(一)》(2020 年),简称《建设施工合同解释(一)》;

28.《最高人民法院关于适用〈中华人民共和国公司法〉若干问题的规定(二)》(2020 年),简称《公司法解释(二)》;

29.《最高人民法院关于适用〈中华人民共和国公司法〉若干问题的规定(三)》(2020 年),简称《公司法解释(三)》;

30.《最高人民法院关于适用〈中华人民共和国公司法〉若干问题的规定(四)》(2020 年),简称《公司法解释(四)》;

31.《最高人民法院关于审理民间借贷案件适用法律若干问题的规定》(2020 年),简称《民间借贷规定》；

32.《最高人民法院关于审理买卖合同纠纷案件适用法律问题的解释》(2020 年),简称《买卖合同司法解释》；

33.《最高人民法院关于审理涉及农村土地承包纠纷案件适用法律问题的解释》(2020 年),简称《土地承包司法解释》；

34.《最高人民法院关于审理农业承包合同纠纷案件若干问题的规定(试行)》(1999 年,已废止),简称《农业承包合同规定》；

35.《最高人民法院关于审理涉及国有土地使用权合同纠纷案件适用法律问题的解释》(2020 年),简称《国土使用权合同解释》；

36.《最高人民法院关于审理森林资源民事纠纷案件适用法律若干问题的解释》(2022 年),简称《森林资源民事纠纷司法解释》。

目录
Contents

第一编　总　论

第二编　执行异议之诉与其他程序的衔接

第三编 案外人异议之诉

第一编

总　论

PART 01

第一章　异议之诉的深层结构

我国民事程序法上的异议之诉制度，在《民事案件案由规定》中被称为执行程序中的异议之诉，包括执行异议之诉、追加变更被执行人异议之诉和执行分配方案异议之诉。① 因此，执行异议之诉的概念，从狭义上看，专指案外人异议之诉和申请执行人异议之诉，不包括追加变更被执行人异议之诉和分配方案异议之诉。案外人异议之诉系从大陆法系国家继受的权利救济模式与我国实际情况相结合的产物，立法对异议之诉进行了具有中国特色的机理改造。从实证法上看，执行异议之诉制度以《民事诉讼法》第236条和第238条为规范基础，辅之以若干司法解释的条文，构建了对当事人、案外第三人的权利救济体系。在制度理念上，根据异议的不同属性和异议指向的客体，区分为实体异议和程序异议，并赋予这两类不同异议的主体不同的救济路径，对于当事人和利害关系人提出的程序异议，遵循效率原则，通过向执行法院提出行为异议以及向上级法院申请复议的程序予以处理，而对案外人依据实体权益提出的旨在排除对标的物强制执行的异议，则以实质性审查为目的，交由审判程序终局解决，对于最终适用何种审判程序，又根据请求是否与执行依据有关，从而适用案外人申请再审程序、第三人撤销之诉程序与执行异议之诉程序。从救济的路径看，赋予执行当事人、利害关系人、案外人大体平等的武器，使各方主体处于相互攻防的平衡状态。在制度架构上，将执行机构审查案外人提出的异议作为必经之前置程序，从入口上防止异议之诉的起诉权被滥用，但在案外人异议之审查环节，对第三人提出的异议性质未能科学地予以甄别，导致异议之诉的主体范围和客体范围均出现扩张趋势。

如果深层解构我国异议之诉制度，必须将包括我国立法上至今仍未肯认的债务人异议之诉在内的所有异议之诉类型全部纳入考察视野，对其历史演进、类型划分、基本特征、制度困境和立法改进等方面综合研究，对异议之诉制度进行全面系统的分析。

---

① 参见《民事案件案由规定》第54条，根据2020年12月14日最高人民法院审判委员会第1821次会议通过的《最高人民法院关于修改〈民事案件案由规定〉的决定》（法〔2020〕346号）第二次修正。

第一节 异议之诉的立法演变

法律依据

《异议之诉司法解释》第5条 案外人提起执行异议之诉并以被执行人等为被告提出返还原物、返还价款或者交付标的物、办理转移登记手续等给付请求的,人民法院可以合并审理,法律另有规定不宜合并审理的,应当分别立案。

我国执行异议之诉制度经历了一个从框架到体系、从简单到复杂的发展阶段,现行立法中除案外人异议之诉和申请执行人许可执行之诉由《民事诉讼法》规定之外,其他诸如分配异议之诉、变更追加之诉和公证债权文书债务人不予执行之诉均系为解决实践中防范执行权的不当运用与扩张,赋予当事人和案外人救济权利,由司法解释所创设。制度设计所遵循的法理可做如下诠释:法律赋予执行权的射程越远,对执行权辐射范围内主体的救济制度就要越完善。

一、执行员审查案外人针对标的提出的异议时期

我国诉讼制度建立的初期,缺乏通过诉讼救济执行当事人和案外人的理念,1982年《民事诉讼法(试行)》(已废止)在第162条只规定了案外人可以针对执行标的提出实体异议,即:"执行过程中,案外人对执行标的提出异议的,执行员应当进行审查。无理由的,予以驳回;有理由的,报院长批准中止执行,由合议庭审查或者审判委员会讨论决定。"1991年《民事诉讼法》(已修正)第208条在1982年《民事诉讼法(试行)》(已废止)第162条的基础上,进一步增加了如果发现裁判文书本身存在错误,应通过再审程序处理的规定。① 但对于指向执行标的之异议仍由原执行工作的实施人员自行审查的制度架构并未改变。

因权利救济观念的匮乏和对执行法律关系的复杂性认识不足,利害关系人、第三人的概念尚未进入立法者的视野,2007年《民事诉讼法》修正之前,案外人异议制度在程序的正当性上存在很大缺陷:首先,法律规定只能对执行标的提出异议,该异议到底是程序性异议还是实体性异议,混沌不清,提出异议的主体范围也仅限于案外人,执行当事人和利害关系人既不能对执行标的提出异议,也不能对执行行为

① 1991年《民事诉讼法》(已修正)第208条规定,执行过程中,案外人对执行标的提出异议的,执行员应当按照法定程序进行审查。理由不成立的,予以驳回;理由成立的,由院长批准中止执行。如果发现判决、裁定确有错误,按照审判监督程序处理。

提出异议。其次,从案外人异议的审查程序来看,主要依赖执行实施人员的主观判断,基本忽略异议审查程序自身存在的价值,在结果上,对于驳回异议,实行一驳终局,即驳回异议后不再赋予案外人进一步救济权利,案外人不能向上一级人民法院申请复议或者向执行法院起诉。最后,因当时尚未抽象出审执分离原则,也无审判权和执行权的分工和权能界限,审查的机构和人员限定在执行机构内部,并且由案件执行的实施人员负责审查,执行人员行使执行标的权属实体争议的终极审判权职能,不仅会导致异议审查流于形式,侵害案外人的合法权益,而且发生实体错误,也很难得到纠正。

基于效率优于公平的价值判断,认为案外人提出的异议理由成立应当中止执行的,须非常慎重,不仅要报院长批准,而且要由合议庭审查或者审判委员会讨论决定。在这样一种观念的支配下,案外人、利害关系人的合法财产权利受到违法、不当的执行行为侵害时,也难以获得实质性的保护,更不可能将权利救济的链条进一步延伸到审判程序中。

二、异议、复议和异议之诉权利的立法赋予

执行实践的发展和创新、域外执行立法的借鉴以及执行本土经验的积累,不断推动执行衍生实体争议解决机制的改革走向深化,权利保护需求不断增长与权利救济制度的缺位之间的矛盾也在不断加剧,在这种情况下,不少地方法院以执行体制改革为契机,将执行权分离出执行命令权、执行实施权、执行审查权等若干权能,交由不同部门和人员分别行使;也有的地方是由人大常委会颁布地方性法规或者由高级人民法院发布指导意见,将执行程序中实体异议纳入执行异议和复议程序的审查范围。允许案外人提出异议后,对驳回异议的裁定不服,可以进一步向上级法院申请复议,这虽然一定程度上缓解了案外人权利保护需求和制度供给不足之间的紧张关系,但引发了一些新问题,即实体异议和程序异议不予区分、审执关系的定位不清的弊病仍然没有彻底解决。最高人民法院根据地方法院的呼声,不断和全国人民代表大会立法机构进行沟通,推动《民事诉讼法》在 2007 年修正时完善执行异议、复议和执行异议之诉制度。

2007 年《民事诉讼法》设立执行异议、复议和执行异议之诉制度的立法逻辑大体如下:不同种类的异议适用不同的审查程序和救济途径,基于异议请求的主体、对象和目的,执行异议可分为行为异议和标的异议两类。行为异议由当事人、利害关系人针对法院的执行行为、措施和程序提出,目的是要求法院当为或不当为某种行为。标的异议由案外人针对执行的标的物权属提出,其目的是要求确认标的物权属进而排除执行。在实务中,某些异议请求同时针对行为和标的物提出,应当分

别根据《民事诉讼法》第236条、第238条的规定进行审查。也有些当事人针对执行标的提出的异议隐藏在行为异议中,此时,执行法院应当根据其异议最终指向的是执行行为还是标的物加以识别,从而确定执行异议的类型。如果案外人基于实体权利既对执行标的提出排除执行异议又作为利害关系人提出执行行为异议的,人民法院应当依照《民事诉讼法》第238条的规定进行审查。案外人既基于实体权利对执行标的提出排除执行异议,又作为利害关系人提出与实体权利无关的执行行为异议的,人民法院应当分别依照《民事诉讼法》第236条和第238条规定进行审查。

在审查方式上,《民事诉讼法》并没有规定审查执行异议的法定程序和方式,实践中一般采用的审查方式有书面审查和听证审查两种。对于执行行为异议,一般没有通过听证程序进行审查的必要,可以书面审查为主,特别复杂的,也可以召开听证会。执行标的异议一般涉及当事人、第三人的实体权利,原则上应当采取合议制,举行听证会。在审查期限方面,执行异议一般由审查部门组成合议庭,自收到书面异议之日起15日内审查完毕,实践中,因法律规定的审查期限比较短,目的在于提高执行效率,但多数法院很难在法定的期限内审查完毕。

在审查结果上,无论是执行行为异议,还是案外人异议,执行法院认为理由不成立、裁定驳回的,应当在裁定书上明确写明申请复议或提起诉讼的权利和期间,便于异议人行使复议权或诉权。执行异议之诉制度是围绕执行程序衍生的实体异议设计的,而相关立法针对执行实体异议救济体现出从非诉程序向诉讼程序发展的趋势,争议的解决部门也从最初的执行机构过渡到审判庭室或者专门的执行裁判庭。

三、执行异议之诉审理规则的新发展

在(2019)最高法民终370号民事判决书中,主审法官通过裁判理由的论述表达了对案外人异议之诉制度的观点:案外人执行异议之诉制度的目的,就是要解决案外人是否有权排除对执行标的强制执行的问题。对此问题的评判,应当以法律、司法解释对于民事权利(益)的规定为依据展开;而现行法律、司法解释对案外人执行异议之诉的规定较为原则,尤其是对于法律、司法解释规定的"足以排除强制执行的民事权益"的类型、范围及条件,不仅法律没有明确规定,适用于民事诉讼程序的有关司法解释也没有明确具体的规定,仅有适用于强制执行程序的《查扣冻规定》和《异议复议规定》等司法解释进行了不完全的列举和规定。因此,在当前对案外人执行异议之诉案件的审理中,对案外人就执行标的所主张的民事权益是否足以排除强制执行,可以参照《查扣冻规定》和《异议复议规定》等司法解释的有关规定加以审查;但同时,又不应完全拘泥于上述适用于强制执行程序司法解释的规定，案外人所享有的民事权利（益）即使不在上述司法解释规定的情形之内的，亦未必不能够排除强制执行。对于案外人排除强制执行的主张能否成立，应当在依据法律、司法解释对民事权利（益）认定相关当事人对执行标的的民事权利（益）的实体法性质和效力的基础上，通过探寻与分析相关法律规范之间的层级关系、背后蕴含的价值以及立法目的，并结合不同案件的具体情况、相关当事人的身份职业特点、对执行标的权利瑕疵状态的过错大小，与执行标的交易相关的权利行使状况、交易履行情况，乃至进一步探寻执行标的对相关当事人基本生活保障与秩序追求的影响等具体情况，综合加以判断。

（一）案外人异议之诉主体资格的扩张

实践中，有权提起案外人异议之诉的主体范围一直处于模糊不清的地带，有的法院把执行依据当事人之外的主体均纳入案外人异议的主体范围，这并不利于执行衍生实体争议的解决，《民事诉讼法》第238条规定的案外人必须是对执行标的享有足以排除强制执行的民事权益的主体，否则不应视为《民事诉讼法》第238条的案外人，案外人对自己是否适格负有举证责任。很多地方法院仍然无法分清执行中的利益相关者提出的异议应适用何种程序予以审查，导致案外人异议程序不当扩大。“足以排除强制执行的民事权益的主体”可以将大量不适格的利害关系人排除在案外人异议程序之外。

案外人执行异议制度作为一项权利救济制度，其制度设计理念旨在保护特定主体的特定实体权利。“特定主体”体现在救济对象的有限性和非常态性。首先，并非所有的案外人都需要通过案外人执行异议制度寻求权利救济。可以通过参与分配、案款分配、撤销拍卖、利害关系人异议、对债权执行异议等制度进行救济的即不再属于案外人异议的保护范围之列。其次，采取执行措施前，对标的的权属及其可执行性已进行必要调查，执行行为侵害案外人合法权益的情形是民事执行实践的极端例外，因而案外人执行异议也应当只是执行救济的极端例外。最后，执行程序效益优先的价值目标决定了尽量避免将案外人牵涉进入执行程序，这也是民事执行制度设计遵循的重要原则。因此，尽管案外人执行异议制度十分重要，但它并不是执行救济的常态。[①]“特定实体权利”则是决定“特定主体”的基础，只有所有权或者有其他足以阻止标的物转让、交付的实体权利，才属于能够提起案外人异议之诉的特定实体权利。

这里还有一个问题值得探讨：案外人的债权人能否代位提起案外人异议。张卫平教授认为，案外人应当是对执行标的拥有实体权利的人，案外人的债权人为了

① 参见谭秋桂：《论案外人执行异议的主体资格条件》，载《人民法院报》2020年7月1日，第7版。

保全债权可以代位该案外人提起异议之诉,因此,案外人异议之诉的原告也应当包括案外人的债权人。[①] 从理论上来说,案外人的债权人代位提出异议,其正当性源于债权人代位权。但根据我国代位权的规定,代位权客体为“债权或者与该债权有关的从权利”[②],而案外人提出异议排除执行是基于其对执行标的享有的实体权益,二者权利基础不相匹配。而且,从法律效果上来说,我国法律规定债权人代位权成立,债务人的相对人应向债权人履行义务[③],但案外人异议之诉制度只解决能否排除执行的问题,并不处理执行标的应否向债权人履行的问题。因此也有观点认为,我国的代位权规范与案外人异议之诉并不契合,债权人代位案外人异议之诉不具有正当性和可行性。[④] 从实践的角度来说,案外人的债权人代位提出异议,其权利源于案外人异议,异议事由系基于对执行标的主张实体权利。最高人民法院认为,本来可以提出执行异议寻求救济的案外人没有提出异议,导致其债权人的债权有不能实现之虞。该异议的目标在于排除执行,本质上是一种实体性异议,只有参照案外人异议的规定进行审查处理,才能保障各方的程序权利,确保最终通过异议之诉对执行标的的权属和能否执行问题作出裁判。[⑤] 但实践中也有法院认为,我国现行法律制度下并未对案外人代位异议权作出明确规定,案外人的债权人不符合案外人异议的主体资格,[⑥]进而不支持其所提出的执行异议。

(二)案外人异议之诉的诉讼请求的扩张

依据2019年《九民纪要》,执行异议之诉的新发展还体现在审理思路上的转变。第一,当事人在异议之诉中除确权请求外,可以提出继续履行合同、交付标的物的给付之诉的请求,该纪要改变了案外人异议之诉请求范围的限制,不再局限于确权和排除执行两项请求。[⑦] 这就导致异议之诉的审理范围出现了扩大趋势,该纪

---

① 参见张卫平:《案外人异议之诉》,载《法学研究》2009年第1期。

② 《民法典》第535条第1款规定,因债务人怠于行使其债权或者与该债权有关的从权利,影响债权人的到期债权实现的,债权人可以向人民法院请求以自己的名义代位行使债务人对相对人的权利,但是该权利专属于债务人自身的除外。

③ 《民法典》第537条规定,人民法院认定代位权成立的,由债务人的相对人向债权人履行义务,债权人接受履行后,债权人与债务人、债务人与相对人之间相应的权利义务终止。债务人对相对人的债权或者与该债权有关的从权利被采取保全、执行措施,或者债务人破产的,依照相关法律的规定处理。

④ 参见陈国欣:《债权人代位案外人执行异议之诉——理论基础的修正及程序展开》,载《研究生法学》2020年第4期。

⑤ 最高人民法院执行裁定书,(2014)执申字第243号。

⑥ 广州市海珠区人民法院执行裁定书,(2016)粤0105执异166号。

⑦ 《江苏省高级人民法院执行异议及执行异议之诉案件办理工作指引(一)》中规定,案外人提出执行异议之诉,同时提出被执行人继续履行合同、交付标的物、承担违约或损害赔偿责任等诉讼请求的,不予审理。案外人、当事人可以就此另行主张权利。

要认为,案外人既提出确权、给付请求,又提出排除执行请求的,人民法院对该请求是否支持、是否排除执行,均应当在具体判项中予以明确。但在实际的案件审理中,多数法官表达了和《九民纪要》相反的观点,即认为执行异议之诉所要解决的是相关当事人之间的民事权益在强制执行程序中的冲突问题,除根据法律、司法解释的规定,案外人同时提出的确认权利的诉讼请求因与民事权益的认定密切相关而可在执行异议之诉中一并审理并裁判外,案外人在执行异议之诉中同时提出的要求被执行人继续履行合同、协助办理权属转移登记、交付标的物或支付违约金等给付内容的诉讼请求,因与排除强制执行的诉讼目的无关,故不属于执行异议之诉案件的审理范围,也不宜合并审理。①

2025年《异议之诉司法解释》第4条明确规定,案外人在提起执行异议之诉的同时,有权依照《民法典》第234条等的规定提出确权请求,只不过应以被执行人为被告。《异议之诉司法解释》第5条同时允许案外人一并提出返还原物,返还价款或者交付标的物,办理转移登记等给付请求,人民法院可以合并审理,法律另有规定,不宜合并审理的,应当分别立案审理。上述规定明确了执行异议之诉的审理范围,以追求一次性解决纠纷的效果。

按照《民事诉讼法解释》第310条的规定,执行异议之诉中可就案外人提出的确权请求一并作出裁判,若案外人提出给付请求,能否一并裁判未有明确规定。实践中,多数观点认为给付请求与进一步判断其排除执行的主张是否成立并无逻辑上的关联。因此,这些具有给付内容的诉讼请求因与排除执行的诉讼目的无关,故不属于执行异议之诉案件的审理范围。但案外人对执行标的的异议成立多以被执行人有物、价款的返还义务或者对被执行人享有给付请求权(包括交付或者协助办理转移登记手续)为前提,若仅对其是否享有排除执行的民事权益作出认定而不处理相关给付请求,难以达到一次性解决纠纷的效果。《九民纪要》第119条中首次提出案外人在执行异议之诉中既提出确权给付请求,又提出排除执行请求的,人民法院对该请求是否支持、是否排除执行,均应当在具体判项中予以明确。

在案外人异议之诉中实现关联诉求的一揽子解决,有利于避免程序空转。涉及案外人针对查封财产提起执行异议之诉的同时,还可能要求确认查封财产归属,或者请求办理过户手续等。因缺乏明确的规定和制度安排,实践中,一方面,此类关联诉求往往被以种种理由拒之门外,或者在判决中未得到明确回应;另一方面,为对抗执行,案外人在异地法院起诉并依据另案生效法律文书提出排除强制执行

---

① 参见上诉人王某志与被上诉人成都农村商业银行股份有限公司簇桥支行、案外人何某执行异议之诉纠纷案,(2019)最高法民终370号民事判决书。

也较为常见。《异议之诉司法解释》第 4 条对案外人提出确权请求在执行异议之诉中一并处理进行了细化规定。第 5 条规定,除法律另有规定不宜合并需要分别立案的外,人民法院对案外人提出的返还原物、返还价款或者交付标的物、办理转移登记手续等给付请求的,原则上可以合并审理。与此相对应,《异议之诉司法解释》第 11 条、第 18 条等条款规定,商品房消费者、被征收人等起诉请求办理不动产所有权转移登记手续的,依法予以支持。程序条款和实体条款相互配合,有力维护了当事人合法权益。

第二,案外人依据另案生效法律文书对非金钱债权执行提出异议,不再局限于申请再审等途径。既往审判实务中,如果据以提出异议的另案裁判所确权或确定给付的标的物,与正在执行的、作为执行依据所确权或确定给付的标的物,发生重合的,应当通过再审程序解决,属于两个裁判之间产生了冲突,不应通过异议之诉进行救济,《异议复议规定》第 26 条对此也有规定,人民法院有义务告知案外人依法申请再审或通过其他程序解决。《九民纪要》第 123 条则认为,案外人即使依据另案生效裁判提起异议之诉,法院仍可以在审理异议之诉中区分不同情况作出判断。

第三,案外人提起执行异议之诉后,仍可以提起给付之诉,即在执行标的被采取执行措施后,案外人可以单独或者在提出异议之诉的同时提起给付之诉。

(三)执行异议之诉的审理机构职能的扩张

案外人异议之诉作为衔接执行程序和审判程序的特殊诉讼,由执行机构审理或者由审判庭审理均难以达到迅速、准确、公正审理之目的。与此同时,在审判权和执行权相分离改革思潮的影响下,将执行权从法院分离出去的呼声越来越高,有些学者主张,要彻底解决执行难,必须将执行机构从法院分离出去。[①] 作为审执分离内分改革路径探索的成果之一,将执行程序中的裁决权独立化、清晰化和类型化,交由专门成立的庭室进行审理,逐渐成为理论界和实务界的共识。目前,全国不少法院成立了执行裁判庭,作为专门处理执行异议、执行复议和执行异议之诉的部门。

第二节 异议之诉的基本类型

法律依据

《异议之诉司法解释》第 1 条 案外人依照民事诉讼法第二百三十八条规定,在执行过程中就执行标的提出执行异议,由提出异议时负责执行该执行标的的人

---

① 参见徐卉:《论审判权和执行权的分离》,载《中国社会科学报》2016 年 12 月 14 日,第 5 版。

民法院审查处理；案外人、当事人对执行异议裁定不服，自裁定送达之日起十五日内向作出执行异议裁定的执行法院提起执行异议之诉的，人民法院应予受理。

案外人未在《最高人民法院关于人民法院办理执行异议和复议案件若干问题的规定》第六条规定的期限内提出异议，人民法院裁定不予受理的，可以依法另行向申请执行人、被执行人等主张权利。

《异议之诉司法解释》第4条　案外人提起执行异议之诉并依照《民法典》第二百三十四条等规定就执行标的的归属提出确权请求的，以被执行人为被告。

我国现行法律和司法解释规定的执行程序异议之诉，从性质上可以分为如下几类：一是针对执行标的案外人异议之诉；二是执行力主观范围扩张引起的变更、追加执行异议之诉；三是执行分配方案异议之诉，该分类也已经被新修订的《民事案件案由规定》所确认。值得注意的是，公证债权文书债权人、债务人和利害关系人就实体争议提起的诉讼，没有被纳入执行程序中的异议之诉范围。

一、执行异议之诉

根据提起异议之诉的主体的不同，可以分为案外人异议之诉和申请执行人异议之诉。如果当事人以外的第三人认为，其对法院查封、扣押、冻结或者拍卖、变卖的财产拥有所有权、用益物权、物权化的债权、租赁权以及其他足以排除法院执行或者交付的实体权益的，其可以向执行法院提出执行异议，由执行法院审查并作出裁定。如果执行异议裁定驳回了案外人的异议，其可以自收到异议裁定之日起15日内向执行法院提出案外人异议之诉。与其他法域案外人异议之诉将申请执行人排除在外不同，我国执行法院对案外人异议进行审查后，作出对标的物中止执行的裁定后，《民事诉讼法》还赋予了申请执行人通过异议之诉将争议财产列入被执行人责任财产范围的权利。申请执行人以案外人为被告，请求法院通过异议之诉的判决许可对已经中止执行的标的物恢复执行，申请执行人异议之诉又称许可执行之诉。

执行实施程序遵循效率原则，以权利外观作为责任财产的判断标准，除非法律有明确规定，执行法院不应对被执行人的责任财产之外的财产采取执行措施，也不应对生效法律文书之外的主体强制执行。但因现代社会财产归属形式越来越多元化，而财产权属的执行程序遵循形式审查原则，决定了法院在采取控制性措施前不可能准确无误确定财产的真实权利人，而可以先遵循外观主义对权属进行基本判断后，直接采取查封、扣押和冻结措施，这就可能导致财产的真实权利人在执行中对被采取执行措施的财产主张实体权利，要求法院确认财产的真实权利归属，进而排除法院的执行行为。

债权人申请执行立案后,对于申请执行人认为可供执行的财产,执行法院不采取执行措施,属于消极执行行为,对此消极执行行为,申请执行人只能提起执行行为异议,要求执行法院立即采取执行措施,因此,尽管存在申请执行人异议之诉,但该诉讼并不与申请执行人异议相对应。

(一)案外人异议的提出

执行过程中,如果案外人认为其在执行标的之上存在足以排除执行或者交付的实体权利,应依据《民事诉讼法》第 238 条的规定,向执行法院立案机构提出书面异议并申请立案。[①] 执行异议之诉需自执行异议裁定送达之日起 15 日内提起,该期间不属于法律规定的诉讼时效期间,不适用诉讼时效中止、中断的规定。对案外人异议之诉撤诉后再起诉的,法院应当重新审查案外人异议之诉的起诉条件。再次提起案外人异议之诉已经超过司法解释规定的起诉时间,应裁定驳回其起诉。

执行异议之诉作为新类型案件,当前司法实践中一定程度地存在管辖确定难,关联诉求一揽子解决难现象,《异议之诉司法解释》在减少管辖争议、一揽子实质化解矛盾纠纷、减轻当事人诉累等方面作出了明确规定。《民事诉讼法解释》规定提起执行异议之诉应当向执行法院提出。但是司法实践较为复杂,人民法院为了强化执行、便利执行,会采取指定执行、提级执行、委托执行等措施,也会存在多家法院对同一财产采取执行措施、财产处置权由首封法院依法向优先债权执行法院移送等情形。按照《异议之诉司法解释》第 1 条的规定,在这些情形下提起执行异议之诉,应当向提出执行异议时负责执行该财产的人民法院提起执行异议之诉。《异议之诉司法解释》第 2 条规定,争议财产上有多轮查封的,应当以首先查封中和查封中享有优先受偿权的申请保全人、申请执行人为被告。同时,尽可能了解掌握对同一财产采取执行措施的其他申请保全人、申请执行人,并将其列为第三人。以便人民法院一揽子解决案外人的民事权益能否排除多重查封的问题,防止当事人多头提起诉讼出现矛盾判决,或者又引发衍生纠纷。

执行异议之诉案件一审开庭审理前,执行案件因被指定执行等原因导致执行法院变更,案外人执行异议之诉案件由变更后的人民法院管辖。变更后的人民法院是原执行法院的下级人民法院的,由原执行法院管辖。执行法院变更前已经受理的案外人执行异议之诉案件,人民法院应当将案件移送变更后的人民法院审理。

---

① 有观点认为,向执行机构提出执行异议是错误的,没有注意到最高人民法院指导意见和实践的发展变化,案外人异议审查部门多为执行机构,也有少数法院由其他民事、审判监督或者刑事审判庭审查案外人异议。

(二)异议审查与裁定

案件受理后,由执行法院负责审查异议的部门进行审查,该类审查案件多数情况下需要举行各方当事人都参加的听证会,少数情况可以采取书面审理,如果异议理由充足,裁定异议成立,同时中止对执行标的物的执行;如果异议不成立,则裁定驳回案外人的异议。

(三)申请执行人或案外人起诉

申请执行人或者案外人不服执行法院作出的异议裁定,应当在收到案外人异议裁定的15日不变期间内,向执行法院提起申请执行人异议之诉或案外人异议之诉。根据《民事诉讼法解释》第303条的规定,案外人提起执行异议之诉,除符合《民事诉讼法》第122条规定外,还应当具备下列条件:(1)案外人的执行异议申请已经被人民法院裁定驳回;(2)有明确的排除对执行标的执行的诉讼请求,且诉讼请求与原判决、裁定无关;(3)自执行异议裁定送达之日起15日内提起。申请执行人提起执行异议之诉的条件,根据《民事诉讼法解释》第304条的规定,申请执行人提起异议之诉,除符合《民事诉讼法》第122条规定外,还应当具备下列条件:(1)依案外人执行异议申请,人民法院裁定中止执行;(2)有明确的对执行标的继续执行的诉讼请求,且诉讼请求与原判决、裁定无关;(3)自异议裁定送达之日起15日内提起。

(四)诉讼主体的确定

根据《民事诉讼法解释》第305条的规定,案外人提起执行异议之诉的,以申请执行人为被告。被执行人反对案外人异议的,被执行人为共同被告;被执行人不反对案外人异议的,可以列被执行人为第三人。根据《民事诉讼法解释》第306条的规定,申请执行人提起执行异议之诉的,以案外人为被告。被执行人反对申请执行人主张的,以案外人和被执行人为共同被告;被执行人不反对申请执行人主张的,可以列被执行人为第三人。

(五)审理与裁决

实践中,案外人异议之诉案件,仍有不少法院根据不同案由分配至各审判庭审理,2015年执行改革启动后,有的地方法院成立了专门审理执行异议之诉的执行裁判庭。根据《民事诉讼法解释》第310条的规定,对案外人提起的执行异议之诉,人民法院经审理,按照下列情形分别处理:(1)案外人就执行标的享有足以排除强制执行的民事权益的,判决不得执行该执行标的;(2)案外人就执行标的不享有足以排除强制执行的民事权益的,判决驳回诉讼请求。案外人同时提出确认其权利的诉讼请求的,人民法院可以在判决中一并作出裁判。如果人民法院判决不得执行该执行标的,执行法院应当解除执行措施。根据《民事诉讼法解释》第 311 条的规定,对申请执行人提起的执行异议之诉,人民法院经审理,形成两种不同结果:案外人就执行标的不享有足以排除强制执行的民事权益的,判决准许执行该执行标的;案外人就执行标的享有足以排除强制执行的民事权益的,判决驳回其诉讼请求。若当事人对判决结果不服,可以在收到一审判决之日起 15 日内向上一级人民法院提起上诉。

(六)特殊程序阶段对执行异议之诉的处理

1. 执行完毕时执行异议之诉的处理。实践中,在案外人执行异议之诉审理期间,执行标的执行完毕的情形并不罕见。对于此类案外人执行异议之诉指向的标的执行完毕后,尚未审结的案外人执行异议之诉案件的处理方式主要有以下三种方案:第一种方案是裁定终结审理。如《江苏省高级人民法院执行异议及执行异议之诉案件审理指南(一)》(已废止)第 2 条第 1 款第 5 项规定:"案外人在执行标的执行完毕前已提出异议,且法定期限内提起执行异议之诉,但因执行法院在此期间未停止处分执行标的,或因申请执行人提供相应担保导致执行标的在此期间被执行完毕或者执行程序终结的,应不予受理或者终结执行异议之诉案件的审理,告知其通过执行监督程序救济或者依职权立执行监督案件办理。"①执行异议之诉的诉讼请求是排除对执行标的的执行,其目的在于排除强制执行措施。当标的执行完毕,对案外人执行异议之诉来说,诉的利益也就不复存在,因此,案外人执行异议之诉似乎应当予以终结。第二种方案是继续审理。执行标的执行完毕不影响案外人异议之诉的审理,如果人民法院根据《民事诉讼法解释》第 312 条判决"不得执行该执行标的",案外人可依法另行主张权利。该方案基于"权利制约权力""审执分离"理念,强调《民法典》物权编所采取的债权形式主义立场有别于德国等国家以物权行为无因性为基础的物权变动制度,希望达到加大对案外人物权保护力度的效

① 现《江苏省高级人民法院执行异议及执行异议之诉案件办理工作指引(一)》第 2 条第 1 款第 5 项规定:"案外人在执行标的执行完毕或执行程序终结前已提出异议,且法定期限内提起执行异议之诉,但因执行法院在此期间未停止处分执行标的,或因申请执行人提供相应担保导致执行标的在此期间被执行完毕或者执行程序终结的,应不予受理或者驳回起诉,告知其通过执行监督程序救济或者依职权立执行监督案件办理。"

果。[①] 如果法院作出案外人就执行标的享有足以排除执行的民事权益的判决，执行法院根据案外人的申请，进行执行回转；如不能回转的，案外人可另案主张不当得利。第三种方案是转案审理。法院向案外人释明变更诉讼请求，若案外人同意变更诉讼请求，如变更为返还该执行标的、损害赔偿、不当得利等，则就变更后的诉讼请求进行审理，作出判决。若案外人拒绝变更的，则裁定驳回起诉，裁定驳回起诉不影响案外人依法另行主张权利。该方案立足于审执协调配合，强调诉讼体系的自洽性和整体效应，认为变更诉讼请求更有利于问题的实质性和经济性解决。[②] 我们认为第三种方案更具有合理性，案外人执行异议之诉审理期间，执行标的已经执行终结的，不影响人民法院对案外人异议理由是否成立进行认定。而且从提高执效角度考量，如果案外人异议理由成立，向案外人释明变更诉讼请求，不仅能减少当事人诉累，而且利于判决的付诸执行，从而使纠纷在实质层面得到高效解决。

2. 执行终结时执行异议之诉的处理。案外人执行异议之诉案件审理或者再审申请审查期间，执行程序因申请执行人的债权已经通过其他方式得到清偿或者根据《民事诉讼法》第268条的规定因申请执行人撤销申请、据以执行的法律文书被撤销等事由而终结，案外人未撤回起诉或者再审申请的，人民法院应当按照下列情形分别处理：(1)按照第一审程序审理的，裁定驳回起诉；(2)按照第二审程序审理的，裁定撤销原判决，驳回起诉；(3)再审申请审查的，裁定终结审查。前款规定情形，案外人同时提出确权请求的，人民法院对执行异议诉请作出上述处理后，可以对确权请求继续审理或者审查。

3. 案外人执行异议之诉审理期间执行依据再审的处理。有观点认为，[③]案外人执行异议之诉案件审理期间，作为执行依据的判决等法律文书按照审判监督程序被决定再审并裁定中止执行的，人民法院应当裁定中止案外人执行异议之诉案件的审理。还有观点认为，在案外人执行异议之诉审理过程中，作为执行依据的生效法律文书进入再审程序，案外人执行异议之诉应否中止审理并等待执行依据的再审结果，不能一概而论[④]，除非执行异议之诉以执行依据的再审结果为依据，否则不必然中止案外人异议之诉案件的审理。也即，一般情况下，执行依据被决定再审不

---

① 参见邵长茂：《标的执行完毕后案外人执行异议之诉的处理》，载《人民法院报》2021年4月21日，第7版。

② 参见邵长茂：《标的执行完毕后案外人执行异议之诉的处理》，载《人民法院报》2021年4月21日，第7版。

③ 参见《江苏省高级人民法院执行异议及异议之诉案件办理工作指引（一）》及2019年11月29日《最高人民法院关于审理执行异议之诉案件适用法律问题的解释（一）（向社会公开征求意见稿）》均持此观点。

④ 最高人民法院民事裁定书，(2020)最高法民申3424号。

影响异议之诉案件的继续审理,但如果执行依据是担保物权等优先受偿权的,由于再审审查会导致执行依据变更,人民法院应当裁定中止案外人执行异议之诉案件的审理。

4. 案外人异议之诉审理期间被执行人进入破产程序的处理。第一,被执行人被裁定受理破产申请的,不影响人民法院对执行异议之诉案件的继续审理。《企业破产法》第 19 条规定:"人民法院受理破产申请后,有关债务人财产的保全措施应当解除,执行程序应当中止。"因此,在人民法院受理破产申请后,执行程序并未终结,仅处于暂时中止的状态,是否终结则需根据破产程序的进展和走向而定。执行异议之诉的本质是一个独立的审判程序,虽因执行程序而产生,但并非执行程序,通过执行异议之诉对申请执行人提出的是否可以继续执行该执行标的进行审理判断,使该执行标的在执行法律关系中从争议状态转为确定状态,具有独立的程序及实体价值,不应因执行程序中止而中止执行异议之诉案件的审理。① 第二,被执行人被宣告破产的,《民事诉讼法解释》第 513 条规定,被执行人住所地人民法院裁定宣告被执行人破产的,执行法院应当裁定终结对该被执行人的执行。执行法院据此裁定终结执行的,异议之诉应当按照执行终结时异议之诉的处理规则进行处理。但也有观点认为②,执转破之后,执行案件将不再执行,案外人对执行异议之诉丧失诉的利益,案外人对执行标的的利益可以通过破产程序实现,执行异议之诉不应当继续审查。

二、追加、变更被执行人异议之诉

基于一次性解决纠纷、实体法秩序维护、程序权保障及执行效率价值取向的考量,尤其针对解决执行难的现实需要,法律对于和债务人存在一定的关联关系且在实体上对债务人负有债务的案外人,允许在执行程序中直接变更或者追加,承担债务人的给付义务或者和债务人共同承担给付义务。同时,也允许被变更、追加的案外人或者被驳回变更、追加申请的申请执行人通过提起变更、追加异议之诉的方式获得救济。根据提起诉讼的主体不同,分为被变更、追加人提起的变更、追加异议之诉和申请人许可执行之诉。

执行法院按照执行依据采取执行措施的过程中,如果不扩张执行力的主观范围,则不能或难以实现该执行依据所要实现之给付利益时,不一定非要债权人另行取得执行名义。变更、追加之诉与我国台湾地区的许可执行之诉相类似。依照我

① 最高人民法院民事判决书,(2019)最高法民终 333 号。
② 最高人民法院民事裁定书,(2017)最高法民申 3105 号。

国台湾地区有关强制执行的规定,债权人依相关规定申请强制执行经执行法院裁定驳回者,得于裁定送达后10日之不变期间内,向执行法院对债务人提起许可执行之诉。也就是说,如果债权人认为当事人以外的第三人为执行力扩张范围之内的债务人,可以直接申请对其强制执行,如果该申请被执行法院裁定驳回,其可以提起诉讼,请求法院判决执行依据对其发生法律效力。该诉的目的是解决执行依据对当事人以外的第三人是否产生执行力的问题,但在追加的主体上又和我国变更、追加异议之诉范围不一致。

《执行立结案意见》第10条规定,因夫妻共同债务、出资人未依法出资、股权转让引起的追加和对一人公司股东的追加,当事人、利害关系人不服追加裁定可以提起诉讼,其他的变更追加事项则需要向上级法院申请复议。2016年《变更追加规定》出台后,在变更追加法定原则的涵摄下,允许法院依申请执行人的申请,在实施程序中裁定变更、追加案外第三人为被执行人。被变更追加人对裁定不服的,新的《变更追加规定》则设计了非此即彼的二元化救济路径。对于比较简单的、明确的申请追加事项,如因继承发生的变更追加、追加承担无限责任的合伙人为被执行人等,通过复议程序救济足以保证当事人的权利,对于依据实体法进行的复杂追加事项,则通过诉讼程序解决,即符合《变更追加规定》第32条和第33条规定的追加被执行人的特定情形,申请人和被追加人如果对裁定结论不服,无须经过复议程序,可以直接向执行法院提起追加变更被执行人异议之诉。《变更追加规定》没有就夫妻债务引起的追加作出规定,对于复议和诉讼适用的情形,要以其他最新司法解释确定的范围为准。

程序上,(1)申请执行人根据依照《变更追加规定》第14条第2款、第17条至第21条的规定向执行机构提出追加申请,请求法院准许追加符合法定情形的案外人为被执行人。(2)执行实施机构或执行审查部门对申请执行人的追加申请进行审查,作出变更、追加的裁定或者裁定驳回变更追加申请。(3)申请人对驳回其变更、追加申请的裁定、被申请人对准许变更、追加的裁定不服的,应当自裁定送达之日起15日内向执行法院提起变更、追加被执行人异议之诉。(4)执行法院经过审理,应当作出准许追加或者驳回追加申请的一审判决,变更、追加之诉的当事人不服一审判决的,应当自判决送达之日起15日内向上一级人民法院提起上诉。

三、执行分配方案异议之诉

(一)执行分配方案异议之诉的性质

2007年修正的《民事诉讼法》增设了案外人执行异议之诉以及申请执行人执行异议之诉,但并未规定执行分配方案异议之诉。《执行程序解释》第18条首次规定了执行分配方案异议之诉。《执行权配置意见》第 11 条、第 12 条,规定了执行分配方案异议之诉由立案庭立案审查,由审判庭按照民事诉讼程序审理。《民事诉讼法解释》第 510 条再次重复了《执行程序解释》第 18 条规定的内容。只是司法解释已经确立其为执行衍生诉讼,“属于执行程序的下位程序,要求其在程序运行上不能与民事执行的整体价值取向产生对立和冲突,与普通诉讼程序相比较,分配方案异议之诉更强调效率,不能因此而过分滞碍执行程序的推进”。[①] 2020 年最高人民法院修订《民事案件案由规定》,将执行分配方案异议之诉归类到“执行程序中的异议之诉”。

司法解释确立的执行分配方案异议之诉,实质上为分配异议之诉,《执行程序解释》第 17 条规定,多个债权人对同一被执行人申请执行或者对执行财产申请参与分配的,执行法院应当制作财产分配方案,列明分配债权的数额和顺位。如果债权人、债务人对其中一个或者数个债权人,或者一个债权人对其他债权人的分配数额或者分配顺位有异议,可以依照法定程序提出异议,如果异议指向的债权人不反对该异议,则执行法院对分配方案进行调整;如果异议指向的债权人反对该异议,则异议人可向执行法院提起诉讼。

我国分配方案异议之诉的特点是执行机构对分配方案异议只进行传递而不进行审查。问题在于,多个债权人对同一被执行人申请执行的,通常不以个人或其他组织财产不足以清偿债务为前提,不属于参与分配,纳入分配方案异议之诉似乎不妥。如果异议人对债权人持有的生效法律文书有异议,认为存有虚假诉讼之嫌的,因其并非执行分配方案异议之诉的审查范围,故法院应裁定驳回起诉。分配异议被驳回后,异议人仍可提起第三人撤销之诉或申请再审。第三人撤销之诉以及案外人申请再审均是案外人合法权益救济之制度,均能达至撤销生效法律文书的法律效果。

(二)执行分配方案异议之诉的要件

1. 起诉条件

其一,如果债权人对其他债权人的分配数额或者分配顺位有异议,或者债务人对其中一个或者数个债权人的分配数额、分配顺位有异议,应当自收到分配方案之日起 15 日内向执行法院提出书面异议。执行法院将相关异议送达异议指向的债权人。其二,如果异议指向的债权人不反对该异议,则执行法院对分配方案进行调

① 杨柳:《比较与借鉴:中德执行分配方案异议之诉的制度架构分析》,载《法律适用》2011 年第 8 期。

整。如果异议指向的债权人反对该异议,则异议人可以自收到反对异议通知之日起15日内,以提出反对意见的债权人、被执行人为被告,向执行法院提起诉讼。

2. 诉讼主体

《民事诉讼法解释》第510条规定,只有债权人或被执行人有权提起执行分配方案异议之诉,即原告恒定为债权人或被执行人。"债权人"包括申请执行人和被执行人的财产执行完毕前,对该被执行人已经取得金钱债权执行依据并申请对该被执行人的财产参与分配的其他债权人。需要注意的是,原告并不包括执行行为异议以及案外人异议之诉中的"利害关系人"。至于"被执行人"只能是公民或其他组织。被告则是对异议人的异议提出反对意见的债权人或被执行人。对异议人没有提出反对意见的债权人或被执行人,是否应该列为或追加为第三人,司法实践中有争议,考虑到无论裁判结果是支持原告还是被告,均影响执行分配方案是否变更或撤销,也就影响所有债权人的权益。实践中,若一审驳回原告诉讼请求,维持执行分配方案,二审也维持原判,则对诉讼主体影响不大。若二审改判,拟支持或部分支持原告诉讼请求,撤销或部分撤销执行分配方案,则因其他对异议人没有提出反对意见的债权人或被执行人并未参与诉讼,而将案件发回重审,对司法资源和司法效率均无益处,因此,应该将没有提出反对意见的债权人或被执行人均列为第三人为妥。

3. 裁判处理

执行分配方案异议之诉,其最终目的是撤销、部分撤销执行分配方案,前提当然是要确认债权人或被执行人的某项实体权利,如优先受偿权、抵销权,或是对执行分配方案中的分配比例、数额的更正。因此,执行分配方案异议之诉的诉讼请求主要有两项:一是"请求确认债权人或被执行人的某项实体权利";二是"撤销或部分撤销执行分配方案"。结合前述执行分配方案异议之诉的主要两项诉讼请求,参照对案外人异议之诉案件的裁判处理,执行分配方案异议之诉的裁判结果为两种:一是确认债权人或被执行人的某项实体权利,撤销、部分撤销执行分配方案;二是债权人或被执行人不享有某项实体权利,判决驳回诉讼请求。

第三节　异议之诉的主要特征

我国执行程序中的异议之诉,由多种不同的异议之诉制度组成,不同类型的异议之诉,组织机理存在差别。但从根本上看,无论哪一种异议之诉,均由执行实施权的运行与行使所引发,执行异议之诉的审理和裁判结果最终也要影响和服务于执行实施程序和生效法律文书确定的权利的兑现。由于执行异议之诉对执行程序的依附性,以案外人异议之诉为核心,与普通民事诉讼相比较,仍具有自身较为独特的属性。

所谓执行异议之诉,是指法院在执行生效法律文书过程中,债权人、第三人或债务人基于执行程序衍生的新的实体法律关系,请求排除不当强制执行的争议解决方法。① 执行异议之诉作为一种特殊诉讼形式,区别于平等民事主体之间基于某种法律关系发生纠纷后所提起的确认之诉、形成之诉以及给付之诉,是一种复合的新类型诉讼,执行异议之诉源于执行程序衍生的实体争议,因而具有鲜明的自身特征。

1. 实体异议的衍生性。执行异议也为衍生争议的外在表现形式,执行异议之诉为执行程序衍生之实体争议解决机制。执行程序中,因执行权的运用以及作为程序参与主体的当事人的认识分歧,既会产生纯粹的程序争议,也有可能就基础性权利的救济发生实体性争议。这些争议不同于争议解决的实体方法与程序方法,也有别于民事主体之间普通的权利义务纠纷,执行程序中基于程序性权利行使和义务的履行发生的争议被称为程序争议,它原则上不涉及当事人、案外人的实体性权利。一般情况下,执行法官的执行实施行为,只对执行参与者的程序性权利产生影响,不会改变其实体性权利内容。所谓衍生实体争议,是指在民事执行程序中,发生于执行当事人之间或当事人与案外人之间、与法院的执行行为相关联的民事实体权利义务争议,实体争议的解决与争议性质、类型、发生概率、法院裁判职能的配置等诸因素密切相关。

执行程序为实现具有执行力的生效法律文书所确定的债权而设定,从执行债权的本质观察,其为对于特定之人,请求为特定行为(作为或不作为)之权利。执行债权乃为生效法律文书特定化的债权,具备债权人、负有特定给付义务的被执行人、债权三元要素。如果构成执行债权的三元要素确定后,在已经"标准化"的执行程序中,理应不再发生实体争议,但执行程序内、外部新发生的法律事实总会引起执行债权元素变化或渗入新的元素因子,如果当事人、案外人对该法律事实及其效果分别提出不同主张,势必导致实体争议的发生,而且这种衍生实体争议可能基于不同的事由,由不同的主体,在执行程序不同阶段而提起。

实体争议尽管也与执行行为有关,但其具有争议主体法律地位平等性、争议内容实体性、可处分性等普通民事纠纷的共性,同时还具有自己的特殊性:(1)实体争

① 国内外学者对执行异议之诉的概念和内涵的界定,有"二次裁判说""争议解决方法说""排除执行方法说",尽管用语有所差异,但总体上大同小异。

议主体发生在执行当事人之间或当事人与案外人之间，而非当事人与执行法院之间。(2)实体争议因执行权的行使行为或执行程序的开展而发生，具有明显的程序依附性与衍生性。(3)实体争议是以执行当事人、案外人之间实体权利义务为内容的争议，与纯粹程序争议不同。争议当事人认为执行行为侵犯了其享有的原权利或基础性权利，基于实体权利的请求权或抗辩权提出异议，从而使实体争议与执行程序自然连接。(4)衍生实体争议不与执行依据所确定的实体权利义务本身相冲突，只是对已确定的执行债权各元素是否发生变化存在异议，或是对以实现已确定债权为目的之执行行为是否侵害当事人或利害关系人的基础权利的争议。

案外人异议之诉集中体现了执行程序衍生诉讼的基本特征，它以既有的执行依据进入执行程序为发生前提，以执行程序的开展为基础，与执行程序相依存。当事人提起执行异议之诉的主要目的在于排除对实体权利的执行，认定执行行为指向的财产是否属于可供执行的财产范围以及第三人在该项财产之上有无排除执行或者交付的实体权利，或者认定案外人是否属于执行力扩展所及的责任主体，或者债权人的实体请求权能否对债务人发生，或者认定参与分配程序中财产分配的合法性、合理性与妥当性。如果执行依据被撤销，案外人执行异议之诉便失去诉讼依据。

执行程序衍生争议的难点根源于实体争议与程序争议相混合，难以区分。强制执行法天然的实体法与程序法的混合性特征，导致执行程序中的两种性质的争议也交织混存。我国有学者曾指出："强制执行是一个实体问题与程序问题分分合合、融会缠绕的领域，也是诉讼事件与非诉事件交替更迭、相互作用的领域，同时也是各种利益和矛盾对立冲突、最后对决的领域。"①不少学者从实体争议的主体特征出发(如分为当事人与案外人)，对争议进行类型化界定，这种界定标准偏离了争议的基本性质，无助于争议解决机制的理性建构。从实体争议与程序争议的发生原因中寻找何种争议属于实体争议范畴以及划分争议类型才是可取路径。因为执行中实体争议的衍生性表明，这些争议都是基于执行权的行使或运行所产生的。② 执行权作为一种独立的国家权力，其具有行政权和司法权两种权力属性，故又可分为因行政权属性的权力产生的争议和因司法权属性的权力产生的争议。③ 因行政权属性权力行使发生的争议可认定为程序争议，它基本上不应涉及当事人的实体权

---

① 杨春华:《对我国民事执行中实体争议救济的考量》，载《中国法学》2006 年第 5 期。

② 需要说明的是，执行权分权制约的改革只能消解或减少基于执行程序违法发生的程序性异议，但不能阻止实体争议在执行中的发生。也就是说，执行衍生实体争议只要有执行权运行和执行程序的开展，其发生是必然的，关键问题是如何通过成本最低的机制予以化解。

③ 有学者从争议发生的主体上界定争议性质的不同，将争议分为当事人异议、案外人异议与执行依据瑕疵异议，逻辑欠周延不说，根本缺陷是没有切入程序争议和实体争议的本质，无助于问题的解决。

利问题。从权能的构成上看,执行权的权能包括执行命令权、实施权和裁判权三种权能,[①]执行程序性争议由执行命令权和实施权引发。执行中的财产调查、财产控制,强制措施、直接执行措施和间接强制执行措施的采取都属于应有的执行实施事项,基于这些事项提出的异议可归于程序性异议,而因执行权中的司法权的运用所发生的各种争议则应归入实体争议中。

2. 审理法院的专属性。普通民事诉讼既可以由法院审理,也可以由当事人约定由仲裁机构裁决,还可以选择强制执行公证,执行异议之诉不但专属于人民法院管辖,而且必须在执行法院提起诉讼,不再区分地域管辖和级别管辖,与执行案件的纠纷类型和标的金额无关,也不会发生管辖权的变动和管辖权异议的问题。执行异议之诉的一审法院为实施案件的执行法院,其他法院无权审理。《民事诉讼法解释》第 302 条已明确规定,"根据民事诉讼法第二百三十四条规定,案外人、当事人对执行异议裁定不服,自裁定送达之日起十五日内向人民法院提起执行异议之诉,由执行法院管辖"。如果存在多个金钱债权执行法院强制执行同一执行标的,案外人执行异议之诉案件由负责处分该执行标的的执行法院管辖。变更、追加异议之诉的管辖法院亦为案件执行法院,《变更追加规定》第 32 条规定,被申请人或申请人对执行法院依据该规定第 14 条第 2 款、第 17 条至第 21 条的规定作出的变更、追加裁定或驳回申请裁定不服的,可以自裁定书送达之日起 15 日内,向执行法院提起执行异议之诉。分配方案异议之诉,也只能向主持分配的执行法院提起,《民事诉讼法解释》第 509 条规定,"多个债权人对执行财产申请参与分配的,执行法院应当制作财产分配方案,并送达各债权人和被执行人。债权人或者被执行人对分配方案有异议的,应当自收到分配方案之日起十五日内向执行法院提出书面异议"。案外人执行异议之诉案件由执行法院管辖也有例外:一审开庭审理前,执行案件因被指定执行等原因导致执行法院变更的,案外人执行异议之诉案件由变更后的人民法院管辖。变更后的人民法院是原执行法院的下级人民法院的,由原执行法院管辖。执行法院变更前已经受理的案外人执行异议之诉案件,人民法院应当将案件移送变更后的人民法院审理。这就是说,如果执行实施案件发生指定情形的,且被指定的执行实施法院是原执行法院的下级法院,则会发生执行异议之诉管辖法院和实际执行法院分离的问题,这也是保障执行异议之诉能够得到公平审理的保障措施,否则,执行异议之诉仍由执行实施法院管辖,则二审法院又回到原执行法院的错位现象。

---

① 参见谭秋桂:《民事执行权配置、制约与监督的法律制度研究》,中国人民公安大学出版社 2012 年版,第 144 页。

3. 主体范围限定性。在执行异议之诉中，法律已经预设了当事人的角色。从诉的原告看，总是由不服执行法院裁定的人担当。案外人异议之诉中，无论是案外人提起的排除执行的诉讼，还是申请执行人提起的许可执行的诉讼，均以对执行法院作出的裁定不服为基础，原告要么是执行债权人，要么是对人民法院正在执行标的物主张排除执行或者占有实体权利的第三人；变更、追加被执行人异议之诉中，原告同样由对执行法院作出的变更、追加裁定不服的当事人担当，要么为执行债权人，要么被法院追加为被执行人并承担执行依据确定债务的第三人。执行法律关系的其他主体无法进入执行异议之诉的原告范畴。

在执行分配方案异议之诉中的原告为对执行分配方案提出异议的人，在公证债权文书执行程序中，对公证债权文书主张债务免除、抵销等不予执行的实体异议时的被执行人，以及在公证债权文书载明的民事权利义务关系与事实不符、经公证的债权文书具有法律规定的无效、可撤销等情形下，债权人、利害关系人都可以就公证债权文书涉及的民事权利义务争议作为原告提起诉讼，不需要经过法院作出异议裁定再行提起诉讼。

执行异议之诉中的被告也没有跳出案外人异议程序主体范围，申请执行人、被执行人和案外人根据提起诉讼的主体不同，在异议之诉中担当被告的角色。案外人异议之诉、执行分配方案异议之诉以及变更、追加被执行人异议之诉的，申请执行人均可成为被告，公证债权文书执行程序中，被执行人提起不予执行之诉的，也以申请执行人为被告。被执行人在执行分配方案异议之诉中，如果对债权人或者其他被执行人的异议提出反对意见，也有机会成为被告。另外，被执行人除单独作为被告外，还可能根据其立场作为共同被告。《民事诉讼法解释》第 305 条、第 306 条规定，在案外人提起的案外人异议之诉和申请执行人提起的执行异议之诉中，如果被执行人反对案外人的异议或者反对申请执行人的主张的，列为共同被告。如果案外人异议裁定和变更、追加裁定支持了案外人，则被执行人可以将案外人作为被告提起异议之诉。如果案外人异议裁定和变更、追加裁定支持了案外人，则被执行人可以将案外人作为被告提起异议之诉。此外，在多重执行的执行异议之诉中，案外人以已知的针对同一执行标的的数个执行案件中的申请执行人为被告提起执行异议之诉的，人民法院可以合并审理。

从第三人看，执行异议之诉中的第三人与《民事诉讼法》第 59 条第 1 款的规定有独立请求权第三人和无独立请求权的第三人不同。依据《民事诉讼法解释》第 304 条、第 305 条的规定，在案外人或者申请执行人提起的执行异议之诉中，如果被执行人不反对案外人或者申请执行人主张的，法院可以列其为第三人。在变更、追加异议之诉中，对于不反对申请执行人或者被变更、追加的申请人主张的被执行人是否列为第三人,现行法律和司法解释未予明确。从申请人所主张的事实看,将被执行人列为无独立请求权的第三人,更有利于人民法院查清追加当事人所依据的事实情况。

4. 程序的复合性。我国《民事诉讼法》在嫁接执行异议之诉的过程中,鉴于实践中异议和诉权滥用的现状,对该制度进行了个性化色彩浓厚的改造,实行先裁后诉的立法模式,与大陆法系其他国家和地区的执行异议之诉程序相比更加复杂,将异议审查程序作为起诉的前置条件。执行衍生诉讼预设的基本前提就是执行过程中衍生的争议尽可能在执行程序中予以消解,希望通过异议程序作为争议解决的过滤器。如果经由异议审查程序仍不能消解争议,异议审查结果不能满足异议人请求时,赋予其提起执行异议之诉的权利。

至于公证债权文书执行过程中的债务人,可以在司法解释规定的情形下,于执行程序终结前,以债权人为被告,向执行法院提起不予执行之诉,立法者并未明确将其定性为债务人执行异议之诉。有观点认为,公证债权文书执行过程中的当事人和案外人可以不经执行异议审查程序直接提起执行异议之诉,实为对该制度的误解,公证债权文书不具有既判力,债务人所提起的不予执行之诉涉及的权利义务关系已经与执行依据严重不符,事实上否定了公证债权文书作为执行依据所具有的执行力,执行机构已经无法进行实体审查,只能直接导入诉讼中进行重新审查,这是司法权对非法院作出的执行依据进行审查的功能体现。

德国的第三人执行异议之诉,异议人可以直接向法院提起诉讼,无须经过执行程序的形式审查。我国诉讼法中案外人如果对执行标的物主张排除执行的实体权利,并不能直接提起民事诉讼,而要依照《民事诉讼法》第 238 条的规定,先向执行法院提出案外人异议,由执行部门的异议审查机构①按照非诉程序进行审查,异议成立的,中止执行;异议不成立的,裁定驳回异议。案外人对驳回异议裁定,或者申请执行人对中止执行的异议裁定不服的,才能提起执行异议之诉。从实践中来看,《民事诉讼法》最初设定的目的未能顺利实现,由于很多案件中责任财产是各方争议核心与矛盾焦点,债务人或出于拖延执行、规避执行的目的,或出于虚假诉讼的目的,最终均会提起诉讼。同时,《民事诉讼法解释》关于"案外人异议和异议之诉期间停止执行"的制度设计,对《执行程序解释》规定的异议审查期间不停止执行的做法进行了改变,更加刺激案外人利用异议和执行异议之诉制度对执行程序无故拖延,即使执行机构作出正确的裁定,仍然会有当事人启动执行异议之诉程序,使

---

① 对于审查执行异议的机构,全国各级法院并不统一,多数在执行部门,也有放在审监庭或者专门的执行裁判庭。

目前的案外人异议制度设计叠床架屋，功能重叠，审查标准同质化。从审查程序看，变更、追加当事人的审查程序也是以异议形式体现的，变更、追加案件是按照执行异议案件立案，在程序设计上仍然仿制了案外人异议之诉“先裁后审”的基本构造。从申请执行人视角，立法不允许其直接向法院起诉追加股东等主体为被执行人，执行阶段的审查程序无疑也为异议之诉的前置程序，但从被追加人的视角，被追加人对变更、追加裁定不服的，无须再次向法院提出异议作为前置程序，就可以直接提起执行异议之诉，执行异议审查程序并非诉的前置条件。

目前，追加被执行人依照《最高人民法院关于人民法院案件案号的若干规定》，以案件类型代字“执异”立案审查，但并不表示这类案件属于执行行为异议或者案外人异议案件。执行分配方案异议之诉虽然以当事人的异议为前提，但执行法院对分配方案中的异议不依职权进行审查，只是向相对方转递相关异议，最后由异议人直接向法院提起诉讼。

最高人民法院于 2019 年 8 月在答复《关于执行程序中被追加执行人是否应当作为执行异议立案审查的咨询》时，认为执行程序中追加被执行人属于执行审查类案件中执行异议案件的一种类型。《执行立结案意见》第 9 条是根据《民事诉讼法》的相关规定，对执行异议案件的类型予以明确，除了包括《民事诉讼法》第 236 条、第 238 条规定的执行行为异议、案外人异议外，还包括管辖权异议、变更或追加被执行人、债务人异议、不予执行仲裁裁决或者公证债权文书等。《异议复议规定》系对各种执行异议案件办理的规定，并非仅限于执行行为异议和案外人异议，如该司法解释第 7 条第 2 款系处理债务人异议的规定、第 22 条系处理某一情形下不予执行公证债权文书的规定。随后颁布施行的《变更追加规定》是处理民事执行中变更、追加当事人事宜的专门司法解释，以进一步弥补和完善《民事诉讼法》和原有司法解释对该部分内容规定的不足，特别是为了充分保障当事人的诉权，根据其他法律的相关规定，明确了当事人在某些情形下提起异议之诉的权利。因此，《异议复议规定》《变更追加规定》《执行立结案意见》之间，以及上述司法解释、规范性文件与《民事诉讼法》之间，并不存在矛盾和冲突。

5. 诉讼请求的统一性。执行异议之诉不能简单定性为确认之诉、形成之诉或给付之诉等普通民事诉讼，它是兼具形成之诉和确认之诉性质的复合型诉讼，普通诉讼的审理范围需要根据当事人提出的诉讼请求以及反诉请求从个案确定，但案外人执行异议之诉以排除对特定标的物的执行为目的，审理内容围绕执行标的的真实权属和能否排除执行两项内容展开。就程序上而言，案外人依据《民事诉讼法》第 238 条提出执行异议被驳回的，即可向执行人民法院提起执行异议之诉。人民法院对执行异议之诉的审理，一般应当就案外人对执行标的物是否享有权利、享有什么样的权利、权利是否足以排除强制执行进行判断。至于是否作出具体的确权判项,视案外人的诉讼请求而定。案外人未提出确权或者给付诉讼请求的,不作出确权判项,仅在裁判理由中进行分析判断并作出是否排除执行的判项即可。但案外人既提出确权、给付请求,又提出排除执行请求的,人民法院对该请求是否支持、是否排除执行,均应当在具体判项中予以明确。执行异议之诉不以否定作为执行依据的生效裁判为目的,案外人如认为裁判确有错误的,只能通过申请再审或者提起第三人撤销之诉的方式进行救济。[①] 执行异议之诉是否应对争议标的进行确权,争议较大,传统大陆法系理论认为案外人执行异议之诉不解决权利归属问题,只解决是否能够排除执行问题,对财产权利归属的争议可以由第三人另行诉讼。

变更、追加异议之诉人民法院应当审查申请人请求变更、追加的理由是否属于执行程序中变更、追加责任主体的范围。而执行分配方案异议之诉的审理范围,一般认为包括分配的数额、分配顺位、是否已经履行等。

6. 裁判结果的禁止调解性。普通民事诉讼中,法院作出的裁判文书根据诉的性质或给付,或确认,或解除、变更某一法律关系,也可以根据当事人之间的自愿达成调解协议,作出民事调解书。对于执行异议之诉尽管法院可以在一定情况下开展调解工作,但作出的裁判文书必须是判决,这一点在相关的司法解释中已经明确规定。判决主文相对固定,根据《民事诉讼法解释》第 311 条的规定,法院的判决主文为两种情形:案外人就执行标的不享有足以排除强制执行的民事权益的,判决准许执行该执行标的;案外人就执行标的享有足以排除强制执行的民事权益的,判决驳回诉讼请求。在案外人异议之诉中,根据《民事诉讼法解释》第 310 条的规定,人民法院的判决主文也分为两种情形:案外人就执行标的不享有足以排除强制执行的民事权益的,判决驳回诉讼请求;案外人就执行标的享有足以排除强制执行的民事权益的,判决不得执行该执行标的。在申请执行人提起的变更、追加异议之诉中,根据《变更追加规定》第 33 条的规定,仅限于两类主文:理由成立的,判决不得变更、追加被申请人为被执行人或者判决变更责任范围;理由不成立的,判决驳回诉讼请求。在申请人提起的变更、追加执行异议之诉,人民法院经审理,依据《变更追加规定》第 34 条的规定,同样也只能按照两种情形处理:理由成立的,判决变更、追加被申请人为被执行人并承担相应责任或者判决变更责任范围;理由不成立的,判决驳回诉讼请求。对于执行分配方案异议之诉的判决主文,现行法律没有明确规定,但从异议的请求是对执行分配方案进行修正这一点来看,判决的主文亦不外乎两种情形:异议理由成立或者部分成立的,判决对执行分配方案进行修正;异议

---

① 参见《九民纪要》第 119 条。

理由不成立的，判决驳回。对于债务人异议之诉的判决主文，根据《公证执行规定》第23条的规定，人民法院经审理认为债务人不予执行公证债权文书的实体理由成立的，判决不予执行或者部分不予执行；理由不成立的，判决驳回诉讼请求。

第四节 异议之诉的裁判原则

一、执行异议之诉案件的裁判原则

执行异议之诉作为典型的执行衍生诉讼，兼具审判和执行的双重特点，在保护法益、适用对象、制度设计、裁判规则等方面，理论界和实务界一直都存在较大的争议，尚未形成统一的标准。从制度起源和最终目标的全局视角观察，结合审判实践经验，对具体案件的裁判，我们总结出关于执行异议之诉的五个裁判原则：

1. 效率优先兼顾公平原则。执行异议之诉属特殊类型诉讼，关系到执行当事人的实体权利，但并不意味着执行异议之诉不以效率优先为原则。执行异议之诉案件衍生于执行程序，其审理直接关系到执行当事人的利益及执行程序的推进，提高执行异议之诉的审判效率，是贯彻效率优先的执行原则的应有之义。效率优先原则应体现在两个方面：一是严格遵守执行异议之诉的提起时间，以案外人异议之诉为例，其以法院裁定驳回案外人异议为前提，而案外人异议需在异议指向的执行标的执行终结前提出（受让人为执行当事人的，在执行程序终结前提出），因案外人异议之诉不仅要解决实体上的法律关系，更重要的是解决异议标的能否执行的问题，若执行标的已经执行终结的，则案外人异议和案外人异议之诉排除执行的制度功能将会落空。二是严格恪守执行异议之诉有限救济的制度宗旨，具体表现为权利救济法定和执行异议之诉类型法定。

2. 权利救济法定原则。执行异议制度作为一项权利救济制度，其制度设计理念旨在保护特定主体的特定实体权利。“特定主体”体现在救济对象的有限性和非常态性。能够通过执行异议、审判监督程序、第三人撤销之诉或其他程序获得救济的主体不应纳入可以提起执行异议之诉的主体范围。“特定实体权利”则是决定“特定主体”的基础，只有通过诉讼程序才能得到充分保障的权利才应被纳入执行异议之诉范畴。

3. 执行异议之诉类型法定原则。该原则是权利救济法定原则的自然衍生，目前《民事诉讼法》及相关司法解释规定的执行异议之诉主要有三类：一是案外人基于所有权、用益物权、特殊担保物权、合法占有以及利害关系人基于到期债权的执行等提出异议引起的案外人执行异议之诉和申请执行人许可执行之诉。二是已进入分配范围的债权人或被执行人基于分配方案的异议提出的执行分配方案异议之诉。三是申请变更、追加的被执行人或申请执行人基于变更、追加被执行人裁定(出资不实的有限合伙人、出资不实或抽逃出资的股东、不能证明自身财产独立于公司财产的一人有限公司股东、未经清算即办理注销导致公司无法清算的股东、股份有限公司董事或控股股东)提出的追加、变更被执行人异议之诉。

4. 实质审理原则。执行异议之诉的审查目的是通过对实体法律关系的确认推进执行程序的进行,因此执行异议之诉的审查应坚持实质审理原则,具体表现为三个方面:一是不能再以权利外观主义原则对权利归属作出判断,而要基于执行标的权属变化及其争议赖以产生的基础性的实体法律关系予以判断。二是实体法律关系判断是执行异议之诉的前提和基础,因此,无论当事人是否提出确认其权利的诉讼请求,都要查明相关实体权利的性质及其归属。三是为了防止执行异议之诉被作为逃避、拖延执行的手段或被滥用,损害申请执行人利益,要合理分配举证责任和慎用自认规则,这也是查明权利真实归属的应有之义。

5. 权利甄别比较原则。同一执行标的物上存在的不同性质的权利发生冲突时,应当坚持物权优先于债权、法律规定的特殊债权优先于普通债权的原则。这涉及申请执行人执行异议之诉案件中"足以排除强制执行的民事权益"的理解问题。"足以排除强制执行的民事权益"应理解为案外人对于执行标的所享有的实体权利在效力上应当优先于申请执行人的债权效力,应当包括但不限于所有权、共有权、他物权、优先权等。例如,依据买卖不破租赁的原则,如果强制执行行为可能阻碍租赁权的正常行使,租赁权也可能成为"足以排除强制执行的民事权益"。在执行异议之诉案件的审查过程中,对于"足以排除强制执行的民事权益"的判断过程,就是对于申请执行人和案外人民事权利冲突的法律选择过程。如何选择和安排行使权利的先后顺序直接涉及相关主体的利益,体现法律的价值取向和对各类法益的保护程度。区分各个民事权益的效力优劣,其实质是法律对于其中某一权利的限制。由于大部分执行异议之诉的所指向的执行标的均为物,因此,在确定案外人是否享有实体权益的判断中,实际上主要是涉及对物权归属的确认,即《民法典》物权编以及合同编中各类合同项下关于权属变动的相关规则的理解与适用。因此,关于物权的变动规则成为案件审理的一个重要基础。

二、执行异议之诉案件的审理思路

执行异议之诉的审理思路主要有以下四点。

1. 准确把握审理执行异议之诉案件的程序规范。其在前置程序、受理条件、诉讼主体、诉讼管辖、诉讼请求等程序构造上都与普通民事诉讼有很大区别,审理中首先要厘清执行异议之诉的诉讼目的和诉讼程序，准确适用程序规范。

2. 准确把握执行异议之诉与执行行为异议、执行依据异议的区别。三种类型的异议都有不同的审查程序和救济途径。因此，在受理和审理时都需要分清应当适用哪一种异议程序，并向当事人作出释明，减少当事人讼累。

3. 准确把握执行异议之诉的实体审查标准。执行异议之诉的核心审查内容是案外人是否享有阻止执行标的转让、交付的实体权利，而这涉及民法里的多个实体法领域。审理中首先应从案外人提出执行异议所依据的实体权利类型出发，审查其主张实体权利的相应法律基础，如《民法典》物权编中关于财产权属认定的规定、《民法典》婚姻家庭编中关于夫妻共同债务和共同财产的规定、《民法典》合同编中关于建设工程优先受偿权的规定等。其次，要结合强制执行法中案外人实体权利与申请执行人债权实现发生冲突时的权利实现顺位，准确把握实体审查标准，妥善平衡案外人和申请执行人的利益关系。根据案件的具体情况，对异议人所主张的权利、申请执行人债权实现的效力以及被执行人对执行标的的权利作出比较后进行综合判断，从而确定异议人的权利是否能够排除执行。

案外人应当就其对执行标的享有足以排除强制执行的民事权益承担举证责任。同时，申请执行人亦应对其诉讼主张承担相应的举证证明责任。① 如果在审理过程中，查明被执行人和案外人对执行标的都不享有权利，法院有权直接对执行标的的错误执行行为进行纠正，但不得执行该执行标的。

4. 明确案外人权利的性质。《异议复议规定》第 8 条明确了以“基础权 + 目的”作为判断案外人异议是实体异议还是程序异议的区分标准，②其中，基础权是“所有权或者有其他足以阻止执行标的转让、交付的实体权利”，目的是阻止、排除执行。因此，对基础权的判断应该是案外人异议之诉审查的首要内容。而明确案外人权利的性质又是判断案外人实体权利义务关系的基础，必须先行解决。对于案外人权利的性质的识别，由于涉及对实体权益的裁断，因而应当以实体法为依据。

执行异议之诉的本质是不同权利所体现的价值之间的博弈，审查案外人民事权益是否足以排除执行之前，首先应当对案外人权利性质作出判断。③ 所以我们认

---

① 参见武汉亘星资源有限公司、武汉剑强人和置业有限公司申请执行人执行异议之诉纠纷案，(2018)最高法民再 400 号民事判决书。

② 参见王静：《执行异议案件程序问题分析》，载《人民法院报》2019 年 6 月 27 日，第 7 版。

③ 如在(2021)最高法民再 129 号案件中，原审法院未注意审查案外人的权利来源、性质，错将股权当作买受人的物权期待权，将审查重点集中在案外人是否满足《异议复议规定》第 28 条所列之要件，陷入案外人是否非因自身原因未办理过户的争论之中。最高人民法院认为，案外人是否享有足以排除本案强制执行的民事权益，主要包括其是否为《异议复议规定》第 28 条规定的无过错买受人，或者是否为案涉标的的实际权利人，需要分析案涉协议的性质。最终纠正了原审法院的错误判决。

为,执行异议之诉的审理应当遵循先审查案外人主张的民事权益性质,再审查该实体权利是否归属于案外人,最后判断案外人的权益与申请执行人的债权之间何种权利更为优先的审查逻辑。

三、执行异议之诉案件的诉讼费用

执行异议之诉的提起、审理以及裁判程序比较特殊,但为促使当事人理性诉讼,依然需要按规定收取诉讼费用。根据《最高人民法院关于安徽省高级人民法院〈关于对执行异议之诉案件如何收取案件受理费的请示〉的答复》(〔2014〕民立他字第29号),执行异议之诉当事人的请求涉及财产权益的应属于财产案件,应当按照财产案件标准计收案件受理费。执行异议之诉案件受理费,应当按照《诉讼费用交纳办法》第13条第1款第1项规定的财产案件标准收取。其中,针对执行标的提起的异议之诉案件受理费,以当事人请求排除或许可执行的执行标的物的财产金额或者价额为基数计算;针对执行分配方案提起的异议之诉案件受理费,以当事人异议所直接针对的执行分配方案中涉及当事人的分配财产金额或者价额为基数计算;针对变更、追加被执行人提起的异议之诉案件受理费,以当事人请求变更、追加的被执行人承担的债务金额为基数计算。针对变更、追加被执行人提起的异议之诉案件受理费,以当事人请求变更、追加的被执行人承担的债务金额为基数计算。案外人在执行异议之诉中就执行标的同时提出确认其权利的诉讼请求的,不另行收取案件受理费。

第五节　异议之诉的制度困境

法律依据

《异议之诉司法解释》第6条　案外人执行异议之诉案件审理期间,申请执行人请求人民法院继续执行并提供相应担保的,由负责审理执行异议之诉的人民法院裁定是否准许。执行法院依法继续执行的,案外人执行异议之诉案件按照下列情形分别处理:

(一)案外人就执行标的不享有足以排除强制执行的民事权益的,判决驳回诉讼请求;

(二)案外人就执行标的享有足以排除强制执行的民事权益,执行标的由申请执行人通过拍卖、抵债等执行程序受让的,判决不得执行该执行标的,并撤销相关拍卖或者抵债裁定;已向申请执行人交付的,同时判决申请执行人返还,拒绝返还

的,强制执行;

(三)案外人就执行标的享有足以排除强制执行的民事权益,执行标的已由他人通过拍卖、变卖等执行程序合法取得的,判决不得执行该执行标的变价款,执行法院向案外人发放变价款;已向申请执行人发放变价款或者已向被执行人退还剩余变价款的,同时判决申请执行人、被执行人返还,拒绝返还的,强制执行;执行法院向案外人释明执行标的已由他人合法取得而案外人拒绝受领变价款的,应当将变价款予以提存,并告知案外人自提存之日起五年内可以随时领取。

在前款第二项、第三项规定情形下,案外人认为申请执行人请求继续执行错误,给其造成损失的,可以依法另行向申请执行人、执行担保人等主张权利。

《异议之诉司法解释》第7条 案外人执行异议之诉案件审理或者再审申请审查期间,执行案件已经结案,执行法院未对执行标的进行处分且执行措施已经解除的,人民法院应当裁定终结诉讼或者终结审查。原由执行法院作出的执行异议裁定失效。案外人根据本解释第四条、第五条提出的确权、给付请求,人民法院可以继续审理或者审查。

因执行制度的先天不足,虽经过二十多年的立法改革和实践探索,关于执行衍生实体争议解决机制的困境犹存。首先,诉权的差别化设定导致的救济不足与救济过度。诉权保护的不平等集中表现在对同类实体争议采用不同的解决模式以及不同争议采用了相同的解决模式。我国立法并未区分争议的不同性质,只是根据争议的内容设置执行行为违法、第三人主张实体权利与执行分配方案异议三个事由,分别设定了"异议+审查+复议""异议+审查+诉讼""协商+不审查+诉讼"的三种不同的救济模式。在执行标的为被执行人的债权时,未能赋予其诉讼救济的权利,被执行人的债务人即次债务人只要在收到履行通知后15日内提出异议即可获得执行豁免,而对于被执行人的标的物,案外人则可提起诉讼作为解决争议机制。债务人对债权是否存在的异议未能给予应有的诉讼救济。相反,对于参与分配方案的异议,司法解释则赋予了异议人过多的诉讼权利。① 实体争议所依赖的基础权利固然有别,但异议人享有的救济权利并无高低贵贱之分,同等类型的争议理应受到平等的对待。

其次,诉讼依赖导致的效率与公正失衡。《执行权配置意见》第1条规定:"执行权是人民法院依法采取各类执行措施以及对执行异议、复议、申诉等事项进行审查的权力,包括执行实施权和执行审查权",这里的审查权显然不同于裁判权。有

① 对执行过程中争议主体的救济机制的设计直接影响对具有稀缺性的执行资源和审判资源的配置,将执行资源配置到最有效率的制度设计中,是执行过程中发生实体争议解决的核心问题。

观点认为,实体问题争议只能由审判机构按照诉讼的方式进行处理,这种矫枉的认识不仅失之偏颇,还与在民事执行中实体争议救济的实然景观相背离。其实,执行异议之诉是实体上的救济方法,与民事执行中实体争议的救济途径不能作等同处理,执行机构并非天然无权以异议裁决的方式处理实体争议。① 民事执行中的实体争议除实体上的救济方法外也可以适用程序上的救济方法,②并不排除执行机构有权以非诉(异议)的形式解决的合法性,只是在异议的执行审查后,仍存在争议时,其最终处理以审判机构的诉讼救济为主,这一点在我国台湾地区有关强制执行的规定中得到了充分的体现。③ "就民事执行程序中的诉讼事项和非诉事项的界限来看,既无明确的法律规定,亦无明确的学理界定,在执行实践中呈现交织莫辩的尴尬境地。"④实践反映出的情况是,执行异议之诉的审判部门对执行异议之诉另眼相看,案外人经常避开执行异议之诉另行起诉确权后再提异议,从而达到规避执行行为的目的,导致执行异议之诉在实践中没有得到很好的贯彻。⑤

最后,实体争议事项与程序事项未能科学界分。我国对执行中部分实体性争议的解决通过糅合执行程序的形式审查和审判程序的实质审理双重机制,以执行异议之诉的形式构架起对异议主体的救济,该种机制以发生争议的当事人提出书面异议,由执行机构初步审查为前提条件,学者称为法定顺位主义,执行异议之诉并不是必然提起的,如果执行程序能够解决当事人的实体性争议,执行异议之诉无从提起。⑥《民事诉讼法》第 236 条规定的救济方法为程序性救济方法,但所救济的权利是违法执行行为指向的全部权利,既有程序权利,也有实体权利。⑦ 而《民事诉讼法》第 238 条则针对实体争议解决之规定,在程序性救济方法之后再给予其实体救济方法。这种执行权和审判权之间的混淆根源于争议事项本身兼具性质上的二

---

① 参见谭秋桂:《民事执行权配置、制约与监督的法律制度研究》,中国人民公安大学出版社 2012 年版,第 144 页。

② 在我们一直努力要严格区分执行权和裁判权时,有一种现象必须引起注意,那就是对有的问题,不同的法系和不同的国家在处理上出现截然相反的路径,有的是在执行程序中解决,有的则通过审判程序解决。

③ 参见[日]谷口安平:《程序的正义与诉讼》(增补本),王亚新、刘荣军译,中国政法大学出版社 2002 年版,第 10 页。

④ 金殿军:《民事执行程序中诉讼事项与非诉事项——以执行权和审判权的分野和衔接为中心》,载江必新主编,最高人民法院执行局编:《执行工作指导》2011 年第 1 辑(总第 37 辑),人民法院出版社 2011 年版。

⑤ 参见赵晋山:《赋予案外人提起异议之诉的权利》,载《人民法院报》2007 年 12 月 7 日,第 8 版。

⑥ 参见童兆洪主编:《民事执行调查与分析》,人民法院出版社 2005 年版,第 164 页。

⑦ 参见[日]菊井维大:《强制执行法总论》,有斐阁 1976 年版,第 212 页以下。转引自肖建国:《〈民事诉讼法〉执行编修改的若干问题探讨——以民事强制执行救济制度的适用为中心》,载《法律适用》2008 年第 4 期。

元性和救济路径上的二元性,“实体争议中被执行人的行为既是对执行程序中公法义务的违反,也是对平等民事主体之间作为或者不作为义务的违反”。[①] 这就导致了对争议事项予以救济的方法存在多元的可能性。实体争议解决无门的困境的重要原因在于执行程序和审判程序出现双重缺位或双重越位,二者之间未能建立起有效的衔接机制。

近年来,最高人民法院密集出台司法解释,在很大程度上填补了实践中无法可依的空白,但对于审判与执行交叉与衔接领域自由裁量权过大、适用法律尺度不统一的顽症,治疗效果依然不尽如人意。最为突出的问题之一就是执行异议之诉的审理与裁判。

我们认为,一要正确对待案外人异议和执行异议之诉期间执行标的的处分,妥善处理好执行异议之诉和执行实施程序的关系,2008 年《执行程序解释》第 16 条第 1 款、第 2 款规定,案外人异议审查期间,人民法院不得对执行标的进行处分。案外人向人民法院提供充分、有效的担保请求解除对异议标的的查封、扣押、冻结的,人民法院可以准许;申请执行人提供充分、有效的担保请求继续执行的,应当继续执行。第 20 条第 1 款、第 2 款规定,案外人依照《民事诉讼法》第 238 条的规定提起诉讼的,诉讼期间,不停止执行。案外人的诉讼请求确有理由或者提供充分、有效的担保请求停止执行的,可以裁定停止对执行标的进行处分;申请执行人提供充分、有效的担保请求继续执行的,应当继续执行。其实,《执行程序解释》较好地平衡了各方当事人的利益,但是不到 7 年,2015 年《民事诉讼法解释》第 315 条风向立转,规定案外人执行异议之诉审理期间,人民法院不得对执行标的进行处分。申请执行人请求人民法院继续执行并提供相应担保的,人民法院可以准许。只要案外人提起异议直至异议之诉的二审期间,无论案外人所提异议有无事实依据,均原则上阻止对执行标的的处分行为。利益的天平倒向案外人一边,执行案件往往久拖不决,被执行人通过案外人提异议的方式刻意拖延执行程序的情形不绝如缕,执行效率价值黯然失色。最高人民法院不得不在沈阳一运实业有限责任公司、姜某等案外人执行异议之诉案件[②]中,裁定指出案外人可以对执行标的物主张实体权利作为停止执行的事实和理由,但不能因此推定为案外人已经提出中止执行裁定的诉讼请求,执行异议之诉中需要有明确的诉讼请求才可中止执行。未来,寄托《民事强制执行法》能改变这一不合理的尴尬格局,还执行异议之诉本来面目。

《异议之诉司法解释》第 6 条对执行标的已处分时执行异议之诉如何处理作出

① 孙忠志:《执行与审判的界限》,载《人民司法》2005 年第 9 期。

② 最高人民法院民事裁定书,(2014)民申字第 1927 号。

了规定。案外人执行异议之诉审理期间,允许申请执行人提供担保而继续执行。继续执行情形下,如果案外人异议未获得支持,侧面证明继续执行并无不当。但如果案外人异议最终获得支持,则存在之前的执行实施行为如何救济的问题。《异议之诉司法解释》针对执行标的物是否由申请执行人取得还是由案外人合法取得分别作出了规定。执行标的由申请执行人受让或以物抵债,根据《异议复议规定》第6条的规定,此时仍属执行过程中,原有的执行措施应被撤销,包括相关拍卖、变卖裁定,已经交付的,应判决返还。执行标的已由他人通过执行程序合法取得,根据《异议复议规定》第6条的规定,此时异议指向的执行标的执行程序终结,第三人已经善意取得所有权,只能将不得执行的执行标的变更为执行标的的变价款,如果变价款已经发放给申请执行人或者退还给被执行人的,判决返还;申请执行人、被执行人拒绝返还变价款的,强制执行。另外,《异议之诉司法解释》还规定了案外人对申请执行人和执行担保人的赔偿请求权。执行异议之诉审理期间,原则上不得对执行标的进行处分,但申请人提供担保,执行法院继续执行了本应排除执行的标的,则构成民法上的侵权,申请执行人应当承担赔偿责任,执行担保人应当承担担保责任。

二要合理规制提起案外人异议之诉的主体范围。当下法院受理的案外人异议和案外人异议之诉,对于提起的主体有哪些,认识相当混乱;对于哪些属于案外人,把关不严,本可以通过异议和复议程序解决的争议统统纳入诉讼中来,导致执行异议之诉出现泛滥和爆炸。《民事诉讼法解释》第302条规定,案外人、当事人对执行异议裁定不服,自裁定送达之日起15日内向人民法院提起执行异议之诉的,由执行法院管辖。但对于哪些人属于案外人和当事人范畴语焉不详。在大量的执行监督案件中可发现,不少法院将执行异议、复议程序中的利害关系人也纳入案外人异议和诉讼的主体范围。比如,对于到期债权执行中的次债务人,在次债务人对到期债权提出异议后,法院依然强制执行,次债务人再次提出异议,执行法院便将次债务人纳入案外人异议中处理,不仅改变了到期债权执行制度本意,还扭曲了执行异议之诉的应有之义。更有甚者,有的居然将同一被执行人的不同债权人,基于对公证债权文书的不服,对执行标的物变价方式提出异议,也以案外人异议裁定和审理。除此之外,实践中还存在案外人向轮候查封、扣押、冻结的法院提出执行标的异议的情况。实际上,轮候查封法院对标的物并无处置权,案外人原则上不能向轮候查封的执行法院提出案外人异议。①

① 轮候查封属于效力待定的查封,不产生正式查封的法律效力,故案外人原则上不能向轮候查封的执行法院提出案外人异议。但也有观点认为,轮候查封虽然不属于正式查封,但案外人基于对标的物主张实体权利而提出异议,也应当作为案外人异议进行审查。

三要统一排除执行的实体权属判断标准。执行异议之诉最核心的难点就是对争议财产权属的判断标准混乱。以代持股权能否排除执行为例，各地法院裁判五花八门，就是同一法院在不同时期，作出的判决也标准各异，时而倾向申请执行人，时而保护所谓的股权实际权利人。而对于货币资产、借名购房等情况的权属判断标准更是“乱花渐欲迷人眼”，因此，统一裁判标准，拿出令人信服的裁判规则，实乃当务之急。

四要妥善处理案外人权利不同救济渠道的相互关系。就案外人权利的法律救济通道而言，如要实现对执行标的的执行阻却，存在另案确权、申请再审和第三人撤销之诉的诸多方式，这些不同类型的民事诉讼，似乎尚未进行系统的整合，以致顾此失彼，首尾难顾，尤其被执行人与案外人在执行前程序通过仲裁确权，然后提起案外人异议时竟然在《民事诉讼法》及《民事诉讼法解释》中找不到任何救济路径，以致所确立的制度本身成为恶意诉讼者的护身符。

五要构建合理的执行异议之诉审理机构。适逢执行体制改革之机，对于执行异议之诉的审理机构，不少法院成立了专门的执行裁决庭，负责审理执行异议之诉，但是大部分法院仍然将执行异议之诉根据不同案由分散到不同民事庭室，甚至有的法院规定由立案庭、刑事审判庭、审判监督庭审理执行异议之诉案件。有的高级法院出台指引，将执行异议之诉的案件按照案由分散到不同的民事审判庭室，这也是造成裁判标准多元的重要原因。如将争议标的分为有形财产、无形财产和知识产权分别由民一庭、民二庭、民三庭（知产庭）负责。其划分标准并不科学合理，实乃未独立成立执行裁判庭的无奈之举。① 无形中扩大了裁判裂痕，至今不少承办人对执行异议之诉的裁判依然深感陌生与疏离。诉讼对于执行，合理加以规制，不失为保护案外人和当事人合法权利的武器；任其泛滥成灾，也会成为伤害当事人和案外人的利刃。总之，合理借鉴、躬身实践，接地气的司法解释是不难制定和出台的。

六要明确异议之诉的审理范围。主流观点认为，案外人、申请执行人提起执行异议之诉，人民法院的审理范围限于当事人之间的实体权利争议，即案外人对执行标的是否享有实体权利，以及该实体权利能否排除强制执行。因此，案外人提起执行异议之诉的诉讼请求范围仅包括排除执行及确认权利，超出该两项外的诉讼请求都不属于案外人执行异议之诉的审理范围。如在李某仁诉中国华融资产管理股份有限公司甘肃省分公司、陇西航龙置业有限公司等案外人执行异议之诉案②中案

① 参见《黑龙江省高级人民法院关于审理执行异议之诉案件若干问题的解答》。

② 最高人民法院民事判决书，(2019)最高法民终537号。

外人提出要求被执行人协助办理房屋产权登记的诉讼请求,最高人民法院认为,该等具有给付内容的诉讼请求不属于案外人执行异议之诉的审理范围,不应在案外人执行异议之诉案件中一并审理,案外人可就该诉讼请求所涉事项依法另行主张。但值得关注的是《九民纪要》对执行异议之诉处理思路的变化,《九民纪要》第119条规定,"至于是否作出具体的确权判项,视案外人的诉讼请求而定。案外人未提出确权或者给付诉讼请求的,不作出确权判项,仅在裁判理由中进行分析判断并作出是否排除执行的判项即可。但案外人既提出确权、给付请求,又提出排除执行请求的,人民法院对该请求是否支持、是否排除执行,均应当在具体判项中予以明确",这将给付请求也纳入案外人执行异议之诉的审理范围。

第二章　执行衍生实体争议与程序异议的识别

相对于其他国家和地区，我国的执行异议之诉制度诞生的时间较晚，法律规定也一直较为笼统。① 从执行异议之诉在法律与司法解释中所处的位置看，对其定位有一个逐步变化的过程。2007 年修正的《民事诉讼法》，对执行异议程序进行了具有指导意义的扩展。将与执行行为密切相关的执行当事人纳入其中，将审查主体也由执行人员改为人民法院，契合了实际的需要与执行救济的设立初衷。《执行程序解释》对执行异议之诉中的当事人、管辖及诉讼请求等问题作出了较详细的规定。应当看到，这是关于执行程序的解释，其中更着眼于将其定性为执行救济制度。《民事诉讼法》第 238 条的位置是在第三编执行程序中对其进行规定的，而《民事诉讼法解释》则在第二审程序前作出规定，将其定位为审判程序。民事审判程序不同于执行程序，执行程序的理念是效率优先，兼顾公平；而审判程序的理念是公平优先，兼顾效率。涉及实体权利义务的争议应当适用审判程序。正是因为执行异议之诉的价值在于对违法和不当执行的救济，并且是将这种救济由执行程序延伸到审判程序，所以执行异议之诉的诉讼主体、诉讼请求和裁判不同于普通民事诉讼，都具有一定的特殊性。因此，《民事案件案由规定》将执行异议之诉作为一类特殊案件，规定于第十部分，即适用特殊程序案件案由部分，同时明确了我国执行异议之诉包括案外人异议之诉、申请执行人执行异议之诉、执行分配方案异议之诉。故对执行异议之诉案件的审理，应从审判和执行两个角度进行考量。

合理区分执行衍生实体争议和程序异议，并适用不同的争议解决程序，是《民事诉讼法》及相关司法解释贯彻的基本思路。对于程序性异议，由执行机构按照效率优先的异议和复议程序进行审查；而对于实体争议，则适用诉讼程序进行审理。这种划分既有其深厚的理论作为支撑，也是实践不断探索得出的结论。

---

① 如德国有执行异议、执行异议之诉、第三人异议之诉；日本有执行抗告、执行异议、对于执行证书付与的异议之诉、请求异议之诉、第三人异议之诉、分配异议之诉。

一、实体争议与程序异议的区分

(一)理论前提

实体争议与程序异议区分的理论前提有以下三点。

1.执行权的裁判职能可以处理实体争议。执行权既有实施权之权能,也有对衍生争议进行实体审查的权能,这是执行权独立性、完整性、综合性的表现,但这种事实上的实体裁判权能在立法上存在被削弱、被否认的趋向。《执行权配置意见》对“执行裁决权”的概念已经弃之不用,而代之以“执行审查权”,意在将执行中更多的审判事项交由审判程序处理,试图通过分割执行权权能的方式进一步区分执行权和审判权的边界。但实际上所谓的执行审查权除去概念术语的换位之外,其裁判争议的职能仍在事实上发挥作用,如被追加、变更被执行人提出的异议中,对部分当事人没有赋予其诉权,执行程序基本上采用了同审判程序相同的法律适用方法和庭审程序、证据规则,①这正是裁判职能的充分体现。因此,应该实事求是地承认执行权中的裁判职能,在纠纷解决上还执行权以其本来面目。“程序和实体貌似泾渭分明的对立结构其实可以相互渗透与融合”,②在执行权的权能界定和配置过程中,应该强化执行阶段的争议裁断职能,从而有利于实体争议纠纷的彻底化解。

2.效率与公正价值平衡的考量。民事执行的价值具有多元性和层次性,可概括为权益实现最大化、高效化和正当化三个层次。“社会公正的基本立足点在于:应当站在社会整体利益的立场上,以维护每一个社会群体和社会成员的平等权利与合理利益为基本出发点,在解决某一社会群体所面临的不公正对待问题时,不能损害另外社会群体的合理利益。”在执行程序中,突出效益的地位是因为生效法律文书的正当性已决定了执行债权的公正属性。为实现执行债权而触动了其他实体权利时,对权利的平等尊重才是公正的基本要求,争议双方有权获得正当程序下的救济机会,而不应在公正的名义下使一种权利侵害另一种权利。诉讼程序的公正性要求已体现在生效法律文书中,迅速实现确定的债权即是对诉讼的公正价值最大的彰显。但是,一旦在执行程序中产生实体争议,就需要对所争议的权利同等地给予公正程序的保护。③

3.依据制度供给考量救济需求的满足方式。执行活动追求以最小的资源消耗

---

① 参见沈志先主编:《强制执行》,法律出版社2012年版,第7页。

② 魏天红:《民事执行中的权力定位与配置》,载江必新主编,最高人民法院执行局编:《执行工作指导》2012年第4辑(总第44辑),人民法院出版社2013年版。

③ 参见常怡主编:《比较民事诉讼法》,中国政法大学出版社2002年版,第149页。

取得同样多的执行效果或以同样多的资源消耗求得最大的执行效果。提高执行效率,就要求执行法官以最快的速度、最低的执行成本实现债权人的债权。[①] 低效率的执行制度本身就是对公正的亵渎,当以效率为核心价值考虑执行制度设计时,就是对不同的执行资源配置方案进行比较和权衡,发现其中能以最小的资源消耗使执行需求得以最大的满足的方案。在执行资源既定而穷尽一切执行活动时,面临执行资源的短缺,优化执行资源配置是提高执行效率的一条根本途径。[②] 实体争议解决机制的制度安排,固然有其理论要求和比较法的借鉴,但本土具体实践的司法需求是制度设计上的决定性因素。"司法供给是一种持续的,固定模式的提供,人民群众并不能像选择购买商品或服务一样来选择司法的供给;在没有选择的情况下,供给方的商品直接性的、决定性的影响着需求者的评价和认同程度。"[③]无论立法还是司法都不应该脱离这种需求而自说自话,但制度供给与经济学的供给概念大相径庭,不能根据市场主体的需求随时调整,保证供给和需求的一致对应,因此,应该充分利用执行程序消解执行纠纷的制度优势,通过程序的公正透明运作解决大部分实体争议。抽离本应由执行程序所解决的争议,不利于矛盾的化解,反而增添当事人的诉累。"执行效率的基本理念就在于:执行价值只有通过高效率的执行制度才能实现。它涉及执行制度的各个层次和方面,其内容包括:制度之间的协同性、保持制度之间必要张力的同时减少制度之间的摩擦、制度规范上的时效设置,形成制度运行状态中的时效约束机制。"

(二)实践基础

实体争议的产生离不开执行权的运行,所以可以从执行行为性质、争议来源首先对实体争议予以类型化划分,从而为实体争议解决机制的设计奠定实践基础。在划分标准上,所有的实体争议都与司法属性的执行权行使有关,而执行权向外扩张的领域从其影响上可分为已及领域(包括近域、远域)和未及领域(如图 2-1 所示),因此,根据执行权在执行程序中作用的领域可对争议类型进一步细分。

---

① 参见万宗瓒:《论民事执行中的司法资源》,载《法学论丛》2008 年第 11 期。

② 参见钱弘道:《执行改革的经济分析》,载张启楣主编:《执行改革理论与实证》,人民法院出版社 2002 年版。

③ 刘雪峰:《群体的司法需求差异与司法公信力建设——以社会阶层结构及变化为视角》,第二十四届全国法院学术讨论会二等奖论文。

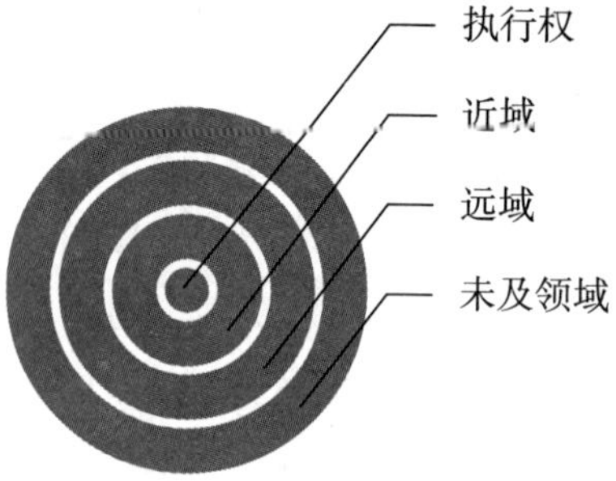

图2-1 执行权向外扩张领域

1. 近域中对执行依据解释发生的实体争议

执行解释本身也属于执行自由裁量权的范畴,在审判和执行的分立模式下,进入执行程序的裁判也并非都发生强制执行的法律效果,是否能够得到执行,需要执行法官的判断:(1)执行的送达,如果送达没有符合法定程序,强制执行必然损害被告的利益,与日本不同,我国没有执行签证制度,必须由执行法官进行判断和控制。(2)执行名义的模糊性和多义性,审判法官对于原告的诉求,得出的判决结论并非都是明晰确定的,往往存在模棱两可与歧义理解的情形,如何结合判决的事实理由,探求审判法官的原意,同样需要执行法官行使自由裁量权。(3)继续履行合同案件的判决如何执行,需要自由裁量权去破解。另外,法院在执行阶段对执行财产的分配也属于执行自由裁量权运用导致的执行客体(财产)变化范畴,但执行分配方案的争议事项应该分别对待,关于执行债权是否适用分配程序,参与分配程序的决定、申请参与分配的债权人是否适格的认定,债权人申请参与分配是否逾期的认定、分配方案的送达等实体事项,仍属于执行权裁量范畴的近域事项。

2. 远域中对债权要素改变的实体争议

因执行权中的行政权属性权力发生的异议可以归属于程序性争议,纯粹程序性异议不是发生在不同的执行当事人或案外人之间,而是发生在执行权指向的主体(当事人与案外人)与执行法院之间。因此,程序异议不能称为真正的争议。① 但实体争议则不然,它源于执行自由裁量权的运用。凡有执行裁量权运用之场合,均有产生实体争议之可能。执行自由裁量权的运用导致执行要素发生不同于原执行依据内容的变化和更替,导致执行依据的债权人和债务人对执行客体(对象)的确定和选择发生变化。以下这些均属于执行债权要素的变化。

① 程序性异议多指向执行权的违法与不当行使,侵害或影响了被执行人、利害关系人的程序性利益,如对拘留决定和拘留期限的异议,对查封扣押划拨存款数额的异议,对查封的标的明显超出债权数额的异议,这些异议均是单项的指向执行法院的执行行为。

(1)执行法院对执行主体要素之改变。执行主体的变更在我国《民事诉讼法》上称为当事人的追加与变更。就被追加主体的角度而言,可分为加入的案外人异议和一般的案外人异议。执行主体要素改变是指加入的案外人异议。执行力扩张必然要求对执行依据所载债权人或债务人之外的人进行裁量,使其被动加入已经存在的执行程序,成为新的执行要素,这个新要素既可以是新被追加的债权人,也可以是债务承担的债务人。①

(2)执行法院对执行客体要素之改变。一般的案外人指因其执行标的被法院采取执行措施而成为执行当事人的情形,当其提出"对执行标的物具有所有权或者具有该标的物转让、交付的权利"的异议时,属于对执行标的的内容要素变化的争议,需作为执行实体争议处理。② 在执行分配方案异议中,执行依据确定的债权是否履行或部分履行及数额、该债权是否已经超过申请执行时效、执行依据确定的建设工程价款是否享有优先受偿权及优先受偿范围、担保物权人以及其他有权请求实现担保物权的人申请执行法院拍卖、变卖担保财产的裁定未明确债权数额,当事人对分配方案中确定的债权数额提出的异议,这些争议事项明显属于执行客体要素的改变,处于执行权自由裁量的远域,应归属于诉讼事项。

3. 执行权未及领域中当事人之间的对抗性实体争议

所谓执行权未及领域,是指在执行权行使之前,因执行程序的自然开展,执行当事人对执行债权内容新认识的发生的争议,最具代表性的为债务人对于执行债权的异议。其基于债权人请求权全部或部分灭失(部分清偿)的事由,认为执行债权存在履行障碍不应履行。一是执行依据中存在未经司法程序确定的事项,如仲裁裁决与公证债权文书不予执行的判断。当债务人具有抗辩理由时,其提出的抗辩应由法院进行审查。二是就判决书、裁定书、调解书债权状态所提出的抗辩事项。异议的事实必须发生在执行依据成立之后,且必须是新发生的事实。若异议的事实在执行依据成立之前就已存在或已发生,不能作为执行中所发生的实体争议事项予以处理。债务人抗辩、仲裁裁决、公证债权文书不予执行这类实体争议,依据的法律事实与执行权运行无涉,需要法院通过固定的程序予以查清,执行程序的形式化原则还不具备裁断这些事实的能力和权威。

(三)制度进路

执行衍生实体争议的合理解决或救济,取决于实体争议的类型划分与解决争

---

① 在我国集中体现在《民事诉讼法》和《执行规定》。

② 对执行标的的异议已被许多国家的法律所认可,参见《日本民事执行法》第38条和《德国民事诉讼法》第771条。

议的实体裁判职能的配置,前者关乎当事人基本诉权。找出哪些争议可以由执行裁决权来定分止争,哪些则必须转入审判程序之中至关重要。后者则关乎实体裁判职能应该配置在何种程序中以及配置何种裁判职能,比如是执行程序还是民事程序,或者是其他独立的裁判程序问题。我们认为,民事执行权具有行政权和司法权的复合属性,在其司法权属性中,包含实体争议裁决权、程序性争端裁决权和拘留决定权。[①] 当前执行权的残缺性和局限性的弊端已经被很多理论研究者所认识,也为执行实务工作者感同身受,这种不完整性已经严重影响了实体争端之解决,因此,执行实体争议的合理解决必须回归执行权中应有的裁判权权能。

1. 将远域实体争议事项导入诉讼程序

"诉权是从实体法上的请求权演变而来,与实体法上的请求权有着必然联系。诉权虽然本质上是属于程序上的权利,没有实体权利的内容;但是,这种程序性权利的行使必须装饰着实体法上的权利,或者说当事人行使的诉权总是某种实体法类型的诉权。"[②]在执行程序中保障当事人应该享有的诉讼权利,是实体争议中基础性实体权利性质决定的,但是何种类型的实体争议的当事人应该赋予其诉权,何种实体争议只需执行的形式化原则即可解决,还是要从执行行为对债权要素的影响去考量。

(1)债权主体要素变化的争议。在确定债权的三元要素中,非执行当事人因民事执行权自由裁量的行为被追加为债务人以及非案件执行标的被法院作为执行标的处理的,都属于执行债权要素的被动性变化。这种被动性变化不同于执行担保中的担保人基于自身的意思自治自愿承担债务的清偿责任,因此应该得到诉讼保护,案外人异议、变更、追加当事人异议和代位执行异议均属于此类异议。《民事诉讼法》没有赋予上述争议当事人诉权,为立法之不足。需要说明的是,代位执行异议容易被忽略,债权人代位权的基本构造为债权人代债务人之位主张债务人对第三人的到期债权,其实质为通过保全债务人的责任财产而间接保障债权人自身债权的实现,这也是代位权制度为何被归入债之保全理论的原因。[③] 而作为一种执行制度的执行债权,从形式上看,也涉及次债务人的第三方主体,应该给债务人的债务人提出异议的权利,并最终通过诉讼解决。

(2)债权客体要素变化的实体争议。执行法院在执行被执行人名下财产的过程中,执行行为对第三人的财产或财产权益进行了处分,案外第三人就此提出的异

---

① 参见严仁群:《民事执行权论》,法律出版社 2007 年版,第 22 页。

② 周勇明:《以强化当事人主义重塑执行程序》,载张启楣主编:《执行改革理论与实证》,人民法院出版社 2002 年版。

③ 参见张晓茹、许藤:《执行债权的法理基础与法律构造——兼论代位执行法理之缺陷》,载《河北法学》2011 年第 8 期。

议属于执行客体要素变化的争议,这类异议《民事诉讼法》已经将诉讼作为最终的救济手段。

2. 对执行权未及领域的实体争议事项予以诉讼救济

(1)因债权内容要素变化发生的争议。案件进入执行程序后,对于债权本身是否依然没有兑现以及兑现的程度,双方当事人容易发生实体争议,此种争议分为以下几种情形:一是执行和解达成后,和解当事人就和解协议的履行问题以及恢复执行原执行依据问题,属于对债权内容的争议,由于债权履行往往不在法院的控制之下,双方的争议和证据的审查需要完整的诉讼程序予以承载,执行程序解决未免力不从心;二是虽然没有达成和解协议,但债务人提出的对债权人债权已经经过诉讼时效或已经消灭的抗辩,为实体权利之抗辩,同样需要诉讼程序进行审理;三是多个债权人对同一债务人申请执行和参与分配的过程中,分配当事人就分配方案载明的债权性质(是否具有优先权)、债权存在与否、债权是否已过时效期间以及分配数位和数额提出的争议,也属于债权本身变动引起的争议问题,诉诸审判程序应无异议。

(2)法院外执行依据的债权效力争议。法院外执行依据主要包括仲裁裁决和公证债权文书,法院对这两种执行依据都具有司法审查权,该种审查权属于裁判权范畴之内,债权人和债务人之争议,提请法院对仲裁裁决和公证债权文书不予执行时,异议申请人应该获得诉讼救济。

3. 执行权自我裁量解决的近域实体争议

(1)执行权裁量实体争议的必要性。执行过程中对争议当事人的诉讼救济保持在应有的限度之内。也就是说,应该合理利用程序性争议解决方法化解不涉及基本诉权的实体争议。程序性方法是争议解决无须以诉的方式进行,而由执行权遵照民法实体规范直接给出相应的形式判断,这就是大陆法系执行理论中的执行形式化原则。[①] 执行形式化原则以追求效率为价值取向,只要遵守最低限度的程序保障要求即可。[②] 执行自由裁量权的运用可以比照审判程序进行运作,通过合议庭和类似审判的程序对争议进行审理,不服异议裁决者,可通过复议程序寻求救济。[③]

(2)执行权应裁量解决的近域争议事项。从实体争议事项与执行权运行的关系来看,执行权未及裁量的远域事项和执行权扩张性裁量的远域事项,都应该纳入

---

① 参见郭士辉:《执行裁决的定位与难题的破解》,载《人民法院报》2007 年 9 月 25 日,第 5 版。

② 参见郭士辉:《执行裁决的定位与难题的破解》,载《人民法院报》2007 年 9 月 25 日,第 5 版。

③ 西方国家划分的是执行员与法官的权力,而不是划分法院内执行机构与审判机构的权力。法官与执行员是否在一个机构,并无关紧要。执行员只是根据法官的命令办理执行事务。法官则办理执行中的审判事务。澳门特别行政区将执行理解为执行之诉。执行机构也可以理解为一个审执合一的机构。法国由执行法官处理执行中的一切程序和实体争议问题,其经验为我们提供了最好的范例。

诉讼救济,前者因为争议的事实无法在执行阶段查清,后者则因为诉讼可以对执行权过度扩张进行监督。

在范畴上,首先是执行权扩张范围内的实体争议事项。这种扩张是在执行程序近域内的扩张,非远域内的扩张,包括执行程序本身得以展开所必需的事项,如执行依据效力的审查确定、直接适用物权公示规则认定被执行人的责任财产、参与分配场合下分配资格和分配比例的确定。其次是既违反公法义务又系平等主体争议的事项。例如,案外第三人不履行自愿为被执行人的提供担保的责任、案外人妨碍执行致使案件无法执行的责任的认定和追究。最后是执行依据待进一步明确和解释的实体事项。因法院执行依据裁判事项模糊、歧义、空泛和矛盾时执行法官要进行合理解释,如果当事人对此种解释发生争议的,也属于执行权解决的争议范畴,效率价值的要求必须再赋予当事人诉讼救济的权利。

4. 实体争议诉讼救济的限度

其一,立法层面。由于对执行程序的不信任和过分担忧,不少观点认为只要是实体性的衍生纠纷,执行程序都不应涉足,一律赋予异议人诉权以转入审判程序解决。这种观点不仅牺牲了执行程序核心的效率价值,在实践中也不可行,可惜这一点在我国关于执行程序的司法解释中体现得也十分突出,如关于执行分配方案异议之诉的问题,立法没有区分执行分配方案争议的性质和类型而一概赋予异议人以诉权,导致立法与实践相脱节,纠纷解决效果并不理想。建议立法上规定实体争议中享有诉权的事项必须予以法定化,法定化诉权之外的近域争议事项不应再适用诉讼救济方式,而经由执行程序内部解决。

其二,司法层面。执行异议诉讼过度现象集中体现在执行分配方案异议的提出和异议转化成诉讼方面,《民事诉讼法》并没有对执行分配方案异议之诉作详细规定,但司法解释对立法做了扩大性解释,赋予了方案异议人广泛的诉权,导致司法实践中诉权严重滥用难以节制,财产分配无法真正按规定开展。因此,建议各高级人民法院可以根据本地实际情况,将部分不涉及诉权的实体争议转入执行异议程序,作为行为异议解决。

5. 实体争议裁判职能的合理配置

首先,裁判权能向执行权之回归。有观点认为:"执行裁判权能的存在决定了民事执行权具有裁判性,即民事执行权的行使可以对一定范围内的争议事项作出判断,而不是任何争议事项都必须交由审判权解决。"①执行权外部功能的多样性,

① 谭秋桂:《民事执行权配置、制约与监督的法律制度研究》,中国人民公安大学出版社2012年版,第111页。

决定其完全可以裁断执行衍生实体性纠纷，只不过诸如执行和解纠纷、非法院裁判文书执行之审查、参与分配案件中债权人权利救济属于诉权性质的裁判事项，应该交由独立的执行异议之诉审判机构通过审判程序予以审理而已。[①] 因此，不仅不应将裁判权从执行权中剥离，还应该回归执行权应有的裁判权能，这是实体争议获得高效权威解决的基本前提。

其次，打造适合执行异议之诉的裁判程序。执行程序中的实体争议法律关系以确认之诉与形成之诉为主，应该根据执行异议之诉的特点打造一种简便、快捷的执行异议之诉审判程序。从立案、答辩、审理、判决、上诉等环节上建立起不同于普通诉讼程序的架构，保证争议当事人诉权的充分、快速实现，也使执行异议之诉的判决结果与执行程序得以有效衔接。

二、实体异议和程序异议区分的司法标准

（一）案外人异议与利害关系人异议

从概念上看，除当事人之外，其他主体提出的执行异议都可称为案外人异议，但并非所有当事人之外的第三人提出的异议都能作为实体异议适用案外人异议程序和诉讼程序，因为案外人与提出执行行为异议的主体上在界定上一直模糊不清。也就是说，当事人以外的人可以提出实体异议，也可以提出行为异议，而案外第三人和当事人都可以提出的程序异议，不过是《民事诉讼法》将提出行为异议的第三人称为利害关系人而已。因此，合理区分实体异议和程序异议，不仅要从主体上加以区分，还要从他们所提出的异议的性质和内容上进行判断。

通说认为，两种异议所依据的基础权利不同。利害关系人提出执行行为异议的依据是其程序权利受到了侵害。什么是程序权利呢？例如，执行法院未经法定司法拍卖程序，直接裁定将执行人的财产抵债给该债务人众多债权人中的某一个债权人，其他债权人认为执行法院的执行行为损害了其作为轮候查封债权人应享有的参与分配权利，损害了对债务人财产公平受偿的机会，即是程序上的权利。那何为实体权利呢？案外人提出实体异议所依据的基础权利是能够产生排除执行效力的实体权利，一般为所有权或其他具有物权性质的特殊债权，但也可能是法律特别规定的优先性债权。例如，《查扣冻规定》第 15 条以及《异议复议规定》规定的“买受人无过错物权期待权”，在满足规定的四个要件的情形下，可以排除申请执行人对被执行人名下财产的强制执行。此外，从异议人提出异议的出发点和目的看，

---

① 参见黄金龙：《论执行阶段实体裁判职能对执行的监督和保障模式》，载最高人民法院执行工作办公室编：《执行工作指导》2007 年第 1 辑（总第 21 辑），人民法院出版社 2007 年版。

案外人实体异议指向的是法院正在执行的标的物,提出异议的目的是排除法院对某一特定执行标的物的执行,以保护自己私法上的实体权利不受侵害。执行行为异议指向的是法院的执行行为,目的是纠正不当执行措施和违法的执行程序,保证自己公法上的程序权利和利益不受非法侵害,并不以排除执行行为主要目的。[①] 从程序的功能看,执行行为异议程序在于纠正法院违法、错误或者不当的执行行为,异议审查机构主要是对执行行为的合法性、妥当性进行判断,结果是维持、撤销或者变更执行行为。案外人异议的功能在于确认案外人在执行标的上的真实权利,如确定执行标的物的权利归属。因此,即使经过审查排除了法院对标的物的执行行为,但不必然认定执行程序或者执行行为存在违法、错误的情形。

执行行为异议与案外人实体异议区分的难点,在于案外人提出实体异议理由的同时,也会提出执行行为异议的理由,出现了异议标的难以区分的问题。实践中,执行法院将案外人名下的财产作为被执行人的财产采取查封、扣押、冻结措施,该案外人向法院提出异议,究竟是执行行为异议还是案外人异议,不仅当事人有时难以区分清楚,执行法院异议审查机构有时也左右为难,不好作出正确判断。比如,案外人甲名下账户内存款,执行法院认为该存款系被执行人逃避执行汇入该账户内的资金,采取了扣划措施,甲向法院提出异议,对于是否也作为案外人异议处理,不无争议。因为案外人对于形式上归属于被执行人的财产主张实体权利,才是真正的案外人异议,对自己名下的财产被法院强制执行,似乎作为执行程序的受害者,并不能完全作为案外人对待。而不同的异议界定,对后续救济路径又至关重要。理论上,发生不同异议均可实现案外人救济目的的情形,称为"执行救济方法的竞合",认为案外人在此时既可以提出案外人实体异议,也可以以利害关系人的身份提出执行行为异议,至于采取何种程序进行救济,可以由当事人选择。

目前来看,用来区分案外人异议性质的标准一般存在三个标准可供选择:一是主体标准,根据异议人身份认定,如果提出异议的并非执行案件当事人任何一方,那么该异议为案外人异议。但是,从字义理解,利害关系人应当是任何与争议的标的存在利益或者损害的人,其外延应当包含当事人也应当包含案外人。这种仅以字面意思认定的标准,极易造成混用,还忽视了异议性质和内容在执行异议程序中的影响和意义。二是事由标准,根据异议人提出的异议理由认定,当异议人提出法院查封、扣押、冻结行为违法时,是执行行为异议,如果异议人主张对账户内资金享有所有权时并要求停止执行时,则为案外人异议。但该种区分方法完全采取当事

① 参见章武生、金殿军:《执行程序中案外人异议之诉制度研究》,载齐奇主编:《执行实务与新类型法律问题研究》,人民法院出版社2010年版。

人主义，法院不予释明及干涉，加上异议人的法律专业知识的局限性，并不科学也不可取。三是功能目的标准，结合执行行为异议与案外人实体异议在制度功能的不同加以选择，借鉴诉讼标的识别的相关理论，采取“基础权利＋异议目的”的复合标准来判断。《异议复议规定》第8条采取这种判断方法，即案外人基于实体权利既对执行标的提出排除执行异议，又作为利害关系人提出执行行为异议的，人民法院应当遵照案外人异议审查程序进行审查；案外人既基于实体权利对执行标的提出排除执行异议，又作为利害关系人提出与实体权利无关的执行行为异议的，人民法院应当分别按照案外人异议和执行行为异议进行审查。

1. 刑事涉财产执行程序中的实体异议

根据《民事诉讼法》第235条的规定，“刑事判决、裁定中的财产部分”同样作为强制执行的依据，适用《民事诉讼法》规定的执行程序。根据《刑事涉财执行规定》第1条第1款的规定，本规定所称刑事裁判涉财产部分的执行，是指发生法律效力的刑事裁判主文确定的下列事项的执行：(1)罚金、没收财产；(2)责令退赔；(3)处置随案移送的赃款赃物；(4)没收随案移送的供犯罪所用本人财物；(5)其他应当由人民法院执行的相关事项。

刑事判决和裁定中涉及财产的执行，同样可能错误执行第三人财产。在刑事判决和裁定涉及财产部分的执行程序中，当事人和利害关系人提出执行行为异议的，适用《民事诉讼法》第236条的规定。但对刑事涉财产案件中案外人的实体异议程序，按照实体异议和程序异议分开的原则，应当适用《民事诉讼法》确定的案外人异议审查程序。但是，如此处理，面临的最大问题在于，在民事执行中，如果案外人对执行标的提出异议的，可以适用《民事诉讼法》第238条的规定，即先由执行机构审查并作出裁定，申请执行人或案外人对裁定不服的，可以向执行法院提起申请执行人异议之诉或者案外人异议之诉。故异议之诉必须有申请执行人作为原告或者被告参加诉讼；而大多刑事财产执行案件并无申请执行人，如果进入异议之诉，就会缺乏相应的诉讼当事人。虽然在理论上可由检察机关或财政部门代表国家作为申请执行人，但鉴于目前尚无明确立法规定的情况下，最高人民法院难以越权作出规定。如果对该问题适用《民事诉讼法》第236条的规定，就不需要区分有无被害人，可一律通过异议、复议程序审查处理，程序简便、统一。所以《刑事涉财执行规定》第14条规定：“执行过程中，当事人、利害关系人认为执行行为违反法律规定，或者案外人对执行标的主张足以阻止执行的实体权利，向执行法院提出书面异议的，执行法院应当依照民事诉讼法第二百二十五条①的规定处理。人民法院审查

① 现《民事诉讼法》第236条。

案外人异议、复议,应当公开听证。”该条对刑事裁判涉财产部分执行案件中的案外人异议,设计了不同于民事执行案件的处理程序,[①]即不再区分程序异议和实体异议,一律走《民事诉讼法》第236条的执行行为异议程序。由于没有异议之诉救济渠道,同时鉴于案外人异议涉及较为复杂的事实,关系当事人重大实体权利,为确保程序公正,为各方当事人提供充分的程序保障,《刑事涉财执行规定》第14条第2款要求人民法院审查处理案外人异议、复议,应当公开听证。案外人依据《民事诉讼法》第232条提起的异议和复议申请被驳回后,根据《刑事涉财执行规定》第15条的规定,案外人还可以通过审判监督程序主张权利。

既然刑事涉财产部分执行程序中的案外人异议采用了和民事判决、裁定执行程序中案外人异议不一样的路径,同样的问题必然如影相随,在执行刑事裁判涉财产部分时,如果符合《变更追加规定》第14条第2款、第17条至第21条变更追加被执行人的情形,而法院依职权予以追加,但被变更追加的案外人不服时,是适用第30条的复议程序,还是适用第32条的变更追加异议之诉程序,《变更追加规定》未涉及这个问题。我们认为,应当参照《刑事涉财执行规定》关于案外人异议程序的规定,走第30条的复议程序。因为,如果走第32条的变更追加异议之诉程序,将会面临和刑事涉财执行程序中案外人异议之诉一样的问题,没有适当的被告。

2. 财产保全和先予执行中实体异议

财产保全程序和先予执行也是广义的执行程序,同样会发生保全案外人的财产问题,如果案外人就此提出异议时按照何种程序处理?《财产保全规定》出台之前,对于保全程序中提出的异议一般按照对保全的复议处理;保全实施过程中发生的异议,可以参照执行程序,适用《民事诉讼法》第236条规定进行审查。

2011年出台的《执行权配置意见》第17条第2款、第3款试图从机构分工的角度作出指引:“当事人、案外人、利害关系人对财产保全、先予执行的实施行为提出异议的,由执行局根据异议事项的性质按照民事诉讼法第二百零二条[②]或者第二百零四条[③]的规定进行审查。当事人、案外人的异议既指向财产保全、先予执行的裁定,又指向实施行为的,一并由作出裁定的立案机构或者审判机构分别按照民事诉讼法第九十九条[④]和第二百零二条或者第二百零四条的规定审查。”该规定将财产保全裁定的作出和实施区分为两类不同的程序。例如,保全裁定直接确定查封位

---

① 在(2021)最高法民终1037号案中,最高人民法院认为抵押权人以确认其对案涉房屋享有抵押权的另案生效民事判决书为依据对案涉房屋申请强制执行,构成执行程序的竞合。在此情况下,各方当事人关于案涉房屋产生的权利冲突,不宜通过执行异议之诉这一民事诉讼程序解决。

② 现《民事诉讼法》第236条。

③ 现《民事诉讼法》第238条。

④ 现《民事诉讼法》第111条。

于某地某街某号的房产，案外人如果认为该保全裁定所要查封的财产权属属于其所有或者在要保全的财产之上拥有其他足以排除保全的实体权利，应当向作出保全裁定的审判机构进行复议；反之，如果保全裁定并没有明确具体的财产，只是笼统地载明“查封被申请人价值若干的财产”，而执行机构在实施保全裁定的过程中查封了案外人的财产，则案外人应当向执行机构提出案外人异议。《异议复议规定》第7条将对执行保全、先予执行裁定过程中执行行为的异议，同样纳入了执行行为异议和复议程序审查的范围。《财产保全规定》第27条则将保全程序中案外人提出的所有实体异议不再区分，全部归类为案外人异议，即“人民法院对诉讼争议标的以外的财产进行保全，案外人对保全裁定或者保全裁定实施过程中的执行行为不服，基于实体权利对被保全财产提出书面异议的，人民法院应当依照民事诉讼法第二百二十七条[①]规定审查处理并作出裁定。案外人、申请保全人对该裁定不服的，可以自裁定送达之日起十五日内向人民法院提起执行异议之诉。人民法院裁定案外人异议成立后，申请保全人在法律规定的期间内未提起执行异议之诉的，人民法院应当自起诉期限届满之日起七日内对该被保全财产解除保全”。

3. 对权属明晰的财产的执行异议之性质界定

执行行为异议与执行标的异议的区分，直接影响当事人权利后续救济方式的确定。因此，有必要对执行异议的性质进行界定。在判断被执行人以外主体以人民法院将其财产当作执行标的而提出的执行异议时，须关注该执行标的的权属是否清晰、是否存在可执行该财产的法定情形，对权属明晰的财产的执行异议，在性质界定上应当属于执行行为异议。

比如，在镇江建华置业有限公司（以下简称建华公司）与光明食品集团上海崇明农场有限公司、上海东旺实业有限公司（以下简称东旺沙公司）等案外人执行异议之诉案[②]中，一审法院在异议审查中，根据建华公司的申请，依据2017年《民事诉讼法》第227条作出异议裁定，并赋予建华公司提起案外人执行异议之诉进行救济的权利。二审法院认为，尽管建华公司主张其所提异议的性质为案外人执行异议，但其异议理由和请求均无明确的排除对执行标的的执行的内容。故对建华公司提出的书面异议，应按照2017年《民事诉讼法》第225条的规定进行审查。建华公司的起诉不符合案外人执行异议之诉的受理条件，应予驳回。最终驳回建华公司起诉，同时撤销原执行异议的裁定。

上述案件中，执行标的为建华公司财产，被执行人为黄某、王某、东旺沙公司，

① 现《民事诉讼法》第238条。

② 上海市第二中级人民法院民事裁定书，(2019)沪02民终11152号。

被执行人系建华公司股东。公司法人人格具有独立性,公司财产与股东财产相分离,由公司所有、独立支配,且该财产不存在权属争议。案涉财产系建华公司名下财产,其异议实为对一审法院实施的冻结、查封等执行措施的执行行为的异议,该异议本质是针对执行行为是否具有合法性,因此,属于执行行为异议。

(二)变更、追加程序中的异议区分

我国变更、追加执行当事人制度,根据执行力是否扩张,可分为执行力主观范围内的变更、追加和执行力主观范围扩张后的变更、追加。所谓执行力主观范围是指执行名义为谁或对谁发生效力,涉及执行当事人适格之问题。[①]

1. 执行力主观范围内的变更、追加

判决的执行力,是指判决生效后,在义务人没有履行义务时,权利人可以向法院申请强制执行,法院依法强制债务人履行其义务的效力和作用,执行力的作用对象包括客体和主体两个方面。[②] 执行力不限于具有给付内容的判决,其他生效法律文书也可以具有执行力,如仲裁裁决、具有强制执行效力的公证债权文书等。执行力作为执行名义所具有的通用效力,是通过强制执行来实现生效法律文书所确定内容的效力。执行力的主观范围,是指执行力所及的主体界限。通常情形下,执行力仅及于执行名义中载明的当事人。对于非执行名义所载之当事人,能否对其强制执行,便涉及执行力扩张问题。执行力主观范围的扩张,是相对于执行名义所确定的权利义务关系主体而言,在此范围之外,执行力效力及于其他主体。理论界一般将执行力主体扩张范围等同于判决既判力主体范围,适用《民事诉讼法》的规定处理,但有的执行名义如公证债权文书,虽有执行力但无既判力,如何参照既判力范围确定执行力主观范围不无疑问。

执行力主观范围扩张以既判力的主观范围扩张为基础,但又不限于既判力扩张的主观范围。一是与既判力扩张的主观范围相同的主观范围,主要包括当事人的继受人、为当事人或其继受人利益占有请求之标的物的人和诉讼担当时的被担当人。二是在既判力扩张的主观范围之外扩张的主观范围,主要包括执行力自行扩张时的其他第三人,如与执行当事人具有实体法上依存关系的第三人或者不具有程序保障必要性的第三人。执行力主观范围的扩张则有更多的考虑,包括民事权利实现的迅速、经济,第三人与执行依据载明的当事人之间实体权利关系的依存性,第三人与当事人实体利益归属的一致性,执行依据中未载明的第三人获得程序

---

① 参见许士宦:《强制执行法》(第2版),台北,新学林出版股份有限公司2017年版,第280页。

② 参见张卫平:《判决执行力主体范围的扩张——以实体权利转让与执行权利的获得为中心》,载《现代法学》2007年第5期。

保障的必要性以及权利人对特定债务人享有权利的高度盖然性等。其中，生效法律文书所确定的民事权利实现的迅速和经济是执行力主观范围的扩张所需要考虑的首要因素。

变更、追加被执行人异议程序中，如果当事人提出的变更、追加申请，属于执行依据既判力扩张范围内的情形，则不作为可以提起执行异议之诉的异议，而是作为程序性异议经由异议、复议程序对争议进行解决。《变更追加规定》规定了21种作为程序异议处理的情形，分别是：(1)作为申请执行人的自然人死亡或者被宣告死亡，该自然人的遗嘱执行人、受遗赠人、继承人或者其他因该自然人死亡或被宣告死亡依法承受生效法律文书确定权利的主体，申请变更、追加其为被执行人的；(2)作为申请执行人的自然人被宣告失踪，该自然人的财产代管人申请变更、追加其为申请执行人的；(3)作为申请执行人的自然人离婚时，生效法律文书确定的权利全部或部分分割给其配偶，该配偶申请变更、追加其为申请执行人的；(4)作为申请执行人的法人或非法人组织终止，因该法人或非法人组织终止依法承受生效法律文书确定权利的主体，申请变更、追加其为申请执行人的；(5)作为申请执行人的法人或非法人组织因合并而终止，合并后存续或新设的法人、非法人组织申请变更其为申请执行人的；(6)作为申请执行人的法人或非法人组织分立，依分立协议约定承受生效法律文书确定权利的新设法人或非法人组织，申请变更、追加其为申请执行人的；(7)作为申请执行人的法人或非法人组织清算或破产时，生效法律文书确定的权利依法分配给第三人，该第三人申请变更、追加其为申请执行人的；(8)作为申请执行人的机关法人被撤销，继续履行其职能的主体申请变更、追加其为申请执行人的，没有继续履行其职能的主体，且生效法律文书确定权利的承受主体不明确，作出撤销决定的主体申请变更、追加其为申请执行人的；(9)申请执行人将生效法律文书确定的债权依法转让给第三人，且书面认可第三人取得该债权，该第三人申请变更、追加其为申请执行人的；(10)作为被执行人的自然人死亡或被宣告死亡，申请执行人申请变更、追加该自然人的遗嘱执行人、继承人、受遗赠人或其他因该自然人死亡或被宣告死亡取得遗产的主体为被执行人，在遗产范围内承担责任的，人民法院应予支持；(11)作为被执行人的自然人被宣告失踪，申请执行人申请变更该自然人的财产代管人为被执行人，在代管的财产范围内承担责任的；(12)作为被执行人的法人或非法人组织因合并而终止，申请执行人申请变更合并后存续或新设的法人、非法人组织为被执行人的；(13)作为被执行人的法人或非法人组织分立，申请执行人申请变更、追加分立后新设的法人或非法人组织为被执行人，对生效法律文书确定的债务承担连带责任的，人民法院应予支持；(14)作为被执行人的个人独资企业，不能清偿生效法律文书确定的债务，申请执行人申请变更、追加其出资人为被执行人的;(15)作为被执行人的合伙企业,不能清偿生效法律文书确定的债务,申请执行人申请变更、追加普通合伙人为被执行人的;(16)作为被执行人的法人分支机构,不能清偿生效法律文书确定的债务,申请执行人申请变更、追加该法人为被执行人的;(17)个人独资企业、合伙企业、法人分支机构以外的非法人组织作为被执行人,不能清偿生效法律文书确定的债务,申请执行人申请变更、追加依法对该非法人组织的债务承担责任的主体为被执行人的;(18)作为被执行人的法人或非法人组织,被注销或出现被吊销营业执照、被撤销、被责令关闭、歇业等解散事由后,其股东、出资人或主管部门无偿接受其财产,致使该被执行人无遗留财产或遗留财产不足以清偿债务,申请执行人申请变更、追加该股东、出资人或主管部门为被执行人,在接受的财产范围内承担责任的;(19)作为被执行人的法人或非法人组织,未经依法清算即办理注销登记,在登记机关办理注销登记时,第三人书面承诺对被执行人的债务承担清偿责任,申请执行人申请变更、追加该第三人为被执行人,在承诺范围内承担清偿责任的;(20)执行过程中,第三人向执行法院书面承诺自愿代被执行人履行生效法律文书确定的债务,申请执行人申请变更、追加该第三人为被执行人,在承诺范围内承担责任的;(21)作为被执行人的法人或非法人组织,财产依行政命令被无偿调拨、划转给第三人,致使该被执行人财产不足以清偿生效法律文书确定的债务,申请执行人申请变更、追加该第三人为被执行人,在接受的财产范围内承担责任的。

2. 既判力主观范围之外执行力扩张的主观范围

实证法上,《变更追加规定》设定了6种情形作为可以提起执行异议之诉的实体异议,分别为:(1)作为被执行人的有限合伙企业,财产不足以清偿生效法律文书确定的债务,申请执行人申请变更、追加未按期足额缴纳出资的有限合伙人为被执行人,在未足额缴纳出资的范围内承担责任的;(2)作为被执行人的营利法人,财产不足以清偿生效法律文书确定的债务,申请执行人申请变更、追加未缴纳或未足额缴纳出资的股东、出资人或依公司法规定对该出资承担连带责任的发起人为被执行人,在尚未缴纳出资的范围内依法承担责任的;(3)作为被执行人的营利法人,财产不足以清偿生效法律文书确定的债务,申请执行人申请变更、追加抽逃出资的股东、出资人为被执行人,在抽逃出资的范围内承担责任的;(4)作为被执行人的公司,财产不足以清偿生效法律文书确定的债务,其股东未依法履行出资义务即转让股权,申请执行人申请变更、追加该原股东或依公司法规定对该出资承担连带责任的发起人为被执行人,在未依法出资的范围内承担责任的;(5)作为被执行人的一人有限责任公司,财产不足以清偿生效法律文书确定的债务,股东不能证明公司财产独立于自己的财产,申请执行人申请变更、追加该股东为被执行人,对公司债务承担连带责任的;(6)作为被执行人的公司,未经清算即办理注销登记,导致公司无法进行清算,申请执行人申请变更、追加有限责任公司的股东、股份有限公司的董事和控股股东为被执行人,对公司债务承担连带清偿责任的。根据《变更追加规定》第32条的规定,对于执行力扩张范围外的变更、追加情形,作为实体异议处理,申请执行人不服不予变更、追加裁定或者案外人不服变更、追加裁定,应当向执行法院提起执行异议之诉。

基于债权现实的合理性,赋予被追加当事人实体救济作为执行力主观范围扩张的正当性,《变更追加规定》通过将针对特定情形下追加或不追加的异议作为实体异议处理,实现执行程序效率和实体救济程序公正价值之间的平衡,建构了新类型的变更、追加被执行人异议之诉,赋予当事人不服变更、追加裁定时通过诉讼进行救济的机会。需要说明的是,有观点认为《变更追加规定》第14条第2款、第17条至第21条规定的变更、追加情形,不属于执行力扩张的范围,所以才给予当事人实体救济,实为对执行力主观范围扩张理论的重大误解,执行力主观范围扩张乃变更、追加执行当事人的理论基础和制度基础,如何存在执行力主观范围扩张之外之追加?只是根据扩张范围射程的远近,分别作为程序异议和实体异议处理,有的通过异议复议程序救济,有的通过执行异议之诉救济而已。

(三)分配方案异议和分配异议的区分

分配方案异议是我国司法解释确立的对多名债权人申请执行同一债务人以及申请参与分配程序中当事人的权利救济方式,①旨在规范和限制执行参与分配程序中法官的自由裁量权行使,并建立相应的转化通道,将执行阶段经由形式审查难以认定的实体性争议通过某种程序的设置导入审判程序中,使针对被执行人财产分配方案的争议获得更加充分公正的判定。对财产分配方案异议如何救济,涉及执行权与异议人诉权的冲突和平衡问题。在执行财产分配法律关系中,法院、当事人和利害关系人围绕财产分配方案进行的是一场权利义务相互交错的博弈,执行程序的效率价值需求,更要求执行阶段对基于财产分配的争议予以谨慎的审查和区分,否则不加任何过滤一律移转普通审判程序处理,很可能导致这个为保护当事人权利的程序失控,救济功能灭失。因此,站在效率优先又不失公平的立场上,厘清针对财产分配方案异议的性质与种类,合理配置相应的救济路径和救济程序,成为当前的司法实践和以后立法修改的当务之急。

---

① 为保证论述的统一性,本书使用"财产分配的概念",其实,整个分配过程中既存在案款分配,也存在参与分配的情形,具体参见北京市高级人民法院最新发布的《关于案款分配及参与分配若干问题的意见》第20条、第21条相关内容。

分配方案异议制度是一种比较特殊的执行救济机制,它与执行财产的分配不可分割。我国台湾地区有关强制执行的规定,将对分配方案提出的不服称为声明异议和对分配表之异议。① 2008年《执行程序解释》第25条、第26条之条款,结束了我国长期有参与分配实践而无诉讼救济的状态,确立了分配方案异议程序救济和实体救济制度。从司法解释设定的规则看,分配方案异议制度包含两重内容:分配方案异议与异议之诉。申请参与分配的债权人和债务人对分配方案提出异议是执行异议之诉提起之当然前提,而执行分配方案异议之诉则是异议可能产生的结果。分配方案异议并不当然引起执行分配方案异议之诉,只有分配方案异议失败或无法完成的情形下,执行分配方案异议之诉才有可能被提起。故执行分配方案异议之诉是潜在的对异议的救济方法,而不是必然发生的救济路径。② 现行法上对分配方案异议的救济规则主要有以下几个方面:(1)分配方案异议的成立要件。现行《执行程序解释》确立了当事人对分配方案的异议及其作为实体救济的异议之诉的基本框架。在提出异议的主体资格方面,无论债权人还是债务人均可以提出异议,而对于债权人中的何种类型债权的债权人和债务人可以针对何种事由提出异议则没有进一步细化规定。③ 从异议的构成要件上看,当前执行理论一般解释为:只要对法院制定的分配方案不服,无论是否存在正当理由,均可以提出书面反对意见,从而构成法律上的分配方案异议,而没有对异议原因和事由作出任何限定。(2)对分配方案异议的效力。分配方案异议的性质有别于《民事诉讼法》第236条设定的执行异议。执行异议提起之后需要法院依职权对异议的成立与否进行审查,而分配方案异议则省略了这一程序环节,故其成立与否,完全取决于异议相对方对异议是否认可。《执行程序解释》第18条第2款前半段规定:“未提出异议的债权人、被执行人收到通知之日起十五日内未提出反对意见的,执行法院依异议人的意见对分配方案审查修正后进行分配。”也就是说,当异议得到未提出异议的当事人的明示认可或默示认可(未明示反对),该异议取得了成功,提出分配方案异议的债权人或被执行人与未提出分配方案异议的债权人或被执行人之间的实体纠纷已经解决,债权人或债务人提出的分配方案异议目的已经达到。执行法院理应根

① 我国台湾地区有关强制执行的规定对分配表异议和异议之诉做了规定。参见张登科:《强制执行法》,台北,三民图书有限公司2012年版,第523页。

② 参见姜涛:《分配表异议的救济及其完善——以法释[2008]13号第二十六条为中心》,载《法制与社会》2012年第25期。

③ 我国大陆分配方案异议的救济问题基本上借鉴了我国台湾地区的做法,但明显扩张了救济的范围,我国台湾地区有关强制执行的规定原来并不允许债务人就分配表提出任何异议,后法律修订,借鉴《日本民事执行法》的规定,在分配表异议方面,仅允许债务人就妨碍债权实现事由提起债务人异议之诉。参见张登科:《强制执行法》,台北,三民图书有限公司2012年版,第525页。

据债权人或债务人提出的分配方案异议重新制作分配方案。但当异议遭到未提出异议当事人的明确否定,异议自然不发生约束法院的效力。第25条下半段规定,当未提出异议的债权人或被执行人在收到通知之日起15日内提出反对意见的,债权人或被执行人提出的旨在形成新分配方案的异议则以失败告终。提出分配方案异议的债权人或被执行人与未提出分配方案异议的债权人或被执行人之间的实体纠纷依然存在。异议人有权以提出反对意见的债权人或被执行人为被告,向执行法院提出执行分配方案异议之诉。可以看出,制作分配方案的法院在异议开始提出之后,只能根据异议双方的意见修订和调整分配方案,而不能依职权认定异议的效力,这在很大程度上抑制了法院执行权在分配方案异议纠纷解决中的冲动,淡化了执行法院裁断分配纠纷的角色。(3)对分配方案异议救济的诉讼规则。在对异议的救济渠道的规制方面,立法者将诉讼作为分配方案异议的唯一救济通道。除非异议人的异议成功,没有招致其他债权人或被执行人的反对;否则,异议人可以在任何异议事由的支持下提出执行异议之诉。这种救济规则的唯一性,暗含着对审判程序的极大推崇,同时也对执行自由裁量权的运行保持高度的怵惕之心。①

现行的分配程序限制了债权人的人数为多个,而参与分配程序对被执行人主体有范围限制,即仅限于自然人。当单个债权人申请执行,又不符合参与分配的适用条件时,执行法院没有制作分配方案,如果未取得执行依据的担保权人主张优先受偿权,最高人民法院在(2014)执复字第11号执行裁定中认为,案外人异议中案外人对执行标的主张的是阻止转让和交付的实体权利,如主张对涉案财产依法享有抵押权,其目的并非阻止执行标的的转让和交付,而是对执行标的转让后的价款优先受偿,因此,异议不符合案外人异议的情形,执行法院可以参照《民事诉讼法》第236条的规定进行审查。

目前,我国立法中规定的分配异议和分配方案程序异议未能合理区分,导致权利滥用严重。“执行程序并不排斥纠纷的解决程序”,②对分配方案异议的救济不能全部运用程序的救济方法,也不可皆付诸诉讼,必须寻找一个理性的界标作为限度,达成符合当下实践的规制效果。③ 如何能找到诉讼救济的界标,还必须对分配方案的异议本质进行分析。

---

① 参见楼常青、楼晋:《民诉执行程序中分配方案异议之诉的运作》,载《上海政法学院学报(法治论丛)》2012年第1期。

② 参见杨柳:《比较与借鉴:中德执行分配方案异议之诉的制度架构分析》,载《法律适用》2011年第8期。

③ 我国台湾地区有关强制执行的规定最初在可提起异议的事由方面本末倒置,将债权是否存在、债权金额范围及债权优先次序排除在异议之诉之外,后法律修改,将以上三方面事由作为提起异议之诉的发生原因。参见张登科:《强制执行法》,台北,三民图书有限公司2012年版,第526页。

1.分配方案异议与分配异议的合理界分

从实证法的角度来看,我国现行立法及司法解释对分配方案的制作进行了统一规定,无论被执行人的财产是否足以清偿全部债权人,亦无论是多个债权人申请执行同一债务人还是参与分配程序,都要求执行法院就已经控制财产或案款制定书面的分配方案,并应将分配方案送达债务人和债权人。这实际上在一定程度上扩大了分配方案的适用范围。具体的执行实践中,如果符合1998年《执行规定》第88条、第89条的情形,被执行人的财产足以清偿,债权人应该按执行法院对执行标的采取的执行措施的先后顺序进行清偿,这种清偿顺位的法定化事实上已经剥夺了法官在此类案件中行使自由裁量权的可能。即使制订分配方案,也是按照执行措施的时间先后对债权人的清偿顺位进行排序,纯粹的一种技术性工作。如果要求法官在这种情况下也要制订财产分配方案,却又没有限定当事人在这种情况下提出异议和异议之诉的权利,导致很多执行法院在当事人提出异议时即使没有合理的事实依据,也要求异议人向执行法院提起执行分配方案异议之诉。可见,对制定分配方案的范围的不当扩大,也等于扩大了当事人针对分配方案提出异议的空间和提起异议之诉的范围,虽然极大地丰富了当事人的诉讼权利,但造成了其他债权人权利实现的拖延和司法资源的空耗。① 对这个问题的解决,目前各级法院还没有妥善的应对办法,做法也颇不一致。我们认为,关键之点是要在所有的分配方案异议中抽离出"分配异议"这个概念,将之作为分配异议之诉的基础。要合理区别分配方案的异议和分配异议之间的界限,针对分配方案提出的任何异议不等同于财产分配异议。分配异议是利害关系人对关乎自身的实体权利受到减损所提出的争议,属于实体性异议,争议的基础权利是实体权利而非程序权利,而依据分配方案提起的异议种类繁杂,理由各异,数量之多也难以计数,分配方案异议的范围远远大于分配异议的范围。如果把就分配方案提起的所有异议都视为分配异议,必然导致当事人滥用异议权利和提起异议之诉的权利,为不诚信的程序参与者提供拖延执行的机会,从而干扰在执行阶段财产分配程序的顺利开展,对其他债权人的利益保护造成损害。②

2.实体异议与程序异议的分野

将分配方案异议中的不属于分配异议的一部分异议纳入执行行为异议的范畴,只是指明了问题解决的方向。更重要的问题是界定应该将分配方案的异议中

① 在《强制执行法(草案)(第六稿)》中,将分配异议定位在未被法院准予参见分配的债权人所提的异议,该定位过于狭隘,应该扩大分配异议的范围。

② 谭秋桂教授将关于分配过程中的异议统称为分配异议。参见谭秋桂:《民事执行法学》,中国政法大学出版社2010年版,第203页以下。

的哪些异议予以合理别除，转入执行行为予以处理。这一点《民事诉讼法》和司法解释都没有明确载明，但实践中，当事人异议提出的泛滥、法官的不堪重负和当事人的失信，均必须要求执行法院给定一个合理的标准，找出针对分配方案异议中实体异议和程序异议的界限。[①] 这个界限划在什么地方关系甚大，如果过于宽松，还是不能解决异议泛滥的现状；如果过于严苛，有剥夺当事人诉权、扩张执行权的嫌疑。有关标准既不能违反保护当事人诉讼权利的基本法理，又要充分符合实践中的审判部门和执行部门之间的沟通和现状。理论和立法必须符合实践的需求，也必须经由实践的充分检验，根据实践的要求修正不合时宜的法律和理论，这也是马克思主义法学的真谛。我们认为，由于执行程序中的程序权利和实体权利相互交融，明确哪些争议是可以用执行异议程序解决，哪些争议应该适用执行异议之诉程序解决并非易事，但也并非绝无可能。

我国台湾地区有关强制执行的规定将程序性异议称为声明异议，从而有别于实体性的分配异议，对于程序性质的声明异议，执行法院可以依职权进行调查，异议不合法或无理，应以裁定驳回异议，异议人不服可以提起抗告；如果异议合法，应该更正分配表并补正有瑕疵之程序，无须经债权人或债务人同意。对于实体性的分配异议，则赋予其提起诉讼的权利。[②] 这些做法为我们提供相应的样本和借鉴。

3. 程序性异议向执行行为异议的转化

在区分分配方案异议和分配异议之后，亟待解决的是如何将源于分配方案的部分异议从分配异议之中别除，将救济路径定位为执行行为异议的路径。不符合分配异议条件的异议可以通过“异议 + 复议”的模式进行救济，纳入我国《民事诉讼法》第 236 条规定的执行行为异议之中，这种程序救济方法也是执行法院应然享有的裁量权力。[③] 执行阶段是民事诉讼的最后阶段，如果当事人之间的纠纷在此阶段仍然不能妥善化解，已经发生既判力的判决衍生的纠纷再次进入审判程序进行审理，对执行权威和司法公信力都是一种默示的否定。故对执行程序的信任也是法律在设定法律程序时必须考量的因素，执行权具备裁量内容，赋予执行权的纠纷最终解决权能，提高执行权威，是解决“执行难”的重要司法对策。

4. 分配异议诉讼救济的司法控制

如果彻底解决分配方案异议泛滥问题，必须对现有异议的程序、主体、法定事

---

① 很多理论和实务方面的学者为此苦恼，参见楼常青、楼晋：《民诉执行程序中分配方案异议之诉的运作》，载《上海政法学院学报（法治论丛）》2012 年第 1 期。

② 参见陈计男：《强制执行法释论》，台北，元照出版有限公司 2012 年版，第 521 页。

③ 我国台湾地区强制执行理论和实务将分配表的异议却分为实体救济方法和程序救济方法，程序救济采用的是声请和抗告的路径。参见吴光陆：《强制执行法》（第 2 版），台北，三民书局股份有限公司 2012 年版，第 489 ~ 500 页。

由和救济程序进行改造。

(1)从异议的实体性角度判定分配异议及诉讼救济范围

不同于案外人异议的是,分配方案异议未将执行法院的审查程序作为提起执行异议之诉的前置程序。这种消极的角色定位让异议人和反对异议的当事人进行充分博弈。然而,这种制度设计的前提必然是所有的债权人和债务人都是诚实和理性的。但在利益纷争剧烈化和诚信危机的社会情境下,这种假定的诚实和理性难以契合实际。

实际上,尽管在程序定位上可以将主持分配的执行法院的作用极大限缩,但是由于执行权的主动性和效率性要求,不可能完全不发挥执行法院裁量和处分的功能。如果立法者和实际办案法官完全对这种事实上存在的裁量视而不见,则难以自圆其说,并有消极执行之嫌疑。经过对财产分配实践的考察和实证分析表明:案款分配和参与分配,从受理分配的申请到分配方案的最后确定,处处可见执行法院执行权运用的身影。在所有债权人合意分配财产的情况下,法院可以尊重当事人之间的意思自治,按照合意达成的分配方案分配财产自然可行。但多数情况下,当事人之间,尤其是债权人和债务人之间很难就执行财产的清偿和分配达成一致合意,这种情况下执行权的行使在财产分配过程中不可或缺。问题是执行法院就可供分配的财产在众多的债权人之间的清偿与分配对债权人的权利和利益造成何种影响,该种影响通过执行程序的形式审查原则能否得到应有的救济,如果尽管按照法院的意志对财产进行了错误处分,但这种错误处分行为能够通过行使执行异议在执行程序内部得到纠正,就没有提起执行异议之诉的必要。因此,可以把当事人针对财产分配方案提出异议的发生原因进一步细分为以下两种类别:

一种是法院充分掌握当事人的债权状态和优先权存在与否的事实,法律对此也有明确的规定和授权性规定,可以对债权分配的比例和顺位作出安排,而法院违反了明示的法律规定和执行权行使的合法、合理、公平原则,就此情形发生的分配异议能够在执行程序内部化解。另一种是法院因为信息的不对称和申请参与分配的当事人、被执行人故意隐瞒决定分配方案的事实,如债权的变动情况,导致分配方案失当或存在错误,贬损了债权人的合法权益,经由执行程序无法短期内查清事实、定分止争,必须给予债权人诉讼救济的途径。因为这种情况属于当事人之间就实体法律关系的一种争议,同法院的执行权裁量行为关联不大。执行程序的形式审查原则难以通过裁量化解。

(2)财产分配方案核心内容的法定化

我国司法解释只规定执行法院应该制定财产分配方案,对于财产分配方案应该载明哪些必备要素和事项,则交由执行法院自行确定。对于财产分配方案的制定和作出过程也存在多种可能，既可能由承办法官或合议庭制定方案后经过主管院长审批后送达给当事人，也可能由所有的债权人合意形成，还有虽然没有经过所有的债权人合意，但可以在执行法院制定草案后，召集债权人会议予以表决，经过2/3 的人的多数或表决权的多数表决后施行。

在财产分配方案内容方面，应该载有必备内容和可备内容，必备内容表明分配方案不可缺少的组成要素，否则分配方案不能成立和生效。《最高人民法院关于执行程序中多个债权人参与分配问题的若干规定（征求意见稿）》（2004 年）和《强制执行法草案（第六稿）》（2011 年）均列明了分配方案中应该载明的必要事项，这些事项包括：①当事人的姓名或名称、地址；②可供分配款项总额；③债权总额、各执行债权人的债权总额及各债权的性质、参与分配的依据；④分配顺序及各债权受分配的比例和数额；⑤分配日期。只有分配方案载明了相应的内容，当事人提出异议时才具有可针对性，受理异议的执行法院才能够审查是否纳入提起执行异议之诉的范畴。对于分配方案之外的异议，执行法院直接予以通知驳回即可。①

（3）诉讼事由的法定化

一是构成分配异议事由的法定化。分配方案异议来源于分配方案的制作，因此首先要解决的问题是分配方案构成要件的问题。《强制执行法草案（第六稿）》规定分配方案必须具备 5 项必要记载事项，但《民事诉讼法》和司法解释对方案要件没有相应规范，导致实践中分配方案记载的事项和事由五花八门，这就直接地影响了债权人、债务人和利害关系人提起异议的基础，也间接地影响了对异议的救济模式的设定，因此，立法应该对分配方案的必要构成事项进行明确规定。

在所有的应记载事项中，当事人基本情况和分配日期两项事由对当事人的基本权利没有实质影响，如果发生错误，执行法院及时更正即可。对于全部案件可供分配款项总额，其实是个基本事实问题，无论是法院执行的现金金额（如被执行人自行支付、法院从协助义务单位扣划），还是处分动产、不动产变现的金额（如拍卖、变卖），其进入法院的财务账户是固定的。唯一可能发生争议的是这些金额中，存在分配之前要先行扣除的金额，如申请执行费、诉讼保全费用、诉讼费用、评估拍卖费用、被执行人基本生活费用。这些预先从执行财产中扣除或收取的费用具有天然的优先性，不属于可供分配的财产范围，尽管扣除的多少可能对债权人的利益，甚至债务人的利益产生影响，但是这属于法律明确规定的事项，执行法院可依职权进行确定，争议无须通过诉讼解决。即使对分配法院的裁定不服，向上级法院的复

---

①　参见楼常青、楼晋：《民诉执行程序中分配方案异议之诉的运作》，载《上海政法学院学报（法治论丛）》2012 年第 1 期。

议即可救济到位。①

分配方案核心的记载事项中“债权总额、各执行债权人的债权总额及各债权的性质、参与分配的依据”问题非常复杂,其中实体争议和程序争议相互混杂,界限混沌不明。首先分析债权总额和各债权人的债权总额,这两个事项是一个问题的两个方面,各债权人的债权总额确定了,全部债权总额自然好确定,但是每个债权人的债权额分配法院往往难以如实掌握。因为判决生效后直到进入执行程序中,债权人的债权并非一成不变的,而是处在动态变化的过程中,这些变化包括债权的抵消、债权的全部清偿和部分清偿、债权已过执行时效、债权经过执行和解、债权已经发生转让,这些变动的事实都实质影响着债权人参与分配的资格和行使分配权利的程度,而在当事人不能如实告知分配法院的情况下,分配法院难以作出实体性判断。因此,急需转入审判程序中通过一个正规的审判阶段,查清事实,明确是非,进而对原有的执行分配方案进行合理纠正。债权的性质问题亦是如此。债权的性质主要体现在具有优先权的债权参与分配上,如建设工程价款优先权的认定,也需要通过诉讼程序来一体解决。

关于分配顺序及各债权受分配的比例和数额,该项内容以债权是否存在和债权的性质为前提,如果债权的存在与否和是否具有优先性问题已经妥善解决,该项内容引发的异议可以通过执行异议程序消解。

二是应另行提起普通诉讼事由的法定化。《强制执行法草案》第216条规定,执行当事人可以对债权、分配金额和分配顺序提出分配方案异议和异议之诉。这个范围过于宽泛,2012年《民事诉讼法》修订之后,增设了新的执行依据,如担保物权实现的裁定和调解协议确认的裁定,如果当事人对此执行依据提出债权存在与否及数额的异议,当然可以提出异议之诉。但是,如果债权人或债务人对仲裁调解书、公正债权文书和调解协议确认的裁定提出债权依据虚假,存在相互串通规避执行行为,这种对执行依据的直接否定情形,即使允许当事人提起异议之诉,异议之诉的审判程序对已经发生法律效力的执行依据载明债权的真实性也难以判断。此时,该类异议应该通过第三人撤销之诉解决执行依据的真实性问题。此时,分配法院应该告知当事人另行提起第三人撤销之诉,不应该作为分配方案异议之诉处理。

(4)分配方案异议主体的法定化

取得执行依据的债权人和虽然没有取得执行依据但具有法律上的优先权的债权人可以提出分配方案异议自不待言。关键是司法解释同样赋予了被执行人提起

① 参见黄金龙:《论执行阶段实体裁判职能对执行的监督和保障模式》,载最高人民法院执行工作办公室编:《执行工作指导》2007年第1辑(总第21辑),人民法院出版社2007年版。

分配方案异议和异议之诉的权利,这样的立法目的值得商榷。案件进入执行程序后,法院对被执行财产进行了控制和处分,债务人不再享有对该项财产处分的权利,至于财产如何分配,应该由债权人和分配法院决定。“债务人如仅对分配表上债权人间分配次序有所争执,则因分配次序之争执与债权人间有利害关系,债务人并非利害关系人,自不得以此为理由,对分配表异议,否则其异议即非合法。”①因此,在异议主体方面,应该将债务人剥离分配异议之外,作为普通的执行异议处理即可。执行过程中债务人的财产查找和处分是破解执行难的关键之所在,债务人为破坏执行,其对分配方案提出异议的可能性最大,可以允许被执行人提出执行行为异议,但不再授予其提起分配异议和异议之诉的权利。

① 张登科:《强制执行法》,台北,三民图书有限公司2012年版,第525页。

第三章　执行异议之诉判决的既判力

法律依据

《异议之诉司法解释》第2条　金钱债权纠纷的财产保全、执行中，执行标的存在轮候查封、扣押、冻结的，案外人提起执行异议之诉，以首先查封、享有担保物权等优先受偿权的申请保全人、申请执行人为被告，以其他已知的轮候查封的申请保全人、申请执行人为第三人。

《异议之诉司法解释》第3条　案外人就执行标的享有足以排除强制执行的民事权益，人民法院判决不得执行该执行标的的，同时判决解除执行措施并写明相关查封、扣押、冻结裁定书案号。案外人可以持生效判决请求相关执行法院解除执行措施。

关于执行异议之诉生效判决的既判力。《民事诉讼法解释》第310条规定，执行异议之诉中确认案外人就执行标的享有足以排除强制执行的权益的，判决不得执行该执行标的。但该判决是否及于之后法院的执行行为和其他现行法院的查封，法律没有规定。现行司法解释规定，异议之诉判决不得执行且同时应判决解除执行措施，应当能够达到对案涉财产已采取的查封、轮候查封等执行措施一并解除的目的。

当前，民事判决既判力制度仍没有为立法所确认，仍有部分问题未得到处理，这在某种程度上也直接阻碍了执行异议之诉判决既判力理论的发展。同时，对于执行异议之诉既判力的问题，虽然最高人民法院曾在司法实务中作出相应的回应，但有关案例并没有引起理论界的关注，也未能对相关研究发挥到推动作用。执行异议之诉既判力问题尽管并不是一个崭新的问题，但由于一直以来没有得到足够重视和解决，在民事判决既判力理论近些年获得相应进步的环境下，急需予以极高关注。本章对执行异议之诉几个基本问题进行剖析：一是按照我国现行法律，执行异议之诉判决是否具有既判力？二是假若第一个问题获得肯定的答案，那么执行异议之诉既判力的范围该怎样划定？执行异议之诉判决中的事实认定与判决理由是否也存在既判力？三是怎样看待均具有既判力执行异议之诉判决间或执行异议之诉判决与其他民事判决间存在的裂痕？四是怎样规制执行异议重复诉讼的问题？在对现行法律及司法案例进行分析的前提下，借助对实务中出现的判决的讨论，在现行立法架构中寻找可能存在的化解方法。

一、执行异议之诉判决的既判力

（一）执行异议之诉判决效力、一事不再审与执行异议之诉判决既判力

尽管既判力并未纳入《民事诉讼法》，但其概念相对来说也不陌生，而在实务中却主要以执行异议之诉判决效力或一事不再审为表述。但无论是什么因由，既判力概念在《民事诉讼法》中的缺位，直接使实务中对这一问题的认识产生裂痕，这体现在：一是理论界和实务界均充分认可执行异议之诉判决的终局性，并以民法规定的两审终审制为依据。判决作出后，异议人就同一争议再启动异议之诉的，法院不予受理。异议之诉判决自作出之日起发生法律效力。但这种终局性是否等同于通常认为的既判力，实践中尚且存在疑问。二是与上述观点相反，一些学者将执行异议之诉判决直接否定了异议判决所产生的既判力的可能性。对于第一个问题，我们做如下尝试性理解。

按照民事诉讼法的基本理论，执行异议之诉判决的确定力由两部分内容构成，即实体上的确定力和形式上的确定力。实体上的确定力即既判力，是指法院作出的终局判决一旦生效，当事人和法院都应当受该判决内容的拘束，当事人不得在以后的诉讼中主张与该判决相反的内容，法院也不得在以后的诉讼作出与该判决冲突的判断。形式上的确定力，是指判决已经生效时，判决成为确定的判决，除非通过特别途径，如提起审判监督程序，否则不能撤销或变更。这种确定判决的不可撤销性就称为形式上的确定力或者外部确定力。在相关研究观点中，执行异议之诉判决的效力往往被认为由强制执行力、程序上的终结力和实体关系的确定力三部分结构组成；也有观点将执行异议之诉判决的效力归纳为判决的稳定性或者说不可变更性及权威性，并据此衍生出强制性、免证性、排他性、程序终结性等特征。将异议裁定与异议之诉判决相比较，从中可看出，异议判决形式上的既判力禁止法院重复审理相同的诉请。异议判决在实体上的既判力就涵括了异议判决内容上的确定力及对后续诉讼的拘束力。在异议判决的实体关系确定力层面，理论界及实务界均充分认可异议判决对异议当事人间法律关系的最终确定和认可，对于异议判决在后续的法院审理中的效力却未予以明确规定。不过，单就法条释义理解，完全能够从《民事诉讼法》第158条"最高人民法院的判决、裁定，以及依法不准上诉或者超过上诉期没有上诉的判决、裁定，是发生法律效力的判决、裁定"中推断出异议判决对后续审理程序的拘束力。

相较而言,一事不再审尽管在学界和实务界有较高的认知度,但它与异议判决既判力的内涵存在明显的不同。通常来说,一事不再审原则主要是诉讼程序中或者判决形成既判力之后,当事人不再就相同纷争再起诉到法院。而在执行异议诉讼程序中,这一原则则强调异议当事人不得再次以相同事实重复提起异议或提起异议之诉,无论前一异议诉讼程序仍在审理中还是业已发生生效判决效力。亦即,一事不再理具有双重内涵,即诉讼系属的既判力及阻碍效力。从这个层面来看,既判力适用范围要比一事不再理原则要小。然而,一事不再理也同样在判决内容的拘束力问题上存在阙如,从这个角度看,既判力适用范围要比一事不再理原则要大。

(二)执行异议之诉判决既判力及例外

在执行异议之诉判决是否具有既判力的问题上,大多数观点并无明显的裂痕,但就异议判决既判力的范围则存在较大的争议。但由于异议判决是国家强制力保障和认可的,故对异议判决既判力形成阻碍的因素原则上是不存在的。亦即,对异议判决既判力的正当性着实不存在分歧。不过,需要关注的问题是,异议判决既判力与可撤销性之间的关系。司法实务中,异议判决均存在被撤销的可能,但是否能够据此否定异议判决的既判力?我们认为,生效的异议判决能够在再审程序或案外人撤销之诉中被推翻,但不能由此否定异议判决的既判力,而应将其认为是异议判决既判力的例外因素。同样地,异议判决的再审程序与第三人撤销之诉区别于上诉程序,法院的审查权是受到限制的。因此,生效异议判决效力的可丧失性并没有否定其既判力。对于哪些异议判决能够形成既判力,认定的界限必须以判决的终局性为标准。在现行律法及司法实务中,部分异议判决是被认可的,故部分异议判决所涉及的审理事项也应属于终局判决的范畴。也就是说,部分异议判决也完全能够形成既判力。

二、执行异议之诉判决既判力的范围

无论是仲裁裁决、法院调解还是法院判决,在对既判力问题进行研究时,必然会关涉其适用范围的问题。相对于异议判决来说,其时间、主观、客观范围,尤其是客观范围,均在某种程度上存在不确切性。

(一)异议判决既判力的时间和主体范围

在执行异议之诉判决既判力的时间范围上,按照既判力的一般理论,能够确认为异议判决生效之日,假若异议判决在生效后发现新证据,异议当事人也能够据此

提起新的异议之诉,法院应当受理,后续的审判程序可以对同一纷争作出迥异于已生效判决的判断。① 但值得关注的问题是,对于异议判决生效后败诉方拒绝继续履行义务的,是否能够将之视为新的事实。针对这个问题,应以该异议判决是否具有强制执行力作为衡量标准。假若异议判决无法强制执行,如执行标的灭失,必须赋予一方当事人变更执行请求的权利再次判决。

在异议判决既判力的主体范围方面,按照既判力一般理论,其主体范围应是参与异议之诉的当事人及与当事人地位等同的人,如口头辩论终结后的继承人、诉讼担当人和被担当人、诉讼代表人、请求标的物的持有人。但应否将异议判决既判力扩展至上述范围以外的其他人,一些观点出于对诉讼经济及司法判断一致性等因素的考虑,认为应对异议判决既判力主体范围作宽泛理解,允许法院异议判决的既判力在一定条件下向当事人以外的第三人扩张,②如诉讼脱退人、母公司和子公司、人事诉讼等特别诉讼中的第三人。③ 还有在案外人异议之诉中,案外人就存在多个申请执行人分别申请强制执行的同一执行标的提起异议之诉并取得胜诉判决后,将该异议判决既判力扩张至全部申请执行人。④ 我们认为,这一主张是对异议判决既判力范围的不当扩张,因为这些第三人事实上仅同一方异议当事人发生法律关系,且这一法律关系与异议判决中的法律关系并不是相同的,假若禁止该第三人参与异议诉讼的机会,则难以维护其合法诉权。如果从异议判决质效角度考量,将案外人异议之诉裁决的既判力扩张到其他申请执行人,那么就可以将已经对同一执行标的采取执行措施的申请执行人列为共同被告一并进行审理,而对于将要申请执行但异议之诉审理之时尚未进入执行程序的申请执行人,其享有的一般金钱债权在与案外人对执行标的权益的优先性比较上与已经参与诉讼的其他申请执行人别无二致,因而无须再次进入诉讼程序进行审理。但在申请执行人系担保物权等优先受偿权人等特殊情形下,异议之诉裁判的既判力不能盲目扩张,这是因为优先

---

① 这一观点体现在《民事诉讼法解释》第248条中,即裁判发生法律效力后,发生新的事实,当事人再次提起诉讼的,人民法院应当依法受理。

② 参见李卫国、文晓燕:《既判力主观范围扩张与案外第三人权益保障》,载《江汉大学学报(社会科学版)》2017年第6期。

③ 参见张晓茹:《论民事既判力主观范围扩张范围及扩张基础》,载《河北法学》2012年第5期。

④ 如就同一被执行人名下的同一财产,已由多个申请执行人分别申请强制执行,该财产上存在多个查封,案外人对其中一个申请执行人提起异议之诉并胜诉后,是否仍需起诉其他查封的申请执行人才能解除相应的执行措施,目前存在两种观点:一种是从提高执行效率、减少当事人讼累等角度出发,认为胜诉判决生效后,该执行标的上的其他执行措施自动失效的"自动解封说";另一种是从申请执行人权利保障和程序正义等角度出发,认为胜诉判决生效后,该执行标的上的其他查封不应自动失效,案外人仍需对其他申请执行人提起执行异议之诉的"另行起诉说"。虽存在"自动解封说"这一理论,但是从实践来看,根据目前我国民事诉讼的制度和执行的规则,案外人对其他申请执行人需另行起诉才能排除法院对执行标的的执行。

受偿权人与一般金钱债权人不同,其权利具有优先性,有必要保障其诉权并通过实体审理对其与案外人对执行标的享有的权益进行比较判断。但这也因此引发另外一个问题,如果案外人已经在其与其他优先受偿权人在先的异议之诉中取得了胜诉判决,该胜诉判决能否扩张至在后的尤其是并未参加诉讼的优先受偿权人?从提高执行效率和减少当事人诉累的角度来说,该胜诉判决既判力在扩张主体范围的问题上与前述对抗一般金钱债权申请执行人的规则一脉相承,均是已经过实体审理对权利顺位作出了裁决,因而没有再次审理之必要;但从对优先受偿权人诉权的保护上来说,由于不同法律关系中优先权的保护顺位可能不同,因而就不能按照前述规则一并扩张,有必要在诉讼效率和实质公平上进行取舍,而使未参加诉讼的优先权人进入实体审理程序。实际上,当时的《民事诉讼法》缺乏在异议诉讼中变更、追加第三人的规定,理论界和实务界也对没有执行根据的前提下追加第三人持否定态度。这确实导致争端难以一次性化解,但默认异议判决既判力向案外人无限制扩张较之追加第三人对于第三人合法诉权的减损更为严重,这因为在追加程序中案外人仍有权利行使诉权。因此,化解异议诉讼程序中案外人问题,必须将之与异议判决的既判力严格区分出来。

(二)异议判决既判力的客观范围

在界定异议判决既判力的客观范围中,可能会面对这样一个问题:在《民事诉讼法》中,判决的客观范围取决于诉讼标的;但在执行异议之诉中,虽然可依据异议请求及事由确定诉讼标的,但是该诉讼标的却与执行依据具有极大的关联性,甚至可以说是执行依据所确立的权利义务所衍生出来的异议诉请。因此,为讨论的准确性与便利性,极有必要在异议之诉引入对应概念,这一概念可以是较为中性的"执行标的",也可以是更为确切的"异议标的"。

面对的另一个问题是诉讼标的理论。一直以来,尽管我国理论界不断进行艰辛的探索,但至今仍没有达成共识。审判实践中主要以旧实体说为基本遵循,不过,不仅法院对旧实体说的理解和适用时常出现偏颇,旧实体说自身内容也依然缺乏定论,这就致使执行异议理论无法简单地从民事诉讼法学界获取一个比较明确的识别标准。由此引致的结果是,执行异议理论不得不从诸多理论中进行艰难抉择。虽然执行异议学界对异议标的的概念存在极大的兴趣,但基于研究的力度、规模及对异议诉讼重要性的认知度,这一问题的最终化解依然需要《民事诉讼法》的不断完善和发展。在此之前,借鉴旧实体说,并将异议当事人间的法律关系作为异议标的的认定标准亦不失为一种较为可靠的路径,至少在某种程度上实现了执行程序与民事审判程序的对接以及法律适用层面的统一。目前的执行异议诉讼中,通常会回避异议标的这一问题,而其解决问题的基础是一事不再理原则。然而,这只是针对异议标的的辩解转移到一事的判定标准上,如究竟是二同、三同还是四同的问题上。

异议诉讼实务中也曾有过这样一个典型案例。在先的诉讼程序中,法院判决当事人双方共同担负房屋转让的报批手续,但一方未履行协助义务,故权利人启动强制执行程序。在执行过程中,案外人对执行标的主张实体权利并据此要求排除执行。这里的问题是,案外人在异议诉讼程序中提出与先决判决相同的实体请求,即要求对房屋权属进行确权,那么异议诉讼中是否应受先决判决的结果或者说理的影响?我们认为,应当将案外人异议之诉的争议范围扩张至判决理由中对案外人实体权利的判断,即无论案外人异议之诉的诉讼请求中是否包含确权的内容,案外人异议之诉的客观范围均扩张至该诉中对案外人实体权利的权属认定。这便是所谓的"争点效理论",它指在前诉中被双方当事人作为主要争点予以争执,而且法院也对该争点进行了审理并作出判断,当同一争点作为主要的先决问题出现在其他后诉请求的审理中时,前诉法院对于该争点作出的判断将产生通用力(争点效)。① 引入争点效理论后,在案外人异议之诉中,执行标的的权属和能否排除执行已经作为固定的争点在判决中作出判断,该判断对后诉产生通用力,后诉只需据此作出判决即可,省去了各方当事人及审理法院的精力,能有效地提高司法效率。

(三)异议判决的结果与既判力

按照法典法系的理论,异议判决既判力的客观范围必须限于判决结果,事实认定和判决理由未能形成既判力。然而,在我国,异议判决在上述两个方面的通用力事实上获得部分认可,这对异议判决既判力的相对性原则形成了某些干扰。

对于事实认定的问题,按照《民事诉讼法解释》第93条第1款第5项的规定,在民事诉讼程序中,已为人民法院发生法律效力的裁判所确认的事实,当事人无须举证证明,除当事人有相反证据足以推翻该事实外。不管这一预决力的法律属性如何,其在某种程度上形成了既判力影响。当中主要原因为:其一,尽管预决力能够为相反证据推翻,不过事实上这一例外规定的适用性并不是很大。在中国裁判文书网及相关的判决网站中几乎难以查询到预决力被推翻的公开异议判决,这从侧面再次对实务中的做法予以确定,即只有通过第三人撤销之诉或再审程序对认定事实的异议判决进行撤销,才能阻却预决力的形成。其二,尽管有观点主张在原则

---

① 参见林剑锋:《民事判决既判力客观范围研究》,厦门大学出版社2006年版,第92页。

上事实认定的预决力必须限于已发生法律效力的异议判决所关涉的异议当事人间,不过在实务中预决力的适用业已对这一限制予以突破。一些案例在援引《民事诉讼法解释》第93条第1款第5项[①]时,涉案的异议当事人并不是生效异议判决的当事人。其三,实务中还存在一个倾向,即将先决性事实问题和法律问题的法律定性均纳入事实认定的范畴,从而在无形中对预决力的适用范围进行了扩大,这使司法实务在很大程度上间接性吸收了争点效理论。

比如,在广发银行股份有限公司茂名分行与化州市行业基金会金融风险化解工作领导小组办公室等申请执行人执行异议之诉案中,[②]茂名市中级人民法院以该院在执行标的物已被化州市人民法院裁定给化州市行业基金会金融风险化解工作领导小组办公室的情况下,又以5-1号裁定将执行标的物所有权转给广发银行茂名分行,后又明显违反法律规定为由,作出5-3号裁定,裁定撤销了5-1号民事裁定。最高人民法院认为,"广发银行茂名分行对5-3号撤销裁定不服,不能依据《中华人民共和国民事诉讼法》第二百二十七条[③]规定提起执行异议之诉"。这里所称的"事实"依据,实际上便关涉法律适用的问题。

对于判决理由的问题,执行异议学界一些学者认为异议判决理由能够被赋予既判力,但在论据上却截然不同。部分观点认为,这是免除异议判决矛盾及推进异议诉讼灵活性的需要;而另一些观点认为,应将既判力限于争议焦点的异议判决理由上;也有观点主张,应明确否定异议判决理由形成通用力,其主要根据是合议庭成员的独立性,认为赋予判决理由的通用力将与合议庭成员自由心证产生冲突,为防止再次出现错误,必须明确反对异议判决理由的通用力。本书对最后一个观点持肯定态度。例如,在执行合同款项过程中,法院查封了被执行人B名下的房屋,案外人A提出异议并启动异议诉讼,该案合议庭以案外人A并没有排除查封的权利为由,裁判驳回案外人A的异议请求。而后由于被执行人B未履行义务,法院将上述房屋裁定拍卖,案外人A再次提起异议之诉,请求确认房屋为其所有,并请求停止拍卖程序,合议庭再次驳回了案外人A的主张。这是一个典型的不承认异议判决理由通用力的情形。

---

① 下列事实,当事人无须举证证明:《民事诉讼法解释》第93条规定:"下列事实,当事人无须举证证明:(一)自然规律以及定理、定律;(二)众所周知的事实;(三)根据法律规定推定的事实;(四)根据已知的事实和日常生活经验法则推定出的另一事实;(五)已为人民法院发生法律效力的裁判所确认的事实;(六)已为仲裁机构生效裁决所确认的事实;(七)已为有效公证文书所证明的事实。前款第二项至第四项规定的事实,当事人有相反证据足以反驳的除外;第五项至第七项规定的事实,当事人有相反证据足以推翻的除外。"

② 最高人民法院民事判决书,(2016)最高法民申2487号。

③ 现《民事诉讼法》第238条。

又如,在房屋的执行案件中,案外人异议请求法院确认查封被执行人名下的房屋是其所有,要求解除查封,法院支持其异议请求。在异议诉讼程序后,案外人又提起确权诉讼,要求被执行人协助房屋确权登记。案外人的第二次诉讼法院可予以确权,但不能对解除查封异议权是否存在及其法律依据再次作出认定。这便存在这样的疑问,即异议判决中关于案外人解除查封权的部分是否也形成通用力?在这个问题上,我国的法律应用与德国有明显的不同。

在德国,其法律在原则上不赋予防御手段和异议权的通用力,所以,假若解除查封是案外人作为异议提出的,那么判决即便对此作出了回应,但这一回应不产生既判力,因为其所异议的事由并非该案的诉讼标的。表观上看,这一做法对我们来说是难以理解的。异议判决结果或异议判决主文内容为何不能形成既判力?假若不形成既判力,案外人是否能够据此部分请求提起新的民事诉讼?答案是肯定的。在房屋被法院执行查封的状况下,假若案外人只是以异议的方式主张房屋解除查封,那么该异议请求权即便为法院所肯定,也不能形成既判力。所以,假若案外人不要被执行人变更房屋产权登记,案外人也不能以该异议判决作为对被执行人强制执行的法律根据,而只能就此向法院再次提起诉讼。

不过,在我国的法律语境下,即便案外人只是提起异议且提出确权的请求,法院也会作出如下判决:案外人确权请求不属于本案审理范围,本案不予处理。但由于异议判决主文已涉及房屋权属确认的事项,案外人可将该异议判决作为房屋确权的依据。严格来说,这种判决方式与《民事诉讼法》中的辩论原则并不相符,因为法院异议判决的部分业已超过了当事人的诉请范围。假若否定异议判决,那么房屋权属认定部分业已形成既判力,所以能够推出以下结论:新诉中合议庭能够对房屋归属的法律依据作差异的认定,并据此对房屋进行确权。这样的处理方式可能引致后果是,新诉的合议庭按照其对法律的适用理解作出不存在房屋权属争议的认定,从而在是否存在异议抗辩事由上与异议判决产生裂痕。不过,这一裂痕并不属于裁判冲突。因为在原则上仅有异议判决结果才能形成既判力,因而只有当异议判决结果与其他业已有既判力的判决、调解、仲裁、公证及其主文结果出现裂痕时,才能判断出现了判决冲突。假若只有内容其他部分存在矛盾,那么则不能认定为属于真正意义上的判决冲突。

如在中铁物上海有限公司(以下简称中铁物公司)与济南润和机车车辆物流有限责任公司(以下简称润和公司)、中车山东机车车辆有限公司(以下简称中车山东公司)申请执行人执行异议纠纷案[①]中,申请人中铁物公司在仲裁程序中请求中车

---

① 最高人民法院民事裁定书,(2021)最高法民申42号。

山东公司对润和公司的债务承担连带清偿责任,仲裁裁决未予支持。中铁物公司在执行过程中,申请追加中车山东公司为被执行人,提起执行异议之诉。最高人民法院认为,当第三人与当事人间的纠纷已在其他仲裁或者诉讼程序中被实质性解决时,提起执行异议之诉缺乏正当性。在仲裁庭裁决驳回中铁物公司关于中车山东公司对润和公司的案涉债务承担连带清偿责任的请求后,中铁物公司在执行程序中申请追加中车山东公司承担连带清偿责任的行为,其实质是对仲裁裁决结果不服并提出异议。以相同的事实和理由提起的异议之诉,如果其诉讼请求构成对生效仲裁裁决或人民法院判决判项的变更,其实质在于否定前诉裁判结果,属于重复起诉。而在申诉人李某芬、郑某怡与被申诉人范某伟、郑某格执行异议纠纷案中,[①]申请人提出排除执行的诉讼请求外,还提出确认案涉房产归属的诉讼请求。二审法院认为申诉人提出的多项诉讼请求均以确认房产归申诉人郑某怡所有的诉讼请求为基础,而该项诉讼请求已被生效判决驳回,根据一事不再审原则,维持一审法院驳回起诉的裁定。而广东省高级人民法院认为,案外人执行异议之诉中,足以排除强制执行的民事权益不以所有权为必要,因此不属于重复起诉。

三、重复异议诉讼的规制

除却化解裁判冲突,判决既判力的重要价值还在于规制重复异议诉讼。所谓重复异议诉讼,存在两种情形:一种是前一异议诉讼程序已经终结,异议人再次提出异议;另一种是前一异议诉讼程序仍在审理中,异议人又另行提出异议。这些问题也可能在异议判决生效后产生,异议人就相似争端提起诉讼的情形。当前,在审判实务中,解决重复异议诉讼往往以一事不再理为主要依循。不过,该原则在适用中存在"一事"理解的差异,尤其是异议权人、异议标的、争议焦点、异议请求、事实和理由、责任争点等在对"一事"进行认定上所发挥的作用,争议比较大。所以,在《民事诉讼法解释》已将一事不再理原则固定的情况下,[②]可以认为该条文并未将执行异议、仲裁裁判、公证确认书纳入其中是一个严重的阙如,但为调补法律漏洞和降低法律适用的不确定性,在原则上应参照上述规定来处理重复执行异议的问题。

(一)在前一异议诉讼程序仍未终结时的重复异议

关于何为重复诉讼的问题,主要体现在《民事诉讼法解释》第 247 条规定的情

① 广东省高级人民法院民事裁定书,(2019)粤民再 325 号。

② 《民事诉讼解释》第 247 条规定:"当事人就已经提起诉讼的事项在诉讼过程中或者裁判生效后再次起诉,同时符合下列条件的,构成重复起诉:(一)后诉与前诉的当事人相同;(二)后诉与前诉的诉讼标的相同;(三)后诉与前诉的诉讼请求相同,或者后诉的诉讼请求实质上否定前诉裁判结果。当事人重复起诉的,裁定不予受理;已经受理的,裁定驳回起诉,但法律、司法解释另有规定的除外。"

形中。在对执行异议缺乏类似的明确规制的情况下，规制重复执行异议完全能够参照适用《民事诉讼法解释》第247条的规定。虽然《民事诉讼法》缺乏明确的诉讼系属概念，但从《民事诉讼法》第127条中我们在某种程度上能够推导出这一概念的存在，而执行异议对于异议系属的理念仍较为生僻，根据《异议复议规定》第15条的规定，[①]并未绝对禁止这种重复执行异议。因此，有观点主张，在前一执行异议诉讼程序仍在审理中，异议人就同一执行行为再次提出异议的，后一个异议案件合议庭必须按照表面证据形式进行审查受理，然后在异议诉讼阶段再判断是否符合一事不再理的要件。假若按照《民事诉讼法解释》第247条的规定，第二次异议申请可以不予受理。

执行实践中存在这样的实例：在运输合同纠纷执行程序中，异议权人对执行标的提出异议并启动异议之诉，法院认定申请执行人对执行标的享有强制执行优先受偿权，异议权人确权主张不成立。在该异议诉讼判决作出前，异议权人又以执行标的物为其所有，要求法院解除强制措施而提出新的异议诉讼。这里的关键问题是，第二个异议诉讼是否必须受理。我们认为，这就要考虑两个异议诉讼的标的是否相同，假若通过实体法关系来判断异议标的，那么两个异议诉讼中的异议标的是一致的，因为第二个异议请求在本质上是对第一个异议的判决结果的否定。所以，法院应该驳回第二个异议诉讼。而在其他类似的异议诉讼中，A债务人在第一个异议诉讼程序中要求追加案外人B为被执行人并共同承担支付责任。在异议诉讼终结前，B又提起新的异议之诉，要求法院撤销追加其为被执行人的裁定。根据《异议复议规定》第15条的规定，即便认定前后诉讼程序中异议标的相同，但异议请求却存在差异，也没有出现否定对方的异议请求，因为应允许B再次提起异议之诉。不过，若考量到防止异议判决冲突和化解纷争经济性，B以第三人撤销之诉或再审程序处理则更为恰当。然而，我国执行异议诉讼中并不允许异议权对方当事人提出反诉，若通过撤销之诉或再审程序，则拖延时间更久，也要付出更大成本，因而只能以新的异议诉讼来化解这一问题。

除却异议标的外，《异议复议规定》第15条中的“同一执行行为”的内涵也存在争议，但这并非本书讨论的重点。我们认为，这一条中的“同一执行行为”便是异议的抗辩对象，也是异议权人请求法院判决的结果，但这并不涵括了异议的事实和理由。虽然最高人民法院的立法释义为异议请求是基于异议标的基础上的具体请

---

① 《异议复议规定》第15条规定：“当事人、利害关系人对同一执行行为有多个异议事由，但未在异议审查过程中一并提出，撤回异议或者被裁定驳回异议后，再次就该执行行为提出异议的，人民法院不予受理。案外人撤回异议或者被裁定驳回异议后，再次就同一执行标的提出异议的，人民法院不予受理。”

求,但当中便隐含着这一主张。在执行异议立法和司法解释中,异议诉讼请求的定义是相对明确的,即异议权人的具体声明或主张,如解除查封、追加被执行人。

(二)在前一异议诉讼程序终结时的重复异议诉讼

从执行异议审判实践来看,能够将在前一异议诉讼程序终结时的重复异议诉讼划分为以下几种类型:

一是在前一异议诉讼程序中,异议权人提出新的异议请求,其异议具体主张直接对前一异议判决进行否定。这种类型较为简单,即便在这方面存在分歧,但由于《民事诉讼法解释》第 247 条对主体对换的类型进行了列举,从而将不同意见统一了起来。

二是已终结异议诉讼程序仅对当事人间部分争议的覆盖。例如,在变更被执行人异议诉讼中,异议权人以其非债务承担责任人为由提出异议,要求撤销变更裁定。异议权人被判决驳回声明后,该异议权人能否以同样的事由要求法院停止名下财产的查封?按照《民事诉讼法解释》第 247 条的规定,由于异议主张不同,两者也不存在重叠关系,应认定为非重复异议诉讼,因此后一个异议申请应当予以受理。假若异议权人在前一个诉讼程序中提出解除查封的主张,但该主张仅限于查封财产的一部分,同一异议权人能否再次提出异议之诉,就未主张的查封财产提出解除要求呢?在这方面,其可以适用民事诉讼中的部分之诉原理。《民事诉讼法解释》第 247 条规定,亦应将这种类型认定为不属于重复异议诉讼。不过,在这一问题上学界往往予以否定。假若没有主张的查封财产发生在异议判决生效之后,就必须赋予原异议权人再次申请异议的权利,因为异议判决形成之时并非属于异议判决既判力的时间范围。

但就学界对部分异议主张持否定和怀疑态度来考量,似乎更关注纷争的经济性解决,或者说一次性化解。不过,由于当前我国法律并不存在集中诉讼的强制性要求,因而这种对异议权一次性行使或消耗、未声明权利即视为权利放弃的观点,事实上并无法律依循。在立法没有特别规制的前提下,其合理性确实值得探寻。

《异议之诉司法解释》通过对执行标的上存在多重查封时执行异议之诉的当事人如何确定作出规定,旨在解决轮候查封情况下异议之诉的判决既判力问题。在我国,不承认重复查封,轮候查封并不发生正式查封效力,轮候查封法院不受理案外人对其提出异议,轮候查封的申请保全人、申请执行人自然也没机会参加诉讼。如果让案外人基于排除执行标的上的多个查封,逐一针对特定查封再提起执行异议之诉。这既影响当事人合法权益的实现;也徒增讼累,不利于法院执行工作的高效推进以及纠纷的一次性解决。因此,在坚持既判力相对性原则的前提下,通过第三人参加诉讼的合并审理程序，间接实现异议之诉既判力应当发挥的作用，《异议之诉司法解释》第2条规定将“其他已知的轮候查封的申请保全人、申请执行人为第三人”。又因我国实行由首封法院负责处分查封财产的原则；根据最高人民法院批复，优先债权执行法院可要求将查封财产移送执行，此时享有处置权的执行法院应为优先债权执行法院，因此，可以作为被告的，除首封债权人，还包括享有担保物权等优先受偿权的申请保全人、申请执行人。通过这种程序设计，执行异议之诉判决的效力能够扩展至参加诉讼的多个申请保全人、申请执行人。

三是前一异议诉讼与后一异议诉讼的请求相同，但存在差异的法律依据。例如，案外人以在债权形成前已退出合伙协议请求撤销追加被执行人裁定的异议诉讼败诉后，又以合伙协议违反法律效力性强制性规定应当无效为由要求撤销追加被执行人裁定，这种类型是否可以认定为重复异议诉讼？或者说，案外人能否依据法律规定的不同事由来分别主张撤销追加被执行人裁定？这当中涉及的关键问题是怎样认定异议标的。无论根据实体的异议权来认定，还是根据实体法律关系来认定，均能够判断由于异议标的同一而被视为属于重复异议诉讼。假若通过二分肢说来衡量，则应该预先判断两个案件是否同属于一个生活事实。虽然异议理由存在差异，但异议事实却相同，因而按照二分肢说也能够将前后案认定为构成重复异议诉讼。

（三）在相同的异议诉讼中提出选择性异议主张

选择性异议主张，就是异议权人在一个异议诉讼中前后提出有差别的、互为否定的异议主张的情形。如在案外人异议之诉中，案外人主张解除银行账户的冻结，若法院不支持其诉请，则随后请求法院撤销划扣账户资金的裁定。这种选择性异议主张与民事诉讼中的预备性诉讼主张相似。不过，由于《民事诉讼法》尚未承认这一制度，且异议诉讼学界对其较为陌生，因而往往会将之界定为一种异常的异议主张情形。事实上，这样的选择性异议主张能够促进纷争的一次性化解，而且由于法院对后一异议主张的裁判是以否定前一异议主张为要件的，所以是不会形成异议标的的不确定。尤其是在竞合责任的情形下，运用选择性异议主张也不失为防止重复异议诉讼的方式。

四、推进《民事诉讼法》从细碎走向精细化规范

通过上文的剖析能够看出，异议判决的既判力在实务中和理论上均在很大程度上获得认可和肯定，但这一认可或肯定是以一事不再理原则为纽带的。异议判决内容对后续诉讼活动的通用力及其范围目前还没有得到明确界定，而认定一事

不再理中的一事标准也存在分歧,这便对适用该原则的可预见性形成一定的影响。化解异议判决既判力的问题必须注重《民事诉讼法》自身的健全,不过要完全化解异议标的及既判力等基本问题,希冀专门制定执行异议法律规定便缺乏必要性。基于异议诉讼与《民事诉讼法》具有极大关联,深入化解上述问题必须更多地通过精细化《民事诉讼法》来推进。但《民事诉讼法》在未修改前,应充分考量适用《民事诉讼法解释》第 247 条的规定,以维护法律适用的统一和权威。

当前,对《民事诉讼法》进行精细化规范已成为学界的发展共识。尽管《民事诉讼法》篇幅十分有限,但《民事诉讼法解释》中的条文数量却十分可观,内容上也日益细致化,再加上旧的大量的司法解释尚未被宣布废止,实践中不断产生新的司法解释,也积累了一定量的化解办法及理论探究。因此,推进《民事诉讼法》从细碎走向精细化规范已具有扎实的理论和实践基础。但必须强调的是,在《民事诉讼法》精细化中,应注重强化异议判决理论与实务间的良性互动,深化实务素材和操作经验的累积以及理论的指导支持,同时也要关注域外国家的诉讼实践,避免单向性陷入关注和梳理域外国家对异议标的等学说的方向,应将研究视角深入异议判决既判力等概念在法院裁判及相关法律文书中的运用。

第二编

执行异议之诉与其他程序的衔接

PART 02

法院作出生效法律文书列明的当事人之外的民事主体因该文书遭受权益侵害时得以保护的法律制度，一般称为案外人权利救济制度。《民事诉讼法》于2012年修正后，在保留原有的执行异议之诉和案外人申请再审的前提下，增加了第三人撤销之诉，虽然为案外人权利救济提供了多种渠道，但还没有形成有机统一的权利救济体系，不同的救济路径有时会发生交叉和重合，引发程序空转，有时看似密如网状的救济程序仍然存在救济缺位的问题。实践中，当事人和案件审理的法官都备受困扰，存在救济缺失和过度救济的矛盾现象。《民事诉讼法解释》第301条第2款规定："案外人对人民法院驳回其执行异议裁定不服，认为原判决、裁定、调解书内容错误损害其合法权益的，应当根据民事诉讼法第二百三十四条规定申请再审，提起第三人撤销之诉的，人民法院不予受理。"该条已经明确，案外人对自身权利的救济手段可以行使选择权，但选择权的行使无疑受到了一定程度的限制。如果案外人认为原判决、裁定调解书内容错误，损害其民事权益的，救济程序至少包括执行异议之诉、第三人撤销之诉和案外人申请再审三种类型。再加上如果允许案外人提起另案确权或给付之诉，将导致执行异议之诉程序的功能和定位以及与其他救济程序的衔接更加不清晰，各种救济路径叠加起来错综复杂，亟须对照其他同质救济程序深化对执行异议之诉本质和运行规律的认识。

第四章 执行异议之诉与执行实施、再审和破产程序

第一节 执行异议之诉与执行实施、再审程序和破产程序的协同处理

法律依据

《异议之诉司法解释》第8条 执行异议之诉案件审理或者再审申请审查期间,人民法院对作为执行依据的原判决、裁定等依法决定再审,执行标的系原判决、裁定等所涉争议标的以外的财产,或者案外人可能享有足以排除担保物权等优先受偿权的强制执行的民事权益的,执行异议之诉案件可以继续审理或者审查,不能认定案外人享有足以排除强制执行的民事权益的,执行异议之诉案件应当中止审理或者审查。

《异议之诉司法解释》第9条 执行异议之诉案件审理或者再审申请审查期间,人民法院裁定受理被执行人破产案件的,执行异议之诉案件应当中止审理或者审查,管理人接管债务人财产后,执行异议之诉案件可以继续审理或者审查。

《异议之诉司法解释》第10条 案外人执行异议之诉案件经审判监督程序发现支持案外人排除强制执行确有错误,人民法院认定案外人不享有足以排除强制执行的民事权益,判决驳回案外人诉讼请求的,原相关执行法院按照原顺位恢复执行;执行标的已合法转让给他人,人民法院裁定撤销原判决、终结诉讼的,申请执行人可以依法另行向被执行人、案外人等主张权利。

一、执行财产处置与执行异议之诉程序

从执行异议之诉与执行实施程序的关系看,案外人异议的产生源于执行权的行使,源于对案涉财产采取了查封、扣押、冻结措施或者评估拍卖等变现措施,如果在案外人异议之诉审理的过程中,执行法院并未对执行标的进行处分且执行措施

已经解除的,执行案件已经作了结案处理,案外人执行异议之诉失去了继续审理的基础,申请执行人已经不是案外人对抗的主体,案外人执行异议之诉丧失了诉的利益,案外人执行异议之诉应当裁定终结诉讼或者终结审查。案外人异议裁定虽然已经作出,执行案件已经结案,但执行法院未对执行标的进行处分且执行措施已经解除的,执行法院作出的执行异议裁定不再有效。如果案外人在提起诉讼时除请求排除执行外,一并提出了确权请求或给付请求,案外人执行异议之诉可以裁定终结诉讼或终结审查,但确权之诉或给付之诉仍有继续审理的必要。

一般情况下,上述情形应以执行案件终结为必要条件,如果仅是执行法官解除了案涉财产的查封措施,因执行实施案件并未完结,将来还有可能再次查封,案外人异议之诉不应当终结审查,避免执行法官再次查封时,案外人需要再次提起执行异议之诉的情形发生。

二、执行依据再审与执行异议之诉的关系

执行异议之诉审理过程中,人民法院对作为执行依据的原判决、裁定等依法决定再审时,执行异议之诉原则上应当继续审理。如果再审法院认定执行依据存在错误并依法撤销,驳回申请执行人的请求,则执行实施程序可能无法继续进行,已经采取的执行措施需要解除,并有可能发生执行回转;如果执行依据再审维持原判或者只是减少给付金额,则执行法官依据执行实施程序对案涉财产采取的执行措施未受到根本影响,此时案外人排除执行的请求有较为充足的证据支撑,案外人执行异议之诉仍有继续审理的必要。因此,执行异议之诉应静候再审程序的结果,再决定是否继续审理。有观点认为,《民事诉讼法》第 153 条第 1 款第 5 项规定,如果本案必须以另一案的审理结果为依据,而另一案尚未审结的,中止诉讼。但执行异议之诉审理结果,很难说必须以执行依据再审结果为依据,除非是裁判文书主文的标的与财产具有同一性,因此,基于保护案外人利益的考量,执行异议之诉原则上应当继续审理,特殊情形下才应当中止审理,只有不能认定案外人享有足以排除执行的民事权益的,应当中止诉讼。

但是否能认定案外人有无足以排除执行的民事权益,一般情况下,应当以审理之后当能知晓,审理之前只能继续主观判断,实践中仍需要依靠主审法官的个人心证。

三、执行异议之诉生效判决被提起再审的处理

如果执行异议之诉判决支持了案外人排除执行的请求,但该案外人执行异议之诉判决生效后,确有错误的,经过当事人申请再审,被撤销的,人民法院最终认定

案外人不享有足以排除强制执行的民事权益，判决驳回案外人诉讼请求的，则法院针对案涉财产采取的执行行为和措施并未损害案外人民事权益。执行法院应当按照原顺位恢复执行。如果案外人已经将执行标的转让给第三人，此时，第三人属于善意取得，则申请执行人只能依法另行向被执行人、案外人等主张权利，提起主张不当得利或损害赔偿程序维护自身合法权益。

四、执行异议之诉与被执行人破产程序的协同

《异议之诉司法解释》颁布之前，关于执行异议之诉与破产程序之间的关系，有两种不同观点，第一种观点认为，执行异议之诉作为独立民事诉讼程序，其审理不受破产程序影响，且对破产财产范围的界定具有前提意义；第二种观点认为，破产程序启动后，执行程序应当中止。执行程序中止导致执行异议之诉丧失程序基础，当事人诉的利益已转移至破产程序。最高人民法院在(2019)最高法民终333号民事判决书中认为：人民法院受理破产申请后，执行程序并未终结，仅处于暂时中止的状态，是否终结则需根据破产程序的进展和走向而定。在此情形下，通过执行异议之诉对申请执行人提出的是否可以继续执行该执行标的进行审理判断，使该执行标的在执行法律关系中从争议状态转为确定状态，具有独立的程序及实体价值，且不应因执行程序中止而中止本案审理。

《异议之诉司法解释》并未认为执行异议之诉程序在破产后应当中止，而是认为，根据破产法规定，人民法院受理破产申请后，已经开始而尚未终结的有关债务人的民事诉讼或者仲裁应当中止；在管理人接管债务人的财产后，该诉讼或者仲裁继续进行。执行异议之诉的诉讼标的直接关涉债务人财产的权属或处分问题，管理人接管财产后继续审理或审查，则允许在破产管理人主导下有序处理争议，实现执行异议之诉和再审申请审查在破产背景下的程序协调。

第二节　执行异议之诉与案外人申请再审

法律依据

《民事诉讼法解释》第421条　根据民事诉讼法第二百三十四条规定，案外人对驳回其执行异议的裁定不服，认为原判决、裁定、调解书内容错误损害其民事权益的，可以自执行异议裁定送达之日起六个月内，向作出原判决、裁定、调解书的人民法院申请再审。

《民事诉讼法解释》第422条　根据民事诉讼法第二百三十四条规定，人民法

院裁定再审后,案外人属于必要的共同诉讼当事人的,依照本解释第四百二十条第二款规定处理。

案外人不是必要的共同诉讼当事人的,人民法院仅审理原判决、裁定、调解书对其民事权益造成损害的内容。经审理,再审请求成立的,撤销或者改变原判决、裁定、调解书;再审请求不成立的,维持原判决、裁定、调解书。

《民事诉讼法》第238条规定案外人针对执行标的提出的异议被法院驳回后,如果认为原判决、裁定错误,应按照审判监督程序办理,案外人有权申请再审,只有与原判决、裁定无关的,才可以自裁定送达之日起15日内提起案外人异议之诉。案外人如何选择恰当的路径进行救济,关键是要对其所提出的异议针对的是作为执行依据的生效判决或仲裁裁决,还是执行程序衍生的实体争议,作出正确的判断,否则,即使提起诉讼,人民法院也不予受理。对于已经进入执行程序的案件,普通案外人对执行依据申请再审,必须经过案外人异议程序的审查,人民法院作出驳回其案外人异议裁定后,案外人方可向人民法院申请再审,这种制度安排明显不同于当事人申请再审程序。

一、案外人申请再审的实证法

1982年《民事诉讼法(试行)》(已废止)未赋予案外人申请再审的权利,1991年《民事诉讼法》第208条创设了案外人再审制度,明确规定,在执行过程中,案外人对执行标的提出异议的,执行员应当按照法定程序进行审查,理由不成立的,予以驳回;理由成立的,由院长批准中止执行。如果发现判决、裁定确有错误,按照审判监督程序处理。虽然明确了案外人异议引发的救济程序是再审,但再审程序有赖于法院依职权启动。2007年《民事诉讼法》第204条①规定了执行阶段案外人救济的两种途径,分别为案外人执行异议之诉和案外人申请再审制度,但对未进入执行阶段的案外人的救济途径依然处于缺位状态。2008年《审判监督程序解释》第5条②对未进入执行程序的案外人,赋予其可以在法定期限直接向原审人民法院的上一级人民法院申请再审的权利,对案外人申请再审程序实现了衔接。2012年《民

① 2007年《民事诉讼法》第204条规定:"执行过程中,案外人对执行标的提出书面异议的,人民法院应当自收到书面异议之日起十五日内审查,理由成立的,裁定中止对该标的的执行;理由不成立的,裁定驳回。案外人、当事人对裁定不服,认为原判决、裁定错误的,依照审判监督程序办理;与原判决、裁定无关的,可以自裁定送达之日起十五日内向人民法院提起诉讼。"

② 2008年《审判监督程序解释》第5条规定:"案外人对原判决、裁定、调解书确定的执行标的物主张权利,且无法提起新的诉讼解决争议的,可以在判决、裁定、调解书发生法律效力后二年内,或者自知道或应当知道利益被损害之日起三个月内,向作出原判决、裁定、调解书的人民法院的上一级人民法院申请再审。在执行过程中,案外人对执行标的提出书面异议的,按照民事诉讼法第二百零四条的规定处理。"

事诉讼法》经过修订后于第56条建立了第三人撤销之诉制度,《民事诉讼法解释》第299条、第300条分别对第三人撤销之诉与再审程序的竞合、案外人异议之诉与第三人撤销之诉的竞合问题作出了规定。2019年11月《九民纪要》再次规定了特殊情况下债权人可以提起第三人撤销之诉。应当说,案外人申请再审与第三人撤销之诉制度并存,在一定程度上构成了同质救济,因案外人申请再审和第三人撤销之诉均在于保障案外人的利益,以赋予案外人起诉权和申诉权的方式避免其合法权益遭受他人之间生效裁判的侵害,但再审程序和第三人撤销之诉在特定情形下具有各自的优势。

二、案外人申请再审程序的价值

案外人主要分为应当作为共同诉讼人而未参加本案诉讼的必要共同诉讼人,以及对诉讼标的物有请求权或受生效裁判影响的案外人两大类型。案外人权益受侵害在民事诉讼中并不少见。实践中,案外人申请申诉引发再审的原因主要有:

1. 原审程序审查不严,遗漏必要共同诉讼人。在审判实践中,遗漏必要共同诉讼人的情形主要包括以下几类:第一,析产、继承纠纷中遗漏共同诉讼人。一方面,因为继承案件事实复杂,涉及法定继承、遗嘱继承、代位继承、转继承,法律关系多样,法律主体繁多,容易遗漏共同诉讼人;另一方面,一些继承人为了多分遗产故意隐瞒其他继承人的情况,法院审查有一定的难度,造成当事人的遗漏。第二,侵权赔偿案件中遗漏当事人。这种情况往往是受害人死亡的损害赔偿案件,其继承人应是损害赔偿案件的当事人,由于审查不到位没有将共同诉讼人列全而引发再审。第三,当事人在诉讼中死亡,其继承人都应参加诉讼而没有参加。

2. 当事人之间法律关系复杂,导致案外人因裁判结果受到影响而申请再审。这主要是多方当事人之间的法律关系复杂,各种利益交织在一起,其中任何两方当事人之间的诉讼结果都会影响其他当事人的利益。此外,当事人法律行为不规范,在从事民事行为时就埋下隐患,造成多个诉讼,而这些诉讼实际上是针对同一标的物,以致裁判结果之间相互冲突,执行任何一个裁判都可能影响另一方诉讼当事人的利益。实践中最常见的情形有两种:一是一房二卖或者一权二让(股权转让)导致多个诉讼。二是在有争议的产权上设定抵押行为,分别出现产权争议诉讼和抵押合同诉讼。

3. 虚假诉讼导致案外人利益受损而引发案外人申请再审。近年来,当事人恶意串通、虚假诉讼,通过诉讼、调解等方式损害案外人利益的案件呈增多趋势。诉讼中较为常见的有:一是伪造代理手续侵犯其他共有人利益。虚假诉讼当事人通过伪造授权委托书,在"委托人"不知情的情况下代理其参加诉讼,在诉讼中则以自己的意思对与“委托人”共有的财产作出有利于自己的处分。二是转移家庭财产或多分财产而诉讼。此类虚假诉讼中,多为夫妻一方在离婚前或离婚过程中转移夫妻共同财产,与近亲属、朋友等串通,以虚构存在债权债务关系诉至法院。三是双方当事人逃避执行而诉讼。这类诉讼中,虚假诉讼的被告一方为达到规避的目的,在明知自己所有财产被人查封、扣押、冻结的情况下,和近亲属、朋友、合作伙伴等人串通,由这些人就被查封的财产提起所有权确认等诉讼。

民事诉讼中当事人处于基本平等的地位,法院仅仅充当裁判者的角色。在诉讼中,当事人可以采用自认等形式来确认证据,在双方当事人默契之下,法官根本无法辨别真伪。法院作出的裁判无法实现事实的正义,反而是通过正当的程序保护了互相串通的当事人的私利。更为严重的是,该生效裁判的既判力极有可能在关联诉讼中被援引为阻止其他法院作出不同判断的依据,至少该生效裁判所确认的事实可以成为关联诉讼中的预决事实。

我国民事诉讼机制中的一些制度缺陷和不足进一步强化了当事人滥用诉权谋取私利的动机。例如,对于可能涉及案外人合法权益的诉讼案件,由于缺乏有效的沟通机制,很多情况下案外人无法了解自身权益受损的情况,甚至根本无法参加诉讼。加之民商案件数量众多,大量案件采用调解结案和缺席判决结案,导致当事人串通伪造虚假证据,制造虚假债务参与执行分配,通过虚假离婚讨债或获取非法利益,伪造虚假租赁非法占有等情形已经达到触目惊心的地步。虽然近些年最高人民法院通过拒绝执行判决裁定罪、虚假诉讼罪等严厉打击虚假诉讼,最高人民法院2021年11月10日实行的《最高人民法院关于深入开展虚假诉讼整治工作的意见》,浙江省高级人民法院2008年12月发布的《浙江省高级人民法院关于在民事审判中防范和查处虚假诉讼案件的若干意见》,专门就虚假诉讼进行了规制。但上述弊病仍未见根除。这种现象具有极大的危害性,既侵害了案外人的合法权益,又浪费了司法资源,更为严重的是损害了人民法院的司法权威。

在此背景下,为利益受到侵害的案外人提供必要的救济机制,正是案外人申请再审制度的核心价值所在。这一机制有助于净化民事诉讼环境,纯洁民事诉讼秩序,最终达到鼓励诚信诉讼的目的。当然,案外人申请再审只是对案外人利益进行事后救济的一种制度安排,并不能取代法院事前和事中的谨慎审查与防范、向利害关系人通报情况并通知其参与诉讼、依职权调查收集案外人利益受到侵害与否的证据等职责。

三、执行异议之诉、第三人撤销之诉与案外人申请再审的关系

执行异议之诉、第三人撤销之诉与案外人申请再审制度在作用、功能和地位上

存在明显差异,并非可以通过简单粗略的方式所能取代或涵括的。更何况,这三种程序制度虽然在起诉条件、适格主体、诉讼效果等方面存在相互交叉的部分,但三者间适用空间并未完全重合,它们均具有存在的合理性和现实必要性,不宜作取此舍彼或厚此薄彼的价值判断。相反,应依据三者间适用范围的迥异进行程序的区别和协调衔接,以便更有效地维护案外人的法定权益,实现三种制度设置的立法价值。

(一)执行异议之诉、第三人撤销之诉与案外人申请再审的适用范围

1. 执行异议之诉的适用范围

从现行《民事诉讼法》第 238 条规定可知,我国执行异议之诉针对的是案外人对执行标的提出书面异议,即案外人的实体主张。因该主张涉及实体权利争议,现行立法特别设置了执行法官审查和审判法官审查相结合的救济程序,并与《民事诉讼法》第 236 条规定的针对违背执行程序的执行行为的执行程序内审查相区别。《民事诉讼法解释》第 302 条将执行异议之诉划分为当事人执行异议之诉和案外人执行异议之诉两种类型。

(1)当事人执行异议之诉的适用范围

当事人执行异议之诉是指申请人对人民法院中止对特定标的的执行的裁定不服,认为案外人不享有足以排除强制执行之权利,请求法院继续对该执行标的进行执行的诉讼。从该类型异议之诉的内涵看,当事人主张案外人对该执行标的不享有实体权益,或者说虽然享有实体权益但难以满足排除强制执行的条件。

①案件适用范围

当事人提起执行异议之诉需依案外人的执行异议申请,针对的是人民法院作出的中止执行裁定,并明确提出对执行标的继续执行的诉讼请求。但需要说明的是,当事人虽然可以被执行人对执行标的享有权利为由请求继续执行,但其不能替代被执行人提出对执行标的进行确权的诉讼请求。亦即,当事人执行异议之诉的案件范围只能是形成之诉与给付之诉的复合性的新型民事案件。

②原告适格主体

根据《民事诉讼法》第 238 条的规定,在执行过程中,案外人对执行标的提出书面异议后,人民法院应当自收到书面异议之日起 15 日内审查,根据案外人异议理由是否成立,相应作出中止对执行标的执行的裁定。假如人民法院经审查作出中止执行裁定,且与原判决、裁定无关,申请执行人无法申请再审,其关于特定执行标的物的请求就会落空。因此,为救济申请执行人在执行依据项下的请求权,申请执行人应属于执行异议之诉的适格主体。但债务人也即被执行人并不具备执行异议之

诉原告资格,这因为执行程序系由申请执行人启动,对执行标的的异议是由案外人启动,无论案外人执行异议请求是否被驳回,只要没有进入执行异议之诉程序,均与被执行人的利益没有直接关联。即便被执行人认为异议主张不合理,要求继续执行的,其可通过主动履行实现,但无权请求法院继续强制执行;或者基于债权已经实现等执行阻却事由主张执行程序终结,其亦可依相关司法解释提起执行异议,但该异议程序并非法院强制执行标的物的错误,而是基于阻却执行的实体理由。

(2)案外人执行异议之诉的适用范围

案外人执行异议之诉是指案外人就执行标的享有足以排除强制执行的权利,请求法院不许对该标的实施执行的诉讼。从该类型异议之诉的内涵看,案外人请求排除对特定执行标的的执行,主张其对该执行标的享有实体权益。

①案件适用范围

当事人提起执行异议之诉以其执行异议申请已经被人民法院裁定驳回为要件,并明确要求对执行标的执行的诉讼请求。但与当事人执行异议之诉不同的是,案外人在启动执行异议程序时,其最直接的功能在于排除对执行标的的强制执行,且所主张的实体法律关系是异议权的先决问题,故其兼具形成之诉和确认之诉的性质。不过,案外人执行异议之诉并非确认之诉、形成之诉的简单组合,而应当是一种复合性的新型民事诉讼。

②原告适格主体

根据《民事诉讼法》第238条的规定,案外人在执行过程中对执行标的提出书面异议后,人民法院应当根据案外人异议理由是否成立,作出驳回异议的裁定。假如人民法院经审查作出驳回裁定,且与原判决、裁定无关,案外人则无法申请再审,人民法院可以对争议的执行标的继续执行。所以,为维护案外人对执行标的所有实体权利,案外人应属于执行异议之诉的适格主体,但这里的案外人必须是执行依据之执行力所及主体范围之外的人,即执行当事人以外的其他人,不包括原判决、裁定的原被告、有独立请求权的第三人、承担义务的无独立请求权第三人以及在执行中承继或者承担执行依据中权利义务的人。

2. 案外人申请再审的适用范围

按照《民事诉讼法》及相关司法解释的规定,案外人申请再审应由一般案外人申请再审及执行案外人申请再审两种形式构成。

(1)一般案外人申请再审的适用范围

一般案外人申请再审的主要法律依据主要体现在2008年《审判监督程序解释》第5条规定中,该条款规定:"案外人对原判决、裁定、调解书确定的执行标的物主张权利，且无法提起新的诉讼解决争议的，可以在判决、裁定、调解书发生法律效力后二年内，或者自知道或应当知道利益被损害之日起三个月内，向作出原判决、裁定、调解书的人民法院的上一级人民法院申请再审。”从这一条款可以推知，一般案外人申请再审仅基于对生效法律文书所确认的执行标的物主张权利，且无其他途径如另行起诉解决争议的情形。

①案件适用范围

从2008年《审判监督程序解释》中“执行标的物主张权利”的语义可知，一般案外人仅可以针对他人之间具有给付内容的生效裁判、调解书申请再审。纯粹的确认之诉或形成之诉所作出的裁判文书因未实际处置执行标的物，故不属于一般案外人申请再审的对象。也就是说，一般案外人申请再审适用的案件范围只能是给付之诉类型的民事案件。

②适格案外人

虽然相关立法并未明确案外人“主张权利”所指称的权利性质种类，不过案外人申请再审必须同时具备对“执行标的物主张权利”且“无法提起新的诉讼解决争议”的条件。从这一条件可推知，一般案外人针对执行标的物所主张的权利必须仅能是具有物权属性的权利。

作出这一判断的主要依据是，从权利属性上看，物权是绝对权，具有对世属性，拥有物权的案外人既可以对原诉讼程序原告主张物权，也可以对原诉讼程序被告主张物权，即对原诉程序当事人均可以主张权利。如果还赋予案外人另行提起诉讼的权利，且是针对原执行标的物主张权利的，那么有可能形成两个相互冲突的裁判结果，并在执行程序中因相互抵触而难以得到施行。这样的结果不仅减损司法权威，浪费本已紧张的司法资源，还会无法及时有效地保障原诉讼程序当事人和有关案外人的合法利益。因此，从法之目的考量，案外人申请再审仅能是针对原执行标的物主张权利。

相较于物权，因债权是对人权或者说是相对权，它的效力范围仅及于约束同一程序中的两造当事人。假若案外人对原诉讼程序的一方当事人担负一定的债务或拥有期待的债权利益，那么其享有的债权或担负的债务并不能对原诉讼程序的另一方当事人具备法律效力。因此，在原诉讼程序的生效裁判文书所确定的权利侵犯案外人利益时，案外人可通过另行起诉的方式获得权利救济，以弥补其权利的减损。从这个角度考量，此时案外人已拥有“提起新的诉讼解决争议”的情形。

典型案例：李某硕基于其与郑某富之间的协议、郑某富对韩国斗山开发株式会社形成的债权以及斗山公司将其在云山公司中的权益转让给凯思乐公司，同时凯思乐公司为郑某富的债权预留了支付份额等事实，请求判令云山公司、凯思乐公司直接对李某硕支付应向郑某富支付的款项,原始判决支持了李某硕向凯思乐公司提出的部分诉讼请求,驳回了其他的诉讼请求。而郑某宪、郑某真申请再审,其主张李某硕没有向郑某富支付对价,并未从根本上否定郑某富将其对斗山公司的权益转让给李某硕的事实,在这种情况下,郑某宪、郑某真完全可以通过另行起诉李某硕获得相应的司法救济。事实上,郑某宪、郑某真已经向青岛市中级人民法院提起诉讼,以郑某富将权益转让给李某硕是为更好地处理郑某富在云山公司中的权益、李某硕没有实际向郑某富支付对价为由,请求解除郑某富与李某硕之间的权益转让协议、确认郑某富在云山公司享有投资权益。可见,郑某宪、郑某真完全可以并且已经通过另案诉讼解决争议。①

可以说,与有独立请求权的第三人诉讼地位相类似,一般案外人申请再审仅能是对原生效的法律文书所确定的执行标的物主张物权。而无独立请求权的第三人,由于其并未享有对原诉讼程序的生效裁判文书所确定的执行标的物主张物权,必然无法成为案外人申请再审的适格原告主体。

此外,2008年《审判监督程序解释》第42条明确规定了在必要共同诉讼中,法院经审理认为案外人为必要当事人的,若在第一审再审程序的,必须追加其为当事人;若为第二审再审程序的,经协调无法达成一致意见的,应将案件发回重审并追加案外人为当事人重新审理。从这条规定可以看出,必要共同诉讼人因故未能参与原诉讼程序,但其所享有的物权被侵犯时,通常情况下仅可以申请再审渠道获取权利救济,故其也属于适格的案外人。

从上述可看出,在民事诉讼中,享有再审申请权的一般案外人,仅可为未参与原诉讼程序且物权被侵害的必要共同诉讼当事人及基于物权而有独立请求权的第三人。

(2)执行案外人申请再审

在执行程序中,人民法院针对案外人对执行标的物书面异议所作出的中止执行或驳回裁定,若案外人对该裁定不服,且主张原判决或裁定有误的,可按审判监督程序处理。这一立法精神具体体现在《民事诉讼法》第238条中,同时也是执行案外人申请再审的主要法律依据。

①案件适用范围

从《民事诉讼法》第238条规定的"对执行标的提出书面异议"的字义可推知,执行案外人申请再审针对的对象或者说客体仅可以为给付之诉的判决或裁定,即该类案件范围仅能是给付之诉的民事案件。

---

① 最高人民法院民事裁定书,(2013)民申字第1257号。

②适格主体范围

有学者认为，执行标的系民事执行所指称的、能够实现债权人实体权利主张的行为或财产。执行案外人申请再审系对执行标的存在异议且主张原判决或裁定有误，与一般案外人申请再审程序相区别的是，该制度主要发生在执行阶段，即执行案外人申请再审针对的是执行程序中基于对执行异议裁判结果的不认可这一前提要件。从适格原告主体考量，因司法实务中极少发生针对“行为”提出的书面异议情况，执行标的可直接视为执行标的物，因而执行案外人申请再审的适格主体可以说与一般案外人申请再审一致，即未参与原诉讼程序且物权被侵害的必要共同诉讼当事人及基于物权而有独立请求权的第三人。

3. 第三人撤销之诉的适用范围

根据《民事诉讼法》第59条的规定，第三人撤销之诉的适用范围具体表现为：

(1)案件适用范围

有观点认为，第三人撤销之诉的立法初衷是解决确认之诉、形成之诉判决中不存在执行标的及给付之诉判决未启动强制执行程序，致使案外人申请再审、执行异议之诉、执行异议提起无据的问题。然而，依第三人撤销之诉的制度设计，第三人可不囿于判决、裁定、调解的类型以及民事纷争案件类型，可对形成之诉、给付之诉、确认之诉判决启动撤销诉讼程序。亦即，尽管原诉讼程序时确认之诉性质的纷争，抑或是形成之诉、给付之诉类型的纷争，只要第三人用足以证实原诉讼生效裁判文书内容有误且对其民事权益形成损益的，都享有撤销之诉提起权。

(2)适格主体范围

由于上文已对侵害有独立请求权第三人合法权益的生效裁判，无论其请求权基础是物权还是债权，其均可以提起第三人撤销之诉进行了详细论述，在此不再赘述，下面仅针对无独立请求权第三人存在的两种类型进行分析。

①被告型无独立请求权第三人

在学理上，无独立请求权第三人可进行划分为辅助型和被告型无独立请求权第三人。其中，被告型无独立请求权第三人所担负的实体上的民事责任，通常是原诉讼程序被告所担负的民事责任的转移。按照相关司法解释的规定，若被告型无独立请求权第三人参与了原诉讼程序并为法院判决担负一定的民事责任的，其可享有上诉的权利。因此，参与原诉讼程序的被告型无独立请求权第三人并不能归入案外人或第三人的范围，其权利救济只能通过法定的渠道获得补偿。被告型无独立请求权第三人却因不能归责于自己的因由而未能参与原诉讼程序的，当其主张原诉讼程序生效法律文书内容错误且减损其民事权益，由于其不能通过申请再审形式维护自身合法权益，且因未参与原诉讼程序，意味着上诉途径维权方式已丧失,因而其享有撤销之诉显然是必要可行的。亦即,被告型无独立请求权第三人是第三人撤销之诉的适格原告主体。

②辅助型无独立请求权的第三人

辅助型无独立请求权第三人由于其对原诉讼程序一方当事人具有权利义务关系而享有参与原诉讼程序的权利,但其在原诉讼程序中并不能对原被告所争议的诉讼标的主张任何权利,所以原诉讼程序的生效法律文书在事实上也不会出现该第三人担负民事责任的情形。因此,即便该第三人不参与原诉讼程序,仍可凭借其对原诉讼程序一方当事人所享有的权利通过另行诉讼方式获得权利救济。为维护生效裁判文书的既判力和稳定性,在辅助性第三人通过另行起诉方式获得权利救济时,应尽可能保障生效法律文书的既判力,不赋予该第三人诉讼撤销权。然而,由于司法实践中存在部分债务人通过与他人合谋以虚假诉讼的形式不当减少责任财产的情况,这便直接影响到作为债之权利人的辅助型无独立请求权第三人及时有效地实现债之利益。依照现行民事实体法的相关规定,债权人对债务人减损责任财产的行为拥有撤销之权。既然债务人借助非诉方式躲避债务的行为可以被立法所否认(撤销),那么债务人以虚假诉讼形式规避债务执行的行为当然具备撤销条件,也应允许辅助型第三人通过撤销之诉维护自身合法权益。

不过,为平衡维护生效裁判文书既判力与维护第三人合法利益两者间的关系,必须明确仅在一定条件下辅助型无独立请求权第三人才具备启动撤销之诉的资格。具体而言,就是在第三人无法通过另行起诉的方式获得权利救济或虽可起诉另行起诉维护权利但因虚假诉讼减损责任财产的,应属于第三人撤销之诉的适格原告主体。

(二)执行异议之诉、第三人撤销之诉与案外人申请再审适用之协调

虽然执行异议之诉、第三人撤销之诉与案外人申请再审的适用范围有相互交叉重叠的情况,但三者间仍存在明显的差别,也有互补部分。为充分发挥这三种制度的优势,有效保障案外人合法利益,并尽可能减损审判资源的内耗和浪费,应在遵循相应原则的基础上将三者关系较好地协调起来。

1. 守持原则

(1)避免权益过度适用

现行《民事诉讼法》等法律为第三人建构起多层次的救济体系,这不仅涵括诉讼过程的程序救济,还包括裁判文书生效后至执行程序启动前及执行阶段的程序救济,且均为第三人提供了多元化的具体救济措施,这极有可能导致在司法实务中第三人存在滥用救济权益、浪费司法资源的可能。事实上,在部分地区法院业已出

现了第三人滥用撤销之诉的情况。因此，在赋予第三人权益救济程序中，必然防止第三人过度使用程序救济权，以免在不同诉讼阶段中出现相继援引并列的救济程序或同时援引多种程序救济的状况。

(2)救济权利需及时行使

权益救济的阶段性是第三人权益救济体系的显著特征。为推进诉讼程序的进行，提升诉讼化解纷争的质效，第三人应当在权益受损时及时援引相应的权益救济措施，而不能任意地放弃阶段性程序救济措施，避免开启后续的程序救济，以期获取不当的诉讼利益。也就是说，第三人应当及时使用权利，否则将承担相应的不利法律后果。例如，在先诉讼程序中，第三人可以使用相应的程序救济措施，但其自动放弃，即便该程序诉讼结果造成其权益受损，也不应当赋予其另行启动第三人撤销之诉来维护权益。

(3)事前救济优先适用

案件利害关系人在裁判文书生效后寻求的程序救济，也即事后救济对生效裁判文书既判力具有冲击效力，对生效裁判文书的稳定性形成一定的负面影响，因而影响限制适用。而第三人撤销之诉与案外人执行异议、案外人申请再审程序在功能、程序结构和效力等方面存在明显的差异，其具有事前救济和事后救济程序的双重程序属性。所以，第三人享有同时适用执行异议、申请再审和撤销之诉的权利时，必须优先适用执行异议、申请再审程序，只有在第三人撤销之诉与事后救济程序并列适用时，才可以享有优先适用撤销之诉的权利。

(4)内部救济优先适用

内部救济程序优先适用包含两方面内容：其一，法院依职权启动救济程序后于利害关系人申请救济程序。诉讼程序是法院对争议双方及第三人间权益进行裁断的过程，法院系争议标的之外的裁断机构。在讼争结果致使第三人权益受损时，第三人可以作为适格的民事主体自行援引适用救济程序来维护自身合法权益，此时法院并不能主动依职权启动救济程序。其二，检察监督程序后于民事权益主体救济程序。讼争当事人、第三人、法院等均为民事诉讼主体，而检察机关应归入上述主体之外的法律监督部门。在诉讼主体成员间可以自行启动程序救济的前提下，检察机关不能自行启动相关的程序救济，在诉讼主体内部成员能够并且愿意启动救济程序的情况下，检察监督机关应当保持适度的谦抑性，不应当启动相关救济程序。

2. 程序协调

(1)执行异议程序与第三人撤销之诉的协调

根据我国《民事诉讼法》第238条的规定，启动执行异议程序应当具备下面几项要素:其一,案外人在执行程序中提出书面异议;其二,书面异议主要针对执行标的物主张实体民事权益;其三,案外人向有管辖权的人民法院提出书面异议申请。而怎样协调案外人异议与第三撤销之诉程序的关系问题,我们认为,这两种程序可以并列适用,这当中的主要因由是:首先,案外人执行异议程序并非完整的救济程序,其只能算是临时性救济程序。案外人执行异议裁定本身并不能通过上诉或复议程序获得进一步的救济。其次,执行法院针对案外人书面异议作出的最终处理只关涉应否裁定中止执行的问题,并不涵括实体性权利裁定,所以在司法实务中并不当然会导致执行异议裁决与第三人撤销之诉相互冲突的问题。再次,案外人申请异议内容所针对的是法律权利救济仅能对执行标的物本身请求实体权利,而第三人撤销之诉诉请内容所针对的是法律权利救济为原诉讼程序判决对其形成的各种利益减损。两种程序救济所关涉的法律权益范围存在明显不同。最后,这两种救济程序的受案法院并非同一。其中,案外人异议之诉是执行法院,而第三人撤销之诉是作出减损第三人权益生效裁判文书的法院,因而它们受案法院不一定是一致的。

(2)案外人执行异议之诉与第三人撤销之诉的协调

案外人异议之诉与第三人撤销之诉程序的本质不同,异议之诉指向的对象为执行标的物,目的在于保护案外人对执行标的所享有权利的优先性,排除法院的强制执行,并不审查据以执行的生效裁判。① 执行救济程序与第三人撤销之诉均为我国案外第三人权利救济程序中的事后救济程序,不过,这两者之间还是存在较大的差异,主要体现在:其一,不同的程序设置价值。执行异议之诉程序系为维护执行当事人及案外第三人的合法权益免遭执行法院执行行为或其他行为的不当侵害而设立的一种救济程序。而第三人撤销之诉提供的是一种救济程序。其二,执行救济程序仅能产生于执行程序中,而第三人撤销之诉则存在于裁判文书生效之后的阶段。其三,第三人撤销之诉既可以化解原诉讼程序当事人与案外第三人之间的权利义务关系,还可以对原诉讼程序当事人之间的关系进行确认。因此,在怎样协调好上述两种程序之间的关系上,可以根据我国台湾地区的有关规定,赋予执行异议之诉程序优先的地位,同时将第三人撤销之诉尽可能视作一个最后的救济途径。这因为第三人撤销之诉在维护案外人权利上具有彻底性和终局性,很容易架空或挤占案外人异议之诉的适用范围。不过,第三人撤销之诉是对判决、裁定、调解书的效力进行否定,在节约执行资源和保障法的稳定性等方面,案外人执行异议之诉

---

① 参见王毓莹、史智军:《案外人权利救济制度之相关疑难问题辨析——以全国法院第九次民商事审判工作会议纪要为视角》,载《法律适用》2020 年第 7 期。

更具优势。所以,在面对第三人撤销之诉和案外人执行异议之诉启动程序并存时,应优先适用案外人执行异议之诉,即便如此,也不能否定或排除第三人撤销之诉的程序救济价值。

(3)第三人撤销之诉与案外人申请再审程序的协调

从最高人民法院的立场看,非执行阶段的普通案外人已经无法启动再审程序,2008年《审判监督程序解释》第5条已经被后续的《民事诉讼法解释》所取代,该阶段的案外人只能以第三人的身份启动第三人撤销之诉救济相应的权利。也就是说,凡是能够通过再审程序解决的,原则上依照再审程序进行,不能通过再审程序解决的,第三人撤销之诉可以作为最后的司法救济程序。但是,案外人这样的概念能否妥当地嵌入第三人概念之中,第三人撤销之诉制度能否容纳可构成再审事由的案外人,这依然是法解释论和实务操作中不确定性较大的问题。

第三人撤销之诉和案外人申请再审程序所针对的对象均为已经生效的判决、调解书和裁定主文内容,但第三人撤销之诉在执行程序启动先后均有适用的空间,普通的案外人只有执行程序启动后才有申请再审的可能。案外人申请再审适用审判监督程序,第三人撤销之诉适用普通诉讼程序,但因案外人申请再审和第三人撤销之诉确实存在重合之处,故在制度设计上需要当事人在这两种救济程序中做出选择,选择之后不允许再行变更。

根据2008年《审判监督程序解释》第3条的规定,案外人申请再审应兼具下面几个因素:首先,案外人启动再审程序的诉请应是对生效裁判文书所确认的执行标的物提出权利主张;其次,缺乏另行起诉化解纷争的途径;最后,在法定的合理期限内向有管辖权的原审法院的上级法院提出书面再审申请。当前,理论界对案外人申请再审和第三人撤销之诉的程序关系有不同的理解:一是主张案外人申请再审制度可以被第三人撤销之诉取代;二是主张案外人申请再审制度与第三人撤销之诉不能相互取代,这是因为两者之间在裁判效力、主体条件、诉讼目的等方面有明显的差别;三是主张引起民事再审程序的方式和原因是第三人撤销之诉;四是主张案外人申请再审程序可以与第三人撤销之诉并列存在,但根据2008年《审判监督程序解释》的相关规定,案外人再审程序不允许在执行程序中启动。对这一规定,应作以下三点理解:其一,在部分案件中,生效裁判文书已明确确认执行标的物,无须在执行阶段另行确认。事实上,2008年《审判监督程序解释》第3条在关涉案外人对生效裁判文书确定的执行标的物主张权利上的语义表述并未明确将启动再审程序的援引时间限定在执行阶段。因此,如何协调好生效裁判文书作出后启动执行程序前案外人申请再审与第三人撤销之诉的关系是很值得探寻的。其二,与再审程序相较,第三人撤销之诉是一种新类型的诉讼方式。根据2008年《审判监督程序解释》相关规定,第三人启动撤销之诉程序时不能同时启动再审程序。这意味着,在现行法律框架内,第三人撤销之诉的启动排除了案外人申请再审程序的适用。其二,案外人申请再审程序与第三人撤销之诉必然是一项选择适用的程序。这因为案外人申请再审与第三人撤销之诉制度都是第三人行使权利救济的制度,不过它们在程序设置和适用条件上有明显的差别,尤其是在案件适用范围上存在互补和交叉的部分。所以,为有效地救济第三人合法利益,应当准许这两种救济程序并存,以供第三人选择最优适用。但值得注意的是,要在立法上明确第三人一旦适用其中一个救济程序,就必须排除另一程序的援引。只有这样,才能有效地避免第三人同时启动两种程序引致执行资源的浪费和扰乱司法程序,同时使相关主体间的法律关系处于不稳定的状况。

(4)第三人撤销之诉与执行阶段再审程序的协调

目前,有关执行阶段再审程序的法律规定主要体现在《民事诉讼法》第 209 条、第 238 条及《审判监督程序解释》第 3 条中。根据《民事诉讼法》第 238 条的规定,案外人在执行阶段启动再审程序应当是异议后的另行救济程序。对这一规定,学界至今仍持否定的态度。而探究当中的根源,主要因素在于审判监督程序实质上属于一种诉讼上的程序救济,生效的法律文书是其救济对象,而非为执行裁判或执行行为。确实,在执行程序中确认一项诉讼程序的程序救济,必然会模糊民事审判程序与民事执行程序间明显存在的界限。但即便如此,在立法并未废止之前,应当着重考量其与第三人撤销之诉程序的衔接问题。在这方面,必须考虑到下面几项因素:其一,恰如上文所述,案外人申请再审与第三人撤销之诉在功能上既有互补之处也存在交叉部分,故案外人在援引当中一项程序后,就排除享有另一程序救济的权利。其二,在案外人启动撤销之诉程序后,法院不能依职权启动再审程序,这是因为撤销权可以由案外人主动援引,它的程序启动或推进主要在于案外人。相反,除非存在明显的程序错误等问题,法院依职权启动再审程序在实践中是极少的。其三,即便第三人撤销之诉被法院裁定驳回,但并不意味着法院不得依职权启动再审程序,这是因为法院启动救济程序通常基于对公共利益的维护,并不会必然造成诉权被滥用的问题。

(三)案外人救济体系之检讨

依据《民事诉讼法》第 59 条之规定,有权提起第三人撤销之诉的主体分为三种:一是有独立请求权的第三人;二是无独立请求权的第三人,该第三人因不能归责于本人的事由未参加诉讼,但有证据证明发生法律效力的判决、裁定、调解书的部分或者全部内容错误且损害其民事权益;三是人民法院判决承担民事责任的第三人。第三人撤销之诉中的第三人仅局限于《民事诉讼法》第59条规定的有独立请求权及无独立请求权的第三人，而且一般不包括债权人。但是，设立第三人撤销之诉的目的在于，救济第三人享有的因不能归责于本人的事由未参加诉讼但因生效裁判文书内容错误受到损害的民事权益，有必要对《民事诉讼法》第59条规定进行扩张解释，赋予受虚假诉讼侵害的普通债权人提起本诉的主体资格，有利于实现实体正义。因此，债权人在下列情况下可以提起第三人撤销之诉：(1)该债权是法律明确给予特殊保护的债权，如《民法典》第807条规定的建设工程价款优先受偿权，《海商法》第22条规定的船舶优先权；(2)因债务人与他人的权利义务被生效裁判文书确定，导致债权人本来可以对《民法典》第538条、第539条和《企业破产法》第31条规定的债务人的行为享有撤销权而不能行使的；(3)债权人有证据证明，裁判文书主文确定的债权内容部分或者全部虚假的。债权人提起第三人撤销之诉还要符合法律和司法解释规定的其他条件。对于除此之外的其他债权，债权人原则上不得提起第三人撤销之诉。

《民事诉讼法解释》第301条对第三人撤销之诉与案外人执行异议的关系进行了规范，该条第1款规定："第三人提起撤销之诉后，未中止生效判决、裁定、调解书执行的，执行法院对第三人依照民事诉讼法第二百三十四条规定提出的执行异议，应予审查。第三人不服驳回执行异议裁定，申请对原判决、裁定、调解书再审的，人民法院不予受理。"案外人先提出第三人撤销之诉的，还可以提出案外人异议，但案外人异议被驳回的，不能再申请再审。该条第2款规定："案外人对人民法院驳回其执行异议裁定不服，认为原判决、裁定、调解书内容错误损害其合法权益的，应当根据民事诉讼法第二百三十四条规定申请再审，提起第三人撤销之诉的，人民法院不予受理。"概括起来，就是如果案外人先提起执行异议，被驳回后只能申请再审，而不能再提起第三人撤销之诉。

将进入执行异议程序的执行依据排除在第三人撤销之诉范围之外的考虑并不周全，第三人撤销之诉设立的主要目的是对民事权益受到侵害而未能参加诉讼的案外人提供救济，与案外人申请再审的功能一致，在第三人在申请再审与提起撤销之诉两种救济渠道之间选择其一进行救济才不致重叠。因已经提起执行异议程序可以通过驳回异议的裁定，转为案外人申请再审程序，故没必要再赋予案外人提起撤销之诉的权利。这无论从规则设计和道理上都是有据可依的，目的在于防止当事人滥用诉权，发生既申请再审又提起第三人撤销之诉的情形。

如果进入了案外人执行异议程序的案外人主体不适格，即不是真正的案外人，必然也难以转入再审程序，此时还应赋予第三人提起撤销之诉的权利。最高人民法院也在交通银行股份有限公司广西壮族自治区分行诉广西越洋房地产开发有限公司、福建省闽鑫建设工程有限公司第三人撤销之诉上诉案[①]中,申明了这一立场。最高人民法院认为,本案抵押权人提出执行异议后是否不能再提起第三人撤销之诉,广西壮族自治区高级人民法院裁定不予受理的核心理由,是案外人选择执行异议途径后就不能再选择第三人撤销之诉。单纯从案外人申请再审和第三人撤销之诉两种救济途径区分的角度看,该理由无疑是正确的。《民事诉讼法解释》第 301 条第 2 款中确定的原则是案外人申请再审与第三人撤销之诉不得并行,只能择一途径行使权利,提出案外人执行异议即属于进入了案外人执行异议的救济途径,无论是在驳回执行异议裁定作出前还是作出后,均应受所选择的救济途径的约束。但该条规定适用的前提是,相关异议属于《民事诉讼法》第 238 条规定的案外人异议。在第三人提出的异议不应归属于该条规定的案外人异议的情况下,《民事诉讼法解释》第 301 条规定的途径限制即失去意义。这也是执行异议领域中一个基础的案外人异议识别问题,即抵押权人主张优先受偿权的异议是否属于《民事诉讼法》第 238 条规定的案外人异议,对此一审裁定中并未予以考虑。因此,如果排除进入案外人异议程序的案外人提起撤销之诉的权利,前提必然是该异议应符合纯粹的案外人实体异议才可。

《民事诉讼法》第 238 条规定的案外人异议,并非案件当事人以外的人提出的涉及实体权利的异议都属于该条规定的异议。《民事诉讼法解释》第 463 条的规定表明,《民事诉讼法》第 238 条规定的案外人异议适用于"案外人对执行标的享有足以排除强制执行的权益"的情况。《执行程序解释》第 14 条则更明确解释为,案外人异议是指其"对执行标的主张所有权或者有其他足以阻止执行标的转让、交付的实体权利"的情况。按照上述司法解释的规定,抵押权人对执行标的物的权利,虽然属于实体权利,但该权利是就标的物变价款优先受偿的权利,并不能阻止标的物的转让或者向受让人交付。抵押权人请求保护其优先受偿权,因未得到保护而提出执行异议的,不属于阻止或排除强制执行的异议。尽管对于抵押权人异议究竟按照《民事诉讼法》第 236 条还是第 238 条的规定处理仍有进一步研究的余地,但如将其归属于案外人异议,则需要扩大目前司法解释对案外人异议的界定范围。在有明确的司法解释要求按照《民事诉讼法》第 238 条审查处理抵押权的异议之前,仍应按照现行司法解释理解为通过《民事诉讼法》第 236 条处理(当然在参与分配情况下可以通过分配方案异议程序解决)。以广西壮族自治区高级人民法院(2016)桂执复 12 号为例,一般情况下,通过《民事诉讼法》第 236 条的异议复议程序,也可以解决抵押权与工程款优先受偿权之间的法定优先顺位问题,只是因为本案涉及工程款债权人向抵押权人作出放弃优先受偿权的承诺问题,致使执行异议

① 最高人民法院民事裁定书,(2016)最高法民终 193 号。

和复议程序难以承载对生效裁判确定工程款优先受偿权的内容正确与否进行审查的功能，而需要第三人撤销之诉提供更充分的程序保障。案外人只是请求依法保护其优先受偿权，并未要求法院不得强制转让或交付执行标的物，更未明确选择《民事诉讼法》第238条的程序。钦州市中级人民法院作出的（2015）钦执异字第2号执行裁定并未对该异议性质作出定论。该裁定虽然指引当事人就据以执行的调解书确定的工程款优先受偿权问题通过审判监督程序解决，但同时告知不服该裁定可以向广西壮族自治区高级人民法院申请复议，而复议是《民事诉讼法》第236条规定的程序，故可以认为该院实质上仍是按照第236条的规定进行的异议审查。既然该异议不应当归属于《民事诉讼法》第238条的案外人异议，那么抵押权人也不能依据该条进入审判监督程序，故不能限制其提起第三人撤销之诉。退一步说，如果认为按照现行司法解释将抵押权人的异议，尤其是本案这类与生效法律文书内容有关的异议界定为执行行为异议不便于理解，则至多可以认为该种异议处于模糊地带，既可以理解为《民事诉讼法》第236条的执行行为异议，也可以理解为第238条的案外人异议。钦州市中级人民法院（2015）钦执异字第2号执行裁定中同时引用了《民事诉讼法》第225条和第227条[①]，也反映了这种异议性质识别的困难。在尚不能准确清晰界定的情况下，应当尊重抵押权人自己对于程序的选择，允许其自行选择《民事诉讼法》第238条规定的申请再审程序和第三人撤销之诉程序，抵押权人未提出再审申请，而提起第三人撤销之诉的，应当受理。

普通案外人在执行异议之诉和第三人撤销之诉具有不可更改的选择性，如果第三人未在法律规定的6个月期间内起诉，该不变期间经过后，是否影响该第三人作为案外人在执行异议程序中申请再审，尚需进一步探讨。从权利保护的视角看，一个期间程序的经过不应对其他救济程序构成失权，但有观点认为，部分确认之诉案件不需要进入执行程序，导致确认之诉判决和给付之诉判决案外人救济权利不平等，给付之诉判决具有两次救济权利的机会，而确认之诉判决在权利期间经过后再无机会进行救济。同理可证，特殊案外人即使在执行程序启动之前放弃了申请再审的权利，仍可以在进入执行程序后申请再审。

四、案外人申请再审程序的条件

申请再审的方式，为案外人直接申请再审提供了有效的法律依据。

（一）案外人直接申请再审的条件

案外人直接申请再审须符合以下五个条件。

---

① 现《民事诉讼法》第236条和第238条。

1. 案外人只有对法院判决、裁定、调解书确定的执行标的物享有物权等实体权利时才能直接申请再审。案外人只有对执行标的物享有全部或者部分实体利益,才能申请再审。若是法院审判活动或执行活动等造成的程序性损害,案外人不得像案件当事人一样申请再审,同时,案外人也不能针对法院裁判中的不特定标的物给付以及以行为为对象或以普通债权为对象的裁判等提出再审申请。

2. 案外人只有在无法通过提起新的诉讼实现其权利时才能直接申请再审。再审作为特别的救济程序,如果案外人可以对案内当事人提起诉讼以实现和保护自身的权利,即便法院判决、裁定、调解书存在错误也应当另案起诉,不能申请再审。

3. 案外人对驳回其执行异议的裁定不服,认为原判决、裁定、调解书内容错误损害其民事权益的,可以自执行异议裁定送达之日起6个月内,向作出原判决、裁定、调解书的人民法院申请再审。案内当事人申请再审的期限为裁决生效后6个月内,且对调解书不得申请再审,但如果由于案外人对当事人之间的诉讼情况无法及时知晓,因此,案外人申请再审不受6个月期限的约束,如果期限超过6个月,则应当自知道或应当知道利益被损害之日起6个月内申请。

4. 在执行程序开始前或终止后申请,即执行过程中无权提起直接再审申请。如果在执行过程中,案外人对执行标的提出书面异议的,应当按照《民事诉讼法》第238条的规定处理,即案外人提出执行异议。

5. 案外人直接申请再审的法院应当是作出生效判决、裁定、调解书的上一级法院,而不是同级法院。

(二)案外人直接申请再审和当事人申请再审区别

案外人只能以判决、裁定、调解书确定的执行标的物侵犯了其实体权利,才可以直接申请再审要求撤销该裁判,这和《民事诉讼法》第207条规定的当事人申请再审所列出的13种条件是完全不同的。

案外人直接申请再审的理由只能有一个,即其物权受到了侵犯,要求撤销的原判决、裁定或调解书侵犯的是实体权利而非程序性的权利。比如,原审案件当事人是否具备主体资格、原审当事人的辩论权利是否被剥夺、原判决裁定是否超出当事人的诉讼请求、原审当事人是否未经传票传唤缺席判决等,虽然是原审案件当事人申请再审的理由,但和案外人权利毫不相干,案外人不能以此为由申请再审。

五、案外人申请再审的难点

(一)案外人异议的识别

案外人所提出的异议,人民法院要进行甄别,分辨该异议针对的是执行依据,还是执行程序衍生的实体争议。《民事诉讼法》第238条规定:“执行过程中,案外人对执行标的提出书面异议的,人民法院应当自收到书面异议之日起十五日内审查,理由成立的,裁定中止对该标的的执行;理由不成立的,裁定驳回。案外人、当事人对裁定不服,认为原判决、裁定错误的,依照审判监督程序办理;与原判决、裁定无关的,可以自裁定送达之日起十五日内向人民法院提起诉讼。”那么,按照法律规定,如何判断哪些案外人的异议属于“认为原判决、裁定错误”且案外人又可以申请再审的范围,哪些又属于“与判决、裁定无关”的范围?

从理论上说,案外人对执行依据提出异议的实质是要求废弃或者变更执行依据的既判力和执行力,是对原争议的实体法律关系的再争议。当然,需要强调,不是所有的案外人都能够对执行依据已经确定的法律关系再提出争议。根据2008年《审判监督程序解释》第5条的规定,这里的案外人是指“对原判决、裁定、调解书确定的执行标的物主张权利,且无法提起新的诉讼解决争议的”,对执行标的物主张的权利已经被执行依据确定给执行程序的当事人,除了通过再审程序和第三人撤销之诉程序予以救济外,案外人没有办法通过执行异议程序解决。

案外人实体异议则是由于执行程序的启动而产生的新的实体法律关系争议,案外人在执行异议中并不对执行依据本身提出异议,而是要对法院正在执行的标的物主张所有权或者其他排除交付的实体权利。

从司法实践中看,判断案外人的异议是指向执行依据本身还是执行的标的物,有形式标准和实质标准之分。所谓形式标准,就是不管案外人的异议实质上和执行依据是何关系,只要案外人的异议指向执行标的物,则一律按照案外人异议审查。所谓实质标准,就是要对案外人异议和据以执行的执行依据之间的关系进行实质审查和判断,如果支持了案外人的异议,则会对执行依据的既判力和执行力构成否定,案外人的异议实际上也就属于再审程序要解决的问题。最高人民法院在(2013)民提字第207号案例中坚持了“实质标准”的裁判思路,认为执行中,案外人对执行标的提出的书面异议被驳回后,应当根据其权利主张与原判决、裁定之间的关系,依法选择通过审判监督程序或者执行异议之诉维护其合法权益。执行程序启动后,法律就案外人权利保护提供的司法救济途径,执行异议之诉针对的是执行行为本身。其核心在于以案外人是否对执行标的具有足以阻却执行程序的正当权利为前提,就执行程序应当继续还是应该停止作出评价和判断。但如案外人权利主张所指向的民事权利义务关系或者其诉讼请求所指向的标的物,与原判决、裁定确定的民事权利义务关系或者该权利义务关系的客体具有同一性,执行标的就是作为执行依据的生效裁判确定的权利义务关系的特定客体,则属于"认为原判决、裁定错误"的情形。本案中,孙某明在其对执行标的提出的书面异议被裁定驳回后,向一审法院提起案外人执行异议之诉,一审、二审法院亦以此为案由对本案进行了实体审理。但是,盐城市中级人民法院对包括案涉房产在内的登记在江苏威特集团有限公司名下且已经为祥欣农村小额贷款有限公司办理抵押登记的财产采取的执行措施,有该院业已发生法律效力的相关民事判决作为依据,而该生效民事判决确认祥欣公司享有抵押权并有权优先受偿的财产范围亦包括案涉房产。孙某明在诉讼理由中也明确就祥欣公司与威特公司之间贷款行为以及其抵押权的效力问题提出异议,其所提诉讼请求旨在否定盐城中院前述生效民事判决作为执行依据的合法性,在此情况下,本案应当属于《民事诉讼法》第 238 条"案外人、当事人对裁定不服,认为原判决、裁定错误的,依照审判监督程序处理"的情形。

(二)不同类型的案外人申请再审的条件不同

《民事诉讼法解释》第 420 条第 1 款规定:"必须共同进行诉讼的当事人因不能归责于本人或者其诉讼代理人的事由未参加诉讼的,可以根据民事诉讼法第二百零七条第八项规定,自知道或者应当知道之日起六个月内申请再审,但符合本解释第四百二十一条规定情形的除外。"该条规定可以申请再审的案外人与《民事诉讼法》第 238 条规定的案外人非属同一类型,该类案外人本应为当事人,只因其未参加诉讼,被迫纳入了案外人范围,其申请再审自应参照当事人申请再审的规定。即使生效判决书、调解书或裁定书已经进入执行程序,也无须通过案外人异议审查程序,也不需要证明原判决、裁定、调解书内容错误损害其民事权益。

《民事诉讼法解释》第 421 条规定:"根据民事诉讼法第二百三十四条规定,案外人对驳回其执行异议的裁定不服,认为原判决、裁定、调解书内容错误损害其民事权益的,可以自执行异议裁定送达之日起六个月内,向作出原判决、裁定、调解书的人民法院申请再审。"该条规定的案外人并不包括未参加庭审的必须进行共同诉讼的当事人。对于这类案外人,只要生效的判决、裁定、调解书已经进入执行程序,案外人的异议指向的是执行依据本身,必须先提出案外人异议并被驳回后才能另行提起再审程序。[①] 但也有少数观点认为，即使案件进入执行程序，案外人申请再审也没必要必须先经过执行异议程序。《民事诉讼法》第 238 条之所以作出执行依据异议也可由执行机构审查的规定，应当是考虑到实践中当事人可能不加区分把所有异议都同时向执行机构提出，执行机构自然有识别不同类型异议标的的必要，进而为案外人指引正确的救济途径。向执行法院提出执行依据异议是案外人实体异议审查程序的充分条件，但案外人实体异议审查程序不是启动再审程序的必要条件。如果一旦进入执行程序，案外人对于执行依据的异议必须先通过案外人异议程序，实际上是白白浪费司法资源，对于执行依据的异议，作为执行审查机构的法官是无权审查的，最后还得回到再审程序中来。实际上，2008 年《审判监督程序解释》在案外人申请再审的要件上也采取了宽松的态度，并未规定案外人必须先提起案外人异议程序，该解释第 5 条规定："案外人对原判决、裁定、调解书确定的执行标的物主张权利，且无法提起新的诉讼解决争议的，可以在判决、裁定、调解书发生法律效力后二年内，或者自知道或应当知道利益被损害之日起三个月内，向作出原判决、裁定、调解书的人民法院的上一级人民法院申请再审。在执行过程中，案外人对执行标的提出书面异议的，按照民事诉讼法第二百零四条的规定处理。"该条文对案外人申请再审进行了扩张解释，2015 年《民事诉讼法解释》第 423 条对《民事诉讼法》第 227 条规定又重新进行了限缩解释。[②] 我们认为，普通的案外人申请再审是《民事诉讼法》第 238 条规定的救济案外人权利制度，与当事人申请再审程序不同，其逻辑前提就是以案外人提出执行异议为前提，否则案外人申请再审程序必然扩张和滥用。

2019 年《九民纪要》第 121 条进一步明确了两种不同再审启动方式。《民事诉讼法解释》对必要共同诉讼漏列的当事人申请再审规定了两种不同的程序，二者在管辖法院及申请再审期限的起算点上存在明显差别，人民法院在审理相关案件时应予注意：(1)该当事人在执行程序中以案外人身份提出异议，异议被驳回的，根据《民事诉讼法解释》第 421 条的规定，其可以在驳回异议裁定送达之日起 6 个月内向原审人民法院申请再审；(2)该当事人未在执行程序中以案外人身份提出异议的，根据《民事诉讼法解释》第 420 条的规定，其可以根据《民事诉讼法》第 207 条第 8 项的规定，自知道或者应当知道生效裁判之日起 6 个月内向上一级人民法院申请再审。当事人一方人数众多或者当事人双方为公民的案件，也可以向原审人民法

---

① 参见最高人民法院修改后民事诉讼法贯彻实施工作领导小组编著：《最高人民法院民事诉讼法司法解释理解与适用》(下)，人民法院出版社 2015 年版，第 1119 页。

② 参见最高人民法院修改后民事诉讼法贯彻实施工作领导小组编著：《最高人民法院民事诉讼法司法解释理解与适用》(下)，人民法院出版社 2015 年版，第 1123 页。

院申请再审。

(二)案外人未进入执行程序的生效裁判能否申请再审

案外人提出执行异议,应以据以再审的生效裁判进入执行程序为前提,进而可以逻辑推演出这样的结论:虽然原判决、裁定、调解书内容错误损害案外人民事权益,但只要没有进入执行程序,普通的案外人无法提起再审程序,只能通过第三人撤销之诉进行救济,但对于遗漏的必要共同诉讼人,则不能提出第三人撤销之诉,因其取得了当事人申请再审的地位和权利。但很明显,被遗漏的必要共同诉讼人存在两种不同的再审程序,管辖法院、再审期限的起算点、举证责任和前置程序均存在较大区别。该类案外人如果直接申请再审被驳回后,仍可以在生效裁判进入执行程序后再次提出执行异议,然后依照《民事诉讼法解释》第 421 条的规定,在驳回裁定送达后申请再审。

六、案外人申请再审中存在的问题

(一)《民事诉讼法》中没有设立单独的再审程序,在执行程序中解决案外人申请再审具有先天的缺陷性

终结性是司法的重要特征,长期以来,二审终审制是我国一项重要的司法制度,而再审功能的扩张严重破坏了司法的终结性。根据我国现行诉讼法的规定,再审程序除基于当事人再审申请发生外,还可基于法院和检察院的职权发生,这在各国诉讼立法上十分少见。同时,现行法律并未设立独立的审判监督程序,而是依据案件的原审级别适用普通一审程序或二审程序。这种规定,忽视了再审程序的特殊性和再审案件的复杂性,也不符合再审程序的设置需求。由于审判监督依附于第一审和第二审程序,不是一个独立的诉讼程序,因此,有关它的法律规定不够完善、不够紧密,尤其在审查当事人申诉阶段,由于法律缺乏对审判组织及其人员的制约性规定,给人情、金钱、权势干扰司法提供了机会。再回过头来看,我国的案外人申请再审规定在《民事诉讼法》第三编“执行程序”中,适用的前提是在“执行过程中”。《民事诉讼法》的这种规定无法解决司法实践中存在的其他大量的非执行程序中侵害案外人合法权益的问题。案外人直接申请再审的,只能针对具体的物主张权利。这种规制使得大量并不针对具体物的生效裁判侵害案外人合法权益的案件,无法通过案外人申请再审途径解决。

(二)案外人的范围不明确

对于案外人的范围,法律及司法解释均未明确,法官对此理解不一。有人对此

持谨慎态度，认为只有在执行程序中有阻却执行标的物让与的权利的第三人，才可以作为案外人申请再审。有人对此持比较宽松的态度，认为只要是合法权益受到生效裁判侵害的第三人，不管该生效裁判是否处在执行阶段，在法定期限内该第三人均可以作为申请再审的案外人。还有人认为，由于我国公益诉讼很薄弱，即使生效的裁判、调解书没有损害第三人合法权益，但该第三人也可以公共利益、国家利益受到损害为由申请再审。

（三）案外人不易获得再审程序的救济

在现行再审制度下，案外人申请再审不具有诉权性质，更不具有上诉的功能，是否再审要由法院决定，法院在是否提起再审与何时提起再审方面自由裁量权很大，而法院为了维护自身形象和减少工作量，提起再审十分审慎。因此，尽管案外人申请再审的案件数较多，但真正能够进入再审程序的很少，进入再审程序后改判的更少。这些都使案外人得到再审程序救济的机会十分不易。

七、案外人申请再审的制度完善

（一）将案外人申请再审规定在《民事诉讼法》“审判监督程序”中

首先，案外人申请再审是再审程序启动的原因之一，其与《民事诉讼法》中规定的当事人申请、法院主动发现、检察院抗诉一起构成了审判监督程序启动的四大原因，故放在该章，更加顺理成章。其次，凡是合法权益受生效裁判侵害的利害关系人均可以作为案外人申请再审，大量的生效案件特别是调解结案的案件，根本无须进入执行程序，故在审判监督程序中规定案外人申请再审制度，会更加顺理成章。再次，再审的审理范围不仅严格限制在原审范围内，还要严格限制在申请人的申请范围内。这样的强调是出于既要实现再审程序纠错的功能，又要维护程序安定、维护生效裁判的既判力，以实现实体和程序双重正义。最后，再审案件由作出生效裁判的上一级人民法院审理，实行再审一审终审制原则。事实上大部分经过再审的案件也无法终结，由于再审发动的任意性，司法终局性的丧失，有可能带来更大的裁判不公、资源浪费。解决此问题，可以借鉴国外立法，以同一理由就同一案件一般只能提起一次再审，再审裁判是终局性的，再审案件一律一审终审制。对申请人超过一次以同一案或同一理由或者同一请求事项申请再审涉及的范围，法院不再予以审理，直接驳回申请。这样可以避免无限申诉、无限再审、浪费司法资源、增加诉累以及冲击司法公信力。

(二)明确对人民法院作出的生效裁判有法律上的直接利害关系的案外人均可以作为再审申请人

对于这种法律上的利害关系,有的国家如法国持一种很宽泛的理解,认为只要是有利益的第三人,哪怕是有精神利益的第三人均可以作为案外人申请再审。我们认为,这种利害关系对第三人应是一种法律上直接的利益关系,仅有间接利益关系的第三人不应是申请再审的适格案外人。太宽泛的理解将不利于生效裁判的稳定性,并对我国的二审终审制造成冲击。另外,我国虽不是判例法国家,但原《最高人民法院关于适用〈中华人民共和国民事诉讼法〉若干问题的意见》第75条第4项明确规定"已为人民法院发生法律效力的裁判所确定的事实"无须当事人举证,可以直接作为其他案件判决的依据。故这种利害关系不应仅仅针对判决结果即判项损害了案外人的合法权益,如果裁判认定的事实损害了案外人的直接利益,该案外人也可以直接申请再审。

(三)明确案外人申请再审的事由

案外人申请再审的事由应为生效裁判的判决结果或确认的事实直接侵害了其合法权益,且无法另诉解决。结合我国现有的民事实体法体系及司法实践,案外人主张的合法权利的种类,应包括以下几种。

1. 所有权,包括共有权。例如,生效裁判侵害了案外人的所有权,案外人为排除妨碍,保护其所有权,当然可以直接申请再审。在共有的情形下,无论是按份共有还是共同共有,在共有物尚未分割的情形下,如其中一部分共有人的债权人,申请法院强制查封拍卖时,其他共有人可以提起申请再审,以保护其合法权益。

2. 用益物权。用益物权须占有标的物方能使用、收益,如用益物权的权利人因生效裁判不当而使其用益物权受到妨害时,即可直接申请再审。依据我国《民法典》物权编规定,用益物权体系主要包括土地承包经营权、建设用地使用权、宅基地使用权、地役权等。至于典权,尽管我国民事实体法并未明确规定典权制度,但司法实践和民法学说中都承认房屋可以作为典权的标的,因此,案外人的典权受到侵害亦可直接申请再审。

3. 担保物权。通说认为,担保物权人可以基于其享有的担保物权申请再审,主要包括质权人、抵押权人、留置权人。

4. 其他管理或处分权。如生效裁判的结果或确认的事实侵害了破产管理人、遗嘱执行人、失踪人的财产代管人、股东派生诉讼的股东等的管理和处分权的,这些权利人也有权作为案外人直接申请再审。

审判前沿

孙某明与江苏威特集团有限公司、盐城经济开发区祥欣农村小额贷款有限公司案外人执行异议纠纷案

［（2013）民提字第207号民事判决书］

【裁判要旨】

本案案外人孙某明应当通过执行异议之诉还是申请再审程序予以权利救济。最高人民法院经审理认为，执行过程中，案外人对执行标的提出的书面异议被驳回后，应当根据其权利主张与原判决、裁定之间的关系，依法选择通过审判监督程序或者执行异议之诉维护其合法权益。就案外人权利保护提供的司法救济途径，执行异议之诉针对的是执行行为本身，其核心在于以案外人是否对执行标的具有足以阻却执行程序的正当权利为前提，就执行程序应当继续还是应该停止做出评价和判断，但如案外人权利主张所指向的民事权利义务关系或者其诉讼请求所指向的标的物，与原判决、裁定确定的民事权利义务关系或者该权利义务关系的客体具有同一性，执行标的就是作为执行依据的生效裁判确定的权利义务关系的特定客体，则属于“认为原判决、裁定错误”的情形。本案孙某明在其对执行标的提出的书面异议被裁定驳回后，向一审法院提起案外人执行异议之诉，一审、二审法院亦以此为案由对本案进行了实体审理。但是，盐城市中级人民法院对包括案涉房产在内的登记在江苏威特集团有限公司（以下简称威特公司）名下且已经为盐城经济开发区祥欣农村小额贷款有限公司（以下简称祥欣公司）办理抵押登记的财产采取的执行措施，有该院业已发生法律效力的相关民事判决作为依据，而该生效民事判决确认祥欣公司享有抵押权并有权优先受偿的财产范围亦包括案涉房产。孙某明在诉讼理由中也明确就祥欣公司与威特公司之间贷款行为以及其抵押权的效力问题提出异议，其所提诉讼请求兹在否定盐城市中级人民法院前述生效民事判决作为执行依据的合法性。在此情况下，本案应当属于“案外人、当事人对裁定不服，认为原判决、裁定错误的，依照审判监督程序处理”的规定情形，孙某明通过案外人执行异议之诉解决本案争议，不能解决生效裁判是否存在错误的问题。一审、二审法院在本案中对相关争议进行实体审理，不符合法律规定，应予以纠正。

【基本案情】

威特公司向祥欣公司借款400万元,以房产设定最高额抵押。另外,孙某明为房产工程实际施工人,后威特公司与孙某明签订协议书,确认欠孙某明工程款405万元,并以部分房屋面积抵冲工程款,后经法院确认签订的协议合法有效。在祥欣公司申请执行威特公司一案中,盐城市中级人民法院对威特公司登记的抵押财产采取强制执行措施时,孙某明提出执行异议被驳回,其提出执行异议之诉。

【要点评析】

执行程序启动后,就案外人权利保护提供的司法救济途径,执行异议之诉的核心在于以案外人是否对执行标的具有足以阻却执行程序的正当权利为前提,但如案外人权利主张所指向的民事权利义务关系或者其诉讼请求所指向的标的物就是作为执行依据的生效裁判确定的权利义务关系的特定客体,则属于"认为原判决、裁定错误"的情形,应当通过审判监督程序处理。

第五章　执行异议之诉与第三人撤销之诉

为防止案件当事人以虚假诉讼、恶意诉讼等方式减损案外第三人的法定权益，我国《民事诉讼法》在规范案外人异议之诉、审判监督程序之外，借鉴法国第三人撤销之诉的制度，在《民事诉讼法》第59条基础上增设了第三人撤销之诉程序，规定第三人由于不能归责于本人的因素未能参与原诉讼程序，但有证据证明业已生效的裁判文书的部分或者全部内容错误，且减损其民事权益的，可以自知道或者应当知道其民事权益遭受损害之日起6个月内，向作出前述法律文书的人民法院提起诉讼。法院经审理认为诉讼请求成立的，应当改变或者撤销原裁判文书内容。诉讼请求不成立的，驳回第三人诉讼请求。可以说，立法增设第三人撤销之诉的规定，主要是权衡另行起诉和再审途径救济第三人民事权益的优劣后，赋予第三人更便捷的维权渠道。但由于第三人撤销之诉制度在司法实务中存在主体扩张异化、撤销对象范围有待细化等问题，因此，深入研究该制度程序运行显得极为必要。

一、第三人撤销之诉的适格原告主体

（一）有独立请求权第三人撤销之诉的适用

该类型第三人的显著属性是享有独立的请求权。具体来说，系指第三人对对立的两造当事人所争议的诉讼标的，主张享有部分或全部的实体权利，即认为原诉讼程序所争议的民事权益既不属于原告所有，也不属于被告所有，而自己应拥有全部或部分权益，故其既反对原诉讼程序的被告，也不支持原诉讼程序原告的诉讼主张，且以独立的实体权利人的身份参与到原诉讼程序的庭审中来，并以有别于原诉讼程序的独立主张由法院对其民事权益进行裁判。可以说，有独立请求权的第三人参与原诉讼程序的法律依据，是通过其对正在进行的诉讼程序中各参与主体的争议标的具有全部或部分的独立请求权。事实上，原诉讼裁判结果仅与有独立请求权的第三人有法律上的利害关系，且这一关系在法律上业已预设了原诉讼程序裁判结果必然减损其合法的民事权益。有独立请求权的第三人如果参与他人之间的庭审程序，必然不存在立法所规制的“因不能归责于本人的事由未参加诉讼”的状况,也必然不得作为撤销之诉的原告适格主体。不过,即便存在法律规定的不能归责因素未能参与诉讼事由,适用第三人撤销之诉也不甚合理。当中的因由是,有独立请求权的第三人并非原诉讼程序的当事人,根据既判力相对性准则,裁判既判力仅作用于原诉讼程序参与人,第三人未参与原诉讼程序,原诉讼生效法律文书效力并不当然覆盖于有独立请求权的第三人。即便原诉讼程序裁判结果有损于第三人的民事权益,其亦可以原诉讼程序当事人为共同被告,通过另行起诉的方式获得法律救济。通说认为,有独立请求权的第三人参与到业已庭审的原诉讼程序,其实质上是以独立请求与原诉讼程序讼争合并处理的必要共同诉讼程序。可以说,现行立法已为有独立请求权第三人的民事权益做了充分保障,而《民事诉讼法》又居于"因不能归责于本人的事由未参加诉讼"且"损害其民事权益"的法律要件赋予第三人撤销之诉,这本身确实值得商榷。

(二)无独立请求权第三人撤销之诉的适用

无独立请求权第三人参与诉讼的规定体现在我国《民事诉讼法》第 59 条及最高人民法院《民事诉讼法解释》第 81 条中。无独立请求第三人参加诉讼可居于自行申请或依法院通知参与。其中,申请参与系原诉案件审理法院基于无独立请求权第三人的申请准许;而法院通知参与系法院根据原诉案件处理需要而责令无独立请求权第三人参与的一种方式。假若无独立请求权第三人已申请参与诉讼或接受法院诉讼通知的,其不应享有第三人撤销之诉的权利。只有当无独立请求权第三人因非归责于自身的因素未能参与诉讼的,才可适用第三人撤销之诉。但有两个问题必须值得关注,一是无独立请求权第三人对原诉讼程序讼争标的不拥有提出独立的诉讼请求的权利,其并非原诉讼程序裁判结果的直接利害关系人;二是即便法院判决无独立请求权第三人承担民事实体责任,但由于法院已向其送达生效法律文书,无独立请求权第三人仍可通过上诉程序撤销或变更一审判决,甚至假设法院未向其寄送判决书,无独立请求权第三人亦可通过审判监督程序获得权利救济。因此,对于无独立请求权第三人适用撤销之诉必须予以更多规制。对于未参加原诉讼程序的权利型无独立请求权第三人,即便原诉讼判决结果对其极为不利,其依然可以以另案起诉的方式获得权利救济。对于义务型无独立请求权第三人,只有原判决减损其合法权益的前提下,即便其基于任何事由未能参与诉讼,其针对影响到其利益的判决仍可通过另行起诉的方式化解,在这种情况下,都不得轻易受理第三人撤销之诉。

可以说,《民事诉讼法》第 59 条及《民事诉讼法解释》第 81 条规定适用第三人撤销之诉的空间是相当有限的,只有在符合《民事诉讼法解释》第 293 条规定的"因不能归责于本人的事由未参加诉讼”具体情形的才可适用第三人撤销之诉。具体来说:一是未参与原诉讼程序应根据第三人应否成为原诉讼程序主体为判断依据,假如第三人可依申请或法院通知作为原诉讼程序第三人参与诉讼,即使其未参与原诉讼程序或在原诉讼程序中放弃诉讼权利,也不能评判其为未参与诉讼;二是应根据第三人的主观评判“因不能归责于自己的事由”。概言之,即考量第三人未参与原诉讼程序是否存在明显过错,或是否有故意、重大过失行为。对有独立请求权第三人来说,因其参与诉讼仅能依申请,因而若其明知原诉讼程序存在却未申请,且缺乏不能提起诉讼客观因素的,可评断其有明显过错;而对于无独立请求权第三人,因其既可申请参与,也可依法院通知参与原诉讼程序,故即便其明知原诉讼程序正在进行且未参与,但在原诉讼程序裁判结果作出前,由于并不能断定裁判结果与其有直接利害关系,一般不能直接认定其存在明显过错,应当查明该第三人在原诉讼程序时是否已预知裁判结果影响到其合法利益。另外,上述主观过错的举证责任应由第三人担负。之所以做此规定,主要是避免第三人滥用撤销之诉,这因为撤销之诉是重新推翻生效裁判文书法律效力,也是对已化解纷争的再审理,若对第三人做扩大解释,必然会浪费司法资源、贬损司法权威和扰乱法律秩序,因此,假若第三人因消极应诉或怠于行使诉权等自身因素未能参加原诉讼程序,其不应为撤销之诉适格的原告主体。

典型案例:坐落于阳江市江城区鹰山路三号的讼争房屋系陈某瑛与谢某铭婚后共同所有的房屋,陈某瑛是该房屋产权共同所有人。黄某奋明知陈某瑛是该讼争房屋的共有人,但其还是虚构房屋买卖关系,编造房屋装修、自编自导入伙等,向陈某瑛的丈夫谢某铭提起对该讼争房屋的恶意诉讼,意图以极不合理的对价非善意取得该讼争房屋。黄某奋意图虚构房屋买卖合同的成立,却拿不出书面协议和口头协议,更拿不出已向谢某铭支付房款的收据,且没有合理的对价,这显然不合常理。但广东省阳江市中级人民法院作出的(2010)阳中法民再字第12号判决将18.5万元(陈某瑛的丈夫谢某铭向黄某奋的五次借款)推断为房款,判决将陈某瑛夫妻共同财产的房屋过户给黄某奋,严重侵害了该房屋共有人陈某瑛和谢某铭的合法权益。而广东省高级人民法院作出(2012)粤高法审监民提字第129号判决,维护了阳江市中级人民法院的再审判决。因该判决遗漏了陈某瑛,故其向法院请求以第三人身份撤销(2012)粤高法审监民提字第129号判决。

经审理,最高人民法院认为陈某瑛与谢某铭系夫妻关系,讼争房屋亦是在其婚姻存续期间购买,为陈某瑛和谢某铭共同所有。根据2017年《民事诉讼法》第56条的规定,只有能够成为原诉讼中有独立请求权的第三人和无独立请求权的第三人,才具有提起撤销之诉的主体资格。陈某瑛并不是黄某奋与谢某铭房屋买卖合同纠纷案中的第三人,无论其是否曾申请参加该案诉讼,陈某瑛不能提起本案第三人撤销之诉。因此,作出(2104)民一终字第169号民事裁定书,裁定驳回上诉,维持原裁定。

(三)第三人撤销之诉原告主体的异化

虽然法律规定无独立请求权的第三人可基于原诉讼程序裁判结果同其在法律上有利害关系而提起撤销之诉,但何为法律上的利害关系,目前学界和实务界均众说纷纭,有不同的解读。而最高人民法院为了防止司法实践随意扩大第三人的主体范围,将事实上有利害关系的无独立请求权第三人排除于撤销之诉之外,如与原诉讼程序争议标的无直接关联且不担负返回或赔偿义务的第三人等。然而,假若拘泥于法律规制第三人的法定范围,我国第三人撤销诉讼制度所追求的遏制恶意诉讼、虚假诉讼的价值便难以有效实现。目前,无论是学术界还是实务界,均有观点主张认为撤销之诉是为虚假诉讼、恶意诉讼受害人提供的事后救济,对第三人的界定应从立法目的出发,采取合目的性扩大解释方法对第三人作宽泛理解。基于此,撤销之诉的第三人除《民事诉讼法》第59条规定的有法律上利害关系的第三人外,也应将遗漏的必要共同诉讼人纳入第三人范畴。只有这样,才能有效打击虚假恶意诉讼,畅通维护合法权益遭受损害第三人的救济途径。因此,对第三人适格主体,必须容忍从具有法律上利害关系第三人异化为事实上有利害关系第三人。

二、第三人撤销之诉的撤销对象范围

案外人对法院哪些生效法律文书享有提起第三人撤销之诉,这一撤销对象范围的规范不仅直接影响撤销之诉中第三人是否可作为适格原告主体,还决定了第三人撤诉之诉所要撤销的对象范围。当前,我国相关法律对第三人撤销之诉的撤销对象范围已做了详细规制,这体现在最高人民法院《民事诉讼法解释》第290条、第294条及第295条中,其中第290条及第294条明确规定了可撤销对象范围为“已经发生法律效力的判决、裁定的主文及调解书中处理当事人民事权利义务的结果”,第295条为第三人撤销之诉不能适用的案件类型。

对上述规定可以从以下几点进行理解:一是明确撤销之诉的客体,即业已发生法律效力的判决、裁定及调解书,包括一审、二审生效的上述裁判文书。具体而言,在涉及人身权纷争的判决中,因人身权具有专属性,且《民事诉讼法解释》第295条第2项中以有限列举的方式扩张解释了涉及婚姻无效、撤销与解除婚姻关系等人身权纠纷,并排除了第三人撤销诉讼的可能,但在亲子关系、抚养关系等类型案件中,因生效判决极有可能减损案外第三人的继承等合法权益,故在此类案件中应由法官根据具体个案对当事人适格、诉之利益等因素逐一审查和具体分析。而再审程序系当事人救济程序的启动,其与撤销之诉确立第三人的救济途径均为事后实体救济程序,在对象适用上基本一致,故再审生效裁判文书不应归入撤销之诉的客体。二是针对发生法律效力裁判文书的错误内容,《民事诉讼法解释》第294条已明确规定了实体处理方面的错误,即为判决、裁定的主文及调解书中处理当事人民事权利义务的结果。但第三人撤销之诉作为特别救济程序,其适用的前提条件之一是化解矛盾裁判问题,因而基于合理界分既判力积极作用、消极作用和预决效力等各层次判决效力价值的考量,不应将结合主文的要件事实或主要事实以外的其他辅助事实、间接事实等纳入第三人撤销对象的范围。辅助事实或间接事实等问题应在另行起诉中通过证伪或推翻的形式予以救济。另外,判决主文中的诉讼费用不应属于撤销对象,因为诉讼费用是发生诉讼程序的费用,并非诉讼实体处理层面的问题。三是针对撤销调解书内容的理解,怎样界定"处理当事人民事权利义务的结果"的内涵,目前学界尚未形成统一的标准。有观点认为,假若调解书中牵涉事实认定,且该事实认定可能对第三人合法利益形成不利影响的,就可以成为撤销对象。当中的主要原因在于作为撤销对象的调解书,其主要对当事人权利义务的部分作出直接界定,假若事实认定存在误差,就可以《民事诉讼法解释》第90条规定,凭借确实充分的相反证据推翻对方据以证明的事实,所以确无必要提起第三人撤销之诉。四是对错误内容的举证责任应当由提起撤销之诉的第三人担负,第三人认为生效裁判文书内容有误的,应提供有效证据予以证实,这也是普通诉讼的起诉条件区别于第三人撤销之诉的独特之处。

然而,由于相关法律及司法解释对第三人撤销对象范围的界定较为中规中矩,而实践中极有可能面对适用更为宽泛的案件类型及判断标准,这亟须我们做进一步的深入探寻。

首先,第三人是否可以对督促程序中作出的支付令提起撤销之诉的问题。所谓督促程序系指债之关系各主体间存在给付有价证券或金钱的债权债务关系,且债务人不能有其他需履行的债务偿付义务,在支付令可以发送至债务人的条件下,债权人可通过适用督促程序要求债务人及时兑现其债权;而债务人能够以支付令内容存在错误或损害其合法利益为由提起异议之诉获得程序救济。可以说,上述督促程序的设立,是以程序中存在对立的两造当事人为假设要件,且在实务中,督促程序也可能存在第三人。如债权人主张的债权如金钱或有价证券等为案外人所有,故案外人可作为第三人拥有独立的请求权。此外,也可能因当事人事先恶意串通,通过督促程序赋予虚假债权以法律的对世效力,排除他人的异议权力或直接减损相关利害关系人的合法利益。事实上,制造虚假支付令损害案外人权益的司法案件在审判实践中已出现过。而如何救济因支付令发出错误所侵害的利益,最高人民法院司法解释已明确规定由错误制作支付令的法院院长直接提起审判监督程序予以纠正。但令人遗憾的是,这一司法解释所创设的应对措施并没有被《民事诉讼法》所接纳,且该救济措施也并未凸显第三人自助救济的主动性。

当前我国关于第三人撤销之诉的适格原告主体必须是应当参加原诉讼程序的第三人。不过,在督促程序中,因为原诉讼程序并未产生,第三人在文意上理解自然是毫无依据的。所以,当前的督促程序并不能为第三人提供提起第三人撤销之诉这一正当的救济路径。诚然,督促程序作为以诉讼效率为主要价值的民事诉讼制度,但效率价值并不能否定公平价值。基于此,极有必要在立法中明确第三人在督促程序中的异议权。一旦经法院审查第三人异议成立的,督促程序必须裁定终结,而支付令自然失去强制效力。同样地,执行生效支付令程序中,应承认第三人异议权;在支付令履行完毕后,也应准许第三人享有提起撤销之诉的权利。

其次,第三人是否可以对申请司法确认调解协议案件作出的确定裁定提起第三人撤销之诉的问题。所谓的申请司法确认调解协议程序是指两造当事人根据相关法律规定,一致同意向调解单位所在基层人民法院申请确认调解协议内容合法,经法院审查裁定确认调解协议有效的程序。在司法实务中,司法确认程序所确认的内容极有可能牵涉案外人的合法利益。一些当事人也极有可能以人民调解协议申请司法确认的方式制造虚假权利义务关系,并经法院司法确认以达至非法目的,获取不正当利益。但囿于调解协议案件并未经法院审判程序调解,其并不存在原诉讼程序阶段,也就不牵涉必须参加原诉讼程序的第三人。所以,当前案外人在调解协议司法确认案件中并不允许通过第三人撤销之诉进行维权。同样地,在担保物权变现案件中,法院审查确认变卖、拍卖担保财产的裁定也有可能存在当事人相互勾结,串通作假损害案外人利益的虚假案件,这类案件应否允许第三人适用撤销之诉也值得我们深思。

最后,第三人是否可以对仲裁裁决内容提起撤销之诉的问题。所谓撤销仲裁裁决,主要是指仲裁案件的当事人在法律规定的情形下有权向作出仲裁裁决的仲裁机构所在地法院请求撤销仲裁裁决的制度。就性质上而言,撤销仲裁裁决程序实际上是撤销之诉的一种类型,虽然我国法律并未明确规定案外第三人可以享有撤销仲裁裁决的诉权,但由于启动仲裁裁定程序并不当然直接消解生效仲裁的效力和执行,假若与仲裁裁决结果存在法律上利害关系的案外第三人质疑该仲裁裁决内容,可以受理其申请撤销仲裁裁决的文书,以防止其在程序上丧失合理的权利救济渠道。事实上,尤其是由多方主体参与的商业项目,项目的履约通常以签订多个双边协议(包括仲裁协议)达致,在产生争端时囿于仲裁协议的客观存在,导致仅能由协议当事人启动仲裁程序,这种结果最终使关涉多方协议主体利益的管辖权碎片化,所以,在立法上明确规定与仲裁所要解决的争端有利害关系的第三方撤销生效仲裁裁决的权利是必要可行的。

三、第三人撤销之诉因果关系要件

发生法律效力的判决、裁定和调解书与损害第三人民事权益后果间的因果关系的规定主要体现在《民事诉讼法》第 59 条中。假如不考虑其他因素致使发生法律效力裁判文书错误的状况,仅从原诉讼程序当事人相互勾结进行恶意诉讼,即以减损他人利益获取不当利益的角度衡量,原诉讼程序裁判结果必然因不当利益的支持而直接造成第三人合法利益的减损,这一案件类型的因果关系并不难理解。

第三人被减损的民事权益具体有哪些,目前法律规定尚属空白。有学者认为,由于《民法典》侵权责任编已明确界定了民事权益的内涵,《民事诉讼法》第 59 条中的民事权益定义也应适用该条款,因而对于普通债权的保护不应当优先适用第三人撤销之诉。但令人质疑的是,若侵权责任编中民事权益的概念适用于第三人撤销之诉的民事权益要件,那么第三人撤销之诉中的民事权益内涵和外延就不当然包含于其他法律关涉民事权益界定的范围内,这因为合同编等相关规定亦对侵害债权利益的行为进行调整。相反,侵权责任编则侧重于物权、人身权等非债权民事权益,但这并不排除债权所滋生的财产权益于民事权益范围之外,特别是《民事诉讼法》所涵摄的民事权益必须是更为宽泛的概念。例如,在个人恶意诉讼中,普通债权如民间借贷所引发的债权,因不具备特殊债权的优先性和物权的排他性,可能较为轻易地成为虚假诉讼侵害对象,因而案外人恰恰是急需保护的第三人撤销之诉的主体。

四、第三人撤销之诉审理程序

《民事诉讼法解释》第 291 条对第三人撤销之诉的受理审查程序做了明确规定,规定法院在收到诉状之日起 30 日内进行形式审查,但该受理审查期限较之普通民事诉讼案件期限较长一些,这因为普通民事诉讼的起诉条件适用《民事诉讼法》第 59 条的规定,而非普通民事诉讼则以《民事诉讼法》第 122 条为适用依据。除此之外,法院还需对第三人提交证据证明生效法律文书内容是否存在错误且损害其民事权益的事实进行必要的审查,但这种审查仅为立案阶段的形式审查,应区别于审理阶段的实体审查。《民事诉讼法》第 59 条及《民事诉讼法解释》第 290 条规定,法院在审查起诉阶段还应审查第三人提起撤销之诉的期限是否属于在其知道或应当知道民事权益遭受损害之日起 6 个月内,这一期限的起算点必须以相应法律文书生效为前提。而法院在认定第三人知道或应当知道民事权益遭受损害之日的时间节点,应当从具体侵权情形、第三人与原诉讼程序当事人间的关系、业已生效法律文书送达及裁判结果的执行等方面进行审查。如永安市燕诚房地产开发有限公司、郑某南等第三人撤销之诉纠纷案①,债权人对确认债务人处分财产行为的生效判决提起第三人撤销之诉,最高人民法院认为,在债务人因不能足额清偿所欠全部债务而进入破产程序时,债权人破产债权的实现程度会因其他破产债权人依据的生效判决而受到损害,债权人在获知债务人进入破产程序的信息后才会知道或者应当知道其民事权益受到损害。这因为第三人行使的撤销之诉实际上是形成权,故6个月的起诉期限应与其他形成权的权利行使期间一致,并为除斥期间,不得适用中断、中止等情形。

另外,第三人撤销之诉必须向作出生效法律文书的法院提起,即审理原诉讼程序的法院对此具有专属管辖权,这一规定是基于法院在查明案件事实的基础上作出公正的裁判,也有助于保持审判结果的一致性、正当性及效率性。

关于第三人撤销之诉的审理程序,受诉法院应组成合议庭进行开庭审理,但应由哪个审级的法院审理,目前尚缺乏相关法律予以明确规制。不过,从《民事诉讼法解释》章节体系来看,因第三人撤销之诉排序在一审程序之后二审程序之前,以及《民事诉讼法解释》第298条规定了上诉条件的内容,可以推知第三人撤销之诉应当采用一审普通诉讼程序。在合议庭组成人员上,因为第三人撤销之诉与发回重审或审判监督程序存在较大的差别,且其与原诉讼程序仅具关联性,并非对原诉讼程序的重新审查,为避免受先前审理获取信息的影响,原诉讼程序合议庭成员应当全部回避。

---

① 最高人民法院民事裁定书,(2017)最高法民终885号。

第六章　执行异议之诉与另案确权之诉

执行法院对登记在被执行人名下的动产、不动产或者其他财产权采取查封、扣押、冻结措施，第三人通过提出执行异议的方式主张实体权利，根据《民事诉讼法》第238条的规定，可以最终导入异议之诉，但也可以对被执行人另案提起诉讼或者申请仲裁并获得法院确权判决、调解书或者仲裁裁决书、调解书（以下简称确权依据）的支持，持确权依据再向执行法院提出执行异议，要求排除执行，停止正在采取的控制性措施和处分性措施。《执行权配置意见》《异议复议规定》排除了案外人可以先确权再起诉的权利，有的高级人民法院也出台了指导意见，[①]但《民事诉讼法解释》再次肯认了案外人对涉案标的物在执行过程中仍然可以另案提起确权之诉，或者在案外人异议之诉审理过程中也可以提起确权之诉，在一定程度上引发了混乱，如果从制度上不加以限制，则将出现以异议之诉为核心的救济体系失控的问题。[②]

一、另案确权诉讼的概念

就民事诉讼法律理论而言，诉可分为确认之诉、给付之诉和变更之诉三类。民事诉讼中确认之诉，是指当事人要求法院认定某种法律关系存在或者不存在的诉讼。当事人之间因为某种法律关系是否已经成立、现在是否存在产生争议，可以诉诸法院予以确认。凡是原告要求法院肯定与被告之间存在一定的法律关系的，称为肯定的或积极的确认之诉；凡是原告要求法院否定与被告之间存在一定的法律关系，称为否定的或消极的确认之诉。确认之诉的诉讼标的在于是否存在某种法律关系；诉讼理由为是否具有某种法律关系成立的事实和条件；特点是诉讼本身是

---

① 如《浙江省高级人民法院关于审理案外人异议之诉和许可执行之诉案件的指导意见》第3条规定："执行过程中，案外人就执行标的另行提起确权之诉，人民法院不予受理；案件已经受理的，应当驳回起诉。违反前款规定作出的判决书、调解书应当依法撤销。拒不撤销的，由执行法院报请共同的上级法院协调处理。"

② 实务中，案外人针对作为执行标的的不动产，最多提出7个不同的救济之诉，分别为案外人异议之诉、确权之诉、案外人申请再审、合同无效之诉、第二个撤销之诉、撤销变更登记的行政诉讼、刑事自诉。

要认定某种法律关系是否存在,而不确认具体的权利义务。它有时是给付之诉的前提和基础。确认之诉与给付之诉的显著区别在于给付之诉具有执行性,确认之诉一般不具有执行性。从其定义、特点分析,给付之诉对确认之诉具有包容性,给付之诉中有可能包含确认之诉的内容;确权诉讼意在快速分配债权,可执行性是必然的要求,从给付之诉与确认之诉的区别来看,确认之诉因不具有执行性而不能实现确权诉讼的目的,因此,确权诉讼是给付之诉的前提。在独立的确认之诉中,确认之诉具有给付之诉、变更之诉的预决作用,有时还能引起给付之诉或变更之诉的发生。

确认之诉的特殊性在于,第一,在确认之诉出现之前,给付之诉和形成之诉并没有深入考虑过诉的利益的问题。因为在给付之诉和形成之诉之中,诉的利益并不是要件之一。给付之诉中,由于诉权与请求权是共通的,诉的利益就是披上了请求权的外衣,因此不需要考虑诉的利益的消极功能;形成之诉中,由于法律预先规定了形成之诉的利益,在当事人起诉时就不再考虑是否具有诉的利益的问题。而确认之诉则与上述情形不同,如果不通过诉的利益对确认之诉进行限制,那么确认之诉的范围就可以是无限的,这显然不符合实际情况。第二,在确认之诉中,不存在强制执行的问题。因为确认之诉不同于其他类型的诉讼,只是对民事法律关系进行确认,而不判决履行某义务,所以判决中没有强制执行的内容。而在给付之诉、形成之诉中,由于其判决内容具有履行义务,因此判决中会包含强制执行的要求。

"另案确权诉讼"是指在执行过程中,案外人未经执行异议程序,另行向其他法院提起的确权诉讼。除确认证明文书的真伪之外,确认之诉的标的只能是法律关系是否存在,而不能以单纯的事实或者事实关系来进行确认。确认之诉的判决,确认了法律关系是否存在,并对此产生既判力,确认之诉判决的既判力,是权利义务关系确定的唯一依据。实务中,在后的确权生效法律文书对法院在先的执行案件提起执行异议的案件越来越多。在执行异议之诉阶段,案外人往往主动向执行法院另案起诉确权。另案起诉的原因是多方面的:或希望上级法院的审理对下级法院的执行异议之诉构成影响;或由于不同级别法院管辖标准的不同,不得不向上级法院起诉;或就近起诉,方便自己行使诉权;等等。

二、另案确权诉讼诉之利益的确定

另案确权诉讼的提起,是为了对当事人之间的民事法律关系加以认定,从而消除权利义务关系的不确定状态,保护当事人的合法权益。诉讼中,判断诉的利益主要有以下视角:

一是解决手段是否妥当。这一视角主要考虑的是诉讼和其他解决纠纷的手段之间的关系问题。在很多给付之诉的提出时，当事人可能会同时提出确认之诉。通常情况下，法院不会认可请求权的确认利益，但是如果诉讼是以基础实体权利义务关系为前提提起给付之诉，也可以认可其中的确认利益，以此遏制基础实体权利义务关系可能派生出来的其他纠纷。

二是标的选择是否合理。原告所提起的诉讼标的的权利与原告所要求的安定地位之间的因果关系必须是可以在法律上获得的。原则上，确认之诉的标的只能对现存的法律关系存在与否作出确认，但是也存在一些例外情形。例如，许多大陆法系法典规定，对于确认文书真伪之诉，当确认判决应保护原告权利合法的地位之危险或不安涉及该文书的真伪之时，才应当认可这种诉的确认利益。此外，根据日本的判例，如果对现存的法律关系的确认不能从根本上解决纠纷，而对过去存在的基本法律关系作出确认反而能够解决纠纷，那么可以认可诉的利益。由于确认之诉的特性，只要是对法律关系存在争议的主体，无论是否为法律关系的权利义务人，在起诉能使原告地位获得安定的前提下，都可以提起确认之诉。

三是解决纠纷的现实必要性。解决纠纷的现实必要性，需要从两个方面来考察。首先，被告给原告地位造成不安的形态。其次，通过确认判决来消除不安的原告利益或地位，必须是现实的。

从实践中看，涉及不动产另案确权的诉讼占比较高，主要有以下几种类型。

1. 基于事实行为所作出的确权。有的不动产，如违章建筑、农村自建房屋等，虽然没有登记，也没有相关的审批材料，但却具有财产价值，也并非禁止执行的财产，执行法院一般依据占有或者其他证据来确定财产权属。在以公告和加贴封条的方式查封后，第三人声称被执行人所登记房产为其所建或者继承，但由于被执行人擅自登记于自己名下，故诉请确权后要求解除查封。

2. 基于买卖法律关系作出的确权。在不动产买卖法律关系中，第三人声称作为买受人已经支付了部分或者全部交易对价，并且已经占有使用不动产，只是由于种种原因没有办理登记过户手续，对法院的查封行为提出异议，并另案诉请确权。

3. 基于合作开发关系作出的确权。第三人声称涉案房屋为第三人投资开发，由于第三人没有房地产开发资质，所以以被执行人名义办理“五证”并登记在被执行人名下，但房屋实际属于第三人所有，在法院查封之后另案诉请确权并持确权生效法律文书请求解除查封。

4. 基于投资法律关系所作出的确权。第三人声称法院执行的房产系股东作为注册资本投入的房产，且在注册资金审计中已纳入审计范围并在工商管理部门进行公示,但没有办理过户手续,诉请确权后请求解除查封。

5. 基于债务抵偿关系所作出的确权。第三人诉称与被执行人签有抵债协议,被执行人已经明确将涉案财产抵给第三人所有,只是出于种种原因一直不配合办理过户手续。

6. 基于委托代理法律关系作出的确权。此类情形又涉及两种情况:第一,第三人声称买房时,因为有的城市,如北京,曾经限制外地人买房,第三人不得不将房屋登记在拥有本地户籍的亲戚、朋友的名下。现在政策允许外地人买房了,但登记名义人不履行过户义务,只有通过确权的方式将属于自己的房产要回来。第二,第三人声称曾经委托被执行人办理有关不动产登记手续,代理人擅自登记于自己名下,在法院查封登记在代理人名下的不动产后,第三人请求确权并获得胜诉。

实践中,以不动产为例,确权之诉判决主要存在以下几种情形。

一是当事人基于事实行为要求法院确权。对于没有取得物权登记的事实所有权,为了确定权利归属,当事人向法院起诉要求确权比较常见,如违章建筑、房地产开发商建设的“五证”不全的商品房、集体土地使用权、地上建筑物等,由于各种原因没有办理登记手续,或者没有履行完毕行政审批手续。但上述财产显然具有财产价值,可以纳入被执行人责任财产范围,执行法院一般依据占有或者其他证据认定财产归属于被执行人,在以公告和加贴封条的方式查封后,第三人声称被执行人所登记的房产为其投资所建或者继承,只是由被执行人暂时占有或者以被执行人的名义建设,易发生先确权后根据确权判决请求排除执行的问题。二是第三人借用他人房地产开发资质合作开发房地产,第三人因限购具备购房资格、规避税收等动机与被执行人发生了借名买房关系,第三人请求法院确权。还有的买卖关系中,第三人声称作为买受人已经支付了部分或者全部交易对价,并且已经占有使用财产,只是由于种种原因没有办理登记过户手续,另案诉请确权。三是基于投资法律关系作出的确权,第三人声称法院执行的财产系其股东作为注册资本投入的房产,且在注册资金审计中已纳入审计范围并在工商管理部门进行公示,但没有办理过户手续,遂诉请确权。四是基于债务抵偿关系作出的确权,第三人诉称其与被执行人签有抵债协议,被执行人已经明确将涉案财产抵给第三人所有,只是出于种种原因一直没有配合办理过户手续。

而以下两种情形则不应认定为确权诉讼。

1. 确定被执行人给付第三人一定数额的特定物或者种类物。生效法律文书确定一方给付另外一方特定物或者一定数额的种类物,执行法学理论上称为“物之交付请求权的执行”。在物之交付请求权的执行中,除了原物的返还请求权为物权性质的请求权之外,其他请求交付种类物或者特定物的权利均为债权。实践中容易把确定被执行人向第三人交付特定物的法律文书作为确权法律文书。一些执行法官没有真正区分物权和债权,一看到判决的内容是交付特定物,就误认为生效法律文书已经确认了第三人的物权或者说所有权。其实,债权就其性质来讲就是请求权,这种权利既可能表现为请求支付一定数量的金钱,也可能表现为请求交付一定数量的种类物或者特定物,还有可能表现为请求为或者不为一定行为的权利。在不动产的买卖、互易、赠与等这些债的给付法律关系中,如果我们把第三人请求被执行人交付不动产权利看作物权,则直接与物权法原理和现行物权法典相违背。因为《民法典》第 114 条中对物权的定义为"物权是指权利人依法对特定的物享有直接支配和排他的权利,包括所有权、用益物权和担保物权"。而在债的给付法律关系中,第三人请求交付的不动产所有权属于被执行人,第三人只有通过法院的执行将需要交付的房屋所有权转移到自己名下之后才能享有物权。如果第三人请求交付的不动产权利是物权,则就会在请求交付的不动产上同时存在第三人和被执行人的两个同类性质的物权,违背了"一物一权"的物权法原理。

2. 确认双方的以物抵债或者让渡所有权的协议有效。有的第三人所持生效法律文书是对其与被执行人之间的抵债或者让渡所有权协议的确认。例如,法律文书主文表述为"确认甲公司(被执行人)与乙公司(第三人)签订的还款协议合法有效,甲公司如逾期不归还欠款,则以所有的不动产××房屋折价抵债,产权归乙公司所有",这类法律文书也往往会被误认为确权文书。其实,这样的判词只不过是对甲公司与乙公司抵债协议是否有效的确认,属于对合同之债法律关系的确认,至于逾期不能偿还欠款则以其房屋抵债,产权归乙公司所有的判项,仍然属于给付判决的范畴。只不过给付的内容是两个:第一个是金钱,在不能给付金钱时以房屋抵债;第二个是附条件的给付,即产权归乙公司所有说明债务人确实有物权变动的意思表示,但也仅是意思表示而已,还须通过法定的程序才能完成物权变动的过程,因此,其本质上仍然是经过判决确定的债权请求权。只有经过执行程序,在人民法院下达以物抵债的裁定后或者由甲公司与乙公司自主办理登记过户手续后,抵债房屋的所有权方能从甲公司转移到乙公司。退一步说,对抵债法律关系中的标的物即使进行确权也是错误的。顾名思义,因为确权应当是当事人因为房屋的权属发生了争议,争议的一方当事人请求人民法院对权属争议的房屋查明事实并确定权属,而在抵债法律关系中,当事人对房屋的权属并无争议,只不过是因借款纠纷而达成抵债协议,这样的纠纷显然也不能成为确权诉讼的诉因。

需要说明的是,生效法律文书确定一方给付对方特定物或者一定数额的种类物,物之交付请求权判决。在物之交付请求权判决的执行中,除了原物的返还请求权为物权性质的请求权之外,其他请求交付种类物或者特定物的权利均为债权。实践中容易把确定被执行人向第三人交付特定物的裁判主文作为确权内容。执行依据所载明的债权就其性质来讲就是请求权,第三人请求交付的不动产等财产所有权属于被执行人,第三人只有通过法院的执行将需要交付的不动产所有权转移到自己名下之后才能享有物权。

三、另案确权之诉的程序设计

诉的利益处于实体与程序的交错地带,是指根据当事人具体的诉讼请求,来判断作出判决的必要性以及判决结果的实效性。确认之诉具有特殊地位,其诉之利益需要单独进行考察。但我国没有为确认之诉这一诉讼类型中的诉的利益审查设定单独的程序。确认之诉与给付之诉、形成之诉相比,具有特殊性,其诉的利益的判断自然也与其他类型的诉讼不同。我国实务中将诉的利益纳入起诉条件的范围之中进行考察,其实仅针对的是各类诉讼中共通的利益,并未区分各类诉讼中的具体情况。目前在立法上和实务中,都只是将各种诉讼类型一概而论,以各类诉讼中共同的诉的利益设定同一的起诉条件,并将诉的利益作为起诉条件进行判断,无法做到具体问题具体分析。确认之诉中,必须具有确认利益才能认定其有诉的利益。而关于确认利益的认定,又涉及起诉手段是否妥当、诉讼标的是否合理、诉讼请求是否具有现实必要性等层面的内容,这些在我国《民事诉讼法》第 122 条中并未体现出来。

诉讼要件的设置,不仅反映各类诉讼中共同的利益,还应该根据具体的诉讼类型单独设置诉讼要件。之所以强调确认之诉,是由于给付之诉和形成之诉即使不单独设置诉讼要件,也可以对其诉的利益进行审查。由于确认之诉具有特殊性,必须将其诉的利益单独进行考察与设定。如果不对此加以单独设定,那么确认之诉的范围将进入不可控制的局面,任何法律关系都将可以进入诉讼系属之内,请求法院进行确认,这显然脱离了我国的司法现实。

为确认之诉设置单独的诉讼要件,主要需要涵盖以下方面的内容:解决手段是否妥当、诉讼标的是否合理以及纠纷是否具有解决的现实必要性,这也是确认之诉中是否具有诉的利益的判断内容。

实践中,法院或者仲裁机关对不应认定确权的情形直接作出确权裁决的缘由有三:一是部分仲裁人员或者审判人员法学理论水平不高,对确权诉讼认知有误;二是地方保护主义所致,感觉被执行人起诉的目的可能是逃避债务规避执行,但觉得无所谓,反正抗辩双方对所有权属于第三人无争议,且是双方当事人自愿调解的;三是信息不对称,执行法院往往和确权的法院或者仲裁机构不在一地,信息不通,被执行人和案外人之间是否存在真实的纠纷从表面上无法查证。为此,审理法官必须掌握好以下节点,以最大限度地避开案外人和被执行人设置的"陷阱",避免本院的裁决书成为执行法院难以逾越的法律障碍。

1. 立案后和结案时查清是否有查封限制。立案时和即将作出裁决前,对有产权登记的必须至少 2 次到登记机关详尽查询权属限制状况,查清房屋以及土地使用权是否被查封;对没有产权登记的,到所在地村居委、周边了解情况,并由当事人出具没有查封的承诺保证书,保证书须承诺承担虚假陈述的法律后果。

2. 专属管辖。《民事诉讼法》第 238 条规定:"执行过程中,案外人对执行标的提出书面异议的,人民法院应当自收到书面异议之日起十五日内审查,理由成立的,裁定中止对该标的的执行;理由不成立的,裁定驳回。案外人、当事人对裁定不服,认为原判决、裁定错误的,依照审判监督程序办理;与原判决、裁定无关的,可以自裁定送达之日起十五日内向人民法院提起诉讼。"2008 年《执行程序解释》第 18 条规定:"案外人依照民事诉讼法第二百零四条规定提起诉讼的,由执行法院管辖。"《最高人民法院关于依法制裁规避执行行为的若干意见》第 9 条规定:"严格执行关于案外人异议之诉的管辖规定。在执行阶段,案外人对人民法院已经查封、扣押、冻结的财产提起异议之诉的,应当依照《中华人民共和国民事诉讼法》第二百零四条和《最高人民法院关于适用民事诉讼法执行程序若干问题的解释》第十八条的规定,由执行法院受理。案外人违反上述管辖规定,向执行法院之外的其他法院起诉,其他法院已经受理尚未作出裁判的,应当中止审理或者撤销案件,并告知案外人向作出查封、扣押、冻结裁定的执行法院起诉。"最高人民法院通过前后两个司法解释对《民事诉讼法》不明确的异议之诉管辖作了明确的规定,禁止执行法院外的其他法院作出另案确权裁决。如果发现案外人提起诉讼的标的物已被查封,则立即将案件撤销,告知当事人向执行法院提起异议之诉。对此,审理法官没有管辖裁决的权利,必须遵守专属管辖的规则。即使作出裁决时发现诉讼标的已被查封,也按上述程序撤销案件。这类案件是不能移送执行法院的,异议之诉和确权诉讼的诉讼主体不同,移送后执行法院无法立案审理。同时,案外人确权大多是为了逃避债务、规避执行,案外人发现审理法官对确权诉讼有正确的认知,不入圈套,大多不会向执行法院提起异议之诉。

3. 严格审查标准。对经查证不动产未被其他法院查封的,而抗辩不激烈、矛盾不突出的所谓"确权"类的案件,当法官对诉讼的真实性产生合理怀疑时,应谨慎审查、严格标准、程序规范到位。这类案件主要以借款或出具欠条的形式表现,极有可能是案外人和被执行人恶意串通转移财产的手段,目的是借司法的终局裁决之名行转移财产之实。当事人担心通过协议转让财产,会被申请人以低价转让或恶意转移财产为由提起撤销诉讼,而一旦法院对转让行为予以确认,便得到司法审查的保证,申请人不可能轻易推翻法院裁决,这便是当事人既费时又费钱而乐此不疲愿意诉讼的主要目的。此类案件应当严格审查案件事实,避免对当事人无异议的事实轻易作出认定。在审理中发现有下列情形之一的,应当严格审查借款、欠款发生的原因、时间、地点、款项来源、交付方式、款项去向以及双方的关系等事实:(1)原告是其他多起或者重大债权债务关系中的债务人;(2)原告起诉的借贷事实或者理由不符合常理,没有借据或者借据存在伪造可能;(3)被告在一定期间反复涉及民间借贷纠纷诉讼;(4)当事人双方存在近亲属等特殊密切关系;(5)当事人一方或者双方未到庭参加诉讼,委托代理人对借贷事实经过陈述不清或者矛盾;(6)当事人双方对借贷事实没有争议或者不存在实质性的诉辩对抗;(7)债权人轻易放弃权利,与债务人达成调解协议。

4. 规范裁判标准。物权变动的债权行为不能作出确权裁决,更不能将案由确定为所有权纠纷。基于买卖关系、合作关系、投资关系提起的所谓“确权”诉讼,裁决主文应当表述为:限令被告在一定的时间内为原告办理过户登记手续。如不履行,属于行为请求权的执行,可通过法院的执行程序将财产强制登记在被告名下,达到物权变动到被告名下的目的。切不可将原告的财产所有权直接归属给被告所有。

基于债务抵偿关系提起的所谓“确权”诉讼,裁决主文应当表述为:被告结欠原告多少元,于裁决生效后一定时间内履行。由于双方争议的是金钱债权,而非物之交付请求权,切不可作出物之交付请求权和确权的裁决,比如,裁决为在一定期限内如被告不履行还款义务,则被告所有的某项不动产归原告所有。这类案件如作出“确权”裁决:一是法理不通,混淆了金钱债权和物之交付请求权的界限;二是双方协议价格因未经过市场检验,如评估、拍卖等程序,可能侵犯不特定债权人利益。该类案件如被告拒绝履行,可通过拍卖其不动产的方法实现金钱债权,如流拍申请人可申请以物抵债,而不是直接以物抵债。

四、当事人不得通过人民调解协议进行确权

人民调解协议,就是发生民事纠纷的当事人双方在第三方人民调解委员会的主持下,本着平等、自愿的原则,为解决民事纠纷而达成的具有民事权利义务内容,并由当事人双方签字或盖章的书面协议。根据《最高人民法院关于审理涉及人民调解协议的民事案件的若干规定》(已废止)第1条的规定,经人民调解委员调解达成的、有民事权利义务内容,并由双方当事人签字或者盖章的调解协议,具有民事

合同性质。2009 年《最高人民法院关于建立健全诉讼与非诉讼相衔接的矛盾纠纷解决机制的若干意见》第 8 条、第 9 条、第 10 条均对这种调解协议的性质做了规定，规定为民事合同性质。《人民调解法》第 31 条第 1 款规定："经人民调解委员会调解达成的调解协议，具有法律约束力，当事人应当按照约定履行。"这一条实际上也赋予了调解协议的性质为合同。

所谓人民调解协议司法确认，它是指在人民调解委员会的主持下，当事人达成调解协议，并向法院申请对其效力进行司法确认，经人民法院审查，认为协议合法有效的，出具法律文书确认其效力，并赋予其强制执行的效力。人民调解协议司法确认程序是赋予调解协议以强制执行力的重要方式之一，当事人还可以按照《关于建立健全诉讼与非诉讼相衔接的矛盾纠纷解决机制的若干意见》第 12 条以及《最高人民法院关于审理涉及人民调解协议民事案件的若干规定》（已废止）第 10 条的规定申请公证机关依法赋予强制执行效力。根据《关于建立健全诉讼与非诉讼相衔接的矛盾纠纷解决机制的若干意见》第 13 条对于具有合同效力和给付内容的调解协议，债权人还可以向有管辖权的基层人民法院申请支付令。对于司法确认的程序，《人民调解法》只有一个条文规定了有关司法确认的程序性问题，即第 33 条规定："经人民调解委员会调解达成调解协议后，双方当事人认为有必要的，可以自调解协议生效之日起三十日内共同向人民法院申请司法确认，人民法院应当及时对调解协议进行审查，依法确认调解协议的效力。人民法院依法确认调解协议有效，一方当事人拒绝履行或者未全部履行的，对方当事人可以向人民法院申请强制执行。人民法院依法确认调解协议无效的，当事人可以通过人民调解方式变更原调解协议或者达成新的调解协议，也可以向人民法院提起诉讼。"人民调解协议司法确认程序具有特殊性，既非典型的诉讼程序，亦非典型的非讼程序，而是介于诉讼与非诉讼之间的特殊审判程序。关于调解协议的司法确认范围及内容，法律有严格的限定。司法确认是使调解协议具有可执行力的前置程序。对于人民调解协议的司法确认范围，《人民调解法》并没有作出明确规定，只是《关于建立健全诉讼与非诉讼相衔接的矛盾纠纷解决机制的若干意见》第 24 条第 1 款规定 7 种不予确认的情形外，并没有作出相应的规定。人民调解协议司法确认不应太广，即应限制在公民、法人及其他社会组织之间涉及民事权利与义务关系且法院有管辖权的民商事案件，主要涉及合同类、侵权类，不包括身份关系、物权关系的确认及特别程序的案件类型。《民事诉讼法解释》第 355 条规定："当事人申请司法确认调解协议，有下列情形之一的，人民法院裁定不予受理：（一）不属于人民法院受理范围的；（二）不属于收到申请的人民法院管辖的；（三）申请确认婚姻关系、亲子关系、收养关系等身份关系无效、有效或者解除的；（四）涉及适用其他特别程序、公示催告程序、破产程序审理的;(五)调解协议内容涉及物权、知识产权确权的。人民法院受理申请后,发现有上述不予受理情形的,应当裁定驳回当事人的申请。”

五、执行异议之诉与另案确权的冲突与平衡

对执行异议之诉与另案确权诉讼之间的关系,主要体现在案外人向执行法院之外的其他法院或仲裁机构另案提起诉讼或申请仲裁,通过对执行法院查封财产的权属关系另案审理并作出裁判,在取得生效裁判后,向执行法院提出执行异议,要求排除对执行标的物的执行。对是否允许案外人就执行标的物在执行法院之外另行取得裁判的问题,司法实践中存在两种不同看法。否定说认为,案外人不能另行提起确权之诉,只能提起执行异议之诉。肯定说认为,案外人既可以另行提起确权之诉,也可以提起执行异议之诉。司法实践中,《民事诉讼法解释》出台之前,否定说占据主流地位;《民事诉讼法解释》出台之后,肯定说占据上风。

六、确权之诉肯定与否定的纷争

《执行权配置意见》第26条规定,审判机构在审理确权诉讼时,应当查询所要确权的财产权属状况,发现已经被执行局查封、扣押、冻结的,应当中止审理;当事人诉请确权的财产被执行局处置的,应当撤销确权案件;在执行局查封、扣押、冻结后确权的,应当撤销确权判决或者调解书。一般认为,这是对法院内部审判与执行部门之间工作上衔接协调的问题所作的规定,它既可延伸适用至不同法院之间工作上的衔接协调问题,还可延伸适用至案件的立案环节。例如,《浙江省高级人民法院关于审理案外人异议之诉和许可执行之诉案件的指导意见》第3条规定:“执行过程中,案外人就执行标的另行提起确权之诉,人民法院不予受理;案件已经受理的,应当驳回起诉。违反前款规定作出的判决书、调解书应当依法撤销。拒不撤销的,由执行法院报请共同的上级法院协调处理。”由此可见,只要在案件执行过程中,执行法院已采取查封、扣押、冻结措施的,无论执行法院还是其他法院都不应受理案外人针对执行标的物提起的普通确权之诉,更不得直接作出确权裁判,已经作出的也要依法再审撤销。其他高级人民法院也有类似的说法。

肯定说首见于最高人民法院修改后民事诉讼法贯彻实施工作领导小组编著的《最高人民法院民事诉讼法司法解释理解与适用》,其次见于江苏省高级人民法院在其官方网站发布的《执行异议之诉案件审理指南》。最高人民法院在阐述《民事诉讼法解释》第303条时,强调要注意正确处理执行异议之诉和另行起诉的关系,指出当事人在另行起诉和执行异议之诉中有选择权。即使在执行程序中,案外人也有权不提起执行异议之诉,而对执行标的确权另行起诉。江苏省高级人民法院

认为，执行过程中，案外人以其对执行标的享有实体权利为由提出执行异议，人民法院裁定驳回其异议后，案外人仍然不服的，既可以提起执行异议之诉，并可在执行异议之诉案件中同时提出确认其实体权利的诉讼请求，也可以单独提起确认之诉。案外人向有管辖权的人民法院单独提起确认之诉的，不能产生阻却执行的法律效果。如果案外人既要单独提起确认之诉，又要对执行产生影响，就应当向执行法院提起确认之诉。

学术界对于能否允许案外人另行起诉或仲裁问题的认识也存在较大分歧，肯定说认为，我国《民事诉讼法》并未禁止案外人向有管辖权的法院另行提起确认权利诉讼或申请仲裁，另案确权诉讼也不适用《民事诉讼法》第 238 条关于执行异议之诉的专属管辖规定。《民事诉讼法解释》第 303 条规定只有案外人明确提出排除对执行标的执行的诉讼请求，才属于执行异议之诉，如果案外人就执行标的提出的是确认权属或给付的诉讼请求，就不是异议之诉，也不能归属于专属管辖。① 另外，禁止案外人就查封标的另行提起确权之诉，实质上是要求案外人就其主张享有民事权益的诉讼请求与排除执行的诉讼请求进行强制合并审理，违背《民事诉讼法》的基本原理。②

从实践中看，肯定说的优点在于保障了案外人的诉讼权利，方便当事人就近起诉，符合立案登记制的精神；缺点是不利于同一法院、不同法院审判机构与执行机构的工作衔接，可能纵容了恶意案外人另行起诉等。否定说的优点在于最大限度地保证了同一法院、不同法院审判机构之间、审判机构与执行机构之间的顺畅衔接，统一了裁判尺度，避免了不同裁判文书“相互打架”的现象，并考虑到案外人恶意向另一法院提起诉讼的情况，避免了另一法院（尤其是上级法院）确权之诉对执行法院造成不良影响等；其缺点在于相对限制了案外人的诉讼权利。

根据传统大陆法的理论，案外人执行异议之诉一般只能解决能否排除执行的问题，不解决权利的归属，权利的归属只是作为判决的理由的一部分。但是，权属问题是认定能否阻却执行的前提，诉讼如果不将当事人之间实体法律关系和阻却执行的问题一并解决，既浪费司法资源，造成案外人诉累，难以避免判决的冲突，也不符合普通民众的法律观念。根据我国的国情和一次性解决纠纷的理念以及尊重案外人的诉讼请求，我国执行异议之诉将“真实权属”和“能否阻却执行”两项内容

---

① 参见张永泉：《案外人另案裁判在执行异议之诉中的审查原理与规则》，载《法治现代化研究》2019 年第 6 期。

② 《广东省高级人民法院关于执行异议诉讼案件受理与审理的指导意见（试行）》第 8 条第 1 款规定“案外人提起执行异议诉讼，应当对执行标的主张实体权利，同时提出对执行标的停止执行的请求”，旨在将确权请求与排除执行请求强制合并审理。

都纳入了人民法院的审查范围。这里暗含了权属的确定是否等同于可否排除执行的不同认识,如果认为凡是确认案外人对执行标的享有民事权益的,就必然排除对执行标的之执行,则似乎不应允许案外人在执行法院之外另行诉讼或仲裁。反之,如果认为能否排除执行的判断,不仅要判断案外人是否对执行标的享有民事权益,还要审查该民事权益是否达到足以排除执行的程度,则允许案外人另行提起确权之诉并无不可。①

《民事诉讼法解释》第310条第2款规定,案外人同时提出确认其权利的诉讼请求的,人民法院可以在判决中一并作出裁判。不过,毕竟案外人异议之诉的直接目的在于解决执行问题,对于权属的判断需要受限于当事人的诉讼请求,如果案外人提出了确认权利的诉讼请求的,则一并对权利的归属作出判决,以赋予其既判力,当事人也不必另行起诉解决关于该执行标的的权属纠纷。但是,在过户登记不存在障碍的情况下,申请人可以依法申请办理不动产登记、依法取得不动产所有权的,其再援引《民事诉讼法解释》第310条第2款,在异议之诉中请求确认房屋所有权归属于申请人,人民法院不应支持其在执行异议之诉中同时提出的确认权利的诉讼请求。即当事人不能将基于自身财产保障而将应当履行的申请登记的责任和义务转嫁给司法机关,直接通过人民法院司法确权的形式规避本应履行的申请不动产登记的责任。②

《执行权配置意见》第26条并未明确规定其适用于不同法院之间审判机构与执行机构的衔接,《民事诉讼法解释》出台后,应当允许案外人既可以另行提起确权之诉,也可以提起执行异议之诉。《最高人民法院民事诉讼法司法解释理解与适用》中的观点,认为案外人在另行起诉和执行异议之诉中有选择权,这种选择权不是彼此排斥、有你无我,而是相对独立、存在交叉的选择权。③ 在执行异议之诉和另行起诉的关系上,有三种诉讼路径:一是当事人向其他有管辖权的人民法院另案起诉,请求确权;确权主张得到生效法律文书确认后,向执行法院提起执行异议之诉,请求排除执行。二是向执行法院提起执行异议之诉,同时请求确权和排除执行,而对案外人提出的确权请求执行法院不宜在判决中一并作出裁判,案外人又向其他法院起诉。三是向执行法院提起执行异议之诉,仅请求排除执行;执行异议之诉被执行法院受理后,又向执行法院提出确权之诉,法院可以合并审理。

---

① 《异议复议规定》第26条第2款规定:"金钱债权执行中,案外人依据执行标的被查封、扣押、冻结后作出的另案生效法律文书提出排除执行异议的,人民法院不予支持。"上述规定体现了案外人即使另案取得了确权生效法律文书也不当然具有排除执行的效力的思路。

② 最高人民法院民事判决书,(2019)最高法民再49号。

③ 最高人民法院修改后民事诉讼法贯彻实施工作领导小组编著:《最高人民法院民事诉讼法司法解释理解与适用》(下),人民法院出版社2015年版,第821页。

在这三种路径中,法院需要把握的处理标准是:第一,当事人的确权请求只能在执行异议之诉和另案起诉中得到一次审理,不能违反“一事不再理原则”;第二,确权之诉不能代替执行异议之诉;第三,执行法院对执行异议之诉享有“专属管辖权”,其他人民法院无权对是否中止执行予以审查并作出判决。《民事诉讼法解释》第302条规定,执行异议之诉由执行法院管辖。最高人民法院2011年出台的《关于依法制裁规避执行行为的意见》第9条强调要严格执行关于案外人异议之诉的管辖规定。在执行阶段,案外人对人民法院已经查封、扣押、冻结的财产提起异议之诉的,应当依照规定,由执行法院受理。案外人违反上述管辖规定,向执行法院之外的其他法院起诉,其他法院已经受理尚未作出裁判的,应当中止审理或者撤销案件,并告知案外人向作出查封、扣押、冻结裁定的执行法院起诉。当然,有观点认为,执行异议之诉的关系也不能违反专属管辖。也就是说,属于专属管辖的案件只能向专属管辖的人民法院提起,如果专属管辖的人民法院与执行法院不同的,不能向执行法院提起执行异议之诉。

七、通过诉讼和仲裁程序另案确权的正当性分析

实践中,案外人通过诉讼或仲裁程序另案确权的情况比较复杂,其正当性不容一概否定。从时间阶段上看,金钱债权执行中,案外人在执行法院查封之前已经另案提起确权之诉,不但不应停止,而且应当成为在后提起执行异议之诉审理的依据;非金钱债权执行中,案外人针对被执行人交付的标的物另案提起确权之诉的,在其提出执行异议后无法提起异议之诉,案外人的请求与执行依据直接相关,属于执行依据错误,应当通过再审程序或第三人撤销之诉解决。

从交易的情况来看,不动产物权由让与人(出卖人、出资人、抵债债务人)向受让人(买受人、目标公司、接受抵债的债权人)变动,属于物权变动过程中的中间状态,还没有完成物权的公示登记,受让人对争议不动产的权利,仍然停留在登记过户请求权这一债权状态,即使当事人提起确权之诉,法院也不予准许。

对于登记簿已经记载被执行人为所有权人的情况下,法院或者仲裁机构能否作出第三人为所有权人的确权裁决,争议较大。反对确权的主要理由是:第一,从权利的性质来看,在第三人根据确定判决办毕所有权移转登记之前,该权利仍然属于债权性质。[1] 第三人不能直接主张物权,如果认为登记错误,可以依据《民法典》申请更正登记,也可以依法提起诉请撤销错误登记;如果认为涉案不动产应移转登记在自己名下,应当主张登记过户请求权。第二,从裁决机关的角度来说,无论是

---

① 参见王泽鉴:《民法物权通则·所有权》,中国政法大学出版社2001年版,第114页。

诉讼或者仲裁都不应当直接以确权的形式将已经登记的涉案不动产确权给第三人,正确的裁决方法应当是限令登记名义人在一定的时间内为第三人办理过户登记,然后,再通过法院的执行程序将案涉不动产登记在第三人名下,达到将物权变动到第三人名下的目的。第三,从实践来看,被执行人与第三人之间的确权诉讼在审理时往往对确权的标的物并无实体争议,被执行人均承认被执行的标的物属于第三人所有,导致争议裁判机关往往无须对事实部分进行核实就直接作出判断,应当说这也是错误的,因为原告与被告无争议事项提起诉讼,属于无诉之利益,即没有进行确权判决的必要性及实际效果,①应当予以驳回。② 第四,如果法院判决或者仲裁裁决可以直接将登记名义人名下的财产确权给第三人,将会架空我国现有的财产登记制度,因为交易当事人无须再办理登记过户手续,只需到法院确权就可以了,有可能激发虚假诉讼。另外,还会对国家税收征管制度造成冲击,为交易当事人逃避交易契税留下制度缺口,因为确权权利人获得确权财产并非交易所得,而是其本来就是实际的权利人,依据有关税收征管规定,除了印花税之外,无须承担交易契税。

肯定的观点则认为,登记所反映的权利信息,并不能绝对真实地表现不动产物权的绝对归属,登记的权利人有可能是错误的,不能把登记的权利绝对化;否则,就会损害真正的权利人的利益。物权是权利人依法支配标的物所享有的利益。虽然这种支配没有通过登记表现出来,但只要有证据表明权利人有合法的依据可以决定物的最终归属,就应当保护该权利人。③《物权编解释(一)》第 2 条对物权的实际权利人要求确权的请求持支持观点,规定当事人有证据证明不动产登记簿的记载与真实权利状态不符、其为该不动产物权的真实权利人,请求确认其享有物权的,应予支持。

八、另案确权裁判的效力

如果登记名义人作为债务人被申请执行并被查封了登记在其名下的不动产,如何平衡实际权利人与债权人之间的利益,尤其作为债务人的登记名义人项下的金钱债权判决和另案确权判决都进入执行程序,如何理顺两个执行程序的关系,如何处理确权判决、裁决对金钱债权案件执行程序的效力,亟须正确理解和把握。

---

① 参见[日]高桥宏志:《民事诉讼法制度与理论的深层分析》,林剑锋译,法律出版社 2003 年版,第 281 页。

② 参见吴光陆:《强制执行法》,台北,三民书局 2007 年版,第 221 页。

③ 参见李昊、常鹏翱等:《不动产登记程序的制度建构》,北京大学出版社 2005 年版,第 89 页。

从实体法上看，确权裁判的法律效力体现为另案确权法律文书能否直接产生物权变动的法律后果。不动产物权变动的原因除基于法律行为引起的变动之外，还包括基于非法律行为所引起的物权变动，包括继承、强制执行，法院判决等情形，自有关事实发生或者法律文书生效之日，即产生物权变动的后果。强制执行程序中，包括不动产在内的物权因强制执行而变动时，如拍卖、变卖不动产，自权利人取得拍卖成交裁定或者移转裁定，或者以物抵债裁定送达之时，即物权权利取得时，不待登记即发生物权变动之效力。①

《国土房管部门协助执行通知》第5条第2款规定："在执行人民法院确认土地、房屋权属的生效法律文书时，应当按照人民法院生效法律文书确认的权利人办理土地、房屋权属变更、转移登记手续。"谢在全教授认为确认判决不能产生权属变更转移的效力，"确认不动产为其所有或请求确定一定界限内之土地属于其所有者之诉讼，属确认不动产所有权之诉，基此所为之判决为确认判决，故均非此所指之判决"。② 确认判决仅是对现有不动产权属状态的证明，并无创设权利之内容。而形成判决以及执行程序中转移不动产权属的裁定，均是从一个法律关系主体中剥夺对讼争不动产的所有权，而为另外一个主体创设新的所有权，使另外一个主体原始取得对涉案不动产的占有、使用或者收益、处分的权利。该通知应当理解为，在不涉及其他执行债权人的情况下，仅是在确权权利人申请更正登记的情况下所应遵循的规则。对于判决能够导致物权直接发生变动的范围，《物权编解释（一）》仅是将"人民法院、仲裁委员会在分割共有不动产或者动产等案件中作出并依法生效的改变原有物权关系的判决书、裁决书、调解书"涵盖进来。

确权文书的实体法效力，主要在于其能够表彰被执行人与第三人之间的事实物权或者习惯物权。应当承认，除物权法所规定的物权之外，还有一些虽然不为物权法所承认或者暂时没有纳入物权法的调整范围，但是在日常生活中，人们仍然习惯上把它当作物权的权利。③ 例如，购房者购买开发商开发的房屋并入住，虽然没有办理房地产登记过户手续，不拥有法律意义上的物权，但是，人们仍然在观念上认为，该房屋已经属于购房者所有。《最高人民法院关于审理建筑物区分所有权纠纷案件适用法律若干问题的解释》第1条第2款规定："基于与建设单位之间的商品房买卖民事法律行为，已经合法占有建筑物专有部分，但尚未依法办理所有权登记的人，可以认定为民法典第二编第六章所称的业主。"该规定就是对这种物权现状的妥协和尊重。再如，农村集体土地之上房产的买卖，并没有统一的登记制度，

① 参见谢在全：《民法物权论》（上册），中国政法大学出版社1999年版，第94页。

② 谢在全：《民法物权论》（上册），中国政法大学出版社1999年版，第95页。

③ 参见常鹏翱：《物权法的展开与反思》，法律出版社2007年版，第143页。

但符合法定条件的买受人对已经交付房产的物权并不会受到乡村社会的质疑。但是,对于已经建立法定不动产物权公示的物权来说,这类不动产的所谓习惯物权,只在发生不动产习惯物权变动的当事人之间才能产生物权效力,比如,开发商不得否认已经入住者的房屋购买者的业主资格,除非具备法定条件,如办理备案登记或者预售登记,或者符合特殊债权的保护条件,①单纯的入住事实本身对包括申请执行人在内的第三人来说,并不能产生物权的排他效力,也不能产生排除强制执行的效力。

从对执行法院和申请执行人的效力上看,确权判决基于既判力的相对性不能约束申请执行人和执行法院。在第三人持确权法律文书依据《民事诉讼法》第 238 条向执行法院提出异议后,执行法院是否受确权法律文书所确认事实的拘束,申请执行人还能否就建筑物的权属问题再进行争执,执行法院还能否作出与确权法律文书不同的判断,这就涉及确权判决的既判力范围,关于该问题,第一种观点认为,确权法律文书无论对于执行法院还是执行当事人,均具有拘束力,确权法律文书一旦作出,执行法院就必须无条件解封已经法定程序认定的属于第三人的财产,执行法院不能也没有能力对该财产的实体权属进行判断。2008 年《执行规定》第 102 条第 1 款规定:执行标的物是其他法院或仲裁机构正在审理的案件争议标的物,需要等待该案件审理完毕确定权属的,执行法院应当中止执行,隐含的意思是确权的法律文书对执行法院和申请执行人有拘束力。第二种观点认为,只有确权判决书才有既判力,调解书和仲裁机关作出的裁决书、调解书均没有既判力。第三种观点认为,任何类型的确权法律文书对于申请执行人和执行法院均不产生既判力。

既判力是指判决的确定力,判决一旦确定,针对诉讼请求所作出的判断主文成为规制双方当事人今后法律关系的规范,当双方当事人对同一事项再起争执时,不允许当事人提出与此相矛盾的主张,而且当事人不能对该判断进行争议,法院也不能作出与前诉相矛盾的或者抵触的判断。② 仲裁裁决的既判力问题,理论上并无定论。③ 既判力的相对性决定了既判力的主观范围仅限于参加诉讼并受到程序保障的当事人及其诉讼担当人,而申请执行人并未参加被执行人与第三人之间的确权诉讼,更没有受到充分的诉讼权利保障,没有对确权诉讼双方的争点——标的物的

---

① 这些特殊的债权保护标准包括《最高人民法院关于建设工程价款优先受偿权问题的批复》(已废止)所创设的消费者债权保护、《查扣冻规定》第 17 条所创设的无过错债权的保护等。

② 参见[日]高桥宏志:《民事诉讼法制度与理论的深层分析》,林剑峰译,法律出版社 2003 年版,第 477 页。

③ 参见肖建华:《论仲裁裁决的既判力》,载《北方法学》2008 年第 6 期。

权属发表过独立见解，确权法律文书的效力当然不能及于申请执行人，也不能以此为由从程序上排除强制执行。① 因此，确权法律文书在程序上具有两方面的效力：一方面，在被执行人与第三人之间产生确定力，非经再审废弃确权裁决，被执行人不得基于同一法律关系再次提起新的程序对第三人的权属进行否认和争执。另一方面，在申请执行人与被执行人、主张确权的第三人之间，确权法律文书应视为普通证据之一，并不必然导致法院作出排除执行的判断，如果案外人不仅提供了另案生效的确权裁判文书，还提供了足以证明其享有真实权利的证据的，则执行法院和第三人异议之诉的受理法院应当重新予以认定。从这一视角出发，《异议复议规定》第 26 条第 2 款所体现的案外人依据查封后取得的确权裁判人民法院一律不予支持的绝对化立场值得反思，等于否定了另案生效法律文书在异议之诉审理中作为事实主张和证据的效力。②

九、执行异议之诉与另案确权程序的协调

另案生效法律文书作出的时间是在执行标的被查封之后还是之前，作为判断能否排除执行的关键要素。对于已经启动的异议之诉程序，当事人不在该诉中要求确权，是否有权另行提起确权之诉，有观点认为，如果已经提起执行异议之诉，案外人不能另行起诉确权；否则，申请执行人非为另案之诉中的当事人，也不应该受另案判决的约束。根据最高人民法院 2011 年出台的《关于依法制裁规避执行行为的若干意见》第 9 条、第 11 条以及《执行权配置意见》第 26 条之规定，案外人对已经被法院查封、扣押、冻结的财产要求确权，只能在执行法院提起异议之诉，不能另行提起确权之诉，当事人另行确权的，受诉法院不应受理，已经受理的，应裁定驳回起诉。《异议复议规定》第 26 条和《九民纪要》第 124 条没有排斥案外人另行提起确权诉讼的权利，但对案外人异议与另案确权之诉之间的关系，按照债权种类的不同和确权的时间是在查封之前还是查封之后，规定了不同的处理规则。

1. 确权判决对金钱债权执行的影响。如果另案生效法律文书作出于执行标的被查封之后，则无论案外人所持有的生效法律文书的基础权利是什么，人民法院都不予支持。在法院查封执行标的之后，案外人主张对执行标的的实体权利，应当通过案外人异议之诉解决，而不是另行诉讼。（2017）最高法民申 2276 号案例中，最高

---

① 参见吴光陆：《强制执行法》，台北，三民书局 2007 年版，第 221 页。

② 《江苏省高级人民法院执行异议及执行异议之诉案件办理工作指引（二）》规定：“案外人以另案生效法律文书（判决书、调解书或仲裁裁决）为依据，主张其享有民事实体权益，请求停止执行的，原则上不予支持。但案外人有充分证据足以证明其是实际权利人的除外。”上述规定考虑了实践中例外情形的存在。

人民法院在裁判理由中认为,《异议复议规定》第26条第2款规定:“金钱债权执行中,案外人依据执行标的被查封、扣押、冻结后作出的另案生效法律文书提出排除执行异议的,人民法院不予支持。”宝亨大厦系未登记的建筑物,宝亨房地产公司享有宝亨大厦的土地使用权,持有《建设工程规划许可证》《建设工程施工许可证》及预售许可。宝亨集团在宝亨大厦被法院查封后申请仲裁,乌鲁木齐仲裁委员会于2006年6月16日作出(2006)乌仲裁字第150号仲裁裁决,裁决宝亨大厦3层至29层产权归宝亨集团所有。申请执行人建工集团并未参加争议事项的仲裁程序,未对争议的事实进行辩论,仲裁裁决对建工集团并无约束力。对宝亨集团依据该仲裁裁决主张排除执行异议不予支持,裁定驳回宝亨公司的再审申请。

如果另案生效法律文书作出的时间是在执行标的被查封之前,也要区别对待:作为执行依据的生效裁判并未涉及执行标的物,只是执行中为实现金钱债权对特定标的物采取了执行措施。对此种情形,《异议复议规定》第26条规定了解决案外人执行异议的规则,在审理执行异议之诉时可以参考适用。依据该条规定,作为案外人提起执行异议之诉依据的裁判将执行标的物确权给案外人,可以排除执行;作为案外人提起执行异议之诉依据的裁判,未将执行标的物确权给案外人,而是基于不以转移所有权为目的的有效合同(如租赁、借用、保管合同),判令向案外人返还执行标的物的,其性质属于物权请求权,亦可以排除执行;基于以转移所有权为目的有效合同(如买卖合同),判令向案外人交付标的物的,其性质属于债权请求权,不能排除执行。应予注意的是,在金钱债权执行中,如果案外人提出执行异议之诉依据的生效裁判认定以转移所有权为目的的合同(如买卖合同)无效或应当解除,进而判令向案外人返还执行标的物的,此时案外人享有的是物权性质的返还请求权,本可排除金钱债权的执行,但在双务合同无效的情况下,双方互负返还义务,在案外人未返还价款的情况下,如果允许其排除金钱债权的执行,将会使申请执行人既执行不到被执行人名下的财产,又执行不到本应返还给被执行人的价款,显然有失公允。为平衡各方当事人的利益,只有在案外人已经返还价款的情况下,才能排除普通债权人的执行。反之,案外人未返还价款的,不能排除执行。①

如果在查封执行标的之前,案外人已经另案提起了确权之诉,直到讼争的标的物被查封执行时,前一诉讼仍未作出生效的法律文书的,执行异议之诉应当如何处

---

① 实践中,地方法院认为金钱债权执行中,案外人依据执行标的被查封、扣押和冻结前作出的另案生效确权文书主张享有所有权并排除执行的,原则上应予支持,但以下几类情形除外:一是案外人根据伪造的证据取得另案确权文书的,二是案外人与被执行人恶意串通、以逃避债务或规避执行的,三是案外人取得的另案生效法律文书认定的事实及其裁决结果损害申请执行人或其他债权人权利的,四是另案仲裁裁决存在《仲裁法》第58条规定的情形的。存在以上情形,执行法院可以认定该权益不具有足以排除执行的效力。

理？我们认为，这种情形的解决方案有两个：一是根据案外人在另案确权之诉的主张以及法律关系的具体情况，如果另案的裁判结果对执行异议之诉的结果有影响，可以中止执行异议之诉，等待确权之诉作出生效法律文书后再恢复执行异议之诉的审理。当然，如果另案实际上争议的并非权属内容的，则可以不考虑另案的情况，直接对执行异议之诉作出处理。二是根据案外人在另案确权之诉的主张以及法律关系的具体情况，如果另案的裁判结果对执行异议之诉的结果有影响的，可以考虑将另案的确权之诉与执行异议之诉进行合并审理（在两案不在一个法院审理的情况下，应将确权之诉移送至执行异议之诉管辖法院合并审理），以避免可能造成的两案作出相互矛盾判决的情形。

2. 非金钱债权的执行。如果债权人申请执行的是交付特定物，而案外人也持另外一个交付特定物或者确权的另案生效法律文书请求排除执行，适用的规则与金钱债权案件的执行又不相同。

审判实践中，案外人有时依据另案生效裁判所认定的与执行标的物有关的权利提起执行异议之诉，请求排除对标的物的执行。此时，鉴于作为执行依据的生效裁判与作为案外人提出执行异议依据的生效裁判，均涉及对同一标的物权属或给付的认定，性质上属于两个生效裁判所认定的权利之间可能产生的冲突，人民法院在审理执行异议之诉时，须区别不同情况作出判断：如果作为执行依据的生效裁判是确权裁判，无论作为执行异议依据的裁判是确权裁判还是给付裁判，一般不应据此排除执行，但人民法院应当告知案外人对作为执行依据的确权裁判申请再审；如果作为执行依据的生效裁判是给付标的物的裁判，而作为提出异议之诉依据的裁判是确权裁判，一般应据此排除执行，此时人民法院应告知其对该确权裁判申请再审；如果两个裁判均属给付标的物的裁判，人民法院需依法判断哪个裁判所认定的给付权利具有优先性，进而判断是否可以排除执行。

如多份生效法律文书均判定债务人交付同一买卖标的物情形，多发生于一房多卖的交易场合，当其中一个买受人申请法院执行，另一买受人持交付特定物的生效法律文书请求排除执行，实际上是不同的物之交付请求权之间的竞合。物之交付请求权有的是物权请求权，如物权人对非法占有人的原物返还请求权、已经办理了过户登记的不动产买受人对出卖人的交付不动产的请求权均属此类，而基于合同请求交付物的权利仍然属于债权请求权范畴。物权请求权和债权请求权发生竞合，物权请求权优先受偿，自不待言。如果数份合同均有效且买受人均要求履行合同，一般按照已经办理房屋所有权变更登记、合法占有房屋以及合同履行情况、买卖合同成立先后等顺序确定权利保护顺位。在执行程序中，如果都是债权性质的物之交付请求权发生竞合，如何确定受偿顺序，现行法律并没有规定。物之交付请求权竞合的特殊性在于,执行标的只能由一个债权人独享,如果争议的执行标的满足了其中一个债权人的受偿要求,其他债权人只能另行起诉,要求债务人承担给付不能的赔偿责任。

十、可以产生排除强制执行的权属纠纷的范围限定

根据《异议复议规定》第 26 条的规定,在金钱债权执行中,案外人依据执行标的被查封、扣押、冻结前作出的另案生效法律文书提出排除执行异议,如果该法律文书系就案外人与被执行人之间的"权属纠纷",判决、裁定执行标的归属于案外人的,原则上应当支持其排除强制执行的诉讼请求。如前所述,对于物权而言,这里的"权属纠纷"就是物权确认纠纷诉讼。从我国的司法实践来看,物权确认纠纷诉讼有被泛化的倾向。突出的表现就在于,很多应当通过给付之诉解决的争议,法院最终却作出确认之诉的法律文书。我们认为,应当对《异议复议规定》第 26 条规定的"权属纠纷"作出必要的限定,现就司法实践中常见的两类所谓的"确权之诉"进行分析论述。

1. 当事人基于不动产转让而提起的"确权之诉"

在司法实践中,当事人基于买卖等不动产转让合同纠纷而提起诉讼,请求法院判决争议标的物归其所有的情况比较普遍。基于物权与债权的区分原则,当事人之间的不动产买卖等转让行为只能发生债权效力,而不能发生不动产物权变动的效力。故在双方没有依约办理所有权转移登记之前,受让人直接起诉请求法院确认作为合同标的物的不动产物权归其所有的,法院不予支持。受让人此时只能请求法院判决对方交付不动产并协助办理不动产所有权转移登记手续。对此,《北京市高级人民法院关于审理房屋买卖合同纠纷案件适用法律若干问题的指导意见(试行)》第 20 条规定:"房屋买卖合同签订后,出卖人未依约为买受人办理房屋所有权转移登记,买受人提起房屋确权之诉,要求确认房屋归其所有的,法院应当行使释明权,告知其应当变更诉讼请求要求出卖人办理所有权转移登记,买受人坚持不变更的,对其诉讼请求,不予支持。"最高人民法院(2011)民提字第 29 号民事判决的裁判摘要也明确指出:"在物权确认纠纷案件中,根据物权变动的基本原则,对于当事人依据受让合同提出的确权请求应当视动产与不动产区别予以不同对待。人民法院对于已经交付的动产权属可以予以确认。对于权利人提出的登记于他人名下的不动产物权归其所有的确权请求,人民法院不宜直接判决确认其权属,而应当判决他人向权利人办理登记过户。"最高人民法院民一庭亦明确指出:"确认物权以存在物权归属争议为前提。买卖合同尚未履行完结,买受人请求确认其享有标的物之所有权的,不符合物权法第三十三条规定的物权归属争议,不应纳入物权确

认之诉。”[①]言外之意，在此种情况下买受人请求确认其对标的物享有所有权的，法院不予支持。

2. 当事人借名登记而提起的“确权之诉”

对于当事人基于借名登记而提起的确权诉讼，我国司法实践中有两种处理思路：一是认为实际出资人基于出资、使用等相关事实，因购置房屋足以产生对抗登记不动产物权的正当权源。基于这种权源，赋予权利人提起确认之诉和给付之诉的权利，包括要求确认房屋权属和要求登记名义人协助办理过户手续等各项权利。例如，在冯某强、娄某芳与冯某所有权确认纠纷案[②]中，法院认为，二原告已经履行全部付款义务，系讼争房屋的真正权利人。但法院未对真正权利人享有的权利的内容和范围加以明确界定，而是直接赋予实际出资人与登记产权人同等的权利，最终确认房屋归原告所有，被告协助办理过户手续。《浙江省高级人民法院民一庭关于审理受房地产市场调控政策影响的房屋买卖合同纠纷案件的若干意见（试行）》第 8 条规定：“实际买受人为规避限购、禁购政策，以他人名义与出卖人订立合同并办理房屋权属证书后，以其系实际买受人为由，请求确认其为房屋产权人的，不予支持，但调控政策重新调整并准许其取得产权的除外。”实际上也采纳了上述观点。二是认为基于物权效力理论，实际出资人只享有债权请求权而非物权请求权。司法实践中，有的法院以讼争房屋未事实上登记在实际出资人名下为由，认为讼争房屋未产生物权效力，实际出资人不能直接请求确认房屋归其所有，只能基于借名关系向对方提出协助办理过户手续或者搬出讼争房屋等请求。对此，《北京市高级人民法院关于审理房屋买卖合同纠纷案件适用法律若干问题的指导意见（试行）》第 15 条第 1 款规定：“当事人约定一方以他人名义购买房屋，并将房屋登记在他人名下，借名人实际享有房屋权益，借名人依据合同约定要求登记人（出名人）办理房屋所有权转移登记的，可予支持。但是，该房屋因登记人的债权人查封或其他原因依法不能办理转移登记，或者涉及善意交易第三人利益的除外。”该规定明确采纳了上述观点。上述两种观点和做法，我们赞同后者，具体理由如下：

首先，根据《民法典》第 209 条、第 214 条的规定，依照法律规定应当登记的，不动产物权只有进行了相应的登记后，才能发生法律效力。《民法典》第 216 条第 1 款更是明确规定：“不动产登记簿是物权归属和内容的根据。”因此，在判断不动产物权归属时，原则上应当以不动产登记簿为依据。在借名登记的情形，除非符合法律另有规定的情形，否则就应当根据不动产的登记状况来确定权利的归属。

---

① 杜万华主编，最高人民法院民事审判第一庭编：《民事审判指导与参考》总第 61 辑，人民法院出版社 2015 年版，第 177～180 页。

② 上海市奉贤区人民法院民事判决书，（2014）奉民三（民）初字第 738 号。

其次,在司法实践中,不动产登记簿记载事项不实的情形的确存在,主要有以下情形:第一,个别人利用虚假资料申请不动产首次登记、变更登记、转移登记、注销登记等,导致登记机关在不动产登记簿上所记事项与事实不符;第二,登记机关工作人员审核登记申请资料时,故意或过失导致不动产登记簿上记载事项不实;第三,非因法律行为导致不动产物权设立、变更、转让或消灭后,未及时更新不动产登记簿上相关记载事项;第四,作为不动产登记行为基础的买卖、共有、赠与、抵押、婚姻、继承等法律行为无效、被撤销,不动产登记簿未及时恢复原登记情况导致的登记不实等。根据《民法典》第 220 条的规定,不动产登记簿记载的事项可能存在错误,实际权利人可以寻求更正登记和异议登记等制度救济。《物权编解释(一)》第 2 条也明确规定:"当事人有证据证明不动产登记簿的记载与真实权利状态不符、其为该不动产物权的真实权利人,请求确认其享有物权的,应予支持。"但在借名登记的情形,之所以会出现名义权利人和实际权利人的分离,是基于双方意愿,或者说是双方的有意安排,故不属于"不动产登记簿记载的事项错误"和"不动产登记簿的记载与真实权利状态不符"的情形。

最后,我国《民法典》第 229 条规定:"因人民法院、仲裁机构的法律文书或者人民政府的征收决定等,导致物权设立、变更、转让或者消灭的,自法律文书或者征收决定等生效时发生效力。"但是,对于该条规定的可以导致物权变动的法律文书的范围,根据《物权编解释(一)》第 7 条的规定,仅指"人民法院、仲裁机构在分割共有不动产或者动产等案件中作出并依法生效的改变原有物权关系的判决书、裁决书、调解书,以及人民法院在执行程序中作出的拍卖成交裁定书、变卖成交裁定书、以物抵债裁定书"。由此可见,能够导致物权变动的法律文书是指形成性文书,给付性文书和确认性文书不能导致物权变动。而在借名登记纠纷案件中,借名人所行使的显非形成权,相应的法院判决也只能是给付判决而绝非形成判决,故法院对借名人与出名人之间的不动产"权属纠纷",并不属于《民法典》第 229 条规定的可以导致物权变动的法律文书。

第七章　执行异议之诉与执行监督

第一节　执行监督制度概述

一、执行监督的概念

执行监督是执行救济体制的组成部分,对纠正违法、错误执行行为,维护当事人、案外人及利害关系人的合法权益具有重要作用。但是,作为强制执行法中的重要概念之一,《民事诉讼法》并未对执行监督作出明文规定,也未明确其能否类比适用审判监督程序。《民事诉讼法解释》作为对民事执行具体规则的细化,同样没有执行监督的有关规定。执行监督这一概念最早源于《执行规定》。其后,最高人民法院在若干司法解释中规定了执行监督的有关内容,①但因语境不同,具体内涵有所不同,外延更是相差甚大。一般而言,执行监督有广义和狭义两种含义。

广义的执行监督,是指有关国家机关、组织及个人依照法定的权限和程序,对法院执行部门履行职务行为的合法性、合理性进行评价,并加以纠正的活动。执行监督的主体既包括最高人民法院和地方各级法院,也包括立法机关、检察机关、党政机关以及人大代表、政协委员、新闻媒体、当事人、案外人等。在这一语境下,执行监督指的是执行管理的体制和制度安排。

根据最高人民法院有关司法解释的规定,执行监督体制机制主要包括以下内容:一是按照分权制衡的原则对执行权进行科学配置。区分执行审查权和执行实施权,分别由不同的内设机构或者人员行使,使各项权能之间相互制约、相互监督,保证执行权的正当行使。二是对执行实施的重点环节和关键节点进行风险防范。除编制很少的地区之外,应当对执行实施权再行分解,总结出重点环节和关键节点,划分为若干阶段,由不同组织或人员负责,加强相互监督和制约,以此强化对执

① 主要有:1998 年《执行规定》第十五章“执行监督”;《最高人民法院关于高级人民法院统一管理执行工作若干问题的规定》(2000 年 1 月 14 日,法发〔2000〕3 号);《最高人民法院关于进一步加强和规范执行工作的若干意见》(2009 年 7 月 17 日,法发〔2009〕43 号)第四章“强化执行监督制约机制”。

行工作的动态管理,防止执行权的滥用。三是加大上级法院对下级法院的监督力度。认真实施、严格落实修改后的《民事诉讼法》,通过办理执行异议、执行复议和案外人异议案件,以及上级法院提级执行、指定执行、交叉执行等途径,纠正违法执行和消极执行行为,加强对执行权行使的监督。四是进一步实行执行公开,自觉接受执行各方当事人的监督。建立执行立案阶段发放廉政监督卡或者执行监督卡、送达执行文书时公布或告知举报电话、当事人正当参与执行等制度。要抓好执行公开制度的贯彻落实,利用信息化手段和网络增强执行工作透明度,严禁"暗箱"操作,切实保障当事人的知情权、参与权、监督权,预防徇私枉法、权钱交易、违法干预办案等问题的发生,确保执行公正。五是拓宽监督渠道,主动接受社会各界对执行工作的监督。完善党委、人大、舆论等各类监督机制,探索人民陪审员和执行监督员参与执行工作的办法和途径,提高执行的公信力。

狭义的执行监督,是指上级法院对下级法院具体执行案件的监督,在执行实践上,主要是指各级法院办理的执行监督案件。

依执行监督的制度逻辑,广义的执行监督制度中呈现的问题应进入具体执行监督案件的规则中,唯有此才能真正发挥执行监督应有的功能。因此,基于本书的主旨,主要讨论狭义的执行监督。

二、执行监督的规则演进

执行监督和执行救济都是纠正和制止违法执行行为的制度安排,但是却有截然不同的理论基础,这主要源于对执行权性质的不同认识。执行权兼具行政权和司法权性质,对不同性质的侧重,决定了相应的制度安排。侧重于执行权的行政权属性的,会选择以权力制约权力的执行监督模式。侧重于执行权的司法权属性的,则更多地侧重于赋予当事人诉权的司法救济模式。从 1998 年《执行规定》规定执行监督制度开始,随着对执行权属性的深化和细化,执行监督的理论基础和运作模式也发生了很大的变化。

(一)行政监督

自改革开放以来,执行案件数量随着经济发展而呈爆发式增长,由于缺乏制度安排,随之产生比较严重的"执行难"和"执行乱"的问题,行政监督这一表述直至今天仍具有现实意义。[①] 最高人民法院于 1995 年设立执行办公室,目的是应对日益

① 2016 年 3 月 13 日,最高人民法院院长周强在十二届全国人大四次会议上报告最高人民法院工作时庄严承诺:"用两到三年时间基本解决执行难问题。"其后,最高人民法院于 2016 年 4 月 29 日印发《关于落实"用两到三年时间基本解决执行难问题"的工作纲要》(法发〔2016〕10 号)。

严重的“执行难”和“执行乱”的问题。1998年7月出台的《执行规定》,则正式确立了执行监督制度,通过8个条文规定了执行监督的管辖、监督内容及监督方式等基本规则。作为对执行乱的直接回应,执行监督的理论基础是执行权的行政权属性,制度安排是最高人民法院对全国各级法院,上级法院对下级法院在业务和人事上的统一领导和管理。2000年1月14日实施的《最高人民法院关于高级人民法院统一管理执行工作若干问题的规定(试行)》第1条明确规定:“高级人民法院在最高人民法院的监督和指导下,对本辖区执行工作的整体部署、执行案件的监督和协调、执行力量的调度以及执行装备的使用等,实行统一管理。地方各级人民法院办理执行案件,应当依照法律规定分级负责。”从制度上确立了最高人民法院对全国各级法院、省级高级人民法院对下级法院的行政管理权限,第5条、第8条、第9条、第11条规定了执行监督、指定执行、提级执行和责任追究等执行监督的具体规则。2006年5月,最高人民法院发布《关于执行案件督办工作的规定(试行)》,对执行监督的方式、途径、法律文书、下级法院的复议、责任追究等做了更细化、更具可操作性的规定。在这一阶段,执行权被视为行政权,制度设计则为保障上级法院对下级法院的管理和命令,提高了效率,有了更多的自由裁量权。执行实践中,上级法院借监督之名撤销已经生效的拍卖裁定、随意叫停正在采取的执行措施等现象普遍存在,衍生了权力“寻租”的问题,导致执行乱的程度加剧。几乎不存在可操作救济当事人权利的制度,详见下文论述。

(二)执行救济与行政监督并存

执行救济程序最早源于1982年《民事诉讼法(试行)》(已废止),该法第162条规定:“执行过程中,案外人对执行标的提出异议的,执行员应当进行审查。无理由的,予以驳回;有理由的,报院长批准中止执行,由合议庭审查或者审判委员会讨论决定。”其后,1991年《民事诉讼法》第208条规定:“执行过程中,案外人对执行标的提出异议的,执行员应当按照法定程序进行审查。理由不成立的,予以驳回;理由成立的,由院长批准中止执行。如果发现判决、裁定确有错误,按照审判监督程序处理。”《最高人民法院关于适用〈中华人民共和国民事诉讼法〉若干问题的意见》(已废止)第257条规定:“民事诉讼法第二百零四条规定的中止执行,应当限于案外人依该条规定提出异议部分的财产范围。对被执行人的其他财产,不应中止执行。异议理由不成立的,通知驳回。”《民事诉讼法》和司法解释规定的案外人异议并未发挥其应有的救济和监督作用,多年来各地法院鲜少立异议案,即便立异议案,也无规范的审查程序,对当事人异议的审查结果,有的通过执行裁定,有的通过通知,也有时直接以执行笔录代替。除却制度过于简单、不具备操作性的因素外,主要原因在于,设立案外人异议制度主要目的是强化执行力度,提高执行力度,而不是为当事人提供程序化、制度化的救济手段。当时的立法者认为:“执行异议不同于国外民事诉讼法中的异议之诉。根据目前我国的实际情况,不宜采取异议之诉制度。因为目前我国实践中普遍存在执行难问题,这一矛盾非常突出,如把执行程序规定过于复杂,并不利于有效维护债权人的合法权益。”

2007 年修订的《民事诉讼法》详细规定了执行复议和异议之诉等执行救济手段。第 202 条规定:“当事人、利害关系人认为执行行为违反法律规定的,可以向负责执行的人民法院提出书面异议。当事人、利害关系人提出书面异议的,人民法院应当自收到书面异议之日起十五日内审查,理由成立的,裁定撤销或者改正;理由不成立的,裁定驳回。当事人、利害关系人对裁定不服的,可以自裁定送达之日起十日内向上一级人民法院申请复议。”第 204 条规定:“执行过程中,案外人对执行标的提出书面异议的,人民法院应当自收到书面异议之日起十五日内审查,理由成立的,裁定中止对该标的的执行;理由不成立的,裁定驳回。案外人、当事人对裁定不服,认为原判决、裁定错误的,依照审判监督程序办理;与原判决、裁定无关的,可以自裁定送达之日起十五日内向人民法院提起诉讼。”其后,最高人民法院 2008 年 11 月 28 日发布的《最高人民法院关于执行工作中正确适用修改后〈民事诉讼法〉第 202 条、第 204 条规定的通知》进一步理顺了执行异议、复议和执行监督的关系,即 2008 年 4 月 1 日以后作出的执行行为,可以提出异议,之前已经作出的执行行为,当事人不服的应通过执行监督程序审查。这一阶段,对当事人的救济既可以通过执行异议,也可通过执行监督,但在执行实务中,由于执行异议、复议案件仍缺少可操作的具体制度,不立案、审查形式不规范等现象仍然大量存在。执行监督案件在纠正执行法院错误执行行为方面仍发挥重要作用。

(三)执行监督的司法化

自 2016 年以来,最高人民法院先后发布了《最高人民法院关于人民法院办理执行信访案件若干问题的意见》《人民法院办理执行案件规范》,在理论上厘清了执行监督的司法权性质,在具体制度上设定了执行监督的司法化程序。具体而言,《最高人民法院关于人民法院办理执行信访案件若干问题的意见》(法发〔2016〕15 号)虽然规范的是执行信访工作,但却在之前司法解释的基础上进一步强化了执行实施权和执行审查权的划分,并赋予了两类案件不同的救济途径。对执行实施类案件,当事人申请监督的,执行法院不再立督促执行案件,而是应当遵照“执行到位、有效化解”原则,确保执行到位或争取当事人息诉罢访。对执行审查类案件,遵照“诉访分离”原则,引导当事人通过执行异议、案外人异议、执行监督等程序审查处理。这一制度确保了当事人的申诉首先通过法定的执行救济程序进行处理，确立了逐级监督制度，在一定程度上将监督程序的启动权赋予当事人，不仅规则更加明晰，而且更接近执行救济的制度安排。这主要表现在，对于当事人、利害关系人不服执行复议裁定向上级法院申诉的，上级人民法院应当作为执行监督案件立案审查，以裁定的方式作出结论。当事人对执行监督裁定不服向上级法院申诉的，上级法院也应当作为执行监督案件立案审查，以裁定的方式作出结论。《最高人民法院关于人民法院办理执行信访案件若干问题的意见》发布后，执行监督程序的启动发生了重大的变化，由执行法院主动提起逐渐过渡到通过信访当事人主动提起，执行救济制度在纠正法院违法执行行为方面发挥了更大的作用。在执行实务中，执行监督案件的立案标准、审查程序和审查方式逐渐规范化，与执行救济制度更为趋同。

2017 年 4 月，最高人民法院执行局发布了《人民法院办理执行案件规范》，第二十七章[①]将执行监督案件分为督促执行案件、执行申诉案件、检察监督案件，该规范只是现有法律、司法解释的汇编，并非司法解释，但代表了最高人民法院对执行监督制度的重新定位。按照这一分类，执行监督案件主要由当事人、利害关系人、案外人等提起，与执行异议、复议等执行救济制度类似，更着重强调执行权的司法权性质。同时，根据该规范的规定，上级法院仍可依照《执行规定》及有关司法解释的规定，行使对下级法院的监督、协调和管理的权限，也可以依法对下级法院的案件立执行监督案进行审查。近两年的执行实践显示，与上级法院主动提起执行监督相比，大量的执行监督案件是根据当事人、利害关系人、案外人的申请所立。

三、执行监督的程序架构

（一）执行监督的案件来源

《执行规定》第 72 条至第 75 条规定，执行监督程序以上级法院“发现”启动，这一表述的具体含义并不明确，也带有一定的随意性，实践中执行监督案件的来源主要有以下几方面：（1）当事人、利害关系人的申诉信访；（2）上级法院的交办、督办；（3）当地党委、政府等部门批办、交办的案件；（4）人大、政协转来的人大代表、政协委员就执行案件的提案；（5）检察机关提起监督的案件；（6）媒体、互联网公开报道的案件；（7）本院领导批转的案件。对于上述途径交办的案件，除最高人民法院或上级法院明确要求下级法院立案监督之外，其余案件是否立执行监督案审查，并不具有确定性。更有甚者，执行监督案件的立案在部分法院成为某种“稀缺”资源，前述上级法院交办、党委政府转来、人大和政协转来及检察机关提起监督等，一般会

---

① 2022 年《人民法院办理执行案件规范》（第 2 版）为第二十八章，执行监督案件分类没有变化。

优先立案审查。而当事人、利害关系人的申诉信访,反而无法立执行监督案审查。《执行规定》出台的本意是解决“执行难”,但囿于执行监督权的不受约束,反而导致了更多的“执行乱”,而执行难并未得到有效解决。

党的十八大以后,特别是2015年3月30日中共中央办公厅、国务院办公厅发布《领导干部干预司法活动、插手具体案件处理的记录、通报和责任追究规定》后,通过领导个人名义及党委、政府等党政部门批转的案件大幅减少。《最高人民法院关于人民法院办理执行信访案件若干问题的意见》实施后,当事人、利害关系人的申诉信访逐渐成为执行监督案件立案最重要的来源之一。

检察机关和法院对检察机关是否有权对法院的民事活动实行法律监督,历来有不同的认识,也是司法实务和民事诉讼理论中争论激烈的话题之一。2016年11月2日,最高人民法院和最高人民检察院联合发布了《关于民事执行活动法律监督若干问题的规定》,规定了人民检察院依法对执行案件实行法律监督的权力。

(1)执行监督程序的启动。当事人、利害关系人、案外人向检察机关申请执行监督,以法院已经通过执行救济程序审查为前提,没有提出异议、申请复议或者提起诉讼的,人民检察院不予受理,但有正当理由的除外。检察机关在下列情形下可以依职权监督:①损害国家利益或者社会公共利益的;②执行人员在执行该案时有贪污受贿、徇私舞弊、枉法执行等违法行为、司法机关已经立案的;③造成重大社会影响的;④需要跟进监督的。

(2)管辖。对民事执行活动的监督案件,由执行法院所在地同级人民检察院管辖。上级人民检察院认为确有必要的,可以办理下级人民检察院管辖的民事执行监督案件。下级人民检察院对有管辖权的民事执行监督案件,认为需要上级人民检察院办理的,可以报请上级人民检察院办理。

(3)对检察建议的办理。人民检察院提出的民事执行监督检察建议,统一由同级人民法院立案受理。人民法院收到人民检察院的检察建议书后,应当在3个月内将审查处理情况以回复意见函的形式回复人民检察院,并附裁定、决定等相关法律文书。有特殊情况需要延长的,经本院院长批准,可以延长1个月。回复意见函应当载明人民法院查明的事实、回复意见和理由并加盖院章。不采纳检察建议的,应当说明理由。人民法院收到检察建议后逾期未回复或者处理结果不当的,提出检察建议的人民检察院可以依职权提请上一级人民检察院向其同级人民法院提出检察建议。上一级人民检察院认为应当跟进监督的,应当向其同级人民法院提出检察建议。人民法院应当在3个月内提出审查处理意见并以回复意见函的形式回复人民检察院,认为人民检察院的意见正确的,应当监督下级人民法院及时纠正。

《最高人民法院关于人民法院办理执行信访案件若干问题的意见》实施后,当事人直接通过法院系统即可申诉信访,实践中向检察机关申请监督的案件就相应减少,检察机关审查后向法院提起监督的案件更是少之又少。检察机关依职权监督的案件包括:①损害国家利益或社会公共利益的;②执行人员在执行该案时有贪污受贿、徇私舞弊、枉法执行等违法行为、司法机关已经立案的;③造成重大社会影响的;④需要跟进监督的。执行实践中此类案件较为少见,这显然与司法解释出台的初衷相去甚远。

(二)执行监督案件的立案标准

根据《执行规定》的规定,对执行案件中的违法、错误执行行为,人民法院应作为执行监督案立案审查,包括执行法院在执行中作出的裁定、决定、通知或具体执行行为不当或有错误的;法院执行的非诉讼生效法律文书有不予执行事由,应当依法作出不予执行裁定而不制作的。至于具体的立案标准,《执行规定》未作明确。《执行立结案意见》规定了执行实施类案件和执行审查类案件的立案标准,但对于执行监督案件,并未详细列举立案条件,而是延续了《执行规定》等司法解释关于执行监督的一贯规定,在第 11 条中规定:“上级人民法院对下级人民法院,最高人民法院对地方各级人民法院依法进行监督的案件,应当按照执行监督案件予以立案。”《最高人民法院关于人民法院办理执行信访案件若干问题的意见》等司法解释对执行监督案件的立案做了较为详细的规定,原则上采取实质审查原则。这里的实质审查是针对案件类型而言,根据《最高人民法院关于人民法院办理执行信访案件若干问题的意见》的规定,将当事人、利害关系人、案外人的信访申诉申请区分为执行实施类和执行审查类,对执行实施类的监督申请,通过执行信访交办督办制度交由下级法院办理或立督促执行案审查。对执行审查类案件,如当事人已尽救济程序或因法院的原因未能用尽救济程序的,可以立执行监督案审查。具体是指,申请人向上级法院申诉,其请求事项符合《民事诉讼法》规定的执行异议、案外人异议规定的情形的,由执行法院按照相关规定处理,上级法院不立执行监督案。不符合上述规定情形的,由上级法院决定是否启动执行监督程序。但是,申请人在异议期限内提出异议,执行法院未立案审查,申请人在异议期限后继续申诉的,执行法院应当作为执行监督案立案审查,并以裁定方式作出结论。申请人不服该裁定向上级法院申诉的,上级法院应立执行监督案审查。

对执行法院作出的不予执行或驳回不予执行仲裁裁决的裁定,根据《民事诉讼法解释》第 476 条的规定,当事人无权提出异议或复议,并规定“当事人可以就该民事纠纷重新达成书面仲裁协议申请仲裁,也可以向人民法院起诉”。至于是否可以提起执行监督,司法解释并未规定,最高人民法院认为,裁定不予执行仲裁裁决是人民法院执行工作的一部分,上级法院有权进行监督。①

对执行法院作出的不予执行或驳回不予执行公证债权文书的裁定,根据《异议复议规定》第 10 条的规定,当事人不服驳回不予执行公证债权文书申请的裁定的,可以向上一级法院申请复议,不服复议裁定的,可以申请监督。对于裁定不予执行的,司法解释未规定是否允许复议。对此有两种观点:一种观点认为,执行法院对公证债权文书的审查是对执行依据的司法监督,但并非执行行为,公证债权文书被裁定不予执行的,债权人仍可通过诉讼解决纠纷,赋予其复议权无法律依据。另一种观点认为,不予执行公证债权文书裁定在性质上和驳回不予执行公证债权文书裁定相同,无论其是否属于执行行为,均属于执行法院在执行程序中作出的裁定,理应赋予其申请复议的救济权利。最高人民法院关于驳回不予执行申请的救济在观点上也发生过变化,其在 2017 年编写《人民法院办理执行案件规范》时采取了第一种观点,②但在 2022 年重编时则明确当事人不服驳回不予执行申请裁定的,可以向上一级人民法院复议。③

对执行法院的不作为、消极执行否立执行监督案审查,实践中做法不同。所谓消极执行,主要是指执行案件(包括受委托执行的案件)在规定的期限内未能执行结案,应当作出裁定、决定、通知而不制作,当依法实施具体执行行为而不实施。《民事诉讼法》第 237 条规定:“人民法院自收到申请执行书之日起超过六个月未执行的,申请执行人可以向上一级人民法院申请执行。上一级人民法院经审查,可以责令原人民法院在一定期限内执行,也可以决定由本院执行或者指令其他人民法院执行。”此前,对此类执行案件上级法院一般立“执督字”案审查。《执行立结案意见》不再将“执督字”作为执行案件的类型代字后,对此类案件是否立执行监督案,有两种不同做法:最高人民法院的做法是,对此类案件可立执行监督案审查,审查期间执行实施案件执行完毕的,可以根据《执行立结案意见》第 26 条第 7 项“其他”报结案。④ 实践中部分法院的做法是,根据《最高人民法院关于人民法院办理执行信访案件若干问题的意见》的规定,执行实施类案件不再立执行监督案审查,⑤信访

---

① 参见江必新、刘贵祥主编:《最高人民法院执行最新司法解释统一理解与适用》,中国法制出版社 2016 年版,第 31 页。

② 参见最高人民法院执行局编:《人民法院办理执行案件规范》,人民法院出版社 2017 年版,第 375 页。

③ 参见最高人民法院执行局编:《人民法院办理执行案件规范》(第 2 版),人民法院出版社 2022 年版,第 405 页。

④ 参见最高人民法院执行局编:《人民法院办理执行案件规范》(第 2 版),人民法院出版社 2022 年版,第 519 页。

⑤ 根据《执行立结案意见》第 8 条的规定,执行审查类案件只能立“执异字”“执复字”“执监字”“执请字”“执协字”,不包括“执督字”类型代字。

人反映消极执行的，通过执行信访交办督办制度，交由执行法院办理，并根据不同情况报请上级法院核销。

至于2008年《执行规定》第133条规定的对执行依据的审查，不属于执行监督案件。

（三）执行监督的主体

《执行规定》第71条规定："上级人民法院依法监督下级人民法院的执行工作。最高人民法院依法监督地方各级人民法院和专门法院的执行工作。"《最高人民法院关于高级人民法院统一管理执行工作若干问题的规定》作了类似规定，因此，执行监督的主体原则上是执行法院的上级法院或最高人民法院。

对于执行法院能否监督本院的执行行为，根据《最高人民法院关于人民法院发现本院作出的诉前保全裁定和在执行程序中作出的裁定确有错误以及人民检察院对人民法院作出的诉前保全裁定提出抗诉人民法院应当如何处理的批复》（法释〔1998〕17号）的规定，人民法院院长发现确有错误需要撤销的，提交审判委员会讨论决定后，可以裁定撤销原裁定。不过，执行法院主动立执行监督案的极为少见，多数是根据上级法院或最高人民法院的指示所立。

（四）执行监督案件的审查程序

对执行监督案件的审查程序，立法和司法解释并未明确规定，《人民法院办理执行案件规范》第1315条规定，执行申诉案件可以参照执行复议案件的相关规定进行审查。实践中法院多参考执行实施案件或异议、复议案件的有关规定进行审查，部分法院制定了内部规程和实施细则。

1. 受理通知。执行监督案立案后，应在3日内向当事人送达立案通知书、申诉书副本、廉政风险告知书等。

2. 报告、调卷。执行监督案件主要审查执行法院已经作出的执行行为，有关证据材料主要由执行法院掌握，因此，一般以书面审查为主，必要时也可以进行听证。上级法院立案后应通知执行法院报送案情报告，并附有关材料。如案情复杂且目前尚无正在进行的执行措施的，也可以调阅卷宗。

3. 合议制。根据《执行权配置意见》的规定，执行局内部应分设执行实施部门和执行裁决部门。执行监督案件应由执行裁决部门的法官组成合议庭审查。同级法院监督的，执行案件的执行人员不得参与执行监督案件的合议庭。合议庭组成人员确定后，应在3日内通知当事人。

4. 执行听证。《人民法院办理执行案件规范》参照《民事诉讼法》审判程序有关开庭的规定,制定了执行听证的规则:执行听证应公开进行,但涉及国家秘密、个人隐私或法律另有规定的除外。听证参与人对因客观原因不能自行收集的证据,向人民法院申请的,人民法院应当调查收集;人民法院也可以调查收集与案件有关的证据。应在听证会召开前3日通知听证参与人。执行听证召开前,书记员应查明有关听证参与人是否到庭,宣布听证纪律;审判长应核对听证参与人的身份,宣布听证事由和合议庭成员、书记员名单,告知听证参与人有关的权利义务,询问是否申请回避。听证程序与普通诉讼案件的开庭类似,一般包括调查、辩论和最后陈述等阶段,调查一般按以下顺序进行:由执行监督申请人陈述其主张及相关的事实和理由,对方当事人陈述相关事实和理由,举证、质证,合议庭询问、核实有关情况。

5. 复议。根据2008年《执行规定》第130条第2款的规定,下级法院收到上级法院纠正错误执行行为的指令后必须立即纠正。如果认为上级法院的指令有错误,可以在收到该指令后5日内请求上级法院复议。上级法院认为请求复议的理由不成立,而下级法院仍不纠正的,上级法院可直接作出裁定或决定予以纠正,送达有关法院及当事人,并可直接向有关单位发出协助执行通知书。2008年《执行规定》的上述规定初衷是解决当时存在的乱执行问题,但实际上以上述行政管理的方式处理司法权性质的执行行为,有太大的不受制约的裁量空间,极易导致寻租行为,某种程度上导致更多的执行乱。实际上,在近两年的执行实践中无论是最高人民法院还是高级人民法院,都很少有采用这种监督方式的案例。

6. 暂缓执行建议。暂缓执行建议,具体指检察院在办理民事执行监督的过程中,根据查证属实的情况,认为继续强制执行将会给执行当事人、案外利害关系人、社会公共利益造成重大损害的,可以向执行法院提出暂缓执行建议书,要求执行法院暂缓执行行为。暂缓执行的期限为3个月,检察院认为确有必要,经检察长批准可以要求延长3个月,收到暂缓执行建议书的执行法院应当暂停执行。同时,为了防止当事人利用暂缓执行建议拖延执行或转移财产,对暂缓执行建议的运用应该非常谨慎,具体可设定在两种情况下运用:一种情况是法院已经采取查封、扣押等措施,足以保证执行或者当事人已经提供担保;另一种情况是涉及公共利益,如对文物的执行。①

(五)执行监督案件的结案方式

根据《执行立结案意见》的规定,执行监督案件的结案方式包括以下几类:

---

① 参见郭兴莲、曹琳:《民事执行检察监督的范围、方式及相关的程序设计》,载《法学家》2010年第3期。

(1)准许撤回申请,即当事人撤回监督申请的;(2)驳回申请,即监督申请不成立的;(3)限期改正,即监督申请成立,指定执行法院在一定期限内改正的;(4)撤销并改正,即监督申请成立,撤销执行法院的裁定直接改正的;(5)提级执行,即监督申请成立,上级人民法院决定提级自行执行的;(6)指定执行,即监督申请成立,上级人民法院决定指定其他法院执行的;(7)其他,即其他可以报结的情形。根据有关司法解释的规定,这里的"其他"主要是指督促执行期间,执行法院执行完毕的,以"其他"方式终结督促执行案件的审查程序。

四、执行监督的完善

循比较法路径,与英美法系及大陆法系诸国立法例比较,均未能找到与我国执行监督类似的规定或制度。基于不同的政治制度,与通过权力压制权力的监督体制相比,各国对执行权的监督更多采用权利与权力、权力与权力的相互制衡来实现。我国台湾地区针对执行行为的监督主要通过执行救济制度实现。就救济方法而言,程序上之救济方法包括声请、声明异议、抗告等;实体上之救济方法包括债务人异议之诉、第三人异议之诉;对特殊执行程序所设置特别救济方法,如分配方案之异议等。目前,随着我国民事诉讼制度的发展和健全,我国台湾地区已有的这些救济制度大陆也都有。之所以还存在目前的执行监督制度,主要是基于我国目前经济和法律发展水平,与我国的基本政治制度不无关系,在实践中也确实发挥了比较好的监督和救济作用,因此有其存在的合理性。将来,执行监督制度应克服目前的不足,以发挥更大的作用。一是明确执行监督的制度定位,即参照审判监督程序,将执行监督作为执行复议案件的法定救济程序,当事人不服执行法院的执行复议裁定的,上级法院应立执行监督案审查。二是细化执行监督案件的办理规则,目前的司法解释未规定执行监督案件的具体办理规则,实践中各地法院做法各不相同,严重影响法律的严肃性。建议参照审判程序及执行异议、复议程序,对执行监督案件的立案标准、审理流程、审查原则作出明确规定,规范结案方式。三是将执行实施行为排除在执行监督案件的受理范围之外,完善执行管理制度,提高执行案件的信息化水平,确保通过制度和技术堵塞消极执行的漏洞。

第二节　执行监督与执行异议之诉的关系

根据《民事诉讼法》及有关司法解释的规定,对于执行异议及执行异议之诉案件,立法预设的理想状态是,当事人或案外人不服执行法院的执行行为的,依次提出执行异议、复议;当事人或案外人基于实体权利对执行标的提出执行异议的,依次提出执行异议、执行异议之诉;当事人或案外人既基于实体权利对执行标的提出执行异议,又提出与实体权利无关的执行行为异议的,人民法院应基于前述原则分别审查。但执行实践往往复杂得多,当事人混淆所提异议类型、执行法院混淆当事人所提异议类型的普遍存在,由于执行异议之诉是以执行法院已作出执行异议裁定为前提,只要先前一步出现错误,后面的叠加错误便不可避免。在这种情况下,需要执行监督来纠正错误的路径,使当事人及执行法院均能按照法律预设的救济途径进行。具体有以下几种情形。

一、法定期限外提出执行异议的救济

《异议复议规定》第6条第2款规定,案外人依照《民事诉讼法》第238条规定提出异议的,应当在异议指向的执行标的执行终结之前提出;执行标的由当事人受让的,应当在执行程序终结之前提出。根据该规定,对当事人在执行标的执行终结后或者执行程序终结后提出的异议,执行法院应予以驳回。但是,执行法院或上级法院发现执行法院的执行行为确有错误的,应立执行监督案审查。

1. 准确界定时间节点。需要注意的是,“执行标的执行终结之前”,是指人民法院处分执行标的所需的所有法定手续全部完成之前。对于不动产和需要办理过户登记手续的动产或者其他财产权,是指登记机关签收办理过户登记的协助执行通知书之前,当事人自行办理过户登记手续的,是指登记机关实际变更登记之前;对于动产或者银行存款类财产,是指交付或者拨付给申请执行人之前或者分配完毕之前。“执行程序终结之前”是指执行案件符合《民事诉讼法》第268条以及《执行立结案意见》第14条、第17条规定的结案条件,如申请执行人的债权已全部获得清偿或和解协议已履行完毕等。但终结执行的裁定或通知已被执行异议、复议或者执行监督程序撤销的,以及终结本次执行程序的除外。

2. 执行监督案件的有限审查。这里的执行监督,主要是监督执行法院执行行为的合法性。对执行标的的可执行性,根据有关司法解释的规定,应采用与执行异议案相同的形式审查标准。而异议指向的执行标的实体权属争议,应由执行异议之诉案件审查裁判。

执行法院在采取执行措施时,已依法通知案外人,并告知案外人提起异议的权利,案外人因自身原因未在执行标的执行终结前或执行程序终结前提起异议,或明确表示不提异议的,应视为当事人对自身民事权益的处分,对其在执行标的执行终结后或执行程序终结后提出的异议,应裁定驳回。

执行法院未依法通知案外人,或案外人客观上不知道执行标的已被法院执行的，执行监督案件应对案外人的异议进行审查作出裁定，并赋予其提起执行异议之诉的权利。

案外人在执行标的执行完毕或执行程序终结前已提出异议，执行法院以执行标的已被执行完毕或者执行程序已终结为由，未受理执行异议或异议之诉，或终结执行异议之诉的审理，案外人再次提出异议的，应由执行法院或上级法院立执行监督案对案外人的异议申请进行审查作出裁定，并赋予其提起执行异议之诉的权利。

二、违反执行异议案件的专属管辖权的救济

根据《异议复议规定》的规定，执行案件被指定执行、提级执行、委托执行后，当事人、利害关系人对原执行法院的执行行为提出异议的，或案外人对原执行法院查封、扣押或冻结的执行标的提出异议的，由提出异议时的执行法院管辖；受指定或者受委托的人民法院是原执行法院的下级人民法院的，由该上级法院管辖。在执行实践中，原执行法院、受指定或委托法院违反上述规定受理当事人的异议并作出裁定的时有出现，这种情况下应由上级法院立执行监督案纠正。

三、执行异议、复议、执行异议程序错误的救济

（一）执行异议裁定的效力

人民法院作出的执行异议之诉判决生效后，执行法院应按该判决确定是否对涉案标的采取执行措施，原执行异议裁定自动失效。此时，案外人或当事人不服原执行异议裁定申请执行监督，要求撤销原执行异议裁定的，没有法律依据，执行法院不应受理。但是，案外人提起执行异议之诉或申请执行人提起许可执行之诉，被裁定不予受理或驳回起诉的，由于涉案标的是否可以执行并未经生效裁判确认，故执行法院作出的案外人异议裁定仍发生法律效力，此时案外人或当事人以执行异议裁定错误为由申请执行监督的，执行法院应立案审查。

（二）执行异议裁定认定异议性质错误的救济

在执行实践中，将执行行为异议认定为执行标的异议，或将针对执行标的的异议认定为执行行为异议，从而作出错误的执行异议裁定，具有一定的普遍性。对此，应通过执行监督程序纠正执行法院的错误定性，引导当事人通过正确的路径主张权利。

一是将执行行为异议错误认定为执行标的异议。执行裁判机构在审理执行异议之诉案件过程中，发现案外人系针对执行行为提出异议，但执行异议裁定中告知案外人、申请执行人提起执行异议之诉的，应当裁定驳回起诉，并告知案外人可就

此错误申请执行监督。执行法院或上级法院应立执行监督案审查,撤销原执行异议裁定,按照《民事诉讼法》第236条重新进行审查,并告知当事人通过执行复议程序予以救济。

二是将执行标的异议错误认定为执行行为异议。执行法院作出执行异议裁定后,本应告知当事人通过执行异议之诉进行救济,但错误赋予当事人申请复议的权利,执行复议裁定驳回当事人申请,维持执行异议裁定的,当事人或案外人可申请执行监督,作出执行复议裁定的法院或其上级法院应立执行监督案审查,撤销执行复议裁定,发回执行法院重新审查并作出异议裁定。执行法院作出错误的执行异议裁定后,未经执行复议程序,当事人就生效的执行异议裁定向执行法院或上级法院申请执行监督的,执行法院或上级法院应立执行监督案审查,裁定撤销执行异议裁定,要求执行法院重新审查。

三是将不服生效判决、裁定的申诉错误认定为执行标的异议。执行裁判机构在审理执行异议之诉案件过程中,发现案外人系针对作为执行依据的人民法院原判决、裁定中的执行标的提出异议,但执行裁定中告知案外人提起执行异议之诉的,应当裁定驳回起诉,告知当事人或案外人可就此错误申请执行监督。执行法院或上级法院应立执行监督案审查,撤销原执行异议裁定,告知案外人依据《民事诉讼法》第238条、《民事诉讼法解释》第421条的规定申请再审。所谓属于"认为原判决、裁定错误"的情形,是指案外人权利主张所指向的民事权利义务关系或者其诉讼请求所指向的标的物,与原判决、裁定确定的民事权利义务关系或者该权利义务关系的客体具有同一性。

四是重复异议。案外人针对作为执行依据的生效判决或仲裁裁决所指向的特定执行标的提出异议,由于认定该执行标的为本案应执行财产的判决或仲裁裁决已生效,当事人不服的应申请再审或申请撤销、不予执行仲裁裁决,而不是通过案外人异议或案外人异议之诉进行救济。如执行裁定告知案外人提起执行异议之诉的,应当裁定驳回起诉,告知当事人申请执行监督。执行法院或上级法院应依职权或根据当事人的申请立执行监督案,撤销原执行裁定。

四、执行依据再审被撤销后执行行为的救济

据以执行的生效法律文书经再审被撤销后,即无须对争议的执行标的继续执行。此时,申请人提出的许可执行异议之诉,在一审期间的,应裁定不予受理或驳回起诉;二审及再审期间的,应裁定驳回其上诉或再审申请。案外人提出的阻却执行的异议之诉已无继续审理的必要,在一审期间的,应裁定驳回起诉;在二审期间的,应裁定撤销原判决,驳回起诉;在申请再审审理期间的,应裁定撤销一审、二审

判决，驳回起诉。对于案外人一并提出的确权请求，应在裁判文书中告知其另行起诉。对于此前执行法院作出的执行异议裁定，由于执行异议之诉案件未进行实体审查，执行异议裁定的效力处于不确定状态。如案外人对执行异议裁定认定的有关内容不服的，可通过执行监督程序审查处理。

五、变更、追加当事人程序错误的救济

根据《变更追加规定》的规定，对于当事人不同的追加事由，适用不同的审查程序。对于因执行主体合并、分立、变更、继承，无偿转移资产等变更或追加当事人的，通过执行异议、复议程序审查；对于因出资人抽逃、虚假出资，一人公司股东，未足额出资的股权转让及股东未履行清算责任等事由变更或追加当事人的，因涉及当事人实体权益，通过执行异议、执行异议之诉审查。执行实践中，执行法院的异议裁定张冠李戴，赋予当事人错误的救济途径的并不少见。具体而言，执行法院裁定变更或追加被申请人为被执行人，并在执行裁定中告知当事人可提起执行异议之诉，执行异议之诉案件经审查认为执行异议裁定告知救济途径错误的，应裁定不予受理或驳回起诉，并告知当事人申请执行监督。执行法院或上级法院应根据当事人的申请或依职权立执行监督案审查，执行程序尚未终结的，应撤销原裁定，重新作出裁定，告知当事人申请执行复议；执行程序已经终结的，由执行监督案件直接审查处理。同样地，执行法院裁定变更或追加被申请人为被执行人，本应告知当事人提起执行异议之诉，但错误地告知当事人提起复议，如执行复议裁定未纠正上述错误或当事人未申请复议执行异议裁定已生效的，应依职权或根据当事人的申请立执行监督案审查，责令执行法院重新作出执行异议裁定。

六、分配方案异议程序错误的救济

根据《民事诉讼法》及司法解释的规定，基于执行分配方案提出的执行异议及执行异议之诉案件，异议人只能是被执行人以及执行法院已经同意其参与分配的债权人，且异议系针对执行法院制定的分配方案提出。尚未经执行法院同意参与分配的债权人，针对执行分配方案提出的异议，不属于执行分配方案异议，而是属于《民事诉讼法》第236条规定的行为异议，执行法院应作出执行异议裁定，并赋予当事人复议的权利。执行法院错误作出执行分配方案异议裁定的，应立执行监督案予以撤销。相关业务庭的执行分配方案异议之诉应裁定驳回起诉，已经作出判决的，应通过审判监督程序撤销有关判决并驳回起诉。

第八章　虚假执行异议之诉的问题与对策

法律依据

《异议之诉司法解释》第21条　案外人与被执行人、申请执行人之间恶意串通，通过伪造证据，或者单方捏造案件基本事实，以执行异议之诉妨碍依法执行的，人民法院应当驳回其诉讼请求，并根据情节轻重予以罚款、拘留；涉嫌刑事犯罪的，人民法院应当将犯罪线索移送公安机关。

诉讼代理人、证人、鉴定人等诉讼参与人适用前款规定。

案外人等通过虚假诉讼等方式致使执行标的无法执行或者价值减损等，给申请执行人造成损失的，应当依法予以赔偿。

第一节　案外人异议之诉的滥用

《中共中央关于全面推进依法治国若干重大问题的决定》提出：加大对虚假诉讼、恶意诉讼、无理缠诉行为的惩治力度。随后，中央全面深化改革领导小组①第十一次会议进一步就净化司法环境达成一致共识。很显然，我国顶层设计已对规制滥用诉权等不当诉讼行为形成重大关切。反观立法实践，关涉滥用诉权的规定主要集中于《民事诉讼法》第13条、第59条和第115条中。而从近几年各地法院宣判的滥用诉权的典型案件来看，也标识了司法机关对识别恶意执行异议，加大惩治恶意诉讼的决心。最高人民法院2021年制定了《关于深入开展虚假诉讼整治工作的意见》，进一步加强虚假诉讼整治工作。但需要强调的是，在我国，无论是学界还是实务界均对恶意执行异议和虚假执行异议之诉的概念存在争议。滥用执行异议之诉的定义在审判实践中难以形成统一的意见，作为非严格意义上的法学概念，是审判部门对相关诉讼类型的感触和总结，如一些人认为虚假执行异议系恶意异议的

① 2018年改为中央全面深化改革委员会。

一种形态,或恶意异议与虚假异议是不同异议类型,或将上述概念统称为异议诈骗、异议欺诈、不当异议、滥用异议权等。总而言之,为便于情势探讨,本书所采纳的滥用异议权概念周延包括恶意异议、虚假异议、无理缠诉等行为。就语义理解,所谓滥用无非是在不加选择、无节制的层面上进行异议之诉,兼有倾向主观状态之否定,又有抽象的客观评价,这在比较法和学理上均有理有据,较为中肯妥当。

一、案外人异议之诉滥用之形态

(一)被执行人之配偶对执行异议权的滥用

典型案例一:赵某坚与李某文于 1987 年 3 月 7 日登记结婚,李某文在 1998 年 1 月向柳州龙晶房地产开发有限公司购买了位于柳州市柳石路 378 号龙晶小苑 1 栋 2 单元×××号房屋,但所有权人登记在李某文名下。2008 年 5 月 19 日,赵某坚与李某文、案外人林某签订抵押借款协议书,约定林某向刘某秋借款,李某文以其所有的位于柳州市柳石路 378 号的房产作抵押担保,并在房产管理部门办理了抵押登记。还款期限届满,林某未还款,随后刘某秋向柳北区法院提起诉讼。该院判决林某向刘某秋返还借款,李某文在抵押物价值范围内对林某上述债务承担连带责任。该判决生效后,林某、李某文均未履行判决确定的付款义务。在执行过程中,柳州市柳北区人民法院裁定拍卖李某文所有的房屋用以清偿债务。此后,赵某坚提出执行异议,认为其丈夫李某文瞒着妻子不知情,以其共同共有房屋签订的抵押协议无效为由,提出异议,要求法院中止拍卖该房屋的执行。经审理,法院均驳回原告的全部诉讼请求。①

典型案例二:程某驾驶其所有的重型半挂车,沿省道博沂路由东向西行至沂源县悦庄镇北张村时,因超速行驶,与前方顺行准备左转弯的由张某驾驶王某乘坐的货车追尾相撞,造成车辆受损、王某受伤的交通事故。该机动车交通事故责任纠纷一案民事判决程某赔偿王某各项费用。判决生效后,王某申请强制执行。在执行过程中,法院扣划了程某名下的银行存款,程某妻子周某却以该存款系其个人存款为由提出异议,要求法院中止执行。法院在组织听证之后作出裁定,裁定驳回周某的异议。②

综上可知,在执行过程中,当被执行人配偶尚未被生效裁判确认为共同的债务人时,其配偶往往会以案外人身份且以执行标的共有权主张实体权利,提出执行异议,并要求排除执行,而罔顾其是否应当对生效裁判文书所确定的义务承担相应的

---

① 广西壮族自治区柳州市中级人民法院民事判决书,(2014)柳市民一终字第 865 号。

② 山东省淄博市中级人民法院民事判决书,(2015)淄民三终字第 86 号。

法律责任。尤其是那些因为家庭生产经营、共同生活需要等原因产生债务的被执行人,其配偶在执行程序中滥用异议权的状况较为常见。事实上,即便被执行人配偶在通常情形下享有对执行标的主张实体权利,但其异议是否足以阻却执行非难尚未能确定。从司法实践来看,配偶提出异议在某种程度上均存在延长强制执行时限,甚至有非法变卖、转移、处分执行财产的情形。尤其在执行标的物即不动产登记在被执行人名下,其配偶以夫妻隐名共有提起的异议之诉中,要判断被执行人夫妻是否存在恶意串通,就需要考察被执行人夫妻进行共有登记是否存在客观障碍、是否怠于行使权利等方法来甄别被执行人夫妻是否具有恶意,这在司法审判中着实是一个难点问题。①

(二)案外人在撤回异议后再度提起异议

在执行程序中,法院对执行标的采取评估、拍卖或者变卖等措施时,案外人往往针对执行标的提出诸多异议,或主张全部实体权利,或主张部分实体权利,不一而足。但当法院对案外人异议进行审查时,案外人又无故撤回异议,而法院拟继续采取实质执行措施时,案外人又以相似的因由再次提起异议,如此循环往复,既扰乱了执行程序的有序行进,又无端增加了合法权益人的成本负担。

典型案例三:某工程企业因建筑服务合同纠纷前后共计三次在执行程序中提出异议,但随后又均撤回异议,且没有阐明正当因由。该案执行法官明确指出:原告无间断地在无充分因由的前提下针对执行案件提出异议,实质上已违诉讼之价值,可据此推断原告异议与撤诉之存在一定恶意。虽然现行法律并未明确规定恶意诉讼的惩处措施,但法院仍应予以训诫,以示惩戒。

典型案例四:陈某曾先后四次对申请执行人章某执行案件提出异议,前两次以陈某撤诉结案。在四起异议中,法院均因陈某的异议中止相关的执行强制措施。法院认为,陈某应知其主张不充分为由,仍四次连续重复异议致使章某担负无端的诉讼成本,遂认定其异议行为存在恶意,并告知章某可向陈某主张赔偿责任。

对于申请撤诉,是否应当对撤诉理由的正当性进行审查,存在争议。有学者认为,应当对其理由的正当性进行审查,理由不成立的应当驳回,这是基于诚实信用原则。而张卫平认为,一般情况下不应当对撤诉理由的正当性进行审查,仅看形式要件是否具备。但对再次撤诉的,应对理由的正当性进行审查,防止滥用撤诉权。

---

① 参见杨海超、陈昶屹:《论执行异议之诉中的夫妻隐名共有问题》,载杜万华主编:《民事审判指导与参考》2016 年第 3 辑。

(三)多个案外人相继对同一执行标的提起执行异议

在这一形态中,一旦法院拟对执行标的采取实质执行措施,便出现案外人提出执行异议,但经审查裁定驳回异议后,拟继续采取实质性执行措施时,另一个案外人又提出异议,如此“你方唱罢我登场”,相续而进,让法院不堪重负。

典型案例五:第三人高某荣与柯某原系夫妻关系,双方于2010年12月协议离婚,在夫妻关系存续期间多次向二被告借款,后双方因借款发生纠纷,二被告于2013年9月诉至原审法院,要求第三人与柯某共同偿还所欠借款及利息。后原审法院判令第三人与柯某共同偿还二被告借款,该判决生效后,因第三人与柯某均未按判决履行还款义务,二被告遂申请对第三人名下的相关财产予以执行。在执行过程中,原审法院查封了益民药店的药品等资产。原告提出执行异议,法院以无法查明转让费现金流等情况为由驳回异议请求。而第三人名下除益民药店之外,车辆及位于威海高技术产业开发区盛德世纪家园12号房屋均主张转让与原告之弟向某,位于威海市世昌大道古山五巷9-14号商用房即益民药店的经营用房主张转让与第三人之姐高某鸣,向某、高某鸣就上述财产亦相继另行提起执行异议之诉。①

(四)同一案外人在诉讼阶段和执行阶段中对同一执行标的提出异议

在庭审程序中,法院依据职权或依当事人的申请对某一诉讼标的采取财产保全措施,案外人提出异议,法院经审查后决定驳回其异议。当案件进入执行程序后,法院拟根据执行依据对被保全标的物采取实质性执行措施时,同一案外人又提出异议。更有甚者,该案外人异议理由与财产保全阶段的完全一致。

典型案例六:黎某以被告廖某、饶某拖欠其借款900万元及利息不予归还为由提起诉讼,法院依黎某的财产保全申请作出裁定查封了被告廖某、饶某夫妇名下店面一套。查封后不久案外人杨某向法院提出异议,称已与廖某、饶某夫妇签订了房屋买卖合同并全额支付了房款,廖某、饶某夫妇实际交付了该房屋并由异议人实际占有至今,未办理产权过户登记手续,异议人对此没有过错,异议人系该房屋实际所有人,请求人民法院裁定解除对该房屋的查封。廖某、饶某对异议人提供的房屋买卖合同,购房款收条没有异议,并承认该房款已经交付给异议人由异议人占有使用。经法院审理后,认为此种情形下案外人提出的异议,应在执行阶段由执行机构审查裁定,判决驳回黎某异议请求。在上述借款纠纷案件判决生效后,黎某在执行阶段又以相同理由提出异议。

---

① 山东省威海市中级人民法院民事判决书,(2015)威民一终字第1091号。

(五)无法律上利害关系的案外人提起异议

实践中,有些人本来与执行标的没有任何法律上的利害关系,却在人民法院即将对执行标的采取实质性执行措施之际,以案外人的身份提出执行异议。这些“案外人”提出执行异议并非借助执行异议来维护自身的合法权益,而是出于其他一些不可揣度的动机,其中不少是因被执行人之请提出执行异议来阻碍执行。因该形态多采伪造证据、虚构债务之手段行事,实务亦多谓“虚假诉讼”。

典型案例七: 申请人赵某曾于2011年11月以万某家庭暴力并转移共同财产为由向南昌市西湖区人民法院起诉离婚,同时申请对夫妻共有房产进行财产保全。此案经西湖区人民法院采取保全措施并开庭审理后作出(2011)西民一初字第181号判决,该判决虽不予支持申请人离婚诉请,但对万某与申请人共有财产作出了事实认定,除万某与申请人名下有共同房产四套及轿车等财产外并未认定存在共同债务。然而,在赵某对万某起诉离婚一案进行同时,万某1以民间借贷为由向南昌县人民法院起诉其亲生子万某,诉称万某对其负有数百万元债务,随后与其子万某快速调解结案,并由万某1申请法院强制执行,万某在未经申请人同意且并未告知申请人的情况下擅自作出将夫妻共有房产偿还给其父万某1的处理。

需要说明的是,在执行实践中,这些案外人执行异议权滥用的表现形式并非仅以单一的形态存在,更多的是多种形态相互交织。

二、案外人异议之诉滥用之原因

(一)民事诉讼制度的固有缺陷

从一定意义上讲,案外人滥用执行异议之诉能够存在,其根本原因在于案外人规避法律约束,找寻现行立法漏洞及缺陷,其是对整个民事诉讼制度的滥用。通常来说,案外人利用民事诉讼制度固有缺陷滥用执行异议之诉主要表现为对起诉与审查制度、民事诉讼证据制度和民事调解制度的利用这三个方面。

1. 执行异议提起与审查制度

根据我国《民事诉讼法》及相关执行工作的规定,只要案外人提起执行异议符合法定条件的,法院就应该反馈处理意见。而基于对案外人合法民事权益的维护,立法对执行异议提起条件只能作程序性的规定,不可能涉及对案件事实的审查,因此,执行异议提起和审查只能是程序性的,并能够被执行异议案外人所利用,从而形成滥用的状态。事实上,滥用执行异议的行为人可以较为轻易地在异议提起事由上做文章,毕竟在异议申请书上捏造事由并非难事,假若再附加一方当事人恶意串通共同伪造的证据材料,通常都能够满足法定的提起条件。但不得不关注的是,我国《民事诉讼法》所规定的执行异议的申请条件并非实质的问题，仅规定程序的条件是合理的，但其固有的缺陷就是可能使案外人轻而易举地滥用执行异议申请且能够顺利进入执行异议之诉程序。

2. 民事诉讼证据制度

与其他具体的诉讼制度相似，民事诉讼证据制度也存在被执行异议案外人利用的固有缺陷。这主要是因为民事诉讼的证明责任规则亦有着固有缺陷，易被人为利用。在执行异议之诉中，案外人是异议事由证明责任的主体，即由案外人对其所主张的事由需提交证据予以证明，法院在通常情形下是不主动调查收集证据的。这一证明制度致使法院对异议事实的认定是以案外人提交的证据为依据的，法院的能动性基本上表现为对案外人提交的证据材料的审查与判断。在案外人与一方当事人对所提交证据证明事实均无异议的情况下，异议案件的审理法官几乎难以依据稀缺的证据排除虚假事实。而滥用异议之诉的案外人完全可以该证据规则为"护身符"，在能够恶意串通制作虚假证据的前提下，便以上述证据材料提起异议之诉，并在双方事先约定及默契配合下顺利通过质证程序，实现双方达成的证明目的。同时，民事诉讼中的自认规则亦有固有缺陷，是可以被人为利用的。依据自认规则，法院不再审查自认事实，且一般均会将当事人自认事实认定为法律事实。因此，部分案外人在不能或难以制作虚假证据，或难以制作确实充分的虚假证据时，通常会利用自认规则，由对方对相关事实予以自认，以便免除主张该事实的案外人的证明责任。另外，民事诉讼证明标准规则亦有固有缺陷，是可以被人为利用的。"高度盖然性"的证明标准是民事诉讼一般遵循的标准，它要求当事人对案件事实的证明证据只需达至"高度盖然性"的程度即可认定为真实，并没有像刑事诉讼所要求的"充分、确凿或不可置疑"的证明标准。因此，滥用异议之诉的案外人即便提交的虚假证据不够确实、充分，串通的一方当事人自认疑点重重，但只要法院未能有效排除自认证明存在虚假的可能，且案外人所提交的证据证明事实已达至"高度盖然性"，法院便只能按照自认结果或证明效果来认定案件事实。

3. 民事调解制度

民事调解制度的固有局限性成了执行异议之诉滥用的根源。根据《民事诉讼法》第 96 条"人民法院审理民事案件，根据当事人自愿的原则，在事实清楚的基础上，分清是非，进行调解"的规定，法官在主持民事调解时，既要尊重两造当事人的意思自治，又要分清是非和清楚事实。不过，在调解纷争程序中，过于强调事实清楚、分清是非则会抑制调解功能的发挥及扼杀调解的固有属性，所以在司法实践中遭到完全否定，在理论上也遭到严厉的批判，而尊重当事人意志、实现平等主体间的意思自治则成为实务界对司法调解的基本共识。但在案外人借以提起异议申请的依据中,往往是以法院调解书的形式予以支撑。确实,在有关案件的调解程序中,法官能调则调的裁判思路往往会忽略案件的客观事实真相,只要两造当事人对案件事实不存在分歧,就竭尽所能地鼓励两造当事人通过调解方式结案。因此,一些案外人往往会利用调解容易忽视"分清是非和清楚事实"的漏洞,表面上积极配合法官希望调解结案的心理,迅速达成调解协议。另外,通过调解书形式结案便于快速结束诉讼程序,以及法院出具调解书与生效判决书具有同等的法律效力,事实上也为案外人滥用异议权快速实现其不当或非法目的,以及豁免审判监督的风险提供了便利。但值得关注的是,虽然任一制度均会存在无法避免的固有缺陷且出现被利用的可能,但这并不能非难制度本身。同样地,民事调解制度尽管有被利用的风险,但不能直接否定调解制度的立法价值。事实上,在一个理性和诚信的社会场域,即便法律制度尚未健全,不法利用的情形还是较少的,但在一个缺乏理性和诚信的社会场域中,法律制度的阙如才会被经常地被规避,调解制度也不例外。当调解制度被利用的现状是当前法律无法填补时,虚假或不当异议之诉便随之而入,并呈现滋生蔓延的趋势。由此可见,即便调解制度存在无法避免的空缺,或者说并非立法技术性错误,但对其制度性缺陷所伴生的后果的可能性缺乏足够的预测和规制,则应属于立法层面的责难。

(二)民事诉讼的立法阙如

1.缺乏对案外人的信息公示制度

滥用诉权或虚假诉讼是以减损案外第三人合法利益为目的,因而往往将涉及案外人真实状况予以隐瞒。不过,在双方当事人诉辩程序中,法官将会发现案件实质处理必然会牵涉案外人利益,假若法官及时将案件信息向案外人公示,依法追加或由案外人申请参与诉讼,则有助于降低当事人滥用诉权或以虚假诉讼方式减损他人利益的风险。当前,虽然有独立第三人制度为《民事诉讼法》所确立,但该制度在实践中近乎被束之高阁,致使通过该制度维护案外人合法利益的立法初衷无法得到有效实现。而究其根源,主要原因在于我国《民事诉讼法》缺乏对案外人的信息公示制度,使案外人在权益受损时处于不知情状态。确实,将有独立请求权第三人制度束之高阁,在某种程度上使当事人减损案外人合法利益的行为成为可能,甚至为某些当事人虚假诉讼或滥用诉权创造了可乘之机。但不容忽视的是,虽然法官的不主动公示行为在法律层面尚未构成程序违法,但其引致的直接结果是法官在实践中基本上偏向于怠于向有独立请求权的案外人公示案件信息,从而使虚假诉讼在缺乏信息公示的审判程序下得以任意滋生蔓延。

2. 当事人询问功能尚未得到发挥

所谓的当事人询问制度，主要指将当事人作为证据方法来对需待证的事实进行询问，并将答复意见作为诉讼调查证据的制度。在大陆法系民事诉讼立法中，作为证据形态之一的当事人询问证据已为立法例普遍承认。而在司法实践中，由于大多数当事人是案件争端的实际经历者，它们对案件的事实关系极其了解，所以询问当事人既可以促进诉讼程序有序进行，也可以使法院作出正确的裁判。我国现行《民事诉讼法》第66条、第141条实质上已经确立了当事人询问证据的独立地位，即当事人陈述制度，不过由于尚未有具体的制度规范以及违背该制度的惩治措施，该制度的立法价值和功能在我国民事诉讼程序中尚未得到充分发挥。而滥用诉权的人或虚假诉讼制造者恰恰是利用了该制度的立法惩治的阙如，在庭审中往往委托诉讼代理人进行事实陈述，导致法官在自由心证过程即便产生疑惑却无法直接询问当事人来发现案件真实。

3. 当事人并未强制进行真实陈述

从诚信原则层面考量，当事人真实陈述案件事实亦是其基本的义务。而就法官审案而言，真实陈述是法官正确作出裁判的根本保障。因此，真实陈述责任最先或主要表现在法官与当事人之间的权利义务关系。由此推之，作为可能妨碍法官正确性判断的各种举证和陈述，涵括当事人的各项主张，均可从真实陈述责任角度获得正当性解释。虽然法官知道作为判断法的基本理念，但法官并非全能的，即便有询问制度，但仍存在当事人弄虚作假的空间。假若立法并未明确确立当事人真实陈述的责任，那么当事人极有可能在面对法官的询问时作出虚假陈述。事实上，当事人滥用诉权或进行虚假诉讼往往是借助双方虚假陈述实现的。不过，由于现行《民事诉讼法》并未对当事人真实陈述责任进行附设，当事人不真实或掺假陈述即便与主观真实内容出现违背，亦会因缺乏相应的惩治措施而得以规避法律不利后果的非难。假若确立当事人真实陈述的责任，那么其应当与确立相应的制裁措施才有现实的意义。亦即，明确当事人在诉讼中弄虚作假或滥用诉权，其陈述意见并未对法官形成法律上的约束，以保障案件处理的实体公正和程序公正。

4. 案外人事后救济渠道仍然不畅

当事人滥用诉权或进行虚假诉讼若获得程序豁免，其必定直接损害案外人的正当合法利益。假若立法从路径和措施方面供给有效的救济方式，就有可能防止这种损害结果扩大。不过，当前我国民事立法对当事人滥用诉权或进行虚假诉讼的规制力度依然不够，救济渠道依然不畅通。即便现行《民事诉讼法》在第238条中提供了两种救济途径：一是对执行标的提出书面异议；二是若对法院裁定不服，认为原判决、裁定错误的，依照审判监督程序办理，或另行提起诉讼。但值得关注的是,异议的提出是以案件生效并进入执行程序为要件,而走审判监督程序或另行起诉则以原判决裁定错误为要件。不过,从当事人滥用诉权或进行虚假诉讼的现状来看,由于当事人事先预谋制造了虚假诉讼或滥用诉权,它们往往不会就所谓的争议事实申请执行,因而现行立法的救济路径基本上无法契合案外人的需要。而当《民事诉讼法》对权利受损的案外人缺乏顺畅的救济路径和多渠道的救济措施时,则意味着滥用诉权人的非法目的获得实现,其结果等同于为滥用诉权人的非法行为赋予了合法性外衣。

(三)实体法律在立法责任上的漏洞

1. 民事法律责任的欠缺

案外人滥用诉权或进行虚假诉讼,既扰乱了民事诉讼程序,也减损案外人合法的民事权益,故其应属于侵权行为的一种特殊类型。但关涉这一特殊侵权行为而衍生的民事法律关系如何调整、受害人可否对滥用诉权行为引致损害结果主张赔偿责任及其数额、范围如何确定等问题,在侵权法等民事实体法律中均存在责任缺失的状况。因此,部分滥用诉权的受害人虽然向法院主张侵权赔偿责任,但却以缺乏实体法律依据不予受理。由此可见,在相关民事实体法律阙如的前提下,滥用诉权的受害人权利救济不但无法可依,而且滥用诉权的行为人也因缺乏法律责任规制而一再得逞。事实上,在缺乏违法成本的情形下,滥用诉权的行为人甚至弄虚作假,出现虚假诉讼之行为也会成为必然。

2. 刑事法律责任的欠缺

滥用诉权的案外人尤其是虚假异议的案外人,其实施的不当行为特别是虚假行为与诈骗罪的行为要件并无本质的差别,但虚假异议行为在与民事诉讼相关联后就另当别论了,且现行刑法也并未将虚假异议诉讼行为予以定罪量刑,这在法理上显然是不合理的。这一结果自然极大地降低了虚假异议行为的责任成本,导致案外人虚假的异议行为因缺乏刑法责任的规制得以快速蔓延。可以说,不当的尤其是虚假的异议之诉已符合刑事违法性、社会危害性与应受惩罚性的犯罪构成要件,刑事立法理应对这一行为予以刑事责任规制,严厉惩治虚假异议行为人。

三、案外人异议之诉滥用的损害

(一)滥用案外人异议之诉的损失类型

“有损害需有救济,无损害则无救济。”认定损害的内延是侵权行为的法核心要素。根据不同的受损客体,滥用案外人异议之诉在实践中有以下三种损害类型。

一是侵害一般财产权型。该类型往往产生于关涉拆迁安置补偿的自然人作为异议主体的继承、房屋买卖、分家析产合同纠纷案件，以涉及物权性异议为多。

二是侵害知识产权型。为了获得物质奖励、政策优惠、广告资源、荣誉称号等目的，试图借助滥用诉权或进行虚假异议，快速达到认定驰名商标之目的。

三是纯粹经济损失型。该类型包括两个层面：其一，按照正常诉讼程序可得的财产利益。如当事人与案外人恶意串通，通过另行诉讼方式确认不存在的债权进而在执行程序中对执行标的物提出异议。其二，受害人因案外人滥用异议所直接产生之相关诉讼费用。很显然，在这种滥用异议的语境下，异议本身却已遭利用，故该损失是普遍存在的，如误工费、住宿费、交通费、律师费等损失事项。

按照现行法律规定，前面两种类型的受损客体业已在《民法典》第 110 条“列举式”权利群中予以明确规定，这在法律适用上均无较大的争议，故在此暂不予详述。但由于纯粹经济损失是滥用异议最为常见且最易招致的损害后果，是否应当予以赔偿，关系到较多数受害人的流失财产是否得到弥补的问题。

(二)案外人异议之诉滥用的危害

毋庸置疑，诉权被滥用之后，由此引致的后果仅能是危害。案外人异议之诉的滥用也不例外，亦会引致较大的危害结果。

1. 对申请执行人的合法权益产生严重损害

立法独立增设执行程序并将执行权赋予人民法院的价值，在于通过人民法院对案件法律性质的把握及有效衔接审判程序，及时有效地兑现生效法律文书确认的义务，以保障申请执行人合法的债权利益。但为抑制执行权的不当行使，立法在执行程序中又增设了案外人异议制度，为案外人提供权利救济途径，这既是对执行实体正义的贯彻，也是对程序正义的维护。但令人惋惜的是，司法实践中案外人对执行异议制度的运用出现了滥用状况，导致生效裁判文书所确认的义务及时有效兑现变得遥遥无期，这在很大程度上影响申请执行人的生产生活，其对合法利益造成严重的损害。

2. 对法律的正确实施造成严重影响

《民事诉讼法》第 238 条的立法价值主要是为案外人依法维护自身的正当合法权益提供多渠道的法律救济方式，以免出现案外人权益受损却无法可依、可循的尴尬状况，切实维护申请执行人为生效法律文书所确认的债权。而案外人滥用或不当利用执行异议权，是以行使权利为幌子实行权利滥用的勾当，这既严重背离了案外人异议之诉制度的立法初衷，也会由于异议之诉频繁提起而延滞了债权有效处置和实现，从而引致人们不断怀疑该制度存在的正当合法性，并对该制度的正确实施形成严重影响。

3. 对法院权威和公信力的培树构成严重损害

“迟来的正义非正义。”生效裁判文书所确定的给付义务被执行人是否已自觉履行,被执行人不履行义务时法院是否已通过强制执行措施迫使被执行人自觉履行,这在很大程度上影响人民法院司法权威和公信力的培树。假若人民法院生效裁判文书所确定的给付义务获得被执行人全面兑现或法院强制执行实现,那么法院的司法权威和公信力自然会获得显著提升;反之,则会出现极大程度的下降。虽然《民事诉讼法》仅规定了 15 日的审查期限,但是在案外人不服异议裁定的,认为原判决、裁定错误的,可依照审判监督程序办理或提起案外人异议之诉。从这里可以看出,即便案外人在正常行使异议权利的前提下,继续对执行标的物采取实质性执行措施也需要经过较长的周期。而在案外人滥用执行异议或存在多个案外人轮番实施虚假异议的情况下,这意味着执行周期将被无限地拉长,且法院即便扣押执行标的但却无法及时有效处置变现标的物以实现债权。实践中,就有一些执行案件由于案外人滥用异议权,执行周期延展了七八年之久,而假若执行周期过长且执行时机不断延误,人们尤其是申请执行人必定会对执行法院工作产生怀疑,且会极大地损害法院工作的权威和司法公信力。

4. 对司法资源构成严重浪费

人民对美好生活的需要是不断增长的,而司法供给却是有限的。这就意味着若存在部分人挤占过量的司法资源,就必定在无形中夺取了其他人对司法供给的使用机会。这无论是对正常使用还是非正常使用司法供给,均会出现相似的结果。而对于执行程序而言,但案外人主张异议时,法院必须依法进行审查且作出相应裁定,这就需要投入对应的人力、物力、财力和大量的时间和精力,再加上原有的执行人员必须回避审查程序,故必须重新调配司法人员组成合议庭进行审查,从而导致执行资源的增加变得不可避免。相对于常态下异议投入的执行资源而言,案外人滥用异议特别是无理提出、重复提出、相继提出或虚假异议时,法院必须投入审判资源进行处理,这无疑增加了审判资源的浪费(投入大而产出为零),亦对其他人正常利用审判资源造成较大的影响。

此外,案外人滥用异议之诉的危害不仅限于上述范围,尚且存在助长社会不良风气、违背公序良俗和社会公德等,这些危害在本书中不再一一论述。

第二节　虚假案外人异议之诉的识别和规制

法律依据

《民事诉讼法》第13条　民事诉讼应当遵循诚信原则。

当事人有权在法律规定的范围内处分自己的民事权利和诉讼权利。

《民事诉讼法》第116条　被执行人与他人恶意串通，通过诉讼、仲裁、调解等方式逃避履行法律文书确定的义务的，人民法院应当根据情节轻重予以罚款、拘留；构成犯罪的，依法追究刑事责任。

《最高人民法院、最高人民检察院关于办理虚假诉讼刑事案件适用法律若干问题的解释》第1条　采取伪造证据、虚假陈述等手段，实施下列行为之一，捏造民事法律关系，虚构民事纠纷，向人民法院提起民事诉讼的，应当认定为刑法第三百零七条之一第一款规定的"以捏造的事实提起民事诉讼"：

（一）与夫妻一方恶意串通，捏造夫妻共同债务的；

（二）与他人恶意串通，捏造债权债务关系和以物抵债协议的；

（三）与公司、企业的法定代表人、董事、监事、经理或者其他管理人员恶意串通，捏造公司、企业债务或者担保义务的；

（四）捏造知识产权侵权关系或者不正当竞争关系的；

（五）在破产案件审理过程中申报捏造的债权的；

（六）与被执行人恶意串通，捏造债权或者对查封、扣押、冻结财产的优先权、担保物权的；

（七）单方或者与他人恶意串通，捏造身份、合同、侵权、继承等民事法律关系的其他行为。

隐瞒债务已经全部清偿的事实，向人民法院提起民事诉讼，要求他人履行债务的，以"以捏造的事实提起民事诉讼"论。

向人民法院申请执行基于捏造的事实作出的仲裁裁决、公证债权文书，或者在民事执行过程中以捏造的事实对执行标的提出异议、申请参与执行财产分配的，属于刑法第三百零七条之一第一款规定的"以捏造的事实提起民事诉讼"。

《最高人民法院关于防范和制裁虚假诉讼的指导意见》第12条　对虚假诉讼参与人，要适度加大罚款、拘留等妨碍民事诉讼强制措施的法律适用力度；虚假诉讼侵害他人民事权益的，虚假诉讼参与人应当承担赔偿责任；虚假诉讼违法行为涉嫌虚假诉讼罪、诈骗罪、合同诈骗罪等刑事犯罪的，民事审判部门应当依法将相关线索和有关案件材料移送侦查机关。

一、虚假案外人异议之诉的主观识别

(一)多次撤诉型

针对多次撤诉型虚假异议之诉,认定“虚假”的标准,因现行法律规定较为浅显模糊,法院的裁判文书并不关注于此,而是将论证虚假异议建立在合理性论述的基础上。例如,有些法官以情理为推理前提,面对案外人多次提起异议申请后撤诉的滥用异议权的行为,因为案外人情节轻微且未造成严重社会危害的较大损失并未给予惩戒,只能裁定其败诉。有些法官则根据案件证据充分推断出案外人明知证据为假、事由缺乏依据,仍三番五次提起异议给申请执行人造成无端诉讼负担,据此认定其构成“虚假异议”,并明示申请执行人可提起赔偿之诉。而一些法官认为,案外人仅异议过一次,且申请执行人证明其滥用异议权证据不足,无法证实案外人存有“虚假”,即在此类型异议案中,异议次数、撤诉因由、前后异议衔接是否正当、证据是否失真等因素系法官认定案外人是否构成虚假异议的核心要素。

(二)数次异议型

数次提起异议之诉亦属典型的虚假异议行为。在审判实务中,认定此类型的异议行为需结合异议次数和异议事由,采用侵权责任法中的过错责任原则进行处理,实践中存在前提错误与对象错误两种类型。

典型案例一:案外人甲针对法院对被执行人乙名下的房屋所采取的保全、处置变现等强制措施行为数次提起异议申请,法院认为甲异议请求缺乏充分的事由和证据,遂均裁判驳回甲某的各种诉请。

上述案例是“前提错误”类型的范例。所谓“前提错误”,主要指案外人之异议申请并未获得法院支持。在此需要澄清一个误区,并非凡是申请异议而后未获支持者即虚假异议之诉,毕竟诉讼输赢乃常事,当中因由比较多,不一而足,而案外人异议之诉也仅是应急之策,只因获得裁定支持便认定异议之诉虚假实乃荒谬。从上述案例可以看出,贾某因无充分证据证明适用侵权行为中的过错责任规则,使其针对特定执行标的物的数次异议行为丧失了适用前提,故其主观恶性昭然若揭。此外,如果案外人数次异议行为所针对的权利请求均在另案生效裁判文书中已以确认,便足以认定其异议行为缺乏正当事由,应认定为虚假异议。概言之,对于前提错误的认定,法院主要以实然层面案外人的异议申请合法性和可能性为衡量标准。但值得关注的是,案外人异议之诉制度的立法初衷,本为更有效地维护案外人的正当权益,促进法院公正执法,提升司法公信力。假若法院发现案外人诚然无异议的必要或存有虚假异议的可能，就显然与案外人异议之诉制度价值相悖，其适用前提就荡然无存。

典型案例二：案外人甲在另案中因股权合同纠纷申请被执行人返回相应股权及其收益，而法院在另案判决中业已明确认定被执行人应以其持有的特定股权向甲偿付。但甲在明知的情形下不尽审慎注意义务，对涉及被执行人的其他财产提起异议之诉，故甲的异议行为符合主观过错构成要件。

上述案例是"对象错误"类型的典型代表。在该案中，法官立足于另案判决及合同明确约定的双重依据，足以证实其他财产并非涉案财物，进而认定甲确实属于明知不当为而为之，存有虚假异议之嫌。案外人执行异议请求的范围应仅限于与执行案件相关的财物，此系法律层面对异议对象的规定。不过，以异议请求正当性作为验证仅是认定案外人主观层面的首要因素，毕竟单因为异议对象错误尚且难以佐证案外人系蓄意而为，也有可能系疏忽大意所致。而透过案件所展现出的法官论证思维，以及全面整合证据链条和事实认定的前提下，案外人注意义务的欠缺已然揭露无疑。按照理论通说，注意义务可划分为善良管理人员的注意义务、普通人的注意义务和与处理自身事务为同一的注意义务。对上述案例，有些法官认为应以普通人注意义务为判断标准，有些法官则认为应以善良管理人的注意义务为认定标准。我们认为，上述异议案例应采用普通人注意义务作为评断依据。这是因为，案外人异议之诉的运用已司空见惯，虚假之事也偶有出现，对案外人采取善良管理人员注意义务的标准显得过于苛刻，且极有可能加剧虚假案外人异议之诉的运用；而普通人注意标准对于社会一般公众而言，较易于掌握，但要求程度越低，依然存在弄虚作假者，可窥见其隐藏的作歹之心不变。可以说，在这些情形之下，注意义务的洞察和法定要件的衡量是法官对案外人虚假异议诉讼在主观层面进行认定的两大重要因素。

总而言之，对象错误和前提错误是审判实践中法官认定案外人是否构成虚假异议的主要依据。在两种类型化中，法官应当秉持合理性和合法性这双重验证标准，特别是根据存量事实证据对案外人主观因素进行客观分析，以实现有效地衔接法律层面上的过错要件。

（三）恶意串通，损害申请执行人利益型

典型案例三：2019年4月，宁波维欣公司无力偿还银行贷款，法院依法将其名下一工业房地产进行拍卖，由宁波某电器公司竞得。随后，法院作出确权裁定将上述房地产确权给宁波某电器公司。2019年5月，浙江维欣公司称其租赁了被执行人宁波维欣名下的房地产，以法院未保障其作为承租人的优先购买权为由，向人民

法院提出执行异议。经审查,法院于2019年5月裁定驳回浙江维欣公司的异议请求。2019年6月,黄某又以浙江维欣公司名义向上一级人民法院提出复议申请,后又撤回复议申请。在这期间,浙江维欣公司仍未迁出,直至2019年12月,上述房地产才腾空交付给宁波某电器公司。后经公安机关侦查,本案系浙江维欣公司及黄某、孙某为不履行生效裁定、阻碍法院执行,虚构租赁关系提起执行异议。最终,法院以拒不执行判决、裁定罪分别判处浙江维欣公司罚金人民币18万元,黄某有期徒刑2年6个月、缓刑3年6个月,孙某有期徒刑2年、缓刑3年。①

该案是一起恶意串通,以虚构租赁关系提起执行异议阻碍执行的典型案件。本案中,浙江维欣公司以涉案房地产的拍卖存在重大瑕疵为由,提出执行异议请求撤销拍卖。经查明,法院拍卖房地产时,已依法张贴了公告,询问抵押物所有人,且浙江维欣公司在拍卖成交前未提出异议,最终认定拍卖程序不存在瑕疵。执行过程中,执行法官严格落实执行规范,结合本案执行异议过程,法官发现当事人对异议提出时间、关键证据、前后表述等存在蹊跷和矛盾,存在虚假诉讼的可能,后根据调取关键证据及实地走访,查明浙江维欣公司并未支付租金,以该案涉嫌虚假诉讼移送公安机关,有力打击了虚假诉讼行为。

为保护处于弱势地位的承租人建立起买卖不破租赁原则,同时赋予承租人优先购买权,但在金钱债权执行案件中,越来越多被执行人滥用买卖不破租赁原则,恶意虚构租赁合同阻碍执行。对执行程序中虚假租赁关系的规制,在审查过程中对租金实际支付情况、租赁房屋实际占有使用情况等方面进行调查取证、在执行过程中严格落实现场查封制度,有利于充分查清租赁关系的真实性和合法性,有效遏制虚构租赁关系提起的执行异议。

典型案例四:2012年8月,李某珠与吴某兰之间因保证合同产生纠纷,法院经审理判决吴某兰于判决生效10日内偿还李某珠66万元借款。因吴某兰未自动履行该判决,李某珠于2013年4月申请强制执行。但执行过程中尚未发现吴某兰有可供执行的财产。2012年8月30日,何某成与吴某兰协议离婚,约定:女方名下有125万元银行存款,归女方所有;登记于男方名下的房产共两处归男方所有。2013年10月,李某珠认为何某成与吴某兰离婚财产分割时有恶意转移财产、规避执行的行为,诉至法院要求撤销该离婚协议中关于财产分割的条款。南京市鼓楼法院作出(2013)鼓执异字第32号民事裁定书,裁定撤销何某成、吴某兰离婚协议。2013年12月5日,何某成以涉案房屋和本市六合区扬子十七村25幢107室房屋归其所有为由,诉至法院要求终止李某珠对上述房屋的执行申请,鼓楼法院于2014年5月

① 浙江省慈溪市人民法院刑事判决书,(2020)浙0282刑初26号。

19日作出(2013)鼓民初字第7200号民事判决书,驳回何某成的诉讼请求,南京市中级人民法院作出(2014)宁民终字第2592号民事判决书判决维持上述判决。[①]

该案异议申请中存在较多相互矛盾和违法常理之处,但案外人及相关人员并未作出合理的解释。关于该案是否属于虚假异议之诉的问题,法院认为案外人何某成与吴某兰离婚时并不存在125万元存款,其对李某珠与吴某兰之间债权债务关系应属于明知,且该债务属于案外人与被执行人婚姻关系存续期间的共同债务,这足以说明案外人提起异议之诉的目的并未维护其债权的实现,而系借助审判程序阻却执行程序,进而阻止李某珠对吴某兰财产的受偿。以虚假离婚协议内容兴起诉讼,虚假意图明目张胆。可以说,法院作出虚假异议诉讼的认定依据的是《民事诉讼法》第115条规定。

但不容忽视的是,审判实践中出现的借助虚构法律关系、伪造欠条等手段阻却执行程序、规避债务等虚假异议行为,业已成为常见的问题。实践处理中均以《民事诉讼法》第115条规定驳回案外人异议之诉。不过,从主观要件层面考察,案外人与被执行人之间恶意串通是《民事诉讼法》第115条得以适用的前提条件。而对于异议之诉下恶意的洞察,不应根据明示主观状态为依循。从实践层面来讲,对虚假异议之诉的识别,法官应当从案外人自述或提交的证据与其他在案证据之间存在难以消除的矛盾、诉前诉后出现的违法常理的诸多行为方式等方面予以全面判断。

可以说,法官对真实义务的洞察必须综合全面。考察国外相关立法,德国民事诉讼法明确规定当事人应当在诉讼中履行真实义务。这一真实主要是指当事人主观状态的真实,当事人行为如背离该义务,则极大地影响法官对其诉请作出否定性评价。而反观我国《民事诉讼法》相关条款,虽然诚信原则已获得认可,这足以说明了立法者日益重视诉讼程序中的真实义务,任一异议行为均不能违反诚信原则。概言之,常理性的认定准则伴随着国家法治不断完善,渐渐成为法律规定要件,而渐精愈详的证据法也在不断地限缩虚假异议之诉的违法空间。假若案外人明目张胆的假行逆迹为法官所识破,那么其主观恶性将不证自明。

二、规制虚假执行异议之诉的正当性基础

虚假执行异议之诉产生于案外人对其异议权运用的过程中,因而对虚假异议之诉的司法规制必须在司法审判权对非正当异议权的行使与维护正当的执行异议权行为的规制之间找寻恰当的平衡。就司法审判权与异议权之间的关系来讲,异

---

① 江苏省高级人民法院民事裁定书,(2014)苏审三民申字第01228号。

议权往往被纳入与司法审判权相对应的救济权利的范畴。实质上,异议权是寻求司法救济的权利,也属于开启或延展诉讼的权利。在现代法治国家,向社会公众充分开放异议之诉制度或审判制度作为纷争解决或权利救济的渠道和方式,是国家对社会公众应当担负的保护职责或保护义务,即国家或审判部分应当肩负着不得拒绝审判的职责或义务。不过,由于司法审判权力自身便是一种超越一般组织和个人之上的强制性力量,这一力量在为正确合法行使异议权的案外人提供救济渠道的同时,也为借助司法强制力实现非法目的的虚假异议诉讼的案外人提供了行为可能。虚假异议之诉其实就是滥用异议权的一种表现形式。但由于虚假异议之诉具备异议权行使的形式特性,对虚假异议之诉的规制应当基于对案外人异议权行使行为进行正确辨别的前提之上。

值得关注的是,一些学者认为对虚假异议之诉的规制并不当然影响异议权的保护。其主要观点是,虚假异议之诉是指明知缺乏异议事由而异议的行为,其根本出发点在于减损他人利益,消缓执行强制措施的有序开展,而不是以异议权的形式维护自身合法利益。所以,对虚假异议之诉进行规制并不会对异议权形成产生不良影响,反而是对异议权的一种迂回保护。不过,令人遗憾的是,虚假异议之诉如果缺乏诉之形式要件,那么其是怎样进入异议之诉的程序之中呢?更何况,异议权可划分为实体意义上的异议权和程序意义上的异议权。而开启异议程序系异议权程序性的基本机能。只要案外人行使异议权的行为符合程序法上的基本形式特征,人民法院就应当受理异议申请,进而在规定期限内进行审查,并以异议事由合理或缺乏充分准确为由作出支持或驳回异议申请的执行裁定,这时异议权作为异议之诉程序原动力的作用就获得了实现。相对于实体性异议权,由于其是认定案外人是否属于虚假异议的主要判断依据,如果在异议申请阶段即作出案外人实体权利有无的认定,极有可能因为缺乏对相关证据的认真核定而轻率作出判断,从而导致异议程序的不断延长。从这个角度来看,对于异议权的行使必须作较为宽泛的理解,即主要案外人通过或经由异议权的作用,失去了对异议之诉的程序启动,且促使人民法院开始审理案件的目的,就应当视同异议权的行使。前述观点尝试着分离虚假异议之诉与异议权,这既忽视了程序性异议权在虚假异议之诉中彰显出的形式性质,也未能审视到这一划分在审判实践中难以运行和认定。所以,司法规制虚假异议之诉依然需要以限制和维护异议权平衡为根本考量。

从异议权保护的层面审视,虚假异议之诉的审判规制应当确立三项基本点:

一是在对虚假异议之诉规制过程中,审判权需要在审判克制和审判能动之间保持适当的均衡。虚假异议之诉的审判规制牵涉案外人的异议权,而异议权本身又是案外人救济其权利的基础性权益。异议主体提起的异议之诉如果被认定为虚假异议之诉,既意味着其异议权将受到完全否定,也意味着将引致一系列否定性评价。所以,对虚假异议之诉的界定需要持有审慎的态度,不能随意扩大其界定标准。特别是在经济社会高速发展、新型纷争或异议事由不断涌现的情形下,强化异议权的保护,防止出现以虚假异议之诉之名行减损案外人权益保护之实的行为,更需要审判保持相应的克制。

二是对虚假异议之诉的审判规制,应确立异议权行使的合理界限。以理论阐述为视角,诉之利益是异议权正当合理行使的基础和前提。在成文法系理论中,诉之利益往往被视为诉之提起的基本条件。法国诉讼法理也认为,提起异议之诉应同时兼备资格、利益和能力三个要件。日本学者也认为,异议之诉的利益成为人民法院对案件实体问题作出裁断的前提依据,只有案外人的申请具备权利保护的利益时,人民法院才能对案件的实体问题进行处理。所以,诉的利益成为虚假异议之诉主观判断的重要力量指引。从国外立法考量,诉的利益亦是相关国家规制虚假异议之诉的基本应对之策。例如,法国民法典规定,对于拖延或以其他不正当事由进行异议之诉的案外人,可科以 100 法郎至 1000 法郎的罚款,且此次处罚并不消除其相应的损害赔偿。不过,由于诉的利益相对来说较为抽象,可在此前提下对虚假异议之诉的构成要件进行明确细化,对虚假异议之诉类型做进一步的划分。只有这样,才能够为法官针对具体异议案件的评价和衡量案外人异议权正当与否提供适当的标准。

三是对虚假异议之诉进行审判层面的规制需要在程序进行具体设计。规制虚假异议之诉牵涉案外人权利应当进入审判程序以及在审判程序中获得何种评价的重要问题。但由于虚假异议之诉的判断必将严重影响案外人权利,因而一个合理正当的虚假异议之诉的识别和规制的程序制度就显得极其重要。在通常意义上讲,公正的程序就应该涵括法官的不偏不倚、当事人地位平等、程序公开和当事人的参与等内容。而虚假异议之诉的审判规制在程序上应当遵循相同的程序公正的一般要求。但必须强调的是,在认定虚假异议之诉的过程中,与正常的诉讼程序相比,其诉之结构业已产生的变化。一般情形下,诉讼的展开是以当事人为主,证据的开示和公开质证等事项均应由当事人主导。不过,在虚假异议之诉中,由于人民法院需要借助其职权审查案外人的异议请求是否存在虚假,所以职权主义就会在虚假异议之诉的程序规制中起到重要的作用。

三、规制虚假异议之诉的立法比较

(一)虚假异议之诉行为规制立法的域外考察

在成文法系国家,虚假异议之诉并非属于法律概念的范畴,在实体法上也没有对虚假异议之诉的规定,而是借助判例法或者在程序法上对其作出对应的规定。在德国,其程序法中的一般性法律条文并没有对虚假异议之诉予以明确规制,不过,德国的民法典却设置了诚实信用和禁止虚假诉讼的基本原则。20世纪30年代,德国修改《民事诉讼法典》,规定真实诉讼义务是诚信原则在程序法领域的延伸,是诉讼行为有效性和合法性的评价标准,这一规定在程序法上具有独立的意义,即人民法院无须从民法中追寻根源,只需直接适用诉讼法本身。日本学者亦主张对虚假异议之诉进行相应的规制。虽然在《日本民法典》中并未明文规定规制虚假异议之诉,但在日本的诉讼法和审判实践中均显示了对虚假异议之诉所坚持的否定态度,认为尽管有人以违反契约、法律或社会公序良俗、公共秩序的行为某种程度上在立法上获得了限制,或构成了某种法律行为要件,不过并未许可能够以该权限行使或法律适用来减损申请执行人的正当合法利益。目前,诚信原则是日本规制虚假异议之诉的主要根据,假若发现案外人在异议之诉中存在缺乏信仰的行径,法院可以直接驳回案外人的异议请求,并可处以罚款或相应的实体法上的惩罚。同样地,在葡萄牙的民事诉讼法中,任一虚假异议之诉的案外人在诉讼程序中造成对方权益减损的,对方当事人可提起赔偿之诉,虚假异议之诉的案外人应予以赔偿。在我国澳门特别行政区,对虚假异议之诉的行为方式及惩治措施的规定显得更加细致且更具可操作性。

在判例法系国家,虚假异议属于一项独立的民事侵权行为。判例法对虚假异议之诉均从程序法和实体法进行规制,但其并非只基于汲取实体法上的司法审判经验,而是从程序正当理论的角度来判断各种虚假异议之诉的行为。判例法认为虚假异议之诉属于一种侵权行为,任何试图借助异议之诉以获得非法价值,且存在减损他人权益的行为,都须被追究赔偿责任。区别于成文法系国家,判例法系国家并非以善良风俗和道德来评断一个异议之诉是否属于虚假异议,而是借助于某一异议之诉是否违背程序规则来具体认定。

(二)我国《民事诉讼法》规制虚假异议之诉的制度评价

为遏制我国法院执行程序中虚假异议之诉日趋频发的态势,我国《民事诉讼法》对虚假异议之诉进行细化规范,形成了一套以诚信原则为基础,以事前串通虚假异议为主要规范对象,以审判监督制度和第三人撤销之诉制度为辅助的虚假异议之诉综合规制体系。这对遏制和严打虚假异议之诉,保障审判执行程序有序推进具有十分重要的意义。不过,当中亦有一些不足和缺陷。

其一,现行法律规范难以清晰界定虚假异议之诉。虚假异议之诉的认定是对虚假异议之诉进行司法规制的逻辑起点。不过,对于虚假异议之诉内涵的内外延究竟如何却是一个各执己见的论题。一些学者立足于侵权的角度评断虚假异议之诉。例如,王利明教授在主持起草我国民法典专家意见稿中就认为,虚假异议之诉是以拖延执行标的及时处置变现或试图非法占有执行标的物、故意减损申请执行人利益为目的,且在缺乏事实依据和正当事由的情况下提起案外人异议之诉。杨立新教授也认为,虚假异议之诉既涵括虚假异议,也涵括恶意异议。汤维建教授则认为,虚假异议之诉是指案外人与被执行人恶意串通,故意在执行任一阶段提起一个在法律上和事实上均无依据的诉讼,从而达至阻滞执行甚至获取非法利益的异议行为。上述这些观点均基于虚假异议之诉的侵权属性展开分析,不过当中关涉虚假异议之诉的主观状态、损害后果等判断标准依然存在明显的差异。而就虚假异议之诉与恶意异议或诉讼欺诈等类似概念之间的划分而言,亦有相似的分歧。最高人民法院民事诉讼法修改研究小组认为,滥用异议之诉属于一个主观性的概念,异议欺诈则是具有客观性的概念。滥用异议之诉是有更为宽泛外延的概念,它既涵括恶意异议,也涵括虚假异议,虚假异议之诉仅是滥用异议之诉的一种表现形式。这种权威性解读也同样面对着试图对虚假异议之诉相关概念加以辨析,不过从中不难看出这些概念之间的差异依然比较模糊,既有重叠交叉的地方,也有独有的特征。因此,在理论上对虚假异议之诉内涵周延尚未形成统一的共识之前,《民事诉讼法》亦不能回避这一问题。但随之而来的疑问是,如何界定虚假异议之诉内涵的标准就变得异常困难了。虚假异议之诉的内涵及其构成要件,就成为一个在实践和理论上迫切需要分析和探寻的问题。

其二,现行法律对虚假异议之诉类型的规定难以覆盖全面。在《民事诉讼法》对虚假异议之诉内涵界定欠缺的情况下,对虚假异议之诉的类型进行详细列举,也不失为一个有效遏制虚假异议之诉的方法。在虚假异议之诉的类型化上,我国审判系统近年来业已进行了较为全面的调研,如广东省法院列举了被执行人之配偶滥用异议权、多个案外人相继对同一执行标的提出执行异议、案外人在撤回异议后再度提起异议、同一案外人在诉讼阶段和执行阶段中对同一执行标的提出异议、无法律上利害关系的案外人提起异议等,它们均存在共同的诉讼目的,即故意拖延执行标的变现处置。北京市第一中级人民法院亦总结出虚假异议之诉的两种典型类型,即案外人与被执行人恶意串通提出虚假异议之诉与案外人在异议之诉中实施诉讼欺诈行为。也有学者将虚假异议之诉划分为拖延型异议、骚扰型异议、欺诈型异议三种类型。不过,单从这些类型的区分标准来看,虚假异议之诉所展现出来的具体形式应该是异常多样的。然而,当前《民事诉讼法》仅是对串通型虚假异议之诉确立了规制措施,其他类型虚假异议之诉并未受到立法规制的覆盖。尽管这一做法显示了立法者在面对虚假异议之诉时所持有的审慎态度,但如此这般,现行立法对虚假异议之诉的规制却出现了真空地带。

其三,现行立法对虚假异议之诉缺乏明确的审查认定程序。虚假异议之诉的审查认定程序应该怎样有序开展,《民事诉讼法》并未给出明确的答复。事实上,由于虚假异议之诉的认定牵涉案外人的诉权保障问题,怎样针对虚假异议之诉建立起一个系统完备、科学有效、合理运行的虚假异议案件事实查明机制就变得极其重要。这是因为,在当前以当事人主义为主的诉讼结构下,法官所展现出来的面孔是居中的、相对消极的,而当事人之间的平等对抗恰恰是发现案件事实的主要方式。不过,在虚假异议之诉特别是案外人与被执行人恶意串通、试图排除执行标的非难的虚假异议之诉情形中,案外人与被执行人之间根本不会出现充分有效的激烈对抗,致使法官难以有效地发现案件事实真相。例如,审判实践中司空见惯的虚构债权债务的异议之诉中,被执行人只需对案外人的异议请求予以默认或认可,便可产生对方举证责任豁免的法律效果,假若法官对这一默许或认可予以采纳,虚假异议之诉的目的便可能获得实现。这一情形意味着,一般采用的当事人主义的程序结构在规制虚假异议之诉的方面仍有诸多不足,亟须立法者在现行制度的基础上做进一步的制度完善或者创新性规制。

四、虚假异议之诉规制防范的制度路径

针对近年来出现的被执行人与案外人恶意串通,滥提执行异议,并通过虚假执行异议之诉逃废债务、逃避执行,进而破坏社会诚信、损害人民群众合法权益、危害司法公信力的行为,亟待司法解释作出明确规定。

党的十八届四中全会通过的《中共中央关于全面推进依法治国若干重大问题的决定》提出:“加大对虚假诉讼、恶意诉讼、无理缠诉行为的惩治力度。”党的二十大报告提出:“弘扬诚信文化,健全诚信建设长效机制。”《民事诉讼法》第 13 条对民事诉讼诚信原则作出规定。近年来,最高人民法院通过制定司法解释、司法政策,发布典型案例,加强审判指导,建立预警机制,强化部门协作等多种方式,刑民并进、多措并举、联合施治,重拳惩处各类虚假诉讼。最高人民法院、最高人民检察院于 2024 年 10 月 30 日发布了《关于办理拒不执行判决、裁定刑事案件适用法律若干问题的解释》,该解释第 8 条规定“案外人明知负有执行义务的人有能力执行而拒不执行人民法院的判决、裁定,与其通谋,协助实施隐藏、转移财产等拒不执行行为,致使判决、裁定无法执行的,以拒不执行判决、裁定罪的共犯论处”。

最高人民法院在答记者问中回复,执行异议之诉旨在为真实权利人提供执行救济,发挥着保护案外人民事权益、保证执行公正的重要功能。现实中,个别被执行人试图“钻制度的空子”,为了规避执行、拖延执行,与案外人恶意串通、提供虚假

证据,捏造事实向法院提出执行异议及执行异议之诉,企图规避执行,此类情形应严厉打击,确保执行救济制度不被滥用,真正将有限司法资源用于保护需要救济的实体权益。① 对此,《异议之诉司法解释》第21条第1款规定:"案外人与被执行人、申请执行人之间恶意串通,通过伪造证据,或者单方捏造案件基本事实,以执行异议之诉妨碍依法执行的,人民法院应当驳回其诉讼请求,并根据情节轻重予以罚款、拘留;涉嫌刑事犯罪的,人民法院应当将犯罪线索移送公安机关。"实践中,人民法院审理执行异议之诉案件,应当严格审查案外人异议所依据事由发生原因、时间、地点、真实内容和法律性质,案外人对执行标的是否享有占有、使用等实际权利,权益取得是否导致被执行人责任财产重大不当减少,案外人经济状况、支付对价款项来源、交付方式、款项流向,以及案外人与被执行人双方是否存在亲属或者其他利害关系等事实,综合判断是否属于虚假民事诉讼。审理过程中,人民法院依据《民事诉讼法解释》应认真查明案外人相关情况的具体细节,认为有必要的,可以依职权对执行标的进行实地查看、入户调查,并向有关单位或个人进行调查。同时,人民法院应建立并不断完善与检察机关、公安机关等部门线索移送会商工作机制,有效衔接司法制裁与刑事制裁,有力打击虚假诉讼不法行为人。《异议之诉司法解释》第21条第3款规定:"案外人等通过虚假诉讼等方式致使执行标的无法执行或者价值减损等,给申请执行人造成损失的,应当依法予以赔偿。"通过上述规定,将案外人等通过虚假诉讼损害他人权益的民事责任予以明确。

(一)强化立法对虚假异议之诉的防范惩处

实现对虚假异议之诉的立法防范,单单依赖于个别法律条文上的修修补补是难以奏效的,只有将严厉惩罚与积极防范有效结合起来,不断调整诉前、诉中、诉后各个环节,无缝衔接刑事、民事规范,实现实体法和程序法上的共同规制,才能建构一个系统的兼具可行操作的规制体系。

1. 详细规定虚假异议之诉的惩处标准

建议进一步明确细化刑法中虚假诉讼罪的犯罪主体、定罪标准,以及不同危害程度、情节、影响的量刑标准,以此来震慑虚假异议之诉。另外,可综合考虑虚假异议之诉的违法情节、危害程度、社会影响广度及深度等因素的差异,修订《民事诉讼法》第114条、第115条关于虚假诉讼拘留、罚款及追究刑事责任的具体标准,细化设置与惩罚措施一一对应的惩处标准。

---

① 《最高法民一庭、执行局负责人就执行异议之诉司法解释答记者问》,载阜新市中级人民法院2025年7月23日,http://fx.lncourt.gov.cn/article/detail/2025/07/id/8914128.shtml。

2. 建立虚假异议之诉的损害赔偿制度

虚假异议之诉的赔偿内容应当涵括精神层面的赔偿和物质层面的赔偿。精神赔偿系虚假异议之诉侵权行为的主要损害后果,其赔偿责任对于救济虚假异议之诉侵权行为的申请执行人的损害起到必要的填补作用,因而极有必要建议在立法上明确规定虚假异议之诉的案外人除却物质层面的赔偿之外,也需向申请执行人给予消除影响、赔礼道歉、恢复名誉,且针对申请执行人所遭受的精神损害给予相应的赔偿。在物质赔偿方面,基于虚假异议之诉所兼具的欺诈性质,可借鉴消费者权益保护法中的加倍赔偿标准,规定虚假异议之诉中的申请执行人可就虚假异议损害行为,向人民法院主张案外人赔偿案件标的3倍以下的民事赔偿。此外,也应从立法上确认异议之诉的全部诉讼费用由虚假异议诉讼的案外人担负,从而增加虚假异议之诉的文法成本。

3. 扩大法院依职权调查取证的权利

一些虚假异议之诉案件具有较强的隐蔽性,尽管法官在案件审理过程中对异议案件存在疑问,但因缺乏确实、充分的证据,往往会担心轻率认定可能影响案外人的合法利益或可能被案外人抓住"辫子"倒打一耙而自我安慰般忽视过去。因此,可从立法上明确法官假若察觉案件存有虚假异议的可能,应直接向合议庭或审委会报告,由合议庭或审委会根据承办法官所存疑的事实和证据进行职权调查,以验证疑点的真假性,并在某种程度上及早预防预警虚假异议之诉,让其无处遁迹。

(二)强化虚假异议之诉防范的节点控制

1. 严把异议申请和异议诉讼立案审查关

尽管现行立法赋予案外人在执行阶段的异议权,但执行法官却不甚重视程序性和事实性审查,往往以格式化的裁定形式一律模糊地驳回案外人的异议申请,使案外人携带未充分分析的证据和事实材料进入庭审程序,并加重庭审法院认定证据和事实真实性的工作量。因此,有必要强化对执行阶段的异议申请审查把关的力度,加大对异议裁定的案件质量考核,促使执行法官切实担负起第一关口的界分判定虚假异议诉讼的依据。另外,在异议之诉立案阶段,必须防止部分法官对立案标准把握过于宽松的问题,强化立案法官审慎行使手中的权力,重视对异议之诉案件的形式要件审查,尤其是认真审查案外人的诉讼事实和证据的真实性,如果发现存有虚假异议的情形,应在案件卷宗上予以提示说明,并注明原因和事由依据,以便引起庭审法官的注意。

2. 强化庭前准备阶段排查

强化庭前准备阶段的作用,增设庭前会议制度,是现行《民事诉讼法》的一个亮点。该法第 132 条、第 136 条明确规定了法官应当认真审核诉讼材料，调查收集必要的证据，并享有要求当事人通过交换证据和组织调解等方式明确争议焦点的权力。因此，建议由承办法官或合议庭着重对一些确有虚假异议诉讼嫌疑的案件，严格审查案外人的异议请求，积极组织双方进行充分的证据披露、证据交换及全面的证据质证，提前防范虚假异议诉讼案外人借助虚假异议之诉来获取非法利益。

3. 贯穿审理阶段全过程

审理案件过程是最易于发现并甄别是否属于虚假异议之诉的阶段。在这一阶段，审判人员防范和规制虚假异议之诉可划分为四种不同情形。一是对于明显符合虚假异议构成要件的诉讼，审判人员须根据情节轻重，对案外人与相关人员进行拘留或罚款；构成犯罪的，必须依法追究上述人员的刑事责任。二是对于案外人因法律知识缺乏、受到被执行人蛊惑诱骗引起的认知偏差，审判人员必须主动行使释明权，进行适当的诉讼指引，以实现提高审判质效、维护审判公正的目的。三是对于一些确实存在显著疑惑但欠缺充分证据的异议案件，必须要求审判人员报请合议庭或审委会，由其他法官依职权调取相关证据，验明案件证据和事实真相，实现既不影响审判人员中心地位，也能有效防范虚假异议之诉。四是虚假异议之诉的案外人在庭审过程中若发现出现露馅苗头，一般都会申请撤回起诉。撤诉就说明了虚假纷争的阶段性结束。不过，如果许可虚假异议案外人轻而易举地撤诉，就难以有效地追究其虚假异议的法律责任。因此，若发现某一异议案件系虚假诉讼，法院应不准予虚假异议案外人撤诉，在裁判其败诉的同时，根据其主观恶性、危害程度、社会影响及行为事实追究其民事或刑事责任。

（三）建立防范虚假异议之诉的配套措施

1. 建立虚假异议之诉信用档案制度

进一步完善社会诚信体系建设，从道德和制度层面加大对虚假异议之诉的规制力度，是从源头上防范和遏制虚假异议之诉的重要举措。各级法院应当对业已确认或受到惩处的虚假异议案外人及相关人员进行登记备案，并将其名单纳入我国社会征信系统，使虚假异议相关人员在银行信贷、高消费等方面受到规制。对于累犯和情节严重的相关人员，应以新闻发布会、在行为人经常居住地粘贴公告等形式在广泛领域内曝光其行为，以权利受损、社会舆论和道德压力倒逼虚假异议相关人员以及潜在人员，并在社会上形成诚信诉讼的环境。

2. 建立申请执行人利益保护机制

涉及虚假异议之诉的当事人，双方均有参与诉讼的权利。但由于虚假异议行为人事前恶意串通，捏造虚假事实和证据，且在庭审中缺乏充分有效的对抗，因而极容易影响法官的自由心证。为防止虚假异议之诉行为人意志得逞,建议在法官对案件事实和证据存有较多疑点的情形下,赋予申请执行人更多的权利,由其充分发表对异议事由和证据的质证意见及提供相对的证据佐证,且强化虚假异议嫌疑人的证据证明力,使之达至极高盖然性程度。此外,还应拓展申请执行人权益保障渠道,畅通申请执行人审判监督程度,使虚假异议诉讼受到多渠道的监督,以保护申请执行人的合法利益,打压虚假异议行为的违法空间。

审判前沿

苏华建设集团有限公司与黑龙江鸿基米兰房地产开发有限公司、艾某峰申请执行人执行异议之诉上诉案

[(2019)黑民初40号民事判决书、(2020)最高法民终1026号民事判决书]

【裁判要旨】

当事人进行民事诉讼应当严格遵守诚实信用基本原则,保证所提供的证据和所提出的事实主张的真实性。本案中,当事人以案外人名义进行虚假执行异议之行为,侵害他人合法权益、破坏社会诚信、扰乱诉讼秩序,应当予以制裁。对于虚假诉讼,人民法院依照《民事诉讼法》的规定作出处罚决定,并依法将涉嫌犯罪的线索移送刑事侦查机关查处。

【基本案情】

在苏华建设集团有限公司(以下简称苏华建设公司)诉黑龙江鸿基米兰热力有限责任公司、黑龙江鸿基米兰房地产开发有限公司(以下简称鸿基米兰开发公司)建设工程施工合同纠纷一案审理过程中,苏华建设公司申请财产保全,一审法院于2016年12月5日作出民事裁定,查封了鸿基米兰开发公司名下包括案涉房屋在内的268套房产。2019年9月11日,一审法院作出(2016)黑民初65号民事判决。苏华建设公司、黑龙江鸿基米兰热力有限责任公司不服该判决,提起上诉,后法院于2020年6月19日作出民事裁定撤销原判决,发回一审法院重审。

在案涉房屋被一审法院查封后,鸿基米兰开发公司为阻却有关案件在将来判决生效后的执行,向一审法院提交了以艾某峰等17名房屋买受人名义提出的书面执行异议以及相关的诉讼授权委托书和证据材料。但是,材料中17名买受人委托代为提出执行异议和进行诉讼的《民事授权委托书》载明出卖人与买受

人分别为鸿基米兰开发公司与艾某峰等17名买受人,委托人、房屋买受人落款处的艾某峰等签名和手印并非艾某峰等17人的真实签名和手印,艾某峰等17人身份在案涉执行异议和执行异议之诉中被冒用,载明艾某峰等17名所谓房屋买受人支付购房款的收据和交纳物业管理费等费用的单据亦为虚假单据。

因鸿基米兰开发公司名下的有关房屋被一审法院裁定查封,鸿基米兰开发公司冒用艾某峰等17人的名义向一审法院提出执行异议,一审法院于2019年5月13日、14日作出17份执行裁定书,裁定中止对包括案涉房屋在内的17套房屋的执行。苏华建设公司向一审法院提起执行异议之诉。一审法院经审理,作出(2019)黑民初40号民事判决书。苏华建设公司不服一审判决,向最高人民法院提起上诉。

二审法院在审理中发现,在该案及与之相关联的执行异议之诉系列案中存在部分房屋买受人身份及相关证据涉嫌冒用、伪造的情形,指派审判人员赴黑龙江省哈尔滨市和双鸭山市依职权调查取证,查明:艾某峰本人并未购买案涉房屋,也没有委托他人就案涉房屋的查封向一审法院提出执行异议或者在有关案涉房屋的执行异议之诉中应诉。在案涉房屋被一审法院查封后,鸿基米兰开发公司为阻却有关案件在将来判决生效后的执行,向一审法院提交了以艾某峰等17名房屋买受人名义提出的书面执行异议以及相关的诉讼授权委托书和证据材料。其中,17份《民事授权委托书》载明,黑龙江××律师事务所律师赵某某受艾某峰等17名买受人委托代为提出执行异议和进行诉讼;17份《商品房买卖合同》载明出卖人与买受人分别为鸿基米兰开发公司与艾某峰等17人。但是,该17份《民事授权委托书》和《商品房买卖合同》上委托人、房屋买受人落款处的艾某峰等签名和手印并非艾某峰等17人的真实签名和手印,艾某峰等17人身份在案涉执行异议和执行异议之诉中被冒用,载明艾某峰等17名所谓房屋买受人支付购房款的收据和交纳物业管理费等费用的单据亦为虚假单据。

二审法院认为,本案为申请执行人执行异议之诉。根据各方当事人的诉辩主张,本案争议焦点是对案涉房屋应否继续采取财产保全查封措施。一审法院在审理苏华建设公司诉黑龙江鸿基米兰热力有限责任公司、鸿基米兰开发公司建设工程施工合同纠纷一案过程中,根据苏华建设公司的财产保全申请,于2016年12月5日裁定查封鸿基米兰开发公司名下包括案涉房屋在内的268套房产。本院现已查明,为阻却有关案件生效判决的执行,鸿基米兰开发公司向一审法院提供以艾某峰等17人名义出具的《民事授权委托书》、以该17人作为房屋买受人的《商品房买卖合同》以及房款收据和物业管理费收据,案涉房屋相关执行异议和鸿基米兰开发公司主张的房屋买卖等基本事实均为虚假,《异议复议规定》第28条、第29条规定的排除执行的条件在本案中并不具备。苏华建设公司请求准许查封案涉房屋的诉讼请求具有事实和法律依据,应予支持。

2017年《民事诉讼法》第13条第1款明确将诚实信用规定为民事诉讼的基本原则,当事人进行民事诉讼应当严格予以遵守,保证所提供的证据和所提出的事实主张的真实性。但是,鸿基米兰开发公司向人民法院提供虚假授权委托书、虚假房屋买卖合同、虚假付款付费单据,并提出虚假事实主张,以案外人名义提出虚假的执行异议,进行虚假诉讼,试图侵害他人合法权益,破坏了社会诚信,扰乱了正常诉讼秩序,应当依法予以制裁。对此,本院将依照《民事诉讼法》的有关规定对鸿基米兰开发公司的虚假诉讼行为另行作出处罚决定,同时依法将本案有关涉嫌犯罪的线索移送刑事侦查机关查处。

二审法院作出(2020)最高法民终1026号民事判决书,判决:(1)撤销黑龙江省高级人民法院(2019)黑民初40号民事判决;(2)准许对坐落于黑龙江省双鸭山市尖山区××小区××号楼××单元××室房屋继续采取保全措施;(3)二审案件受理费各12,093.37元,均由鸿基米兰开发公司负担。

同时,二审法院作出(2020)最高法司惩2号鸿基米兰开发公司决定书,就(2020)最高法民终1026号案件中的虚假诉讼行为,对鸿基米兰开发公司罚款100万元。

【要点评析】

本案是一则当事人提供虚假证据、提出虚假事实、进行虚假诉讼,意欲排除法院对执行标的强制执行的案件。

当事人冒用案外人身份,以案外人名义对法院的强制执行提出异议,进行虚假诉讼,阻却执行,损害他人合法权益,浪费司法资源。对此,法院在查明事实后,对当事人虚假执行异议之行为作出了处罚。

第三编

案外人异议之诉

PART 03

第九章 基于物权期待权的异议之诉

《民法典》规定不动产物权的设立、变更、转让和消灭,经依法登记,发生效力;未经登记,不发生效力,但是法律另有规定的除外。由于我国现行不动产登记制度不完善等原因,仍然客观存在非买受人的原因而未登记的不动产,此类不动产物权并未转移,但如果不加区分一律强制执行,将会损害买受人的居住权,危及社会和谐安定。因此,对于已经签订买卖合同的不动产买受人、商品房消费者等,在已经履行合同部分义务的前提下,或者办理了受让物权预告登记,此时虽然尚未取得合同标的物的所有权,但赋予其类似于所有权人的地位,具有申请排除执行等物权效力,此种权利称为物权期待权。换言之,基于物权期待权提起的执行异议之诉,是指当事人对被执行的不动产归属存在争议而提起的异议之诉。案外人以对案涉不动产享有物权期待权为由,请求排除强制执行的,可提起案外人执行异议之诉。在执行法院对案涉不动产不予执行的情况下,申请执行人可以案涉不动产属于被执行人所有为由,提起申请执行人执行异议之诉。

第一节 基于无过错买受人物权期待权的异议之诉

买受人物权期待权,是指对于签订买卖合同的买受人,在已经履行合同部分义务的情况下,虽然尚未取得合同标的物的所有权,但赋予其类似所有权人的地位,其物权期待权具有排除执行等物权效力。由于不动产关乎民众居住等基本生存权益,统一此类诉讼审理规则,对增强人民群众对司法公正的信心尤为重要。

法律依据

《异议之诉司法解释》第13条 人民法院对登记在被执行人名下的不动产实施强制执行,案外人以其系不动产的买受人为由,提起执行异议之诉,请求排除建设工程价款优先受偿权、抵押权以及一般金钱债权的强制执行,案外人与被执行人签订合法有效的书面买卖合同且在一审法庭辩论终结前交付执行法院的价款足以代为清偿相应主债权的,人民法院应予支持。

符合前款规定的案外人起诉请求抵押权人按套办理抵押权注销登记手续的,人民法院应予支持。

人民法院按照本条第一款规定判决不得执行,申请执行人可以申请将案外人依本条第一款交付的价款替代被执行人清偿相应债务。

人民法院判决驳回案外人诉讼请求的,案外人交付执行的价款应予及时退还。

《异议之诉司法解释》第14条 人民法院对登记在被执行人名下的不动产实施强制执行,案外人以其系该不动产买受人为由,提起执行异议之诉,请求排除一般金钱债权的强制执行,并能够证明其主张同时符合下列条件的,人民法院应予支持:

(一)查封前,案外人已与被执行人签订合法有效的书面买卖合同;

(二)查封前,案外人已支付全部价款,或者已按照合同约定支付部分价款且查封后至一审法庭辩论终结前已将剩余价款交付人民法院执行;

(三)查封前,案外人已合法占有该不动产;

(四)非因案外人自身原因未办理不动产所有权转移登记。

人民法院判决驳回案外人诉讼请求的,案外人交付执行的剩余价款应予及时退还。

《异议之诉司法解释》第16条 人民法院查封前,符合下列情形之一,可以认定为本解释第十四条、第十五条中的"非因案外人自身原因":

(一)案外人与被执行人已共同向不动产登记机构提交办理所有权转移登记申请;

(二)案外人已请求被执行人履行办理所有权转移登记手续等合同义务,或者因办理所有权转移登记与被执行人发生纠纷并已起诉或者申请仲裁等;

(三)新建商品房尚不符合首次登记条件;

(四)已办理买卖合同网签备案;

(五)被执行人等通知案外人办理不动产所有权转移登记而其未怠于办理;

(六)其他非因案外人自身原因的情形。

《查扣冻规定》第15条 被执行人将其所有的需要办理过户登记的财产出卖给第三人,第三人已经支付部分或者全部价款并实际占有该财产,但尚未办理产权过户登记手续的,人民法院可以查封、扣押、冻结;第三人已经支付全部价款并实际占有,但未办理过户登记手续的,如果第三人对此没有过错,人民法院不得查封、扣押、冻结。

《查扣冻规定》第17条 被执行人购买需要办理过户登记的第三人的财产,已经支付部分或者全部价款并实际占有该财产,虽未办理产权过户登记手续,但申请执行人已向第三人支付剩余价款或者第三人同意剩余价款从该财产变价款中优先支付的,人民法院可以查封、扣押、冻结。

《异议复议规定》第28条 金钱债权执行中,买受人对登记在被执行人名下的不动产提出异议,符合下列情形且其权利能够排除执行的,人民法院应予支持:(一)在人民法院查封之前已签订合法有效的书面买卖合同;(二)在人民法院查封之前已合法占有该不动产;(三)已支付全部价款,或者已按照合同约定支付部分价款且将剩余价款按照人民法院的要求交付执行;(四)非因买受人自身原因未办理过户登记。

《民法典》第209条 不动产物权的设立、变更、转让和消灭,经依法登记,发生效力;未经登记,不发生效力,但是法律另有规定的除外。

《民法典》第215条 当事人之间订立有关设立、变更、转让和消灭不动产物权的合同,除法律另有规定或者当事人另有约定外,自合同成立时生效;未办理物权登记的,不影响合同效力。

《九民纪要》第127条 【案外人系商品房消费者之外的一般买受人】金钱债权执行中,商品房消费者之外的一般买受人对登记在被执行人名下的不动产提出异议,请求排除执行的,《最高人民法院关于人民法院办理执行异议和复议案件若干问题的规定》第28条规定,符合下列情形的依法予以支持:一是在人民法院查封之前已签订合法有效的书面买卖合同;二是在人民法院查封之前已合法占有该不动产;三是已支付全部价款,或者已按照合同约定支付部分价款且将剩余价款按照人民法院的要求交付执行;四是非因买受人自身原因未办理过户登记。人民法院在审理执行异议之诉案件时,可参照适用此条款。

实践中,对于该规定的前3个条件,理解并无分歧。对于其中的第4个条件,理解不一致。一般而言,买受人只要有向房屋登记机构递交过户登记材料,或向出卖人提出了办理过户登记的请求等积极行为的,可以认为符合该条件。买受人无上述积极行为,其未办理过户登记有合理的客观理由的,亦可认定符合该条件。

一、制度阐释

(一)制度渊源

1. 不动产物权归属的判断标准

我国《民法典》第209条第1款及《物权法》(已废止)第9条第1款规定:“不动产物权的设立、变更、转让和消灭,经依法登记,发生效力;未经登记,不发生效力,但是法律另有规定的除外。”据此,我国不动产物权的变动采取了债权形式主义模式,即买卖、赠与、互易、抵押等合同或单独行为使不动产物权的变动,不仅需要依当事人的意思,还需要进行不动产物权登记。在这一物权变动模式下,不动产物权归属的判断,原则上应当遵循外观主义原则,即根据登记情况进行确定。当然,法律另有规定的除外。

《异议复议规定》第25条第1款第1项规定,对案外人是否为作为执行标的的不动产权利人的判断,法院应当按照登记与否采取不同的标准:已登记的不动产,按照不动产登记簿判断;未登记的建筑物、构筑物及其附属设施,按照土地使用权登记簿、建设工程规划许可、施工许可等相关证据判断。显然,根据该规定,不动产已经登记的,应当根据不动产的登记情况确定权利归属。虽然该条第2款规定"案外人依据另案生效法律文书提出排除执行异议,该法律文书认定的执行标的权利人与依照前款规定得出的判断不一致的,依照本规定第二十六条规定处理",但从《异议复议规定》第26条的具体规定来看,在不动产物权归属的判断方面,其仍然坚持了这一原则。

首先,根据《异议复议规定》第26条第1款第1项的规定,金钱债权执行中,案外人依据执行标的被查封、扣押、冻结前作出的另案生效法律文书提出排除执行异议,如果该法律文书系就案外人与被执行人之间的权属纠纷以及租赁、借用、保管等不以转移财产权属为目的的合同纠纷,判决、裁决执行标的归属于案外人或者向其返还执行标的且其权利能够排除执行的,应予支持。在上述合同纠纷案件中,如果法院确定执行标的权属,自然应当根据不动产的登记状态来作出判断。在此种情况下,法院之所以可能支持案外人的诉讼请求,其依据也应该是根据登记情况,即案外人系执行标的的物权人。

其次,根据《异议复议规定》第26条第1款第2项的规定,金钱债权执行中,案外人依据执行标的被查封、扣押、冻结前作出的另案生效法律文书提出排除执行异议,如果该法律文书系就案外人与被执行人之间除前项所列合同之外的债权纠纷,判决、裁决执行标的归属于案外人或者向其交付、返还执行标的的,不予支持。在执行标的为不动产时,法院在此种情形下之所以不会支持案外人的诉讼请求,是因为执行标的尚未办理物权变动登记手续,案外人此时依据生效裁判取得的仅为债权而非物权。

最后,根据《异议复议规定》第26条第1款第3项的规定,金钱债权执行中,案外人依据执行标的被查封、扣押、冻结前作出的另案生效法律文书提出排除执行异议,如果该法律文书系案外人受让执行标的的拍卖、变卖成交裁定或者以物抵债裁定且其权利能够排除执行的,应予支持。此种情形下,法院判断不动产的归属不再依据登记,而是根据生效的相关裁定,其法律依据为《民法典》第209条"但是法律另有规定的除外”及第229条“因人民法院、仲裁机构的法律文书或者人民政府的征收决定等,导致物权设立、变更、转让或者消灭的,自法律文书或者征收决定等生效时发生效力”之规定。但该例外性的规定并没有否定以登记作为判断不动产权属的一般原则。

2. 不动产物权归属与执行异议之诉关系的原则性规定

案外人对执行标的享有足以排除强制执行的民事权益是案外人得以排除强制执行的前提条件。一般而言,如果有生效法律文书判定执行标的归属于案外人,即案外人是执行标的的所有权人,则即便案外人并非不动产所有权的登记人,也可认定案外人对执行标的享有足以排除强制执行的民事权益。对此,《异议复议规定》第26条第1款第1项规定:“金钱债权执行中,案外人依据执行标的被查封、扣押、冻结前作出的另案生效法律文书提出排除执行异议,人民法院应当按照下列情形,分别处理:(一)该法律文书系就案外人与被执行人之间的权属纠纷以及租赁、借用、保管等不以转移财产权属为目的的合同纠纷,判决、裁决执行标的归属于案外人或者向其返还执行标的且其权利能够排除执行的,应予支持。”这里的“权属纠纷”,对于物权而言,应为《民事案件案由规定》中的“物权确认纠纷”,具体包括所有权确认纠纷、用益物权确认纠纷、担保物权确认纠纷三个具体案由。

民事诉讼有给付之诉、确认之诉和形成之诉之分,物权确认纠纷应当属于确认之诉,通常被称为物权确认之诉。由于确权之诉与执行异议之诉提起的时间和方式可能存在不同,故确权之诉的结果是否会对执行异议之诉产生影响,还应当根据具体情形进行判断:

(1)另案提起的确权之诉与执行异议之诉

根据《异议复议规定》第26条的规定,案外人另案提起的确权诉讼与执行异议之诉的关系如下。

首先,应当区分是金钱债务执行还是非金钱债务执行。在金钱债务执行中,案外人依据执行标的被查封、扣押、冻结前作出的另案生效法律文书提出排除执行异议,如果该法律文书系就案外人与被执行人之间的权属纠纷,判决、裁决执行标的归属于案外人或者向其返还执行标的且其权利能够排除执行的,应予支持。而在非金钱债务执行中,案外人依据另案生效法律文书提出排除执行异议,该法律文书对执行标的的权属作出不同认定的,人民法院应当告知案外人依法申请再审或者通过其他程序解决。

其次,应当区分另案生效法律文书作出的时间。在金钱债务执行中,案外人依据执行标的被查封、扣押、冻结前作出的另案生效法律文书提出排除执行异议的,法院会区分情形判决是否支持其诉讼请求;如果案外人依据执行标的的被查封、扣押、冻结后作出的另案生效法律文书提出排除执行异议的,法院则不予支持。

(2)确权之诉与执行异议之诉同时提出

虽然《异议复议规定》第26条第2款规定,"金钱债权执行中,案外人依据执行标的被查封、扣押、冻结后作出的另案生效法律文书提出排除执行异议的,人民法院不予支持",但这并不意味着案外人不能通过确权之诉维护自己应有的合法权益。该规定的本意在于,在法院查封执行标的后,案外人主张对执行标的享有实体权利的,应当通过案外人异议之诉执行实现,而不是另案诉讼。对此,《民事诉讼法解释》第310条第2款也明确规定,在案外人执行异议之诉中,案外人同时提出确认其权利的诉讼请求的,法院可以在判决中一并作出裁判。

但是,在过户登记不存在障碍的情况下,申请人可以依法申请办理不动产登记、依法取得不动产所有权的,其再援引《民事诉讼法解释》第310条第2款,在异议之诉中请求确认房屋所有权归属于申请人,人民法院不应支持其在执行异议之诉中同时提出的确认权利的诉讼请求。当事人不能将基于自身财产保障而将应当履行的申请登记的责任和义务转嫁给司法机关,即直接通过人民法院司法确权的形式规避本应履行的申请不动产登记的责任。①

(3)确权之诉与执行异议之诉强制合并审理

如果在查封执行标的之前,案外人已经另案提起了确权之诉,直到讼争的标的物被查封执行时,前一诉讼仍未作出生效的法律文书的,执行异议之诉应当如何处理?我们认为,这种情形的解决方案有两个:一是根据案外人在另案确权之诉的主张以及法律关系的具体情况,如果另案的裁判结果对执行异议之诉的结果有影响,可以中止执行异议之诉,等待确权之诉作出生效法律文书后再恢复执行异议之诉的审理。当然,如果另案实际上争议的并非权属争议的,则可以不考虑另案的情况,直接对执行异议之诉作出处理。二是根据案外人在另案确权之诉的主张以及法律关系的具体情况,如果另案的裁判结果对执行异议之诉的结果有影响的,可以考虑将另案的确权之诉与执行异议之诉进行合并审理(在两案不在一个法院审理的情况下,应将确权之诉移送至执行异议之诉管辖法院合并审理),以避免可能造成的两案作出相互矛盾判决的情形。

3. 执行程序中对不动产买受人进行优先保护的理论基础

《民法典》对不动产物权变动采登记生效主义,但是由于我国现行房地产开发和登记制度的不完善,不动产买受人在签订不动产买卖合同之后,往往不能及时登记,买受人取得法律意义上的不动产所有权总会滞后于债权合意很长的时间。在

① 最高人民法院民事判决书,(2019)最高法民再49号。

这段时间内，买卖的不动产在法律意义上仍属不动产出卖人所有，如果买受人仅具有普通债权人的地位，那么其对房屋的登记或交付请求权并不具有排除出卖人的其他债权人就买卖不动产提出的受偿要求。若此时不动产出卖人的经营状况或诚信产生问题，将使得买受人面临极大的风险。由于不动产关乎民众的居住权，特别是"有恒产者有恒心"的观念在我国根深蒂固，对不动产买卖中的买受人在执行程序中予以优先保护，统一裁判规则，有利于提升司法公信力，彰显司法人文关怀。

在执行程序中对不动产买受人进行优先保护的理论基础是对物权期待权的保护。在期待权理论研究的约百年历史中，物权期待权始终是各国实务判例与法学研究关注的热点问题，其中以德国最为突出，德国司法实务界在德意志帝国法院时代就已承认保留买主的法律地位为一种期待权。它是指对于签订买卖合同的买受人，在已经履行合同部分义务的前提下，虽然尚未取得合同标的物的所有权，但赋予其类似于所有权人的地位，其物权的期待权具有排除执行等物权效力。在我国，由于不动产登记制度不完善等原因，存在大量非买受人的原因而未登记的不动产，如果不加区分一律强制执行，将会危及社会稳定。在买受人物权期待权的保护方面，呈现一个渐进的历程。2002 年《最高人民法院关于建设工程价款优先受偿权问题的批复》（已废止）中，首先确定了对具有消费者身份的房屋买受人予以特殊保护的制度，消费者交付购买商品房的全部或者大部分款项后，承包人就该商品房享有的工程价款优先受偿权不得对抗买受人。此后，2004 年《国土房管部门协助执行通知》第 15 条将物权期待权保护的对象扩大至自开发商处受让房屋的所有买受人。但《查扣冻规定》第 15 条将物权期待权保护的对象再次扩大到所有需要办理过户登记财产的买受人。《物权法》（已废止）施行之后，对于不动产物权变动采取了登记生效主义，未经登记即不发生物权变动的效力，此时是否还要坚持《查扣冻规定》第 15 条所确定的原则，存在一定的争议。最高人民法院经过研究认为，《查扣冻规定》第 15 条适用的基本社会环境和制度基础没有得到根本改变，对该条的基本精神仍然应当予以坚持，同时根据适用中出现的问题进行了补充和修改。① 由此，《异议复议规定》第 28 条作出规定："金钱债权执行中，买受人对登记在被执行人名下的不动产提出异议，符合下列情形且其权利能够排除执行的，人民法院应予支持：（一）在人民法院查封之前已签订合法有效的书面买卖合同；（二）在人民法院查封之前已合法占有该不动产；（三）已支付全部价款，或者已按照合同约定支付部分价款且将剩余价款按照人民法院的要求交付执行；（四）非因买受人自身原因未办理

① 参见江必新、刘贵祥主编：《最高人民法院关于人民法院办理执行异议和复议案件若干问题规定理解与适用》，人民法院出版社 2015 年版，第 422 页。

过户登记。”

(二)审理要点

对于此类案件,应当准确把握无过错买受人物权期待权保护的要件。区分不同情形,对买受人是否享有排除强制执行的民事权益做出判决。

第一,申请实现的债权限于金钱债权。《查扣冻规定》第15条没有限制申请执行的债权类型,因而在实践中产生了一些问题。在非金钱债权执行中,买受人的物权期待权并不必然产生排除效力。特别是对实践中普遍存在的一房多卖的问题,多个执行依据均确定被执行人交付房产,产生了物之交付请求权的竞合,哪一个申请人请求实现的权利优先,要根据实际情况来判定正在申请实现的物之交付请求权是物权、债权,还是同样的物权期待权等因素,不能简单得出案外人的物权期待权优先的结论,有必要深入研究,制定专门规则予以调整。因此,《异议复议规定》第28条明确范围仅限于金钱债权的执行。

第二,在人民法院查封之前已签订合法有效的书面买卖合同。此要件包含两个要点:一是书面买卖合同合法有效,无效合同以及买卖合同以外的其他合同(如赠与合同)被排除在外。之所以做此规定,原因在于物权期待权的性质还是债权。我国法律规定物权的变动实行“债权合意加登记”,物权能够合法变动的前提是以物权变动为内容的债权合同成立并且有效。不动产物权期待权从权利性质上看虽非物权,但由于其正在接近物权,对其保护的前提和基础在于其未来将过渡为物权,因此,作为基础权利的债权必须合法有效。从合同的形式上看,《城市房地产管理法》第41条规定:“房地产转让,应当签订书面转让合同,合同中应当载明土地使用权取得的方式。”对于未签订书面买卖合同的,实践中大部分案例依据《异议复议规定》第28条的规定,不予支持买受人,但也存在有的法院依据其他证据认定双方之间具有真实的买卖关系,进而支持买受人的司法判例。[①] 二是合同应在查封前签订,这是基于查封不动产一般都会进行查封登记,而查封登记具有对世效力,签订旨在变更案涉房屋物权的买卖合同,应注意到他人经过登记的物权和人民法院的查封情况,如果在查封后才签订房屋买卖合同,主观上存在明显的过错。

值得注意的是,根据《查扣冻规定》第24条第3款的规定:“人民法院的查封、扣押、冻结没有公示的,其效力不得对抗善意第三人。”查封裁定生效但未完成查封

---

① 在(2021)陕01执异926号案中,法院认为《异议复议规定》第28条第1项设定了在查封之前签订书面买卖合同的条件,主要目的是便于甄别买受人是否真实。本案中,审查异议人是否属于真实买受人,除了依据是否签订书面买卖合同判断外,还应当结合当事人的陈述、付款、交付、实际使用等方面的情况综合判断,最终支持了异议人的异议请求。

公示,被查封人处分被查封财产,构成善意取得的,买受人仍可依法取得物权,进而足以排除强制执行。[①]

第三,在人民法院查封前已经合法占有不动产。此要件要求不动产完成交付,买受人以占有的方式对外进行公示。首先,对于“占有”的认定,一般认为应该具备以下要件:(1)事实上的管领;(2)占有的意思。以占有作为要件,是欲使占有产生对世权的效果,所以买受人的占有应为:有权占有、自主占有、平和占有,对房屋有事实上的控制力,鉴于间接占有的公示从外观上难以判断占有人,按照形式审查的原则难以判断物权的表征,这里的占有应当理解为买受人直接占有。比如,拿到房屋的钥匙、办理物业的入住手续、交纳物业费、水电立户并定期交纳水电费等,上述情形均具备,较为符合通常的房屋使用习惯,即应视为对房屋已经有事实上的管理和支配权,若仅仅拿到钥匙,而无其他的占有外观,无法产生公示效力。实践中,还可能存在房产烂尾未实际投入使用的情况,但是,未投入使用的事实不影响对“占有”的认定,仍然应当从事实上的管理和控制上予以认定。[②] 其次,占有不动产行为必须发生在查封前,在查封后占有的,受查封的效力所及,不得对抗债权人。同时,要求在查封前已经占有不动产,也在一定程度上起到阻却出卖人与第三人恶意串通转让房产的行为。最后,该要件所指的不动产如果为房屋,并没有商业或居住等特殊用途要求。

第四,已支付全部价款,或者已按照合同约定支付部分价款且将剩余价款按照人民法院的要求交付执行。物权期待权应当得到保护的前提条件须为支付对价,因为就不动产买卖合同的买受人而言,其主要义务是支付对价,而且也只有其按照合同约定支付了对价才能享有相应的权利。在价款交付上,《查扣冻规定》第15条要求全部交付价款,但《异议复议规定》对于买受人按照约定支付部分价款并且在人民法院指定的期限内将剩余价款交付执行的,也纳入保护范围。这是因为不动产买卖合同往往所涉金额巨大,而当事人约定分期付款较为常见,如其将剩余价款按照人民法院指定的期限交付执行,并不影响债权受偿。买受人剩余价款的支付,不是按照合同约定期限,而是应当在人民法院要求的时间内交付执行,这体现了执行权作为公权力对被执行人与第三人之间的民事权利进行适当的干预和平衡。此外,如果在借贷关系法律关系中,案外人在法院查封房屋前与被执行人达成以物抵债协议,在房屋与债权实际价值相当且被真实用以抵偿债务的,可以认定案外人属于不动产买受人并在查封前已支付全部价款。

---

① 最高人民法院民事判决书,(2017)最高法民再90号。

② 最高人民法院民事裁定书,(2021)最高法民申6956号。

第五,非因买受人自身原因未办理过户登记。因为非买受人的原因未办理过户登记,作为已经支付对价且实际占有的买受人,其基于一种对市场交易的信赖,其权利理应得到法律保护。如果在人民法院查封前,案外人与出卖人已经共同向不动产登记机构提交办理所有权转移登记申请且经登记机构受理,或者案外人因办理所有权转移登记与出卖人发生纠纷并已起诉或者申请仲裁,或者新建商品房尚不符合首次登记条件、已办理买卖合同网签备案等,都应当认定为"非因案外人自身原因"。实践中,能够归责于买受人的原因,可以分为三种情况。一是忽略不动产权利负担。例如,买受人没有履行合理的注意义务,未发现不动产之上已设有其他人的抵押权登记,导致无法登记。二是忽略政策障碍。例如,明知某城市实施房产限购政策,在自身不符合购房资格的情况下仍然购房导致无法办理过户手续。三是消极不行使登记权利。例如,有的交易当事人为了不缴税而故意不办理登记,不应受到该原则的保护。需要注意,对该要件的判断,应当把买受人当作普通民事主体来看待,不能以法律专家的标准苛责。

(三)过错判断标准的变化

关于物权期待权排除执行诸多要件中,过错的认定具有很大的弹性,从立法看,认定的标准一直在发生变化(见图9-1)。

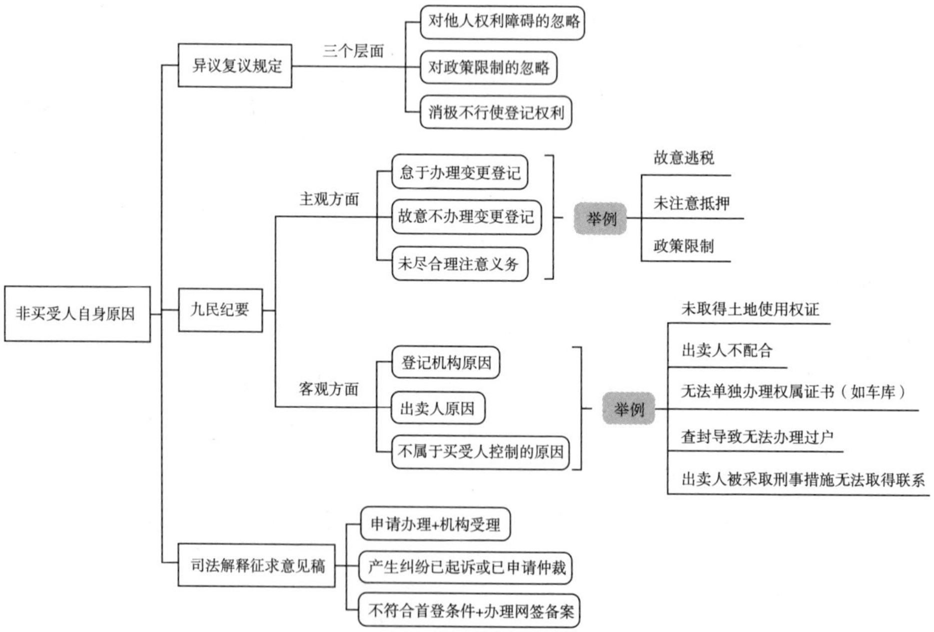

图9-1 过错认定标准变化

《异议之诉司法解释》第16条对"非因案外人原因"作了明确规定，和征求意见稿相比，增加了案外人请求被执行人履行办理所有权转移登记手续等合同义务、被执行人等通知案外人办理不动产所有权转移登记而其未怠于办理两个条件，对过错认定采取了从宽认定的标准。

二、操作指引

(一)不动产买受人提起的案外人异议之诉

金钱债权执行中，人民法院对登记在被执行人名下的不动产实施强制执行，案外人以其系该不动产买受人为由，提出执行异议之诉，请求排除强制执行，同时符合下列条件的，人民法院应予支持：(1)在人民法院查封之前，案外人已和被执行人签订合法有效的书面买卖合同；(2)在人民法院查封之前已合法占有该不动产；(3)已支付全部价款，或者已按照合同约定支付部分价款且将剩余价款按照人民法院的要求交付执行；(4)非因案外人自身原因未办理不动产权属转移登记。

我国对无过错买受人物权期待权予以保护，其初衷是由于房地产开发及不动产登记制度不完善，存在大量非买受人的原因而未登记的不动产，而使众多买受人面临较大风险，危及社会稳定。随着经济社会的发展，法律制度的不断健全，特别是2014年11月24日，国务院颁布的《不动产登记暂行条例》统一了不动产登记制度，对于确认和保护不动产权利、维护交易安全、保障市场经济的有序发展具有重要意义。物权期待权在本质上仍是一种债权，无论从交易的秩序、安全性，还是从物权保护的角度，法律均不应当"保护躺在权利上睡觉的人"，过度的保护将不利于推动我国不动产登记制度的发展与完善，也会打破社会信赖秩序。可供借鉴的是，在婚姻法领域，以1994年2月1日民政部《婚姻登记管理条例》(已废止)实施为界，在此之前，同居符合结婚实质要件的，按事实婚姻处理；在此之后，男女双方符合结婚实质要件，但未补办结婚登记的，按同居关系处理。因此，有观点认为，在《不动产登记暂行条例》实施以后，有必要对物权期待权的保护范围作出适当收窄，当事人之间签订书面买卖合同、合法占有该不动产、支付价款或按照合同约定支付部分价款的行为之一发生在《不动产登记暂行条例》实施之日起3年以后，买受人提起执行异议之诉，请求排除执行的，人民法院不予支持。目前，我国不动产登记制度趋于健全，但是社会诚信环境仍然有待改善。实践中，即便是《不动产登记暂行条例》实施以后，由于出卖人的过错或者其他不能归责于买受人的客观原因，仍然会出现大量未办理转移登记的不动产。在房价日益高涨的当今社会，大多数买受人倾其一生积蓄购买房产，其居住生存权的价值更能获取广泛的社会理解和支持。因此，非买受人原因没有办理登记的不利后果如果完全由买受人承担，是有失公正的。在今后比较长的一段时期内,对《异议复议规定》第 28 条规定的精神的仍应予以坚持。

除房产外,车位、车库亦属于不动产的范畴。车位、车库作为小区整体环境的组成部分,具有满足居民基本生活需要的特殊属性,因此,与住房配套使用的唯一车位或车库,客观上形成与住房及基本生活间稳定的依赖关系,符合《异议复议规定》第 28 条规定的情形的,亦享有足以排除强制执行的民事权益。①

(二)不动产被查封后,出卖人解除房屋买卖合同提起的执行异议之诉

根据《查扣冻规定》第 17 条的规定,人民法院有权查封被执行人虽未办理产权过户登记手续,但已经支付部分或者全部价款并实际占有的商品房。根据《国土房管部门协助执行通知》第 15 条第 3 项之规定,人民法院有权对被执行人购买的办理了商品房预售合同登记备案手续或者商品房预告登记的商品房进行预查封。此时,出卖人可能会要求解除商品房买卖合同,提出执行异议、执行异议之诉,请求排除对标的不动产的执行。

有观点认为,②案外人在提出执行异议以及执行异议之诉的同时,请求解除合同的,应当分别立案合并审理,区分约定解除权和法定解除权处理:(1)案外人以行使约定解除权为由请求解除合同的,不予支持;(2)案外人主张行使法定解除权的,应根据案件具体情况依法审理认定;(3)判决支持解除的,裁判理由中应载明案外人应当将被执行人已经支付的购房价款交付执行。但从程序处理上,实践中一般认为,③在执行异议之诉案件中,案外人除可以提出确权的诉讼请求外,不得提出解除合同等其他诉讼请求,案外人请求依据合同约定或法律规定解除合同的,不能直接提起执行异议之诉,而必须先提出解除合同之诉,在合同依法解除后方可依据生效法律文书提出执行异议和执行异议之诉。而关于合同解除权的行使,更多的观点认为,④人民法院的查封并不限制出卖人行使商品房买卖合同的解除权。这是因为:(1)买受人并未取得房屋的所有权,人民法院对标的房屋进行的查封,查封的是买受人要求房屋出卖人履行商品房买卖合同的请求权,属于合同权利;(2)人民法院对办理了预告登记的房屋进行查封,该查封的效力限制的是预告登记权利人处

① 最高人民法院民事判决书,(2022)最高法民终 326 号。

② 最高人民法院民事裁定书,(2020)最高法民申 1103 号。

③ 江苏省高级人民法院发布的《执行异议之诉案件审理指南》第 18 条、《安徽省高级人民法院关于审理执行异议之诉案件若干问题的会议纪要》第 6 条,均明确不能直接提起案外人异议之诉,应当先行提出解除合同之诉,再依生效法律文书提起执行异议和执行异议之诉。

④ 最高人民法院民事判决书,(2019)最高法民再 299 号;最高人民法院民事裁定书,(2020)最高法民申 2441 号;最高人民法院民事裁定书,(2020)最高法民申 4211 号均持此观点。

分该房屋的行为，并不当然限制预告登记权利人与出卖人关于房屋买卖的合同权利。进一步而言，商品房买卖合同关于合同解除的约定是合同当事人的真实意思表示，非因法定事由，不能剥夺其合同解除权。

执行法院对被执行人尚未取得不动产所有权的商品房的查封实质上属于对被执行人所享有的不动产物权期待的查封。如果商品房买卖合同已经被生效裁判予以解除，该生效裁判对被执行人产生拘束力，被执行人丧失了取得房屋所有权的期待权，此种情况下出卖人可以持解除合同的生效裁判主张排除执行，法院应当解除对房屋的查封措施。需要注意的是，根据《九民纪要》第124条第2款的规定，如果被执行人因解除合同而对出卖人享有债权的，法院应当执行该债权后再解除查封措施。①

审判前沿

中国东方资产管理股份有限公司重庆分公司与耿某等申请执行人执行异议之诉纠纷案

［（2017）渝民初8号民事判决书、（2017）最高法民终690号民事判决书］

【裁判要旨】

查封前，案外人与被执行人就该房屋签订了合法有效的商品房买卖合同并办理了网签手续，依照合同约定支付了购房款，案外人在执行法院查封之前已经实际占有使用案涉房屋，未办理过户登记并非因案外人自身的原因。案外人就涉案房屋享有足以排除强制执行的民事权益。涉案房屋是否为案外人名下唯一住房，不影响案外人享有上述民事权益。

---

① 实践中有部分高院对此作出了明确规定，如《山东省高级人民法院执行疑难法律问题解答（三）》第11条规定："法院预查封被执行人购买的预售商品房后，开发商、被执行人自行解除合同或者以仲裁或诉讼方式解除合同的，按照下列情形处理：（1）如开发商将全部购房款交付法院执行的，法院可不再执行预售商品房；（2）如开发商在收到法院预查封法律文书后，仍擅自将全部购房款退还被执行人，法院可继续执行预售商品房，开发商擅自退还给被执行人的款项，由开发商自行追索；（3）被执行人通过部分自付、部分贷款方式支付购房款，银行办理了预抵押登记，开发商对银行贷款承担阶段性连带担保责任的，如开发商将应退还被执行人的款项交付法院执行的，法院可不再执行预售商品房；（4）被执行人通过部分自付、部分贷款方式支付购房款，银行办理了预抵押登记，开发商对银行贷款承担阶段性连带担保责任的，如开发商未将应退还被执行人的款项交付法院，法院可继续执行预售房产，在变价款中预先支付银行贷款相应款项，并通知开发商。执行过程中，开发商对预售商品提出排除执行异议的，法院应依照案外人异议的程序审查处理。"

【基本案情】

中国东方资产管理股份有限公司重庆分公司(以下简称东方资产重庆分公司)与中坤锦绣房地产公司(以下简称中坤锦绣公司)、中坤投资集团公司、中坤长业房地产公司、黄某波借款合同纠纷案,重庆市高级人民法院(以下简称重庆高院)于2015年4月20日作出(2014)渝高法民初字第00055号民事判决,判令由中坤锦绣公司偿还东方资产重庆分公司借款本金2亿元及利息,中坤投资集团公司、中坤长业房地产公司、黄某波对上述债务承担连带清偿责任,东方资产重庆分公司对案涉抵押物享有优先受偿权。判决生效后,东方资产重庆分公司向重庆高院申请强制执行。重庆高院于2016年3月11日立案执行。执行中,重庆高院于2016年8月22日作出(2016)渝执恢15号之一执行裁定,继续查封了中坤锦绣公司名下含本案争议房屋在内的相关财产。耿某闻讯后,提出了书面异议,以其系该房屋的实际所有人为由,请求解除对案涉房屋的查封。重庆高院于2016年12月26日作出(2016)渝执异91号执行裁定,中止对中坤锦绣公司位于北京市××高梁桥××街××院××楼××号房屋的执行。

2012年11月5日,东方资产重庆分公司向北京市海淀区城乡建设委员会、北京市海淀区房屋管理局出具了《抵押权人同意抵押房屋销售的证明》,同意中坤锦绣公司将由其开发并抵押给东方资产重庆分公司的海淀区头堆村碧河花园一期A区A15、A16号楼的在建工程和现房全部进行销售,本案争议房屋包含在内。

2013年2月18日,耿某与中坤锦绣公司签订了《北京市商品房现房买卖合同》,约定中坤锦绣公司将案涉房屋出售给耿某,合同总价款为4,067,105元;付款方式为按揭贷款。合同签订后,双方办理了网签手续。东方资产重庆分公司出具的《抵押权人同意抵押房屋销售的证明》为该合同的附件。2013年2月19日、3月27日,中坤锦绣公司分别向耿某出具了金额为2,007,105元、206万元的购房发票。耿某还举示了中国建设银行个人贷款支付凭证、工商银行信用卡对账单、代收电费、供暖费的发票等证据,证明其实际向中坤锦绣公司支付了购房款,并已合法占有使用了案涉房屋。

因东方资产重庆分公司拒绝协助办理过户登记手续,案涉房屋至今仍然登记在中坤锦绣公司名下。经北京市海淀区房屋管理局在北京房屋交易权属信息查询系统上查询,截至2017年5月22日,耿某名下有一套位于北京市海淀区××楼××号的房屋。东方资产重庆分公司向一审法院起诉请求:(1)继续执行案涉房屋;(2)本案诉讼费用由耿某、中坤锦绣公司、中坤投资集团公司、中坤长业房地产公司、黄某波共同承担。

一审法院经审理认为,耿某就涉案房屋享有足以排除强制执行的物权期待权。事实和理由如下:(1)《异议复议规定》第27条规定:“申请执行人对执行标的依法享有对抗案外人的担保物权等优先受偿权,人民法院对案外人提出的排除执行异议不予支持,但法律、司法解释另有规定的除外。”《异议复议规定》第28条规定的无过错不动产买受人的物权期待权即属于可以排除抵押权人执行的情形。

(2)在本案中,耿某在重庆高院查封案涉房屋之前已经与中坤锦绣公司签订了《北京市商品房现房买卖合同》并办理了网签手续。耿某举示的购房发票、建设银行个人贷款支付凭证、工商银行信用卡对账单等证据可以证明其已经按照约定向中坤锦绣公司支付了全部购房款。此外,其举示的代收电费、供暖费的发票等证据,可以证明其已实际占有使用案涉房屋。

(3)对于未办理过户登记的问题,《物权法》(已废止)第191条规定:“抵押期间,抵押人经抵押权人同意转让抵押财产的,应当将转让所得的价款向抵押权人提前清偿债务或者提存。抵押人未经抵押权人同意,不得转让抵押财产,但受让人代为清偿债务消灭抵押权的除外。”根据上述规定可知,我国实行“抵押财产经抵押权人同意方可转让”的原则,抵押权人是否同意抵押人转让抵押财产是判断买受人对未办理过户登记是否存在过错的重要事实。在抵押权人未同意抵押人出售抵押房屋的情况下,如果买受人购买存在抵押权的房屋,买受人对房屋不能办理过户登记存在明显过错,应当认定系买受人的原因不能办理过户登记手续。而在抵押权人同意抵押人出售抵押房屋且买受人对此知情的情况下,应当认定买受人已基于抵押权人的行为而产生合理的信赖利益,买受人在此种情况下对房屋不能办理过户登记并无过错,不应当认定系因买受人的原因不能办理过户登记手续。在抵押权人同意抵押人出售抵押房屋的情况下,应当认定在抵押人将房屋对外出售后,抵押权人负有涂销抵押登记的义务。抵押人是否将买受人支付的购房款向抵押权人支付的风险,应由抵押权人自行承担,抵押权人也可通过设定共管账户等方式避免抵押人违约的风险,但不能因买受人未预见到抵押人违约而认定买受人有过错。在本案中,东方资产重庆分公司向北京市海淀区城乡建设委员会、北京市海淀区房屋管理局出具了《抵押权人同意抵押房屋销售的证明》,同意中坤锦绣公司将案涉房屋对外进行销售。耿某作为买受人,在购买案涉房屋时中坤锦绣公司向其展示了东方资产重庆分公司同意对外销售案涉房屋的证明,并将该证明作为合同附件,同时该合同办理了网签手续,耿某也根据合同约定将购房款支付给作为合同相对方的中坤锦绣公司,耿某已尽到了充分的注意义务,其不存在任何过错。因此,应当认定非因耿某自身原因未办理过户登记手续。一审法院判决驳回东方资产重庆分公司的诉讼请求。东方资产重庆分公司不服,向最高人民法院提出上诉。

最高人民法院认为,本案二审争议焦点为:耿某就本案所涉房屋是否享有足以排除强制执行的民事权益。

(一)关于在人民法院查封之前是否合法占有该不动产的问题

首先,本案中耿某在重庆高院查封案涉房屋之前已经与中坤锦绣公司签订了《北京市商品房现房买卖合同》并办理了网签手续,该合同是双方当事人真实意思表示,内容不违反法律法规的强制性规定,合法有效。抵押权人东方资产重庆分公司出具了同意本案所涉抵押房屋销售的证明并作为上述买卖合同附件,耿某买受该商品房不违反《物权法》(已废止)第 191 条第 2 款关于"抵押期间,抵押人未经抵押权人同意,不得转让抵押财产"之规定。东方资产重庆分公司关于耿某与中坤锦绣公司之间的房屋买卖行为系耿某与中坤锦绣公司之间恶意串通,企图通过转移抵押房产逃避债务的违法行为,不具有真实性的上诉理由没有事实及法律依据,本院不予支持。

其次,中坤锦绣公司与耿某均认可在重庆高院查封本案所涉房屋之前,该房屋已经交付耿某,由其合法占有。而耿某举示的代收电费、供暖费的发票等证据,可以证明其已实际占有使用该房屋。一审判决认定在人民法院查封之前耿某已经合法占有该房屋并无不当。

(二)关于耿某是否已经支付价款的问题

本案中,耿某与中坤锦绣公司签订《北京市商品房现房买卖合同》,约定本案所涉房屋出售给耿某总价款为 4,067,105 元;付款方式为按揭贷款。本案所涉房屋目前登记于中坤锦绣公司名下,若商品房买卖合同正常履行,房屋所有权将过户登记于耿某名下。为耿某提供贷款的银行则于该房屋上设定抵押权,担保耿某所贷款项按时偿还。故东方资产重庆分公司关于本案所涉房屋上存在在先抵押权,耿某即不具备办理房屋抵押贷款条件的上诉理由没有事实与法律依据,本院不予支持。中坤锦绣公司分别向耿某出具了金额为 2,007,105 元、206 万元的购房发票,结合耿某举示的中国建设银行个人贷款支付凭证、工商银行信用卡对账单等证据,一审判决认定耿某已经向中坤锦绣公司支付了购房款并无不当。耿某并无法定或约定的义务将购房款支付到东方资产重庆分公司与中坤锦绣公司之间约定的特定账户中,东方资产重庆分公司关于耿某没有向指定的资金监管账户中支付案涉房屋价款就没有支付购房款的上诉理由没有事实与法律依据,本院不予支持。

(三)关于是否非因耿某自身原因未办理过户登记的问题

本案所涉房屋登记于中坤锦绣公司名下,并未登记于耿某名下。虽然本案所涉房屋上存在抵押权,但该房屋销售之前,东方资产重庆分公司向北京市海淀区城乡建设委员会、北京市海淀区房屋管理局出具了《抵押权人同意抵押房屋销售的证明》,同意中坤锦绣公司将案涉房屋对外进行销售。耿某购买该房屋时中坤锦绣公司向其出示了东方资产重庆分公司同意对外销售案涉房屋的证明,并将该证明作为合同附件。买受人耿某基于对东方资产重庆分公司同意销售抵押房屋行为而产生东方资产重庆分公司将会配合办理过户登记的合理信赖,其作为买受人,对这一问题已尽到充分的注意义务,对房屋不能办理过户登记并无过错。一审判决认定非因耿某自身原因不能办理本案所涉房屋过户登记手续并无不当。

本案中,在重庆高院查封本案所涉房屋之前,耿某与中坤锦绣公司就该房屋签订了合法有效的商品房买卖合同并办理了网签手续,依照合同约定支付了购房款,耿某在重庆高院查封之前已经实际占有使用案涉房屋,未办理过户登记也并非因耿某自身的原因。根据《异议复议规定》第28条之规定,耿某就本案所涉房屋享有足以排除强制执行的民事权益。本案所涉房屋是否为耿某名下唯一住房,不影响耿某享有上述民事权益。东方资产重庆分公司关于耿某名下存在两套房屋,不符合《异议复议规定》第29条之规定,不享有足以排除强制执行的物权期待权的上诉理由不能成立,不予支持。最高人民法院判决驳回上诉,维持原判。

【要点评析】

从本案的事实及当事人的主张及法院的判决理由来看,本案的焦点问题在于耿某就本案所涉房屋是否享有足以排除强制执行的民事权益以及相应的判断标准,具体涉及两个方面的问题,法院均给出了有指导意义的答案。

1. 判断案外人对执行标的有无足以排除强制执行的民事权益的裁判依据何在?《民事诉讼法解释》虽然规定以案外人对执行标的有无足以排除强制执行的民事权益为判断执行异议之诉诉讼请求是否成立的标准,但具体应当如何判断,法律依据何在,是首先应当解决的问题。从一审、二审判决理由的论述来看,实际上均将《异议复议规定》的相关规定作为判断依据。

2.《异议复议规定》第28条是否属于第27条的除外规定?《异议复议规

定》第27条规定:“申请执行人对执行标的依法享有对抗案外人的担保物权等优先受偿权,人民法院对案外人提出的排除执行异议原则上是不予支持的,但法律、司法解释另有规定的除外。”本案的特殊性在于,申请执行人对涉案房屋享有抵押权,作为执行依据的法院判决也已经判定其对该涉案房屋享有优先受偿权。因而,《异议复议规定》第28条是否属于第27条的除外规定是本案的一个重点。对此,一审判决明确指出,《异议复议规定》第28条规定的无过错不动产买受人的物权期待权即属于可以排除抵押权人执行的情形,二审判决虽然没有明言,但对此亦采肯定态度。

中国建设银行股份有限公司怀化市分行与中国华融资产管理股份有限公司湖南省分公司等案外人执行异议之诉纠纷案

[(2022)最高法民终第34号民事判决书]

【裁判要旨】

执行异议之诉案件可参照适用《异议复议规定》进行审查处理,同时需基于案件具体情况对案外人是否享有足以排除强制执行的民事权益进行实质审查。

非消费者购房人能否排除抵押权人的申请执行,可基于双方权利的性质、取得权利时间的先后、权利取得有无过错以及如何降低或者预防风险再次发生等因素,结合具体案情,对双方享有的权利进行实体审查后作出相应判断。

【基本案情】

2013年1月31日,怀化英泰建设投资有限公司(以下简称英泰公司)与中国建设银行股份有限公司怀化市分行(以下简称建行怀化市分行)签订商品房买卖合同,约定:英泰公司将其开发的案涉房产出售给建行怀化市分行;商铺面积438.5m^2,单价38,800元/m^2,总计售价17,013,800元,相关税费1,055,891元;英泰公司应在2013年3月29日前,将该门面交付建行怀化市分行,并在交付之后30日内,将办理权属登记的资料报送产权登记机关备案;英泰公司承诺在交房后两年内办好房、地产权证。合同签订后,建行怀化市分行分别于2009年12月31日,2013年3月28日、11月27日向英泰公司指定账户汇入订金及购房款1,000,000元、15,163,110.64元、50,000元,并交纳了相应的购房契税。2013年11月18日,建行怀化市分行与怀化英泰商城管理有限公司签订了《英泰国际物业管理合同》。2013 年 12 月 2 日，建行怀化市分行向怀化英泰商城管理有限公司缴纳了 23,679 元物业管理费。

2013 年 5 月 23 日，中国华融资产管理股份有限公司湖南省分公司（以下简称华融湖南分公司）与英泰公司签订抵押协议，约定英泰公司以其位于怀化市鹤坞城区迎丰西路的英泰国际项目二期未售商业地产在建工程及其分摊的土地为其所欠华融湖南分公司债务提供抵押担保。2013 年 5 月 27 日，华融湖南分公司与英英泰公司对案涉房产在怀化市房产管理局办理了在建工程抵押登记。

2014 年 9 月 19 日，一审法院受理华融湖南分公司诉英泰公司、东星建设工程集团有限公司（以下简称东星公司）、湖南辰溪华中水泥有限公司（以下简称华中公司）、谢某健、陈某芳合同纠纷案。2014 年 9 月 29 日，一审法院作出(2014)湘高法民二初字第 32－1 号民事裁定，查封了英泰公司名下的案涉房产。2014 年 12 月 12 日，一审法院作出(2014)湘高法民二初字第 32 号民事判决，判决解除华融湖南分公司与英泰公司签订的《债务重组协议》，由英泰公司向华融湖南南分公司偿还债务 9800 万元及重组收益、违约金和律师代理费 695,431 元，东星公司、华中公司、谢某健、陈某芳承担连带清偿责任。未按期履行清偿义务的，华融湖南分公司有权以英泰公司已办理抵押登记的房产 3194.53m^2、2709.09m^2、相应土地使用权（房屋他项权证编号：怀房鹤他字第 5××××2 号、怀房建鹤城字第 3××××3 号）作为抵押物折价或者以拍卖、变卖该抵押物所得价款优先受偿。双方均未上诉，该判决生效。英泰公司未按期履行(2014)湘高法民二初字第 32 号民事判决所确定的清偿义务，华融湖南分公司向一审法院申请强制执行。一审法院执行立案后，于 2017 年 8 月 21 日作出(2015)湘高法执字第 22 号拍卖公告，拟拍卖(2014)湘高法民二初字第 32 号民事判决所确定的包括案涉房产在内英泰国际名下的多项房产，建行怀化市分行不服，向一审法院提出执行异议。2017 年 12 月 12 日，一审法院作出(2017)湘执异 75 号执行裁定，驳回了建行怀化市分行的异议请求建行怀化市分行遂提起本案诉讼。

另查明，湖南省怀化市中级人民法院于 2018 年 6 月 5 日作出(2018)湘 12 破申 1 号民事裁定，受理英泰公司的重整申请；2018 年 8 月 29 日作出(2018)湘 12 破申 6 号、7 号民事裁定，受理东星公司、华中公司的重整申请；2019 年 11 月 16 日作出(2018)湘 12 执 204 号之一执行裁定，以英泰公司、东星公司、华中公司已进入破产重整程序为由，裁定中止(2014)湘高法民二初字第 32 号民事判决第一、二、三、四、五项判决的执行。

二审法院查明,2013 年 1 月 31 日,英泰公司(出卖人)与建行怀化市分行(买受人)签订商品房买卖合同,双方就建行怀化市分行购买案涉房产事宜达成协议,总售价 17,013,800 元,税费 1,055,891 元。其中第 6 条关于购房款支付方式约定:一次性付款,2013 年 3 月 22 日付清余款;第 24 条约定:本合同自双方签订之日起生效;第 25 条约定:商品房预售的,自本合同生效之日起 30 天内、由出卖人向当地房产管理局申请商品房预告登记。双方同时签订的附件四《费用收取补充协议》第 1 条关于办证费用约定:甲方(英泰公司)负责为乙方(建行怀化市分分行)代办房产证和土地使用权证,但乙方应提供必要的办证资料,并负责办证所需的各种税和费,下列是甲方为乙方办理房产证和土地使用权证代收款项:1. 税务代收费:房产交易契税按照总房款的 4% 收取,即 680,552 元。2. 国土代收费:土地证工本费 10 元/证,土地权属调查费 100 平方米以下每宗 13 元,地基测绘会费 312 元/证,合计 335 元。3. 房产代收费:所有权登记费 550 元/件,图纸利用费 100 元/幅,档案利用费 50 元/次,房屋维修基金为总房款的 2%,合计 340,976 元。4. 两证代办费:总房款的 0.2%[依据怀市价(2009)34 号文件],即 34,028 元。以上四项费用合计 1,055,891 元。

2013 年 3 月 25 日,英泰公司针对案涉房产向建行怀化市分行开具金额为 177,013,800 元《销售不动产统一发票》,载明款项性质为“售房款”。

2013 年 3 月 28 日、11 月 27 日,中国建设银行股份有限公司湖南省分行(以下简称建行湖南省分行)分别向英泰公司支付 15,163,110 元、500,000 元;建行怀化市分行原将该两笔款项作为其支付案涉房产的购房款,一审判决亦予以确认,各方对该事实均未提出异议。二审中,建行怀化市分行调整关于其付款的陈述,主张 2013 年 11 月 27 日向英泰公司支付的 50,000 元不是购房款,系偿付英泰公司于 2013 年 4 月 25 日为其垫付的购房契税。英泰公司、东星公司、华中公司对建行怀化市分行所述契税事宜予以认可,但华融湖南分公司对此:持有异议。另一审判决认定的 2013 年 3 月 28 日向英泰公司支付 15,163,110.64 元应系笔误,实为 15,163,110 元。

2013 年 4 月 25 日,怀化市税务机关开具《税收通用完税证》,载明:税种为契税—非普通住房,纳税人为建行怀化市分行,计税金额为 1,250,000,000 元,税率为 4%,实缴金额为 500,000 元。

2013 年 5 月 10 日,建行怀化市分行向英泰公司出具《关于申请安装三相电到户的函》,载明:我行购买的位于怀化火车站旁英泰国际裙楼的 1-16 号门面用于营业,因电气设备需要交流三相电,请贵公司安装到户为感!所产生的分摊费用本行自行承担。

2013年11月29日,英泰公司售楼部出具《英泰国际交房流程表》,载明:业主:建行怀化市分行;房号:1-16;面积438.5(平方米)。您好,您所购买的英泰国际商铺(公寓/写字间)现已具备交房条件,请按下列流程办理交房手续。其中列表第一项售楼部一栏中,交接内容为:“1.核对客户身份;2.核验‘商品房买卖合同’、业主身份、复印身份证一份、联系地址及电话;3.委托办理的应递交委托人授权书、被委托人身份证明。”向某林在该栏中签字,部门经办人杨某霞签字确认“该业主已交清房款及相关办证费用”;售楼部财务唐某签字注明“房款、办证费用未交齐”;销售部负责人黄某在该栏中签字,同时另注明“房款及办证费用由公司负责衔接”。

2013年12月6日,怀化市公安局治安支队内保大队、怀化市公公安局在《金融机构营业场所安全防护设施建设工程审批表》上签署“同意专家组意见”并加盖公章;该审批表上载明专家组于同日出具的意见:“该金融机构营业场所,符合国家、公安部GA38(2004)安全设施建设验支防护标准,准予营业。”另一份未加盖任何印章也无人签字的《金融机构营业场所安全设施建设工程验收审批表》载明:开工日期为2013年8月28日,完工日期为2013年11月25日。

2022年4月22日,英泰公司出具《关于建设银行怀化分行是否提前交房的情况说明》,载明:因怀化英泰建设投资有限公司破产以后,相关售楼部经手的职工已经离职,经过时间比较长,如今无法核实建设银行怀化分行是否存在提前交房的情况。

【要点评析】

本案一大亮点在于明确法律适用的问题。在异议之诉司法解释出台前,执行异议之诉案件的审理是没有明确和具体审查标准的,因而实践中多参照适用《异议复议规定》的相关规定进行裁判。但不得不说明的是,《异议复议规定》毕竟是针对“异议和复议案件”的司法解释,原则上应仅适用于执行程序,并非审理异议之诉案件的“金科玉律”。异议之诉的审理应当回归本质——“对案外人是否享有足以排除强制执行的民事权益进行实质审查”。现在,异议之诉司法解释的出台给异议之诉案件的审理提供了明确的规范,相较于之前的无法可依,无论是“异议复议”还是“异议之诉”都应回归到其正常的执行程序和诉讼程序的轨道上。

具体在对权利的优先性判断上,本案涉及物权期待权和抵押权两相比较,最高人民法院从权利性质、取得权利时间的先后、权利取得有无过错以及如何降低或者预防风险再次发生这四方面进行审查和判断，最后认为取得在先且权利取得无过错的抵押权优先于取得在后且权利取得存在一定过失的物权期待权。

权利的性质本质上是解决谁优谁劣的问题，但并不是单一考虑要素，尤其是物权期待权又非实体上的权利，何者更为优先，需要法官的证成。此时还需要进一步判断是否存在例外的情形，如权利取得的先后、是否有过错因素等。这也是异议之诉审理的思维过程的演绎，事实上，完整的异议之诉审理可以四步走：首先判断权利的有无，其次判断权利的优劣，再次判断执行方法是否有碍权利的行使，最后还需要考虑是否存在例外的情形。

童某、中国长城资产管理股份有限公司申请执行人执行异议之诉案

[(2020)最高法民再240号民事判决书]

【裁判要旨】

案涉工程取得预售许可的时间早于抵押设立时间，买受人与房产开发公司签订的合法有效的商品房买卖合同，且付清全部购房款，并实际占有、使用房屋。在申请办理房产证时，买受人因房屋所涉工程被抵押，房屋不能办理过户登记的，属于因开发商设立抵押而不可归责于买受人的事由，符合《异议复议规定》第28条，买受人对房屋享有的权益能够排除执行。

【基本案情】

2014年9月16日，石嘴山市千禧房地产开发有限公司(以下简称千禧公司)与童某签订商品房买卖合同，童某购买千禧公司开发的蓝山雅居15幢××号、××号房屋(以下简称案涉房屋)，2014年9月26日童某支付了全部房款，2015年3月31日，童某办理接房手续，占有、使用至今。2014年10月8日，中国长城资产管理股份有限公司(以下简称长城公司)与中国银行石嘴山分行、千禧公司共同签订了《债权转让协议》，约定中国银行石嘴山分行向长城公司转让债权1950万元，同日，长城公司与千禧公司等签订《债务重组协议》，并与千禧公司签订抵押合同约定千禧公司以其合法拥有的位于蓝山雅居二期在建工程24,024.49平方米(包括案涉房屋)作为抵押。

2018年7月13日，一审法院在执行申请执行人长城公司与被执行人千禧公司等金融借款合同纠纷一案中作出执行裁定，查封了千禧公司名下案涉房屋。童某提出案外人执行异议申请，执行法院裁定认为童某已交纳全部房款，实际占有、使用至今，无相关证据证明童某未办理过户登记手续存在过错，且一审法院的查封行为发生在商品房买卖合同签订和童某占有、使用案涉房屋之后，支持了童某的案外人执行异议请求。长城公司对裁定不服，于2018年12月19日向一审法院提起执行异议之诉。一审法院判决驳回长城公司的诉讼请求。

长城公司不服一审判决，提出上诉，二审法院认为，案涉房产产权登记在千禧公司名下，未变更登记至童某名下，故童某对案涉房屋尚不拥有所有权，只享有合法的买受权利和物权期待权。长城公司提交的证据证实，在千禧公司与童某签订房屋买卖合同两年之前，千禧公司因开发案涉工程，向中国银行石嘴山分行贷款，将包括案涉房屋在内的在建工程及其土地使用权向该行提供抵押，并办理了抵押登记，中国银行石嘴山分行对案涉房屋的在建工程享有抵押权。后长城公司受让中国银行石嘴山分行对千禧公司的债权。长城公司对包括案涉两套房屋在内的相关房地产享有抵押权，且其抵押权先于童某的买受权形成。《异议复议规定》第27条规定，申请执行人对执行标的依法享有对抗案外人的担保物权等优先受偿权，人民法院对案外人提出的排除执行异议不予支持。判决撤销一审判决，准许执行案涉房产。童某不服，向最高人民法院申请申请再审。

最高人民法院认为，《异议复议规定》第28条规定："金钱债权执行中，买受人对登记在被执行人名下的不动产提出异议，符合下列情形且其权利能够排除执行的，人民法院应予支持：（一）在人民法院查封之前已签订合法有效的书面买卖合同；（二）在人民法院查封之前已合法占有该不动产；（三）已支付全部价款，或者已按照合同约定支付部分价款且将剩余价款按照人民法院的要求交付执行；（四）非因买受人自身原因未办理过户登记。"本案中，根据已经查明的事实，案涉工程取得预售许可的时间早于抵押设立时间，童某和千禧公司签订了合法有效的商品房买卖合同，付清了全部购房款，并实际占有、使用案涉房屋。童某在申请办理房产证时知悉案涉工程被抵押的事实，案涉房屋未能办理过户登记系因千禧公司设立了抵押等不可归责于童某的事由。本案事实符合《异议复议规定》第28条的规定，童某对案涉房屋享有的权益能够排除执行。二审判决未能结合案件事实审查本案是否存在《异议复议规定》第28条规定的情形，直接参照适用《异议复议规定》第27条的规定，处理错误，应予以纠正。撤销二审判决,维持一审判决。

【要点评析】

从该案件的时间线上来看,案涉工程取得预售许可→工程抵押登记在后→签订房屋买卖合同。该案一审法院支持买受人的主张。二审法院考虑申请执行人享有的是抵押权,直接适用《异议复议规定》第27条,撤销一审法院的判决,支持抵押权人,准许对房屋进行强制执行。案件再审后,最高人民法院适用《异议复议规定》第28条,认定买受人享有物权期待权可以对抗抵押权人的申请执行,撤销二审判决,维持了一审判决。但同样是最高人民法院在同年作出的另案判决,(2020)最高法民申6239号却作出不同的认定,认为《异议复议规定》第28条是对于普通金钱债权而给予未登记不动产买受人在执行程序中的优先保护。申请执行人对案涉房屋享有的抵押权,优于普通金钱债权,不适用该规定。实务中,对于《异议复议规定》第28条适用范围的理解,是否适用于申请执行人享有抵押权的案件,裁判尺度并不统一。

第二节　基于消费者物权期待权的异议之诉

消费者物权期待权,是指在执行程序中,基于对消费者生存权的维护,赋予消费者对买受房屋享有排除另案执行效力的物权期待权。和无过错不动产买受人物权期待权一样,对房屋消费者的保护也有着深刻的社会基础。当今社会房价居高不下,很多消费者倾其一生甚至几代人的积蓄才能换得一处安身立命之所,对其物权期待权进行保护,能够获取民众广泛的认同和支持。

法律依据

《异议之诉司法解释》第11条　人民法院对登记在被执行的房地产开发企业名下的新建商品房实施强制执行,案外人以其系商品房消费者为由,提起执行异议之诉,请求排除建设工程价款优先受偿权、抵押权以及一般金钱债权的强制执行,并能够证明其主张同时符合下列条件的,人民法院应予支持:

(一)查封前,案外人已与房地产开发企业等签订合法有效的书面买卖合同;

(二)查封前,案外人已支付全部价款,或者已按照合同约定支付部分价款且查封后至一审法庭辩论终结前已将剩余价款交付人民法院执行;

(三)所购商品房系用于满足家庭居住生活需要。

案外人起诉请求被执行人办理商品房所有权转移登记手续,符合前款规定的,人民法院依法予以支持。

人民法院判决驳回案外人诉讼请求的,案外人交付执行的剩余价款应予及时退还。

《异议之诉司法解释》第12条　执行法院冻结被执行的房地产开发企业的预售资金监管账户,案外人以其已向该账户交付购房款,且房屋买卖合同已经解除为由,提起执行异议之诉,请求排除相应购房款的强制执行并申请向其发放,事由成立的,人民法院应予支持。

执行法院对被执行的房地产开发企业的建筑物及其占用范围内建设用地使用权实施强制执行,符合前条第一款第一项、第三项规定的商品房消费者因房屋不能交付且无实际交付可能导致房屋买卖合同已经解除,提起执行异议之诉,请求在建筑物及其建设用地使用权的变价款中排除相对应的强制执行并申请向其发放的,人民法院应予支持。

《异议复议规定》第29条　金钱债权执行中,买受人对登记在被执行的房地产开发企业名下的商品房提出异议,符合下列情形且其权利能够排除执行的,人民法院应予支持:(一)在人民法院查封之前已签订合法有效的书面买卖合同;(二)所购商品房系用于居住且买受人名下无其他用于居住的房屋;(三)已支付的价款超过合同约定总价款的百分之五十。

《消费者权益保护法》第2条　消费者为生活消费需要购买、使用商品或者接受服务,其权益受本法保护;本法未作规定的,受其他有关法律、法规保护。

《九民纪要》第125条　【案外人系商品房消费者】实践中,商品房消费者向房地产开发企业购买商品房,往往没有及时办理房地产过户手续。房地产开发企业因欠债而被强制执行,人民法院在对尚登记在房地产开发企业名下但已出卖给消费者的商品房采取执行措施时,商品房消费者往往会提出执行异议,以排除强制执行。对此,《最高人民法院关于人民法院办理执行异议和复议案件若干问题的规定》第29条规定,符合下列情形的,应当支持商品房消费者的诉讼请求:一是在人民法院查封之前已签订合法有效的书面买卖合同;二是所购商品房系用于居住且买受人名下无其他用于居住的房屋;三是已支付的价款超过合同约定总价款的百分之五十。人民法院在审理执行异议之诉案件时,可参照适用此条款。

问题是,对于其中"所购商品房系用于居住且买受人名下无其他用于居住的房屋"如何理解,审判实践中掌握的标准不一。"买受人名下无其他用于居住的房屋",可以理解为在案涉房屋同一设区的市或者县级市范围内商品房消费者名下没有用于居住的房屋。商品房消费者名下虽然已有1套房屋,但购买的房屋在面积上仍然属于满足基本居住需要的,可以理解为符合该规定的精神。

对于其中“已支付的价款超过合同约定总价款的百分之五十”如何理解,审判实践中掌握的标准也不一致。如果商品房消费者支付的价款接近于百分之五十,且已按照合同约定将剩余价款支付给申请执行人或者按照人民法院的要求交付执行的,可以理解为符合该规定的精神。

《九民纪要》第126条 【商品房消费者的权利与抵押权的关系】根据《最高人民法院关于建设工程价款优先受偿权问题的批复》第1条、第2条的规定,交付全部或者大部分款项的商品房消费者的权利优先于抵押权人的抵押权,故抵押权人申请执行登记在房地产开发企业名下但已销售给消费者的商品房,消费者提出执行异议的,人民法院依法予以支持。但应当特别注意的是,此情况是针对实践中存在的商品房预售不规范现象为保护消费者生存权而作出的例外规定,必须严格把握条件,避免扩大范围,以免动摇抵押权具有优先性的基本原则。因此,这里的商品房消费者应当仅限于符合本纪要第125条规定的商品房消费者。买受人不是本纪要第125条规定的商品房消费者,而是一般的房屋买卖合同的买受人,不适用上述处理规则。

《最高人民法院关于商品房消费者权利保护问题的批复》第2条 商品房消费者以居住为目的购买房屋并已支付全部价款,主张其房屋交付请求权优先于建设工程价款优先受偿权、抵押权以及其他债权的,人民法院应当予以支持。

只支付了部分价款的商品房消费者,在一审法庭辩论终结前已实际支付剩余价款的,可以适用前款规定。

第3条 在房屋不能交付且无实际交付可能的情况下,商品房消费者主张价款返还请求权优先于建设工程价款优先受偿权、抵押权以及其他债权的,人民法院应当予以支持。

一、制度阐释

(一)制度渊源

在2002年《最高人民法院关于建设工程价款优先受偿权问题的批复》(已废止)中,最早确定了对具有消费者身份的房屋买受人予以特殊保护的制度,规定消费者交付购买商品房的全部或者大部分款项后,承包人就该商品房享有的工程价款优先受偿权不得对抗买受人。同时,根据该批复精神,建设工程价款优先权优先于抵押权和其他债权,抵押权又优先于普通债权,用数学符号表示权利保护的递序关系就是A > B > C > D,因此,我们很容易推论,抵押权和一般债权的行使也不得对抗购房的消费者。《异议复议规定》第29条规定:“金钱债权执行中,买受人对登记在被执行的房地产开发企业名下的商品房提出异议，符合下列情形且其权利能够排除执行的，人民法院应予支持：（一）在人民法院查封之前已签订合法有效的书面买卖合同；（二）所购商品房系用于居住且买受人名下无其他用于居住的房屋；（三）已支付的价款超过合同约定总价款的百分之五十。”该条款确立了消费者物权期待权的保护要件。

随着《民法典》的实施，《最高人民法院关于建设工程价款优先受偿权问题的批复》被废止，《建设施工合同解释（一）》继承了前述批复第1条建设工程价款优先受偿权的制度，但并未保留原第2条商品房消费者的超级优先受偿权规则。商品房消费者的物权期待权是否还具有对抗工程款优先权的效力，一时间陷入于法无据的境地。最高人民法院审判委员会副部级专职委员曾在2022年指出：“法释〔2002〕16号已经废止，而新的规定还没出台。实践中对商品房买受人的特殊保护出现新的争议。从我国国情及房地产企业所面临的实际情况看，目前仍有按法释〔2002〕16号批复的思路给予商品房消费者特殊保护之必要，只是在实践中要严格把握商品房消费者的界限、适用范围及特定情形。”[①]2023年4月20日，最高人民法院发布《最高人民法院关于商品房消费者权利保护问题的批复》，该批复明确商品房消费者物权期待权优先于建设工程价款优先受偿权、抵押权以及其他债权，并对商品房消费者的权益保护进行了延伸，将商品房消费者烂尾楼盘的价款返还请求权也纳入优先保护的范畴。最终形成“商品房消费者房屋交付请求权或购房款返还请求权 > 建设工程价款优先权 > 抵押权 > 普通债权”的效力顺位格局。

（二）审理要点

在消费者物权期待权异议之诉的审理过程中，要特别注意与无过错买受人物权期待权制度的区分。

1. 消费者物权期待权与无过错买受人物权期待权保护条件的相同之处

（1）申请实现的债权都限于金钱债权。在非金钱债权执行中，买受人的物权期待权并不必然产生排除效力，而是要根据实际情况来判定正在申请实现的物之交付请求权是物权、债权，还是同样的物权期待权等因素，不能简单得出案外人的物权期待权优先的结论。因此，《异议复议规定》第28条、第29条都明确范围仅限于金钱债权的执行。

（2）均要求在人民法院查封之前已签订合法有效的书面买卖合同。该合同必

① 刘贵祥：《当前民商事审判中几个方面的法律适用问题》，载王利明主编：《判解研究》第2辑（总第100辑），人民法院出版社2022年版。

须是双方当事人真实意思表示,内容不违反法律法规的强制性规定,以书面形式签订的买卖合同。无效合同以及买卖合同以外的其他合同(如赠与合同)被排除在外。合同应当在查封前签订,这是基于查封不动产一般都会进行查封登记,而查封登记具有对世效力,如果在查封后才签订房屋买卖合同,主观上存在明显的过错。《最高人民法院关于商品房消费者权利保护问题的批复》虽未明确要求"在人民法院查封之前已签订合法有效的书面买卖合同",但结合日常生活经验,从避免恶意诉讼等角度来看,"书面合法有效的合同"是购买用以居住房屋的必要要件,应当予以坚持。

2. 消费者物权期待权与无过错买受人物权期待权保护条件的不同之处

(1)争议标的物必须是房地产经营者所开发的商品房。这一要件限制严格,只能是一手房买卖,排除了普通民事主体之间的房屋买卖(二手房交易)。这是因为,消费者是相对于经营者而言的,只有从经营者处接受商品的人才能称为消费者,二手房交易的买受人不是通常意义的消费者。从立法精神看,相比普通房屋交易的买受人而言,消费者的保护条件是比较宽松的,如果放宽到所有房屋,可能会造成消费者物权期待权的滥用,给被执行人与他人恶意串通规避执行以可乘之机。由于商品房销售具有严格的市场监管制度,一般可以从出卖人是否具有房地产开发的相关资质、是否签订规范的商品房销售合同、办理合同备案、网签等商品房销售流程要素来判断是否符合本条件的要求。

(2)保护对象必须是消费者,其所购商品房系用于居住的房屋。第一,按照《消费者权益保护法》的规定,消费者是指为生活消费需要而购买、使用商品或者接受服务的人。具有消费者身份的购房人,一般应当是自然人。如果法人或者其他组织以单位名义购买,但分配给职工个人居住的,也可以认定为消费者。第二,判断购房人是"为生活消费需要"还是"生产经营"需要,的确是一个技术难题。有的人购买普通居住用房可能是为了出租牟利;有的人购买商业用房,可能就靠收取其租金维持基本生活。对此,最高人民法院原执行工作办公室2005年12月25日作出的(2005)执他字第16号批复认为:《最高人民法院关于建设工程价款优先受偿权问题的批复》(已废止)第2条关于已交付购买商品房的全部或者大部分款项的消费者权利应优先保护的规定,是为了保护个人消费者的居住权而设置的,消费者购房应是直接用于满足其生活居住需要,而不是用于经营,不应做扩大解释。从最高人民法院最近几年监督案件的经验来看,基本形成了以案外人购买房屋的性质作为判断的"客观标准"。也就是说,如果案外人所购房屋的性质为居住用房,则认定为消费者。如果所购房产为写字楼、门面房等经营性用房,则不是消费者。第三,如何理解"以居住为目的"?最高人民法院执行局认为,"用于居住"可作宽泛理解,不管是居住房还是商住两用房，只要具备居住功能的，即可视为用于居住的房屋。[①]但是在实践中大多还是坚持以所购房屋的性质作为判断的客观标准，故就该问题，还需进一步凝聚共识，统一意见。第四，《异议复议规定》第 29 条规定的“名下无其他用于居住的房屋”，是指买受人在被执行房屋所在地长期居住，经不动产登记部门查询，在同一地点其名下无其他能够用于居住的房屋，但根据《最高人民法院关于商品房消费者权利保护问题的批复》，对消费者物权期待权的保护已不再囿于该限制。也有观点认为，《异议复议规定》第 29 条规定的“买受人名下无其他用于居住的房屋”可用案外人异议和执行异议之诉分别处理，即在执行审查阶段为便于执行法官在具体案件中进行判断，在案外人异议程序中，可以将“名下是否有其他用于居住的房屋”作为判断是否“以居住为目的”的简易标准。如果商品房消费者在案外人异议阶段未被支持，其仍可以提起执行异议之诉，不会减损其实体权利。当然，在案外人异议之诉程序中不考虑商品房消费者“名下没有其他用于居住的房屋”，应全面判断，对“以居住为目的”进行实质审查。

(3)支付房屋全部价款。实践中，房屋作为高价商品，分期付款模式比较常见。在无过错买受人物权期待权保护要件中，对支付款项的要求则是支付全部价款，或者已支付部分价款并能将剩余价款按照人民法院的要求交付执行。而在《最高人民法院关于建设工程价款优先受偿权问题的批复》(已废止)中，对消费者交付购房款的最低要求是“大部分”，交付比例的宽松，体现了对消费者居住权保护的倾斜。但由于“大部分”很难量化，在语义上存在不确定性，《异议复议规定》从有利于消费者的原则出发，将大部分价款的标准明确为 50% 以上，更有利于操作。实践中，有的商品房消费者支付价款未达到 50%，但比较接近，能否认定为符合该规定精神？对此，《九民纪要》第 125 条规定，如果商品房消费者支付的价款接近于 50%，且已按照合同约定将剩余价款支付给申请执行人或者按照人民法院的要求交付执行的，可以理解为符合该规定的精神。如在(2021)最高法民终 600 号案中，商品房消费者已经支付的购房款未达到总价款的 50%，但是在诉讼中明确表示愿意将剩余价款按照人民法院的要求交付执行，在此情况下，人民法院适用《异议复议规定》第 29 条规定，认定商品房消费者在交付剩余房款后对于案涉房屋享有物权期待权、可以排除强制执行。但根据《最高人民法院关于商品房消费者权利保护问题的批复》，要求商品房消费者必须支付全部价款或在一审法庭辩论终结前支付完毕全部价款。该批复从支付比例上看，是提高为全部购房款的要求，但也放宽了前期价款

---

① 参见江必新、刘贵祥主编：《最高人民法院关于人民法院办理执行异议和复议案件若干问题规定理解与适用》，人民法院出版社 2015 年版，第 422 页。

的支付时间和比例,不再要求消费者在查封之前已经交纳50%以上的价款。从实际效果上来看,也可以避免商品房消费者因不能交纳剩余价款,导致房地产企业使商品房消费者的剩余价款请求权被作为到期债权执行的风险。

(三)新法与旧法的比较

与《最高人民法院关于建设工程价款优先受偿权问题的批复》(已废止)对消费者物权期待权的特别保护相比,《最高人民法院关于商品房消费者权利保护问题的批复》确立的商品房消费者的超级优先权有两大区别:一是提高了支付价款标准,要求商品房消费者需已支付全部价款或在一审法庭辩论终结前交付了全部价款。如前所述,《最高人民法院关于建设工程价款优先受偿权问题的批复》(已废止)所要求的“大部分款项”存在不确定性,而此后《异议复议规定》和《九民纪要》都对此进行了进一步阐明,直至将付款放宽至接近总价款的50%。而《最高人民法院关于商品房消费者权利保护问题的批复》要求主张超级优先权的商品房消费者必须支付全部购房款,在提高了商品房消费者构成要件的标准同时,也避免了何为“大部分款项”的争议。除此之外,还对商品房购买价款的支付设置了“一审辩论终结前”的时间限制。二是在房屋不能交付且无实际交付可能的情况下,确立了商品房消费者的价款返还优先权。《最高人民法院关于建设工程价款优先受偿权问题的批复》(已废止)并无消费者的价款的返还请求权具有优先性的规定,最高人民法院曾就该问题在《最高人民法院针对山东省高级人民法院就处置济南彩石山庄房屋买卖合同纠纷案请示的答复》(〔2014〕执他字第23、24号)进行了个案答复,该答复第2条规定,基于《最高人民法院关于建设工程价款优先受偿权问题的批复》(已废止)保护处于弱势地位的房屋买受人的精神,对于《最高人民法院关于建设工程价款优先受偿权问题的批复》(已废止)第2条“承包人的工程价款优先受偿权不得对抗买受人”的规定,应当理解为既不得对抗买受人在房屋建成情况下的房屋交付请求权,也不得对抗买受人在房屋未建成等情况下的购房款返还请求权。但个案答复适用范围有限,《最高人民法院关于商品房消费者权利保护问题的批复》通过后,商品房消费者的价款返还优先权从个案答复提升至司法解释层面,得以普遍适用。

相较于《异议复议规定》第29条,《最高人民法院关于商品房消费者权利保护问题的批复》改变了商品房消费者的认定标准:一是只限制“以居住为目的”,不再限制“买受人名下无其他用于居住的房屋”,扩大了商品房消费者范围。这里商品房消费者的扩大,与《九民纪要》第125条第2款提出的“商品房消费者名下虽然已有1套房屋,但购买的房屋在面积上仍然属于满足基本居住需要的,可以理解为符合该规定的精神”一脉相承,判断标准不囿于购房屋数量、地域范围等因素。值得一提的是,对于居住房屋的理解不限缩于普通住宅,对于用以居住的商住两用房的购房人,也应作为商品房消费者对待。二是修改了未全部支付房屋价款的商品房消费者的房屋交付请求权优先适用情形,要求已支付全部价款或在一审法庭辩论终结前结清全部价款,不再只要求达到合同约定总价款的50%,或者支付价款接近于50%,且已按照合同约定将剩余价款支付给申请执行人或者按照人民法院的要求交付执行,提高了对商品房消费者构成要件的要求。

《最高人民法院关于商品房消费者权利保护问题的批复》施行之初,关于《异议复议规定》第29条如何适用的问题,多数人认为应当区分案外人异议和执行异议之诉分别处理,从《异议复议规定》第29条内容上看,其所确立的简易标准是为了在执行审查阶段便于执行法官判断,是执行效率的考量。即便案外人在异议阶段未获支持,其基于自身实体权利,依然可以提起执行异议之诉。而在执行异议之诉阶段,法院要从实体方面进行全面审查,而不以形式要件为标准。此时,对于“用于居住和买受人名下是否其他用于居住的房屋”“支付价款”要件的判定,应当以《最高人民法院关于商品房消费者权利保护问题的批复》为标准。该种观点不无道理,但如果要体现该批复对商品房消费者的保护,则在异议阶段也应当进行实体方面的全面审查。随着批复施行至今,实践发展逐渐深化,最高人民法院关于如何协调适用的规则也日渐明晰。最高人民法院民二庭在法答网关于“《执行异议和复议规定》第二十九条和《关于商品房消费者权利保护问题的批复》第二条如何协调适用?”这一问题明确:《最高人民法院关于商品房消费者权利保护问题的批复》不仅适用于民商事案件中的审理,也适用于执行异议复议程序,当实践中两个条文的适用存在冲突时,应当优先适用《最高人民法院关于商品房消费者权利保护问题的批复》第2条的规定。

对于商品房消费者的物权期待权,审判实践多参照《异议复议规定》第29条规定处理。2023年,最高人民法院发布了《商品房消费者权利保护批复》,既切实保障购房人合法权益,也有利于稳定各方预期,提振房地产市场信心,防范化解房地产风险。对于期房预售中的交易监管、预售资金监管、不动产登记等环节存在的问题,《异议之诉司法解释》从风险“去存量”“减增量”两个方面着手细化落实稳定预期、化解风险工作。对于所购商品房系用于满足家庭居住生活需要的商品房消费者,《异议之诉司法解释》第11条、第12条第2款从保障房屋交付请求权和价款返还请求权两个方面予以规范。第11条对商品房消费者的范围进行了界定,并对其房屋交付请求权予以保护:一是明确“所购商品房系用于满足家庭居住生活需要”,“家庭”一般是指夫妻和未成年子女,以家庭为单位考察房屋的持有状况。“居住生活需要"应不再限于家庭唯一住房,并可涵盖改善性住房。二是严格付款条件,消费者权益的取得必须支付对价,避免被执行人责任财产的不当减少,维护申请执行人权益。第11条第2款为维护群众合法权益,以《民法典》第406条为依据,支持商品房消费者办理过户登记,保障其房屋交付请求权。消费者购房价款返还请求权的保护与房屋交付请求权的保护在逻辑上具有一致性。因房屋不能交付且无实际交付可能导致房屋买卖合同已经解除,历经长时间的期待之后房屋无法交付,可能让消费者承受更大的损失,其个人的生存和生活亦可能由此遭受巨大冲击。在此前提下,应支持消费者从执行中取回购房款。对此,《异议之诉司法解释》第12条第2款明确规定,商品房消费者因房屋不能交付且无实际交付可能导致房屋买卖合同已经解除,请求在变价款中支持其价款返还的,人民法院应予支持。

如果商品房消费者取得商品房无望,根据《异议之诉司法解释》第12条第1款、第13条、第19条的规定,对不动产买受人向预售资金监管账户交付价款、将价款交付执行以及办理预购商品房买卖合同预告登记形成排除执行的效力进行了规定。房屋烂尾导致购房者集体维权,根源在于实践中预售资金未得到有效监管。从落实配合完善预售资金监管制度要求出发,鉴于预售资金监管账户具有特殊性,在房屋买卖合同已经解除的前提下,买房人作为案外人提出执行异议之诉,要求排除监管账户相应购房款的强制执行的,人民法院应予支持。对于已将价款交付执行的购房人,面临房地产开发企业为债务人的强制执行时,应当依法予以保护。购房人向法院交付的执行款,可以由执行法院发放给申请执行人,用以代替被执行人清偿相应债务,此时依照法律规定的清偿顺序进行分配的条件已具备。在此基础上,相应的主债权可以视为已获清偿,案外人有权主张排除优先债权的执行以及请求按套注销抵押登记。房屋买受人依法进行预告登记的,可以排除他人通过交易、强制执行等方式取得物权登记的可能性,故预告登记权利人提出执行异议之诉,请求停止处分的,应予支持。预告登记权利人证明其已符合办理物权登记条件,如新建商品房完成权属首次登记并已符合办理转移登记的条件,案外人可以确定的取得不动产物权的,仅因查封不能完成物权转移登记,可以请求排除包括查封措施在内的强制执行,以扫除其进行不动产物权登记的障碍。

二、操作指引

(一)具体判断标准

根据《最高人民法院关于商品房消费者权利保护问题的批复》的规定,案外人以其系商品房消费者请求排除对执行标的商品房的执行,只需满足以下两个要件:

一是"消费者以居住为目的购买房屋",二是案外人已支付了全部价款。如果案外人仅支付了部分价款,只要"在一审法庭辩论终结前已实际支付剩余价款的",也可以请求排除执行。

1. 商品房买卖合同的形式要求

《异议复议规定》第29条明确要求在"在人民法院查封之前已签订合法有效的书面买卖合同",而《最高人民法院关于商品房消费者权利保护问题的批复》中并无相关表述,但是"未提及"并非对该要件的否定,"签订合同"是"购买"的应有之义,不能省略,[①]商品房消费者要排除执行,依然需要满足该条件。关于商品房买卖合同的形式要求,根据《商品房买卖合同解释》的规定,商品房买卖合同指的是房地产开发企业将尚未建成或者已竣工的房屋向社会销售并转移房屋所有权于买受人,买受人支付价款的合同。实践中,除常见的示范文本形式的商品房买卖合同外,还存在定金合同、订金合同、预约合同以及其他书面形式的房屋买卖合同等。买受人"购买"房屋的意思表示不应限于合同的形式,前述类型均应符合形式要件的要求,但对是否属于商品房买卖合同的实质判断,还需要结合合同内容等进行事实认定。以《商品房认购书》为例,从时间上看系商品房买卖双方在签订商品房预售合同或商品房现房买卖合同之前所签订,从内容上看是对双方交易房屋事宜进行初步确认,其目的是促成本约即商品房买卖合同的订立,其性质属于预约合同,一般情况下,不能以预约合同认定本约合同已经正式订立。《商品房买卖合同解释》第5条规定,"商品房的认购、订购、预订等协议具备《商品房销售管理办法》第十六条规定的商品房买卖合同的主要内容,并且出卖人已经按照约定收受购房款的,该协议应当认定为商品房买卖合同"。认购书虽然并非正式的商品房买卖合同,但是如果认购书的内容包含商品房买卖合同主要内容,那么也可以认定双方当事人已经就商品房买卖形成了正式的合同。如在(2022)最高法民终353号案中,双方约定在一定时间内由房产开发公司对房屋进行代卖,如果在约定期限内未完成销售,则可将已付款项作为商品房交易总房款,双方可另行签订商品房买卖合同并办理相关购买手续,最高人民法院认为,此类协议本质上是代买合同,不能认定为房屋买卖合同。

2. 房屋交付请求权以及价款返还请求权优先于建设工程价款优先受偿权的范围

建设工程项目中占有多块土地的,商品房消费者的房屋交付请求权以及价款

① 《城市房地产管理法》第41条亦明确规定房地产转让,应当签订书面转让合同。

返还请求权不仅优先于该房屋所占地块对应的建设工程价款优先受偿权,还优先于房屋所在项目的全部建设工程价款优先受偿权。这是因为,第一,建设工程价款优先受偿权针对的是承包人所承建的建设工程,买受人的房屋交付请求权以及价款返还请求权能够对抗与其具有紧密关联的建设工程价款优先受偿权,举重以明轻,其他地块上的工程价款相较于执行标的所在地块更不具有优先性。第二,从工程实践上看,承包人请求支付的建设工程价款在同一个项目工程中难以按照地块进行界定和划分,优先于全部建设工程价款优先受偿权更具有实操性。

3. "一审辩论终结前"的界定

按照一般理解,商品房消费者一般是请求排除对标的房屋的强制执行,对于已交付全部购房款的买受人,其执行异议应当得到支持。对于仅交付了部分购房款的买受人,其执行异议被驳回后,可以提出执行异议之诉,并在一审之前补齐差额的购房款,其异议主张能够得到支持。但买受人支付剩余价款的时间限定在"一审辩论终结前",这就引发了一个问题,买受人在提起执行异议时未全额支付,执行异议程序驳回其异议请求无疑是正确的,在之后提起的异议之诉程序中,买受人再通过支付剩余价款满足排除执行的条件,进而通过异议之诉的救济程序改变原执行异议的裁定,排除执行,无疑是浪费了宝贵的司法资源。除此之外,在实现担保物权案件特别程序中,由于并不存在一审程序,买受人基于该批复的交付请求权也无法直接适用。

4. "不能交付""无实际交付的可能"的理解

鉴于《最高人民法院关于商品房消费者权利保护问题的批复》出台不久,尚未有更细化的批复、解释或司法判例。目前主要存在两种理解:一种理解认为,针对未建成房屋的房屋,在不能交付且无实际交付可能的情况下,由于烂尾房屋本身未竣备,不具备交付条件或交付可能性,商品房消费者可以主张返还购房款;另一种理解则认为,应当承接批复第 2 条"只支付了部分价款"情形,当商品房消费者未在一审法庭辩论终结前支付剩余价款,导致其无法行使该批复第 2 条规定的房屋交付请求权时,商品房消费者可以主张价款返还请求权。除前述理解存在争议外,"不能交付""无实际交付的可能"的具体认定标准也有待进一步明确。

在"保民生、保交房"的时代背景下,《最高人民法院关于商品房消费者权利保护问题的批复》积极回应了商品房消费者权利保护问题的现实需求,厘清了不同债权之间的权利顺位关系,在区分房屋客观上能交付与无法交付两种情形的基础上,作出对商品房消费者的特殊保护的安排,有利于司法实践的统一适用,但该批复正值出台之际,尚未有司法判例可供参考,针对千差万别的现实情况,如何适用仍显模糊并缺乏具体指引，寄希望于在后续理论研究和司法实践中不断加以完善。

（二）实践与检视

1. 消费者物权期待权优先于工程价款优先受偿权

《民法典》第 807 条规定："发包人未按照约定支付价款的，承包人可以催告发包人在合理期限内支付价款。发包人逾期不支付的，除根据建设工程的性质不宜折价、拍卖外，承包人可以与发包人协议将该工程折价，也可以请求人民法院将该工程依法拍卖。建设工程的价款就该工程折价或者拍卖的价款优先受偿。"承包人对于建设工程折价或者拍卖的价款享有优先受偿的权利，优先于一般的债权。

《最高人民法院关于建设工程价款优先受偿权问题的批复》（已废止）第 1 条、第 2 条，确立了商品房消费者的生存权优先保护原则。最高人民法院于 2020 年 12 月 29 日发布《最高人民法院关于废止部分司法解释及相关规范性文件的决定》，废止了该批复以及《最高人民法院关于审理建设工程施工合同纠纷案件适用法律问题的解释》《最高人民法院关于审理建设工程施工合同纠纷案件适用法律问题的解释（二）》，并重新发布了《最高人民法院关于审理建设工程施工合同纠纷案件适用法律问题的解释（一）》。新的司法解释没有房屋消费者的物权期待权优先于建设工程优先受偿权的规定，而原批复规定也已废止。但商品房消费者的生存权仍受执行领域相关司法解释保护。

《异议复议规定》第 27 条规定："申请执行人对执行标的依法享有对抗案外人的担保物权等优先受偿权，人民法院对案外人提出的排除执行异议不予支持，但法律、司法解释另有规定的除外。"而《异议复议规定》第 29 条属于第 27 条规定的除外规定。根据上述规定，在已经支付 50% 以上购房款的商品房消费者的生存权与建设工程价款优先受偿权发生冲突时，应优先保护商品房消费者的生存权。

2023 年 4 月 20 日，《最高人民法院关于商品房消费者权利保护问题的批复》（法释〔2023〕1 号）发布，该批复明确了已支付全部价款的商品房消费者的物权期待权优先于建设工程价款优先受偿权、抵押权以及其他债权。对于只支付了部分价款的商品房消费者，在一审法庭辩论终结前实际支付剩余价款的，亦可参照前述规定予以特殊保护。

2. 担保物权优先受偿权与消费者物权期待权的冲突

《异议复议规定》第 27 条规定："申请执行人对执行标的依法享有对抗案外人的担保物权等优先受偿权，人民法院对案外人提出的排除执行异议不予支持，但法律、司法解释另有规定的除外。”根据该条规定,在执行过程中,申请执行人对执行标的依法享有担保物权、建设工程价款优先权等优先受偿权的,有权对执行标的物的价值,优先于普通债权受偿。案外人对执行标的主张所有权,或者租赁权等其他阻止执行的实体权利,依据法律、司法解释规定,申请人对执行标的优先受偿权足以对抗案外人权利的,人民法院对案外人的诉请不予支持。但在法律、司法解释另有规定的情况下,如果申请执行人的优先受偿权不能对抗案外人权利的,人民法院对案外人排除执行的诉请则应予支持。在执行程序中对不动产受让人进行优先保护的理论基础是买受人物权期待权保护。所谓买受人期待权,是指对于签订买卖合同的买受人,在已经履行合同部分义务的情况下,虽然尚未取得合同标的物的所有权,但赋予其类似所有权人的地位,其物权的期待权具有排除执行等物权效力。我国对物权期待权的保护,首见于2002年《最高人民法院关于建设工程价款优先受偿权问题的批复》(已废止)规定:“一、人民法院在审理房地产纠纷案件和办理执行案件中,应当依照《中华人民共和国合同法》第二百八十六条的规定,认定建筑工程的承包人的优先受偿权优于抵押权和其他债权。二、消费者交付购买商品房的全部或者大部分款项后,承包人就该商品房享有的工程价款优先受偿权不得对抗买受人……”此后,2004年3月1日生效的《国土房管部门协助执行通知》第15条,将物权期待权保护的对象扩大至自开发商处受让房屋的所有买受人。2005年1月1日,最高人民法院又在《查扣冻规定》第17条,将物权期待权保护的对象再次扩大到所有登记财产的买受人。《异议复议规定》第28条在对上述第17条的基本精神予以坚持的基础上,对无过错买受人物权期待权的保护问题进行了修改和补充。《九民纪要》颁布以前,建设工程承包人的优先受偿权优先于抵押权,而不动产买受人的物权期待权又优先于承包人的优先受偿权,因此,不动产买受人的物权期待权应当优先于该不动产的抵押权。符合《异议复议规定》第28条规定的不动产买受人,可以其享有的不动产期待权对抗申请执行人的抵押权等优先受偿权。《异议复议规定》第28条应为第27条规定的“司法解释另有规定的除外”的情形。在(2017)最高法民终689号案件中,东方资产重庆分公司对执行标的享有抵押权,但由于《异议复议规定》第29条设置了消费者物权期待权制度,该条款即属于《异议复议规定》第27条规定的“法律、司法解释另有规定的除外”情形。因此,东方资产重庆分公司享有的抵押权不能对抗买受人杨某琴享有的消费者物权期待权。

对此问题,《九民纪要》第126条指出,根据《最高人民法院关于建设工程价款优先受偿权问题的批复》(已废止)第1条、第2条的规定,交付全部或者大部分款项的商品房消费者的权利优先于抵押权人的抵押权,故抵押权人申请执行登记在房地产开发企业名下但已销售给消费者的商品房，消费者提出执行异议的，人民法院依法予以支持。但应当特别注意的是，此情况是针对实践中存在的商品房预售不规范现象为保护消费者生存权而作出的例外规定，必须严格把握条件，避免扩大范围，以免动摇抵押权具有优先性的基本原则。因此，这里的商品房消费者应当仅限于符合该纪要第125条规定的商品房消费者，买受人不是该纪要第125条规定的商品房消费者，而是一般的房屋买卖合同的买受人，不适用上述处理规则。也即根据《九民纪要》，《异议复议规定》第28条并不属于第27条规定的“司法解释另有规定的除外”的情形。因此，当申请执行人对执行标的依法享有担保物权等优先受偿权时，一般的房屋买卖合同的买受人提起执行异议之诉，不能排除强制执行。但也有观点认为，《异议复议规定》第27条的适用在保障优先权的同时应当区分担保物权人的优先权能否得到实现，进而兼顾保护不动产买受人的物权期待权，发生冲突时优先受偿权是否一定优先于物权期待权不能一概而论，这是因为当优先权人的债权能够得到实现时，对执行标的所享有的优先受偿权与买受人的物权期待权或者商品房消费者的生存权相比已无优先之必要。具体来说，当不动产买受人向预售资金监管账户交付的价款足以清偿优先债权或者达到一定比例，抵押权人的债权能够通过自预售资金监管账户得到受偿，或者优先债权在执行程序中已经通过其他财产得到清偿的，抵押权人的优先权不因排除对标的房屋的执行而减损，此时买受人提起的执行异议之诉，应当予以支持。

非消费者购房人能否排除担保物权人的强制执行不能一概而论，应基于双方权利性质、取得权利时间先后、权利取得有无过错、如何降低或者预防风险再次发生等因素，对双方享有的权利进行实体审查后作出相应判断。[①]

3. 无过错买受人物权期待权与消费者物权期待权的法条竞合

《异议复议规定》第28～29条分别规定了对无过错买受人物权期待权和消费者物权期待权的保护要件。其中，无过错买受人的物权期待权没有特殊要求，如果不动产为房屋的话，不管是商业用房，还是居住用房，均应一体保护；消费者的物权期待权保护标的要求必须是生活居住的商品房，也应是通常说的一手房。实践中，买受人对登记在被执行的房地产开发企业名下的居住商品房提出异议之诉，符合《异议复议规定》第28条规定的情形时，能否适用无过错买受人物权期待权保护制度，存在分歧。第一种观点认为，第28条是普适性的条款，对于所有类型的被执行人均可适用，而第29条是专门针对被执行人为房地产开发企业而规定的特别条款，

① 最高人民法院民事判决书，（2022）最高法民终34号。

根据特别法优于普通法的原理,只能适用第29条,如不符合消费者物权期待权的要件,则不能排除执行。第二种观点则认为,从保护标准来看,第29条既不要求主观上无过错,也不要求交付全部价款,更不要求占有房屋,实际上是在第28条的基础上,赋予作为"唯一住房又支付了半数以上房款的买受人"更为宽松的适用条件,让其依法能够排除执行,体现了充分保护弱势买受人的立法精神。因此,不能仅仅机械地认为是一般规定和特别规定的关系,符合第29条的条件并不必然排斥适用第28条,当买受人要求对登记在房地产开发企业名下的商品房排除执行时,如能够证明其符合第28条中买受一般被执行人名下不动产的情形的,人民法院也应当予以支持。①

4. 买受人"无其他用于居住的房屋"如何理解

《异议复议规定》第29条明确要求买受人名下无其他用于居住的房屋。审判实践中,对于"所购商品房系用于居住且买受人名下无其他用于居住的房屋"如何理解,判断的标准不一。在异议之诉审理中,案外人就其对执行标的享有足以排除强制执行的民事权益承担举证证明责任,为了证明其名下无其他用于居住的房屋,往往需要由不动产登记部门出具查询结果。这里存在的问题是,没有明确无其他用于居住的房屋的范围,是在受诉法院辖区内,还是哪一级行政区域,或是全国范围?首先要明确的是,只有案外人经常居住地所在的不动产登记部门出具的查询结果才有证明效力。这里的经常居住所在地,可以理解为案外人的住所地和经常居住地。案外人的经常居住所在地和被执行房屋所在地,一般是一致的,但也有可能不一致。我们认为,由于消费者物权期待权是对公民基本居住权的特殊保护,案外人在非经常居住所在地购置的房屋,不应在保护之列,否则容易造成权利滥用。关于查询范围的问题,不宜任意扩大,鉴于我国民众的居住习惯,应以一般生活和活动的范围为界,如买受人在县域(县城及农村)经常居住的,可在县级不动产登记部门查询本县范围内有无其他居住房屋;在设区的市或者直辖市经常居住的,可在市级不动产登记部门查询本市辖区有无其他居住用房。对此,《九民纪要》第125条也持类似观点,并进一步指出,如果商品房消费者名下已有1套房屋,但该房屋面积较小,并未达到当地平均居住水平,其购买的房屋在面积上仍然属于满足基本居住需要的,也可以理解为符合该规定的精神。关于买受人名下的理解。如果商品房消费者名下无其他房屋,但是其与配偶名下有住房且用于共同居住,这就涉及如何理解"买受人名下"的问题了。《异议复议规定》第29条初衷是保护商品房消费

① 参见最高人民法院执行局编著:《人民法院办理执行案件规范》,人民法院出版社2017年版,第368页。

的生存权,配偶名下有房产作为夫妻共同居住使用,可满足异议人的基本居住需求,应当视为其已有居住用房,因此不符合"所购商品房系用于居住且买受人名下无其他用于居住的房屋"之情形。

"用于居住的房屋"应当以满足家庭日常基本居住需要为限。《异议复议规定》第29条是在对生存权益和债权人享有的金钱债权利益中作出的价值衡量,是基于对消费者生存利益的特殊保护作出的特别规定。对于超出平均居住水平和居住需要的,如购买度假型、豪华型房屋,或者投资型、经营型房屋,以及基于消灭其他债权债务关系而形成的以房抵债等的,超出了生存利益特别保护的范畴,不能排除强制执行。[①] 如果买受人同时购买的多套房屋同时满足《异议复议规定》第29条的规定,其中任意一套房屋在面积上均可满足买受人基本居住需要,那么其中一套可以排除执行,其他房屋不能排除执行。[②]

根据《最高人民法院关于商品房消费者权利保护问题的批复》的规定,商品房消费者只需要满足"以居住为目的购买房屋",不再要求买受人具备"无其他用于居住的房屋"的条件。

5. 买受人房屋权利的实现

商品房消费者提起执行异议之诉,在取得生效判决认定买受人对抵押房屋享有足以排除抵押权人强制执行的权利后,买受人对标的房屋的权利如何实现,目前尚未有明确的法律规定,各地判决标准也存在差异。

(1)买受人是否有权要求办理过户登记

对于买受人能否要求出卖人办理过户登记,存在如下意见分歧:一种意见认为,执行异议之诉判决不予执行抵押房屋不影响原担保合同的效力,经登记设立的抵押权在未被涤除的情况下没有消灭,因此不能支持买受人要求办理过户登记的请求。另一种意见认为,抵押权在申请强制执行后,被执行异议之诉生效判决停止执行标的的执行,抵押权的实现行为事实上已经完结,该抵押权应当判定消灭,应当支持买受人请求办理过户登记的请求。

我们认为,首先,生效判决停止标的的强制执行的"不得执行"并不是暂时不予执行,而是在买受人对标的不动产享有的权利优于抵押权人的抵押权的情况下,该抵押权已无法实现。其次,买受人依生效法律文书主张房屋过户登记,根据《民法典》第406条的规定,抵押财产转让不以抵押权人同意为前提,带抵押权进行过户登记符合《民法典》的规定,办理房屋过户登记不存在法律障碍。

---

① 最高人民法院民事判决书,(2020)最高法民终1203号。

② 最高人民法院民事裁定书,(2021)最高法民申6243号。

(2)买受人是否有权要求涤除抵押权登记

在解决买受人有权办理过户登记的问题后,实际办理过户登记手续时,又面临标的房屋上存在抵押权登记的问题。对于买受人是否有权要求涂销抵押权登记,又存在如下意见分歧:

一种意见认为,买受人有权要求抵押人和抵押权人共同涂销抵押权登记,在生效判决认定买受人对不动产享有的权利足以排除抵押权的强制执行时,不动产抵押登记已无实质意义,抵押权人无法行使抵押权,买受人无法取得产权,不动产处于权利不确定状态,为彻底解决纠纷,应赋予买受人要求抵押权人协助涂销抵押登记的权利。如在高某诉上海云古酒店管理有限公司房屋买卖合同纠纷案①中,上海市第一中级人民法院认为,相关生效判决已确认停止案涉房屋的相关执行程序,执行法院也裁定解除了对案涉房屋的查封措施,就案涉房屋设定的抵押登记已不具有实质意义,在此情况下,买受人有权要求抵押权人亦承担涤除涉诉房屋抵押登记的义务。根据《最高人民法院关于商品房消费者权利保护问题的批复》的规定,商品房消费者的权利优先于工程价款优先权和抵押权,买其有权办理过户登记并请求涤除房屋上登记的抵押权以取得无权利负担的所有权。而且由于我国允许对在建商品房进行预售,在建商品房项目又往往通过抵押进行融资建设,买受人对预售房屋是否存在抵押以及抵押能否涤除并不负有审慎审查的义务,而且买受人行使超级优先权的前提是其已支付全部房款,买受人对被执行人并无负债,其获得"干净"的所有权更能体现公平。

另一种意见认为,抵押权人没有涂销抵押登记的义务,且抵押权登记已不具有实质意义,不妨碍买受人取得房屋产权。如在胡某与李某欣、重庆同洲控股(集团)有限公司房屋买卖合同纠纷案②中,买受人对案涉房屋享有的权利可以排除抵押权人基于抵押权申请的强制执行,但并不必然推断出买受人有权要求抵押权人和抵押人涂销抵押登记。买受人就案涉房屋取得排除基于抵押权的强制执行的生效判决,案涉房屋上存在的抵押权已事实上不构成办理案涉房屋过户手续的障碍。买受人办理完成不动产权属转移登记后,根据不动产物权变动规则成为标的不动产所有权人。该不动产上原来的抵押权已被案外人执行异议之诉的生效判决排除,原抵押登记相当于在他人所有的不动产上设立抵押,构成"有证据证明登记确有错误的,登记机构应当予以更正"的情形,应当涂销。买受人有权根据《民法典》第220

① 上海市第一中级人民法院民事判决书,(2018)沪01民终6620号。

② 重庆市渝北区人民法院民事判决书,(2018)渝0112民初27351号。

条要求不动产登记机构涂销抵押权登记。[①]

还有一种意见认为,《最高人民法院关于商品房消费者权利保护问题的批复》第2条中“优先”不能涤除抵押权。这是因为《物权法》(已废止)不允许抵押物转让,但在《民法典》明确允许“带押过户”的背景下,如果在办理不动产的过户登记时不特别涤除抵押,那么过户后抵押权仍存在。批复中第2条对商品房消费者的优先权表述为“房屋交付请求权”,但对于“交付”并未进行界定,理论界的观点冲突也多集中于不动产的交付是“占有转移”还是“占有转移+过户登记”?持不能涤除抵押权的观点认为,商品房消费者物权期待权的特殊保护旨在保障公民赖以生存的居住权,在占有转移的层面上对买受人予以特别保护已足以实现保障其生存权的目的,无须将本来就劣后的抵押权予以涤除。因此,批复中第2条中的“优先”表现的是一种对抗效力而非直接导致担保物权消灭的原因。

我们认为,首先,要求抵押权人负有协助办理涂销登记的义务并无依据。根据合同的相对性,买受人与抵押人签署房屋买卖合同成立房屋买卖合同关系,抵押人作为合同相对人,负有协助办理不动产登记的义务,抵押权人不是合同的相对人,其对买受人不负有任何合同义务,因此要求抵押权人协助办理涂销登记没有合同依据。其次,买受人虽基于《最高人民法院关于商品房消费者权利保护问题的批复》第2条可以排除对标的不动产的强制执行,但本条款并未赋予商品房买受人在排除执行外还有要求其他主体承担能够使其实现物权期待权的权利,因此要求抵押权人协助办理涂销登记也没有法律依据。最后,抵押权人基于对物权公示登记信赖与抵押人签署抵押登记合同成立抵押关系,并经登记依法设立抵押权,在抵押权的取得上不存在过错,因此也难以要求其对抵押权登记承担协助涂销登记的责任和义务。

6. 因楼盘烂尾,买受人退房后提起的异议之诉

除前述商品房消费者以消费者物权期待权主张排除强制执行外,实践中也不乏因楼盘烂尾无法继续履行房屋买卖合同导致退房并要求返还购房款的情况。这就涉及房地产开发企业没有建成房屋,在房屋买卖合同被认定无效或被撤销、解除的情况下,交付了全部或者大部分款项的购房者享有的购房款返还请求权是否优先于其他债权人的权利问题。有观点认为,建筑工程的承包人的优先受偿权优于抵押权和其他金钱债权,但劣后于商品房消费者生存权,消费者交付购买商品房的全部或者大部分款项后,承包人就该商品房享有的工程价款优先受偿权不得对抗

① 参见李静、雷元亮:《物权期待权优于抵押权时的实现路径》,载《人民司法》2020年第35期。

买受人,由此推出买受人的购房款返还请求权优先于包括承包人工程价款请求权在内的其他权利,因而商品房消费者的购房款返还请求权享有足以排除执行的民事权益。

就该问题,2023 年 4 月 20 日发布的《最高人民法院关于商品房消费者权利保护问题的批复》,明确在房屋不能交付且无实际交付可能的情况下,商品房消费者主张价款返还请求权优先于建设工程价款优先受偿权、抵押权以及其他债权的,人民法院应当予以支持。需要明确的是,商品房消费者主张价款返还的优先范围应当限定为购房款,不包括因合同解除所产生的违约金、损害赔偿金等。这是因为,赋予商品房消费者超级优先权,是对其生存居住权的特别保护,应当限定在合理范围内,利息、违约金、损害赔偿金等不属于生存居住权的内涵。同样地,根据《建设施工合同解释(一)》的规定,逾期支付建设工程价款的利息、违约金、损害赔偿金等亦不属于工程价款优先受偿权范围。

实践中,商品房消费者往往采取按揭的方式支付房屋价款。此时房屋价款分为两部分:买受人自有资金与银行按揭贷款,因此产生两种观点,一种观点认为,买受人自有资金与银行按揭贷款均属于“优先受偿”的范围。该观点持有者认为,商品房买卖合同解除并不一定导致贷款合同解除,基于合同的相对性,买受人还应当根据贷款合同承担向银行偿还贷款的义务,为避免商品房消费者陷入不仅无法取得房屋还要继续向银行还款的风险,两部分房屋价款均应“优先受偿”。另一种观点认为,根据《最高人民法院关于商品房消费者权利保护问题的批复》的规定,买受人对其自有资金部分当然可以优先受偿;但银行房屋按揭贷款部分不能优先受偿。这是因为按揭贷款部分的受偿人是银行,而优先受偿的权利源于商品房消费者的生存居住权,但银行不是商品房消费者也不享有生存权益,因此没有优先受偿的权利基础。而且按揭贷款本身就对应有抵押权,该批复已明确抵押权劣后建设工程价款优先受偿权,银行又能通过行使价款返还请求权在实质上使抵押权优先于建设工程价款优先受偿权,造成体系的混乱。而关于银行按揭贷款部分价款偿还的问题,根据《商品房买卖合同解释》第 21 条的规定,在解除商品房买卖合同和商品房担保贷款合同后,房地产开发企业应当将收取的购房贷款和购房款的本金和利息分别返还担保权人和买受人。买受人因楼盘烂尾而退房导致合同解除的,贷款合同因合同目的无法实现亦被解除,[①]房地产开发企业应当将收取的购房贷款本金及利息返还贷款银行和买受人,而买受人不负有返还义务。

---

① 最高人民法院民事判决书,(2019)最高法民再 245 号。

在对登记在被执行的房地产开发企业名下的预售资金监管账户实施强制执行的案件中，由于商品房预售款监管账户担负着优先保障开发项目、促进在建工程如期竣工、维护购房者合法权益的核心功能，根据《最高人民法院、住房和城乡建设部、中国人民银行关于规范人民法院保全执行措施确保商品房预售资金用于项目建设的通知》第2条的规定，预售资金监管账户被人民法院冻结后，经项目所在地住房和城乡建设主管部门审核同意的，买受人因购房合同解除有权要求退还购房款。当案件进入执行阶段，如果买受人提起执行异议之诉，请求人民法院排除对预售资金账户中应返还买受人的购房款的强制执行并请求返还相应购房款的，可以予以支持。而在对登记在被执行的房地产开发企业名下的未建成房屋及其占用范围内建设用地使用权实施强制执行的案件中，买受人对未建成房屋没有物权期待权，不享有排除该等强制执行的民事权益，但其享有的购房款返还请求权依然存在，故而有权在对执行变价款的执行过程中主张相应的购房款，在其提出的执行异议之诉中排除对该部分购房款的强制执行，并请求人民法院向其返还相应购房款。

7. 商品房消费者的超级优先权对房地产行业的影响

对承包人来说，建设工程是承包人为发包方承揽所建，承包人通过垫付资金、进行施工，完成建设任务。为保护承包人的利益以及承包人的工程报酬问题，特别是以农民工为代表的劳动者的工资报酬，我国法律规定发包方没有按约定支付工程款的，承包人享有以工程折价抵偿或工程拍卖的价款优先受偿的权利。我国建设工程行业中，承包人自行垫资施工的现象已成为行业惯例，承包人承担了前期垫资的风险、项目管理等成本等，但根据现有批复的规定，承包人的权利劣后于商品房消费者，承包人的权益将难以得到保障。如果作为债务人的房地产开发企业资不抵债，优先满足购房债权会使建设工程价款优先权在一定程度上遭受损失，有时会完全得不到清偿最终致使劳动者的报酬无法保障。

对金融机构来说，由于房地产项目抵押权的优先级别进一步下滑，房产项目贷款风险加剧，只有楼盘顺利交付，才能保障自身权益，银行对房企发放贷款将越发慎重，更加看重房企综合能力。

对于开发商来说，通过项目地块的抵押等增信措施，已不能达到金融机构增信的目的，仍需依赖主体信用、综合能力等，其获得银行贷款的难度也不免增大。

审判前沿

恒丰银行股份有限公司南充分行、吴某申请执行人执行异议之诉纠纷案

[(2018)川13民初72号民事判决书、(2020)川民终273号民事判决书、(2021)最高法民申1131号民事裁定书]

【裁判要旨】

享有担保物权的申请执行人具有优先受偿地位,基于生存权至上的考虑,法律特别规定,交付全部或大部分款项的商品房消费者的权利优先于抵押权人优先受偿权。此种情形在实践中需要严格审查和把握,以免动摇抵押权的优先性基础。根据《异议复议规定》第28条的规定,一般房屋买受人的物权期待权不具有优先于抵押权的生存权至上的价值基础,案外人对案涉房屋享有的权益如要对抗已办理登记的抵押权的优先地位,必须符合《异议复议规定》第29条的规定。本案中,案涉房屋非住宅性质,因此不能依据商品房消费者享有的生存居住权而排除执行。

【基本案情】

2013年6月6日,吴某与思凯房地产公司签订商品房买卖合同及地下车位买卖合同,约定思凯房地产公司将成都市高新区某广场12栋1层4号房及某广场地下停车场内编号197号、198号车位出售给吴某,房屋总价为158万元,车位价格为25万元,付款方式为一次性付款。合同签订后,吴某向思凯房地产公司交清了房款(其中于2009年11月25日通过POS刷卡交付20万元,其余为现金交付),思凯房地产公司于2012年4月14日向吴某出具了内容为"收吴某12幢4号购房款183万元"的收据,并于2016年4月29日开具183万元销售不动产统一发票。事后,吴某对该房屋进行装修。案涉房屋未在房管部门办理备案登记,且非因吴某的原因未办理产权证过户登记。

2015年10月12日,抵押权人恒丰银行南充分行与抵押人思凯房地产公司签订最高额抵押合同,约定抵押人为抵押权人与债务人莱茵威尔公司在2015年10月12日至2018年10月11日因经营需要而订立的全部授信业务合同项下的债权提供最高额抵押担保,抵押担保的最高债权本金余额为人民币4000万元。上述最高额抵押合同所附抵押物清单载明:抵押物为思凯房地产公司所有的坐

落于成都市高新区某办公房屋,合计4744.519平方米。抵押权人依法在成都市房屋产权登记中心领取上述抵押房屋共25套的25份房屋他项权证(成房他证他权字第××号至-22号),其中包括案涉房屋即成都市高新区某广场12栋1层4号房屋(成房权证监证字第××号),抵押担保房屋共同担保4000万元。2016年10月25日,恒丰银行南充分行与莱茵威尔公司签订流动资金借款合同,约定恒丰银行南充分行借款人民币4000万元给莱茵威尔公司,借款期限自2016年10月25日起至2017年10月24日止。2016年10月25日,恒丰银行南充分行向莱茵威尔公司发放借款4000万元。

因莱茵威尔公司未按期还款,恒丰银行南充分行申请诉讼保全,2017年4月,一审法院查封了思凯房地产公司的房产,其中包括案涉房屋即成都市高新区某广场12栋1层4号房屋(成房权证监证字第××号)。诉讼中,2017年8月10日,各方当事人自愿达成调解协议。一审法院(2017)川13民初58号民事调解书确认:(1)莱茵威尔公司、思凯房地产公司、陈某兰、唐某银、万事兴公司共同偿还恒丰银行南充分行借款人民币4000万元;(2)莱茵威尔公司、思凯房地产公司、陈某兰、唐某银、万事兴公司共同向恒丰银行南充分行支付利息人民币1,166,666.66元、复利人民币20,409.86元(利息、复利、罚息计算至2017年7月20日,2017年7月21日起至实际付清恒丰银行南充分行本息期间的利息、复利、罚息金额按照借款合同的约定另行计算支付金额);(3)莱茵威尔公司、思凯房地产公司、陈某兰、唐某银、万事兴公司共同于2017年10月10日前向恒丰银行南充分行付清本调解协议确定的第一项、第二项确定的款项。

因债务人没有履行调解协议,恒丰银行南充分行向一审法院申请执行。执行期间,吴某以其为被查封、执行的成都市高新区某广场12栋1层4号房屋所有权人为由,要求解除对该房屋的查封、中止拍卖。一审法院于2018年3月15日作出(2018)川13执异19号执行异议裁定:中止成都市高新区某广场12栋1层4号房屋的执行。恒丰银行南充分行提起执行异议之诉。

一审法院认为,吴某就案涉房屋享有足以排除强制执行的民事权益,能够阻却恒丰银行南充分行对案涉房屋申请的强制执行。事实和理由如下:

在思凯房地产公司以案涉房屋为莱茵威尔公司向恒丰银行南充分行的借款提供抵押担保之前,吴某与思凯房地产公司就案涉房屋已经签订了商品房买卖合同,该合同系双方当事人的真实意思表示,且不违反法律、行政法规的强制性规定,应为有效。在合同履行中,吴某支付了全部房款,履行了合同项下义务,思凯房地产公司也向吴某交付了房屋。根据吴某提供的房屋装修合同、天然气安装合同、物业费票据及相关照片可知,吴某接收房屋后进行了装修入住,其实际占有案涉房屋。虽然思凯房地产公司用案涉房屋为莱茵威尔公司向恒丰银行南充分行的借款提供抵押担保,并办理抵押登记是在案涉房屋没有过户至吴某名下的情况下完成的,但是由于吴某购买案涉房屋后,未办理过户登记,并非吴某的原因造成,同时,吴某购买案涉房屋的实际用途系用于生活居住,根据《合同法》(已废止)第286条"发包人未按照约定支付价款的,承包人可以催告发包人在合理期限内支付价款。发包人逾期不支付的,除按照建设工程的性质不宜折价、拍卖的之外,承包人可以与发包人协议将该工程折价,也可以申请人民法院将该工程依法拍卖。建设工程的价款就该工程折价或者拍卖的价款优先受偿"、《最高人民法院关于建设工程价款优先受偿权问题的批复》(已废止)第1条"人民法院在审理房地产纠纷案件和办理执行案件中,应当依照《中华人民共和国合同法》第二百八十六条的规定,认定建筑工程的承包人的优先受偿权优于抵押权和其他债权"和第2条"消费者交付购买商品房的全部或者大部分款项后,承包人就该商品房享有的工程价款优先受偿权不得对抗买受人"的规定,抵押权不能对抗作为消费者的买房人的物权期待权。故本案中,对于吴某购买的用于居住的案涉房屋的物权期待权应当优先于在案涉房屋上所设抵押物权予以保护。

一审法院判决驳回恒丰银行南充分行的诉讼请求。一审案件受理费22,800元,由恒丰银行南充分行负担。

恒丰银行南充分行不服一审判决,上诉请求为:(1)撤销四川省南充市中级人民法院(2018)川13民初72号民事判决,判令准许执行成都市高新区某广场12栋1层4号房屋;(2)由吴某承担本案一审、二审全部诉讼费用。

二审争议焦点为吴某对案涉房屋是否享有足以排除人民法院强制执行的权利,其主要涉及恒丰银行南充分行是否享有抵押权,以及《异议复议规定》的相关规定在本案中如何适用的问题。

二审法院认为,吴某作为执行案外人对案涉房屋并不享有足以对抗该执行的法定权利。理由如下:(1)我国不动产抵押权设立采取登记生效主义。本案中,恒丰银行南充分行与思凯房地产公司签订了最高额抵押合同,该合同所附抵押物清单载明:抵押物包括案涉房屋,且双方就案涉房屋在法定登记机关办理了抵押登记,抵押权人亦获取相应的他项权利证书,案涉房屋之上的抵押权应已依法有效设立。恒丰银行南充分行上诉提出涉案房屋抵押权系依法设立,其并无过错的上诉理由与查明事实一致,应予支持。(2)一般不动产买受人只能对抗一般债权人。不同于住宅用途的商品房买受人，一般不动产买受人是指其所购房屋的用途为商用的房屋买受人。一般不动产买受人即便符合《异议复议规定》第28条的规定，也不能对抗抵押权人，而只能对抗一般债权人。因此，在认定本案恒丰银行南充分行作为申请执行人对案涉房屋享有抵押权的前提下，吴某作为执行案外人对案涉房屋享有的权益要对抗该抵押权的优先地位，必须符合《异议复议规定》第29条的要求。(3)案涉房屋性质并非住宅房……

综上所述，在认定本案恒丰银行南充分行对案涉房屋享有合法抵押权并申请执行的情况下，吴某作为执行案外人对案涉房屋并不享有足以对抗该执行的法定权利。恒丰银行南充分行的上诉请求成立，应予支持；一审判决认定事实清楚，但适用法律错误，应予纠正，判决撤销四川省南充市中级人民法院(2018)川13民初72号民事判决，准许执行成都市高新区某广场12栋1层4号房屋，一审案件受理费22,800元、二审案件受理费22,800元，均由吴某负担。

吴某对二审判决不服，向最高人民法院申请再审。最高人民法院经审查认为，吴某与思凯公司签订的案涉商品房买卖合同明确所购买商品房用途为“办公”，土地用途为“商业”。双方所签商品房买卖合同补充协议第1条也写明：“出卖人在签订合同之前，已向买受人明示了商品房买卖合同示范文本，向买受人明示了全部销售依据——国有土地使用证、建设用地规划许可证、建设工程规划许可证、建设工程施工许可证、商品房预售许可证。”上述证据证明吴某对案涉房屋性质并非住宅应为明知。虽然吴某提交了案涉房屋现状照片及燃气安装合同、思凯公司出具的情况说明、供用气合同及燃气缴费发票作为补充证据，拟证明其购买案涉房屋系用于自住，但上述证据并不能改变案涉房屋为非住宅的性质。在案涉房屋为非住宅性质的情况下，即使吴某已经交清房屋全款，其亦不属于商品房消费者，不能依据商品房消费者享有的生存居住权而排除执行。

【要点评析】

本案的焦点问题在于吴某就本案所涉房屋是否享有足以排除强制执行的民事权益，以及相应的判断标准。本案与中国东方资产管理股份有限公司重庆分公司与耿某等申请执行人执行异议之诉纠纷的相似之处在于案涉房屋上均设立有抵押权，不同之处在于前者房屋用途为住宅，后者的房屋用途为商业，但裁判结果却不尽相同。而对比本案与(2017)最高法民终690号案判决结果的不同之处，以及本案一审与二审、再审的判决理由和结果的不同之处，具体涉及《异议复议规定》第27~29条背后的价值取向，及居住用途的商品房买受人的

物权期待权和一般房屋买受人的物权期待权的不同,对此法院的判决具有指导意义:

(一)案涉房屋性质及当事人地位的判断规则

关于案涉房屋的性质以及当事人地位的判断将直接导致适用法律条文的不同以及权利受保护程度的不同。实践中,商品房消费者向房地产开发企业购买商品房,因各种原因往往没有及时办理房地产过户手续。房地产开发企业因欠债而被强制执行,人民法院在对尚登记在房地产开发企业名下但已出卖给消费者的商品房采取执行措施时,商品房消费者往往会提出执行异议,以排除强制执行。对此,《异议复议规定》第29条规定,符合下列情形的,应当支持商品房消费者的诉讼请求:(1)在人民法院查封之前已签订合法有效的书面买卖合同;(2)所购商品房系用于居住且买受人名下无其他用于居住的房屋;(3)已支付的价款超过合同约定总价款的50%。人民法院在审理执行异议之诉案件时,可参照适用此条款。

问题是,对于其中"所购商品房系用于居住且买受人名下无其他用于居住的房屋"如何理解,审判实践中掌握的标准不一。《九民纪要》第125条规定,"买受人名下无其他用于居住的房屋",可以理解为在案涉房屋同一设区的市或者县级市范围内商品房消费者名下没有用于居住的房屋。商品房消费者名下虽然已有一套房屋,但购买的房屋在面积上仍然属于满足基本居住需要的,可以理解为符合该规定的精神。

一审法院根据房屋装修合同、天然气安装合同、物业费票据等证据,将涉案房屋定性为用于住宅的商品房,认为当事人具有商品房消费者的地位。然而,从二审法院及最高人民法院的审判结果可知,虽然当事人提交了燃气安装合同、供用气合同及燃气缴费发票等证据,但买卖合同明确规定了购买商品房用途为"办公",土地用途为"商业",证明当事人明知案涉房屋性质为非住宅,即当事人所购买的案涉房屋不是用于自住,即便当事人已经交清房屋全款,其也不属于商品房消费者。

一审法院援引《合同法》(已废止)第286条、《最高人民法院关于建设工程价款优先受偿权问题的批复》(已废止)第1条和第2条的规定,得出消费者买房人的物权期待权优先于承包人就该商品房享有的工程价款优先受偿权,从而优先于抵押权和其他债权的结论。但是一审法院未注意到,关于《最高人民法院关于建设工程价款优先受偿权问题的批复》(已废止)第2条中的"消费者"概念,理应做限缩性的解释。

《最高人民法院执行工作办公室关于〈最高人民法院关于建设工程价款优先受偿权问题的批复〉中有关消费者权利应优先保护的规定应如何理解的答复》[①]指出，“《最高人民法院关于建设工程价款优先受偿权问题的批复》（法释〔2002〕16号）第2条关于已交付购买商品房的全部或者大部分款项的消费者权利应优先保护的规定，是为了保护个人消费者的居住权而设置的，即购房应是直接用于满足其生活居住需要，而不是用于经营，不应做扩大解释”。对此，重庆市高级人民法院也在对重庆市第一中级人民法院的意见中指出[②]，购房消费者中消费者的含义应与《消费者权益保护法》中的“消费者”含义相同，即购房者购房是为生活消费需要而不是为经营需要。

综上所述，一审法院判断案涉房屋性质以及当事人身份错误，直接导致适用法律错误。二审法院及最高人民法院认为案涉房屋性质非住宅商品房，当事人地位非住宅商品房消费者，是正确的判断，从而不能应用一审法院在审判中所援引的条文。

（二）商品房消费者的权利与抵押权的关系

根据《最高人民法院关于建设工程价款优先受偿权问题的批复》（已废止）第1条、第2条的规定，交付全部或者大部分款项的商品房消费者的权利优先于抵押权人的抵押权，故抵押权人申请执行登记在房地产开发企业名下但已销售给消费者的商品房，消费者提出执行异议的，人民法院依法予以支持。但应当特别注意的是，此情况是针对实践中存在的商品房预售不规范现象为保护消费者生存权而作出的例外规定，必须严格把握条件，避免扩大范围，以免动摇抵押权具有优先性的基本原则。因此，这里的商品房消费者应当仅限于符合《九民纪要》第125条规定的商品房消费者。本案买受人不是《九民纪要》第125条规定的商品房消费者，而是一般的房屋买卖合同的买受人，不适用上述处理规则，即一般不动产买受人只能对抗一般债权人，而不具有动摇抵押权优先性的可能。

在申请执行人对执行标的享有抵押权的情况下，即应适用《异议复议规定》第27条的规定。该条规定确立了享有担保物权的申请执行人的优先受偿地位，同时基于对一些特定权益优先保护的必要，通过“但书”条款予以排除。《最高人民法院关于建设工程价款优先受偿权问题的批复》（已废止）第1条、第2条

① 〔2005〕执他字第16号。

② 渝高法（2003）48号。

规定，交付全部或者大部分款项的商品房消费者的权利优先于申请执行人的抵押权，此即属于“但书”条款所言的例外规定。该规定是基于生存权至上的考虑，突破合同相对性和债权平等原则而设置的特别规定，必须严格审查、严格把握，以免动摇抵押权的优先性基础。《异议复议规定》第29条的规定体现了对商品房消费者物权期待权的优先保护。该规定施行于2015年，最新版本为2020年，系在2002年施行的《最高人民法院关于建设工程价款优先受偿权问题的批复》（已废止）的基础上，以满足商品房消费者生存权的立法精神作为基础，以新的司法解释的形式，将对商品房消费者的认定标准进一步细化成三个必须同时具备的要件，即予以一手房买卖、房屋居住属性、合理居住需求等方面的限定，以防止相关规定被滥用。《异议复议规定》第28条，则规定了一般房屋（不动产）买受人的物权期待权，但该类情形并不具有优先于抵押权的生存权至上的价值基础，《异议复议规定》第27条“但书”条款的规定，并不包括该规定。换言之，一般不动产买受人即便符合《异议复议规定》第28条的规定，也不能对抗抵押权人，而只能对抗一般债权人。因此，在认定申请执行人对案涉房屋享有抵押权的前提下，执行案外人对案涉房屋享有的权益要对抗该抵押权的优先地位，必须符合《异议复议规定》第29条的要求。

中国东方资产管理股份有限公司重庆市分公司
申请执行人执行异议之诉纠纷案

［（2017）渝民初17号民事判决书、（2017）最高法民终689号民事判决书］

【裁判要旨】

案外人以其为商品房消费者，主张对标的物停止执行的，应满足在人民法院查封之前已签订合法有效的书面买卖合同、所购商品房系用于居住且买受人名下无其他用于居住的房屋、已支付的价款超过合同约定总价款的百分之五十三个要件。

【基本案情】

2013年2月17日，杨某琴与北京中坤锦绣房地产开发有限公司（以下简称中坤锦绣房地产公司）签订了《北京市商品房现房买卖合同》，约定中坤锦绣房地产公司将北京市××高梁桥××街××院××楼××单元××号的房屋出售给杨某琴，合同总价款为1,493,247元；付款方式为一次性付款。中坤锦绣房地产公司在合同签订后，双方办理了网签手续，合同编号为XF 400919。中国东方资产管理股份有限公司重庆市分公司（以下简称东方资产重庆分公司）出具的《抵押权人同意抵押房屋销售的证明》为该合同的附件。2013年4月13日，中坤锦绣房地产公司向杨某琴出具了金额为1,493,247元的购房发票。此后，杨某琴办理了入住手续，但因东方资产重庆分公司拒绝协助办理过户登记手续，案涉房屋至今仍然登记在中坤锦绣房地产公司名下。经北京市海淀区房屋管理局在北京房屋交易权属信息查询系统上查询，截至2017年5月22日24时，未查到杨某琴名下有其他住房。2015年4月20日，重庆市高级人民法院对东方资产重庆分公司与中坤锦绣房地产公司、北京中坤投资集团有限公司（以下简称中坤投资集团公司）、北京中坤长业房地产开发有限公司（以下简称中坤长业房地产公司）、黄某波借款合同纠纷一案作出判决：由中坤锦绣房地产公司偿还东方资产重庆分公司借款本金2亿元及利息，中坤投资集团公司、中坤长业房地产公司、黄某波对上述债务承担连带清偿责任，东方资产重庆分公司对案涉抵押物享有优先受偿权。判决生效后，东方资产重庆分公司向重庆市高级人民法院申请强制执行。重庆市高级人民法院于2016年3月11日立案执行。执行中，重庆市高级人民法院于2016年8月22日作出（2016）渝执恢15号之一执行裁定，继续查封了中坤锦绣房地产公司名下含本案争议房屋在内的相关财产。杨某琴闻讯后，提出了书面异议，以其系该房屋的实际所有人为由，请求解除对案涉房屋的查封。重庆市高级人民法院于2016年12月26日作出（2016）渝执异100号执行裁定，中止对诉争房屋的执行。东方资产重庆分公司向重庆市高级人民法院提起异议之诉。重庆市高级人民法院经审理认为，杨某琴在法院查封案涉房屋之前已经与中坤锦绣房地产公司签订了《北京市商品房现房买卖合同》并办理了网签手续，已经按约定支付了全部购房款并已经实际占有使用案涉房屋，且经北京市海淀区房屋管理局在北京房屋交易权属信息查询系统上查询，未查到杨某琴名下有其他住房。杨某琴对案涉房屋享有足以排除强制执行的消费者物权期待权，判令驳回东方资产重庆分公司的诉讼请求。东方资产重庆分公司提起上诉。最高人民法院经审理认为，杨某琴在重庆市高级人民法院查封案涉房屋之前已经与中坤锦绣房地产公司签订了《北京市商品房现房买卖合同》并办理了网签手续，该合同是双方当事人真实意思表示，内容不违反法律法规的强制性规定，合法有效。中坤锦绣房地产公司已经向杨某琴出具了金额为1,493,247元的购房发票，结合杨某琴举示的交通银行转账凭证等证据，一审判决认定杨某琴已经按约定支付了全部购房款并无不当。中坤锦绣房地产公司与杨某琴均认可在重庆市高级人民法院查封本案所涉房屋之前,该房屋已经交付杨某琴,由其占有居住。而杨某琴举示的入住通知书、代收电费水费的发票等证据,可以证明其已实际占有居住该房屋。经北京市海淀区房屋管理局在北京房屋交易权属信息查询系统上查询,未查到杨某琴名下有其他住房。根据《异议复议规定》第29条的规定,杨某琴就本案所涉房屋享有足以排除强制执行的民事权益,故判决驳回上诉,维持原判。

【要点评析】

本案是在执行法院对案涉商品房不予执行的情况下,申请执行人以案涉商品房属于被执行人所有为由,提起的申请执行人执行异议之诉。申请执行人东方资产重庆分公司请求继续执行中坤锦绣房地产公司位于北京市××高梁桥××街××院××楼××单元××号房屋,其理由在于,现有证据不足以证明杨某琴和中坤锦绣房地产公司就案涉房屋存在买卖行为,不足以证明杨某琴有真实付款行为,不足以证明在人民法院查封前,杨某琴已经持续占有并使用案涉房屋。本案争议焦点包括三个方面的问题:一是在人民法院查封之前杨某琴和中坤锦绣房地产公司是否已签订合法有效的书面买卖合同;二是杨某琴所购商品房是否用于居住且买受人名下无其他用于居住的房屋;三是杨某琴已支付的价款是否超过合同约定总价款的50%。申请执行人请求继续执行的诉讼请求能否成立,关键在于法院查明相关事实,判断案外人能否满足消费者物权期待权的保护要件。

本案中,对于东方资产重庆分公司要求继续执行案涉商品房的诉讼请求,一审、二审法院均未予支持。二者判决的理由和审理思路也比较一致。

一审法院的主要理由在于,杨某琴在重庆市高级人民法院查封案涉房屋之前已经与中坤锦绣房地产公司签订了《北京市商品房现房买卖合同》并办理了网签手续,已经按约定支付了全部购房款并已经实际占有使用案涉房屋,且经北京市海淀区房屋管理局在北京房屋交易权属信息查询系统上查询,未查到杨某琴名下有其他住房。故杨某琴对案涉房屋享有足以排除强制执行的消费者物权期待权。

二审法院就争议问题论证如下:(1)杨某琴在重庆市高级人民法院查封案涉房屋之前已经与中坤锦绣房地产公司签订了《北京市商品房现房买卖合同》并办理了网签手续,该合同是双方当事人真实意思表示,内容不违反法律法规的强制性规定,合法有效。(2)杨某琴与中坤锦绣房地产公司约定合同总价款为1,493,247元,付款方式为一次性付款。中坤锦绣房地产公司已经向杨某琴出具了金额为1,493,247元的购房发票,结合杨某琴举示的交通银行转账凭证等证据,一审判决认定杨某琴已经按约定支付了全部购房款并无不当。(3)中坤锦绣房地产公司与杨某琴均认可在重庆市高级人民法院查封本案所涉房屋之前,该房屋已经交付杨某琴,由其占有居住。而杨某琴举示的入住通知书、代收电费水费的发票等证据,可以证明其已实际占有居住该房屋。经北京市海淀区房屋管理局在北京房屋交易权属信息查询系统上查询,未查到杨某琴名下有其他住房。杨某琴就本案所涉商品房享有足以排除强制执行的民事权益。

从一审、二审法院的裁判理由来看,二者审理思路和裁判观点趋近一致,即围绕商品房消费者物权期待权的保护要件,查明有关事实,如要件事实符合,则驳回申请执行人的请求继续执行的诉讼请求;反之,则应支持其诉讼请求。

长青建设集团有限公司与胡某、云南润红房地产开发有限责任公司案外人执行异议纠纷案

[(2020)云民初36号民事判决书、(2021)最高法民终600号民事判决书]

【裁判要旨】

1. 相对于抵押权和金钱债权等权利,工程价款优先受偿权处于优先顺位,但劣后于商品房消费者生存权。

2. 商品房消费者已经支付的购房款未达到总价款的50%,但在诉讼中明确表示愿意将剩余价款按照人民法院的要求交付执行,在此情况下,法院可以适用《执行异议和复议规定》第29条的规定认定其享有的民事权益能够对抗基于建设工程价款优先受偿权而对标的房屋进行的强制执行。

【基本案情】

2016年5月16日,胡某与云南润红房地产开发有限责任公司威信分公司(以下简称润红公司威信分公司)签订商品房购销合同,约定以总价723,151元购买案涉房屋,首付223,151元,剩余房款在办理按揭贷款后支付,胡某已自2017年接房后就装修入住。

长青建设集团有限公司(以下简称长青公司)与云南润红房地产开发有限责任公司(以下简称润红公司)、润红公司威信分公司建设工程施工合同纠纷一

案,一审法院于2016年6月6日作出(2016)云民初29号民事裁定,裁定查封、扣押、冻结润红公司、润红公司威信分公司价值5000万元的财产。2016年6月13日,一审法院查封了案涉房屋。案外人胡某以其对执行标的享有合法权益为由提出执行异议。一审法院于2020年9月24日以(2020)云执异84号执行裁定,驳回胡某的执行异议。胡某对该裁定不服,提起案外人执行异议之诉。

一审法院认为,在胡某交付剩余房款50万元后,其对案涉房屋享有物权期待权,可以排除强制执行。在胡某将剩余房款向执行部门全额交付的情况下,不得执行案涉房屋。长青公司不服,提起上诉。

二审法院经审理认为,胡某已经支付的购房款虽然未达到总价款的50%,但胡某在诉讼中明确表示愿意将剩余价款按照人民法院的要求交付执行,在此情况下,可以适用《异议复议规定》第29条规定认定胡某在交付剩余房款50万元后对于案涉房屋享有物权期待权。

相对于抵押权和金钱债权等权利,工程价款优先受偿权处于优先顺位,但劣后于商品房消费者生存权。在已经支付全部或者大部分购房款的商品房消费者的生存权与建设工程价款优先受偿权发生冲突时,应优先保护商品房消费者的生存权。本案中,案涉房屋用途为住宅,胡某购买案涉房屋系用于个人居住,属于上述规定中的商品房消费者,其已经支付一定购房款,并明确表示愿意将剩余价款按照人民法院的要求交付执行,其对案涉房屋所享有的民事权益能够对抗长青公司基于建设工程价款优先受偿权而对案涉房屋进行的强制执行。

【要点评析】

首先,根据《异议复议规定》第29条的规定,商品房消费者物权期待权若要优先保护需符合:(1)在人民法院查封之前已签订合法有效的书面买卖合同;(2)所购商品房系用于居住且买受人名下无其他用于居住的房屋;(3)已支付的价款超过合同约定总价款的50%,而本案商品房消费者支付的价款尚未达到50%,但是,如果商品房消费者能够按照人民法院的要求交付的,法院优先保护其享有的物权期待权,可以按照消费者物权期待权的规定排除强制执行。

其次,《异议复议规定》第27条规定:“申请执行人对执行标的依法享有对抗案外人的担保物权等优先受偿权,人民法院对案外人提出的排除执行异议不予支持,但法律、司法解释另有规定的除外。”承包人对于建设工程折价或者拍卖的价款享有优先受偿的权利,优先于抵押权和一般的债权,但是《异议复议规定》第29条属于第27条中的“另有规定的除外”情形,在价值的衡量和判断上,工程价款优先受偿权需让位于商品房消费者的生存权,工程价款优先受偿权劣后于商品房消费者的物权期待权。实践中，最高人民法院在建设工程企业利益和商品房消费者物权期待权冲突时，也一直更加倾向优先保护商品房消费者的物权期待权。

第三节　基于预告登记的物权期待权的异议之诉

我国《民法典》规定，当事人签订买卖房屋的协议或者签订其他不动产物权的协议后，为保障将来实现物权，按照约定可以向登记机构申请预告登记。预告登记后，未经预告登记的权利人同意，处分该不动产的，不发生物权效力。预告登记借助不动产登记的公示作用，以物权的法律效力来保障债权目的的实现。经预告登记保全的请求权具有排他效力，预告登记的权利人对不动产享有物权期待权。

法律依据

《异议之诉司法解释》第19条　人民法院对登记在被执行人名下的不动产实施强制执行，案外人以在查封前已与被执行人签订合法有效的书面买卖合同且已按照合同约定支付价款，并已办理了合法有效的不动产预告登记为由，提起执行异议之诉，请求停止处分，事由成立的，人民法院应予支持；符合物权登记条件，案外人请求排除强制执行的，人民法院应予支持。

《异议复议规定》第30条　金钱债权执行中，对被查封的办理了受让物权预告登记的不动产，受让人提出停止处分异议的，人民法院应予支持；符合物权登记条件，受让人提出排除执行异议的，应予支持。

《民法典》第221条　当事人签订买卖房屋的协议或者签订其他不动产物权的协议，为保障将来实现物权，按照约定可以向登记机构申请预告登记。预告登记后，未经预告登记的权利人同意，处分该不动产的，不发生物权效力。预告登记后，债权消灭或者自能够进行不动产登记之日起九十日内未申请登记的，预告登记失效。

一、制度阐释

（一）制度渊源

按照物权法理论，一般所讲的不动产登记，即本登记，是指对现实的不动产物权所进行的正式登记。不动产预告登记制度是一项相对于本登记的物权登记制度,主要是指为了保证实现债权,或者物权的顺位请求权等权利而进行的预先登记。[①] 在理论及域外规定上,预告登记又称为预先登记、暂先登记、预登记、假登记,其所登记的不是已经完成的不动产物权登记,即不是现实的物权变动,而是指为保全一项以将来发生不动产物权变动为目的的债权请求权而作的提前登记。预告登记源于买卖当事人双方的意思自治,是当事人借助法律制度和登记机关所实施的一种民事权利义务设置,其目的在于保障将来发生不动产物权变动的请求权,即"保障将来实现物权"。预告登记的对象仍是债权而非物权,但是借助于不动产登记的公示作用,使债权请求权具有了物权效力的保障。换句话说,预告登记的法律性质,是借助于不动产登记的公示作用,以物权的法律效力来保障债权目的的实现。办理了买卖(赠与)等旨在转移所有权的合同的预告登记后,未经预告登记权利人的同意,处分(出卖、赠与、抵押等)该不动产的,不发生物权效力。

我国《民法典》第221条规定:"当事人签订买卖房屋的协议或者签订其他不动产物权的协议,为保障将来实现物权,按照约定可以向登记机构申请预告登记。预告登记后,未经预告登记的权利人同意,处分该不动产的,不发生物权效力。预告登记后,债权消灭或者自能够进行不动产登记之日起九十日内未申请登记的,预告登记失效。"《异议复议规定》第30条规定:"金钱债权执行中,对被查封的办理了受让物权预告登记的不动产,受让人提出停止处分异议的,人民法院应予支持;符合物权登记条件,受让人提出排除执行异议的,应予支持。"由此,经预告登记保全的债权请求权具有排他效力,预告登记的权利人对不动产享有物权期待权。

(二)审理要点

在金钱债权执行过程中,预告登记权利人基于其已经办理预告登记的事实提出案外人异议的,根据预告登记权利人提出的异议请求,人民法院审查要点如下。

第一,申请实现的债权仅限于金钱债权。金钱债权,又称金钱给付请求权,指以给付一定数额金钱为内容的请求权。在非金钱债权执行中,预告登记的物权期待权并不必然产生排除效力,而是要根据实际情况来判定正在申请实现的物之交付请求权是物权、债权,还是同样的物权期待权等因素,不能简单得出预告登记的物权期待权优先的结论。因此,预告登记权利人的物权期待权仅限于金钱债权的执行。

第二,预告登记应当合法有效。预告登记在两种情形下将自动失效。一是债权消灭,即债权人和债务人之间的权利义务关系在客观上不复存在。民法中债权

① 参见王利明:《物权法研究》,中国人民大学出版社2002年版,第210页。

消灭的方式有履行、解除、抵销、提存、免除、混同等。实践中，双方解除房屋买卖合同、债权人已经完成房屋登记等情形，都会导致债权灭失。二是自能够进行不动产登记之日起90日内未申请本登记。也就是说，债权预告登记的对抗效力为90日，并且其起算点在于“自能够进行不动产登记之日”而非“预告登记之日”。这是因为，在“自能够进行不动产登记之日”之前，任何人都无法进行物权变动登记，所以在此之前无须预告登记的对抗效力发挥作用。案外人因案涉房屋被人民法院查封，而客观上无法申请不动产登记，属于“能够进行不动产登记”的条件没有成就，不存在预告登记失效的事由，预告登记权利人对案涉房屋享有足以排除强制执行的民事权益。

第三，对受让人提出停止处分请求的处理。《异议复议规定》第30条适用的执行标的是不动产。实践中，基于预告登记的物权期待权提出案外人异议的，主要是该不动产物权的受让人。在不动产买卖的场合下，预告登记本身不能改变标的物的权属。当被执行人系预告登记房产的所有权人时，对于已登记在被执行人名下的房产，只是使所有权人或者使用权人的处分权受到特定限制。预告登记权利人也并未取得实际的物权，其享有的仍然是一种债权。根据《查扣冻规定》第2条的规定，只要房屋登记于被执行人名下，无论是否存在预告登记，执行法院都可以对登记名义人的财产进行查封。然而，查封是国家权力通过诉讼程序对私权的干预，最终目的仍是保护私权。经预告登记后的债权请求权具有了区别于一般债权的特殊性质——物权的优先性，即预告登记的权利是一种具有物权性质的债权，或者说是一种准物权，具备了对抗所有权人和第三人的物权效力，未经预告登记权利人同意，处分该不动产的，不发生物权效力。预告登记权利人的物权期待权，属于能够阻止人民法院处分该不动产的实体权利，在执行程序中应当予以保护。如果预告登记不能排除对不动产的强制执行，买受人无法有效取得预告登记欲保全的物权，那么预告登记的功能大为减损，失去了其法律赋予的本意。因此，在预告登记有效期内，对受让人提出的停止处分该不动产的请求，人民法院应当予以支持。

第四，对受让人提出排除执行请求的处理。《异议复议规定》第30条将预告登记权利人提出的异议请求区分为“停止处分”和“排除执行”两类。从文义考察，停止处分，是指在维持查封、扣押等保全措施的前提下，对标的物不采取拍卖、变卖等变价措施；排除执行，则是直接解除对不动产采取的所有执行措施。停止处分和排除执行，对于预告登记权利人的影响是不同的。根据《房屋登记办法》（已废止）第22条的规定，房屋被依法查封期间，权利人申请登记的，房屋登记机构应当不予登记。因此，如果只是停止处分而不解除查封，不动产受让人仍然无法完成本登记。

司法解释针对停止处分和排除执行,分别规定了不同的审查标准。受让人提出停止处分请求的,只要该不动产办理了预告登记,即可获得人民法院支持。此时预告登记向本登记推进的条件尚未成就,人民法院可暂不采取处分措施,但仍需维持保全措施,便于在预告登记失效的情形下采取处分措施。受让人提出排除执行请求的,则必须符合物权登记条件,如果预告登记向本登记推进的条件已经成就,受让人可以确定地取得不动产物权,人民法院对其排除执行的请求应予支持。

二、操作指引

(一)具体判断标准

《异议复议规定》第30条规定,金钱债权执行中,案外人以被查封的不动产办理了受让物权预告登记为由,请求停止处分的,人民法院应予支持。案外人以被查封的不动产办理了受让物权预告登记且符合物权登记条件为由,请求排除强制执行的,人民法院应予支持。

该条体现了预告登记"免死金牌"的威力。预告登记期内,预告登记权利人的不动产物权期待权虽然尚处于债权状态,但已经具备了对抗所有权人和第三人的物权效力,未经预告登记权利人同意,处分该不动产的,不发生物权效力。预告登记权利人的请求权在性质上属于能够阻止人民法院处分该不动产的实体权利,包括请求人民法院停止处分或排除执行。但停止处分和排除执行对预告登记权利人的影响是不同的,停止处分不影响不动产的查封。如果受让人能够证明符合物权登记条件,即能够办理产权登记,确定地取得不动产物权,人民法院应将相关执行措施予以解除,以利受让人办理物权登记。

若预告登记权利人在办理预告登记之日起3个月内未向法院提出排除执行或申请登记等其他导致预告登记失效的,若可归责于预告登记权利人自身的情形,则预告登记权利人的权利不能对抗申请执行人的权利。另外一种情形是预告登记后因其所依据的债权的消灭而导致预告登记失效,对预告登记人的排除执行请求,不应予以支持。

(二)实践与检视

1. 网签、备案能否产生预告登记的效力

实践中,网签和备案是商品房买卖过程中两个重要的环节。网签,是指房地产管理部门为规范房地产企业房屋销售行为,通过建立网络化管理系统,将交易双方签订的买卖合同在互联网上公示,从而维持房地产市场的正常秩序,防止开发商捂盘及"一房多卖"。而备案依据我国建设部所颁发的《城市商品房预售管理办法》第

6条的规定,商品房预售实行许可证制度。开发经营企业进行商品房预售,应当向城市、县房地产管理部门办理预售登记,取得商品房预售许可证。该办法第10条同时规定:商品房预售,开发经营企业应当与承购人签订商品房预售合同。预售人应当在签约之日起30日内持商品房预售合同向县级以上人民政府房地产管理部门和土地管理部门办理登记备案手续。

网签、备案和预告登记的区别在于,网签和备案都是商品房预售管理制度的一部分,具有较强的行政性质,而预告登记是不动产登记制度,因此两者的法律效力也不一样。预告登记的目的在于"保障将来实现物权",预告登记是一种特殊的不动产物权登记,其所登记的不是已经完成的不动产物权登记,即不是现实的物权变动,而是将来发生不动产物权变动的请求权。就预购商品房的预告登记而言,就是为了使预购人在预购的房屋办理了所有权初始登记之后,能够办理所有权转移登记,从而确定取得房屋的所有权。但是,商品房预售合同登记备案制度在行政程序上对预购人具有保护功能。简单地说,就是预告登记之后,预告登记具有准物权登记的效力,其权利人就具有准物权权利人的性质。所以未经预告登记权利人的同意,处分该不动产的,就不发生物权变动效力。而商品房预售合同登记备案之后,该登记备案就没有准物权的效力,所以预购人想要将来更好地实现物权,就应该在合同登记备案之后再进行预告登记。登记备案是开发商一方申请登记备案的,这是具有强制性的。而预告登记是双方合意之下申请的,不具有强制性,只有双方达成合意才可以申请登记,也可以不用申请预告登记。登记备案只是适用于商品房预售合同,而预告登记有预购商品房预告登记、预购商品房抵押权预告登记、房屋所有权转移预告登记等。商品房预售合同登记备案在前,而预告登记在后,商品房预售合同登记备案制度主要是和预购商品房预告登记制度相衔接的,要办理预购商品房预告登记就必须要有已经登记备案的商品房预售合同原件才能办理。两者的登记机关也不一定是同一个,办理预告登记的就是房屋的登记机构,而办理商品房预售合同登记备案的可以是建设主管部门也可以是房地产管理部门。总之,网签和商品房预售合同登记备案制度主要侧重行政管理,不具有物权效力,一般情况下不能对抗第三人,也就不能取得预告登记的物权期待权。

2. 预告登记的物权请求权与建设工程价款优先权的冲突

在2002年《最高人民法院关于建设工程价款优先受偿权问题的批复》(已废止)中,最早确定了对具有消费者身份的房屋买受人予以特殊保护的制度,规定消费者交付购买商品房的全部或者大部分款项后,承包人就该商品房享有的工程价款优先受偿权不得对抗买受人。同时,根据该批复精神,消费者物权期待权优先于建设工程价款优先权,而建设工程价款优先权优先于抵押权和其他债权,抵押权又优先于普通债权,用数学符号表示权利保护的递序关系就是 A > B > C > D。有观点认为,预告登记人的请求权优先于承包人的建设工程价款请求权,原因在于:经过预告登记的买受人权利因公示取得了对抗效力,而支付了大部分款项的购房人并未公示,后者尚且能够优先于建设工程价款优先权,所以能够推导出来预告登记的请求权优先于消费者物权期待权,消费者物权期待权又优先于建设工程价款优先权。一般认为,该批复确立的消费者优先权是基于维护消费者的生存权和居住权考虑,而预告登记是为了"保障将来实现物权",二者并无权利优劣的关系。预告登记与建设工程价款优先权也没有绝对的优先顺序,仍然需要按照消费者物权期待权成立要件来判断。以投资经营而非生活居住需要购置房产,办理预告登记的,显然不能对抗工程价款优先权。消费者支付了全部或大部分购房款,办理了预告登记,此时预告登记能够起到实质性保障作用。消费者仅仅支付小部分价款,并办理了预告登记,此时预告登记并不能对抗工程价款优先权。

审判前沿

严某、四川省第十一建筑有限公司申请执行人执行异议之诉纠纷案

[(2018)最高法民申 4403 号民事裁定书]

【裁判要旨】

虽然办理了预告登记,但预告登记人尚未取得涉案房屋所有权,这属于名为商品房买卖,实为让与担保,不能对抗抵押权人的强制执行。

【基本案情】

(2016)川 03 民初 7 号民事判决康县子寅房地产开发有限公司(以下简称子寅房产公司)向四川省第十一建筑有限公司(以下简称省十一建司)支付工程款 6675 万元,并支付违约金 500 万元;省十一建司就康县锦绣华庭 1 号、2 号楼未售房产 37,728.13 平方米折价或者拍卖的价款在 6675 万元内享有优先受偿权。因子寅房产公司未履行判决,省十一建司申请对子寅房产公司锦绣华庭 2 号楼 1 单元中的 42 套房屋强制执行,在执行过程中,严某提出执行异议,请求中止对严某购买的锦绣华庭 2 号楼 1 单元中的 42 套房屋的执行。

法院另查明,2015 年 6 月 15 日,严某与子寅房产公司签订案涉 42 套商品房买卖合同,同日严某向子寅房产公司付清了合同约定的购房款 500 万元,并在康县房产管理所申请办理房屋预售备案登记和预告登记。

2015年6月26日，严某与子寅房产公司就该房屋买卖签订了补充协议，该协议约定房屋售价调整为2000元/平方米，由子寅房产公司承担相关税费345.5元/平方米，余款4,704,480元严某在产权证办理后10日内一次性付清。子寅房产公司有权在2016年5月30日之前回赎。

一审法院认为，省十一建司对子寅房产公司锦绣华庭2号楼1单元中的42套房屋的建设工程价款优先受偿权已经该院(2016)川03民初7号民事判决所确认，且在法定时间内申请执行。严某与子寅房产公司签订房屋买卖合同时必须是作为消费者，且已经交付购买商品房的全部或者大部分款项后，才能对抗省十一建司对该商品房享有的工程价款优先受偿权。首先，根据《消费者权益保护法》的规定，“消费者”是指为生活消费需要购买、使用商品或者接受服务的主体。本案中，严某购买42套房屋的行为显然不是为了生活消费需要，因此其不属于《最高人民法院关于建设工程价款优先受偿权问题的批复》(已废止)第2条中所载明的消费者。其次，严某与子寅房产公司签订的商品房买卖合同中约定的商品房价格，明显低于市场价格，其后签订的补充协议又约定了房屋的回赎条款，将回赎总价款约定为已付款加资金占用费和利息计算金额，足见双方在签订商品房买卖合同时的真实意思表示确如第三人子寅房产公司陈述是为借款提供担保，因此严某支付款项的行为并不能认定为系支付购房款，而是履行资金出借义务。综上，严某对执行标的不享有足以排除强制执行的民事权益。一审判决准予对严某购买的锦绣华庭2号楼1单元中的42套房屋的执行。严某不服，提起上诉。

二审法院认为，严某与子寅房产公司之间不存在真实的商品房买卖关系，其真实的法律关系为民间借贷关系，故严某基于双方之间形成的借贷关系对子寅房产公司应当享有债权，但无权取得案涉42套房屋的所有权，进而不能排除省十一建司对案涉42套房屋的执行。严某不服，向最高人民法院申请再审。

【要点评析】

本案特别之处在于办理预告登记的目的并不是保障房屋买卖目的下购房人将来房屋所有权的实现，从而影响商品房买卖合同的认定。一般来说，“以房抵债”的“购房人”不能对抗抵押权人的强制执行，这是因为以房抵债协议双方的真实目的在于通过以房抵债消灭相关当事人之间的既有债权债务，并非成立真正的房屋买卖关系，根据债的平等性，在完成房屋权属转移登记之前，仅凭以物抵债协议，并不足以形成优先于抵押权的效力，即便办理了预告登记，但其真实目的并不是取得房产所有权，并不享有物权期待权，故不足以排除抵押权人的强制执行。

第四节 “一房多卖”买受人物权期待权竞合的处理

一房多卖,是指出卖人以同一房屋为标的,订立两个以上的买卖合同,形成两个以上具有重叠内容的债权债务关系,导致多个买受人均希望获得同一房屋的利益冲突。实践中,法院在审理涉及一房数卖的案件时,往往不清楚相关买受人的存在,待该房屋在执行程序中成为执行标的物,若未办理不动产登记的其他买受人知悉情况后,可以通过执行异议之诉程序获得相应的救济,从而出现多个买受人物权期待权竞合的情况。

法律依据

《民法典》第215条 当事人之间订立有关设立、变更、转让和消灭不动产物权的合同,除法律另有规定或者当事人另有约定外,自合同成立时生效;未办理物权登记的,不影响合同效力。

《民法典》第593条 当事人一方因第三人的原因造成违约的,应当依法向对方承担违约责任。当事人一方和第三人之间的纠纷,依照法律规定或者按照约定处理。

《商品房买卖合同解释》第10条 买受人以出卖人与第三人恶意串通,另行订立商品房买卖合同并将房屋交付使用,导致其无法取得房屋为由,请求确认出卖人与第三人订立的商品房买卖合同无效的,应予支持。

《买卖合同司法解释》第6条 出卖人就同一普通动产订立多重买卖合同,在买卖合同均有效的情况下,买受人均要求实际履行合同的,应当按照以下情形分别处理:(一)先行受领交付的买受人请求确认所有权已经转移的,人民法院应予支持;(二)均未受领交付,先行支付价款的买受人请求出卖人履行交付标的物等合同义务的,人民法院应予支持;(三)均未受领交付,也未支付价款,依法成立在先合同的买受人请求出卖人履行交付标的物等合同义务的,人民法院应予支持。

一、制度阐释

(一)制度渊源

1. 数个商品房买卖合同效力的认定

由于我国物权变动系采债权形式主义物权变动模式,即债权行为加交付或登记的事实行为发生物权变动。根据《民法典》第215条确定的区分原则，当事人之间订立有关设立、变更、转让和消灭不动产物权的合同，除法律另有规定或者当事人另有约定外，自合同成立时生效；未办理物权登记的，不影响合同效力。因此，出卖人就同一房屋订立数个买卖合同的，在没有其他合同无效情形的情况下，数个买卖合同均应为有效合同。

2. 房屋权属的确定

我国民法确定了债权平等原则，在数个买卖合同都有效的情况下，数个债权人的合法权益都应该受到法律保护，各受让方均可以要求履行合同。由于只有一个房屋，那么债权履行顺序就尤为关键。目前司法实践对"一物数卖"合同的履行问题，所持的观点是基本一致的，即着重考察各个合同的履行程度确定对不同当事人的保护顺序。《八民纪要》第15条规定：审理一房数卖纠纷案件时，如果数份合同均有效且买受人均要求履行合同的，一般应按照已经办理房屋所有权变更登记、合法占有房屋以及合同履行情况、买卖合同成立先后等顺序确定权利保护顺位。通俗地说，对于"一房数卖"的纠纷案件，在有数个受让人要求履行合同时，一般应优先保护已经办理房屋所有权变更登记的买受人；受让人均没有办理变更登记的，优先保护已经办理预告登记手续的买受人；既未办理产权登记，又未办理预告登记的，优先保护已经合法占有房屋的买受人；还不能确定谁能优先购买时，应当本着公平、经济原则进一步考察合同履行情况，如购房款的缴纳情况、买卖合同的登记备案情况、办理贷款的情况等，优先保护先行支付房屋价款等积极履行合同的买受人；最后，如果数个合同均未履行，依据公平、诚实信用原则，可以参考买卖合同成立先后等顺序确定权利保护顺位。为了防止当事人恶意地规避法律风险，《八民纪要》特意强调：恶意办理登记的买受人，其权利不能优先于已经合法占有该房屋的买受人。意在遏制在有买受人合法占有房屋时，通过滥用法律规定，出卖人与其他买受人恶意串通损害第三人利益的情形。

3. 其他买受人的救济途径

在确定房屋的所有权归属后，其他的不能取得标的物的买受人根据《民法典》第563条"当事人一方迟延履行债务或者有其他违约行为致使不能实现合同目的"的规定，可以解除合同，主张违约损害赔偿。损害赔偿的数额应相当于因违约造成的损失，包括合同履行后可以获得的利益。此外，2003年《商品房买卖合同解释》第8条规定了惩罚性赔偿机制，即对于商品房买卖，在出卖人一物二卖，使第一买受人无法取得房屋时，允许其获得不超过已支付房款一倍的赔偿。但根据2020年12月23日最高人民法院审判委员会第1823次会议通过的《最高人民法院关于修改〈最高人民法院关于在民事审判工作中适用《中华人民共和国工会法》若干问题的解释〉等二十七件民事类司法解释的决定》修正后,该司法解释已删除惩罚性赔偿相关规定,这意味着相关的违约赔偿责任将主要基于合同约定。总之,在以同一标的物为标的的数个买卖合同均为有效的情况下,根据债权平等的原则,各受让人均可以要求继续履行合同。但鉴于标的物的特定性,谁能够依据合同最终取得标的物应区分不同情形加以判定。合同得不到履行的当事人,则可以向出卖人请求解除合同并赔偿损失。

(二)审理要点

不动产买受人的物权期待权,是指对于签订买卖合同的买受人,在已经履行合同部分义务的前提下,虽然尚未取得合同标的物的所有权,但赋予其类似于所有权人的地位,其享有的期待权具有排除执行等物权效力。若多个买受人均已履行合同部分义务,且均未办理不动产登记,也各自享有相应的物权期待权。实践中,当数个物权期待权存在于同一执行标的时产生了物权期待权的竞合,通常包括两种情况:第一种是在金钱债权执行中,申请执行人为出卖人的其他债权人,房屋的多个买受人均请求排除执行;第二种是在非金钱债权执行中,买受人之一作为申请执行人要求交付房屋,另一买受人作为案外人请求排除执行。

在第一种情形下,金钱债权执行中,物权期待权优于一般债权自不多言,关键在于解决的是哪一个买受人享有的物权期待权优先的问题,即权利保护顺位的问题。前述《八民纪要》确定的买受人利益保护规则,用简单的公式表达便是:过户登记 > 预告登记 > 占有 > 先行支付房屋价款、办理登记备案、办理按揭贷款 > 先行签订买卖合同。根据这一原理,结合预告登记物权期待权、无过错买受人物权期待权和消费者物权期待权的保护要件,我们可以得出预告登记物权期待权(核心要件为预告登记)优先于无过错买受人物权期待权(核心要件为占有),而无过错买受人物权期待权又优先于消费者物权期待权(核心要件为支付价款)的结论。在均已支付合同价款的情况下,则按照合同成立先后等顺序确定权利保护顺位。因此,对权利保护顺位在先的买受人提出的排除执行请求,人民法院应予支持。

在第二种情形下,在非金钱债权执行中,买受人的物权期待权并不必然产生排除效力。在一房多卖的情形下,若多个执行依据均确定被执行人交付房产,产生了物之交付请求权的竞合,哪一个申请人请求实现的权利优先,要根据实际情况来判定正在申请实现的物之交付请求权是物权、债权,还是同样的物权期待权等,不能简单得出案外人的物权期待权优先的结论。因此,若申请实现的物之交付请求权是物权,根据物权优先于债权的原则,案外人不能以物权期待权阻却执行;若申请实现的是一般债权,那么案外人享有的物权期待权可以排除执行;若申请实现的同样是物权期待权,那么需要根据前述的权利保护顺位,只有案外人物权期待权优先于申请人物权期待权,才可排除执行。

二、操作指引

(一)具体判断标准

多个买受人物权期待权竞合的处理规则:(1)在金钱债权执行中,申请执行人为出卖人的其他债权人,房屋的多个买受人均请求排除执行的,按照过户登记 > 预告登记 > 占有 > 先行支付房屋价款、办理登记备案、办理按揭贷款 > 先行签订买卖合同的规则处理,对权利保护顺位在先的买受人提出的排除执行请求,人民法院应予支持。(2)在非金钱债权执行中,买受人之一作为申请执行人要求交付房屋,其他买受人作为案外人请求排除执行的,若申请实现的物之交付请求权是物权,人民法院对案外人排除执行请求不予支持;若申请实现的是一般债权,人民法院对案外人排除执行请求应予支持;若申请实现的是物权期待权,案外人物权期待权优先于申请人物权期待权的,人民法院对案外人排除执行请求应予支持。

(二)实践与检视

在金钱债权执行中,若申请执行人为买受人之一,另一买受人请求排除执行,是否存在物权期待权竞合的情形?在金钱债权执行中,申请执行人行使的乃是金钱给付请求权,如要求房屋出卖人支付违约金、赔偿损失等,其请求权并非基于物权期待权,而案外人请求排除执行的基础权利是物权期待权,因此不存在物权期待权竞合情形,如案外人物权期待权成立,根据物权期待权优于一般债权的原理,人民法院对案外人排除执行的请求应予支持。

审判前沿

丁某莉与李某林、新沂市新东方置业有限公司等案外人执行异议之诉纠纷案

[(2015)新民初字第01217号民事判决书]

【裁判要旨】

出卖人以同一房屋为标的,订立两份买卖合同,两份合同均不违反法律、行

政法规的强制性规定,均是成立、生效的合同。如买受人均未办理房屋所有权转移登记,且均未占有房屋,应当支持合同成立在先的买受人要求履行合同的请求,合同成立在后的买受人不具有排除强制执行的民事权益。

【基本案情】

2011年4月13日,李某林与新沂市新东方置业有限公司(以下简称新东方公司)签订《商品房买卖合同》一份,约定:新东方公司将案涉房屋出卖给李某林,价款144,947元。合同签订后,李某林付清了价款。2012年8月2日,新东方公司向丁某莉出具247,860元收据一张。2012年8月7日,新东方公司与丁某莉签订《苏北物流中心二期商品房认购协议书》一份,约定:丁某莉认购案涉房屋,价款247,860元,必须于签订本协议书后50日内支付247,860元,并与新东方公司签订《商品房买卖合同》及完成相关手续的办理,但丁某莉至今未对房屋进行装修。2013年1月12日,因李某林与新东方公司商品房买卖合同纠纷一案,新沂市人民法院(以下简称新沂法院)作出(2013)新民初字第0275号民事调解书,对双方达成的调解协议的效力予以确认。该协议的主要内容为:(1)李某林购买新东方公司所有的位于新沂市苏北建材物流中心二期×幢×单元201号、×幢×单元204号、×幢×单元430号、×幢×单元431号、×幢×单元509号等五套房屋,新东方公司自愿按照原房屋总价818,917元回购上述五套房屋,并赔偿李某林损失235,483元,合计1,054,400元;新东方公司于2013年2月1日前支付14,400元,2013年3月30日前支付10万元,2013年6月30日前支付14万元,2013年9月30日前支付20万元,2013年12月30日前支付20万元,2014年3月30日前支付20万元,2014年6月30日前支付20万元;以上每期除最后一期外所付款项,77%为房屋回购款,23%为李某林的损失;最后一期的房屋回购款和损失按实际计算。另外,新东方公司应从2012年9月1日之后按月息1%开始计算以所有剩余实际房屋回购款为本金的利息,利息随前述每笔款项一并支付。(2)如果新东方公司没有按照上述付款期限及时全额付清,回购协议不再履行,新东方公司仍要继续履行除已经完成回购之外的剩余房屋买卖合同,7日内将上述未回购房屋交付给李某林,并向李某林交付每套房屋的发票、土地分割证、产权证明书等办理产权证书的所有材料及上房手续;李某林在接到上述房屋及材料后,7日内退还新东方公司多支付的实际房屋回购款(不包括支付给原告的损失)。由于新东方公司未履行调解书确定的义务,新沂法院根据李某林的申请,立案执行。在执行中,丁某莉提出执行异议,以其先于李某林购买案涉房屋为由,请求中止执行房屋。法院于2015年4月14日裁定驳回丁某莉的异议。丁某莉不服,提起执行异议之诉。新沂法院经审理认为,丁某莉虽然主张新东方公司已将房屋交付给其使用,但未提供水电费发票等证据予以证明,且与其至今未对房屋进行装修的事实相互矛盾,故对其该项主张,该院不予采纳。李某林、丁某莉均未办理房屋所有权转移登记,且均未占有房屋,但李某林与新东方公司订立合同在先,故应当支持李某林要求新东方公司履行合同的请求。由于丁某莉对案涉房屋不具有排除强制执行的民事权益,法院判决驳回其要求停止执行该房屋及要求确认该房屋归其所有的请求。

【要点评析】

本案是一则申请执行人和案外人同时持有与被执行人签订的房屋买卖合同,案外人以该不动产归其所有为由,提起的执行异议之诉。丁某莉请求排除对涉案房屋的执行,其理由在于,其与新东方公司已签订房屋买卖合同,并按合同约定支付价款247,860元,新东方公司也于合同签订当日将房屋交付丁某莉使用至今,只是没有办理产权变更手续,故案涉房屋应归其所有。本案的争议焦点是:对于丁某莉请求排除对案涉房屋执行的请求能否支持。判断案外人请求排除执行的诉讼请求能否成立,关键在于,在两份房屋买卖合同均成立、有效的情况下,应当支持哪个买受人要求履行合同的请求。

本案中,对于丁某莉请求排除对案涉房屋强制执行的诉讼请求,新沂法院未予支持。该院的理由包括两个方面:第一,转让不动产物权,不仅需要达成转让合意,还须办理物权转移登记手续,受让人才能取得物权。丁某莉虽然与新东方公司签订了《苏北物流中心二期商品房认购协议书》,但未办理房屋所有权转移登记,故其至今未取得房屋所有权。第二,新东方公司先后与李某林、丁某莉订立房屋买卖合同,出卖案涉房屋,属“一房二卖”。两份合同均不违反法律、行政法规的强制性规定,自双方在合同书上签名、盖章时即成立、生效。由于房屋只有一处,因此,李某林和丁某莉中必定有一人不能取得房屋所有权。处理此类纠纷的原则是:应当支持已经办理所有权转移登记的买受人要求出卖人履行合同的请求;均未办理登记的,应当支持先行占有房屋的买受人要求履行合同的请求;既未办理登记,也均未占有房屋的,应当支持合同成立在先的买受人要求履行合同的请求。李某林、丁某莉均未办理房屋所有权转移登记,且均未占有房屋,但李某林与新东方公司订立合同在先,故应当支持李某林要求新东方公司履行合同的请求。故丁某莉对案涉房屋不具有排除强制执行的民事权益。

从新沂法院的裁判理由来看,其审理思路为:首先,依据不动产登记的公示效力及外观主义原则,认定案涉房屋未办理所有权转移登记,丁某莉至今未取得房屋所有权;其次,从合同履行的角度,阐述了各个合同的履行程度对不同当事人的保护顺序的影响,指出处理此类纠纷的原则是:应当支持已经办理所有权转移登记的买受人要求出卖人履行合同的请求;均未办理登记的,应当支持先行占有房屋的买受人要求履行合同的请求;既未办理登记,也均未占有房屋的,应当支持合同成立在先的买受人要求履行合同的请求。从而得出结论,由于李某林、丁某莉均未办理房屋所有权转移登记、均未占有房屋,但李某林与新东方公司订立合同在先,故应当支持李某林要求新东方公司履行合同的请求,丁某莉对案涉房屋不享有排除执行的民事权益。

第十章　基于以房抵债的物权期待权的异议之诉

以房抵债，是指债务人与债权人约定，以债务人或经第三人同意的第三人所有的房屋折价清偿债务，并据此将房屋产权转移至债权人名下的行为。实践中，除买受人之外，还有不少抵债房屋的受让人也请求排除执行，这些受让人往往持有与债务人签订的以物抵债协议，抵债协议约定将执行法院正在执行的不动产抵债给受让人。那么，抵债标的物的受让人能否适用物权期待权保护呢？这个问题在实践中争议较大，情况复杂，值得深入研究。

法律依据

《异议之诉司法解释》第15条　人民法院对登记在被执行人名下的不动产实施强制执行，案外人以被执行人已将该不动产向其抵偿债务为由，提起执行异议之诉，请求排除一般金钱债权的强制执行，并能够证明其主张同时符合下列条件的，人民法院应予支持：

（一）案外人与被执行人存在真实的债权债务关系且债务履行期限已届满，案外人与被执行人在查封前已签订合法有效的以不动产抵债协议；

（二）有证据证明抵债金额与抵债时执行标的的实际价值基本相当；

（三）案外人在查封前已合法占有该不动产；

（四）非因案外人自身原因未办理不动产所有权转移登记。

《异议之诉司法解释》第17条　人民法院对登记在被执行的发包人名下的不动产实施强制执行，案外人以其与被执行人约定以不动产折抵工程债务为由，提起执行异议之诉，请求排除抵押权和一般金钱债权的强制执行，并能够证明其主张同时符合下列条件的，人民法院应予支持：

（一）案外人依据《民法典》第八百零七条规定，在查封前行使建设工程价款优先受偿权，与被执行的发包人签订合法有效的以不动产折价协议；

（二）有证据证明抵债金额与抵债时执行标的的实际价值基本相当。

案外人起诉请求被执行人办理不动产所有权转移登记手续，符合前款规定的，人民法院依法予以支持。

《民法典》第401条 抵押权人在债务履行期限届满前,与抵押人约定债务人不履行到期债务时抵押财产归债权人所有的,只能依法就抵押财产优先受偿。

一、制度阐释

(一)制度渊源

代物清偿,即以物抵债,指当事人之间达成协议,由债权人受领他种给付以替代原定给付,进而使原债权债务关系归于消灭的现象。我国立法尚无代物清偿之明文规定,但现实生活中以物抵债现象却十分普遍。顾名思义,以房抵债是以物抵债的一种类型,是指债务人与债权人约定,以债务人或经第三人同意的第三人所有的房屋折价清偿债务,并据此将房屋产权转移至债权人名下的行为。关于以房抵债协议属于诺成性还是实践性合同,存有争议。从债法原理看,以房抵债的最终目的在于实现债务的清偿,只有现实的提出和受领了物的给付,即物权发生转移,原来的债权债务关系才会因实际履行而归于消灭。若双方当事人仅有合意,而未实际履行物权转移,则原债权债务的法律关系并未消灭,抵债的目的也未实现。因此,从以房抵债的目的出发,以房抵债协议属于实践合同(要物合同),除当事人双方意思表示一致外,还须交付标的物或完成其他现实交付才能生效。在抵债房屋办理不动产登记之前,以房抵债协议虽成立,但尚未生效,协议双方的原债权债务关系并未消灭,债务人违反协议约定,未履行以房抵债协议约定的,债权人仅有权请求债务人履行原合同关系下的债务。

以房抵债的约定可以发生在债务履行期届满前,也可以发生在履行期届满后。债务履行期届满前约定以房抵债的,在2021年1月1日《民法典》生效之前,《物权法》(已废止)和《担保法》(已废止)均有关于禁止流押、流质条款的规定,抵押权人在债务履行期届满前不得与抵押人约定债务人不履行到期债务时抵押财产归债权人所有。如果以房抵债约定被判定为流押条款,则该约定由于违反法律强制性规定而无效。对此问题,《民法典》作出了修改,规定抵押权人在债务履行期限届满前,与抵押人约定债务人不履行到期债务时抵押财产归债权人所有的,只能依法就抵押财产优先受偿。依据该规定,抵押权人约定了流押条款,流押条款无效,但抵押权有效,其可对抵押物经法定程序优先受偿。债务履行期届满后约定以房抵债,实际上是当事人事后达成的新的清偿协议。正如前述所说,"以房抵债"应具有实践性,只有坚持"以房抵债"的实践性,才能权衡好债权人和债务人的利益切合点。在达成以房抵债的合意后,实际交付抵债房前,双方当事人仍然保有评估利害关系的机会,债务人在实际交付房屋前若反悔,不履行过户登记手续,即意味着债务人认为这种以房抵债行为对自己不利,此时债务人仍可按原来的债务履行,债务人的这种行为并未增加债务人利益，也未损害债权人的利益。相反地，如果按以物抵债处理，可能会因财产的升值或贬值造成双方利益的失衡，更有案外人的利益遭受损害的潜在可能性。因此，在审查以物抵债协议的效力时，通常以是否办理了物权转让手续为分界线，之前无效，之后有效。例如，江苏省高级人民法院在《关于民间借贷及以物抵债的讨论会议纪要》中规定，在尚未办理物权转移手续前，债务人反悔不履行抵债协议，债权人要求继续履行抵债协议或要求确认所抵之物的所有权归自己的，人民法院应驳回其诉讼请求；但经释明，当事人要求继续履行原债权债务合同的，人民法院应当继续审理。当事人已经办理了物权转移手续后，此时的"以房抵债"行为有效，一方反悔，起诉要求认定以房抵债协议无效的，人民法院不予支持；但如当事人一方认为抵债行为具有可变更、可撤销情形的，可以依法请求变更或撤销。

以房抵债的约定作为民间借贷担保的，债权不能直接转化为购房款，以房抵债不能发生效力。《民间借贷规定》第 23 条规定，当事人以订立买卖合同作为民间借贷合同的担保，借款到期后借款人不能还款，出借人请求履行买卖合同的，人民法院应当按照民间借贷法律关系审理。如最高人民法院在（2017）最高法民申 974 号案中认为，案涉含有以房屋抵债约定的协议作为原借款合同的从合同，重申了债务人需按照原约定继续偿还借款本息，签订商品房购销合同后债务人偿还全部借款本息的义务仍然存在，并没有产生债务已经抵偿的结果。债权人本意并非支付对价购买商品房，其真实意思仍是要求债务人偿还借款本金及利息，双方签订协议的目的在于保障债权人的债权得以顺利受偿。综上，可以看到，作为民间借贷合同担保的以房抵债协议并非以物抵债协议，而是保障债权人的债权得以实现的担保方式。

（二）审理要点

1. 基于以物抵债协议提起的异议之诉

实践中，除了一般的买受人，还有不少抵债房屋的受让人也请求排除执行，这些受让人往往持有与债务人签订的以物抵债协议，抵债协议约定将执行法院正在执行的不动产抵债给受让人。那么，抵债标的物的受让人能否适用物权期待权保护呢？这个问题在理论和实践中争议较大。有人提出案外人异议之诉裁判思路二阶论的观点，即先在假定实体权利存在的前提下推断是否能阻却执行，只有该实体权利能阻却执行时，才进入对实体权利的审视。① 该观点颇值赞同，在审理基于以房抵债的物权期待权异议之诉时，可以先假定以房抵债协议成立生效，再判断该权

---

① 参见朱腾飞：《案外人异议之诉研究》，中国政法大学出版社 2016 年版，第 168 页。

利是否能够阻却执行,如果该权利不能阻却执行,则没有必要对以房抵债协议本身进行审查。如果已经办理不动产登记,则受让人已经成为不动产所有权人,自应保护。问题是,如果没有办理不动产登记,抵债房屋受让人能否适用物权期待权保护?我国法律之所以要对买受人物权期待权进行保护,实际上隐含的理念是,物之交付的债权优先于金钱债权。[①] 以房抵债协议仅仅是债务人履行债务的变通方式,其目的是消灭金钱债权,不必然地引起房屋权属的变动,完成房屋变更登记之前,不应优先于另外一个金钱债权的实现。因此,现行法律和司法解释没有将抵债房屋受让人列入物权期待权保护范围,以房抵债协议的订立不能阻却有其他合法权利的第三人基于生效法律文书申请强制执行。但是,实践中没有办理不动产登记的原因有很多,对于非因自身原因没有办理过户登记的,在符合《异议复议规定》第28条规定的情况下,受让人的物权期待权也应当予以保护,能够阻却执行。[②]

2. 基于以物抵债裁定提起的执行异议之诉

《民法典》第229条规定:“因人民法院、仲裁机构的法律文书或者人民政府的征收决定等,导致物权设立、变更、转让或者消灭的,自法律文书或者征收决定等生效时发生效力。”《物权编解释(一)》第7条规定:“人民法院、仲裁机构在分割共有不动产或者动产等案件中作出并依法生效的改变原有物权关系的判决书、裁决书、调解书,以及人民法院在执行程序中作出的拍卖成交裁定书、变卖成交裁定书、以物抵债裁定书,应当认定为民法典第二百二十九条所称导致物权设立、变更、转让或者消灭的人民法院、仲裁机构的法律文书。”因此,根据上述规定,在执行程序中人民法院依法作出的以物抵债裁定,具有直接变动物权的效力,自该裁定生效时,所涉物权即发生变动,案外人据此主张排除执行的,应予以支持。

在此,需要区别执行实践中出现的两种截然不同的以物抵债裁定。根据《民事诉讼法解释》的规定,强制执行程序中的以物抵债裁定主要有两种情形:第一种情形是因被执行人的财产经拍卖、变卖后未能成交,经申请执行人同意,人民法院依职权作出的以物抵债的裁定;第二种情形是申请执行人与被执行人双方协商同意达成以物抵债协议后,人民法院出具的以物抵债裁定。第一种情形属于《物权编解释(一)》规定的“以物抵债裁定书”,自无异议。对于第二种情形,当事人达成的以物抵债协议本质上是一种执行和解协议。《民事诉讼法解释》第491条规定:“拍卖

① 参见江必新、刘贵祥主编:《最高人民法院关于人民法院办理执行异议和复议案件若干问题规定理解与适用》,人民法院出版社2015年版,第428页。

② 如在(2020)最高法民终760号案中,最高人民法院认为,案涉商铺因未办理竣工验收手续,不具备产权证办理条件,案涉商铺未办理所有权证并非买受人的自身原因,买受人对案涉商铺享有的权利符合《异议复议规定》第28条的情形,最终认定买受人对案涉商铺享有排除执行的权利。

成交或者依法定程序裁定以物抵债的，标的物所有权自拍卖成交裁定或者抵债裁定送达买受人或者接受抵债物的债权人时转移。”因此，只有经过法定程序形成的以物抵债，执行法院才可以作出执行裁定书，当事人达成以物抵债的和解协议的，法院无权作出《民事诉讼法解释》第 491 条规定的以物抵债执行裁定，自然不存在《物权编解释（一）》的适用问题。在这种情况下，如果其他债权人认为其权益因该以物抵债协议受损，应依据《民法典》第 538 条提起债权人撤销权之诉，请求人民法院撤销当事人达成的以物抵债协议。实践中，确有法院根据当事人的以物抵债协议作出所谓的以物抵债执行裁定书，这是错误的，应通过执行监督程序予以撤销。

执行程序中，对被执行人名下的特定财产，案外人可以以人民法院的生效民事调解书已经确认属于其所有为由，提出执行异议之诉。对于民事调解书是否可以产生变动物权的效力，《民法典》第 229 条以及《物权编解释（一）》第 7 条作出了规定，对此有两种观点。

一种观点认为，生效的民事调解书与判决书有同等效力。民事调解书根据其具体内容不同，可分为确认调解书、给付调解书和形成调解书。其中，形成调解书可以直接导致物权变动，除此之外的确认和给付民事调解书，要么是对当事人之间法律关系安排的确认，要么是确认当事人应履行的义务的范围，不具有确认物权归属的效力，只有在当事人自愿或者通过人民法院的执行行为履行完调解书确定的义务后，才发生物权变动的效力。《物权编解释（一）》第 7 条规定的“分割共有不动产或者动产等案件中作出并依法生效的改变原有物权关系”的民事调解书，属于形成性调解书，可以直接导致物权变动，这是司法解释明确规定的，应予以执行。比如，在离婚纠纷中，甲乙双方就夫妻共同财产的分割达成协议，确认原双方共有的房产，属于一方所有，该调解协议经确认，并由人民法院出具民事调解书后，符合《物权编解释（一）》规定的条件，属于《民法典》第 229 条规定的“法律文书”，可直接导致物权关系发生变动。认为所有的调解书均只能协议确认相对权，而无权对物权关系作出约定，与客观事实不符，据此否认调解书的效力，理论依据不足。如贵州省高级人民法院在徐某与穆某海申请执行人执行异议之诉案①中即持此观点。

另一种观点认为，调解书是法院确认当事人调解协议内容的法律文书。由于调解书的制作以当事人达成调解协议为前提，体现的是当事人的意思自治，公权力色彩较弱，不具有形成效力，不能解决权属争议，不属于能够直接引起物权变动的法律文书。调解协议只能约束当事人，也只能解决当事人之间的争议，不能对第三人产生不利影响，也不能产生对世效力，而一旦调解书对物权归属关系进行确认，

① 贵州省高级人民法院民事判决书，（2017）黔民终 190 号。

就必然影响第三人的利益。例如,甲和乙就某不动产发生权属争议,在法院主持下,双方达成调解协议,约定该不动产归甲所有,法院据此制作了调解书。其后,第三人丙认为此不动产既不属于甲,也不属于乙,并对甲提起诉讼,请求法院确认其为权利人。此时,如果认为生效的调解书与判决书具有同等的效力,进而认为调解书一经生效,即视为人民法院已依法确认标的物归甲所有,则在丙对甲提起的诉讼中,必然面临先请求人民法院撤销调解书或者对调解书申请再审的问题。这将极大地减损法院调解书的效力。实践中,为了防止经司法确认的人民调解协议对第三人产生不利的影响,《民事诉讼法解释》第355条规定:"当事人申请司法确认调解协议,有下列情形之一的,人民法院裁定不予受理:……(五)调解协议内容涉及物权、知识产权确权的。人民法院受理申请后,发现有上述不予受理情形的,应当裁定驳回当事人的申请。"可见,根据上述规定,只有在调解协议仅涉及当事人之间的利益安排时,才能请求人民法院予以确认,而权属关系因涉及第三人的利益,不能通过人民法院予以确认。

实践中对于以物抵债调解书是否具有物权变动效力存在不同认识。肯定的观点认为,以物抵债调解书能够直接引起物权变动,理由是调解书生效后即发生与民事判决书同样的效力。否定的观点则认为,调解协议具有当事人意思自治的成分,而能够引起物权变动的法律文书应仅限于法院作出的形成判决,调解书并无形成判决的形成力。最高人民法院研究室认为,《物权法》(已废止)第28条(现《民法典》第229条)规定的"人民法院的法律文书"应当包括判决书、裁定书和调解书。但是以物抵债调解书只是对当事人之间以物抵债协议的确认,其实质内容是债务人用以物抵债的方式来履行债务,并非对物权权属的变动。因此,不宜认定以物抵债调解书能够直接引起物权变动。①

3. 关于以物抵债裁定的既判力

在执行实务中,案外人根据以物抵债裁定取得被执行人所有的财产的所有权后,未办理登记,此后又将该财产转让给他人并收取了全款,其后该他人提出异议以排除执行,对该他人的主张是否应予支持,存在两种不同的观点。

第一种观点认为,案外人虽依据以物抵债裁定取得涉案财产的所有权,但因未办理变更登记,依据物权公示原则,其取得的物权非完全有效变更,不具有对抗善意第三人的效力。如黑龙江省高级人民法院审理的娄某杰与佳木斯市晟达信息咨询有限公司(以下简称晟达公司)申请执行人执行异议之诉案②中,娄某杰根据仲裁

---

① 参见张军主编,最高人民法院研究室编:《司法研究与指导》总第1辑,人民法院出版社2012年版。
② 黑龙江省高级人民法院民事判决书,(2017)黑民终467号。

裁决申请执行广厦公司的财产，其后执行法院查封广厦公司的车库进行评估拍卖，流拍后，根据娄某杰的申请，执行法院于2013年3月作出以物抵债执行裁定书，裁定广厦公司所有车库归娄某杰所有。后娄某杰未办理车库的过户登记。其后，晟达公司向执行法院提出执行异议，执行法院查明，2010年1月7日，晟达公司与广厦公司签订《购房协议书》，购买涉案车库，并交付了全部价款，办理了过户手续。该车库由晟达公司使用至今，晟达公司使用期间交纳了物业费、热化费等。执行法院于2015年12月裁定中止对车库的执行。后娄某杰提出许可执行之诉，黑龙江省高级人民法院二审认为，晟达公司对争议车库提出的执行异议，符合《异议复议规定》第28条规定的情形，享有足以排除对争议车库强制执行的民事权益。娄某杰主张本案应适用《异议复议规定》第29条的规定，本院认为，该规定系对消费者生存权的特别保护，而争议车库非用于居住，不涉及弱者保护的问题，故本案不符合适用该条规定的情形。关于娄某杰主张确权能否支持的问题，执行法院在执行程序中作出的以物抵债裁定生效时，争议车库的物权变更发生效力，此时娄某杰对争议车库享有所有权，无须本院另行确权。一审法院依照《物权法》（已废止）第9条（《民法典》第209条）规定认定娄某杰对争议车库享有的仅为债权，属适用法律错误。娄某杰虽依据以物抵债裁定对争议车库享有所有权，但因其未办理变更登记，依据物权公示原则，其取得的物权非完全有效变更，不具有对抗善意第三人晟达公司的效力。该院据此驳回了娄某杰的许可执行诉请。

第二种观点认为，当事人基于以物抵债裁定享有对涉案标的的所有权，由于未办理登记，《民法典》对其处分做了限制。《民法典》第232条规定："处分依照本节规定享有的不动产物权，依照法律规定需要办理登记的，未经登记，不发生物权效力。"《民法典》该条规定是对物权人再次处分物权的限制，而不是对物权人所享有的物权内容的限制。而且，综观《民法典》的规定，除此之外，当事人依照《民法典》第229条取得的物权，与基于债权合同取得的物权并无本质不同。在执行程序中，以物抵债裁定生效后，案外人即取得涉案标的的所有权，被执行人无论是在以物抵债裁定作出之前，还是在以物抵债裁定作出之后将该物权转让给他人的，都属于无权处分行为，不发生物权变动的效力。

我们同意第二种观点，在执行程序中，被执行人在以物抵债裁定作出前将涉案财产转让给案外人且收取了全款，如果该财产已经登记在案外人名下，执行法院作出以物抵债裁定的，属于错误处分他人财产，此时应通过执行异议或监督程序撤销该错误的执行行为；如果该财产尚未登记在案外人名下，案外人应在执行法院执行该财产时提起案外人异议之诉以阻却执行。根据《民事诉讼法解释》第462条的规定，案外人对执行标的提出异议的，应当在该执行标的执行程序终结前提出。执行法院作出以物抵债裁定后,针对涉案财产的执行程序已经终结,此时案外人无权再提出异议和异议之诉,如对以物抵债裁定不服的,应通过执行监督程序救济。至于被执行人在以物抵债裁定作出后将涉案财产转让给案外人的,无论案外人是否取得涉案财产的所有权,由于申请人先于案外人取得涉案财产的所有权,被执行人的转让行为属于无权处分,案外人只能请求被执行人承担违约责任,而无法取得所有权,案外人据此提出执行异议和异议之诉的,应予驳回。

4. 基于工抵房请求排除执行

如果以物抵债权利人是承包方或实际施工人,以房抵债的债权为工程价款优先受偿权,工程价款优先受偿权具有优先性,因而能够排除强制执行。最高人民法院在(2020)最高法民再352号案中认为,工程款债权优先于金钱债权人的普通债权,以房抵债的房屋系工程款债权的物化载体,因此案外人就涉案房屋的权利足以排除强制执行。山东省高级人民法院、江苏省高级人民法院等出具的指导意见也明确,在满足存在真实的书面建设工程承包合同、工程款清偿期已经届满等前提下,建设工程承包人或实际施工人与被执行人订立以物抵债协议,主张其已支付全部价款,能够排除执行。①

承包人不仅可以通过诉讼的方式行使建设工程价款优先受偿权,还可以通过与发包人协商折价的方式行使建设工程价款优先受偿权。② 我们认为,“以房抵顶工程款”是发承包双方约定以发包人或第三人所有的房产折价归承包人所有,用以清偿欠付工程款的行为,施工方以冲抵工程款的方式购买房屋,其实质是通过协商折价抵偿实现其就案涉项目房屋所享有的建设工程价款优先受偿权。普通金钱债权的执行将导致施工方优先受偿权受到实质性损害,施工方将丧失对抵债房屋的支配权利,因此以房抵债的施工方具有优先保护的价值,但是,工抵房协议与一般的房屋买卖合同不同,其具有隐蔽性,内部真实情况并不为外界公众所知晓,当与申请执行人权利保护发生冲突时,应尤为慎重。

参照《异议复议规定》第28条、第29条和《查扣冻规定》第24条的规定,以房

① 《山东省高级人民法院民一庭关于审理执行异议之诉案件若干问题的解答》规定,如案外人系建设工程承包人或实际施工人,其与被执行人之间存在合法有效的建设工程施工合同,且工程款清偿期已经届满,案外人基于建设工程价款与被执行人订立合法有效的以物抵债协议,据以主张支付了相应对价,请求排除执行的,一般可予支持。江苏省高级人民法院《执行异议及执行异议之诉案件办理工作指引(二)》规定,案外人基于建设工程价款,与被执行人订立以物抵债协议,主张其已支付全部价款,同时具备下列情形的,应予支持:①案外人系建设工程承包人或实际施工人;②案外人与被执行人之间存在真实的书面建设工程承包合同;③案外人与被执行人的工程款清偿期已经届满;④案外人享有的工程价款与抵债标的的价值相当;⑤以房抵债协议合法有效。

② 参见姜伟主编,最高人民法院第四巡回法庭编:《最高人民法院第四巡回法庭疑难案件裁判要点与观点》,人民法院出版社2020年版,第48~52页。

抵债协议的成立时间必须早于法院查封前。以房抵债协议的成立时间还应当在工程款清偿期届满之后，其中原理在于，根据《九民纪要》第45条的规定，当事人在债务履行期届满前达成以物抵债协议，抵债物尚未交付债权人，债权人请求债务人交付的，不属于让与担保，其应当根据原债权债务关系提起诉讼，工程款履行期限届满前签订的“以房抵顶工程款”协议，并不改变原债权债务关系。

如果认定工抵房作为原债务履行方式的变更，那么就必须有双方明确的变更履行方式的意思表示，构成债务更新。如果双方未明确变更履行方式的，根据《合同编解释》第28条的规定，则构成新债清偿。新债清偿，是指当事人约定用他种给付替代债务关系中原定给付以清偿债权的协议。债务更新，是指当事人约定成立新债务而使旧债务消灭的协议。新债清偿与债务更新虽然都是诺成合同，但是两者不同之处在于，债务更新生效时，原债务消灭，而新债清偿生效时，新旧债务并存。也即，构成新债清偿的，房屋买卖之债与建设工程施工合同之债同时存在；构成债务更新的，则只存在一个房屋买卖之债。从平衡对案外人与申请执行人保护的角度，只有构成债务更新的以房抵债协议，才能排除执行，否则就是对施工方权益的过度保护。

此外，在判断是否构成真实的以房抵债时，还需要综合审查，如工程承包所产生的债权债务是否真实合法存在、抵债房屋价值与欠付工程款价值是否大致相当、是否存在恶意损害第三人合法权益的情形等。

二、操作指引

（一）以物抵债排除执行的原理

以房抵债是以物抵债中的常见情形，从经济学的角度来看，以房抵债的行为是市场交易的行为，通常情况下，该行为有利于实现市场资源的优化配置，消灭当事人之间的债权债务，我国法律除对流押条款规定无效外，并未绝对禁止以房抵债，但是，由于我国的社会信用体系尚不完善，使得以房抵债过程中可能存在通过虚假诉讼故意规避税费等法律义务或侵害他人利益的情况。针对这一情况，在2013年《最高人民法院关于房地产调控政策下人民法院严格审查各类虚假诉讼的紧急通知》中制定了相应对策，明确：对于当事人之间虚构借贷等债权债务关系，法院立案受理后，双方当事人自愿达成调解协议约定用债务人的房产抵偿债务，由法院出具调解书后被迅速执行房产过户的行为，是虚假诉讼行为。且进一步规定，当事人对以房抵债生效法律文书或者调解协议申请执行的，原则上不得出具以房抵债裁定书或者要求登记机构办理过户的协助执行通知书，当事人要求以房产清偿债务的，应当采取拍卖等方式执行变价措施。这一通知实际上杜绝了事后以房抵债直接过户的可能性,而是以强制拍卖变价的方式实现债务的清偿。如果当事人产生纠纷进入审判或执行程序,即使以房抵债协议被认定为有效,债权人也无法据此获得房屋的所有权,而只能获得房屋拍卖变价后的价款所得。这充分体现了法院对于以房抵债容易引发虚假诉讼高度谨慎的态度。在执行程序中,就抵债房屋受让人能否适用物权期待权保护这一问题,由于实践中以房抵债的情况比较复杂,尤其是案外人与被执行人恶意串通倒签抵债时间以排除其他债权人,使受让人偏颇受偿的问题突出,尚无鉴定合同确切签订时间的有效技术手段,抵债又不需要支付具体价款,无法通过其他证据来判断抵债合意的真伪。[①] 如果将以房抵债协议的受让人列入物权期待权保护范围,将极大地增加法院判断抵债协议效力的难度,同时也不利于对申请执行人权利的保护,不利于对规避执行行为的防范。但是,在特殊情形下,如果案外人与被执行人之间存在真实的借贷法律关系,在债务履行期限届满后达成合法有效的以房抵债协议,并且债权金额与抵债房屋的实际价值大致相当,不存在规避执行或逃避债务等情形,以房抵债的权利人对标的房屋的实际占有具备准物权的性质,其应优先于普通债权,也即当案外人已实现对房屋的合法占有且无过错时应当适用物权期待权的保护规则。

(二)工程款以物抵债排除执行的要件

根据《异议之诉司法解释》第 15 条的规定,案外人以被查封的不动产进行抵债,应当排除执行,不再参照原来物权期待权的法律规定,只要能证明符合如下四个要件即可:(1)案外人与被执行人存在真实的债权债务关系且债务履行期限已届满,案外人与被执行人在查封前已签订合法有效的以不动产抵债协议;(2)有证据证明抵债金额与抵债时执行标的的实际价值基本相当;(3)案外人在查封前已合法占有该不动产;(4)非因案外人自身原因未办理不动产所有权转移登记。同时,《异议之诉司法解释》对以不动产抵工程款债权人提起的执行异议之诉也作出了明确规定。以工程款抵债属于特殊的以物抵债,即所抵顶的债权是工程款债权。由于工程款债权人可根据《民法典》第 807 条享有建设工程价款优先受偿权,而以不动产折抵工程款可作为不动产工程价款优先权的行使方式之一,因此,不同于《异议之诉司法解释》第 15 条,符合条件的不动产折价协议可以对抗抵押权和一般金钱债权的执行。此外,需注意的是,当发包人知道或应知存在挂靠时,也就是说,发包人和挂靠人之间已经就工程施工、结算等达成合意,故挂靠人此时既可直接向发包

---

① 参见江必新、刘贵祥主编:《最高人民法院关于人民法院办理执行异议和复议案件若干问题规定理解与适用》,人民法院出版社 2015 年版,第 429 页。

人请求支付工程款,也可以成为本条规定的权利主体;而合法分包人以及转包、违法分包的实际施工人、不知情挂靠时的挂靠人均与发包人之间没有直接合同关系,故不享有建设工程价款优先受偿权,也无法直接成为本条规定的权利主体,但在承包人怠于行使权利影响到其债权实现时可代位提起针对抵债物的执行异议之诉。

审判前沿

邓某、深圳市蛇口水湾源华实业股份有限公司等申请执行人执行异议之诉案

[(2021)最高法民申6794号民事裁定书]

【裁判要旨】

案涉房屋以物抵债后被第三人购得并未办理变更登记,以物抵债裁定被撤销,第三人主张对案涉房屋享有所有权请求排除执行,在没有证据证明第三人购房合同系伪造、变造,无效或者应予撤销,也无证据证明第三人取得案涉房产系与以物抵债债权人恶意串通或者非善意的情况下,应对案涉房产购买、占有、使用现状已经形成新的社会秩序予以保障,不宜再将案涉房屋作为被执行人的财产进行处置。

【基本案情】

再审申请人邓某因与被申请人深圳市蛇口水湾源华实业股份有限公司(以下简称水湾源华公司)及一审第三人平安银行股份有限公司深圳新闻路支行(原深圳城市合作商业银行红荔支行,以下简称平安银行深圳新闻路支行)、深圳蛇口水湾企业股份有限公司(以下简称水湾公司)、深圳吉祥不锈钢制品有限公司(以下简称吉祥公司)申请执行人执行异议之诉一案,不服广东省高级人民法院(2019)粤民终2406号民事判决,向最高人民法院申请再审。

邓某申请再审称:(1)邓某作为执行案件的申请执行人提出的准予执行案涉房产的请求权成立,因案涉房产现仍登记在水湾公司名下,系被执行人水湾公司的财产,应当予以处置。(2)水湾源华公司对案涉房产取得所谓权利的《房屋回购协议书》存在诸多重大瑕疵,涉嫌伪造、变造。(3)即便忽略水湾源华公司从《房屋回购协议书》取得权利的合法性、真实性,水湾源华公司作为案外人判断其是否系权利人,须以《异议复议规定》第25条第1款第1项的判断标准审

查,水湾源华公司的权利据此无法排除执行,二审判决适用法律错误。(4)二审判决在(1997)深中法执字第3-593号民事裁定被撤销的情况下,仍然认定平安银行深圳新闻路支行依据当时有效的法律文书取得案涉房产的物权,系无视深圳市中级人民法院(以下简称一审法院)(2011)深中法执再字第2号民事裁定,认定事实错误。(5)判断作为案外人的水湾源华公司有无对抗阻却事由,法律已有明确规定,本案系不动产执行争议,水湾源华公司主张其物权权属即可,若无法主张,则其异议不产生排除执行效能。二审判决更无须动用"已履行完毕""已形成新的社会秩序""不宜"为由,衡平救济水湾源华公司。

法院查明,1996年12月17日,一审法院作出(1996)深中法经一初字第512号民事调解书,确认:(1)吉祥公司分期归还深圳城市合作商业银行红荔支行(平安银行深圳新闻路支行的前身)的贷款1400万元及利息。(2)水湾公司继续以自有的位于深圳市南山区××路××宾馆××层××层的房产作为吉祥公司偿还上述贷款本息的抵押。2000年3月10日,一审法院作出(1997)深中法执字第3-593号民事裁定:水湾公司名下潜龙湾宾馆×栋第二层、第八层房产以评估市场价值5,028,742元抵债归深圳城市合作商业银行红荔支行所有。2003年9月10日,水湾源华公司及深圳市南山区水湾街道办事处水湾村民委员会(乙方)与平安银行深圳新闻路支行、平安银行股份有限公司深圳桂园支行(甲方)签订《房产回购协议书》,约定:水湾源华公司以400万元出资回购原水湾公司名下抵押给甲方的潜龙湾宾馆第二层、第三层及第八层房产,甲方应在乙方付清回购全款后7日内办理解除抵押登记的手续。《房产回购协议书》签订后,水湾源华公司向平安银行股份有限公司深圳桂园支行转账支付了回购款400万元,案涉房产亦按约解除了抵押登记手续。2011年10月31日,一审法院作出(2011)深中法执再字第2号民事裁定:撤销(1997)深中法执字第3-593号民事裁定。1998年3月13日,就中国工商银行深圳市分行蛇口支行起诉水湾公司借款合同纠纷两案,一审法院作出(1997)深中法经一初字第673号、第676号民事调解书,确认了相关债权;后该两案进入执行程序;2004年12月28日,前述两民事调解书项下的权益经两轮转手后,由邓某收购取得。

【要点评析】

本案系案外人对执行标的主张所有权引发的执行异议之诉。案外人水湾源华公司主张潜龙湾宾馆第二层、第三层及第八层房产的产权先是通过以物抵债裁定归属于深圳城市合作商业银行红荔支行,再由案外人从深圳城市合作商业银行红荔支行手上购得。申请执行人则以上述权属流转过程中的以物抵债裁定已被撤销,房屋产权仍应属于被执行人为由主张案外人的异议不成立。

最高人民法院认为,根据《物权法》(已废止)第28条"因人民法院、仲裁委员会的法律文书或者人民政府的征收决定等,导致物权设立、变更、转让或者消灭的,自法律文书或者人民政府的征收决定等生效时发生效力"之规定,平安银行深圳新闻路支行基于一审法院以物抵债裁定于2000年依法取得案涉房产的物权(所有权);2003年,水湾源华公司基于《房屋回购协议书》并支付400万元对价后合法占有、使用案涉房产,水湾源华公司对案涉房产已经形成信赖利益。尽管前述以物抵债裁定于2011年因程序问题被撤销,但并无充分证据证明水湾源华公司取得案涉房产的《房屋回购协议书》系伪造、变造,无效或者应予撤销,也无证据证明水湾源华公司取得案涉房产系与平安银行深圳新闻路支行恶意串通或者非善意。而邓某是2004年基于收购案涉资产包,取得原中国工商银行深圳市分行蛇口支行享有的普通金钱债权并成为该案申请执行人,对案涉房产并无信赖利益;且目前亦没有证据证明邓某之前的该债权原权利人及后续的承接者对水湾源华公司依约取得案涉房产提出过异议。由此,二审判决基于《房产回购协议书》已经履行完毕,案涉房产购买、占有、使用现状已经形成新的社会秩序,并结合平安银行深圳新闻路支行曾对案涉房产享有抵押权益等相关事实,不宜再将案涉房产作为被执行人水湾公司的财产进行处置。

魏某泽与赵某川、中卫市楚雄房地产开发有限责任公司案外人执行异议之诉纠纷案

[(2020)甘民初86号民事判决书、(2021)最高法民终681号民事判决书]

【裁判要旨】

签订以房抵债协议的目的是消灭双方的金钱债务,以物抵债的购房人并非消费者购房人,不应参照适用《异议复议规定》第28条或第29条的规定,以物抵债的购房人不具备法律、司法解释规定的除外条件。基于物权优先于债权是民法上的基本原则,以物抵债的购房人的债权请求权不能排除基于抵押权对涉案房屋的强制执行。

【基本案情】

2014年4月29日,赵某川与中卫市楚雄房地产开发有限责任公司(以下简

称楚雄公司)签署借款合同和抵押合同,约定以楚雄公司位于中卫市沙坡头区怀远路东侧黄河花园三期50号楼25套房产提供抵押担保,并于2014年4月29日在中卫市房屋产权籍管理所办理了抵押登记并取得他项权证书。甘肃省高级人民法院(以下简称甘肃高院)于2018年1月29日作出(2017)甘民初50号民事调解书确认:"……三、中卫市楚雄房地产开发有限责任公司未按上述期限履行给付义务时,赵某川有权对中卫市楚雄房地产开发有限责任公司抵押财产(已办理他项权证的中卫市黄河花园三期50号楼25套面积4522.08平方米的房屋)折价或者拍卖、变卖该财产的价款优先受偿。"该案进入执行程序后,甘肃高院于2018年7月24日作出(2018)甘执62号执行裁定书查封了上述25套房产;于2019年7月9日作出(2018)甘执62号之一执行裁定书,拍卖上述25套房产;于2019年7月11日,就上述25套房产发出拍卖通知;于2019年11月15日将案涉争议标的物在内的部分房屋在司法拍卖平台发布第二次拍卖公告,由买受人李某兰竞得;于2019年12月6日,作出(2018)甘执62号之二执行裁定书,裁定本案争议标的物128、228129、229(门牌号389号),房产证号:卫房权证沙坡头区字第××、20××23,建筑面积292.18平方米商品房的所有权归买受人李某兰所有。上述房产的所有权自裁定送达买受人李某兰时起转移,买受人李某兰可持本裁定书到登记机构办理相关产权过户登记手续。随后,魏某泽以案外人身份对本案诉争4套房产提出执行异议,甘肃高院作出(2020)甘执异75号执行裁定书,驳回魏某泽的异议请求。甘肃高院认为,首先,案涉房产系楚雄公司开发的楼盘,至今仍在楚雄公司名下,魏某泽并未办理产权登记,不享有所有权。魏某泽非案涉工程的承包人,所抵顶款项亦非建设工程价款,不享有该项优先权。其次,就涉案房屋由其作为营业用房先自用后出租给他人使用的事实而言,魏某泽不符合商品房消费者的认定标准。此外,一审法院认为,即便其享有物权期待权,魏某泽仍属于一般的房屋买卖合同的买受人。根据《九民纪要》第125条、第126条之规定,为维护抵押权具有优先性的民事权利秩序,魏某泽依法对执行标的亦不享有足以排除强制执行的民事权益。判决驳回魏某泽的诉讼请求。魏某泽向最高人民法院提起上诉。经最高人民法院审理,判决驳回上诉,维持原判。

【要点评析】

本案是一则案外人持有与被执行人签订的抵偿欠付款的《顶房协议书》,以其享有足以排除强制执行的民事权益为由,提起的执行异议之诉。魏某泽请求停止执行的理由是,抵顶房屋协议的签署时间早于抵押登记及法院查封的时间;魏某泽实际占有并使用该房屋;房产总价款抵顶被执行人所欠的款项;涉案房屋没有能够及时过户,系因楚雄公司推脱不予办理,而非因其自身原因。魏某泽认为,根据《异议复议规定》第28条的规定,符合排除执行的条件。

本案的争议焦点为魏某泽是否对执行标的享有足以排除强制执行的民事权益。本案的判断关键在于,以物抵债的购房人能否适用《异议复议规定》第28条或第29条排除执行。

本案中,对于魏某泽请求排除强制执行的诉讼请求,一审、二审法院持有相同结论,以物抵债的购房人不应参照适用《异议复议规定》第28条或第29条的规定,其不具备法律、司法解释规定的除外条件。

一审法院首先分析了案外人是否为房屋所有权人,案外人是否享有建设工程价款的优先权;其次分析了案外人是否符合商品房消费者的认证标准。二审法院与一审法院在判断案外人是否为房屋所有权人是一致的,即魏某泽未办理房产过户手续,没有实际取得涉案房屋的所有权。二审法院通过分析以物抵债协议目的为消灭金钱债务,案外人不是消费者购房人,得出不参照适用《异议复议规定》第29条规定的结论。申请执行人享有的抵押权,案外人不得排除执行。案外人基于以房抵债协议享有的是债权请求权,申请执行人对涉案房屋享有的是抵押权,基于物权优先于债权的基本原则,非消费者购房人的权利不应优先于抵押权,本案中案外人的债权请求权不能对抗申请执行人基于抵押权的强制执行。除此之外,二审法院就涉案房屋的登记事实和抵押权设立的事实,以抵押权的成立并不以占有抵押物为前提,抵押物的实际使用情况不影响对抵押物设立抵押权,否定了案外人关于申请执行人未实地检查房屋状态,未尽审慎义务,而排除执行的上诉理由。

四川省国基建筑工程有限公司、禹某辉等申请执行人执行异议之诉纠纷案

[(2020)宁民初6号民事判决书、(2021)最高法民终345号民事判决书]

【裁判要旨】

(1)以房抵债的目的并非购买不动产,而是实现债务的清偿,原则上不能视为一般不动产买受人。但是在特殊情况下,如果当事人在债务履行期限届满后

达成合法有效的以房抵债协议,旧债清算完毕变更为新债,不存在规避执行或逃避债务等情形,应当尊重当事人因社会经济生活的复杂性对其交易内容所进行的合意变更,符合上述规定的,并经审慎认定,可参照《异议复议规定》第28条规定。(2)不动产经多方主体多次抵债,不属于商品房消费者生存利益特别保护的范畴,不适用《异议复议规定》第29条关于商品房消费者生存利益排除强制执行的特别规则。

【基本案情】

2016年11月25日,四川园尚景观工程有限责任公司(以下简称园尚公司)向银川柏悦天成文化旅游投资管理有限公司(以下简称柏悦公司)出具购房抵款申请和委托付款书,由园尚公司认购三沙源逸都花园某房屋,房款总额386,456元从柏悦公司应付园尚公司的工程款中扣除,园尚公司以案涉房屋冲抵其欠付禹某辉工程款386,456元。2017年8月2日,柏悦公司更名为银川文化旅游投资集团有限公司(以下简称文旅公司)。2018年10月11日,文旅公司向银川博冠房地产开发有限公司(以下简称博冠公司)出具情况说明,以三沙源逸都花园2区项目住房冲抵文旅公司与博冠公司之间债权债务,不做实际支付。当日,博冠公司向禹某辉出具收据,载明:禹某辉交来逸都花园某房屋房款386,456元。

2019年4月1日,永宁县人民法院立案受理禹某辉就博冠公司未签订商品房买卖合同及未交付房屋为由提起的诉讼,于2019年6月13日作出(2019)宁0121民初1663号民事判决,认定博冠公司按照收据约定已经通过顶账方式收取了禹某辉的购房款,就应当按照法律规定和双方约定履行商品房出卖人的法定义务,及时与禹某辉签订商品房买卖合同并交付房屋,博冠公司至起诉之日仍不与禹某辉签订商品房买卖合同,不向禹某辉交付房屋,已经构成违约,应当依法承担违约责任,继续履行合同,并赔偿禹某辉的损失,判决:(1)博冠公司于判决生效后10日内与禹某辉签订位于宁夏回族自治区永宁县三沙源逸都花园某房屋商品房买卖合同,并向禹某辉交付该房屋;(2)博冠公司于判决生效后10日内赔偿禹某辉已付购房款的利息损失。

2019年4月9日,宁夏回族自治区高级人民法院根据四川省国基建筑工程有限公司(以下简称国基公司)诉讼财产保全申请,作出(2019)宁民初20号民事裁定,裁定:查封、冻结博冠公司名下价值9000万元的财产。后法院将登记在博冠公司名下的包括案涉房屋在内的243套房屋予以查封,查封期限自2019年5月10日至2022年5月9日,同时向国基公司、博冠公司送达(2019)宁执保20

号结案通知书。博冠公司出具的证明载明：博冠公司抵顶给禹某辉的房屋与宁夏回族自治区高级人民法院查封的房屋为同一房屋。2020年4月21日，禹某辉对查封涉案房屋提出书面异议。宁夏回族自治区高级人民法院作出(2020)宁执异1号执行裁定，中止对登记在博冠公司名下的三沙源逸都花园某房屋的执行。国基公司对(2020)宁执异1号执行裁定不服，向宁夏回族自治区高级人民法院提起执行异议之诉。

一审法院经审理认为，本案争议的焦点为是否应恢复对登记在博冠公司名下的三沙源逸都花园某房屋的执行。《异议复议规定》第29条规定："金钱债权执行中，买受人对登记在被执行的房地产开发企业名下的商品房提出异议，符合下列情形且其权利能够排除执行的，人民法院应予支持：(一)在人民法院查封之前已签订合法有效的书面买卖合同；(二)所购商品房用于居住且买受人名下无其他用于居住的房屋；(三)已支付的价款超过合同约定总价款的百分之五十。"本案中，博冠公司于2018年10月11日向禹某辉出具案涉房屋房款收据，双方已经成立合法有效的商品房买卖合同关系。博冠公司与禹某辉之所以未签订买卖合同，系因博冠公司怠于履行签订合同的义务，不是禹某辉导致，不可归责于禹某辉，已生效的永宁县人民法院(2019)宁0121民初1663号民事判决书对上述事实亦予以认定。案涉房屋系禹某辉用于自己居住，禹某辉就全部房款已经抵顶结算，禹某辉的诉讼行为发生在查封之前。故禹某辉的异议符合《异议复议规定》第29条法律规定，其能够排除对案涉房屋的强制执行。国基公司的诉讼请求不能成立，应予驳回，判决驳回国基公司的诉讼请求。

国基公司不服宁夏回族自治区高级人民法院(2020)宁民初6号民事判决，向最高人民法院提起上诉。

最高人民法院经审理认为，本案的争议焦点为禹某辉对案涉房屋是否享有足以排除强制执行的民事权益。国基公司上诉认为一审判决未查明案件事实，仅依据博冠公司出具的证明即认定案涉房屋(三沙源逸都花园)与禹某辉主张享有权利的房屋(三沙源逸都花园某房屋)为同一房屋。根据二审查明的事实，国基公司、禹某辉均认可三沙源逸都花园某号楼为单独单元，案涉房屋具有唯一性，二审法院确认本案中禹某辉主张以房抵债的房屋与案涉房屋为同一房屋。《异议复议规定》第28条规定："金钱债权执行中，买受人对登记在被执行人名下的不动产提出异议，符合下列情形且其权利能够排除执行的，人民法院应予支持：(一)在人民法院查封之前已签订合法有效的书面买卖合同；(二)在人民法院查封之前已合法占有该不动产；(三)已支付全部价款，或者已按照合同约定支付部分价款且将剩余价款按照人民法院的要求交付执行;(四)非因买受人自身原因未办理过户登记。"该条规定了对一般不动产买受人针对金钱债权提起执行异议之诉的处理。以房抵债的目的并非购买案涉不动产,而是实现债务的清偿,故原则上不能视为一般不动产买受人。但是在特殊情况下,如果当事人在债务履行期限届满后达成合法有效的以房抵债协议,旧债清算完毕变更为新债,不存在规避执行或逃避债务等情形,应当尊重当事人因社会经济生活的复杂性对其交易内容所进行的合意变更,符合上述规定的,并经审慎认定,可参照本条规定予以支持。本案中,禹某辉提交博冠公司出具的案涉房屋的房款收据,并不能证明其与博冠公司在法院查封之前就案涉房屋已签订合法有效的书面买卖合同且禹某辉认可尚未占有案涉房屋。因此,禹某辉并不符合上述规定,对案涉房屋不享有排除强制执行的民事权益。《异议复议规定》第29条属于商品房消费者生存利益排除强制执行的特别规则,禹某辉对案涉房屋享有的民事权益系由其本人、园尚公司、文旅公司、博冠公司等多方主体经过多次抵顶债权而来,不属于商品房消费者生存利益特别保护的范畴。一审判决参照适用《异议复议规定》第29条的规定,适用法律不当。判决:(1)撤销宁夏回族自治区高级人民法院(2020)宁民初6号民事判决;(2)准许执行宁夏回族自治区银川市永宁县三沙源逸都花园某房屋。

【要点评析】

本案为相反观点展示。本案对于以物抵债是否可以适用《异议复议规定》第28条的观点与魏某泽与赵某川、中卫市楚雄房地产开发有限责任公司案外人执行异议之诉纠纷案不同,以房抵债在特定情形下可以适用一般不动产买受人物权期待权的规定排除强制执行。

该案观点认为:在存在真实的债权债务关系、以房抵债协议、不存在虚假诉讼、恶意串通损害债权人利益等情形下,同时满足已经签订合法有效书面协议、支付全部价款、买受人在查封前已占有该房屋、非因买受人原因未办理过户登记的条件,法院应当尊重当事人因社会经济生活的复杂性对其交易内容所进行的合意变更,可以参照《异议复议规定》第28条的规定,排除普通债权人对不动产的执行。

实践中亦有法院持有同样的观点,如山东省高级人民法院执行局在《执行疑难法律问题审查参考——案外人执行异议专题》第14条中规定:"案外人基于以房抵债协议对被执行房产提起案外人异议的,应如何处理?参考意见:对于案外人与被执行人的债务清偿期届满,在查封前已经与被执行人签订合法有效的以房抵债协议并实际合法占有被执行房屋，且不存在规避执行或逃避债务等情形的，可以参照适用《最高人民法院关于人民法院办理执行异议和复议案件若干问题规定》第二十八条的规定予以审查……”《广东省高级人民法院关于审查处理执行裁决类纠纷案件若干重点问题的解答》第13条关于“案外人主张涉案房屋是以房抵债取得，请求排除执行，如何处理”的问题，持有的意见为：“符合条件的，可以排除执行。案外人有充分证据证明，能够同时满足以房抵债协议真实有效、协议签订于房屋被人民法院查封之前、案外人在查封前已经实际占有涉案房屋，案外人对涉案房屋未能过户不存在过错的，可以排除执行。”并作出说明：“参照《执行异议和复议规定》第二十八条处理。”案外人执行异议之诉的目的在于保护强制执行行为下真实权利人的合法权益，实践中并不禁止以房抵债行为，查明属实的，应保护债权人利益。此外，还有《黑龙江省高级人民法院关于审理执行异议之诉案件若干问题的解答》(2019年修订)第20条、第21条和《江苏省高级人民法院执行异议及执行异议之诉案件办理工作指引(二)》第8条，在此不再赘述。

第十一章　因借名买房提起的异议之诉

借名买房是借名人与出名人双方协商，以出名人名义购买房屋并登记在出名人名下，且约定房屋归借名人所有的行为。实践中，借名人往往主张自己是实际所有权人请求排除对房屋的强制执行。就借名人能否排除对出名人的金钱债权人针对房屋申请的强制执行的问题尚无明确规定，对此，理论界观点不同，实践中争议较大。

法律依据

《民法典》第209条　不动产物权的设立、变更、转让和消灭，经依法登记，发生效力；未经登记，不发生效力，但是法律另有规定的除外。

依法属于国家所有的自然资源，所有权可以不登记。

《物权编解释(一)》第2条　当事人有证据证明不动产登记簿的记载与真实权利状态不符、其为该不动产物权的真实权利人，请求确认其享有物权的，应予支持。

一、制度阐释

(一)借名买房物权归属之辨

在借名买房合同有效的情形下，不动产的权利归属存在两种观点：物权说和债权说。持有物权说的观点认为，借名人与出名人有借名买房的合意，根据房屋的实际出资情况、实际占有和使用情况等，借名人享有房屋真实权利，能够对抗不动产登记。持有债权说的观点认为，基于我国登记生效主义的不动产物权变动模式，借名人与出名人之间关于借名购房形成的是债权关系而非物权关系，借名人只享有债权请求权而不享有物权。

一般认为，基于不动产物权变动的规定，须经不动产登记方能产生物权变动的效果，借名买房行为中当事人双方对房屋所有权归属的约定，不能产生物权变动的效果，借名人可以依据双方约定基于实际代持关系主张出名人将房屋过户至自己名下，该项请求实际上是基于合同关系产生的债权请求权，因此，实际出资人只享有债权请求权而非物权请求权。近年来，司法实践中越来越多的判例采纳债权说的观点。

（二）借名人是否享有期待利益之辨

在借名人与出名人关于借款购房、借名登记的约定和行为不产生物权变动效力的情况下，鉴于借名人对不动产享有债权，并有约定在先，或有权要求出名人协助办理过户，在执行领域，借名人如若提出执行异议，还需对借名人对该不动产是否享有期待利益，执行中是否能够参照适用《异议复议规定》第28条、第29条排除强制执行的特殊保护规则，加以辨析。

首先，根据《异议复议规定》第28条、第29条的规定，在特殊情况下不享有所有权的案外人，基于对不动产的物权期待权，享有可以排除强制执行的权益，体现的是对物权期待权的特殊保护。在借名登记行为中，从借名人的权利性质来看，其作为金钱债权人享有的是债权，债权本身不具有排除执行的权能。就该债权上是否附有物权特性，是否享有转化为物权的期待利益而言，由于物权期待权并非我国法律规定的权利类型，因借名登记行为而产生的权利亦未见类似赋予其物权期待权权能的法律规定或司法解释中，[①]不宜将其外延扩大，否则有概念滥用的风险。

其次，根据《民法典》的规定，除另有规定的情形外，对于不动产物权归属原则上依照不动产登记情况确定，我国对于不动产物权变动规则采取的是登记主义，未经登记，不产生物权效力。根据不动产登记簿的登记情况，出名人享有不动产所有权，实施借名登记行为的借名人系在明知其在一定条件成就前不能取得不动产所有权而进行的特殊交易安排，借名人对不动产登记在他人名下的风险有所预见，是否仍有必要进行特别保护，有待商榷。

最后，物权优先于债权保护，系其通过登记或公示而具有公示效力，从而实现其排他性的占有使用和收益。由于借名人实际隐藏在借名登记行为之下，根据《民法典》"未经登记，不得对抗第三人"的规则，在执行过程中，此类未经公示的法律行为恐亦难以产生对抗善意申请执行人的法律效果。

综上所述，在现行法律规定的框架未对借名登记进行特别规定的情况下，不宜将借名人对不动产物权享有的利益进行物权期待权的定性，因此也难以适用排除强制执行的特殊保护规则。

虽有上述，但借名登记原因复杂，针对"借名买房能否排除执行"尚无统一明确的裁判标准，具体案件需要综合审查个案事实、是否涉及实际权利人的生存利益、

---

① 参见司伟：《借名买房排除强制执行的法律规则——基于学说与案例的分析与展开》，载《法治研究》2021年第4期。

有无规避法律政策或损害公共利益的情形、借名人过错程度等各方面因素。如罗某奇与陈某平、陶某君、罗某钢案外人执行异议之诉纠纷案①中,最高人民法院在查明借名登记行为并非为了规避法律、行政法规的强制性规定或国家、地方政府限购政策,亦不违背公序良俗,当物权登记与实际权利状况不符时,根据实际权利状况,认定借名人为实际权利人,借名人对于房屋的权利能够排除强制执行。

二、操作指引

(一)关于借名买房行为引起的物权归属的认定

对于当事人基于借名买房行为引起的确权诉讼,我国司法实践中有两种处理思路:一是认为实际出资人基于出资、使用等相关事实,因购置房屋足以产生对抗登记不动产物权的正当权源。基于这种权源,赋予权利人提起确认之诉和给付之诉的权利,包括要求确认房屋权属和要求登记名义人协助办理过户手续等各项权利。例如,在冯某强、娄某芳与冯某所有权确认纠纷案②中,法院认为,二原告已经履行全部付款义务,系讼争房屋的真正权利人。但法院未对真正权利人享有的权利的内容和范围加以明确界定,而是直接赋予实际出资人与登记产权人同等的权利,最终确认房屋归原告所有,被告协助办理过户手续。《浙江省高级人民法院民一庭关于审理受房地产市场调控政策影响的房屋买卖合同纠纷案件的若干意见(试行)》第8条规定:"实际买受人为规避限购、禁购政策,以他人名义与出卖人订立合同并办理房屋权属证书后,以其系实际买受人为由,请求确认其为房屋产权人的,不予支持,但调控政策重新调整并准许其取得产权的除外。"该规定实际上也采纳了上述观点。二是认为基于物权效力理论,实际出资人只享有债权请求权而非物权请求权。司法实践中,有的法院以讼争房屋未事实上登记在实际出资人名下为由,认为讼争房屋未产生物权效力,实际出资人不能直接请求确认房屋归其所有,只能基于借名关系向对方提出协助办理过户手续或者搬出讼争房屋等请求。《北京市高级人民法院关于审理房屋买卖合同纠纷案件若干问题的指导意见(试行)》第15条第1款规定:"当事人约定一方以他人名义购买房屋,并将房屋登记在他人名下,借名人实际享有房屋权益,借名人依据合同约定要求登记人(出名人)办理房屋所有权转移登记的,可予支持。但是,该房屋因登记人的债权人查封或其他原因依法不能办理转移登记,或者涉及善意交易第三人利益的除外。"该规定明确采纳了上述观点。例如,在郑某娇与李某璇、深圳市淞江爱地实业有限公司所有权

---

① 最高人民法院民事裁定书,(2021)最高法民再3543号。
② 上海市第一人民法院民事判决书,(2017)沪01民终11589号。

确认纠纷案①中,法院认为,涉案房产系借名购房,目前尚未登记至原告名下,未产生物权效力,原告要求确认房屋归其所有于法无据。但原告作为实际出资人有权请求二被告协助办理转移登记手续。再如,在李某总与北京大红门亮驿商城有限责任公司所有权确认纠纷案②中,法院认为,本案双方存在借名登记关系,北京大红门亮驿商城有限责任公司基于该关系享有债权请求权,可要求李某总转移登记,但其直接要求确认对讼争房屋的产权,与债权请求权不符,法院不予支持。

上述两种观点和做法,我们赞同后者,具体理由如下。

首先,根据《民法典》第 209 条、第 214 条的规定,依照法律规定应当登记的,不动产物权只有进行了相应的登记后,才能发生法律效力。《民法典》第 216 条第 1 款更是明确规定:“不动产登记簿是物权归属和内容的根据。”因此,在判断不动产物权归属时,原则上应当以不动产登记簿为依据。在借名登记的情形,除非符合法律另有规定的情形,否则就应当根据不动产的登记状况来确定权利的归属。

其次,在司法实践中,不动产登记簿记载事项不实的情形的确存在,主要有以下情形:第一,个别人利用虚假资料申请不动产首次登记、变更登记、转移登记、注销登记等,导致登记机关在不动产登记簿上所记事项与事实不符;第二,登记机关工作人员审核登记申请资料时,故意或过失导致不动产登记簿上记载事项不实;第三,非因法律行为导致不动产物权设立、变更、转让或消灭后,未及时更新不动产登记簿上相关记载事项;第四,作为不动产登记行为基础的买卖、共有、赠与、抵押、婚姻、继承等法律行为无效、被撤销,不动产登记簿未及时恢复原登记情况导致的登记不实等。根据《民法典》第 220 条的规定,不动产登记簿记载的事项可能存在错误,实际权利人可以寻求更正登记和异议登记等制度救济。《物权编解释(一)》第 2 条也明确规定:“当事人有证据证明不动产登记簿的记载与真实权利状态不符、其为该不动产物权的真实权利人,请求确认其享有物权的,应予支持。”但在借名登记的情形,之所以会出现名义权利人和实际权利人的分离,是基于双方意愿,或者说是双方的有意安排,故不属于“不动产登记簿记载的事项错误”和“不动产登记簿的记载与真实权利状态不符”的情形。

最后,我国《民法典》第 229 条规定:“因人民法院、仲裁机构的法律文书或者人民政府的征收决定等,导致物权设立、变更、转让或者消灭的,自法律文书或者征收决定等生效时发生效力。”但是,对于该条规定的可以导致物权变动的法律文书的范围,根据《物权编解释(一)》第 7 条的规定,仅指“人民法院、仲裁机构在分割共有

---

① 广东省深圳市龙岗区人民法院民事判决书,(2013)深龙法民三初字 995 号。
② 北京市第二中级人民法院民事判决书,(2014)二中民终字第 05020 号。

不动产或者动产等案件中作出并依法生效的改变原有物权关系的判决书、裁决书、调解书,以及人民法院在执行程序中作出的拍卖成交裁定书、变卖成交裁定书、以物抵债裁定书”。由此可见,能够导致物权变动的法律文书是指形成性文书,给付性文书和确认性文书不能导致物权变动。而在借名买房纠纷案件中,借名人行使的是非形成权,相应的法院判决也只能是给付判决而不能是形成判决,故法院对借名人与出名人之间的不动产“权属纠纷”,并不属于《民法典》第229条规定的可以导致物权变动的法律文书。

(二)最高人民法院法官对于借名买房能否排除强制执行的意见

一种观点认为,在金钱债权执行中,借名人主张存在借名买房关系提出执行异议,有证据证实确实被执行人是名义产权人、案外人是真正产权人,如无损害国家利益、社会公共利益的情形,人民法院可以判决排除执行。① 在名义权利人与实际权利人不一致的情况下,如果进行实质审查能够确定真正的权利人,在不损害他人利益的情况下,实际权利人的权利优先于申请执行人享有的一般债权,应当保护实质权利人的权利。

另一种观点认为,借名人与出名人之间的约定,只在双方内部产生债权债务关系,不发生物权变动的效果,根据物权变动登记生效和公示公信原则,案外人与被执行人之间的借名登记约定不能对抗善意的申请执行人,且借名人对房屋登记在他人名下本身具有过错,因此,对案外人停止执行的请求应当不予支持。②

(三)各省高级人民法院关于借名买房能否排除强制执行的指导意见

《广东省高级人民法院关于审查处理执行裁决类纠纷案件若干重点问题的解答》第11条规定,案外人异议之诉中,案外人以借名买房为由,请求确认涉案房屋权属并排除执行,如何处理?作出如下意见:金钱债权执行中,人民法院针对登记在被执行人名下的房屋实施强制执行,案外人主张其与被执行人存在借名买房关系,且能够提供证据证明被执行人只是名义产权人、案外人才是实际产权人的,如无损害国家利益、社会公共利益的情形,可以排除执行。③

---

① 张勇健法官在第一巡回法庭民商事审判工作座谈会上的讲话。

② 参见王毓莹:《执行异议之诉案件的裁判理念与思路》,载《人民法院报》2017年9月27日,第7版。

③ 《江西省高级人民法院关于执行异议之诉案件的审理指南》(赣高法〔2021〕18号)中亦有相似规定。该指南第24条规定:金钱债权执行中,案外人主张其借用被执行人的名义购买不动产并办理登记,被执行人只是名义权利人,案外人才是该不动产的实际权利人,并就此提起执行异议之诉,请求排除执行的,不予支持。但是案外人有充分证据证明被执行人只是名义产权人,案外人才是真正产权人,且不违反国家、社会公共利益的除外。

《北京市高级人民法院关于审理执行异议之诉案件适用法律若干问题的指导意见(试行)》第19条规定:法院在执行生效法律文书确定的金钱债权过程中,对登记在被执行人名下的特定房屋实施强制执行,案外人以其与被执行人之间存在借名买房关系,其是房屋实际所有权人为由,要求对该房屋停止执行的,一般不予支持;申请执行人要求对该房屋许可执行的,一般应予支持。

江苏省高级人民法院的意见则明显发生变化。江苏省高级人民法院在2015年7月8日发布的《执行异议之诉案件审理指南》第19条规定:人民法院针对登记在被执行人名下的房屋实施强制执行,案外人以其与被执行人存在借名登记关系,其系房屋实际所有权人为由,请求对该标的物停止执行并确认所有权的,原则上不予支持。但是案外人有充分证据证明被执行人只是名义产权人、案外人才是真正产权人,且不违反国家利益、社会公共利益的除外。在此类案件的审判实践中,要对借名登记关系成立与否从严审查,防止被执行人与案外人以此为由逃避债务、规避执行。但2022年发布的《江苏省高级人民法院执行异议及执行异议之诉案件办理工作指引(二)》第14条规定:金钱债权执行中,执行法院对案涉房屋采取查封措施后,案外人以其与被执行人存在借名买房关系,且系房屋实际所有权人为由提出异议的,应裁定驳回异议。由此引发的执行异议之诉案件,应驳回其诉讼请求。删除了原2015年审理指南中的但书规定。

(四)最高人民法院在司法解释制定过程中提供的方案

《最高人民法院关于审理执行异议之诉案件适用法律问题的解释(一)(向社会公开征求意见稿)》第13条,对隐名权利人提起的执行异议之诉的处理提供了两种解决方案:

方案一:金钱债权执行中,人民法院对登记在被执行人名下的财产实施强制执行,案外人以其借用被执行人名义购买不动产或者机动车等,其系被执行不动产或者机动车等的实际权利人提起执行异议之诉,请求排除强制执行的,人民法院不予支持,案外人因借名所遭受的财产损失,可以依法向被借名者另行主张权利。

方案二:金钱债权执行中,人民法院对登记在被执行人名下的财产实施强制执行,案外人以其借用被执行人名义购买不动产或者机动车等,其系被执行不动产或者机动车等的实际权利人提起执行异议之诉,请求排除强制执行,经查证属实,且不违反法律、行政法规强制性规定,亦不违背公序良俗的,人民法院应予支持。案外人利用借名方式隐匿违法犯罪所得、利用内幕信息实施股票证券交易等构成犯罪的,或者违反限购政策、资质管理等规定,或者规避执行的,应当依法追究其刑事责任或者按照有关法律法规政策处理。

审判前沿

康某1、金洲集团有限公司案外人执行异议之诉纠纷案

[(2019)浙民终1542号民事判决书、(2020)最高法民申5818号民事裁定书]

【裁判要旨】

基于物权公示原则,设立或转让物权,必须采用法律规定的公示方式,才能取得对抗第三人的效果。在借名买房的情况下,借名人与出名人之间的借名登记约定不得对抗善意的申请执行人。不动产依法登记的物权权利人是真实物权权利人。借名人主张存在借名购房的事实,双方间的委托购房协议仅具有债权性质,并非法律规定可以发生物权变动的法定事由,不能产生物权变动的法律后果。借名人仅享有要求出名人办理过户登记至其名下的债权请求权,不享有物权。

【基本案情】

2001年5月29日,康某2与北京市华远健翔房地产开发有限公司签订《商品房买卖合同》购买案涉房屋。2014年8月25日,康某2对位于北京市朝阳区房屋办理了房屋产权登记,登记产权为康某2个人所有。

后康某2因借款合同纠纷,案涉房屋被金洲集团有限公司(以下简称金洲公司)申请予以强制执行。案外人康某1向法院提出执行异议被驳回后提起执行异议之诉。

一审法院经审理认为,案外人康某1就本案执行标的不享有足以排除强制执行的民事权益,其提出的诉讼请求应予驳回。判决驳回康某1的诉讼请求。

康某1不服湖州市中级人民法院(2019)浙05民初6号民事判决,向浙江省高级人民法院提起上诉。

二审法院经过审理,判决驳回上诉,维持原判。

康某1不服浙江省高级人民法院(2019)浙民终1542号民事判决,向最高人民法院申请再审,最高人民法院经审查认为,根据案件基本事实及法律规定,康某1的申请再审事由不能成立,理由如下:2001年5月29日,康某2与北京市华远健翔房地产开发有限公司签订《商品房买卖合同》购买案涉房屋,且办理了房屋产权登记,登记产权为康某2个人所有。后康某2因借款合同纠纷,案涉房屋被金洲公司申请予以强制执行。案外人康某1向法院提出执行异议被驳回后遂

提起本案执行异议之诉。虽然康某1提交了《商品房买卖合同》《委托购买房屋协议书》等相关证据，但鉴于康某1陈述其与康某2系兄弟的特殊关系等事实，原审认定上述证据并不足以认定康某1借康某2名义购买案涉房屋，并无不当。更为重要的是，基于物权公示原则，设立或转让物权，必须采用法律规定的公示方式，才能取得对抗第三人的效果。在借名买房的情况下，借名人与出名人之间的借名登记约定不得对抗善意的申请执行人。本案中，案涉房屋依法登记的物权权利人是康某2，康某2应是案涉房屋的真实物权权利人。康某1主张其借康某2名义购买案涉房屋的事实即使属实，其与康某2因此签订的《委托购买房屋协议书》也仅具有债权性质，并非法律规定可以发生物权变动的法定事由，不能产生物权变动的法律后果，康某1对案涉房屋仅享有依据该委托协议，要求康某2将案涉房屋办理过户登记至其名下的债权请求权，依法不享有物权。因此，原审认定康某1并非案涉房屋物权的真实权利人，其以借康某2名义购买案涉房屋为由，请求排除对该房屋的强制执行，不予支持，适用法律亦无不当。最终裁定驳回康某1的再审申请。

【要点评析】

本案采取的是债权说的观点，不动产物权变动一般以登记为生效要件，本案不动产登记的权利人为康某2，康某2为该涉案不动产的物权权利人。当事人之间签订的《委托购买房屋协议书》仅具有债权性质，不产生物权变动的法律后果，康某1对案涉房屋仅享有债权请求权，即要求康某2将案涉房屋办理过户登记至其名下的债权请求权，依法不享有物权。

罗某奇与陈某平、陶某君、罗某钢案外人执行异议之诉纠纷案

［(2020)赣01民初102号民事判决书、(2020)赣民终898号民事判决书、(2021)最高法民申3543号民事裁定书］

【裁判要旨】

不动产物权登记产生的公示公信效力，是一种推定效力，登记行为本身不产生物权，当事人有证据证明其为真正权利人时可以推翻不动产登记的推定，维护事实上的真实。当事人之间确存在借名购房关系，借名人也提供证据证明其系房屋实际出资人及占有人，房屋因尚未还清银行贷款未及时变更产权登

记。且借名人通过借名买房将真实物权登记于出名人名下,并非为了规避法律、行政法规的强制性规定或国家、地方政府限购政策,亦不违背公序良俗,符合法律关于当物权登记与实际权利状况不符时,以实际权利状况为依据认定事实的情形,故借名人对于房屋的权利能够排除强制执行。

【基本案情】

在南昌市中级人民法院(以下简称南昌中院)执行陈某平与陶某君、罗某钢借款合同纠纷案中,罗某奇对南昌中院(2019)赣01执恢27号之一执行裁定书不服,向法院提出异议,要求停止对东湖区房屋的拍卖。后法院作出(2019)赣01执异119号执行裁定书,认为案涉房产登记在陶某君名下,且罗某奇未提供相关证据证明案涉房产为其所有,故罗某奇提出的异议不能排除本院对案涉房产的执行,从而裁定驳回罗某奇的异议请求。罗某奇对南昌中院作出的(2019)赣01执异119号执行裁定书不服,向南昌中院提起案外人执行异议之诉。

南昌市东湖区叠山路某房屋(不动产权证号为东字××号)登记的权利人为陶某君。该房屋的《南昌市商品房买卖合同》上载明的出卖人为江西中寰置业有限公司,买受人为陶某君。江西省南昌市房地产业专用发票上注明的购买方、江西省南昌市契税完税证上注明的纳税人、房屋维修基金缴款书的缴款人、南昌市城镇房屋所有权情况调查表注明的所有权人均为陶某君。

一审法院认为,在案涉房屋登记为陶某君的情况下,罗某奇应就涉案房屋归其所有提供充足的证据予以证明,但现有证据并不能充分证明该房屋的产权属于罗某奇。(2019)赣01执异119号执行裁定书驳回罗某奇的异议申请并无不当。2020年6月20日,一审法院作出(2020)赣01民初102号民事判决书,判决驳回原告罗某奇的诉讼请求。

罗某奇不服一审判决,提出上诉,要求(1)确认东湖区叠山路某房屋归其所有;(2)停止对东湖区叠山路某房屋的拍卖;(3)一审、二审诉讼费用均由被上诉人陈某平承担。

二审法院补充查明:自2004年开始,罗某奇均系江西汉邦生物有限公司股东。2005年4月12日,罗某奇委托江西汉邦生物有限公司于2005年4月19日、25日向江西中寰置业有限公司支付购房首付款合计35万元,用以购置涉案房屋。自2005年6月20日至起诉之日,涉案房屋按揭还款均由罗某奇实际支付给招商银行,并在原始支付凭证上签字确认。自2005年6月涉案房屋交付后,房屋一直由罗某奇占有、使用、居住。居住期间产生的所有物业费、水电费、维修费等费用均由罗某奇本人支付。当时签订贷款合同的背景是,2005年6月20日,罗某奇与招商银行南昌市分行签订按揭贷款合同时已经63岁,招商银行南昌市分行以购房人超过60周岁,不符合贷款条件为由,未与罗某奇签订按揭贷款合同。在此情况下,罗某奇以其儿媳陶某君名义代为签订购房合同,填写相关购房表格、材料,陶某君未履行任何实质性的购房合同义务。罗某奇因尚未还清按揭贷款(贷款期限为20年)未及时变更产权登记。

二审争议的焦点为案涉房屋的实际权利人如何确定以及罗某奇的诉讼请求能否得到支持。

二审法院认为,案外人罗某奇提供的证据确实充分,有很强的证明力,且证据之间能够形成完整的证据链条,这些证据足以证实案涉房屋的实际权利人是罗某奇而非陶某君。理由如下:首先,案涉房屋首付款及按揭款均由上诉人罗某奇支付,上诉人实际履行了涉案房屋的所有付款义务,为涉案房屋的实际购买人。上诉人委托江西汉邦生物制药有限公司支付购房首付款35万元的行为符合法律规定,合法有效,证实上诉人实际履行了购房首付款义务。自2005年6月20日至起诉之日涉案房屋按揭还款均由上诉人实际支付,并在原始凭证上签字确认,证实上诉人实际履行了房屋贷款按揭还款义务。其次,自房屋交付后,涉案房屋一直由上诉人合法占有使用。自2005年6月涉案房屋交付后,上诉人就一直居住在涉案房屋内,从未离开,对此,有住宅小区的门卫、物业公司、小区所在的居委会出具的证明予以证实。再次,涉案房屋居住期间产生的所有物业费、水电费等费用均由上诉人本人支付,有其提供的缴费凭证,物业公司的缴费账册予以证实。最后,上诉人办理涉案房屋按揭贷款因超过银行贷款年龄限制,在此情况下才以儿媳陶某君名义代为签订房屋买卖合同,陶某君未履行购房合同其他任何实质性的义务,相反,购房合同的相关实质性的合同义务均由上诉人履行。上诉人未及时变更产权登记,其原因在于未还清银行按揭贷款。2005年6月20日,上诉人与招商银行南昌市分行签订按揭贷款合同过程中,招商银行南昌市分行以上诉人超过60周岁,不符合贷款条件为由,拒绝与上诉人签订按揭贷款合同。为解决住房问题,上诉人遂以其儿媳陶某君名义签订购房合同,此亦符合日常生活习惯,若推论罗某奇购房后将之赠与陶某君,反而不符合日常生活之常理,因为就家庭伦理和亲属关系而言,上诉人也本应将房产赠与直系亲属的儿子或女儿。

《南昌市商品房买卖合同》上载明的出卖人为江西中寰置业有限公司,买受人为陶某君。江西省南昌市房地产业专用发票上注明的购买方、江西省南昌市契税完税证上注明的纳税人、房屋维修基金缴款书、南昌市城镇房屋所有权情况调查表、南昌市私有房屋所有权登记申请表、南昌市房屋所有权登记发证审批表均载明房屋产权属于陶某君。二审法院认为,这些表格和资料上填写的信息,均是房屋买卖合同上的买方信息,且是购房后根据买卖合同的购买人信息即时填写的,不是认定案涉房产实际权利人的实质性证据,因此,被上诉人陈某平的抗辩理由不能成立。

《最高人民法院关于适用〈中华人民共和国物权法〉若干问题的解释(一)》(已废止)第2条规定,当事人有证据证明不动产登记簿的记载与真实权利状态不符、其为该不动产物权的真实权利人,请求确认其享有物权的,应予支持。上诉人罗某奇提供了确实充分的证据证明其为案涉房屋的实际所有权利人,故其享有的民事权益,可以排除一审法院的强制执行。但对上诉人提出的房屋确权之诉讼请求,二审法院不宜直接判决支持,因为涉及办理过户需要缴纳相关税费问题,本判决亦不宜作为直接办理房产过户的依据。在二审法院确认罗某奇为案涉房屋实际权利人后,由名义权利人与实际权利人协商是否办理过户或变更登记手续。综上所述,二审法院作出(2020)赣民终898号民事判决书,支持了罗某奇的上诉请求。

陈某平不服江西省高级人民法院(2020)赣民终898号民事判决,向最高人民法院申请再审。最高人民法院经审查认为,(1)二审判决认定案涉房屋系罗某奇借陶某君名义购买,且首付款及按揭款均由罗某奇支付,从签订合同、交付房屋至起诉之日一直被罗某奇合法占有、使用,具有相应的事实依据,并无不当。(2)不动产物权登记产生的公示公信效力,亦仅是一种推定效力,登记行为本身不产生物权,当事人有证据证明其为真正权利人时可以推翻不动产登记的推定,维护事实上的真实。具体到本案,罗某奇与陶某君之间存在借名购房关系,罗某奇也提供证据证明其系案涉房屋实际出资人及占有人,案涉房屋因尚未还清银行贷款未及时变更产权登记。且罗某奇通过借名买房,将真实物权登记于陶某君名下,并非为了规避法律、行政法规的强制性规定或国家、地方政府限购政策,亦不违背公序良俗,符合《最高人民法院关于适用〈中华人民共和国物权法〉若干问题的解释(一)》(已废止)第2条之规定,当物权登记与实际权利状况不符时,以实际权利状况为依据认定事实的情形。最终裁定驳回陈某平的再审申请。

【要点评析】

实践中,从动机来看,借名购房主要存在以下三种情况:一是借名购买经济适用住房等政策性保障住房;二是因住房限购、限贷等房地产调控政策的限制而进行借名购房;三是其他借名购买普通住房的。借名购房除因购买政策性保障住房会损害社会公共利益或者存在其他《民法典》规定的合同无效情形外,一般被认定为有效。

本案中,借名购房的目的并非规避法律、行政法规的强制性规定或国家、地方政府限购政策,借名购房的行为亦不违背公序良俗。在案涉房屋的实际权利人的确定上,最高人民法院根据《最高人民法院关于适用〈中华人民共和国物权法〉若干问题的解释(一)》(已废止)第2条(现《物权编解释(一)》第2条亦作出同样的规定),以实际权利状况为依据进行认定,而非仅以登记内容认定。最高人民法院认为,登记行为本身不产生物权,当事人有证据证明其为真正权利人时可以推翻不动产登记的推定,维护事实上的真实。就本案法院所查明的事实而言,案涉房屋的首付款及按揭款的还款均为罗某奇实际支付,罗某奇实际占有使用该房屋,并缴付物业费、水电费等,法院最终认定罗某奇为案涉房屋的实际权利人,享有足以排除强制执行的民事权益。

本案采取物权说,法院引用《最高人民法院关于适用〈中华人民共和国物权法〉若干问题的解释(一)》(已废止)第2条(现《物权编解释(一)》第2条)"当事人有证据证明不动产登记簿的记载与真实权利状态不符、其为该不动产物权的真实权利人,请求确认其享有物权的,应予支持"之规定,推翻不动产登记的推定,认定借名人为真实权利人,赋予借名人以物权,从而排除了对借名购置的不动产的执行。

第十二章　基于特殊动产所有权的异议之诉

第一节　基于机动车所有权的异议之诉

基于机动车提起的异议之诉，是指法院在执行机动车时，当事人针对该机动车是否应为被执行财产而提起的异议之诉。具体包括两类：一是案外人以其对该机动车享有足以排除强制执行的权益，提起的案外人异议之诉；二是在执行法院裁定不予执行该机动车时，申请执行人请求法院许可对该机动车强制执行而提起的申请执行人执行异议之诉。

法律依据

《民法典》第224条　动产物权的设立和转让，自交付时发生效力，但是法律另有规定的除外。

《民法典》第225条　船舶、航空器和机动车等的物权的设立、变更、转让和消灭，未经登记，不得对抗善意第三人。

《物权编解释(一)》第6条　转让人转移船舶、航空器和机动车等所有权，受让人已经支付合理价款并取得占有，虽未经登记，但转让人的债权人主张其为民法典第二百二十五条所称的“善意第三人”的，不予支持，法律另有规定的除外。

一、制度阐释

(一)制度渊源

在金钱债务执行过程中，在执行标的为机动车的情况下，当事人之所以会提出执行异议以及提起执行异议之诉，主要原因在于对于机动车这种特殊动产，其物权归属的确定规则存在一定的特殊性，即机动车所有权的确定并不以登记为最终标准，登记在物权的确定方面仅具有推定作用。因此，在法院将登记于被执行人名下的机动车作为执行标的进行执行时，案外人往往会以其是该机动车的所有人提出异议，在法院作出相应的裁定后，案外人或者申请执行人不服该裁定的，就会提起执行异议之诉。由此可见，对于当事人基于机动车等特殊动产提起的执行异议之诉，当事人争议的焦点和法院审理的重点在于涉案机动车的归属，而物权归属的判断与物权变动原则存在密切关系。

所谓物权的变动，是指物权设立、变更、转让和消灭。引发物权变动的原因，包括民事法律行为、事实行为以及法律法规的直接规定。基于民事法律行为引发的物权变动，有意思主义的物权变动模式和形式主义的物权变动模式之分。前者是指物权根据当事人的意思即可发生变动，但非经公示，该物权不具有对抗第三人的效力。后者则又有物权形式主义和债权形式主义之分，两者的共同点在于，物权的变动除了当事人须达成物权变动的合意之外，还须完成一定的公示要件。一般而言，这一公示要件对于不动产为登记，对于动产则为交付；而两者的区别之处则在于，在采取物权形式主义模式时，引发物权变动民事行为除债权行为之外，还要有一个独立于该债权行为的物权行为，而在采取债权形式主义模式时，则不要求当事人之间存在独立于债权行为的物权行为。从我国《物权法》（已废止）的相关规定来看，我国并未采取单一的物权变动模式，而是采取了多元混合模式，即区分不同情况而分别采取相应的物权变动模式。①

1. 债权形式主义模式

我国《民法典》第 209 条第 1 款规定："不动产物权的设立、变更、转让和消灭，经依法登记，发生效力；未经登记，不发生效力，但是法律另有规定的除外。"第 224 条规定："动产物权的设立和转让，自交付时发生效力，但法律另有规定的除外。"根据上述规定，除法律另有规定之外，我国物权变动采取的是形式主义的物权变动模式而非意思主义的物权变动模式，而且采纳的是债权形式主义模式而非物权形式主义模式，即对于普通动产，应当以交付为物权变动的公示要件，而对于不动产，则以登记为物权变动的公示要件。对此，理论界和实务界并无争议。

2. 意思主义模式

从我国《民法典》第 209 条和第 224 条的规定来看，将登记和交付作为物权变动的生效要件仅是原则性的规定，法律还有一些例外性的规定，具体表现在两个方面：一是非基于民事法律行为而引发的物权变动，并不以登记或者交付为物权变动的生效要件；二是对于某些基于民事法律行为引发的物权变动，也不以登记或交付为物权变动要件，即不再采取形式主义的物权变动模式，而是转用意思主义物权变动模式。对于后者，主要体现在以下两个方面。

---

① 参见崔建远：《物权法》（第 2 版），中国人民大学出版社 2011 年版，第 45～48 页。

(1)地役权的设立。《民法典》第374条规定:“地役权自地役权合同生效时设立。当事人要求登记的,可以向登记机构申请地役权登记;未经登记,不得对抗善意第三人。”

(2)动产抵押权的设立。《民法典》第403条规定:“以动产抵押的,抵押权自抵押合同生效时设立;未经登记,不得对抗善意第三人。”据此,对于动产抵押权的设立不需要以交付或者登记为生效要件,而是以抵押合同生效为抵押权设立的生效要件。

机动车并非不动产,而是一种动产,但其与一般的动产又有所不同,其也存在登记制度。作为一种特殊的动产,其权利的归属并不以登记而是以交付或占有为确定标准,登记仅具有对抗效力。对此,我国《民法典》第225条有明确规定。正是机动车等特殊动产存在也要登记,但其物权的变动和归属却不以登记为要件,这就导致该类动产“名”“实”分离的现象并不鲜见,这就为当事人提起执行异议之诉提供了实体法依据。

(二)审理重点

特殊动产,是指船舶、航空器、机动车等既可移动、又具有特殊地位的动产。由于其均可移动,且移动不减损价值,因此,船舶、航空器、机动车等属于动产的范畴。但因其作为交通工具使用,价值较大,而且具有可识别的区别于他物的特征,因而作为区别于一般动产的特殊动产存在。对于机动车等特殊动产的物权变动问题,我国《民法典》第225条[《物权法》(已废止)第24条]规定:“船舶、航空器和机动车等的物权的设立、变更、转让和消灭,未经登记,不得对抗善意第三人。”对于该规定应当如何理解,理论和实务中存在一定争议,具体表现在两方面:一是机动车等特殊动产的物权变动,采取的是意思主义模式还是形式主义模式?二是如果采取的是形式主义模式,则机动车等特殊动产的物权变动,应当以交付还是登记为公示要件?

1.《物权法》(已废止)第24条及现《民法典》第225条之理解与适用

对于该条所反映的特殊动产物权的变动模式,理论和实务中有两种不同的理解:(1)形式主义模式说。这是我国目前理论界和实务界的通说观点。这种观点认为,从文义解释、体系解释等角度来看,我国对机动车等特殊动产的物权变动应以交付为物权变动的形式要件。换言之,其物权变动并未采取登记生效主义,而是采取登记对抗主义。立法机关对《物权法》(已废止)第24条采登记对抗主义的立法理由解释为:“船舶、航空器和汽车因价值超过动产,在法律上被视为一种准不动产,其物权变动应当以登记为公示方法。但在登记的效力上不采用登记生效主义,这是考虑到船舶、航空器和机动车等本身具有动产的属性,其物权变动并不是在登记时发生效力,依照本法规定,其所有权转移一般在交付时发生效力,其抵押权在抵押合同生效时设立。但是,法律对船舶、航空器和汽车等动产规定有登记制度,其物权的变动如果未在登记部门进行登记,就不产生社会公信力,不能对抗善意第三人。”①(2)意思主义模式说。有学者认为,特殊动产的物权变动自合同生效时发生效力,并不以登记或交付为要件,但是,当事人办理了登记,可以产生对抗第三人的效力。还有学者认为,尽管我国《物权法》(已废止)第24条没有明文规定当事人的意思表示或者约定是特殊动产物权变动的生效要件,但按照我国《物权法》(已废止)第24条规定的登记对抗的立法目的解释,在特殊动产的二重或者多重买卖中,只有以当事人的意思表示或者约定为生效要件,各个善意买受人才能依据买卖等合同或者约定取得特殊动产的所有权,才能成为“善意且对同一标的物享有正当物权”的“第三人”;而为了解决多个第三人之间物权的冲突,特殊动产物权的登记对抗也才真正具有了规范意义。②

我国通说观点认为,根据该条的规定,我国特殊动产物权的变动采取形式主义模式。在此基础上,关于特殊动产的物权变动应当采取何种公示方法,我国理论与实务上存在不同观点。(1)交付说。此种观点认为,特殊动产毕竟也是动产,其物权的变动应遵循《物权法》(已废止)第23条关于动产物权的设立和转让以交付为原则的规则,在这一点上没有例外。《物权法》(已废止)第24条关于特殊动产物权变动的规定,不是对于该法第23条关于交付作为动产物权变动生效要件的否定,而是对其效力强弱和范围的补充。如果将登记作为生效要件,则有可能将已经交付的船舶、航空器、机动车等物权关系,当作尚未发生变动的物权关系,反而不利于物权关系的明晰。因此,在转让特殊动产时,如果没有实际交付,即使办理了登记,也不能取得物权。(2)登记说。此种观点认为,我国《物权法》(已废止)第24条虽然只是规定未经登记不得对抗第三人,但就其立法目的而言,仍然要求办理登记。尽管物权法规定船舶、机动车等特殊动产实行登记对抗,但是,在交付之后只是发生了物的移转而没有发生所有权的移转。当事人仍然可以通过登记而发生物权变动。③ (3)登记优先说。此种观点认为,特殊动产即以交付为公示方法,也应同时以登记作为公示方法。《物权法》(已废止)第24条“未经登记,不得对抗善意第三人”

---

① 全国人大常委会法制工作委员会民法室编:《中华人民共和国物权法条文说明、立法理由及相关规定》,北京大学出版社2007年版,第24页。

② 参见赵俊劳:《我国物权法特殊动产物权变动生效要件的解释与完善》,载《法律科学(西北政法大学学报)》2017年第4期。

③ 参见程啸:《论动产多重买卖中标的物所有权归属的确定标准——评最高法院买卖合同司法解释第9、10条》,载《清华法学》2012年第6期。

的规则包括如下几层含义:第一,登记在先的权利优先于交付在后的权利。第二,登记在后的权利人是善意的,其权利仍优先于实际交付所取得的权利。第三,登记时已观念交付,登记在先的权利优先于实际交付在后的权利。总之,登记对抗模式本身就包含登记优先于交付的含义。这种观点同时认为,按照《最高人民法院关于审理买卖合同纠纷案件适用法律问题的解释》第 10 条第 4 项[①]的规定,先受领交付的人可以对抗所有已取得登记但未受领交付的人,无论后者是善意还是恶意。而依据《物权法》(已废止)第 24 条的规定,已交付但未经登记者不得对抗善意第三人。可以看出,该司法解释的规定与《物权法》(已废止)第 24 条的规定之间产生了一定的矛盾,甚至可以说是与《物权法》(已废止)第 24 条的规定相冲突的。要准确地理解《物权法》(已废止)第 24 条的规定,只能理解为,即便已经交付,也不得对抗已经登记的善意的权利人。[②]

2. 登记在机动车物权变动中的意义及善意第三人的范围

如前所述,目前我国理论和实务通说认为,机动车等特殊动产的物权变动以交付为公示要件,登记仅是对抗要件而非物权变动生效要件。

在登记对抗主义模式下,机动车登记并非物权变动的要件而仅为对抗要件,机动车登记的意义表现在两个方面:其一,机动车是否进行物权登记,并不影响机动车物权的变动,能够影响机动车物权变动的是有无进行交付。其二,机动车虽经交付而发生物权变动,但只要没有进行相应的物权变动登记,则机动车物权人不能以其为权利人为由对抗善意的第三人。

虽然对于特殊动产的物权变动模式有所争议,但对于"善意第三人"不包括转让人的一般债权人,理论界和实务界意见还是比较一致的。对此,《最高人民法院关于适用〈中华人民共和国物权法〉若干问题的解释(一)》(法释〔2016〕5 号,已废止)第 6 条及现《物权编解释(一)》(法释〔2020〕24 号)第 6 条规定,转让人转移船舶、航空器和机动车等所有权,受让人已经支付对价并取得占有,虽未经登记,但转让人的债权人主张其为"善意第三人"的,不予支持,法律另有规定的除外。现在理论界和实务界争议的焦点在于,在机动车等特殊动产存在"一物数卖"的情况下,善意第三人是否包括善意的登记人,即受领交付能否对抗登记,换言之,在标的物的占有人和登记人不一致的情况下,由谁最终取得该特殊动产的问题。对此,有两种不同的观点。

---

① 该司法解释依据《最高人民法院关于修改〈最高人民法院关于在民事审判工作中适用《中华人民共和国工会法》若干问题的解释〉等二十七件民事类司法解释的决定》而修正,修正后原解释第 10 条调整为第 7 条,内容没有修改。

② 参见王利明:《特殊动产物权变动的公示方法》,载《法学研究》2013 年第 4 期。

(1)否定说。这种观点认为,这里的善意第三人不包括善意的登记人。《最高人民法院关于审理买卖合同纠纷案件适用法律问题的解释》第7条规定:“出卖人就同一船舶、航空器、机动车等特殊动产订立多重买卖合同,在买卖合同均有效的情况下,买受人均要求实际履行合同的,应当按照以下情形分别处理:(一)先行受领交付的买受人请求出卖人履行办理所有权转移登记手续等合同义务的,人民法院应予支持;(二)均未受领交付,先行办理所有权转移登记手续的买受人请求出卖人履行交付标的物等合同义务的,人民法院应予支持;(三)均未受领交付,也未办理所有权转移登记手续,依法成立在先合同的买受人请求出卖人履行交付标的物和办理所有权转移登记手续等合同义务的,人民法院应予支持;(四)出卖人将标的物交付给买受人之一,又为其他买受人办理所有权转移登记,已受领交付的买受人请求将标的物所有权登记在自己名下的,人民法院应予支持。”

(2)肯定说。这种观点认为:“在所有第三人中,不能对抗的只能是善意的登记权利人。在特殊动产某一物权受让人满足交付公示方法时,并不排除其他受让人满足登记的公示方法。对于善意的登记权利人,仅受领交付的受让人就不能对抗。换言之,在通常情况下,善意的第三人是指对船舶、航空器和机动车等物的交付不知情、并办理了登记的第三人。”①

二、操作指引

(一)基于机动车提起执行异议之诉的裁判依据

执行异议和执行异议之诉虽然是两种不同性质的制度,但两者的目的具有共同性,相应的审查、审理标准从本质上而言也是相似的,即案外人对执行标的物是否享有能够排除强制执行的权益。对此,《异议复议规定》第24条规定:“对案外人提出的排除执行异议,人民法院应当审查下列内容:(一)案外人是否系权利人;(二)该权利的合法性与真实性;(三)该权利能否排除执行。”当然,由于执行异议程序属于执行程序而非诉讼程序,故其自身性质、特点决定了对案外人的异议请求,只能作形式的审查,而非实质的判断。对此,《异议复议规定》第25条规定:“对案外人的异议,人民法院应当按照下列标准判断其是否系权利人:(一)已登记的不动产,按照不动产登记簿判断;未登记的建筑物、构筑物及其附属设施,按照土地使用权登记簿、建设工程规划许可、施工许可等相关证据判断;(二)已登记的机动车、船舶、航空器等特定动产,按照相关管理部门的登记判断;未登记的特定动产和其他动产,按照实际占有情况判断……”据此,在执行异议程序中,如果涉案的机动车等

① 王利明:《特殊动产物权变动的公示方法》,载《法学研究》2013年第4期。

特殊动产已经登记,则法院会根据机动车等特殊动产的登记情况来确定该特殊动产的权利归属,进而作出相应的处理意见。但在执行异议之诉案件中,在机动车等特殊动产已经登记的情况下,法院则不能仅凭登记情况认定登记人就是实际权利人,进而支持登记人的请求,而应当结合机动车等特殊动产的转让以及交付等情况,判断该机动车等特殊动产的实际权利人。

(二)基于机动车提起执行异议之诉的裁判标准

如前文所述,虽然理论界和实务界对于《物权法》(已废止)第 24 条及现《民法典》第 225 条规定的“善意第三人”是否包括善意的登记人有不同的观点,但对于该善意第三人不应包括转让人的一般债权人,意见还是较为一致的。相应地,该善意第三人亦不包括转让人的强制执行人,也是没有疑义的。因为,从理论上来讲,任何一个普通债权人都有可能成为强制执行债权人,而对于债务人来讲,其所有的全部财产都须作为责任财产,即使查封登记在债务人名下的机动车,债权人债权所指向的债务人的财产也不必然是该查封的机动车,即债权人对该机动车没有特定的利益,因此,可以强制执行债权人与一般债权人并无本质区别。由于机动车已经交付给受让人,故转让人对机动车已经无所有权,而转让人作为债务人,责任财产必须是其拥有所有权的财产。

在案外人提起的执行异议之诉中,为防范虚假诉讼,避免案外人与被执行人恶意串通,通过执行异议之诉逃避执行,有必要对案外人是否为真实交易并已实际交付占有进行审查。在排除合理怀疑后,案外人作为真实物权人享有足以排除一般债权人申请强制执行的民事权利。

(三)机动车买受人提起执行异议之诉的审查重点

首先,应对异议人是否为真实买受人进行实质审查。

第一,根据《异议复议规定》第 24 条和第 25 条的规定,人民法院应当对异议人的异议进行审查,判断该权利归属、权利合法性与真实性以及该权利是否足以阻却执行。第二,执行异议之诉本质上是对实体权利的审查,实质审查是执行异议之诉的基本要求。第三,是防范虚假诉讼、恶意对抗执行的需要。审查要件既非否定物权变动的交付生效主义,亦非否定物权优先于债权,而是出于对异议人提出的物权变动的原因行为是否真实、物权变动是否真实、请求权是否真实存在,以及是否存在请求权效力减损等层面考量,以排除虚假交易,打击通过虚假诉讼恶意对抗执行的行为。①

其次，应对交易行为和交付行为进行重点审查。具体来说，应关注以下标准。

1. 时间标准。时间标准包括两个维度：一是在交易层面，异议人与转让人签订买卖合同的时间和支付转让价款的时间，均应当在人民法院查封前。二是在交付层面，异议人通过交付实际占有该机动车的时间，应当在人民法院查封前。人民法院对机动车采取强执行制措施后，该机动车的物权处分权即受到限制，异议人作为机动车的买受人应当知晓该机动车所处状态，因此不能够认定为善意。

2. 价格标准。转让价格需具有合理性。如果转让人以明显不合理的低价对机动车进行转让，则不能排除存在恶意串通、损害申请执行人利益的可能性。

3. 占有标准。案外人对机动车的占有需达到实际控制的程度，即机动车买受人应持续稳定地占有、支配和使用该机动车。具体来说，机动车应当处于买受人的实际管理之下，买受人能够对车辆加以使用，且买受人对车辆的支配应当具有稳定性，而不能轮流占有。实践中，可以通过对车辆的行车记录、保险单据、保养单据、营运单据等进行综合判断。

4. 支付标准。买受人需在提起异议前支付了价款。至于价款的支付标准是需已支付全部价款，还是部分价款，此处与不动产买受人物权期待权排除执行中的价款标准不同。2005 年《最高人民法院关于人民法院民事执行中查封、扣押、冻结财产的规定》第 17 条曾规定“被执行人将其所有的需要办理过户登记的财产出卖给第三人，第三人已经支付部分或者全部价款并实际占有该财产，但尚未办理产权过户登记手续的，人民法院可以查封、扣押、冻结；第三人已经支付全部价款并实际占有，但未办理过户登记手续的，如果第三人对此没有过错，人民法院不得查封、扣押、冻结”，由此可见，在司法层面更倾向于买受人已支付全部转让款。此种考量不无道理。一方面，机动车相较于不动产，价格更低，具备全款支付可能性；另一方面，机动车并不是生活必需品，对于此类购买，一般来说，买受人没有即使分期也必须购买的迫切需求，全部价款的标准可以避免买受人将其与被执行人之间的其他经济往来主张为分期付款，借此虚构交易排除执行的可能性。

5. 过错标准。买受人应当明知机动车是需要办理过户登记的财产，如果因买受人自身的原因未办理所有权过户登记，则因其自身的过错程度较大，从而不具备排除执行的可能性。

---

① 参见贺小荣主编：《最高人民法院第二巡回法庭法官会议纪要》（第 2 辑），人民法院出版社 2021 年版，第 207 页。

审判前沿

张某东与赵某、张某华执行异议之诉纠纷案

[(2015)沛民初字第0078号民事判决书、
(2015)徐民终字第2363号民事判决书、
(2016)苏民申2811号民事裁定书]

【裁判要旨】

法律虽规定机动车等物权的转让未经登记不得对抗善意第三人,但该"善意第三人"应理解为是对该特殊动产具有正当物权权益的人,并不包括转让人的债权人。机动车的受让人基于买卖合同支付对价、占有涉案车辆,已取得所有权,虽然未经登记,但可以对抗转让人的债权人。

【基本案情】

(一)执行异议及异议之诉情况

张某东与张某华民间借贷纠纷案,徐州市沛县人民法院(以下简称沛县法院)于2014年5月12日作出(2014)沛民初字第0902号民事调解书,民事调解书内容:被告张某华欠原告张某东借款156,000元,于2014年8月12日前还清。在该案的审理过程中,根据当事人的申请,沛县法院曾于2014年4月17日作出(2014)沛民初字第0902号民事裁定书,查封了张某华所有的苏C××号轿车一辆及担保财产,裁定书于2014年4月21日向徐州市公安局车管所送达。

因被告张某华未按照民事调解书约定的时间、金额履行义务,张某东申请沛县法院强制执行。在执行过程中,异议人赵某以扣押车辆已归其所有为由,向沛县法院提出执行异议,要求解除查封。沛县法院经审查查明,本田奥德赛轿车行驶证载明的车辆所有人为张某华。沛县法院认为,异议人及申请执行人均认可本田奥德赛轿车原属被执行人张某华所有,该车行驶证所载明的车辆所有人亦为被执行人张某华,从形式上可认定该车为被执行人张某华所有,所以本院将该车作为被执行人财产进行执行并无不当,异议人主张该车辆由张某华出卖给自己,其主张享有该车辆的所有权,这属于该车辆实体权利的争议,应通过诉讼程序进行解决。综上所述,异议人的异议不能成立,于2014年12月17日作出(2014)沛执异字第0039号裁定书,裁定驳回异议人赵某的异议请求。

赵某对上述裁定不服,向沛县法院提起诉讼。原告赵某诉称,2014年4月

18 日,原告与被告张某华签订购车协议,被告张某华将其所有的轿车出卖给原告。原告付清购车款,被告张某华将轿车交付给原告占有至今,原告已经取得该车所有权。被告张某东系执行案件的申请人,被告张某华系执行案件的被申请人,被告张某东作为申请人向沛县法院申请对轿车查封。请求法院确认轿车为原告所有,并立即停止对轿车强制执行、解除查封。被告张某东辩称,因两被告之间存在债务纠纷,张某东对涉案车辆进行了查封,法律文书生效后又进入了强制执行程序,由于涉案车辆登记在张某华名下,保全和作为执行标的依法有据。原告和张某华之间的车辆买卖以及质押合同关系的真实性无法判断,况且即使是真实质押,但没有经过登记,依法不具有法律效力,更不能对抗第三人,对质押物法律也不允许直接处分抵偿债务。原告和张某华之间的车辆买卖合同只在其双方之间有法律效力,双方应该另案解决。综上所述,鉴于车辆登记为被执行人,具有公示力,张某东作为善意第三人,依法有权对车辆享有作为执行标的的权利,请求法院驳回原告诉讼请求。

(二)被执行标的物的权属以及变动情况

2012 年 11 月 7 日,张某华(乙方)与江苏国运典当有限公司(甲方,以下简称典当公司)签订机动车质押合同,将车质押给典当公司。

2014 年 4 月 18 日,赵某与张某华签订售车合同,总售价为人民币 158,000 元。已预付款,余款在本车辆交易后一次付清。

2014 年 4 月 18 日,赵某通过户名为"史某明"的工商银行卡向张某华汇款 53,629 元,用来归还工商银行贷款。同日又向典当公司工作人员交付现金 44,300 元、汇款 60,050 元,合计 104,350 元,用来返还欠典当公司款项。经法院向张某华核实,张某华认可以上买卖车辆及付款过程。典当公司认可张某华已经偿还 104,371 元。

轿车由张某华出资于 2011 年 4 月 28 日购买,2011 年 12 月 5 日登记在张某华名下,并由徐州市公安局交通巡逻警察大队颁发机动车登记证书,登记证书记载有抵押登记,抵押权人为中国工商银行股份有限公司沛县支行,抵押登记日期为 2012 年 2 月 17 日,解除抵押登记日期为 2014 年 4 月 18 日。

(三)法院裁判情况

一审法院认为,2008 年《查扣冻规定》第 17 条规定:"被执行人将其所有的需要办理过户登记的财产出卖给第三人,第三人已经支付部分或者全部价款并实际占有该财产,但尚未办理产权过户登记手续的,人民法院可以查封、扣押、冻结;第三人已经支付全部价款并实际占有,但未办理过户登记手续的,如果第三人对此没有过错,人民法院不得查封、扣押、冻结。"按照以上法律规定,原告赵某主张已购得张某华所有的轿车并提出执行异议,要符合三个条件:(1)已支付全部价款;(2)已经实际占有涉案标的物;(3)对未办理产权过户登记没有过错。从本案证据来看,(1)2014年4月18日,赵某通过户名为"史某明"的工商银行卡向张某华汇款53,629元,轿车机动车登记证书记载有抵押登记,抵押权人为工商银行沛县支行,抵押登记日期为2012年2月17日,解除抵押登记日期为2014年4月18日,因此,原告主张2014年4月18日,赵某通过户名为"史某明"的工商银行卡向张某华汇款53,629元,用来归还工商银行贷款,证据充分,对其主张予以采信。同日,原告又向典当公司工作人员交付现金44,300元、汇款60,050元,合计104,350元,用来偿还欠典当公司款项,张某华、典当公司均认可张某华已经偿还104,371元,说明本院查封前赵某已支付全部价款。(2)公安机关办理的机动车登记,是准予或不准予机动车在道路上行驶的登记,它与不动产登记的性质是不同的,现行的机动车登记是一种行政管理手段,并非法律意义上的物权登记。车辆作为动产,所有权应自交付时转移,原告及张某华、典当公司均认可轿车在2014年4月18日已经交付给原告赵某,尽管张某东对三方的陈述及三方分别签订的协议等证据的真实性有异议,但是并未提供相反的证据证明,因此,对原告提供的证据及原告赵某、被告张某华以及典当公司关于买卖车辆交付的过程陈述予以采信,法院确认2014年4月18日轿车已经交付给原告赵某,赵某已经实际占有该车辆。(3)双方交易完成后,2014年4月21日轿车被人民法院查封,致使无法完成过户登记,原告对此无过错。

综上所述,原告赵某"请求法院确认轿车为原告所有,并立即停止对轿车强制执行"的主张,法院予以支持,遂判决:(1)轿车归原告赵某所有;(2)停止对轿车的执行。

本案上诉后,二审法院认为,本案争议焦点:(1)涉案车辆的权属;(2)一审法院应否停止对涉案车辆的执行。

其一,关于涉案车辆权属的问题。被上诉人赵某为证明其于2014年4月18日购买涉案车辆并获得了涉案车辆的所有权,提供了其与赵某签订的售车合同、张某华与典当公司签订的机动车质押合同、户名为"史某明"的工商银行卡向张某华汇款的凭证,赵某向典当公司汇款凭证,机动车登记证书等。以上证据结合当事人的庭审陈述,可以证明被上诉人赵某于2014年4月18日通过典当公司购买了涉案车辆,并于当天完成涉案车辆的交付。动产物权的设立和转让,自交付时发生效力。被上诉人赵某于2014年4月18日获得涉案车辆的所有权。虽然涉案车辆登记在张某华名下，但该登记并非权属登记，仅是行政机关的一种管理措施。《最高人民法院关于执行案件中车辆登记单位与实际出资购买人不一致应如何处理问题的复函》也明确，车辆登记名义人与实际出资人不一致时，应当依据公平、等价有偿原则，确定实际出资人为车辆所有权人。故本案中不能以涉案车辆的登记人而确认涉案车辆的所有人是张某华。

其二，关于一审法院应否停止对涉案车辆的执行问题。二审法院认为，如前所述，被上诉人赵某基于买卖合同于2014年4月18日获得涉案车辆的所有权，而一审法院查封涉案车辆裁定的送达时间为2014年4月21日。也就是说，一审法院查封的涉案车辆并非张某华所有，故一审法院判决停止对涉案车辆的执行并无不当。

综上所述，上诉人张某东的上诉理由不能成立，遂判决驳回上诉，维持原判。

江苏省高级人民法院认为，《物权法》（已废止）第24条虽规定机动车等物权的转让未经登记不得对抗善意第三人，但该"善意第三人"应理解为是对该特殊动产具有正当物权权益的人，并不包括转让人的债权人。被申请人赵某基于买卖合同于2014年4月18日支付对价、占有涉案车辆，已取得所有权，虽然未经登记，但可以对抗转让人的债权人。法院查封涉案车辆裁定在2014年4月21日才送达车辆登记机关，系在赵某取得涉案车辆所有权之后，故一审法院判决停止对涉案车辆的执行并无不当。

【要点评析】

本案是案外人基于机动车所有权而提起的执行异议之诉。从双方当事人一审、二审以及申请再审的诉辩主张来看，本案争议的焦点主要在于涉案机动车的所有权归属问题。概言之，主要涉及机动车等特殊动产的物权变动模式问题。对于机动车等特殊动产的物权变动模式，我国《物权法》（已废止）第24条有具体规定，现《民法典》第225条对此亦作出相同的规定。因此，正确理解和适用《物权法》（已废止）第24条及现《民法典》第225条的规定，是解决问题的关键。

本案中，张某东的诉讼理由主要有两个：一是《物权法》（已废止）第24条。张某东主张，其与张某华存在债务纠纷，在诉讼过程中保全了登记在张某华名下的涉案车辆，赵某的购车行为无论真实与否，在法院采取保全措施时，涉案车辆未过户登记。二是2008年《查扣冻规定》第17条规定："被执行人将其所有的需要办理过户登记的财产出卖给第三人，第三人已经支付部分或者全部价款并实际占有该财产,但尚未办理产权过户登记手续的,人民法院可以查封、扣押、冻结;第三人已经支付全部价款并实际占有,但未办理过户登记手续的,如果第三人对此没有过错,人民法院不得查封、扣押、冻结。"其主张,2008年《查扣冻规定》第17条规定的第三人无过错并非法律意义上的"善意取得",其立法本意是第三人已经申请办理变更登记手续,但由于登记部门审批时限或审批效率等原因,保全措施实施时尚未完成变更登记,此类第三人的无过错为法律条文字面上所应体现的含义,否则就会纵容第三人可以无限拖延申请时间,反而以其无过错保护其权利。本案中,赵某才是车辆买卖合同关系外受到法律保护的善意第三人。

(一)关于《物权法》(已废止)第24条的理解与适用

本案中,一审、二审法院支持赵某的诉讼请求的理由主要有两点:一是根据《物权法》(已废止)第24条的规定,机动车所有权的转移以交付而非登记为生效要件。二是《物权法》(已废止)第24条规定的登记对抗的范围,不包括被执行人的一般债权人。这种理解无疑是与我国司法解释的相关规定及通说观点相一致的。

(二)关于《查扣冻规定》第17条①的理解与适用

就本案而言,张某东以2008年《查扣冻规定》第17条作为支持其诉讼请求的法律依据,明显是对该条的误解。实际上,2008年《查扣冻规定》第17条主要是针对不动产作出的规定,其并不适用于执行标的为机动车等特殊动产的情形。按照《物权法》(已废止)的规定,不动产物权变动为登记生效主义,此时没有办理过户登记尚且不能查封、扣押、冻结。而机动车物权变动采纳的是登记对抗主义,本着举重以明轻的原则,机动车已经交付但尚未办理登记的,也不应查封、扣押、冻结,即不能成为强制执行债权的标的。②

---

① 该司法解释依据《最高人民法院关于修改〈最高人民法院关于人民法院扣押铁路运输货物若干问题的规定〉等十八件执行类司法解释的决定》而修正,但该司法解释第17条的内容和序号基本没有发生变化。

② 参见杜万华主编,最高人民法院民事审判第一庭编著:《最高人民法院物权法司法解释(一)理解与适用》,人民法院出版社2016年版,第190页。

第二节 基于船舶所有权的异议之诉

基于船舶所有权提起的执行异议之诉,是指在法院强制执行被执行人名下船舶的过程中,案外人以其是该船舶的所有权人为由提出执行异议,当事人因此而提起的执行异议之诉。具体包括两类:案外人为排除法院对该船舶的强制执行,可以提起执行异议之诉;申请执行人为了让法院对该船舶进行强制执行,可以提起申请执行人执行异议之诉。

法律依据

《民法典》第224条 动产物权的设立和转让,自交付时发生效力,但是法律另有规定的除外。

《民法典》第225条 船舶、航空器和机动车等的物权的设立、变更、转让和消灭,未经登记,不得对抗善意第三人。

《物权编解释(一)》第6条 转让人转移船舶、航空器和机动车等所有权,受让人已经支付合理价款并取得占有,虽未经登记,但转让人的债权人主张其为民法典第二百二十五条所称的"善意第三人"的,不予支持,法律另有规定的除外。

一、制度阐释

(一)制度渊源

船舶挂靠现象在沿海、内河运输中普遍存在。我国对国内沿海、内河运输行业的经营资质采取行政许可制。根据国务院《国内水路运输管理条例》的规定,从事水路运输的企业,应经工商行政管理机构登记核准具备企业法人条件、经管理部门批准并取得水路运输业务经营许可和船舶营运证件后,方可从事水路运输活动。个人可以申请经营内河普通货物运输业务,但在船舶吨位、安全管理等方面则均有较为严格的条件限制。这种行业准入方面的限制,导致无法取得水路运输经营许可又希望经营水路运输的企业或自然人,将其拥有的船舶登记在具有运输资质的企业名下,二者就船舶经营管理、税费缴纳等权利义务进行约定,由船舶实际所有人向该被挂靠企业支付管理费,但船舶依然由实际所有人经营使用,造成船舶登记所有权人和实际所有权人的分离。对于这种经营方式,行业实务和司法实践中统称为船舶挂靠经营。挂靠经营虽然在一定程度、一定时期对我国水路运输的发展、活跃资本市场起到过积极作用,但其与国家管控国内水路货物运输经营、强化安全管理的主旨并不相符。随着航运业管理的规范化发展,船舶挂靠经营通过变相取得水路运输经营资格而以他人名义从事营运、借用他人名义规避法律、行政法规强制性规定的做法势必给航运业秩序带来更多的负面影响。交通运输部为了规范航运企业的发展,加强对航运业的安全监管,严禁船舶运输经营人接受船舶挂靠,并向无经营资格的船舶所有人推广企业化经营方式,将船舶的经营管理和安全责任纳入相应企业。但是,由于实际操作中的种种困难,船舶挂靠经营方式仍然屡禁不止。

船舶在挂靠经营模式下,由于船舶登记在被挂靠人名下,故在被挂靠人作为被执行人的情况下,相应的船舶就会成为执行标的。此种情况下,挂靠人则往往会以其是涉案船舶的所有权人为由提出异议,请求排除对涉案船舶的执行。如果法院对其执行异议予以驳回,其会进一步提起案外人异议之诉;如果法院支持了异议申请,则申请执行人可能会提起申请执行人执行异议之诉。

(二)审理重点

在对挂靠船舶进行执行时,对于挂靠船舶实际所有人提出的执行异议,申请执行人通常都会以《民法典》第225条或《物权法》(已废止)第24条的规定为依据,认为船舶登记所有人(被执行人)才是该船舶的所有人,案外人并非该船舶的所有人,即便案外人为实际所有人,由于其主张的实际所有权未经登记,不能对抗申请执行人对挂靠船舶主张的权利,相应地,在执行异议之诉中,上述问题既是当事人争议的焦点,也是法院审理的重点。但需要注意的是,执行异议之诉的意义表现在两个方面:一是避免将案外人的财产作为被执行财产予以执行,侵犯了案外人的合法权益;二是避免被执行人与案外人恶意串通、逃避执行。因此,在审理该类诉讼时,法院审理重点应当包括以下两个方面。

1. 涉案船舶权属“名”“实”分离是否有充分的证据证实。如前所述,船舶作为一种特殊的动产,其物权变动以交付而非登记为变动要件,相应地,在判断船舶所有权归属时,应以占有而非登记名义作为判断标准。船舶在挂靠经营模式下,挂靠人是船舶的出资人和占有人,故其应为该船舶的所有权人。而船舶虽然登记于被挂靠人名下,但被挂靠人并非该船舶的出资人和实际占有人,由于登记并非船舶物权变动的生效要件,故被挂靠人并非该船舶的所有权人。但需要注意的是,登记本身具有推定作用,因此,在案外人主张其是涉案船舶的实际所有人的情况下,其应当提供充分的证据证明。

2. 案外人与被执行人是否存在恶意串通、逃避执行的情形。司法实践中,被执行人与案外人恶意串通,通过提起执行异议之诉来逃避执行的情形并不鲜见。为规制这种情形，我国《民事诉讼法》第116条规定："被执行人与他人恶意串通，通过诉讼、仲裁、调解等方式逃避履行法律文书确定的义务的，人民法院应当根据情节轻重予以罚款、拘留；构成犯罪的，依法追究刑事责任。"法律虽然对此作出了明确的规定，但如何证实和认定案外人提起执行异议之诉是否属于上述违法行为，则是司法实践中的一个难点。特别需要说明的是，《民事诉讼法解释》第109条规定："当事人对欺诈、胁迫、恶意串通事实的证明，以及对口头遗嘱或者赠与事实的证明，人民法院确信该待证事实存在的可能性能够排除合理怀疑的，应当认定该事实存在。"据此，恶意串通的证明以"排除合理怀疑"为标准，这大大增加了恶意串通的证明难度，这也要求法院在认定恶意串通时要持慎之又慎的态度。

二、操作指引

1. 关于船舶"名""实"分离的证明。虽然船舶等特殊动产的权属的确定并不以登记为要件，但这并不意味着船舶的"名"与"实"一定分离——登记人一定不是所有人。恰恰相反，船舶的登记人在通常情况下就是所有人，采取挂靠等方式导致"名""实"不符的情形应为例外。因此，从证据法的角度来看，登记具有推定的效力，即登记权利人推定为实际权利人。因此，在涉案船舶登记在被执行人名下的情况下，案外人主张其是该船舶实际所有人的，应当对此承担举证证明责任。如果案外人不能提供充分证据证实的，应当承担败诉结果。

2. 关于船舶挂靠与房屋等不动产"借名登记"的区别。船舶挂靠实际上也是一种借名登记，其与房屋借名登记在表现形式上是一致的，但基于登记在船舶这一特殊动产和房屋这一不动产物权变动中的不同意义，两者的法律效果截然不同。由于登记是不动产所有权变动的生效要件，故在房屋借名登记的情况下，虽然理论和实务中有争议，但通说观点认为，双方当事人之间成立委托关系，受托人（登记所有人）拥有房屋的所有权，而委托人并不对房屋享有所有权，其仅对受托人（登记所有人）享有债权，即可以请求将房屋转移登记到其名下，使其取得该房屋的所有权。而在船舶挂靠经营的情况下，由于登记并非船舶所有权变动的生效要件，故被挂靠人（船舶登记所有人）并不取得该船舶的所有权，挂靠人才是该船舶的所有人。

审判前沿

陈某与谢某连等申请执行人执行异议之诉纠纷案

[(2014)蚌民一初字第00147号民事判决书、
(2016)皖民终25号民事判决书]

【裁判要旨】

船舶作为特殊的动产,其物权设立和转让的生效要件为交付,而登记仅具有公示对抗效力,在利害关系人提出相反证据否定登记内容以证明其为真正的权利人时,人民法院应当予以确认。

无论是《物权法》(已废止)第24条规定的"不得对抗善意第三人",还是《海商法》第9条规定的"不得对抗第三人",其前提条件均在物权的设立、变更、转让和消灭过程中适用,故两法规定不得对抗的"第三人"应为与登记物权人进行物权交易而对该标的享有物权的相对人,保护的是第三人的物权权益,而非一般债权。

涉案船舶虽登记在被执行人名下,但实际所有权人为案外人,双方仅为挂靠经营关系,根据物权优于债权的基本原则,申请执行人请求许可执行案涉船舶不能成立。

【基本案情】

(一)执行标的及其权属情况

2012年12月6日,陈某(甲方)与东方航运公司(乙方)签订一份《抵押借款合同》,合同载明乙方因经营需要向甲方借款123万元,月利率1.5%;借款期限1年,自2012年12月6日至2013年12月5日止(以乙方的借据为准),借款到期乙方应一次性还清借款;乙方自愿用其公司所有的皖东方32号散装化学品船作抵押,甲方于船舶抵押权设立后提供借款,乙方收到借款后向甲方出具借据;抵押担保的范围为借款本金及利息、违约金和实现抵押权的各项费用;如借款到期乙方不能履行或不能完全履行还款义务,应就未偿还的本金按照本合同第三条利率支付违约金;本合同经公证具有强制执行效力,乙方如不能履行或不能完全履行合同义务,愿接受人民法院强制执行。2012年12月12日,安徽省蚌埠市众信公证处就陈某与东方航运公司签订的《抵押借款合同》出具了《具有强制执行效力的债权文书公证书》,并赋予《抵押借款合同》项下的债权债务形成之日起，该公证书具有强制执行效力。2013年12月27日，蚌埠市众信公证处作出(2013)皖蚌众公证字第46968号执行证书，内容为："申请执行人陈某可持本执行证书向有管辖权的人民法院申请强制执行，被申请执行人蚌埠市东方航运有限公司，执行标的为：本金人民币壹佰贰拾壹万捌仟元(1,218,000元)、利息人民币柒万玖仟柒佰壹拾元(79,710元)及申请执行人为实现抵押权所应支付的各项费用。"其后，陈某向安徽省蚌埠市中级人民法院申请查封东方航运公司的皖东方32号散装化学品船和皖东方99号散装化学品船。安徽省蚌埠市中级人民法院于2014年2月19日作出(2014)蚌执字第00028－1号执行裁定书，裁定查封被执行人东方航运公司所有的皖东方32号散装化学品船和皖东方99号散装化学品船。在执行过程中，因谢某连提出执行异议，主张皖东方99号散装化学品船为其所有，安徽省蚌埠市中级人民法院认为，皖东方99号船舶所有权人虽登记在东方航运公司名下，但系谢某连为从事经营活动而挂靠东方航运公司，该船舶实际所有人应为谢某连，据此作出(2014)蚌执异议字第00005号执行裁定书，裁定："中止对皖东方99号船舶的执行。"

2007年10月4日，皖东方99号散装化学品船的原实际所有人黄某某将该船舶出售给谢某连，约定价格为人民币3,598,000元，协议签订时，由谢某连预付定金50万元，余款3,098,000元在东方航运公司过户时一次性支付，购船款付清后立即交付船舶，交船时间定为2007年10月8日，交船地点为张家港锚地。2007年10月9日，谢某连与黄某某签订转让协议一份，东方航运公司作为见证方，该协议确认自2007年10月9日起皖东方99号船舶已转让给谢某连，此前的债权债务由原船主黄某某承担；自2007年10月9日起，皖东方99号船舶经营、生产活动所发生的一切债权债务均由谢某连本人承担。协议签订当日，谢某连与东方航运公司签订一份《蚌埠市东方航运有限公司船舶委托管理经营合同书》(以下简称《船舶委托管理经营合同书》)，主要内容为：谢某连现有化学品钢质船一艘，船名皖东方99号，产权证书号28××66，由东方航运公司管理经营，谢某连委托东方航运公司管理经营后，船舶所有权不变，自主合法经营，自负盈亏，债权债务自行承担；委托经营期限最少为5年，经营期限从合同签字之日算起；东方航运公司从合同签字生效后开始向谢某连收取服务费，按船舶吨位收取，每吨每月收取人民币1元。此外，双方还在合同中对船舶委托管理经营的其他权利义务和相关事项进行约定。皖东方99号船舶转让后一直由谢某连实际占有、使用和经营，谢某连每年向东方航运公司交纳管理费10,000元。

2004年9月1日，黄某某与扬州市邗江凤凰岛船厂签订《修造船合同书》，并加盖东方航运公司印章,合同约定:产品名称51M散化船,交验时间2005年7月30日,定价403.86万元,交船地点:船厂码头,并约定了配备的主要设备和付款办法;扬州市邗江凤凰岛船厂于2005年9月16日出具证明一份,载明皖东方99号船在该厂建造,已货款两清;2005年9月20日东方航运公司申请船舶所有权登记,安徽省蚌埠市地方海事局将皖东方99号船舶所有权登记在东方航运公司名下,至今未进行变更。

(二)执行异议及异议之诉情况

安徽省蚌埠市中级人民法院裁定中止对皖东方99号船舶执行后,陈某遂于2014年8月27日向原审法院提起诉讼,请求依法许可执行(2014)蚌执字第00028－1号执行裁定书中查封的皖东方99号散装化学品船(船舶所有权登记证书登记号码:28××66)。

陈某诉称:皖东方99号船舶现登记在东方航运公司名下,该艘船舶在蚌埠市海事部门档案资料中显示,2004年9月1日,东方航运公司与扬州市邗江凤凰岛船厂签订了《修造船合同书》,合同定价:403.86万元,交验时间:2005年7月30日,并附有主要材料明细表及扬州市邗江凤凰岛船厂于2005年9月16日出具的交船证明。并且,该皖东方99号船舶所有权登记证书、船舶国籍证书、内河船舶检验证书载明的所有权人均为东方航运公司。该登记具有法定的公示公信效力。被告谢某连在提出异议时,提供的船舶买卖协议、船舶转让见证协议及船舶委托管理经营合同与蚌埠市海事部门登记记载的事实不符,不具有证明力。且根据《交通部关于整顿和规范个体运输船舶经营管理的通知》(已废止)、《交通部关于进一步加强国内船舶运输经营资质管理的通知》、《交通部关于加强国内水路客运液货危险品运输市场准入管理的通知》以及《国内水路运输经营资质管理规定》(已废止)等规范性文件,该船舶系散装化学品船,签订船舶委托管理经营合同挂靠经营属违反相关禁止性规定。根据《船舶登记条例》和《海商法》的规定,船舶所有权的取得、转让和消灭,应当向船舶登记机关登记;未经登记的,不得对抗第三人。因此,谢某连提供的协议、合同不能改变皖东方99号散装化学品船的所有权性质,亦不能对抗原告对东方航运公司的执行债权。故请求依法许可执行(2014)蚌执字第00028－1号执行裁定书中查封的皖东方99号散装化学品船(船舶所有权登记证书登记号码:28××××6)。

谢某连辩称:陈某要求实现担保物权提起诉讼,应向有管辖权的海事法院提起,请求法院依法驳回其起诉。另诉争的船舶系按照合同交由东方航运公司托管,船舶的所有权属于谢某连,陈某要求执行该船舶侵犯了谢某连的权利,请求法院驳回陈某的诉讼请求。原审庭审中，谢某连书面放弃其管辖权异议，同意由安徽省蚌埠市中级人民法院对案件进行审理。

东方航运公司辩称：皖东方99号船主是谢某连，谢某连和东方航运公司是委托管理法律关系，船舶所有权不属于东方航运公司。借款系马某高的个人借款，因抵押没有办理相关手续，抵押权不成立。请求法院不许可陈某申请强制执行。

（三）法院判决情况

一审法院认为，综合双方当事人诉辩意见，本案争议焦点为：皖东方99号船舶所有权人如何认定，以及陈某是否有权要求许可执行皖东方99号船舶。

船舶所有权属于动产物权，对于船舶所有权的变动应当遵循交付生效的规定，即以交付作为所有权变动的生效要件。至于船舶所有权登记的意义，旨在于取得公信和对抗效力，并非所有权变动的生效要件。基于登记的公信作用，船舶登记在证据规则上产生权利推定的效果，即若无相反证据推翻登记内容，登记的船舶所有权人可推定为船舶的真正所有权人。但就本案而言，东方航运公司显然并非皖东方99号船舶的真正所有权人。根据查明事实，皖东方99号船舶最初系黄某某定作，并由扬州市邗江凤凰岛船厂建造，其后由黄某某挂靠东方航运公司从事经营。对该事实，东方航运公司并无异议，且在2004年9月1日《修造船合同书》落款处亦确有黄某某签名。因此，皖东方99号船舶虽然于2005年9月20日即登记在东方航运公司名下，但东方航运公司作为被挂靠单位并不能取得该船舶的所有权。2007年10月9日，黄某某将该船舶转让给谢某连且实际交付，谢某连亦付清了购船款，并继续挂靠在东方航运公司名下从事经营，应认定谢某连已依法取得该船舶的所有权。上述事实，有黄某某与扬州市邗江凤凰岛船厂签订的《修造船合同书》、扬州市邗江凤凰岛船厂的证明、谢某连与黄某某签订的《船舶买卖协议》、《船舶委托管理经营合同书》（附船舶转让协议）、谢某连向东方航运公司交纳管理费的收据、银行交易信息、黄某某出具的情况说明及本院调查黄某某的谈话笔录等证据相互印证，足以确认。虽然地方海事部门的船舶登记具有一定公信效力，但该登记行为并非船舶所有权变动的生效要件，而是对抗要件。在本案存在证明船舶所有权实际归属的相反证据，且东方航运公司对谢某连的船舶所有权人身份明确认可的情况下，应认定谢某连与东方航运公司之间系挂靠经营关系，皖东方99号船舶的实际所有权人为谢某连。

最高人民法院（2013）执他字第14号文件，即对《湖北省高级人民法院关于人民法院能否对挂靠且登记在被执行人名下营运的船舶予以强制执行的请示》的答复意见载明,"如果有证据证明登记在被执行人名下的船舶系基于船舶实际所有人与被执行人的挂靠经营关系,实际所有人与船舶登记所有人即被执行人不一致的,不宜对该船舶采取强制执行措施"。本案中,陈某作为债权人,有权申请法院执行东方航运公司的财产,但鉴于皖东方99号船舶的实际所有权人系谢某连,而非东方航运公司,故陈某无权诉请对皖东方99号船舶许可执行。

此外,关于谢某连取得的船舶所有权对陈某是否具有对抗效力的问题。首先,由于陈某属于一般债权人,根据债的相对性原理,其请求权行使的对象系东方航运公司,而非谢某连;其次,该债权请求权的内容系偿还债务,并不直接指向特定的物权,故陈某对皖东方99号船舶不享有物权请求权,即其无权以善意第三人的身份直接对皖东方99号船舶主张物权。因此,陈某享有的债权请求权不足以对抗谢某连的船舶所有权。至于陈某主张的皖东方99号属于化学品船,挂靠经营违反法律禁止性规定的问题,属于行政管理权限,不在本案执行异议之诉的审查范围。

综上所述,陈某关于许可执行(2014)蚌执字第00028－1号执行裁定书中查封的皖东方99号散装化学品船的诉讼请求,缺乏事实和法律依据。该院判决驳回陈某的诉讼请求。案件受理费16,479元,由陈某负担。

二审法院认为,综合双方当事人举证、质证及诉辩意见,本案二审争议焦点为:案涉皖东方99号船舶权属应当如何认定;陈某请求法院许可执行案涉船舶应否支持。

1.关于案涉船舶权属问题。陈某主张案涉船舶登记在东方航运公司名下,其所有权人应为东方航运公司。谢某连则主张该船由其出资购买,并挂靠在东方航运公司名下经营,船舶的所有权仍归谢某连。对此,分析如下:首先,船舶并不以登记为物权生效要件。《物权法》(已废止)第23条规定:"动产物权的设立和转让,自交付时发生效力,但法律另有规定的除外。"第24条规定:"船舶、航空器和机动车等物权的设立、变更、转让和消灭,未经登记,不得对抗善意第三人。"第33条规定:"因物权归属、内容发生争议的,利害关系人可以请求确认权利。"《海商法》第9条第1款亦规定:"船舶所有权的取得、转让和消灭,应当向船舶登记机关登记;未经登记的,不得对抗第三人。"上述法律规定表明,船舶作为特殊的动产,其物权设立和转让的生效要件仍为交付,而登记仅具有公示对抗效力。在利害关系人提出相反证据否定登记内容以证明其为真正的权利人时,人民法院应当予以确认。其次,谢某连诉讼中提交的《船舶委托管理经营合同书》、《东方航运公司收据》、《船舶买卖协议》、《银行交易信息》和《收条》，案涉船舶档案中的《修造船合同书》及原审法院对黄某某所作的谈话笔录等证据，可以证明案涉船舶最初由黄某某向扬州市邗江凤凰岛船厂定作，并挂靠在东方航运公司从事经营，后黄某某将船舶转让给谢某连并实际交付，谢某连亦付清了购船款，并继续挂靠在东方航运公司名下从事经营。上述证据在内容和形式上相互印证，且从证据形成时间上看，除原审法院所作的谈话笔录之外的证据均在安徽省蚌埠市中级人民法院(2014)蚌执异议字第00005号执行裁定书作出之前已客观存在，故能够作为本案定案依据。陈某虽对谢某连提交的证据真实性持有异议，但在没有提交相反证据反驳上述证据情况下，仅凭海事部门船舶登记档案资料主张案涉船舶所有权为东方航运公司，并据此主张上述证据不应采信依据不足。至于船舶挂靠经营行为是否违反法律、法规禁止性规定，则属于行政管理权限，本院在本案中对此不予审查。最后，东方航运公司对谢某连系船舶的实际所有人不持异议，认可双方之间系挂靠经营关系，船舶登记所有权人与实际权利人谢某连之间并不存在产权争议。陈某另以谢某连曾担任东方航运公司张家港分公司负责人主张涉案船舶不为其所有没有法律依据，也与本案查明的事实相悖。综上所述，原审法院认定谢某连与东方航运公司系挂靠经营关系，涉案的皖东方99船舶的实际所有权人为谢某连并无不当。

2. 关于陈某请求法院许可执行案涉船舶应否支持问题。案涉皖东方99号船舶虽登记在东方航运公司名下，但实际所有权人为谢某连，双方仅为挂靠经营关系，而陈某对该船舶并不享有物权，根据物权优于债权的基本原则，陈某请求许可执行案涉船舶不能成立，不予支持。陈某另上诉称，即便认定案涉船舶所有权人为谢某连，也仅在谢某连与东方航运公司之间产生效力，对陈某不产生对抗效力，也不足以排除本案强制执行。本院认为，“不得对抗第三人”的前提条件均在物权的设立、变更、转让和消灭过程中适用，故不得对抗的“第三人”应为与登记物权人进行物权交易而对该标的享有物权的相对人，保护的是第三人的物权权益，而非一般债权。本案中，陈某是要执行东方航运公司的财产来满足其债权的实现，但陈某与东方航运公司之间就案涉船舶并未进行物权方面的交易，其对该船舶并不享有物权权益，故其无权以第三人的身份对抗谢某连的物权主张。案涉船舶实际所有权人系谢某连，而非东方航运公司，原审法院参照适用最高人民法院对《湖北省高级人民法院关于人民法院能否对挂靠且登记在被执行人名下营运的船舶予以强制执行的请示》的答复意见并无不当。

综上所述，二审法院判决驳回上诉，维持原判。

【要点评析】

本案是案外人基于船舶所有权提起的执行异议之诉。作为执行标的物的皖东方99号船舶登记在被执行人名下,案外人陈某以该船舶系挂靠经营,且该船舶归其所有而非被执行人所有为由,主张排除对该船舶的强制执行。从双方当事人的诉辩主张来看,本案争议的焦点有二:一是作为执行标的物的皖东方99号船舶所有权人如何认定;二是陈某是否有权要求许可执行皖东方99号船舶。而这两个问题的解决,均离不开对《物权法》(已废止)第24条的正确理解与适用。需要说明的是,《民法典》于2021年施行之后,《物权法》(已废止)第24条已经被《民法典》第225条所替代。在理论和司法实践中,对于该条的争议,主要集中在以下几个方面:一是船舶等特殊动产的物权变动,是以交付还是登记为生效要件?二是如果以公示为要件,则未经登记的,不得对抗善意第三人应当如何理解?善意第三人的范围如何界定?三是登记的具体法律意义何在?

(一)关于船舶所有权变动的生效要件

关于船舶等特殊动产的物权变动模式,我国理论和司法实务中虽然有所争议,但通说认为,船舶等特殊动产,其物权的变动原则上以交付为生效要件,而非以登记为生效要件。本案中,一审、二审法院对于该问题均采纳了通说观点。归纳一审、二审法院的裁判理由可知,法院的理由主要有二:

其一,船舶所有权属于动产物权,故其物权的变动不仅要受《物权法》(已废止)第24条所调整,而且要受《物权法》(已废止)第23条规范。《物权法》(已废止)第23条规定,动产物权的设立和转让,自交付时发生效力,但法律另有规定的除外。因此,对于船舶所有权的变动应当遵循交付生效的规定,即以交付作为所有权变动的生效要件。

其二,船舶作为一种特殊的动产,其物权变动同时受《物权法》(已废止)第24条以及《海商法》第9条第1款的调整。上述两规定仅赋予登记以对抗效力,而并不能据此得出登记是船舶物权变动的生效要件的结论。

(二)关于善意第三人的范围

关于《物权法》(已废止)及《海商法》规定的未经登记不得对抗善意第三人的范围,理论和司法实践中一直存在争议,而争议的重点之一在于,该第三人是否包括转让人的一般债权人。

为统一法律适用,《最高人民法院关于适用物权法若干问题的解释(一)》(已废止)第6条规定:“转让人转移船舶、航空器和机动车等所有权,受让人已经支付对价并取得占有,虽未经登记,但转让人的债权人主张其为物权法第二十四条所称的‘善意第三人’的,不予支持。法律另有规定的除外。”根据该条的规定,即使受让人的物权未经登记,转让人的债权人权益也属于该物权可以对抗的范围,除非法律另有规定。所谓对抗,应以权利间依其性质存有竞争对抗关系为前提,当事人之间的物权变动未经登记而导致所有权的不完全,但依其物权本质即优于债权,自然不发生对抗问题。由此可见,《物权法》(已废止)第24条规定的特殊动产登记对抗制度的基本价值主要是交易安全的保护,具体而言是保障物权转移时第三人信赖利益的保护。该条规定应当局限于“在相互争夺物的支配关系中,被认为是因信赖登记而付诸行动者”,其中的“善意第三人”主要是指对于标的物具有正当物权利益的人,并不包括债权人,除非有法律规定的例外情形。该条规定并不能成为债权人突破物权优先效力,对未经登记的所有权人的财产主张权利的法律依据。未经登记的所有权人的权利即使因为没有登记而缺乏物权对抗效力,但仍然优先于其他的一般债权人。

虽然船舶挂靠不同于船舶转让,船舶登记所有人与实际所有人之间并不存在转让合同关系,挂靠船舶实际所有人取得船舶所有权并非基于受让于船舶登记所有人,但是前述法律规定所体现的物权优于债权的基本法律原则依然适用于挂靠船舶。虽然船舶登记在被挂靠企业名下,但其对挂靠船舶并不真正具有物权,船舶实际所有人基于原始取得或者船舶转让而对挂靠船舶取得的物权才是真实有效的,船舶登记并不能反映船舶权利的真实状态。被挂靠企业的债权人只能要求被挂靠企业用其所属的财产清偿债务,虽然挂靠船舶登记在被挂靠企业名下,但是船舶实际所有人对该船具有物权,被挂靠企业的债权人要求对该船行使权利,缺乏充分的法律依据。

本案中,二审法院明确指出:不得对抗的“第三人”应为与登记物权人进行物权交易而对该标的享有物权的相对人,保护的是第三人的物权权益,而非一般债权。本案中,陈某是要执行东方航运公司的财产来满足其债权的实现,但陈某与东方航运公司之间就案涉船舶并未进行物权方面的交易,其对该船舶并不享有物权权益,故其无权以第三人的身份对抗谢某连的物权主张。二审法院的上述观点与原《最高人民法院关于适用物权法若干问题的解释(一)》第6条的规定一致。

(三)关于登记的效力和意义

船舶作为一种动产,其物权变动应以交付为生效要件,但这并非意味着登记在法律上没有任何意义,不发生任何效力。具体而言,船舶登记的效力表现

在两个方面:

其一,登记的对抗效力。船舶所有权的取得、转让和消灭,应当向船舶登记机关登记;未经登记的,不得对抗第三人。据此,登记作为一种公示方式,会产生公示效力和对抗效力。

其二,登记的证明效力。虽然登记不是船舶等特殊动产物权变动的生效要件,即船舶的登记所有人并不当然就是其实际所有人,但从日常经验来看,通常情况下,船舶等特殊动产的所有人会将其据实进行登记。换言之,登记所有人多数情况下就是实际所有人。因此,从证明的角度来看,登记本身具有推定的效力。推定可以分为两类:事实上的推定和法律上的推定。所谓事实上的推定,是指利用已知的事实为前提,以经验法则推论待证事实的过程或行为。法律上的推定又分为两类:法律上的事实推定和法律上的权利推定。前者是指法律规定以某一事实的存在为基础,并直接根据该事实认定待证事实的存在与否。后者则是指法律对某种权利或法律关系是否存在直接加以推论的情形。例如,日本民法规定各共有人应有部分不明确的,推定为各共有人均等占有。①

对于推定,我国相关的司法解释将其作为免征事实予以规定。《最高人民法院关于民事诉讼证据的若干规定》第10条第3~4项及第2款规定,根据法律规定或者已知的事实和日常生活经验法则,能推定出的另一事实,当事人无须提供证据证明,当事人有相反证据足以反驳的除外。该规定中"根据法律规定"的推定是法律上的推定,而"根据已知的事实和日常生活经验法则"的推定就是事实上的推定。

本案中,基于登记的公信作用,船舶登记在证据规则上产生权利推定的效果,即若无相反证据推翻登记内容,登记的船舶所有权人可推定为船舶的真正所有权人。二审法院亦认为:"船舶作为特殊的动产,其物权设立和转让的生效要件仍为交付,而登记仅具有公示对抗效力,在利害关系人提出相反证据否定登记内容以证明其为真正的权利人时,人民法院应当予以确认。"应当说,一审、二审法院肯定登记的推定效力是正确的,但一审法院将这种推定理解为是一种权利推定,则值得商榷。因为,只有事实上的推定和法律上的事实推定才属于一种证据规则,而法律上的权利推定并不是一种证据规则,因为作为证据规则的证明对象必须是事实,而不是权利。②

需要特别指出的是,《民法典》施行后,《物权法》虽被废止,但《民法典》第

① 参见张卫平:《民事诉讼法》(第4版),法律出版社2016年版,第229~230页。
② 参见张卫平:《民事诉讼法》(第4版),法律出版社2016年版,第229~230页。

224 条与《物权法》(已废止)第 23 条、《民法典》第 225 条与《物权法》(已废止)第 24 条之规定是完全相同的。此外,《最高人民法院关于适用物权法若干问题的解释(一)》虽然也已被废止,但其主要规定也被《物权编解释(一)》所吸收,故本案虽然是一个《民法典》施行之前的案例,但法院在本案中所适用的裁判规则,实际上同样适用于《民法典》施行之后。

第十三章　因金钱权属(账户资金)提起的异议之诉

《民事诉讼法解释》第309条规定:"案外人或者申请执行人提起执行异议之诉的,案外人应当就其对执行标的享有足以排除强制执行的民事权益承担举证证明责任。"人民法院在强制执行程序中,对执行标的采取的强制措施是行使国家公权力的行为。执行实施阶段判断执行标的是否属于被执行人财产时,通常采取一般标准或外观标准来判断,如依据不动产登记情况、动产占有情况、银行账户户名情况等。因此,如果人民法院对某一执行标的采取了强制措施,意味着其从权利外观看,该财产的权利人为被执行人。人民法院对被执行人财产采取强制措施,即限制了被执行人对执行标的的所有权。换言之,人民法院采取的强制措施,是基于被执行人对执行标的享有所有权等实体权利而采取的公权力行为。那么,如果案外人认为其对执行标的享有所谓的"民事权益",则该民事权益必当为突破外观权利限制的"实体权利"(一般为所有权、担保权和用益物权)等,普通的债权请求权等权利,其在权利的属性上,不足以排除人民法院的强制执行。

银行存款是较为特殊的一类动产,其特殊性在于:第一,银行存款是货币的外观表现,表现形式为"户名+金额";第二,银行存款作为货币的表现形式,与货币的性质相同,属于动产的种类物;第三,银行存款的占有表现形式为"户名",在以银行存款为执行标的的情况下,银行开户的户名为"占有人",即实际权利人,而银行仅为"持有人",不具有物权人的相关权利。由于银行存款的所有、占有和持有皆可分离的特征,在执行以银行存款为执行标的的执行案件中,时有发生案外人异议的情况:第一,所有权与事实占有的错位,如借名账户,即案外人主张被执行人的账户内资金实际为其所有,被执行人只是提供账户,并未事实占有该笔资金;第二,占有改定与所有权转移的错位,如错汇资金,即案外人主张被执行人账户内存款为其所有;第三,持有人之特定优先权与事实占有的错位,如案外人(通常为银行)主张被执行人账户内存款系保证金。本章将就针对审判实践中异议之诉争议较大的几个问题进行探讨。

第一节　因错误汇款发生的异议之诉

实践中,错误汇款引发的异议之诉并不算十分常见,但是在审判实践中,关于错误汇款是否能够排除执行行为,却存在较大争议,各地的裁判结果迥异,即便是最高人民法院的判决,亦存在不同意见。

法律依据

《民事诉讼法》第238条　执行过程中,案外人对执行标的提出书面异议的,人民法院应当自收到书面异议之日起十五日内审查,理由成立的,裁定中止对该标的的执行;理由不成立的,裁定驳回。案外人、当事人对裁定不服,认为原判决、裁定错误的,依照审判监督程序办理;与原判决、裁定无关的,可以自裁定送达之日起十五日内向人民法院提起诉讼。

《执行程序解释》第15条　案外人对执行标的主张所有权或者有其他足以阻止执行标的转让、交付的实体权利的,可以依照民事诉讼法第二百二十七条①的规定,向执行法院提出异议。

一、制度阐释

案外人对账户资金主张的实体权利究竟是原物返还请求权,抑或不当得利之债,需要结合民事实体法和民事程序法综合分析。

如本章所述,强制执行权系对被执行人对执行标的物权的一种限制性权利,其权利的基础在于被执行人所享有的物权。因此,《民事诉讼法解释》第309条所述之"民事权益",在大部分案件中所指代的应为民事实体权益。② 上述不同观点的裁判所争议的焦点的实质在于:在错误汇款案件中,案外人对错误汇出的款项所依据的权利系物权返还请求权还是不当得利之债的债权?关于这一问题,我们可以从物权的公示效力、物权转让的效力,以及物权的保护三方面来分析。

首先,从物权公示的角度来看,对于货币这种特殊的动产,占有即所有,也即持有货币的人应视为其所有权人,户名所体现的主体即为账户内资金金额的所有权人。物权的公示效力,是表彰本权的体现。为了维护社会交易的安全和基本的社

① 现《民事诉讼法》第238条。

② 不排除在执行过程中,案外人可依据其优先债权的性质提出排除对执行标的的执行之案件,但在执行实践过程中,该种案件极为少见。

会行为秩序,对于动产物权的设定和变动,必须以法律的形式予以固定并展示于社会,这种方式就是“占有”。因为动产(特殊动产除外)一般不能通过类似于不动产的登记方式来表彰其权属,通过事实占有[1]来公示,是最为简单和有效的方式,也符合传统的交易习惯。例如,判断动产是否发生了所有权的转移,一般只需检视其占有是否发生变更。当然,这一公示效力是一般性的规定,如法律另有特别规定,应遵循其规定。

其次,从物权变更的角度来看,除法律另有规定之外,动产物权自交付时发生物权转让的效力。依照《民法典》第224条规定,“动产物权的设立和转让,自交付时发生效力”,指的是当事人通过合同约定转让动产所有权和设立动产质权的一般形态。[2] 对于法律有特别规定的,则以特别规定认定动产物权转让的公示方式,这里主要是指:第一,动产物权转让的特殊形态。包括:(1)动产物权设立和转让之前,权利人已经占有该动产的,物权自法律行为生效时发生;(2)动产物权设立和转让前,第三人占有该动产的,可以通过转让请求第三人返还原物的权利代替交付;(3)所有权保留的交易行为,物权自约定生效时发生转让效力。第二,《民法典》物权编第二章第三节规定的包括生效法律文书、继承、遗赠等非依法律行为而发生的物权变动问题所规定的情形。第三,动产抵押权和留置权的特别规定。由此可知,货币作为动产,其物权的设立和转让也必须依法确定,在不符合法定“除外”的情形下,货币的所有权转让与其事实占有的转让是保持一致的。

最后,从物权保护来看,《民法典》第235条规定,无权占有不动产或动产的,权利人可以请求返还原物。《民法典》还规定,如原物灭失或者毁损,所有权人可依法请求损害赔偿。虽然“返还原物”与“损害赔偿”同为物权保护的方式,但是其法理基础殊有不同,返还原物是基于物权的一项权利,其目的是对特定物实施事实上的占有;而“损害赔偿”的法理基础是侵权之债,是因其物权被侵害遭受损失之后所有权人享有的债权,其不属于物上权利。而如果上述“原物”为种类物,则一旦发生占有转移的情形,则该物在占有转移之后即发生与其他种类物的混同,在事实上无法返还“原物”,所有权人仅可请求实际占有人承担损害赔偿的责任,这一责任通常是以支付对价(货币)或者交付同等数量种类物为承担方式。因此,具体到本节的内容如错误汇款的情形发生,原所有权人丧失了事实占有后,无法就已经混同的货币请求返还原物,而只能要求新的占有人返还同等金额的货币。

综上所述,错误汇款的行为,其实质是货币原所有权人以一个不真实的转移所

---

① 指事实上对物的一种事实上的管控状态,即萨维尼所说的“握有”,区别于法律上的有权占有,即占有权。

② 参见吴高盛主编:《〈中华人民共和国物权法〉解析》,人民法院出版社2007年版,第49页。

有权的意思表示,向实际占有人作出了一项转移货币占有的行为。货币的原所有权人在此时所享有的,应当是不当得利的请求权,是一项与侵权之债、合同之债等同的一般债权,而非基于物上享有的原物返还请求权。从这一法理溯源的角度看,案外人以错误汇款的不当得利请求之债权请求权为由,请求排除以物权为基础的强制执行行为,不具有法理上的正当性。

二、操作指引

实践中,错误汇款排除执行的情形应作严格限制。发生错误汇款的理由千差万别,如全部以错误汇款系债权请求权为由驳回案外人排除强制执行行为的请求,不符合审判实践。我们认为,如前所述,认为原所有权人,即案外人,不享有原物返还的物上请求权的主要原因,是货币作为种类物在占有转移时发生了与其他货币混同的法律效果,在事实上,无法将其作为特定物予以返还。但审判实践中,如该货币未发生混同,或者其特定化的标识十分明确,则不会发生混同,那么案外人之异议亦可获得支持。因此,我们认为,对于案外人以错误汇款为由要求排除强制执行的案件,在满足如下情形,审判法官可以支持案外人排除强制执行:

第一,案外人提出充分证据证明其向执行标的账户汇款的行为系错误行为,而非与被执行人串通的逃避执行之行为。这一证明责任应进行严格审查。例如,即使案外人举证证实其与被执行人的有关合同已经执行完毕,错误汇入的款项金额确实多于合同约定金额,但如案外人与被执行人具有长期经济往来的情形,从审判的角度来说,仍不能排除其可能与被执行人恶意串通、故意不提交相关合同的可能,在该种情形下,仍不能视为其完成了举证责任。

第二,案外人所汇入的款项应予以特定化。由于金钱是种类物,其特定化不能简单地等同于被执行人被查封账户内的增值部分,该等特定化应经双方共同确认、且确认行为发生在法院查封之前。例如,案外人与被执行人有书面合同约定某特定账号为案外人专项账户,且案外人对该账户享有一定的支配权,类似借用被执行人账户开具信用证等。

第三,案外人对所汇入款项所依据的实体权益应当足以排除申请执行人所依据的权利。如上述第1条和第2条所设定的条件均满足,那么法官还应考量,案外人对错误汇入的款项即使拥有所有权,但其该所有权是否能够排除申请执行人的权利。例如,在申请执行人开具保证金账户的银行,而案外人即使可以认定对保证金账户错误汇入的钱款拥有所有权,该所有权仍不能排除对保证金账户的执行。

审判前沿

案例一

刘某荣因与河南省金博土地开发有限公司、河南元恒建设集团有限公司案外人执行异议之诉案

[(2017)最高法民申322号民事裁定书]

【裁判要旨】

第一,虽然货币属特殊种类物,在一般情况下适用"占有即所有"原则,但错误汇款系通过银行账户转账实现,并非以交付作为"物"的货币实现,错误汇款因被执行法院冻结账户并直接扣划至执行账户,被执行人并不实际占有、控制或支配,因此不适用货币"占有即所有"原则。

第二,案外人执行异议之诉旨在保护案外人合法的实体权利,在已经查明错误汇款的实体权益的情况下,从案外人执行异议之诉的立法目的和节省司法资源、减少当事人诉累的角度出发,应直接判决停止对错误汇款的执行以保护案外人的合法权益,不宜要求案外人再通过另一个不当得利之诉寻求救济。

【基本案情】

河南省金博土地开发有限公司(以下简称金博公司)在河南省淇县人民政府(以下简称淇县政府)对社会资金实施耕地占补平衡项目进行招投标过程中中标,并于2012年5月、2013年2月先后与淇县政府签订两份《淇县补充耕地后备资源合作开发合同书》,约定由金博公司负责合同所涉项目的投资开发及验收。上述合同签订后,金博公司与河南元恒建设集团有限公司(以下简称元恒公司)于2012年8月1日签订《淇县2012年补充耕地储备项目第二标段施工合同书》及《淇县2012年补充耕地储备项目第三标段施工合同书》各一份;又于2013年9月16日签订《淇县2013年第一批补充耕地储备项目第三标段施工合同书》一份。上述施工合同约定,由元恒公司负责案涉项目前后三个标段的复垦工作。工程完工后,元恒公司对上述三个标段施工项目工程款提出的申报结算价分别为:2012年二标段7,143,072.53元、2012年三标段5,222,434.75元、2013年三标段7,977,289.36元,共计20,342,796.64元;经最终结算审核,金博公司、元恒公司及审核单位中康建设管理股份有限公司共同认可,并签字盖章形成上述三个标段的竣工结算审核定案表,载明上述三个标段的审核结算价分别为:2012年二标段5,827,377.85元、2012年三标段4,221,527.42元、2013年

三标段6,421,600.96元,合计16,470,506.23元,上述款项即为金博公司应支付元恒公司的工程款总额。根据元恒公司向金博公司开具的付款发票显示,金博公司通过淇县政府财政部门分三次向元恒公司支付了上述三个标段的工程款,其中2012年二标段5,769,523元、2012年三标段4,194,171元、2013年三标段6,381,831元,共计支付工程款16,345,525元,尚欠124,981.23元未予支付。

2013年7月元恒公司承包河南省万博土地开发复垦有限公司(以下简称万博公司)在河南省襄城县的2012年第二批及2013年第一批补充耕地储备项目(以下简称襄城县项目)的相关工程,施工决算价为7,352,905.65元,万博公司已支付工程款6,980,526元,尚欠元恒公司372,379.65元未付。万博公司在二审询问时表示,其并未委托金博公司代为向元恒公司支付上述款项。金博公司与万博公司外聘财务人员系同一人。

中国民生银行四份《支付业务回单(付款)》显示,2015年7月3日,金博公司通过民生银行账户向元恒公司在中国建设银行股份有限公司郑州华亿支行的账户先后转账支付四笔款项。在四份回单的"客户附言"处分别载明:"淇县2012年项目二标段"(该单付款1,373,549.53元),"淇县2012年项目三标段"(该单付款1,028,263.75元),"淇县2013年项目三标段"(该单付款1,595,458.36元),"襄城县2012年2013年项目"(该单付款372,379.65元)。上述四笔款项共计4,369,651.29元。

元恒公司因与刘某荣的另案诉讼执行问题,其在中国建设银行股份有限公司郑州华亿支行的账户,被榆林中院于2015年1月10日以(2014)榆中执字第00197-21号裁定冻结;金博公司向该账户划入上述四笔款项之后,榆林中院于2015年7月6日将上述款项扣划至法院执行账户。此后,金博公司以上述四笔款项系误转为由,向榆林中院提出执行异议,榆林中院裁定驳回其执行异议后,金博公司提起本案执行异议之诉。

最高人民法院经审理认为,首先,要判定金博公司就案涉款项是否享有足以排除强制执行的民事权益,须以判定案涉款项的归属为前提;而本案中案涉款项的归属,取决于金博公司向元恒公司划款的行为是否确系误转。根据查明的事实,金博公司关于案涉款项系误转的诉讼主张符合常理和日常逻辑与事实相符,应予认定。

其次,由于金博公司向元恒公司划款4,244,670.06元系误转所致,金博公司对于划款行为不具有真实的意思表示,元恒公司亦缺乏接受款项的意思表示,故该划款行为不属于能够设立、变更、终止民事权利和民事义务的民事法律行为,而仅属于可变更或撤销的民事行为——该误转款项的行为未能产生转移款项实体权益的法律效果。案涉款项虽因误转进入元恒公司账户,但因该账户已被榆林中院冻结,在款项进入冻结账户后即被榆林中院扣划至其执行账户,故该款项事实上并未被元恒公司占有、控制或支配,且因账户冻结及被划至执行账户使其得以与其他款项相区别,已属特定化款项。在此情况下,金博公司享有合法的民事权益,足以排除榆林中院对该款项的强制执行。

最后,刘某荣主张货币属于一种特殊的种类物,其性质和职能决定货币的所有权不得与对货币的占有相分离,即货币"占有即所有"原则,且该原则并无例外,不适用《物权法》(已废止)第34条、第245条的规定,因此其认为金博公司只能根据不当得利之债的相关规定另案主张权益,二审判决在本案中排除适用上述原则,实质上适用《物权法》(已废止)第34条规定处理本案属适用法律错误。该主张不能成立,理由如下:(1)虽然货币属特殊种类物,在一般情况下适用"占有即所有"原则,但本案中金博公司向元恒公司误转4,244,670.06元,系通过银行账户转账实现,并非以交付作为"物"的货币实现,元恒公司事实上并未从金博公司处获得与案涉4,244,670.06元相等价的货币;且如前所述,案涉款项因被榆林中院冻结账户并直接扣划至执行账户,元恒公司并未实际占有、控制或支配上述款项。因而,本案中并不存在刘某荣所主张的作为"特殊种类物"的货币,且元恒公司亦并未占有案涉款项,故不具备适用货币"占有即所有"原则的基础条件,二审法院未适用该原则处理本案并无不当。(2)案外人执行异议之诉旨在保护案外人合法的实体权利,在已经查明案涉款项的实体权益属案外人金博公司的情况下,直接判决停止对案涉款项的执行以保护案外人的合法权益,该处理方式符合案外人执行异议之诉的立法目的,也有利于节省司法资源和当事人的诉讼成本;如仍要求案外人再通过另一个不当得利之诉寻求救济,除增加当事人诉讼成本、浪费司法资源之外,并不能产生更为良好的法律效果和社会效果,亦不符合案外人执行异议之诉的立法初衷。

案例二

唐山市华新电缆有限公司与天津市西青区吉元日盛装饰材料商行、河北大无缝铜业有限公司申请执行人执行异议之诉案

[(2016)津02民初750号民事判决书、
(2017)津民终121号民事判决书、
(2017)最高法民申2088号民事裁定书]

【裁判要旨】

货币作为特殊动产,其占有权与所有权合二为一,交付后不能发生返还请求权与占有回复请求权,仅能基于合同关系、不当得利或者侵权行为提出相应的请求。所以,即使错误汇款进被执行人账户,该款项也应归被执行人所有,错汇人可另行向被执行人主张返还。

【基本案情】

天津市西青区吉元日盛装饰材料商行(以下简称吉元日盛商行)与河北大无缝铜业有限公司(以下简称河北大无缝公司)票据追索权纠纷案,2015年3月30日,天津市第二中级人民法院作出(2014)二中民二初字第609号民事判决书,主要内容为:被告河北大无缝公司于本判决生效之日起10日内给付原告吉元日盛商行票款20,000,000元;并以20,000,000元为基数给付自2014年5月28日至实际清偿之日止的利息(按中国人民银行同期贷款基准利率计算)。判决书发生法律效力后,河北大无缝公司未在指定期限内履行生效法律文书确定的给付义务,吉元日盛商行于2015年9月7日向该院申请执行。在执行过程中,天津市第二中级人民法院作出执行裁定,冻结了河北大无缝公司在中国光大银行天津分行营业部开立的账号为75××××14的银行账户。2016年5月16日,唐山市华新电缆有限公司(以下简称华新公司)与天津大无缝铜材有限公司(以下简称天津大无缝公司)签订《买卖合同》,华新公司向天津大无缝铜材有限公司购买电工用铜线坯19.874吨,合同总价722,817.38元。当日付款时,将合同价款汇至河北大无缝公司的银行账户。华新公司发现后,要求河北大无缝公司退还时得知该账户为冻结账户。2016年6月13日,该院扣划了河北大无缝公司在上述银行账户内的存款722,817元。为此,华新公司提出执行异议申请,主张其与河北大无缝公司并无业务关系,其向河北大无缝公司的汇款系工作人员操作失误,因该账户已被人民法院查封,款项无法退回,故其另行向天津大无

缝公司支付了合同货款722,817.38元。天津市第二中级人民法院经审查后于2016年9月9日作出执行裁定书,中止对自中国光大银行天津分行营业部75×××14账户内扣划至天津市第二中级人民法院的722,817元的执行。吉元日盛商行不服该裁定,向该法院起诉请求,撤销天津市第二中级人民法院执行裁定书,准许执行天津市第二中级人民法院扣划河北大无缝公司账户中的722,817元款项。

天津市第二中级人民法院(一审)认为,本案的主要争议焦点为华新公司对诉争的河北大无缝公司银行账户内的722,817.38元是否享有足以排除强制执行的民事权益。《物权法》(已废止)第23条规定,动产物权的设立和转让,自交付时发生效力,但法律另有规定的除外。货币为特殊动产,在其转移占有后即转移所有权,故诉争款项在打入河北大无缝公司账户后,河北大无缝公司即成为诉争款项的所有权人。即便如华新公司所述其向河北大无缝公司的付款系错误付款,因其对诉争款项的所有权已转化为对河北大无缝公司的债权,其可向河北大无缝公司主张返还,但亦应按照法定清偿顺序进行受偿。故认定华新公司对诉争款项不享有足以排除人民法院强制执行的民事权益。该院据此判令:(1)准许执行自中国光大银行天津分行营业部75×××14银行账户内扣划至天津市第二中级人民法院的722,817元;(2)驳回吉元日盛商行的其他诉讼请求。华新公司不服一审判决,向天津市高级人民法院提起上诉。

天津市高级人民法院(二审)认为,本案的争议焦点为:华新公司对河北大无缝公司银行账户内的722,817.38元是否享有足以排除强制执行的民事权益。首先,关于诉争款项的归属。货币作为特殊动产,占有权与所有权合二为一,货币的占有人可以认定为所有权人。诉争款项打入河北大无缝公司后,河北大无缝公司即取得诉争款项的所有权。同时,由于货币的特殊性,交付后不能发生返还请求权与占有回复请求权,仅能基于合同关系、不当得利或者侵权行为提出相应的请求。河北大无缝公司取得诉争款项所有权后,华新公司可以向河北大无缝公司主张不当得利返还,但不当得利返还之债与合同之债、侵权之债、无因管理之债均属于一般债权,一般债权具有平等性,没有先后履行顺序,均应平等受偿。华新公司主张应优先向其返还诉争款项于法无据,本院不予支持。原审判决认定华新公司对诉争款项不享有足以排除人民法院强制执行的民事权益,并无不当。该院据此判令:驳回上诉,维持原判。华新公司不服二审判决,向最高人民法院申请再审。

最高人民法院(再审)审查认为,货币作为特殊动产,属于种类物,具有高度可替代性,交付后不能发生返还请求权,仅能基于债权关系提出相应的请求。由于货币的特殊性,本案中,诉争款项打入河北大无缝公司后,华新公司主张对河北大无缝公司银行账户内的722,817.38元享有足以排除强制执行的权利,缺乏法律依据,该院不予支持。如果华新公司认为河北大无缝公司取得诉争款项缺乏依据,可以依法向河北大无缝公司主张不当得利返还。综上所述,再审申请人华新公司的再审申请不符合2017年《民事诉讼法》第200条规定的情形,综上所述,该院裁令:驳回华新公司的再审申请。

【要点评析】

上述两则判例的情形高度相似:第一,案外人均称其错误汇款至执行标的账户;第二,案外人在汇入款项至执行标的账户之前,该账户均已被查封;第三,执行法院在查封时,被执行人账户内金额均为0元。但两案的判决结果却截然相反:在正方案例中,最高人民法院不但在再审审查时受理了该案,而且在裁判时引用了两个观点:第一,错误汇出的金额并未发生混同,故而应视为案外人对其享有特定物的返还请求权;第二,案外人在转移占有时并未有物权转移的意思表示,故该转移占有的行为不发生物权变动的效力。由此可知,最高人民法院在正方案例中,对于错误汇款所持之意见,系认为错误汇款如该款项可以特定化,则占有的转移不发生物权变动之效力,原所有权人仍旧对执行标的享有实体权利。而在反方案例中,最高人民法院则持有相反观点,认为货币的交付即为所有权的转移,不发生物权返还请求权的情形,故在再审审查期间即驳回了再审申请人的请求。

上述冲突观点在审判实践中并不鲜见。正方观点认为原所有权人仍然对执行标的享有实体权利,而反方观点认为原所有权人不享有物权返还请求权。根据在中国裁判文书网上不完整搜索数据分析,在近两年的裁判案例中,支持正方观点的裁判约占40%,支持反方观点的裁判约占60%。

第二节　基于共管账户的异议之诉

法律依据

《异议复议规定》第25条　对案外人的异议,人民法院应当按照下列标准判断其是否系权利人:

(一)已登记的不动产,按照不动产登记簿判断;未登记的建筑物、构筑物及其

附属设施,按照土地使用权登记簿、建设工程规划许可、施工许可等相关证据判断;

(二)已登记的机动车、船舶、航空器等特定动产,按照相关管理部门的登记判断;未登记的特定动产和其他动产,按照实际占有情况判断;

(三)银行存款和存管在金融机构的有价证券,按照金融机构和登记结算机构登记的账户名称判断;有价证券由具备合法经营资质的托管机构名义持有的,按照该机构登记的实际出资人账户名称判断;

(四)股权按照工商行政管理机关的登记和企业信用信息公示系统公示的信息判断;

(五)其他财产和权利,有登记的,按照登记机构的登记判断;无登记的,按照合同等证明财产权属或者权利人的证据判断。

案外人依据另案生效法律文书提出排除执行异议,该法律文书认定的执行标的权利人与依照前款规定得出的判断不一致的,依照本规定第二十六条规定处理。

一、制度阐释

共管账户是在经济活动中,为了保证合作双方的共同利益,监控资金使用,防止资金被非法挪用或抽走而设立的由双方共同管理的账户。目前,共管账户的设立和管理通常是先由共管双方签署共管协议,而后以协议一方或第三方的名义在银行设立共管账户,并且在银行预留双方印鉴,印鉴分别由双方分别保管(或交由第三方保管)。共管账户上资金的使用,必须由双方印章或输入双方密码以实现对于共管账户的实际监管。共管账户无论在哪方名下,实际控制权并非由某一方单独享有,而是由共管双方在同时行使控制权时共同享有。

从实践来看,货币普遍适用"占有即所有"的规则。《异议复议规定》第25条第1款第3项规定,银行存款和存管在金融机构的有价证券,按照金融机构和登记结算机构登记的账户名称判断。根据货币所有权的权属确认及变动以占有为公示原则,一般账户的所有人即资金的所有权人。但是,由于共管账户存在共同监管、共同控制的情况,在对共管账户内资金所有权归属的认定上,出现了意见分歧:一种观点认为,对共管账户资金的监管不代表对资金的占有,在未就所有权进行特别约定的情况下,不因一方参与资金控制而改变账户资金的所有权;另一种观点则认为,对共管账户内的资金有完全的控制权的才能认定为所有权人。

二、操作指引

在货币已经特定化为不可替代的特定物后,占有权和所有权可以分离。因此,认定银行账户内资金的归属,主要围绕是否已"特定化"进行判断。参照《最高人民法院关于适用〈中华人民共和国担保法〉若干问题的解释》(已废止)第85条"债务人或者第三人将其金钱以特户、封金、保证金等形式特定化后,移交债权人占有作为债权的担保,债务人不履行债务时,债权人可以以该金钱优先受偿"的规定,货币特定化在功能上要求相应的封闭性和独立性,足以使该部分货币的占有权和所有权分离。仅以资金属于"共管账户",不能径行判断已实现账户内资金的特定化,需要综合合同约定以及具体案件中账户交易的实际情况分析。

审判前沿

本溪经济开发区华威实业有限公司与亚洲环科集团有限公司、本溪泛亚环保热电有限公司执行异议之诉纠纷案

[(2016)辽民终515号民事判决书、
(2016)最高法民申2497号民事裁定书]

【裁判要旨】

货币属于种类物,具有所有权与占有权相一致的属性,通常情形下,民事主体名下账户内的款项即视为归其所有。但结合款项用途以及案件其他事实综合判断后,账户内资金具有特定化特征,真正足以判断账户内资金归属的,能够排除强制执行。

【基本案情】

被执行人本溪泛亚环保热电有限公司(以下简称泛亚公司)和第三方中国信达资产管理股份有限公司辽宁省分公司(以下简称信达辽宁分公司)以泛亚公司名义开立共管账户,案外人亚洲环科集团有限公司(以下简称环科公司)为履行对信达辽宁分公司负有支付股权转让款义务的生效调解书,向该共管账户支付了1400万元股权受让款。

执行法院根据本溪经济开发区华威实业有限公司的申请,在对被执行人财产执行过程中冻结了共管账户内420万元资金,环科公司对此提出执行异议和案外人执行异议之诉。最高人民法院经审理认为原判决认定环科公司对执行标的享有足以排除强制执行的民事权益并无不当,再审申请理由不能成立。

【要点评析】

最高人民法院经审理认为,共管账户虽为被执行人名下账户,但被执行人对于案涉账户及账户内的资金不具有完全的控制权;该共管账户系案外人为履

行调解书向第三方支付股权转让款而特别设立,用途为案外人履行调解书而向第三方支付股权转让款,且该共管账户开立后仅进行了该笔1400万元款项的转入及转出,该账户内的款项已具有特定化的特征,该款项的实质性权属并非案外人所有。

在何种情况下可以对共管账户内资金采取执行措施、在何种情况下不可以采取执行措施,并未有明确的法律规定,实践中也没有统一标准。对于本案,最高人民法院从共管账户设立目的、共管账户资金款项用途、是否有其他资金进入账户造成混同以及案件的其他事实,对账户内资金进行综合判断,最终确定账户资金的归属。

国家海洋环境监测中心与高某英、青岛鹤顺船业有限公司案外人执行异议之诉纠纷案

[(2018)鲁72民初1382号民事判决书、(2019)鲁民终280号民事判决书]

【裁判要旨】

根据《异议复议规定》第25条的规定,账户内资金的归属应当按照登记账户名称认定,共管协议效力限于签约方内部,对外没有对抗效力。

【基本案情】

案外人国家海洋环境监测中心(以下简称监测中心)委托被执行人青岛鹤顺船业有限公司(以下简称鹤顺公司)建造监测船,建造协议约定双方与银行签订共管协议,以鹤顺公司名义开立共管账户,专款专用,共管账户内资金系监测中心拨付的专用资金,解冻前资金的所有权归监测中心。双方约定共管账户以鹤顺公司名义开设,账户内资金均来自监测中心,监测中心对账户内资金享有完全的、排他的控制权、管理权、处分权。

执行法院根据申请执行人高某英申请,在对被执行人财产执行过程中冻结了共管账户内资金,监测中心对此提出执行异议和案外人执行异议之诉。山东省高级人民法院经审理认为,共管账户名称为被执行人,一审判决按照登记账户名称认定账户资金正确。银行账户共管协议的约定内容不能对抗第三人。判决驳回上诉,维持原判。

【要点评析】

本案对账户内资金归属的判断与本溪经济开发区华威实业有限公司与亚

洲环科集团有限公司、本溪泛亚环保热电有限公司执行异议之诉纠纷案不同，该案法院根据《异议复议规定》第25条第1款第3项“银行存款和存管在金融机构的有价证券，按照金融机构和登记结算机构登记的账户名称判断”的规定，按照账户登记持有人来判断账户内资金的归属。而协议各方有关共管账户权利义务的约定及于协议签订主体之间，对外没有对抗效力，也不能对抗法院的强制执行。

第三节　因借用账户发生的异议之诉

账户借用引起的执行异议之诉，多数是由于一方借用另一方的账户进行经营活动，导致资金账户名义权利人与实际权利人不一致，进而在借用账户内资金被查封、冻结时，产生资金归属的纠纷。账户借用人提起的执行异议之诉的审理，重点在于对借名账户内存款权属的认定。

法律依据

《异议复议规定》第25条　对案外人的异议，人民法院应当按照下列标准判断其是否系权利人：

(一)已登记的不动产，按照不动产登记簿判断；未登记的建筑物、构筑物及其附属设施，按照土地使用权登记簿、建设工程规划许可、施工许可等相关证据判断；

(二)已登记的机动车、船舶、航空器等特定动产，按照相关管理部门的登记判断；未登记的特定动产和其他动产，按照实际占有情况判断；

(三)银行存款和存管在金融机构的有价证券，按照金融机构和登记结算机构登记的账户名称判断；有价证券由具备合法经营资质的托管机构名义持有的，按照该机构登记的实际出资人账户名称判断；

(四)股权按照工商行政管理机关的登记和企业信用信息公示系统公示的信息判断；

(五)其他财产和权利，有登记的，按照登记机构的登记判断；无登记的，按照合同等证明财产权属或者权利人的证据判断。

案外人依据另案生效法律文书提出排除执行异议，该法律文书认定的执行标的权利人与依照前款规定得出的判断不一致的，依照本规定第二十六条规定处理。

《人民币银行结算账户管理办法》(部分废止)第24条　单位开立银行结算账户的名称应与其提供的申请开户的证明文件的名称全称相一致。有字号的个体工商户开立银行结算账户的名称应与其营业执照的字号相一致;无字号的个体工商户开立银行结算账户的名称,由"个体户"字样和营业执照记载的经营者姓名组成。自然人开立银行结算账户的名称应与其提供的有效身份证件中的名称全称相一致。

《人民币银行结算账户管理办法》(部分废止)第65条 存款人使用银行结算账户,不得有下列行为:

(一)违反本办法规定将单位款项转入个人银行结算账户。

(二)违反本办法规定支取现金。

(三)利用开立银行结算账户逃废银行债务。

(四)出租、出借银行结算账户。

(五)从基本存款账户之外的银行结算账户转账存入、将销货收入存入或现金存入单位信用卡账户。

(六)法定代表人或主要负责人、存款人地址以及其他开户资料的变更事项未在规定期限内通知银行。

非经营性的存款人有上述所列一至五项行为的,给予警告并处以1000元罚款;经营性的存款人有上述所列一至五项行为的,给予警告并处以5000元以上3万元以下的罚款;存款人有上述所列第六项行为的,给予警告并处以1000元的罚款。

一、制度阐释

根据《异议复议规定》第25条第1款第3项"银行存款和存管在金融机构的有价证券,按照金融机构和登记结算机构登记的账户名称判断"的认定标准,在执行异议程序中,从形式审查的原则出发,对账户权利人的判断不存在争议。但是执行异议之诉作为审判程序,与执行异议程序不同,需对此类"名"与"实"分离进行实质审查。

司法实践中,存在两种意见:第一种意见认为,借用账户虽然违反了国家相关管理规定,但并不影响对账户内资金归属的确认;第二种意见认为,应当按照银行账户记载的情况确定账户资金的权利归属。货币适用"占有即所有"的规则,而账户借用人违规借用银行账户,应当自行承担风险,第二种意见也成为审判实践中的主流观点。

从货币的法律性质来看,货币作为一种特殊动产,其物权变动适用《民法典》第224条关于动产物权转让的规定,即"自交付时发生效力"。账户内货币的占有与所有高度一致,只要货币合法转入即属于法律规定的合法交付行为,资金所有权自交付时发生转移而成为被借用人的责任财产。①

① 参见王毓莹:《执行异议之诉中账户资金的排除执行问题》,载《人民法院报》2017年11月1日,第7版。

从金融监管部门的监管规定来看,出借银行账户是中国人民银行明令禁止的行为。《人民币银行结算账户管理办法》(部分废止)第45条规定"存款人应按照本办法的规定使用银行结算账户办理结算业务。存款人不得出租、出借银行结算账户,不得利用银行结算账户套取银行信用",第65条对出租、出借银行账户行为作出了处罚规定。出借银行账户扰乱金融管理秩序,是违反金融管理法规的违法行为,①应予以否定性评价。

从对账户的实际控制能力②上看,借用人对借用账户的实际使用并不能否定出借人对借用账户的实际控制能力。

但是,在某些特殊情况下,不能简单根据"占有即所有"的规则进行认定,以账户记载信息认定存款的权属并非绝对的结论,实践中借用他人账户的案件中,存在很多例外情形。比如,争议款项能够明确认定仅为实际存款人控制和使用,可以认定存款实际归属于实际存款人;又如,特殊账户有专款专用的安排,实质上不属于开户人所有③;再如,资金性质特殊④、财产来源特殊⑤等,都会影响账户款项权属的

---

① 最高人民法院曾在《关于出借银行帐户的当事人是否承担民事责任问题的批复》(法〔经〕复〔1991〕5号,已废止)中指出:出借银行账户是违反金融管理法规的违法行为。人民法院除应当依法收缴出借账户的非法所得并可以按照有关规定处以罚款外,还应区别不同情况追究出借人相应的民事责任。从该批复精神可知,最高人民法院对账户借用行为持否定态度。现该批复已为《最高人民法院关于废止部分司法解释及相关规范性文件的决定》(法释〔2020〕16号)废止。

② 从账户的实际控制能力上分析,鉴于出借人对出借账户的实际操控能力和对资金的分配权利,从责任、权利与义务对等的角度看,认为名义权利人对外承担权利义务是合理的。参见沈丹丹:《借用账户与账内资金归属的认定》,载最高人民法院民事审判第一庭编:《民事审判指导与参考》(第51辑),人民法院出版社2012年版,第168~170页。

③ 在(2022)新执复21号民事裁定书中,新疆维吾尔自治区高级人民法院认为:《民法典》第224条规定"动产物权的设立和转让,自交付时发生效力,但法律另有规定的除外"。该条规定所称"法律另有规定",主要是指法律或行政法规等明确特殊账户有专款专用的安排,实质上不属于开户人所有,如以相关基金会、政府监管账户名义开立的生态损害修复赔偿金账户等。

④ 实践中,一般不会以账户内资金性质较为特殊否定账户所有人对资金的权属。但也有例外,在上海青浦武术院诉国家体育总局拳击跆拳道运动管理中心、上海瑞大学校其他所有权纠纷案[(2011)青民二(商)初字第496号]中,青浦区人民法院认为:"本案系争的标的物为货币,是一种具有高度替代性的种类物,一般情况下适用'占有即所有'的原则,但种类物可经由民事主体的选择、确定而成为特定物。本案管理中心所提供的证据能证明涉案款项60万元确系管理中心因运动员培训所需而存放在瑞大学校的账户中,并非瑞大学校的钱款。"

⑤ 如闫某君、唐某与被申请人武某意及一审第三人、被执行人浙江炼化阀门制造有限公司、吴某华、唐某栋申请执行人执行异议之诉纠纷案[(2019)最高法民申5601号],最高人民法院认为:"按照金融机构登记的账户名称判断权利人系执行阶段的形式审查内容,该认定并非不可推翻。尤其是在执行异议之诉中,被执行的财产在案外人名下,但该财产权利来源是否合法应当纳入审查范围……唐某栋对于生效判决确定的债务应当是清楚和明知的,在此情况下,任由妻子闫某君将夫妻共同财产转至女儿唐某名下,应属逃避债务、规避执行的行为。二审判决综合本案全部事实和双方的特殊关系,对唐某排除强制执行的请求不予支持,并无不当。"

认定。

二、操作指引

对于因账户借用引起的执行异议之诉,对银行账户的实际控制和使用情况是审查重点。对于一些特定账户、专用账户,还需要根据特殊约定和法律规定等判断资金的归属以及能否排除强制执行。除此之外,银行账户内资金来源是否合法也应当纳入审查范围。

一般来说,对于银行账户,应当以银行账户记载的信息作为权属判断的基本标准。账户借用人以其系实际所有权人提起执行异议之诉主张排除执行的,除法律、行政法规另有规定外,不应予以支持。

最高人民法院民一庭认为,"法律、行政法规另有规定",主要是指,法律或行政法规等明确特殊账户有专款专用的安排,实质上不属于开户人所有,经法定程序可以解除冻结相应款项。如以相关基金会、政府监管账户名义开立的生态损害修复赔偿金账户等。①

审判前沿

黑龙江省绥化鑫都建筑工程有限公司、黑龙江省三利仁集团有限公司等案外人执行异议之诉纠纷案

[(2020)黑民终424号民事判决书、
(2021)最高法民申4570号民事裁定书]

【裁判要旨】

第一,账户借用人因违反《人民币银行结算账户管理办法》相关规定,应当承担相应的法律风险。

第二,货币具有以占有为所有权要件的特点,对于多人借用同一账户的情形,如借用人无证据证明其与其他借用者之间对该账户内资金进行了特定化,对账户内款项享有所有权或对该账户具有排他性控制权的,该借用人不享有足以排除强制执行的民事权益。

① 参见最高人民法院民一庭:《最高法院民一庭:账户借用人不能排除强制执行》,载微信公众号"最高人民法院民一庭"2022年2月8日,https://mp. weixin. qq. com/s? _biz = Mzg5NzcyMTkzMA%3D&mid = z247483729&idx = 1&sn = d781f5。

【基本案情】

2017年12月1日,双鸭山市中级人民法院(一审法院)作出(2015)双民初字第11号民事调解书,确认黑龙江省三利仁集团有限公司(以下简称三利仁公司)与绥化农垦兴业房地产开发有限责任公司(以下简称兴业开发公司)达成如下协议:"兴业开发公司给付三利仁公司工程款及损失共计200万元,此款于2018年5月30日前给付40万元,2018年10月30日前给付完毕。如未按上述给付价款时间节点给付,从2018年5月30日起,以200万元为本金按照中国人民银行同期同类贷款利率计息支付利息,至给付完毕止。"2019年10月31日,一审法院作出(2019)黑05执29号之二执行裁定,裁定冻结兴业开发公司转存到马某月哈尔滨银行尾号8999账户存款220万元;冻结期限为12个月。黑龙江省绥化鑫都建筑工程有限公司(以下简称鑫都建筑公司)向一审法院提出执行异议,要求对马某月哈尔滨银行尾号8999账户内220万元解封。2020年3月25日,一审法院作出(2020)黑05执异5号执行裁定,驳回鑫都建筑公司的异议请求。鑫都建筑公司提起本案执行异议之诉。

另查明,鑫都建筑公司与兴业开发公司的管理人员存在亲属关系。马某月是鑫都建筑公司、兴业开发公司以及案外人绥化农垦鑫都物业有限公司(法定代表人为纪某明,以下简称鑫都物业公司)的出纳员,其名下哈尔滨银行尾号8999和中国银行尾号1542两个账户为上述三家公司的共用账户。鑫都建筑公司、兴业开发公司与案外人鑫都物业公司均在同一地址办公。2019年10月31日,一审法院在执行过程中对马某月进行调查,马某月陈述鑫都建筑公司、兴业开发公司以及鑫都物业公司三家公司共用一个会计,案涉银行账户内的钱款分不清是谁的。马某月认可案涉8999账户为鑫都建筑公司、兴业开发公司及鑫都物业公司的共用账户。

一审法院认为,首先,鑫都建筑公司与兴业开发公司管理人员存在重合现象,且公司管理人员间存在亲属关系,两家公司聘用同一出纳员,同时使用该出纳员的个人银行账号进行资金往来操作,而资金往来亦大多是与公司管理人间进行的。依据马某月的陈述,鑫都建筑公司并没有什么业务,即便有业务也是纪某明签字,案涉银行卡的支出均听纪某明的;两家公司的办公地址亦相同,在两家公司存在如此密切关系的前提下,鑫都建筑公司与兴业开发公司同时提供证据证明案涉账户内存款属于鑫都建筑公司,用以排除执行,缺少可信度。其次,企业法人作为市场主体,应当依照法律规定从事民商事活动,自觉维护社会和经济秩序。鑫都建筑公司与兴业开发公司存在诸多违反法律规定的行为,利用个人账户进行交易,违背诚实信用原则,其应当对自己的行为承担相应的法律责任。最后,案涉账户为马某月的个人账户,马某月认可该账户为鑫都建筑公司、兴业开发公司以及鑫都物业公司共用,其不清楚账户内存款到底是谁的,其未对法院执行行为提出异议。而鑫都建筑公司提供的证据不足以证明账户内的存款属于鑫都建筑公司,故鑫都建筑公司对案涉账户内的220万元不享有足以排除强制执行的民事权益。判决:驳回鑫都建筑公司的诉讼请求。鑫都建筑公司不服,提起上诉。

二审法院认为,中国人民银行制定的《人民币银行结算账户管理办法》第65条第1款第1项规定:"存款人使用银行结算账户,不得有下列行为:(一)违反本办法规定将单位款项转入个人银行结算账户。"公司资金不得以个人名义开立账户存储为每个公司经营者应该知道的常识,也是公司应该普遍遵守的财务纪律。《公司法》亦规定了不得滥用公司法人独立地位和股东有限责任损害公司债权人的利益。本案中,兴业开发公司、鑫都建筑公司同时使用财务人员马某月的个人账户收支公司资金。案涉马某月个人账户被冻结后,鑫都建筑公司举证证实该款项源自其向谷某丰的借款,其证据除该公司与谷某丰的借款合同及借据外,款项未汇入鑫都建筑公司的账户,依然汇入两公司共同财务人员马某月的中国银行账户,又转入哈尔滨银行的案涉账户,故该款是否为鑫都建筑公司的借款存疑。即使如鑫都建筑公司举证证实的为公司借款,作为公司管理人员及财务人员应该知晓禁止"公款存私"的情况下,其合法合规权益会受到法律保护,而违法违规行为就应当承担不受法律保护或者受到法律追究的风险。换言之,鑫都建筑公司既然选择将公司的资金存入被执行人兴业开发公司共同财务人员的个人账户,亦应承担由此可能带来的不受法律保护的法律风险。鑫都建筑公司与兴业开发公司股东、法定代表人具有亲属关系的情形下,又均使用财务人员的个人账户收支公司款项,马某月亦认可账户的款项非其个人存款,等同于两个公司将其款项混同于同一账户,案涉存款作为种类物,按照"占有即所有"的判断原则,能够认定为两公司的财产。即使使用账户款项时财务人员按照两公司的指令分别计算,亦应视为两公司形成共用同一账户的合作关系,从而对兴业开发公司债权人三利仁公司不产生外部对抗效力,该账户的资金作为两公司的责任财产,以此偿还其一公司的债务并无不当。因此,鑫都建筑公司对案涉账户内220万元的款项不享有足以排除强制执行的民事权益。鑫都建筑公司,申请再审。最高人民法院经审查,裁定驳回其再审申请。

【要点评析】

本案是一则多人借用同一账户情形下,借用人其对户内资金主张实体权益的案例。本案的特别之处在于,被执行人不是被执行资金的开户人,而是其中一名借用人,开户人并未提出异议,而是由另外一名借用人主张对户内资金享有实体权利。从金融管理秩序上来看,就本案而言,借用人违反《人民币银行结算账户管理办法》的管理性规定,应当予以否定性评价①,借用人应当承担相应的法律风险。从案外人实体权益的判断来说,货币具有以占有为所有权要件以及不特定化的特点,在多人借用同一账户情形下,账户开户人并未提出异议,案外人以借用账户对户内资金主张实体权益排除其他借用人的债权人执行的,在各借用者之间对该账户内资金没有作出资金特定化的约定或进行资金特定化的措施且案外人对该账户不具有排他性控制权的情况下,案外人对账户内资金不享有足以排除强制执行的民事权益。

第四节　基于政府融资平台公司账户资金的异议之诉

根据《中国银监会关于加强2013年地方政府融资平台贷款风险监管的指导意见》(银监发〔2013〕10号)的规定,地方政府融资平台是指由地方政府出资设立并承担连带还款责任的机关、事业、企业三类法人。政府融资平台一般具有如下特点:(1)由地方政府及其部门和机构、所属事业单位设立;(2)主要由地方政府及其部门和机构、所属事业单位以财政拨款或土地、股权等出资;(3)地方政府承担连带还款责任;(4)具有政府公益性项目投融资功能;(5)拥有独立法人地位;(6)兼具公益性和营利性等。

随着地方政府负债规模日益增长,政府融资平台公司作为被执行人的案件越来越多,当执行平台公司账户资金时,维护财政性资金的安全和保护债权人合法利益之间产生冲突,因此有必要寻求一个解决之道。

---

① 最高人民法院在《关于出借银行帐户的当事人是否承担民事责任问题的批复》(已废止)中也曾明确指出,出借银行账户是违反金融管理法规的违法行为。

法律依据

《预算法》第59条第4款 各级国库库款的支配权属于本级政府财政部门。除法律、行政法规另有规定外,未经本级政府财政部门同意,任何部门、单位和个人都无权冻结、动用国库库款或者以其他方式支配已入国库的库款。

一、制度阐释

行政性单位的资金包括财政性资金和自有资金,其中财政性资金包括预算内资金和预算外资金。预算内资金是指列入国家预算进行收、支和管理的资金,它是财政资金的主体;预算外资金是指不列入国家预算,由各地区、各单位按照国家规定单独管理、自收自支的资金,它是预算内资金的重要补充。自有资金是指除了国库集中支付制度的单一账户体系以外的行政性单位在其他银行账户中存放的资金。自有资金来源和构成复杂,由实行国库集中支付改革前的存量资金、预算单位上下级往来资金、非本级政府安排的其他财政性资金等构成。

最高人民法院明确人民法院不得执行行政性单位的预算内资金,但对于预算外资金能否执行,则经历了从可以执行到部分可以执行再到现在不得执行的变化。《国务院关于在清理整顿公司中被撤并公司债权债务清理问题的通知》(国发〔1990〕68号)曾明确"党政机关及其所属编制序列的事业单位,对所属被撤销公司的债务,按本通知要求必须承担责任的,只能用预算外资金承担责任"。最高人民法院1991年3月16日出台的《关于在经济审判中适用国务院国发〔1990〕68号文件有关问题的通知》(已废止),明确可以按照前述通知执行预算外资金。但在1993年,在《最高人民法院关于河南省西华县艾岗粮管所申请执行河南省西平县人民政府、西平县城乡建设环境保护局一案如何执行问题的复函》中,最高人民法院认为不能划拨地方财政的预算外资金,只能划拨县政府机关的预算外资金。而到了2001年,最高人民法院在《最高人民法院执行工作办公室对甘肃高院〈关于能否强制执行金昌市东区管委会有关财产的请示〉的复函》中强调预算内资金和预算外资金均属国家财政性资金,其用途国家有严格规定,不能用来承担连带经济责任,只能用行政单位财政资金以外的自有资金清偿债务。该批复一直沿用至今。

二、操作指引

根据《最高人民法院执行工作办公室对甘肃高院〈关于能否强制执行金昌市东区管委会有关财产的请示〉的复函》的规定,预算内资金和预算外资金均属国家财政性资金,其用途国家有严格规定,不能用来承担连带经济责任。最高人民法院明确人民法院不得执行行政性单位的预算内资金和预算外资金,只能执行其自有资金。这是因为,无论是预算内资金还是预算外资金,其都属于国家财政性资金,必须按照法律规定的程序和用途使用,不能用来承担责任。财政资金以外的自有资金则可以作为清偿债务的来源。

融资平台公司是享有独立民事权利能力和民事行为能力的法人主体,人民法院依法可以对融资平台公司的财产予以执行,但其责任应当由其自有财产承担。因此,执行政府融资平台账户资金的关键在于区分账户资金的性质,区分执行的资金是否属于国家财政性资金,并重点关注以下内容:第一,从政府融资平台公司账户内款项的来源来看,是否源自中央财政或各级政府财政部门的拨付、是否纳入财政预算管理。第二,从政府融资平台公司账户内款项用途来看,是否需经特定审批用以特定用途,专款专用,以及政府融资平台公司对该资金账户是否享有实际控制权和支配权。此外,根据《政府采购法实施条例》第2条第2款之规定,"以财政性资金作为还款来源的借贷资金,视同财政性资金",对于借贷资金其还款来源也需纳入考量范围。

审判前沿

上海浦东发展银行股份有限公司呼和浩特分行、达拉特旗人民政府等执行异议之诉案

[(2021)最高法民再233号民事裁定书]

【裁判要旨】

政府在执行程序中提出异议,认为案涉账户内款项为国家政策性贷款和代为投放的国开发展基金,专项用于国家政策支持的项目建设,虽其在异议申请中没有关于该款项归属的明确主张,但已经表达该款项应当属于其所有的意思,明确主张了政府对该款项享有足以排除执行的权益,属于执行异议之诉的审理范围。

【基本案情】

1. 针对尾号为830000的账户:2014年2月18日,鄂尔多斯市人民政府下发鄂府函(2014)56号文件,同意达旗政府实施壕庆河中下游生态综合治理工程。2014年11月20日,达旗政府作出达政字(2014)80号文件,提请达拉特旗人大常委会将委托达拉特旗开达投资有限公司(以下简称开达公司)负责壕庆河中

下游生态治理工程项目代建资金列入年度财政预算。同日,达拉特旗财政局向开达公司作出达财发(2014)203号文件,承诺将按时向开达公司支付壕庆河项目委托代建资金,并将资金列入当年财政预算。2014年11月21日,达拉特旗人大常委会作出达常发(2014)17号文件,同意达旗政府将壕庆河中下游生态治理工程项目委托代建资金列入旗财政年度支出预算。2014年11月21日,达旗政府(甲方)与开达公司(乙方)签订了《达拉特旗壕庆河中下游生态治理工程委托代建协议》,约定甲方委托乙方负责代建该项目,并按照乙方提出的融资建设方案由财政局在财政预算中安排代建资金逐年拨付给乙方;协议第3项约定委托代建的工作范围为工程项目的融资、建设、管理和移交;协议第5项约定:"1.资金来源:应全部由甲方(达旗政府)在建设期内,甲方根据需求投入项目资本金,其余建设资金由乙方(开达公司)采用市场化的方式向银行融资,建成后,甲方分期支付代建资金给乙方。2.代建资金支付:甲方委托财政局安排建设资金逐年向乙方拨付代建资金,并列入年度财政预算。3.资金管理:乙方为该项目建立项目专用基金账号,并专款专用。"

2015年2月27日,开达公司与国家开发银行股份有限公司(以下简称国开银行)签订《人民币资金借款合同》,借款金额为人民币54,000万元,借款用途为壕庆河中下游生态治理项目。上述贷款由国开银行向开达公司尾号为830000的账户分别于2015年4月9日发放1600万元、2015年5月18日发放6000万元、2015年6月29日发放7300万元、2015年10月30日发放6300万元、2015年11月30日发放5000万元、2016年2月4日发放2000万元、2016年2月29日发放3000万元、2016年3月10日发放1000万元、2016年4月27日发放1500万元、2016年6月13日发放3500万元、2016年8月19日发放16,800万元。全部贷款54,000万元已经发放完毕。

2015年5月8日,达旗政府作出达政发(2015)41号关于达拉特旗壕庆河中下游生态治理项目融资资金管理实施细则文件,文件第2条规定:达拉特旗壕庆河中下游生态治理项目融资资金,是指由借款人开达公司向国开银行融资,由六个建设单位,即达拉特经济开发区管理委员会、达拉特旗水务局、达拉特旗水土保持局、达拉特旗住房和城乡建设局、达拉特旗环境保护局、达拉特旗林业局,作为项目建设的融资资金用款人,并负责该项目的工程建设及工程质量监管。文件第6条规定:财政局负责对本项目的项目资本金进行统一管理和筹集资金,并负责融资本息偿还工作。文件第15条规定:还款资金来源于项目财政资金,经旗人大常委会审议同意将本项目融资资金纳入同期年度财政预算,每年按时偿还。壕庆河项目工程的资金支付须经建设单位、开达公司、达旗政府审批。2015年6月26日,尾号为830000的账户陆续支出壕庆河项目代建资金84笔,总计325,901,099.93元。除支付壕庆河项目相应款项外,该账户内发生多笔资金存入和资金支取行为,支取的金额数大于存入的金额数。现除去已实际支付的壕庆河项目资金,壕庆河项目的剩余贷款本金应多于目前账户内的实际余额,达旗政府主张账户内金额还用于偿还其他贷款项目的本息,所以造成壕庆河项目的贷款剩余款项与账户内实际余额不一致的情况。

一审法院另查明,2016年9月28日,开达公司就壕庆河项目工程以政府第三批债券置换贷款的方式偿还了贷款本金54,000万元。

2. 针对尾号为760000的账户:2015年11月30日,国开发展基金有限公司(甲方)与达拉特旗国有资产管理局(乙方)、开达公司(丙方)签订《国家发展基金投资合同》,合同编号××× 06,合同约定甲方向丙方缴付增资款800万元,用于投资内蒙古康乐福医疗养老院项目,投资期限为首笔增资款缴付完成日之日起15年,又约定项目建设期届满后,甲方有权要求乙方按照本条规定的时间、比例和价格回购甲方持有的丙方股权,乙方有义务按照甲方要求回购有关股权并在本条规定的回购交割日之前及时、足额支付股权回购款。回购计划为:于2029年10月20日支付股权转让对价400万元,于2030年12月1日支付股权转让对价400万元。2015年12月2日,国开银行向开达公司账户(尾号760000)发放投资款800万元。

2015年11月30日,国开发展基金有限公司(甲方)与达拉特旗国有资产管理局(乙方)、开达公司(丙方)签订《国家发展基金投资合同》,合同编号××× 05,合同约定甲方向丙方缴付增资款1500万元,用于投资鄂尔多斯市达拉特旗锡尼街北东源国际广场二期城市棚户区改造项目,投资期限为首笔增资款缴付完成日之日起20年,又约定项目建设期届满后,甲方有权要求乙方按照本条规定的时间、比例和价格回购甲方持有的丙方股权,乙方有义务按照甲方要求回购有关股权并在本条规定的回购交割日之前及时、足额支付股权回购款。回购计划为:于2019年10月20日支付股权转让对价88万元。直至2035年12月1日支付股权转让对价92万元。2015年12月2日,国开银行向开达公司账户(尾号760000)发放投资款1500万元。

2016年3月14日,国开发展基金有限公司(甲方)与达拉特旗国有资产管理局(乙方)、开达公司(丙方)签订《国家发展基金投资合同》,合同编号××× 02,合同约定甲方向丙方缴付增资款900万元,用于投资鄂尔多斯市达拉特旗美林家园二期城市棚户区改造项目,投资期限为首笔增资款缴付完成日之日起15年,又约定项目建设期届满后,甲方有权要求乙方按照本条规定的时间、比例和价格回购甲方持有的丙方股权,乙方有义务按照甲方要求回购有关股权并在本条规定的回购交割日之前及时、足额支付股权回购款。回购计划为:于2027年10月20日支付股权转让对价180万元。直至2031年10月20日支付股权转让对价180万元。2016年3月14日,国开银行向开达公司账户(尾号760000)发放投资款900万元。

2016年7月15日,国开发展基金有限公司(甲方)与达拉特旗国有资产管理局(乙方)、开达公司(丙方)签订《国家发展基金投资合同》,合同编号×××39,合同约定甲方向丙方缴付增资款3700万元,用于投资鄂尔多斯市达拉特旗南园路北城关镇棚户区改造项目,投资期限为首笔增资款缴付完成日之日起20年,关于投资回收合同约定两种方式:方式一为回购,合同第5.1条约定,宽限期届满后,甲方有权要求乙方按照本条规定的时间、比例和价格回购甲方持有的丙方股权,乙方有义务按照甲方要求回购有关股权并在本条规定的回购交割日之前及时、足额支付股权回购价款,首次回购交割日期为2019年7月17日。方式二为减资,合同第5.8条约定,宽限期届满后,从2019年开始,通过由丙方减少注册资本或资本公积金的方式由甲方收回对丙方的投资总额,首次减资日期为2019年7月17日。2016年7月18日,国开银行向开达公司账户(尾号760000)发放投资款3700万元。

2016年7月15日,国开发展基金有限公司(甲方)与达拉特旗国有资产管理局(乙方)、开达公司(丙方)签订《国家发展基金投资合同》,合同编号×××37,合同约定甲方向丙方缴付增资款1亿元,用于投资鄂尔多斯市兴辉陶瓷有限公司固废综合利用节能集成房屋制造项目,投资期限为首笔增资款缴付完成日之日起10年,关于投资回收合同约定两种方式:方式一为回购,合同第5.1条约定,即宽限期届满后,甲方有权要求乙方按照本条规定的时间、比例和价格回购甲方持有的丙方股权,乙方有义务按照甲方要求回购有关股权并在本条规定的回购交割日之前及时、足额支付股权回购价款,首次回购交割日期为2019年7月27日。方式二为减资,合同第5.8条约定,即宽限期届满后,从2019年开始,通过由丙方减少注册资本或资本公积金的方式由甲方收回对丙方的投资总额,首次减资日期为2019年7月27日。2016年7月28日,国开银行向开达公司账户(尾号760000)发放投资款10,000万元。

以上五份基金投资合同在第7条关于履约保障中均约定:为保障乙方(达

拉特旗国有资产管理局)、丙方(开达公司)对甲方(国开发展基金)投资收益、回购本金的支付义务,乙方、丙方应提供有权部门出具明确将投资资金分年纳入财政预算管理的书面认可文件。

2016年8月19日,达旗政府作出达政字(2016)65号关于审议批准将国开发展基金有限公司基金项目股权回购款及投资收益列入财政预算的报告文件,提请达拉特旗人大常委会将上述五个项目(共计1.69亿元)股权回购款和投资收益列入相应年度财政预算。2016年8月31日,达拉特旗人大常委会作出达常发(2016)32号关于同意将国开发展基金有限公司基金项目股权回购款及投资收益列入财政预算的决议。2016年9月7日,达拉特旗财政局向国开发展基金有限公司作出达财预发(2016)246号文件,承诺将基金项目股权回购款及投资收益列入财政预算。

3. 针对尾号为500000的账户:2016年9月26日,开达公司向达旗人民政府申请经费棚改贷款利息400,881.25元。2016年9月21日,尾号为500000账户内账面余额为2451.89元,2016年9月27日,达拉特旗财政局向该账户汇入400,881.25元,附言:"贷款利息//2120399－其他城乡社区公共设施支出400881.25。"2016年9月28日该账户有支取金额356,338.9元的支取行为,截至2017年3月21日,账面余额为46,765.62元。

2017年3月13日,内蒙古自治区鄂尔多斯市中级人民法院作出(2014)鄂执字第388－8号执行裁定,冻结被执行人开达公司在国家开发银行内蒙古自治区分行的银行账户,尾号为760000账户内的存款20,000万元;冻结被执行人开达公司在国家开发银行内蒙古自治区分行的银行账户,尾号为500000账户内的存款20,000万元;冻结被执行人开达公司在国家开发银行内蒙古自治区分行的银行账户,账号1510××××××××内的存款20,000万元;冻结被执行人开达公司在国家开发银行内蒙古自治区分行的银行账户,尾号为830000账户内的存款20,000万元。冻结期限为1年。

内蒙古自治区鄂尔多斯市中级人民法院认为,(1)针对账户尾号为830000账户内的资金认定。该账户内资金源于国开银行特定于达拉特旗壕庆河中下游生态治理工程项目的贷款,该笔贷款54,000万元已经全部发放完毕。还款资金源于项目财政资金,经达拉特旗人大常委会审议同意将本项目的融资资金纳入同期年度财政预算,每年按时偿还。《政府采购法实施条例》第2条第1款、第2款规定:"政府采购法第二条所称财政性资金是指纳入预算管理的资金。以财政性资金作为还款来源的借贷资金,视同财政性资金。"同时,壕庆河项目工程的资金支付须经建设单位、开达公司、达旗政府的审批,开达公司对账户内的资金无实际的控制权和支配权,资金的流出独立于企业的日常经营活动。因此,开达公司仅作为达旗政府项目融资平台接受项目贷款,该笔资金应当视为财政性资金。此外,2016年9月28日,达旗政府通过第三批债券置换贷款的方式偿还了开达公司在国开银行的贷款本金54,000万元,该贷款由达旗政府利用财政性资金直接偿还,开达公司和国开银行之间已经不存在债权债务关系,该账户上的资金属于达旗政府关于壕庆河生态治理工程的项目资金,属于政府的财政性资金。参照最高人民法院执行工作办公室作出的(2001)执他字第10号文件,预算内资金和预算外资金均属国家财政性资金,其用途国家有严格规定,不能用来承担连带经济责任。故本案中尾号为830000账户内的资金已被达旗政府列入地方财政预算,属于壕庆河生态项目的专项资金,该账户内的资金不能被执行。

(2)针对账户尾号为760000账户内的资金认定。根据国家发展基金有限公司与达拉特旗国有资产管理局、开达公司签订的五份《国家发展基金投资合同》,国开银行就该五个项目的增资款打入该账户,根据账户明细可知,除国开银行就五个基金项目发放的增资款之外,无其他资金存入。增资款的用途明确约定了用于五个项目建设,国家发展基金有限公司与国开银行对账户使用进行监管,国家发展基金有限公司有权要求达拉特旗国有资产管理局回购其持有的股权,故该基金的偿还和投资收益的回报由达拉特旗国有资产管理局回购支付,开达公司无义务偿还,并且五个项目的股权回购款和投资收益经达拉特旗人大常委会同意,列入了旗财政年度预算予以支付。故该院认为,尾号为760000账户内的资金系财政性资金,开达公司对账户内资金无实际支配权和控制权,同样不能用来承担连带经济责任。

(3)针对账户尾号为500000账户内的资金认定。2016年9月27日达拉特旗财政局向该账户汇入400,881.25元,系达旗政府向国开银行偿还的棚改款项利息的余款,不属于开达公司。在此之前账户内的2451.89元,达旗政府未提供证据证明其享有权益,故对该2451.89元,浦发银行呼市分行可以继续执行。

内蒙古自治区鄂尔多斯市中级人民法院驳回了浦发银行呼市分行的诉讼请求,浦发银行呼市分行不服,向内蒙古自治区高级人民法院提起上诉。

内蒙古自治区高级人民法院认为,执行异议之诉审理焦点系案外人是否享有排除人民法院强制执行的民事权益。本案中,达旗政府在执行程序中提出执行异议,认为案涉账户内款项为国家政策性贷款和代为投放的国开发展基金,专项用于国家政策支持的项目建设,故请求解除查封措施,其依据是最高人民法院有关财政性贷款不得冻结的相关批复。而申请执行人浦发银行呼市分行据此提起执行异议之诉,主要理由是认为该项目资金不属于政府专项资金,人民法院对案涉账户采取的冻结等执行措施并无不当。综上所述,双方的争议系针对开达公司在国开银行账户内款项性质是否属于政策性贷款或政府专项资金,执行法院的执行行为是否违反相关法律法规规定的问题,这并未指向案外人对该账户的民事权益,故本案不属于《民事诉讼法》(2017年)第227条的调整范围,浦发银行呼市分行可依据《民事诉讼法》(2017年)第225条等相关规定启动执行监督程序予以救济。依照《最高人民法院关于适用〈中华人民共和国民事诉讼法〉的解释》(2020年)第330条规定,裁定:(1)撤销内蒙古自治区鄂尔多斯市中级人民法院(2018)内06民初430号民事判决;(2)驳回浦发银呼市分行的起诉。

最高人民法院经审理认为,执行过程中,非执行案件被执行人的第三人所提出的异议,有可能属于《民事诉讼法》第234条规定的案外人异议,也有可能属于《民事诉讼法》第232条规定的利害关系人异议。本案中,达旗政府在执行程序中提出异议,认为案涉账户内款项为国家政策性贷款和代为投放的国开发展基金,专项用于国家政策支持的项目建设,故请求解除查封措施。其异议申请中虽然没有关于该款项不属于开达公司所有,应属于达旗政府所有的明确主张,但存在"贷款账户资金的支付必须经国开行和旗人民政府有关领导的签字才能转付,所以该款不属于开达公司的资金,该款系达旗人民政府列入旗财政预算的款""上述资金是被执行人作为政府融资平台代为持有的资金,由国家开发银行与达拉特旗人民政府共同监管,专项用于以上项目建设"等表述,已经表达了达旗政府主张该款项应当属于其所有的意思,明确主张了达旗政府对该款项享有足以排除执行的权益。二审认定本案不属于《民事诉讼法》第234条(原第227条)管辖,从而裁定驳回起诉确有错误,予以纠正。裁定撤销内蒙古自治区高级人民法院(2019)内民终416号民事裁定;指令内蒙古自治区高级人民法院对本案进行审理。

【要点评析】

关于款项性质是否属于政策性贷款或政府专项资金的问题,最高人民法院从资金的监管和使用的角度,对案涉账户资金的归属进行认定。通过资金是被执行人作为政府融资平台代为持有,由国家开发银行与达拉特旗人民政府共同监管,专项用于特定项目建设等,对资金性质进行判断。

第十四章　基于所有权保留的异议之诉

根据《民法典》的相关规定，标的物的所有权自标的物交付时转移，但法律另有规定或者当事人另有约定的除外。当事人可以约定买受人未履行支付价款或者其他义务的，标的物的所有权属于出卖人。可以看出，我国法律是允许当事人之间订立所有权保留的条款约定，但在适用中，对标的物所有权保留的条件应严格限制，即只有在买受人未支付价款或未履行其他义务时，出卖人才能保留标的物所有权的权利。

实践中，由于占有即推定所有的权利外观与实际主体之间存在差异，执行法院执行被执行人占有的财产实际是案外人所有的情况时有发生，案外人基于所有权保留提起的执行异议之诉也较为常见，对于此类异议之诉的审查逐渐形成了一个相对成熟的裁判标准，各地法院亦对类似案件的判决大同小异。

我国现行法律承认所有权保留的效力。《民法典》第 224 条、第 311 条、第 641 条，《查扣冻规定》第 14 条以及《买卖合同司法解释》第 26 条对所有权保留制度进行了专门规定。

法律依据

《民法典》第 224 条　动产物权的设立和转让，自交付时发生效力，但法律另有规定的除外。

《民法典》第 311 条　无处分权人将不动产或者动产转让给受让人的，所有权人有权追回；除法律另有规定外，符合下列情形的，受让人取得该不动产或者动产的所有权：

（一）受让人受让该不动产或者动产时是善意；

（二）以合理的价格转让；

（三）转让的不动产或者动产依照法律规定应当登记的已经登记，不需要登记的已经交付给受让人。

受让人依据前款规定取得不动产或者动产的所有权的，原所有权人有权向无处分权人请求损害赔偿。

当事人善意取得其他物权的，参照适用前两款规定。

《民法典》第641条　当事人可以在买卖合同中约定买受人未履行支付价款或者其他义务的，标的物的所有权属于出卖人。

出卖人对标的物保留的所有权，未经登记，不得对抗善意第三人。

《民法典》第643条　出卖人依据前条第一款的规定取回标的物后，买受人在双方约定或者出卖人指定的合理回赎期限内，消除出卖人取回标的物的事由的，可以请求回赎标的物。

买受人在回赎期限内没有回赎标的物，出卖人可以以合理价格将标的物出卖给第三人，出卖所得价款扣除买受人未支付的价款以及必要费用后仍有剩余的，应当返还买受人；不足部分由买受人清偿。

《查扣冻规定》第14条　被执行人将其财产出卖给第三人，第三人已经支付部分价款并实际占有该财产，但根据合同约定被执行人保留所有权的，人民法院可以查封、扣押、冻结；第三人要求继续履行合同的，向人民法院交付全部余款后，裁定解除查封、扣押、冻结。

《查扣冻规定》第16条　被执行人购买第三人的财产，已经支付部分价款并实际占有该财产，第三人依合同约定保留所有权的，人民法院可以查封、扣押、冻结。保留所有权已办理登记的，第三人的剩余价款从该财产变价款中优先支付；第三人主张取回该财产的，可以依据民事诉讼法第二百二十七条规定提出异议。

《买卖合同司法解释》第26条第1款　买受人已经支付标的物总价款的百分之七十五以上，出卖人主张取回标的物的，人民法院不予支持。

一、制度阐释

（一）所有权保留制度

所有权保留主要是指在财产所有权发生移转的商品交易中，依法律规定或当事人约定，财产所有人移转财产由对方当事人占有，而仍保留对该财产的所有权，待对方当事人交付价金或完成特定条件时，该财产的所有权才发生移转的一种制度。所有权保留，是指买卖双方约定，买卖合同生效后，出卖人之标的物所有权附条件地转移与买受人的制度，即交付并不转移所有权，而是将占有和用益权转移于买受人，是我国《民法典》规定的“交付转移所有权”之物权变动模式的例外，功能在于实现出卖人价金请求权或者其他目的。在法律性质上，所有权保留是一种附停止条件的所有权转移，在停止条件成就前，所有权不转移给买受人。

目前，世界大多数国家如德国、法国、英国、美国等均在其成文法或判例中承认了所有权保留的效力。我国《民法典》第641～643条规定了所有权保留制度。

(二)所有权保留的客体

所有权保留的客体,是指所有权保留所指向的对象,即哪些财产可作为所有权保留买卖的标的物。在我国,《民法典》合同编并没有对所有权保留的客体作出限制,仅《买卖合同司法解释》第 25 条排除其对不动产的适用。由此可见,特殊动产或种类物等动产并没有被排除在所有权保留制度适用的客体之外,对它们进行买卖并约定所有权保留不违反法律强制性规定,应受法律保护。

而在一般金钱债权的执行中,由于动产占有即所有的外观推定,执行法院可以对被执行人占有的动产采取强制执行措施。在被执行人所占有的动产是从案外出卖人处购买,且尚未满足所有权转移之条件的情况下,案外出卖人才是该执行标的的实际所有权人。此时,案外出卖人可以提起执行异议主张排除执行。对基于所有权保留提起执行异议之诉审查的重点,主要集中在案外出卖人是否享有取回权以及是否存在行使取回权的阻却事由。

(三)出卖人取回权限制规则

根据《民法典》的相关规定,买受人在清偿全部价款之前享有占有、使用标的物并从中获益的权利,在清偿全部价款之后,即可取得标的物的所有权。

在买受人未按照约定支付价款且经催告后在合理期限内仍未支付等情形之下,出卖人可基于所有权向买受人主张取回标的物。出卖人取回标的物的目的不在于对标的物的使用、收益,而在于保全价款债权。可以说所有权保留制度实际上就是以所有权为担保工具的一种非典型担保。由于标的物已经交付,标的物的归属与其占有的外观相分离,一旦买受人不依约履行特定义务,或者对标的物进行不当处分都会致使出卖人权益受损,因此《民法典》第 642 条赋予出卖人以取回权,当特定条件成就时,出卖人得以行使取回权。

根据《民法典》第 642 条的规定,出卖人可以行使取回权的情形包括买受人未依约支付价款并且经催告后仍未支付;未按照约定完成特定条件或者将标的物出卖、出质等不当处分三种情形。

(四)买受人的回赎权

《民法典》第 643 条赋予买受人以法定的回赎权,具体是指当出卖人行使取回权后,买受人可以在回赎期限内履行价款支付义务或停止不当处分等消除买受人取回标的物的事由,重新占有标的物,恢复合同的正常履行,如果买受人没有在回赎期限内进行回赎,出卖人有权将标的物以合理价格出卖给第三人。《担保制度解释》明确将所有权保留制度纳入非典型担保范畴，保留所有权买卖中出卖人行使取回权，旨在实现“担保”的功能，并不意味着所有权买卖合同的解除，此时赋予买受人一次重新争取占有和使用标的物的机会，即买受人对应的回赎权。事实上，回赎权这一制度的设计还是为了维护交易稳定性，发挥促进交易的作用。

（五）行使取回权的阻却事由

根据现行法律的相关规定，在以下三种情形中出卖人主张取回标的物的，人民法院不应予以支持：

1. 被执行人支付的价款比例在75%以上

《买卖合同司法解释》第26条第1款规定：“买受人已经支付标的物总价款的百分之七十五以上，出卖人主张取回标的物的，人民法院不予支持。”其理由在于，在买受人已经支付标的物价款达到价款总额的75%时，出卖人的利益已在较大限度上得以实现。此际，若允许出卖人取回再变价，买受人加以回赎，程序比较复杂、运行成本相对较高，在一定程度上损害买受人的期待利益，因此一般情况下不支持出卖人行使取回权的主张。另外，如果被执行人已经支付了75%以上的价款，但后续不再继续支付剩余款项的，出卖人的取回权问题目前司法实践中尚未达成一致裁判意见，通说认为此种情形下出卖人不得再以所有权保留条款为由行使取回权，擅自取回执行标的侵害买受人财产权的，应当返还标的物并赔偿损失。

2. 执行标的为善意取得

善意取得制度是财产所有权制度中的一项重要制度，所有权保留不能对抗善意取得制度。我国《民法典》第311条统一规定了善意取得制度，将善意取得统一适用到动产和不动产。善意取得的构成要件如下：受让人受让不动产或动产时应为善意；以合理的价格转让，但合理价格并不仅限于支付金钱的买卖，同时也适用于互易、债务清偿等行为；善意取得的适用要求已经公示，若物权出让人和善意受让人之间仅是达成了合意，尚未进行登记或交付的话，不能发生善意取得。

《民法典》第641条在吸收《合同法》（已废止）第134条的基础上，增加一款规定，即“出卖人对标的物保留的所有权，未经登记，不得对抗善意第三人”。以往并未对保留所有权提出需经登记的要求，但《民法典》在此明确了登记对抗的效力。因采取登记对抗主义，出卖人有必要对保留所有权的标的物进行登记，同时，善意取得的适用空间也将被大大压缩。对于已经公示的所有权保留的标的物，受让人不能主张善意取得。

3. 添附

根据《民法典》第322条的规定，加工、附合、混合会导致财产权属发生变动。

如果执行标的已添附到被执行人的其他财产之上,强行排除执行、予以返还将明显影响财产价值、违反经济效益原则时,案外出卖人的取回权行使应当受到限制。

二、操作指引

通常情况下,买卖合同双方约定所有权保留实为实现非典型担保权能,该权能并无排除买受人的金钱债权人强制执行的效力,但在出卖人享有取回权的情况下,标的物自然不能认定为买受人所有,此时应当可以排除买受人的债权人对标的物的强制执行。实践中,正确认识和处理出卖人基于所有权保留而提起的执行异议之诉,须注意如下三点。

(一)《查扣冻规定》与保留所有权财产的执行

根据《查扣冻规定》第14条的规定,对于被执行人出卖的保留所有权财产,第三人有权要求继续履行所有权保留买卖合同,这是因为出卖人对标的物的所有权保留体现的是担保价值并非完全的所有权,而第三人按照合同约定支付全部价款后能够取得标的物完整的所有权,此时人民法院应当解除在第三人财产上的执行措施。但对于第三人未按照合同约定履行的,《查扣冻规定》并未明确作何处理方式。第三人违约可能引发如下后果:一是在合同未解除的情况下,第三人负有向出卖人支付合同价款的义务,出卖人的债权人可以通过执行被执行人到期债权获得相应的清偿,但如若第三人提出异议则不能对第三人强制执行。二是在合同未解除的情况下,出卖人主张行使取回权,此时又会引发第三人是否在合理期限行使回赎权的问题,如果第三人行使回赎权,那么合同继续履行,不涉及对标的物处置的问题,但是如果第三人未行使回赎权的,出卖人(被执行人)能够根据《民法典》相关规定取回标的物并进行处置,此时实现的是保留所有权中的"所有权"功能,那么该财产就转化为被执行人的责任财产予以执行。三是合同解除情形下的原物返还,出卖人行使单方解除权解除合同后,有权基于返还原物请求权主张取回标的物,取得标的物的所有权。也正是因第三人违约引发的情况复杂甚至涉及实体判断问题,必须具体案件具体分析。

根据《查扣冻规定》第16条的规定,对于被执行人购买的保留所有权财产,由于第三人保留所有权的主要目的系为担保其债权的实现,那么在保障第三人优先受偿权的前提下,该财产可以作为被执行人的责任财产执行。在已办理所有权保留的登记的情况下,第三人的剩余价款从该财产变价款中优先支付,剩余部分再清偿申请执行人的债权,由于第三人能够获得优先清偿,一般不会主张取回标的物,但是对于未进行登记的,由于第三人不能对抗已采取执行措施的申请执行人,第三人可能主张取回权发挥所有权保留制度的担保功能，以维护自身权益，此时由于必须经由依照实体法规则进行判断，进而《查扣冻规定》作出通过执行异议和异议之诉程序解决的规定。

（二）出卖人基于所有权保留提起的异议之诉

1. 若标的物为并非有固定或者特殊标志的特定物，而是一种普通商品性质的种类物，在案外人无法证明混同于抵押财产中的标的物属于约定所有权保留之物，且申请执行人已善意取得标的物的抵押权且已依法拍卖标的物，即使案外人对标的物的所有权进行了保留，申请执行人依然得就拍卖所得款优先受偿。若标的物为特定物，对其所有权归属的认定宜尊重当事人意思自治原则，根据合同约定判断。如存在所有权保留条款，应适用关于所有权保留的相关法律规定：如存在挂靠关系的，当所有权转移条件依约尚未成就，则应认定所有权归属于被挂靠人，反之则应认定归属于挂靠人，不应简单以车辆是否已交付使用为标准判断所有权是否转移。

2. 根据《买卖合同司法解释》第 26 条的规定，买受人已经支付标的物总价款的 75% 以上的，出卖人主张取回标的物的，人民法院不予支持。也即买受人支付了高于 75% 价款的情况下，出卖人不能通过行使取回权取得标的物的所有权，而只能向买受人主张剩余合同价款。因此，出卖人也无法排除买受人的债权人对标的物的强制执行。在所有权保留进行了登记的情况下，可以参照担保物权的程序进行处理，出卖人对标的物执行所得价款享有优先受偿的权利，剩余部分再作为买受人的责任财产用以清偿买受人债权人的债权。但是，根据《民法典》第 641 条第 2 款的规定，在所有权保留未进行登记的情况下，出卖人对于买卖价款的请求权则劣后于强制执行债权。

3. 若被执行标的物已添附到其他财产上，构成民法添附理论中的附合，判断案外人能否行使取回权、排除强制执行在考虑拆除标的物在技术上的可行性的同时，还要兼顾经济原则。如果行使取回权将严重影响整体价值、违反经济效益原则，则不能支持案外人请求排除强制执行的请求。①

4. 对标的物所有权保留的条件应严格限制，即所有权保留制度只存在于买卖合同中，且只有在买受人未支付价款或履行其他义务时，出卖人才能保留此项权利。

---

① 舟山潍柴产品销售服务有限公司、宁波市江北创源船舶物资有限公司案外人执行异议之诉纠纷案，(2018)最高法民申 3732 号民事裁定书。为买受人的被执行人不符合买卖合同约定的取得案涉动产所有权的条件，最高人民法院支持二审判决的观点，认为如果拆除案涉机组设备，不仅会产生较大的费用，还将对案涉船舶的整体价值产生重大影响，与经济原则不符，对舟山潍柴产品销售服务有限公司请求排除强制执行的诉讼请求不予支持。

(三)所有权保留买卖合同中买受人提起执行异议之诉

基于执行效率原则,人民法院依据权利外观原则审查确认被执行人的责任财产,所有权保留交易中,出卖人作为被执行人的,人民法院可以对买受人已经支付部分价款并实际占有的财产采取执行措施。根据《查扣冻规定》第 14 条之规定,买受人要求继续履行合同的,向人民法院交付全部余款后,人民法院裁定解除查封、扣押、冻结。

2008 年《查扣冻规定》第 16 条规定,"第三人要求继续履行合同的,应当由第三人在合理期限内向人民法院交付全部余款后,裁定解除查封、扣押、冻结"。相较之下,《查扣冻规定》2020 年修正时删除了"应当由第三人在合理期限内"的表述,放开了对买受人交付余款时间的限制。2008 年《查扣冻规定》第 16 条语义下,即便第三人依照合同支付价款,并无违约行为,也可能承受所买财产被强制执行的不利后果,要求第三人"在合理期限内"向人民法院交付全部余款实质是在执行程序中令无过错的第三人未到期的债务加速到期,难谓合理。2020 年《查扣冻规定》第 14 条语义下,人民法院可以查封、扣押、冻结被执行人保留所有权的财产,但这种查封、扣押、冻结应该是"活封",旨在保障被执行人要求第三人给付金钱债权的实现,第三人在买卖合同履行期间有权继续占有、使用该财产;第三人要求继续履行合同的,只要按合同约定支付价款、履行义务,被执行人的金钱债权就得到了实现,人民法院无权要求第三人在合理期间内支付全部余款,第三人在按照合同约定支付全部价款后,取得完整的所有权,人民法院应解除对该标的物的查封、扣押、冻结。① 据此,所有权保留买受人享有的权益能否排除执行需要区分查封时间点分情况讨论。

1. 若买受人如约履行合同义务,没有违约情形,人民法院在买受人履约期间采取查封、扣押、冻结措施,买受人请求排除执行的,根据《查扣冻规定》第 14 条的规定,买受人向人民法院交付全部余款后,可以排除执行。若买受人按照合同约定分期支付余款,分期期间虽无法解除查封、扣押、冻结的强制措施,但因无违约行为的买受人的物权期待权优先于债权,在此期间执行法院不得处置查封财产。

2. 若出卖人因买受人违反合同义务已取回标的物,人民法院在约定的回赎期内采取查封、扣押、冻结措施,买受人请求排除执行的,根据《查扣冻规定》第 14 条的规定,在买受人向人民法院交付全部余款前,不得裁定解除查封、扣押、冻结,根据《民法典》第 643 条的规定,买受人在回赎期内消除出卖人取回标的物事由的,执行法院不得处置查封财产。

---

① 参见《十八件新修订执行类司法解释重点问题理解与适用》,载《法律适用》2021 年第 5 期。

3. 若出卖人因买受人违反合同义务已取回标的物，人民法院在约定的回赎期届满后采取查封、扣押、冻结措施，此时买受人回赎权消灭，人民法院应驳回买受人排除执行的申请。如若买受人拟支付全部余款要求继续履行合同，执行法院应综合考量买受人支付全部余款与司法处置查封财产何者更有利于执行债权实现，前者更有利于执行债权实现的，可以支持买受人排除执行的申请。

审判前沿

案例一

大众汽车金融（中国）有限公司与范某、陈某凯、济南东岳顺驰汽车销售服务有限公司执行异议之诉纠纷案

［（2014）济民四终字第72号民事判决书］

【裁判要旨】

我国法律允许当事人之间订立所有权保留的条款约定，即当协议中的约定成就时，标的物的所有权属于约定保留一方，申请执行人不得以该标的物已交付被执行人为由而采取强制执行措施。

【基本案情】

范某、陈某凯与济南东岳顺驰汽车销售服务有限公司（以下简称东岳顺驰公司）借贷合同纠纷一案已经济南市市中区人民法院审理并判决，范某、陈某凯为保证其生效法律文书确定的债权得到履行，向该院申请了强制执行。该法院在执行过程中查封了本案涉诉的包括应属于大众汽车金融（中国）有限公司（以下简称大众金融公司）的78辆斯柯达轿车。而大众金融公司并非范某、陈某凯与东岳顺驰公司执行案件中的被执行人。因此，大众金融公司向济南市市中区人民法院执行机构提出执行异议，而经该法院审查后作出的（2012）市执字第（992、993、994）-3号执行裁定书，认为存放在东岳顺驰公司经营场所内的78辆斯柯达轿车系东岳顺驰公司合法购进，查封并无不当，故裁定驳回大众金融公司提出的执行异议。

济南市市中区人民法院（一审）认为，根据我国相关法律规定，合同是平等主体自然人、法人及其他组织之间设立、变更、终止民事权利义务关系的协议。涉及本案中的三方协议，即经销商融资协议、补充协议及其附件。上述协议中应包含两个法律关系：一是大众金融公司与东岳顺驰公司之间的融资借贷合同关系；二是案外人上汽大众公司与东岳顺驰公司之间的车辆买卖合同关系。本

案的焦点是三方协议及附件中约定的在东岳顺驰公司付清融资购买的车辆款项之前的所有权保留的约定及债权转让的约定是否符合相关法律规定及是否具有对抗效力的问题。一审法院认为,由于东岳顺驰公司至合同解除前尚未按合同约定向大众金融公司偿还诉争的78辆斯柯达轿车的贷款,依合同约定,此诉争的78辆轿车所有权应归案外人上汽大众公司所有。根据三方协议,在东岳顺驰公司发生不能履行合同义务或履行义务不符合约定时,由大众金融公司决定终止或解除贷款合同,同时案外人上汽大众公司将所有权保留约定取得的全部权利授予大众金融公司。因东岳顺驰公司未按合同约定将融资车辆存放在指定地点,且已届偿还期的借款本金也未偿还,发生了约定的大众金融公司可行使解除权的条件,故大众金融公司向东岳顺驰公司发函终止了上述贷款合同。至此,三方协议中关于案外人上汽大众公司将基于所有权保留取得的全部权利(包括对涉诉车辆的所有权、取回权)已转让给大众金融公司。在签订该三方协议时,东岳顺驰公司对此权利的转让也是明知的,故大众金融公司已依上述约定成为本案涉诉78辆斯柯达轿车的所有权人,其要求法院依法确认其所有权的诉讼请求,符合相关法律规定,法院依法予以支持。关于范某提出的大众金融公司对车辆的所有权无法对抗善意第三人的问题,一审法院认为,本案中,范某、陈某凯与东岳顺驰公司之间为借贷合同关系,不存在关于涉案车辆的任何交易行为,没有发生可引起物权变动的法律行为,不适用善意第三人制度。在车辆权属未发生改变的情形下,不能仅依据车辆放置在东岳顺驰公司的经营场所内的表象来判断车辆所有权的归属问题,故范某辩称的车辆属东岳顺驰公司购进,所有权已发生转移、大众金融公司与东岳顺驰公司及案外人上汽大众公司签订的三方协议不得对抗无过错第三人的抗辩理由,没有事实和法律依据,一审法院不予采信。大众金融公司与东岳顺驰公司及案外人上汽大众公司签订的三方协议及附件中关于对车辆所有权保留和转让的约定对其应具有法律上的效力。因此,一审法院依据(2012)市执字992-1号、993-1号、994-1号执行裁定书对放置在东岳顺驰公司经营场所内的78辆斯柯达轿车采取的查封、扣押措施不当,应当予以解除。综上所述,该院裁令:(1)停止对放置在东岳顺驰公司经营场所内的78辆斯柯达轿车的执行并解除对上述车辆的查封、扣押等强制执行措施。(2)放置在东岳顺驰公司场地内的78辆斯柯达轿车的所有权属大众金融公司所有。范某不服一审判决并向济南市中级人民法院上诉。

济南市中级人民法院认为:根据大众金融公司、东岳顺驰公司和上汽大众公司三方协议,在东岳顺驰公司发生不能履行合同义务或履行义务不符合约定的情形时，由大众金融公司决定终止或解除贷款合同，同时上汽大众公司将所有权保留约定取得的全部权利授予大众金融公司。上述协议在履行过程中发生了约定的大众金融公司可行使解除权的条件，大众金融公司向东岳顺驰公司发函终止了上述贷款合同。至此，三方协议中关于案外人上汽大众公司将基于所有权保留取得的全部权利（包括对涉诉车辆的所有权、取回权）已转让给大众金融公司，故一审认定大众金融公司已依约定成为本案涉诉78辆斯柯达轿车的所有权人正确。因涉案78辆斯柯达轿车归大众金融公司所有，故一审解除相关执行案件中采取的强制措施并无不当。遂驳回上诉，维持原判。

案例二

佛山市南海区英秀金属贸易有限公司与平安银行股份有限公司佛山分行、佛山市汇鸿福不锈钢有限公司案外人执行异议之诉纠纷案

［（2013）粤高法民二终字第25号民事判决书］

【裁判要旨】

标的物为种类物，在案外人无法证明标的物是否属约定所有权保留之物时，案外人应承担举证不能的不利后果。同时，若申请执行人已善意取得标的物的抵押权且已依法拍卖标的物，即使案外人对标的物的所有权进行了保留，申请执行人依然得就拍卖所得款优先受偿。

【基本案情】

2010年12月30日，平安银行股份有限公司佛山分行（以下简称平安银行）与佛山市汇鸿福不锈钢有限公司（以下简称汇鸿福公司）签订综合授信额度合同1份，约定平安银行以贷款、票据承兑等方式向汇鸿福公司提供综合授信额度为1亿元的授信。同日，平安银行又与汇鸿福公司签订最高额抵押担保合同1份，约定汇鸿福公司抵押担保的最高金额为1亿元。2010年12月31日，双方在佛山市南海区工商行政管理局办理了动产抵押登记书，其中注明“本抵押是最高额抵押，抵押担保的‘数额’是‘债务本金的最高余额（折合）人民币壹亿元’；抵押物‘不锈钢’为类别名称，具体包括但不限于‘各系列的不锈钢板、不锈钢带钢及不锈钢管’等；抵押物包括抵押人现有的以及将有的抵押物”。此后，平安银行多次与汇鸿福公司签订贷款合同和汇票承兑合同，向汇鸿福公司发放多笔贷款等。2011年12月9日，佛山仲裁委员会受理了平安银行与汇鸿福公司、钟

某裕、钟某福、陈某惠之间的借款合同纠纷。2011 年 12 月 12 日,应平安银行申请,广东省佛山市中级人民法院(以下简称佛山中院)查封了包括 513.831 吨热轧 201 不锈钢卷板在内的抵押物。2011 年 12 月 30 日,佛山仲裁委员会根据平安银行与汇鸿福公司、钟某裕、钟某福、陈某惠在仲裁过程中自愿达成的和解协议,作出(2011)佛仲字第 251 号仲裁裁决书,确认平安银行与汇鸿福公司签订的上述《综合授信额度合同》项下的全部授信于 2011 年 12 月 9 日提前到期;汇鸿福公司于裁决作出之日起 3 日内向平安银行清偿贷款本金 15,423,673.21 元,并按贷款合同约定支付利息(含罚息、复利);汇鸿福公司于裁决作出之日起 3 日内向平安银行支付上述汇票承兑合同项下的应付票款 5,000,000 元;平安银行就裁决确定的上述债权对汇鸿福公司提供抵押的货物享有优先受偿权;钟某裕、钟某福、陈某惠对汇鸿福公司的上述债务承担连带偿还责任。2012 年 3 月 20 日,佛山中院作出(2012)佛中法执字第 41-2 号执行裁定书,裁定对法院查封的上述财产进行拍卖。2012 年 3 月 29 日,佛山市南海区帆高装饰工程有限公司通过公开竞价以 48,500,000 元的成交价竞得上述财产。

由于佛山市南海区英秀金属贸易有限公司(以下简称英秀公司)与汇鸿福公司分别于 2011 年 11 月 4 日、15 日签订购销合同两份,其中约定英秀公司共将约 190.71 吨 201 不锈钢卷板出售给汇鸿福公司,英秀公司收到货款后,方可将货物转到汇鸿福公司名下。2011 年 11 月 7 日、18 日,双方分别签署两份对账单,确认汇鸿福公司实际收到上述不锈钢卷板 191.748 吨,总货款金额为 1,798,871.2 元(已扣质量问题 3560 元)。后英秀公司确认收取货款 400,000 元,剩余款项因汇鸿福公司开出的支票余额不足被退票而一直未能收取。2012 年 2 月 13 日,英秀公司诉至广东省佛山市南海区人民法院(以下简称南海法院),请求确认其对涉案的 19 捆不锈钢卷板享有所有权并有权取回上述价值 1,398,871 元的不锈钢卷板。

南海法院以英秀公司讼争的财产已在法院执行过程中为由,裁定驳回英秀公司的起诉。随后英秀公司向佛山中院提出执行异议,佛山中院于 2012 年 7 月 17 日作出(2012)佛中法执外异字第 14 号执行裁定书,裁定驳回案外人英秀公司的异议。英秀公司于 2012 年 7 月 22 日向佛山中院提起诉讼。

佛山中院(一审)认为,该案的争议焦点为英秀公司能否取回争议的不锈钢卷板或者取得拍卖所得的对应款项。《物权法》(已废止)第 106 条(现《民法典》第 311 条)规定:“无处分权人将不动产或者动产转让给受让人的,所有权人有权追回;除法律另有规定外,符合下列情形的,受让人取得该不动产或者动产的所有权:(一)受让人受让该不动产或者动产时是善意的;(二)以合理的价格转让;(三)转让的不动产或者动产依照法律规定应当登记的已经登记,不需要登记的已经交付给受让人。受让人依照前款规定取得不动产或者动产的所有权的,原所有权人有权向无处分权人请求赔偿损失。当事人善意取得其他物权的,参照前两款规定。"该案中,平安银行与汇鸿福公司签订最高额抵押担保合同,对位于佛山市南海区狮山科技工业园A区汇鸿福公司厂区内的不锈钢设定抵押并在佛山市南海区工商行政管理局办理动产抵押登记书,其中明确约定抵押物"不锈钢"为类别名称,包括汇鸿福公司现有的以及将有的各系列不锈钢板、不锈钢带钢及不锈钢管。根据动产物权以交付为公示方式的规定,虽然英秀公司与汇鸿福公司在购销合同中约定了所有权保留,但平安银行仍有足够的理由相信被汇鸿福公司占有的不锈钢系汇鸿福公司合法所有。由于平安银行还按照授信合同向汇鸿福公司发放了贷款,即支付了合理对价,因此,根据前述法律规定,平安银行善意取得对争议不锈钢的抵押权,其可以对该财产的拍卖款优先受偿。英秀公司要求取回争议的不锈钢带没有法律依据。至于英秀公司请求确认其对型号为201不锈钢卷板、源号为091281等19捆不锈钢的所有权,该法院认为,从现有证据来看,争议标的物并非有固定或者特殊标志的特定物,而是一种普通商品性质的种类物,故无法认定英秀公司出售给汇鸿福公司的201不锈钢卷板就混同在抵押财产中,故综上所述,该院裁令:驳回英秀公司的全部诉讼请求。英秀公司不服一审判决,向广东省高级人民法院(以下简称广东高院)提起上诉。

广东高院(二审)认为,平安银行与汇鸿福公司签订的最高额抵押担保合同是当事人的真实意思表示,且已在佛山市南海区工商行政管理局办理了动产抵押登记书,合法有效,对当事人具有法律约束力。涉案19卷(捆)201不锈钢卷板存放于汇鸿福公司厂区内,汇鸿福公司已明确向平安银行提供上列不锈钢卷板作为抵押物担保其向平安银行的借款,佛山仲裁委员会亦作出(2011)佛仲字第251号仲裁裁决,确认平安银行对汇鸿福公司提供的上列抵押物享有优先受偿权。根据《物权法》第6条(现《民法典》第224条)关于"动产物权的设立和转让,应当依照法律规定交付"的规定,涉案19卷201不锈钢卷板已交付并由汇鸿福公司管理控制,平安银行有理由相信汇鸿福公司对包括上列不锈钢卷板在内的抵押物具有处分权。英秀公司虽与汇鸿福公司在购销合同中就所有权保留事项进行了约定,但该约定并不为合同之外的当事人所知悉,而仅在英秀公司与汇鸿福公司之间具有法律约束力。根据《民法典》第311条的规定,平安银行对涉案19卷201不锈钢卷板享有抵押权,其可就其处置所得价款优先受偿。英秀公司向汇鸿福公司出售的201不锈钢卷板属普通商品性质的种类物,英秀公司亦未能举证证明上列现存的19卷201不锈钢卷板是否属约定所有权保留的未付清货款的201不锈钢卷板,且该201不锈钢卷板已被汇鸿福公司抵押给平安银行,故英秀公司对涉案19卷201不锈钢卷板不享有所有权,遂驳回上诉,维持原判。

案例三

舟山潍柴产品销售服务有限公司、宁波市江北创源船舶物资有限公司案外人执行异议之诉纠纷案

[(2016)浙72民初2499号民事判决书、
(2017)浙民终585号民事判决书、
(2018)最高法民申3732号民事裁定书]

【裁判要旨】

机组设备安装在船舶内部固定位置后,已经与船舶其他部件形成了一个整体。如果拆除案涉机组设备,不仅会产生较大的费用,还将对船舶的整体价值产生重大影响,与经济原则不符,故机组设备的所有权人无权排除执行。

【基本案情】

2011年5月20日至7月4日,舟山潍柴产品销售服务有限公司(以下简称舟山潍柴公司)与宁波中州华海国际贸易有限公司(以下简称华海公司)分别签署《发电机组技术协议》《柴油机供货技术协议》《齿轮箱供货技术协议》,约定华海公司向舟山潍柴公司购买CCFJ90Y-WF应急发电机组和CCFJ200J-WE发电机组各2套、CCFJ350Z-2Z发电机组4套、CW6200ZD柴油机4台、GWC6675船用齿轮箱2台。2011年7月8日,舟山潍柴公司与华海公司签署产品购销合同,约定华海公司向舟山潍柴公司购买两艘11,000吨发电机组设备(详见技术协议),每船设备款为409万元,共计818万元;第7条约定,若华海公司未支付全部货款,设备所有权仍归舟山潍柴公司所有。货款预付20%,发货前支付30%,货物和证书交付1个月后支付30%,余款在调试后2个月内结清,交货日期为2011年11月15日,舟山潍柴公司负责运至华海公司仓库。2012年3月至9月,涉案设备陆续运抵中洲船舶公司。CCFJ90Y-WF应急发电机组和

CCFJ200J－WE发电机组各2套、CCFJ350Z－2Z发电机组4套、CW6200ZD柴油机4台分别安装在“兴航21”和“兴航22”轮，1台GWC6675船用齿轮箱安放在“兴航22”轮旁边，未起吊上船安装。截至2013年12月30日，华海公司支付舟山潍柴公司涉案设备款项430万元，余款至今未付。

2016年3月7日，宁波海事法院在执行宁波市江北创源船舶物资有限公司（以下简称创源公司）与台州中洲船舶制造有限公司（以下简称中洲船舶公司）、华海公司、章道华船舶物料和备品供应合同纠纷一案中，作出（2016）浙72执113号裁定，扣押中洲船舶公司所有的“兴航21”轮和“兴航22”轮在建船舶。同年3月24日，宁波海事法院裁定拍卖上述两船。2016年9月12日，舟山潍柴公司提出执行异议被裁定驳回，遂提起案外人执行异议之诉。

一审法院认为，舟山潍柴公司与华海公司签署的《产品购销合同》和《供货技术协议》系双方真实意思表示，合法有效。舟山潍柴公司依约交付船舶设备后，有权要求华海公司支付相应货款。根据涉案产品购销合同第7条约定，华海公司未支付全部价款，产品所有权仍归舟山潍柴公司所有。经查明，华海公司共支付舟山潍柴公司货款430万元，未达到总价款75%，不违反2012年《最高人民法院关于审理买卖合同纠纷案件适用法律问题的解释》第36条（现《最高人民法院关于审理买卖合同纠纷案件适用法律问题的解释》第26条）“买受人已经支付标的物总价款的百分之七十五以上，出卖人主张取回标的物的，人民法院不予支持”的规定，故该所有权保留条款有效；但涉案发电机组和柴油机均已安装在中洲船舶公司所有的“兴航21”轮和“兴航22”轮，构成两船重要组成部分，构成民法添附理论中的附合，如取回上述船舶设备将对船舶价值产生重大影响，故舟山潍柴公司对其主张取回权于法无据，不予支持。如舟山潍柴公司认为华海公司或中洲船舶公司侵犯其财产权利，可另行解决。1台GWC6675齿轮箱虽由中洲船舶公司占有，但尚未起吊上船安装，未构成船舶组成部分，故舟山潍柴公司有权予以取回。综上所述，舟山潍柴公司诉请部分有理，予以保护。一审判决：（1）确认停放在中洲船舶公司场地的1台型号为GWC6675齿轮箱为舟山潍柴公司所有，（2016）浙72执113号案件不得执行；（2）驳回舟山潍柴公司的其他诉讼请求。舟山潍柴公司不服该判决，提起上诉。

二审法院认为，本案争议焦点是上诉人舟山潍柴公司对涉案CCFJ90Y－WF应急发电机组、CCFJ200J－WE发电机组、CCFJ350Z－2Z发电机组及CW6200ZD柴油机是否享有足以排除执行的民事权益。上诉人舟山潍柴公司与华海公司签订的涉案产品购销合同第7条有关华海公司未支付全部价款，产品所有权仍归舟山潍柴公司所有的约定,系双方真实意思表示,且华海公司已支付款项尚未达到总价款的75%,故一审认定涉案产品购销合同上述所有权保留条款有效正确。但从现场察看的情况来看,"兴航21"和"兴航22"轮建造进度已过大半,涉案发电机组和柴油机也已安装在"兴航21"和"兴航22"轮的固定位置,应视为一个整体存在;若强行拆除涉案发电机组和柴油机,即使技术上可行,不仅需花费不菲的费用,还将对船舶整体价值产生重大影响,不符合经济原则。一审据此认定上述发电机组和柴油机已经构成两船重要组成部分,对舟山潍柴公司主张取回权不予支持,并无不当。判决驳回上诉,维持原判。舟山潍柴公司不服该二审判决,申请再审。最高人民法院经审理裁定驳回舟山潍柴公司的再审申请。

【要点评析】

结合前述三则案例,法院裁判争议的焦点主要在:

(一)案外人与被执行人是否可以在合同中约定了符合所有权保留条款

在(2014)济民四终字第72号案中,涉及案件的三方协议,即经销商融资协议、补充协议及其附件。上述协议中包含两个法律关系:一是大众金融公司与东岳顺驰公司之间的融资借贷合同关系;二是案外人上汽大众公司与东岳顺驰公司之间的车辆买卖合同关系。但由于东岳顺驰公司至合同解除前尚未按合同约定向大众金融公司偿还诉争的78辆斯柯达轿车的贷款,依合同约定此诉争的78辆轿车所有权应归案外人上汽大众公司所有。同时,根据三方协议,在东岳顺驰公司发生不能履行合同义务或履行义务不符合约定时,由大众金融公司决定终止或解除贷款合同,同时案外人上汽大众公司将所有权保留约定取得的全部权利授予大众金融公司。因东岳顺驰公司未按合同约定将融资车辆存放在指定地点,且已届偿还期的借款本金也未偿还,发生了约定的大众金融公司可行使解除权的条件,故大众金融公司向东岳顺驰公司发函终止了上述贷款合同。至此,三方协议中关于案外人上汽大众公司将基于所有权保留取得的全部权利已转让给大众金融公司。在签订该三方协议时,东岳顺驰公司对此权利的转让也是明知的,故大众金融公司已依上述约定成为本案涉诉78辆斯柯达轿车的所有权人。

(二)约定保留所有权的标的物是否为可与其他财产相互独立、易于区分、不发生混同或有固定或者特殊标志的特定物

标的物为种类物,在案外人无法证明标的物是否属约定所有权保留之物时,案外人应承担举证不能的不利后果。在(2013)粤高法民二终字第25号案

中，平安银行与汇鸿福公司签订了综合授信额度合同，约定平安银行以贷款、票据承兑等方式向汇鸿福公司提供综合授信额度为1亿元的授信。同时，平安银行又与汇鸿福公司签订最高额抵押担保合同，并在佛山市南海区工商行政管理局办理了动产抵押登记书，其中注明不锈钢为抵押物类别名称，具体包括但不限于各系列的不锈钢板、不锈钢带钢及不锈钢管等。而英秀公司请求确认其对型号为201不锈钢卷板、源号为091281等19捆不锈钢的所有权，但从现有证据来看，争议标的物并非有固定或者特殊标志的特定物，而是一种普通商品性质的种类物，故无法认定英秀公司出售给汇鸿福公司的201不锈钢卷板就混同在抵押财产中。

（三）买受人是否已支付货款的75%

根据现行法律规定，当事人可以合同的方式约定所有权保留条款，其性质属于附停止条件的所有权转移，当所附条件成就时，所有权发生转移，而在条件未成就前，所有权属于出卖人所有。在（2018）最高法民申3732号案中，华海公司共支付货款430万元，未达到总价款75%，不违反《最高人民法院关于审理买卖合同纠纷案件适用法律问题的解释》第26条的规定，并基于此就中洲船舶公司占有但尚未安装的1台GWC6675齿轮箱，舟山潍柴公司有权取回。

（四）出卖人行使取回权是否严重影响财产整体价值

案外人执行异议之诉审查的核心在于案外人对执行标的是否享有足以排除强制执行的民事权益。但当执行标的物已添附到其他财产上，案外人对执行标的物主张取回权将严重影响财产整体价值，从经济效益原则出发，一般对案外人请求排除执行的请求不予支持。在（2018）最高法民申3732号案中，法院认为所有权保留条款有效，但是因为拆除已安装在“兴航21”和“兴航22”轮的固定位置的发电机组和柴油机将产生大量费用，并严重影响船舶的整体价值，进而没有支持华海公司对该部分已构成添附的设备的请求排除执行的诉讼请求。

戴某虎与马某道案外人执行异议之诉纠纷案

[(2020)苏0506民初7894号民事判决书]

【裁判要旨】

案外人购买的被执行人保留所有权的财产,买受人已支付大部分价款且剩余价款已交付至执行法院的情况下,案外人就该财产享有足以排除强制执行的民事权益。

【基本案情】

申请执行人马某道与被执行人蔡某、倪某民间借贷纠纷执行案,法院于2020年7月1日,查封了登记在蔡某名下小型汽车1辆。戴某虎提出执行异议。

经审理查明,2020年5月29日,蔡某(出卖方)与戴某虎(买进方)签订《汽车交易合同书》1份,主要内容为蔡某名下案涉汽车出售给戴某虎,车价为355,000元,买进方预付定金130,000元,过户费由买进方承担。买进方付清该车的约定车款后提车,产权归买进方所有。卖出方必须在交车前提供给买进方属该车的一切有效证件(行驶证、运输营运证、登记证书、保单、附加费证)并必须保证提供此次过户手续及资料,使此次合法正常过户、产权变更。双方约定该车车贷由买进方代为归还,约定交车前所有违章及所有违法行为由卖出方负责。截至2020年6月1日,戴某虎向蔡某累计支付价款328,100元。审理中,戴某虎表示愿意支付剩余车款27,000元,并在指定期间内交付至法院。

法院认为,首先,原告戴某虎与蔡某于2020年5月29日签订案涉车辆买卖合同合法有效,订立时间在车辆被查封时间即2020年7月1日前;其次,综合原告发布朋友圈的时间、文字内容、所附图片,预录入系统截图、蔡某持身份证、车辆转让确认书的照片等证据并结合二手车交易习惯,在被告马某道没有提供相反证据的情况下,案涉车辆于被查封之前已交付给原告,具有高度盖然性,本院应予认定;最后,原告按约支付定金、涤除抵押权,已支付大部分车款,诉讼中原告在指定时间内向本院交付尾款27,000元。被告又认为,根据车辆交易合同书的约定,支付完毕车款后所有权才转移。本院认为,被执行人将其财产出卖给第三人,第三人已经支付部分价款并实际占有该财产,但根据合同约定被执行人保留所有权的,人民法院可以查封、扣押、冻结;第三人要求继续履行合同的,向人民法院交付全部余款后,裁定解除查封、扣押、冻结。本案中,无证据表明合同的条款已变更为交付车辆后即取得所有权,故案涉车辆买卖合同系所有权保留合同，原告已支付大部分车款，并在指定期间内向本院交付剩余车款，故不因此否定原告对案涉车辆享有排除强制执行的民事权益。被告亦认为，原告与蔡某、倪某存在恶意串通、转移财产的情形。本院认为，原告曾确与倪某存在借贷关系，但案涉车辆的买卖整个过程中，车辆价格合理、款项支付有相关凭证印证，在被告未提出相应的证据的前提下，难免存在恶意串通、转移财产的情况。综上，原告就案涉车辆享有足以排除强制执行的民事权益。

【要点评析】

本案是一则所有权保留买卖合同中买受人提起执行异议之诉案件。根据《查扣冻规定》，被执行人将其财产出卖给第三人，第三人已经支付部分价款并实际占有该财产，但根据合同约定被执行人保留所有权的，人民法院可以查封、扣押、冻结；第三人要求继续履行合同的，向人民法院交付全部余款后，裁定解除查封、扣押、冻结。从买受人请求排除执行的裁判规则上来看，本案所有权保留合同关系中，原告已支付大部分车款，并在指定期间内向法院交付剩余车款，根据《查扣冻规定》，原告对案涉车辆享有排除强制执行的民事权益。从执行标的所有权的认定上来看，在所有权保留买卖关系中，原告按约支付定金、涤除抵押权并已支付大部分车款，诉讼中买受人在指定时间内向法院交付尾款，在案涉车辆已被认定交付以及剩余车款已交至法院的情况下，能够认定案涉车辆所有权归买受人所有，进而有权排除执行。

第十五章　基于非典型担保的异议之诉

第一节　基于有追索权保理的异议之诉

保理合同是应收账款债权人将现有的或者将有的应收账款转让给保理人，保理人提供资金融通、应收账款管理或者催收、应收账款债务人付款担保等服务的合同。《民法典》将保理合同纳入动产和权利担保体系，作为一种全新的典型合同类型，首次在我国现行法律层面予以确认。

法律依据

《民法典》第766条　当事人约定有追索权保理的，保理人可以向应收账款债权人主张返还保理融资款本息或者回购应收账款债权，也可以向应收账款债务人主张应收账款债权。保理人向应收账款债务人主张应收账款债权，在扣除保理融资款本息和相关费用后有剩余的，剩余部分应当返还给应收账款债权人。

《民法典》第767条　当事人约定无追索权保理的，保理人应当向应收账款债务人主张应收账款债权，保理人取得超过保理融资款本息和相关费用的部分，无需向应收账款债权人返还。

一、制度阐释

（一）保理概述

保理合同是应收账款债权人将现有的或者将有的应收账款转让给保理人，保理人提供资金融通、应收账款管理或者催收、应收账款债务人付款担保等服务的合同。[①] 参照《商业银行保理业务管理暂行办法》，按保理人能否向应收账款债权人进行追索，保理又可分为无追索权保理和有追索权保理。

无追索权保理也称买断型保理，是指保理人向应收账款债权人支付价款并受

---

① 参见《民法典》第761条。

让应收账款后，自行承担债务人的信用风险，即有权就全部应收账款受偿，但无权向债权人主张返还保理融资款或回购应收账款。其性质属于“债权买卖”。

有追索权保理又称回购型保理，是指保理人除收取应收账款外，还有权向应收账款债权人主张返还保理融资款或回购应收账款债权。其业态主要有两种表现形式：一是当债务人履行不能时，保理人有权将应收账款再次转回给应收账款债权人；二是通过保理合同的约定为债权人设定归还保理融资款及相应利息的义务，当应收账款不能按时收回时，保理人有权向债权人追索，要求债权人偿还保理人相应的保理融资款及利息、费用等。但对于有追索权保理的法律性质尚未形成统一认识。

（二）有追索权保理的法律性质

关于有追索权保理的法律性质，学理上出现过“债权质押说”“间接给付说”“让与担保说”“附条件的债权让与说”等。

“债权质押说”认为，债权人将其对债务人的应收账款债权质押给保理人获得保理融资款，当债权人无法向保理人偿还本息时，保理人对该应收账款债权享有优先受偿的权利。该种学说强调应收账款债权对保理融资的担保功能，保理人只能作为质权人对应收账款债权优先受偿，而非作为债权受让人直接向债务人主张应收账款债权。但我国《民法典》第 761 条规定保理业务将应收账款让与给保理人，《商业银行保理业务管理暂行办法》第 6 条第 4 款亦明确否定债权质押。虽该种学说曾出现在我国早期的审判实务中，但与我国现行法律规定不符，已成为过时理论。

“间接给付说”认为，债权人与保理人签订的保理合同并非债权让与，而是具有担保债务履行的间接给付契约，[①]将担保功能和清偿功能纳入其中，其性质属于新债清偿。该种学说项下，保理融资债权被视为“旧债”，债权人让与的对债务人的债权则视为“新债”，但是在有追索权保理法律关系中，保理人并不负有先行请求债务人履行的义务，其有权选择向谁主张，并不存在“新债”“旧债”之分，因此，虽然在实务中有不少代表性判决，但在法理上却缺乏支撑。

“让与担保说”认为，债权人将其对债务人的债权让与给保理人，以担保其对保理人的债务，当债权人清偿时，保理人受让的应收账款归还于债权人；当债权人不清偿时，保理人有权就其所受让的应收账款在债权人欠付的保理融资款本息范围

---

① 最高人民法院民事判决书，（2017）最高法民再 164 号；最高人民法院民事裁定书，（2019）最高法民申 1518 号。

内优先受偿权。该学说将应收账款视为债权人偿还融资款的担保,在此学说下,由于应收账款的转让并非为了清偿,因此保理人可以直接请求债务人偿还融资款,也可以请求债权人清偿或履行回购义务,此时保理人的权利行使没有先后顺位之分。

"附条件的债权让与说"认为,保理业务主要的法律关系是基础交易项下的应收账款转让,虽然一般情况下的债权让与债权人不需要为债务人的履约进行担保,但有追索权保理中"当债务人不向保理人履行应收账款债务时,保理人向债权人主张受偿"是通过特别约定的形式增设担保,也有学者称之为"附担保条件的债权让与"。该学说在实践中得到许多法院的认可,依照该学说,债权转让后,保理人享有全部应收账款的债权,因此在向债务人主张应收账款后无须向债权人返还,但与《民法典》第766条规定的"剩余部分应当返还给应收账款债权人"不符。

从我国立法赋予来看,有追索权保理合同被统一纳入"具有担保功能合同"的制度体系。虽然有上述学说观点争鸣,但从《民法典》第十六章关于保理合同的规定①来看,保理合同的本质就是应收账款的债权转让毋庸置疑。基于债权转让产生的权利也是债权,而债权具有平等性,不具有优先性,那么,执行中基于保理合同产生的权利能否排除法院的强制执行呢?从现有的司法判例来看,多数法院认为,保理合同产生的权利性质为债权,不具有优先性,不能够排除法院的强制执行,但是也有法院认为,经过特定化的债权能够确定其实际权利人,进而可以排除执行。

二、操作指引

实践中,执行被执行人的应收账款时,法院根据申请执行人提供的线索,向应收账款的付款义务人(次债务人)送达民事裁定书及协助执行通知书,但随着经济的发展,有些被执行人的应收账款可能早于法院查封之前就作为保理合同标的物进行了债权转让。那么,在现在的保理制度下,尤其是在中国人民银行发布的《动产和权利担保统一登记办法》施行后,如何保障保理人的权利呢?《动产和权利担保统一登记办法》将保理纳入动产和权利担保统一登记范围,通过统一登记系统办理。但需要注意的是,作为动产和权利担保的登记机构的征信中心,并不对登记内容进行实质审查。在征信中心进行登记,也仅为备案,并非物权生效要件。因此,在征信中心备案的应收账款或保理产生的权利,并非物权。《异议复议规定》第25条第1款规定,"对案外人的异议,人民法院应当按照下列标准判断其是否系权利人:……(三)银行存款和存管在金融机构的有价证券,按照金融机构和登记结算机

① 《民法典》第761条规定,保理合同是应收账款债权人将现有的或者将有的应收账款转让给保理人,保理人提供资金融通、应收账款管理或者催收、应收账款债务人付款担保等服务的合同。《民法典》第769条规定,本章没有规定的,适用本编第六章债权转让的有关规定。

构登记的账户名称判断；有价证券由具备合法经营资质的托管机构名义持有的，按照该机构登记的实际出资人账户名称判断；……（五）其他财产和权利，有登记的，按照登记机构的登记判断；无登记的，按照合同等证明财产权属或者权利人的证据判断”。而《异议复议规定》明确规定了有价证券可以依据登记判断权利人，那么，第一，在法院查封之前已进行备案登记的保理，能够证明存在债权转让的事实；第二，法院的查封行为发生在登记期间内，能够证明保理人并未失权。对于同时满足前述两个要点的保理人，足以证明其为保理权利人，应当赋予其阻却执行的权利。

审判前沿

深圳前海中东商业保理有限公司诉杨某某、吉林省弗迪奈仕生物环保科技有限公司执行异议之诉纠纷案

［（2021）吉01民终4号民事判决书］

【裁判要旨】

1. 法院判断保理人能否排除执行的关键在于保理人能否举证证明保理经过特定化处理。

2. 登记期间对权利的影响，如果查封时登记期间到期，但保理人并未及时续登记的，且保理人收到的款项金额大于保理人向保理相对人提供的金额的，即使保理人主张保理权利未完全实现，则亦不能排除法院强制执行。

【基本案情】

在申请执行人杨某某与被执行人吉林省弗迪奈仕生物环保科技有限公司（以下简称弗迪奈仕公司）借款合同纠纷执行案中，执行法院于2017年12月6日向青岛润泰事业有限公司沈阳分公司（大润发总公司）下达的（2017）吉0106执1331号协助执行通知书载明：协助将我院于2017年3月1日向你单位送达的（2017）吉0106执67、68号协助执行通知书查封的、你单位应支付给弗迪奈仕公司的款项530,000.00元，于3日内扣划至我院账户。案外人深圳前海中东商业保理有限公司（以下简称深圳前海公司）提出执行异议申请后，执行法院于2018年5月14日作出（2018）吉0106执异23号执行裁定书，驳回案外人深圳前海公司的异议申请。案外人深圳前海公司对该裁定不服，在收到该执行裁定书后15日内提起诉讼。

2015年10月28日，甲方（卖方）弗迪奈仕公司与乙方（保理商）深圳前海公

司签订保理业务合同,约定乙方在受让甲方应收账款的基础上,乙方向甲方提供应收账款管理和保理融资款服务。

2015年10月28日,甲方(出让人)弗迪奈仕公司与乙方(受让人)深圳前海公司签订应收账款转让协议,约定弗迪奈仕公司将其对长春欧亚超市连锁经营有限公司、长春欧亚集团股份有限公司欧亚商都、长春欧亚卖场有限责任公司、青岛润泰事业有限公司沈阳分公司、吉林阿满食品有限公司、长春中之杰食品有限公司应收账款,自2015年8月1日起至2016年10月27日止产生的所有应收账款转让给深圳前海公司,并于2015年10月29日在中国人民银行征信中心动产权属统一登记初始登记,登记期限1年,登记到期日2016年10月28日。

2015年10月28日,弗迪奈仕公司向青岛润泰事业有限公司沈阳分公司出具应收账款转让通知函。2015年11月11日,青岛润泰事业有限公司沈阳分公司在该通知函上予以确认。

2015年10月28日,甲方(卖方)弗迪奈仕公司与乙方(保理商)深圳前海公司签订的保理条款同意书中载明:青岛润泰事业有限公司沈阳分公司买方额度为400,000.00元。

2016年6月3日,甲方(卖方)弗迪奈仕公司与乙方(保理商)深圳前海公司签订的《保理条款同意书变更协议》中载明:青岛润泰事业有限公司沈阳分公司买方额度为1,300,000.00元。

弗迪奈仕公司分别于2016年6月3日向深圳前海公司单方出具融资申请清单编号为RZ2015-002-069合计金额869,400.00元;于2016年6月23日向深圳前海公司单方出具融资申请清单编号为RZ2015-002-072合计金额223,734.00元;于2016年8月12日向深圳前海公司单方出具融资申请清单编号为RZ2015-002-083合计金额247,800.00元;于2016年9月5日向深圳前海公司单方出具融资申请清单编号为RZ2015-002-088合计金额247,800.00元,上述转让应收账款款项金额共计1,588,734.00元,买方名称均系青岛润泰事业有限公司沈阳分公司,弗迪奈仕公司向深圳前海公司申请融资的金额共计1,110,000.00元。深圳前海公司已经收到青岛润泰事业有限公司回款共计金额为2,035,399.55元。

【要点评析】

执行异议之诉案件审理的关键即权利人的权利能否排除法院的强制执行。具体到本案即为保理合同产生的权利能否排除法院强制执行。通过庭审,深圳前海公司提供的现有证据仅能证明其有过登记行为,但是在法院查封时,该登记已经过了登记期间，且深圳前海公司作为保理人向保理合同相对人提供的融资款已经远远小于保理合同相对人向其偿还的款项。因此，依据现有证据及相关法律规定，深圳前海公司无法证明其为保理权利人，无法证明其对诉争的保理在法院查封时已经被特定化，深圳前海公司的主张不足以排除强制执行，故驳回深圳前海公司的诉讼请求。

第二节 融资租赁出租人提起的异议之诉

融资租赁是集买卖、租赁、借款于一体的混合交易，通过“融物”的方式达到“融资”目的。虽在形式上出租人仍保有标的物的所有权，但该种交易模式的真实目的在于担保租金债权的清偿，仍然属于信用授受的一种方式。[①] 融资租赁交易中，出租人虽在形式上享有对租赁物的所有权，但其实质上并不具有所有权的权能，该“所有权”指向担保租金债权的实现。融资租赁合同履行中，当租赁物被法院查封、扣押、司法处置时，出租人对租赁物享有的所有权、承租人享有的租赁权可能因此受到损害，此时出租人、承租人能否提起执行异议、其享有的权利是否足以排除执行，也成为司法实践中一大关注热点。

法律依据

《民法典》第735条 融资租赁合同是出租人根据承租人对出卖人、租赁物的选择，向出卖人购买租赁物，提供给承租人使用，承租人支付租金的合同。

《民法典》第745条 出租人对租赁物享有的所有权，未经登记，不得对抗善意第三人。

《担保制度解释》第67条 在所有权保留买卖、融资租赁等合同中，出卖人、出租人的所有权未经登记不得对抗的“善意第三人”的范围及其效力，参照本解释第五十四条的规定处理。

《最高人民法院关于审理融资租赁合同纠纷案件适用法律问题的解释》第10条 出租人既请求承租人支付合同约定的全部未付租金又请求解除融资租赁合同的，人民法院应告知其依照民法典第七百五十二条的规定作出选择。

出租人请求承租人支付合同约定的全部未付租金，人民法院判决后承租人未

---

① 参见高圣平：《民法典上融资租赁交易的担保功能》，载《政法论坛》2023年第5期。

予履行,出租人再行起诉请求解除融资租赁合同、收回租赁物的,人民法院应予受理。

一、制度阐释

融资租赁合同是出租人根据承租人对出卖人、租赁物的选择,向出卖人购买租赁物,提供给承租人使用,承租人支付租金的合同。从比较法来看,德国的学说认为融资租赁实际上是在所有权保留前提下的分期付款买卖,因而融资租赁中的出租人可以与所有权保留买卖中的出卖人一样提起第三人异议之诉,请求排除强制执行。日本的通说也认为,鉴于融资租赁合同基本上不会约定由承租人享有租赁物的所有权,因此出租人可以以其对租赁物享有所有权为由,提起第三人异议之诉,请求排除强制执行。[①]

从我国融资租赁制度体系来看,《民法典》实施后,非典型担保发生较大的制度变革,融资租赁一方面被纳入合同编下,另一方面又通过动产和权利担保统一登记[②]等突出其担保功能,赋予融资租赁中的出租人以功能化的所有权。具体来说,《民法典》和《担保制度解释》将融资租赁作为一种担保交易。此时,出租人对租赁物享有的所有权已经"功能化"为担保权,用于担保出租人提供的融资,而非《民法典》物权编意义上具有完整权能的所有权。[③] 既然在融资租赁法律关系中,出租人对租赁物享有的所有权,实质上是一种具有担保物权属性的合同性权益,那么就应遵循"登记对抗"主义,出租人对租赁物享有的所有权已经登记的,则具备了担保物权的担保功能,并且出租人取得租赁物的所有权;未经登记的,出租人的所有权不得对抗《担保制度解释》第 54 条规定的第三人。

二、操作指引

(一)出租人能否对登记在承租人名下的租赁物请求排除执行

关于融资租赁期间,执行法院根据承租人债权人的申请,对租赁物采取执行措施,出租人能否请求排除执行的问题。《民法典》第 745 条规定:"出租人对租赁物享有的所有权,未经登记,不得对抗善意第三人。"通过登记所有权的形式赋予了融

---

① 刘颖:《民事执行中案外担保权人的救济路径》,载《环球法律评论》2022 年第 5 期。

② 国务院颁布的《关于实施动产和权利担保统一登记的决定》规定,自 2021 年 1 月 1 日起,在全国范围内实施动产和权利担保统一登记,并将融资租赁交易纳入登记范围。2021 年 12 月,中国人民银行发布《动产和权利担保统一登记办法》,进一步规范动产和权利担保统一登记。

③ 最高人民法院民事审判第二庭:《最高人民法院民法典担保制度司法解释理解与适用》,人民法院出版社 2021 年版,第 560 页。

资租赁法律关系中出租人对租赁物合同性担保权益，类似于动产抵押权[①]，该项权利融合了合同性债权、担保物权、所有权的部分功能，属于多项权利的复合体。出租人对租赁物享有的所有权如未经登记，不得对抗善意第三人。《担保制度解释》第54条对未办理登记的动产抵押权的效力作出规定：(1)抵押人转让抵押财产，受让人占有抵押财产后，抵押权人向受让人请求行使抵押权的，人民法院不予支持，但是抵押权人能够举证证明受让人知道或者应当知道已经订立抵押合同的除外；(2)抵押人将抵押财产出租给他人并移转占有，抵押权人行使抵押权的，租赁关系不受影响，但是抵押权人能够举证证明承租人知道或者应当知道已经订立抵押合同的除外；(3)抵押人的其他债权人向人民法院申请保全或者执行抵押财产，人民法院已经作出财产保全裁定或者采取执行措施，抵押权人主张对抵押财产优先受偿的，人民法院不予支持；(4)抵押人破产，抵押权人主张对抵押财产优先受偿的，人民法院不予支持。参照该规定，未经登记的出租人，除不得对抗租赁物受让人外，还不得对抗善意承租人，查封或扣押债权人，参与分配债权人、破产债权人。

(二)出租人在已选择要求承租人支付剩余全部租金的情形下，是否还有权排除强制执行

有法院认为，根据《民法典》第752条和《最高人民法院关于审理融资租赁合同纠纷案件适用法律问题的解释》第10条的规定，出租人享有两种救济措施：(1)请求支付全部剩余租金；(2)解除合同，收回租赁物。但是，出租人在请求支付剩余租金的权利与行使取回权两者之间只能择一行使，如果出租人已经选择请求支付剩余租金，那么其不能再主张租赁物归其所有，不能排除强制执行。否则出租人将得到双重利益，有失公平；即使出租人要行使取回权，也应当通过另案起诉的途径予以解决，出租人在没有解除租赁合同、收回租赁物的前提下，其提出执行异议之诉的基础权利就不存在，因而不能排除强制执行。

但实践中，多数法院认为，出租人主张取回租赁物和主张支付剩余租金，分别是基于物权和债权的不同主张，即使出租人已选择请求支付剩余租金，但在未得到清偿前，租赁物的所有权并未转移，出租人仍有权排除强制执行。融资租赁的性质为非典型担保，出租人用保留所有权形式担保其债权的实现，即在出租人债权实现前，出租人一直享有租赁物的所有权。而出租人是选择采用对租赁物拍卖、变卖价款优先受偿，还是选择取回租赁物仅是出租人选择采用的担保物权的实现方式，均不影响在债务清偿前，出租人是所有权人的事实。因此，出租人作为租赁物的所有

---

① 参见杨代雄主编：《袖珍民法典评注》，中国民主法制出版社2022年版，第707页。

权人,有权排除承租人的债权人对租赁物的强制执行。①

审判前沿

石嘴山市艺通源煤业有限公司、李某再审审查与审判监督案

[(2018)最高法民申6146号民事裁定书]

【裁判要旨】

涉及机器设备的融资租赁交易中,出租人委托承租人以承租人名义购买租赁物,权属登记在承租人名下。根据动产物权变动的一般规则,应认定承租人为融资租赁物的所有权人,融资租赁交易中的出租人无权以享有抵押权和内部约定为由排除强制执行。

【基本案情】

宁夏回族自治区石嘴山市中级人民法院(以下简称石嘴山中院)依据已生效的(2014)石仲裁字35号民事裁决书,将停放在被执行人众力厚德公司院内的三辆挖掘机、两辆洒水车和一辆拖拉机予以查封。后艺通源公司向石嘴山中院提出执行异议,认为其系案涉查封财产的所有权人,享有足以排除法院强制执行的民事权益,石嘴山中院经审查后,认为艺通源公司的执行异议不能成立,予以驳回。艺通源公司不服,提起本案诉讼。经查,原审诉讼中,因艺通源公司提供的证据无法证明其系案涉查封车辆的所有权人,故一审、二审判决认定其对查封标的物不享有排除强制执行的民事权益,最终未支持其诉讼请求。艺通源公司将其2010年办理抵押公证时向公证处提交的资料中所包含的两份产品合格证作为新证据向再审法院提交,欲证明石嘴山中院所查封的整机编号为DAC800K5N9SAU1108、DAC800K5N9SAU1106的两台挖掘机与公证书及所附抵押物清单中载明的编号为6WGI-611961号、6WGI-612045号的两台挖掘机整机编号相对应,系同一标的物,由此证明其对上述两台机械享有所有权。

再审法院认为,首先,上述两份产品合格证在2010年艺通源公司办理抵押公证时就已持有并向公证机关出具,但其在本案一审、二审诉讼中无正当理由未予提交,现在再审审查中作为新证据提交,不符合《民事诉讼法》及相关司法解释规定关于再审新证据的形式要件,不作为新证据予以采纳。其次,即便该

① 四川省宜宾市中级人民法院民事判决书,(2021)川15民终210号。

证据能够证明6WGI－611961号、6WGI－612045号挖掘机即为案涉查封的车辆，根据艺通源公司在原审中所提交的公证材料、《关于GPS服务费续费的通知》等证据显示，案涉上述两台挖掘机系由魏某东购买，在无其他相反证据证明的情况下，应认定魏某东为上述设备的权利人。艺通源公司虽以上述两台挖掘机作为抵押物为魏某东购买上述设备的借款提供抵押担保，但不能据此直接证明该两辆挖掘机即属艺通源公司所有，而应根据车辆购置及产权登记的相关材料予以判断，故该证据亦不足以证明艺通源公司对案涉两台挖掘机享有排除强制执行的民事权益，即艺通源公司所提交的两份产品合格证不足以推翻原判决，其再审申请理由不能成立，不予支持。

【要点评析】

关于出租人能否对抗承租人、挂靠单位的一般债权人的问题，最高人民法院在《对十三届全国人大四次会议第9022号建议的答复》中认为："……二是承租人的债权人对承租人名下的租赁物申请强制执行，出租人以其系真实所有权人或者抵押权人为由向人民法院提出执行异议。实践中，出租人通常会通过办理抵押登记方式对租赁物设定抵押权。如果对租赁物办理了融资租赁（抵押）登记的，是能够对抗保全、执行措施的……"按照最新观点，在特殊动产登记在承租人或挂靠单位名下的，出租人为了保障其权益而作为抵押权人进行权属登记的，出租人能够以其已进行了抵押登记，能够对抗一般债权人的强制执行。

第三节　融资租赁承租人提起的异议之诉

法律依据

《查扣冻规定》第13条　对第三人为被执行人的利益占有的被执行人的财产，人民法院可以查封、扣押、冻结；该财产被指定给第三人继续保管的，第三人不得将其交付给被执行人。

对第三人为自己的利益依法占有的被执行人的财产，人民法院可以查封、扣押、冻结，第三人可以继续占有和使用该财产，但不得将其交付给被执行人。

第三人无偿借用被执行人的财产的，不受前款规定的限制。

《异议复议规定》第31条　承租人请求在租赁期内阻止向受让人移交占有被执行的不动产，在人民法院查封之前已签订合法有效的书面租赁合同并占有使用该不动产的，人民法院应予支持。

承租人与被执行人恶意串通,以明显不合理的低价承租被执行的不动产或者伪造交付租金证据的,对其提出的阻止移交占有的请求,人民法院不予支持。

一、制度阐释

融资租赁中承租人的权利相较于一般租赁具有一定的特殊性。融资租赁通常有以下基本特点:出租人按照承租人对出卖人、租赁物的选择购买租赁物;租赁期限一般较长,有的甚至覆盖了租赁物的使用寿命;租金按照租赁物全部或大部分成本和出租人的合理利润进行确定;租赁期满后,租赁物可归承租人所有。因此,在融资租赁业务中,租赁物在经济实质上一般被视为承租人的财产。尤其是《民法典》《担保制度解释》从法律属性上将融资租赁合同认定为具有担保功能的合同,出租人享有的所有权具有担保功能,租赁物的实际所有权人则被认定为是承租人。

除前述关于所有权的认定外,实践中也有法院基于融资租赁合同履行以承租人取得租赁物的所有权为最终目的,认为融资租赁法律关系中承租人对租赁物享有物权期待权,进而认定该权利足以对抗就执行标的仅享有一般金钱债权的申请执行人。①

二、操作指引

在执行程序中,人民法院往往以具有被执行人权利外观的财产作为执行客体,但在融资租赁交易中,出租人仍为租赁物的所有人,很多租赁物登记仍登记在出租人名下,承租人对租赁物不具有权利外观。除此之外,实践中车辆、船舶等的融资租赁业务,如果承租人自身没有运输、运营资格,那么特殊动产必须挂靠在有相关资质的单位,此时,租赁物则登记在挂靠单位的名下,也会发生登记权利人与实际权利人不一致的情况。

承租人既然并非所有权人,那么其是否有权提起执行异议,是不是案外人异议之诉的适格当事人呢?我们认为,案外人执行异议的适格原告应当是对执行标的享有足以阻止其转让、交付的实体权利。该实体权利应当包括:(1)所有权,包括国家所有权、集体所有权、自然人和法人所有权,以及基于共有关系所产生的权利;(2)用益物权,包括土地承包经营权、建设用地使用权和宅基地使用权;(3)部分担保物权,如质权、留置权;(4)租赁权,在执行中不涤除该权利的除外;(5)法律规定的其他权利。② 也即,如果执行标的的执行涤除了租赁权,那么融资租赁的承租人

① 浙江省衢州市中级人民法院民事判决书,(2018)浙08民终1182号。

② 浙江省台州市中级人民法院执行裁定书,(2014)浙台执异终字第30号。

享有提起案外人异议之诉的主体资格。此外,由于融资租赁合同往往约定租赁期满后的租赁物所有权归属于承租人所有,所以当租赁物被其他申请执行人申请查封、扣押、拍卖时,有的承租人也可能以其是租赁物所有权人为由提出执行异议。

人民法院在审查承租人提起的执行异议时,通常并不直接按照出租人享有担保物权但承租人为实质所有权人的逻辑进行认定,而是一般会以租金是否清偿完毕作为认定承租人是否为所有权人的标准,并进而判断承租人能否排除强制执行。(1)如果融资租赁的承租人已按合同约定支付完毕租赁租金,且实际占有及使用租赁物的,可以认定承租人取得租赁物的实际所有权,无论租赁物是否进行了变更登记,承租人作为租赁物的实际所有权人都有权请求排除强制执行。(2)如果融资租赁的承租人在租赁合同项下的租金支付义务尚未履行完毕,租赁物登记在出租人名下并作为出租人的财产被采取执行措施的,承租人无权排除对租赁物的强制执行。这是因为,只有在承租人按约支付完全部租金和留购价款后,租赁物的所有权才归属于承租人,在租金清偿完毕之前,租赁物登记在出租人名下,为出租人所有,承租人不享有足以排除强制执行的民事权益。

审判前沿

桑某坤、山东汇纳建筑装饰工程有限公司申请执行人执行异议之诉案

[(2019)鲁民终2664号民事判决书]

【裁判要旨】

只有在承租人按约支付完全部租金和留购价款后,租赁物的所有权才归属于承租人,在租金清偿完毕之前,租赁物登记在出租人名下,为出租人所有,承租人无权排除对租赁物的强制执行。

【基本案情】

2017年8月7日,桑某坤(承租人)与普华汇金租赁有限公司(出租人,以下简称普华汇金租赁公司)签订融资租赁合同(个人),约定案涉车辆的转让价款为288,800.00元,租赁期限为36个月,自2017年8月7日起至2020年8月7日止,在承租人付清全部租金等款项后,本合同项下租赁车辆由承租人按附件二所列名义价款留购,名义价款和最后一期租金同时支付。承租人支付完毕所有应付款项后,出租人向承租人出具租赁车辆所有权转移证明。该项合同附件二《租金及其他费用支付表》载明:起租日为2017年8月7日;租赁本金231,040.00

元;首付款比例20%,57,760.00元;租金总额为272,627.28元;名义货价100元;租金每期7572.98元,共36期。该项合同附件三《租赁车辆接受书》载明,普华汇金租赁公司于2017年8月8日将案涉车辆交付桑某坤使用。

2017年8月3日,桑某坤向普华汇金租赁公司支付57,760元;2017年9月6日至2018年4月11日,桑某坤每月向普华汇金公司支付7572.98元,共支付8个月;2018年6月23日、8月28日,桑某坤向普华汇金租赁公司各支付15,145.96元。根据兴业银行汇入回单,2018年11月13日,桑某坤向普华汇金租赁公司支付22,718.94元。

关于山东汇纳建筑装饰工程有限公司(以下简称汇纳建筑装饰公司)与普华汇金租赁公司装饰装修合同纠纷一案,济南仲裁委员会于2018年11月14日作出(2018)济仲裁字第1931号裁决,裁决普华汇金租赁公司向汇纳建筑装饰公司支付装修费及利息等。普华汇金租赁公司未按上述生效法律文书履行义务,汇纳建筑装饰公司申请执行,执行案号为(2018)鲁01执1158号。2018年12月21日,执行法院作出(2018)鲁01执1158号之一执行裁定,查封被执行人普华汇金租赁公司名下该案涉车辆。案外人桑某坤对该裁定不服,提出异议,一审法院于2019年3月19日作出(2019)鲁01执异258号执行裁定书,裁定:中止对案涉车辆的执行。汇纳建筑装饰公司对该中止裁定不服,提起执行异议之诉。

【要点评析】

该案的争议焦点是桑某坤是否对案涉车辆享有足以排除强制执行的民事权益。机动车、船舶、航空器区别于普通动产,采用登记对抗主义。在特定动产的占有和登记不一致时,执行程序对物权权属的判断首先以物权登记或者相关管理部门的登记为依据。其次,本案中,虽然桑某坤按照案涉融资租赁合同约定向普华汇金租赁公司支付了相关费用,但案涉车辆仍登记在普华汇金租赁公司名下,在租金支付完毕之前,租赁物登记在出租人名下,作为出租人的财产被查封,承租人不享有足以排除强制执行的民事权益。

第四节　基于让与担保所有权的异议之诉

让与担保是大陆法系国家沿袭罗马法上信托行为理论并吸纳日耳曼法上的信托行为成分,经由判例学说形成的非典型担保制度,其以当事人权利(所有权)转移方式达成担保信用授受目的为特征，是在德日判例上发展起来的一种担保制度。

让与担保是指债务人或第三人为担保债务人之债务，将担保标的物之财产权移转于担保权人，而使担保权人在不超过担保之目的范围内，取得担保标的物之财产权，于债务清偿后，标的物应返还于债务人或第三人，债务不履行时，担保权人得就该标的物受偿之非典型担保。在功能上，抵押可以替代不转移占有型让与担保，质押可以替代占有转移型让与担保。①

由于现行法律允许对动产设定抵押，且规定了广泛的可以设定抵押的标的范围，故未单独就让与担保制度进行立法，但在我国现阶段理论界和实务界中，当事人、金融机构、法院以及多数学者均倾向于不否认让与担保合同的效力。在司法实践中，基于让与担保所有权提起的异议之诉在涉及借贷、股权、房地产的转让中较为常见。《九民纪要》也专门对让与担保作了重点规定。

法律依据

《担保制度解释》第 68 条　债务人或者第三人与债权人约定将财产形式上转移至债权人名下，债务人不履行到期债务，债权人有权对财产折价或者以拍卖、变卖该财产所得价款偿还债务的，人民法院应当认定该约定有效。当事人已经完成财产权利变动的公示，债务人不履行到期债务，债权人请求参照民法典关于担保物权的有关规定就该财产优先受偿的，人民法院应予支持。

债务人或者第三人与债权人约定将财产形式上转移至债权人名下，债务人不履行到期债务，财产归债权人所有的，人民法院应当认定该约定无效，但是不影响当事人有关提供担保的意思表示的效力。当事人已经完成财产权利变动的公示，债务人不履行到期债务，债权人请求对该财产享有所有权的，人民法院不予支持；债权人请求参照民法典关于担保物权的规定对财产折价或者以拍卖、变卖该财产所得的价款优先受偿的，人民法院应予支持；债务人履行债务后请求返还财产，或者请求对财产折价或者以拍卖、变卖所得的价款清偿债务的，人民法院应予支持。

债务人与债权人约定将财产转移至债权人名下，在一定期间后再由债务人或者其指定的第三人以交易本金加上溢价款回购，债务人到期不履行回购义务，财产归债权人所有的，人民法院应当参照第二款规定处理。回购对象自始不存在的，人民法院应当依照民法典第一百四十六条第二款的规定，按照其实际构成的法律关系处理。

《九民纪要》

71.【让与担保】债务人或者第三人与债权人订立合同，约定将财产形式上转让

① 在我国台湾地区，由于全面继受美国制定的专门的“动产担保法”，动产抵押制度得以全面发展，让与担保制度几乎弃用。

至债权人名下,债务人到期清偿债务,债权人将该财产返还给债务人或第三人,债务人到期没有清偿债务,债权人可以对财产拍卖、变卖、折价偿还债权的,人民法院应当认定合同有效。合同如果约定债务人到期没有清偿债务,财产归债权人所有的,人民法院应当认定该部分约定无效,但不影响合同其他部分的效力。

当事人根据上述合同约定,已经完成财产权利变动的公示方式转让至债权人名下,债务人到期没有清偿债务,债权人请求确认财产归其所有的,人民法院不予支持,但债权人请求参照法律关于担保物权的规定对财产拍卖、变卖、折价优先偿还其债权的,人民法院依法予以支持。债务人因到期没有清偿债务,请求对该财产拍卖、变卖、折价偿还所欠债权人合同项下债务的,人民法院亦应依法予以支持。

《民间借贷规定》第23条第1款 当事人以订立买卖合同作为民间借贷合同的担保,借款到期后借款人不能还款,出借人请求履行买卖合同的,人民法院应当按照民间借贷法律关系审理。当事人根据法庭审理情况变更诉讼请求的,人民法院应当准许。

《最高人民法院民二庭第4次法官会议纪要》

认定一个协议是股权转让、股权让与担保还是股权质押,不能仅仅看合同的形式或者名称,而要探究当事人的真实意思表示。如果当事人的真实意思是通过转让标的物的方式为主合同提供担保,则此种合同属于让与担保合同,而非股权转让或股权质押。让与担保合同是双方的真实意思表示,不违反法律、行政法规的强制性规定,依法应当认定合同有效。在已经完成股权变更登记的情况下,可以参照最相近的担保物权的规定,认定其具有物权效力。在主债务期限届满后仍未履行的情况下,名义上的股权受让人对变价后的股权价值享有优先受偿权,但原则上无权对股权进行使用收益,不能享有公司法规定的股东所享有的参与决策、选任管理者、分取红利的权利。

《江苏省高级人民法院关于审理民间借贷纠纷案件的会议纪要》第3条第3项 当事人之间以借贷为目的签订房屋买卖合同作为担保的,人民法院应当认定双方名为房屋买卖实为民间借贷关系。出借人以房屋买卖关系提起诉讼,请求履行房屋买卖合同并办理房屋过户登记手续的,人民法院应当向其释明按照民间借贷关系变更诉讼请求;出借人坚持不予变更的,人民法院应当判决驳回其诉讼请求。

一、制度阐释

由于让与担保方式是法律所未明文规定的担保方式,其有效性一直遭到学界的质疑,学者对其法律性质众说纷纭,不少学者认为明文规定让与担保可能会打破既有的担保物权体系。[1]

然而时至今日,让与担保制度已经成为德、日等国担保事务中被利用得最为旺盛的担保方式,在担保法领域大有独占鳌头之势。在德国,由于严格遵守物权法定原则,法律禁止对动产设定不经转移占有公示的抵押,从而在学说和判例上发展出让与担保制度作为动产抵押的替代措施在实际生活中发挥作用。在日本虽然采取物权法定缓和主义,允许对部分动产设定抵押,但范围太过狭窄,从而让与担保仍然作为动产抵押的主要替代担保手段在实际生活中发挥作用。并且,在日本,让与担保标的包括一切可让与的具有一定财产价值的动产、不动产和财产性权利,担保人和债权人既可以约定转移担保标的的占有,也可以约定不转移占有。尽管我国物权法未将让与担保作为一种担保物权予以规定,但并不意味着让与担保合同是无效的。之所以还有人认为让与担保合同无效,主要是受传统民法有关通谋虚伪意思表示说、物权法定说、流质契约说等学说的影响。从《民法典》目前的规定来看,并未规定让与担保,但《九民纪要》重点阐述了让与担保,并作出了单独规定。

(一)让与担保制度设立的必要性

在物权法尤其是担保物权制度不断发展和进步的今天来说,物权法是否应当规定让与担保制度,首先应当取决于对让与担保性质的认识和考量。在债权让与担保的情况下,如何解释该担保权是一种担保物权,对让与担保的性质应做具体分析。

1. 在让与担保之标的为动产和不动产的情形下,让与担保设定人应将该动产或不动产的所有权事先移转于债权人(让与担保权人),但让与担保权人所取得的所有权仅为形式上的所有权,而非实质上的所有权。因为该所有权转移的目的乃是为了担保债权的实现,在债务人偿债后,债权人应将该动产或不动产返还于设定人,从而使设定人的所有权得以恢复;只有在债务人到期不能偿债时,债权人才有可能确定地取得该动产或不动产的所有权。由此可见,只有在让与担保权实现后,标的物所有权才能真正归属于债权人。在让与担保存续期间,债权人并非真正的所有权人。由此可见,在此情形下,将让与担保界定为所有权并不合适,而应界定为担保权。但其为担保物权抑或担保债权呢?因债权人是就债务人或第三人所提供的担保物所享有的权利,当然为担保物权。

2. 在让与担保之标的为债权时,则无论如何也不能将其解释为所有权,更不应解释为担保物权。首先,所有权的标的仅限于物,债权不能成为所有权的标的。我

① 参见王卫国、王坤:《让与担保在我国物权法中的地位》,载《现代法学》2004年第5期。

们不能说债权设有所有权。其次,某一债权即使被转移于另一债权人以作为债的担保,受让的债权人所取得的仅是对原债权人的债务人所享有的债权,该债权不可能经过转让就变为物权,当然,它也不可能变为担保物权。

3. 在让与担保之标的为有价证券等权利时,其性质界定更为困难。在票据等权利凭证是不记名的情形下,谁占有该权利凭证谁就享有该权利凭证所表彰的权利;只有在票据等权利凭证是记名的情形下,权利凭证上所记载的权利人才是真正的权利人。在前者,权利的享有和权利凭证的占有难以分开,因此,也就难以区分究竟是权利质押还是让与担保,在此情形下的让与担保实际上就是权利质押;在后者,虽然可以区分是权利质押还是让与担保,但对让与担保的定性也并非易事。总体上看,由于其物权属性胜于债权属性,应将其定性为担保物权。之所以会发生定性上的困难,一方面反映了其本身性质的复杂性,另一方面反映了传统民法将民事权利划分为物权和债权这样一种二分法的局限性。总之,让与担保性质的复杂性,说明了要在立法中找到其适当位置的困难性。

(二)让与担保法定化之必要性

动产让与担保产生于交易习惯。在其产生之初,学者对其多有批评和责难,甚至将其斥责为物权法上的"私生子"。随着它在交易实践中被有效地广泛利用,对它的肯定渐多于否定。判例和学说终于认可了它的担保权性质和地位。同时,考虑到民商事审判中裁判尺度不统一,是一段时间以来困扰我国民商事审判的突出问题,如公司对外担保的效力问题、盖假章合同的效力问题、合同约定与登记簿记载不一致的担保物权的范围问题、让与担保问题,裁判尺度都不完全统一。司法实践中首次明确定义并承认让与担保法律效力的是2019年11月14日最高人民法院发布的《九民纪要》第71条。虽然《九民纪要》并非司法解释,不能作为法律依据引用,但是其为法院审理案件提供了指引。2020年5月28日,全国人民代表大会通过了《民法典》,并于2021年1月1日起实施。虽然《民法典》也没有就让与担保直接作出明确规定,但在第388条第1款中增设"担保合同包括抵押合同、质押合同和其他具有担保功能的合同"。该规定旨在扩大担保合同的范围。通过增设前述规定,《民法典》为让与担保合同作为一项非典型担保合同的担保功能提供了法律依据。

1. 让与担保是为了弥补传统民法中抵押和质押这两种担保方式的不足,应实践的需要而产生的。在传统民法中,抵押的标的限于不动产,动产不能抵押。这就限制了某些特殊动产如机器设备以及汽车等交通工具的担保效用的发挥。因为根据传统民法,动产只能设定质押,而质押要移转质物的占有,这样不仅出质人不能再使用其物,质权人也不能使用。这就使物的利用效率受到极大的限制,从而导致人们不愿利用它们去设定质押,不但其担保效用得不到发挥,而且影响资金融通和交易的发展。但是,让与担保就可以克服上述弊端。让与担保的设定人可以和债权人约定,将让与担保标的物的所有权移转于债权人,而将其占有权、使用权保留在自己手中。这样既可以充分发挥其担保效用,又可以充分发挥其利用效率,对于当事人双方均为有利。特别是其与传统的质押相比,优势更为明显。因为允许债务人利用让与担保标的物将有助于增强其偿债能力。正是在此意义上说,让与担保(主要指动产让与担保)代表了担保的发展趋势。

2. 让与担保作为一种担保方式,在实践中的运用也越来越广泛。这不但表现在它几乎可以适用于各种交易,而且表现在作为让与担保客体的标的物和权利的范围也越来越广泛(但凡可以流通的动产、不动产以及其他权利,都可以作为让与担保之标的),还表现在其法律关系正在变得越来越复杂。

3. 作为成文法国家,对这样一种广泛、复杂的法律关系,如果不从立法上加以规定,仅靠判例去解决,是不合适的。这不仅是因为我国不承认判例的造法功能,防止司法裁判的混乱,还是为了防止法律对经济生活调整作用的缺失。

4. 尽管对让与担保是否为流质契约,有不同的认识,但从让与担保的发展历程、从日本判例和学说坚持要求科以让与担保权人清算义务以及实质上来看,让与担保的确存在流质契约问题。让与担保本质上就是在自愿与公平之间进行取舍。

5.《九民纪要》关于让与担保的一些规定,争议主要包括两个方面:一是关于合同效力问题。债务人或者第三人与债权人订立合同,约定将财产形式上转让至债权人名下,债务人到期不能清偿债务,财产归债权人所有的,对该约定是否无效,存在不同观点。有认为该约定有效的,有认为该部分约定无效的,《九民纪要》中则采取了部分无效观点。二是在让与担保中,已经完成财产权利变动的债权人,其地位究竟是有担保的债权人,还是根据公示的情况认定其属于所有人或者股东。《九民纪要》认为,其地位是债权人,而非所有人或者股东。

6.《民法典》关于流质条款效力的新规定。《民法典》第 401 条规定:“抵押权人在债务履行期限届满前,与抵押人约定债务人不履行到期债务时抵押财产归债权人所有的,只能依法就抵押财产优先受偿。”第 428 条规定:“质权人在债务履行期限届满前,与出质人约定债务人不履行到期债务时质押财产归债权人所有的,只能依法就质押财产优先受偿。”

流质条款,即绝押条款,是指转移抵押物所有权的预先约定。订立抵押(质押,下同)合同时,抵押权人和抵押人在合同中不得约定在债务人履行期限届满抵押权人未受清偿时,抵押物所有权直接转移为债权人所有。流质的约定,不但与设立抵押的目的相悖,而且容易出现价值较高的物品以较低的价格转移给抵押权人,造成价值转移失衡,损害债务人的利益。故《物权法》(已废止)对于流质条款是绝对禁止的。

当事人之间订立流质条款时,存在为债权进行担保的意思表示,如果否认该抵押权的效力会使债权人的债权变成完全无担保的普通债权,这既不符合债权人与抵押人之间的意思自治,也会造成债权人的利益失衡。

针对流质条款,《民法典》不再采取物权法的无效认定规则,而是采取类似担保物权的处理方式,使权利人仍能享有担保权益,即可就抵质押财产进行优先受偿。这既考虑了抵押权、质权人一方的合法利益,又平衡了抵押人、质权人在抵押和质押时的相对弱势地位。

二、操作指引

实践中,让与担保纠纷主要以买卖合同、股权转让等案由出现,作为债权人的原告可能首先诉请要求确认对标的物享有所有权或者转移对标的物的占有,作为债务人的被告则抗辩,双方之间为让与担保法律关系,标的物虽然登记在原告名下,但原告不享有所有权。法院经审理如认为当事人之间属于让与担保法律关系,则可向原告释明变更诉讼请求,依据合同主张权利。如原告拒不变更诉讼请求,可以判决驳回诉讼请求。实践中,债务人亦可能作为原告提起诉讼,要求确认其与债权人之间属于让与担保法律关系,债权人不享有标的物所有权,并要求债权人返还标的物。

(一)以房屋买卖合同担保借贷合同缺乏合法性,通过执行异议之诉主张享有排除强制执行的实体权利不能成立

诚然,非典型担保并不必然缺乏合法性,关键在于,案涉的非典型担保合同是否有违法律、行政法规的禁止性规定。在房屋买卖合同担保借贷合同这种交易模式下,担保物实际上是物权,旨在防止债权人利用优势地位损害债务人的利益,造成对抵押人实质上的不公平。在上述案件交易模式下,债权人通过房地产买卖合同在债务到期之前就固定了担保物的价值,且由于预售登记的存在,债务人不可能另行通过交易途径实现担保物的市场价值,房地产买卖合同事实上达到了“流押(质)”契约的效果。

另外,担保模式有效地突破了“物权法定”原则。商品房买卖合同在行政机关办理了备案登记,尽管备案登记的有无不会影响到合同的效力,但基于《民法典》和《城市房地产管理法》的相关规定,买卖合同预告登记之后可以取得对抗第三人的效力,债务人在债务到期之前将商品房卖给第三人将无法办理所有权变更登记。尽管只是合同担保,但债权人可以结合行政管理手段,避免标的物被转让,实现准

担保物权的效果。

(二)司法实践中普遍认为股权让与担保合同并不违反物权法定的原则,股权让与担保是为了担保主债务的清偿而设立的非典型的物的担保制度,对让与担保效力的判断,应依据《民法典》的规则,只要不存在无效情形,就应当认为其有效

实践中最为常见的让与担保是股权让与担保。相较于一般的财产让与担保,股权让与担保还涉及受让人是否具有股东资格或者转让人是否丧失股东资格的问题。对该问题的判断将影响受让人或转让人能否行使股东权利或者是否需要承担股东须承担的责任。

股权让与担保中,流质条款不影响其他条款的效力。在借款协议中如对股权让与担保的流质条款存疑,债务人依法清偿债务后,有权要求债权人归还股权。如果债务人未能依法清偿债务,债权人可以通过法律规定对股权进行处分,该股权不得自然归债权人所有。股权让与担保合同在理论上认为属于从合同,所以其效力也会受到主合同的影响。如果主合同无效,则让与担保性质的股权转让协议也随之无效。

《民法典》修改了禁止流押和禁止流质的规定,其立法精神与《九民纪要》第 71 条第 2 款规定的内在逻辑一致。《民法典》生效后,以“违反禁止流押/流质的规定”来主张让与担保合同无效将更加没有法律基础。

(三)让与担保的出借人提起的案外人执行异议不足以排除人民法院的强制执行

在涉及房地产转让的执行异议之诉案件中,第三人在尚未办理涉案房屋产权变更登记的情形下,必须满足支付全部价款并实际占有使用且对未办理过户手续没有过错的条件,才能产生阻却执行措施的结果。

(四)让与担保中的财产转让是否构成物权变动以及因让与担保而发生物权变动的法律效力

物权的设立变更需要公示。不动产权利变动的公示方式是登记(法律另有规定除外),动产权利变动的公示方式是交付。让与担保中的财产转让需要满足公示要求才能构成物权变动。

对于不动产让与担保,鉴于《民法典》明确强调不动产登记簿是物权归属和内容的依据。因此,如果不动产让与担保完成了不动产变更登记,受让人的权利应该得到保护。但是,实践中也有法院认为,如果仅有商品房预告登记,不动产无法被

视为已经转至债权人名下,此时法院不会支持债权人有优先受偿权。①

动产让与担保实践中,为避免债务人无法使用动产,往往通过观念交付方式设立动产让与担保。但如果采用占有改定的方式,则可能因占有改定不具有公示性,此类动产让与担保不具有物权效力。为解决公示问题,域外法律如日本法中引入了动产让与担保的登记制度。对此,《民法典》尚未有明确回应,为动产担保统一登记制度预留了空间,期待未来可以通过完善动产担保登记制度来实现对动产让与担保权利的保护。

实践中有法院认为,即使财产已经转让登记在让与担保债权人名下,债权人也无法就财产拍卖、变卖和折价款项优先受偿。但最高人民法院在(2019)最高法民终133号民事判决的判例中认为在财产转让已登记的情况下,考虑到担保登记,如股权质押登记即可使债权人具有优先受偿权,那么"举轻以明重,在已将作为担保财产的股权变更登记到担保权人名下的股权让与担保中,担保权人形式上已经是作为担保标的物的股份的持有者,其就作为担保的股权享有优先受偿的权利,更应受到保护,原则上具有对抗第三人的物权效力"。《九民纪要》第71条确认了上述第二种观点,规定:"已经完成财产权利变动的公示方式转让至债权人名下,债务人到期没有清偿债务,法院不支持财产归债权人所有,但是债权人就财产拍卖、变卖和折价款项享有优先受偿权。"如前所述,该规定与《民法典》关于流押(第401条)、流质(第428条)的立法精神相符。

审判前沿

郑州市正岩建设集团有限公司诉陈某、河南六合置业有限公司案外人执行异议之诉纠纷案

[(2019)豫01民初1224号民事判决书、
(2020)豫民终282号民事判决书、
(2020)最高法民申4511号民事裁定书]

【裁判要旨】

案外人与房地产开发企业签订的《商品房买卖合同》《回购协议》,虽名为商品房买卖合同,但实为借款的担保,双方之间形成非典型担保关系,不能认定

① 最高人民法院民事裁定书,(2021)最高法民申5722号;福建省高级人民法院民事判决书,(2021)闽民终315号。

《商品房买卖合同》为《异议复议规定》第28条规定的合法有效的商品房买卖合同,案外人并非真实的商品房购房人,不享有足以排除执行的民事权利,不能排除对涉案商品房的强制执行。

【基本案情】

郑州市正岩建设集团有限公司(以下简称正岩公司)与河南六合置业有限公司(以下简称六合公司)建设工程施工合同纠纷一案,郑州市中级人民法院作出的(2016)豫01民初1098号民事判决已发生法律效力,正岩公司申请强制执行。在执行过程中,郑州中院作出(2018)豫01执1216号之三执行裁定书,裁定查封六合公司名下位于郑州市金水区索凌路×号×号楼27－28层159号。案外人陈某对该查封不服,向郑州市中级人民法院提出执行异议,郑州市中级人民法院于2019年3月26日作出(2019)豫01执异202号执行裁定,驳回了案外人陈某的异议请求。陈某不服提起本案诉讼。

2009年12月15日,六合公司和陈某签订编号为09497096号《商品房买卖合同》一份,合同约定:陈某购买六合公司开发的位于郑州市金水区劳动路东、北环路南六合苑小区(暂定名)×幢×单元27－28层西北户复式住宅一套,面积为372.57平方米,单价为3081.3元/平方米,总价款1,148,000元。付款时间为2009年12月15日,支付方式为一次性现金支付。双方对该合同办理了网签备案。郑州市金水区人民法院于2018年9月25日作出的(2018)豫0105民初19015号民事判决,判决:六合公司于判决生效后15日内依照法定程序协助陈某办理坐落于郑州市金水区劳动路东、北环路南六合苑小区(暂定名)×幢×单元27－28层西北户房屋的产权证书。陈某另提交转账记录、收据及物业费收据、居住证明、电费催交单、水电欠费通知书等若干份。

法院依职权调取了陈某与六合公司之间(2012)郑民四终字第2037号、2038号、2039号、2040号、2041号、2042号、2046号、2047号、2048号、2049号、2050号、2051号、2052号和(2013)郑民四终字第1379号卷宗材料,显示:六合公司主张其与陈某之间系借款关系而非商品房买卖合同关系;2009年12月24日陈某与六合公司签订《回购协议》,主要内容是2009年10月15日六合公司出售给陈某住宅用房,总面积2614.52平方米,总价款700.2万元,包含案涉房屋的09497096号《商品房买卖合同》在内的共24个合同编号,陈某一次性付款,六合公司在2010年4月15日前按原价无条件回购房产,并一次性付清回购房款6,610,256元,否则视同六合公司自动放弃回购权利等。

一审法院认为,涉案被查封的房屋在法院查封前已经进行了《商品房买卖合同》的备案,且查封前生效的(2018)豫0105民初19015号民事判决书也认定陈某与六合公司签订的《商品房买卖合同》合法有效,陈某已经支付了全部购房款,并判决六合公司协助陈某办理案涉房屋的产权证书,故陈某对涉案房屋所拥有的权利能够排除执行,其诉讼请求合法有据,判决不得执行位于该案涉房产。正岩公司不服,提起上诉。

二审法院认为,本案的争议焦点为陈某是否对案涉房产享有排除执行的民事权益。《民事诉讼法解释》第311条规定:案外人或者申请执行人提起执行异议之诉的,案外人应当就其对执行标的享有足以排除强制执行的民事权益承担举证证明责任。《异议复议规定》第28条和第29条对何种情形可以排除执行进行了规定。两条款均规定案外人应当与出卖人签订合法有效的商品房买卖合同。

陈某与六合公司之间虽签订有《商品房买卖合同》,但又签订《回购协议》,六合公司主张双方系借款关系,陈某在另案中也认可是以签订《商品房买卖合同》的方式进行抵押担保,应当认定双方系借款关系而非商品房买卖关系,不能认定《商品房买卖合同》为合法有效的商品房买卖合同。陈某就案涉房屋取得的郑州市金水区人民法院(2018)豫0105民初19015号生效民事判决为给付判决,不能排除执行。故陈某的主张不符合《异议复议规定》第28条和第29条规定的情形,一审判决认定其享有可以排除执行的民事权益不当。判决撤销一审判决,驳回陈某的诉讼请求。陈某不服,申请再审。

最高人民法院经审理认为,正岩公司依据与六合公司建设工程施工合同纠纷案生效判决认定的金钱债权提出执行申请,案外人陈某持19015号民事判决申请排除对案涉房产的执行,故本案属于案外人依据另案生效裁判对金钱债务的执行提起执行异议之诉的情形。《异议复议规定》第26条规定:"金钱债权执行中,案外人依据执行标的被查封、扣押、冻结前作出的另案生效法律文书提出排除执行异议,人民法院应当按照下列情形,分别处理:(一)该法律文书系就案外人与被执行人之间的权属纠纷以及租赁、借用、保管等不以财产权属为目的的合同纠纷,判决、裁决执行标的归属于案外人或者向其返还执行标的且其权利能够排除执行的,应予支持;(二)该法律文书系就案外人与被执行人之间除前项所列合同之外的债权纠纷,判决、裁决执行标的归属于案外人或者向其交付、返还执行标的的,不予支持……"本案中,19015号案系陈某对六合公司提起的买卖合同纠纷案,陈某以其向六合公司购买房屋后,六合公司未依法协助其办理房产过户手续为由提起诉讼,19015号民事判决认定陈某与六合公司签订的《商品房买卖合同》合法有效、六合公司应当履行协助过户手续。19015号民事判决为给付型判决，根据《异议复议规定》第26条的规定，依法不能直接排除执行，还需要结合其他证据判断陈某是否享有排除执行的民事权益。最高人民法院组织询问中，陈某自认曾于2012年、2013年起诉六合公司履行商品房买卖合同，后因六合公司2014年12月1日向其出具包含案涉房产价值在内的借款债务承接还款承诺书而撤回起诉。又因六合公司及案外人未按期履行承诺，陈某依据承诺书向金水区人民法院提起民事诉讼，要求承接案涉债务的案外人承担还款责任。金水区人民法院于2017年7月13日作出生效判决，确认陈某主张的债权。由此可见，陈某在查封前与六合公司签订的商品房买卖合同已被还款承诺书取代。19015号案中，在六合公司缺席的情况下，陈某未如实陈述与六合公司如何形成房屋买卖关系，亦未如实陈述债权性质变化情况。二审判决认定陈某与六合公司系借款关系而非商品房买卖合同关系，驳回陈某的诉讼请求，符合案件实际情况，并无不当。陈某再审主张其与六合公司系商品房买卖关系而非借款关系，与查明的事实不符。裁定驳回陈某的再审申请。

【要点评析】

(一)关于案外人与被执行人之间签订的《商品房买卖合同》的性质和效力问题

虽然双方表面上签订的是商品房买卖合同，建立了商品房买卖合同法律关系，之后又办理了预售备案手续，但结合双方同时签订的《回购协议》来考察，双方约定在到期日前被执行人向案外人付清回购款后可以回购房产，在另案的审理中，被执行人主张双方系借款关系而非商品房买卖合同关系；案外人也认可签订商品房买卖合同是作为借款的抵押。因此，双方签订《商品房买卖合同》的真实目的是给民间借贷合同的履行提供担保，而非真正实现买卖合同，当事人在为债务提供担保而仅签订买卖合同并未转移标的物所有权的情况下，本质上是通过订立一个合同来担保另一个合同的履行，属于让与担保。让与担保是债务人或者第三人为担保债务人的债务，将担保标的物的所有权等权利转移于担保权人，而使担保权人在不超过担保之目的范围内，于债务清偿后，担保标的物应返还于债务人或者第三人，债务不履行时，担保权人得就该标的物优先受偿的非典型担保物权。

本案的具体情形在商品房预售领域普遍存在。因商品房尚不具备办理产权登记的客观条件，融资的当事人双方为担保债务的履行签订了商品房买卖合同，有的办理网签备案手续，有的办理预告登记手续，但均未正式办理所有权转移手续,此种情形,学界有人称之为"后让与担保"。[①] 也有学者亦认为其与让与担保的区别"仅在于一个是在先转移所有权,一个是后转移所有权,同样都是担保物权,仅仅是所有权转移有先后之分而已。在其他方面,两者则基本相同"[②]。我们认为,该种情形,当事人签订商品房买卖合同的目的仍在于为借贷合同提供担保,在权利转移的性质、价值、功能以及归属定位等方面,与让与担保并无本质区别,区别仅在于买卖合同标的物的所有权是否已经转移,仍属于广义的让与担保的范围。

1. 关于让与担保合同的效力

在我国现阶段理论界和实务界中,基本已经认同让与担保合同的效力。关于是否构成虚伪意思表示问题。让与担保本身并不存在违反法律、行政法规的强制性规定的情形,依法应当认定有效。关于是否违反物权法定原则问题。如果已经完成所有权转移公示的不动产让与担保,在现行法律体系中,比照最相类似的规定,可以将其解释为不动产抵押,或从物权法定缓和的角度,认为让与担保是习惯法上的物权,具有物权的效力。就让与担保合同而言,根据物权与债权区分原则,物权法定原则本身并不影响合同的效力。[③]

2. 有关让与担保的法律、司法解释演变

关于我国民法对于让与担保的应有态度,2007 年在制定《物权法》的过程中已经有深入讨论,因存在重大争论而最终通过的《物权法》(已废止)并未予以承认,主要有两个原因:一是让与担保存在流质契约或者流押契约的嫌疑;二是我国《物权法》(已废止)已经规定了动产抵押,没有承认让与担保的必要。但其有效性一直是审判实务中颇具争议且无法回避的问题,随着市场经济的飞速发展,近代担保法暴露出巨大的缺陷,为了回避典型担保物权之实行必须履行的程序产生的烦琐手续和高昂费用,催生了让与担保、所有权保留等被称为"权利转移型担保"的非典型担保制度。[④]

2015 年 9 月 1 日起施行的《民间借贷规定》第 24 条对"当事人以签订买卖合同作为民间借贷合同的担保"的让与担保情形初步作出了调整与规制,可谓向立法的目标迈出了一大步。该条规定针对上述情形,人民法院应当按照民间

① 参见杨立新:《后让与担保:一个正在形成的习惯法担保物权》,载《中国法学》2013 年第 3 期。

② 参见杨立新:《后让与担保:一个正在形成的习惯法担保物权》,载《中国法学》2013 年第 3 期。

③ 参见最高人民法院民事审判第二庭编著:《〈全国法院民商事审判工作会议纪要〉理解与适用》,人民法院出版社 2019 年版,第 404 页。

④ 参见杜万华主编,最高人民法院民事审判一庭编著:《最高人民法院民间借贷司法解释理解与适用》,人民法院出版社 2015 年版,第 410 页。

借贷法律关系审理，并向当事人释明变更诉讼请求。当事人拒绝变更的，人民法院裁定驳回起诉。该条仅对人民法院如何审理和处理的方式进行了规定，并没有明确对让与担保的性质和效力进行回应。

2019年11月8日发布施行的《九民纪要》第66条、第67条、第71条等规定，对让与担保等非典型担保关系作出了进一步明确的规定。第66条明确认可了非典型担保的合同效力问题，第67条规定以登记为公示方法的财产设定担保的，未能进行登记的，不具有物权效力。第71条规定已经进行财产权利转移公示的让与担保，具有物权效力，债权人对担保财产享有对财产拍卖、变卖、折价优先受偿的权利。

《民法典》第388条规定担保合同包括抵押合同、质押合同和其他具有担保功能的合同。对担保合同持开放式态度，将合同编中所有权保留买卖合同、融资租赁合同、保理合同等具有担保功能的合同也纳入进来，统一适用担保合同规则，承认了各类具有担保功能的合同在债法上的效力。该条也带来了一些政策上的利好，为新形势下金融创新提供了可能，如流动性支持、让与担保、浮动质押、股票回购式质押等，这些交易都可以纳入担保合同规则的调整范围，为司法裁判提供依据。结合《民法典》第10条、第208条的规定，承认担保物权的效力，公示是创设担保物权的前提，公示手段的进步为担保物权发展带来技术上的可能性。基于物权法定，物权的种类应由“法律”规定，但由此带来的僵化和落后不可忽视，物权法定主义的缓和就成了必然的趋势，借助《民法典》第10条的规定，可将“法律”扩大解释到包括习惯法在内，经由习惯法创设新类型物权。同时，《民法典》第401条、第428条规定，确认了流押、流质具有担保的优先受偿效力。流押、流质条款并非绝对没有效力，而应当转化为清算型担保，必须再经过清算程序，抵押权人或质权人才能取得抵押财产、质押财产的所有权，以避免债权人事先趁债务人之急迫而滥用其优势地位，通过压低担保物价值的方式获取暴利。即禁止的是事前归属型担保，并非事后清算型担保。

根据上述有关法律、司法解释规定的变化和精神，反观本案的“当事人以签订买卖合同作为民间借贷合同的担保”的让与担保情形，因没有完成所有权转移的公示方式，故不具有让与担保的物权效力；作为担保合同的买卖合同不违反法律、行政法规的强制性规定，仍具有合同效力。但是，借款合同期满后，当事人不要求偿还借款而直接要求履行买卖合同的，对该担保合同的履行则构成了“事前归属型担保”，必须经过清算程序，债权人才能取得担保财产的所有权，在没有进行清算程序之前，债权人提出履行买卖合同的请求，应予驳回。从此种角度审视,《民间借贷规定》第24条仍有合理的意义和适用空间。最高人民法院在审理“广西嘉美房地产开发有限责任公司与杨某鹏商品房销售合同纠纷案”[(2013)民提字第135号民事判决书]中,认为债权人在实现担保债权时,对设定的担保财产,应当以拍卖或者变卖的方式受偿,驳回了债权人要求履行买卖合同的诉讼请求。故无论是已完成所有权转移登记公示方式的买卖合同“让与担保”情形,还是没有完成所有权转移登记公示方式的买卖合同“让与担保”情形,均需按照以下两个基本原则进行考量:一是坚持强制清算义务的原则,强调债务不能履行时实现权益的方式是对标的物的受偿,即清算而非所有权的转移。二是禁止流押、流质结果的发生,不得违反民法的公平公正原则。

(二)案外人依据房屋买卖合同能否享有排除强制执行的权利

以上从民法的角度,对当事人签订的《商品房买卖合同》的性质和效力进行了认真梳理,对该合同的性质和效力有了清晰的认识。在执行异议之诉案件的审理中,还需要结合执行异议之诉的法律规范要件来审查案外人依据此类房屋买卖合同能否排除执行。

案外人对执行标的为不动产提出排除执行的诉讼,实践中,我们主要参照适用《异议复议规定》第28条进行审查。该条保护的是不动产买受人的物权期待权,所保护的权益均是买受人基于购买不动产之目的而成立的合法有效的买卖关系所形成的针对该不动产交付及权属变动的债权。基于以上立法目的,该条所规定的合法有效的书面买卖合同,应当指双方缔约真实目的是为买卖不动产而形成的真实、合法、有效的买卖合同关系。

本案属于以不动产买卖合同为借贷担保的情形,双方在签订《商品房买卖合同》的同时又签订了《回购协议》,约定了出卖人的回购权,属于借贷融资的典型特征之一,因此,该合同名为不动产买卖合同而实际为借贷的担保,即所谓的“名为买卖,实为担保”,双方并非为了购买不动产的目的而签订合同,没有形成购买不动产的真实意思表示。以不动产买卖合同为借贷担保,实际上是为了实现或担保“买受人”的金钱债权,与《异议复议规定》第28条的立法目的并不相符,因而不具备参照适用该条规定的前提条件。① 案外人也因而不享有排除执行的民事权益。

综上所述,案外人与被执行人签订的商品房买卖合同,仅是担保借贷合同履行的一种非典型担保方式,双方之间存在的基础法律关系为借贷合同关系,

---

① 参见司伟、王小青:《执行异议之诉中不动产买受人排除强制执行的要件审查》,载《人民司法》2019年第23期。

签订的买卖合同并非《异议复议规定》第 28 条规定的合法有效的买卖合同，案外人并非真实的购房人，对涉案房屋并不享有真实合法的权利，不能排除对涉案房屋的强制执行。案外人上诉请求不能成立，应予驳回。

第十六章　基于提单、仓单的异议之诉

第一节　基于提单的执行异议之诉

法律依据

《海商法》第71条　提单，是指用以证明海上货物运输合同和货物已经由承运人接收或者装船，以及承运人保证据以交付货物的单证。提单中载明的向记名人交付货物，或者按照指示人的指示交付货物，或者向提单持有人交付货物的条款，构成承运人据以交付货物的保证。

一、制度阐释

提单，是指用以证明海上货物运输合同和货物已经由承运人接收或者装船，以及承运人保证据以交付货物的单证。故提单是货物运输合同的证明，是提货的凭证，但不能从中得出提单是物权凭证的结论。综合来说，提单应当是具有物权属性的债权凭证。具体从我国法律来看，其物权性体现在：对物的占有以及权利质权；其债权性体现在：货物运输环节中托运人、承运人、收货人之间的债权债务关系约定。需要强调的是，提单具有物权性，但是不能绝对说提单是所有权凭证，单独一个提单并不能直接证明所有权归属，所有权的取得和转让还需要买卖合同等证据的证明。也就是说，某些情况下提单被赋予物权凭证功能，但其物权凭证的效力是配合国际贸易支付而存在的，不能绝对化。提单是否作为物权凭证，抑或仅为运输单证，应尊重当事人的意思自治，根据相关贸易合同及运输合同的原始约定予以认定。

（一）海运提单在国际贸易中的性质和作用

海运提单已经在中国的《海商法》中明确，利用提单是因为其可以证明要运输的货物已经被承运人接收或者货物已经被装船，用单据进行交货。提单中的相应信息应该写得很明确，这样才能正确地按照提单上所写内容将货物交到指定的收货人手里，当然承运人可以向提货人写一个相应的交付证据。提单的作用有如下三点。

1. 提单是承运人有条件地为托运人运输货物的书面确认。托运人签发托运单与承运人签发提单，相互构成运输契约，共同成为托运人与承运人之间关于责任、费用、风险的划分依据。

2. 提单是银行结汇文件中最重要的文件。买卖双方的交货收款和收货付款必须借助能同时代表物权和债权的提单，借助有资金信誉的银行机构来实现操作。

3. 提单是货主与货代之间、货代与承运人之间或货主与承运人之间的支付或收取运费的凭证，也是在经济上有制约效力的文件。付款交单就是利用提单实现经济制约的一种手段。

（二）海运提单不同签发方式下的货物放置形式

在实际操作过程中，海运提单签发方式多样化，导致放货方式也在不断变化。在实际操作过程中，海运提单逐渐产生不同的签发方式，不同的签发方式对应不同的放货要求。

1. 记名提单只能由该指定的收货人凭此提货，提单不能转让，可以避免转让过程中可能带来的风险，一般用于贵重商品、展品及援外物资的运输。

2. 银行指示提单可按银行指示发货。

3. 收货人指示提单可以由收货人收单后自行提货，也可以背书转让。

4. 发货人指示提单有两种情况，一种发货人有过背书的，可以凭发货人指示提货，另一种发货人没有背书，在这种情况下则只有发货人可以提货，即卖方保留货物所有权。

5. 来人提单不需要任何背书手续，提单收货人即可转让，或提取货物，极为方便，但如果提单遗失或被窃，然后再转让到善意的第三者手中时，或者在无正本提单凭担保提货时，极易引起纠纷。在信用证结算方式下，较少使用这种提单。有些国家明文规定不准使用这种来人提单。

二、操作指引

就执行异议之诉中常见的海运提单的主要存在问题，需要重点关注以下四种情况。

（一）倒签提单

承运人在货物装船完毕，签发提单时，应托运人请求，将提单签发日期提前至信用证规定的装船日期。采用这种方式的原因是要托运的货物实际搬入船舱里的时间要比所设置的时限要晚,所以很多情况下托运人会给承运人加压,强令其出单。出单时将实际出单时间作为信用证所要求限制范围内的一天,这样才能两者相互符合,不会影响接下来的结算步骤。上述行为使出口商、承运人以及进口商都存在很大的风险。故在审理中需要特别注意提单的形式要件、签发日期的真实性。

(二)预借提单

预借提单的实际含义是在货物没有正式装箱并且不知道什么时候才能装箱的情况下,托运人为了尽早结汇然后向承运人借用提单的一种方式。这种情况极易产生风险,出现违法行为。

(三)伪造提单

这种方式是一些商人在信用证上做手脚,因为仓单具有抽象性且存在漏洞,所以伪造起来容易,被用来骗取货款。有可能根本不存在货物装箱,但却伪造虚报的情形。

(四)无单放货

正本提单是提取货物的物权凭证,但在海上运输实践中,随着海洋运输和航海技术的发展,经常有货物先于单证到达的情况,尤其是在短途运输中,造成船舶抵达目的港后收货人因未得到提单而不能提货的现象,使船舶因等待交货而滞期或将货物堆放码头仓库,增加不必要的滞期费或仓库使费开支。针对这种情况,实践中有两种变通的做法:一是由收货人提供保函,在没有提单的情况下先提取货物;二是凭借保函加副本提单提取货物。此种情况下,很有可能出现既利用保函提取了货物,同时又将正本提单转让给第三人的欺诈行为,结果是承运人将承担在货物已被提走的情况下,对第三人,也就是真正的提单持有人赔偿的风险责任。司法实践中经常出现货物冒领、拒付货款、数量和质量上可能出现差异而遭受损失的情形。

审判前沿

天津建龙钢铁实业有限公司诉杰瑞船务有限公司执行异议之诉

[(2017)辽72民初320号民事判决书]

【裁判要旨】

执行异议之诉审理中的核心问题即认定案外人是否享有足以排除强制执

行的民事权益,实践中,一是认定案外人诉称其享有的民事权益是否足以排除强制执行,二是案外人提供的证据能否证明其对执行标的享有其诉称的民事权益。依据《海商法》第71条的规定,提单是承运人保证据以交付货物的单证。买受人仅向法院提供指示提单副本复印件,但没有向法院提供经合法背书转让的全套正本提单,即不能证明其已经从出卖人取得提取案涉货物的提单。即使案涉货物所有权已经转移,亦不能以取得案涉货物的所有权为由排除执行。

【基本案情】

天津建龙钢铁实业有限公司(以下简称天津建龙公司)诉杰瑞船务有限公司(以下简称杰瑞公司)执行异议之诉一案,天津建龙公司提出诉讼请求:请求确认位于辽宁省营口市鲅鱼圈港一港池2号和3号堆场的26,461吨铁矿石为天津建龙公司所有,并停止对该财产的执行。

2013年5月2日,MOSG公司与香港建龙公司签署贸易合同(合同号JL－MOSG－1308),根据该合同第15条(C)款规定,货物所有权自卖方收到买方预付款之时起转移给买方所有。香港建龙公司已于2013年5月15日支付MOSG公司预付款1,746,360美元并取得货物所有权。2013年5月9日,天津建龙公司与香港建龙公司签署贸易合同(合同号JL－TJJL－1310),根据经确认函更正的该合同第18条规定,货物所有权自卖方收到买方预付款之时起转移给买方所有(原合同条款为“开证行收到款项后货权转移”,该合同第7条明确规定预付款通过电汇支付,该票货物预付款实际也是通过电汇支付,根本不存在信用证,合同双方本意也是货物所有权自卖方收到买方预付款之时起转移给买方所有,只是合同起草人员书写疏忽),天津建龙公司已于2013年5月14日支付香港建龙公司预付款1,863,000美元并取得货物所有权。大连海事法院于2015年8月27日裁定扣押位于营口新港矿石码头公司一港池2号和3号堆场的26,461吨铁矿石,根据《海事诉讼特别程序法》第44条,申请扣押的货物应当属于被请求人所有,而目前该货物的所有权人是天津建龙公司,故天津建龙公司作为案外人于2016年8月16日提出执行异议,申请停止扣押拍卖程序,天津建龙公司于2017年1月12日收到大连海事法院于2016年11月28日作出的驳回裁定,因而提出执行异议之诉。

该案审理中,大连海事法院认为,天津建龙公司提供的贸易合同等证据存在瑕疵,天津建龙公司的理由不足以解释合同约定与实际运输的货物之间的不符点。卸货港的检验报告中记载的合同号、提单号与合同号为JL－MOSG－1308的贸易合同、发票以及提单相互对应,似乎可以证明案涉货物系该贸易合同约定的货物,但是考虑到天津建龙公司与香港建龙公司的关联关系,双方可能存在事后依据检验报告记载的合同号倒签贸易合同以损害他人利益的情形,故不能仅以这些证据的相互印证来认定案涉铁矿粉的权属。

天津建龙公司未提供证据证明其对案涉货物享有足以排除强制执行的民事权益,对其诉讼请求,法院不予支持。判决驳回天津建龙公司的诉讼请求。

【要点评析】

本案中,天津建龙公司(作为杰瑞公司与MOSG公司执行案件的案外人)诉称其享有执行标的的所有权,所有权是一项可以排除强制执行的民事权益,因此本案审理的核心问题是天津建龙公司提供的证据能否证明其是执行标的的所有权人。

(一)执行异议之诉中如何确定当事人的诉讼地位

《民事诉讼法解释》第305条规定:"案外人提起执行异议之诉的,以申请执行人为被告。被执行人反对案外人异议的,被执行人为共同被告;被执行人不反对案外人异议的,可以列被执行人为第三人。"本案中,天津建龙公司(案外人)提起执行异议之诉,起诉状中以杰瑞公司(申请执行人)为被告,列MOSG公司(被执行人)为第三人。立案后,天津建龙公司因无法提供位于新加坡的MOSG公司的住所地信息,申请撤回该第三人,法院予以准许,未通知MOSG公司作为第三人参加诉讼。理由主要有:第一,本案于2017年4月5日立案,立案时《最高人民法院关于进一步加强民事送达工作的若干意见》(以下简称《民事送达意见》)尚未颁布施行,无法根据该意见第8条第1款第3项"以一年内进行其他诉讼、仲裁案件中提供的地址为送达地址"的规定以执行案件中的送达地址向MOSG公司送达本案文书;第二,执行案件进展中,向MOSG公司的送达地址送达文书已存在较大困难,存在无法送达的情况;第三,通过涉外送达等方式送达本案文书困难大、时间长,可能延长案件审理,导致执行标的长期储存在港,费用大大增加;第四,按照《民事诉讼法解释》"可以"而非"必须"列MOSG公司为第三人,因MOSG公司未否认天津建龙公司享有可以排除执行的实体权利,其与天津建龙公司并无争执,在送达存在较大困难的情况下将其列为第三人并无实际意义。另外,法院未准许天津建龙公司追加香港建龙公司为本案第三人的申请,理由主要有:第一,香港建龙公司未向法院提出诉讼请求,非有独立请求权的第三人;第二,香港建龙公司并非执行案件的当事人,案件审理结果同他无法律上的利害关系;第三,香港建龙公司的全部股份均由天津建龙公司持有,关联公司之间可能存在恶意串通以规避执行的行为,将香港建龙公司追加为无独立请求权的第三人无实际意义。综上所述,法院既未通知MOSG公司为本案第三人,又未准许天津建龙公司追加香港建龙公司为本案第三人的申请。

(二)执行异议之诉审理中的核心问题即认定案外人是否享有足以排除强制执行的民事权益

根据《民事诉讼法》的规定,在中国领域内进行涉外民事诉讼,诉讼程序适用《民事诉讼法》及《民事诉讼法解释》。本案是执行异议之诉,《民事诉讼法解释》第309条规定:"案外人或者申请执行人提起执行异议之诉的,案外人应当就其对执行标的享有足以排除强制执行的民事权益承担举证证明责任。"由此可见,执行异议之诉审理中的核心问题即认定案外人是否享有足以排除强制执行的民事权益。实践中,一是认定案外人诉称其享有的民事权益是否足以排除强制执行,二是案外人提供的证据能否证明其对执行标的享有其诉称的民事权益。本案中,天津建龙公司(作为杰瑞公司与MOSG公司执行案件的案外人)诉称其享有执行标的的所有权,所有权是一项可以排除强制执行的民事权益,因此本案的核心问题是天津建龙公司提供的证据能否证明其是执行标的的所有权人。

(三)在执行异议之诉中,法院应对案外人提供的证据进行严格审查

执行异议之诉是与执行相关的诉讼案件,执行难是长期制约人民法院工作发展的"老大难"问题,被执行人通常为对抗执行而想尽办法隐匿财产,或者通过伪造合同等方式转移财产所有权,这类现象屡禁不止。为了避免此类恶意串通行为的大量发生,以提高执行效率并减少司法成本,在执行异议之诉中,法院应对案外人提供的证据进行严格审查。本案中,天津建龙公司为了证明其是执行标的的所有权人向法院提供了其与香港建龙公司签订的合同号为JL－TJJL－1310的贸易合同、确认函和香港建龙公司与MOSG公司签订的合同号为JL－MOSG－1308的贸易合同,以及与这两份合同相关的票据等证据。法院在审理过程中发现天津建龙公司与香港建龙公司存在关联关系,香港建龙公司与天津建龙公司就案涉货物所有权转移所作的事后约定,可能存在《合同法》(已废止)第52条第2项"恶意串通,损害国家、集体或者第三人利益"的情形。通过对本案证据的严格审查,认定天津建龙公司与香港建龙公司关于所有权转移的事后约定无效。

(四)执行异议之诉中对于所有权转移的判定

执行异议之诉中,案外人提供贸易合同以证明其对执行标的享有所有权

的,法院对此作出如下两点判断:一是判断案外人提供的贸易合同是否依法成立、合法有效;二是判断当事人约定的或法律规定的所有权转移条件是否成就。本案争议焦点为天津建龙公司是否为执行标的的所有权人,法院首先认定天津建龙公司与香港建龙公司关于所有权转移的事后约定(确认函)无效,其次认定JL-TJJL-1310号贸易合同原约定的关于所有权转移的条件因实际付款方式的变更无法成就,视为合同当事人对标的物所有权转移没有约定。在根据最密切联系原则确定JL-TJJL-1310号合同适用中国法后,在没有约定的情况下,适用《合同法》(已废止)第133条"标的物的所有权自标的物交付时起转移"以及第135条"出卖人应当履行向买受人交付标的物或者交付提取标的物的单证,并转移标的物所有权的义务"的规定。案涉货物通过海上运输运至中华人民共和国港口,天津建龙公司没有举证证明其在法院扣押该货物之前和之后曾提取货物。依据《海商法》第71条的规定,提单是承运人保证据以交付货物的单证。天津建龙公司作为买受人向法院提供了指示提单副本复印件,但没有向法院提供经合法背书转让给自己的全套正本提单,即不能证明其已经从出卖人取得提取案涉货物的提单。本案中,香港建龙公司既未"交付"案涉货物,又未"交付"案涉货物的正本提单,故天津建龙公司没有从香港建龙公司取得案涉货物的所有权。即使案涉货物所有权已经从MOSG公司转移到香港建龙公司,天津建龙公司亦不能取得案涉货物的所有权。所以,法院判决驳回天津建龙公司的诉讼请求。天津建龙公司未提起上诉,接受了裁判结果,避免了因上诉而继续扩大货物损失和费用。

第二节　基于仓单的执行异议之诉

法律依据

《民法典》第440条　债务人或者第三人有权处分的下列权利可以出质:

(一)汇票、本票、支票;

(二)债券、存款单;

(三)仓单、提单;

(四)可以转让的基金份额、股权;

(五)可以转让的注册商标专用权、专利权、著作权等知识产权中的财产权;

(六)现有的以及将有的应收账款;

（七）法律、行政法规规定可以出质的其他财产权利。

《民法典》第441条　以汇票、本票、支票、债券、存款单、仓单、提单出质的，质权自权利凭证交付质权人时设立；没有权利凭证的，质权自办理出质登记时设立。法律另有规定的，依照其规定。

《民法典》第910条　仓单是提取仓储物的凭证。存货人或者仓单持有人在仓单上背书并经保管人签名或者盖章的，可以转让提取仓储物的权利。

一、制度阐释

仓单从法律属性上讲，属于有价证券的一种。有价证券依其所表示的权利的性质不同，可分为债权的有价证券、物权的有价证券和社员权的有价证券。以债权为证券权利内容的为债权的有价证券，债权的有价证券可分为以请求支付金钱为债权内容的金钱证券和以请求交付物为债权内容的物品证券；以物权为证券权利内容的为物权的有价证券；以社员权为证券权利内容的为社员权的有价证券。从《民法典》对仓单的定义可以看出，仓单属于债权的有价证券，并且是以请求交付仓储物为债权内容的物品证券。同时，根据《民法典》第227条“动产物权设立和转让前，第三人占有该动产的，负有交付义务的人可以通过转让请求第三人返还原物的权利代替交付”的规定，因为仓单具有债权凭证的效力，仓单的交付也就具有债权转让的性质，也即“通过转让请求第三人返还原物的权利代替交付”。在此情形下，仓单的交付与物的交付具有相同的效力，同样产生物权变动的效果，仓单据此也就具有了物权的有价证券的性质，可以作为物权的凭证。

（一）仓单的法律特征

仓单是保管人签发的一种有价证券。仓单作为一种有价证券，具有如下性质：

1. 仓单是要式证券

要式证券是具备法定格式才能有效的证券，即法律对证券的格式有严格的要求。各国法对仓单的记载事项均有规定。《民法典》第909条对仓单的格式和记载事项也有严格规定，即仓单必须有保管人签字或盖章，并记载规定的事项。所以，仓单是要式证券。

2. 仓单是背书证券

背书证券是可以通过背书方式加以转让的证券。根据《民法典》第910条的规定，存货人或仓单持有人在仓单上背书并经保管人签字或盖章的，可以转让提取仓储物的权利。由此可见，仓单可以通过背书加以转让，为背书证券。

3. 仓单是物权证券

物权证券是以物权为证券权利内容的证券。仓单是提取仓储物的凭证。存货人取得仓单后,即意味着取得了仓储物的所有权。仓单发生转移,仓储物的所有权也发生转移。因此,仓单是物权证券。对此,《民法典》第 910 条规定:"仓单是提取仓储物的凭证。存货人或仓单持有人在仓单上背书并经保管人签字或盖章的,可以转让提取仓储物的权利。"

4. 仓单是文义证券

文义证券是证券上的权利义务仅依证券上记载的文义而确定的证券。仓单所创设的权利义务是依仓单记载的文义予以确定的,不能以仓单记载以外的其他因素加以认定或变更。因此,仓单是文义证券。例如,《日本商法典》第 602 条规定:"寄存证券及质入证券制成后,仓库营业人及证券持有人间有关寄托事项,以其证券记载为准。"

5. 仓单是记名证券

记名证券是在证券上记载权利人姓名或名称的证券。仓单可否为无记名证券,各国规定不一,学者的看法也不一致。日本、意大利、俄罗斯等国都规定仓单是记名证券,而瑞士则规定仓单可以是无记名证券。从我国《民法典》的规定来看,仓单上应当载明存货人的名称或姓名和住所。由此可见,我国法律所规定的仓单属于记名证券。

6. 仓单是无因证券

无因证券是证券权利的存在和行使不以作成证券的原因为要件,证券的效力与作成证券的原因完全分离的证券。仓单是否为要因证券,学者的观点并不一致。有学者主张仓单为无因证券,其理由是,既然仓单为文义证券,就应当以理解为无因证券为妥,因为文义证券不宜为要因证券。也有学者主张,仓单为要因证券,其理由是,仓单上的权利不因证券的发行行为而发生,为其存在须有为发行行为基础之原因关系。我国多数学者认为,仓单为无因证券。在仓储合同中,保管人签发仓单后,仓单持有人对保管人即可行使权利,而对取得仓单的原因,不负证明责任。也就是说,仓单持有人无论是否为存货人,都可以行使仓单所代表的权利。因此,仓单是无因证券。

(二)仓单生效必须具备的要件

1. 保管人须在仓单上签名或者盖章

保管人在仓单上签名或者盖章表明保管人对收到存货人交付仓储物的事实进行确认。保管人未签名或者盖章的仓单说明保管人还没有收到存货人交付的仓储物,故该仓单不发生法律效力。当保管人为法人时,由其法定代表人或其授权的代理人及雇员签名;当保管人为其他经济组织时,由其主要负责人签名;当保管人为个体工商户时,由其经营者签名。盖章指加盖保管人单位公章。签名或者盖章由保管人选择其一即可。

2. 仓单须包括一定的法定必要记载事项

依《民法典》第 909 条的规定,仓单的法定必要记载事项共有 8 项:存货人的名称或者姓名和住所;仓储物的品种、数量、质量、包装、件数和标记;仓储物的损耗标准;储存场所;储存期间;仓储费;仓储物已经办理保险的,其保险金额、期间以及保险人的名称;填发人、填发地和填发日期。仓单是提取仓储物的凭证。

(三)仓单法律实务的发展现状

2007 年 10 月 1 日,《物权法》(已废止)正式施行。该法第 223 条规定,债务人或者第三人有权处分的仓单可以出质。第 224 条进一步明确规定:"以汇票、支票、本票、债券、存款单、仓单、提单出质的,当事人应当订立书面合同。质权自权利凭证交付质权人时设立;没有权利凭证的,质权自有关部门办理出质登记时设立。"根据法律规范及交易习惯,仓单质押融资是指货主企业将商品存储在物流企业中,由物流企业监管商品,货主凭借仓库开具的存储凭证(仓单)向银行等金融机构申请贷款,银行根据商品的价值提供一定比例的贷款。近年来,随着私人物流业务的异军突起,国内仓单业务越来越受到普遍关注,并为金融界所青睐,逐步形成了业界公认的规范。与此同时,质押业务在此过程中存在的问题也在近几年大面积爆发,其中尤属 2012 年的"上海钢贸事件"、2014 年的"青岛港铜融资事件"最为典型。后者涉及的中外资银行共 18 家,涉贷总金额超过 170 亿元,对银行、相关企业均造成巨大经济损失,仓单质押融资业务曾一度受阻。2016 年 1 月,李克强总理在国务院常务会议上首次提出大力发展动产融资。

《民法典》出台前,我国针对仓单及仓单质押的法律规定分散于《合同法》(已废止)、《物权法》(已废止)、《担保法》(已废止)中,没有独立的法律制度体系。《合同法》(已废止)"仓储合同"一章主要是对仓单的主要功能进行了界定,包括仓单的要式、证券的性质界定、仓单的物权效力、仓单权利的转让。《物权法》(已废止)和《担保法》(已废止)的部分条款主要是对仓单质押问题进行了规范,但这些规定都比较基础且简单,主要是将仓单质押与存款单、提单等并列,规定仓单可以出质,适用质押的一般性规定。最高人民法院的司法解释,也鲜见针对仓单质押的专门规定。虽然有上述法律对仓单及仓单质押进行了基本规定,但从仓单操作实务需求的角度来看,仓单法律体系建设仍呈现滞后的态势,表现为法律规定不够全面、细致,如对以仓单设质是否需要背书,仓单遗失的救济问题等没有明文规定;法律规定没有体现仓单的特性,对仓单质押的法律保护不够。

在司法实践中,天津市高级人民法院以“会议纪要”形式明确了仓单质押在动产融资统一登记平台的登记效力,解决其权属争议问题。2015 年,为维护存货与仓单质押融资交易安全,防范金融业务风险,天津市高级人民法院印发了《天津市高级人民法院关于审理动产权属争议案件涉及登记公示问题的审判委员会纪要》,对涉及“存货与仓单质押登记”这样表述:“《质押登记和查询通知》中所列主体按照书面质押合同约定办理存货与仓单质押业务时,除依法转移对质物、权利凭证的占有外,如果已在信贷征信机构的动产融资统一登记平台办理存货与仓单质押登记公示,其以质权主张对抗《质押登记和查询通知》所列主体范围内未办理质押登记的善意第三人,应予支持。《质押登记和查询通知》中所列主体按照书面质押合同约定办理存货与仓单质押业务时,如果未在信贷征信机构的动产融资统一登记平台查询存货与仓单的权属状况,其主张构成善意的,不予支持。”该会议纪要进一步明确了金融机构、仓储物流企业、商贸流通企业在办理保证金质押业务、存货与仓单质押融资业务时,应登录中国人民银行征信中心动产融资统一登记平台进行查询和公示,公示质押融资业务的相关主体,明确质物权属状况。同时,要求辖内各级人民法院对在动产融资统一登记平台办理存货与仓单质押登记公示的,以其质权主张对抗未办理质押登记的善意第三人时,应予支持。该做法保证了中国人民银行动产融资统一登记平台在明晰质物权属状况方面的积极作用,促进了天津自由贸易区存货与仓单质押业务的持续健康发展。但该会议纪要属于内部指导性文件,未上升到立法层面。

二、操作指引

执行异议之诉中仓单质押融资业务存在以下问题。

(一)法律未规定仓单质押登记部门

目前,我国法律并没有明确规定仓单质押登记部门,也没有具有公信力的仓单质押登记公示平台,部分地区“以商品交易所为质押登记部门”的做法在法律上并无依据。《民法典》第 441 条规定:“以汇票、本票、支票、债券、存款单、仓单、提单出质的,质权自权利凭证交付质权人时设立;没有权利凭证的,质权自办理出质登记时设立。法律另有规定的,依照其规定。”而且,根据《物权法》(已废止)等相关规定,应收账款质押登记部门为中国人民银行,股权质押登记部门为证券交易所,而对仓单质押的具体登记部门却没有明确。故该法律规定的空白使仓单质押融资业务面临合法性风险。

(二)信息不对称,滋生道德风险

实践中,质押登记部门的规定不明确,也没有仓单质押登记平台,金融机构、仓储方和货主之间存在信息不对称,导致虚开仓单、伪造仓单、货控不严等道德风险,重复质押、先质押后转让等问题频发。虽然中国人民银行征信系统使各银行机构能够共享企业信用及贷款信息,但质押信息却是封闭的,由此带来商业银行风险管理盲区,有效监管不足。加上金融机构缺乏有效手段和专业能力,无法及时了解货物的全部权利情况,因此,在涉及仓单质押融资业务的审理时需要格外注意合规性审查。

(三)"流质条款"可能影响仓单质权实现

质权作为担保物权的一种,原来受《担保法》(已废止)的约束。《担保法》(已废止)第66条规定:"出质人和质权人在合同中不得约定在债务履行期限届满质权人未受清偿时,质物的所有权转移为质权人所有。"该条款属于"禁止流质条款",目的是保护货主的权利和市场的稳定。也就是说,金融机构与物流企业不可提前擅自约定"在货主无法还款时,仓储货物归物流企业所有",此种约定是无效的。但是,根据《物权法》(已废止)第225条的规定,仓单的提货日期先于主债权到期的,质权人可以提货,并与出质人协议将提取的货物提前清偿债务或者提存。由此可见,两者的规定实际上是存在矛盾的。《民法典》出台后,并未规定"禁止流质条款"。实践中交易主体可以达成合意,只要出质人无异议,约定银行在行使质权时,直接凭仓单提取货物,并受让仓单项下的货物所有权,以此来达到节约交易成本、减少环节的目的。这种规定体现了仓单质押便捷交付的特殊性,但却存在一定的法律风险,如可能导致货损。

(四)仓单格式缺乏标准规范,加大管理难度

仓单既是质押贷款和提货的凭证,也是开展金融业务的重要有价证券。虽然《民法典》第909条规定了仓单上记载的事项,但目前国内物流企业所采用的都是自行设计的仓单,格式千差万别、内容繁简不一。缺乏主要内容的仓单有可能会被认为是无效仓单,或者由于内容的不确定使责任不清晰。甚至个别企业采用入库单证充当质押凭证,但是这种入库单证不具有有价证券的性质。由于仓单规范性的欠缺,加大了仓单辨识和管理的难度,在涉及仓单质押案件的审理时需要格外留心仓单的真实性。

审判前沿

再审申请人五矿钢铁广州有限公司与被申请人广发银行湛江开发区支行、锦泰来钢材实业有限公司、洪某、龚某峰、科利达实业发展有限公司、南储仓储管理有限公司、湛江市霞山海新钢材市场案外人执行异议之诉案

[(2014)民申字第601号民事裁定书]

【裁判要旨】

仓单质押属于权利质押,明显不同于动产质押,也不能按照动产质押的相关规定来权衡仓单质押。判断权利是否真实合法有效才是仓单质押的应有之义,而不应扩大至判决仓单项下货物的权利归属问题上。在基于仓单提起的执行异议之诉中,仓单项下货物的来源及权属不属于法定可以对抗仓单质押效力的事由。

【基本案情】

广东省高级人民法院于2013年12月17日作出(2012)粤高法民一终字第155号民事判决,已经发生法律效力。五矿钢铁广州有限公司(以下简称五矿公司)不服该判决,于2014年5月22日向最高人民法院申请再审。

五矿公司不服二审判决,申请再审称:(1)五矿公司提交大量翔实并互相印证的证据,证明其为案涉货物的唯一所有权人。二审法院始终未能清楚认定案涉货物的权属等关键事实。(2)二审法院认定事实的主要证据是伪造的。经湛江市公安局经侦支队向广州市越秀区国家税务局查证,南储仓储管理有限公司(以下简称南储公司)向原审法院提交的其出具仓单所依据的12份增值税发票复印件均系伪造或变造的。(3)本案有新的证据,足以推翻原判决。广州市中级人民法院于2014年6月3日作出(2012)穗中法刑二初字第293号判决,明确认定被告人洪某以锦泰来钢材实业有限公司(以下简称锦泰来公司)名义向广发银行湛江开发区支行(以下简称广发行)提供虚假材料,以南储公司开具的虚假仓单作质押,以五矿公司存放在湛江市霞山海新钢材市场(以下简称海新市场)的5050吨钢材冒充仓单下质押财产,骗得广发行贷款1678.34万元。判定被告人洪某犯合同诈骗罪、贷款诈骗罪,被告人龚某峰犯合同诈骗罪。(4)本案应该是确权之诉,二审法院回避本案争议焦点,判决逻辑混乱、法律适用错误。

①申请人在本案中明确要求确认案涉货物的权属,本案所有争议焦点亦最终指向案涉货物的所有权权属。一审法院也认为本案的焦点是对所有权的确认。二审法院对该关键事实和争议焦点不予查明、不予认定是错误的。②虽然发生效力的(2012)粤高法民二终字第59号民事判决错误地认定了案涉仓单质押的合法性,但二审法院将该种合法性扩展成对案涉货物执行行为的合法性,显然是错误的。③本案中,申请人并非要阻却法院对仓单的执行,而是要阻却法院将对仓单的执行错误延伸至对案涉货物的执行。综上所述,五矿公司根据2012年《民事诉讼法》第200条第1~3项之规定申请再审,请求:(1)撤销(2012)粤高法民一终字第155号民事判决;(2)改判五矿公司对涉案货物享有所有权;(3)广发行、南储公司承担全部诉讼费用。

最高人民法院审理本案再审争议的焦点问题为:关于五矿公司请求确认其为钢材所有权人的诉讼请求能否成立问题。根据本案已经查明的事实,一审法院于2011年1月10日依法委托湛江市广诚拍卖有限公司公开拍卖案涉钢材4241.99吨。2011年1月25日广州南达公司以17,546,529元最高价竞得拍卖钢材,其所有权已归该买受人所有,因此,五矿公司请求确认对该批钢材的所有权已失去事实基础。五矿公司如认为广发行侵害其财产权利,可另行提起损害赔偿诉讼,其关于确权的诉讼请求,本院不予支持。原审法院虽适用法律存在错误,但裁判结果正确,予以维持。综上所述,五矿公司的再审请求不能成立。原判决适用法律虽有错误,但裁判结果正确。判决:维持广东省高级人民法院(2012)粤高法民一终字第155号民事判决。

【要点评析】

本案再审争议的焦点问题为:(1)本案是否为案外人执行异议之诉;(2)五矿公司请求确认其为钢材所有权人的诉讼请求能否成立。

其一,关于本案是否为案外人执行异议之诉的问题。法院认为,案外人执行异议之诉的目的,在于排除人民法院对执行标的的强制执行。因此,案外人在执行过程中,提出明确的排除对执行标的强制执行的诉讼请求,是案外人执行异议之诉的必备要件。本案五矿公司的诉讼请求仅为请求确认对案涉钢材的所有权,并没有提出明确的阻却对案涉钢材强制执行的诉讼请求。本案性质为所有权确认之诉,而非案外人执行异议之诉。原审法院将本案作为案外人执行异议之诉进行审理,适用法律错误。

其二,关于五矿公司请求确认其为钢材所有权人的诉讼请求能否成立问题。根据本案已经查明的事实,一审法院于2011年1月10日依法委托湛江市广诚拍卖有限公司公开拍卖案涉钢材4241.99吨。2011年1月25日广州南达公司以17,546,529元最高价竞得拍卖钢材,其所有权已归该买受人所有,因此,五矿公司请求确认对该批钢材的所有权已失去事实基础。五矿公司如认为广发行侵害其财产权利,可另行提起损害赔偿诉讼,其关于确权的诉讼请求,不予支持。原审法院虽适用法律存在错误,但裁判结果正确。

本案属于案外人执行异议之诉。执行异议之诉,针对的是执行标的,其诉讼目的是要阻止执行法院对标的物的执行。在本案中,一审法院根据当时生效的(2009)湛中法民三初字第12号民事判决,依法执行的标的物是南储公司出具的仓单,而不是仓单项下的钢材。根据《民法典》的规定,仓单是货物所有权的凭证,它代表仓单上所列货物,仓单持有人有权要求保管人返还货物,也有权处理仓单所列的货物。而仓单质押,就是以仓单为标的物而成立的一种质权,是仓储企业对货主货物进行确认,并开立专用仓单作为融资担保,银行依据质押仓单向货主提供用于经营与仓单货物同类商品的专项贸易的短期融资业务。故仓单质押属于权利质押,明显不同于动产质押,也不能按照动产质押的相关规定来权衡仓单质押。对于仓单本身而言并无多大意义,有意义的是记载在其上的财产权利,因为仓单与记载其上的财产权利是合为一体,不可分割的。据此,判断权利是否真实合法有效才是仓单质押的应有之义,而不应扩大至判决仓单项下货物的权利归属问题上。仓单项下货物的来源及权属均不属于法定可以对抗仓单质押效力的事由,故案涉仓单项下的钢材权属不属于本案审查的范畴,五矿公司以刑事判决结果影响本案认定为由,缺乏依据,不予采纳。

第十七章　基于共同共有的异议之诉

根据共同共有的法律性质，共有权是一种“不可分割的共同所有权”，各共有人的权利及于共同共有物的全部。《民法典》第 299 条规定：“共同共有人对共有的不动产或者动产共同享有所有权。”因此，共同共有人对共有物享有的是完整的所有权。

在针对共有权提起的异议之诉中，裁判的逻辑及优先顺序是：首先看标的物的物权登记情况，即物权的公示公信力优先；其次看合同条款的约定及相关证据的证明力。当然，基于物权登记的优先并不意味着完全排除共有人对共有物的权利，在该情形下，共有人就其所占份额享有对应权利，具体将在下面三个小节中进行举例介绍。

第一节　基于离婚财产分割协议提起的异议之诉

如无特殊约定，夫妻关系存续期间购买的房产应属夫妻共有财产，但该房屋在登记时却不一定为夫妻二人共有，登记在夫或妻一人名下是普遍情况。然而，这种隐名共有现象在涉及第三人时是可能造成各方利益冲突的。最典型的便是法院欲执行被执行人名下的房产，而被执行人的配偶却提出执行异议，主张房屋属于夫妻共有。从夫妻关系外部即依据不动产权登记证明的内容来看，房产仅属于夫或妻一人，另一方对房产的共有权没有通过登记进行公示。从夫妻关系内部来看，房产当然属于二人共有。此时房产产权的物权登记与实际状况发生了冲突，对于夫妻之外的第三人而言，其往往仅能从物权登记来判断房产的归属情况，故申请执行人（第三人）与被执行人及其配偶（案外人）在执行异议之诉中围绕房产权属又出现纠纷。此类案件在司法实践中大量存在，但裁判结果却不甚统一。

法律依据

《民法典》第214条 不动产物权的设立、变更、转让和消灭,依照法律规定应当登记的,自记载于不动产登记簿时发生效力。

《买卖合同司法解释》第7条 出卖人就同一船舶、航空器、机动车等特殊动产订立多重买卖合同,在买卖合同均有效的情况下,买受人均要求实际履行合同的,应当按照以下情形分别处理:

(一)先行受领交付的买受人请求出卖人履行办理所有权转移登记手续等合同义务的,人民法院应予支持;

(二)均未受领交付,先行办理所有权转移登记手续的买受人请求出卖人履行交付标的物等合同义务的,人民法院应予支持;

(三)均未受领交付,也未办理所有权转移登记手续,依法成立在先合同的买受人请求出卖人履行交付标的物和办理所有权转移登记手续等合同义务的,人民法院应予支持;

(四)出卖人将标的物交付给买受人之一,又为其他买受人办理所有权转移登记,已受领交付的买受人请求将标的物所有权登记在自己名下的,人民法院应予支持。

《查扣冻规定》第12条 对被执行人与其他人共有的财产,人民法院可以查封、扣押、冻结,并及时通知共有人。

共有人协议分割共有财产,并经债权人认可的,人民法院可以认定有效。查封、扣押、冻结的效力及于协议分割后被执行人享有份额内的财产;对其他共有人享有份额内的财产的查封、扣押、冻结,人民法院应当裁定予以解除。

共有人提起析产诉讼或者申请执行人代位提起析产诉讼的,人民法院应当准许。诉讼期间中止对该财产的执行。

一、制度阐释

房屋所有权属于不动产物权,其义务主体为不特定的多数人,为保护善意第三人,维护交易安全,必须通过一定的公示方式将所有权状态公之于众。《民法典》第214条与第209条均明确了不动产物权设立、变更、转让和消灭登记生效的时间,即物权变动自登记机构将不动产物权有关事项记载于不动产登记簿时发生法律效力。根据物权公示原则的内在要求,作为物权公示手段的不动产登记簿应具有唯一性、权威性、永久性和公开性。因为任何物权的设立、变更、转让和消灭均会涉及第三人的利益,登记的公开可以让有利害关系的第三人通过登记了解权利的基本情况以及权利是否存在负担,从而决定是否与登记的权利人从事各种交易。在执行工作中，人民法院需对债务人的财产进行审查确认，其审查标准有外观审查和实体审查之分。一般认为，因执行程序的性质及执行工作对效率的要求，人民法院对债务人财产认定采外观审查原则，即依财产之外观，就可认定是否属于债务人之责任财产，无须调查该财产实体上是否为债务人所有。此外观审查的“外观”对动产而言为占有，对不动产而言为登记。因此，对不动产权属的判断以外观审查为原则，以实质审查为例外：不动产已登记时，按照不动产登记簿判断，没有登记的，根据土地使用权登记簿所登记的内容，同时结合建设工程规划许可等行政审批资料来判断。

对于案外人以其根据离婚协议约定的涉案房屋归属获得实体权益提起案外人执行异议之诉，请求排除强制执行的，就离婚协议能否产生不动产物权变动的效力，存在不同的观点，如在王某与钟某玉、林某达执行异议案①中，一审法院与二审法院持有相反观点。一审法院基于离婚房产分割协议具有解除人身关系的性质，而认定不同于一般处分房产所有权的协议，案外人依法享有涉案房屋的物权。二审法院则认为：(1)不存在恶意串通逃避债务的主观恶意；(2)案外人实际占有使用涉案房屋；(3)离婚协议书对婚姻关系解除时财产分配的约定，在涉案房屋办理过户登记之前，案外人及其所生子女享有的是将涉案房屋的所有权变更登记至其名下的请求权。故二审法院从成立时间、内容、性质、发生的性质、功能上分析，认为该请求权在伦理上优先于申请执行人的金钱债权。二审法院虽未直接对离婚协议的约定能否发生物权变动作出认定，但从侧面可以看出，就离婚协议关于涉案房屋归属一方的约定，案外人享有的是将房产所有权变更登记至自己名下的请求权，而不产生物权变动的效力。如在黄某菊、中国东方资产管理股份有限公司河南省分公司等申请执行人执行异议之诉纠纷案②中，最高人民法院明确：离婚协议仅系双方内部约定，不具直接导致房屋物权变动的法律效果。

通过对相似案件的检索，目前大多数法院将依据离婚协议对房屋归属约定认定为双方内部约定，不具有直接导致房屋物权变动的法律效果，案外人对该房屋所享有的权益，是变更不动产登记的请求权，从性质上看属于债权请求权。但对债权的保护也存在两种不同的观点：一种观点认为，债权平等保护，案外人享有的债权不能排除强制执行；另一种观点则认为，参考《最高人民法院关于审理买卖合同纠纷案件适用法律问题的解释》，对特殊动产多重买卖的规定，虽然债权的成立时间不影响债权的平等性，但在某些情况下影响是否能够继续履行以及继续履行的顺

① 最高人民法院民事裁定书，(2016)最高法民申2246号。

② 最高人民法院民事裁定书，(2021)最高法民申2847号。

序。因此,在根据离婚协议的约定所取得的过户请求权成立在申请执行人金钱债权成立之前的情况下,成立在先的债权在伦理上具有一定的优先性,能够排除强制执行。①

案外人主张对登记在被执行人名下的房屋享有所有权,必须提出充分事实和证据推翻现有登记,并证明其为不动产的实际所有权人。如果法院查明案外人确系不动产的真实所有权人,则真实权利应优先外观权利,不动产因不属于被执行人的责任财产,案外人可以排除执行。

二、操作指引

在涉及离婚协议约定房屋归属一方所有排除强制执行案件中,夫妻一方以离婚协议中对房屋归属的约定主张排除债权人金钱债权执行的,应把握三个要件:(1)离婚协议真实;(2)离婚协议在人民法院对涉案房屋查封之前订立;(3)非因自身原因不能办理有效过户。②

在确定案外人实体权利存在的前提下,须通过一定的标准或斟酌相关因素,确定案外人权利与申请执行人权利的优先级,作出案外人权利能否排除执行的认定。

1. 在不动产所有权的外观权属与真实权属不一致时,被执行人虽然系不动产的登记权利人,但真实权利人却是案外人。此时,不动产并非被执行人的责任财产范围,人民法院不能强制执行案外人的财产。案外人作为不动产真实所有权人,能够对抗申请执行人的执行。

2. 在不动产上同时存在物权和债权时,无论物权成立时间是否先于债权,物权均有优先于债权的效力。申请执行人对不动产的执行权利是根据生效裁判文书确定的债权衍生而来,是为实现债权而产生,本质上仍属债权。在对不动产进行强制执行时,若不动产上有案外人的物权,且执行行为会损害该物权时,案外人有权以物权对抗申请执行人对不动产的执行。

3. 当案外人对不动产的权利直接关系到对其生活保障功能,与其生存权息息相关时,则案外人的请求权在伦理上具有一定的优先性,应优先予以保护。

---

① 最高人民法院民事裁定书,(2016)最高法民申2246号。

② 最高人民法院民事裁定书,(2020)最高法民申1912号。

审判前沿

案例一

韩某香与张某意、李某栓案外人执行异议之诉纠纷案

[(2016)内民终187号民事判决书、
(2017)最高法民申1820号民事裁定书]

【裁判要旨】

案外人与被执行人在法院采取查封措施后协议离婚并约定房屋归属于案外人的,不能产生对抗第三人的效力,亦不能阻却执行。

【基本案情】

李某栓与张某意等借款合同纠纷一案经内蒙古自治区高级人民法院、最高人民法院审理裁判后,张某意作为债权人向法院申请强制执行,执行期间,韩某香向执行法院提出执行异议,被驳回后又提起案外人执行异议之诉,该案经两审后韩某香仍不服内蒙古自治区高级人民法院作出的民事判决,向最高人民法院申请再审。

再审法院认为,在法院作出拍卖执行案涉房屋裁定、发出拍卖公告后,李某栓与韩某香协议离婚,双方约定案涉房屋归韩某香及其亲属所有,但并未办理不动产权属变更登记。根据《物权法》(已废止)第14条规定:“不动产物权的设立、变更、转让和消灭,依照法律规定应当登记的,自记载于不动产登记簿时发生效力。”因此,韩某香与李某栓之间关于案涉房屋所有权转移的协议并未产生物权变动的法律后果,仅能约束协议双方,不能产生对抗第三人的效力。韩某香关于停止对涉案房屋采取执行措施的请求依据不足。综上所述,该院裁令:驳回韩某香的再审申请。

案例二

王某与钟某玉、林某达执行异议之诉纠纷案

[(2015)民一终字第150号民事判决书、
(2016)最高法民申2246号民事裁定书]

【裁判要旨】

请求排除执行的理由在执行所依据的事实发生之前,即使执行所依据的

裁判已发生法律效力,案外人亦享有足以阻却执行的权利。

【基本案情】

王某与林某达股权转让合同纠纷案中,王某向福建省高级人民法院(一审法院)提出财产保全申请,请求对林某达的财产进行诉讼保全。2011年7月15日,该院作出(2011)闽民初字第22-2号民事裁定,冻结林某达银行存款5723万元或查封、扣押等值的财产,并于2011年7月21日向上杭县房地产交易管理所发出(2011)闽民初字第22-2号《协助执行通知书》,查封了林某达所有的坐落于上杭县和平路121号的房产。2011年12月15日,一审法院作出(2011)闽民初字第22号民事判决,判令林某达应返还王某已支付的转让款750.681万美元(折合人民币5000万元)。民事判决生效后,王某申请强制执行,一审法院立案执行,于2013年6月19日作出(2013)闽执行字第1-4号执行裁定:继续查封林某达所有的坐落于上杭县和平路121号的房产。2013年12月5日,钟某玉以诉争房产系其所有为由,向一审法院提起执行异议,请求一审法院中止对该房产的执行并解除对该房产的查封措施。一审法院认为,讼争房产至今仍登记在林某达名下,尚未变更登记为案外人钟某玉,故上述房产的物权未发生变动,应仍为林某达所有。案外人钟某玉认为讼争房产系其合法财产之理由无事实和法律依据,查封并无不当,作出(2013)闽执外异字第3号执行裁定,驳回钟某玉异议。钟某玉不服,遂向福建省高级人民法院提起诉讼。

福建省高级人民法院(一审)经审查认为,钟某玉依照2012年《民事诉讼法》第227条的规定提起案外人执行异议之诉,应当提供证据证明其对讼争房产享有的实体权利足以阻却强制执行措施。钟某玉提供的离婚登记申请书、离婚协议书、审查处理结果均复印自上杭县档案馆,真实性应予认定,该三份证据内容体现钟某玉与林某达经协商一致达成离婚协议,并经行政机关审批同意予以办理离婚登记,虽然钟某玉于一审庭审后提供的结婚登记申请表所载的申请人为"钟永月姑",且未提供其他证据证明其曾用名为"钟永月姑",但是钟某玉与林某达是否存在合法的婚姻关系,属行政机关在办理两人离婚登记时应当审查的事项,行政机关作出"符合条件,予以办理(离婚登记)"的审查结果,其中当包含确认两人此前存在婚姻关系之意,钟某玉与林某达签署的离婚协议书系双方自愿达成,内容没有违反法律、行政法规的强制性规定,两人亦已依该协议并经行政机关批准解除婚姻关系,故应当认定该离婚协议合法有效。

虽然钟某玉提供的《上杭县私有房屋所有权登记申请表》、讼争房产的权属证书等证据体现林某达系于1997年申请办理并取得讼争房产的权属证书,但是

《上杭县私有房屋所有权登记申请表》载讼争房产系于1996年建成，钟某玉于一审庭审后提供的用水分户明细卡、用水账户卡等证据亦体现讼争房产于1996年2月安装自来水并有每月用水记录，上述事实与林某达有关讼争房产于1994年购买土地，1995年年底建成，1996年年初入住，1997年补办土地出让手续并办理权属证书的陈述可以互相印证，证明讼争房产系在林某达与钟某玉婚姻关系存续期间购买土地并合法建造而成，根据《婚姻法》(已废止)第17条的规定，当属两人夫妻共同财产。

1996年，两人经协商达成有关该处房产归钟某玉及其子女所有的离婚协议书，不但是双方对夫妻共同财产作出的分割协议，而且因具有解除人身关系的性质，而不同于一般处分房产所有权的协议。钟某玉作为讼争房产的共有权人，依法享有该处房产之物权，其请求停止对讼争房产强制执行措施，一审法院予以支持。该院裁令停止对涉案房产的执行。王某不服一审判决，向最高人民法院提起上诉。

最高人民法院认为(二审)，(1)现有证据不能证明钟某玉与林某达之间存在恶意串通逃避债务的主观故意，钟某玉与林某达解除婚姻关系及有关财产约定的意思表示真实。根据原审查明的案件事实，王某与林某达之间转让股权的时间为2009年9月，王某因该股权转让纠纷根据生效判决申请原审法院对讼争房产进行查封的时间为2013年6月，此时讼争房产登记在债务人林某达个人名下。钟某玉一审中提供的复印自上杭县档案馆的离婚登记申请书、离婚协议书、审查处理结果三份证据，能够证明钟某玉与林某达两人于1996年7月22日达成的离婚协议书已明确将夫妻双方共有的讼争房产归钟某玉及其子女所有。上述离婚协议书系钟某玉与林某达两人双方自愿达成，内容不违反法律、行政法规的强制性规定，且两人亦已依该协议并经行政机关批准解除婚姻关系，故一审法院认定该离婚协议合法有效，并无不当。由于该离婚协议书签订时间(1996年7月)在先，法院对讼争房产的执行查封(2013年6月)在后，时间上前后相隔长达十几年之久，林某达与钟某玉不存在借离婚协议处分财产逃避债务的主观恶意。据此，钟某玉与林某达在离婚协议中对于夫妻共同财产的处分行为亦属有效。(2)关于钟某玉对讼争房产的请求权的内容问题。根据《上杭县私有房屋所有权登记申请书》、杭房权字第06072号房屋所有权证及杭国用(1997)字第4468号国有土地使用证等证据可知，讼争房产的用地面积为172.8平方米。由于钟某玉与林某达签订离婚协议书时，讼争房产尚未办理门牌号码也未测量其实际面积，因此，钟某玉与林某达在离婚协议书中约定，“……建在上杭县城关和平路的面积一百七十三平方米(尚未办理门牌号码)的房屋归女方及女方所生子女所有",该约定的内容即应解释为诉争房屋的全部而非其中的173平方米归钟某玉及其所生子女所有。尤其是,在离婚协议书签订之后,钟某玉及其所生子女也一直实际占有、使用了诉争房屋。(3)钟某玉与林某达于1996年7月22日签订离婚协议书,约定讼争房产归钟某玉及其所生子女所有,该约定是就婚姻关系解除时财产分配的约定,在诉争房产办理过户登记之前,钟某玉及其所生子女享有的是将讼争房产的所有权变更登记至其名下的请求权。该请求权与王某的请求权在若干方面存在不同,并因此具有排除执行的效力。第一,从成立时间上看,该请求权要远远早于王某因与林某达股权转让纠纷所形成的金钱债权。债权的成立时间尽管并不影响债权的平等性,但是在若干情形下对于该债权能否继续履行以及继续履行的顺序产生影响。例如,2012年《买卖合同司法解释》第10条针对出卖人就特殊动产订立多重买卖合同的继续履行问题明确规定,在均未受领交付且未办理所有权转移登记手续的情况下,依法成立在先合同的买受人的继续履行请求权就优先于其他买受人。以此类推,在本案情形,至少不能得出王某成立在后的债权具有优先于钟某玉成立在前的债权的结论。第二,从内容上看,钟某玉的请求权系针对诉争房屋的请求权,而王某的债权为金钱债权,并未指向特定的财产,诉争房屋只是作为林某达的责任财产成为王某的债权的一般担保。在钟某玉占有诉争房屋的前提下,参考2012年《买卖合同司法解释》第10条规定的精神可知,其要求将讼争房产的所有权变更登记至其名下的请求权,也应当优于王某的金钱债权。第三,从性质上看,王某与林某达之间的金钱债权,系林某达与钟某玉的婚姻关系解除后发生的,属于林某达的个人债务。在该债权债务发生之时,诉争房屋实质上已经因钟某玉与林某达之间的约定而不再成为林某达的责任财产。因此,在王某与林某达交易时以及最终形成金钱债权的过程中,诉争房产都未影响到林某达的责任财产。在此意义上,钟某玉的请求权即使排除王某债权的执行,也并未对王某债权的实现形成不利影响。第四,从发生的根源上看,讼争房产系钟某玉与林某达婚姻关系存续期间因合法建造而产生的夫妻共同财产,在钟某玉与林某达婚姻关系解除之时约定讼争房产归钟某玉及其所生子女所有。从功能上看,该房产具有为钟某玉及其所生子女提供生活保障的功能。与王某的金钱债权相比,钟某玉及其子女享有的请求权在伦理上具有一定的优先性。

综上所述,二审法院认为基于钟某玉与王某各自债权产生的时间、内容、性质以及根源等方面来看,钟某玉对诉争房产所享有的权利应当能够阻却对本案讼争房产的执行,钟某玉提起执行异议请求阻却对本案讼争房产执行的理由成立。该院判决:驳回上诉,维持原判。王某不服该判决,向最高人民法院申请再审。

最高人民法院(再审)认为,本案中钟某玉与林某达于1996年7月22日签订离婚协议书,约定诉争房产归钟某玉及其所生子女所有,该约定是就婚姻关系解除时财产分配的约定,在诉争房产办理过户登记之前,钟某玉及其所生子女享有的是将诉争房产的所有权变更登记至其名下的请求权。该请求权与王某的请求权确实存在以下不同之处。第一,从成立时间方面分析,该请求权远远早于王某因与林某达股权转让纠纷所形成的金钱债权。债权的成立时间尽管并不影响债权的平等性,但在某些情况下对于该债权能否继续履行以及继续履行的顺序产生影响。原判决以此类推在本案中至少不能得出王某成立在后的债权具有优先于钟某玉成立在前的债权的结论,是正确的。第二,从内容方面分析,钟某玉的请求权系针对诉争房屋的请求权,而王某的债权为金钱债权,并未指向特定的财产,认为其要求将诉争房产的所有权变更登记至其名下的请求权,应当优于王某的金钱债权,也无不妥之处。第三,从性质方面分析,王某与林某达之间的金钱债权,系林某达与钟某玉的婚姻关系解除后发生的,属于林某达的个人债务,基于以上情况,原判决认定在该债权债务发生之时诉争房屋实质上已经因钟某玉与林某达之间的约定而不再成为林某达的责任财产,并不缺乏事实和法律依据,因此,也就能够认定在本案中诉争房产没有影响林某达的责任财产。第四,从发生的根源方面分析,诉争房产系钟某玉与林某达婚姻关系存续期间因合法建造而产生的夫妻共同财产,在钟某玉与林某达婚姻关系解除之时约定诉争房产归钟某玉及其所生子女所有。从功能上看,该房产具有为钟某玉及其所生子女提供生活保障的功能,即使存在王某再审申请中提出的钟某玉一时不在诉争房产中居住等情况,也并不影响该房产的此项功能。因此,与王某的金钱债权相比,钟某玉及其子女享有的请求权在伦理上具有一定的优先性。原判决在综合考量上述因素的基础上,认为钟某玉对诉争房产所享有的权利具有排除执行的效力,能够阻却对本案诉争房产的执行,钟某玉提起执行异议请求阻却对本案诉争房产执行的理由成立,判决停止对诉争的位于福建省上杭县和平路121号房产的执行,不存在适用法律错误的问题。综上所述,该院裁令:驳回王某的再审申请。

【要点评析】

通过离婚协议取得房产的夫妻一方提起的案外人异议之诉,各地法院均已形成相对统一的裁判意见:(1)不动产物权变动未经登记,不发生所有权转移的法律效力;(2)查封之后订立的离婚协议不具有排除执行的效力;(3)案外人应当就其对执行标的享有足以排除强制执行的民事权益承担举证证明责任。换言之,物权的公示公信力在此大于夫妻基于婚姻存续期间财产的共同共有权。申请执行人(第三人)与被执行人及其配偶(案外人)在执行异议之诉中围绕房产权属出现纠纷时,在被执行人及其配偶夫妻关系存续期间购置的房产,该房产产权证书登记了夫妻二人产权或即使只登记了一方的产权,另一方不得就此享有排除强制执行的民事权益,仅得就其所占份额对应的款项主张权利。

那么,执行异议不成立是否表示执行异议之诉中的请求不会被法院支持?在法律适用上,应当看到,《异议复议规定》是针对执行程序中当事人提出执行异议时如何处理的规定。由于执行程序需要贯彻已生效判决的执行力,因此,在对执行异议是否成立的判断标准上,应坚持外观化的判断标准。这一判断标准,不同于执行异议之诉中原告能否排除执行的判断标准。

由此,《异议复议规定》第25条至第28条的规定就应当在如下意义上理解,即符合这些规定所列条件的,执行异议能够成立;不满足这些规定所列条件的,异议人在执行异议之诉中的请求也未必不成立。是否成立,应根据案件的具体情况和异议人所主张的权利、申请执行人债权实现的效力以及被执行人对执行标的的权利作出比较后综合判断,从而确定异议人的权利是否能够排除执行。

章某真与陈某华、宁某田案外人执行异议之诉纠纷案件

[(2019)青民初51号民事判决书、(2019)最高法民终1868号民事判决书]

【裁判要旨】

夫妻一方请求排除对夫妻共同财产执行的,应按照执行异议之诉的相关规定进行审理,以确定夫妻一方对于执行财产是否享有排除强制执行的权利。执行依据确定给付义务,是否属于夫妻共同债务,不属于执行异议之诉的审查范围。

【基本案情】

2014年5月14日,青海省高级人民法院(以下简称青海省高院)对陈某华

与山东绿岛置业集团有限公司、宁某田、宁某绪借款合同纠纷一案，作出了(2014)青民一初字第1号民事判决，确认被告山东绿岛置业集团有限公司、宁某绪、宁某田应连带偿还原告陈某华剩余欠款3768万元，滞纳金30.5万元。该案上诉后，最高人民法院判决维持原判。因山东绿岛置业集团有限公司、宁某绪、宁某田未履行法律文书确定的义务，2015年2月陈某华申请强制执行。执行中，青海省高院查封了登记在宁某田之妻章某真名下的1288号房屋和登记在宁某田名下的102号房屋，将查封公告在章某真居住的1288号房屋门口张贴后拍照入卷。2018年6月28日，青海省高院裁定对102号房屋进行拍卖。2018年11月1日，102号房屋以4,684,134.3元的价格卖出，拍卖款于当月给付申请执行人陈某华。2018年12月5日，青海省高院通知北京市西城区不动产登记事务中心协助给买受人办理产权手续。2019年3月5日，案外人章某真对已查封的登记在其名下1288号房屋和已经拍卖的登记在宁某田名下102号房屋提出书面异议，青海省高院审查后，裁定驳回章某真异议，章某真遂提起案外人执行异议之诉。章某真请求：(1)确认1288号房屋的所有权归其所有，停止对该房屋执行；(2)将102号房屋一半的拍卖款归其所有。

青海省高院(一审法院)经审查认为，1288号房屋系章某真和宁某田的夫妻共同财产，章某真请求确认1288号房屋所有权归其所有，并停止执行的诉求不能成立。但章某真系1288号房屋的共有人，在宁某田所负债务不能认定为夫妻共同债务的情况下，该房屋的执行变现款项中应当保留章某真的一半份额。案涉102号房屋已执行终结，章某真请求分配一半拍卖款的诉求，不属于本案审理范围。判决：不得执行1288号房屋变价款中章某真所享有的一半变价款份额；驳回章某真的其他诉讼请求。

陈某华、章某真均不服，上诉至最高人民法院。陈某华主张宁某田所负债务为夫妻共同债务，最高人民法院认定该案执行依据确定给付义务，是否属于夫妻共同债务不属于执行异议之诉的审查范围。

【要点评析】

本则判例中，案外人章某真提出执行异议之诉，申请排除对涉案房屋的强制执行。申请执行人陈某华在一审中提出，宁某田所负案涉债务产生在与案外人章某真夫妻关系存续期间，为夫妻共同债务。

就“关于陈某华申请执行的案涉债务是否属于夫妻共同债务问题”这一争议焦点，一审法院经审理，根据《最高人民法院关于审理涉及夫妻债务纠纷案件适用法律有关问题的解释》(已废止)第1条的规定、生效判决确定的内容及本案事实,认定宁某田所负债务的性质不属于夫妻共同债务。

二审法院认为,本案章某真提起的系案外人执行异议之诉,请求排除对涉案房产的执行,依法应当按照案外人执行异议之诉的相关规定加以审理,认定案涉执行财产是否足以排除执行,宁某田所负的债务属于夫妻共同债务还是属于其个人债务,不属于案外人执行异议之诉的审理范围。青海省高院将宁某田的债务是否属于夫妻共同债务加以审理,不妥,依法予以纠正。

执行异议之诉的审理以执行标的的权属和案外人对执行标的是否享有排除强制执行的权利为核心。执行异议之诉不以否定作为执行依据的生效裁判为目的,案外人如认为裁判确有错误的,只能通过申请再审或者提起第三人撤销之诉的方式进行救济。① 执行依据不属于执行异议之诉的审理范围。故本案中,执行依据未确定为夫妻共同债务,申请执行人在执行异议之诉程序中要求确认相关债务为夫妻共同债务不属于案外人执行异议之诉的审理范围。

第二节 基于执行夫妻共同财产提起的异议之诉

夫妻共同财产执行是司法实践中的热点问题,夫妻共同债务执行夫妻共同财产并无争议,但个人债务能否执行夫妻共同财产、如何执行夫妻共同财产等问题仍有争论。从理论上看,被执行人以其所有财产作为承担债务的总担保,夫妻共同财产属于被执行人责任财产,无法豁免执行。如若夫妻共同财产中被执行人所占份额已定、财产易于分割且分割处置不会影响债权人利益,执行法院采取执行措施应以被执行人所占份额为限。但执行实践中引发争议的夫妻共同财产多为房屋、车辆等,不易分割且分割处置会严重影响价格,执行债务为个人债务时也只能对共有财产之整体采取执行措施,此时被执行人配偶一方是否享有足以排除强制执行的民事权益有待探讨。

法律依据

《民法典》第303条 共有人约定不得分割共有的不动产或者动产,以维持共有关系的,应当按照约定,但是共有人有重大理由需要分割的,可以请求分割;没有约定或者约定不明确的,按份共有人可以随时请求分割,共同共有人在共有的基础

① 参见《九民纪要》第119条。

丧失或者有重大理由需要分割时可以请求分割。因分割造成其他共有人损害的，应当给予赔偿。

《民法典》第1062条 夫妻在婚姻关系存续期间所得的下列财产，为夫妻的共同财产，归夫妻共同所有：

（一）工资、奖金、劳务报酬；

（二）生产、经营、投资的收益；

（三）知识产权的收益；

（四）继承或者受赠的财产，但是本法第一千零六十三条第三项规定的除外；

（五）其他应当归共同所有的财产。

夫妻对共同财产，有平等的处理权。

《民法典》第1064条 夫妻双方共同签名或者夫妻一方事后追认等共同意思表示所负的债务，以及夫妻一方在婚姻关系存续期间以个人名义为家庭日常生活需要所负的债务，属于夫妻共同债务。

夫妻一方在婚姻关系存续期间以个人名义超出家庭日常生活需要所负的债务，不属于夫妻共同债务；但是，债权人能够证明该债务用于夫妻共同生活、共同生产经营或者基于夫妻双方共同意思表示的除外。

《民法典》第1066条 婚姻关系存续期间，有下列情形之一的，夫妻一方可以向人民法院请求分割共同财产：

（一）一方有隐藏、转移、变卖、毁损、挥霍夫妻共同财产或者伪造夫妻共同债务等严重损害夫妻共同财产利益的行为；

（二）一方负有法定扶养义务的人患重大疾病需要医治，另一方不同意支付相关医疗费用。

《查扣冻规定》第12条 对被执行人与其他人共有的财产，人民法院可以查封、扣押、冻结，并及时通知共有人。

共有人协议分割共有财产，并经债权人认可的，人民法院可以认定有效。查封、扣押、冻结的效力及于协议分割后被执行人享有份额内的财产；对其他共有人享有份额内的财产的查封、扣押、冻结，人民法院应当裁定予以解除。

共有人提起析产诉讼或者申请执行人代位提起析产诉讼的，人民法院应当准许。诉讼期间中止对该财产的执行。

一、制度阐释

根据《查扣冻规定》第12条的规定，执行债务为夫妻个人债务时，人民法院可以查封、扣押、冻结被执行人与他人共有的财产，夫妻共同财产作为被执行人与他人共有的财产能够被采取控制措施已无争议,但在夫妻共同财产未分割,共有份额未确定时,执行程序中能否处分夫妻共同财产存有争议。

第一种观点认为,必须等待夫妻共同财产份额确定后才可以对共同财产采取变价措施,因《查扣冻规定》第12条列举的强制执行措施不包含拍卖,同时规定析产诉讼可以中止执行,因此在夫妻共同财产份额未确定时,执行中不宜直接处分夫妻共同财产。第二种观点认为,等待夫妻共同财产份额确定后再行处置会导致执行程序拖延,不利于债权人权利的保护,考虑执行效率原则,在被执行人所有或者其名下的财产不足清偿时,执行法院可以按照被执行人夫妻共同财产的一半份额予以执行。浙江省高级人民法院采纳第二种观点,《浙江省高级人民法院关于执行生效法律文书确定夫妻一方为债务人案件的相关问题解答》(浙高法〔2014〕38号)第7条规定,"被执行人所有或者其名下的财产不足清偿的,可执行夫妻共同财产中的一半份额。如登记在夫妻另一方名下的财产系夫妻共同财产的,也可执行。执行机构可直接对上述共同财产采取相应的执行措施。夫妻另一方对被执行人个人名下的财产主张权利,或者对登记在其名下的财产是否系共同财产或者财产份额提出异议的,按照《中华人民共和国民事诉讼法》第二百二十七条的规定处理。夫妻另一方就财产份额提出异议,或者对被执行人个人名下的财产主张权利,案外人执行异议之诉审理期间不停止执行"。

本书倾向第二种观点,虽然《查扣冻规定》第12条在用语上表述为对于被执行人与其他人共有的财产可以进行查封、扣押、冻结,但在实质上确立了共有财产可以处分的原则,因除法律或者司法解释明确规定可以进行查封但不得处分外,原则上对于查封的财产都可以处分并以变价所得清偿被执行人的债务。① 另外,《查扣冻规定》系为规范民事执行中的查封、扣押、冻结措施所制定,因此《查扣冻规定》第12条没有明文规定人民法院可以拍卖被执行人与其他人共有的财产并不意味着执行程序中只能对夫妻共同财产采取控制措施,不能处置变价。析产诉讼并非处置变价的法定前置程序,该规定只是赋予共有人通过析产诉讼中止执行的权利,共有人放弃该权利的,人民法院可以径行处置共有财产。

需要注意的是,夫妻一方因个人债务作为被执行人虽不属于《民法典》第1066条列明的在夫妻关系存续期间请求分割共有财产的情形,但夫妻共同共有作为共同共有的主要情形,可以适用《民法典》第303条共同共有分割之规定,即在共有的基础丧失或者有重大理由需要分割时可以请求分割。根据《民法典》第1066条之

① 参见金殿军:《被执行人共有财产的执行路径——以申请执行人代位分割之诉为中心》,载《法律适用》2023年第1期。

规定,存有一方隐藏、转移、变卖、毁损、挥霍夫妻共同财产或者伪造夫妻共同债务及一方拒绝支付另一方负有法定扶养义务的人的重大疾病医疗费用两种情形才得在夫妻关系存续期间请求分割共同财产,该两种情形实质上都是一方行为严重损害另一方权益,究其立法原意,其本原是在一方行为侵害另一方权益时赋予其救济渠道,详言之,夫妻关系存续期间一方个人债务进入执行程序,按照现有规定执行法院可以径行处置夫妻共同财产,举债一方行为严重损害非举债配偶一方权益,此时应当认定夫妻一方因个人债务作为被执行人构成请求分割共有财产的重大理由。

二、操作指引

夫妻一方被确定为被执行人的,对于被执行人配偶对执行夫妻共同财产提起的异议之诉,人民法院应当按照案外人执行异议之诉的相关规定加以审理,综合判定案涉执行财产是否足以排除执行。需要注意的是,执行异议之诉涉实体权利的审理仅限于基于执行标的所提出的权利主张,执行债务是夫妻共同债务还是个人债务的问题,不属于案外人执行异议之诉的审理范围。根据《民事诉讼法解释》第310 条第 2 款的规定,案外人在执行异议之诉中除要求排除对标的物的执行外,还提出确认其权利的诉讼请求的,人民法院可以一并作出裁判。执行异议之诉作为救济之诉,兼具确认之诉与形成之诉两种性质。

被执行人的配偶以查封、扣押、冻结的财产为夫妻共同财产为由提出的排除执行异议,人民法院要严格依照《异议复议规定》第 24 条规定的三个要件审查,被执行人配偶仅享有夫妻共同财产共有部分份额的民事权益,不宜认定为其享有足以排除对整个案涉房产予以强制拍卖执行的民事权益,共有财产份额未经析产诉讼或协议确定时,被执行人配偶享有的仍是夫妻共同财产共有部分份额的民事权益,不足以排除执行。最高人民法院(2020)最高法民申 1543 号执行异议之诉再审审查与审判监督民事裁定书亦认定,即使被执行人及其配偶没有提起析产诉讼,申请执行人也没有代位提起析产诉讼,法院在确认被执行人享有案涉房产份额产权的前提下,可以对案涉房产采取查封、扣押、冻结,以及所延伸出的强制拍卖等执行行为,但必须及时通知共有人,并从强制拍卖所获得的执行款中保留案外人的共有财产份额。

再者,虽执行法院处置共有财产后为被执行人配偶预留变价款份额的一半已成为实践中的主流做法,但相较于执行夫妻共同财产之整体后为配偶预留一半份额,在保障配偶一方优先购买权的前提下,执行夫妻共同财产的一半份额对于配偶权益保护更为周全,然结合执行实践中处置的夫妻共同财产多为房屋、车辆,拍卖份额可能会导致变价款畸低甚至流拍,严重损害债权人和被执行人利益,基于善意文明执行理念,整体拍卖后为配偶预留一半份额的变价款更有利于平衡各方利益。若夫妻共同财产易于分割,且分割处置不影响价值,或者当事人同意配偶一方以市价购买夫妻共同财产一半份额的,人民法院应采取执行被执行人相应财产份额的方式。

审判前沿

周某、沈某景执行异议之诉再审审查与审判监督案

[(2020)最高法民申1543号民事裁定书]

【裁判要旨】

作为案外人的夫妻一方没有提起析产诉讼,申请执行人也没有代位提起析产诉讼,法院在确认被执行人享有案涉房产份额产权的前提下,可以对案涉房产采取查封、扣押、冻结,以及所延伸出的强制拍卖等执行行为,但必须及时通知共有人,且从强制拍卖所获得的执行款中保留其共有财产份额。

【基本案情】

2014年12月30日,安徽省铜陵市中级人民法院(以下简称铜陵中院)就金誉中心与铜陵鑫牛实业有限公司(以下简称鑫牛公司)追偿权纠纷案,判决鑫牛公司支付金誉中心代偿本息及违约金,沈某根、胡某芳、沈某景承担连带给付责任。2009年4月10日,周某与沈某景登记结婚。2011年1月4日,涉案房产以共同共有的形式登记在周某与沈某景名下。2016年2月6日,周某与沈某景登记离婚,双方约定案涉房产归其子周某博所有,但未办理过户登记。

2018年4月18日,金誉中心向铜陵中院提出拍卖申请,要求对沈某景所有的涉案房产进行强制拍卖。在房产拍卖过程中,周某以其系案涉房产共同所有权人为由,向铜陵中院提出执行异议。铜陵中院于2018年7月27日作出(2018)皖07执异17号执行裁定,裁定中止对案涉房产的执行。

原告金誉中心认为(2018)皖07执异17号执行裁定错误,请求依法撤销,并准许继续执行,铜陵中院认为案涉房产系周某与沈某景在夫妻关系存续期间取得的共同共有财产,在申请执行人与共有人没有协商一致分割共有财产,或者提起析产诉讼确定各共有人份额的情况下,不宜对案涉房产采取强制拍卖等执行措施。综上,周某对涉案房产享有足以排除强制执行的民事权益。铜陵中院

作出(2018)皖07民初277号民事判决,驳回原告金誉中心的诉讼请求。

上诉人金誉中心不服铜陵中院(2018)皖07民初277号民事判决,向安徽省高级人民法院提起上诉,安徽省高级人民法院认为依据法律及司法解释的相关规定,作为共有人的周某与沈某景应当积极协商析产,以确保案外人及被执行人的合法权益不受损害,但现有证据不能表明周某与沈某景已经析产确定各自份额及权益,由此导致执行受阻;且本案中,人民法院继续执行涉案房产,案外人周某将会从执行款中获得其应有的共有财产份额,其权益不会受到损害,金誉中心此节上诉理由成立,案外人周某不享有足以排除强制执行的民事权益。一审判决适用法律不当,应予纠正。安徽省高级人民法院作出(2019)皖民终103号民事判决,撤销铜陵中院(2018)皖07民初277号民事判决。

周某与沈某景不服安徽省高级人民法院(2019)皖民终103号民事判决,向最高人民法院申请再审,最高人民法院认为实际执行中,执行效力只及于被执行人占有房屋的份额,对案外人享有的房屋份额应当裁定解除查封、停止执行。但是,鉴于案涉房屋为共同共有,对案涉房产的查封和强制拍卖,不宜直接区分空间、分开处置,从各方当事人权益均衡保护考虑,原二审法院认为"人民法院继续执行涉案房产,案外人周某将会从执行款中获得其应有的共有财产份额,其权益不会受到损害",理由并无不当。因案外人周某只是享有案涉房产共有的部分份额的民事权益,客观上不宜认定为其享有足以排除对整个案涉房产予以强制拍卖执行的民事权益。《查扣冻规定》第12条规定:"对被执行人与其他人共有的财产,人民法院可以查封、扣押、冻结,并及时通知共有人。共有人协议分割共有财产,并经债权人认可的,人民法院可以认定有效。查封、扣押、冻结的效力及于协议分割后被执行人享有份额内的财产;对其他共有人享有份额内的财产的查封、扣押、冻结,人民法院应当裁定予以解除。共有人提起析产诉讼或者申请执行人代位提起析产诉讼的,人民法院应当准许。诉讼期间中止对该财产的执行。"本案中,案外人周某及被执行人沈某景没有提起析产诉讼,申请执行人也没有代位提起析产诉讼,法院在确认被执行人享有案涉房产份额产权的前提下,可以对案涉房产采取查封、扣押、冻结,以及所延伸出的强制拍卖等执行行为,但必须及时通知共有人即本案的案外人周某,且从强制拍卖所获得的执行款中保留案外人周某的共有财产份额。因此,原二审法院判决继续执行案涉房产并无明显不当。最高人民法院作出(2020)最高法民申1543号执行异议之诉再审审查与审判监督民事裁定书,驳回周某与沈某景的再审申请。

【要点评析】

本案的焦点问题在于周某就本案所涉房屋是否享有足以排除强制执行的民事权益及相应判断标准。涉案房产是周某与沈某景的共同共有房产,周某作为涉案房产的共有人享有与其份额相对应的权利,执行共有财产应当注意平衡申请执行人和共有人之权益。析产诉讼并非处置共有财产的法定前置条件,在被执行人及配偶均未提起析产诉讼的前提下,执行法院可以对案涉房产采取查封、扣押、冻结,以及所延伸出的强制拍卖等执行行为,在执行款中保留共有人对应份额即可,即在执行夫妻共同共有财产时,为被执行人配偶保留变价款的一半份额。

黄某菊、中国东方资产管理股份有限公司河南省分公司等申请执行人执行异议之诉纠纷案

[(2020)豫民终790号民事判决书、(2021)最高法民申2847号民事裁定书]

【裁判要旨】

离婚协议仅系双方内部约定,不具有直接导致房屋物权变动的法律效果。

【基本案情】

黄某菊、陈某光于2002年4月13日在范县人民政府登记离婚,离婚协议书对共有财产进行分割,约定北京市玉光食品有限公司的股份、财产归陈某光所有;北京石花洞鸟语林旅游开发有限公司的股份、财产归陈某光所有;秦皇岛的金岛食品有限公司股份,归黄某菊所有;范县北一街坐落在食品公司院内三间瓦房归黄某菊所有;涉案房屋归黄某菊所有;两名子女均已成年。2014年11月15日涉案房屋登记在陈某光名下,为单独所有。在(2018)豫09民初133号民事案件中查明,黄某菊在保证合同配偶处签字,并出具书面声明,同意为陈某光提供连带责任保证。

2019年10月15日,该院作出(2019)豫09执204号民事裁定书,查封了陈某光名下的涉案房屋。黄某菊申请执行异议,该院于2019年12月12日作出(2019)豫09执异81号执行裁定书,中止对涉案房屋的执行。范县农发行于2020年1月6日提起本案申请执行人执行异议之诉。2020年3月9日,中国东方资产管理股份有限公司河南省分公司(以下简称东方资产河南公司)向该院

执行局提交变更其为申请执行人申请。

一审法院认为，本案系申请执行人执行异议之诉纠纷。范县农发行对陈某光的担保债权形成于2016年3月4日，属陈某光的个人债务，该事实已经生效。涉案房屋是夫妻关系存续期间取得，属夫妻共同财产。陈某光、黄某菊于2002年4月13日登记离婚，在民政部门存档的离婚协议书认定归黄某菊所有。故上述事实能够认定离婚登记在前，债权形成在后，无证据证明陈某光、黄某菊恶意串通、损害涉案债权人合法利益的情形。涉案金融借款合同签订时，黄某菊在配偶处签字并出具书面声明，该行为未经范县农发行审核，不能以此否定离婚证的法定效力。故对东方资产河南公司以此主张离婚不真实、恶意逃避涉案债务的诉讼请求，不予支持。陈某光、黄某菊离婚时，涉案房屋尚未办理产权登记，仅是陈某光与开发商签订的商品房买卖合同，故离婚后涉案房屋仍登记在陈某光名下，之后未变更至黄某菊名下，直至被查封。因涉案债务属陈某光的个人担保之债，应由个人财产清偿，涉案房屋在离婚时已约定归黄某菊所有且其在北京市无其他不动产权属登记，故东方资产河南公司主张的保证债权，不能对抗黄某菊形成在先的包括生活居住权在内的物权请求权。

二审法院认为，根据当事人的上诉和答辩意见，本案的争议焦点为：黄某菊对涉案房屋是否享有足以排除执行的民事权益。《异议复议规定》第24～31条规定，案外人享有的权利能够排除执行的主要情形，综合这些条款规定，审理案外人执行异议之诉，首先要审查案外人对执行标的是否享有权利，其次要审查这种权利是否足以阻却执行。本案中，根据《婚姻法》（已废止）第17条第1款第5项的规定，夫妻在婚姻关系存续期间所得的财产，归夫妻共同所有。因涉案房屋购买于黄某菊与陈某光二人婚姻关系存续期间，应认定为二人共有财产。2002年4月13日，陈某光与黄某菊办理离婚登记时，离婚协议约定了婚姻存续期间所得财产的分割，系双方真实意思表示，不违反法律规定，应为有效，二人均认可涉案房屋归黄某菊所有，黄某菊对涉案房屋享有真实合法的权利。但是我国《物权法》（已废止）第9条明确规定，不动产物权的设立、变更、转让和消灭，经依法登记，发生法律效力；未经登记，不发生法律效力。黄某菊对涉案房屋享有的权利未在不动产登记机关变更登记，不产生公示公信效力。黄某菊与陈某光在离婚协议中约定将涉案房屋产权归黄某菊所有，这是陈某光对自己在涉案房屋产权中拥有份额的处分，该处分行为未经产权变更登记，并不直接发生物权变动的法律效果，也不具有对抗第三人的法律效力。根据该离婚协议书，黄某菊与陈某光在离婚时对夫妻共同财产进行了处分，黄某菊即取得对涉案房屋享有的请求过户登记的权利,据此针对涉案房屋享有的债权请求权,并不比执行债权优先。且黄某菊自2002年4月13日办理离婚登记时约定归其所有、2014年11月15日办理房产证至诉讼之日,没有证据证实其积极主张变更过户登记,自称没有办理过户登记的原因是为了避税,其对未变更过户登记存在过错。黄某菊亦系被执行人北京国大公司的法定代表人,参与了本案执行债权的形成过程,亦在贷款时陈某光配偶处签名,其在明知陈某光存在担保债务的情况下,仍未主张涉案房屋变更过户登记,存在明显过错,故涉案房屋仍为黄某菊与陈某光共同共有财产,黄某菊对涉案房屋不享有足以排除强制执行的民事权益。判决撤销河南省濮阳市中级人民法院(2020)豫09民初2号民事判决,准许执行陈某光名下位于北京市房山区××楼××号房屋。黄某菊不服河南省高级人民法院(2020)豫民终790号民事判决,向最高人民法院申请再审。

最高人民法院经审查认为,涉案房屋购买于黄某菊与陈某光二人婚姻关系存续期间,原为二人共有财产。陈某光与黄某菊的离婚协议虽然约定涉案房屋归黄某菊所有,但离婚协议仅系双方内部约定,不具有直接导致房屋物权变更的法律效果。黄某菊系被执行人北京国大公司法定代表人,参与了本案执行债权的形成过程,而且在陈某光签署的保证合同上签字同意为陈某光提供连带责任保证。前述事实表明,黄某菊明知陈某光负有担保债务,但时至法院查封涉案房屋仍未办理房屋所有人变更登记。原审判决由此认定其主观上具有一定过错,符合实际情况。所以,在涉案房屋仍然登记在陈某光名下的情况下,黄某菊主张其为房屋实际所有人并据以主张排除执行,缺乏事实和法律依据。

2015年《异议复议规定》第26条第1款关于案外人依据执行标的被查封、扣押、冻结前作出的另案生效法律文书提出排除执行异议、第28条关于买受人对登记在被执行人名下的不动产提出异议的规定,以及2012年《买卖合同司法解释》(法释〔2012〕8号)第10条关于特殊动产、多重买卖履行顺序等规定,与本案争议无涉。黄某菊申请再审所称依据前述法律规定其就涉案房屋享有的权利优于一般金钱债权的意见,缺乏依据,不予支持。

《物权法》(已废止)第176条规定,被担保的债权既有物的担保又有人的担保的,债务人不履行到期债务或者发生当事人约定的实现担保物权的情形,债权人应当按照约定实现债权;没有约定或者约定不明确,债务人自己提供物的担保的,债权人应当先就该物的担保实现债权;第三人提供物的担保的,债权人可以就物的担保实现债权,也可以要求保证人承担保证责任。东方资产河南公司依据生效裁判申请执行陈某光名下涉案房屋以实现其担保债权,符合法律规定。黄某菊所称应当先执行抵押财产，并以此为由主张原审判决过度保护东方资产河南公司债权的意见，不符合法律规定。裁定驳回黄某菊的再审申请。

【要点评析】

本案是一则就离婚协议约定涉案房屋归一方所有能否排除强制执行的案例。本案经过一审、二审、再审，最终认定离婚协议仅系双方内部约定，不具有直接导致房屋物权变动的法律效果。黄某菊对涉案房屋享有的请求过户登记的债权请求权，并不优先于一般金钱债权。因此，离婚协议对房屋归属的约定并不能排除强制执行。

第三节　基于合伙财产的异议之诉

合伙是多个民事主体共同投资，共享利润、共担风险、共同经营的行为，可以分为契约型合伙和组织型合伙的形式。目前对于合伙财产的法律性质的尚无定论，《民法典》合同编增设“合伙合同”强化了契约型与组织型合伙财产性质的差异，但在合伙人个人债务与合伙财产的强制执行领域却缺乏明确规定。

法律依据

《民法典》第969条第1款　合伙人的出资、因合伙事务依法取得的收益和其他财产，属于合伙财产。

《民法典》第975条　合伙人的债权人不得代位行使合伙人依照本章规定和合伙合同享有的权利，但是合伙人享有的利益分配请求权除外。

《合伙企业法》第20条　合伙人的出资、以合伙企业名义取得的收益和依法取得的其他财产，均为合伙企业的财产。

《合伙企业法》第21条　合伙人在合伙企业清算前，不得请求分割合伙企业的财产；但是，本法另有规定的除外。

合伙人在合伙企业清算前私自转移或者处分合伙企业财产的，合伙企业不得以此对抗善意第三人。

《合伙企业法》第41条　合伙人发生与合伙企业无关的债务，相关债权人不得以其债权抵销其对合伙企业的债务；也不得代位行使合伙人在合伙企业中的权利。

《合伙企业法》第42条　合伙人的自有财产不足清偿其与合伙企业无关的债务的，该合伙人可以以其从合伙企业中分取的收益用于清偿；债权人也可以依法请求人民法院强制执行该合伙人在合伙企业中的财产份额用于清偿。

人民法院强制执行合伙人的财产份额时,应当通知全体合伙人,其他合伙人有优先购买权;其他合伙人未购买,又不同意将该财产份额转让给他人的,依照本法第五十一条的规定为该合伙人办理退伙结算,或者办理削减该合伙人相应财产份额的结算。

《查扣冻规定》第12条 对被执行人与其他人共有的财产,人民法院可以查封、扣押、冻结,并及时通知共有人。

共有人协议分割共有财产,并经债权人认可的,人民法院可以认定有效。查封、扣押、冻结的效力及于协议分割后被执行人享有份额内的财产;对其他共有人享有份额内的财产的查封、扣押、冻结,人民法院应当裁定予以解除。

共有人提起析产诉讼或者申请执行人代位提起析产诉讼的,人民法院应当准许。诉讼期间中止对该财产的执行。

一、制度阐释

所谓合伙,是指两个或两个以上的民事主体根据合伙协议而设立的共同出资、共同经营、共享收益、共担风险的组织。① 合伙按照是否形成组织可以划分为"契约型合伙"与"组织型合伙"。前者属于纯粹的契约关系,由《民法典》合同编合伙合同进行调整。后者组织型合伙,典型如合伙企业,主要受《合伙企业法》调整。

关于契约型合伙财产的性质,《民法典》第969条规定:"合伙人的出资、因合伙事务依法取得的收益和其他财产,属于合伙财产。合伙合同终止前,合伙人不得请求分割合伙财产。"由于契约型合伙并未形成组织,合伙财产当归属于全体合伙人,合伙财产并不具备独立性,其性质应属于共同共有,②合伙人对合伙财产整体或单个合伙财产在合伙合同终止前都不享有份额。

关于合伙企业财产性质,《合伙企业法》第20条规定:"合伙人的出资、以合伙企业名义取得的收益和依法取得的其他财产,均为合伙企业的财产。"该条规定以合伙企业存续为基本前提,将合伙人的出资和以合伙企业名义取得的收益即合伙经营所得统一规定为合伙企业的财产,但并未对合伙企业财产性质作出明确规定。学界对于合伙企业财产的性质,亦无定论,分歧主要集中在"共同共有说"和"按份共有说"两种观点。共同共有说认为,合伙企业财产符合共同共有的特征,主要基于以下原因:(1)从成立原因上看,依据合同关系而发生;(2)从合伙财产的份额来

① 参见王利明:《论民法典对合伙协议与合伙组织体的规范》,载《甘肃社会科学》2019年第3期。

② 参见朱虎:《〈民法典〉合伙合同规范的体系基点》,载《法学》2020年第8期。

看，合伙人的投资构成合伙企业的整体财产，法律另有规定的除外，合伙人不得随意要求分割合伙财产；(3)从责任承担方式来看，对于合伙企业债务，全体普通合伙人对外不分份额地承担无限连带责任，而不是按份承担责任；(4)从收益分配上看，合伙财产可以按份额分配收益，但这种分配首先应当以合伙协议约定优先。“共同共有说”也为当下主流观点。而按份共有说则认为，(1)合伙企业财产的份额，从合伙企业成立时就是确定的，而在合伙企业解散时，财产也按照份额进行分配；(2)合伙财产的份额可以转让，根据《合伙企业法》的规定，合伙人经其他合伙人一致同意后，可以向合伙人以外的人转让其在合伙企业中的全部或者部分财产份额，这些都是按份共有的特征。

二、操作指引

对“组织型合伙”财产的执行，《民法典》第 102 条承认了合伙企业独立民事主体地位，财产独立性是合伙企业成为自主的民商事主体的基础。《合伙企业法》第 8 条、第 20 条明确规定合伙企业拥有自己的财产范围并受到法律的保护。《合伙企业法》第 21 条规定，“合伙人在合伙企业清算前，不得请求分割合伙企业的财产；但是，本法另有规定的除外”。第 42 条第 1 款规定，“合伙人的自有财产不足清偿其与合伙企业无关的债务的，该合伙人可以以其从合伙企业中分取的收益用于清偿；债权人也可以依法请求人民法院强制执行该合伙人在合伙企业中的财产份额用于清偿”。前述规定表明合伙企业财产独立于合伙人的个人财产，合伙人不能直接支配合伙企业财产，同时也区隔了合伙人个人债务的债权人针对合伙企业财产的请求权。以合伙企业财产直接清偿合伙人的债务并无法律依据，而是需要根据《合伙企业法》第 42 条通过对外转让份额或退伙结算的方式，将合伙企业的财产转化合伙人的个人财产，用以清偿合伙人个人债务。

对于“契约型合伙”财产的执行，我国《民法典》对于合伙人个人债务的强制执行与合伙财产之间的关系并未作明确规定。基于契约型合伙财产共同共有的性质，根据《民法典》第 969 条之规定，合伙合同终止前，合伙人不得请求分割合伙财产，合伙财产在分割之前并不归属于合伙人个人，人民法院也不宜在执行程序中对合伙财产直接分割，合伙人的债权人无权因合伙人的个人债务强制执行合伙财产，但可以根据《民法典》第 975 条强制执行合伙人在合伙中的利益分配权益。针对契约型合伙的合伙财产的强制执行可以参照适用前述《合伙企业法》的规定，先强制执行合伙人在合伙中的利益分配权益，在合伙并无利益分配且其他合伙人不愿受让合伙人份额的情况下，强制该合伙人从合伙中退伙，以其结算获得返还的财产清偿其个人债务。

《查扣冻规定》第12条规定,对被执行人与其他人共有的财产,人民法院可以查封、扣押、冻结,并及时通知共有人。共有人协议分割共有财产,并经债权人认可的,人民法院可以认定有效。查封、扣押、冻结的效力及于协议分割后被执行人享有份额内的财产;对其他共有人享有份额内的财产的查封、扣押、冻结,人民法院应当裁定予以解除。共有人提起析产诉讼或者申请执行人代位提起析产诉讼的,人民法院应当准许。诉讼期间中止对该财产的执行。因此,对于有其他共有人的被执行人的财产,执行法院可采取执行措施,其他共有人不能要求全部排除对共有物的执行,合伙人仅有权在其享有合伙份额的范围内,排除其他合伙人的债权人对合伙财产的执行。

审判前沿

九江市长山实业发展有限公司、张某华执行异议之诉纠纷案

[(2017)最高法民申4499号民事裁定书]

【裁判要旨】

即便合伙财产在部分合伙人名下,也不影响该合伙财产为合伙人共有的事实。其他合伙人基于共有权人的身份,有权要求在其持有的份额范围内排除对合伙财产的强制执行。

【基本案情】

2007年11月12日,张某华与赣能公司签订合作协议书,就江西省新余市抱石公园景观塔投资建设事宜进行合作,该项目建设单位为江西立天唐人房地产发展有限公司(以下简称立天唐人公司)。张某华负责项目的规划、设计、协调政府之间的关系、向政府争取项目的优惠政策等义务,项目建成后享有相对应的净利润分配[比例:江西省赣能电力发展有限公司(以下简称赣能公司)60%,张某华40%]。

2012年8月13日,九江市长山实业发展有限公司(以下简称长山公司)诉赣能公司、王某平、何某借款纠纷执行案的执行标的为7,058,188元。南昌市中级人民法院(以下简称南昌中院)裁定冻结了立天唐人公司应支付给赣能公司的工程款。后经调查,南昌中院扣划赣能公司在立天唐人公司的工程款13,988,272.39元,上述款项用于支付其他执行案件后,又支付给长山公司76万元,剩余829万元。

2014年12月3日,南昌中院判决确认张某华与赣能公司系合伙关系,并判决赣能公司向张某华工程承包建设利润款7,491,250.88元。

2015年1月28日,张某华以案外人身份向南昌中院提出执行异议申请,认为南昌中院冻结的款项应为张某华所有,请求法院予以解除该冻结。南昌中院裁定驳回了张某华的异议申请。张某华遂向南昌中院提起执行异议之诉,要求在7,491,250.88元的范围内排除对余款强制执行,南昌中院一审判决支持了张某华诉请。长山公司不服,上诉至江西省高级人民法院。

江西省高级人民法院改判张某华在829万元40%的范围内,即331.6万元的范围内排除强制执行。长山公司不服二审判决,向最高人民法院申请再审。最高人民法院裁定驳回再审申请。

【要点评析】

就本案来说,案涉工程由案外人与被执行人合作建设,双方系合伙关系,故案涉项目的工程款应由双方共有,而非被执行人一方所有。被执行人自身的债务与合伙无关,该债务应由被执行人以其责任财产进行清偿。合伙人有权在其享有合伙份额的范围内,排除其他合伙人的债权人对合伙财产的执行。此外,根据《查扣冻规定》第12条的规定,一般情况下,人民法院有权执行合伙协议分割后被执行人享有份额内的财产,在共有人对份额存在争议时,由共有人提起或申请执行人代为提起析产之诉,确定具体份额后再行执行。本案未经协议分割直接对被执行人在合伙中的利益分配权益进行认定,系因案外人与被执行人签订合作协议书,就案涉工程款按照案外人40%、被执行人60%的比例分配净利润进行了约定,进而直接认定被执行人的财产份额,并在案外人份额之内排除执行。

第十八章 基于优先权的异议之诉

第一节 基于账户质押权的异议之诉

法律依据

《担保制度解释》第53条 当事人在动产和权利担保合同中对担保财产进行概括描述，该描述能够合理识别担保财产的，人民法院应当认定担保成立。

《担保制度解释》第70条 债务人或者第三人为担保债务的履行，设立专门的保证金账户并由债权人实际控制，或者将其资金存入债权人设立的保证金账户，债权人主张就账户内的款项优先受偿的，人民法院应予支持。当事人以保证金账户内的款项浮动为由，主张实际控制该账户的债权人对账户内的款项不享有优先受偿权的，人民法院不予支持。

在银行账户下设立的保证金分户，参照前款规定处理。

当事人约定的保证金并非为担保债务的履行设立，或者不符合前两款规定的情形，债权人主张就保证金优先受偿的，人民法院不予支持，但是不影响当事人依照法律的规定或者按照当事人的约定主张权利。

《最高人民法院、中国人民银行关于依法规范人民法院执行和金融机构协助执行的通知》第9条 人民法院依法可以对银行承兑汇票保证金采取冻结措施，但不得扣划。如果金融机构已对汇票承兑或者已对外付款，根据金融机构的申请，人民法院应当解除对银行承兑汇票保证金相应部分的冻结措施。银行承兑汇票保证金已丧失保证金功能时，人民法院可以依法采取扣划措施。

一、制度阐释

在我国，账户质押是一个争议颇多的担保方式，《物权法》（已废止）对其并没有明确的规定。不过，在经济社会生活中却是另一番景象，大量当事人频繁使用账户质押的方式进行融资，且在商业性银行中颇受欢迎。而究其根源，一是质押账户因其内含可流动的金钱显得灵活自如，并不必然挤占出质人的流动资金（最为有效的资产),出质人依然可以通过账户资金行使经营管理权,这使流动资金的价值得到最大限度的利用;二是大学、医院等大量非营利机构的出质人,因为受制于法律规定,其资产主要用于经营管理等公益用途,因而缺乏抵押的便利性和可能性,以账户质押方式出质便能有效地解决这一问题。不过,作为一项新型担保方式,账户质押的法律关系、性质、案外人异议等法律问题怎样界定,均需要在司法实践中获得积极回应。

(一)账户质押法律属性的界定

账户质押主要指依据出质人与质权人的约定,将出质人在金融机构开立的某些或全部账户,以及账户内固有资金或浮动资金作为担保向质权人质押,在出质人未能及时偿付债务时,质权人可以主张通过账户内资金优先受偿的一种质押方式。

司法实践中,大部分的账户质押仅为出质人向开户金融机构申请贷款,并以在该金融机构开设的账户向开户金融机构质押,确认在规定期限内未主动偿还贷款的,该金融机构可直接通过质押账户划扣存款,以获得及时清偿。另外,实践中也存在出质人将账户向开户金融机构以外的质权人质押,质权人从而获得开户金融机构的承诺,限制出质人使用账户内的质押资金。

事实上,账户质押肇始于判例法系中的债账担保。债账在实践中存在多种表现形式,例如,依据合同对账户存款余额享有受清偿权,即以金融账户余额作为质押式债账担保的主要形式。在英国,一个为法律所确认的完整的债账担保必须同时兼具两个条件:一是履行登记手续,二是通知债务人。在判例法系国家,在公司法规制层面,账户质押的登记往往是由公司注册部门办理。此外,经登记生效的质押账户,会产生对抗第三人的法律效力,如美国和英国的相关司法判例认为,在相关账户业已冻结的情形下,账户质押权可由不受限制的质押权人行使。

可以说,账户质押实质上系债权质押担保的一种典型类型。这是因为:其一,账户内资金在法律属性上是出质人对金融机构享有的债权。资金并非一种特定的种类物,它与特定物的迥异之处在于,资金的所有者和占有者是同一的,与“占有与所有一致”的原则相吻合。当出质人将结余资金存入金融机构后,即将资金的所有权转移至金融机构名下,出质人只能按照合同法律关系对金融机构享有对账户内资金的支付请求权。因此,账户质押应属于债的一种质权,并不是动产质权。其二,账户内资金因权利归属业已确定而显示出其财产性,所以账户系财产的权利登记凭证,亦能够用于质押。诚然,账户系金融机构为市场经济各主体,包括各机构和个人办理资金收付各项业务而进行记账和呈现资金动态情况的账簿。换言之,账户实质上还是记录资金归属的权利凭证,它确定了资金的权利归属,明确了账户内资金仅能由账户所有人向金融机构主张支付请求权。此外,账户还具有形式上的表现实体性质,无论是法人、事业单位等账户(开户证明书等账簿),还是个人存折、存单(定期或活期凭证)。由此可见,账户质押在法律属性上应是一种以财产性权利为依托的债权性质押,或者说是一种准物权,其在属性上类似于物权法中的基金份额质押。

然而,在当前,我国《民法典》等相关法律及行政法规对账户质押均缺乏确切性规制,仅在司法解释层面作出较为狭窄的属性和行为方式界定。不过,依照上述规定,与一般意义上的账户质押迥异的是,出口退税账户质押在法律性质上与保证金质押更为类似。由于出口退税款在通常情形下均为确定数额的款项,按照规定要求,出口退税款项只要转移进退税专用账户,相关主体就被禁止使用该笔款项,且不能随意将其他款项转入该账户。这意味着出质人只是以一笔固定数额的金钱处置,但并不意味着质权人同时占有退税款项和控制退税账户。事实上,质权人要实现对退税款项的占有,必须等待相关款项实际进入专用账户。但即便如此,这也并未实质影响出口退税账户质押的法律属性,即动产质押属性,且与《最高人民法院关于适用〈中华人民共和国担保法〉若干问题的解释》(已废止)第85条的特定要求完全吻合。也就是说,出口退税专用账户质押实质上是通过特户形式且附加期限条件的金钱质押,这与常见的账户质押类型有明显的差别;而常见的账户设置质押担保后,出质人依然能够在一定条件的限定下对账户内资金进行使用,账户内的资金就出现了浮动的状况。可以说,最高人民法院关于出口退税账户质押的相关规定,对其他类型的账户质押并不能当然适用。

在理论界,目前大部分学者主张账户质押由于在法律上缺乏明确的规定,并不当然与物权法定主义相吻合,他们认为质押账户并非显示出特定化性质,所以并不能有物权担保的法律属性,债权人仅享有债权性质的担保权,对第三人并未形成对抗效力。当中部分学者认为,对于金融机构通过定期凭证作为担保达至融资目的的情形,并无设置质押权的必要,而按照抵销制度可同样取得与质押相似的担保效果;他们认为,通过对出质账户中的金钱行使抵销权的方式来替代账户质押更具可行性。不过,账户质押在法律属性上应归入一种以财产性权利为依托的债权质押,当中的因由如上文所述;对于账户内金钱出现浮动状况,并未实际影响资金特定化的属性,这是因为:一方面,一项财产性权利的价值出现浮动应是正常情形,这恰如基金份额、股票的价值在质押时无法予以确定;另一方面,物权法亦对动产浮动抵押做了明确规定,这突破了物的利用原有限定。而在经济活动日益活跃的今天,为切实满足经济社会发展的需要,在《民法典》业已确认浮动质押的现状下,可以参照借鉴判例法系关于账户质押的相关规定,对账户质押的相关情形予以进一步规范。

(二)账户质押的类型化分析

1. 融资融券账户质押与银行账户质押

(1)融资融券交易担保的属性争议

所谓的融资融券交易,是证券信用交易的一种主要类型,是证券机构出借给投资者上市证券供其卖出或者出借给投资者货币供其购进上市证券,并占有和控制担保物的经营活动。它的主要担保方式是通过证券机构收取并管理投资者买入的证券或交存的保证金,但在投资者未能如期偿还债务或追加担保物时,证券机构能够以所谓的强制平仓权并按照担保合同约定处分质押物,这一处置方式既有冻结账户,也有处分证券和划扣保证金等。目前,在理论界,对融资融券交易担保的法律属性,学者各执一词,并未形成一致的意见,有账户质押说、信托说、让与担保说、最高额质押说等。

但相较而言,最高额质押说、让与担保说和信托说在现行制度下有着难以逾越的法律障碍或者不可调和的结构性缺陷,所以不应获得采纳。而我们采纳账户质押说,并针对相关学者的质疑作以下回应:其一,质疑账户质押说的各种观点存在前提错误,即认为账户质押标的为账户本身,但诚如上文所述,账户质押的标的依然是账户内的金钱,而不是质押账户本身;其二,基于账户质押标的是账户内金钱这一前提,必然能够推论出证券机构优先受偿权和强制平仓权的来源和行使问题;其三,与常见的动产质权相比,账户质权在物权公示方面具有相对的隐秘性,不过这可以借助技术进行强化;其四,实践中所指称的账户质押主要是出口退税专用账户质押,虽然《最高人民法院关于审理出口退税托管账户质押贷款案件有关问题的规定》已废止了,但当中的缘由“与物权法相关规定冲突”,并不是特定化指称出口退税专用账户质押本身,而是由于强调“质押贷款合同自贷款银行实际托管借款人出口退税专用账户时生效”的规定有悖于物权法的区分原则,但即便该司法解释被废止,也并不意味着能当然推断出以此类账户质押为先前立法所否定且在现行立法上缺乏正当性基础。

(2)银行账户质押概念及其实践应用

为保障债务得以有效履行,债务人或第三人以其在金融机构开设的账户出质给债权人托管,在债务履行期限届满或产生实现质权约定条件时,债权人对账户内资金享有优先受偿权,这就是所谓的银行账户质押。这一质押最为司空见惯的类型有三种:普通存款账户质押、出口退税账户质押和专用存款账户质押。《中国人民银行关于境外机构人民币银行结算账户开立和使用有关问题的通知》(银发〔2012〕183 号),承认境外机构可以通过人民币结算账户资金用作境内融资和质押,这显示出当前我国银行业对货币账户质押持支持态度。

而在《人民币银行结算账户管理办法》中,该办法对专用存款账户的定义予以明确,特指存款人依据法律法规和部门规章对特定用途金钱进行专项使用和管理而在金融机构开设的结算账户,这当中获得频繁使用的主要是保证金账户质押,且可具体细化为房屋按揭贷款保证金账户质押、银行承兑汇票保证金账户质押、保函保证金账户质押、开立信用证保证金账户质押。其中,虽然部分地区的房屋按揭贷款保证金账户质押、银行承兑汇票保证金账户质押和开立信用证保证金账户质押并未被现行立法和司法解释予以“账户质押”的界定,但依然存在可遵循的立法,比如,《最高人民法院关于人民法院能否对信用证开证保证金采取冻结和扣划措施问题的规定》就明确了法院在诉讼或执行阶段中能够依法对信用证开证保证金采取冻结措施,不过禁止采取划扣强制措施。假若当事人认为执行法院划扣或冻结某项资金具有信用证开证保证金性质的,必须提供充分的证明予以证实。执行法院经审查后,认为确系信用证开证保证金的,禁止实行账户资金划扣。但在上述保证金账户存款业已丧失保证金功能的前提下,执行法院能够实施强制划扣手续。事实上,对银行承兑汇票保证金的冻结和划扣,《最高人民法院、中国人民银行关于依法规范人民法院执行和金融机构协助执行的通知》(法发〔2000〕21 号)也存在相似规定。

针对出口退税账户质押问题,《最高人民法院关于审理出口退税托管账户质押贷款案件有关问题的规定》(法释〔2004〕18 号,已废止)就明确规定了该规定的适用范围,即审理和执行涉及出口退税专用账户质押贷款的案件。而其所指称的出口退税专用账户质押贷款,指的是由银行托管借款人相关的专业账户,并由借款人用账户内退税款项作为清偿贷款的保证。这一规定第一次在法律层面确认了“账户质押”存在,并使出口退税账户质押成为第一个为法律所认可的质押账户类型。另外,根据上述规定来看,虽然退税款已被确认为质押标的物,但退税款除却已退至账户的款项外,未来账户退款是否也应涵括,上述规定并未予以明确。但无论怎样,这在某种程度上也证实以退至账户的退税款为质押标的的出口退税专用账户质押应归入金钱质押的范畴。

对于普通存款账户质押,它涵括了一般存款账户质押和基本存款账户质押两个类型,它相较于专用存款账户来说,突出特征是存款人并非基于特定目的开设账户。事实上,这一类型的账户质押广泛运用于私人间履约保证和个人账户质押贷款中,它的公示方式主要是以质押人转移对账户的实际控制实现的,所以在结构属性上具备金钱质押的性质。

2. 账户质押与涉账户的应收账款质押的区别

所谓的应收账款其实在《动产和权利担保统一登记办法》中业已确定，具体指权利人由于提供相应的设施、服务或货物而取得要求义务人给付款项的权利，这涵括现有的、未来的金钱债权及其滋生的其他收益，但因票据或其他有价证券而形成的付款请求权并不包含在内。不过，随着货币电子化的兴起和市场交易的无纸化，金融机构电子系统账户发展和应收账款之间呈现紧密的相关性，使用账户收取应收账款往往成为绝大多数企业和个人的必然选择。对此，一些人认为账户质押应当视同为应收账款质押，但由于应收账款质权在信贷机构登记质押时设立，相较于动产质押，其交易成本更高，对账户质押的价值和功能发挥会产生严重影响。事实上，将应收账款质押与账户质押混同视之，是混淆了账户质押与涉账户的应收账款质押的本质区别：首先，两者存在不同的标的物。简单地说，应收账款质押是以提供应收账款请求权为标的物这一前提而设立的质权；相反，账户质押的前提是以账户内金钱为标的物。其次，两者公示方式存在差异。账户质押是以转移账户资金占有和控制为公示原则，而应收账款质押是通过金融机构相应的登记系统的登记为公示原则。最后，两者存在差别化的实现形式。账户质押权利人须以直接划扣对价数额的账户金钱来实现质权，而应收账款质押则是以质权人直接请求出质人偿还债务的形式得以实现。

然而，在市场交易实践中，也可能存在以下几种应收账款与账户质押相关联的情况：一是质押权设立是现在账户内资金为零，而未来将存在汇入的应收账款；二是质押权设立是账户内有一定的金钱，不过出质人和质权人约定以该账户未来汇入的应收账款为质押；三是质押权设立时账户内有一定量的金钱，且未来会陆续汇入应收账款，但出质人与质权人约定以现有账户资金设置质押。在这三种情形中，第一种和第二种标的物是应收账款，而不是既存资金，所以它们应归入应收账款质押范围，而第三种情形标的物系账户资金，故为账户质押。

二、操作指引

（一）案外人对账户质押异议的程序救济

案外人主张账户内的金钱成立账户质押，请求执行法院排除对该账户内金钱的强制执行，是依据案外人异议程序进行审查，还是以利害关系人异议程序进行审查，在执行实务中并未形成一致意见。目前，实务中主要存在以下两种观点。

1. 案外人异议

这一观点认为，根据《民事诉讼法》第238条的规定，案外人执行异议实质上是指执行案件当事人以外的第三人主张阻止对执行标的进行执行的实体权利，是请求法院停止执行该标的的实体异议。所以,案外人以执行法院强制执行的账户资金属于账户质押为由提出异议,应为基于实体权利提出的阻却执行特定标的的异议,故必须借助执行异议之诉或案外人异议处理。这是因为:

其一,案外第三人主张对特定金钱成立账户质押金,这一争议在法律性质上应是实体争议,而是否归入账户质押金关涉适用质权的相关民事实体法的问题。同样,案外第三人对账户质押金的权利性质亦应归于实体权利的范畴,它属于案外第三人对执行标的主张实体权利。

其二,假若成立账户质押金,那么就具备阻却执行的法律效力。确实,成立账户质押必须满足移交债权人占有和金钱特定化两个条件。质权人对账户质押金的占有便享有排他性权利,所以质权人的占有系成立账户质押的前提条件之一,它在效力上足以阻却强制执行。但是,假如准许强制执行账户质押金,就会打破质权人对账户质押金的占有状态,同时也会使质押法律关系不复存在。

其三,账户质押金的标的实质上就是金钱,不必借助变卖、拍卖等强制措施予以变现处置,质权人对质押账户内金钱的占有,使质押账户金问题有别于借助变卖、拍卖程序变现处置的财产;质权人对账户质押金的占有,使其主张的权利具有正当性,产生对抗申请执行人的法律效力。

这一观点的结论是,案外第三人主张特定金钱成立账户质押金的,其属性应是基于实体权利对执行标的提出的阻却执行的实体异议,且在权利性质上已具有排除执行的法律效力,所以完全符合案外人异议的条件,应当根据案外人异议程序处理。而相关主体不服异议裁定审查结论的,可以依法启动执行异议诉讼程序。

2. 利害关系人异议

这一观点认为,根据《民事诉讼法》第236条的规定,利害关系人异议是指执行案件当事人以外的第三人合法利益遭受到违法执行行为的侵害,以法院违反执行程序为由提起的程序异议。案外人对执行法院划拨或作为定金的金钱以成立账户质押为由提起执行异议的,其在法律属性上应纳入程序性异议的一种类型,可借助利害关系人异议或复议程序处理。这是因为:当前,在我国强制执行法律制度中,执行标的负担的担保物权并未能排除法院对该标的采取强制执行措施。《执行规定》第31条规定,人民法院对被执行人所有的其他人享有抵押权、质押权或留置权的财产,可以采取查封、扣押措施。财产拍卖、变卖后所得价款,应当在抵押权人、质押权人或留置权人优先受偿后,其余额部分用于清偿申请执行人的债权。这意味着执行标的负担的担保物权并不能排除法院对该标的行使拍卖、变卖、查封、冻结、扣押等强制执行措施。待执行法院将该执行标的变现处置后,必将变价款偿付优先顺位的担保物权人。对于质押账户来说,案外人主张质押账户内金钱成立质押担保，这就涉及受偿顺序或执行顺序的优先顺位问题，《异议复议规定》第 7 条第 1 款第 2 项规定，受偿顺序或执行顺序问题应当为程序性问题，案外人可启动利害关系人异议程序处理。

此外，账户质押属于金钱质押的一种，最高人民法院曾以司法解释、复函、通知等形式对证券期货交易账户、银行账户等多种类型账户金钱的冻结或划拨作出限制，并明确了执行的相关程序性要件。从执行程序角度来看，这些程序性要件的规制可以将账户内金钱视为不得划拨、冻结的特殊财产。对于账户质押金也可以参照适用上述规定执行的限制性条件，将其纳入禁止强制执行的财产范围，从程序层面赋予申请执行人、被执行人及案外人权利救济途径。因此，案外人以成立账户质押为由启动异议程序的，可按照程序异议处理，根据利害关系人异议处理，且赋予其向上一级法院申请复议的权利。

上述两种观点均能自圆其说，具有相对的正当性和合理性，亦源自当前我国的执行程序制度。确实，当前并未存在相关的法律和司法解释对这一问题作出非此即彼的规定，且不能基于法律规范视角获得当中一种观点优于另一观点的结论。综观司法实务情况，执行法院以案外人异议审查或以利害关系人异议审查的处理方式，在我国司法实践中均客观存在。随着司法实践的逐渐发展，以案外人异议程序处理，相较于利害关系人异议来说更为法官所认可。毕竟，案外人主张相关账户成立质押的法律依据和权利基础，本质上都是实体性权利，在性质上均为实体性争议。而对实体争议来说，借助诉讼程序，由相关当事人依法行使举证、质证和法庭辩论等程序性权利，更能公正化解实体争议，实现程序正义，且可通过正当程序及时保障和化解纷争，切实使当事人的程序和实体权利获得有效的维护。所以，在强制执行程序中，案外人主张账户成立质押而启动异议程序的，以案外人异议程序处理更为适宜。

（二）账户质押的构成要件

从上文可知，账户质押属动产质押中的金钱质押，所以其在构成要件上必须与一般动产质押构成要件相符，即同时兼具设立行为和交付行为。不过，账户质押由于其标的物存在特殊性而具备一定的隐秘性，故其设立条件更多。

1. 标的物具有特定化

根据《担保制度解释》第 53 条“当事人在动产和权利担保合同中对担保财产进行概括描述，该描述能够合理识别担保财产的，人民法院应当认定担保成立”的规定，金钱能够成为物权的客体。不过，金钱成为物权客体应当具备特定性。民法中所指称的物权，是权利人享有依法直接支配和排他使用特定物的权利，假若物权的客体缺乏特定化,权利人就会丧失对物的支配权。所以,物权的客体应当属于特定物,即与民法上的物权客体特定原则相互吻合。质押权是物权中的一项类型,是通过支配抵押物的交换价值为目的的限制物权,因而抵押物权仅涉及特定物;反之,抵押权人就会难以确定和支配担保物的交换价值。占有担保物是动产质权的主要特征,动产质权的成立是以出质人将质押标的物交付债权人占有为要件的。因此,质押物应当属于特定动产。账户质押属于金钱质押,也是动产质押的一种特殊类型。根据《担保制度解释》第70条第1款前半段"债务人或者第三人为担保债务的履行,设立专门的保证金账户并由债权人实际控制,或者将其资金存入债权人设立的保证金账户,债权人主张就账户内的款项优先受偿的,人民法院应予支持"的规定,金钱借助特户形式特定化之后,能够成为质权的标的物。所以,账户内的金钱是否与特定化原则相符,是判断成立金钱质权的主要因素。而上述条款中的"特定化"要件如何解读?浮动账户质押可否作特定化认定?理论通说认为,固定账户质押与《担保制度解释》中的特定化要件完全相符。而一个账户假若符合特定化要件,它必定具备特户的属性,且该账户通常不应再由出质人掌控和使用,账户内的金钱应当在出质后处于冻结状态,不能出现资金的自由浮动。即金钱质押所对应的账户应具有独立性和封闭性,且是一项固定的资金质押,以达至资金特定化的要求。假若在账户成立质权后,出质人依然自由使用该账户,那么账户内的金钱便出现浮动状况,这与《担保制度解释》中特定化要件相违背。然而,质押账户内金钱出现浮动状况并不是弱化或直接否定其特定化的主要原因。在传统的"一物一权"原则中,物权的客体应当是单一物,而非集合物。而现代民法业已对"一物一权"原则的内涵做了扩大解释,认可集合物在特定情形下能够作为物权的客体。我国《民法典》基于融通资金、降低交易成本的需要,对判例法上的浮动抵押权制度予以吸纳。依照《民法典》相关规定,设定浮动质押权后,质押财产便呈现不特定的性质,其状况并非一成不变,价值也难以预测。出质人在经营管理活动中正常处分质押财产的,质押财产便会超出质押权效力涵摄范围,质押财产价值也会因之减损;而出质人新增的同类财产价值也会纳入质押权涵摄的范围,质押财产价值也会因之不断扩增。相较于固定质押,浮动质押财产并不是特定物,也就是说质押物具有浮动性。不过,质押财产并不是变动不居,一旦出现《民法典》第411条规定的确定事由时,浮动质押财产即产生特定化,亦可认定为固定化或结晶,此时质押物的价值和形态均符合特定性要件,浮动质押也自动转化为固定质押。由上可知,浮动性的质押物并不会否定其特定属性,特定之时也不是质押权成立之时,而取决于浮动质押权特定事由成就之时。同样,肇始于判例法中的账户质押担保,浮动性是质押权客体的主要特征。与动产浮动质押权一样,账户质押客体的特定性亦能够显示出质押权成立时的特定性,假若当事人约定的质押权成立事由成就时,浮动账户质押也会具备固定账户质押的特定化属性。

可能有人因此质疑,只有在法律有特殊规定的前提下,集合物才能够作为物权客体。集合物既不是账户质押的客体,现行立法也没有明确规定动产浮动质押的适用条件。所以,直截了当地根据动产浮动质押制度的规定解读账户质押客体具有特定化,理由明显不足。不过,退言之,即便按照传统民法理论,具有特定化也是浮动账户质押客体的特征。具言之,在账户质押法律关系中,出质人将其金钱存入金融账户时,相关金融机构便会依据具体业务反映资金的增减情况。在理论层面,出质人每一次资金存入所形成的债权债务关系均因相关金融机构的记账行为得以确立。在事实层面,每笔资金存入账户并不是因金融机构记账行为得以确立数笔单独的金钱债权,而金融机构的记账行为会使每一次存入账户的资金在瞬间失去其特定性,使增量资金和存量资金融合形成一个金钱债权。也就是说,金融机构的记账行为可视为变更既存法律关系的法律行为,每一次资金存入账户行为使既存金钱债权消灭,也因此形成一个新的金钱债权。同样,在浮动账户质押中,质押标的物是账户内的金钱,质押账户的金钱即便会由于出质人的存取款而随之增减,且相关金融机构的记账行为也会使增减后的金钱在瞬间失去其原先的特定属性,但相对于账户存量金钱而言,则具备了固定账户质押的特定化。

实际上,在现行立法明确金钱质押成立条件的前提下,上文所述观点亦与我国动产质权担保制度相互吻合。《民法典》明确规定了质押财产以实际交付占有的财产为准。也就是说,假若质权人自愿将出质物交由出质人占有,无论其转移占有因由怎样,其质权也会归于消灭。同样地,在属于动产质押特殊类型的账户质押中,质权人准予出质人使用账户内金钱的,出质金钱必须以质权人实际占有的账户内的金钱为准。也就是说,在这种情况下,质押的账户内金额符合固定账户质押特定化的要求。

2. 质权人对账户质押的公示

《物权法》(已废止)关于物权的定义是权利人直接支配和排他使用特定标的物的权利。而当中的直接支配,从主观层面考量,系权利人无须经过他人同意,能够按照自身意愿独立支配标的物;从客观层面考量,是物权人控制和管理标的物的事实状态。物权的对世性取决于物权的支配性,它关涉他人的利益,因此,必须对物权进行公示。但依照物权变动公示原则,物权的公示由动产交付和不动产登记两种形式构成。支配标的物交换价值的权利是担保物权的表现形式。而质押权属于担保物权一种类型,涵括了权利质权和动产质权。《民法典》第 429 条明确了质权设立时间,即自出质人交付质押财产时。也就是说,成立动产质权是以出质人转移质物给债权人占有为前提条件。占有系权利人对物管理和控制的事实状态。所以,占有质物既是动产质权公示的方法,也是成立动产质权的要件。根据上文所述,账户质押是金钱质押,是动产质押的一种特殊类型,所以其成立除符合质物特定化要件外,也应当存有将质物转移债权人占有这一动产质权的公示要件和设立要件。

何为转移债权人占有?浮动账户质押与这一要求是否相符?浮动账户质权的支配性是否存在?对于上述这些问题,理论界通常认为,质押账户中的金钱具有特定性,出质账户通常不应由债务人占有使用,金钱在账户质押后必须处于冻结状态,不应漂浮不定,作为质押权人的金融机构获得对账户及其内在资金的控制和管理权,并借此事实上控制和占有质押账户。所以,固定账户质押与《担保制度解释》规定的移交债权人占有的要件相互吻合。浮动账户质押,账户内的金钱是浮动的,这就在表观上与物的特定化要件不相契合。质押客体缺乏特定性意味着对所设质权缺乏支配性,因而就难以与转移债权人占有要件相契合。

不过,资金浮动的质押账户并不因此视为丧失支配质权的事由。与动产浮动抵押权相似,在支配性效力方面浮动账户质权与之并无二致。按照我国《民法典》的相关规定,动产浮动抵押权在效力上存在一个休眠期,它在抵押财产固定或特定化以前,质押权人并不能享有对具体质押财产的支配权,或者说据此并不能推出阻止质押人在经营管理活动中正常处置质押财产的权利(除却当事人事先在质押合同中对某些处分行为或财产作出相反的约定)。换句话说,浮动质押权仅仅为悬浮或笼罩在集合的浮动质押财产之上或两者共同浮动,直至浮动质押权固定或特定化前,对集合的质押财产及其构成个体而言是缺乏支配性的。当质押财产固定或特定化要件成就时,质押物价值和形态便呈现特定化,质押人因此会使用对质押财产的控制、占有和处分权,而质押权人则取得对质押财产的转移占有权。同样地,肇始于判例法中的账户质押担保,浮动性是其特殊属性。作为浮动担保中一种类型,质押权人支配质押物能够在控制质权实现方面获得呈现。在设立质权约定因由成就之前,质押账户中的金钱能够自由浮动。但质权约定因由一旦成就,质权人就可以有效控制质物,这与《担保制度解释》中的转移债权人占有要件相符。

退言之,即便根据传统民法理论,亦无法直接断定浮动账户质权缺乏支配性。诚如上文所述,成立动产质权的要件是以出质人将质物交付给债权人占有为准。账户质押是金钱质押,是一种特殊的动产质押,支配账户内一定数量的金钱是其主要表现形式。而浮动账户虽然账户内金钱呈现浮动性,但质押物依然是账户内固定或特定化的金钱。民法明确规定实际转移的财产与约定出质的财产有明显差额的,应当以实际转移占有的财产为依循。账户质押是动产质押范畴的一种类型,质押权人可依法支配和实际占有账户金钱余额。质权人可以自愿向出质人返还质物,无论其归还目的,对该财物质权不享有追及的效力。当然,在账户质押后,假如出质人能够自由对账户行使支配权,那么质押权的实现与否则归结于偶然因素,这也就难以称为质押权人能够完全支配质押标的物。然而,对于浮动账户质押而言,出质人处分质押账户内金钱是受到一定限制的。根据《最高人民法院关于审理出口退税托管账户质押贷款案件有关问题的规定》(已废止)要求,出口退税账户托管贷款属于商业性贷款的一种类型,它应由商业性金融机构自主决定和审查;商业性金融机构必须同借款人明确约定,自该机构发放贷款之日起至贷款完全偿付之日止,借款人承诺由借款人对该账户实行监控,且在未经贷款人同意的情形下,借款人应保持账户内资金的固定。这意味着,在账户质权设定时,当事人事先已设定多重约定限制出质人随意处分质物。而金融机构作为质权人通常会同出质人约定,由出质人同意质权人对出质账户内的金钱进行监管,未经质权人的允诺,出质人无权自由使用账户内金钱,这凸显了质权人对质押财产的支配和控制力。

(三)账户质押的效力认定及账户质权的实现

1. 账户质押的效力认定

账户质押实质上是一种物权创设行为。按照公示公信、物权法定、“一物一权”等基本原则,账户质押为现行法律所承认,是一项合法的物权类型,它完全符合“一物一权”原则。但值得关注的是,账户质押怎样进行公示,并借助公示实现公信的价值,获得对抗第三人的效力。

综上所述,账户质押属于动产质押的范畴,它必须依据动产质押的基本原理,以登记或转移占有的形式公示质权的基本情况。账户质押应在当事人质押合同签订时成立,在转移占有质押标的物时生效,但何时转移占有,一直都是一个疑难的问题。我们认为,交付占有是质权设立的要件,这就要求债权人实际掌控质押标的,来阻却出质人自由使用、随意处分或实施其他有损质押权人利益的行为,并在出质人未能如期偿付债务时优先受偿质押物,所以占有的关键在于监管和控制。基于此,可推知账户质押以债权人直接监督和控制账户为切入点较为适宜。不过,账户质押在本质上与普通动产质押存在差别,若以债务人简单交付,并由债权人进行监督和控制,这是否能够切实满足有效维护债权人合法利益和保障交易安全的目的,仍值得商榷。但由于债权人实际占有账户并实行监督账户现金流的约定属于当事人间的自由博弈,且案外人难以介入和掌控,为防止同一标的物出现重复质押,危害交易安全和减损债权人期待利益,若以金融账户质押时,应当在立法层面明确赋予金融机构登记质押账户信息的权责,从而使债权人取得有效的对抗效力,也能够及早发现和阻止重复质押引致的矛盾争端。

2. 账户质权的实现

债务人履行债务期限届满仍无法清偿的,质押权人可依照账户质押合同,以质押账户内的剩余金额优先受偿,这就是所谓的账户质权的实现。与普通质权相似,都是根据质权人的债权履行期限届满仍未获得完全偿付为基本要件,若提前清偿则会对债务人期限利益造成损害。不过,假若债务人明确作出自愿放弃期限利益的意思表示,或者依据现行法律规定债务人已丧失期限利益的,债务人亦能够通过提前清偿债务使质权获得提前实现。尽管如此,账户质押的实现方式依然是一个值得探究的问题。质押账户中被"冻结"的金钱若能够随意处分,并不能实质影响质押账户质权的实现,这是类似于普通质押权实现的方式。在债权履行期限届满且未获得足额偿付时,债权人可以优先受偿账户内资金,此时质押账户并不会因普通债务人和债权人之间的诉讼而被依法冻结或查封等,但对于质押账户受偿,普通债权人并不具有与质押权人相似的权利。假若质押账户内资金尚未到期,当事人必须对延期偿付与否进行协商,协商未能达至一致意见的,为保障债权人的合法利益,必须赋予金融机构等债权人在减损质押人取得资金利息等利益的情形下如期清偿质权。也就是说,允许债权人选择质权实现方式的权利。当出质人以其账户向金融机构质押时,金融机构(债权人)在质权实现时能够通过直接划拨账户内金钱来清偿债权,如此一来便免除了行使变卖、拍卖等琐细程序,且能够极大地缩短债权实现的期限,使质押资产实现效益最大化。

审判前沿

长安银行股份有限公司西安新城区支行与中国建设银行股份有限公司西安南大街支行、西安欣锐精密机械有限公司、尤某案外人执行异议之诉纠纷案

[(2018)陕民终706号民事判决书]

【裁判要旨】

出口退税款作为应收未收款项,所涉质押的性质为权利质押。被执行人以约定应付至专用账户但尚未转入的出口退税款向案外人提供质押,并办理了质押登记的,在该质权存续期间且担保的主债权依约清偿前,不得对该账户出口退税款项中案外人享有相应质权的部分强制执行。

【基本案情】

2016年8月5日，出质人西安欣锐精密机械有限公司（以下简称欣锐公司）与质权人中国建设银行股份有限公司西安南大街支行（以下简称建行南大街支行）签订《最高额出口退税质押合同》，约定以出口退税账户内的出口退税款项以及双方约定应付至该账户但尚未转入的出口退税款设定质押。双方在中国人民银行征信中心动产权属统一登记系统办理了初始登记。

关于长安银行新城支行申请执行欣锐公司、尤某借款合同公证一案，陕西省西安市汉唐公证处分别于2017年3月9日、4月17日出具了（2017）陕证经字第001631号具有强制执行效力的债权文书公证书、（2017）陕证执字第128号执行证书，且已经发生法律效力，因义务人欣锐公司、尤某未履行生效法律文书确定的义务，权利人长安银行新城支行于2017年4月19日申请执行。执行中，陕西省西安市中级人民法院于2017年4月20日作出（2017）陕01执556号执行裁定，裁定冻结（或扣划）被执行人欣锐公司、尤某存款220万美元或查封（扣押）同等价值的财产。2017年4月25日，陕西省西安市中级人民法院依申请执行人长安银行新城支行之申请，对欣锐公司在宁夏银行西安分行营业部账户的存款应冻结15,183,080元，实际冻结800.88元。该账户为欣锐公司开立的出口退税专用账户。执行中，建行南大街支行以其对欣锐公司在宁夏银行西安分行开设的出口退税账户具有的质押权依法享有优先受偿权为由，对该退税账户的执行与划扣，提出书面执行异议申请。陕西省西安市中级人民法院经审查，作出（2017）陕01执异426号执行裁定：驳回案外人建行南大街支行提出的执行异议。建行南大街支行遂提起本案诉讼。

一审法院认为，涉案质押在中国人民银行征信中心动产权属统一登记系统的初始登记信息虽显示为应收账款质押，但因出口退税性质与应收账款不同，出口退税权利质押与应收账款质押亦不相同，故建行南大街支行与欣锐公司在中国人民银行征信中心进行的动产权属统一登记，应属于出口退税权利质押登记。因法律对出口退税权利质押未作出明文规定，而应收账款质押与出口退税权利质押最相类似，故本案参照适用《物权法》（已废止）第228条“质权自信贷征信机构办理出质登记时设立”的规定，涉案出口退税权利质押设立的质权自征信机构办理出质登记时设立。根据对案件事实的审查，一审法院确认建行南大街支行对欣锐公司在宁夏银行西安分行营业部开立的账户内出口退税款项享有16,964,028.62美元质权，在该质权存续期间且担保的主债权依约清偿前，不得对该账户出口退税款项中建行南大街支行享有相应质权的部分强制执行。

二审法院认为,建行南大街支行与欣锐公司明确约定质押标的为出口退税款,出口退税款作为应收未收款项,属于《物权法》(已废止)第223条规定的应收账款,故本案所涉质押的性质为权利质押。根据《物权法》(已废止)第228条"质权自信贷征信机构办理出质登记时设立"的规定,涉案出口退税权利质押自征信机构办理出质登记时质权设立。根据2015年《民事诉讼法解释》第312条的规定,建行南大街支行依法享有的质权足以排除上诉人长安银行新城支行申请的强制执行行为,在建行南大街支行质权存续期间且担保的主债权依约清偿前,不得对上述账户出口退税款项中建行南大街支行享有相应质权的部分强制执行。原审判决认定事实清楚,唯对本案所涉质押未认定为权利质押不妥,但原审处理结果并无不当,应予维持。

【要点评析】

本案二审法院将未到账的出口退税款作为应收未收款项,认为其属于应收账款并明确将该质押的性质定性为权利质押。

事实上,出口退税账户质押与应收账款质押并非完全等同,存在一定的差别。对应收账款质押来说,当债务人不履行到期债务时,质权人可以通过拍卖、变卖或者折价等变价方式优先实现自己的应收账款质权,可以直接要求次债务人直接支付。但是,对于出口退税款账户质权人来说,根据《最高人民法院关于审理出口退税托管账户质押贷款案件有关问题》的规定,其对质押账户内的退税款享有优先受偿权,却并不能通过前述方式实现其质权。[①] 但因为尚未到账的出口退税可以视为将来之债权,实践中大部分法院都将出口退税账户质押认定为应收账款质押。

第二节 基于抵押权的异议之诉

抵押权作为一种物的担保方式,是指债务人或者第三人不转移对不动产、不动产权利、动产等特定财产的占有,而将该等财产作为债权的担保,在债务人不履行到期债务或者发生约定的实现抵押权情形时,债权人有权依照法律规定就该财产折价或者以拍卖、变卖的价款优先受偿。

① 《最高人民法院关于审理出口退税托管账户质押贷款案件有关问题的规定》(已废止)第4条规定,人民法院审理和执行案件时,不得对已设质的出口退税专用账户内的款项采取财产保全措施或者执行措施。

根据我国现行法律,抵押权实现途径有四种方式:第一种方式是根据《民法典》第410条第1款“债务人不履行到期债务或者发生当事人约定的实现抵押权的情形,抵押权人可以与抵押人协议以抵押财产折价或者以拍卖、变卖该抵押财产所得的价款优先受偿。协议损害其他债权人利益的,其他债权人可以请求人民法院撤销该协议”的规定,当事人之间可以依照意思自治原则达成一致协议,自行处置抵押物,但如果损害其他债权人利益的,其他债权人可以依法请求法院撤销该协议。第二种方式是根据《民法典》第410条第2款“抵押权人与抵押人未就抵押权实现方式达成协议的,抵押权人可以请求人民法院拍卖、变卖抵押财产”以及《民事诉讼法》第204条“人民法院受理申请后,经审查,符合法律规定的,裁定拍卖、变卖担保财产,当事人依据该裁定可以向人民法院申请执行;不符合法律规定的,裁定驳回申请,当事人可以向人民法院提起诉讼”的规定,依据《民事诉讼法》的特别程序,请求法院作出裁定的方式“拍卖、变卖抵押财产”,实现抵押权。第三种方式是通过取得确认抵押权生效的生效判决或裁定,通过向人民法院申请强制执行,实现抵押权。第四种方式是依据《民事诉讼法解释》第506条的规定在执行程序中申请参与分配,实现抵押权。

抵押权人提起诉讼程序,既可以在主债权诉讼中一并提出主张行使抵押权,也可以在法定期间内就担保物权单独提起诉讼。如果抵押权人在主债权诉讼中未一并主张抵押,也未通过实现担保物权特别程序取得抵押权执行依据,在执行程序中能否主张抵押权或要求加入执行程序,执行异议之诉中可否直接审查抵押权的效力等,理论和实践中仍存在争议。

法律依据

《民事诉讼法》第238条 执行过程中,案外人对执行标的提出书面异议的,人民法院应当自收到书面异议之日起十五日内审查,理由成立的,裁定中止对该标的的执行;理由不成立的,裁定驳回。案外人、当事人对裁定不服,认为原判决、裁定错误的,依照审判监督程序办理;与原判决、裁定无关的,可以自裁定送达之日起十五日内向人民法院提起诉讼。

《民事诉讼法解释》第506条 被执行人为公民或者其他组织,在执行程序开始后,被执行人的其他已经取得执行依据的债权人发现被执行人的财产不能清偿所有债权的,可以向人民法院申请参与分配。

对人民法院查封、扣押、冻结的财产有优先权、担保物权的债权人,可以直接申请参与分配,主张优先受偿权。

《担保制度解释》第52条 当事人办理抵押预告登记后,预告登记权利人请求就抵押财产优先受偿,经审查存在尚未办理建筑物所有权首次登记、预告登记的财产与办理建筑物所有权首次登记时的财产不一致、抵押预告登记已经失效等情形,导致不具备办理抵押登记条件的,人民法院不予支持;经审查已经办理建筑物所有权首次登记,且不存在预告登记失效等情形的,人民法院应予支持,并应当认定抵押权自预告登记之日起设立。

当事人办理了抵押预告登记,抵押人破产,经审查抵押财产属于破产财产,预告登记权利人主张就抵押财产优先受偿的,人民法院应当在受理破产申请时抵押财产的价值范围内予以支持,但是在人民法院受理破产申请前一年内,债务人对没有财产担保的债务设立抵押预告登记的除外。

一、制度阐释

抵押权作为典型担保物权,素有"担保之王"之称。抵押权所支配的是抵押物的交换价值,与抵押物的使用价值相区别,使抵押权人无须对抵押物进行占有和保管,抵押人亦不丧失对物的占有和使用,从而充分发挥抵押物价值,实现抵押双方的担保目的。

(一)抵押权的客体

抵押权的客体,即抵押财产,民法上多以不动产为限,如法国民法抵押权的标的必须为特定之不动产。[①] 德国的抵押权也规定于不动产担保权之中,瑞士民法与德国民法类似。[②] 基于经济发展的客观要求,有些国家通过颁布单行法的形式扩大抵押权客体范围,如1896年的《日本民法典》未规定动产抵押制度,但在20世纪50年代颁布了《机动车抵押法》、《飞机抵押法》及《建设机械抵押法》等相关特别法,规定机动车、飞机、建筑机械等可以为抵押权之客体。[③]

从我国立法来看,《民法典》第395条规定的抵押财产非常广泛,包括以下三大类:不动产(如建筑物、其他土地附着物、在建工程)、动产(如生产设备、原材料、半成品、产品、船舶、航空器、交通运输工具等以及正在建造的船舶、航空器等)以及不动产权利(如建设用地使用权、海域使用权等),只要是"法律、行政法规未禁止抵押

---

① 参见《法国民法典》,罗结珍译,北京大学出版社2016年版。《法国民法典》第2397条(原第2118条)规定,抵押物,仅以下列财产为限:(1)属于可交易的不动产以及被视为不动产的添附权利;(2)在用益权期间,与前项所指相同的不动产及其添附部分的用益权。《法国民法典》第2398条(原第2119条)规定,动产不得设立抵押权。由此可以看出,《法国民法典》严格限制抵押权客体,不动产和不动产权利可以作为抵押权的客体,动产及其他财产权不得作为抵押权的客体。

② 参见史尚宽:《物权法论》,中国政法大学出版社2000年版,第265～269页。

③ 参见张加磊、罗海山:《动产抵押权客体范围限制论》,载《大理学院学报》2012年第2期。

的其他财产”均可以作为抵押财产。

《民法典》第399条规定：“下列财产不得抵押：(一)土地所有权；(二)宅基地、自留地、自留山等集体所有土地的使用权，但是法律规定可以抵押的除外；(三)学校、幼儿园、医疗机构等为公益目的成立的非营利法人的教育设施、医疗卫生设施和其他公益设施；(四)所有权、使用权不明或者有争议的财产；(五)依法被查封、扣押、监管的财产；(六)法律、行政法规规定不得抵押的其他财产。”

《民法典》第395条和第399条分别从积极要件和消极要件对抵押财产的范围进行了规定。从上述规定可以看到，我国《民法典》对于抵押权客体的规定体现了“法无禁止皆可为”为原则，具有开放性的特点，顺应担保客体多元化的走向，也在为适应新型权利的产生奠定基础。

(二)公示登记制度

《民法典》第402条规定不动产抵押权采取登记生效主义，第403条规定动产抵押采取登记对抗主义。

根据《民法典》第215条的区分原则，对于不动产物权的变动，未办理登记不产生物权变动的法律效果，但是不影响合同效力。不动产抵押的登记亦然，未办理抵押登记影响抵押权的设立，但是不影响抵押合同的效力。而对于采取登记对抗的动产抵押来说，抵押权自抵押合同生效时设立，未办理登记不影响抵押权的设立，但是不能产生对抗善意第三人的法律效果。

公示登记制度的现实意义在于，一方面登记的事实构成商事外观产生公示效力，另一方面可以根据登记的先后顺序确定权利的优先顺位。

(三)统一登记制度下担保物权顺位规则

抵押权的实现即抵押权人在特定条件下对抵押物行使优先受偿权的行为。在债务人不履行到期债务时，就抵押财产优先受偿是设立抵押权的目的。但抵押权优先的同时，也受到顺位规则和优先于抵押权的权利限制。

根据《民法典》第414条的规定，无论是不动产还是动产、权利，确定抵押权顺位的主要依据就是登记，登记在先的优先于登记在后的，已登记的优先于未登记的，均未登记的按债权比例平等受偿，该规则适用于所有可以登记的担保物权。

对于抵押权与质权竞存的情况，由于不动产只能设立抵押权，不能设立质权，因此不存在此种情况，竞存情况下的顺位规则仅涉及动产。动产质权自质押财产交付时设立，根据《民法典》第415条的规定，交付产生与登记同等的公示效力，按照登记、交付的时间先后确定清偿顺序。

《民法典》建立起统一登记制度,但在这个"公示优先"的一般规则下,存在两个例外:正常经营活动买受人认定规则和价款超级优先权规则。正常经营活动买受人认定规则对应《民法典》第404条,《担保制度司法解释》第56条进一步对正常经营买受人规则作出了细化规定。依据该规则,即便动产抵押权已经办理了登记,在买受人不存在恶意的情况下,只要其是与从事正常经营活动的出卖人进行交易,支付了合理对价并取得了所有权,其作为正常经营买受人的权利不受动产抵押权的限制,买受人取得无负担的所有权,可以对抗抵押权人。价款超级优先权规则对应《民法典》第416条,赋予出卖人在标的物交付后10日内登记担保物权可以优先受偿的权利。

(四)优先于抵押权的权利

1. 商品房消费者的权利优先于抵押权

《九民纪要》第126条规定,"根据《最高人民法院关于建设工程价款优先受偿权问题的批复》第1条、第2条的规定,交付全部或者大部分款项的商品房消费者的权利优先于抵押权人的抵押权,故抵押权人申请执行登记在房地产开发企业名下但已销售给消费者的商品房,消费者提出执行异议的,人民法院依法予以支持……"值得注意的是,上述规定并没有对商品房消费者权利成立的时间进行限制,即无论抵押权设立在先还是在后,商品房消费者权利都优先于抵押权。①

2. 工程价款优先于抵押权

根据《民法典》第807条"发包人未按照约定支付价款的,承包人可以催告发包人在合理期限内支付价款。发包人逾期不支付的,除根据建设工程的性质不宜折价、拍卖外,承包人可以与发包人协议将该工程折价,也可以请求人民法院将该工程依法拍卖。建设工程的价款就该工程折价或者拍卖的价款优先受偿"以及《建设施工合同解释(一)》第36条"承包人根据民法典第八百零七条规定享有的建设工程价款优先受偿权优于抵押权和其他债权"的规定,承包人对建设工程款享有的受偿权优于抵押权。

3. 成立在先的租赁权优先于抵押权

《民法典》第405条规定:"抵押权设立前,抵押财产已经出租并转移占有的,原租赁关系不受该抵押权的影响。"根据抵押不破租赁原则,在先设立的租赁权利,优

---

① 在(2020)最高法民终1209号案中,最高人民法院认为,对于购房人来说,其在开发商已经对商品房进行预售的情况下,能够相信抵押权人同意转让抵押物,且相信其所交付的购房款已经按照《物权法》(已废止)的规定用于提前清偿抵押权所担保的债务。在此基础上,即使商品房消费者明知所购买的房屋有抵押权负担,只要符合消费者购房人排除执行的条件,就应当优先保护消费者购房人的权利。

先于在后设立的抵押权,在抵押权实现时,租赁合同对抵押物的受让人继续有效,受让人取得的抵押物时存在租赁权负担。而对于抵押权设立在先、租赁权设立在后的,抵押权可以对抗租赁权,在抵押权实现时,抵押权人有权除去租赁权。

4. 成立在先的居住权优先于抵押权

居住权设立的初衷是保障居者有其屋,居住权人对其合法居住的房屋享有占有及使用的权利。目前对于居住权和抵押权发生冲突时如何处理尚无明文规定,大部分观点认为可以参照适用"买卖不破租赁"和"设立在先"的原则。设立在先的居住权优先于抵押权,在实现抵押权时,也要附带居住权一并转让。而对于抵押权设立在先、居住权设立在后的,参照租赁权,在实现抵押权时,受让人作为新的物权人取得抵押物所有权,原有居住权消灭。

二、操作指引

(一)执行依据未确认抵押权的情况下能否直接主张行使抵押权

《民事诉讼法解释》第 506 条第 2 款规定,对人民法院查封、扣押、冻结的财产有优先权、担保物权的债权人,可以直接申请参与分配,主张优先受偿权。在另案担保物权人未取得执行依据的情况下即可以依据《民事诉讼法解释》第 506 条的规定申请参与分配并主张优先受偿权,举重以明轻,那么抵押权人在自己的主债权执行案件中,亦可依据其有效的抵押权而向法院主张优先受偿,而不必就抵押权本身再经过法院生效裁判确认。如债务人或其他债权人对抵押权有异议的,可以通过执行异议之诉或者执行分配方案异议之诉对抵押权进行实质审查,以解决相关当事人提出的异议。

(二)执行异议之诉中可否直接审查抵押权的效力

关于执行异议之诉中可否直接审查抵押权的效力,在案外人主张其作为抵押权人,对执行标的享有实体权利而提起的执行异议之诉中,根据《民事诉讼法解释》第 310 条的规定处理,并不存在争议。该种情况存在争议的主要涉及抵押权人在主债权诉讼过程中并未一并主张抵押权,执行程序中主张抵押权或要求加入执行程序,由此产生的执行异议之诉,能否直接审查及确认抵押权的问题。对此存在不同观点。

否定说认为,根据《民事诉讼法》第 238 条的规定,执行异议之诉的审理范围要求与原判决、裁定无关,在执行异议之诉中审查抵押权效力是对原执行依据的变更,超出了执行异议之诉的审理范围,抵押权人应当另行提起确认抵押权效力的诉讼。

肯定说则认为,执行异议之诉是对实体权利进行的审查,具有审查抵押权效力的能力,对执行依据来说,主债权才是依据的内容,因此对抵押权的审查不构成对执行依据的变更,没有超出执行异议之诉的审理范围,而且从诉讼成本和效率的角度来说,直接审查能够一次性解决纠纷,相较于抵押权人另行诉讼确认抵押权效力,更具合理性。

(三)以抵押权为由提起案外人异议之诉能否阻却执行

根据《民事诉讼法解释》第506条第2款的规定,人民法院在对被执行人的财产采取查封措施后,有权对被查封财产采取的拍卖、变卖等执行措施,抵押权人就其享有的抵押权不会因抵押物被执行而丧失,仍有权获得优先清偿。抵押权的实现与强制执行措施不存在冲突,案外人主张享有抵押权不具有阻却强制执行的效果,案外人应当通过执行程序等主张优先受偿。

(四)案外人对担保物权等优先受偿权执行提出异议的处理

根据《异议复议规定》第27条的规定,申请执行人对执行标的依法享有对抗案外人的担保物权等优先受偿权,人民法院对案外人提出的排除执行异议不予支持,但法律、司法解释另有规定的除外。

在担保物权等优先受偿权的强制执行中,如果案外人仅以申请执行人不享有担保物权等优先受偿权,提起执行异议之诉,其实质是认为据以执行的法律文书错误,案外人对执行依据所提出的异议,不属于案外人异议之诉的受理范围,案外人可以通过审判监督程序等主张权利。但如果案外人同时提出与执行依据无关的其他理由并主张其对执行标的享有足以排除强制执行的民事权益,人民法院对其该部分诉讼请求应予受理。

(五)抵押权预告登记权利人提起的案外人异议之诉能否阻却执行

1. 抵押权预告登记的效力

预告登记,是指不动产物权变动中的债权人为确保能实现自己期望的不动产物权变动,在与债务人约定后,向不动产登记机构申请办理的一类不动产物权变动登记。通过该种登记,债权人以实现不动产物权变动为内容的请求权之效力被增强。①

预告登记的主要功能在于担保预告登记权利人将来物权变动的实现。《民法典》第221条第1款规定:“当事人签订买卖房屋的协议或者签订其他不动产物权

① 参见程啸:《论抵押权的预告登记》,载《中外法学》2017年第2期。

的协议,为保障将来实现物权,按照约定可以向登记机构申请预告登记。预告登记后,未经预告登记的权利人同意,处分该不动产的,不发生物权效力。"《物权编解释(一)》第 4 条规定:"未经预告登记的权利人同意,转让不动产所有权等物权,或者设立建设用地使用权、居住权、地役权、抵押权等其他物权的,应当依照民法典第二百二十一条第一款的规定,认定其不发生物权效力。"基于上述条款规定,预告登记不能直接引起物权变动,也不会引起转让不动产所有权等物权或设立用益物权、担保物权的合同无效,而是对权利人的处分权具有限制效力。我国预告登记制度也正是通过这种限制效力来实现其担保功能。

《不动产登记暂行条例实施细则》第 85 条第 1 款规定:"有下列情形之一的,当事人可以按照约定申请不动产预告登记:(一)商品房等不动产预售的;(二)不动产买卖、抵押的;(三)以预购商品房设定抵押权的;(四)法律、行政法规规定的其他情形。"我国不动产预告登记主要包括前述几种情形,抵押权预告登记亦是预告登记的主要情形之一。但是,抵押登记预告的效力却不能直接适用《民法典》关于预告登记的效力。因为,抵押权本身并不具有限制抵押人处分的效力,作为担保将来抵押权变动实现的抵押预告登记自然不具有超出抵押登记本登记的权利能力。

关于抵押预告登记的效力,(2021)沪二中民六(商)终字第 138 号案中法院认为,"抵押权预告登记所登记的并非现实的抵押权,而是未来发生抵押权变动的请求权,该请求权具有排他效力。因此,作为系争房屋抵押权预告登记的权利人,在未办理房屋抵押权设立登记之前,其享有的是当抵押登记条件成就或约定期限届满时对系争房屋办理抵押登记的请求权,并可排他性地对抗他人针对系争房屋的处分,但并非对系争房屋享有现实抵押权,而是待房屋建成交付购房人后就该房屋设立抵押权的一种预先的排他性保全。如果房屋建成后的产权未登记至购房人名下,则抵押权设立登记无法完成,其不能对该预售商品房行使抵押权"。诸多判例也是此观点,①该观点也成为实践中的主流。而最高人民法院发现了该判决内部在认为预告抵押登记不能产生抵押权和认为因预告登记产生的请求权能够排他性地对抗他人针对标的物的处分之间的矛盾之处,并在《最高人民法院民法典担保制度司法解释理解与适用》一书中认为,抵押预告登记是在抵押登记暂时无法办理时当事人为确保将来取得抵押权而办理的一种特殊登记,其目的并不在于防止抵押人再次处分标的物,而是当能够办理抵押登记时,预告登记权利人能够获得较之其他担保物权人或者债务人更加优先的顺位。也就是说,抵押预告登记的效力不是限

① 如(2016)粤 01 民终 17716 号、(2021)辽 01 民终 479 号等,沿用了该公报案例进行说理。

制抵押人处分标的物的物权效力而是一种顺位效力。

2. 抵押权预告登记不能阻却法院强制执行

首先,《异议复议规定》第30条规定:"金钱债权执行中,对被查封的办理了受让物权预告登记的不动产,受让人提出停止处分异议的,人民法院应予支持;符合物权登记条件,受让人提出排除执行异议的,应予支持。"该条款赋予预告登记在符合物权登记的情况下排除强制执行的效力。但是,该条款针对的是物权预告登记权利人,而非抵押权预告登记权利人,本条款在此情形下难以适用。

其次,如前文所论述,抵押权人主张享有抵押权不具有阻却强制执行的效果,作为尚未取得抵押权的抵押权预告登记人即使在抵押权登记能够实现的情况下,也不能阻却法院强制执行。

最后,抵押权预告登记人在满足一定条件下,享有优先受偿权。抵押权人不能排除执行,而是可以申请参与分配程序,主张优先受偿权。对于抵押权预告登记人是否享有优先受偿权,一般认为,因抵押权未登记,预告登记人享有请求办理抵押权登记的请求权,不宜认定享有优先受偿权,但《担保制度解释》第52条以房屋完成首次登记作为抵押权预告登记获得优先权的条件等,在兼顾主流观点的同时,就预告登记具有的顺位效力,对预告登记人的期待利益给予一定的保护。

审判前沿

韩某兰、唐某申请执行人执行异议之诉纠纷案

[(2018)川13民初64号民事判决书、(2020)川民终275号民事判决书、(2021)最高法民申1134号民事裁定书]

【裁判要旨】

虽然执行依据没有明确约定,但并不意味着抵押权人就此丧失了对案涉房屋的抵押权,执行依据未否定抵押权人对案涉房屋享有抵押权,抵押权人亦未明确表示放弃权利,且案涉房屋的抵押登记并未解除,抵押权人对案涉房屋依法享有抵押权。

【基本案情】

2008年5月27日,南充东方花园酒店有限公司(以下简称花园酒店公司)、重庆日田家电有限公司(以下简称日田家电公司)、南充明豪文化娱乐有限公司(以下简称明豪娱乐公司)作为甲方与陈某兰、唐某作为乙方签订了《股权转让

协议》,协议约定甲方将其合法持有的四川思凯房地产开发有限公司(以下简称思凯房产公司)的全部股权转让给乙方所有,乙方应分期向甲方支付股权转让价款。2010 年 11 月 30 日,甲方(花园酒店公司、日田家电公司、明豪娱乐公司)与乙方(陈某兰、唐某)以及丙方明宇实业集团有限公司、四川省南充市万事兴房地产开发有限公司签订了《关于思凯房产股权转让协议执行情况的备忘录》,约定甲方或其指定的关联方向思凯房产公司购买 6 套别墅,购房款合计 10,227,289元。购房款视同甲方于 2010 年 7 月 1 日支付给思凯房产公司,抵扣乙方应付甲方款项。

2012 年 4 月 6 日,思凯房产公司与花园酒店公司指定的关联方韩某兰签订了商品房买卖合同及补充协议,约定韩某兰购买思凯房产公司开发的位于成都市房屋。合同签订后,思凯房产公司于 2012 年 6 月 30 日交付房屋。因建设规划调整和思凯房产公司将诉争房屋办理了抵押登记,诉争房屋权属未能转移登记至韩某兰名下。韩某兰与思凯房产公司也未到相关行政部门办理房屋买卖合同备案登记。

2015 年 10 月 12 日,因南充莱茵威尔能源投资管理有限公司(以下简称莱茵威尔公司)向恒丰银行南充分行借款,思凯房产公司作为抵押人与抵押权人恒丰银行南充分行签订最高额抵押合同,约定抵押人为抵押权人与债务人莱茵威尔公司的债权提供最高额抵押担保。最高额抵押合同所附抵押物清单载明的抵押物为思凯房产公司所有的坐落于成都市高新区办公房屋(包括诉争房屋在内共计 25 套房屋)。之后,思凯房产公司与恒丰银行南充分行到成都市房屋产权登记中心办理了该 25 套房屋的抵押登记。恒丰银行南充分行于 2015 年 10 月 15 日领取了该 25 套房屋的他项权利证书。

后因莱茵威尔公司违约,2017 年 4 月 26 日,恒丰银行南充分行将莱茵威尔公司、思凯房产公司及其他保证人诉至一审法院,该案审理过程中,一审法院根据恒丰银行南充分行的诉讼财产保全申请,于 2017 年 4 月查封了诉争房屋。在一审法院主持下,各方当事人于 2017 年 8 月 10 日自愿达成调解协议,一审法院据此作出(2017)川 13 民初 58 号民事调解书,确认当事人达成的调解协议。因各债务人未按照该民事调解书履行清偿义务,恒丰银行南充分行申请一审法院强制执行。一审法院受理恒丰银行南充分行的执行申请[案号(2017)川 13 执 108 号]后,于 2018 年 1 月决定对诉争房屋进行评估、拍卖。此时,韩某兰以其已购买诉争房屋为由提出执行异议。一审法院审查后,于 2018 年 3 月 15 日作出(2018)川 13 执异 17 号执行异议裁定:中止对成都市高新区房屋的执行。恒丰银行南充分行提起申请执行人执行异议之诉请求准予执行诉争房屋。

一审法院经审理认为,韩某兰对诉争房屋享有物权期待权,且能够对抗申请执行人。韩某兰就诉争房屋的买卖关系合法有效,已经支付全部价款并实际占有房屋,未办理过户登记非自身过错,其享有的民事权益能够排除执行。恒丰银行南充分行对涉案抵押权的设立未尽审慎审查义务,存在过错,不受《物权法》(已废止)善意取得制度的保护。判决驳回恒丰银行南充分行的诉讼请求。恒丰银行南充分行不服,提起上诉。

二审法院经审理认为,恒丰银行南充分行与思凯房产公司就案涉房屋在法定登记机关办理了抵押登记,抵押权人亦获取相应的他项权利证书,案涉房屋之上的抵押权应已依法有效设立。韩某兰与思凯房产公司之间并未基于购买房屋之目的而成立真实的买卖关系,双方在以房抵债过程中签订的商品房买卖合同,并不能改变韩某兰在本质上属于普通金钱债权人的地位,其所享有的权益不应优于其他普通金钱债权人,更不能优于抵押权人,该权益不足以排除本案强制执行。判决撤销四川省南充市中级人民法院(2018)川13民初64号民事判决;准许执行成都市高新区房屋。韩某兰不服,向最高人民法院申请再审。

最高人民法院经审理裁定驳回韩某兰的再审申请。

【要点评析】

抵押权人以提起普通诉讼程序的方式行使担保物权时,既可以在主债权诉讼中一并提出,也可以在法定期间内单独以担保人为被告提起诉讼。但实践中也存在抵押权人在主债务诉讼中未一并主张抵押权的情况。但执行依据未确认抵押权并不意味着抵押权人丧失了抵押权,申请执行人仍然可以在主债权的执行程序中直接依据其经过登记的抵押权而主张优先受偿。

案例一

王某光诉中天建设集团有限公司、白山和丰置业有限公司案外人执行异议之诉案

[(2019)最高法民再39号民事裁定书]

【裁判要旨】

在建设工程价款强制执行过程中,房屋买受人对强制执行的房屋提起案外人执行异议之诉,请求确认其对案涉房屋享有可以排除强制执行的民事权益,

但不否定原生效判决确认的债权人所享有的建设工程价款优先受偿权的，属于《民事诉讼法》第227条①规定的“与原判决、裁定无关”的情形，人民法院应予依法受理。

【基本案情】

2016年10月29日，吉林省高级人民法院就中天建设集团公司（以下简称中天公司）起诉白山和丰置业有限公司（以下简称和丰公司）建设工程施工合同纠纷一案作出（2016）吉民初19号民事判决：和丰公司支付中天公司工程款42,746,020元及利息，设备转让款23万元，中天公司可就春江花园B1、B2、B3、B4栋及B区16、17、24栋折价、拍卖款优先受偿。判决生效后，中天公司向吉林省高级人民法院申请执行上述判决，该院裁定由吉林省白山市中级人民法院执行。2017年11月10日，吉林省白山市中级人民法院依中天公司申请作出（2017）吉06执82号（之五）执行裁定，查封春江花园B1、B2、B3、B4栋的11××—××号商铺。

王某光向吉林省白山市中级人民法院提出执行异议，吉林省白山市中级人民法院于2017年11月24日作出（2017）吉06执异87号执行裁定，驳回王某光的异议请求。此后，王某光以其在查封上述房屋之前已经签订书面买卖合同并占有使用该房屋为由，向吉林省白山市中级人民法院提起案外人执行异议之诉，请求法院判令：依法解除查封，停止执行王某光购买的白山市浑江区春江花园B1、B2、B3、B4栋的11××—××号商铺。

2013年11月26日，和丰公司（出卖人）与王某光（买受人）签订《商品房买卖合同》，约定：出卖人以出让方式取得位于吉林省白山市星泰桥北的土地使用权，出卖人经批准在上述地块上建设商品房春江花园；买受人购买的商品房为预售商品房……买受人按其他方式按期付款，其他方式为买受人已付清总房款的50%以上，剩余房款10日内通过办理银行按揭贷款的方式付清；出卖人应当在2014年12月31日前按合同约定将商品房交付买受人；商品房预售的，自该合同生效之日起30天内，由出卖人向产权处申请登记备案。

2014年2月17日，贷款人（抵押权人）招商银行股份有限公司、借款人王某光、抵押人王某光、保证人和丰公司共同签订《个人购房借款及担保合同》，合同约定抵押人愿意以其从售房人处购买的该合同约定的房产的全部权益抵押给贷款人，作为偿还该合同项下贷款本息及其他一切相关费用的担保。2013年11

---

① 若无特别标注，该部分案例适用的是2017年《民事诉讼法》，现为第238条。

月26日,和丰公司向王某光出具购房收据。白山市不动产登记中心出具的不动产档案查询证明显示:抵押人王某光以不动产权证号为白山房权证白BQ字第××××××号,建筑面积5339.04平方米的房产为招商银行股份有限公司通化分行设立预购商品房抵押权预告。2013年8月23日,涉案商铺在产权部门取得商品房预售许可证,并办理了商品房预售许可登记。2018年12月26日,吉林省电力有限公司白山供电公司出具历月电费明细,显示春江花园B1、B2、B3、B4号门市2017年1月至2018年2月用电情况。

白山市房屋产权管理中心出具的查询证明载明:"经查询,白山和丰置业有限公司B—1、2、3、4号楼在2013年8月23日已办理商品房预售许可登记。没有办理房屋产权初始登记,因开发单位未到房屋产权管理中心申请办理。"

吉林省白山市中级人民法院于2018年4月18日作出(2018)吉06民初12号民事判决:(1)不得执行白山市浑江区春江花园B1、B2、B3、B4栋11××—××号商铺;(2)驳回王某光其他诉讼请求。中天建设集团公司不服一审判决向吉林省高级人民法院提起上诉。吉林省高级人民法院于2018年9月4日作出(2018)吉民终420号民事裁定:(1)撤销吉林省白山市中级人民法院(2018)吉06民初12号民事判决;(2)驳回王某光的起诉。王某光对裁定不服,向最高人民法院申请再审。最高人民法院于2019年3月28日作出(2019)最高法民再39号民事裁定:(1)撤销吉林省高级人民法院(2018)吉民终420号民事裁定;(2)指令吉林省高级人民法院对本案进行审理。

最高人民法院认为,根据王某光在再审中的主张,本案再审审理的重点是王某光提起的执行异议之诉是否属于《民事诉讼法》第227条规定的案外人的执行异议"与原判决、裁定无关"的情形。

根据《民事诉讼法》第227条规定的文义,该条法律规定的案外人的执行异议"与原判决、裁定无关"是指案外人提出的执行异议不含有其认为原判决、裁定错误的主张。案外人主张排除建设工程价款优先受偿权的执行与否定建设工程价款优先受偿权权利本身并非同一概念。前者是案外人在承认或至少不否认对方权利的前提下,对两种权利的执行顺位进行比较,主张其根据有关法律和司法解释的规定享有的民事权益可以排除他人建设工程价款优先受偿权的执行;后者是从根本上否定建设工程价款优先受偿权权利本身,主张诉争建设工程价款优先受偿权不存在。简言之,当事人主张其权益在特定标的的执行上优于对方的权益,不能等同于否定对方权益的存在;当事人主张其权益会影响生效裁判的执行,也不能等同于其认为生效裁判错误。根据王某光提起案外人执行异议之诉的请求和具体理由,王某光并没有否定原生效判决确认的中天公司所享有的建设工程价款优先受偿权,提起案外执行异议之诉意在请求法院确认其对案涉房屋享有可以排除强制执行的民事权益;如果一审、二审法院支持王某光关于执行异议的主张也并不动摇生效判决关于中天公司享有建设工程价款优先受偿权的认定,仅可能影响该生效判决的具体执行。王某光的执行异议并不包含其认为已生效的(2016)吉民初19号民事判决存在错误的主张,属于《民事诉讼法》第227条规定的案外人的执行异议"与原判决、裁定无关"的情形。二审法院认定王某光作为案外人对执行标的物主张排除执行的异议实质上是对上述生效判决的异议,应当依照审判监督程序办理,据此裁定驳回王某光的起诉,属于适用法律错误,再审法院予以纠正。鉴于二审法院并未作出实体判决,根据具体案情,再审法院裁定撤销二审裁定,指令二审法院继续审理本案。

案例二

中国建设银行股份有限公司怀化市分行诉中国华融资产管理股份有限公司湖南省分公司等案外人执行异议之诉案

[(2019)最高法民终603号民事裁定书]

【裁判要旨】

在抵押权强制执行中,案外人以其在抵押登记之前购买了抵押房产,享有优先于抵押权的权利为由提起执行异议之诉,主张依据《异议复议规定》排除强制执行,但不否认抵押权人对抵押房产的优先受偿权的,属于《民事诉讼法》第227条规定的"与原判决、裁定无关"的情形,人民法院应予依法受理。

【基本案情】

关于中国华融资产管理股份有限公司湖南省分公司(以下简称华融湖南分公司)与怀化英泰建设投资有限公司(以下简称英泰公司)、东星建设工程集团有限公司(以下简称东星公司)、湖南辰溪华中水泥有限公司(以下简称华中水泥公司)、谢某某、陈某某合同纠纷一案,湖南省高级人民法院(以下简称湖南高院)于2014年12月12日作出(2014)湘高法民二初字第32号民事判决(以下简称第32号判决),判决解除华融湖南分公司与英泰公司签订的《债务重组协议》,由英泰公司向华融湖南分公司偿还债务9800万元及重组收益、违约金和律师代理费,东星公司、华中水泥公司、谢某某、陈某某承担连带清偿责任。未按期履行清偿义务的,华融湖南分公司有权以英泰公司已办理抵押登记的房产3194.52平方米、2709.09平方米及相应土地使用权作为抵押物折价或者以拍卖、变卖该抵押物所得价款优先受偿。双方均未上诉,该判决生效。英泰公司未按期履行第32号判决所确定的清偿义务,华融湖南分公司向湖南高院申请强制执行。湖南高院执行立案后,作出拍卖公告拟拍卖第32号判决所确定华融湖南分公司享有优先受偿权的案涉房产。

中国建设银行股份有限公司怀化市分行(以下简称建行怀化分行)以其已签订房屋买卖合同且支付购房款为由向湖南高院提出执行异议。该院于2017年12月12日作出(2017)湘执异75号执行裁定书,驳回建行怀化分行的异议请求。建行怀化分行遂提起案外人执行异议之诉,请求不得执行案涉房产,确认华融湖南分公司对案涉房产的优先受偿权不得对抗建行怀化分行所有权。

湖南高院于2018年9月10日作出(2018)湘民初10号民事裁定:驳回建行怀化分行的起诉。建行怀化分行不服上述裁定,向最高人民法院提起上诉。最高人民法院于2019年9月23日作出(2019)最高法民终603号裁定:(1)撤销湖南高院(2018)湘民初10号民事裁定;(2)本案指令湖南高院审理。

最高人民法院认为,《民事诉讼法》第227条规定:"执行过程中,案外人对执行标的提出书面异议的,人民法院应当自收到书面异议之日起十五日内审查,理由成立的,裁定中止对该标的的执行;理由不成立的,裁定驳回。案外人、当事人对裁定不服,认为原判决、裁定错误的,依照审判监督程序办理;与原判决、裁定无关的,可以自裁定送达之日起十五日内向人民法院提起诉讼。"2015年《民事诉讼法解释》第305条进一步规定:"案外人提起执行异议之诉,除符合民事诉讼法第一百一十九条规定外,还应当具备下列条件:(一)案外人的执行异议申请已经被人民法院裁定驳回;(二)有明确的排除对执行标的执行的诉讼请求,且诉讼请求与原判决、裁定无关;(三)自执行异议裁定送达之日起十五日内提起。人民法院应当在收到起诉状之日起十五日内决定是否立案。"①可见,《民事诉讼法解释》第305条明确,案外人提起执行异议之诉,应当符合"诉讼请求与原判决、裁定无关"这一条件。因此,《民事诉讼法》第227条规定的"与原判决、裁定无关"应为"诉讼请求"与原判决、裁定无关。

华融湖南分公司申请强制执行所依据的原判决即第32号判决的主文内容

① 现为第303条。

是判决英泰公司向华融湖南分公司偿还债务9800万元及重组收益、违约金和律师代理费，华融湖南分公司有权以案涉房产作为抵押物折价或者以拍卖、变卖该抵押物所得价款优先受偿。本案中，建行怀化分行一审诉讼请求是排除对案涉房产的强制执行，确认华融湖南分公司对案涉房产的优先受偿权不得对抗建行怀化分行所有权，起诉理由是其签订购房合同、支付购房款及占有案涉房产在办理抵押之前，进而主张排除对案涉房产的强制执行。建行怀化分行在本案中并未否定华融湖南分公司对案涉房产享有的抵押权，也未请求纠正第32号判决，实际上其诉请解决的是基于房屋买卖对案涉房产享有的权益与华融湖南分公司对案涉房产所享有的抵押权之间的权利顺位问题，这属于"与原判决、裁定无关"的情形，是执行异议之诉案件审理的内容，应予立案审理。

【要点评析】

上述两则案例均系最高人民法院发布的指导案例，指导性案例经由最高人民法院审判委员会讨论决定，具有解释法律、指导裁判的性质和作用，也最能体现立法司法的裁判规则和价值导向。

《民事诉讼法》对案外人所提出的异议设置了二元救济体系——案外人认为"原判决、裁定错误"的，应申请再审，救济路径指向案外人申请再审程序；案外人认为"与原判决、裁定无关"的，应提起诉讼，救济路径指向案外人执行异议之诉程序。但案外人提出的异议，如何判断"与原判决、裁定无关"，是区分解决路径的关键。

从文义层面，根据《民事诉讼法》第238条的规定，案外人、当事人对人民法院作出的执行异议裁定不服，但认为原判决、裁定错误的，依照审判监督程序处理；反之，不认为原判决、裁定错误的，由当事人、案外人提起执行异议之诉。那么，当事人、案外人是否主张原判决、裁定错误，就成为案件是按审判监督程序还是按照执行异议之诉程序处理的区分标准。但仅以案外人判断为准，存在当事人受限于其法律专业知识水平程度，尤其是有些案外人并非法律专业，难以作出专业的判断，而救济路径的选择错误，可能会造成不可逆转的法律后果。因此实践中也有观点认为，此类判断需要经由执行机构进行实质审查。

从法理层面，再审程序是打破判决既判力的纠错程序，因此"原判决、裁定错误"是适用前提，而执行异议之诉旨在解决案外人享有的实体权利能否排除强制执行的问题，不对执行依据本身的正确与否作出评价。如果法院在执行过程中决定对特定标的是否执行，与生效的执行依据发生冲突，影响执行依据的既判力，则应当启动审判监督程序，如果对特定执行标的是否执行，并不与生效的原执行依据发生冲突,则没有对原判决、裁定启动审判监督程序的必要。此外,关于生效判决既判力的客观范围,法理上普遍认为,仅限于裁判主文,不包括裁判认定的事实和裁判理由,生效裁判中的裁判理由原则上对于另案裁判没有拘束力。

具体就上述案例,(2019)最高法民再39号案例中,案外人并不否认原判决确定的建设工程价款优先受偿权,是主张自己对执行标的享有的实体权利优先于申请执行人的建设工程款优先受偿权;(2019)最高法民终603号案例中,案外人亦不否定原判决、裁定确认的抵押权,而只主张自己的买受人优先权优先于抵押权。结合上述两个案例,总结出如下具体认定规则:当事人主张其权益在特定标的的执行上优于对方的权益,其实质是主张自己的实体权利享有更加优先的权利顺位,不能等同于否定对方权益的存在;当事人主张其权益会影响生效裁判的执行,也不等同于其认为生效裁判错误。案外人主张的实体权利与原判决、裁定确认的实体权利之间并不相互否定,属于案外人执行异议之诉的范围。

第三节 因抵押权与物权期待权竞合发生的异议之诉

肇始于德国的物权期待权概念,系指业已取得受法律认可的部分权利要件,具有确定性且能够转让利用的一种财产性权利。它的目的在于实现物权,实现形态主要表现为物权受让人向出让人主张所有权的转移。所以,物权期待权实际上依然应归入债权请求权的范围。不过,与普通债权的差别是,物权期待权具有对抗性和排他性,属于一项受物权相关法律保护、不受债权保护范围限制的特殊权利。司法实践中,物权期待权可依据权利对象划分为不动产物权期待权和动产物权期待权。本章节所阐述对象为不动产物权期待权。所谓的不动产物权期待权的发生期间,主要指不动产受让人依据与出让人合同约定执行完毕相关义务且获得所有权以外的其他物权至实际登记不动产权利的期间。受让人于此期间所享有的对该不动产所有权登记于其名下的期待属于物权期待权。

在执行异议之诉案件中,申请执行人基于抵押权等优先权申请对不动产采取保全措施,但不动产权受让人(案外人)却以其与被执行人间存在真实有效的交易关系、占有使用执行标的、支付合理价款且无过错为由对不动产提出实体权利排除异议的情形时有发生。在这类案件中,受让人(案外人)实质上不是不动产的登记所有人,不过,该不动产业已被执行法院采取查封、扣押等强制措施,导致受让人(案外人)对被执行人的债权请求权,即转移特定物的所有权无法实现。通说认为,受让人上述权利就属于物权期待权。然而,在现行立法中,尚未有相关规定明确规制不动产物权期待权。

法律依据

《查扣冻规定》第15条　被执行人将其所有的需要办理过户登记的财产出卖给第三人,第三人已经支付部分或者全部价款并实际占有该财产,但尚未办理产权过户登记手续的,人民法院可以查封、扣押、冻结;第三人已经支付全部价款并实际占有,但未办理过户登记手续的,如果第三人对此没有过错,人民法院不得查封、扣押、冻结。

一、制度阐释

(一)关于成立有效合同的认定

成立有效的交易合同,就意味着必须满足两个条件,一是交易合同合法有效,二是合同成立时间必须在查封之前。这是因为物权期待权仍属于债权,具有债权的特性。具言之,在权利性质上,不动产物权期待权虽然并非物权,不过由于其性质类似于物权,对其保护的基础或者说前提在于其将获得物权属性,所以,作为基础权利的债权应当有效合法。之所以强调交易合同必须成立于查封之前,主要基于不动产查封通常要进行查封登记,而这一登记行为便产生了对世效力,即便签订目的在于变更不动产物权的交易合同,或者占有不动产,都应当审慎注意到不动产物权的登记和法院查封情况,假若交易合同成立于查封之后,买受人在主观上便存在明显过错。在(2014)民一终字第122号案例中,红枫公司与购房人缪某红签订的《昆山市商品房购销合同》,以及东方广场公司、红枫公司与购房人签订的《租赁及委托经营管理合同》,合同中约定了商品房的基本情况、销售方式为预售、计价方式及价款、付款方式、交付期限、违约责任等,具备了商品房买卖合同的主要条款。购房人缪某红支付了全部房款,即可取得房屋的所有权。至于房屋没有实际交接而是由购房人缪某红收取房租,系购房人缪某红与东方广场公司通过签订《租赁及委托经营管理合同》变更了合同的履行方式,属于购房人对自有物业的经营方式的支配。虽然购房目的具有投资性,但购房的目的并不影响合同的性质。因此,红枫公司与购房人缪某红之间存在合法有效的房屋买卖合同关系。

（二）关于付清价款的认定

保护真实的买卖关系是《查扣冻规定》第15条的主要价值。相较于对过户障碍是否存在过错以及是否实际占有不动产的审查标准，司法实践中对真实的交易关系的审查难度很大。为避免被执行人与案外人预谋规避执行的情形，实务中往往可以根据交易价格、交易时间、支付价款是否符合常识或交易习惯等进行认定（如是否存在金融交易记录等）。这体现了《查扣冻规定》第15条与物权法不动产登记公示制度冲突时的一个鲜明态度，即要求付清全部价款，因而司法实务必须严格执行，防止扩大适用该条款而对我国不动产登记公示制度形成抵牾。此外，通常情形下，家庭成员、亲朋好友、关联企业等具有特殊联系的人或单位存在恶意串通的可能性较大，要注意采用区别性审查。而在处理几乎付清价款的不动产买受人提起的异议诉讼，不应以《查扣冻规定》第15条作为适用的依据。司法实务中往往会有系列类似案例，即双方当事人约定不动产过户时再支付很少部分尾款，买受人事实上已依交易合同支付了绝大部分价款且已对不动产装修入住多年，一些法院针对这类仅是未付很小部分价款的买受人提起的异议之诉亦作出准予排除强制执行的裁判。

（三）关于占有的认定

在保护占有前，必须准确判断是否构成占有要件，因而应对占有的构成和概念进行界定。当前，我国物权法对此规定依然存在空白。一般认为，占有必须符合下列三个条件：其一，存在事实上的管领。虽然一些学者对此存有差别的提法，但界定的内延相差不大，即不动产以利用为要件，动产以控制为要件。其二，存在占有的意思表示。在罗马法理论中，占有由两个要件构成，即控制物和表达占据物的意思。若要使占有产生对世效力，《查扣冻规定》第15条中的买受人即占有人必须兼具自主占有、有权占有和实际上控制物的条件。按照占有的构成要件和定义的内外延，怎样占有物可采控制说，间接占有及直接占有都是事实管领物。其三，存在和平占有。这是因为和平占有才能够实现保护所有权的效果。所以，假若买受人存在强行占有或非法占有等与出卖人意愿相违的占有，司法实务中均应认定为与《查扣冻规定》第15条中占有要件不相吻合。从（2014）民一终字第122号案例来看，虽然案涉房屋尚未完成竣工验收备案，不具备《昆山市商品房购销合同》中约定的交付条件。但缪某红从红枫公司购买案涉房屋的目的是用于投资，其在签订购房合同后，已经通过签订《租赁及委托经营管理合同》的方式，行使了对案涉房屋使用和收益的权利，而使用、收益均是以对所购房屋的有权占有为基础的，且更能够体现其对案涉房屋的实际占有和支配的债的先履行行为。

(四)关于主观过错的认定

为极大地限制买受人滥用诉权行为,《查扣冻规定》第15条引入了无过错原则,假若买受人无正当事由存在消极过户行为的,就不受到法律保护。由此可见,引入无过错原则让买受人优先权利关进制度笼子里,且能够极大地降低《查扣冻规定》第15条的负面效应。通常情形下,案外人对无法过户无过错必须具有下列情形,即案外人或者第三人已多次要求被执行人协助办理不动产产权过户登记手续,不过未能实现将不动产产权登记于自己名下的责任在于被执行人拒绝协助或拖延协助,抑或出现登记机构自身因素、办理登记有客观障碍且在短期内难以消除等案外人意志以外的因素影响。假若买受人存在消极过户行为,如忽略不动产上设定抵押权登记等他权利障碍、出于规避税费的考虑消极不作为等,[①]其就不应受到法律保护。所以,买受人在合理期限内是否要求出卖人协助办理过户手续,应当作为认定买受人是否具有主观过错的主要评断依据。

二、操作指引

具体到个案中,关于认定消极履行产权登记手续的买受人存在主观过错的问题,须结合三种情形作为衡量标准:其一,根据买受人当地的交易惯例等因素综合分析认定。如当前我国不动产登记制度在农村尚不完善且并未完全落实,不动产购买人居住多年但并未办理产权登记的状况在农村较为司空见惯。针对这类不动产买受人的保护问题,当前并不能在主观过错上赋予更为苛刻的认定标准。其二,要合理界定合理期限。当前,我国尚未制定登记程序法,出卖人何时协助买受人办理不动产产权过户登记手续并未存在一个确切的期限,即买受人必须在何时要求出卖人办理过户登记,法律并没有明确的规定,而怠于办理过户登记手续的期限如何认定,司法实务中也是难以得出一致评断,各地法院必须按照案件实际情况及当地惯例来衡量。其三,应根据案件的具体情况,对异议人所享有权益的状态、被执行人对执行标的的权利状态,以及申请执行人债权实现的权益进行查明和比较,综合判断,从而确定异议人的权利是否能够排除执行。例如,在郭某兰与林州市农村信用合作联社汇丰信用社(以下简称汇丰信用社)执行异议之诉再审民事案中,被执行人程某龙对涉案财产所享有的权益仅以其与李某顺之间约定的形式,而非以

---

① 参见杨宇、黄沁蕊:《以不动产为标的执行异议之诉的法律适用选择——对J公司案外人执行异议之诉案的评析》,载《天津法学》2018年第1期。

登记的形式存在的,其并非物权登记意义上的所有权人。在郭某兰与李某顺、董某香签订房屋买卖协议并支付购房款后,程某龙也认可了郭某兰与李某顺、董某香之间的房屋买卖行为。故按照各方当事人之间的约定,此后程某龙对涉案房产已不再享有民事权益,而代之以郭某兰对该房产实际享有民事权益。2013 年 5 月 6 日法院对涉案房产查封时,该房产仍然登记在李某顺名下。一审法院认定本案房产查封时,从物权方面和债权方面看,均应认定房产不属于程某龙所有,于法有据。此种情况下,汇丰信用社对涉案房产主张强制执行的权益,不能超越程某龙自身对涉案房产的权益,而取得优于郭某兰所享有的民事权益,应认定郭某兰所享民事权益能够对抗申请执行人汇丰信用社的执行权益。①

三、物权期待权在执行异议程序中的应用

(一)主要规定

《国土房管部门协助执行通知》(法发〔2004〕5 号)第 15 条规定:"下列房屋虽未进行房屋所有权登记,人民法院也可以进行预查封:(一)作为被执行人的房地产开发企业已办理商品房预售许可证且尚未出售的房屋;(二)被执行人购买的已由房地产开发企业办理了房屋权属初始登记的房屋;(三)被执行人购买的办理了商品房预售合同登记备案手续或者商品房预告登记的房屋。"

《查扣冻规定》第 15 条规定:"被执行人将其所有的需要办理过户登记的财产出卖给第三人,第三人已经支付部分或者全部价款并实际占有该财产,但尚未办理产权过户登记手续的,人民法院可以查封、扣押、冻结;第三人已经支付全部价款并实际占有,但未办理过户登记手续的,如果第三人对此没有过错,人民法院不得查封、扣押、冻结。"

《异议复议规定》第 28 条规定:"金钱债权执行中,买受人对登记在被执行人名下的不动产提出异议,符合下列情形且其权利能够排除执行的,人民法院应予支持:(一)在人民法院查封之前已签订合法有效的书面买卖合同;(二)在人民法院查封之前已合法占有该不动产;(三)已支付全部价款,或者已按照合同约定支付部分价款且将剩余价款按照人民法院的要求交付执行;(四)非因买受人自身原因未办理过户登记。"第 29 条规定:"金钱债权执行中,买受人对登记在被执行的房地产开发企业名下的商品房提出异议,符合下列情形且其权利能够排除执行的,人民法院应予支持:(一)在人民法院查封之前已签订合法有效的书面买卖合同;(二)所购商品房系用于居住且买受人名下无其他用于居住的房屋;(三)已支付的价款超过合

① 最高人民法院民事判决书,(2017)最高法民再 238 号。

同约定总价款的百分之五十。"《最高人民法院关于商品房消费者权利保护问题的批复》第2条规定："商品房消费者以居住为目的购买房屋并已支付全部价款，主张其房屋交付请求权优先于建设工程价款优先受偿权、抵押权以及其他债权的，人民法院应当予以支持。只支付了部分价款的商品房消费者，在一审法庭辩论终结前已实际支付剩余价款的，可以适用前款规定。"

《民法典》第221条规定："当事人签订买卖房屋的协议或者签订其他不动产物权的协议，为保障将来实现物权，按照约定可以向登记机构申请预告登记。预告登记后，未经预告登记的权利人同意，处分该不动产的，不发生物权效力。预告登记后，债权消灭或者自能够进行不动产登记之日起九十日内未申请登记的，预告登记失效。"

（二）规定解读

《国土房管部门协助执行通知》所涉条款是预查封中的被执行人物权期待权。在执行程序中，被执行人对预查封的不动产并未实质享有完整的所有权，其权利是以《国土房管部门协助执行通知》第15条第2项的房屋权属初始登记手续和第3项中商品房预告登记手续或登记备案手续为表现形式。在这种情形下，预查封的不动产的权利外观依然属于房地产开发企业，执行法院对该不动产的预查封实质上属于对被执行人所享有的不动产物权期待的查封。

《查扣冻规定》第15条涉及一般不动产物权期待权，它可分为两个层次进行理解：第一层次是"被执行人将其所有的需要办理过户登记的财产出卖给第三人，第三人已经支付部分或者全部价款并实际占有该财产，但尚未办理产权过户登记手续的，人民法院可以查封、扣押、冻结"；第二层次是"第三人已经支付全部价款并实际占有，但未办理过户登记手续的，如果第三人对此没有过错，人民法院不得查封、扣押、冻结"。从文意表述上，是很难区分两者在适用上的不同。不过，从分析逻辑结果上，第一层次与第二层次能够确认为一种递进关系：第一层次是一般性规定，即关涉第三人支付全部或部分价款且实际占有财产，但产权并未实际登记于其名下的纷争，虽然能够进行扣押、查封或冻结，但并不允诺处分；第二层次属于特别规定，与但书条款性质相似，即第三人无过错且支付全部价款的，不应受到执行非难。可以说，《查扣冻规定》第15条在维护案外人合法权利上发挥了重要作用，它赋予无过错案外人物权期待权以对抗强制执行程序，但因该条款缺乏严密性，在实务中较易产生滥诉的情形。

《异议复议规定》中第28~29条对《查扣冻规定》第15条物权期待权排除执行的审查标准做了进一步细化和分类，是对《查扣冻规定》第15条的承继。在这两个条款的适用上,是以被执行人与案外人间因交易关系形成的债权请求权为审查要件,而非案外人对不动产确权的认定标准;以不动产买受人的物权期待权为权利基础,即便上述两个条款可以排除执行非难,消灭异议标的上的权利负担,并可以完整获得不动产所有权,但依然不能实现不动产确权的法律效力;在被执行人范围、案外人身份、审查要件上,两个条件均存在差异,如《异议复议规定》第28条规定的被执行人范围就涵括了自然人、法人和非法人组织等普通民事主体,而《异议复议规定》第29条则限于房地产开发企业。另外,《异议复议规定》第28~29条在适用关系上并非排斥,两者是普通条款和特殊条款的关系,即第29条只能适用于刚性的商品房消费者,而第28条则适用于除刚性商品房消费者外的二手房购房者或其他商品房消费者。这是因为,实践中确实存在相当比例的不动产买受人通过分期付款的方式购买房屋,或者购买在建工程的预售房,致使无法完全符合合法占有不动产或支付全部价款的排除执行要件。另外,由于当前我国房地产交易市场仍未健全和成熟,涉房不动产交易中,不动产买受人往往属于劣势一方,加之行政管理部门监管措施乏力、房屋信息登记备案制度不完善,大多数房地产开发企业公然违反法律、行政法规对销售合同网签、备案或者预告登记的要求,在房屋销售登记方面存在大量不规范操作。为平衡企业经营利益与买受人的生存利益,《异议复议规定》第29条对刚性需求的商品房消费者的物权期待权给予了特别保护,同时也积极回应《消费者权益保护法》中对消费者身份的定义。[①] 之后,最高人民法院出台《最高人民法院关于商品房消费者权利保护问题的批复》对《异议复议规定》第29条规定的要件进行了修改和调整,进一步提升对商品房消费者物权期待权的保护力度。

《民法典》第221条规定了预告登记权利人的物权期待权。预告登记制度的目的是促使以不动产物权变动为内容的债权请求权能够实现,实际上是物权期待权的一种保全制度,使登记物权人处分物权的行为对预告登记的权利人不产生效力。[②] 虽然不动产买受人对不动产进行预告登记并不能产生物权创设的法律效果,但其实质上已受到物权法的保护,且对第三人形成了物权的排他效力,这体现在《异议复议规定》第30条中。在《异议复议规定》第30条的审查中,是以查封的时间点为关键,即在查封之后进行的预告登记不能产生阻却执行非难的效果。具言

① 参见杨宇、黄沁蕊:《以不动产为标的执行异议之诉的法律适用选择——对J公司案外人执行异议之诉案的评析》,载《天津法学》2018年第1期。

② 参见刘贵祥、范向阳:《〈关于人民法院办理执行异议和复议案件若干问题的规定〉的理解与适用》,载《人民司法·应用》2015年第11期。

之，查封并不必然实质性地影响预告登记，但查封所具有的公示性，使预告登记在查封之后失去对第三人的对抗效力。然而，在司法实践中，对于已经预告登记的不动产是否可以查封的问题，存在迥异的处理方式。这是因为预告登记即便享有物权的排他效力，但在权利属性上依然是物权期待权，其是否可以实现享有不动产的所有权，是不能确定的，因而并不能完全排除查封。不过，对于业已进行预告登记的不动产，执行法院应秉持审慎的态度行使查封权，这是因为预告登记权利人拥有法律赋予的排除执行的权利，在实现完整物权上存在的不确定性易产生更为复杂的执行异议诉求，且在预告登记期限届满后法律后果如何、是否享有排他性及再次预告登记等问题，实务中仍未形成一致见解。

四、执行异议中抵押权与不动产物权期待权的优先性比较

在执行异议中，抵押权与不动产物权期待权发生冲突时，必须根据不同情形区别处理。依据《异议复议规定》第 27 条的规定，相较于普通债权，建设工程优先受偿权、抵押权等担保物权享有优先受偿的权利。不过，假若第三人凭借不动产物权期待权人提出排除执行的主张时，就必须按照不动产期待权的不同类型进行要件区分审查。

（一）抵押权与商品房消费者物权期待权的冲突

建设工程价款优先受偿权与商品房消费者物权期待权发生对抗时，依照《最高人民法院关于建设工程价款优先受偿权问题的批复》（已废止），相较于建设工程价款优先受偿权的效力，商品房消费者物权期待权更具优先性。从立法背景来考量，立法者基于建设工程施工过程中，劳动者的人力物化为建设工程，所以承包人享有建设工程变价的优先受偿权。不过，与经营性组织的承包人相比，自然人尤其是消费者属于弱势群体，所以相对于经营性组织的经营利益，自然人的利益更应该获得法律保护，这就意味着相较于建设工程价款优先受偿权，商品房消费者物权期待权的效力更高。从立法本意来看，《最高人民法院关于建设工程价款优先受偿权问题的批复》（已废止）与《异议复议规定》第 29 条的立意是一致的，区别的是《异议复议规定》第 29 条适用范围更为狭窄，仅适用于商品房消费者。但对于担保物权，如抵押权的适用效力，建设工程价款优先受偿权的适用顺位优先，在抵押权之前，所以，商品房消费者以《异议复议规定》第 29 条主张排除抵押权人执行的，审查要件与前述一致。因建设工程价款优先受偿权优先于抵押权，不难得出商品房消费者物权期待权优先于抵押权的结论。

但随着2021年1月1日《最高人民法院关于建设工程价款优先受偿权问题的批复》的废止,对于商品房消费者优先权利的直接规定便处于缺位状态,司法机关虽然将《异议复议规定》第29条作为判断商品房消费者是否享有优先权利的标准,但《异议复议规定》第29条并未明确规定商品房消费者与其他优先权的顺位,无法真正解决商品房消费者能否排除其他优先权人强制执行的问题。直至2023年《最高人民法院关于商品房消费者权利保护问题的批复》的出台,商品房消费者的优先顺位在司法解释层面再次予以明确,确立了建设工程价款优先受偿权、抵押权与商品房消费者物权期待权发生冲突时,商品房消费者物权期待权应优先保护的新规则。

(二)抵押权与一般不动产买受人物权期待权的冲突

一般不动产买受人物权期待权阻却执行的审查标准主要依据《异议复议规定》第28条。当抵押权人为申请执行人时,一般不动产买受人物权期待权与抵押权发生对抗时涉及两个时间点,一个是抵押权设定的时间点,另一个是查封的时间点。依照《异议复议规定》第28条的规定,一般不动产买受人物权期待权很难阻却执行,除《异议复议规定》第28条规定的四个要件外,还要求买受时间发生于抵押权设立之前。

这是因为,不动产买受人在该不动产产生公示效力的抵押登记之后再行交易的,应视其为应知或明知该不动产存在权利负担仍予以购买,假若其不能自行消除不动产上的权利瑕疵,应直接归入因买受人自身原因不能办理过户的情形。亦即,买受人在不动产过户障碍上存在明显过错,在这一情形下,即便其符合《异议复议规定》第28条在查封之前就具备有效成立的合同及不动产的先占的要件,亦不能阻却享有抵押权的申请执行人强制执行。如果一般不动产买受人的物权期待权要对申请执行人的抵押权形成对抗时,其有效成立的购房合同及不动产先占的时间点都必须在查封和抵押两个时间点之前。此外,假若享有抵押权的申请执行人的权利是以生效法律文书作为执行依据时,具有一般不动产物权期待权的买受人异议的处理也许会涉及再审程序问题。

需要注意的是,能否将《异议复议规定》第28条视为第27条中能够对抗担保物权人的例外情形一直存在争议。直到《九民纪要》明确《异议复议规定》第28条并不属于第27条规定的"司法解释另有规定的除外"的情形。但满足《异议复议规定》第28条的一般不动产买受人并非一定不能排除抵押权人的执行,从最高人民法院的裁判规则看,《异议复议规定》第27条要求对案涉标的享有担保物权的担保权人、被担保人应当是善意且无过失,如果抵押权在一般买受人据以排除强制执行的法律关系之后成立，一般来说，抵押权人对不动产的占有状态应有一定程度的了解，尤其是应对交易尽到更高审慎注意义务的金融机构作为抵押权人时，若以不知抵押人已将房屋出售给案外人抗辩的，难言其善意或无过失，不宜认定为符合《异议复议规定》第27条的要件。[①] 从该角度出发，一般不动产买受人请求排除对执行标的享有抵押权的申请执行人的强制执行，实际上是通过否定申请执行人符合《异议复议规定》第27条适用条件进行的。另外，实践中，如果一般不动产买受人诉请房屋出卖人向不动产登记机关提交办证手续、办理过户登记的生效法律文书已经进入执行程序，抵押权人向该法院提出案外人异议，要求排除对一般不动产买受人的执行，人民法院一般不予以支持，主要理由是：一般买受人的执行并未消灭抵押权，而且，根据《查扣冻规定》第15条的规定，买受人对未办理过户登记不存在过错，人民法院不得查封、扣押、冻结，从而抵押权人的抵押权形式上虽然存在，但因无法排除一般买受人要求办理过户登记的执行行为，故必须解除抵押物的查封，抵押物带押过户至买受人名下后，抵押权人也无法真正实现抵押权。[②]

与抵押权相比，建设工程价款优先受偿权属于法定优先权，在特征上具有形成权的属性，有效存在于除斥期间之内。然而，因为建设工程价款优先受偿权并不采用公示的权利外观主义，在整体转让建设工程的情形下，受让建设工程的权利人对于建设单位与施工单位间的债之关系并未明知，所以，对于建设工程价款优先受偿权的审查主要以查封时间为主，而不是以优先权形成时间点为审查的必要条件。

（三）抵押权与产权调换拆迁安置人的物权期待权的冲突

以物易物是产权调换中被拆迁安置人所享有的物权期待权的基本特性，而拆迁安置合同亦有着私权和公权的属性。不过，在签订拆迁安置合同时，被拆迁安置人通常处于被动获取信息的弱势地位，拆迁安置又牵涉被拆迁人基本生存权利如房屋居住权，且必然延伸关涉拆迁房屋的所有权问题，所以，产权调换拆迁安置人的物权期待权必须是享有优先效力的权利。对于该类不动产物权期待权排除抵押权的要件，由于产权调换拆迁安置合同有别于一般的不动产买卖合同，其所具有的原不动产的延伸性及互易性，使查封时间点并不必然会影响拆迁安置人的物权期待权的效力。此外，在拆迁安置过程中，顾及政府公权力的介入及拆迁安置合同的互易性，被拆迁人所享有的基本生存权利如房屋居住权不应当受到损害，无论是建设工程优先受偿权人还是抵押权人都不能与拆迁安置的物权期待权人的权利发生

① 参见最高人民法院民事裁定书，(2020)最高法民申597号。

② 参见湖北省襄阳市中级人民法院民事判决书，(2021)鄂06民终5223号。

冲突。

(四)抵押权与预告登记物权期待权的冲突

预告登记在商品房预售关系中是普遍存在的,但相较于二手房的预告登记,目前仍寥寥无几。实践中,由于预告登记的受让人对于不动产之上的物权只拥有期待权,且未进行物权登记公示,其未来是否将取得物之所有权仍处于不确定状态,因而买受人的异议是否获得支持,依然需要视异议的具体内容来判断:假若受让人主张排除抵押权处分,因所有权受让预告登记的目的是排除强制执行处分,应予以支持;假若受让人主张阻止执行法院的查封,那么须审查其权利基础是否与预告登记物权的登记条件相符。假若相符,则其必然能够获得完整的物权,应予以解除查封;反之,则不准予解除查封。①

审判前沿

缪某红、昆山红枫房地产有限公司、昆山东方云顶广场有限公司与中信信托有限责任公司其他合同纠纷案

[(2013)苏民初字第16号民事判决书、(2014)民一终字第122号民事判决书]

【裁判要旨】

2008年《查扣冻规定》第17条规定的目的在于保护无过错的买房人,通过赋予其优于普通债权的权利层级保护方式,实现对买房人利益的优先保护,属于基于特殊价值取向对于特殊债权给予的保护。使用、收益均是以对所购房屋的有权占有为基础的,它更能够体现权益人对案涉房屋的实际占有和支配的债的先履行行为,至于权益人何时办理房屋交接手续并不能成为认定是否实际占有案涉房屋的标准。

【基本案情】

昆山红枫房地产有限公司(以下简称红枫公司)与昆山东方云顶广场有限公司(以下简称东方广场公司)系关联公司。红枫公司于2003年经江苏省昆山市发展计划委员会批复同意,在江苏省昆山市巴城镇湖滨南路1098号建造东方

① 参见刘贵祥、范向阳:《〈关于人民法院办理执行异议和复议案件若干问题的规定〉的理解与适用》,载《人民司法·应用》2015年第11期。

云顶广场项目,包括云顶酒店1~4号楼,其中1~3层为商业裙房,4~10层为小户型酒店公寓。

2011年6月6日,出卖人红枫公司与买受人缪某红签订东方云顶广场公寓楼4号楼812室商品房购销合同。合同中约定,所售房屋为预售商品房,房屋建筑面积共52.48平方米,其中套内面积37.679平方米,房屋总价367,360元,买受人一次性付款,出卖人应于2011年12月31日前将符合约定的商品房交付缪某红使用。合同第11条关于房屋交接约定,商品房达到交付使用条件后,出卖人应当书面通知买受人办理交付手续。双方进行验收交接时,出卖人应当出示本合同第8条规定的证明文件,并签署房屋交接单。出卖人不出示证明文件或出示证明文件不齐全,买受人有权拒绝交接,由此产生的延期交房责任由出卖人承担。由于买受人原因,未能按期交付的,双方同意视为已交付。合同第13条出卖人关于装饰、设备标准承诺的违约责任约定,出卖人交付使用的商品房的装饰、设备标准应符合双方约定(附件三)的标准。达不到约定标准的,买受人有权要求出卖人在合理期限内达到约定标准。合同第15条关于产权登记约定,出卖人应当在商品房交付使用后90日内,将办理权属登记需由出卖人提供的资料报产权登记机关备案。如因出卖人的责任,买受人不能在规定期限内取得房地产权属证书的,双方同意按下列第2项处理:买受人不退房,出卖人按已付房价款的1%向买受人支付违约金。合同第24条约定,商品房预售的,自本合同生效之日起30日内,由出卖人向昆山建设局申请登记备案。合同还约定了其他权利义务条款。涉案商品房购销合同未在昆山市住房和城乡建设局网签备案。

签订合同的同时,缪某红还与东方广场公司、担保方红枫公司签订一份《租赁及委托经营管理合同》。合同约定缪某红将上述所购房产委托东方广场公司经营管理,装潢工程按3000元/平方米包干价全权委托东方广场公司进行,租赁期从该物业购房款汇入开发商指定账户后第二日开始,为期10年。租赁期内缪某红将该物业租赁给东方广场公司。缪某红授权东方广场公司与红枫公司办理该物业的交接手续,该交接手续亦视为缪某红与开发商、缪某红与东方广场公司的交验手续。东方广场公司每年分12次以现金形式向缪某红支付租金。支付时间:每月底支付租金。支付标准:每年东方广场公司应按该物业购房价格+装潢费用总价的8%向缪某红支付。东方广场公司承诺委托经营管理期开始后的前10年内,每年广场的公寓楼地上建筑及内湖水上项目净利润如低于或等于按2003年12月的银行按揭利率标准计算的按揭面积为74,000平方米、按揭期限为20年的年还款额,则该净利润按比例分配给缪某红,东方广场公司不参与分配;如净利润高于前述还款额,则超出部分按缪某红30%、东方广场公司70%的比例进行分配。委托经营管理期第10年后,按缪某红30%、东方广场公司70%的比例进行分配。回购约定:广场正式营业后第6年起至第20年内,如缪某红欲将该物业转让给东方广场公司,东方广场公司必须回购。第21年至土地使用年限截止之日,缪某红若转让该物业所有权,同等条件下东方广场公司有权优先回购。在合同有效期内,东方广场公司享有对该房屋的使用权、经营权,缪某红不应干预东方广场公司与经营人所签的酒店管理合同、装潢合同中的权利义务。合同还约定了各方其他权利义务。

上述合同签订后,缪某红于2011年6月10日全额支付了房款以及装修费。红枫公司已将施工完毕的房屋交由东方广场公司装修。装修过程中,该房屋被一审法院查封。现东方广场公司承揽的装修工作已停止。红枫公司与东方广场公司之间房屋交接手续至今未办理,但红枫公司、东方广场公司与缪某红确认,缪某红已从东方广场公司获得该房屋的租金。

一审法院认为,该案争议焦点为:(1)中信信托有限责任公司的起诉是否超过法定期限;(2)红枫公司与购房人之间是否存在合法有效的房屋买卖合同关系;(3)购房人有无排除执行的实体权利问题。

关于争议焦点一,中信信托有限责任公司的起诉是否超过法定期限。本院认为,中信信托有限责任公司在执行裁定送达回证上签收的日期为2013年4月22日,其主张于2013年5月3日至一审法院立案部门立案,一审法院立案部门告知其因为诉讼费收费标准等问题需要研究,故暂缓立案。经核实,中信信托有限责任公司确于2013年5月3日至一审法院申请立案,因现行规定对执行异议之诉案件按财产标的标准收费还是按件收费不明确,需研究后再决定如何立案,故一审法院立案部门告知中信信托有限责任公司暂缓立案。一审法院经研究后按照财产标的收取诉讼费,中信信托有限责任公司根据一审法院通知及时申请立案,故中信信托有限责任公司的起诉并未超过法定期限。

关于争议焦点二,红枫公司与购房人之间是否存在合法有效的房屋买卖合同关系。本院认为,订立商品房买卖合同并非合同成立的必备要件,商品房买卖双方并非必须采用建设主管部门的格式合同,房地产开发企业与购房人自行订立的合同不违反法律、行政法规的强制性规定,应为有效。合同的备案仅是行政机关出于行政管理需要而作的要求,未经备案不影响合同效力,故对中信信托有限责任公司的该项主张不予支持。中信信托有限责任公司主张红枫公司与购房人之间的合同性质系名为房屋买卖实为融资借款。因为东方广场公司、红枫公司与购房人签订的《租赁及委托经营管理合同》有回购约定；而且红枫公司与购房人签订的《昆山市商品房购销合同》第11条约定了交接手续，出卖人须提供《住宅质量保证书》和《住宅使用说明书》，并且要签订房屋交接单，而红枫公司与购房人并未实际发生房屋交付事实，缪某红只是收取房租。合同签订后购房人也没有向红枫公司书面提出要求办理备案及过户的相关文件。因此双方系以购房为形式进行相应的融资行为，性质上属于借款合同。缪某红主张，《租赁及委托经营管理合同》中的回购约定是在同等条件下可以优先回购，系为了房屋的整体性保护经营而设定的条款，并非融资回购。借款合同应当具备借款人、出借人、借款金额、借款期限、利息约定、违约金的承担、借款人是否提供担保等要件，而缪某红与红枫公司签订的《昆山市商品房购销合同》具备房屋买卖的全部要件，并不符合融资借款的要件，因此不属于借款合同，红枫公司与缪某红之间存在合法有效的房屋买卖关系。一审法院认为，借款合同系借款人向贷款人借款，到期返还借款并支付利息的合同。借款合同需具备借款当事人、借款金额、借款期限、借款利息等约定。商品房买卖合同系房地产开发企业将尚未建成或者已竣工的房屋向社会销售并转移房屋所有权于买受人，买受人支付价款的合同。商品房买卖合同需具备房屋买卖当事人、商品房基本状况、商品房销售方式、商品房价款的确定方式及总价款、付款方式、付款时间、交付使用条件及日期等必备要件。从红枫公司与购房人签订的《昆山市商品房购销合同》，以及东方广场公司、红枫公司与购房人签订的《租赁及委托经营管理合同》看，合同中约定了商品房的基本情况、销售方式为预售、计价方式及价款、付款方式、交付期限、违约责任等，具备了商品房买卖合同的主要条款。购房人支付了全部房款，即可取得房屋的所有权，合同的目的指向房屋所有权的移转，性质上属于房屋买卖合同关系。至于房屋没有实际交接而是由购房人收取房租，系购房人与东方广场公司通过签订《租赁及委托经营管理合同》变更了合同的履行方式，属于购房人对自有物业的经营方式的支配。虽然购房目的具有投资性，但购房的目的并不影响合同的性质。关于回购条款的约定，只是对购房人转让房屋权利的限制和对承租人权利的保障，建立在购房人有权享有房屋所有权的基础之上。从合同内容看，并无关于借款的约定，不符合借款合同的构成要件，因此，红枫公司与购房人之间的合同性质应认定为房屋买卖合同。本案商品房销售采取的模式是房地产开发商在销售商品房时与买受人约定，在出售后的一定期限内由该房地产开发商以代理出租的方式进行包租，以包租期间的租金冲抵部分销售价款或偿付一定租金回报的行为，该行为性质属于售后包租。原建设部《商品房销售管理办法》第11条第2款规定:“房地产开发企业不得采取售后包租或者变相售后包租的方式销售未竣工商品房。”一审法院认为该规定性质上属于管理性规定,而非法律和行政法规所规定的效力性规范,违反该规定不影响合同的效力。因此,红枫公司与购房人之间存在合法有效的房屋买卖合同关系。

关于争议焦点三,购房人有无排除执行的实体权利问题。本院认为,2008年《查扣冻规定》第17条规定,第三人已经支付全部价款并实际占有,但未办理过户登记手续的,如果第三人对此没有过错,人民法院不得查封、扣押、冻结。据此,购房人有无排除执行的实体权利,主要看其是否满足该条规定的三项条件:(1)第三人已经支付全部价款;(2)第三人实际占有;(3)第三人对未办理过户登记手续无过错。其一,关于第三人已经支付全部价款,缪某红提供了其于2011年6月10日支付全款的银行付款凭证原件,红枫公司在庭审中予以认可,中信信托有限责任公司虽对该银行付款凭证原件不予认可,但对此没有申请鉴定,也没有证据和理由加以推翻,该银行付款凭证原件应予采信,故一审法院认定缪某红已经支付全部房款。其二,关于第三人实际占有。一审法院认为,占有既包括直接占有,也包括以对外出租、售后包租等方式的间接占有。虽然缪某红与红枫公司签订的商品房购销合同约定,红枫公司应于2011年12月31日前,将符合约定的商品房交付缪某红使用,且约定了装饰、设备标准。但根据缪某红与东方广场公司、担保方红枫公司签订的《租赁及委托经营管理合同》约定,从缪某红将该物业购房款汇入开发商指定账户后第二天开始,缪某红即将上述所购房产出租给东方广场公司并委托东方广场公司经营管理,缪某红还授权东方广场公司与红枫公司办理该物业的交接手续,该交接手续亦视为缪某红与开发商、缪某红与东方广场公司的交验手续。因此,《租赁及委托经营管理合同》改变了商品房购销合同约定的交付标准和交接方式。缪某红支付房款后,东方广场公司在红枫公司将房屋施工完毕后已经接受缪某红的委托承接装潢业务,缪某红也已经实际收取了租金,属于对房屋的间接占有,应认定缪某红已实际占有涉案房屋。其三,关于第三人对未办理过户登记手续无过错。一审法院认为,第三人无过错是指未办理过户登记手续是由于第三人主观意志以外的原因所造成的,包括被执行人不予协助、办理登记存在客观障碍、登记机关不予协助等原因。本案红枫公司与购房人签订的《昆山市商品房购销合同》第15条约定由出卖人将办理权属登记的资料报产权登记机关备案,因此办理过户登记手续是红枫公司的义务。从红枫公司向昆山市住房和城乡建设局提交的《关于请求房屋销售网上备案的承诺书》来看，是由于红枫公司的原因未能办理备案手续。本院在审理过程中走访了昆山市住房和城乡建设局，了解到昆山市住房和城乡建设局当时将网签端口开放给红枫公司，后因系统软件变更，红枫公司无法自行办理网签，其提供的合同备案手续不全以及拖欠债务的原因，昆山市住房和城乡建设局没有为系争房产办理过户，导致未办理过户登记手续的原因在于红枫公司。因此，案涉商品房的销售没有及时办理网上备案手续、房屋未能过户，并非购房人的过错造成。鉴于购房人已经支付了全部房款，通过间接占有方式实际占有了涉案房产，且对房屋未办理过户登记手续没有过错，故符合2008年《查扣冻规定》第17条的规定，对涉案房产具有排除执行的实体权利。关于中信信托有限责任公司撤销执行异议裁定的请求。由于本案系执行异议之诉，在本案中审查的是购房人是否享有排除执行的实体权利，以及申请执行人申请继续执行的诉讼请求是否能够得到支持的问题，对于处理案外人异议的执行裁定不予审查，因此对中信信托有限责任公司的该项请求不予处理。综上，缪某红的执行异议符合2008年《查扣冻规定》第17条第三人排除执行的条件，中信信托有限责任公司有关许可执行的诉讼请求不应予以支持。

一审宣判后，中信信托有限责任公司不服提起上诉。

最高人民法院经审理后认为，本案二审争议焦点为：(1)一审法院适用2008年《查扣冻规定》第17条认定购房人执行异议成立，是否属于适用法律错误。(2)案涉购房人缪某红是否实际占有所购房屋，其中事实方面包括：案涉房屋是否已经具备交付条件并已实际交付给购房人，购房人实际占有房屋的表现形式是什么。

(一)关于一审法院适用2008年《查扣冻规定》第17条认定购房人执行异议成立是否属于适用法律错误的问题

最高人民法院认为，双方当事人二审中有关本案适用法律的争议集中在一审法院对该司法解释具体条款的理解与适用是否正确上。2008年《查扣冻规定》第17条规定的目的在于保护无过错的买房人，通过赋予其优于普通债权的权利层级保护方式，实现对买房人利益的优先保护，属于基于特殊价值取向对于特殊债权给予的保护。蕴含其中的价值取向在于：在同是债权的情况下，购房人的债权因为是先履行的债权而应当得到优先保护；无过错的买受人对物权的期待权应当得到特殊保护。该条司法解释对于无过错的购房人的保护，并非以购房用途系自住为条件，故不能因缪某红所购房屋是只能用于经营的酒店式公寓而排除对上述司法解释第17条的适用。因此，一审法院以此为据审查缪某红有无阻却执行的实体权利，适用法律并无不当。

(二)关于案涉购房人缪某红是否实际占有所购房屋的问题

最高人民法院认为,虽然案涉房屋尚未完成竣工验收备案,不具备《昆山市商品房购销合同》中约定的交付条件。但是,根据缪某红于购房当日与东方广场公司签订的《租赁及委托经营管理合同》的约定,缪某红已经将其所购买的房屋出租给东方广场公司经营使用,并在支付装修费用后将收房、装修事项一并委托给东方广场公司。该租赁合同的生效时间为“从该物业购房款汇入开发商指定账户后的第二天开始”,即缪某红支付购房款以及装修费之次日起生效。也就是说,自2011年6月11日起,出租人东方广场公司对缪某红所购置的案涉房屋的租赁期限即开始,因此,从红枫公司接收缪某红购买的案涉房屋并进行装修就成为东方广场公司的义务。而缪某红亦从东方广场公司获得了房屋租金。上述事实表明,缪某红从红枫公司购买案涉房屋的目的是用于投资,其在签订购房合同后,已经通过签订《租赁及委托经营管理合同》的方式,行使了对案涉房屋使用和收益的权利,而使用、收益均是以对所购房屋的有权占有为基础的。至于红枫公司何时与东方广场公司办理房屋交接手续,因对购房者缪某红的租金收益并不构成实质性影响,故缪某红早已在《租赁及委托经营管理合同》“合作内容”部分第5项表示,“如开发商延期交房,甲方表示谅解,并不追究其违约责任”。可见,红枫公司与东方广场公司之间是否有正式的房屋交接手续,并不能成为认定缪某红是否实际占有案涉房屋的标准。与红枫公司和东方广场公司之间的房屋交接手续相比较,缪某红作为签订了合法购房合同并支付了全部价款的购房人,对于其所购房屋行使使用、收益权的行为,更能够体现其对案涉房屋的实际占有和支配的债的先履行行为。中信信托有限责任公司在缪某红与开发商红枫公司签订了合法的商品房买卖合同、支付了全部购房款,并通过与东方广场公司签订《租赁及委托经营管理合同》的方式,行使了对案涉房屋的使用、收益权的情况下,主张其没有实际占有案涉房屋的观点不能成立。一审法院适用2008年《查扣冻规定》第17条的规定,认定本案中的购房者已经实际占有房屋的观点并无不当。

综上所述,最高人民法院认为,一审判决认定事实清楚,适用法律正确,应予维持。中信信托有限责任公司的上诉理由不能成立,应予驳回。最终判决驳回上诉,维持原判。

【要点评析】

2008年《查扣冻规定》第17条规定的有效的交易协议、支付对应价款、实际占有及对未过户障碍无主观过错的审查标准,在实践中较难以被协议之外的申请执行人(第三人)所获知,因而往往会为被执行人与买受人恶意串通规避执行开了方便之门,也使《查扣冻规定》第17条在司法实务中出现泛滥的状况。《查扣冻规定》第17条的泛化,既将影响我国不动产登记制度的完善和健全,也会影响社会信赖秩序的建构。为防范《查扣冻规定》第15条在司法实务中给存心不良的当事人留有漏洞,执行异议审判部门必须从严把握。

第四节　基于保证金账户的异议之诉

对于一般账户中的资金,应当以账户的名称作为权属判断的基础与依据,但对于特定专用账户中的资金,应根据账户当事人对该资金的特殊约定以及相关法律规定来判断资金权属,并确定能否对该账户资金强制执行,如信用证开证保证金、证券期货交易保证金、银行承兑汇票保证金、质押保证金、基金托管专户资金、社会保险基金等。

法律依据

《民法典》第429条　质权自出质人交付质押财产时设立。

《担保制度解释》第70条　债务人或者第三人为担保债务的履行,设立专门的保证金账户并由债权人实际控制,或者将其资金存入债权人设立的保证金账户,债权人主张就账户内的款项优先受偿的,人民法院应予支持。当事人以保证金账户内的款项浮动为由,主张实际控制该账户的债权人对账户内的款项不享有优先受偿权的,人民法院不予支持。

在银行账户下设立的保证金分户,参照前款规定处理。

当事人约定的保证金并非为担保债务的履行设立,或者不符合前两款规定的情形,债权人主张就保证金优先受偿的,人民法院不予支持,但是不影响当事人依照法律的规定或者按照当事人的约定主张权利。

一、制度阐释

保证金账户(margin account)是用于保证用途的资金账户,一般有承兑保证金,用以签发承兑汇票、保函保证金,出具保函、担保保证金。保证金账户一般用于两类业务:信用证业务和托收业务。在托收业务中,货款的收付发生在买卖双方之间,银行只作为客户清偿债权债务的中介。托收虽然也通过银行办理,但承兑银行只作为受托人进行付款,并不承担付款的责任,如果买方不付款,与承兑银行无关。从本质上看,托收业务并不涉及银行自身资金的支付,客户在托收业务项下存入保证金账户的资金应仅具有备付的性质,没有担保支付的性质。但在信用证业务中,信用证是由开证银行依照申请人的要求和指示,在符合信用证条款的条件下,凭规定单据向第三方或其指定方进行付款的书面文件。也即,信用证是银行开立的有条件的承诺付款证书,本质上是以银行信用代替商业信用,开证银行承担的是第一位的付款义务,即无论开证申请人是否向开证行提供了与信用证金额相符的资金,开证行都要无条件履行其在信用证项下的付款责任。

保证金账户的认定实质上是对账户资金能否作为保证金为债权提供金钱质押的认定。我国《最高人民法院关于适用〈中华人民共和国担保法〉若干问题的解释》(已废止)第85条规定"债务人或者第三人将其金钱以特户、封金、保证金等形式特定化后,移交债权人占有作为债权的担保,债务人不履行债务时,债权人可以以该金钱优先受偿"。为保证金质押提供了明确法律依据。《民法典》出台以后,在《担保制度解释》中,保证金账户担保在体系上从动产质押部分转移到了非典型担保部分。即使在体例上将金钱质押归入非典型担保,鉴于金钱作为特殊种类物的性质,仍应准用有关普通动产质权的一般规范。

(一)信用证开证保证金

信用证开证保证金属于有进出口经营权的企业向银行申请对国外(境外)方开立信用证而备付的具有担保支付性质的资金。开证申请人将货币在以保证金的形式特定化之后,在信用证开证银行开立保证金账户并将足额货币存入该账户后,开证申请人即完成了将动产特定化并交付质权人实际控制从而设定质押权这一系列规定动作,信用证开证保证金具有动产质押的效力:首先,从特定化来看,开证申请人通过开立保证金账户存入一定的保证金,将该部分货币作为保证金予以特定化,此时货币资金已由种类物转化为特定物,能够与其他一般种类物相区分;其次,质权设立的占有条件,开证申请人在将上述资金存入开证银行已完成了质押财产的交付,此时的保证金由银行也即质权人实际占有;最后,开证申请人在交付资金的时候有将该账户用于质押的意思表示,即开证申请人同意在发生债务不能如期清偿时,可以将特定账户的资金优先偿还给银行。

虽然《最高人民法院关于人民法院能否对信用证开证保证金采取冻结和扣划措施问题的规定》规定,人民法院在审理或执行案件时,依法可以对信用证开证保证金采取冻结措施,但不得扣划,但当人民法院查明信用证开证保证金账户存款已丧失保证金功能时,可予以扣划。

（二）银行承兑汇票保证金

银行承兑汇票，是指由在承兑银行开立存款账户的存款人出票，向开户银行申请并经银行审查同意承兑的，保证在指定日期无条件支付确定的金额给收款人或持票人的票据。银行承兑汇票保证金，是指出票人向银行申请开具承兑汇票，银行对客户进行授信并向出票人收取的一定数额的资金。《最高人民法院、中国人民银行关于依法规范人民法院执行和金融机构协助执行的通知》明确了不得扣划银行承兑汇票保证金的情形，间接肯定了银行承兑汇票保证金的法律地位。《中国人民银行关于银行承兑汇票保证金冻结、扣划问题的复函》（银条法〔2000〕9号）第2条亦规定，"若承兑银行已兑付了该银行承兑汇票且出票人未能履行最后付款责任，承兑银行有权以该银行承兑汇票的保证金优先受偿。若人民法院已冻结此保证金，承兑银行可以依据最高人民法院《关于人民法院执行工作若干问题的规定（试行）》第93条的规定，向人民法院提出以被冻结保证金优先受偿的申请"。

关于保证金的担保性质。金钱质押的成立需满足如下三个条件：1. 达成书面的质押合同；2. 保证金账户符合特定化要求；3. 移交债权人占有。达成书面合同不必多言，银行承兑汇票保证金形成有效担保的关键在于满足"特定化"和"移交占有"。实践中，在银行承兑汇票保证金模式下，银行通过设立保证金账户，用特殊账户的方式将用来承担担保功能的金钱与其他存款区分开来，从而实现该部分金钱的"特定化"；同时，银行要求承兑汇票保证金账户必须在承兑银行处开立，并由其对保证金账户进行直接管控，账户内的资金不作为日常结算账户使用，出票人暂时丧失了对该账户金钱的自由支配权，以此来实现"债权人占有"。[①] 另外需要注意的是，"特定化"的形式要求正在淡化，不仅司法判例逐渐体现出这种倾向，《担保制度解释》也将"特定化"改为"专门的"表述。

关于银行承兑付款后保证金功能的丧失。如果金融机构已承兑汇票或对外付款，那么自承兑行为或对外付款行为完成之时起，承兑汇票票据关系即告消灭，保证金功能随之丧失，《最高人民法院、中国人民银行关于依法规范人民法院执行和金融机构协助执行的通知》（法发〔2000〕21号）第9条规定，"人民法院依法可以对银行承兑汇票保证金采取冻结措施，但不得扣划。如果金融机构已对汇票承兑或者已对外付款，根据金融机构的申请，人民法院应当解除对银行承兑汇票保证金相应部分的冻结措施。银行承兑汇票保证金已丧失保证金功能时，人民法院可以依

---

① 参见张建强、李皎月：《论银行承兑汇票保证金的法律性质与功能》，载《法治与社会》2012年第5期。

法采取扣划措施。”据此,人民法院便可以依法扣划标的额部分,其余部分根据金融机构的申请,应当依法解除冻结。

二、操作指引

(一)判定案外人或申请执行人对账户内资金是否享有质押权,主要考虑质押关系是否存在和质权是否设立这两个要件

1. 质押关系是否存在

《民法典》第427条规定:“设立质权,当事人应当采取书面形式订立质押合同。质押合同一般包括下列条款:(一)被担保债权的种类和数额;(二)债务人履行债务的期限;(三)质押财产的名称、数量等情况;(四)担保的范围;(五)质押财产交付的时间、方式。”因此,首先要考察的是当事人之间是否达成合意明确约定了所担保债权的种类和数量、债务履行期限、质物数量和移交时间、担保范围、质权行使条件,故即使是当事人间没有单独签订带有“质押”字样的合同,当相关条款已经具备《民法典》第429条规定的质押合同的一般条款时,应当认定该质押关系已然存在。

2. 质权是否设立

《民法典》第429条规定:“质权自出质人交付质押财产时设立。”《担保制度解释》第70条规定,债务人或者第三人为担保债务的履行,设立专门的保证金账户并由债权人实际控制,或者将其资金存入债权人设立的保证金账户,债权人主张就账户内的款项优先受偿的,人民法院应予支持。当事人以保证金账户内的款项浮动为由,主张实际控制该账户的债权人对账户内的款项不享有优先受偿权的,人民法院不予支持。在银行账户下设立的保证金分户,参照前款规定处理。当事人约定的保证金并非为担保债务的履行设立,或者不符合前两款规定的情形,债权人主张就保证金优先受偿的,人民法院不予支持,但是不影响当事人依照法律的规定或者按照当事人的约定主张权利。

因此,依照上述法律和司法解释规定,金钱作为一种特殊的动产,可以用于质押。金钱质押作为特殊的动产质押,不同于不动产抵押和权利质押,金钱质押的设立还应当符合金钱特定化和移交债权人占有两个要件,以使金钱既不与出质人其他财产相混同,又能独立于质权人的财产。

(二)保证合同记载的承兑协议编号和承兑汇票记载的承兑协议编号不一致时需根据公示公信原则认定担保范围

公示公信原则是民法的基本原则之一,公示原则与公信原则联系在一起,公信

原则由公示原则导引出来。公示的目的在于使社会一般人能够从外观上明确该物为何人享有何物权。公信原则的内涵则是即使公示的物权状态与权利的真实状态不一致,法律也对因信赖该公示的第三人所取得的权利予以保护。

公信原则具有权利正确性推定效力,以法定公示方法公示出来的物权状态具有使社会一般人相信其是真实的、是正确的物权状态。

(三)保证金账户金钱特定化的认定

从实践来看,认定保证金账户的金钱特定化可从以下几个因素考虑:第一,出质人是否将保证金存入保证金账户。第二,保证金账户能否与一般结算账户、基本账户相区分。通过专款专用,确保作为质物的保证金特定化。第三,出质人是否自由支配该保证金账户。如果出质人能够自由支配该保证金账户,保证金账户内的资金仍可以自由进出,则特定化的过程未完成,保证金与一般的资金仍处于混同状态。因保证金被特定化离不开其载体——保证金账户的独立化,故保证金的移交往往是通过保证金账户资金的实际控制和管理权的转移得以实现。保证金账户内的资金是否移交债权人占有在审判实践中通常的评判标准为“谁实际控制和使用”,即可认定为“谁占有”。

但是,在判定案外人或申请执行人对保证金账户内资金享有质权后,对于其是否能享有优先受偿权或能在该资金的多少限额内享有优先受偿权则仍需作个案判断。

关于账户资金浮动是否影响金钱特定化的问题。有观点认为,保证金账户质押中,账户内的资金应当处于冻结状态,不可以发生任何形式的浮动。如果出质人在保证金账户质押后,仍可以使用账户,账户内的资金处于浮动状态的,就是对保证金账户特定化的破坏。我们认为,以保证金形式设立质权,专有账户的金额并非不能浮动,保证金以专门账户形式特定化并不等于固定化。保证金账户在使用过程中,随着合同所约定业务的开展,可能需要按照约定存入一定比例的保证金,导致账户内资金增加;也可能因为保证金账户内资金的扣划,导致账户资金减少。虽然账户内资金根据业务发生情况处于浮动状态,但如果均与保证金业务相对应,亦未被用于非保证金业务的日常结算,那么仍符合金钱作为质权的特定化和移交占有的要求,不影响金钱质权的有效性。

审判前沿

案例一

中国农业发展银行安徽省分行诉张某标、安徽长江融资担保集团有限公司执行异议之诉纠纷案①

［最高人民法院第54号指导案例］

【裁判要旨】

账户内资金余额发生浮动不影响该金钱质权的设立。当事人依约为出质的金钱开立保证金专门账户,且质权人取得对该专门账户的占有控制权,符合金钱特定化和移交占有的要求,故即使该账户内资金余额发生浮动,也不影响该金钱质权的设立。

【基本案情】

原告中国农业发展银行安徽省分行(以下简称农发行安徽分行)诉称:其与第三人安徽长江融资担保集团有限公司(以下简称长江担保公司)按照签订的《信贷担保业务合作协议》,就信贷担保业务按约进行了合作。长江担保公司在农发行安徽分行处开设的担保保证金专户内的资金实际是长江担保公司向其提供的质押担保,请求判令其对该账户内的资金享有质权。

被告张某标辩称:农发行安徽分行与第三人长江担保公司之间的《贷款担保业务合作协议》没有质押的意思表示;案涉账户资金本身是浮动的,不符合金钱特定化要求,农发行安徽分行对案涉保证金账户内的资金不享有质权。

第三人长江担保公司认可农发行安徽分行对账户资金享有质权的意见。

法院经审理查明:2009年4月7日,农发行安徽分行与长江担保公司签订一份《贷款担保业务合作协议》。其中第3条"担保方式及担保责任"约定:甲方(长江担保公司)向乙方(农发行安徽分行)提供的保证担保为连带责任保证;保证担保的范围包括主债权及利息、违约金和实现债权的费用等。第4条"担保保证金(担保存款)"约定:甲方在乙方开立担保保证金专户,担保保证金专户行为农发行安徽分行营业部,账号尾号为9511;甲方须将具体担保业务约定的保证金在保证合同签订前存入担保保证金专户,甲方须缴存的保证金不低于贷款额度的10%;未经乙方同意,甲方不得动用担保保证金专户内的资金。第6条"贷款的催收、展期及担保责任的承担"约定:借款人逾期未能足额还款的,甲方

① 2015年11月19日发布在《人民法院报》。

在接到乙方书面通知后5日内按照第3条约定向乙方承担担保责任,并将相应款项划入乙方指定账户。第8条"违约责任"约定:甲方在乙方开立的担保专户的余额无论因何原因而小于约定的额度时,甲方应在接到乙方通知后3个工作日内补足,补足前乙方可以中止本协议项下业务。甲方违反本协议第6条的约定,没有按时履行保证责任的,乙方有权从甲方在其开立的担保基金专户或其他任一账户中扣划相应的款项。2009年10月30日、2010年10月30日,农发行安徽分行与长江担保公司还分别签订与上述合作协议内容相似的两份《信贷担保业务合作协议》。

上述协议签订后,农发行安徽分行与长江担保公司就贷款担保业务进行合作,长江担保公司在农发行安徽分行处开立担保保证金账户,账号尾号为9511。长江担保公司按照协议约定缴存规定比例的担保保证金,并据此为相应额度的贷款提供了连带保证责任担保。自2009年4月3日至2012年12月31日,该账户共发生了107笔业务,其中贷方业务为长江担保公司缴存的保证金;借方业务主要涉及两大类:一类是贷款归还后长江担保公司申请农发行安徽分行退还的保证金,部分退至债务人的账户;另一类是贷款逾期后农发行安徽分行从该账户内扣划的保证金。

2011年12月19日,安徽省合肥市中级人民法院在审理张某标诉安徽省六本食品有限责任公司、长江担保公司等民间借贷纠纷案过程中,根据张某标的申请,对长江担保公司上述保证金账户内的资金1495.7852万元进行保全。该案判决生效后,合肥市中级人民法院将上述保证金账户内的资金1338.313257万元划至该院账户。农发行安徽分行作为案外人提出执行异议,2012年11月2日被合肥市中级人民法院裁定驳回异议。随后,农发行安徽分行因与被告张某标、第三人长江担保公司发生执行异议纠纷,提起本案诉讼。

安徽省合肥市中级人民法院于2013年3月28日作出(2012)合民一初字第00505号民事判决:驳回农发行安徽分行的诉讼请求。宣判后,农发行安徽分行提出上诉。安徽省高级人民法院于2013年11月19日作出(2013)皖民二终字第00261号民事判决:(1)撤销安徽省合肥市中级人民法院(2012)合民一初字第00505号民事判决;(2)农发行安徽分行对长江担保公司账户(账号尾号9511)内的1338.313257万元资金享有质权。

案例二

中国工商银行股份有限公司淮安城南支行与刘某、江苏省共赢担保有限公司申请执行人执行异议之诉纠纷案

[(2015)苏民终字第00256号民事判决书、(2017)最高法民申430号民事裁定书]

【裁判要旨】

质权人的质权以公示公信为原则。质权人虽已依约享有质权,但是否对保证金账户内的所有资金均享有优先受偿权,还应以物权的公示公信为原则来公平保护所有债权人的合法利益,需要区分不同的情形来认定。

【基本案情】

江苏省共赢担保有限公司(以下简称共赢公司)在中国工商银行股份有限公司淮安城南支行(以下简称城南支行)开设了案涉的11××04账户(以下简称1004账户),该账户系城南支行与共赢公司依约为出质的金钱而开立的保证金账户,实行专项储存,专户管理。而同案中,刘某向法院申请冻结了1004账户的存款,冻结期限为2013年1月28日至4月27日,解冻后第二天即2013年4月28日,城南支行通过扣收1004账户款项行使了其对金钱所享有的质权。而就在城南支行行使完质权后,案外的淮安锦达钢铁有限公司(以下简称锦达公司)、淮安市钢易龙钢材贸易有限公司(以下简称钢易龙公司)、淮安创赢钢铁贸易有限公司(以下简称创赢公司)对刘某开具了3600万元汇票,该汇票因城南支行的扣收行为导致该汇票无法承兑。

淮安市中级人民法院(一审)、江苏省高级人民法院(二审)及最高人民法院认为,该账户设立后,账户内款项的存入和释放均须城南支行审批同意,城南支行已实际取得对该账户的占有控制权,符合金钱特定化和移交债权人占有的要求,故可以认定城南支行依法享有案涉质权。但保证金以专户形式的特定化并不等于固定化,根据案件事实,城南支行与共赢公司约定保证金总额与贷款总额实行1:4动态管理,保证金额度会因贷款额度变化及借款归还等原因而随之变化。因此,虽然1004账户为保证金账户,但城南支行并非当然对该账户内的所有资金均享有优先受偿权,其优先受偿权的范围应与担保债务额度相对应。就城南支行对该账户中的450万元是否享有优先受偿权的问题,涉及保证合同记载的承兑协议编号和承兑汇票记载的承兑协议编号不一致时担保范围的认定。城南支行申请再审主张,同一份承兑协议有申请号和协议号两个编号,锦

达公司、钢易龙公司、创赢公司开具的3600万元银行承兑汇票记载的承兑协议编号与保证合同记载的承兑协议编号不一致,系因保证合同上为业务员手填申请号、承兑汇票上为电脑自动生成协议号所致。但该主张与其在一审中的解释不符,且同一笔对外承兑汇票业务使用两种编号亦缺乏相关依据,尤其此种情形涉及保证金账户质押这一担保物权是否有效设定及其担保范围的认定问题,如予采信,将有违《物权法》(已废止)上的公示公信原则,不利于对其他债权人合法利益的公平保护。城南支行申请再审还提交1004账户总对账单作为新的证据材料,但该对账单所记载内容并不能显示案涉汇票开具与保证金账户资金往来之间具有一一对应关系,亦不足以推翻一审、二审判决关于案涉450万元对应的承兑汇票记载的承兑协议编号和保证合同记载的承兑协议编号不一致的事实认定,不构成再审新证据。综上所述,该院裁令:驳回城南支行的再审申请。

【要点评析】

上述两则判例在案情上大致相似,第二则判例多了银行承兑汇票特有的情形,即涉及银行承兑汇票记载的承兑协议编号和保证合同记载的承兑协议编号,而后者正是因为这一特性,得到截然相反的裁判结果。

富滇银行股份有限公司大理分行与杨某鸣、大理建标房地产开发有限公司案外人执行异议之诉案

[(2018)云民终1121号民事判决书]

【裁判要旨】

保证人与债权银行之间约定设立保证金账户并约定了保证期间等,其后保证人按比例存入一定金额的保证金用于履行某项保证责任,未经同意保证人不得使用保证金,债权银行有权从该账户直接扣收有关款项,应认定双方存在金钱质押的合意。保证金账户内资金的特定化不等于固定化,只要资金的浮动均与保证金业务对应、有关,未作日常结算使用,即应认定符合《最高人民法院关于适用〈中华人民共和国担保法〉若干问题的解释》(已废止)第85条规定的金钱以特户形式特定化的要求。如债权银行实际控制和管理保证金账户,应认定已符合对出质金钱占有的要求。

【基本案情】

2010年1月28日,大理建标房地产开发有限公司(以下简称建标公司)董

事会通过决议,向富滇银行股份有限公司大理分行(以下简称富滇银行大理分行)申请“建标华城”楼宇按揭额度4.5亿元,同意为在富滇银行大理分行办理“建标华城”项目按揭贷款的客户承担连带保证责任。2010年7月至8月,富滇银行大理分行就向建标公司“建标华城”项目按揭额度授信4.5亿元事宜按照内部程序进行审批。当年8月12日经富滇银行总行信用审批委员会审议,同意给予建标公司4.5亿元楼宇按揭贷款授信额度,授信期限3年。2011年8月28日,富滇银行大理分行与建标公司签订《个人住房贷款合作协议书》,约定:双方就建标公司开发建设的“建标华城”进行合作,对符合贷款条件的购房户,富滇银行大理分行提供总额不超过4.5亿元的贷款,建标公司对购房户提供连带保证担保,建标公司应在富滇银行大理分行开立保证金账户,保持存放不低于富滇银行大理分行发放贷款最高额的5%的保证金,用于履行建标公司的连带保证责任,未经富滇银行大理分行同意,建标公司不得将保证金挪作他用。2012年11月19日,富滇银行大理分行与建标公司再次签订《个人住房贷款合作协议书》,约定富滇银行大理分行为“建标华城”购房户提供总额不超过4000万元的贷款,建标公司对购房户提供连带保证担保,相关约定同2011年贷款合作协议书。2010年,建标公司在富滇银行大理分行开设0990保证金账户,自2010年10月开始向该账户转入资金。后0990账户内的资金全部转结至2011年6月17日建标公司在富滇银行大理分行开设的6596保证金账户项下。自2011年6月开始,建标公司依约向6596账户转入资金,富滇银行大理分行对违约贷款保证金进行了扣划。2017年9月8日,一审法院在办理云29民执26号案件过程中,向富滇银行大理分行营业部发出(2017)大中执字第26-3号协助冻结存款通知书,冻结了6596账户内的存款280万元。富滇银行大理分行对此提出执行异议,一审法院于2018年2月8日作出(2018)云29执异1号执行裁定书,驳回富滇银行大理分行的执行异议,该行不服该裁定,提起本案执行异议之诉。

大理中院一审认为,《最高人民法院关于适用〈中华人民共和国担保法〉若干问题的解释》(已废止)第85条规定:“债务人或者第三人将其金钱以特户、封金、保证金等形式特定化后,移交债权人占有作为债权的担保,债务人不履行债务时,债权人可以以该金钱优先受偿。”《物权法》(已废止)第210条第1款规定,“设立质权,当事人应当采取书面形式订立质权合同”,本案富滇银行大理分行虽提交了建标公司按揭额度的申请、富滇银行审批的相关材料,但未提交可证明2010年至2011年8月与建标公司之间存在出质约定的《个人住房贷款合作协议书》,因缺乏双方就建标华城项目达成合作的最终协议,故富滇银行大理分行的举证不足以认定2010年至2011年8月保证金账户内的资金往来特定为建标公司为购房者交纳的保证金，未能就案争保证金账户内的金钱已全部特定化完成举证责任，应承担举证不能的不利后果，对其诉讼请求不予支持。判决驳回原告富滇银行大理分行的诉讼请求。富滇银行大理分行不服一审判决，向云南省高级人民法院提起上诉。

云南省高级人民法院二审认为，本案二审的争议焦点为：富滇银行大理分行是否对案涉保证金账户内的资金享有质权。

1. 关于0990账户性质及其与6596账户的关系问题。根据已查明的案件事实，0990账户性质为保证金账户，开设该账户的双方当事人对此无争议。虽该账户开设时科目处理出现瑕疵，但不影响其保证金专户的性质，且具体科目的处理属于银行内部的会计核算方式，对双方当事人开设该账户为保证金账户的合意不产生影响。0990账户销户后，其资金全部转入6596保证金账户，同时后续发生的按揭贷款的保证金存入该账户，两账户之间的关系为替换关系。

2. 关于富滇银行大理分行与建标公司是否存在保证金质押的合意问题。《物权法》(已废止)第210条规定："设立质权，当事人应当采取书面形式订立质权合同。质权合同一般包括下列条款：(一)被担保债权的种类和数额；(二)债务人履行债务的期限；(三)质押财产的名称、数量、质量、状况；(四)担保的范围；(五)质押财产交付的时间。"虽然富滇银行大理分行陈述因职工离职原因无法提交2010年10月至2011年8月的贷款合作协议书，但根据2010年建标公司按揭额度的申请、富滇银行审批的相关材料、2011年和2012年的《个人住房贷款合作协议书》、《个人购房(抵押)担保借款合同》，以及自2010年10月建标公司即开始交存保证金担保按揭贷款的客观事实等可以形成证据链，证实富滇银行大理分行与建标公司自2010年10月即存在贷款合作关系，双方对建标公司自2010年10月11日起，对购买"建标华城"项目的购房户提供连带保证担保，在富滇银行大理分行开立保证金账户，保持存放不低于富滇银行大理分行发放贷款最高额的5%的保证金，用于履行该公司的连带保证责任，未经富滇银行大理分行同意，该公司不得将保证金挪作他用，若保证人不按合同履行保证责任，富滇银行大理分行有权从其账户直接扣收有关款项，保证期间至抵押合同生效且抵押凭证送交富滇银行大理分行为止达成了合意，该合意具备质押合同的一般要件，故双方之间存在保证金质押关系。

3. 关于质权是否设立即资金是否特定化及交付占有的问题。根据《物权法》(已废止)第212条"质权自出质人交付质押财产时设立"，以及《最高人民法院关于适用〈中华人民共和国担保法〉若干问题的解释》(已废止)第85条“债务人或者第三人将其金钱以特户、封金、保证金等形式特定化后,移交债权人占有作为债权的担保,债务人不履行债务时,债权人可以以该金钱优先受偿”的规定,金钱质押生效的条件包括金钱特定化和移交债权人占有两方面。本案0990、6596两个保证金专户开立后,存入的款项均注明为保证金,转出款项只有两次,一次为部分购房户还清贷款后银行退回相应保证金,一次为扣划清偿购房户的逾期欠款,款项进出均能一一对应。保证金以专户形式特定化并不等于固定化,案涉账户内的资金因业务发生浮动,但均与保证金业务相对应,除缴存保证金外,支出的款项均用于保证金的退还和扣划,未作日常结算使用,符合《最高人民法院关于适用〈中华人民共和国担保法〉若干问题的解释》(已废止)第85条规定的金钱以特户形式特定化的要求。另占有是指对物进行控制和管理的事实状态,因案涉账户开立在富滇银行大理分行,该行实际控制和管理该账户,符合出质金钱移交债权人占有的要求,故案涉保证金质权依法设立。此外,扣划款项表明富滇银行大理分行对该账户资金享有处置权,属于实现质权的情形。另建标公司申请按揭贷款的额度为4.5亿元,富滇银行大理分行授信的额度也为4.5亿元,故杨某鸣关于保证金账户内的最高金额超出对应的贷款总额的主张也不能成立。判决:(1)撤销云南省大理白族自治州中级人民法院(2018)云29民初19号民事判决;(2)确认富滇银行大理分行对建标公司开立于富滇银行大理分行营业部的尾号为6596保证金账户内的保证金280万元及其利息享有质权;(3)不得执行建标公司开立于富滇银行大理分行营业部尾号为6596保证金账户内的保证金280万元及其利息。

【要点评析】

当事人依约为出质的金钱开立保证金专门账户,且质权人取得对该专门账户的占有控制权,符合金钱特定化和移交占有的要求,即使该账户内资金余额发生浮动,也不影响该金钱质权的设立。案外人请求确认对保证金账户的保证金享有质权,实质上是主张具有足以阻止执行标的交付的实体权利。

最高人民法院在(2017)最高法民申2513号裁定书中认为“保证金形式的金钱特定化,应同时具备账户特定化和资金特定化的特征,也即账户……在形式外观上也应有别于普通结算账户”,对外观识别性作出了一定的要求。而在(2018)最高法民再168号判决书中,最高人民法院亦认定:“天地源公司先后在中行自贸区支行开设的两个账户类型载明为‘其他保证金人民币存款’,不同于天地源公司的其他一般结算账户,该账户资金独立于出质人的其他财产”,并以此作为"特定化"的主要依据之一。但在本案中,云南省高级人民法院认为"虽该账户开设时科目处理出现瑕疵,但不影响其保证金专户的性质,且具体科目的处理属于银行内部的会计核算方式,对双方当事人开设该账户为保证金账户的合意不产生影响",并未对外观识别性再做过多讨论。本案的典型意义在于为如何把握是否存在保证金质押的合意、资金是否特定化及交付占有等证据采信、事实认定提供参照。

第五节 基于留置权的异议之诉

法律依据

《民法典》第453条 留置权人与债务人应当约定留置财产后的债务履行期限;没有约定或者约定不明确的,留置权人应当给债务人六十日以上履行债务的期限,但是鲜活易腐等不易保管的动产除外。债务人逾期未履行的,留置权人可以与债务人协议以留置财产折价,也可以就拍卖、变卖留置财产所得的价款优先受偿。

留置财产折价或者变卖的,应当参照市场价格。

《查扣冻规定》第11条 查封、扣押、冻结担保物权人占有的担保财产,一般应当指定该担保物权人作为保管人;该财产由人民法院保管的,质权、留置权不因转移占有而消灭。

《查扣冻规定》第13条 对第三人为被执行人的利益占有的被执行人的财产,人民法院可以查封、扣押、冻结;该财产被指定给第三人继续保管的,第三人不得将其交付给被执行人。

对第三人为自己的利益依法占有的被执行人的财产,人民法院可以查封、扣押、冻结,第三人可以继续占有和使用该财产,但不得将其交付给被执行人。

第三人无偿借用被执行人的财产的,不受前款规定的限制。

一、制度阐释

留置权作为典型担保,其担保的目的在于当债权不能实现时,就担保财产的变价款优先受偿。《民法典》关于留置权的规定主要体现在第447~457条,根据上述规定,留置权的权能体现为对标的物以留置方式占有,并在债务清偿宽限期届满后就标的物优先受偿。

实践中关于案外人能否以其对执行标的享有留置权为由提起执行异议之诉,请求排除执行,有三种观点:(1)否定观点认为,担保物权的目的是以担保财产的交换价值担保债权的履行,担保物权人仅在担保物的变价款中优先受偿,担保物权人并不享有排除强制执行的效力,不得适用异议之诉程序,而是应当通过分配方案异议程序或执行异议复议程序处理,那么留置权作为典型担保,其优先受偿性仅在对被执行人财产进行分配时,与一般债权相比,享有优先受偿权,留置权人当然不得以具有优先受偿权为由提起执行异议之诉。① (2)肯定观点认为,留置权属于《执行程序解释》第14条中的"其他足以阻止执行标的转让、交付的实体权利"②,应当赋予留置权人提起异议之诉的权利。同样持肯定观点的理由还有,案外人主张的留置权相较申请执行人的一般金钱债权具有优先性,因此案外人对执行标的享有的优先受偿权足以排除申请执行人基于普通债权的强制执行。③ (3)折中观点则认为,当法院的执行措施将导致留置权人丧失留置权的情况下,应当允许其提起执行异议之诉。

我们认为,不应完全将担保物权等同于优先受偿权,应关注不同类型的担保物权阻却执行的效力。留置权的成立以"占有"为要件,对于执行法院针对执行标的采取的查封、扣押的执行措施,根据《查封规定》第11条、第13条的规定,若法院针对执行标的采取的执行措施是查封、扣押措施,由于此类执行措施并不会使留置权人丧失对留置物的占有,留置权人对该执行标的享有的留置权并无消极影响,留置权人无权针对查封、扣押措施提起执行异议之诉。但如果法院对执行标的采取的是拍卖、变卖、折价这类处分性执行措施,由于该类执行措施将导致留置权人失去对留置物占有,留置权人的权利可能因此而灭失,因此留置权人有权提起执行异议之诉。

二、操作指引

关于留置权宽限期,《民法典》第453条第1款规定:"留置权人与债务人应

---

① 《山东省高级人民法院民一庭关于审理执行异议之诉案件若干问题的解答》第3条明确,案外人以对执行标的具有担保物权、建设工程价款优先受偿权等法定优先权为由,提起执行异议之诉请求排除执行的,鉴于法定优先权仅影响受偿顺序,不属于排除执行的事由,一般应告知案外人通过执行异议复议程序或者分配方案异议程序解决。

② 《浙江省高级人民法院关于审理案外人异议之诉和许可执行之诉案件的指导意见》第8条规定:"案外人依照民事诉讼法第二百零四条的规定提起诉讼的,须对执行标的享有足以阻止其转让、交付的实体权利,该实体权利包括:……(3)部分担保物权,如质权、留置权……"其中将质权与留置权划分为了特殊的担保物权,其属于可以对执行标的阻止转让、交付的实体权利。

③ 新疆维吾尔自治区乌鲁木齐市米东区人民法院民事判决书,(2019)新0109民初517号。

当约定留置财产后的债务履行期限；没有约定或者约定不明确的，留置权人应当给债务人六十日以上履行债务的期限，但是鲜活易腐等不易保管的动产除外。债务人逾期未履行的，留置权人可以与债务人协议以留置财产折价，也可以就拍卖、变卖留置财产所得的价款优先受偿。”留置权不同于其他担保物权的一个重要特点就在于其发生二次效力，当债权清偿期限届满而债务人不履行债务时，留置权仅产生留置的效力，即权利人有权留置标的物，但尚不发生优先受偿效力。也就是说，留置权人不能立即将留置权进行变价并优先受偿，必须再履行一定的程序方能真正实现留置权。[①] 因此，留置权的实现需要满足两个条件，首先是债权清偿期限届满而债务人不履行债务，其次是留置权人还需履行一定的程序，即履行期限届满后留置权人应按照合同约定或者法律规定给予不少于60日的履行期限。

因此，留置权作为法定担保物权，其权能分为留置权利和优先受偿权，但其优先受偿的效力相较于留置的效力具有一定的滞后性。如果法院对留置物拍卖、变卖、折价执行措施，留置权人尚未满足履行宽限期满的条件，其不享有对留置物拍卖、变卖、折价所得款项的优先受偿权，也不可能通过强制执行程序要求取得留置物的第三人返还留置物，此时留置权人将因为丧失对留置物的占有而导致留置权消灭，应当将该种情况作为特殊情况而加以权利的保护和限制。

综上，在区分履行债务宽限期是否届满的前提下，关于留置权人能否提起执行异议之诉以排除强制执行，可得出如下结论：

1. 履行债务宽限期尚未届满时，留置权处于有效但限制处分担保财产的状态。当一般金钱债权人对留置物请求强制执行时，应当保护留置权人权利以及主债权到期后债权得到优先受偿的权利。如果法院对留置物采取查封、扣押措施不会导致留置权人丧失占有，留置权人无权排除法院的查封、扣押，其不能提起执行异议之诉，请求排除执行。但法院因债务人的其他债权人申请强制执行而对该留置物进行拍卖、变卖、折价的，留置权人有权提起执行异议之诉，排除上述强制执行。

2. 履行债务宽限期届满后，法院因债务人的其他债权人申请强制执行而对该留置物采取处分性强制执行措施的，留置权人无权排除上述强制执行，其不能提起执行异议之诉，应在执行程序中主张优先分配或受偿。

---

① 参见最高人民法院民法典贯彻实施工作领导小组主编：《中华人民共和国民法典物权编理解与适用》（下），人民法院出版社2020年版，第1303页。

审判前沿

大连集装箱码头有限公司、大连忠进国际货运有限公司等执行复议案

[(2022)辽02执复65号执行裁定书]

【裁判要旨】

案外人以其对案涉执行标的享有留置权为由对人民法院执行案涉执行标的提出排除执行的异议,系基于实体权利对执行标的提出异议的,应当依照案外人异议程序审查处理,依照执行行为异议程序审查处理,属于适用法律错误。

【基本案情】

关于大连忠进国际货运有限公司(以下简称忠进公司)与黑龙江泉林生态农业有限公司(以下简称泉林公司)进出口代理合同纠纷一案,大连市中山区人民法院于2021年5月8日作出(2020)辽0202民4290号民事调解书,确认泉林公司给付忠进公司货运代理费2,255,148.18元及利息。忠进公司申请强制执行,案号为(2021)辽0202执4934号。2021年7月2日,大连市中山区人民法院作出(2021)辽0202执4934号执行裁定,查封泉林公司存放在集装箱公司大窑湾3期码头的25个集装箱及货物(以下简称案涉集装箱及货物),期限二年。集装箱公司对此提出异议。

另查,2017年7月18日,"COSCOBEIGIUM"轮船停靠大窑湾港口,将提单号为COSU4512818040项下的30个40尺集装箱卸载在大窑湾港3期码头,现余有25个集装箱停靠该码头。集装箱公司称其对案涉集装箱及货物享有留置权,截至2021年7月2日,案涉集装箱及货物已产生堆存、保管、搬移作业等费用1,324,173元。

大连市中山区人民法院认为,当事人、利害关系人认为执行行为违反法律规定的,可以向负责执行的人民法院提出书面异议。本案中,忠进公司系本案申请执行人,其对泉林公司的财产可申请该院依法处分,集装箱公司主张其对该批货物享有留置权,该权利并不能阻却执行,可在货物被依法处分后就货款主张权利,故其异议请求于法无据,该院不予支持。集装箱公司不服,申请复议,请求撤销大连市中山区人民法院(2021)辽0202执异570号执行裁定,将集装箱公司更正为案外人,裁定集装箱公司对案涉集装箱及货物享有合法的留置权,有权优先处置,解除对案涉集装箱及货物的查封、扣押。

大连市中级人民法院认为，案外人基于实体权利对执行标的提出异议的，应当依照案外人异议程序审查处理。本案中，集装箱公司以其对案涉集装箱及货物享有留置权为由对大连市中山区人民法院执行案涉集装箱及货物提出排除执行的异议，大连市中山区人民法院(2021)辽0202执异570号执行裁定依照执行行为异议程序审查处理，属于适用法律错误，故本案应发回大连市中山区人民法院重新作出裁定。

【要点评析】

本案是一则案外人基于留置权对查封行为提起执行异议的案例。执行法院对执行标的物采取了查封措施，案外人认为其享有留置权，有权优先处置，要求解除查封。但是，留置权的权能仅是就标的物的变价款优先受偿，而并非"优先处分"，查封措施并不会导致其留置权的丧失，也未导致其无法就变价款优先受偿。大连市中山区人民法院将其作为实体异议，仅是根据案外人主张的事由为"留置权"并请求"排除执行"进行判断，将其导入案外人异议程序，确有不妥。

第六节　基于建工优先权的异议之诉

承包人对建设工程价款优先受偿权系法定优先权，当承包人承建的建设项目在其他执行案中被其他债权人申请强制执行时，承包人的合法权益如何保障？承包人的建设工程价款优先受偿权能否排除对作为执行标的的建设工程的强制执行？承包人应当如何选择救济方式，保障其建设工程价款优先受偿权的实现？

法律依据

《民法典》第807条　发包人未按照约定支付价款的，承包人可以催告发包人在合理期限内支付价款。发包人逾期不支付的，除根据建设工程的性质不宜折价、拍卖外，承包人可以与发包人协议将该工程折价，也可以请求人民法院将该工程依法拍卖。建设工程的价款就该工程折价或者拍卖的价款优先受偿。

《建设施工合同解释(一)》第36条　承包人根据民法典第八百零七条规定享有的建设工程价款优先受偿权优于抵押权和其他债权。

《民事诉讼法》第238条　执行过程中，案外人对执行标的提出书面异议的，人民法院应当自收到书面异议之日起十五日内审查，理由成立的，裁定中止对该标的的执行；理由不成立的，裁定驳回。案外人、当事人对裁定不服，认为原判决、裁定错误的,依照审判监督程序办理;与原判决、裁定无关的,可以自裁定送达之日起十五日内向人民法院提起诉讼。

《民事诉讼法解释》第506条 被执行人为公民或者其他组织,在执行程序开始后,被执行人的其他已经取得执行依据的债权人发现被执行人的财产不能清偿所有债权的,可以向人民法院申请参与分配。

对人民法院查封、扣押、冻结的财产有优先权、担保物权的债权人,可以直接申请参与分配,主张优先受偿权。

一、制度阐释

1999年《合同法》正式确立了我国建设工程款优先受偿权制度。我国建设工程合同领域拖欠工程款的现象问题突出,不仅影响建筑工程企业的发展,也严重影响工程建设的进度。该制度立足我国基本国情,为了切实解决拖欠工程款的社会问题,保障承包人价款债权的实现,基于公平、公正、公益的价值理念,通过法律赋予承包人法定优先权,保障工程承包人的合法权益。之后《民法典》第807条除对个别词句进行调整,整体延续了《合同法》第286条规定内容。根据该条规定,承包人可以申请人民法院将该工程依法拍卖,建设工程款就该工程折价或者拍卖价款优先受偿。一般情况下,如果对于建设工程款的数额和性质均无争议的,在执行程序中可以予以确认,但涉及实体争议的,仍需通过诉讼等程序进行认定。

关于建设工程价款优先受偿权的法律性质,实践和理论中存在三种不同观点:第一种观点认为,该优先权属于留置权。该观点认为,建设工程合同在传统民法中属于特殊的承揽合同,承包人在工程建设过程中投入人力和财力,在发包人未按照约定支付工程款时,建设工程承包人可能拒绝交付工程,因此,应当赋予建设工程价款的优先受偿权类似承揽人对工作成果的留置权的权利。但是,根据我国现行民法规定和民法原理,留置权不适用于不动产。此外,根据留置权规则,当承包人失去对工程的占有时,其优先受偿的权利就无法得到保护。第二种观点认为,建设工程价款的优先受偿权是一种法定抵押权。德国、日本的法律制度或司法实践均倾向于认定建设工程价款优先受偿权是一种法定抵押权。该观点认为,发包人未按照约定支付价款的,承包人可以与发包人协议将该工程折价,也可以请求人民法院将该工程依法拍卖,建设工程的价款就该工程折价或者拍卖的价款优先受偿,符合不动产抵押权的特性。不动产物权需要以登记为公示要件,但建设工程价款的优先受偿权并没有公示的程序,不符合抵押权这一权利特征。值得一提的是,日本建设工程价款的优先受偿强调应进行登记。目前,该种观点因不符合物权法定的原理而被诟病。第三种观点认为,建设工程价款的优先受偿权是一种法定优先权。

该观点认为，建设工程价款的优先受偿权是立法者基于特定政策考量，为追求实质公平而赋予了特定民事主体权利有限保护的法律效力。最高人民法院倾向于第三种观点。①

建设工程价款优先受偿权系法律赋予建设工程承包人的一项法定优先权，在合理期限内②，其行使方式可以由承包人自行行使，也可以通过人民法院或仲裁机构主张，其行使的阶段，既可以通过诉讼程序予以主张，也可在执行程序中提出。当承包人在执行程序中提出享有建设工程优先受偿权的主张时，如果其尚未取得建设工程优先受偿权的执行依据，通过审查建设工程施工合同等证据仍无法确定优先受偿权范围的，可以告知承包人通过诉讼程序取得优先受偿权的执行依据。虽然承包人关于优先受偿权的主张并不能阻止执行程序的继续推进，但执行法院在处置该执行标的前，应对承包人的建设工程价款予以预留。

二、操作指引

建设工程价款优先受偿权是否属于"足以排除强制执行的民事权益"，在审判实践中存在两种观点：肯定的观点认为，建工优先权相较之抵押权具有优先性，其相较一般金钱债权而言更具有优先性，当同一标的物上同时存在建工优先权人主张优先受偿权、担保权人的抵押权、一般金钱债权时，建设工程价款优先受偿权优先于抵押权和一般金钱债权实现。如果不赋予其优先受偿权排除强制执行的效力，不利于保护承包人的利益。否定的观点则认为，建设工程价款优先受偿权是就建设工程折价或拍卖所得价款受偿更具有优先性的顺位权利，建设工程价款优先受偿权的实现也建立在标的物被处置之上，不属于对执行标的享有的足以排除强制执行的民事权益，不能排除执行。目前司法审判更倾向于否定的观点。

异议之诉目的在于排除强制执行，而足以排除强制执行的权益范围，应当为"所有权或者有其他足以阻止执行标的转让、交付的实体权利"。案外人只有认为自己对执行标的享有实体权利，而人民法院的强制执行行为妨碍了其所享有的实体权利的，才可以作为执行异议之诉的原告提起执行异议之诉。承包人基于建设工程价款优先受偿权提起的执行异议之诉，实质上系案外人对执行标的所享有权益与申请执行人在生效裁判文书等执行依据项下请求权的优先效力纠纷。判断能否排除强制执行应同时满足：一是权利效力优先于申请执行人的债权，二是法院的强制执行妨害了案外人对执行标的实体权益。关于权利优先性，根据《建设施工合

---

① 参见最高人民法院民法典贯彻实施工作领导小组主编：《中华人民共和国民法典合同编理解与适用》（三），人民法院出版社2020年版，第2034～2036页。

② 承包人应当在合理期限内行使建设工程价款优先受偿权，但最长不得超过18个月。

同解释(一)》第36条的规定,建设工程价款优先受偿权优先于抵押权自不必多言。关于妨害实体权利,根据《民法典》第807条的规定,承包人建设工程价款优先受偿权是以建设工程折价、拍卖的交换价值担保债权的实现,该优先受偿权只是优先顺位权,对标的物的变现价值,优先受偿权人可以请求就拍卖价款优先受偿,或在债权范围内提存,执行法院对建设工程采取的折价、拍卖等执行措施并不必然妨害建设工程价款优先受偿权的实现,案外人不能以其对被执行的建设工程享有优先受偿权为由要求停止执行,而应当在执行程序中向执行法院申请分配、提出优先受偿主张。但如果在案涉工程的以房抵债构成工程价款优先受偿权行使的情况下,执行法院对标的房屋的执行必然影响承包人的建设工程价款优先受偿权,应当赋予承包人请求排除执行的权利。

审判前沿

贺某妙、河南国安建设集团有限公司案外人异议之诉再审案

[(2019)最高法民申3207号民事裁定书]

【裁判要旨】

建设工程价款优先受偿权本质上属于债权,不能阻止对标的物的强制执行。施工方以案外人身份提起执行异议之诉,属起诉主体不适格,法院应不予受理。

【基本案情】

关于贺某妙与刘某、河南省裕丰复合肥有限公司(以下简称裕丰公司)民间借贷一案,河南省高级人民法院作出终审判决,判令裕丰公司对刘某所借贺某妙1100万元本金及利息承担连带清偿责任。该案执行过程中,法院裁定查封、扣押、冻结被执行人裕丰公司等银行存款1100万元或者同等价值的其他财产。

2016年12月15日,河南国安建设集团有限公司(以下简称国安公司)以案外人身份对上述执行裁定提出执行异议,主张对案涉执行标的享有建设工程价款优先受偿权,请求排除强制执行。南阳市中级人民法院经审查认为,国安公司的异议实质上是主张工程款的优先受偿权,不宜在执行程序判断和认定,裁定书驳回其异议。

国安公司不服,提起本案案外人执行异议之诉。南阳市中级人民法院一审认为优先受偿权问题应当在建设工程合同纠纷中予以解决,与案外人执行异议

之诉不是同一法律关系，判决驳回国安公司的诉讼请求。

国安公司提起上诉，河南省高级人民法院二审认为，国安公司如想实现建设工程价款优先受偿权，可以申请参与分配，不应以案外人身份提起执行异议之诉，裁定驳回国安公司的起诉。后贺某妙向最高人民法院申请再审，形成本案诉讼纠纷。

【要点评析】

案外人执行异议之诉是指案外人就执行标的享有足以排除强制执行的权利，请求法院不再对执行标的实施执行的诉讼。建设工程价款优先受偿权的基础权源在本质上属于债权，只是相对于普通债权而言具有优先性而已，因此该权利并不足以排除强制执行，也不应作为当事人提起案外人执行异议之诉的权利基础。建设工程价款优先受偿权属于法定优先权，承包人可以申请参与到执行程序中，主张对执行标的物享有优先受偿权。

第十九章　基于用益物权的异议之诉

第一节　基于土地承包经营权的异议之诉

我国的土地制度设计，为农民着重提供了两大保障，一是居者有其屋的宅基地使用权，二是耕者有其田的土地承包经营权。前者是解决农民最基本的居住问题，后者是解决农民最基本的经济来源、生存、吃饭等问题。无论是宅基地使用权还是土地承包经营权，都是农村集体土地所有权派生出来的用益物权，其权利性质和行使都具有浓厚的中国特色和历史政治背景。执行程序中对土地承包经营权的执行，关乎各方主体的生存利益，因此，在对土地承包经营权采取执行措施以及权利人提出排除执行的异议时，应从平衡各方利益的视角，对多元因素慎重考虑。

法律依据

《民法典》第 333 条　土地承包经营权自土地承包经营权合同生效时设立。

登记机构应当向土地承包经营权人发放土地承包经营权证、林权证等证书，并登记造册，确认土地承包经营权。

《民法典》第 334 条　土地承包经营权人依照法律规定，有权将土地承包经营权互换、转让。未经依法批准，不得将承包地用于非农建设。

一、制度阐释

土地承包经营权就是承包人（个人或单位）因从事种植业、林业、畜牧业、渔业生产或其他生产经营项目而承包使用、收益集体所有或国家所有的土地或森林、山岭、草原、荒地、滩涂、水面的权利。土地承包经营权是我国农村集体经济组织实行家庭承包经营为基础，统分结合的双层经营体制的产物，《民法通则》（已废止）首次确立此项权利，并在此后的《土地管理法》《农村土地承包法》等法律中进行了完善，《物权法》（已废止）第一次明确将土地承包经营权规定为用益物权，《民法典》在“物权编”之“用益物权分编”继续单章规定“土地承包经营权”。土地承包经营权作为用益物权，土地所有权性质不变，承包地不得买卖，①但是赋予土地承包经营权人对其承包的土地享有占有、使用和收益的权利。相较于债权的定性，将土地承包经营权定性为用益物权，更有利于对承包经营权人合法权益的保护。

按照《民法典》第330条第2款规定，依法实行土地承包经营的土地，包括农民集体所有和国家所有由农民集体使用的耕地、林地、草地以及其他用于农业的土地，这里的"其他用于农业的土地"，通常是指荒山、荒丘、荒沟、荒滩等"四荒地"。农村土地承包一般采取农村集体经济组织内部的家庭承包方式，不宜采取家庭承包方式的农村"四荒地"，可以采取招标、拍卖、公开协商等方式承包。

家庭承包是土地承包的主要类型，是以农村集体经济组织的每一个农户家庭全体成员为一个生产经营单位，作为承包人与发包人建立承包关系，承包耕地、林地、草地等用于农业的土地。家庭承包中的承包经营权利主体通常是农村集体经济组织的农户，按照法律和政策要求，家庭承包应做到"按户承包，按人分地"，使基本农业用地成为农村集体经济组织成员的基本生活保障。国家所有依法用于农业的土地可以由单位或者个人承包经营，从事种植业、林业、畜牧业、渔业生产。

除农业用地外，农村集体所有的一些其他用于农业的土地，如果园、池塘、水库等数量较少，无法做到按人分地；而"四荒地"则由于投入大、产出少，承包意愿较弱。为了充分有效地利用土地，避免土地荒置，上述土地通常不会采取家庭承包方式，而是采取招标、拍卖、公开协商等方式进行承包，统称为"其他方式的承包"。

二、操作指引

（一）土地承包经营权的权利主体

异议之诉程序是法律赋予案外人保护实体权利不受强制执行权侵害的救济途径，因而确定该实体权利的归属是异议之诉审查的首要目标。土地承包经营权作为另一类特殊的用益物权，其权利取得方式复杂多样，权利主体更是具有其特殊性。在实务中，容易产生分歧的，是家庭承包中的土地承包经营权主体的确定。按照《农村土地承包法》的规定，家庭承包的承包方是本集体经济组织的农户，即《民法典》中所称的"农村承包经营户"②。农户不是自然人或者其他组织，通常是指从事农业生产的家庭，代表的是整个家庭成员的共同权利义务集合。由于农户不是

① 《农村土地承包法》第4条规定："农村土地承包后，土地的所有权性质不变。承包地不得买卖。"

② 《民法典》第55条规定："农村集体经济组织的成员，依法取得农村土地承包经营权，从事家庭承包经营的，为农村承包经营户。"

特定的法人,也不是法定经济组织,在行使权利和履行义务时,往往会存在各种法律障碍。就家庭承包经营中,家庭作为法定的唯一承包经营权主体,在以承包经营权人主张权利、提起诉讼时,是无法将该农户列为当事人的。2005 年起实施的《土地承包司法解释》对农村土地承包纠纷中的当事人作了明确规定,2020 年修订版中文字表述虽有调整,但基本内容未变。该解释第 3 条规定:“承包合同纠纷,以发包方和承包方为当事人。前款所称承包方是指以家庭承包方式承包本集体经济组织农村土地的农户,以及以其他方式承包农村土地的组织或者个人。”农户成员为多人的,则以土地承包经营权证等证书上记载的人、在承包合同上签名的人为代表人参加诉讼;如登记权利人或签署合同的人死亡、丧失民事行为能力或者因其他原因无法进行诉讼的,则由农户成员推选的代表人参加诉讼。至于其他不以农户这一特殊主体作为承包方的承包方式,在确定正当当事人时与普通诉讼程序并无不同。

(二)土地承包经营权的取得方式

物权的取得和行使,应当遵守法律。土地承包经营权是用益物权,权利的来源必须合法,否则不能阻却执行。农村土地承包经营权的取得方式,大致可以分为四类:一是以家庭承包方式取得;二是采取招标、拍卖、公开协商等方式取得;三是通过互换、转让等方式取得;四是通过继承、离婚等方式取得。原则上,通过上述四类方式取得的土地承包经营权依法受到法律保护。下面就各类取得方式中的几个关键问题做简要探讨。

首先,以家庭承包方式取得土地承包经营权。从法律的规定来看,耕地、林地、草地等用于农业的土地通常是以家庭承包方式发包,其发包人只能是作为土地所有权人的集体经济组织或者村民委员会,已经分别属于村内两个以上农村集体经济组织的农民集体所有的,由村内各农村集体经济组织或者村民小组发包;国家所有依法由农民集体使用的农村土地,由使用该土地的农村集体经济组织、村民委员会或者村民小组发包;而承包主体只能是本集体经济组织的农户。非法定发包主体所做出的发包行为,不能设立承包经营权,发包给非法定主体,同样不能取得土地承包经营权。

其次,采取招标、拍卖、公开协商等方式取得土地承包经营权。按照法律规定,不宜采取家庭承包方式发包的“四荒地”,可以采取招标、拍卖、公开协商等方式发包,也可以将土地承包经营权折股分给本集体经济组织成员后,再实行承包经营或者股份合作经营。承包主体资格方面,此种方式更为宽泛,并未要求以户为单位进行承包,除了本集体经济组织成员,还可以是本集体经济组织以外的单位或者个人。不过,在发包过程中,本集体经济组织成员在同等条件下享有优先承包权。从法律立法逻辑上来看,农村土地承包应以农村集体经济组织内部的家庭承包方式为首选,只有对于荒山、荒沟、荒丘、荒滩等不宜采取家庭承包方式的农村土地,才能采取招标、拍卖、公开协商等例外方式。我们认为,对于可以采取家庭承包方式进行发包的农村土地,直接适用其他方式发包,应属违法,不宜认定合法取得土地承包经营权,在异议之诉中,也就不能排除执行。

再次,通过流转方式取得土地承包经营权。为了确保土地承包经营权的稳定性,充分发挥农村土地的保障功能,我国法律严格限制发包人在承包期内收回、调整承包地,[①]但是明确允许土地承包经营权可以通过互换、转让等方式进行流转[②]。稍有变化的是,《物权法》(已废止)第128条规定的土地承包经营权流转方式包括转包、互换、转让,但《民法典》和新修订的《农村土地承包法》仅规定互换和转让,厘定了转包与互换、转让之间的区别。也就是说,互换和转让发生移转物权的效果,而转包则仅发生债权的效力。具体来说,就是互换、转让的流转方式,其土地承包经营权主体发生了变更,原承包方与发包方在该土地上的承包关系即行终止,并建立新的承包关系;而在转包的流转方式中,土地虽然不再由土地承包经营权人经营,但土地承包经营权的主体并没有变化,受让人所取得的权利仅仅只是债权,并未取得土地承包经营权。土地承包经营权流转的权利,是土地承包经营权作为用益物权的效力体现,也是承包经营权作为物权效力的体现。此项权利即属法定,不能通过承包合同剥夺,[③]也就是说,承包合同中有关禁止流转条款当属无效,不影响受让人依法通过流转方式取得承包经营权。在家庭承包情况下,承包方在转让其土地承包经营权时,需经发包方同意,且应在本集体经济组织内进行;如未取得发包方同意进行转让,除发包方无法定理由不同意或者拖延表态的外,转让合同无效。[④]

值得注意的是,2018年12月29日修订的《农村土地承包法》引入了土地经营权的概念,并且明确规定"承包方承包土地后,享有土地承包经营权,可以自己经营,也可以保留土地承包权,流转其承包地的土地经营权,由他人经营"。按照规

---

① 《民法典》第336条规定:"承包期内发包人不得调整承包地。因自然灾害严重毁损承包地等特殊情形,需要适当调整承包的耕地和草地的,应当依照农村土地承包的法律规定办理。"第337条规定:"承包期内发包人不得收回承包地。法律另有规定的,依照其规定。"

② 《民法典》第334条规定:"土地承包经营权人依照法律规定,有权将土地承包经营权互换、转让。未经依法批准,不得将承包地用于非农建设。"

③ 参见王利明:《物权法研究》(修订版)(下卷),中国人民大学出版社2007年版,第77页。

④ 《土地承包司法解释》第13条规定:"承包方未经发包方同意,转让其土地承包经营权的,转让合同无效。但发包方无法定理由不同意或者拖延表态的除外。"

定,土地承包人可采取出租(转包)、入股或者其他方式向他人流转土地经营权,土地经营权亦可办理登记、再流转、可抵押等,但不影响原承包关系。① 土地经营权是"三权"分置之下新设的一种权利类型,其与所有权、承包权并列为土地上的三种权利。在《农村土地承包法》《民法典》等法律中,土地承包经营权的流转与土地经营权的流转被区别对待。基于物权法定原则,土地承包经营权只能通过互换、转让方式流转,土地承包权和土地经营权主体同时发生变动;而土地经营权则是通过出租、入股或者其他方式流转,土地承包经营权保留了承包权,而将土地经营权交由受让人,实现了土地承包权和土地经营权主体分离。在最新修订的《土地承包司法解释》中,将原有的"以转让、出租、入股、抵押等方式流转土地承包经营权"相关条文,均修改为"采取出租、入股或者其他方式流转土地经营权",除了有统一表述之意,更多的是严格概念之间的区别适用。就土地经营权的性质争议很大,其物权化呼声极高。概括起来,主要有物权说、债权说、物权化债权说(将土地经营权定性为债权,同时又赋予其转让、抵押等物权权能),②囿于篇幅,在此不一一分述。我们倾向于物权说,土地经营权作为土地承包经营权派生出来的权能,是农地"三权"分置改革的重要成果,在《农村土地承包法》和《民法典》中均有明确规定,如仅仅是类似于租赁权的债权性质,则对土地经营权的强权赋能作用并不比租赁权大,难以与集体所有权、承包权两大物权位阶等量齐观,因此,唯有赋予土地经营权物权属性,才符合"三权"分置的改革初衷。如物权说成立,经营主体基于土地经营权提起执行异议之诉,则有较强的排他性,可有效排除执行。

最后,通过继承等方式取得土地承包经营权。从继承法的角度,被继承人的合法财产均可以继承,尽管继承法没有将土地承包经营权列为继承财产,但其作为用益物权当然应属可继承财产。我国《继承法》(已废止)第4条规定,"个人承包应得的个人收益,依照本法规定继承。个人承包,依照法律允许由继承人继续承包的,按照承包合同办理"。新出台的《民法典》未保留此条文,但在《农村土地承包法》第32条规定,"承包人应得的承包收益,依照继承法的规定继承。林地承包的承包人

---

① 《农村土地承包法》第36条规定:"承包方可以自主决定依法采取出租(转包)、入股或者其他方式向他人流转土地经营权,并向发包方备案。"第41条规定:"土地经营权流转期限为五年以上的,当事人可以向登记机构申请土地经营权登记。未经登记,不得对抗善意第三人。"第44条规定:"承包方流转土地经营权的,其与发包方的承包关系不变。"第47条规定:"承包方可以用承包地的土地经营权向金融机构融资担保,并向发包方备案。受让方通过流转取得的土地经营权,经承包方书面同意并向发包方备案,可以向金融机构融资担保。担保物权自融资担保合同生效时设立。当事人可以向登记机构申请登记;未经登记,不得对抗善意第三人。实现担保物权时,担保物权人有权就土地经营权优先受偿。土地经营权融资担保办法由国务院有关部门规定。"

② 参见宋志红:《三权分置关键是土地经营权定性》,载《农村经营管理》2016年第9期。

死亡,其继承人可以在承包期内继续承包”。第54条规定,“依照本章规定通过招标、拍卖、公开协商等方式取得土地经营权的,该承包人死亡,其应得的承包收益,依照继承法的规定继承;在承包期内,其继承人可以继续承包”。从以上法律规定来看,有关规定充分肯定了土地承包经营权的可继承性,但也考虑了土地承包经营主体的特殊性,因而做了区别对待。以家庭承包方式取得的土地承包经营权,其权利主体为农户这一特殊存在,而非自然人个体,家庭成员的死亡通常不会影响家庭对承包经营权的继续享有,如果因为成员死亡导致销户,其产生的后果则是土地承包经营权的收回,而不是继承。当然,土地承包经营所得收益,家庭成员个人应得部分可以作为遗产进行继承。值得注意的是,在法律条文措辞上,《农村土地承包法》第32条使用了“承包人”,而不是“家庭承包”章节中通用的“承包方”,我们理解为,家庭承包方式取得的土地承包经营权主体一般为农户,只有在个别情况,如涉及收益分配、林地承包时,才会产生自然人主体。自然人作为权利主体时,其收益继承、林地承包经营权的继承也就顺理成章。之所以林地承包经营权会在《农村土地承包法》中作特别规定,主要是因为林地的承包经营周期长、收益慢、风险大,承包期也较长(30年至70年),这与耕地、草地等即时承包、即时收益的土地有所区别,因而在权利的归属、承继方面也与耕地、草地区别对待,具有相对的独立性。同样地,以其他方式取得土地承包经营权,其权利主体通常非农户家庭,而是普通民事主体,即单位或自然人,当自然人作为权利主体时,继承也不存在问题。执行异议之诉程序中,案外人以继承取得的土地承包经营权试图排除执行的,法院应当着重审查所涉土地类型,该土地承包经营权的取得方式及承包主体,以此判断案外人是否据此取得土地承包经营权。

(三)影响土地承包经营权取得的几个关键要素

1. 未经登记的土地承包经营权

按照《农村土地承包法》和《民法典》的规定,承包土地经营权应当签订书面合同,承包合同自成立之日起生效,土地承包经营权自土地承包经营权合同生效时设立,承包方取得土地承包经营权。通常情况下,政府部门会向土地承包经营权人发放土地承包经营权证、林权证、草原使用权证,并登记造册,确认土地承包经营权,但是,由于历史原因和管理水平的差异,在现实中仍有部分土地承包经营权并未登记办证。鉴于土地承包经营权的设立并不以登记为要件,因而没有办理登记并不影响承包人依据已经生效的承包合同取得土地承包经营权。应当注意的是,按照《农村土地承包法》规定,土地承包经营权采取互换、转让的,当事人可以向登记机构申请登记。未经登记,不得对抗善意第三人。这里的善意第三人,通常认为不是普通债权人;也就是说,普通债权人申请执行并查封了被执行人的土地承包经营权,案外人主张其通过互换、转让方式取得了该土地承包经营权,虽约定登记但实际并未办理变更登记,此时的普通债权人并非此处的善意第三人,不能以善意第三人为由否定案外人对土地承包经营权的权利主张。

2. 违反民主议定程序发包的土地承包经营权

农村用地系集体所有,对土地的处分应体现集体的意志,本集体经济组织成员的个人意愿通过特定程序即可上升为集体意志。《农村土地承包法》对特定的土地发包规定了比较严格的民主议定程序,如家庭承包方案需经本集体经济组织成员的村民会议 2/3 以上成员或者 2/3 以上村民代表的同意;因特殊情况需要调整承包的,必须经本集体经济组织成员的村民会议 2/3 以上成员或者 2/3 以上村民代表的同意;发包方将农村土地发包给本集体经济组织以外的单位或者个人承包,应当事先经本集体经济组织成员的村民会议 2/3 以上成员或者 2/3 以上村民代表的同意。《民法典》第 261 条第 2 款亦明确规定,前述情形应当依照法定程序经本集体成员决定。对于违反民主议定程序作出的发包行为,是否能够取得土地承包经营权,实务中存在比较大的分歧。

一种观点认为,发包时虽然违反民主议定程序,但是农业生产有其特殊性,生产周期长,且关系农民切身利益,承包关系应当考虑维护其稳定性。已废止的《最高人民法院关于审理农业承包合同纠纷案件若干问题的规定(试行)》曾经规定,承包合同签订时一方违反民主议定原则,另一方有权在 1 年内请求确认合同无效,该期间为除斥期间。该规定同时考虑了承包方的实际投入。由此可以看出,对于形式上虽存在民主议定程序瑕疵,但属于发包方的工作疏漏或不够规范以及其他客观原因造成的,并非故意违反民主议定程序的法律规定,损害农民利益的,不应简单地以违反民主议定程序为由认定合同无效,在审理过程中还是应从维持原承包关系、农业生产稳定出发,确认该发包的合法性。另一种观点认为,法律对特定的发包规定了严格的民主议定程序,如果未遵循该程序进行发包,即属于违反法律强制性规定。对于违反法律强制性规定而签订的承包合同,未经法定程序应当认定无效,承包人也不能基于无效合同取得土地承包经营权。我们倾向于第二种观点。应该说,维护农业生产稳定的确是司法审查应当考虑的方面,但是,农村用地是集体经济组织成员基本生活保障所在,严格遵守法律,充分发扬民主,听取成员意见,才是维护集体经济组织整体和个体合法权益、农业生产稳定的根本路径。当然,在审理过程中,发包方通过补开会议等方式,完善了民主议定程序,产生了事后追认的效果,则确认其发包合法性并无不可。

3. 未经批准将承包土地用于非农建设

由于我国土地资源稀缺，人口众多，因而对土地特别是农村土地的开发利用的管控十分严格。因此，承包经营土地应当从事种植业、林业、畜牧业等农业生产。《民法典》《土地管理法》《农村土地承包法》均明确规定，未经批准不得将承包土地用于非农建设。实践中，以土地承包方式取得农村用地使用权，用于非农建设的情形并不鲜见。如果承包合同签订时，发包方与承包方均明知将农村用地用于非农建设，则应属于违反法律强制性规定，该承包合同应属无效，承包方亦不能取得土地承包经营权；如双方约定将土地用于农业建设，承包方在承包过程中擅自改变土地用途，用于非农建设，并不当然导致承包合同的无效，给承包地造成永久性损害的，发包方有权制止，并有权要求赔偿由此造成的损失，行政主管部门依法可以进行处罚。

（四）土地承包经营权的灭失

异议之诉程序中，土地承包经营权的灭失，通常意味着案外人排除法院执行的主要理据丧失，因此，法院应当对案外人所主张的土地承包经营权是否已经灭失，进行必要的审查。土地承包经营权的灭失主要有以下几类事由：

1. 承包土地被征收。国家基于公共利益依法征收承包土地，则土地上设立的土地承包经营权归于消灭。征收时，国家应当给予承包方充分、合理的补偿。在执行异议之诉程序中，基于土地承包经营权主张的权利，通常会转化为对补偿款的诉求，原土地承包经营权主体即为该补偿款的权利人。

2. 承包土地使用价值丧失。因为地震、山洪、泥石流等原因，承包土地会灭失，或者丧失了承包时设定的用途。如果承包土地是耕地或草地，通常会启动调整承包机制，由发包方按照法定程序进行个别调整，以维系受损村民的基本生活保障。无论是否进行调整，就原土地而言，土地承包经营权消灭，相关权益也不再存在。

3. 土地承包经营期限届满。土地承包经营权是一种有期物权，土地承包期是土地承包经营权存续的期间，在此期间，承包人享有土地承包经营权，在期限届满时归于消灭。《农村土地承包法》和《民法典》均规定，耕地的承包期为30年，草地的承包期为30年到50年，林地的承包期为30年到70年。以其他方式承包的土地，承包期由合同约定，但不得超过50年。① 土地承包期限是法定期限，合同双方

① 《国务院办公厅关于进一步做好治理开发农村"四荒"资源工作的通知》(国办发〔1999〕102号)第2条第3项规定，"四荒"使用权承包、租赁或拍卖的期限最长不得超过50年。

不得以约定方式超过此期限,同时,在进行土地流转时,原则上也不得超过承包期的剩余期限。土地承包经营权的期限届满,如果没有继续承包的,土地承包经营权就归于消灭,承包方应将承包地交回发包方。应当注意的是,为发展农业生产、防止土地承包经营权人在承包期限临近届满时对所承包的土地不做投入、过度利用等,《农村土地承包法》第21条在第1款明确了承包期限的同时,第2款规定"耕地承包期届满后再延长三十年,草地、林地承包期届满后依照前款规定相应延长"。也就意味着,只要耕地、草地、林地的承包经营权人没有明确表示不愿意继续承包,就享有原土地承包经营权合同期限届满时继续承包土地的权利。[①]

4. 土地承包经营权的提前收回和交回。按照《民法典》和《农村土地承包法》的规定,对承包期内的承包地,发包人不得收回。现有的法律对于土地承包经营权的提前收回和交回做了大幅限缩,并逐步废除了2009年《农村土地承包法》中"承包期内,承包方全家迁入小城镇落户的,应当按照承包方的意愿,保留其土地承包经营权或者允许其依法进行土地承包经营权流转""承包期内,承包方全家迁入设区的市,转为非农业户口的,应当将承包的耕地和草地交回发包方。承包方不交回的,发包方可以收回承包的耕地和草地"等条款,改为"承包期内,承包农户进城落户的,引导支持其按照自愿有偿原则依法在本集体经济组织内转让土地承包经营权或者将承包地交回发包方,也可以鼓励其流转土地经营权",并明令"不得以退出土地承包经营权作为农户进城落户的条件"。按照《土地管理法》的规定,发包方基于乡(镇)公共设施、公益事业建设,可以在报经县级以上人民政府批准后收回发包土地。[②] 承包地提前收回或交回后,土地承包经营权归于消灭;承包期内的土地承包经营权人交回承包地或者发包人依法收回承包地,土地承包经营权人对其在承包地上投入而提高土地生产能力的,有权获得合理补偿。

---

① 参见最高人民法院民法典贯彻实施工作领导小组主编:《中华人民共和国民法典物权编理解与适用》(下),人民法院出版社2020年版,第657～658页。

② 《土地管理法》第61条规定:"乡(镇)村公共设施、公益事业建设,需要使用土地的,经乡(镇)人民政府审核,向县级以上地方人民政府自然资源主管部门提出申请,按照省、自治区、直辖市规定的批准权限,由县级以上地方人民政府批准;其中,涉及占用农用地的,依照本法第四十四条的规定办理审批手续。"

审判前沿

杭某梅、杭某弟等案外人执行异议之诉纠纷案

［（2014）户民初字第02906号民事判决书、
（2015）西中民一终字第00354号民事判决书］

【裁判要旨】

土地承包经营权可以通过互换、转让方式进行流转，其设立不以登记为要件，没有办理登记不影响承包人依据已经生效的承包合同取得土地承包经营权。就土地承包经营权的转让而签订的合同，是双方当事人的真实意思表示，且没有违反法律的强制性和禁止性规定，应认定合法有效，受让方取得土地承包经营权，原承包合同同时解除，法院不能再将该土地及附着物作为转让人财产采取执行措施。

【基本案情】

2007年6月30日，杭某梅与户县庞光镇新阳坡村村民委员会（以下简称村委会）签订了为期50年的鱼池承包合同（2007年10月30日至2057年10月30日）。该合同约定四至为：东至鱼池东岸路东，南至鱼池南岸路，西至鱼池西岸路，北至西引河南沿。前3年6个月承包费每年2000元，共计7000元作为杭某梅的生产费用。后46年6个月，每年承包费3000元，承包费总额为139,500元，合同签订后，一次性付清。承包期内，杭某梅添置投资的附属设施及财产均属杭某梅所有。经营期间，杭某梅自建两层楼房8间、一层平房4间，栽了树，修了路。

2008年1月23日，杭某弟代表杭某梅与秦盛公司签订转包补偿协议。合同约定杭某弟将位于村委会的水库及池内存鱼、周边90亩土地和地面附属物转包给秦盛公司，具体内容为：（1）转包后，杭某梅与村委会2007年10月3日签订的承包协议解除，秦盛公司与村委会重新签订承包协议。（2）秦盛公司给付杭某梅转包补偿款1,380,000元，村委会不再给杭某梅支付补偿款。2008年2月29日至9月30日分两次付清，6月30日前付68万元，9月30日前付70万元。

同日，秦盛公司与村委会签订了承包合同，该合同约定：（1）将位于新阳坡村原有水库（包括水库周边配套场地）及水库配套场地外22亩荒地承包给秦盛公司经营。水库及周边配套场地的四至为：东至鱼池东岸路东，南至南岸路南，西至鱼池西岸路西，北至北引河南沿。（2）承包期限为50年，从2008年2月2

日至2058年2月2日止。承包费是原有水库及水库配套场地承包费每年3000元,50年共计150,000元。水库东南西荒地共计18亩,每亩每年100元,水库西北侧荒地长形土坑4亩,每亩125元,共计115,000元,两项共计265,000元。

2008年7月26日,张某军(秦盛公司法定代表人王某过的胞弟)、张某诚及张某文三方签订《新阳坡水库联合开发协议》,协议内容如下:(1)三方共同出资,以张某军名义承包新阳坡水库及周边土地110亩,其中张某军出资80万元,张某诚出资50万元,张某文出资30万元。(2)以张某军名义承包的新阳坡水库土地使用权及房产权为三方按出资比例共同所有。(3)所投资金实行共同出资,按股分红。(4)共同选举张某军为董事长、张某诚为监事长、张某文为总经理。张某军主持全面工作,张某诚负责投资监管工作,张某文负责生态园日常经营管理工作。(5)三方同意以秦盛公司开设的银行账户,由三方共同确定财务会计出纳人员,并按三方确定的财务制度开展日常财务收支管理工作。

2010年12月26日,张某军、张某诚及张某文签订退股合同。合同约定:(1)张某军自愿退还高湖鱼庄个人投资股金,并放弃高湖鱼庄经营权及资产所有权。(2)经三方协商评估,高湖鱼庄总资产价值150万元(含鱼塘及所有附属设备、设施、房产、树木、活鱼及鱼塘、土地经营权和两年经营利润等)。其中张某诚、张某文已投资110万元。(3)张某诚、张某文共同筹资70万元退还给张某军,张某军不再拥有高湖鱼庄经营权及资产所有权。(4)张某军原以亲属名义与新阳坡村达成的水库(高湖鱼庄)承包经营权,由张某军会同新阳坡村法人代表当面转让给张某诚、张某文,并重新签订承包合同。(5)张某军负责向张某诚、张某文交清高湖鱼庄所属鱼塘、活鱼、房产、树木及其他所有设施资产和承包土地、鱼塘经营权、资产所有权范围等。(6)张某军以前所欠外债(含张某军经营建设鱼庄所欠外债)由张某军负责解决并偿还,张某诚、张某文为建设经营鱼庄所欠外债由张某诚、张某文负责解决并偿还。(7)张某军积极协助张某诚、张某文解决好周边所有外部环境遗留问题。(8)张某诚、张某文在合同签订后5日内支付张某军退股金40万元,30万元等交接手续完毕后3日内付清。该退股合同加盖了秦盛公司公章。

2010年12月27日,秦盛公司与张某文签订转让协议。合同约定:(1)秦盛公司将承包新阳坡水库及周边22亩荒地及90亩土地转让给张某文,秦盛公司与村委会2008年1月23日签订的合同解除,秦盛公司协助张某文与村委会另行签订承包协议。(2)转让费由张某文支付给张某军,村委会给秦盛公司不再另行支付补偿款。(3)经双方协商评估,所承包的新阳坡水库及周边土地和高湖鱼庄等(含鱼塘及所有附属设备、设施、房产、树木、活鱼及鱼塘、土地经营权和两年经营利润等)总价值150万元,其中张某文已投资110万元(原张某诚之投资款现转至张某文名下,110万元包含张某文和张某诚给张某军及家人的所有借款、付款及对鱼庄的各项投入),故应付秦盛公司40万元,但秦盛公司要求再付30万元,作为补偿,共支付70万元。(4)2010年12月31日前张某文支付秦盛公司40万元,2011年3月31日前秦盛公司及张某军协助张某文与新阳坡村另行签订承包合同并向张某文交清一切手续。(5)转让协议签订后,秦盛公司及张某军不再拥有高湖鱼庄及周边110亩和地上附着物的经营权及资产所有权。(6)此前与秦盛公司原承包合同有关的所有债权债务(包含秦盛公司鱼庄所欠外债)均由秦盛公司和张某军自行负担,与张某文无关。

2011年,因秦盛公司未履行70万元的合同转让款,杭某梅、杭某弟诉至陕西省户县人民法院,陕西省户县人民法院作出(2011)户民初字第01943号民事判决书,判决秦盛公司给付杭某梅、杭某弟转让款及利息等共计737,658.5元,秦盛公司未上诉。2012年9月5日,杭某梅、杭某弟申请执行。

2013年4月21日,张某文与村委会签订了承包合同,合同约定:新阳坡村将原有水库(包括水库水面周边村属地界配套荒地约66亩)承包给张某文经营,水库及周边配套场地四至为:东至水库东岸路东,南至水库南岸路,西至水库西岸路,北至水库北岸坡底及梯形河滩至西引河渠南5米。承包期限为50年,从2008年2月2日至2058年2月2日。原有水库及水库配套场地承包费每年3000元,50年共计150,000元,水库北梯形河滩约6亩,每年1000元,共50,000元,两项共计200,000元。在此合同签订时,秦盛公司张某军向张某文出具了委托书及申请,委托书载明"户县新阳坡村委会:我委托我弟张某军前来办理2008年1月23日我与新阳坡村委会签订的水库承包合同的转让事宜,现投资人张某文,请新阳坡村委会重新办理承包合同。委托人:王某(印刷体)2013年4月21日"。该委托书加盖了秦盛公司的合同专用章。申请载明:"我于2008年1月23日用我姐王某的名字及陕西秦盛生态科技有限公司与户县庞光镇新阳坡村委会签订水库承包合同,我于2010年12月26日退出经营,新的投资主体是张某文,为了便于经营,请新阳坡村委会与张某文重新签订承包合同。此前和该承包合同有关的所有债权债务纠纷均由我和陕西秦盛生态科技有限公司承担,与张某文无关。申请人张某军(印刷体)2013年4月21日。"该申请亦加盖了秦盛公司的合同专用章。同日,村委会开会研究合同变更承包主体一事,决议"1.更改原合同所涉及地附问题,承包期满后,对方有优先承包权;

2. 合同到期地附及对方所投资地附自行处理与村上无关。委托代理人出具相关变更手续,交村上存档保存”。

2014年7月30日,陕西省户县人民法院作出(2012)户法执字第00891－2号裁定,对秦盛公司位于新阳坡村原水库及周边22亩荒地及配套设施南边8间2层楼房和北边4间1层楼房予以查封。后张某文提出执行异议,陕西省户县人民法院作出(2014)户执异字第00013号裁定书,驳回执行异议申请。

原审法院另查明,2007年6月30日,杭某梅向新阳坡村缴纳139,500元的承包费的收款收据原件现由张某文持有,该收款收据上村委会标注“此款转为张某文承包鱼池款”,并加盖村委会公章。2014年4月22日,张某文分别向村委会缴纳了水库北侧河滩承包费50,000元及水库承包费10,500元。原审又查明,秦盛公司法定代表人王某过(王某)在2011年12月法院调查时曾称秦盛公司是张某军和他人合办,自己没有投资,也未参与经营。案件审理过程中,张某文提供了张某军向其借款的借条共计3张,时间在2008年7月26日、8月26日、8月31日,共计21万元,提供了张某军向张某诚借款的借条共计5张,时间在2007年11月18日,2008年1月28日、8月31日、9月6日、9月8日,共计40万元,并提供了张某军2011年1月26日收到鱼池退股金50万元的收条1张及2010年12月27日其向张某军汇款40万元的银行转款凭条1张。

张某文向一审法院起诉请求:撤销(2014)户执异字第00013号执行裁定书,终止(2012)户法执字第00891－2号执行裁定书的执行。

原审法院经审理认为,公民的合法财产受法律保护。2008年1月23日,杭某弟代表杭某梅与秦盛公司签订转包补偿协议后,秦盛公司取得水库及周边配套场地设施的承包经营权,并约定由秦盛公司给付杭某梅承包补偿款138万元。此后,秦盛公司实际经营人张某军与张某文及张某诚签订《新阳坡水库联合开发协议》,三方共同对水库进行开发经营。后秦盛公司退出经营,张某文亦向秦盛公司实际经营人张某军支付了退股款,并与新阳坡村委会重新签订了承包合同。虽秦盛公司与新阳坡村委会于2008年1月23日签订的承包合同未书面解除,但秦盛公司向村委会出具的申请书、委托书及张某文与村委会签订书面承包合同均可认定秦盛公司与村委会签订的承包合同已经解除。故对杭某梅、杭某弟辩称秦盛公司与张某文签订承包合同为无效合同之辩称理由不予采纳。张某文为取得水库及附属设施承包经营权支付了合理的价格,杭某梅、杭某弟亦无证据证明张某文取得水库及附属设施承包经营权存在主观恶意,故(2012)户法执字第00891－2号执行裁定书及(2014)户执异字第00013号执行裁定书认定事实有误,应予纠正。现依据《民法通则》(已废止)第75条第2款、《物权法》(已废止)第106条之规定,判决:撤销(2014)户执异字第00013号执行裁定书,终止对(2012)户法执字第00891-2号执行裁定书的执行。本案受理费100元,由陕西秦盛生态科技有限公司负担。

杭某梅、杭某弟不服上述判决,向西安市中级人民法院提起上诉,请求撤销原判,改判驳回张某文的全部诉讼请求。

西安市中级人民法院审理后认定原审判决查明事实属实,据此认为,公民、法人的合法的民事权益受法律保护,任何组织和个人不得侵犯。2007年6月30日杭某梅与新阳坡村委会签订了鱼池承包合同,约定承包期内杭某梅添置投资的附属设施及财产属杭某梅所有。合同签订后,杭某梅自建2层楼房8间、1层平房4间,栽了树、修了路。2008年1月23日,杭某弟代表杭某梅与秦盛公司签订了转包补偿协议,约定杭某弟将位于新阳坡村的水库及池内存鱼、周边90亩土地和地面附属物转包给秦盛公司,秦盛公司支付杭某梅转包款138万元。同日,秦盛公司与新阳坡村委会签订了承包合同,承包范围为新阳坡村原有水库(包括水库周边配套场地)及水库配套场地外22亩荒地。杭某弟与秦盛公司签订转包补偿协议及秦盛公司与新阳坡村委会签订承包合同,可认定杭某梅与新阳坡村委会签订的承包合同解除,原由杭某梅承包经营的水库转由秦盛公司承包经营,原由杭某梅建的配套设施8间2层楼房和4间1层楼房转归秦盛公司所有,秦盛公司另外承包新阳坡村22亩荒地由秦盛公司经营使用。张某军系秦盛公司法定代表人王某的胞弟,王某表示其作为法定代表人均不知情,结合杭某梅、杭某弟杭氏母子与张某文分别在(2011)户民初字第01943号案件及本案中提交的证据可认定,张某军为秦盛公司的实际经营人。2008年7月26日,张某军、张某诚、张某文签订《新阳坡水库联合开发协议》,约定以张某军名义承包的新阳坡水库土地使用权及房产权为三方按出资比例共同所有。此时,(2012)户法执字第00891-2号执行案件的执行标的即新阳坡村原水库及周边22亩荒地及配套设施南边8间2层楼房和北边4间1层楼房归张某军(代表秦盛公司)、张某诚、张某文共同享有使用权或所有权。2010年12月26日,张某军、张某诚、张某文签订退股合同,约定张某军退出投资,张某诚、张某文向张某军支付退股金70万元。2010年12月27日,秦盛公司与张某文签订转让协议,约定秦盛公司将所承包的新阳坡村的鱼塘、活鱼、土地、附属设施设备等转让给张某文,(张某诚之投资款转至张某文名下)张某文支付秦盛公司70万元补偿款。2010年12月27日张某文向张某军通过银行转账40万元。2011年1月26日张某军打收到鱼池退股金50万元收条1张。2013年4月21日,张某文与新阳坡村委会签订承包合同,约定新阳坡村将原有水库(包括水库水面周边村属地界配套荒地约66亩)承包给张某文经营。至此,秦盛公司及张某军通过与张某诚、张某文签订退股合同、与张某文签订转让协议,张某文与新阳坡村委会签订新的承包合同,原秦盛公司与新阳坡村委会于2008年1月23日签订的承包合同已经解除,张某文成为新阳坡村原水库及周边22亩荒地及配套设施南边8间2层楼房和北边4间1层楼房的新的权利人。2007年杭某梅向新阳坡村交纳承包费的收款收据原件现由张某文持有亦能印证秦盛公司与张某文之间的转让事实及张某文与新阳坡村委会建立新的承包合同关系的事实成立。张某文为取得上述财产权利支付了合理对价,杭某梅、杭某弟并无确实充分之证据证明张某文系通过恶意串通的方式取得,陕西省户县人民法院于2014年7月30日作出的(2012)户法执字第00891-2号执行裁定书所涉及的执行标的之权利人是张某文而非秦盛公司,故原审判决认定(2014)户执异字第00013号执行裁定书认定事实有误,并无不当,原审判决予以纠正,并无不当。依据2015年《民事诉讼法解释》第312条第1款第1项之规定,"对案外人提起的执行异议之诉,人民法院经审理,按照下列情形分别处理:(一)案外人就执行标的享有足以排除强制执行的民事权益的,判决不得执行该执行标的",虽张某文的诉请为撤销(2014)户执异字第00013号执行裁定书,终止(2012)户法执字第00891-2号执行裁定书的执行,但其真实意思表示应为诉请停止对(2012)户法执字第00891-2号执行裁定书所涉执行标的即位于户县庞光镇新阳坡村原水库及周边22亩荒地及配套设施南边8间2层楼房和北边4间1层楼房的执行,原审判决认定事实清楚、适用法律准确,但因其在判项措辞的表达方式上不符合上述司法解释的规定,应予纠正。综上所述,杭某梅、杭某弟的上诉理由不能成立,其上诉请求本院不予支持。原判正确,应予维持。依照2012年《民事诉讼法》第170条第1款第1项、2015年《民事诉讼法解释》第312条第1款第1项之规定,判决如下:变更陕西省户县人民法院(2014)户民初字第02906号民事判决,即"撤销(2014)户执异字第00013号执行裁定书,终止对(2012)户法执字第00891-2号执行裁定书的执行"。为驳回上诉,维持原判。停止对位于户县庞光镇新阳坡村原水库及周边22亩荒地及配套设施南边8间2层楼房和北边4间1层楼房的执行。二审案件受理费100元,由上诉人杭某梅、杭某弟负担。

第二节　基于建设用地使用权的异议之诉

法律依据

《民法典》第357条　建筑物、构筑物及其附属设施转让、互换、出资或者赠与的，该建筑物、构筑物及其附属设施占用范围内的建设用地使用权一并处分。

《国土房管部门协助执行通知》第6条　土地使用权和房屋所有权归属同一权利人的，人民法院应当同时查封；土地使用权和房屋所有权归属不一致的，查封被执行人名下的土地使用权或者房屋。

一、制度阐释

我国《物权法》(已废止)第135条规定："建设用地使用权人依法对国家所有的土地享有占有、使用和收益的权利，有权利用该土地建造建筑物、构筑物及其附属设施。"《民法典》第344条延续了此表述。据此，可以将建设用地使用权理解为，公民、法人或其他组织依法对国家所有的土地享有占有、使用、收益并排斥他人干涉的权利。此前，我国的法律、行政法规、司法解释中普遍使用"土地使用权""国有土地使用权"等概念，自《物权法》(已废止)开始用"建设用地使用权"替代这些概念，并在《民法典》中继续沿用，更凸显了此项权利的性质和目的，使之与"土地使用权"这一更广义的概念，以及土地承包经营权、宅基地使用权等其他用益物权相区分。但是，建设用地使用权与此前使用的"国有土地使用权"基本一致。

建设用地使用权属于典型的用益物权，其权利客体相对宽泛，但主要是国有土地，是对国家所有的土地享有的占有、使用、收益的权利；只有在特殊的情况下，集体所有土地上才能设立建设用地使用权。[①] 这点区别于宅基地，宅基地的权利客体是集体所有土地。建设用地使用权人有权在土地上按照规定用途建造各种建筑物、构筑物和其他附属设施，既可以自用这些附着物，也可以将附着物出租、出售以获取价金、租金等收益，建设用地使用权人还可以将土地使用权流转出去，如转让、抵押、出租、互换等，以获取价金、租金等收益。

按照《民法典》的规定，建设用地使用权的设立主要通过出让和划拨等方式。[②]

---

① 《民法典》第361条规定："集体所有的土地作为建设用地的，应当依照土地管理的法律规定办理。"

② 《民法典》第347条第1款规定："设立建设用地使用权，可以采取出让或者划拨等方式。"

但作为权利人,其取得建设用地使用权的方式更加多样,除了通过出让、划拨等初始取得建设用地使用权,还可以通过转让等流转方式继受取得建设用地使用权。查明建设用地使用权的取得方式,在审理涉及建设用地使用权的案外人异议案件中,几乎是必要环节。就实践中常见的几种取得方式试作简要分析。

1. 划拨。土地使用权划拨,是指县级以上人民政府依法批准,在土地使用者缴纳补偿、安置等费用后将该土地使用权交给其使用,或者将土地使用权无偿交给土地使用者使用的行为。[①] 由此可见,划拨实际上有两种方式:一种是完全无偿的划拨,土地使用者无须缴纳土地出让金等费用;另一种是缴纳补偿、安置等费用的划拨,这种通常是尚未完成征收、拆迁手续的土地,将土地收回,由土地使用者完善补偿、安置手续,再将土地使用权无偿交给土地使用者。划拨是通过行政行为而设定民事权利,因而其往往是为了公共利益的需要,通过划拨而取得的建设用地使用权并没有进入市场流转,使用权人只能将土地用于国家管理、教育、科研、国防等非营利的公用设施和公共福利设施。通过划拨取得建设用地使用权,虽然是人民政府以行政行为创设用益物权,但仍然需要按照法律规定办理不动产使用权登记,才能产生物权变动的法律效果,登记之日即为使用权取得之日。

2. 出让。建设用地使用权出让,就是国家作为出让人,将其对土地的占有、使用和收益的权利通过出让合同在一定年限内转移给土地使用者,由土地使用者享有建设用地使用权,利用该土地建造建筑物、构筑物及其附属设施,并向国家支付土地使用权出让金的行为。[②] 土地使用者通过这种出让建设用地使用权的行为即取得建设用地使用权。建设用地使用权的出让,是国家在其所有的土地上创设用益物权的行为,就建设用地使用权人而言,通过这种创设行为,初始取得了建设用地使用权。按照我国法律的规定,国家主要通过三种方式出让建设用地使用权:招标、拍卖、协议。无论采取何种形式,受让人要取得建设用地使用权,必须与国家签订相应的建设用地使用权出让合同,并支付约定的出让金等费用,最后办理不动产登记手续,完成建设用地使用权的设立。

3. 流转。土地使用权人将建设用地使用权再转移的行为,就是建设用地使用权的流转。[③] 基于土地使用权流转的法律事实,新建设用地使用权人即取得原建设用地使用权人的建设用地使用权。建设用地使用权的流转是用益物权变动的行为,出让、划拨则是用益物权的设定行为;流转的权利让与方与受让方都是平等民事主体,而出让、划拨的权利让与方则是人民政府;流转的法律效果是权利的转移,

---

① 参见王利明:《物权法研究》(修订版)(下卷),中国人民大学出版社 2007 年版,第 121 页。

② 参见王利明:《物权法研究》(修订版)(下卷),中国人民大学出版社 2007 年版,第 109 页。

③ 参见王利明:《物权法研究》(修订版)(下卷),中国人民大学出版社 2007 年版,第 148 页。

于让与方而言,流转后建设用地使用权丧失,而出让、划拨则并未导致让与方丧失土地所有权,而是新创设了用益物权。根据物权法定原则,建设用地使用权的流转必须采取法律规定的形式,签订书面合同,并且办理登记手续。建设用地使用权的流转方式,按照《民法典》第353条的规定,主要有转让、互换、出资、赠与和抵押。通常来说,超出法律规定形式,则不能产生流转的法律效果。建设用地使用权的流转,应当签订书面合同,并办理使用权变更登记,自登记之日即发生权利变更的法律效果。

4. 基于生效法律文书而取得。《物权法》(已废止)第28条和《民法典》第229条均规定,“因人民法院、仲裁委员会的法律文书或者人民政府的征收决定等,导致物权设立、变更、转让或者消灭的,自法律文书或者人民政府的征收决定等生效时发生效力”。此处规定了基于法律文书取得物权的情形,无论是动产还是不动产,均不以登记、交付为生效要件,法律文书一经生效,物权变动之效力即发生。人民法院和仲裁委员会作出的法律文书主要有判决、裁定、调解书,从立法文意上来看,前述三类文书都应当能够引起物权变动。但是主流观点认为,只有形成判决可以引起物权变动,调解书不同于判决书和裁定,它更多的是体现当事人之间的意思自治,不宜赋予其形成效力,不能当然引起物权的变动。由于权利人根据裁决、裁定等法律文书取得建设用地使用权,未经一般公示方法即取得权利,不利于维护交易秩序和交易安全,因此,《物权法》(已废止)和《民法典》对此都做了限制,规定只有在进行权属登记后,其转让等处分行为才能产生物权变动之效力。[①] 因此,应当对通过生效法律文书取得建设用地使用权再处分后的权利归属予以充分注意。

概括来分析,以上四种建设用地使用权的取得方式,是异议审查中较为常见的。就前三种而言,无论是划拨、出让还是流转,要取得建设用地使用权,都有两个共同的必要条件:一是当事方同意。通过划拨取得建设用地使用权,需要受让人的申请和人民政府的批准;出让取得的,同样需要人民政府与受让人通过招标、拍卖、协议等方式达成一致;通过流转取得,则是要签订要式合同方可实现建设用地使用权的移转。二是办理权属登记。通常认为,即使通过划拨这个行政行为创设建设用地使用权,人民政府批准划拨也不能当然发生物权效果,还需要由不动产登记机关将该建设用地使用权登记至受让人名下,方能产生物权效力。在出让和流转过程中,尽管双方都已经签订书面合同,但依然是民事合同,受让人就土地仅享有合同所约定的债权,尚未发生物权变动关系,只有当双方依据合同办理不动产权登

---

① 《民法典》第232条规定:“处分依照本节规定享有的不动产物权,依照法律规定需要办理登记的,未经登记,不发生物权效力。”

记,受让人才正式享有建设用地使用权。

二、操作指引

司法实践中,基于建设用地使用权的异议之诉的审查要点,主要包括如下三点。

(一)已办理建设用地使用权权属登记

建设用地使用权作为不动产物权,其设立、变更、转让和消灭遵循不动产物权的相应规则,即自记载于不动产登记簿时发生效力。因此,要对建设用地使用权归属进行判断,建设用地使用权证书是最直接的证明。在异议之诉案件的审理过程中,诉争建设用地已经取得使用权证书,或者虽然各方未提供证书文本,但经法院调查核实,确已在不动产登记簿进行权利登记,则直接根据土地使用权证书或登记簿记载进行认定使用权归属。在个别情况下,出现土地使用权证书与不动产登记簿记载不一致的情况,此时依法应当以不动产登记簿记载的权利人为准。

司法实践中,也存在案外人对登记在被执行人名下的建设用地使用权提出异议。长期以来,对于能否通过民事审判程序否定不动产登记簿记载事项,确认不动产物权归属,法院和法官始终存在疑虑,认为不动产物权的设立、变更等均须经过登记发生效力,登记是认定不动产物权归属的最直接依据;进行不动产登记系行政机关职权,当事人对于行政机关作出的不动产登记行为有异议,应属行政诉讼范畴,法院不宜在民事审判程序中审查该行政行为的合法性,进而推翻不动产登记簿对权利的记载。即便是《物权法》(已废止)颁布实施后,其第33条业已明确"因物权的归属、内容发生争议的,利害关系人可以请求确认权利",也并没有消除此疑虑,相反,似乎更强化了不动产登记不可触碰的认知。最高人民法院为进一步廓清关于不动产登记相关纠纷的民事、行政边界,原《最高人民法院关于适用〈中华人民共和国物权法〉若干问题的解释(一)》第1条前半段规定"因不动产物权的归属,以及作为不动产物权登记基础的买卖、赠与、抵押等产生争议,当事人提起民事诉讼的,应当依法受理",第2条规定"当事人有证据证明不动产登记簿的记载与真实权利状态不符、其为该不动产物权的真实权利人,请求确认其享有物权的,应予支持"。此规定重申了在我国物权法制度下,不动产登记并非具有终局性,法院有权而且有义务通过民事诉讼程序,在依法审查原因行为或基础民事法律关系后,对不动产物权归属作出终局性判断,而不是机械地将不动产登记作为不动产物权归属的唯一依据。上述规定对司法实践有重大指导作用,并在新出台的《物权编解释(一)》中予以保留。在案外人异议之诉中,建设用地使用权真实权利人与登记权利人不一致的常见情形主要包括:登记权利人死亡,继承人主张权利;人民法院生效裁判文书、仲裁委员会仲裁裁决书确认的权利人与登记权利人不一致的，生效法律文书确认权利人主张权利的。我们认为，鉴于法律法规对建设用地使用权的受让主体、取得方式等均有严格的要求，在审理涉及建设用地使用权的案外人异议之诉时，应更为审慎；如案外人能证明不动产登记簿上记载的权利状况不真实，同时也能证明自己享有建设用地使用权，则应予以确认并停止执行。

基于生效法律文书取得的建设用地使用权，无论该建设用地使用权是否进行权属登记，人民法院、仲裁委员会的生效法律文书或者人民政府的征收决定等如已经将该建设用地使用权确认给权利人，则该权利人即为建设用地使用权人。据此，即可对异议之诉所涉权利归属进行处理。

建设用地使用权在平等民事主体之间进行转让的过程中，转让方是被执行人的，人民法院对尚未转移登记至受让人名下的建设用地使用权采取查封等执行措施，在此种情况下需要考虑物权期待权问题。如果双方是在查封前签订了合法有效的转让合同，受让方已经支付全部转让款，并实际占有该土地，受让方对未能办理转移登记并无过错，则应当充分保护受让方的物权期待权。若被执行人是出让方、受让方是异议人，则应当支持其异议，停止执行，但不宜直接判决确认权属。

以划拨方式取得的建设用地使用权具有特殊性，特别是法律对其使用范围做了强制性规定，未经批准不得再行转让。擅自转让划拨土地而签订的合同效力问题，2005 年《国土使用权合同解释》第 11 条曾经区分情况予以规定，土地使用权人未经有批准权的人民政府批准，与受让方订立合同转让划拨土地使用权的，应当认定合同无效；但起诉前经有批准权的人民政府批准办理土地使用权出让手续的，应当认定合同有效。此规定符合此前实践中对无权处分合同效力待定的观点，但是，随着理论研究和司法实践的深入，主流观点已经认为无权处分合同并不当然无效，在无其他无效情形下，合同应当认定有效。因此，在最高人民法院修订该司法解释时，已经将该条删除。尽管转让合同并不当然无效，但并未放宽对转让划拨土地的限制，修订后的司法解释保留了 2005 年《国土使用权合同解释》第 12 条“土地使用权人与受让方订立合同转让划拨土地使用权，起诉前经有批准权的人民政府同意转让，并由受让方办理土地使用权出让手续的，土地使用权人与受让方订立的合同可以按照补偿性质的合同处理”、第 13 条“土地使用权人与受让方订立合同转让划拨土地使用权，起诉前经有批准权的人民政府决定不办理土地使用权出让手续，并将该划拨土地使用权直接划拨给受让方使用的，土地使用权人与受让方订立的合同可以按照补偿性质的合同处理”的规定。在执行异议之诉案件中，受让人作为案外人主张该划拨土地权利的，不仅要具备已经支付全部转让款、实际占有该土地、受让方对未能办理转移登记并无过错等条件，同时还须符合上述司法解释第 12 条规定的条件,方可排除执行。但是,对于上述司法解释第13条的情形,因涉案的划拨土地已处于被查封状态,原则上,人民政府不宜作出许可决定以改变土地现状。我们认为,受让人若适用上述司法解释第13条主张权利排除执行,人民政府直接将土地划拨给受让方的决定应当在土地被查封前作出,否则,受让人所主张之权利不能对抗执行。

(二)未完成出让手续的建设用地使用权

异议之诉审查的首要问题是足以排除执行的实体权利,特别是该权利的归属。前面已经探讨了权属明确的情形,与其他各种不动产一样,而对尚未办理权属登记的建设用地使用权的情形,我们亦试作浅析。

受让人要通过出让方式取得建设用地使用权,不仅要与土地管理部门(现自然资源主管部门,后文不再赘述)签订建设用地使用权出让合同,还要缴纳全部出让金,并办理登记。即便是缴纳了全部出让金,尚未办理登记,受让人也没有取得该建设用地使用权。但是,对于尚未办理登记的建设用地使用权,人民法院在执行过程中依然可以进行预查封。案外人若对于同一块土地的建设用地使用权提出排除执行的异议,情况较为复杂,若异议仅针对被执行人取得建设用地使用权的出让合同的民事法律关系,鉴于司法实践中仍把建设用地使用权出让关系归为民事合同范畴,①亦可以循民事法律关系进行审查。如果被执行人在未取得建设用地使用权证书时,就将使用权再行转让的,属于无权处分行为,因被执行人本身就不享有建设用地使用权,其再转让仍只能让另一受让人享有合同之债,其据此主张物权并要求排除对该建设用地使用权执行的理由无法成立。《异议复议规定》第28条以及《最高人民法院关于审理执行异议之诉案件适用法律问题的解释(一)(向社会公开征求意见稿)》第9条中关于以物权期待权排除执行的规定,均要求"买受人对登记在被执行人名下的不动产提出异议"。我们认为,在被执行人未办理建设用地使用权登记的前提下,再转让的买受人不得据此规定排除执行。

---

① 《最高人民法院关于审理行政协议案件若干问题的规定》第1条规定:"行政机关为了实现行政管理或者公共服务目标,与公民、法人或者其他组织协商订立的具有行政法上权利义务内容的协议,属于行政诉讼法第十二条第一款第十一项规定的行政协议。"该司法解释第2条明确将"矿业权等国有自然资源使用权出让协议"纳入行政协议,却未将建设用地使用权出让协议纳入。安徽省高级人民法院在审理(2019)皖民初35号案中,认定涉案国有建设用地使用权出让合同和补充合同是合同当事方本着平等、自愿、有偿、诚实信用原则,就案涉土地使用权出让相关权利义务协商订立的合同,各方基于合同中的纳税条款而发生的争议不属于行政争议,但合同已经约定仲裁条款,本案争议应提交裁委员会仲裁,裁定驳回起诉。最高人民法院2019年11月12日作出的(2019)最高法民终1831号终审裁定,认为一审裁定认定事实清楚、适用法律正确,维持前述裁定。另外,当前各级法院的通行做法,依然将建设用地使用权出让合同纠纷作为民事案件受理。

值得一提的是，如果建设用地使用权的受让方是被执行人，人民法院对该建设用地采取执行措施后，土地管理部门认为法院执行措施不妥，能否循异议之诉救济？我们认为，土地管理部门虽然是出让关系中的合同当事方，但在执行程序中并非普通民事主体，而是执行程序中的协助执行单位，其对法院提出的协助执行通知书，即便是对法院作出的权利判断有异议，也不能依据《民事诉讼法》第236条、第238条提出异议，而应当向执行法院提交审查建议；在执行法院审查后仍然要求继续采取执行措施的，土地管理部门及相关的不动产登记机构均不得拒绝。① 但是，人民法院在处置未办理权属登记的建设用地使用权时，应当向土地管理部门详询该使用权的出让金缴纳情况，充分征求土地管理部门意见。

（三）建设用地使用权与房屋所有权分离

通常情况下，建设用地使用权与房屋所有权应归属于同一人，但各种历史因素，这种房地权属分离的情形，并不鲜见。在这种时候，则会出现权利冲突问题。建设用地使用权与房屋所有权分属不同权利人的情况下，法院在强制执行建筑物所有权时，按照“地随房走”的原则，对房产的查封效力及于房产范围内的建设用地使用权，房产的出让也导致土地使用权的出让。因此，法院在对被执行人所有的房产采取执行措施时，势必影响案外人所有的建设用地使用权，案外人有权提起异议。此时，建设用地使用权人能否提起异议之诉，以阻却对建设用地使用权的执行？我们认为，如果允许建设用地使用权阻却执行，那么，在取得建设用地使用权人同意之前，被执行人的房产无法被执行变现，实则是建设用地使用权架空房产所有权，房产的财产价值无法得到实现，这与《民法典》赋予的房产所有权独立物权相冲突。如果否定建设用地使用权可以排除执行，允许房屋所有权转移，同时根据“地随房走”原则，让建设用地使用权同时转移，则显然对作为案外人的建设用地使用权人不公平，侵犯了建设用地使用权人的合法权益。因此，最公平合理的做法是，在建设用地使用权与房屋所有权分属不同权利人时，在建设用地使用权人不同意一同拍卖的情况下，应对被执行人享有所有权的房产进行处置，继续维持两权分离的现状，而不宜强制性同时处置，以迁就两权合一的要求。与此类似的情形是，当建设用地使用权和房屋所有权均属于被执行人，但建设用地使用权设定的抵押权

---

① 《国土房管部门协助执行通知》第3条规定：“对人民法院查封或者预查封的土地使用权、房屋，国土资源、房地产管理部门应当及时办理查封或者预查封登记。国土资源、房地产管理部门在协助人民法院执行土地使用权、房屋时，不对生效法律文书和协助执行通知书进行实体审查。国土资源、房地产管理部门认为人民法院查封、预查封或者处理的土地、房屋权属错误的，可以向人民法院提出审查建议，但不应当停止办理协助执行事项。”

人为案外人,抵押权人不需要据此提起异议,而是直接参与分配,房地同时处置即可。

审判前沿

北京丹耀房地产有限公司等案外人执行异议之诉

[(2017)京03民初16号民事判决书、(2018)京民终330号民事判决书]

【裁判要旨】

建筑物、构筑物及其附属设施转让的,该建筑物、构筑物及其附属设施占用范围内的建设用地使用权一并处分。在转让过程中,房屋所有权已经登记至受让人,而土地使用权尚未办理过户登记的,法院在对受让人进行执行时,有权将房屋所有权单独查封;转让人无权以该房屋相应土地使用权人之身份要求解除对案涉房屋的强制执行。

【基本案情】

北京市第二中级人民法院于2007年6月14日作出(2005)二中民破字第4615号民事裁定,裁定宣告北京丹耀房地产有限公司(以下简称丹耀公司)破产,并于当日作出(2005)二中民破字第4615号决定,指定北京市企业清算事务所有限公司、北京市炜衡律师事务所为丹耀公司破产管理人。

2010年1月13日,丹耀公司破产管理人(甲方)与北京新府和信投资管理有限公司(以下简称新府和信公司)(乙方)签订1份房屋转让合同(合同编号为2009丹耀转字第001号,以下简称001号合同),约定甲方将位于北京市王府井大街172号、174号、176号丹耀大厦的属于丹耀公司破产财产的建筑面积为23,509.14平方米的房屋转让给乙方,并将转让房屋的所有权变更登记到乙方指定的公司名下;转让房屋的总价款为2.9亿元。

2010年1月14日,丹耀公司破产管理人与新府和信公司签订房屋转让合同之补充协议(一),约定丹耀公司将001号合同中的23,509.14平方米房屋转让给新府和信公司、新府金鼎公司、新府科创公司、中国全聚德(集团)股份有限公司。同日,丹耀公司破产管理人与新府金鼎公司签订房屋转让合同(合同编号为2009丹耀转字第003号),协议约定丹耀公司破产管理人将位于丹耀大厦的属于丹耀公司破产财产的建筑面积为2940.56平方米的房屋转让给新府金鼎公司。同日,丹耀公司破产管理人与新府科创公司签订房屋转让合同(合同编号为2009丹耀转字第004号),协议约定丹耀公司破产管理人将位于丹耀大厦的属于丹耀公司破产财产的建筑面积为3058平方米的房屋转让给新府科创公司。然后,丹耀公司与新府金鼎公司、新府科创公司就案涉房屋的所有权进行了转移登记,新府金鼎公司、新府科创公司取得案涉房屋所有权。

2015年6月17日,北京市中信公证处对德洋盈磊中心、德洋盈科中心、德洋盈庆中心与亚太华夏公司、中洲伟业公司、中洲华远公司、华夏唐隆公司、李某锴、新府科创公司、新府金鼎公司签订的股权回购协议,作出(2015)京中信内经证字28409号公证书及(2015)京中信执字01619号执行证书。德洋盈磊中心、德洋盈科中心、德洋盈庆中心依据上述证书,向北京市平谷区人民法院(以下简称平谷法院)申请强制执行,平谷法院以(2015)平执字第3488号案立案执行,执行中,平谷法院于2015年10月26日将登记在新府科创公司名下位于北京市东城区王府井大街176号-01层-0102号,2层0214号、0219号、0220号、0221号,3层0304号、0318号、0319号,新府金鼎公司名下位于北京市东城区王府井大街176号6层0601号、0602号、0603号、0606号、0607号、0608号、0609号、0610号、0615号共计17处房产予以查封,后该案移送北京市第三中级人民法院(以下简称执行法院),执行法院以(2016)京03执262号立案执行。执行过程中,案外人丹耀公司以其为案涉房屋相应土地的土地使用权人为由,向该院提出执行异议。

2016年12月23日,执行法院作出(2016)京03执异166号执行裁定书,认定案涉房屋登记在被执行人新府科创公司、新府金鼎公司名下,故法院对案涉房屋采取的执行措施合法有据。丹耀公司破产管理人已签订房屋转让合同,将属于丹耀公司位于丹耀大厦的房屋转让给新府金鼎公司及新府科创公司,现丹耀公司又以其系案涉房屋的土地使用权人为由,要求中止对房屋的执行,于法无据,裁定驳回丹耀公司的异议请求。

2017年1月4日,丹耀公司提起执行异议之诉。

原告丹耀公司向一审法院提出诉讼请求:(1)判决撤销2016京03执异166号执行裁定书;(2)判决停止对北京市王府井大街176号丹耀大厦-0102号、0214号、0219号、0220号、0221号、0304号、0318号、0319号、0601号、0602号、0603号、0606号、0607号、0608号、0609号、0610号、0615号17套房屋(以下简称涉案房屋)的强制执行;(3)判决解除对涉案房屋的查封;(4)本案诉讼费由被告承担。

一审法院认为,依据2017年《民事诉讼法》第244条之规定,人民法院有权查封、扣押、冻结、拍卖、变卖被执行人应当履行义务部分的财产。新府金鼎公司、新府科创公司与丹耀公司破产管理人签订了房屋买卖合同并办理了房屋所有权证书,是案涉房屋的合法所有权人。执行法院依德洋盈科中心、德洋盈磊中心、德洋盈庆中心的申请,依据(2015)京中信内经证字28409号公证书及(2015)京中信执字01619号执行证书,对登记在新府科创公司、新府金鼎公司名下的案涉房屋予以查封、立案执行,有法律依据。本案的争议焦点为,丹耀公司是否有权以其对案涉房屋享有土地使用权为由对法院的强制执行行为提出异议。就此,一审法院认为,丹耀公司享有案涉房屋对应的土地使用权不能排除法院对案涉房屋的强制执行。理由如下:

首先,根据《国土房管部门协助执行通知》第6条之规定,土地使用权和房屋所有权归属同一权利人的,人民法院应当同时查封;土地使用权和房屋所有权归属不一致的,查封被执行人名下的土地使用权或者房屋。故法院有权在执行程序中对案涉房屋所有权单独查封,丹耀公司作为案涉房屋的土地使用权人要求解除对案涉房屋的查封,缺乏法律依据,一审法院不予支持。

其次,虽然丹耀公司现为案涉房屋相应的土地使用权人,但依据《物权法》(已废止)第147条之规定,建筑物、构筑物及其附属设施转让、互换、出资或赠与的,该建筑物、构筑物及其附属设施占用范围内的建设用地使用权一并处分。丹耀公司与新府金鼎公司、新府科创公司签订房屋买卖合同,其负有将案涉房屋及相应的土地使用权一并转移给新府金鼎公司及新府科创公司之义务,其无权以案涉房屋相应土地使用权人之身份要求解除对案涉房屋的强制执行,对其主张一审法院不予支持。

最后,即便执行机关对案涉房屋及相应的土地使用权一并处分,亦并不必然损害丹耀公司及其债权人的权益,丹耀公司以此为由要求排除对案涉房屋的强制执行并撤销执行裁定书,缺乏依据,一审法院不予支持。

综上所述,一审法院判决驳回丹耀公司的诉讼请求。公告费560元,由丹耀公司负担,案件受理费70元,由丹耀公司负担。

一审宣判后,丹耀公司不服提起上诉,请求:(1)撤销一审判决并改判支持丹耀公司一审的诉讼请求。(2)判令德洋盈磊中心、德洋盈科中心、德洋盈庆中心、华夏唐隆公司、亚太华夏公司、新府科创公司、新府金鼎公司、李某锴、中洲伟业公司、中洲华远公司承担本案一审、二审诉讼费用。丹耀公司的主要上诉理由:(1)一审法院回避了本案的焦点问题,没有查清基本事实。丹耀公司为案涉房屋占用范围内的土地使用权人,基于实体权利既对执行标的提出执行异议,又作为利害关系人提出执行行为异议。(2)一审法院适用法律错误,没有审查丹耀公司的权利能否排除执行法院的强制执行。执行法院一并或单独处分案涉房屋的所有权均违反法律规定。(3)案涉房屋实施的查封措施侵害了丹耀公司的合法权利,严重阻碍了丹耀公司的破产程序,应当予以解除。根据丹耀公司与新府金鼎公司、新府科创公司签订的房屋转让合同,丹耀公司应当将案涉房屋的房屋所有权证和国有土地使用证转移登记至新府金鼎公司和新府科创公司名下。截至2014年3月,丹耀公司已经按照合同约定将案涉房屋的房屋所有权证转移登记至新府金鼎公司和新府科创公司名下。后相关文件颁布实施,已经不能为新府金鼎公司和新府科创公司单独办理国有土地使用证,从而导致丹耀公司不能继续履行房屋转让合同约定的义务,也不能实现收回案涉房屋最后一期6000万元购房款的权利。

终审法院对一审查明的事实予以确认,并据此认为,本案系经德洋盈科中心、德洋盈磊中心、德洋盈庆中心的申请,在对(2015)京中信内经证字28409号公证书及(2015)京中信执字01619号执行证书的执行过程中,执行法院对登记在新府科创公司、新府金鼎公司名下的案涉房屋予以查封、立案执行。执行过程中,丹耀公司就案涉执行标的提出的案外人执行异议之诉。丹耀公司的主要诉讼请求为,撤销2016京03执异166号执行裁定书,停止对案涉房屋的强制执行并解除对案涉房屋的查封。2015年《民事诉讼法解释》第312条第1款规定:“对案外人提起的执行异议之诉,人民法院经审理,按照下列情形分别处理:(一)案外人就执行标的享有足以排除强制执行的民事权益的,判决不得执行该执行标的;(二)案外人就执行标的不享有足以排除强制执行的民事权益的,判决驳回诉讼请求。”据本案已查明的事实,2010年,丹耀公司破产管理人即已与案涉当事人签订房屋买卖合同及相关协议并将案涉房屋的所有权登记于新府金鼎公司、新府科创公司名下且办理了房屋所有权证书。

依据2017年《民事诉讼法》第244条之规定,人民法院有权查封、扣押、冻结、拍卖、变卖被执行人应当履行义务部分的财产。案涉房屋登记于新府科创公司、新府金鼎公司名下,丹耀公司已非其权利人。故一审法院驳回丹耀公司撤销案涉裁定、对案涉房屋停止执行、解除查封等诉讼请求所作的相关判定与事实相符,于法有据,应予维持。

综上所述,终审法院认为丹耀公司的上诉理由均不能成立,其上诉请求本院不予支持。一审判决认定事实清楚,适用法律正确,应予维持。遂判决驳回上诉,维持原判。二审案件受理费70元,由丹耀公司负担。

【要点评析】

本案是一则建设用地使用权与房屋所有权分离的案例。根据“地随房走”的原则,地上房屋转让的,该房屋占用范围内的建设用地使用权应被一并处分。案外人作为转让人,已将案涉房屋转让给被执行人,无权再以其系建设用地使用权人请求排除对案涉房屋的强制执行。

第三节　基于宅基地使用权的异议之诉

宅基地使用权指的是农村集体经济组织的成员依法享有的在农民集体所有的土地上建造个人住宅的权利。宅基地使用权作为一种重要的用益物权,具有深厚的历史渊源和政治考量。在探讨宅基地使用权的法律问题时,都应当充分尊重宅基地作为8亿名农民安身立命的基本保障这一现实。无论是基于宅基地使用权的诉讼,还是基于宅基地使用权的执行,长期存在各种争议和分歧,且争议内容远超出法律层面。相关执行异议之诉,更是宅基地使用权实体争议与程序争议的结合。

法律依据

《民法典》第209条　不动产物权的设立、变更、转让和消灭,经依法登记,发生效力;未经登记,不发生效力,但是法律另有规定的除外。

依法属于国家所有的自然资源,所有权可以不登记。

《民法典》第365条　已经登记的宅基地使用权转让或者消灭的,应当及时办理变更登记或者注销登记。

一、制度阐释

(一)宅基地使用权是特殊的用益物权

宅基地使用权系用益物权,但又是相对比较特殊的用益物权。从制度设计上,宅基地使用权具有保障农民基本居住需求和维护农村社会稳定的特定制度功能,法律政策上对其内容及其行使多有限制,体现着较为明显的“人役权”属性。[①] 在探讨宅基地使用权异议之诉前,我们有必要事先了解宅基地使用权的基本特征。

---

① 参见最高人民法院民法典贯彻实施工作领导小组主编:《中华人民共和国民法典物权编理解与适用》(下),人民法院出版社2020年版,第624页。

1. 宅基地所有权归集体所有。《宪法》第 10 条第 1 款、第 2 款规定,“城市的土地属于国家所有。农村和城市郊区的土地,除由法律规定属于国家所有的以外,属于集体所有;宅基地和自留地、自留山,也属于集体所有”。宅基地归集体所有,这是宅基地使用权能够成为用益物权的前提,农民使用宅基地就是对集体所有的土地的使用。

2. 宅基地使用权的原始取得主体只能是农村集体经济组织的成员。因法律禁止城镇居民购买宅基地使用权,因而基本不存在城镇居民原始取得宅基地使用权的可能,但是我国法律没有禁止城镇居民通过继承、离婚后财产分割等方式取得宅基地使用权。

3. 宅基地使用权的用途仅限于村民建造个人住宅,包括住房以及与村民居住生活有关的附属设施,如厨房、院墙等,未经批准不得用于其他非农建设,如生产经营性厂房等。

4. 宅基地使用权实行“一户一宅”原则。根据《土地管理法》的规定,农村村民一户只能拥有一处宅基地,其面积不得超过省、自治区、直辖市规定的标准。

5. 宅基地使用权具有福利性。在我国,宅基地使用权是农民作为集体经济组织成员身份而享有的福利保障,是广大农民的安身立命之本,可以无偿取得,用于建造住宅及附属设施。

6. 宅基地使用权基本上不具有市场流通性。宅基地使用权只能在集体经济组织成员内部流转,禁止出让给城镇居民。

(二)宅基地使用权归属的认定

基于宅基地使用权的异议之诉,其首要解决的问题就是宅基地使用权的归属,其次才是基于这种归属的判断,确定其是否足以排除法院执行。鉴于宅基地使用权的特殊性,特别是其不具有市场流通性,其财产属性受到了很大的削弱。除继承、离婚财产分割等以宅基地使用权为直接执行标的的情形外,金钱债务的执行中,单独执行宅基地使用权的可能性比较小,在实践中比较常见的,是对宅基地上所建房屋的强制执行。宅基地上的房屋即农村私宅,在金钱债务执行中屡有出现,通常情况下,宅基地使用权争议也就是农村私宅所有权的争议。

考虑到历史因素,以及我国农村房地产管理水平不高和农民私权意识不强等原因,相当多农村私宅并未完善产权登记,大量农村私房并未取得房屋所有权证,而仅办理集体土地使用证,即宅基证。按照法律规定,不动产物权的设立、变更、转让和消灭,经依法登记,发生效力;未经登记,不发生效力,但法律另有规定的除外。对于已经取得房屋所有权证的农村私宅,其权属当然归于登记权利人。有的观点认为,根据法律规定的“一户一宅”原则,即便是宅基地使用权登记权利人为一人,但其家庭成员应当共同享有该宅基地使用权及房屋所有权。我们认为,《土地管理法》第62条第1款中规定,“农村村民一户只能拥有一处宅基地”,应是指一户只能申请一处宅基地。从宅基地使用权的角度分析,的确是授权一户家庭成员共享该宅基地使用权,但并不能就此认定在该宅基地上建造之房屋所有权归家庭成员共有,如果该房屋已经办理所有权证,则登记之权利人即为所有权人。

对于仅办理宅基证,未取得房屋所有权证的农村私宅,由于宅基地本身的使用限制和建筑物无法与土地分割的事实,宅基证登记权利人通常即为农村私宅所有权人。但是,这种“房地一体”亦存“房地异体”之例外,农村亦存在以近亲属名义申请宅基地使用权的做法,而房屋的实际出资人、建造人并非宅基地使用权登记人。如果出资人与宅基地使用权人同属集体成员,而又不违背“一户一宅”原则,根据《民法典》第231条的规定,“因合法建造、拆除房屋等事实行为设立或者消灭物权的,自事实行为成就时发生效力”,通常可以认定其原始取得该房屋的所有权。但出资人系城镇居民,则属于违法购买宅基地行为,则不宜认定其合法取得该房屋所有权。另外,亦可根据人民法院、仲裁委员会的法律文书或者人民政府的征收决定等确定宅基地使用权、农村私宅的权利归属。

二、操作指引

(一)案外人对法院执行的宅基地使用权或农村私宅提出实体主张,并试图排除执行

1.诉争宅基地使用权或农村私宅本身即为执行依据之生效判决所确定的标的物。案外人以诉争房地产权利人名义提起异议要求排除执行的,其对诉争房地产所主张的实体权利,通常与执行依据所确定的权利归属相冲突。也就是说,案外人的异议实则是对执行依据不服,应当告知案外人循审判监督程序进行救济,而不是提起执行异议之诉;已经提起异议之诉的,应当不予受理或驳回起诉。对于已经进入执行程序的生效判决,案外人认为判决对诉争房地产的处理损害了自身利益,有三种途径可以救济:一是另案诉讼确权。但已有生效判决对该房地产的处理在先,涉及一案两诉问题,法院通常会不予受理。二是第三人撤销之诉。案外人之所以为案外人,通常未参与该生效判决的审理程序,因而具备第三人撤销之诉的提起资格。但案外人在个别案件已作为第三人参与诉讼,判决最终未认可其主张,此类情形则不再有第三人撤销之诉的问题。三是循审判监督程序再审。实践中,案外人应对自身诉讼策略有充分的考虑,采取最有利的救济途径。相对来说,再审难度较大,标的物被查封后的确权之诉几乎不能再排除执行,第三人撤销之诉则立案门槛

较低,但需要提供担保方能中止执行。

2. 基于宅基地使用权和农村私宅被征收拆迁等取得的补偿款提起异议之诉。农村私宅因征地拆迁而所得补偿款、拆迁款,或因房产灭失而产生的赔偿款等,虽然已经转换为货币,但其所有权仍然应当追根溯源至宅基地使用权和农村私宅的权利归属。宅基地使用权和农村私宅因事实上的不可分割,在权利审查和异议处理的时候相对复杂,但转化为货币后,则可以简化处理,根据宅基地使用权人、农村私宅权利人分别确定所属部分款项的所有权人。唯一难点在于,涉及使用权和所有权共有份额不明时,是否应当在执行异议之诉中径直析产确定各自应得份额。我们认为,在共有份额不明的情况下,析产可不在执行异议之诉中处理,当事人可另案析产,在此之前,相关补偿款等共有人份额不明,无法确定被执行人应得份额,故应对补偿款等停止执行。虽然停止执行,但此财产中确定存在被执行人所有部分,故仍应保持对补偿款的全额查封。

3. 宅基地使用权和农村私宅买受人提起异议之诉。此类异议之诉应按照《异议复议规定》第 28 条的规定来处理,即买受人要排除法院执行,应当具备以下条件:(1)在人民法院查封之前已签订合法有效的书面买卖合同;(2)在人民法院查封之前已合法占有该不动产;(3)已支付全部价款,或者已按照合同约定支付部分价款且将剩余价款按照人民法院的要求交付执行;(4)非因买受人自身原因未办理过户登记。否则,不能排除执行。在旧有观念中,宅基地的买卖未曾被光明正大的认可,2019 年修订的《土地管理法》第 62 条第 6 款似乎有所松动,该款规定,"国家允许进城落户的农村村民依法自愿有偿退出宅基地,鼓励农村集体经济组织及其成员盘活利用闲置宅基地和闲置住宅"。法律虽未明确"自愿有偿退出""盘活利用"的具体所指,但就常识而言,除原集体经济组织有偿回购外,转让、赠与、出租给集体成员是有效"盘活利用"的重要方式。因此,我们认为,此规定是宅基地及农村私宅有限市场化的重要体现,是对宅基地财产属性的重要扩充。通常情况下,购买宅基地使用权和农村私宅的主体有两类:一类是本集体成员,另一类是非本集体成员。

首先,买受人为集体成员的。我国现行法律不禁止农村私宅和宅基地使用权在农村集体经济组织成员间的流转,在不违反"一户一宅"等规定的前提下,这种买卖受到法律保护和认可。因此,买受人只要四种条件具备,足以排除执行。值得一提的是,法律对集体经济组织成员之间互相购买宅基地并无禁止性规定,而实践中村村互换土地、相邻村民互相购买私宅的行为并不鲜见,我们认为,应当认可其他农村集体经济组织成员作为私宅买受人时,参照本集体成员对待处理。

其次,买受人为非集体成员的。因宅基地使用权和农村私宅的转让受到严格限制,对于违规违法买卖宅基地、违反土地用途管制、工商企业和城市居民下乡利用农村宅基地建设别墅大院和私人会馆的行为,依法认定无效。[①]《异议复议规定》第28条所要求的第1项条件"合法有效的书面买卖合同"即不具备,因而不能排除法院对前述财产的执行。

(二)农村私宅的执行问题

谈到宅基地使用权的异议,就不得不提农村私宅的执行问题。之所以会引发基于宅基地使用权的执行异议之诉,自然是存在针对宅基地使用权的执行,而宅基地使用权因其特殊性,目前还罕有以其单独作为执行财产进行处置的,往往是在执行农村私宅时,因其关涉宅基地使用权,故而引发宅基地使用权的异议之诉。农村私宅能否执行,以及如何执行,在实务界和理论界争论不休。从大量的执行异议之诉判例可知,农村私宅可以强制执行已成实务界的共识,但如何执行则尚未达成一致。

第一种观点认为,应当严格遵守法律规定和政策,在处置农村私宅时,对竞买人资格作严格限制,城镇户籍人员不得参与竞买。此做法的优点是符合宅基地总量控制、节约利用的立法初衷,没有改变宅基地性质和用途,确保宅基地作为农村集体经济组织成员基本生活保障的基本功能不变,但同时弊端也十分明显。限制买受人资格,又要确保符合"一户一宅"原则,也就意味着符合购买资格的集体成员凤毛麟角,无法实现被执行人财产的价值最大化,既损害了被执行人对私有住宅的财产性利益,也损害了申请执行人实现债权的权利。

第二种观点认为,法院强制处分农村私宅时,不应限制买受人的资格。法律和国家政策禁止城镇居民购买农村宅基地,但这种禁令应当是针对自由交易而言,对于执行程序中的强制拍卖,属于公权处分,宜予以放宽限制。在执行程序中,不仅不应当限制竞买人的主体资格,为了保障作为农民的被执行人私有财产价值最大化,更应当鼓励市场竞价。目前,有关宅基地使用权、农村私宅转让和抵押的试点正在各地探索,部分省市的限制政策有所放松,甚至专门立法进行规制,这也代表了一种趋势。同时,非集体经济组织成员甚至城镇居民取得农村私宅在法律上并非没有先例,如继承等。《继承法》(已废止)第3条曾明确规定公民所有的房屋可以作为遗产,而《民法典》第1122条第1款则将遗产定义为"自然人死亡时遗留的个人合法财产"。也就是说,个人合法财产即可继承,农村私宅如无违法情形,依法

① 参见最高人民法院民法典贯彻实施工作领导小组主编:《中华人民共和国民法典物权编理解与适用》(下),人民法院出版社2020年版,第647页。

可以被继承。目前,法律对于农村私宅的继承人资格并无要求,实践中,公证书确认城市户口的继承人继承农村私宅亦被房屋主管部门所接受。

执行中强制处分农村私宅所有权,但并未改变宅基地的性质、用途,宅基地使用权在特定期限内由新买受人享有,对集体经济组织的影响极小。在宅基地所有权人和土地用途性质不变的情况下,新的买受人继续严格遵守宅基地使用权人除与身份属性相关以外的义务,所享有的权利也不会比集体经济组织成员更多,无法改建、加建、扩建,一旦建筑物灭失,则宅基地使用权也同时丧失,宅基地重新被收回集体。所以,即便买受人并非集体经济组织成员,对该集体成员而言,也仅仅是换了个邻居,其他并无多大变化。对于买受人而言,其最大的风险应该是无法办理私宅的产权过户。实践中,有的法院会将确认产权的裁定书及协助执行通知书送达协助单位备案。该私宅虽无法完成过户登记,但从权利效果来说,买受人已经依法享有房屋所有权和事实上的宅基地使用权,已经有了与过户同等的法律保障。另外,无论其是否办理产权过户,买受人都不可能再行自主转让该私宅的所有权。在一些城市化进程相对较快的地区,如深圳,很多私宅所用的土地已经不再是农村集体土地,或者所用的土地很快被征收为国有,买受人在补交相应地价后,即可办理过户,并取得相应的权利证书。

以上两种观点在实践中均有存在,在特定地域环境和政策背景下均有可行性,具体该如何选择,还需进一步探索和论证,如能在立法或司法解释层面对此提供适用依据则更为妥当。

审判前沿

赵某林、王某芳等案外人执行异议之诉纠纷案

[(2015)绍诸执异初字第16号民事判决书、
(2015)浙绍执异终字第34号民事判决书]

【裁判要旨】

宅基地使用权可以按照法律规定进行转让,但其设立、变更、转让和消灭,应依法登记才能发生法律效力,未经登记,不发生公示效力。已经登记的宅基地使用权转让他人的,依法应当及时办理变更登记,未经登记的,受让人依法不能取得宅基地使用权。

【基本案情】

原告赵某林系第三人赵某法之子。第三人赵某法在本市暨阳街道城南新

村方口有两处住宅(土地使用面积分别为72平方米及107.16平方米,土地权属性质均为集体所有)。2003年8月14日,原告赵某林与第三人赵某法立下分家单一份,涉及本案内容为"房产新造楼房二间面积72平方米归父母居住,老屋二间、二拖屋面积107.16平方米归子居住"。

2011年11月24日,第三人赵某法驾驶的电动自行车与被告王某芳发生碰撞。2013年4月10日,法院判决第三人赵某法赔偿被告王某芳医疗费等各项损失108,732.05元及承担受理费480元。因第三人未按期履行法院判决确定的义务,被告王某芳向法院申请强制执行。2014年3月26日,法院对上述两处集体土地使用权及地上建筑物予以查封。原告赵某林向法院提起执行异议,认为其中一处107.16平方米集体土地使用权及地上建筑物系原告所有,应撤销查封。

法院经审查认为,原告赵某林提出异议的107.16平方米集体土地使用权仍登记在第三人赵某法名下,地上建筑物的所有权根据其所依附的宅基地使用权予以判断,故争议的土地使用权及地上建筑物仍属第三人赵某法所有,故裁定驳回原告赵某林的执行异议。原告赵某林遂提起执行异议之诉,法院依法受理。

一审法院审理后认为,原告提供的分家单,其记载的内容为"老屋二间、二拖屋面积107.16平方米归子居住",从字面意思来看,原告只是取得了涉案财产的居住权,不能证明原告主张的其因与第三人分家已取得涉案集体土地使用权及地上建筑物的所有权的事实。即使如原告陈述系书写人员文化水平不高所致,分家的目的是分清权属。因涉案的107.16平方米集体土地使用权实为登记在第三人赵某法名下的宅基地使用权,其地上建筑物无相关权属证明文书,故地上建筑物权属依照宅基地使用权予以确定。依照《物权法》(已废止)第9条的规定,不动产物权的设立、变更、转让和消灭,经依法登记,发生法律效力;未经登记,不发生公示效力。该法第155条规定,已经登记的宅基地使用权转让或者消灭的,应当及时办理变更登记或者注销登记。现该107.16平方米集体土地使用权仍登记在第三人赵某法名下,并未办理变更登记,故所涉的土地使用权及地上建筑物所有权仍属于第三人所有。原告赵某林请求确认其拥有涉案土地使用权及地上建筑物的所有权,法院不予支持。2017年《民事诉讼法》第244条规定,被执行人未按执行通知履行法律文书确定的义务,人民法院有权查封、扣押、冻结、拍卖、变卖被执行人应当履行义务部分的财产。因第三人赵某法未履行法律文书确定的给付义务,法院有权执行第三人赵某法的财产。原告赵某林请求停止对上述财产的执行,于法无据,法院不予支持。综上所述,该院判决驳回原告赵某林要求确认坐落在诸暨市暨阳街道城南新村方口107.16平方米集体土地使用权[诸集建(93)字第01-6673号]及地上建筑物的所有权归其所有及停止执行上述财产的诉讼请求。

原告赵某林不服原审判决,向绍兴市中级人民法院提出上诉称:(1)原审认定事实错误。涉案房屋早在2003年分家时已分给上诉人,上诉人在公安机关办理分户手续并占有、使用房屋至今。至于分家单中记载房屋归子居住系当时执笔人文化水平不高所致,原审法院死抠字眼有失公允。(2)涉案房屋未及时办理权证变更系政府冻结原因所致,非上诉人与原审第三人过错。(3)涉案房屋物权处分行为发生在2003年,远早于被上诉人与原审第三人之间侵权之债产生时间,不存在双方为逃避执行而伪造分家的可能性。(4)被上诉人与原审第三人侵权责任纠纷执行一案,诸暨法院已查封本案讼争房屋及坐落于诸暨市城关镇上方口村满头山面积为72平方米的房屋,该72平方米房屋经评估价值达30余万元,原审法院超债务金额查封侵犯了上诉人和原审第三人的权益。综上,要求:(1)撤销原判,发回重审,或者查清事实后依法改判确认本案讼争房屋属上诉人所有并停止对该房屋执行;(2)一审、二审诉讼费均由被上诉人承担。

二审法院查明的事实与原审法院认定的一致,另查明,2004年5月31日,上诉人与原审第三人办理分户手续。

二审法院认为,根据查明的事实,本案争议焦点为涉案房屋是否属于上诉人所有。上诉人认为涉案房屋系其所有,本院认为其主张不能成立。理由如下:首先,依分家单字面意思理解,上诉人并未取得涉案房屋所有权,对此原审法院已作相应论述,本院不再赘述。其次,涉案房屋的权属取决于房屋所属集体土地宅基地使用权的归属。《物权法》(已废止)第155条规定,“已经登记的宅基地使用权转让或者消灭的,应当及时办理变更登记或者注销登记”,本案中上诉人未办理土地变更登记手续,依法不能取得宅基地使用权,故其对案涉房屋权属之主张缺乏权利基础。至于上诉人所称原审法院超额查封问题,此系对执行行为之异议,不属于本案审查范围。综上,原判认定事实清楚,适用法律正确,上诉人的上诉理由依法不能成立。原审第三人经本院合法传唤无正当理由未到庭参加诉讼,本院依法缺席判决。本院依法判决驳回上诉,维持原判。二审案件受理费2300元,由上诉人赵某林负担。

第四节　基于地役权的异议之诉

在执行过程中,地役权人在自身权利受到执行措施的威胁时,如何寻求法律救济尚缺少实践的探索。在中国裁判文书网上搜索,竟然没有查找到基于地役权而提起异议之诉的案件,可见地役权在执行实践中的存在感明显不足。在缺乏实证基础的情况下,仍然有必要对地役权可能在执行程序、异议之诉程序中遇到的问题进行探讨。

一、地役权概述

地役权,是以他人不动产供自己的不动产便利之用的权利,因而是限制他人不动产所有权的行使,以方便自己不动产的利用,提高自己不动产价值的权利。[①] 自己的不动产为需役地,为之提供便利的不动产为供役地。地役权是最为古老的用益物权类型,也是我国民法体系中五大用益物权之一。早在1907年,清朝政府引进西方法制,敕令法学大家沈家本等修订民律中的总则、债权、物权三编,就有地役权的概念。此后,历经北洋政府、国民政府,直至中华人民共和国成立,虽多有地役权存废之争,但在法学理论界一直存在"地役权"的名称概念。在我国《物权法》起草过程中,梁慧星、王利明等学者也均采"邻地利用权"之名,但在《物权法》正式通过时,仍然使用"地役权"这个传统名称,并在《民法典》中继续以专章规定,在具体条文上,《民法典》和《物权法》区别不大。

《民法典》第372条规定,"地役权人有权按照合同约定,利用他人的不动产,以提高自己的不动产的效益。前款所称他人的不动产为供役地,自己的不动产为需役地"。从文义即可知晓,地役权包含以下几个方面的要素:

1. 地役权需通过合同来设定。需役地权利人必须要与供役地权利人签订书面合同,就利用供役地明确约定相关范围、目的、方法、期限、费用等内容,而且自该合同成立并生效之日设立地役权。这与其他不动产物权采取登记生效主义不同,地役权是登记对抗主义。也就是说,当事人签订的地役合同生效即发生物权效力,其进行登记并不影响地役权的设立,但未经登记的地役权,不得对抗善意第三人。地役权设立的意定性,也与相邻权的法定性有很大的区别。地役权的设立与否完全取决于需役地权人与供役地权人之合意,而相邻权则完全是基于法律赋予相邻不

① 参见王利明:《物权法研究》(修订版)(下卷),中国人民大学出版社2007年版,第209页。

动产的强制义务。地役权是基于合同而设定,其也会基于合同的解除、撤销、合同期限届满而归于消灭。

2. 地役权的权利主体是不动产权利人。地役权虽然名为"地"役权,实践中地役权也多是与土地所有权、使用权相关,但就法律规定而言,地役权所涉及的"地"是指"不动产",理论上应包括法律所规定的各种不动产权利,不仅限于土地所有权、使用权,还包括房屋及其相关权利。与之对应,地役权的权利主体也极具广泛性,除了土地所有权人之外,建设用地使用权人、土地承包经营权人、宅基地使用权人等他物权人都可以成为地役权法律关系的主体。①

3. 地役权的权利客体是他人不动产及不动产权利。《物权法》(已废止)第 159 条曾规定,"供役地权利人应当按照合同约定,允许地役权人利用其土地,不得妨害地役权人行使权利"。基于此,有观点认为地役权所利用的供役地在此明确仅为"土地",因而供役地应当仅限于土地所有权、使用权,而不包括地上建筑物及其相关权利。为了消除争议,《民法典》第 375 条将《物权法》(已废止)第 159 条中的"土地"修改为"不动产",规定为"供役地权利人应当按照合同约定,允许地役权人利用其不动产,不得妨害地役权人行使权利"。修改后的规定,统一了地役权的权利客体范围,明确了地役权不再仅限于土地所有权、使用权,还包括地上建筑物及其相关权利,这更有利于物权秩序的稳定。

4. 地役权的从属性和不可分性。通常来说,用益物权应该是独立存在、流转的,不依附于其他权利。但是,地役权有其独特性。地役权的设立和存在,是为了提高需役地的效益和价值。显然,地役权从属于需役地,与需役地不可分离,此即"役权与所有权一起变动"的规则。基于此,地役权不能从需役地剥离开来进行转让、抵押等,也不能将需役地单独转让、抵押。地役权的不可分性,是指地役权不但及于需役地的全部,而且及于供役地的全部,即使需役地和供役地发生分割,也不影响地役权的存在。②

为了更好地理解地役权,试举一例:甲购置海边一地,建造了 1 栋 3 层临海别墅,在他家前面的邻居乙也建了 1 栋 1 层别墅。甲为了确保在 2 层以上都能欣赏到海景,和乙约定,甲一次性支付乙 20 万元,乙 20 年内不得在原房屋上加建 2 层以上建筑,以保障甲的视野不被遮挡。2 年后,乙将自己的房屋转让给了丙,甲也将房屋转让给丁,丙、丁继续履行原地役权合同。

---

① 参见尹飞:《用益物权》,载王利明等:《中国物权法教程》,人民法院出版社 2007 年版,第 401 页。

② 参见郑玉波:《民法物权》,台北,三民书局股份有限公司 2003 年版,第 218 页。

此案例充分体现了地役权的各个特殊要素,一是甲、乙经协商一致达成合意,设立了地役权;二是地役权权利主体是房屋所有权人,并非传统的土地使用权人;三是供役地是建筑物的上空,即地役权的权利客体并非土地使用权或所有权;四是地役权人甲将房屋所有权转让后,其地役权随着作为需役地的房屋一并转让;五是作为供役地、需役地的房屋转让后,地役权合同继续约束作为新房屋所有权人的丙、丁,地役权继续存在。

二、地役权异议之诉的审查要点

地役权作为用益物权,具备物权所应有的对世排他性,当然属于据以排除执行的实体权利范畴。地役权人在执行程序中提起执行异议之诉,主要是因为使用供役地的权利遭到执行行为的损害,因而要求确认其继续使用供役地的权利,并排除法院执行。在此情境下,供役地权利人通常是被执行人,供役地则是被法院认定为被执行人名下之财产,因而被法院采取查封等执行措施。法院在审理此类异议之诉案件时,应当着重注意以下几个方面:

1. 地役权的审查认定。执行异议之诉中审查认定地役权,应当从下列几个方面着手:其一,是否签订书面合同。《民法典》第 373 条第 1 款规定,"设立地役权,当事人应当采用书面形式订立地役权合同"。因此,审查地役权的首要证据,即是相关书面合同,如各方当事人并未就其主张的地役权提供书面合同,通常不应被认定为已经设立地役权。基于对合同成立的基本审查标准,地役权合同还应当具备法律规定的主要内容,如当事人的姓名或者名称和住所,供役地、需役地位置,利用目的和方法,利用期限,费用及支付方式,争议解决方法等。不过,尽管法律对地役权合同的内容做了较为详尽的规定,但其要求是"地役权合同一般包括下列条款",也就是说,合同内容是明确各方权责的重要依据,是对合同签订方的倡议、引导,但未必是地役权合同成立生效的先决条件,如有部分条款缺漏,并不当然导致合同不成立。其二,合同是否合法有效。地役权合同要生效,必须具备其他合同同样的条件,必须由具有民事行为能力的主体平等协商,形成合意,且不得违反法律、法规的禁止性规定。其三,合同是否进行登记。登记虽然不是地役权设立的必要手续,却是对善意第三人产生对抗效力的必要条件。不过,主流观点认为,物权是对世权,登记对抗是物权意义上的对抗,就执行案件的金钱债权人而言,不能成为登记对抗的善意第三人。也就是说,就申请执行人而言,地役权人不能适用登记对抗规则直接排除金钱债务的执行,也不会因为没有进行登记而当然丧失对金钱债务执行予以排除的可能。通常认为,已经登记的地役权,具备完整的物权效力,此时对地役权的认定应根据不动产登记簿的记载,即便是登记内容与合同内容不一致,也应当以登记为准。[①] 这一点与作为特殊动产的车辆、船舶等不同,特殊动产的所有权认定还是遵循动产的"谁占有,谁所有"原则,而地役权作为不动产,如已进行登记,则仍应当遵守"不动产登记簿是物权归属和内容的根据"这一规定。其四,地役权是否已经消灭。地役权会因为各种法定事由而消灭,如地役权合同约定期限届满,地役权合同终止、解除,地役权被抛弃,需役地权利人与供役地权利人混同,需役地或供役地被征收、灭失等情形。地役权消灭后,对地役权的主张即缺乏权利基础。

2. 地役权与相邻权的区别。《物权法》(已废止)和《民法典》中均没有明确规定"相邻权",但都以专章规定"相邻关系"。相邻关系是指不动产的相邻各方因行使所有权或者使用权而发生的权利义务关系。通常认为,相邻关系从权利角度来讲可以称为相邻权,它是为调解在行使不动产所有权中的权益冲突而产生的权利。[②] 按照《民法典》的规定,不动产权利人应当为相邻权利人提供用水、排水便利,通行便利,为相邻权利人建造、修缮建筑物以及铺设电线、电缆、水管、暖气和燃气管线等提供便利,不得妨碍相邻建筑物的通风、采光和日照,不得违法弃置固体废物,不得排放大气污染物、水污染物、噪声、光、电磁波辐射等有害物质,不得危及相邻不动产的安全,等等。这些情形囊括了日常相邻关系的绝大多数情形,在这些相邻关系中,不动产权利人应当按照有利生产、方便生活、团结互助、公平合理的原则,正确处理相邻关系。不动产权利人实则有为相邻权利人提供便利的法定义务。相应地,不动产权利人对相邻不动产享有合理利用的权利。相邻权与地役权的内容都是对他人不动产的利用权利,有很多的相似点,极易混淆;同时,地役权和相邻权又是两种不同性质的权利,两者各自独立,又相互补充,以各自的方式调整着土地的利用关系。无论是审理普通民事纠纷,还是审理执行异议之诉,要对相关权利进行救济,首要的是确认双方法律关系的性质,方能据此作出准确的判断和处理。因此,有必要简要归纳一下地役权和相邻权的主要区别,以助于对执行异议之诉的下一步审查:(1)两者设立的方式不同。地役权是基于合同而设立,必须要需役地权利人与供役地权利人签署书面合同,方可设立地役权;相邻权则是法律明文规定的,不动产权利人不得拒绝相邻人利用该不动产的要求。(2)二者在是否付费上不同。地役权人往往需要为利用供役地支付相应的费用,而相邻权人利用不动产可以是无偿的。(3)两者的期限不同。地役权的期限可以由双方约定,而相邻权的期限并非可以约定,通常与相邻不动产的相邻关系伴存。(4)两者提供便利的内容不同。地役权的设立是为了方便自己不动产的利用,提高自己不动产的价值,是一个

---

① 参见王利明:《物权法研究》(修订版)(下卷),中国人民大学出版社 2007 年版,第 248 页。

② 参见吴高盛主编:《〈中华人民共和国物权法〉解析》,人民法院出版社 2007 年版,第 157 页。

比较高的标准;而相邻权的存在是为了调和不同所有权人之间的权利,对行使自身权利给予限制,以方便大家共同使用,是最低的标准。

我们可以通过一个诉讼案例来剖析地役权与相邻权的区别。在吴某金、吴某生排除妨害纠纷案①中,原告吴某金、被告吴某生系邻居关系。当地下井组共有4间牛栏,原告购得靠西边1间,被告购得靠东边1间。2013年1月3日,原告、被告在当地村干部主持下,双方达成对调字据,字据约定:"原有吴某金一间在西头,吴某生一间在东头,经双方协商同意对调位置,西头一间归吴某生,东头一间归吴某金;为了吴某生后门的出入、采光,吴某金同意让出后门平方位置,但对调后吴某金一间西头建房房顶飘出25厘米。具体位置尺寸为吴某金屋边至吴某生后门东而长4米,另一边吴某生屋边至吴某金调后牛栏边90厘米为界,封顶飘出10厘米。"2013年9月,被告在建造车库的同时,在本案争议位置的上空架设了楼梯,当时原告向村干部反映要求被告将争议位置上空架设的楼梯拆除,但因原告没有太闹,该事不了了之。2013年9月,原告也将对调后的牛栏拆除建造了1层平顶厨房,同年11月原告将其原来自有的旧房全部拆除翻建新房,与新建的一层厨房毗连成一体,共同建造成4层高楼,对拆旧翻新没有审批手续。2014年原告在厨房位置开侧门时,被告接着便在该侧门边筑了一道水泥砖围墙将原告所开的侧门堵住,后原告自行将围墙拆除,被告又重新将围墙做好。由此,双方发生纠纷,当时村里进行了调解,村里的调解意见是原告封门,被告拆围墙,对该调解意见被告同意,原告不同意,故原告向法院起诉要求判令:被告吴某生立即拆除原告吴某金房屋后门非法侵占搭建的楼梯及围墙。另查明,1994年,被告以被告及其兄弟吴某祥两人的名义,申批了120平方米的宅基地,被告实际于1995年建房,当时建了1层,同年又申领了一本房屋间数为3间48.2平方米的宅基地使用权证,而实际上被告建造了6间。后来进行了加层,共建造成3层半,最后一层于2008年封顶。本诉庭审中,被告提出反诉,要求法院判令被反诉人排除妨碍,立即拆除反诉人后面的非法建筑。

上述案件虽然是普通侵权纠纷案件,但具有一定的典型意义。双方当事人在案件审理过程中,就涉案权利关系是地役权还是相邻权存在严重分歧,该案一审、二审判决,均认定诉争权利关系是相邻关系,而非地役权关系。我们对此表示赞同。首先,当事双方虽就各自的土地利用签署了书面协议,但该协议内容并未就如何提高一方土地价值而利用另一方土地进行约定。也就是说,协议并未设定地役权,特别是对对方土地上的利用方式上并无约定,更多的是关于土地互换问题,以及强调相邻方之间各自的权利行使限制,这更符合相邻权的特征。其次,双方未就

① 江西省上饶市中级人民法院民事判决书,(2016)赣11民终71号。

利用土地的问题约定报酬、期限等，和地役权也有不同。最后，双方就相邻土地的限制仅限于采光等不妨害其基本使用的最低要求。

3. 供役地的执行及地役权异议之诉。法院在执行不动产过程中，发现该不动产上已经设定地役权，意即表明该不动产作为供役地，存在对需役地的权利负担，属于该不动产的重大权利瑕疵。法院对其处置过程中，应当告知地役权人申报其地役权，在进行拍卖、变卖时，应当充分披露地役权相关信息，包括供役地、需役地，以及地役权的存续期限等。对于买受人而言，其应当继续遵守已经披露的地役权合同，地役权人有权继续按照合同约定的方式利用供役地，买受人拒绝则构成违约。在执行过程中，地役权人的备案和法院的披露，具有一定公示效果，如地役权未按照法院要求进行报备，也没有办理登记，导致拍卖过程中未能披露地役权信息。那么，当买受人竞得该不动产后，地役权合同不能对抗作为善意第三人的买受人，买受人可以不接受原地役合同，并拒绝地役权人继续利用供役地，而且无须承担违约责任。至于地役权人，通常只是遭受了期待利益的损失，其直接损失较为少见，可以和供役地的现权利人协商，再达成新的地役合同，为增进需役地价值而继续利用供役地。

基于地役权的从属性和不可分性，地役权不能与供役地、需役地分离并进行转让、抵押等，也就意味着，法院不可能对地役权实施查封、拍卖等。同样，由于地役权的特殊性，法院在对供役地采取执行措施时，只要未妨碍地役权人继续按照合同约定正常利用供役地，那么地役权人就缺少排除法院执行的正当理由，即便是强行据此提起异议和异议之诉，也无法得到法院支持。通常情况下，法院对供役地的执行，甚少会妨害到地役权人对供役地的利用，但地役权作为供役地的权利负担，对供役地的处置价值存在必然的影响。所以，执行中采取的措施剥夺、妨害地役权行使，并非不会发生。当法院的执行措施剥夺、妨害地役权人对供役地的利用时，地役权人则可以基于地役权提起异议，主张排除执行。这种剥夺、妨害对供役地利用的情形，最常见的如对供役地的“死查封”，直接对供役地进行实体封禁，实质上阻碍了通行地役权人正常通行等，地役权人提起异议排除执行就存在必要性；又如，强制拍卖供役地时，法院认定其地役权无效或已消灭等，禁止地役权人继续利用供役地，并对供役地实施无瑕疵拍卖，同样是妨害、剥夺了地役权，地役权人亦只能通过执行异议之诉寻求救济。地役权人提起的执行异议之诉，法院审查认定地役权合法有效的，应当予以保护。也就是说，法院之执行措施应当保持必要的限度，无论是查封还是拍卖，都不得再影响地役权人对供役地的正常利用。

值得一提的是，如果买受人通过司法拍卖取得供役地，并拒绝继续按照已披露的地役权合同履行，妨碍地役权人正常利用供役地，则属于侵害地役权的普通民事纠纷,已不再属于执行异议的范畴,地役权人应当通过另行诉讼等方式寻求救济,而不是提起执行异议。

第五节 基于居住权的异议之诉

居住权系民法典新增设的用益物权,《民法典》第366条规定:"居住权人有权按照合同约定,对他人的住宅享有占有、使用的用益物权,以满足生活居住的需要。"设立居住权,当事人应当采用书面形式订立居住权合同,并向登记机构申请居住权登记,居住权自登记时设立,居住权不得转让、继承,设立居住权的房屋不得出租,但当事人另有约定的除外。居住权设立后,不因设立居住权的房屋所有权发生变动而受到影响。

法律依据

《民法典》第366条 居住权人有权按照合同约定,对他人的住宅享有占有、使用的用益物权,以满足生活居住的需要。

《民法典》第367条 设立居住权,当事人应当采用书面形式订立居住权合同。居住权合同一般包括下列条款:(一)当事人的姓名或者名称和住所;(二)住宅的位置;(三)居住的条件和要求;(四)居住权期限;(五)解决争议的方法。

《民法典》第368条 居住权无偿设立,但是当事人另有约定的除外。设立居住权的,应当向登记机构申请居住权登记。居住权自登记时设立。

《民法典》第371条 以遗嘱方式设立居住权的,参照适用本章的有关规定。

《物权编解释(一)》第4条 未经预告登记的权利人同意,转让不动产所有权等物权,或者设立建设用地使用权、居住权、地役权、抵押权等其他物权的,应当依照民法典第二百二十一条第一款的规定,认定其不发生物权效力。

一、制度阐释

(一)我国居住权的确立

居住权起源于古罗马的法律制度,受罗马法的影响,在欧洲大陆国家如德国、法国,以成文法形式确立了关于居住权的制度。我国《物权法》制定的时候,关于是否将居住权纳入我国法律制度体系就已经有了讨论,《物权法(草案)》中曾专设一章规定了居住权,但最终由于争议太大,在正式《物权法》中被删除。直至2020年5月28日,第十三届全国人大第三次会议表决通过了《民法典》,《民法典》设专章即

第十四章,正式将居住权确立下来。

居住权作为《民法典》新设立的一项法定用益物权,既沿袭为达到赡养、抚养或扶养目的的传统法律制度基础,又拓展了其社会保障属性,还凸显了房屋价值利用多元化的功能,具有鲜明的时代特征。①

(二)居住权人提出异议的性质

执行程序中,居住权人应根据执行法院对设立居住权房屋的处置方式的不同而提出执行行为异议还是案外人异议。如果执行法院在拍卖、变卖房屋时并未影响居住权,比如带居住权的拍卖,居住权人只提出执行行为异议,按照《民事诉讼法》第232条进行审查,如果执行法院在拍卖之前涤除居住权,已经影响居住权人的实体权益,居住权人只提出案外人异议。

(三)居住权排除执行的裁判规则

从《民法典》的规定看,按照设立方式的不同,我国民事实体法上存在两种不同的居住权,其设立和消灭的要件均有不同,分别是意定设立和法定设立。

居住权的意定设立是满足民事主体个人意愿的直接体现,因为居住权具有使财产的归属权能和使用权能分割的效果。《民法典》第366条规定:"居住权人有权按照合同约定,对他人的住宅享有占有、使用的用益物权,以满足生活居住的需要。"第367条规定:"设立居住权,当事人应当采用书面形式订立居住权合同。居住权合同一般包括下列条款:(一)当事人的姓名或者名称和住所;(二)住宅的位置;(三)居住的条件和要求;(四)居住权期限;(五)解决争议的方法。"第371条规定:"以遗嘱方式设立居住权的,参照适用本章的有关规定。"居住权的设立应该采取书面方式订立合法有效的合同或遗嘱。这在我国司法实践中比较常见,即通过设立遗嘱、赡养协议、离婚协议、分家析产协议等方式设立居住权。设立遗嘱取得的居住权一般表现为被继承人通过遗嘱对其个人房产的所有权和居住使用权进行分割安排;通过订立赡养协议而取得的居住权一般表现为约定将提供房屋居住权作为赡养义务的内容,通常会通过协议约定为父母提供住房;在离婚协议中设立居住权,较为普遍存在的是对经济困难一方以住房形式予以帮助的情形;在分家析产协议中,通常约定房屋所有权归子女所有,但老人依然对房屋或者该房屋的某个部分享有居住使用的权利。意定设立的居住权一般具有养老扶弱的性质,居住权的

---

① 参见最高人民法院民法典贯彻实施工作领导小组主编:《中华人民共和国民法典物权编理解与适用》(下),人民法院出版社2020年版,第861页。

设立目的在于解决特定人群的居住问题,因而居住权具有明显的人身属性,因此,居住权的主体与设立人之间通常具有一定的人身关系。为了避免我国《民法典》对居住权主体的"人身关系"作限缩解释而限制居住权的使用,此处对"人身关系"应做扩大解释,不应该局限于家庭亲属关系,只要设立人与居住权人之间具有相应的与身份属性有关的关系均可。比如,一直照顾被继承人的保姆、近邻或者养老护工等,这些均可称为居住权的主体。

居住权的设立不仅要有合法有效的合同,还应当向登记机构申请居住权登记。《民法典》第 368 条规定:设立居住权的,应当向登记机构申请居住权登记。居住权自登记时设立。由此说明,居住权的设立类似于房屋所有权的设立方式,采取登记的方式进行公示公信。

基于此,除一般情况下居住权登记设立,还需要注意通过遗嘱方式设立的居住权在物权变动时的特殊规则。《民法典》第 371 条规定:以遗嘱方式设立居住权的,参照适用本章的有关规定。本条规定为"参照适用",即表明遗嘱设立居住权与合同设立居住权仍然存在一定差别,集中体现为物权变动规则。① 《民法典》第 230 条规定:因继承取得物权的,自继承开始时发生效力。基于遗嘱继承发生的物权变动,继承人自继承开始取得继承遗产。因此,通过遗嘱方式设立的居住权,继承人自被继承人死亡时取得居住权。对此种方式取得居住权,登记并非物权设立要件,但通过公示能够产生公信力。

发生以下情形居住权消灭:其一,《民法典》第 370 条规定:"居住权期限届满或者居住权人死亡的,居住权消灭。"《民法典》第 367 条规定:"设立居住权,当事人应当采用书面形式订立居住权合同。居住权合同一般包括下列条款:(一)当事人的姓名或者名称和住所;(二)住宅的位置;(三)居住的条件和要求;(四)居住权期限;(五)解决争议的方法。"该条规定了当事人在签订有效的书面协议时一般应包含的条款,其中第 4 条是居住权期限。除了设定期限的居住权在居住权期限届满的情形下居住权消灭,由于居住权是为特定人设定的,因此我国实践中设立终生居住权的情形比较普遍,如赡养协议、遗嘱。依据《民法典》第 370 条的规定可知,居住权人死亡时居住权消灭。其二,实践中有居住权设立附解除条件的,那么居住权的消灭就是自解除条件成就时。其三,房屋所有权人与居住权人混为一人时,发生权力混同,居住权自应消灭。其四,房屋灭失,居住权的客体消失,居住权自然不复存在。其五,居住权合同因存在瑕疵而被人民法院认定为无效或者可撤销时,居住权

① 参见最高人民法院民法典贯彻实施工作领导小组主编:《中华人民共和国民法典物权编理解与适用》(下),人民法院出版社 2020 年版,第 898 页。

赖以存在的合同基础不复存在,居住权消灭。

《民法典》第370条规定:"居住权期限届满或者居住权人死亡的,居住权消灭。居住权消灭的,应当及时办理注销登记。"居住权消灭与设立同样要办理登记的规定,也保障了居住权体系的完整性。

居住权的法定设立,即法院行使自由裁量权,裁判当事人享有居住权,以此作为依据设立的。在《民法典》中此种方式没有法律明确规定,但司法实践中较为常见。比如,在赡养纠纷中,法院以判决的方式要求赡养义务人向被赡养人提供住房予以居住。《最高人民法院关于适用〈中华人民共和国婚姻法〉若干问题的解释(一)》(已废止)第27条第3款规定:"离婚时,一方以个人财产中的住房对生活困难者进行帮助的形式,可以是房屋的居住权或者房屋的所有权。"由此可知,离婚纠纷中,法院通过为经济比较困难的一方设立居住权来保障当事人的基本居住条件。还有一种特殊形式是,离婚双方对房产并没有所有权,该房属于其父母或者政府,法院依然在该房产之上为经济困难的一方设立居住权的情形。既然居住权的法定设立是由法院的裁判设定的,那么法院作出居住权判决的法律文书生效时,居住权即设立。法定设立居住权的消灭,参照意定设立居住权消灭的五种情形。

二、操作指引

(一)居住权异议之诉的处理

居住权作为一种用益物权,居住权人仅对房屋享有使用和占有权利,而房屋所有权人对房屋则享有占有、使用、收益、处分的权能,但是两者在法理上具有平等性。居住权也是可以排除他人干涉的对世权,因此,被设置了居住权的房屋,所有权人仍可以将房屋对外出售,然而由于居住权合同的存在,买受人在行使自己所有权时必须遵守有关居住权的规定,不能用所有权对抗居住权。居住权的设置在一定程度上会影响房产的商业价值,因为即使购房人按照购销合同,支付了合理对价,但仍不能即时行使自己的所有权。因此,在二手房交易中不仅要查看房产的权属、司法查封、设立抵押等情况,还需要查询房屋是否登记了居住权。

在执行过程中,居住权与抵押权发生冲突的情形比较常见。抵押权是保障资金借出人能够在借入人资产出售后所得到的现金中获得偿还的权利,实质上也是基于特殊债权产生的物权行为。而居住权所指向的仅是占有和使用权能,因此抵押权和居住权可以同时在一套房产上并存。此时分两种情形讨论:其一,居住权成立在先抵押权设立在后,根据权利形成的先后顺序,应当先保障居住权。如果抵押权到期,抵押权人想要行使自己的抵押权,法院在执行过程中就必须优先考虑居住权人的权利。其二,居住权成立在后抵押权成立在先,由于房产抵押后,抵押人依旧享使用权和占有权,此时抵押人又设立了居住权,且居住权期限长于抵押权,那么抵押权人在行使抵押权时是否要考虑居住权问题,还是依照权利成立的时间先后顺序状况保障抵押权实现,目前法律上对此暂无定论。

在以往的司法实践中,为了逃避债务,债务人按照买卖不破租赁原则,恶意将自己的房屋出租给亲友,依据《合同法》(已废止)第229条规定:"租赁物在租赁期间发生所有权变动的,不影响租赁合同的效力。"此种情形,事实上已经在房产上设立了租赁权,即使法院将房屋拍卖,购买人也无法让承租人腾房。而居住权同样如此,由于居住权的设置仅需要具备合法有效的合同和登记备案即可,在实践中,当事人可能会被设置为具有多个居住权的居住权人,用以规避法院的执行,多个居住权不能同时享有,因为这实质上会造成社会资源的浪费。

(二)居住权期待权异议之诉的处理

根据《民法典》第368条的规定,居住权的设立以登记为生效要件。其设立规则与不动产物权的设立规则一致。参照不动产物权期待权的执行规则,未进行登记的居住权人虽未取得居住权,但其对取得居住权具有期待利益,在一定条件下,该期待权也可以产生排除执行的效力。①

截至2022年8月,我们尚未检索到就居住权期待权提出异议排除执行之案例。但在实践中,还需关注以下内容:

首先,需要明确参照《异议复议规定》第28条的规定,结合物权期待权异议之诉审理的裁判思路,对于此类案件,应当准确把握未进行登记的居住权如拟排除强制执行所需要具备的条件。

其次,参照《异议复议规定》第28条的四个标准,居住权期待权也应当考虑遵循相应的规则标准:(1)居住权合同的签署时间早于法院查封之前。(2)在法院查封之前,居住权人已占有使用该不动产。(3)对于居住权的设立为有偿设立的,可以对比参照《异议复议规定》第28条第3款的规定,审查是否已支付全部价款或依约支付部分价款;对于无偿设立的,则不涉及此部分的审查。(4)未办理居住权设立登记是否非因自身原因。

---

① 参见李亚彬、李亚妮:《居住权期待权异议之诉裁判思路探究》,载《人民法院报》2021年8月5日,第7版。

审判前沿

王某斌、刘某琦等借款合同纠纷执行异议案

[(2021)冀02执复6号民事裁定书、
(2021)冀0203执异122号民事裁定书]

【裁判要旨】

案外人对执行机构裁定拍卖的房产主张享有居住权，并要求带居拍卖，属于案外人基于实体权利提出的执行异议，在《民法典》施行后，应适用《民事诉讼法》第234条的规定进行审查。

【基本案情】

关于原告王某斌与被告刘某琦民间借贷纠纷案，唐山市路北区人民法院于2019年10月31日作出(2018)冀0203民初3823号民事调解书。调解书生效后，被告刘某琦未履行，王某斌申请强制执行。2020年8月13日，唐山市中级人民法院作出(2020)冀02执4854号执行裁定书，裁定拍卖被执行人刘某琦名下唐山市路北区机场路北里六合轩府某号房产。另查明，案外人刘某荣与被执行人刘某琦系母子关系。案外人刘某荣提交(2009)唐华证民字第6992号、6993号公证书，证明坐落在唐山市路北区房屋系案外人刘某荣在附加保留居住权的条件下自愿赠与儿子刘某琦、儿媳张某。唐山市路北区机场路街道六合轩府社区居民委员会出具证明机场路场北楼于2009年5月整体改建，改名后为唐山市路北区机场路街道六合轩府，案外人刘某荣现住六合轩府某号房产。六合轩府×号房产已于2020年6月19日网拍成交。2020年11月16日，唐山市路北区人民法院作出(2020)冀0203执异117号执行裁定书，认为案外人刘某荣享有居住权的主张，属于对执行行为异议的审查范畴，不属于执行异议审查范围，遂驳回案外人刘某荣的异议申请。刘某荣提出复议申请，河北省唐山市中级人民法院认为，居住权是《民法典》新设立的一项实体性权利，根据《民法典》第366条的规定，居住权人有权按照合同约定，对他人的住宅享有占有、使用的用益物权，以满足生活居住的需要。虽然在《民法典》施行前，我国并无关于居住权的法律规定，但《最高人民法院关于适用〈中华人民共和国民法典〉时间效力的若干规定》第3条规定，《民法典》施行前的法律事实引起的民事纠纷案件，当时的法律、司法解释没有规定而《民法典》有规定的，可以适用《民法典》的规定。本

案中,刘某荣对执行机构裁定拍卖的房产主张享有居住权,并要求带居拍卖,属于案外人基于实体权利提出的执行异议,在《民法典》施行后,应适用《民事诉讼法》第227条的规定进行审查,故唐山市路北区人民法院对于本案具有管辖权,应当予以审查。河北省唐山市中级人民法院于2021年1月21日作出(2021)冀02执复6号执行裁定书,撤销唐山市路北区人民法院(2020)冀0203执异117号执行裁定,指定唐山市路北区人民法院对刘某荣所提异议进行审查。

唐山市路北区人民法院经审理认为,本案刘某荣对执行机构裁定拍卖的房产主张享有居住权,并要求带居拍卖,属于案外人基于实体权利提出的执行异议,在《民法典》施行后,应适用《民事诉讼法》第227条的规定进行审查。刘某荣现住的六合轩府×号房产系由机场路场北楼9楼2门101号房产整体改建而来,刘某荣在经过公证的赠与合同中保留了×号房产的居住权,按照立法精神和公序良俗,刘某荣对整体改建而来某号房产享有当然的居住权,其关于在拍卖某号房产时注明其享有居住权的主张符合法律规定,符合人们的惯常认知,依法予以支持。判决人民法院在拍卖唐山市路北区机场路北里六合轩府某号房产时注明案外人刘某荣享有居住权。

【要点评析】

居住权的提法由来已久,但我国一直未有法律明文规定居住权。《民法典》在物权编以专章的形式对居住权予以规定,对于解决部分特定人群的居住问题,对满足我国对居住权规范的现实需求具有重要意义。

关于本案居住权的设立。唐山市路北区人民法院并没有单纯以是否进行了登记作为判断居住权是否设立的标准,而是从按照立法精神和公序良俗出发进行认定,结合赠与合同中保留居住权已经公证的事实,将横跨《民法典》施行前后的居住权连接起来。

关于本案是否属于执行异议的审查范围。唐山市路北区人民法院一开始认为案外人要求带居拍卖的主张,属于对执行行为异议的审查范畴,不属于执行异议审查范围。但唐山市中级人民法院认为,案外人请求带居拍卖属于案外人基于实体权利提出的执行异议,对唐山市路北区人民法院进行了纠正,指定唐山市路北区人民法院进行审查。这就涉及居住权人提出异议的性质是执行行为异议还是案外人异议的问题。具体而言,如果执行法院在对已设立居住权的房屋进行强制执行时,并未影响居住权人的居住权,居住权人只能提出执行行为异议;如果影响居住权人实体权益的,如执行法院拍卖案涉房产时已涤除居住权的,居住权人有权提出案外人异议。

第六节　基于林地使用权的异议之诉

法律依据

《森林法》第16条　国家所有的林地和林地上的森林、林木可以依法确定给林业经营者使用。林业经营者依法取得的国有林地和林地上的森林、林木的使用权，经批准可以转让、出租、作价出资等。具体办法由国务院制定。

林业经营者应当履行保护、培育森林资源的义务，保证国有森林资源稳定增长，提高森林生态功能。

《森林资源民事纠纷司法解释》第2条　当事人因下列行为，对林地、林木的物权归属、内容产生争议，依据民法典第二百三十四条的规定提起民事诉讼，请求确认权利的，人民法院应当依法受理：

（一）林地承包；

（二）林地承包经营权互换、转让；

（三）林地经营权流转；

（四）林木流转；

（五）林地、林木担保；

（六）林地、林木继承；

（七）其他引起林地、林木物权变动的行为。

当事人因对行政机关作出的林地、林木确权、登记行为产生争议，提起民事诉讼的，人民法院告知其依法通过行政复议、行政诉讼程序解决。

《民法典》第333条　土地承包经营权自土地承包经营权合同生效时设立。

登记机构应当向土地承包经营权人发放土地承包经营权证、林权证等证书，并登记造册，确认土地承包经营权。

一、制度阐释

《农村土地承包法》第3条依据农村土地的不同用途，规定两种承包方式：家庭经营方式的承包和以招标、拍卖、公开协商等方式的承包。林地不属于荒山、荒沟、荒丘、荒滩等可以其他方式承包的土地类型，如不存在不适宜采取家庭承包经营的特定事由，只能采取家庭经营方式承包。

我国《森林法》第16条规定了林地使用权可以依法转让，但并未对林地经营权的流转方式作出具体规定。2009年《农村土地承包法》第36条规定“承包方可以自主决定依法采取出租(转包)、入股或者其他方式向他人流转土地经营权,并向发包方备案”。《中共中央、国务院关于加快林业发展的决定》(中发〔2003〕9号)第14条规定:“……森林、林木和林地使用权可依法继承、抵押、担保、入股和作为合资、合作的出资条件……”综上,林地使用权主要可以通过包括转让、转包、出租、互换、抵押、入股等方式的流转。而根据《民法典》第333条、第334条的规定,由互换、转让等方式流转取得的林地使用权和林木所有权,不是登记才发生物权转让效力,而是流转合同成立并生效即发生物权转让效力。《民法典》第335条“未经登记,不得对抗善意第三人”之规定,确立了林地使用权的物权变动不采用登记生效,而是采用登记对抗主义。

二、操作指引

(一)未经发包方同意的林地使用权转让合同的效力认定

最高人民法院在《关于当前形势下审理民商事合同纠纷案件若干问题的指导意见》(法发〔2009〕40号)的第15条规定:“正确理解、识别和适用合同法第五十二条第(五)项中的‘违反法律、行政法规的强制性规定’,关系到民商事合同的效力维护以及市场交易的安全和稳定。人民法院应当注意根据《合同法解释(二)》第十四条之规定,注意区分效力性强制规定和管理性强制规定。违反效力性强制规定的,人民法院应当认定合同无效;违反管理性强制规定的,人民法院应当根据具体情形认定其效力。”第16条规定:“人民法院应当综合法律法规的意旨,权衡相互冲突的权益,诸如权益的种类、交易安全以及其所规制的对象等,综合认定强制性规定的类型……”

对于林地使用权的转让来说,民主议定系《农村土地承包法》第19条、第20条以及第52条所确立的土地承包基本原则,违反该强制性规定的合同无效。① 因此,《土地承包司法解释》第13条规定,承包方未经发包方同意,转让其土地承包经营权的,转让合同无效。但发包方无法定理由不同意或者拖延表态的除外。此后,《森林资源民事纠纷司法解释》延续前述规定,第6条明确规定“家庭承包林地的承包方转让林地承包经营权未经发包方同意,或者受让方不是本集体经济组织成员,受让方主张取得林地承包经营权的,人民法院不予支持。但发包方无法定理由不同意或者拖延表态的除外”。

但是,对于未履行民主议定程序林权转让合同效力的认定,应注意区分不同

① 参见杨临萍、刘竹梅、刘小飞、朱婧:《〈最高人民法院关于审理森林资源民事纠纷案件适用法律若干问题的解释〉的理解与适用》,载《法律适用》2022年第7期。

的情形准确把握。《森林资源民事纠纷司法解释》对林地使用权转让合同如何适用民主议定原则，分为三种情形：一是合同订立时，法律、行政法规没有关于民主议定程序的强制性规定，对于当时未规定适用民主议定原则的，只要没有违反法律禁止性规定，没有损害村集体利益，其合同的有效性应予以维护；二是未经民主议定程序讨论决定，或者民主议定程序存在瑕疵的，允许补证，人民法院可以根据民主议定决议认定合同效力；三是承包方对村民会议或者村民代表会议决议进行了合理审查，不知道且不应当知道决议系伪造、变造，并已经对林地大量投入的，已尽审慎注意义务的承包方属于善意相对人，根据《民法典》第504条之规定，表见代表行为有效。同时需要注意的是，未经民主议定所签订的合同并非一律无效，如果发包方没有法定理由不同意或者拖延表态的情形，也应当认定转让合同有效。

(二)林地租赁权人能否排除执行

我国《森林法》规定林地经营权可以出租。所谓林地租赁是指出租人将林地经营权以一定期限租赁给他人(包括个人、集体、企业或其他组织)从事农业生产经营，出租人向承租人收取租金，出租后原土地承包关系不变。从功能上看，林地承租人对其租赁林地享有同林地经营权一样的占有、使用、收益的权能，而且林地租赁权也往往进行登记，以林权证作为权利的证明。那么林地租赁权能否适用林地经营权的规则排除执行呢?

从权利来源上看，林地租赁权基于林地使用权的权能转让而产生。林地使用权人自林地所有权人处取得林地承包经营权，林地使用权人与林地所有权人之间成立土地承包关系。而林地租赁权则是承租人通过自林地使用权人处受让林地使用权中的部分权能取得，也即林地租赁权的权利来源于林地使用权人，林地租赁权人与林地使用权人之间成立租赁合同关系。由此能够看出两者在性质上存在质的不同——林地使用权属于《民法典》规定的用益物权，而租赁权则属于债权。因此，基于林地租赁权请求排除执行的规则完全不同于林地使用权，而应转向租赁权请求排除执行的规则。

审判前沿

高安市中兴小额贷款有限责任公司与廖某、邱某案外人执行异议之诉案

[(2016)最高法民申2660号民事裁定书]

【裁判要旨】

土地承包经营权自土地承包经营权合同生效时设立,土地承包经营权人依照《农村土地承包法》的规定,有权将土地承包经营权采取转包、互换、转让等方式流转。案外人签订转让协议并占有案涉林地,在一审法院查封本案所涉林权之前,案外人已向林权登记机关申请变更登记,未办理变更登记系因林权被法院查封所致。案外人已享有案涉林木林地物权,符合《异议复议规定》第28条规定情形的,可以排除对该标的的执行。

【基本案情】

2014年1月15日,廖某与邱某签订了一份《黄坑林场林地使用权、林木所有权、林木使用权转让协议书》(以下简称转让协议),约定邱某将其拥有林地使用权、林木所有权和使用权的林地及附属苗木、花卉转让给廖某。转让林地的位置和面积为赣州市大余县南安镇黄坑林场(以下简称黄坑林场)(1-7号)7878亩,林权证11本,黄坑林场附属山场苗木、鱼塘、花卉若干亩;转让价格为3300万元。同日,廖某、邱某、袁某、彭某又签订了一份协议书,邱某的原合伙人袁某、彭某在林场10%的股权继续保留,廖某从应支付给邱某的3300万元转让款中扣除330万元,实际只需支付2970万元。以上两份协议签订后的第二天,廖某(乙方)又和大余县南安镇企业办公室(甲方)签订了一份租赁合同,合同约定:因黄坑林场已变更承包人(原由谢某转包给邓某再转让给邱某现转包给乙方),乙方需使用甲方办公场所、生活设施及农田水塘等,经甲乙双方协商签订此合同。合同还约定了租赁范围、租赁期限、租赁费及交纳时间等。以上三份合同签订后,廖某于2014年1月17日通过中国银行向邱某转账支付260万元、向刘某转账100万元和向钟某转账60万元(两张票据上都注明“代邱某付钟某某借款,付大余黄坑林场购买款”);于2014年1月20日和1月22日通过钟某在赣州银座村镇银行的账户向赖某转账70万元、向邱某转账110万元;2014年1月27日,廖某还通过工商银行的账户向赖某转账100万元,以上共计700万元,邱某于2014年1月28日,向廖某出具了一张700万元的领条,对以上款项

予以确认。廖某支付以上转让款后，自2014年2月开始聘请工人对林木进行养护管理。

2014年3月10日，廖某开始申请办理11宗林地的林权转移登记，在其向大余县林业局的报告上当地村委会、镇政府、林业工作站均盖章同意。3月26日，其向大余县林业局林权管理服务中心填报了《林权转移登记申请表》，林地所在地的两个村民委员会和南安镇企业办公室均在2014年4月14日盖章同意。正在办理林地的产权转移登记过程中，2014年4月16日，因王某诉邱某林地承包经营权转让纠纷一案，赣州市中级人民法院根据王某的财产保全申请，向大余县林业局林权管理服务中心送达协助执行通知书，查封了本案所涉的36××38号林权证，致使该中心停止办理廖某的申请转移登记。为此，2014年8月8日，王某、廖某、邱某签订了一份代偿协议，约定由廖某代邱某向王某偿还所欠的林地经营权转让款74万元；王某收到该款后向赣州市中级人民法院申请解除对林权证的查封。同日，钟某代廖某从其崇义县农村信用社的账户转款74万元至王某的账户，8月11日，王某收到廖某支付的代偿款后，申请法院解除了对林权证的查封。

2014年8月5日，高安市中兴小额贷款有限责任公司（以下简称中兴公司）作为原告，分别就赣州艾格菲牧业有限公司和大余县南安镇黄坑林场向其的1000万元和440万元借款，在一审法院提起诉讼，并要求邱某对以上借款承担连带责任。根据中兴公司的申请，宜春市中级人民法院（以下简称宜春中院）于8月11日对本案登记在邱某名下的11本林权证所涉及的林地使用权和林木所有权、使用权进行了查封，通知大余县林业局林权管理服务中心不得办理产权过户登记。2015年3月5日，宜春中院裁定拍卖案涉11宗林地承包经营权。廖某提出执行异议，请求中止拍卖并解除对林权证的查封，宜春中院裁定驳回廖某的执行异议。为此，廖某以其在人民法院查封前占有和管理了转让标的物，转让款也已经支付完毕，未办理产权转让登记的责任是因邱某的债务问题等为由，向宜春中院提起案外人执行异议之诉。另查明，廖某共支付转让款2975万元。

一审法院认为，首先，本案邱某拥有大余县林业局颁发的涉案林地林权证，作为林木、林地的所有权人和使用权人，其有权将所有权和使用权转让给廖某，双方在协议中注明的内容对协议内容和协议效力并无影响，因此，本案的转让协议不违反法律规定，应当认定为合法有效。并且，林权登记机关也受理了廖某的转让申请，只是由于法院的查封而未办理转移登记。其次，在查封本案所涉林权证之前,廖某已经向邱某支付了全部的转让款,除了55万元现金和196万元的欠条之外,支付的款项均有银行凭证等相关证据佐证,且相关证据相互印证。最后,在宜春中院查封本案所涉林权证之前,廖某已经向林权登记机关申请了变更登记。并且,无论是聘请工人对有关林地进行养护管理,还是租赁房屋、鱼塘等都说明廖某已经实际占有了本案所涉林地,开展了经营活动。未办理林权证的变更登记,也是因邱某的债务原因,林权被赣州市中级人民法院查封。《查扣冻规定》第17条规定,被执行人将其所有的需要办理过户登记的财产出卖给第三人,第三人已经支付部分或者全部价款并实际占有该财产,但尚未办理产权过户登记手续的,人民法院可以查封、扣押、冻结;第三人已经支付全部价款并实际占有,但未办理过户登记手续的,如果第三人对此没有过错,人民法院不得查封、扣押、冻结。因此,应当解除对本案所涉林木、林地的所有权和使用权的查封。据此判决不得执行案涉林场11宗林地使用权、林木所有权和使用权;确认以上林地使用权、林木所有权和使用权归廖某所有。中兴公司不服,向江西省高级人民法院上诉。

二审法院认为,廖某提交的证据足以证明其物权期待权成立,符合《异议复议规定》第28条规定的情形,可以排除宜春中院执行案涉标的物。宜春中院认定事实清楚,适用法律正确,程序合法。二审判决驳回上诉,维持原判。中兴公司不服,向最高人民法院申请再审,被裁定驳回。

【要点评析】

如本节前述分析,林地使用权的变动,转让合同成立并生效后即发生物权转让效力,不以过户登记为物权变动的生效要件。在此基础上,本案的案外人已经现实取得不动产物权,该种权利性质不再是对物权"期待",不是物权期待权。那么,本案是否还应当适用《异议复议规定》第28条呢?

《异议复议规定》第28条历来被认为是对无过错的一般不动产买受人物权期待权的特殊保护条款。具体来看,同时满足以下要件时,买受人可以排除对该不动产的执行:查封前成立合法有效的书面买卖合同、买受人已合法占有该不动产、已支付全部价款或者已将剩余价款按照法院的要求交付执行、非因买受人自身原因未办理过户登记。有学者认为,《异议复议规定》第28条规定的不动产,并未区分登记要件主义和登记对抗主义的具体情形,而且采登记对抗主义的不动产物权变动能否排除执行,与《异议复议规定》第28条在法律关系上更加接近,适用《异议复议规定》第28条的构成要件更为合理。因此该条规定也适用于物权变动采用登记对抗主义规则的不动产。[1]

但也有相反观点认为，对于采用登记对抗主义规则的不动产，在满足《异议复议规定》第28条的前三个要件的情况下，买受人已现实取得不动产物权，物权已转移，是否办理过户登记产生的仅是对抗第三人的效力。在物权具有的排他性效力足以排除申请执行人对不动产执行的情况下，无适用《异议复议规定》第28条之必要。

第七节　基于采矿权的异议之诉

采矿权是指在依法取得的采矿许可证规定的范围内，开采矿产资源和获得所开采的矿产品的权利。取得采矿许可证的单位或者个人称为采矿权人。

法律依据

《民法典》第502条第1～2款　依法成立的合同，自成立时生效，但是法律另有规定或者当事人另有约定的除外。

依照法律、行政法规的规定，合同应当办理批准等手续的，依照其规定。未办理批准等手续影响合同生效的，不影响合同中履行报批等义务条款以及相关条款的效力。应当办理申请批准等手续的当事人未履行义务的，对方可以请求其承担违反该义务的责任。

《矿产资源法》第6条第1款第2项　已取得采矿权的矿山企业，因企业合并、分立，与他人合资、合作经营，或者因企业资产出售以及有其他变更企业资产产权的情形而需要变更采矿权主体的，经依法批准可以将采矿权转让他人采矿。

《最高人民法院关于审理矿业权纠纷案件适用法律若干问题的解释》[2]第6条　矿业权转让合同自依法成立之日起具有法律约束力。矿业权转让申请未经自然资源主管部门批准，受让人请求转让人办理矿业权变更登记手续的，人民法院不予支持。当事人仅以矿业权转让申请未经自然资源主管部门批准为由请求确认转让合同无效的，人民法院不予支持。

---

① 乔宇：《案外人一并提起执行异议之诉与确权请求，法院应合并审理》，载《人民司法（案例）》2018年第2期。

② 参见《最高人民法院关于修改〈最高人民法院关于在民事审判工作中适用《中华人民共和国工会法》若干问题的解释〉等二十七件民事类司法解释的决定》（法释〔2020〕17号，2020年12月23日最高人民法院审判委员会第1823次会议通过，自2021年1月1日起施行）。

《最高人民法院关于审理矿业权纠纷案件适用法律若干问题的解释》第11条 矿业权转让合同依法成立后、自然资源主管部门批准前，矿业权人又将矿业权转让给第三人并经自然资源主管部门批准、登记，受让人请求解除转让合同、返还已付转让款及利息，并由矿业权人承担违约责任的，人民法院应予支持。

一、制度阐释

(一)采矿权人提出异议的性质

矿业权本身是财产权、用益物权，同时亦具有行政许可特性。采矿权作为物权的一种，具备物权的独立性、排他性、对世性。采矿权包括占有、使用、收益的权利，包括有依法转让、出租和抵押等形式的处分权，而且可排除任何不法的干涉和妨害。采矿权审批是我国行使矿产资源所有权，并对矿产资源的生态价值进行监督管理的重要制度。而采矿权的转让、出租、抵押都实行审批制。《探矿权采矿权转让管理办法》第4条规定："国务院地质矿产主管部门和省、自治区、直辖市人民政府地质矿产主管部门是探矿权、采矿权转让的审批管理机关。国务院地质矿产主管部门负责由其审批发证的探矿权、采矿权转让的审批。省、自治区、直辖市人民政府地质矿产主管部门负责本条第二款规定以外的探矿权、采矿权转让的审批。"第10条规定："申请转让探矿权、采矿权的，审批管理机关应当自收到转让申请之日起40日内，作出准予转让或者不准转让的决定，并通知转让人和受让人。准予转让的，转让人和受让人应当自收到批准转让通知之日起60日内，到原发证机关办理变更登记手续；受让人按照国家规定缴纳有关费用后，领取勘查许可证或者采矿许可证，成为探矿权人或者采矿权人。"根据上述法律法规的规定，采矿权转让依法需经国土资源主管部门(现自然资源主管部门，后文不再赘述)批准，办理矿业权变更登记，受让人才依法取得采矿权。在执行程序中，采矿权的审批登记审查尤为重要，通过审查审批登记手续继而确定采矿权合法受让人，从而促进执行程序的顺利推进，保障合法的采矿权受让人的合法权利不受侵害。

(二)采矿权排除执行的裁判规则

根据采矿权受让人受让权利的方式不同，分为转让、出租、承包、抵押四种类型。

1. 采矿权转让。从转让主体的角度可以划分为两类：个人独资企业转让采矿权和公司法人企业转让采矿权。个人独资企业的投资人作为企业资产的所有人，无论转让协议中是否使用"股权"字眼，均可以直接认定为采矿权的转让，应该适用采矿权转让的规定，个人独资企业投资人的变更，即采矿权所有人的变更，依法办理审批登记即可获得采矿权。公司法人企业转让采矿权受到严格的法律限制，由于公司法人企业具有财产独立和责任独立的性质，实践中会出现采矿权人以股权转让的方式，滥用公司的独立人格和有限责任规避有关法律规定，通过转让股权的形式转让采矿权，就会损害权利人的利益。这在执行程序中就要求法官进行实体审查，审查转让协议的真实目的，“刺破公司面纱”，保护合法采矿权受让人的合法权益。

2. 采矿权出租。采矿权出租是指采矿权人作为出租人将采矿权租赁给承租人，并向承租人收取租金的行为。采矿权出租应当符合国务院规定的采矿权转让的条件，依法办理审批登记手续。已出租的采矿权不得出售、合资、合作、上市和设定抵押。矿业权承租人不得再行转租矿业权。从买卖不破租赁原则的确立过程可以看出，该原则主要适用于土地、房屋等不动产的租赁。因此执行过程中，已经设有租赁权的采矿权可以对抗所有权交易受让人和抵押权人。这要求法院在执行中尽审慎义务，审查采矿权上是否设有承租权，进而避免直接执行裁定确定的义务。

3. 采矿权承包。所谓承包，是生产经营管理的一种方式，承包人对承包的标的物一般无所有权，主体资格不发生变更一般不属于违法承包。《矿业权出让转让管理暂行规定》第 38 条规定：“采矿权人不得将采矿权以承包等方式转给他人开采经营。”现实中，以承包方式变相非法转让采矿权的行为大量存在，比如取得采矿权的采矿权人，以承包合同的形式，将自己享有的采矿权私自转让给其他单位或者个人，一次性收取承包费，严重扰乱采矿权市场。

4. 采矿权抵押。采矿权抵押是指采矿权人依照有关法律作为债务人以其拥有的采矿权在不转移占有的前提下，向债权人提供担保的行为。《最高人民法院关于审理矿业权纠纷案件适用法律若干问题的解释》第 15 条规定：“当事人请求确认矿业权之抵押权自依法登记时设立的，人民法院应予支持。颁发矿产资源勘查许可证或者采矿许可证的自然资源主管部门根据相关规定办理的矿业权抵押备案手续，视为前款规定的登记。”可知，矿业权人申请抵押的，原发证机关批准抵押申请后，为其办理抵押登记或备案手续。这就要求法官在执行中进行形式审查，审查采矿权的权属状态，以保障执行的顺利进行。在此要着重讲解一下采矿权抵押和租赁发生冲突时的权利认定：(1) 租赁合同先于抵押权设立，租赁关系不受抵押权的影响。(2) 抵押权先于租赁合同设立，租赁关系不得对抗已经登记的抵押权。(3) 抵押权已设立，又租赁给承租人，如果已经书面告知了承租人，则抵押权实现对承租人造成的损失，由承租人自己承担，如果没有告知承租人，则承租人可以就抵押权实现遭受的损失向采矿权人主张赔偿责任。

二、操作指引

依据法律规定，采矿权的取得需依法进行审批登记。但矿业权转让合同的生效问题一直都备受争议。《矿产资源法》第6条第1款规定:"探矿权人有权在划定的勘查作业区内进行规定的勘查作业,有权优先取得勘查作业区内矿产资源的采矿权。探矿权人在完成规定的最低勘查投入后,经依法批准,可以将探矿权转让他人。"《探矿权采矿权转让管理办法》第10条第3款及第4款规定:"批准转让的,转让合同自批准之日起生效。不准转让的,审批管理机关应当说明理由。"由此产生两种观点:一种观点认为未经批准的矿业权转让合同当属无效,另一种观点认为未经批准的矿业权转让合同成立但未生效。

第一种观点有两个弊端,其一,逻辑不通顺,如果在报批前就认定无效,那么受让方请求办理审批手续便失去了效力依据,由此导致整个协议陷入了履行不能的困境。其二,违反了立法的本意,国家之所以要严格限制矿业权转让,是为了防止市场炒作牟利,但没必要过度扩大国家干预,这样有违意思自治的原则。《最高人民法院关于审理矿业权纠纷案件适用法律若干问题的解释》第6条第1款规定:"矿业权转让合同自依法成立之日起具有法律约束力。"第2款规定:"当事人仅以矿业权转让申请未经自然资源主管部门批准为由请求确认转让合同无效的,人民法院不予支持。"由此可见,仅以矿业转让合同未经批准而认定合同无效的说法是不被承认的。该解释第7条规定:"矿业权转让合同依法成立后,在不具有法定无效情形下,受让人请求转让人履行报批义务或者转让人请求受让人履行协助报批义务的,人民法院应予支持,但法律上或者事实上不具备履行条件的除外。"由此表明,矿业转让合同一经成立即具有一定的法律约束力,当事人应当遵照"有约必守"的原则,依约履行自己的义务,包括办理报批或者协助报批义务,人民法院原则上应予支持。

《最高人民法院关于审理矿业权纠纷案件适用法律若干问题的解释》第10条的规定也说明了未获审批的矿业转让合同的效力问题:"自然资源主管部门不予批准矿业权转让申请致使矿业权转让合同被解除,受让人请求返还已付转让款及利息,采矿权人请求受让人返还获得的矿产品及收益,或者探矿权人请求受让人返还勘查资料和勘查中回收的矿产品及收益的,人民法院应予支持,但受让人可请求扣除相关的成本费用。当事人一方对矿业权转让申请未获批准有过错的,应赔偿对方因此受到的损失;双方均有过错的,应当各自承担相应的责任。"此条文表明,矿业权转让申请虽报请国土资源主管部门审批,但未获准许的,矿业权转让合同丧失生效的可能,亦无继续履行必要。这是在矿业权转让申请未获批准的情况下,导致合同被解除产生的法律后果。并不能因此作出未经批准的矿业权转让合同未生效或者无效的评价。此处要准确判断前后法律行为之间的逻辑关系。

《最高人民法院关于审理矿业权纠纷案件适用法律若干问题的解释》第11条

规定："矿业权转让合同依法成立后、自然资源主管部门审批前，矿业权人又将矿业权转让给第三人并经自然资源主管部门批准、登记，受让人请求解除转让合同、返还已付转让款及利息，并由矿业权人承担违约责任的，人民法院应予支持。"此条文也证实了上述观点。即矿业权转让合同成立后，未办理审批前，合同对双方当事人仍然具有一定的法律约束力。

《民法典》第502条第1款、第2款规定："依法成立的合同，自成立时生效，但是法律另有规定或者当事人另有约定的除外。依照法律、行政法规的规定，合同应当办理批准等手续的，依照其规定。未办理批准等手续影响合同生效的，不影响合同中履行报批等义务条款以及相关条款的效力。应当办理申请批准等手续的当事人未履行义务的，对方可以请求其承担违反该义务的责任。"此规定对一直备受争议的采矿权转让合同的效力问题做了进一步的认定。未办理批准等手续影响合同生效的，不影响合同中履行报批等义务条款以及相关条款的效力。未办理批准等手续只是影响合同生效，并不是合同未生效或无效。"不影响合同中履行报批等义务条款以及相关条款的效力"表明：只要合同依法成立了，履行报批等义务的相关条款就已经生效。"应当办理申请批准等手续的当事人未履行义务的，对方可以请求其承担违反该义务的责任"表明：报批义务方如果不履行相关义务，需要承担违约责任，而不是缔约过失责任。由此可见，该解释的观点已被《民法典》所采纳。同时，也肯定了矿业权转让合同自批准之日起生效的行政法规规定。

其实未经批准的矿业权转让合同具有一定的法律效力，只是因为没有进行公示，没有完全生效，并且不影响合同中履行报批等义务条款以及相关条款的效力。因此，未生效和无效两种说法都是不准确的。

以付某与钟某、龙某等采矿权转让合同纠纷为例①，大地煤矿是钟某设立的个人独资企业，采矿许可证载明的采矿权人是大地煤矿，矿长、投资人为钟某。钟某与陈某签订合伙协议约定：钟某将大地煤矿全部资产作价260万元，与陈某合伙经营。后因钟某提出退伙，双方遂签订退股协议。之后，陈某、付某、大地煤矿三方签订转股协议，约定：陈某自愿将大地煤矿的股权一次性作价499万元转让给付某；转让完成后，钟某应协助陈某将大地煤矿"投资人""矿长"变更登记到付某名下。钟某在协议上签字。此后，付某经营大地煤矿，但在经营过程中，常常因无法证明自身享有生产经营权而带来诸多不便。付某遂起诉钟某：请求认定转股协议合法成立；请求判令钟某向相关登记机关申请办理将大地煤矿的权利人、所有权人、投资人、采矿权人变更至原告名下的批准登记手续；若钟某不予办理，由原告自行办理，

---

① 贵州省高级人民法院民事判决书，(2014)黔高民终字第21号。

由此所发生的税费由被告承担。

关于本案矿业权转让批准登记手续的问题,案涉转股协议具备受让方要求转让方办理变更登记的法律约束力,同时,各方当事人也应该本着意思自治和诚实信用的原则到有关部门办理采矿权转让审批手续。结合付某的诉求,依据《最高人民法院关于审理矿业权纠纷案件适用法律若干问题的解释》第7条的规定:"矿业权转让合同依法成立后,在不具有法定无效情形下,受让人请求转让人履行报批义务或者转让人请求受让人履行协助报批义务的,人民法院应予支持,但法律上或者事实上不具备履行条件的除外。"人民法院可以根据案件的具体情况和当事人的请求,判决合同相对人办理或者协助申请人办理有关手续,并由转让人承担相关的费用。本案中,钟某应当配合付某办理本案涉及的采矿权转让批准手续。根据《最高人民法院关于审理矿业权纠纷案件适用法律若干问题的解释》第10条第2款的规定:"当事人一方对矿业权转让申请未获批准有过错的,应赔偿对方因此受到的损失;双方均有过错的,应当各自承担相应的责任。"如钟某不配合,对于给付某造成的损失由钟某承担。

法院遂判决,确认转股协议成立;钟某于判决生效10日内依法配合付某办理采矿权转让审批手续,如钟某不配合,付某可自行办理,造成的损失由钟某负担。①

由此,可以得出当事人通过股权或者投资份额的转让,受让人可以取得个人独资企业的财产权,100%企业产权的受让,应认定为包括采矿权在内的企业资产的整体转让,即使买受人事实上无法取得采矿权,买受人也可以依据转让合同向出卖人主张采矿权取得不能的赔偿责任。

审判前沿

中原银行股份有限公司三门峡分行与刘某军、卢氏县杜关镇荆彰石英矿执行异议之诉纠纷案

[(2015)豫法民三终字第79号民事判决书、(2017)最高法民再265号民事判决书]

【裁判要旨】

矿业权系经过国土资源主管部门审批的民事权利,受让人取得矿业权以办

---

① 参见达世亮:《这份煤矿股份转让合同效力该怎样认定》,载《中国国土资源报》2017年第7期。

理矿业权变更登记为判断标准，矿业权权利主体不以办理工商变更登记更换投资人而改变。

【基本案情】

中原银行股份有限公司三门峡分行（以下简称中原银行三门峡分行）与刘某军等担保合同民事纠纷案，经三门峡市中级人民法院作出（2013）三民三金初字第1－1号生效民事裁定，确定保全刘某军的财产。2013年7月3日，三门峡市中级人民法院依职权到三门峡市原国土资源局保全了卢氏县杜关镇荆彰石英矿（以下简称荆彰石英矿）的采矿权。该案诉讼结束后，中原银行三门峡分行申请强制执行，荆彰石英矿以该矿投资人工商登记变更为由提出执行异议，三门峡市中级人民法院作出（2014）三法执异字第009号民事裁定，裁定异议成立并中止该案执行。中原银行三门峡分行不服，向三门峡市中级人民法院提出执行异议之诉，请求依法判决其对荆彰石英矿采矿权继续执行。

一审法院查明：2005年7月29日王某虎通过挂牌形式取得荆彰石英矿区采矿权；2008年12月31日该个人独资矿山企业变更登记投资人为亢某伟；2009年3月16日该矿又变更登记投资人为刘某军；2013年6月17日该矿再次变更登记投资人为胡某红；2014年1月14日，杜某南以10.5万元的价格从胡某红手中接收该矿，至此该矿投资人为杜某南。

一审法院认为，根据工商机关的工商登记、营业执照及三门峡市原国土资源局备案资料可以认定：荆彰石英矿是个人独资企业，2009年3月16日至2013年6月17日，该矿投资人为刘某军。2011年3月8日起至今，荆彰石英矿采矿权人为荆彰石英矿。当时刘某军作为该个人独资企业的投资人，依法享有该企业的全部财产的所有权，所以登记在该企业名下的采矿权应为投资人刘某军所有。《矿产资源法》第6条第1款第2项、第3款规定，已取得采矿权的矿山企业，因企业合并、分立，与他人合资、合作经营，或者因企业资产出售以及有其他变更企业资产产权的情形而需要变更采矿权主体的，经依法批准可以将采矿权转让他人采矿。前款规定的具体办法和实施步骤由国务院规定。故采矿权转让需要依法履行审批手续，但现在荆彰石英矿的投资人杜某南并未履行相关审批手续，对荆彰石英矿的采矿权人未予变更。虽然工商登记变更了该矿的投资人，但并不产生采矿权转让的法律效力。故本案争议的执行标的荆彰石英矿的采矿权仍然在原投资人刘某军名下，荆彰石英矿主张该矿采矿权在荆彰石英矿名下，不在原投资人刘某军名下的理由与法律相悖，不予支持。故应继续执行荆彰石英矿采矿权。一审法院依照《投资企业法》第2条、《矿产资源法》第6条第1款第2项、2015年《民事诉讼法解释》第313条之规定,判令准许执行荆彰石英矿采矿权。

荆彰石英矿不服一审判决,上诉请求依法撤销一审判决,改判驳回中原银行三门峡分行的诉讼请求。二审法院认定的事实除与一审查明的事实一致外,另查明:(1)2005年7月29日,出让方卢氏县地质矿产局与买受方王某虎签订采矿权挂牌出让成交确认书,王某虎为竞得人。确认书内容为:①王某虎于2005年7月29日在卢氏县地质矿产局举行采矿权公开挂牌出让过程中,通过竞价,以人民币13,900元取得荆彰西沟石英矿区的采矿权。本矿区采矿权有效期自颁发采矿许可证之日起3年内有效,期满符合有关规定时,可办理延续……③签订本确认书后5日内,王某虎付清挂牌筹备费后,其余价款一次性缴纳给出让人卢氏县地质矿产局。④王某虎应根据国家的有关法律法规,在交清成交金额,并在资料准备齐全的情况下,于40日内到卢氏县地质矿产局办理采矿许可证,并交纳相关规费等内容。同年8月8日,王某虎向卢氏县工商行政管理局申请个人独资企业设立登记,企业名称为"卢氏县杜关镇荆彰石英矿"。同年11月8日,荆彰石英矿向卢氏县国土资源局提交了采矿权申请登记书,11月9日卢氏县地质矿产局向荆彰石英矿颁发了采矿许可证。采矿许可证的有效期限三年,自2005年11月至2008年11月。卢氏县地质矿产局向以王某虎为投资人的荆彰石英矿颁发了采矿许可证,有效期限为2008年11月至2010年3月。(2)2008年10月19日,王某虎与亢某伟签订了荆彰石英矿资产转让协议,王某虎以35万元的价格将荆彰石英矿的资产转让给亢某伟,2008年12月25日,荆彰石英矿向卢氏县工商行政管理局申请投资人由王某虎变更为亢某伟,2008年12月31日,卢氏县工商行政管理局颁发了企业名称为荆彰石英矿,投资人为亢某伟的营业执照。(3)2009年3月15日,亢某伟与刘某军签订了一份股权转让协议,亢某伟以35万元的价格将荆彰石英矿的整体资产转让给刘某军。刘某军付款后,2009年3月16日荆彰石英矿向卢氏县工商行政管理局申请变更投资人为刘某军,当日卢氏县工商行政管理局颁发了企业名称为荆彰石英矿,投资人为刘某军的营业执照。刘某军作为荆彰石英矿的投资人期间,卢氏县国土资源局为该矿采矿证的有效期办理了延期,从2010年12月31日延长至2011年3月31日。2011年3月8日,三门峡市国土资源局为荆彰石英矿颁发了采矿许可证,有效期限自2011年3月8日至2018年10月8日。(4)2013年6月17日,刘某军与胡某红签订了一份资产转让协议,刘某军以35万元的价格将荆彰石英矿的全部资产转让给胡某红。当日荆彰石英矿向卢氏县工商行政管理局申请变更投资人,卢氏县工商行政管理局于当日为荆彰石英矿颁发了投资人为胡某红的营业执照。(5)2014 年 1 月 9 日,胡某红作为投资人,向卢氏县工商行政管理局提出变更荆彰石英矿的投资人为杜某南的申请。2014 年 1 月 14 日,杜某南与胡某红签订了一份企业资产转让协议,胡某红以 10.5 万元的价格将该矿转让给杜某南,杜某南于当日向胡某红支付了出资款 10.5 万元。卢氏县工商行政管理局颁发了杜某南为投资人、企业名称为荆彰石英矿的营业执照。

二审法院认为,双方争议的焦点问题是:荆彰石英矿对案涉采矿权的排除执行异议是否成立,事实依据和法律依据是什么。

1. 关于中原银行三门峡分行提起执行异议之诉时,是否已经超过法律规定的除斥期间实体权利已丧失的问题。由于三门峡市中级人民法院(2014)三法执异字第 009 号执行裁定未写明"案外人、当事人对裁定不服,可以自裁定送达之日起十五日内向人民法院提起诉讼",属于遗漏告知当事人再行救济权利的情形,应当重新起算相关期限,自当事人得知救济权利时再行计算提起诉讼的期限。虽然中原银行三门峡分行收到解除查封裁定后未在法定的 15 日内提起执行异议之诉,但中原银行三门峡分行得知该项救济权利后在法定期限内提起了执行异议之诉,未超过法定的除斥期间,故荆彰石英矿该项上诉理由不成立,予以驳回。

2. 关于荆彰石英矿对案涉采矿权排除执行异议的理由是否成立的问题。根据《个人独资企业法》第 2 条关于"本法所称个人独资企业,是指依照本法在中国境内设立,由一个自然人投资,财产为投资人个人所有,投资人以其个人财产对企业债务承担无限责任的经营实体"的规定,荆彰石英矿的性质是个人独资企业,该矿资产所有权属于投资人。由于采矿权属于荆彰石英矿所有,荆彰石英矿的投资人对该矿的采矿权拥有相应的权利。荆彰石英矿于 2005 年 8 月 8 日王某虎向卢氏县工商行政管理局申请个人独资企业设立登记至今经历了五个投资人,依次为:王某虎、亢某伟、刘某军、胡某红、杜某南。根据《个人独资企业法》第 13 条"个人独资企业的营业执照的签发日期为个人独资企业的成立日期。在领取个人独资企业营业执照前,投资人不得以个人独资企业名义从事经营活动",以及第 15 条"个人独资企业存续期间登记事项发生变更的,应当在作出变更决定之日起的十五日内依法向登记机关申请办理变更登记"的规定,个人独资企业的设立登记机关是工商行政管理局,投资人的变更登记机关也是工商行政管理局。本案荆彰石英矿的五个投资人转让投资的模式及变更登记模式是一致的,每个投资人在荆彰石英矿营业执照登记为投资人期间分别依法对荆彰石英矿的资产拥有合法的所有权。刘某军在2009年3月16日至2013年6月17日对荆彰石英矿的资产包括采矿权享有权利，但在2013年7月3日，三门峡市中级人民法院查封荆彰石英矿的采矿权时，刘某军已经将荆彰石英矿的资产通过协议的方式转让给胡某红，且已依法变更了投资人的登记，刘某军对荆彰石英矿的采矿权已经不再享有任何权利。目前，卢氏县工商行政管理局登记的荆彰石英矿投资人为杜某南，杜某南依法对荆彰石英矿的资产享有权利。2013年7月3日，三门峡市中级人民法院查封荆彰石英矿的采矿权时，三门峡市国土资源局的档案中存放的荆彰石英矿营业执照的投资人为刘某军，是因为刘某军作为投资人期间荆彰石英矿的采矿权到期，重新申请采矿权时需要荆彰石英矿的营业执照，法律法规没有明确规定个人独资企业投资人的变更除了在工商管理机关办理变更登记外，需要履行其他法律手续。本案刘某军转让对荆彰石英矿的投资的方式与其前后手投资人的方式完全一致，符合法律规定，转让行为有效。故三门峡市中级人民法院查封案涉采矿权时，刘某军已经对荆彰石英矿的采矿权不享有任何权利。荆彰石英矿对本案排除执行异议的理由成立，该院予以支持。综上，一审法院认定事实部分不清，适用法律不当，依法应予以纠正。

二审法院依照2017年《民事诉讼法》第170条第1款第2项、第3项之规定，判令：(1)撤销一审判决；(2)驳回中原银行三门峡分行的诉讼请求。一审案件受理费2400元，二审案件受理费2400元，均由中原银行三门峡分行承担。

中原银行三门峡分行不服河南省高级人民法院(2015)豫法民三终字第79号民事判决，该案进入再审阶段，荆彰石英矿提交了新的营业执照以及工商登记资料，载明2016年6月17日投资人工商登记信息由杜某南变更为李某莎，该矿现在的投资人为李某莎。李某莎申请以有独立请求权第三人加入诉讼，表示其为现在案涉采矿权所有人。二审法院认为，关于李某莎是否作为有独立请求权第三人参加诉讼的问题，因李某莎作为荆彰石英矿的实际投资人，可以荆彰石英矿负责人的名义参加本案诉讼。故二审法院对其该项申请不予准许。

最高人民法院认为，本案争议的主要焦点问题为：荆彰石英矿排除执行异议的理由能否成立。

(一)关于荆彰石英矿作为个人独资企业变更投资人的性质问题

《个人独资企业法》第2条规定："本法所称个人独资企业，是指依照本法在中国境内设立，由一个自然人投资，财产为投资人个人所有，投资人以其个人财产对企业债务承担无限责任的经营实体。"第17条规定："个人独资企业投资人对本企业的财产依法享有所有权,其有关权利可以依法进行转让或继承。”据此,个人独资企业不具有独立的法律人格,性质是非法人企业,企业全部财产的实际所有权人系投资人。本案中,荆彰石英矿作为个人独资企业多次变更投资人,并经过工商变更登记。从表面上看,荆彰石英矿名称不变,但鉴于个人独资企业的财产系投资人所有,投资人的变更必然导致企业名下财产权利的转移。案涉采矿权登记在荆彰石英矿名下,是刘某军作为该个人独资企业的投资人申请取得,刘某军系该采矿权的权利人。2016 年《变更追加规定》第 13 条第 1 款中规定:“个人独资企业投资人作为被执行人的,人民法院可以直接执行该个人独资企业的财产。”一审法院据此查封了案涉采矿权。采矿权系矿山企业的核心资产,矿山企业资产的整体转让和投资人的变更必然导致采矿权主体的变更。因此,刘某军(甲方)与胡某红(乙方)、胡某红(甲方)与杜某南(乙方)、杜某南(甲方)与李某莎(乙方)分别签订的企业资产转让协议或者独资企业股权转让协议均约定矿山企业全部资产或者 100% 企业产权的转让,应认定为包括采矿权转让在内的企业资产的整体转让。

(二)关于案涉采矿权是否发生权利转移的问题

《矿产资源法》第 6 条第 1 款第 2 项规定:“已取得采矿权的矿山企业,因企业合并、分立,与他人合资、合作经营,或者因企业资产出售以及有其他变更企业资产产权的情形而需要变更采矿权主体的,经依法批准可以将采矿权转让他人采矿。”《探矿权采矿权转让管理办法》第 4 条规定:“国务院地质矿产主管部门和省、自治区、直辖市人民政府地质矿产主管部门是探矿权、采矿权转让的审批管理机关。国务院地质矿产主管部门负责由其审批发证的探矿权、采矿权转让的审批。省、自治区、直辖市人民政府地质矿产主管部门负责本条第二款规定以外的探矿权、采矿权转让的审批。”第 10 条第 1 ~ 2 款规定:“申请转让探矿权、采矿权的,审批管理机关应当自收到转让申请之日起40 日内,作出准予转让或者不准转让的决定,并通知转让人和受让人。准予转让的,转让人和受让人应当自收到批准转让通知之日起60 日内,到原发证机关办理变更登记手续;受让人按照国家规定缴纳有关费用后,领取勘查许可证或者采矿许可证,成为探矿权人或者采矿权人。”根据上述法律法规的规定,采矿权转让依法需经国土资源主管部门批准,办理矿业权变更登记,受让人才依法取得采矿权。

根据本案查明的事实,案涉采矿权证系刘某军作为荆彰石英矿投资人于 2011 年 3 月 8 日申请取得,但刘某军将荆彰石英矿全部资产转让给胡某红、胡某红转让给杜某南、杜某南转让给李某莎,均未依法向该采矿许可证颁发机关三门峡市国土资源局办理审批登记手续,依法不能产生采矿权的物权变动效力。尽管荆彰石英矿投资人已经过工商登记变更,案涉采矿权依法登记在荆彰石英矿名下,但采矿权主体并未同时发生变更,权利人依然是刘某军。尽管案涉采矿权每年年检时,矿山企业需要提供最新营业执照,三门峡市原国土资源局在证书副本背面加盖了行政审批专用章,并记载当年缴纳采矿权使用费的情况,但是荆彰石英矿据此主张三门峡市原国土资源局在程序上和事实上认可了荆彰石英矿投资人变更,并不能成立。一是没有证据证明三门峡市原国土资源局每年对案涉采矿权的年检行为系法律规定的对采矿权转让的审批;二是三门峡市原国土资源局在采矿许可证副本上加盖的虽是行政审批专用章,但从记录的事项看则是对该矿缴纳年度采矿权使用费的确认,并不能证明荆彰石英矿的上述主张。二审法院关于"法律法规没有明确规定个人独资企业投资人的变更除了在工商管理机关办理变更登记外,需要履行其他法律手续"的认定未考虑矿业权具有行政赋权的法律特性,以及矿业权转让需经国土资源主管部门审批登记的法律规定,适用法律有误,应予纠正。

综上所述,中原银行三门峡分行的申请再审理由成立,二审判决认定事实、适用法律有误。依照《个人独资企业法》第2条、第17条,《矿产资源法》第6条,《探矿权采矿权转让管理办法》第3条、第4条、第10条,2017年《民事诉讼法》第207条第1款、第170条第1款第2项之规定,判决撤销河南省高级人民法院(2015)豫法民三终字第79号民事判决;维持河南省三门峡市中级人民法院(2015)三民金初字第7号民事判决。

【要点评析】

本案是一起因采矿权转让而引发的执行异议之诉。对于申请执行人中原银行三门峡分行提出的,继续执行荆彰石英矿采矿权的请求是否成立的问题,归纳出本案的两个争议焦点:(1)关于荆彰石英矿作为个人独资企业转让股权或者投资份额的性质认定问题;(2)关于采矿权是否发生权利转移的问题。

(一)关于荆彰石英矿作为个人独资企业转让股权或者投资份额的性质认定问题

个人独资企业不具有独立的法人资格,在财产归属上,个人独资企业的资产所有人就是投资人。因此,个人独资企业的投资人转让股权或投资份额的实质,是转让其本人直接拥有的企业全部资产,其中也包括以企业名义取得的一切权属利益。本案围绕采矿权展开,而采矿权是矿山企业的核心资产,因此,个人独资形式的矿山企业全部股权的转让,实质就是采矿权的转让,这必然会导致采矿权主体的变更。本案中,荆彰石英矿作为个人独资企业,虽然其名称始终未更换,但荆彰石英矿曾多次更换投资人,并且均办理了工商变更登记,则该个人独资企业的投资人已经更换,其财产权利也已经转移到了新的投资人名下。因此,王某虎、亢某伟、刘某军、胡某红、杜某南、李某莎之间分别在企业资产转让协议或者独资企业股权转让协议中约定的100%企业产权的转让,是包括采矿权在内的企业整体资产转让。

(二)关于采矿权是否发生权利转移的问题

依据《矿产资源法》第6条第1款第2项规定:"已取得采矿权的矿山企业,因企业合并、分立,与他人合资、合作经营,或者因企业资产出售以及有其他变更企业资产产权的情形而需要变更采矿权主体的,经依法批准可以将采矿权转让他人采矿。"《最高人民法院关于审理矿业权纠纷案件适用法律若干问题的解释》第6条规定:"矿业权转让合同自依法成立之日起具有法律约束力。矿业权转让申请未经国土资源主管部门批准,受让人请求转让人办理矿业权变更登记手续的,人民法院不予支持。"可知,采矿权的转让需要经过国土资源主管部门批准,依法办理矿业权变更登记,受让人才能依法取得采矿权。本案中,刘某军作为荆彰石英矿的投资人,于2011年3月8日,依申请取得了案涉采矿权的审批,依法取得采矿权。虽然刘某军其后将荆彰石英矿全部资产转让给了胡某红,胡某红转让给了杜某南,杜某南转让给李某莎,但是均没有依法向采矿许可证的颁发机关办理审批登记手续,因此,依法不能产生采矿权的物权变动效力。即使变更了工商登记,但是矿业权的登记没有变更,采矿权的权利人仍然是刘某军。二审法院的判决书中关于"法律法规没有明确规定个人独资企业投资人的变更除了在工商管理机关办理变更登记外,需要履行其他法律手续"的认定未考虑到采矿权转让需经国土资源主管部门审批登记的法律规定,也没有考虑到矿业权具有行政赋权的法律特性。

个人独资矿山企业股权转让监管问题,尚处于空白状态,这也对涉及矿业权的案件执行发出了挑战,如何认定采矿权的转移是判决的关键所在。虽然上述案件属于个案裁判的结果,但是目前最高人民法院在全国范围内推行的类案检索制度,也为同类案件的裁判提供了参考。

黔南州荔波县茂兰镇下甲介煤矿与张某新、贵州甲盛龙集团矿业投资有限公司案外人执行异议之诉纠纷案

[(2021)最高法民再141号民事判决书]

【裁判要旨】

支付定金后即变更采矿权人登记系兼并重组政策的要求,登记权利人仅支付定金未实际经营,申请执行人应当知晓案外人系案涉采矿权的实际权利人,对采矿权登记在权利人名下不产生信赖利益保护,案外人提出执行异议的,人民法院应予支持。

执行异议之诉中,案涉采矿权在判决作出前已通过以物抵债裁定变更到申请执行人名下,当人民法院判决不得执行该采矿权时,如不涉及维护司法拍卖、变卖程序安定性及不特定第三人利益保护等问题,则不得执行的范围可以及于该以物抵债裁定书,以物抵债裁定书应予以撤销,并解除查封等强制执行措施。

【基本案情】

贵州省高级人民法院(2017)黔民终128号民事判决,判决贵州甲盛龙集团矿业投资有限公司(以下简称甲盛龙公司)偿付张某新借款1128万元及利息(自2014年12月4日至本息还清之日止,按年利率24%计息)。因甲盛龙公司不履行生效文书义务,张某新向贵州省黔南布依族苗族自治州中级人民法院(以下简称一审法院)申请强制执行。执行程序中,一审法院向原贵州省国土资源厅查询甲盛龙公司名下采矿权情况。2018年5月28日,原贵州省国土资源厅查询情况显示:截至该日,包括案涉采矿权在内共有16个有效采矿权登记在甲盛龙公司名下,其中案涉采矿权在该厅无有效的抵押备案记录。一审法院依据上述查询结果对甲盛龙公司名下包括案涉采矿权在内的部分采矿权进行了查封。

黔南州荔波县茂兰镇下甲介煤矿(以下简称下甲介煤矿)以其为案涉采矿权的实际权利人为由,向一审法院提出异议,请求中止对案涉采矿权的执行。一审法院驳回下甲介煤矿所提执行异议。下甲介煤矿向一审法院提起案外人异议之诉,一审法院于2019年12月12日作出(2019)黔27民初122号民事判决,判决驳回下甲介煤矿的诉讼请求。下甲介煤矿不服一审判决,提起上诉。贵州省高级人民法院于2020年8月3日作出(2020)黔民终476号民事判决,判决驳回上诉,维持原判。下甲介煤矿不服,向最高人民法院申请再审。

2013 年 7 月 30 日，下甲介煤矿与甲盛龙公司签订《矿业权股权转让合同》，载明：转让采矿权名称为黔南州荔波县茂兰镇下甲介煤矿(欧某金)；采矿权许可证号为 C52000020120×××；转让金额为，所有资产作价为人民币 3000 万元，甲盛龙公司收购下甲介煤矿 99% 股权，作价 2970 万元；在原贵州省国土资源厅签字更名时，甲盛龙公司支付 100 万元作为履行合同的定金。2013 年 8 月 27 日，下甲介煤矿与甲盛龙公司签订补充协议，变更转让金额为，所有资产作价为人民币 3800 万元，甲盛龙公司收购下甲介煤矿 99% 股份，作价 3762 万元；定金支付条件和数额未变更。2014 年 2 月 10 日，甲盛龙公司向下甲介煤矿支付了 100 万元转让款。

2013 年 8 月 27 日，下甲介煤矿与甲盛龙公司签订《采矿权转让合同》，该合同约定，案涉煤矿采矿权以合资合作方式转让给甲盛龙公司，转让金额为 700 万元，转让后下甲介煤矿占该矿权的 49%，甲盛龙公司占该矿权的 51%；签订协议后 3 个工作日内，甲盛龙公司付款 50 万元，6 个月以后付款 400 万元，剩余 250 万元在变更完证照后付清；甲盛龙公司按合同约定向下甲介煤矿支付完转让金额后，方可要求下甲介煤矿提供采矿许可证等规定的全部资料，下甲介煤矿有义务协助甲盛龙公司办理采矿许可证变更登记等相关手续。该《采矿权转让合同》系在原贵州省国土资源厅归档的合同。

2013 年 8 月 27 日，下甲介煤矿与甲盛龙公司签订协议书，第 2 条约定，按省国土资源厅要求所签订的《采矿权转让合同》仅作为办理煤矿采矿权兼并重组之用，不作为采矿权交易付款的真实依据。

2014 年 9 月 26 日，甲盛龙公司向下甲介煤矿出具《产权确认证明书》，承诺在甲盛龙公司未支付完毕所有采矿权价款时，案涉煤矿的所有产权(含采矿权及煤矿地面上的所有财产权等)仍归属荔波县茂兰镇下甲介煤矿(法人：欧某金)所有。2019 年 9 月 18 日下甲介煤矿出具情况说明称，2018 年 9 月 4 日甲盛龙公司与荔波县茂兰镇富奇煤矿、下甲介煤矿在荔波县应急管理局就产权退出补偿一事进行调解。荔波县应急管理局在该情况说明上备注“情况属实”，并加盖了荔波县应急管理局的印章。甲盛龙公司于 2019 年 9 月 3 日向一审法院出具声明称，根据贵州省人民政府对煤矿兼并重组精神的要求，贵州省各县煤矿成立集团公司，原煤矿企业要求兼并重组到集团公司，为了配合甲盛龙公司办理相关证件手续，下甲介煤矿进入甲盛龙公司进行兼并重组，甲盛龙公司于 2013 年 8 月 27 日与下甲介煤矿(法人：欧某金)签订《煤矿收购协议书》，但采矿权手续变更后，甲盛龙公司无法履行《煤矿收购协议书》，至今未按时支付采矿权转让价款,因此案涉煤矿的所有产权归黔南荔波县茂兰镇下甲介煤矿所有,其他任何单位和个人无权处置下甲介煤矿所有产权。

案涉采矿权变更登记至甲盛龙公司名下后,一直处于关闭停业状态,甲盛龙公司对案涉煤矿未进行实际经营。经贵州省煤炭工业淘汰落后产能加快转型升级工作领导小组办公室于2019年12月31日批复,案涉煤矿被关闭。

另查明,在贵州省高级人民法院(2017)黔民终128号民事判决的执行程序中,张某新与盘县新民富新煤矿于2019年12月6日就判项中的700万元借款本金达成《债权转让协议》,盘县新民富新煤矿于2019年12月6日向黔南州中院提交《关于变更申请执行人申请》和《以物抵债申请书》,申请以二拍流拍价裁定案涉煤矿采矿权归盘县新民富新煤矿所有;在张某新提供执行担保的情况下,一审法院于2019年12月8日作出(2019)黔27执恢9号之五执行裁定书,裁定变更盘县新民富新煤矿为案涉申请执行人(之一),将案涉采矿权作价700万元交付盘县新民富新煤矿抵偿700万元的债务。

一审法院认为,案涉采矿权登记权利人为甲盛龙公司,而非下甲介煤矿,故驳回下甲介煤矿所提执行异议。

贵州省高级人民法院认为,根据《矿产资源法实施细则》第6条的规定,取得采矿许可证的单位或者个人称为采矿权人。本案中,案涉采矿权虽曾属于下甲介煤矿,但下甲介煤矿在贵州省实施煤矿兼并重组期间按兼并重组政策和相关法律规定将案涉采矿权报经行政审批后已变更登记到甲盛龙公司名下,甲盛龙公司据此已经依法取得采矿许可证,成为案涉煤矿的法定采矿权人,下甲介煤矿依法不再是案涉煤矿的法定采矿权人。采矿权系经行政审批许可取得的开采矿产资源的特许权利,不同于一般物权。下甲介煤矿与甲盛龙公司之间关于双方就案涉采矿权系挂靠关系、下甲介煤矿仍然系案涉煤矿实际采矿权人的主张,于法无据,不能否定行政主管机关对甲盛龙公司依法颁发的采矿许可证。下甲介煤矿在二审中所提另案生效判决,虽然解除了下甲介煤矿与甲盛龙公司之间的前述转让合同,但并未判决也不可能判决案涉煤矿的采矿权人系下甲介煤矿,否则系以审判权取代行政权,从而违背矿产资源法律法规规定。下甲介煤矿与甲盛龙公司之间的案涉合同经判决解除后,下甲介煤矿因此对甲盛龙公司可依法享有相应的合同债权,而非据此依法直接取得案涉采矿权。事实上,根据我国现行矿产资源管理规定,煤炭资源的采矿权人应具备法人资格和其他特定条件。根据债权平等原则,下甲介煤矿基于合同解除对甲盛龙公司可能享有的合同债权,并不能对抗张某新对甲盛龙公司享有的经生效判决确定的债权，不能排除执行法院基于张某新的申请对甲盛龙公司名下采矿权的强制执行。执行法院在执行查封甲盛龙公司名下的案涉采矿权时，案涉采矿许可证并未被行政机关依法注销或者撤销，而是该矿需与甲盛龙公司名下的其他煤矿兼并重组，所查封的采矿权具有相应财产价值，贵州省实施煤矿企业兼并重组政策期间相关煤矿采矿权的处理有其特殊性，案涉煤矿采矿许可证过期并不等于采矿权的当然灭失，行政主管机关并未因此认定该采矿权已灭失。案涉煤矿因兼并重组需关闭亦不能否定该矿既有采矿权的兼并重组变现价值。下甲介煤矿所提其他上诉理由，均不能证明其系被执行查封的案涉采矿权的法定采矿权人，亦不能证明其对案涉采矿权依法享有优先于张某新对甲盛龙公司享有的债权。故下甲介煤矿关于对案涉采矿权排除执行的上诉理由不能成立。

最高人民法院认为，案涉采矿权系根据贵州省煤矿企业兼并重组政策要求，形式上变更登记至甲盛龙公司名下，甲盛龙公司并未进行实际经营和收益，应当认定下甲介煤矿系案涉采矿权的实际权利人。下甲介煤矿作为案涉采矿权的实际权利人，对案涉采矿权享有的民事权益，足以排除本案强制执行。此外，张某新主张，在再审法院裁定提审本案前，案涉采矿权已经通过执行程序变更至案外人名下，下甲介煤矿已经没有诉的利益。对此，再审法院认为，本案中，一审法院作出(2019)黔27执恢9号之五执行裁定书，以流拍的案涉采矿权抵债，并非通过拍卖、变卖方式予以执行并变更至本案案外人名下，应当属于人民法院在执行程序中作出的以物抵债裁定书。《异议复议规定》第6条第2款规定，“案外人依照民事诉讼法第二百二十七条规定提出异议的，应当在异议指向的执行标的执行终结之前提出；执行标的由当事人受让的，应当在执行程序终结之前提出”。下甲介煤矿提起本案诉讼符合上述法律规定，案涉采矿权虽然经过以物抵债裁定变更至盘县新民富新煤矿名下，但是下甲介煤矿在执行标的查封之后、执行程序终结之前，有权提起执行异议维护其合法权益。此外，(2019)黔27执恢9号之五执行裁定书虽然确认案涉采矿权交付盘县新民富新煤矿，但该裁定书属于人民法院在执行程序中作出的以物抵债裁定书，将案涉采矿权变更登记至盘县新民富新煤矿名下不涉及维护司法拍卖、变卖程序安定性以及不特定第三人利益保护等问题，本案判决不得执行的范围可以及于该裁定书。

【要点评析】

采矿权具有行政许可的特性，取得采矿权需经行政审批登记，这也是本案一审、二审法院以行政许可认定物权归属的原因。但最高人民法院认为，“在采矿权经初始设定即行政许可登记之后的权利利用上,实践中存在名义权利与实际权利分离的情形",因此进行了"穿透式"审查,进而对案涉采矿权的实际权利人进行认定。但需要指出的是,案外人异议之诉的审理范围包括确权,但异议之诉判决中关于确认采矿权的实际权利人的裁判结果,并不当然直接产生许可登记的效力,实际权利人取得采矿权,仍必须经过行政许可登记。

第二十章　基于金钱债权的异议之诉

第一节　执行利害关系人能否提起异议之诉

根据《民事诉讼法》第236条的规定，当事人、利害关系人认为人民法院的执行行为违反法律规定的，应提起执行行为异议，通过执行异议、复议程序救济；根据《民事诉讼法》第238条的规定，当事人、案外人对执行标的实体权益产生争议的，应提起案外人异议，当事人不服的，不再通过复议程序，而是通过提起执行异议诉讼或启动审判监督程序等实体审判程序进一步救济。由上述规定可知，执行利害关系人对执行异议不服的，只能提出复议，并不存在提起执行异议之诉的问题，执行异议之诉只能由案外人提起。不过，就“利害关系人”和“案外人”各自的概念而言，在理论上仍存在比较大的分歧，在执行实践中，当事人之外的提起异议的民事主体是属于“案外人”还是“利害关系人”，也很容易产生争议。由此产生的问题是，究竟应以“利害关系人”和“案外人”的概念来界定两类异议程序的区别，还是应该根据两类异议程序本质特点的不同，来分列当事人在异议程序中的法律地位？

法律依据

《民事诉讼法》第236条　当事人、利害关系人认为执行行为违反法律规定的，可以向负责执行的人民法院提出书面异议。当事人、利害关系人提出书面异议的，人民法院应当自收到书面异议之日起十五日内审查，理由成立的，裁定撤销或者改正；理由不成立的，裁定驳回。当事人、利害关系人对裁定不服的，可以自裁定送达之日起十日内向上一级人民法院申请复议。

《异议复议规定》第5条　有下列情形之一的，当事人以外的自然人、法人和非法人组织，可以作为利害关系人提出执行行为异议：

（一）认为人民法院的执行行为违法，妨碍其轮候查封、扣押、冻结的债权受偿的；

（二）认为人民法院的拍卖措施违法，妨碍其参与公平竞价的；

(三)认为人民法院的拍卖、变卖或者以物抵债措施违法,侵害其对执行标的的优先购买权的;

(四)认为人民法院要求协助执行的事项超出其协助范围或者违反法律规定的;

(五)认为其他合法权益受到人民法院违法执行行为侵害的。

一、制度阐释

(一)利害关系人概念辨析

利害关系人是我国《民事诉讼法》历来就有的法律术语,具体体现在诉前财产保全、证人证言、宣告失踪、宣告死亡、认定行为能力以及公示催告等诉讼程序中,一般是指争议的法律关系与特别事项中有自身利益,或者争议的法律关系与特别事项的最终处理结果将给其带来弊害的人。① 2007 年修改的《民事诉讼法》增加了有关执行行为异议(第 202 条)和案外人异议(第 204 条)的规定,并首次将"利害关系人"和"案外人"并列作为异议程序的当事人。

不过,无论是理论还是执行实践中,将"利害关系人"和"案外人"的概念区别开来都非易事。对《民事诉讼法》所规定的"利害关系人"的确切含义,以及与"案外人"的区别,理论上有以下几种观点。(1)有学者认为,利害关系人是指执行当事人以外,因强制执行而导致其法律上的权利、利益受到侵害的公民、法人或其他组织;而案外人异议之诉的适格原告须为当事人以外"执行依据效力所不及的第三人,包括财产所有权人以及对该财产有管理权和处分权的人,如破产管理人、遗嘱执行人等"。② (2)另有学者认为,利害关系人与案外人具有包容关系,广义的利害关系人包含程序性利害关系人与实体性利害关系人,其中实体性利害关系人就是指执行程序中的案外人。③ (3)还有学者认为,案外人事实上指的就是利害关系人,即除当事人之外的,其权益受到执行机关执行行为侵害的人。④

我们认为,所谓执行程序中的案外人,按照通常意义理解,是指执行程序中申请人、被执行人之外的人,无论与该执行案是否有法律上的关联,都可以称为案外之人。从这一角度视之,"案外人"与我们通常意义上所理解的"利害关系人"并无本质不同。《民事诉讼法》第 236 条所规定的利害关系人,是指与执行行为有法律

① 参见韩波:《论执行异议之诉中的"利害关系人"》,载《中国政法大学学报》2011 年第 3 期。

② 参见肖建国:《〈民事诉讼法〉执行编修改的若干问题探讨——以民事强制执行救济制度的适用为中心》,载《法律适用》2008 年第 4 期。

③ 参见韩波:《论执行异议之诉中的"利害关系人"》,载《中国政法大学学报》2011 年第 3 期。

④ 参见谭秋桂:《民事执行原理研究》,中国法制出版社 2001 年版,第 387 页。

上利害关系的人,因此只要是执行行为所涉及的当事人之外的人,典型如执行拍卖中的竞买人,均可以称为利害关系人。如果按照前述理论和审判实践,将案外人定义为"执行依据效力所不及"的当事人之外的人,如财产所有权人,则在很大程度上与前述利害关系人处于同一范畴。比如,对被执行人的不动产主张权利的人,既可能是所有权人,也可能是执行拍卖的竞买人,它们都与执行行为有法律上的利害关系,也都不属于当事人,本身并无实质区别。因此,利害关系人和案外人实质上是同概念的不同称谓。考虑到"利害关系人"属于民事诉讼立法上久已有之的概念,强调该"人"与审判或执行案件"法律"上的利害关系,更为接近其真实含义,而如果使用"案外人"这一概念,由于并非所有当事人之外的人均会参与审判或执行程序中,那么参与审判与执行程序中的案外人必然是与案件有"法律"上利害关系的案外人。综上所述,强行将两者区别开来,会导致法律术语的具体含义与社会普遍的理解背离,造成适用和理解上的困扰。例如,与《民事诉讼法》第 238 条将提起异议的主体限定为"案外人"不同,《民事诉讼法解释》第 499 条[①]将根据《民事诉讼法》第 238 条提起异议的主体界定为"利害关系人"。在这里,利害关系人与案外人的含义是相同的,实际上也更接近人们对这两个概念的理解。

(二)利害关系人的类型

"利害关系人"与"案外人"在概念上无实质区别,为逻辑上的周延,使用利害关系人来指称这两种异议程序中当事人之外的民事主体,显然更为妥当。不过,为顺应《民事诉讼法》及司法解释长期以来形成的惯例,可以通过对这两类异议程序的本质特征进行提炼,作为界定"利害关系人"和"案外人"的范围。而自 2015 年 5 月 5 日起施行的《异议复议规定》则对此作出了明确而具体的规定,认为利害关系人是当事人以外,对人民法院的执行行为提出程序性异议的公民(自然人)、法人和其他组织;案外人是指当事人以外,对执行标的主张所有权等阻止执行的实体权利的公民(自然人)、法人和其他组织。[②] 由此观之,只有案外人可以提起执行异议和执行异议之诉,而利害关系人则不具备提起执行异议之诉的主体资格。

利害关系人的类型。根据《异议复议规定》第 5 条的规定,利害关系人有以下四种类型:(1)他案债权人,即认为人民法院的执行行为违法,妨碍其轮候查封、扣

---

① 《民事诉讼法解释》第 499 条规定:"人民法院执行被执行人对他人的到期债权,可以作出冻结债权的裁定,并通知该他人向申请执行人履行。该他人对到期债权有异议,申请执行人请求对异议部分强制执行的,人民法院不予支持。利害关系人对到期债权有异议的,人民法院应当按照民事诉讼法第二百三十四条规定处理。对生效法律文书确定的到期债权,该他人予以否认的,人民法院不予支持。"

② 参见江必新、刘贵祥主编,最高人民法院执行局编著:《最高人民法院〈关于人民法院办理执行异议和复议案件若干问题规定〉理解与适用》,人民法院出版社 2015 年版,第 33 ~ 34 页。

押、冻结的债权受偿的;需要注意的是,在他案债权为优先债权的情况下,如果认为首封法院怠于采取执行措施的,根据《最高人民法院关于首先查封法院与优先债权执行法院处分查封财产有关问题的批复》的规定,可由优先债权执行法院提起争议解决程序,请求共同上级法院指定财产处置法院。对此,优先债权人是否还可以根据《异议复议规定》提起执行异议,实践中有争议。考虑到执行中优先债权执行法院怠于启动争议解决程序仍普遍存在,我们认为应允许他案债权人向首先查封法院提出执行异议。(2)拍卖程序中的竞买人,即认为人民法院的拍卖措施违法,妨碍其参与公平竞价的。(3)优先购买权人,即认为人民法院的拍卖、变卖或者以物抵债措施违法,侵害其对执行标的的优先购买权的。(4)协助义务人,即认为人民法院要求协助执行的事项超出其协助范围或者违反法律规定的。该条同时设置了兜底性条款,规定"认为其他合法权益受到人民法院执行行为侵害的"也属于利害关系人。

二、操作指引

如前所述,在执行程序中,执行当事人之外的民事主体,对执行行为的合法性提出异议的,在诉讼程序和裁判文书中将其列为利害关系人;对执行标的的权属提出主张的,将其列为案外人。同时,上述条件也是目前司法解释确定的区分执行行为异议和案外人异议的实质标准。不过,在审判实践中,由于利害关系人和案外人的概念存在前述逻辑上的冲突,特别是《异议复议规定》生效后,如果忽略司法解释所确定的前述认定标准,而是通过界定利害关系人和案外人的定义来赋予当事人不同的救济程序,就犯了以结果论证原因的逻辑错误,轻者说理不清,重则可能不当地剥夺当事人的诉权。

在最高人民法院审理的吴某友与青海西矿能源开发有限责任公司(以下简称西矿公司)、青海百傲建筑工程有限责任公司(以下简称百傲公司)申请执行人执行异议之诉案①中,吴某友为申请执行人,百傲公司为被执行人,西矿公司为百傲公司的或然债务人,在执行程序中,西矿公司以其所欠百傲公司的债权尚未到期为由提出执行异议,执行法院作出中止执行该债权的裁定。吴某友向执行法院提起诉讼,请求继续执行。最高人民法院再审审查认为,根据《民事诉讼法解释》第 499 条的规定,"利害关系人"对到期债权有异议的,人民法院应当按照《民事诉讼法》第 238 条规定处理。此处的"利害关系人",是指该条规定中"他人"之外的案外人,亦即《民事诉讼法》第 238 条规定的"案外人"。根据上述司法解释的规定,仅"利害关系

① 最高人民法院民事裁定书,(2017)最高法民申 143 号。

人”对到期债权有异议的，才有权按照《民事诉讼法》第238条规定处理。本案中，吴某友系申请执行人，西矿公司为该条规定中的“他人”，均不属于《民事诉讼法解释》第499条规定中的“利害关系人”。此外，2008年《执行规定》第63条规定：“第三人在履行通知指定的期间内提出异议的，人民法院不得对第三人强制执行，对提出的异议不进行审查。”此即人民法院依据《民事诉讼法解释》第499条的规定，对“他人”执行到期债权时，如“他人”对到期债权有异议，人民法院不作实质性审查，即应中止执行。最高人民法院据此维持了二审驳回申请人起诉的裁定。我们认为，对于被执行人到期债权的执行问题，由于被执行人与其债务人之间的债权债务关系涉及实体权利义务的争议，不适宜通过执行程序审查，故根据《执行规定》的规定，只要债务人提出异议的，执行法院即不再审查，此时申请人可通过代位权诉讼主张权利。此时，申请人对执行法院不执行被执行人的到期债权提出异议，不涉及实体权属争议，属于《民事诉讼法》第236条规定的行为异议，不是第238条规定的案外人异议，而案外人异议是执行异议之诉的必要前置程序。因此，本案中申请人对执行法院中止执行到期债权不服，所提异议属于执行行为异议，不是案外人异议，据此驳回其起诉，符合《民事诉讼法》及司法解释关于执行行为异议与案外人异议区分的规定。

在四川省高级人民法院审理的宜宾天力化工有限公司（以下简称天力公司）与罗某达执行异议之诉案中，[①]申请执行人为罗某达，被执行人为曾某荣，天力公司在执行过程中向执行法院提供执行担保。[②] 四川省高级人民法院认为，执行异议之诉与执行异议、复议是分别针对执行案件当事人（或利害关系人）、案外人的两种不同的救济途径和方式。执行案件中的案外人系针对执行案件的当事人和利害关系人而言，是指除了案件当事人和利害关系人之外的其他人。天力公司在执行案件中系曾某荣执行义务担保人、案涉土地的使用权人，与该执行案件有利害关系，系利害关系人而非案外人。故天力公司不具有提起案外人执行异议之诉的主体资格。该院据此维持了一审驳回起诉的裁定。

① 四川省高级人民法院民事裁定书，(2016)川民终936号。

② 四川省高级人民法院执行裁定书，(2016)川执复24号。

审判前沿

赵某皓、李某阳再审审查与审判监督案

[(2018)皖15民初100号民事判决书、
(2019)皖民终925号民事判决书、
(2020)最高法民申4289号民事裁定书]

【裁判要旨】

到期债权执行中,除申请执行人、被执行人及次债务人之外的其他主体对到期债权主张实体权利,属《民事诉讼法解释》第499条规定的“利害关系人”,其提起的异议及异议之诉按照案外人异议和案外人执行异议之诉进行审查处理。次债务人是否提出异议并不影响法院根据“利害关系人”的诉请对案外人执行异议之诉进行实体审理,进而作出“利害关系人”是否对到期债权享有对抗执行的实体权益的判断。

【基本案情】

2010年5月16日,六安城投公司(发包人)与中科建工公司(承包人)签订一份《建设工程施工合同》,将位于六安市皖西路与七里站交叉口的“友谊北苑安置房Ⅳ标段工程”发包给中科建工公司承建,约定合同价款20,041,816元,工程款必须转入中科建工公司账户,双方还就工程质量、工程进度款的支付、违约责任、竣工验收等做了约定。2012年7月4日,该工程经竣工验收合格。2014年1月28日,六安市审计局对案涉工程进行审计,并出具了六审投报[2014]44号审计报告,结论为案涉工程总价款为24,387,453.78元,对此,六安城投公司及中科建工公司予以确认。2014年6月3日,六安城投公司与中科建工公司就本案工程款进行对账,确认六安城投公司已经支付工程款17,494,000元,尚欠6,893,453.78元。

前述工程的实际施工人为刘某兵,在工程施工后期,因民间借贷纠纷离开工地,其与中科建工公司未就本案工程款进行结算。赵某皓、李某阳因与刘某兵民间借贷案件申请执行,六安市中级人民法院于2013年2月6日向六安城投公司送达了两份协助执行通知书,要求该公司协助分别扣留中科建工公司在六安城投公司的工程款250万元、275万元。2014年6月18日,六安市中级人民法院再次下达(2013)六执字第00159号执行裁定书,继续扣留中科建工公司在

六安城投公司的工程质保金1,219,000元。为此,中科建工公司提出案外人执行异议,六安市中级人民法院以(2014)六执异字第00012号执行裁定书驳回中科建工公司的异议。中科建工公司遂提起案外人执行异议之诉。2014年6月20日,六安城投公司依据一审法院的协助执行通知,在扣除工程质保金等款项之后,将其中欠付的518.1万元工程款转账至六安市中级人民法院账户。

另查明,六安城投公司于2016年8月2日出具《关于暂停执行、暂停支付执行款的意见》,其认为根据《民事诉讼法解释》第501条的规定,建议暂停强制执行,暂停支付执行款。2018年12月17日,六安城投公司出具意见书,载明"按照我公司与中科建工公司的工程施工合同,友谊北苑四标段的工程款应支付给中科建工公司,如果中科建工公司与刘某兵没有经济纠纷,该执行款项应当归还中科建工公司"。

本案的争议焦点为中科建设要求排除赵某皓、李某阳对案涉友谊北苑Ⅳ标段安置房工程款的执行申请的诉请是否应予支持。

一审法院认为,赵某皓、李某阳申请执行刘某兵在六安城投公司处工程款,实际标的为中科建工公司承建的案涉友谊北苑工程的工程款,也就是刘某兵对中科建工公司和六安城投公司可主张的到期债权。现中科建设对于赵某皓和李某阳的执行申请所针对的到期债权是否存在提出异议,并要求确认案涉工程剩余工程款6,893,453.78元应归其所有。同时,六安城投公司也认为,如果刘某兵和中科建工公司没有经济纠纷,则案涉查封的执行款518.1万元应当归还给中科建工公司。故应排除赵某皓、李某阳针对案涉友谊北苑Ⅳ标段安置房工程款的执行申请。因刘某兵实际完成的工程量尚无法确定,对中科建设要求确认友谊北苑Ⅳ标段安置房项目工程款6,893,453.78元归其所有的请求不予支持,其可另行主张。一审法院遂作出(2018)皖15民初100号民事判决,判决不得执行六安城投公司应付友谊北苑Ⅳ标段安置房项目工程款。中科建设及赵某皓、李某阳均不服一审判决提起上诉。

二审法院认为,本案属于对到期债权的执行异议之诉。首先,根据债权相对性,本案到期债权基于案涉《建设工程施工合同》的签订、履行而产生。根据查明的事实能够认定,六安城投公司应支付的案涉工程款,中科建工公司是对应的债权人;刘某兵不是案涉《建设工程施工合同》的当事人,其作为案涉工程的实际施工人,与中科建工公司就其实际施工形成债权债务关系。中科建工公司要求确认其享有六安城投公司应付案涉工程款的债权,有事实与法律依据,本院予以支持。其次,执行刘某兵对他人的到期债权,应以该他人无异议为前提。六安城投公司明确提出异议,其异议已经足以排除对案涉到期债权的强制执行。同时,中科建工公司主张已经付清刘某兵实际施工工程量的工程款,刘某兵认可中科建工公司主张,目前无其他证据或理由向中科建工公司再主张权利,赵某皓、李某阳对此虽然不予认可,但未能提供反证,也未举证证明刘某兵就案涉工程的实际施工仍享有工程款债权,未举证证明刘某兵与六安城投公司之间就案涉工程款形成债权债务关系,一审判决不得执行六安城投公司应付友谊北苑Ⅳ标段安置房项目工程款,并无不当。二审法院于2019年11月28日作出(2019)皖民终925号民事判决,维持(2018)皖15民初100号民事判决判项"不得执行六安城投公司应付友谊北苑Ⅳ标段安置房项目工程款",确认中科建工为六安城投应付友谊北苑Ⅳ标段安置房项目工程款的债权人。

最高人民法院持与二审法院相同的观点,认为此案系《民事诉讼法解释》第501条规定的"利害关系人"提起的、依照《民事诉讼法》第227条的规定予以审理的案外人执行异议之诉。根据查明的事实,被执行人刘某兵并非案涉建设施工合同相对人,故二审判决确认中科建工公司对六安城投公司享有应付工程款债权,并无不当。遂作出(2020)最高法民申4289号民事裁定,驳回赵某皓、李某阳的再审申请。

【要点评析】

本案是一起因对到期债权主张实体权利引发的执行异议之诉。对于中科建工主张的其对友谊北苑Ⅳ标段安置房项目工程款债权,能否对抗六安市中级人民法院的执行问题,应该分两步进行判断:(1)中科建工是否为案涉工程款的债权人;(2)中科建工对案涉到期债权享有的实体权利能否排除执行?

(一)关于案涉到期债权的债权人

债权具有相对性,在特定主体之间发生法律约束力。本案到期债权是基于案涉《建设工程施工合同》的签订、履行而产生的。在签订阶段,案涉《建设工程施工合同》由六安城投公司(发包人)与中科建工公司(承包人)签订,无其他合同主体;刘某兵不是该合同的当事人,未与六安城投公司就案涉工程建设施工的权利义务形成一致的意思表示,双方之间未成立合同关系。在履行阶段,中科建工公司作为施工总包单位,完成其合同项下施工义务,六安城投公司以中科建工公司为相对方支付工程款;六安城投公司未向刘某兵支付过工程款;刘某兵就其实际施工取得的工程款,均由中科建工公司支付。根据上述查明的事实能够认定,案涉《建设工程施工合同》主体为六安城投公司与中科建工公司,双方之间就该合同的签订、履行而形成债权债务关系,六安城投公司应支付的案涉工程款，中科建工公司是对应的债权人；刘某兵不是案涉《建设工程施工合同》的当事人，其作为案涉工程的实际施工人，与中科建工公司就其实际施工形成债权债务关系。中科建工公司要求确认其享有六安城投公司应付案涉工程款的债权，有事实与法律依据。

（二）关于案涉到期债权排除强制执行问题

赵某皓、李某阳因与刘某兵民间借贷案件申请执行，执行标的应当为刘某兵个人财产。当执行标的为被执行人刘某兵对他人的到期债权时，涉及该他人的抗辩权、诉权，应当以该他人无异议为前提。《民事诉讼法解释》第499条第1款规定："人民法院执行被执行人对他人的到期债权，可以作出冻结债权的裁定，并通知该他人向申请执行人履行。"第2款规定："该他人对到期债权有异议，申请执行人请求对异议部分强制执行的，人民法院不予支持……"赵某皓、李某阳虽然主张刘某兵为案涉到期债权的债权人，但该到期债权指向的债务人六安城投公司明确提出异议，其异议已经足以排除对案涉到期债权的强制执行。

最高人民法院在再审裁定中还进一步提出，次债务人是否提出异议，并不影响法院根据中科建工公司的诉讼请求对案外人异议之诉进行实体审理，进而作出中科建工公司能否就案涉工程款对抗执行的判断。也就是说，即便次债务人六安城投公司没有提出异议，中科建工以对到期债权主张实体权利提出执行异议之诉的，法院仍应继续审理并作出其能否排除执行的判断。

第二节　基于到期债权的异议之诉

所谓到期债权的执行，也称代位执行，是指通过执行债务人对他人（也称次债务人）享有的到期债权，来实现申请执行人的债权。在大陆法系国家，对于强制执行请求权一般采"抽象执行请求权说"①或"形式化原则"②，即债权人依法取得执行依据的，即可证明其有实体法上的请求权，执行机关对于生效法律文书所记载的内容仅有形式审查并予以强制执行的权力，执行依据所记载内容与实体法上的法律关系不相符的，执行机构无权审查，而是赋予当事人或利害关系人通过执行异议之

① 参见杨与龄编著：《强制执行法论》（最新修正），中国政法大学出版社2002年版，第5页。

② 参见江必新主编：《强制执行法理论与实务》，中国法制出版社2014年版，第23页。

诉予以救济的权利。根据《民事诉讼法解释》第499条的规定,申请执行人主张被执行人对次债务人有到期债权的,法院可以作出冻结债权的裁定,并通知次债务人,向申请执行人履行。如次债务人提出异议的,则执行法院应停止执行。对于因此产生的实体权利义务的争议,该条仅规定了利害关系人提出执行异议之诉的权利,对于申请执行人、被执行人、次债务人对该债权债务关系有异议应如何救济,《民事诉讼法解释》以及《执行规定》并未作出进一步规定。

法律依据

《民事诉讼法解释》第499条 人民法院执行被执行人对他人的到期债权,可以作出冻结债权的裁定,并通知该他人向申请执行人履行。

该他人对到期债权有异议,申请执行人请求对异议部分强制执行的,人民法院不予支持。利害关系人对到期债权有异议的,人民法院应当按照民事诉讼法第二百三十四条规定处理。对生效法律文书确定的到期债权,该他人予以否认的,人民法院不予支持。

《民事诉讼法解释》第304条 申请执行人提起执行异议之诉,除符合民事诉讼法第一百二十二条规定外,还应当具备下列条件:

(一)依案外人执行异议申请,人民法院裁定中止执行;

(二)有明确的对执行标的继续执行的诉讼请求,且诉讼请求与原判决、裁定无关;

(三)自执行异议裁定送达之日起十五日内提起。

人民法院应当在收到起诉状之日起十五日内决定是否立案。

《民事诉讼法》第238条 执行过程中,案外人对执行标的提出书面异议的,人民法院应当自收到书面异议之日起十五日内审查,理由成立的,裁定中止对该标的的执行;理由不成立的,裁定驳回。案外人、当事人对裁定不服,认为原判决、裁定错误的,依照审判监督程序办理;与原判决、裁定无关的,可以自裁定送达之日起十五日内向人民法院提起诉讼。

一、制度阐释

(一)利害关系人提起的执行异议之诉

由于利害关系人不是执行案件被执行人,亦非生效法律文书效力所及之人,对利害关系人与被执行人、次债务人之间的实体权利义务关系,执行法院并未进行审查,因此赋予其提出执行异议和执行异议之诉的权利,以确保其实体权利经审判程序审查确定。根据《民事诉讼法解释》第499条的规定,利害关系人对到期债权有异议的，人民法院应当按照《民事诉讼法》第 238 条规定的案外人异议和异议之诉程序审查处理。

1. 利害关系人的界定。该条所规定的“利害关系人”并非《民事诉讼法》第 236 条中的“利害关系人”，而是《民事诉讼法》第 238 条中的“案外人”。立法和司法解释之所以存在概念的混淆，主要是考虑对第三人债权执行中，“第三人”本身就是原执行程序的案外人，为了避免与“第三人”混淆，该条文最终使用了“利害关系人”的称谓。

2. 提起案外人异议的实质要件。利害关系人根据《民事诉讼法》第 238 条提出案外人异议，应符合该条规定的要求，即享有“足以排除执行的权益”。在执行实践中，此类权益主要有以下情形：一是利害关系人在执行法院裁定冻结到期债权前，已依法从被执行人处受让债权；二是在存在多个债权人的到期债权合同中，利害关系人是到期债权的真正债权人，或债权合同中的债权应由利害关系人享有；三是利害关系人系到期债权的保证人，在执行法院裁定冻结到期债权前，保证人已经代次债务人清偿了债权，从而享有对次债务人的追偿权；四是利害关系人系到期债权质押关系中的质权人，对该到期债权享有优先受偿权；五是利害关系人是次债务人责任财产的优先权人，如次债务人房地产的抵押权人。

3. 当事人的法律地位。在此类诉讼中，原告为受到期债权冻结裁定影响的利害关系人，被告为申请执行人。被执行人、次债务人也否认利害关系人的权利的，是否列为共同被告，理论上存在争议。我们认为，利害关系人提起的案外人异议之诉，与《民事诉讼法》及司法解释规定的其他基于权属争议提起的案外人异议之诉并无本质不同，应按照《民事诉讼法解释》第 305 条的规定，被执行人、次债务人反对利害关系人的异议的，列为共同被告；不反对的，可以列为第三人。

（二）申请执行人提起的执行异议之诉

根据《民事诉讼法》及其司法解释的规定，申请执行人的救济途径因提出异议主体的不同而不同。其中，次债务人在规定期限内对执行法院冻结到期债权的裁定提出异议的，根据《民事诉讼法解释》的规定，执行法院应停止执行该到期债权，此时申请执行人可根据《民法典》第 534 条的规定，以次债务人为被告，被执行人为第三人，提起代位权诉讼，请求次债务人直接向申请执行人履行债权。利害关系人对冻结到期债权的裁定提出异议，执行法院经审查认为理由成立并决定不再执行该到期债权的，申请执行人则可以根据《民事诉讼法解释》第 304 条之规定，提起许可执行之诉。

(三)被执行人提起的执行异议之诉

在执行程序中,被执行人被推定为到期债权的权属人,执行法院对到期债权采取执行措施的,系通过代位方式实现其对次债务人的债权的同时,清偿了其对申请执行人的债务;执行法院对到期债权不采取执行措施的,损害的是申请执行人的利益,申请执行人可提起许可执行之诉。但是,在前述两种情形中,被执行人的利益都不会减损,不存在救济的问题,也就不存在诉的利益,因此,被执行人无权就到期债权是否存在提出异议或异议之诉。不过,如果申请执行人对中止执行的裁定未提起执行异议之诉,而被执行人认为其确实对次债务人有到期债权,执行法院中止执行的裁定是错误的,他可以根据《民事诉讼法解释》第 307 条的规定另行提起诉讼请求次债务人清偿债权。

(四)次债务人提起的执行异议之诉

在执行程序中直接执行到期债权,突破了合同的相对性,使被执行人和次债务人之间的债权债务关系未经实体审理即可予以强制执行,有违程序正义原则,因此,为保护次债务人的利益,《民事诉讼法》及其司法解释赋予其绝对的异议权,只要次债务人在收到冻结到期债权的裁定之日起 15 日内提出异议,执行法院就应停止执行,而无权对次债务人异议的理由进行实体审查。

对于次债务人能否提出执行异议之诉,下面以江苏省高级人民法院(以下简称江苏高院)审理的一宗连环诉讼案进行探讨。该案的基本案情[①]是:2014 年 9 月,镇江市中级人民法院(以下简称镇江中院)一审法院受理容大公司诉嘉悦公司仓储合同纠纷案后,冻结了嘉悦公司在现代公司处的到期债权 525 万元,并告知如对保全措施有异议,应于 15 日内书面提出。现代公司未在上述期限内提出异议。2015 年 1 月,镇江中院调解确认嘉悦公司应偿还容大公司约 520 万元。因嘉悦公司未履行付款义务,镇江中院于 2015 年 2 月 2 日立案执行后,于 2015 年 3 月 30 日向现代公司送达履行债务通知书,要求在前述冻结债权范围内向容大公司清偿。现代公司函复镇江中院认为,根据 2014 年 9 月 29 日收到的债权转让通知书,嘉悦公司已债权转让给大宽商行。其后,镇江中院扣划了现代公司银行存款 525 万元。另查明,2014 年 10 月 13 日,大宽商行以现代公司为被告,容大公司、嘉悦公司为第三人,向南京市栖霞区人民法院提起债权转让合同纠纷诉讼,2015 年 5 月 6 日,该院判决确

---

① 案情根据(2016)苏民终 1227 号民事裁定书、(2017)苏民终 1543 号民事裁定书、(2015)宁商终字第 1128 号民事裁定书,以及(2015)镇执异字第 00039 号执行裁定书、(2015)镇商初字第 160 号民事判决书综合整理,已略去部分与本节讨论主题无关的细节。

认嘉悦公司向大宽商行转让债权有效,并要求现代公司向大宽商行支付债权转让款940万元。容大公司不服,上诉至南京市中级人民法院。该院认为,嘉悦公司认可已将对现代公司的债权转让给大宽商行,三者之间无实体性对抗,现代公司自行向大宽商行履行即可,无须人民法院判决确定。该院随后裁定驳回了大宽商行的起诉。其后,现代公司向镇江中院提起执行异议之诉,该院以现代公司未在期限内对执行到期债权的通知书提出异议,且对执行标的不享有可排除执行的实体权益为由,判决驳回其起诉。现代公司不服上诉至江苏高院,该院认为现代公司不服镇江中院扣划存款的行为,所提异议为2012年《民事诉讼法》第225条规定的执行行为异议,而非2012年《民事诉讼法》第227条规定的案外人异议,据此裁定驳回了现代公司起诉。在江苏高院前述案件二审期间,大宽商行亦向镇江中院提起案外人异议之诉,该院经审理认为,本案所涉债权转让合同有效,但当事人提交证据证明,现代公司收到债权转让通知的时间晚于该院冻结到期债权的时间,大宽商行所受让的债权不足以排除对容大公司与嘉悦公司仓储合同案的强制执行。镇江中院据此判决驳回大宽商行的诉讼请求,大宽商行不服向江苏高院上诉,江苏高院以镇江中院未将嘉悦公司列为当事人,遗漏诉讼主体为由,裁定发回重审。

上述到期债权执行案件,引发了后续江苏三级法院一系列相互交叉重叠的诉讼案件。其中,大宽商行是债权受让人,属于2015年《民事诉讼法解释》第501条规定的"利害关系人",其对本案的执行标的到期债权主张实体权益的,有权且只能在执行法院提起案外人异议之诉,并无争议。次债务人现代公司是否有权提起案外人异议之诉,其与债务人、债权受让人之间产生的争议如何救济,《民事诉讼法解释》及《执行规定》均未规定,实践中争议较大。镇江中院认为,次债务人可以提起案外人异议,该院判决驳回次债务人请求中止执行到期债权的诉讼请求的理由是:(1)法院扣划行为是依据已经生效的民事调解书,以及诉讼过程中对嘉悦公司债权的有效冻结;(2)现代公司没有证据证明嘉悦公司债权转让通知先于法院协助执行的法律文书向其送达;(3)现代公司对其所需履行的协助义务是明知的,对到期债权存在事实进行确认后,协助法院冻结了嘉悦公司债权,其协助行为是谨慎的;(4)现代公司对其提出异议的期限是明知的,提出异议的期限也是充分的,但现代公司在异议期及整个诉讼过程中对法院的财产保全措施没有提出异议。江苏高院认为,次债务人在收到执行法院的冻结到期债权裁定后提出异议的,系对执行法院的执行行为不服,应依据2012年《民事诉讼法》第225条的规定提出执行行为异议,无权提起案外人异议之诉,该院裁定驳回了次债务人的起诉。

我们同意江苏高院的裁判观点,主要理由是,根据2015年《民事诉讼法解释》第501条的规定,执行法院发出冻结到期债权的裁定后,次债务人有绝对的异议权,只要对债权是否存在提出异议,执行法院就应中止执行,申请执行人只能通过代位诉讼寻求救济。次债务人未在限定期限内提出异议的,即推定各方当事人对该到期债权无争议,该冻结裁定就具有了执行力,为保障2015年《民事诉讼法解释》第501条所规定的“代位诉讼”与“到期债权执行”两项制度的衔接,不允许次债务人在异议期满后再就到期债权是否存在提出异议,次债务人在异议期满后提出异议的,不应受理。同时,在到期债权执行程序中,执行标的为债务人对次债务人的到期债权,次债务人作为到期债权的债务人,与执行当事人地位相当,并无可以排除执行的实体权益,自然也就无权提起案外人异议之诉。

需要注意的是,冻结到期债权的裁定只产生转付到期债权的效力,由于未对次债务人与债务人、利害关系人之间的实体权利义务关系进行审查,故不具备既判力。[①] 次债务人在法定期限内有正当理由未提出异议,并因执行机关对债权强制执行而造成损失的,系其与申请执行人、被执行人以及利害关系人之间的法律关系,次债务人可向执行法院提起诉讼,请求返还财产或赔偿损失。[②] 这一诉讼与执行异议之诉显属不同类型的诉讼。

二、操作指引

实践中依据《民事诉讼法解释》第499条提起执行异议之诉的“利害关系人”多为债权受让人。此类异议之诉案件审理的重点在于债权转让的真实性、合法性、转让的时点等。江苏省高级人民法院、山东省高级人民法院出台的有关执行异议之诉案件的审理指引对此进行了总结归纳:

1. 关于案涉债权转让的时间。江苏省高级人民法院《执行异议及执行异议之诉案件办理工作指引(三)》第24条规定,案外人以其系案涉债权受让人为由提起执行异议之诉,请求排除执行,应具备的条件之一是“案外人与被执行人于案涉债权被查封、冻结或被采取强制执行措施之前订立了合法有效的书面债权转让合同”。在采取强制执行措施之后订立的债权转让合同,因违反《查扣冻规定》第24条[③]不得对抗申请执行人的规定,受让人不享有排除执行的合法权益。

2. 债权转让合法有效且不得损害申请执行人或被执行人其他债权人的利益。

3. 关于债权转让通知送达债务人(到期债权执行中的次债务人)是否作为影响排除执行的因素之一,实践中存有争议。山东省高级人民法院民一庭《执行异议之

---

① 参见范向阳:《被执行人到期债权执行的若干问题》,载《人民司法》2006年第1期。

② 参见江必新主编:《强制执行法理论与实务》,中国法制出版社2014年版,第662页。

③ 《查扣冻规定》第24条第1款规定:“被执行人就已经查封、扣押、冻结的财产所作的移转、设定权利负担或者其他有碍执行的行为,不得对抗申请执行人。”

诉案件审判观点综述》将债权转让通知债务人作为排除执行的要件之一，而江苏省高级人民法院《执行异议及执行异议之诉案件办理工作指引（三）》则并未将其作为审查要点。在（2017）京01民初330号民事判决中，北京市第一中级人民法院认为，被执行人、受让人均是在法院就案涉债权采取保全措施后才通知的债务人（到期债权中的次债务人），此时，次债务人已经协助法院就案涉债权采取相应的财产保全措施，债权转让通知已不具备履行的可能性，亦不足以排除强制执行。

4. 受让人是否已支付了合理的对价。针对实践中存在的被执行人与案外人串通转让债权逃避执行的现象，是否应将受让人支付合理对价纳入此类执行异议之诉案件的审查内容，存在争议。山东省高级人民法院民一庭《执行异议之诉案件审判观点综述》的做法是，"被执行人无偿或以明显不合理的低价转让债权的，申请执行人可以依据合同法第七十四条规定，另案起诉请求人民法院撤销转让行为，执行异议之诉案件可以中止审理"。即申请执行人认为转让价格明显不合理提起撤销权诉讼，则法院可裁定执行异议之诉中止审理，根据撤销权诉讼的结果再行判断。值得注意的是，实践中有的法院将受让人是否已经支付了合理对价作为排除要件。在（2021）鲁民终2229号民事判决中，法院驳回受让人排除强制执行异议的理由是，"执行异议之诉基本价值取向是基于公平原则，给予符合特定条件异议人优先于普通债权人的特别保护。在受让人未支付价款且不愿意将剩余价款交付人民法院执行的情况下，如赋予受让人优于对执行标的采取查封措施且有生效裁判确认的债权人特别保护，则有悖于执行异议之诉制度基本价值"。

5. 当被执行人在次债务人处有多笔债权的，受让人主张其受让的债权应与案涉债权为同一债权。

审判前沿

朝阳宏达企业集团房地产开发有限公司、赵某等案外人执行异议之诉案

［（2021）最高法民再257号民事裁定书］

【裁判要旨】

次债务人在履行通知指定的期限内没有提出异议又不履行的，执行法院虽有权裁定对其强制执行，但并不意味着次债务人承认债务存在。次债务人超过期限才提出不存在到期债权等异议的，执行法院一般应当根据《民事诉讼法》第236条的规定，对该到期债权是否存在以及到期债权的具体数额进行实质审查，

而不是适用《民事诉讼法》第238条规定并引导次债务人提起异议之诉。

【基本案情】

赵某与晟通公司、周某光借款纠纷一案,辽宁省朝阳市中级人民法院(以下简称朝阳中院)于2014年9月29日以(2014)朝立一民保字第21号民事裁定书查封了案涉房产,于2014年12月17日作出(2014)朝民一初字第00216号民事判决,判令晟通公司、周某光偿还赵某借款本金360万元及利息。判决生效后,该院立案执行。经赵某申请,一审法院于2015年11月17日直接向宏达公司送达了(2015)朝执字第17号履行债务通知书,通知其在接到通知后7日内履行债务,若对债务没有异议且在通知指定的期间内不能履行义务,该院将强制执行。同日,朝阳中院以(2015)朝执字第17号裁定冻结了晟通公司、周某光对宏达公司的到期债权。宏达公司在期限内未提出异议,该院于2016年9月21日查封了凌源盛世华城(幼儿园)第×幢01012号、01022号、01032号房产。查封后,宏达公司以与晟通公司、周某光不存在债权债务关系为由提出异议,该院于2017年1月18日作出(2016)辽13执异41号裁定,裁定驳回宏达公司的异议请求。宏达公司向一审法院提出诉讼请求停止对凌源盛世华城(幼儿园)第×幢01012号、01022号、01032号房产执行,并解除查封措施。

一审法院认为,宏达公司在收到法院发出的履行债务通知书后,既未在法定期限内提出异议,亦未按照履行通知的要求履行债务,原审法院对其采取强制执行措施,符合司法解释的规定。遂作出(2018)辽13民初21号,驳回宏达公司的诉讼请求。宏达公司不服提起上诉。

二审法院辽宁省高级人民法院(以下简称辽宁高院)认为,尽管第三人在收到履行通知后,未在法定期限内提出异议,并不发生承认债务存在的实体法效力,即周某光、晟通公司与鑫达公司、宏达公司是否仍存在债权债务关系尚不确定,但现有证据足以证明,宏达公司是案涉房产的开发商,其虽为该房产产权登记权人,但宏达公司已经于2014年6~7月与周某光、晟通公司达成了房屋认购协议,向周某光、晟通公司交付了案涉房屋。案涉房产从2014年7月至2015年10月一直由周某光、晟通公司占有、使用和收益,周某光、晟通公司是该房产的实际权利人。一审法院于2014年9月对该房产依法查封,并无不当。宏达公司明知案涉房产已被查封,仍与周某光等共同移转被查封财产的行为不具有善意。《查扣冻规定》第26条第1款规定,被执行人就已经查封、扣押、冻结的财产所作的移转、设定权利负担或者其他有碍执行的行为,不得对抗申请执行人。据此,宏达公司的诉请不应支持。遂作出(2019)辽民终1507号,驳回宏达公司上诉,维持原判。

【要点评析】

本案是到期债权执行衍生而来的次债务人执行异议之诉,核心在于对于次债务人提出的异议,法院应适用何种程序进行审查。换言之,是关于次债务人能否提出执行异议之诉的问题。

最高人民法院在本案裁定中提出,适用案外人异议之诉程序应符合法定条件。《民事诉讼法解释》第499条规定中“他人”是指次债务人,而“利害关系人”是指主张到期债权存在但其为权利人的人。两种不同身份的主体对于到期债权的异议之救济途径不同,利害关系人因其主张对于到期债权享有民事权益,故应通过执行异议之诉解决,但“他人”的救济途径,一般应通过异议、复议等程序救济。具体而言,根据《执行规定》第45~53条规定,在执行被执行人对次债务人享有的到期债权时,人民法院应当在履行到期债务通知中告知当事人异议期限,次债务人在履行通知指定的期限内提出异议的,人民法院不得对其强制执行;次债务人在履行通知指定的期限内没有提出异议,而又不履行的,执行法院虽有权裁定对其强制执行,但次债务人没有在履行通知指定的期限内提出异议,并不意味着发生承认债务存在的效力。次债务人超过期限才提出不存在到期债权等异议,执行法院一般应当根据《民事诉讼法》第236条的规定,对该到期债权是否存在以及到期债权的具体数额进行实质审查,而不是适用《民事诉讼法》第238条规定并引导提起案外人异议之诉。就本案而言,执行法院在向宏达公司送达履行通知后,宏达公司虽未在法定期限内提出异议,也未按照履行通知的要求履行债务,在执行法院采取执行措施后,宏达公司仍有权向执行法院提出异议,对异议裁定不服,可依法申请复议。

据此,最高人民法院作出(2021)最高法民再257号民事裁定,撤销了辽宁高院(2019)辽民终1507号民事判决、朝阳中院(2018)辽13民初21号民事判决,驳回宏达公司的起诉。

冯某、车某萍再审案

[(2020)最高法民再3号民事裁定书]

【裁判要旨】

到期债权执行中,被执行人到期债权的债务人对其与被执行人之间的债权债务关系提出异议的,执行法院不得继续执行该债权。执行法院驳回该第三人异议的错误行为应通过执行监督程序进行纠正。第三人不具有案外人执行异议之诉原告主体资格,法院不得通过案外人异议之诉对第三人的异议进行审查。

【基本案情】

吕梁市中级人民法院在执行申请执行人李某忠与被执行人张某明民间借贷纠纷案过程中,于2015年4月9日作出(2015)吕执字第35号执行裁定,并依据该裁定向案外人冯某、车某萍发出(2015)吕执字第35号、第35-1号协助执行通知,查封、冻结张某明在案外人冯某、车某萍占煤业公司74.7899%股份名下的20%的股份及张某明在案外人冯某、车某萍处的债权1308万元。冯某、车某萍提出异议被驳回后向法院起诉要求撤销(2015)吕执字第35号、第35-1号协助执行通知及(2015)吕执字第35号执行裁定。

一审法院查明,2012年7月23日,煤业公司实际控股人张某明、法定代表人张某兵作为转让方与冯某、车某萍作为受让方签订《煤矿股权转让协议》,约定张某明、张某兵将其拥有的煤业公司100%股权全部转让给冯某、车某萍,转让总价款为1.5亿元;协议第6条约定,自该协议订立之日前煤矿发生的债权、债务均由张某明处置,协议签订之日起所发生的债权、债务均由冯某、车某萍负责。该协议经印台区人民法院(2013)铜印民初字第00510号民事判决及铜川市中级人民法院(2014)铜中民二终字第00035号民事判决确认合法有效。协议签订当日,冯某、车某萍支付转让价款8500万元,李某忠认可张某明于2012年10月29日收到转让款3,755,761.1元,11月8日收到转让款850万元,以上共计97,255,761.1元,双方当事人对剩余股权转让价款是否交付产生争议。冯某、车某萍主张剩余转让价款已通过垫付及债权债务抵顶方式全部支付,李某忠则对该部分付款不予认可。2015年10月12日,冯某、车某萍与张某兵、张某明签订调解协议,对双方之间债权债务进行明确,确认冯某、车某萍已经通过现汇打款方式支付张某明、张某兵股权转让价款100,410,000元,张某明、张某兵委托冯某、车某萍垫付款项12,019,444元,两项合计,冯某、车某萍共计支付张某明、张某兵112,429,444元,案涉股权转让款支付完毕。陕西省铜川市印台区广阳镇人民调解委员对该调解协议予以确认,印台区人民法院作出(2015)印民确字第00002号民事裁定书,对上述调解予以确认。

一审法院基于上述查明的事实,作出(2016)晋11民初3号民事判决,驳回冯某、车某萍的诉讼请求。冯某、车某萍不服向山西省高级人民法院上诉。

二审法院认为,冯某、车某萍提交的证据不足以证明其与被执行人张某明已经通过垫付、代偿方式全部清偿债务,并且冯某、车某萍与张某兵、张某明达成的调解协议及印台区人民法院(2015)印民确字第00002号民事裁定均系在一审法院实施查封、冻结措施之后作出,故冯某、车某萍以此作为排除人民法院强制执行的理由,不符合《查扣冻规定》第26条第2款"金钱债权执行案件中,案外人依据执行标的被查封、扣押、冻结后作出的另案生效法律文书提出排除执行异议的,人民法院不予支持"的规定。二审法院作出(2018)晋民终586号民事判决,驳回上诉,维持原判。

【要点评析】

本案的争议焦点是被执行人到期债权的债务人是否具有案外人执行异议之诉原告主体资格。

首先,《民事诉讼法解释》第499条规定:"人民法院执行被执行人对他人的到期债权,可以作出冻结债权的裁定,并通知该他人向申请执行人履行。该他人对到期债权有异议,申请执行人请求对异议部分强制执行的,人民法院不予支持。利害关系人对到期债权有异议的,人民法院应当按照民事诉讼法第二百三十四条规定处理。对生效法律文书确定的到期债权,该他人予以否认的,人民法院不予支持。"该条文规定了第三人(条文中的"他人")及相关权利人(条文中的"利害关系人")的救济。即第三人对其与被执行人之间的债权债务关系提出异议的,执行法院不得继续执行该债权。申请执行人可以通过代位诉讼救济其权利。如果相关权利人对该到期债权有异议的,比如,主张是该到期债权的真实权利人,可以按照《民事诉讼法》第238条的规定进行救济。这里对该条中的"他人"与"利害关系人"加以了区别,"利害关系人"并非《民事诉讼法》第236条中的"利害关系人",而是《民事诉讼法》第238条中的"案外人"。

具体到本案,冯某、车某萍作为被执行人的债务人,即《民事诉讼法解释》第499条中的"他人",只有"利害关系人"对到期债权有异议的,人民法院才应当按照《民事诉讼法》第238条规定处理。显然,冯某、车某萍不能作为《民事诉讼法》第238条中的"案外人"提出执行异议之诉。

其次,针对"对他人的到期债权"享有执行异议之诉起诉主体资格的,须是针对执行标的"对他人的到期债权"享有实体权利的人。案外人提起执行异议之诉,其理由须是针对执行标的享有实体权利提出异议,而不是针对执行行为本身提出异议。如案外人对于执行行为提出异议,只能依照《民事诉讼法》第236条规定,向上一级法院申请复议,不能提起执行异议之诉。

冯某、车某萍若享有执行异议之诉的主体资格,须是针对案涉执行标的"对他人的到期债权"享有实体权利的人。本案中,其主张的并不是对案涉执行标的"对他人的到期债权"享有实体权利,而是主张"与张某明、张某兵之间已经不存在到期债权",并为此举出"与张某兵、张某明签订调解协议"及相关裁定确定调解书效力的相应证据,作为其主张的理由。对于冯某、车某萍提出的关于其与张某明、张某兵之间的债务转移事实是否存在及冯某、车某萍在债务转移后是否实际支付了转移债务的事实,该事实的判定不属于本案的审查范围。从其提出异议的性质上分析,不是对于执行标的提出的异议,而是对法院执行行为提出的异议。

最后,《民事诉讼法解释》第303条第1款第2项规定的提起执行异议之诉的起诉条件之一是"有明确的排除对执行标的执行的诉讼请求",即案外人执行异议之诉最直接的功能在于排除对执行标的强制执行,有必要对案外人在执行异议之诉中提起的诉讼请求予以明确。本案中,冯某、车某萍没有提出明确的排除执行标的的诉讼请求,也不存在对"到期债权"的权利确权问题。冯某、车某萍在一审中的诉讼请求为:撤销吕梁市中级人民法院(2015)吕执字第35号执行裁定和(2015)吕执字第35-1号协助执行通知,冯某、车某萍并未提出排除对执行标的执行的诉请,形式上不符合案外人提起执行异议之诉的起诉条件。

(2015)吕执异字第14号执行裁定驳回了冯某、车某萍的异议申请,并在该裁定中告知冯某、车某萍可提起执行异议之诉,该裁定不符合《民事诉讼法解释》第499条第2款的规定,应由冯某、车某萍通过执行监督程序进行纠正。李某忠若想取得张某明对冯某、车某萍的到期债权利益,可以提起代位权诉讼主张权利。案外人执行异议之诉与债权人代位权诉讼在提起诉讼的主体、审查范围、举证责任分配等方面均存在差别。该案通过案外人执行异议之诉对冯某、车某萍与张某明、张某兵的股权转让形成的债权债务关系进行判定,一是超越其在本案中的诉讼请求,二是由于冯某、车某萍在本案中否认"到期债权"的存在,客观上,其不存在对"到期债权"主张实体权利的问题,因此,本案不可以通过对案外人执行异议之诉进行实体审理从而替代代位权诉讼。

最高人民法院据此作出(2020)最高法民再3号民事裁定,撤销山西省高级人民法院(2018)晋民终586号民事判决及吕梁市中级人民法院(2016)晋11民初3号民事判决,驳回冯某、车某萍的诉讼请求。

第三节　实际施工人提起的异议之诉

法律依据

《民法典》第535条　因债务人怠于行使其债权或者与该债权有关的从权利,影响债权人的到期债权实现的,债权人可以向人民法院请求以自己的名义代位行使债务人对相对人的权利,但是该权利专属于债务人自身的除外。

代位权的行使范围以债权人的到期债权为限。债权人行使代位权的必要费用,由债务人负担。

相对人对债务人的抗辩,可以向债权人主张。

《民法典》第791条　发包人可以与总承包人订立建设工程合同,也可以分别与勘察人、设计人、施工人订立勘察、设计、施工承包合同。发包人不得将应当由一个承包人完成的建设工程支解成若干部分发包给数个承包人。

总承包人或者勘察、设计、施工承包人经发包人同意,可以将自己承包的部分工作交由第三人完成。第三人就其完成的工作成果与总承包人或者勘察、设计、施工承包人向发包人承担连带责任。承包人不得将其承包的全部建设工程转包给第三人或者将其承包的全部建设工程支解以后以分包的名义分别转包给第三人。

禁止承包人将工程分包给不具备相应资质条件的单位。禁止分包单位将其承包的工程再分包。建设工程主体结构的施工必须由承包人自行完成。

《民法典》第807条　发包人未按照约定支付价款的,承包人可以催告发包人在合理期限内支付价款。发包人逾期不支付的,除根据建设工程的性质不宜折价、拍卖外,承包人可以与发包人协议将该工程折价,也可以请求人民法院将该工程依法拍卖。建设工程的价款就该工程折价或者拍卖的价款优先受偿。

《建设施工合同解释(一)》第43条　实际施工人以转包人、违法分包人为被告起诉的,人民法院应当依法受理。

实际施工人以发包人为被告主张权利的,人民法院应当追加转包人或者违法分包人为本案第三人,在查明发包人欠付转包人或者违法分包人建设工程价款的数额后,判决发包人在欠付建设工程价款范围内对实际施工人,承担责任。

《建设施工合同解释(一)》第44条 实际施工人依据民法典第五百三十五条规定,以转包人,或者违法分包人怠于向发包人行使到期债权或者与该债权有关的从权利,影响其到期债权实现,提起代位权诉讼的,人民法院应予支持。

一、制度阐释

(一)实际施工人概念界定

在建设工程施工合同纠纷中,实际施工人并没有法律上的"名义",而是最高人民法院2004年《最高人民法院关于审理建设工程施工合同纠纷案件适用法律问题的解释》(已废止)中创设的概念。根据该解释的规定,所谓实际施工人,是指建设工程合同的转包人和违法分包人,以区别于《合同法》(已废止)所规定的合法的施工人,并认为,2004年《最高人民法院关于审理建设工程施工合同纠纷案件适用法律问题的解释》(已废止)第4条、第25条、第26条规定的"实际施工人"是指无效合同的承包人,如转承包人、违法分包合同的承包人、借用有资质的建筑施工企业的名义签订合同的无资质承包人等。①

(二)实际施工人向发包人主张权利的基础

2004年《最高人民法院关于审理建设工程施工合同纠纷案件适用法律问题的解释》(已废止)创设实际施工人这一概念的初衷,是"给国家关于清理工程拖欠款和农民工工资重大部署的实施提供司法保障",但其赋予实际施工人直接起诉发包人的权利,违背了合同的相对性这一根本原则,使实际施工人的范围、责任承担等均不融于合同法体系,导致法院在法律适用上的相互矛盾和不确定。而且这一制度性的突破是否能实现上述政策目标,目前也无实证研究支持。因此,在近年司法实践中,最高人民法院传达了对实际施工人向非合同方提起诉讼要严格依法审查,不得随意扩大[2004年《最高人民法院关于审理建设工程施工合同纠纷案件适用法律问题的解释》(已废止)]第26条第2款适用范围的精神。在2017年《最高人民法院关于建设工程施工合同纠纷案件适用法律问题的解释(二)》的征求意见稿中,就实际施工人的权益保护问题提供了两种解决方案:一是删除现有司法解释有关实际施工人的规定,实际施工人应根据《合同法》(已废止)提起代位诉讼,代转包人、违法分包人向总承包人、发包人主张权益。二是保留现有司法解释规定,但是

① 参见最高人民法院民事审判第一庭编著:《最高人民法院建设工程施工合同司法解释的理解与适用》,人民法院出版社2015年版,第178页。

对实际施工人的诉权予以限制，只有实际施工人“有证据证明与其具有合同关系的缔约人丧失履约能力或者具有下落不明等情形，导致其劳务分包工程款债权无法实现”，才可以直接起诉发包人或总承包人。2021 年 1 月 1 日《民法典》生效后，最高人民法院废止了 2004 年和 2018 年的两个施工合同解释，同时通过的《建设施工合同解释（一）》第 43 条规定：“实际施工人以转包人、违法分包人为被告起诉的，人民法院应当依法受理。实际施工人以发包人为被告主张权利的，人民法院应当追加转包人或者违法分包人为本案第三人，在查明发包人欠付转包人或者违法分包人建设工程价款的数额后，判决发包人在欠付建设工程价款范围内对实际施工人，承担责任。”第 44 条规定：“实际施工人依据民法典第五百三十五条规定，以转包人，或者违法分包人怠于向发包人行使到期债权或者与该债权有关的从权利，影响其到期债权实现，提起代位权诉讼的，人民法院应予支持。”

二、操作指引

在实际施工人为被执行人的案件中，实际施工人与转包人、违法分包人（以下简称转包人）之间存在无效的分包或转包合同，债权人申请执行实际施工人的该到期债权，因此提起的执行异议之诉，可参照本章有关到期债权执行异议之诉的内容。此处所谓与实际施工人有关的执行异议之诉，主要是指实际施工人根据《建设施工合同解释（一）》第 43 条第 2 款的规定对总承包人、发包人（以下简称发包人）所享有的权益而产生的争议，虽然在性质上也属于到期债权，但与上文所述与到期债权有关的执行异议之诉有不同的特点和裁判规则。

审判实践中，与实际施工人有关的执行异议之诉主要有两种情形：一是实际施工人为被执行人，债权人申请执行实际施工人根据《建设施工合同解释（一）》第 43 条第 2 款对发包人享有的权益，执行法院据此冻结发包人的银行账户。转包人通常以执行法院冻结款项系其对发包人的债权为由，提出执行异议之诉。发包人往往以其与实际施工人不存在合同关系为由，提出执行异议之诉。二是发包人为被执行人，实际施工人作为案外人，以其对发包人享有《建设施工合同解释（一）》第 43 条第 2 款规定的权益为由，提出执行异议，请求排除对其享有权益的执行，或阻却对涉案工程的处置。在上述执行异议之诉中，涉及如下问题。

1. 实际施工人身份认定的问题。如前所述，法律虽创设了“实际施工人”的概念，但对于实际施工人身份却并没有具体的认定规则。结合司法实践，虽无统一标准，但认定实际施工人时除结合实际案情具体分析判断，还需重点审查施工事实和相应的证据,如是否存在实际施工合同[①]、是否存在挂靠或资质借用关系、是否实际承担了施工过程中的人财物等。此外,在实际施工人主体认定上,即使建设方予以认可,实际施工人仍应当提供相应的证据证明。[②]

2. 实际施工人根据《建设施工合同解释(一)》第 43 条第 2 款对发包人享有的权益是否有优先权。一种观点认为,根据《民法典》第 807 条的规定,承包人就建设工程折价或拍卖的价款享有优先受偿的权利,而《建设施工合同解释(一)》第 43 条第 2 款赋予实际施工人直接起诉,并要求发包人在欠付的工程款范围内承担责任的权利,因此实际施工人对发包人的债权属于法定优先债权。最高人民法院在珠海宝辉生物科技有限公司与伍某青案外人执行异议之诉案中即持此观点。[③] 另一种观点认为,合同的相对性是债权合同的根本属性,实际施工人与发包人之间不存在合同关系,实际施工人不是发包人的债权人,不存在足以阻却执行行为的合同债权。最高人民法院在刘某书与辽宁万利商品混凝土有限公司、沈阳聚隆建筑安装工程有限公司、沈阳市于洪区住宅小区管理办公室案外人执行异议之诉案中持此观点。[④] 我们认为,尽管《建设施工合同解释(一)》第 26 条的主要目的在于保障农民工工资的及时清偿,但从法理逻辑上看,新司法解释赋予实际承包人对发包人的追索权,更接近《民法典》第 535 条规定的债权人代位诉讼在建设工程施工合同领域的演绎和具体适用,[⑤]实际施工人据此提起诉讼,是代承包人主张债权,自然享有承包人根据《民法典》第 807 条规定享有的优先受偿权。

3. 该权益是否可以阻却执行。有两种情形:一是如果执行异议之诉的标的是针对实际施工人对发包人享有的债权,由于该债权属于实际施工人对发包人的到期债权,可以阻却执行法院对该笔工程款的执行。最高人民法院在珠海宝辉生物科技有限公司与伍某青案外人执行异议之诉案[⑥]中认为,“伍某青(实际施工人)起诉请求的执行款系被珠海市中级人民法院拍卖执行的丽丰花园项目地上建筑物的变价款,该款项是针对特定地上建筑物所转化而来的款项,并非一般种类物”,据此支持了实际施工人要求排除对该笔工程款执行的诉讼请求。二是如果执行异议之诉的标的是涉案建筑工程,则无论是实际施工人、转包人还是债权人,均不能根据《建设施工合同解释(一)》第 43 条的规定阻却对该建筑工程的处置。主要理由在

---

① 北京市大兴区人民法院民事判决书,(2018)京 0115 民初 3522 号。

② 最高人民法院民事裁定书,(2021)最高法民申 4892 号。

③ 最高人民法院民事裁定书,(2013)民申字第 283 号。

④ 最高人民法院民事裁定书,(2017)最高法民申 3638 号。

⑤ 参见王政勇:《实际施工人直接以发包人为被告主张权利应限制条件》,载《人民司法·案例》2016 年第 29 期。

⑥ 最高人民法院民事裁定书,(2013)民申字第 283 号。

于,无论实际施工人对转包人还是发包人,相互之间均为基于债权的请求权,实际施工人即便同时是垫资人,对涉案工程也不享有物权权益,享有的是对建筑工程变现后的清偿请求权,自然无权阻却执行。

4. 执行法院对实际施工人与发包人之间争议审查的范围。无论是实际施工人以案外人的身份提起执行异议之诉,以其对发包人享有到期债权为由,请求在其主张的债权金额范围内中止执行,还是实际施工人为被执行人,其债权人申请执行实际施工人根据《建设施工合同解释(一)》第 43 条对发包人的债权,这两种情形下,均涉及是否应对实际施工人的该项债权主张进行实体审查的问题。一种观点认为,《民事诉讼法解释》第 310 条第 2 款规定:"案外人同时提出确认其权利的诉讼请求的,人民法院可以在判决中一并作出裁判。"实际施工人主张其对发包人的债权的,应按照《建设施工合同解释(一)》第 43 条的规定,追加转包人为共同被告,就实际施工人与发包人之间的争议进行实体审查,就债权是否存在、债权金额的多少作出裁判,并确认该债权是否可以阻却执行。另一种观点则认为,不应对实际施工人对发包人的债权进行实体审查。主要理由是,实际施工人是《建设施工合同解释(一)》特别确立的与《民法典》规定的发包人、承包人截然不同的概念,实际施工人可以主张的工程款数额应以其和转包人签订的合同为依据确定,只有在转包人欠付了实际施工人合同约定的工程款,且发包人亦欠付转包人工程款的情况下,实际施工人才可以直接向发包人主张工程款。在上述法律关系中,既涉及转包人与实际施工人之间的无效转包合同关系,也涉及转包人与发包人之间有效的建筑工程施工合同关系,实际施工人对发包人所享有的债权,在转包人与发包人之间的建筑工程施工合同权利义务确定的前提下才可以确定。而执行异议之诉一般仅涉及异议人的权利是否足以排除执行,如果对实际施工人的债权进行实体审查,必然也会对转包人与发包人之间的建筑工程施工合同关系进行实体审查,将极大地扩张执行异议之诉案件的审查范围,明显与执行异议之诉的立法目的相悖。[①]

我们同意第二种观点,因为当事人争议的仅仅是涉案执行标的的可执行问题,并不涉及建设工程施工合同的履行问题。审判实践中,如果实际施工人与转包人之间就涉案工程尚未结算的,表明实际施工人对转包人是否享有债权、债权数额多少均无法确定,根据《建设施工合同解释(一)》第 43 条发包人仅在欠付工程价款范围内承担责任的规定,实际施工人对发包人是否享有债权,债权数额多少等同样无法确认,此时,如果实际施工人以债权人身份提出异议以阻却执行的,执行法院应以到期债权不存在为由,驳回冻结发包人财产的申请。实际施工人提起执行异议

---

① 类似观点参见湖南省高级人民法院民事判决书,(2017)湘民终 607 号。

之诉的,执行法院应以实际施工人与发包人不存在合同关系为由,判决驳回其异议。如果实际施工人与转包人之间已就涉案工程进行了结算,如前所述,实际施工人对发包人主张权益,属于对到期债权的执行,对此可参照本书与到期债权有关的执行异议之诉部分。

审判前沿

金牛区大山钢材经营部、刘某鑫申请执行人执行异议之诉案

[(2019)最高法民申2147号民事裁定书]

【裁判要旨】

发包人与承包人签订施工合同,但发包人对实际施工人作为案涉施工合同实际履行人是明知且认可的,因发包人与承包人均欠缺订立合同的真实意思表示,施工合同关系未能在双方之间订立,承包人不是施工合同权利人,不具有享有发包人所拨付工程进度款的权利基础,实际施工人才是施工合同权利享有者和义务承担者。法律虽然禁止借用资质承揽建设工程,但借用资质一方在其施工的建设工程符合法定条件的情况下仍有权获得建设工程价款,故不能以此否定其获得工程价款的权利。实际施工人对工程价款主张排除执行的,应予支持。

【基本案情】

大山经营部诉原四川南充市第四建筑工程有限公司(以下简称南充市四建司)及案外人周某成钢材买卖合同纠纷案,四川省高级人民法院作出(2016)川民终571号民事判决,判决原南充市四建司向大山经营部支付钢材货款3,797,682.41元并计付利息,并判决周某成对上述货款承担连带清偿责任。该案审理过程中,南充市中级人民法院于2015年12月24日作出(2015)南中法民保字第103号民事裁定,裁定对南充市四建司及周某成价值7,532,568元的财产予以查封。

南充市四建司于2016年5月变更为黄瓦台公司。2016年9月,中交公司与黄瓦台公司签订建筑施工合同,约定由黄瓦台公司承建"中交·王府景"四期复合地基与基础工程,黄瓦台公司与刘某鑫于2016年9月10日签订《内部挂靠承包合同》,约定刘某鑫以黄瓦台公司名义承建该工程,刘某鑫须全面履行黄瓦台公司与业主方签订的建筑施工合同,由刘某鑫自主经营、独立核算、自负盈亏,并约定工程款由黄瓦台公司账户转出,由刘某鑫或受托人到黄瓦台公司办理工程款领取。中交公司知晓刘某鑫借用黄瓦台公司资质与其签订施工合同,并认

可刘某鑫系合同项下建设工程实际施工人。根据合同约定，案涉工程开工时间为2016年9月20日，预计竣工时间为2017年3月10日。2016年12月6日，中交公司向黄瓦台公司账户拨付工程进度款3,894,970元，当时案涉工程尚未竣工结算。因该账户被冻结，黄瓦台公司无法将该款向刘某鑫拨付。由于未能及时支付民工工资，引发上访事件。2016年12月16日，巴中市巴州区人力资源和社会保障局向黄瓦台公司发出巴区人社监令字（2016）56号《劳动保障监察限期改正指令书》，因黄瓦台公司存在拖欠劳动者劳动报酬的行为，指令黄瓦台公司全额支付所承建的"中交·王府景"项目四期复合地基与基础项目拖欠的劳动报酬，否则将予以依法处罚。

在大山经营部诉黄瓦台公司及周某成买卖合同纠纷案执行过程中，刘某鑫提出执行异议，法院于2016年12月30日作出（2016）川13执异15号执行裁定，认定刘某鑫对中交公司打入黄瓦台公司账户的3,894,970元（扣除1.5%的管理费）的工程款享有所有权，裁定中止对中交公司于2016年12月6日打入南充市四建司（黄瓦台公司）账户（05×××04）工程款3,894,970元扣除1.5%的管理费的部分，即3,836,545.45元的执行。申请执行人大山经营部不服该裁定，遂提起诉讼。

一审法院认为，案涉"中交·王府景"项目工程系以黄瓦台公司名义承建，刘某鑫与黄瓦台公司签订《内部挂靠承包合同》，约定该项目工程实际施工人为刘某鑫，并由刘某鑫自主经营、独立核算、自负盈亏。工程款支付系由发包方拨付至黄瓦台公司账户，扣除管理费后由刘某鑫领取。本案中，刘某鑫提交了相关合同、施工打桩记录、交纳税费的完税证明、现场签证单及工程进度款拨付依据等证据，足以证明刘某鑫挂靠黄瓦台公司实际承建案涉项目工程的事实。刘某鑫作为实际施工人，对案涉项目工程的工程款事实上享有所有者权益。发包方中交公司于2016年12月6日向黄瓦台公司拨付的3,894,970元款项系工程进度款，拨款时工程尚未竣工结算，且该款项系在发生欠付民工工资事件后，由相关行政管理部门协调发包方向承建方所拨付。故刘某鑫属于该工程款的实际权利人，具有独立的请求权及排他性，能够阻却人民法院在另案中对该款项的执行。因此，大山经营部的诉称理由不能成立，遂作出（2017）川13民初4号判决，驳回大山经营部的诉讼请求。大山经营部不服，向四川省高级人民法院提起上诉。

二审法院认为，刘某鑫对案涉2016年12月6日中交公司转入黄瓦台公司在四川天府银行开立的05×××04账户内的款项享有足以排除人民法院强制执行的民事权益。首先,案涉2016年12月6日中交公司转入黄瓦台公司在四川天府银行开立的05×××04账户内的款项3,894,970元,系其支付的"中交·王府景"项目工程的工程进度款。其次,根据黄瓦台公司与刘某鑫签订的《内部挂靠承包合同》的约定内容,以及刘某鑫提交的《华建管桩销售及委托代办运输合同》及转账凭证、收条,《王府景工程管桩施工合同》及收条,《土石方工程施工合同》及转账凭证收条,《现场签证单》及《打桩施工记录》,交纳税费的完税证明及银行交易凭证等证据,能够形成证据链,足以证明刘某鑫系借用黄瓦台公司名义承建案涉"中交·王府景"项目工程。因此,刘某鑫是案涉"中交·王府景"项目工程的实际施工人。虽借用名义承建项目工程的行为因违反法律强制性规定无效,但依据《最高人民法院关于审理建设工程施工合同纠纷案件适用法律问题的解释》(已废止)的规定,即便认定建设工程施工合同无效,实际施工人在工程竣工验收合格的情况下仍有权主张工程价款。案涉款项是中交公司拨付的案涉"中交·王府景"项目工程的工程进度款,根据前述司法解释规定及"谁投入,谁享有"的原则,刘某鑫作为案涉"中交·王府景"项目工程实际施工人自行投入资金承建该工程,其对发包方应支付的工程款享有独立的请求权。最后,货币作为种类物,通常情况下占有即所有,应当以占有状态确定货币的权利人。但从本案中刘某鑫提供的黄瓦台公司在四川天府银行的05×××04账户的交易明细看,该账户被人民法院冻结后,除中交公司拨付的案涉"中交·王府景"项目工程的工程进度款外,并无黄瓦台公司其他款项转入,故案涉款项并未因进入案涉黄瓦台公司的前述账户而与黄瓦台公司的其他款项混同。同时,刘某鑫提供的证据能够证明其实际施工的案涉"中交·王府景"项目工程确因案涉款项不能及时拨付而无法支付民工工资,引发民工向相关行政部门投诉,相关行政部门已作出限期改正指令书。因此,刘某鑫提供的现有证据能够证明案涉款项已经特定化。故刘某鑫作为案涉"中交·王府景"项目工程的实际施工人,其对中交公司拨付的案涉工程进度款享有独立的请求权,且该款项已特定化,故刘某鑫对案涉款项所享有的权利能够阻却人民法院在另案中的强制执行。二审法院作出(2018)川民终933号民事判决,驳回上诉,维持原判。

【要点评析】

本案是因实际施工人对被执行人账户内工程进度款主张所有权引发的案外人执行异议之诉。案外人对案涉工程进度款是否享有足以排除强制执行的民事权益,主要从以下几个方面进行分析。

（一）判断案外人是否为案涉工程的实际施工人

最高人民法院裁定先是从正面进行论证。黄瓦台公司与刘某鑫均认可刘某鑫系借用黄瓦台公司资质承揽“中交·王府景”四期复合地基与基础工程。根据中交公司出具的情况说明，中交公司在与黄瓦台公司签订案涉施工合同时，就知晓系刘某鑫借用黄瓦台公司资质与其签订合同，中交公司也认可刘某鑫是案涉施工合同项下建设工程的施工人。在黄瓦台公司账户被冻结后，中交公司又直接向刘某鑫支付工程进度款。以上事实说明，本案真实的施工合同关系存在于中交公司与刘某鑫之间，中交公司与刘某鑫才是施工合同权利享有者和义务承担者。

最高人民法院裁定进一步提出，黄瓦台公司与中交公司虽然签订了施工合同，但因合同双方均欠缺订立合同的真实意思表示，施工合同关系未能在双方之间订立。因此，黄瓦台公司不是施工合同权利人，不具有享有中交公司所拨付3,894,970元工程进度款的权利基础。

（二）建设工程合同效力对排除执行的影响

二审法院认为，借用名义承建项目工程的行为因违反法律强制性规定无效，但依据《最高人民法院关于审理建设工程施工合同纠纷案件适用法律问题的解释》（已废止）的规定，即便认定建设工程施工合同无效，实际施工人在工程竣工验收合格的情况下仍有权主张工程价款。

最高人民法院裁定则提出，本案属于执行异议之诉，并非当事人间的建设工程合同纠纷，故不宜对当事人间的建设工程合同效力进行评述。法律虽然禁止借用资质承揽建设工程，但借用资质一方在其施工的建设工程符合法定条件的情况下仍有权获得建设工程价款。故虽然刘某鑫借用黄瓦台公司资质承揽工程的行为违法，但不能以此否定其获得工程价款的权利。

（三）对被执行人账户内资金主张权利排除执行的条件

货币系种类物，通常情形下，占有即所有，应当以占有状态确定货币的权利人。排除对被执行人名下账户内资金的执行，在少数得到支持的情形中，一个重要条件就是资金已经被特定化，能区别于被执行人的其他财产。本案中，中交公司在将进度款拨付给黄瓦台公司在四川天府银行的05××××04账户后，该账户即被人民法院冻结，之后并无黄瓦台公司其他款项转入，故案涉款项并未因进入案涉黄瓦台公司的前述账户而与黄瓦台公司的其他款项混同。

李某国与孟某生、长春圣祥建筑工程有限公司等案外人执行异议之诉案

[(2016)最高法民再149号民事判决书]

【裁判要旨】

分公司的财产即为公司财产,分公司的民事责任由公司承担,这是《公司法》确立的基本规则。以分公司名义依法注册登记的,即应受到该规则调整。至于分公司与公司之间有关权利义务及责任划分的内部约定,因不足以对抗其依法注册登记的公示效力,进而不足以对抗第三人。

1998年《执行规定》第78条①规定予以保护的承包或者租赁经营,应当是法律所准许的承包、租赁形式。企业或者个人以承包租赁为名借用建筑施工企业资质之实的,因违反有关法律及司法解释规定,故不应包含在该条保护范围之内。

实际施工人是《最高人民法院关于审理建设工程施工合同纠纷案件适用法律问题的解释》(已废止)中规定的概念,因其规范情形之特定性,故亦应在该规范所涉之建设工程施工合同纠纷案件中,才适宜对实际施工人的身份作出认定,不宜在执行异议之诉中作出认定。

【基本案情】

孟某生与长春市东亚建筑工程有限公司(圣祥公司的前身,以下简称东亚公司)、腾安公司买卖合同纠纷案,长春市中级人民法院于2012年12月18日作出(2012)长民四初字第2-6号民事裁定,冻结东亚公司建和分公司在九台农商银行长春大街支行0710×0396账户存款850万元,实际冻结5,850,435.10元。上述850万元系原沈阳军区空军军官住房发展中心于2012年12月17日转入建和分公司的蓝天佳苑小区二期工程的工程款。因李某宾、李某国以其所有的两套房屋提供置换担保,长春市中级人民法院作出(2012)长民四初字第2-8号民事裁定,解除对建和分公司账户存款人民币5,850,435.10元中80万元的冻结。

2013年6月5日,孟某生向长春市中级人民法院申请执行,案号为(2013)长执字第155号。在执行过程中,李某国提出异议,认为法院查封的5,850,435.10

① 《执行规定》2020年修正时已将该条删除。

元款项是李某国承包建和分公司并承建蓝天佳苑二期工程所得收益,请求法院解除对该款项的冻结。长春市中级人民法院于2014年5月14日作出(2014)长执异字第16号执行裁定,驳回李某国的异议。为此,李某国提起诉讼,请求在长春市中级人民法院(2013)长执字第155号执行案件中停止对建和分公司5,050,435.10元银行存款的执行,解除对该款项的冻结。

法院另查明,东亚公司成立于1993年7月9日,公司类型为有限责任公司,经营范围为承揽国内外建筑工程。2006年3月17日,东亚公司向长春市工商行政管理局申请设立分支机构建和分公司。2006年3月24日,长春市工商行政管理局颁发了建和分公司营业执照,经营范围为在所隶属的公司经营范围内,从事工程承包经营,其民事责任由所属的公司承担。建和分公司的负责人为田某和,后于2013年5月29日变更为李某国。2011年3月4日,东亚公司与原沈阳军区空军军官住房发展中心长春办事处签订《沈阳军区空军建筑安装工程承包合同书》,承建蓝天佳苑二期工程,合同价款为83,561,772元。建和分公司成立后,与东亚公司签订《长春东亚公司工程有限公司内部承包合同》,约定承包范围为资质证书中规定的工业与民用建筑承包范围;建和分公司每年向东亚公司缴纳3万元业务费用,每年向东亚公司缴纳10万元工程费用。

一审法院认为,李某国作为建和分公司的实际承包人,对建和分公司的收益享有足以排除执行的权利。第一,根据查明的事实,东亚公司与建和分公司之间不是企业与分支机构的关系,也不符合工程承包合同的基本特征。结合东亚公司向建和分公司收取管理费的事实,可以认定东亚公司与建和分公司并非普通总公司与分公司之间的关系,而是东亚公司将建和分公司发包出去,其不对建和分公司进行统一经营、管理,东亚公司对建和分公司的盈利方式通过收取管理费实现。第二,从李某国提供的其对建和分公司承建工程的投资、管理、组织建设的相关证据及其他当事人的相关证言,可以认定李某国是建和分公司的实际承包人。第三,根据1998年《执行规定》第78条"被执行人为企业法人的分支机构不能清偿债务时,可以裁定企业法人为被执行人。企业法人直接经营管理的财产仍不能清偿债务的,人民法院可以裁定执行该企业法人其他分支机构的财产。若必须执行已被承包或租赁的企业法人分支机构的财产时,对承包人或承租人投入及应得的收益应依法保护"的规定,李某国作为建和分公司的实际承包人,对建和分公司名下的财产享有权利。

二审法院认为,本案的关键在于建和分公司是否已由李某国承包,案涉账户上的资金是否为该承包人的投入及收益。从圣祥公司收取建和分公司的管理费及税金,圣祥公司庭审中承认建和分公司所创造的利润刨除各种费用后都分给建和分公司,圣祥公司当庭无法说清建和分公司如何成立、如何管理等方面,可以认定圣祥公司将建和分公司承包给了实际控制人。在李某国提供大量证据证明其为涉诉工程实际施工人,而申请执行人孟某生未能提供关于涉诉工程实际施工人证据的情况下,一审法院认定李某国是涉诉工程的实际施工人并无不当。故可以认定原沈阳军区长春办事处打到建和分公司0710×0396账户上的蓝天佳苑二期工程5,050,435.10元工程款属于李某国在承包建和分公司的过程中的投入及收益,一审判决不得对其执行并无不当。

【要点评析】

本案是案外人对被执行人分支机构账户内资金主张权利引发的执行异议之诉。案外人对案涉账户内资金是否享有足以排除执行的民事权益,一审、二审判决和最高人民法院再审判决得出了完全相反的结论。

一审、二审法院认为,分支机构与公司之间属于承包关系,李某国属于实际承包人,故李某国对分支机构的财产享有实际权益。最高人民法院则认为,分支机构与公司之间不成立承包关系,应受《公司法》调整,且内部承包因涉借用资质进行施工被法律及司法解释所禁止,不应予以保护,故李某国对案涉账户内的资金不享有足以排除执行的民事权益。最高人民法院的分析论证如下:

(一)建和分公司系圣祥公司的分支机构,其与圣祥公司之间的关系应当受到《公司法》规定的调整,圣祥公司关于建和分公司经营模式的内部约定,不具有对抗第三人的法律效力

建和分公司作为圣祥公司的分公司在工商行政管理机关依法注册登记,圣祥公司与建和分公司之间即形成法律上的总公司与分公司之间的关系,应当受到《公司法》所确立的总公司与分公司之间各项规则的调整。在一起祥泽分公司的买卖合同纠纷中,因祥泽分公司系圣祥公司的分公司,法院据此判令圣祥公司承担债务责任并进而执行圣祥公司的财产。在此情形下,对于一个分公司的民事行为适用《公司法》关于总公司与分公司之间的规则判令总公司承担责任,而对于另一个分公司如不适用该规则而使其免除责任,将有违权利义务对等原则以及法律适用的统一性。

如前所述,建和分公司作为圣祥公司的分公司在工商行政管理机关依法注册登记,应当受到《公司法》既有规则的调整。无论当时圣祥公司与建和分公司内部如何约定双方之间的权利义务关系及责任划分标准,该约定内容均不足以对抗其在工商行政管理机关依法注册登记的公示效力,进而不足以对抗第三

人。建和分公司、李某国如认为其为圣祥公司承担责任有违其与圣祥公司之间的内部约定,可与圣祥公司协商解决。

既然建和分公司系圣祥公司的分支机构,而案涉争议款项又在建和分公司银行账户内,故该笔款项在法律上就是圣祥公司的财产。在对圣祥公司强制执行时,如未出现法定的可以不予执行之情形,人民法院可以执行该笔款项。

(二)建和分公司与圣祥公司之间的内部承包合同,不属于1998年《执行规定》第78条规定的企业法人分支机构被承包的情形

建和分公司与圣祥公司之间名为内部承包,实为建设工程施工企业资质租赁或者有偿使用,建和分公司主要是利用圣祥公司的资质方便其对外承揽建筑工程。换言之,该内部承包合同约定之实质并非承包法律关系。1998年《执行规定》第78条中规定以及予以保护的承包或者租赁经营,应当是法律所准许的承包、租赁形式。由于借用资质进行施工是法律及司法解释所禁止的行为,故与之相关的承包或者租赁经营合同以及施工转分包合同亦为法律所不容,故亦不应包括在1998年《执行规定》第78条规定的承包经营之列。

(三)原判决认定李某国系蓝天佳苑二期工程的实际施工人,超出了执行异议之诉的审理范围

实际施工人是《最高人民法院关于审理建设工程施工合同纠纷案件适用法律问题的解释》(已废止)中规定的概念,旨在对那些已实际施工诉争工程但无法因合同关系主张工程款的人予以限制性保护,因其规范情形之特定性,故亦应在该规范所涉之建设工程施工合同纠纷案件中,才适宜对实际施工人的身份作出认定。本案系案外人执行异议之诉,并非实际施工人以发包人和承包人为被告提起的建设工程施工合同纠纷,原判决认定李某国为蓝天佳苑二期工程的实际施工人,一方面超出了本案的审理范围,另一方面因一审、二审法院并非针对建设工程施工合同纠纷进行审理,并未围绕该工程所涉各方之诉辩主张、举证质证情况进行庭审、判断及裁决,故作出该认定可能有失公正且可能对于该工程所涉各方之权利义务关系造成一定影响。

综上所述,建和分公司系圣祥公司的分支机构,建和分公司账户内的案涉争议款项在法律上即为圣祥公司的财产。建和分公司与圣祥公司之间的内部承包合同,不具有对抗第三人的法律效力,亦不应包括在1998年《执行规定》第78条规定的承包经营之列。原审判决适用1998年《执行规定》第78条的规定,认定案涉争议款项系李某国个人财产,适用法律错误,应予纠正。李某国对案涉争议款项提出的异议,不足以阻却人民法院的强制执行。

第二十一章　承包(挂靠)经营人提起的异议之诉

挂靠经营是指挂靠人与被挂靠人达成协议,由挂靠人以被挂靠人的名义对外从事经营活动,挂靠人按照协议的约定向被挂靠人支付一定管理费或承包费的经营方式。

法律依据

《建设施工合同解释(一)》第1条　建设工程施工合同具有下列情形之一的,应当依据民法典第一百五十三条第一款的规定,认定无效:(一)承包人未取得建筑业企业资质或者超越资质等级的;(二)没有资质的实际施工人借用有资质的建筑施工企业名义的;(三)建设工程必须进行招标而未招标或者中标无效的。承包人因转包、违法分包建设工程与他人签订的建设工程施工合同,应当依据民法典第一百五十三条第一款及第七百九十一条第二款、第三款的规定,认定无效。

《建设施工合同解释(一)》第7条　缺乏资质的单位或者个人借用有资质的建筑施工企业名义签订建设工程施工合同,发包人请求出借方与借用方对建设工程质量不合格等因出借资质造成的损失承担连带赔偿责任的,人民法院应予支持。

《建设施工合同解释(一)》第43条　实际施工人以转包人、违法分包人为被告起诉的,人民法院应当依法受理。实际施工人以发包人为被告主张权利的,人民法院应当追加转包人或者违法分包人为本案第三人,在查明发包人欠付转包人或者违法分包人建设工程价款的数额后,判决发包人在欠付建设工程价款范围内对实际施工人承担责任。

一、制度阐释

对于一些特殊行业,国家有资格和资质的限制,没有得到国家的许可或者批准,不得从事经营活动,由此,挂靠经营悄然兴起。在现实中,挂靠和转包在相当多的情况下实际上很难界定,很多挂靠都是以转包或分包的形式出现的。实践中存在大量形式上签订承包经营合同,但实际上却是典型挂靠经营的情形。

(一)基于挂靠经营引发的执行异议之诉的主要类型

根据审判实践,基于挂靠经营引发的执行异议之诉主要有以下几类:一是建筑企业的挂靠经营。根据我国有关建筑法律法规及部门规章的规定,没有建筑企业资质的,不能从事建筑活动。由于建筑企业准入门槛较高,建筑企业以分公司的名义挂靠经营的情况比较普遍,由此而引发的执行异议之诉案件占比较高。二是交通运输企业的挂靠经营。根据我国有关交通运输法律法规和部门规章的规定,从事道路运输要申请行政许可,在取得道路运输经营许可证、道路运输证等证照以后,才能从事经营活动。由于交通运输事关广大人民群众的人身、财产安全,因此,也有较高的准入门槛,在交通运输企业下挂靠经营的现象也比较常见,由此引发的执行异议之诉案件也相对较多。三是房地产开发企业挂靠经营。这类企业因有经营资格的限制,实力不济者也很难进入,因此,也常常成为被挂靠的对象,由此而引发的执行异议之诉案件也比较常见。

另外,还有其他一些行业因涉及资格准入的限制,挂靠经营的情况也不乏其例,如医药、农药、烟草等实行专营的行业。当然,传统的承包经营虽已极少,但也并没有完全绝迹,如果有因此而发生的执行异议之诉,也应给予足够的重视。

(二)基于挂靠(承包)经营提起执行异议之诉的裁判规则

基于挂靠(承包)经营提起的执行异议之诉种类较多,要根据不同的情况适用不同的裁判规则,没有定论。区分法律关系是挂靠还是内部承包(真承包)、挂靠还是转包这两个问题是法院裁判时的焦点。挂靠与内部承包的区别如下:从性质上看,内部承包关系中的承包人一般是项目经理等职工个人,与建筑企业有合法的劳动关系或者人事关系,还有可能是建筑企业的分支机构;而挂靠关系中的挂靠人与被挂靠的企业之间是相对独立的两个主体。从管理机制上看,内部承包关系中的建筑企业对建筑工程的施工、质量等均会进行监管,而挂靠关系中建筑企业实际上不对建设工程进行任何监管,只向挂靠人收取管理费。从诉讼地位上看,内部承包人不是独立的诉讼主体,在建设单位欠付工程款时,内部承包人不能以自己的名义直接主张工程款。而挂靠关系中,挂靠人可以自己的名义在被挂靠企业怠于主张工程款时提出对工程款的主张。最后从法律效力上看,内部承包行为被法律所允许,而挂靠行为是法律、行政法规所明确禁止的,往往会导致其签订的建设工程施工合同无效的法律后果。因此在执行程序中,法官要审查法律关系的实质,如果是内部承包关系就应当依法保障承包人的合法权益,应当排除执行。如果是挂靠经营关系,一般不予支持,但需要注意的是,在发包人明知是挂靠经营关系签订施工合同的情况下,由于发包人与被挂靠人之间没有订立合同的真实意思表示,不成立建设工程施工合同关系,实际上,挂靠人才是施工合同权利享有者和义务承担者,发包人向被挂靠人账户支付的工程款能够特定化为挂靠人的财产的,挂靠人工程款请求权可以排除其他债权人的强制执行。①

然而,挂靠与转包的确具有不容否认的外观相似性,导致区分上的困难。首先,两者都存在名义上的承包人和实际施工人。工程都由实际施工人负责,实际施工人与名义施工人之间没有劳动关系。其次,二者具有财务上的相似性。转包人与接受转包人之间,以及被挂靠人与挂靠人之间,都是相对独立的经济主体,在账目上独立核算。最后,二者具有利润形式的相似性。虽然转包人的利润通过差价实现,而被挂靠人的利润则通过诸如管理费等各种名目实现,但二者往往表现为工程价款的一个固定比例。尽管如此,在实践中仍然能够判断,法官可以进行实体审查,从实际施工人介入工程洽谈的时间、在工程承接工作中的作用与地位、合同的形式以及费用的金额等方面进行判断。

二、操作指引

在建筑企业的挂靠经营中,挂靠人作为案外人对执行标的是否享有排除执行的权利一直存在争议,但是司法实践中,一般不予支持。合同的相对性原则在整个合同法理论乃至私法理论中占据着十分重要的地位,作为有名合同的建设工程合同仍然应当坚持合同的相对性原则。② 同时,挂靠经营为法律所明确禁止,最高人民法院更倾向于不支持作为挂靠人的案外人对执行标的排除执行的请求。

执行实践中,法院会在不同情况下作出不同的处理。通过最高人民法院(2018)最高法民终611号、(2018)最高法民终391号案例总结得出:

合同的相对性是处理合同纠纷必须遵守的原则。在挂靠关系中,挂靠人与发包人的建设单位不存在合同关系。因此,其对于实际完成的工程价款,只能依照挂靠合同关系向被挂靠人主张,而不能跨越被挂靠人,直接向发包人主张。《建设施工合同解释(一)》第43条规定:"实际施工人以转包人、违法分包人为被告起诉的,人民法院应当依法受理。实际施工人以发包人为被告主张权利的,人民法院应当追加转包人或者违法分包人为本案第三人,在查明发包人欠付转包人或者违法分包人建设工程价款的数额后,判决发包人在欠付建设工程价款范围内对实际施工人承担责任。"结合实践经验,一般认为此法条的实际施工人不包含挂靠的情形,仅

---

① 最高人民法院民事裁定书,(2019)最高法民申2147号。

② 参见宋诚:《未支付工程款权利归属的类型化探析——以案外人执行异议之诉为视角》,载《法制博览》2017年第9期。

仅指转包人和违法分包人。因此,挂靠关系中的实际施工人不能援引该司法解释。而该解释第 43 条第 2 款也是考虑到实践中,在建设过程中对农民工的合法权益进行保护所作出的规定,但是执行过程中,出现了以实际施工人对工程款享有债权为由,意图阻碍执行,为承包人逃避债务的情形,还有恶意串通牟取利润的行为。这给法院的审查工作制造了难题,这要求法院要进行全面的实体审查,以真正保护农民工的合法权益。建议可以实行实名制管理,通过对农民工工资预先提留与转向管理等规制,真正让实际施工人无利可图。

然而,最高人民法院也在同一时期作出了不同的裁判结果,例如(2018)最高法民终 128 号、(2018)最高法民再 265 号,该等判决均认定挂靠关系下实际施工人可以向发包人主张工程款。我们对相关判例进行研究发现,最高人民法院之所以没有形成"一刀切"地统一裁判规则,是因为各个案件存在不同的特殊背景。根据案件情况大致可以分为两类情形:第一类,根据案件基本事实证据,基本可以认定发包人对挂靠行为知情,但并未提出异议,故双方形成事实建设工程合同关系,进而认定挂靠人可以向发包人主张工程款。第二类,发包人对挂靠情形不知情,实际施工人不能证明挂靠人和发包人之间存在事实施工合同关系,不能证明发包人知晓并认可实际施工人,根据合同的相对性原则,挂靠人无权直接向发包人主张权利或者以实际施工人身份直接向发包人主张支付工程价款。

《建设施工合同解释(一)》第 38 条规定:"建设工程质量合格,承包人请求其承建工程的价款就工程折价或者拍卖的价款优先受偿的,人民法院应予支持。"理论上有观点认为实际施工人向发包人主张工程款的权利源自承包人,即实际施工人在符合一定条件下可以提起代位权诉讼。《建设施工合同解释(一)》第 44 条对代位权行使作出明确规定:"实际施工人依据民法典第五百三十五条规定,以转包人或者违法分包人怠于向发包人行使到期债权或者与该债权有关的从权利,影响其到期债权实现,提起代位权诉讼的,人民法院应予支持。"根据此司法解释规定,实际施工人可以直接以发包人为被告提起诉讼,但是实质上是在代为行使承包人对发包人所享有的工程款债权,其权力来源仍然是违法分包、转包或挂靠合同。由于其与发包人之间不存在直接的建设工程合同法律关系,因此承包人的合同主体地位没有发生变化。在实践中,法院对于怠于行使权利要作出明确判断,崔建远教授的观点是判断债务人是否怠于行使权力不能仅限于行使权力的过程,而应该兼顾行使权利的结果,只要债务履行期届满时次债务人尚未清偿,债务人又没有通过诉讼或者仲裁方式提出请求,则认定债务人怠于行使权利。在审判过程中,要根据不同案件进行依法裁判。

适用《建设施工合同解释(一)》第 44 条时,需要注意的是,虽然实际施工人包括转包人、违法分包人和没有资质借有资质的挂靠人,但是在司法实践中,就其规定的代位权诉讼的适用来看,并不包括实际施工人中挂靠人向发包人主张债权的情形,即借用资质的实际施工人不具备该条规定的提起代位权诉讼的主体资格。

举例来讲,在重庆市渝北区人民法院(2019)渝0112民初3035号案件中,法院裁判认为,被告重庆融创世锦置业有限公司(以下简称融创公司)将融创中央公园项目二期五标段建筑安装工程发包给被告重庆山海建设(集团)有限公司(以下简称山海公司),根据被告山海公司和第三人陈某福的陈述,山海公司将案涉工程内部承包给陈某福,即便该内部承包系违法分包,因与山海公司签订合同的相对方为第三人陈某福,案涉工程的实际施工人也应为第三人陈某福,而非陈某福和原告颜某贤。原告称其与第三人陈某福系合伙关系,合伙承接案涉工程,即便属实其也不能基于与陈某福的合伙关系而当然地成为《最高人民法院关于审理建设工程施工合同纠纷案件适用法律问题的解释(二)》(已废止)第24条、第25条中所指的实际施工人,其应基于与陈某福的合伙关系就案涉项目的亏损、利润进行清算,进而主张权利。同时,原告颜某贤并未举示证据证明被告山海公司存在怠于向发包人融创公司行使到期债权,对其造成损失的行为,其依据《最高人民法院关于审理建设工程施工合同纠纷案件适用法律问题的解释(二)》(已废止)第25条的规定提起代位权诉讼依据不足。

审判前沿

蒋某兵与冒某群、南通英雄建设集团有限公司等案外人执行异议之诉纠纷案

[(2018)苏06民终1590号民事判决书、(2020)苏民再212号民事判决书]

【裁判要旨】

实际施工人可直接向发包人主张工程款,但其对发包人的工程款债权相比承包人来讲不具有优先性和排他性,因其不是建设工程合同的相对人。人民法院针对发包人应给付承包人的工程款债权实施强制执行,实际施工人以其与承包人之间存在转包、违法分包或者挂靠关系,主张其享有工程款债权而提起执行异议之诉的,人民法院不应予以支持。但实际施工人有证据证明实际工程已经竣工并且验收、结算完毕,提出支付工程价款的,应予支持。

【基本案情】

冒某群与南通英雄建设集团有限公司(以下简称英雄公司)、南通久辉贸易

有限公司(以下简称久辉公司)、沈某1、沈某钧、沈某2民间借贷纠纷一案,南通市崇川区人民法院(以下简称崇川法院)于2016年3月28日作出(2016)苏0602民初1417号民事调解书,英雄公司、久辉公司、沈某1、沈某钧、沈某2分别于2016年4月18日、5月31日、8月31日各给付冒某群人民币560万元、400万元、600万元及相应利息。如英雄公司、久辉公司、沈某1、沈某钧、沈某2未按协议如期足额履行义务,冒某群可就未还全部款项立即申请执行。

因英雄公司、久辉公司、沈某1、沈某钧、沈某2未按调解书约定履行,冒某群向崇川法院申请执行,该院立案受理。在执行过程中,崇川法院于2016年12月13日向白山市广泽房地产开发有限公司(以下简称广泽公司)发出(2016)苏0602执2356号协助执行通知书,冻结被执行人英雄公司在广泽公司的工程款17,779,611元,蒋某兵向该院提出书面异议。该院于2017年6月13日作出(2017)苏0602执异55号执行裁定书,驳回蒋某兵的异议请求。据此,蒋某兵向崇川法院提起执行异议之诉,请求:(1)判决立即停止对广泽公司属于原告的17,779,611元未结算工程款的强制执行,并解除对该款项的冻结。(2)诉讼费由被告承担。事实与理由如下:英雄公司和广泽公司于2012年5月5日签订施工补充合同。英雄公司后与原告签订承包协议书,将该工程以原价发包给原告施工,英雄公司收取管理费,其与英雄公司是非法转包关系,其与广泽公司形成事实上的建筑工程施工合同关系,原告是广泽国际购物中心工程实际施工人,英雄公司在案涉工程上没有任何民事权益,该工程款权属归原告。被告申请执行属于原告未决算工程款没有事实和法律依据。

冒某群一审辩称:(1)英雄公司是案涉工程的合法承包人,对案涉工程的工程款享有民事权益;(2)原告关于其为案涉工程的实际施工人、工程款应归其享有的主张不能成立。原告对执行标的不享有足以排除强制执行的民事权益,请求驳回原告的诉讼请求。

一审法院查明:2012年5月5日,广泽公司作为发包方(甲方)与承包方(乙方)英雄公司签订施工补充合同,英雄公司承包建设广泽国际购物中心工程,建筑面积约15万平方米,合同暂定价款为23,640万元人民币。英雄公司下设分支机构长春分公司于2012年6月19日与蒋某兵签订承包协议书,将该工程以原价发包给原告施工,英雄公司按一定比例收取税费、服务费等,收取工程款一律汇入英雄公司账户。协议签订后,蒋某兵按期组织施工,其中广泽国际购物中心主体结构等单项工程由蒋某兵与他人或单位签订单项工程承包合同或劳务承包,蒋某兵也与他人或单位签订买卖合同,购买塔式起重机、钢材等设备和材料,用于工程。广泽国际购物中心项目于2015年5月7日通过验收,由蒋某兵参加,英雄公司未参与。经相关部门测绘,广泽国际购物中心实际建筑面积为168,483.46平方米。2017年4月10日,广泽公司和英雄公司出具《关于广泽国际购物中心项目的往来核对情况》,说明截至2017年4月10日,广泽公司付工程款206,083,623.68元(含抵账房及水电费)。同日,英雄公司向蒋某兵出具蒋某兵往来核对,证明截至2017年4月10日,蒋某兵收到英雄公司代广泽公司付工程款171,469,733.34元(含抵账房及水电费)。广泽公司、英雄公司和蒋某兵三方没有进行决算。

一审法院认为:广泽公司与英雄公司签订施工补充合同,英雄公司承包建设广泽国际购物中心工程,后英雄公司下设分支机构长春分公司又与蒋某兵签订承包协议书,将该工程转包给蒋某兵施工,英雄公司按一定比例收取税费、服务费等。蒋某兵作为案涉工程实际施工人,并不能改变英雄公司对外作为案涉工程合同相对人的身份,从权利外观看,英雄公司依然是案涉工程款的权利人,实际施工人的身份不足以阻却执行,故对蒋某兵的诉讼请求不予支持。判决驳回蒋某兵的诉讼请求,案件受理费128,478元由蒋某兵负担。

蒋某兵不服一审判决,上诉至江苏省南通市中级人民法院(以下简称南通中院)。二审中,蒋某兵提供了其在吉林省白山市中级人民法院起诉广泽公司、英雄公司、英雄公司长春分公司建设工程施工合同纠纷一案中的法庭审理笔录、案涉工程竣工结算协议书、抗浮锚杆工程审核汇总表及有关工程量及工程款申请司法鉴定的材料,上述结算资料、工程审核汇总表复印件的施工单位一栏内均系英雄公司加盖公章。对此,冒某群质证认为,材料真实性无法确认,作为证据与本案无关联性。

二审法院认为:本案为案外人提起的执行异议之诉,主要审理案外人就执行标的是否享有足以排除强制执行的民事权益。根据建设工程施工合同司法解释的规定,非法转包、违法分包的相对方,或借用有资质的建筑施工企业名义的没有资质的人,均称为实际施工人。实际施工人是《最高人民法院关于审理建设工程施工合同纠纷案件适用法律问题的解释》(已废止)中规定的概念,旨在对于那些已实际施工诉争工程但无法因合同关系主张工程款的人予以限制性保护,因其规范情形之特定性,故亦应在该规范所涉之建设工程施工合同纠纷案件中,才适宜对实际施工人的身份作出认定。本案中,蒋某兵主张权利的事实基础是其为案涉工程的实际施工人,该身份认定超出了本案执行异议之诉的审理范围。根据本案查明的事实,工程建设单位广泽公司与施工单位英雄公司签订施工补充合同,由英雄公司承包建设广泽国际购物中心工程,英雄公司下设分支机构长春分公司与蒋某兵签订承包协议书,将该工程转包给蒋某兵施工,英雄公司按一定比例收取税费、服务费等,由此事实形成了广泽公司与英雄公司之间,英雄公司与蒋某兵之间的两个合同关系,根据合同相对性原则,各方的权利义务关系应当根据相关合同分别处理。对于蒋某兵在建设工程中的身份问题,应根据其与英雄公司下设分支机构长春分公司签订的承包协议书确定,不能依施工事实证明其与工程建设单位广泽公司形成了事实上的建设工程施工合同关系。假设认定蒋某兵为案涉工程的实际施工人,其亦无权突破合同相对性,直接向非合同相对方广泽公司主张建设工程合同权利。本案执行标的系广泽公司协助冻结的英雄公司的工程款债权,尽管蒋某兵反映案涉工程系其实际施工,但没有证据证明蒋某兵对该工程款债权享有唯一的请求权,故蒋某兵对案涉工程款的请求权不足以对抗本案的执行。蒋某兵另案诉讼案涉工程的建设工程施工合同纠纷,这是其行使债权请求权的表现,与本案执行异议之诉审理并无冲突,故原审法院未中止审理不构成程序错误。据此,判决驳回上诉,维持原判。

蒋某兵不服南通中院(2018)苏06民终1590号、崇川法院(2017)苏0602民初3681号民事判决,向江苏省高级人民法院申请再审。

江苏省高级人民法院对一审、二审查明的事实予以确认。另查明,在吉林省白山市中级人民法院(2018)吉06民初8号审理中,广泽公司确认施工补充合同及承包协议书所涉工程已经竣工并结算完毕。

江苏省高级人民法院认为:(1)案涉工程款并非英雄公司的责任财产,不应纳入冒某群申请执行英雄公司、久辉公司、沈某1、沈某钧、沈某2民间借贷纠纷一案的强制执行的范围。人民法院在执行程序中对被执行人所采取的强制执行措施,应当以其责任财产为限。债权人无权要求债务人用其责任财产之外的财产偿付其的债务,如果有证据证明拟执行标的不属于被执行人的责任财产,则人民法院应当停止对该标的的执行。本案中,案涉广泽国际购物中心工程由英雄公司承包后,又转包给蒋某兵实际施工完成,亦已经竣工验收合格,案涉工程系蒋某兵劳动所凝集的成果,且英雄公司与广泽公司并无其他工程项目。因此,广泽公司应支付的全部案涉工程款均具有归属于蒋某兵的特定性,并非属于英雄公司的责任财产范围。

(2)蒋某兵就案涉工程款享有的民事权益能够阻却人民法院在冒某群申请执行英雄公司、久辉公司、沈某1、沈某钧、沈某2民间借贷纠纷一案中的强制执行。如前所述,蒋某兵系案涉工程的实际施工人,所建工程已经竣工并结算完毕,广泽公司就案涉工程欠付的工程款应当由蒋某兵享有。崇川法院于2016年12月13日向广泽公司发出(2016)苏0602执2356号协助执行通知书,冻结被执行人英雄公司在广泽公司的工程款17,779,611元,蒋某兵凭借其实际施工人身份有权阻却人民法院对上述款项的执行,上述协助执行通知书应予撤销。英雄公司在明知蒋某兵为案涉工程的实际施工人,案涉工程款并非归自己所有的情况下,未主动向人民法院说明情况,并由此引发本案诉讼,应当承担本案部分诉讼费用。

蒋某兵的再审请求,有事实与法律依据,判决撤销崇川法院(2017)苏0602民初3681号民事判决、南通中院(2018)苏06民终1590号民事判决;在冒某群依据崇川法院(2016)苏0602民初1417号民事调解书申请执行英雄公司、久辉公司、沈某1、沈某钧、沈某2民间借贷纠纷一案中,不得执行广泽公司欠付的广泽国际购物中心工程款。

【要点评析】

本案是一起因挂靠经营而引发的案外人执行异议之诉。执行程序中,针对建筑工程发包人应给付承包人的工程款,人民法院强制执行的,实际施工人以其与承包人之间存在分包、转包或者挂靠关系为由,主张享有工程款权利而提起执行异议之诉的,在司法实践中很常见。结合上述案例,从以下两个角度分析:(1)审查合同的相对性是处理合同纠纷时应严格遵守的基本原则;(2)实际施工人对工程款享有的债权是否可以排除已经采取强制执行措施的债权。

(一)审查合同的相对性是处理合同纠纷时应严格遵守的基本原则

合同相对性是合同之债的基础,因此,在处理合同纠纷中,首先须考虑合同相对性原则。本案中,英雄公司与广泽公司签订建筑工程施工合同,英雄公司长春分公司与蒋某兵签订承包协议,将工程转包给蒋某兵施工,这事实上形成了英雄公司与广泽公司之间,英雄公司与蒋某兵之间的两个合同关系。根据合同相对性原则,这两个合同双方的权利义务关系应当根据各自的合同,分别作出处理。由于蒋某兵与广泽公司不存在合同关系,即不能仅以蒋某兵作为实际施工人的身份作出蒋某兵与广泽公司具有建设工程施工合同关系的认定。由于发包人广泽公司与承包人英雄公司是基于合同关系的相对方,因此英雄公司依法享有对广泽公司的工程款债权,因此,崇川法院依据申请冻结广泽公司未付工程款符合法律规定。即使事实上蒋某兵在建设工程过程中投入了人力、物力、财力,也不能认定其可以突破合同的相对性主张对工程款享有排除执行的权利。

(二)实际施工人对工程款享有的债权是否可以排除已经采取强制执行措施的债权

实践中一般认为,实际施工人对工程款债权享有的民事权益不足以排除强制执行。首先,实际施工人对于工程款享有的权利与承包人相比,不具有优先性和排他性。承包人基于与发包人的合同关系,其工程款债权依法受到保护,据此冻结其工程款也有法律依据,但是实际施工人与发包人没有基于合同的法律关系,就本案而言,蒋某兵可以依据与承包人的合同关系向承包人主张权利,其也可以基于司法解释的规定直接向发包人主张权利,但权利并非源于其与发包人的相对关系。因此,承包人对发包人享有的工程款债权并不因实际施工人的出现,发生任何质的改变,也不会因此丧失权利。其次,从合同的有效性的角度来看,蒋某兵对该工程款债权也不具有排除执行的权利,其对于违法转包合同系无效合同的后果是知晓的,即使工程款债权被另案强制执行而导致其权利受损,也是蒋某兵应当承担的违法行为的不利后果。最后,从司法政策的选择来看,应该按照:“不能因违法行为而获得利益”的理念进行判断,如果支持了实际施工人的异议请求,使得实际施工人因违法行为获得了比合法行为更大的利益,这样既违背了诚实信用原则,也会助长违法分包、转包、挂靠行为。法院作出此种认定,也是为了正确引导行为人合法进行经营活动。但在执行程序中,为了保护实际施工人的利益,实际工程已经竣工并且验收、结算完毕的实际施工人,其主张的债权也会得到保护,继而排除已经采取强制措施的债权的执行。

第二十二章　被征收人提起的异议之诉

随着社会建设过程中对建设用地的需要,土地征收、房屋拆迁已经成为现下普遍的现象。拆迁往往涉及社会公共利益,被拆迁人原赖以生存的房产被拆除,搬离其原居住场所配合满足社会公共利益需要的行为值得肯定,故对房屋征收补偿权益应当予以特别保护。被征收人提起的异议之诉一般发生于产权调换安置过程中,案外人作为被拆迁人,针对登记在被执行人(拆迁人)名下的房屋提起执行异议之诉的情形,该等执行异议之诉往往涉及不同法益,如何妥善处理是司法实践中经常遇到的问题。

法律依据

《异议之诉司法解释》第18条　人民法院对登记在被执行人名下的不动产实施强制执行,案外人以该不动产系用于产权调换的征收补偿为由,提起执行异议之诉,请求排除建设工程价款优先受偿权、抵押权以及其他债权的强制执行,并能够证明其主张同时符合下列条件的,人民法院应予支持:

(一)查封前,案外人已与房屋征收部门、房屋征收实施单位等依法签订征收补偿性质的协议;

(二)用于征收补偿的不动产的位置明确特定。

案外人起诉请求被执行人办理不动产所有权转移登记手续,符合前款规定的,人民法院依法予以支持。

《民法典》第243条　为了公共利益的需要,依照法律规定的权限和程序可以征收集体所有的土地和组织、个人的房屋以及其他不动产。

征收集体所有的土地,应当依法及时足额支付土地补偿费、安置补助费以及农村村民住宅、其他地上附着物和青苗等的补偿费用,并安排被征地农民的社会保障费用,保障被征地农民的生活,维护被征地农民的合法权益。

征收组织、个人的房屋以及其他不动产,应当依法给予征收补偿,维护被征收人的合法权益;征收个人住宅的,还应当保障被征收人的居住条件。

任何组织或者个人不得贪污、挪用、私分、截留、拖欠征收补偿费等费用。

2003 年《商品房买卖合同解释》第 7 条 拆迁人与被拆迁人按照所有权调换形式订立拆迁补偿安置协议，明确约定拆迁人以位置、用途特定的房屋对被拆迁人予以补偿安置，如果拆迁人将该补偿安置房屋另行出卖给第三人，被拆迁人请求优先取得补偿安置房屋的，应予支持。

被拆迁人请求解除拆迁补偿安置协议的，按照本解释第八条的规定处理。

一、制度阐释

(一)房屋拆迁和房屋征收补偿的概念

房屋拆迁，是指取得拆迁许可的单位根据城市建设规划要求和政府批准的用地文件，依法拆除建设用地范围内的房屋和附属物，将该范围内的单位和居民重新安置，并对其所受损失予以补偿的法律行为。《城市房屋拆迁管理条例》(已废止)曾就拆迁补偿和拆迁安置设专章进行规定，后 2011 年 1 月 21 日国务院公布了《国有土地上房屋征收与补偿条例》，区别于商业性的拆迁，新条例主要调整政府基于公共利益需要而进行的征收活动，条例称谓也从“房屋拆迁安置”转为“房屋征收补偿”。

(二)征收补偿的方式

征收补偿的方式包括货币补偿和房屋产权调换等。实务中，常因拆迁补偿价款产生纠纷，相较而言，货币补偿具有一次性解决的特点，各方权利义务相对明确，而产权调换方式产生的纠纷中，最为突出的是拆迁安置房被另行出售或抵押权人对拆迁安置房主张优先权等，严重影响被征收人补偿权利的实现。

(三)拆迁安置补偿协议的特殊性

与一般民事房屋买卖不同，在拆迁房屋产权调换中，拆迁安置补偿协议具有以下特殊性：第一，从引起房屋拆迁的事实上来看，当事人双方并非平等的民事主体。拆迁基于行政征收决定，其法律性质上属于具体行政行为，对于征收部门委托的征收实施单位在委托范围内实施的行为，承担责任的主体仍是行政部门，并非一般民商事主体。即使从形式上看，补偿协议属于民事合同，但征收单位主导整个拆迁活动的运行、补偿协议的签订与履行等，与被征收人相比具有更为优势的地位。第二，从补偿协议签订的背景来看，土地征收和房屋拆迁是由于公共利益的需要，并非被征收人的个人需求，不是被征收人的主观意志，相反地，因拆迁活动和签订补偿协议，被征收人原本赖以生存居住的房屋被拆迁，甚至影响了其生存居住权。第三，从补偿协议的内容来看，以所有权调换形式签订的拆迁补偿安置协议，本质上是被征收人丧失对被征收房屋的所有权,取得对特定安置房屋的期待权,用以补偿被征收人的损失。被征收人的权益从具有确定性的所有权转变为不确定性的期待权,本身就极易受到侵害,如果以商品房买卖的角度来看待这种以物易物的形式,相当于被征收人在征收时已全额支付购房款。正是因为拆迁安置补偿协议具有如上特性,无论是从实质公平的角度还是从社会稳定性角度抑或从倡导公共利益的角度,被征收人的补偿权益都应当得到特别保护。

二、被征收人排除执行的判断

对于被征收人是否以及在何种情形下可得排除该种执行,此前一直没有法律、司法解释对此加以明确规定,司法实践中多援引2003年《商品房买卖合同解释》第7条,并参照《异议复议规定》第28条、第29条规定作出裁判。而《商品房买卖合同解释》第7条在2021年1月1日修订司法解释时被废止。但考虑被征收人系基于对政府的信赖签订补偿协议,被征收人获得补偿的权益源于国家的宣示和保障,以及房屋产权交换的特殊债权,关涉被征收单位、个人的经营存续或者居住生存,无论是房屋征收部门,还是房屋征收实施单位均代表政府对被征收人予以补偿安置,应当提供权属清晰、没有负担的补偿房屋,根据2025年《异议之诉司法解释》,应当对被征收人位置明确的用于产权调换的不动产的权利予以优先保护。从司法解释的规定可以看出,案外人提出排除执行的请求得到支持,应当符合以下几个要件:(1)查封前签订征收补偿性质的协议,该协议名称可以不同,但性质属于拆迁安置补偿范围;(2)补偿的不动产等是特定化的;(3)被征收人权益优先于建设工程价款优先受偿权、抵押权和其他债权。

三、操作指引

(一)被征收人补偿安置协议与其他房屋买卖合同的冲突

实践中对被征收人的补偿权益予以特别保护不存在争议,当拆迁补偿安置协议与其他商品房买卖合同发生冲突时,被征收人享有的债权具有优先效力。2003年《商品房买卖合同解释》第7条第1款规定,“拆迁人与被拆迁人按照所有权调换形式订立拆迁补偿安置协议,明确约定拆迁人以位置、用途特定的房屋对被拆迁人予以补偿安置,如果拆迁人将该补偿安置房屋另行出卖给第三人,被拆迁人请求优先取得补偿安置房屋的,应予支持”。2003年《商品房买卖合同解释》将此种情形下的被征收人对安置房屋享有的债权视为一种特种债权,是一种法定的债权上的优先权,且不需要公示即具有对抗第三人的效力。[①] 需要注意的是,被征收人享有优先权的提前是特定化,未特定化的拆迁安置补偿仍按照普通债权保护。

当征收人将安置房屋另行出卖给第三人,对被征收人的安置权益予以侧重保护需要满足以下要件:第一,征收人与被征收人以产权调换方式达成拆迁补偿安置协议。如前文所述,如果被征收人选择货币补偿的方式,则不存在与其他房屋买卖合同发生冲突的情形。第二,安置房屋需是位置、用途特定的房屋,这是因为产权调换协议在性质上属于互易合同,用以补偿被拆迁人的房屋既可以是种类物,也可以是特定物。如果是种类物,那么拆迁人可以用性质相同的任何房屋来补偿被拆迁人,不存在所谓的优先取回权益保护问题。只有当安置房屋特定化了,被拆迁人才能在此基础上主张优先取得。[②]

(二)被征收人的补偿安置权益与抵押权的优先性比较

2003 年《商品房买卖合同解释》第 7 条明确了当安置房屋被"一房二卖"时,被征收人与其他不动产买受人谁能够优先取得的问题,但是没有明确规定安置房屋优先取得权与第三人的抵押权之间发生冲突时的顺位规则。实践争议也往往集中在被征收人的补偿权益与担保物权等优先受偿权的冲突。有观点认为,被征收人因公共利益而牺牲原有房屋进行产权调换,其生存权和居住权应当得到特别保护,被征收人对置换的房屋应当享有优先效力。根据 2003 年《商品房买卖合同解释》第 7 条的规定,被拆迁人对特定化后的安置房屋的取得权优先于一般买受人,支付全部或大部分购房款的买受人的优先权优于工程价款优先受偿权,工程价款优先受偿权优于抵押权,因此四种权利的优先保护顺位为:被征收人对所有权调换房屋的权益 > 买受人的物权期待权 > 工程价款优先受偿权 > 债权人的抵押权。目前该种观点也为主流观点。[③] 但也有相反观点认为,被拆迁人补偿权益优先于一般金钱债权,但被征收人房屋补偿权益仍为债权属性,当其与抵押权等担保物权发生冲突时,仍应当坚持担保物权优先,不应当肆意扩大对被征收人权益的保护,除非申请执行人订立抵押合同时知道或者应当知道提供抵押的财产系用于产权调换的征收补偿房屋。

一般认为,《异议复议规定》第 27 条的但书条款包括 2003 年《商品房买卖合同

① 参见最高人民法院民事审判第一庭编著:《最高人民法院关于审理商品房买卖合同纠纷案件司法解释的理解与适用》,人民法院出版社 2015 年版,第 88 ~ 93 页。

② 最高人民法院第五巡回法庭 2019 年第 92、96 次法官会议纪要:《被拆迁人的补偿安置权益与抵押权的优先性比较》。

③ 沈丹丹:《被拆迁人安置补偿权利保护问题》,载最高人民法院民事审判第一庭编著:《民事审判前沿》(第 1 辑),人民法院出版社 2014 年版,第 49 ~ 55 页。

解释》第7条关于被拆迁人安置补偿权益的规定。《商品房买卖合同解释》2020年修订后,已删除原第7条之内容,但我们认为对被征收人权益的侧重保护仍应当予以坚持。

审判前沿

杨某与阳新县市场开发服务中心、阳新金马房地产开发有限公司执行异议之诉纠纷案

[(2018)鄂02民初154号民事判决书、
(2019)鄂民终1106号民事判决书、
(2021)最高法民申45号民事裁定书]

【裁判要旨】

被拆迁人对拆迁还建房产享有的优先权优先于买受人的物权期待权,买受人的物权期待权优先于工程承包人对工程款享有的优先受偿权,而工程款的优先受偿权又优先于债权人对不动产享有的抵押权。因此,四种权利的顺位:被拆迁人对拆迁安置房产的优先权>买受人的物权期待权>工程价款优先受偿权>债权人的抵押权。

【基本案情】

2005年10月18日,阳新县人民政府(甲方)与上海增源房地产开发有限公司(乙方,以下简称增源公司)签订了一份《阳新县兴国中心集贸市场改建协议书》,其中约定:甲方向乙方提供原有的兴国中心集贸市场给乙方拆除,并在原有面积上重新规划、设计,全额带资重建;改建后的集贸市场第一层的全部及第二层的后1/2部分产权无偿归甲方所有,其余部分(地下车库,第二层的前1/2、三层至八层)全部归乙方所有;集贸市场改建前的拆迁(包括临时市场的搭建)费用全部由乙方负责;等等。

2007年3月6日,增源公司阳新分公司(甲方)与阳新金马房地产开发有限公司(乙方,以下简称金马公司)签订《关于合资开发阳新县兴国中心集贸市场协议书》,就增源公司2005年10月18日签订的《阳新县兴国中心集贸市场改建协议书》中兴国集贸市场重建事宜达成协议,约定共同投资建设阳新县兴国中心集贸市场,甲方办理工程所需一切手续均使用乙方名称和印章,其财务账目也由乙方负责;乙方代表甲方全权办理规划、城建、招投标、土管、房产等手续,

负责此项工程全部建设任务。同日,增源公司和增源公司阳新分公司作为甲方与乙方金马公司签订协议书,约定将阳新县兴国中心集贸市场交由金马公司全资开发,金马公司在建设过程中,自主经营,自负盈亏,自主处理有关此项工程的一切债权债务和纠纷,甲方不承担任何责任。协议还约定双方所有合同协议均以此协议为准。

2007年12月12日,阳新县土地储备中心(甲方)与阳新市场中心(乙方)签订《国有土地使用权收购合同》,收购乙方位于兴国镇兴国大道的原兴国镇中心集贸市场5097.80平方米土地,约定:甲方不支付土地补偿费、安置补偿费等任何收购费用给乙方,乙方通过土地置换方式置换改建后的集贸市场整个第一层及第二层的后1/2部分;还要求土地交易竞得者建设横跨兴国大道的人行天桥一座,产权归乙方所有;合同签订后,收购土地的使用权由县土地行政主管部门报县政府依法收回,乙方不再拥有该地块的土地使用权。同日,阳新县土地储备中心按照上述合同约定内容,依法办理了阳新市场中心兴国镇中心集贸市场土地收购审批手续。

2007年12月21日,阳新市场中心与金马公司共同签署《关于阳新县兴国中心集贸市场改建工程土地权属的说明》,明确根据《阳新县兴国中心集贸市场改建协议书》,改建后的集贸市场整个第一层及第二层的后1/2部分以及兴国大道人行天桥,产权归阳新市场中心所有(土地由阳新市场中心提供置换给开发商);改建工程总建筑面积为41,954.16平方米,分摊给阳新市场中心的土地面积为958平方米。

2008年4月3日,金马公司通过竞拍取得上述地块,缴纳土地出让金611.8万元,随后办理建设工程相关规划审批手续。该工程于2012年3月8日办理竣工验收备案。

2007年6月27日,阳新市场中心与武汉中百连锁仓储超市有限公司签订了一份租赁合同,将诉争商业房产中的一层约500平方米和二层的一半约2600平方米租赁给武汉中百连锁仓储超市有限公司,该合同同时对租赁期限及租金交付标准和方式等均进行了约定。同月30日,阳新市场中心与武汉中百连锁仓储超市有限公司签订租赁合同,约定该中心将诉争房产出租给武汉中百连锁仓储超市有限公司。阳新县兴国中心集贸市场改建工程完工后,金马公司按照双方此前的约定,将改建后的房屋地上第一层全部(201铺)及第二层的后1/2部分(302铺)交付给阳新市场中心。阳新市场中心亦按照租赁合同的约定,将一楼约500平方米和二楼的后1/2交付给武汉中百连锁仓储超市有限公司。2014

年12月4日,金马公司、阳新市场中心共同向武汉中百连锁仓储超市有限公司发出租赁房屋面积核实确认书,通知该公司按照面积分别向阳新市场中心和金马公司支付租金。武汉中百连锁仓储超市有限公司收到该通知书后,在租赁期间均按照通知书确定的面积向阳新市场中心支付租金。2015年8月22日,金马公司向武汉中百连锁仓储超市有限公司出具房屋产权认定书,声明改建后市场房屋第一层的全部及第二层(房产证登记为三楼302铺)的后1/2产权归阳新市场中心所有,由于特殊原因三楼302铺房屋产权手续未过户给阳新市场中心,但承诺此部分房屋租赁收入由阳新市场中心收取。

2013年2月4日,金马公司将诉争的201铺和302铺登记在其公司名下。11月19日,金马公司法定代表人马某金向杨某借款600万元。金马公司及案外人明某华、费某松为该借款提供担保。其中金马公司以阳新县兴国镇中心集贸市场房产作抵押为借款提供担保,并办理了抵押登记手续。后因马某金未按约定期限还款,杨某诉至本院。一审法院在审理期间,依据杨某的申请于2014年11月28日查封了登记在金马公司名下的阳新县兴国镇兴国大道兴国中心市场地下室(商场)、201铺、301铺、302铺、401铺等。2015年9月10日,一审法院作出(2014)鄂黄石中民开初字第00043号民事判决,判决马某金在判决生效后30日内偿还杨某借款600万元及利息,杨某对金马公司所有的阳新县××镇中心集贸市场302铺的商铺享有优先受偿权等。该民事判决生效后,因马某金等未履行生效判决确定的义务,杨某申请一审法院强制执行。在执行期间,阳新市场中心向一审法院提出执行异议。2017年6月29日,一审法院作出(2017)鄂02执异12号执行裁定书,以被执行财产登记在金马公司名下为由,裁定驳回阳新市场中心的异议。阳新市场中心遂向一审法院提起执行异议之诉。

一审法院认为,关于阳新市场中心与诉争房屋的权属关系。《物权法》(已废止)规定的不动产登记效力只是物权公示方式,登记本身不创设物权。《物权法》(已废止)第33条规定"因物权的归属、内容发生争议的,利害关系人可以请求确认权利"。由此可见,人民法院对物权的归属应当根据查明的基础法律事实判决确认。《物权法》(已废止)第9条关于"不动产物权的设立、变更、转让和消灭,经依法登记,发生法律效力",以及《异议复议规定》第25条关于对已登记的不动产,按照不动产登记簿判断是否系权利人的规定,只是赋予不动产物权登记的权利推定效力,这种效力只是法律上的"推定",并非"真正"不可推翻。本案中,诉争的阳新县兴国镇中心集贸市场201铺和302铺虽然登记在金马公司名下,但根据阳新县人民政府与相关合同相对人签订合同的约定,阳新市场中心并未因此得到土地补偿费和安置补偿费等任何费用,而是通过土地置换方式取得前述市场改建工程商铺。而金马公司对诉争商铺归阳新市场中心所有不持异议,且在本案争议发生前,已将诉争的商铺交付给阳新市场中心。综合上述一系列合同内容及履行情况,阳新市场中心作为被拆迁还建人,基于拆迁还建关系,系诉争商铺实际权利人。根据《最高人民法院关于适用〈中华人民共和国物权法〉若干问题的解释(一)》(已废止)第2条的规定,当事人有证据证明不动产登记簿的记载与真实权利状态不符、其为该不动产物权的真实权利人,请求确认其享有物权的,应予支持。故阳新市场中心诉请确认阳新县兴国镇中心集贸市场第二层(201铺)及第三层的后1/2(302铺)房屋归其所有的理由成立。

关于排除对诉争商铺执行的法律依据。虽然诉争的阳新县兴国镇中心集贸市场201铺和302铺归阳新市场中心所有,但该房产已基于另案被人民法院查封,且302铺已被金马房产公司抵押给杨某,并办理了抵押登记手续,抵押权成立。阳新市场中心关于排除执行的异议是否成立,取决于双方对诉争商铺享有的权利是否优先。根据2003年《商品房买卖合同解释》第7条的规定,如果拆迁人将与按照所有权调换形式补偿安置给被拆迁人的房屋另行出卖给第三人,被拆迁人对补偿安置房屋的取得享有优先权。《异议复议规定》第28条系保护买受人权利的规定,在买受人符合第28条规定情形下,可以排除执行人对登记在被执行人名下不动产的执行。上述法律规定表明,买受人权利属于物权期待权,而被拆迁人对拆迁还建房产享有的特种债权具有一定的物权属性,其权利优于买受人的期待物权。根据《最高人民法院关于建设工程价款优先受偿权问题的批复》(已废止)第1条和第2条的规定,建筑工程承包人对工程款的优先受偿权优于抵押权和其他债权,但其所享有的优先受偿权不得对抗买受人。由此可见,因被拆迁人对拆迁还建房产享有的优先权优先于买受人的期待物权,买受人的期待物权优先于工程承包人对工程款享有的优先受偿权,而工程款的优先受偿权又优先于债权人对不动产享有的抵押权。具体到本案而言,杨某对诉争的302铺享有抵押权,对未用于抵押的201铺享有普通的债权,而诉争的201铺和302铺属阳新市场中心拆迁还建房,阳新市场中心对诉争的302铺享有的特种债权优先于杨某对该商铺享有的抵押权。故阳新市场服务中心申请排除对302铺执行的理由成立,应予以支持。杨某不服该一审判决,提起上诉,二审法院经审理,判决维持原判。

最高人民法院认为,阳新市场中心关于排除执行的异议是否成立,取决于双方对案涉商铺享有的权利孰具有优先效力。2003年《商品房买卖合同解释》第7条第1款规定"拆迁人与被拆迁人按照所有权调换形式订立拆迁补偿安置协议,明确约定拆迁人以位置、用途特定的房屋对被拆迁人予以补偿安置,如果拆迁人将该补偿安置房屋另行出卖给第三人,被拆迁人请求优先取得补偿安置房屋的,应予支持",该规定明确了被拆迁人对拆迁还建房产享有的特种债权优于买受人的期待物权。而《最高人民法院关于建设工程价款优先受偿权问题的批复》(已废止)第1条和第2条的规定,建筑工程承包人对工程款的优先受偿权优于抵押权和其他债权,但其所享有的优先受偿权不得对抗买受人。由此可见,因被拆迁人对拆迁还建房产享有的优先权优先于买受人的期待物权,买受人的期待物权优先于工程承包人对工程款享有的优先受偿权,而工程款的优先受偿权又优先于债权人对不动产享有的抵押权。本案中,诉争的201铺和302铺属阳新市场中心拆迁还建房,阳新市场中心对201铺和302铺享有的特种债权分别优先于杨某对上述商铺享有的普通债权和抵押权,原审判决认定阳新市场中心申请排除对201铺和302铺的执行具有事实和法律上的依据,并无不当,据此驳回杨某的再审申请。

【要点评析】

根据2003年《商品房买卖合同解释》第7条第1款的规定:"拆迁人与被拆迁人按照所有权调换形式订立拆迁补偿安置协议,明确约定拆迁人以位置、用途特定的房屋对被拆迁人予以补偿安置,如果拆迁人将该补偿安置房屋另行出卖给第三人,被拆迁人请求优先取得补偿安置房屋的,应予支持。"被拆迁人安置补偿权益优先于一般买受人及其他权利人的权利,这是因为,在拆迁人通过以其他不动产通过所有权调换的形式取得被拆迁人既有房产并对被拆迁人进行安置的过程中,被拆迁人虽暂未办理不动产物权登记,但其系调换后房屋的实质所有权人,其权益应当得到特殊保护。

买受人的物权期待权优先于工程承包人对工程款享有的优先受偿权,工程款的优先受偿权又优先于债权人对不动产享有的抵押权,因此可以推导出权利优先性的如下顺位:被拆迁人对拆迁安置房产的优先权>买受人的物权期待权>工程价款优先受偿权>债权人的抵押权。

北京长富投资基金、张某申请执行人执行异议之诉纠纷案

［(2018)最高法民终969号民事判决书］

【裁判要旨】

被拆迁人获得补偿安置的权利是基于所有权的调换,系拆迁人用特定化的回迁房屋对其进行安置,相比普通的商品房买受人享有的民事权益有更优先的保护效力。如果安置协议系在抵押权人确认同意处分的情况下签订的,被拆迁人具有排除抵押权人强制执行的民事权益。

【基本案情】

2013年8月28日,北京长富投资基金(以下简称长富基金)、兴业银行股份有限公司哈尔滨分行(以下简称兴业银行哈分行)与黑龙江省中然房地产开发有限公司(以下简称中然公司)签订《委托贷款借款合同》,约定:长富基金委托兴业银行哈分行向中然公司发放贷款9000万元,该贷款由中然公司提供抵押担保。同日,兴业银行哈分行与中然公司签订抵押合同,约定:中然公司以其丽都国际小区204套在建房屋和土地使用权为上述贷款提供担保。2013年9月5日,兴业银行哈分行与中然公司在哈尔滨市阿城区房地产事业管理局办理了在建房屋抵押登记。其后,长富基金因与中然公司金融借款合同纠纷诉至一审法院。2015年12月10日,一审法院根据长富基金的财产保全申请作出(2015)黑高商初字第38号民事裁定,查封包括案涉房屋在内的丽都国际小区182套房屋。2015年12月25日,一审法院作出(2015)黑高商初字第38号民事判决,判令中然公司偿还长富基金贷款本金8835万元及利息;如中然公司不能清偿,对其不能清偿部分,长富基金有权以中然公司提供的抵押物房产、土地折价或拍卖、变卖的价款优先受偿。该判决生效后,中然公司未能履行给付义务。长富基金申请执行,执行期间,张某以案外人身份提出执行异议。2017年2月10日,一审法院作出(2017)黑执异60号执行裁定,中止对案涉房屋的执行。之后,长富基金向一审法院提起本案诉讼。

2011年11月8日,张某与中然公司签订《住宅安置补偿协议》,主要约定:张某原有房屋系私有房产,建筑面积为32.35平方米和452.75平方米;中然公司为张某用于产权调换的房屋位于丽都国际小区G9号楼4号门市,预要户型为199.09平方米;进户时双方互不找差价。同日,中然公司为张某出具房款收据,载明收到张某交付的房款100万元。2015年4月20日,张某与中然公司签

订《非住宅安置补偿协议》,内容与上述协议一致。同日,张某根据中然公司发出的《进户通知单》办理入住手续。现张某占有案涉房屋。

中然公司于2012年5月23日取得丽都国际小区D4号楼、D5号楼、D6号楼项目的商品房预售许可证,于2012年7月19日取得丽都国际小区G5号楼、G7号楼、G8号楼项目的商品房预售许可证,于2013年5月20日取得丽都国际小区G9号楼、地下车库、游泳馆项目的商品房预售许可证。因丽都国际小区尚未办理竣工验收手续,案涉房屋尚不能办理所有权登记及变更登记。

2013年9月2日,兴业银行哈分行向哈尔滨市阿城区房地产事业管理局出具抵押可售函,载明含案涉房屋在内的多套房屋"在抵押期间,抵押房屋可以销售"。

一审法院认为,依照2015年《民事诉讼法解释》第313条关于"对申请执行人提起的执行异议之诉,人民法院经审理,按照下列情形分别处理:(一)案外人就执行标的不享有足以排除强制执行的民事权益的,判决准许执行该执行标的;(二)案外人就执行标的享有足以排除强制执行的民事权益的,判决驳回诉讼请求"之规定,根据各方当事人的诉辩主张及庭审情况,解决本案争议的关键问题在于:张某是否享有足以排除强制执行的民事权益。

案涉两份房屋拆迁安置补偿协议系被拆迁人张某与拆迁人中然公司按照所有权调换形式所订立,明确约定中然公司以位置、用途特定的房屋对张某予以补偿安置。虽然第二份协议签订于抵押登记之后,但长富基金的贷款委托人兴业银行哈分行向房屋主管机关出具了含案涉房屋在内的抵押可售函,应视为中然公司取得了处分案涉房屋的权利,在此情形下,长富基金仍以其享有该房屋的抵押权为由,主张其享有的民事权利优先于张某对该房屋享有的民事权益,于法无据。前述协议系双方的真实意思表示,不违反法律、行政法规的效力性强制性规定,应认定为有效。鉴于张某已向中然公司全额支付了购房款,且已根据中然公司出具的《进户通知单》占有案涉房屋,参照2003年《商品房买卖合同解释》第7条关于优先保护被拆迁人取得补偿安置房屋权益的规定,在上述协议能够履行的情形下,应认定张某对案涉房屋享有的民事权益足以排除强制执行。据此判决驳回长富基金的诉讼请求。长富基金不服,提起上诉。

最高人民法院经审理认为,长富基金的上诉请求缺乏事实和法律依据,应予驳回;一审判决认定事实清楚,适用法律正确,应予维持。判决驳回上诉,维持原判。

【要点评析】

最高人民法院认为，被拆迁人获得补偿安置的权利是基于所有权的调换，系拆迁人用特定化的回迁房屋对其进行安置，相比普通的商品房买受人享有的民事权益有更优先的保护效力。

本案中，被拆迁人与中然公司就案涉房屋先后签订了《住宅安置补偿协议》《非住宅安置补偿协议》，第二份安置补偿协议是对第一份安置补偿协议的替代。虽然第二份协议签订于抵押登记之后，但长富基金的贷款委托人兴业银行哈分行出具抵押可售函，明确中然公司有权处分案涉房屋。此外，抵押可售函是兴业银行哈分行的真实意思表示，不因案涉抵押可售函出具在先，抵押登记办理在后，导致抵押可售函失效。在此情形下，长富基金以其享有该房屋的抵押权为由，主张其享有的民事权利优先于张某对该房屋享有的民事权益，于法无据。参照2003年《商品房买卖合同解释》第7条第1款的规定，被拆迁人取得安置补偿房屋的权益应予特别保护，故被拆迁人对案涉房屋享有足以排除强制执行的民事权益。

第二十三章　基于知识产权的异议之诉

以往申请执行人申请执行，一般都是申请执行被执行人的房产、汽车、生产设备等有形财产，但随着财产类型的多元化以及各主体对知识产权重视的日益增强，以知识产权为标的物的案外人执行异议之诉也将越来越多。

法律依据

《商标法》[①]第42条第1款　转让注册商标的，转让人和受让人应当签订转让协议，并共同向商标局提出申请，受让人应当保证使用该注册商标的商品质量。

《商标法》第42条第2款　转让注册商标的，商标注册人对其在同一种商品上注册的近似的商标，或者在类似商品上注册的相同或者近似的商标，应当一并转让。

《商标法》第42条第4款　转让注册商标经核准后，予以公告。受让人自公告之日起享有商标专用权。

一、制度阐释

在执行程序中，案外人提起执行异议之诉的，无论是针对原生效裁判的正确性提出，还是针对执行标的所有权归属问题提出，均应由案外人承担举证证明责任，即提出具有排除强制执行的民事权益的证据，这是为了防止执行异议之诉的权利被滥用，同时可以保障申请执行人的合法权益不受侵害。不同于执行行为异议，进入案外人执行异议之诉后，法官会对双方权利义务关系进行实体审查，因此案外人要提交充分的证据便于法官分析、审理案件。

知识经济的到来，伴随知识产权在社会财富中的比重日益提高，知识产权转让和知识产权质押问题在执行程序中出现的比重呈逐年上升趋势。知识产权转让，是指知识产权出让主体与知识产权受让主体，根据与知识产权转让有关的法律法规和双方签订的转让合同，将知识产权权利享有者由出让方转移给受让方的法律

---

① 2019年4月23日第十三届全国人民代表大会常务委员会第十次会议第四次修正。

行为。按照知识产权的种类不同,知识产权转让包括专利权转让、商标权转让、著作权转让以及其他知识产权转让四种形式。以商标权为例,《商标法实施条例》第31条规定:"转让注册商标的,转让人和受让人应当向商标局提交转让注册商标申请书。转让注册商标申请手续应当由转让人和受让人共同办理。商标局核准转让注册商标申请的,发给受让人相应证明,并予以公告。"由此可知,知识产权的转让要经依法公示,即要经过有关部门核准公告才能发生法律效力,因此,法官在审理案件中要注意审查知识产权的转让行为是否生效,以保障权利人的权益。知识产权转让合同要约与承诺的构成要件,法律效力以及要约的撤销、失效和承诺的撤回,与一般财产转让合同并无二致。由于知识产权受到有效期的限制,例如,《商标法》第39条规定:"注册商标的有效期为十年,自核准注册之日起计算。"因此,在执行审查中,要注意转让协议中商标权的期限,以避免造成司法资源的浪费。

知识产权质押是指知识产权权利人以合法拥有的专利权、注册商标专用权、著作权等知识产权中的财产权为质押标的物出质,经评估作价后向银行等融资机构获取资金,并按期偿还资金本息的一种融资行为。《注册商标专用权质权登记程序规定》(已废止)第2条规定:"自然人、法人或者其他组织以其注册商标专用权出质的,出质人与质权人应当订立书面合同,并向商标局办理质权登记。"第3条规定:"办理注册商标专用权质权登记,出质人应当将在相同或者类似商品/服务上注册的相同或者近似商标一并办理质权登记。质押合同和质权登记申请书中应当载明出质的商标注册号。"上述条款分别规定了商标权质押与专利权质押均应订立合法有效的书面合同,并办理质权登记。这也是执行程序中法院用以排除执行的重要依据。

二、操作指引

案外人提起执行异议之诉的,案外人应当就其对执行标的享有足以排除强制执行的民事权益承担举证证明责任。以知识产权为标的物的案外人执行异议之诉案件仍应严格依据"谁主张,谁举证"的举证证明责任分配原则,由案外人提供证据证明其对执行标的享有足以排除强制执行的民事权益。

以张家口银行股份有限公司唐山丰润支行与河北棕乐床垫有限公司、河北自然梦家具有限公司执行异议之诉纠纷案为例①,申请执行人张家口银行股份有限公司唐山丰润支行(以下简称张家口银行丰润支行)向法院申请了诉前保全,2017年6月26日,唐山市丰润区人民法院作出(2017)冀0208财保52号民事裁定书,裁定

① 河北省唐山市中级人民法院民事判决书,(2018)冀02民终10529号。

冻结被执行人河北自然梦家具有限公司(以下简称自然梦公司)、河北慕思纤维科技有限公司、徐某珠、郑某红银行存款700万元或查封其相应价值财产。2017年6月29日,执行法院查封自然梦公司名下16728940号、3039499号、7685016号、8304776号、8304805号、8304823号、8305021号共计7个注册商标。案外人河北棕乐床垫有限公司(以下简称棕乐公司)提起财产保全异议申请,要求解除对案涉注册商标的查封,法院支持了其异议请求。张家口银行丰润支行不服提起了执行异议之诉。法院审理查明,高某民在2010年3月15日至2017年5月25日担任自然梦公司的销售经理。在职期间,高某民总计为自然梦公司垫付各项费用700,210.50元,另外,高某民在自然梦公司入股天使股金50,000元。2017年4月17日,高某民注册成立棕乐公司,类型为自然人独资。2017年4月18日,自然梦公司与棕乐公司签订商标转让协议,将其名下三个商标转让给棕乐公司。2017年4月21日,汉唐信通(北京)咨询股份有限公司作为自然梦公司与棕乐公司商标转让事宜的代理人向国家工商行政管理总局商标局递交上述三商标的转让申请。2017年11月21日,商标局针对案涉三商标转让申请下发不予核准通知书,理由是三商标被唐山市丰润区人民法院(2017)冀0208财保52号民事裁定书查封。一审法院认为,棕乐公司与自然梦公司签订的商标转让协议是双方的真实意思表示,且已按协议约定给付全部转让费。棕乐公司与自然梦公司在原告申请法院保全查封前已就案涉三商标向商标局申请商标转让,案涉三商标未被商标局核准转让是因原告申请法院保全查封的客观原因,被告棕乐公司对此并无过错。因此判决驳回原告张家口银行丰润支行的诉讼请求。二审期间,被告棕乐公司提交了送货单、单子回单等证据对以债权抵付转让费的过程进行了举证,并与证人的询问笔录相印证。二审法院裁判维持一审判决,驳回了张家口银行丰润支行的诉讼请求。

本案例与江苏省首例标的物为知识产权的案外人异议之诉案件,即(2015)宁知民终字第37号案件属于类似案件,不同之处在于案外人的举证是否充分以及知识产权转让协议的有效性。首先,在(2015)宁知民终字第37号案中,转让协议双方之间就商标转让相关事项所作陈述前后之间、相互之间都有矛盾。而本案中棕乐公司对以债权抵付转让费的过程进行了举证,各项证据形成了完整的证据链条,足以认定高某民曾代自然梦公司对外垫付货款的具体数额,认定已经支付了合理对价。这对于法官在实体审理过程中是起到决定性作用的环节。其次,合同是否有效是法院审理的焦点,在(2015)宁知民终字第37号案中,受让人江苏幸福公社企业管理有限公司与转让人南京江南小院餐饮管理有限公司存在混同,因此不能排除南京江南小院餐饮管理有限公司具有转移财产的可能性,即对该转让事项为虚假关联交易产生合理怀疑。而本案中,棕乐公司提供了充分的证据证明高某民注册成立的公司类型为自然人独资公司，以及与自然梦公司签订的商标转让协议的有效性，足以排除执行。

审判前沿

江苏幸福公社企业管理有限公司与南京市金江典当有限责任公司案外人执行异议之诉纠纷案

[(2014)秦商初字第1812号民事判决书、(2015)宁知民终字第37号民事判决书]

【裁判要旨】

案外人没有就其对执行标的享有足以排除强制执行的民事权益提供充分证据，商标转让合同双方的约定不能对抗抵押权人，转让双方就转让事项的陈述多处矛盾，不能排除转让双方虚假交易的合理怀疑，案外人的异议不能成立。

【基本案情】

上诉人江苏幸福公社企业管理有限公司（以下简称幸福公社公司）与被上诉人南京市金江典当有限责任公司（以下简称金江典当公司）、原审第三人南京江南小院餐饮管理有限公司（以下简称江南小院公司）、倪某成案外人执行异议之诉一案，上诉人不服南京市秦淮区人民法院(2014)秦商初字第1812号民事判决，向南京市中级人民法院提起上诉。法院于2015年5月20日受理后，依法组成合议庭，并于2015年6月16日公开开庭审理本案。

幸福公社公司一审诉称，江南小院公司是3930432号、7813039号注册商标的注册人，即商标权人。2012年6月，幸福公社公司与江南小院公司协商一致，签订商标转让合同，将上述两个商标转让给了幸福公社公司。江南小院公司于6月11日在公证处签署了商标转让声明。6月18日，幸福公社公司向国家工商行政管理总局商标局（以下简称国家商标局）提出了转让申请，国家商标局于2012年7月4日发出了转让申请受理通知书。2012年12月28日，国家商标局作出了《转让申请不予核准通知书》，理由是商标已于2012年7月22日至23日被南京市秦淮区人民法院(2012)秦商初字第280号民事裁定书冻结。为此，江南小院公司曾于2013年1月27日提出财产保全裁定复议申请，但未得到回复。2014年3月，金江典当公司依据生效判决向南京市秦淮区人民法院申请强制执行3930432号、7813039号注册商标。2014年5月，幸福公社公司提出了执行异议。2014 年 8 月 27 日,南京市秦淮区人民法院作出驳回有异议请求的裁定。

幸福公社公司认为,涉案注册商标不应当作为江南小院公司的财产被列入强制执行的范围,理由如下:

1. 幸福公社公司是善意取得3930432 号、7813039 号注册商标。江南小院公司与幸福公社公司因商标转让签订合同,双方当事人意思表示真实,没有违反法律法规的强制性规定,合同应为合法有效。合同签订后,幸福公社公司支付了价款,并与江南小院公司一并向国家商标局提出商标转让申请,合同双方的权利义务已经履行完毕。由于江南小院公司的法定代表人倪某成是文盲,只会写自己的名字,因此收条上面只有其签字,而不是全部由其手写完成。但是其本人对于收到转让款确定不疑。更重要的是,幸福公社公司与江南小院公司签订转让合同的时间(2012 年 6 月 11 日),早于金江典当公司向江南小院公司、南京旭海投资管理有限公司(以下简称旭海公司)、倪某成、倪某元提起民事诉讼的时间(2012 年 7 月 18 日),更早于商标被保全的时间(2012 年 7 月 22 日),且在合同订立后已向国家商标局提出转让申请,国家商标局也于 2012 年 7 月 4 日予以受理,只是由于金江典当公司与江南小院公司、旭海公司、倪某成、倪某元之间的借款纠纷导致商标专用权被保全,最后无法完成商标转让。因此,幸福公社公司认为,虽然上述商标尚未经国家商标局的核准、公告,但那是公权力的介入使商标专用权无法正常完成核准及公告程序,幸福公社公司在整个商标转让过程中是善意的,无过错的,依法应当确认幸福公社公司已取得商标权。

2. 幸福公社公司已实际占有并使用涉案商标。自江南小院公司与幸福公社公司签订商标转让合同之后,幸福公社公司就开始以自己的名义对外发展特许加盟店,该行为构成幸福公社公司对涉案商标事实上的占有和使用。

3. 依据 2004 年《查扣冻规定》第 17 条的规定:“被执行人将其所有的需要办理过户登记的财产出卖给第三人,第三人已经支付部分或者全部价款并实际占有该财产,但尚未办理产权过户登记手续的,人民法院可以查封、扣押、冻结;第三人已经支付全部价款并实际占有,但未办理过户登记手续的,如果第三人对此没有过错,人民法院不得查封、扣押、冻结。”综上所述,幸福公社公司认为,幸福公社公司属于已经支付全部价款并实际占有涉案商标,只是公权力的介入导致过户登记手续未完成的情形,且在整个商标转让过程中幸福公社公司没有恶意和过错,因此,涉案商标应当作为幸福公社公司的财产,依法不应予以冻结和执行。鉴于幸福公社公司的执行异议申请已被驳回,为维护幸福公社公司的合法权益,故诉至法院,请求判令:立即停止对注册号为 3930432 和 7813039 的注册商标的执行,金江典当公司承担本案全部诉讼费用。

金江典当公司一审辩称:(1)涉案商标已经质押给金江典当公司,由于质押人的恶意转移财产行为,致使未能办理质押登记;(2)幸福公社公司与江南小院公司之间所谓商标转让是虚假行为,实为恶意转移财产,逃避债务,规避执行,且未支付合理对价;(3)幸福公社公司的诉请无事实和法律依据,不应得到支持。故请求法院驳回幸福公社公司提出的诉讼请求。

江南小院公司一审辩称,幸福公社公司所陈述是事实,请求法院依法判决。

倪某成一审辩称,幸福公社公司所陈述是事实,请求法院依法判决。

一审法院经审理查明,幸福公社公司于2012年6月11日成立。金江典当公司因与江南小院公司、倪某成、旭海公司、倪某元借款合同纠纷一案,于2012年7月13日向一审法院提起诉讼。后经该院于2013年12月11日作出(2013)宁商终字第1067号民事判决,判决:(1)维持南京市秦淮区人民法院(2012)秦商初字第280号民事判决第二、三、四项;即江南小院公司于判决生效后10日内偿还金江典当公司律师费损失109,600元;如江南小院公司不履行上述还款义务,金江典当公司有权将其典当抵押的旭海公司的位于南京市玄武区北苑东路3号106室房产和南京市玄武区北苑东路3号201室房产予以折价、变卖或拍卖,在第一抵押权人受偿后,剩余部分在上述债权数额内享有优先受偿权;倪某元、倪某成对以上欠款承担连带保证责任。(2)变更南京市秦淮区人民法院(2012)秦商初字第280号民事判决第一项为:江南小院公司于判决生效后10日内偿还金江典当公司借款本金500万元及利息[自2012年5月24日起至本判决确认的给付之日止,按中国人民银行同期同类贷款基准利率4倍计算(该利息应扣除江南小院公司已经支付的226,333元)]。

判决生效后,江南小院公司、倪某成、旭海公司、倪某元逾期未履行义务,金江典当公司向一审法院申请强制执行。在执行过程中,一审法院依法将江南小院公司名下已注册使用在《商标注册用商品和服务国际分类》第43类3930432号"人民公社"商标、第43类7813039号"江南人民公社"商标进行拍卖。

执行过程中,幸福公社公司提出执行异议,认为幸福公社公司与江南小院公司的商标转让合同是双方真实意思表示,没有违反法律法规的强制性规定,应为合法有效。协议签订后,幸福公社公司支付了价款,并向国家商标局提出商标转让申请,权利义务已经履行完毕,未经国家商标局核准、公告是由于公权力介入,幸福公社公司在主观上没有过错。且自幸福公社公司与江南小院公司签订独占使用许可协议之日起,幸福公社公司已经是商标的实际所有人、使用人。故要求立即终止对涉案两商标的执行,解除对涉案两商标的冻结。一审法院在执行中经听证审查后于2014年8月27日依法作出(2014)秦执异字第44号执行裁定书,驳回异议人幸福公社公司的异议请求。

南京市秦淮区人民法院(2014)秦执异字第44号执行裁定书另查明,2012年6月11日,江南小院公司在南京市鼓楼公证处公证"商标转让声明",将已注册的注册号为3930432号"人民公社"商标及申请中的注册号为7813039号"江南人民公社"商标转让给幸福公社公司。2012年6月18日,幸福公社公司向国家商标局提出了转让申请,国家商标局于2012年7月4日向幸福公社公司发出了"转让申请受理通知书"。2012年7月23日,一审法院依申请人金江典当公司申请查封了上述商标,国家商标局于2012年12月28日向幸福公社公司作出"转让申请不予核准通知书"。

幸福公社公司为证明其主张,提供了签订日期为2011年6月的3930432号商标独占使用许可合同及未注明签订日期的7813039号商标独占使用许可合同,而工商资料显示幸福公社公司设立于2012年6月11日,7813039号商标在2012年6月仍在申请中,并未获准注册。幸福公社公司为证明涉案两商标已经转让,提供未注明签订日期的倪某成出具的打印收条一份,以此证明支付了涉案两商标的转让款共计60万元,倪某成在收条上签名并按手印。听证中,倪某成陈述其欠幸福公社公司借款约60万元,故将涉案两商标作价120万元,以现金的方式分两次收到了商标转让款60万元,同时出具了该份收条。在本案审理中,倪某成称大概在2012年6月出具的收条。

本案一审庭审中,幸福公社公司为证明自己的主张提交以下证据:

1. 3930432号和7813039号注册商标证书,证明江南小院公司是3930432号和7813039号注册商标的商标权人。

2. 3930432号和7813039号注册商标的商标转让合同各一份以及商标转让声明。证明2012年6月,江南小院公司与幸福公社公司签订了商标转让合同,约定:江南小院公司转让的商标名称为江南人民公社;商标注册号为7813039;转让金额为10万元。同时,江南小院公司还与幸福公社公司签订了商标转让合同,约定:江南小院公司转让的商标名称为人民公社;商标注册号为3930432;转让金额为50万元。2012年6月11日,江南小院公司在南京市鼓楼公证处对商标转让声明进行了公证。

3. 国家商标局对3930432号和7813039号转让申请的受理通知书以及国家商标局对3930432号和7813039号转让申请不予核准通知书。2012年6月18

日,幸福公社公司向国家商标局申请注册号为7813039及3930432的商标转让,2012年7月4日,国家商标局向幸福公社公司出具了转让申请受理通知书两份。同年12月28日,国家商标局向幸福公社公司出具转让申请不予核准通知书两份,载明注册号为7813039及3930432商标转让,因2012年7月23日至2014年7月22日被南京市秦淮区人民法院(2012)秦商初字第280号民事裁定书冻结,故对转让申请不予核准,并且证明国家商标局受理商标转让的时间早于金江典当公司提起诉讼的时间。

4. 倪某成出具的收条一份,载明:已收到幸福公社公司3930432号和7813039号注册商标转让款共计60万元整,立字为据。收条下方由倪某成签名及摁手印,但未注明日期,证明幸福公社公司已履行了付款义务。

5. 王某2、温某玲的特许经营合同、营业执照、门头照片,证明幸福公社公司以自己的名义对外发展特许加盟店,已经实际占有和使用了涉案商标。

6. 南京市秦淮区人民法院(2014)秦执异字第44号执行裁定书,证明原告提出的执行异议被驳回。

7. 2014年8月29日打印的周某农业银行明细对账单一份。证明周某系幸福公社公司股东,2012年5月1日,周某现金提款30万元;2012年9月29日,周某现金提款10万元;2012年9月23日,周某现金提款9万元,同时说明幸福公社公司已履行了付款义务。

金江典当公司质证后认为:对3930432号、7813039号注册商标证据内容的真实性无异议,但幸福公社公司应当提供商标注册证的原件。若原告不能提供商标注册证原件,金江典当公司有理由怀疑幸福公社公司将商标另行质押他人。对商标转让声明的真实性无异议,但商标转让声明的时间为2012年6月11日。对商标转让合同的真实性不予认可,因该合同签署时间、转让价款等与原告执行异议听证时提供的其他材料自相矛盾。对受理通知书和不予核准通知书的真实性无异议。该收条没有对应的支付凭证,故对其付款不予认可。对营业执照表面信息予以认可,对特许经营合同的真实性不予认可。两家加盟店的信息与网页“人民公社”加盟信息显示的内容一致,但是网页信息显示该两家加盟店是受江苏省江南人民公社餐饮管理有限公司(以下简称江南人民公社公司)管理,并非幸福公社公司的加盟店,不能证明原告对案涉商标实际占有并对外发展加盟店的证明目的。对(2014)秦执异字第44号执行裁定书内容的真实性无异议,证明幸福公社公司提出的异议申请被法院驳回。对银行流水单据的真实性无异议,但是不能证明幸福公社公司向倪某成付款的事实。首先,幸福公社公司成立时间为2012年6月11日,却主张于2012年5月1日就向倪某成以公司名义付款,不符合常理。其次,幸福公社公司所谓在2012年9月下旬两次付款19万元,与倪某成自述收条是2012年6月出具的事实,完全相互矛盾。因为在未收到款项的情况下,倪某成竟然向原告出具全款收条,可见该证据的虚假。该银行流水单据仅能证明周某个人提款,与幸福公社公司向倪某成付款无任何关联性。

江南小院公司、倪某成经质证后对幸福公社公司提供的证据均表示认可。

金江典当公司为证明自己的主张提交以下证据:

1. 2012年6月4日担保合同以及"人民公社"商标进行质押登记的材料一套(含商标注册证、出质商标专用权价值协议书、注册商标专用权质权合同、商标专用权质权登记申请书及授权委托书)、授权经办人往返国家商标局车票。证明2012年6月4日,江南小院公司与金江典当公司签订担保合同一份,约定江南小院公司向金江典当公司借款500万元。担保方式为江南小院公司将其已注册的3930432号"人民公社"商标出质给金江典当公司,作为借款的担保。合同还约定,如江南小院公司到期不能履行借款合同的约定的债务,金江典当公司有权将出质商标拍卖或者变卖,用所得的价款清偿债务。2012年7月11日,江南小院公司与金江典当公司签订出质商标专用权价值协议书及注册商标专用权质权合同各一份,均约定江南小院公司将其已注册的3930432号"人民公社"商标出质给金江典当公司。根据上述合同,金江典当公司与江南小院公司委托王某1于2012年7月12日前往国家商标局办理出质登记手续,但因江南小院公司将上述商标转让给原告,故未能办理商标质押登记手续。

2. 幸福公社公司工商登记资料,证明幸福公社公司于2012年6月11日方才设立。

3. 江南人民公社公司网页宣传资料、工商登记资料。证明江南人民公社公司唯一股东为江南小院公司。网页资料显示"人民公社"商标加盟店众多,"人民公社"商标实际为江南小院公司掌控,江南小院公司转让商标意在转移财产。该网页资料的真实性在听证笔录中已经当庭明确认可过,并且在听证笔录中,倪某成自述商标转让价款为120万元,并非60万元。

4. 南京市秦淮区人民法院(2014)秦执异字第44号执行裁定书及听证笔录,证明幸福公社公司的陈述前后矛盾,其执行异议申请被法院驳回。

幸福公社公司经质证后认为:

(1)对担保合同的真实性无异议,对关联性不予认可。对于出质商标专用权价值协议书及注册商标专用权质权合同的真实性及关联性均不予认可。出质商标专用权价值协议书及注册商标专用权质权合同签订时间为 2012 年 7 月 11 日，晚于幸福公社公司与江南小院公司签订的合同一个月，且从授权委托书上可以看到倪某成的签字系伪造。(2) 对工商登记资料的真实性及关联性均予以认可。成立幸福公社公司就是为了运营人民公社的加盟连锁，因此必须在确定能获得商标所有权后才去设立公司，这就是幸福公社公司先支付 30 万元商标款的理由。(3) 对网页宣传资料的真实性不予认可。该网站上的加盟电话是以幸福公社公司的名义申请的，从而可以证明该网站及人民公社商标的实际经营人为原告，故原告认为江南小院公司本身就是商标权人。(4) 对真实性无异议，但对其证明目的不认可。

江南小院公司、倪某成经质证后表示同意幸福公社公司的质证意见，并表示没有证据向法庭提供。

以上事实有 3930432 号和 7813039 号注册商标证书、南京市秦淮区人民法院(2014)秦执异字第 44 号执行裁定书及听证笔录、国家商标局对 3930432 号和 7813039 号转让申请的受理通知书以及国家商标局对 3930432 号和 7813039 号转让申请不予核准通知等证据予以证实。

一审法院认为，首先，当事人对自己提出的主张，有责任提供证据。案外人提起执行异议之诉的，案外人应当就其对执行标的享有足以排除强制执行的民事权益承担举证证明责任。本案中，幸福公社公司主张已与江南小院公司签订了商标转让合同，并已履行了付款义务。虽然幸福公社公司提供了周某的现金提款记录，以证明以现金交付的方式支付了商标转让款，倪某成对此也予以认可，但金江典当公司认为，幸福公社公司成立时间为 2012 年 6 月 11 日，却主张于 2012 年 5 月 1 日就向倪某成以公司名义付款，不符合常理。

其次，幸福公社公司称在 2012 年 9 月下旬两次付款 19 万元，与倪某成自述收条是 2012 年 6 月出具的事实，完全背离常理。虽然倪某成出具的收条有倪某成的签名及指印，倪某成在庭审中对收到转让款也予以承认，但该份收条未注明签订日期，且除了倪某成的签名及指印外均为打印，收条的出具时间及真实性不能确认。因此，幸福公社公司没有就其对执行标的享有足以排除强制执行的民事权益提供充分证据，金江典当公司提出的辩称意见，符合法律规定，予以采纳。幸福公社公司提出的诉讼请求，缺乏法律及事实依据，不予支持。依照《民法通则》(已废止)第 4 条、第 72 条，2012 年《民事诉讼法》第 64 条、第 142 条、第 227 条，2015 年《民事诉讼法解释》第 311 条的规定，判决：驳回原告幸福公社公司的诉讼请求。案件受理费9800元,由幸福公社公司负担。

幸福公社公司不服一审判决,认为一审法院认定事实不清,适用法律不当,提起上诉,请求二审法院依法判令:(1)撤销一审判决或予以改判,支持上诉人全部诉讼请求;(2)全部诉讼费用由被上诉人承担。一审法院认为幸福公社公司就执行标的不享有足以排除强制执行的民事权益的主要理由是,幸福公社公司在商标转让过程中履行了付款义务的真实性不能确认。幸福公社公司认为,民事诉讼的基本原则之一就是以事实为依据。以下事实均可以证明幸福公社公司履行了付款义务:

1. 倪某成的认可。依据2008年《最高人民法院关于民事诉讼证据的若干规定》第8条,诉讼过程中,一方当事人对另一方当事人陈述的案件事实明确表示承认的,另一方当事人无须举证。在执行异议一审诉讼中,无论是原告胜诉,还是被告胜诉,第三人倪某成都会失去对涉案商标的所有权,倪某成与任何一方均无利害关系,因此,倪某成对于幸福公社公司已支付相应商标转让费的认可,就是证明幸福公社公司已履行付款义务的最有力的证据,不应当予以忽视。

2. 幸福公社公司与江南小院公司的商标转让行为发生在金江典当公司与江南小院公司的合同纠纷诉讼之前,因此,幸福公社公司也不符合与第三人串通转移财产的时间要件。

3. 收条的性质,就是证明幸福公社公司履行了付款义务,以免日后幸福公社公司与第三人就是否全额支付了转让款有争议,所以收条上是否有时间都无关紧要,收条只是对法律状态的证明。其性质不同于借条,是用来证明债权人和债务人法律关系的,借条上的时间具有确定诉讼时效等作用。

4. 2012年5月1日向第三人支付的30万元,并非以幸福公社公司的名义支付的,而是幸福公社公司的股东之一周某支付的,与公司是否成立并不冲突;且先支付一定数额的转让款,等公司成立手续完备后,再以公司名义签订转让协议、办理转让公证、申请,并不违背法律规定和交易惯例。

因此,幸福公社公司履行付款义务具有真实性,加之幸福公社公司已经实际使用涉案商标,在整个商标转让过程中幸福公社公司没有恶意和过错。综上,请求二审法院能够进一步查明本案事实,支持上诉人的上诉请求。

被上诉人金江典当公司二审辩称,上诉人没有证据证明已经支付涉案商标转让价款,且商标转让合同虚假。因此,上诉人就执行标的并不享有足以排除强制执行的民事权益,请求法院依法驳回上诉人的诉讼请求。

原审第三人江南小院公司、倪某成均辩称,被上诉人金江典当公司所述不符合事实,其已将涉案商标转让给了上诉人幸福公社公司。

本案二审争议焦点为:幸福公社公司是否拥有阻却法院对涉案商标进行强制执行的事实和法律依据。二审中,各方当事人均没有向法庭提交证据。

幸福公社公司在上诉状中称一审法院认定事实不清,即对一审法院未认可其在商标转让过程中履行付款义务的真实性表示异议,后在庭审中明确表示对一审法院查明的事实无异议。金江典当公司对于一审法院查明事实均无异议。江南小院公司、倪某成对一审法院查明事实亦无异议。故对当事人无异议的事实,该院予以确认。该院二审另查明:庭审中,幸福公社公司陈述,涉案商标证书目前暂保管于其处。原审第三人江南小院公司、倪某成陈述,涉案商标证书已经提交给幸福公社公司股东周某。

本案二审庭审中,该院就涉案商标转让的相关事项询问了各方当事人。幸福公社公司陈述,目前只记得其所提交的收条是2012年12月之前出具的,具体时间记不清了,不能确定是否为倪某成陈述的2012年6月;60万元好像是分两次支付的,每次支付30万元,是应倪某成的要求才向其交付现金的。江南小院公司、倪某成陈述,其出具的收条是由上诉人幸福公社公司的股东周某打印好后,交由其签字的,但忘了写日期,至于60万元是分几次收到的,目前已经记不清楚。

二审法院认为,案外人提起执行异议之诉的,应当就其对执行标的享有足以排除强制执行的民事权益承担举证证明责任。本案中,幸福公社公司提交的证据尚不足以证明其拥有阻却法院对涉案商标进行强制执行的事实和法律依据。幸福公社公司、江南小院公司及江南人民公社公司在形式上虽为相互独立的主体,但在业务上却存在一定混同和关联,加之幸福公社公司与倪某成就商标转让相关细节陈述多有矛盾之处,因此,诚如金江典当公司主张的,不能排除幸福公社公司与江南小院公司的商标转让事项为虚假关联交易的合理怀疑。

综上所述,由于幸福公社公司提交的证据尚不足以证明涉案商标全部转让款项交付的事实真实发生,其要求阻却法院对涉案商标进行强制执行的请求缺乏事实基础,不予支持。一审法院认定事实清楚,适用法律正确,应予维持。

【要点评析】

(一)倪某成对幸福公社公司向其交付商标转让款60万元的自认不能对抗金江典当公司

幸福公社公司认为,依据2008年《最高人民法院关于民事诉讼证据的若干规定》第8条,诉讼过程中,一方当事人对另一方当事人陈述的案件事实明确表示承认的,另一方当事人无须举证。在执行异议一审诉讼中,无论是原告胜诉,还是被告胜诉,倪某成都会失去对涉案商标的所有权,倪某成与任何一方均无利害关系,因此,倪某成对于幸福公社公司已支付相应商标转让费的认可,就是证明幸福公社公司已履行付款义务的最有力的证据,不应当予以忽视。对此,从形式上看,幸福公社公司与江南小院公司确实签订了商标转让合同,但合同双方的约定或自认仅对双方有效,且幸福公社公司与江南小院公司、倪某成之间的诉讼目的一致,就是阻却金江典当公司申请法院对涉案商标的强制执行。因此,倪某成的这一自认对合同之外的第三人即金江典当公司没有约束力。

(二)幸福公社公司与倪某成就商标转让相关事项所作的陈述前后之间、相互之间矛盾

就涉案商标转让的相关事项,幸福公社公司在一审起诉状中认为,由于倪某成是文盲,因此收条上只有其签字。在二审中陈述,目前只记得涉案的收条是2012年12月之前出具的,具体时间记不清了,不能确定是否为倪某成陈述的2012年6月,60万元好像是分两次支付的,每次支付30万元,是应倪某成的要求才向其交付现金的。倪某成在一审法院执行异议听证中陈述,其欠幸福公社公司约60万元,故将涉案两商标作价120万元,以现金的方式分两次收到了商标转让款60万元,同时出具了收条。在本案一审庭审中,倪某成陈述一共是120万元,有60万元是欠周某的,另外的60万元是商标转让款,大概是在2012年6月出具的收条,分两三次支付的。在本案二审庭审中,倪某成陈述已经不记得60万元是何时、分几次收到的,收条上的日期忘记写了。如果幸福公社公司所述商标转让一事属实,交易双方作为公司实体,理应对这一交易的相关环节尽到合理的注意义务,即应当对转让的款项数额、交付及收到款项的时间、次数、出具收条的时间等环节所作的陈述高度一致。但实际上,上述交易双方所作的相关陈述均存在不一致之处。首先,倪某成在一审法院执行异议听证、一审庭审及二审庭审中,关于商标的转让款的数额、收到转让款的时间及次数的陈述,前后不一致;其次,其关于出具收条的时间的陈述与幸福公社公司陈述的时间无法对应;最后,倪某成陈述的出具收条的时间早于周某的后两笔款项的取款时间将近3个月,明显违背常理。因此,交易双方对这一交易事项的环节所作的陈述存在如此之矛盾,难以确认该交易的真实性。

(三)幸福公社公司与江南小院公司的商标转让事项不能排除虚假关联交易的可能

从金江典当公司在执行异议听证及本案一审中所提交的江南人民公社公

司的工商登记资料及其网页宣传资料可以看出,江南小院公司是江南人民公社公司的唯一股东,江南人民公社公司与江南小院公司的法定代表人均是倪某成。“人民公社官方网”的所有人为江南人民公社公司;以幸福公社公司名义特许授权的两家加盟店即“福建霞浦店”“广西南宁柳沙路店”在上述网页宣传资料中被列入“新闻中心”目录下。上述网页宣传资料中显示的加盟电话与“广西南宁柳沙路店”的门头所列加盟电话一致。幸福公社公司在一审庭审中自称网页中显示的加盟电话是以其名义申请。由此可见,幸福公社公司与江南小院公司的商标转让事项不能排除虚假关联交易的可能。

第二十四章　基于租赁权的异议之诉

第一节　真实租赁权人提起的异议之诉

在金钱债务执行案件中,被执行人所有的不动产处置顺利与否,往往是一个案件或者一批案件最终能否以执行完毕的方式结案的关键。如果需处置的不动产上存在租赁关系,则涉及案外人(租赁权人)的利益与申请执行人的利益冲突的问题,案外人可提起异议和执行异议之诉。此外,在一些价值较大的动产执行过程中,如汽车、机器设备等,也常有案外人基于租赁权而提出执行异议和执行异议之诉。本章主要讨论案外人对被执行的不动产享有租赁权而提起执行异议之诉的情形。

法律依据

《异议之诉司法解释》第20条　不带租拍卖、变卖等情况下的强制执行中,案外人以在查封前已与被执行人签订合法有效的书面租赁合同并合法占有使用执行标的,且已按照合同约定支付租金为由,提起执行异议之诉,请求在租赁期内排除一般债权的不带租强制执行,事由成立的,人民法院应予支持;符合上述规定条件的案外人签订租赁合同及合法占有使用执行标的均在抵押权设立之前,请求在租赁期内排除抵押权的不带租强制执行的,人民法院应予支持。

申请执行人可以对带租拍卖、变卖等情况下的强制执行提出书面异议。执行法院作出执行裁定后,案外人不服,自裁定送达之日起十五日内向执行法院提起诉讼的,按前款规定处理。

申请执行人对执行裁定不服,可以自裁定送达之日起十五日内以承租人、被执行人为被告向执行法院提起诉讼,请求不带租强制执行执行标的的,人民法院经审理,按照下列情形分别处理:

(一)承租人符合本条第一款规定的,判决驳回诉讼请求;

(二)承租人不符合本条第一款规定的,判决准许不带租强制执行该执行标的。

《异议复议规定》第31条第1款　承租人请求在租赁期内阻止向受让人移交

占有被执行的不动产,在人民法院查封之前已签订合法有效的书面租赁合同并占有使用该不动产的,人民法院应予支持。

《民法典》第725条 租赁物在承租人按照租赁合同占有期限内发生所有权变动的,不影响租赁合同的效力。

《房屋租赁合同解释》第14条 租赁房屋在承租人按照租赁合同占有期限内发生所有权变动,承租人请求房屋受让人继续履行原租赁合同的,人民法院应予支持。但租赁房屋具有下列情形或者当事人另有约定的除外:

(一)房屋在出租前已设立抵押权,因抵押权人实现抵押权发生所有权变动的;

(二)房屋在出租前已被人民法院依法查封的。

《查扣冻规定》第24条 被执行人就已经查封、扣押、冻结的财产所作的移转、设定权利负担或者其他有碍执行的行为,不得对抗申请执行人。

第三人未经人民法院准许占有查封、扣押、冻结的财产或者实施其他有碍执行的行为的,人民法院可以依据申请执行人的申请或者依职权解除其占有或者排除其妨害。

人民法院的查封、扣押、冻结没有公示的,其效力不得对抗善意第三人。

《拍卖变卖规定》第31条第2款 拍卖财产上原有的租赁权及其他用益物权,不因拍卖而消灭,但该权利继续存在于拍卖财产上,对在先的担保物权或者其他优先受偿权的实现有影响的,人民法院应当依法将其除去后进行拍卖。

《最高人民法院关于人民法院能否在执行程序中以被执行人擅自出租查封房产为由认定该租赁合同无效或解除该租赁合同的答复》

山东省高级人民法院:

你院《关于被执行人擅自出租已查封的财产执行程序中人民法院排除执行妨害能否认定该合同无效或解除租赁合同的请示》收悉。经研究,答复如下:

在执行程序中被执行人擅自处分法院的查封物,包括本案中以出租的形式妨害查封效果的行为,执行法院有权以裁定形式执结予以处理。根据最高人民法院《关于人民法院执行中查封、扣押、冻结财产的规定》第26条,被执行人擅自处分查封物,与第三人签订的租赁合同,并不当然无效,只是不得对抗申请执行人。第三人依据租赁合同占有查封物的,人民法院可以解除其占有,但不应当在裁定中直接宣布租赁合同无效或解除租赁合同,而仅应指出租赁合同不能对抗申请执行人。

《最高人民法院关于抵押人未经抵押权人同意擅自出租抵押物,抵押权人能否通过诉讼程序请求解除租赁合同的答复》

山东省高级人民法院:

你院《关于抵押人未经抵押权人同意又将抵押物出租,抵押权人能否通过诉讼

程序请求解除租赁合同的请示报告》收悉。经研究,答复如下:

根据《〈担保法〉司法解释》规定的精神,抵押人未经抵押权人同意将抵押物出租的,原则上抵押权人不能通过另行提起诉讼的方式请求解除抵押人与第三人订立的租赁合同,抵押权的实现应当在执行程序中解决。对于在执行程序中抵押人作为被执行人擅自出租经法院查封抵押物的行为,最高人民法院执行局已经另案答复你院。执行法院有权以裁定形式直接予以处理。第三人依据租赁合同占有查封物的,人民法院可以在执行程序中解除其占有,但不应当在裁定中直接宣布租赁合同无效或解除租赁合同,而仅应当指出租赁合同不能对抗申请执行人。以上意见仅供参考。

一、制度阐述

(一)制度渊源

在现场调查过程中,案外人持租赁合同、租金支付凭证等向执行人员提出异议,要求保护其租赁权,即法院可以拍卖该不动产,但在评估拍卖期间及拍卖成交后案外人可以继续占有、使用该不动产至租赁期满。执行人员一般称为要求“带租拍卖”。不动产是否“带租拍卖”,对财产处置参考价和拍卖成交价格的影响是非常大的,特别是承租人提前支付了多年租金的情况下影响更大,因此申请执行人为了最大限度地实现自己的债权,往往不同意案外人“带租拍卖”的要求。申请执行人的债权和案外人的租赁权冲突时,案外人的租赁权能否对抗申请执行人或者对抗法院的执行,该问题的本质是民法上的“买卖不破租赁规则”在执行程序中的适用问题。

1.“买卖不破租赁规则”及执行的例外

“买卖不破租赁”是指租赁关系存续期间,出租人将租赁物转卖给第三人,已经存在的租赁关系对买受人仍然有效,承租人可以向买受人主张租赁权,买受人取得的是一项有租赁负担的所有权。该规则最早在《关于贯彻执行〈中华人民共和国民法通则〉若干问题的意见(试行)》(已废止)第119条第2款中得以规定:“私有房屋在租赁期内,因买卖、赠与或者继承发生房屋产权转移的,原租赁合同对承租人和新房主继续有效。”《合同法》(已废止)第229条规定:“租赁物在租赁期间发生所有权变动的,不影响租赁合同的效力。”《民法典》第725条沿袭了合同法的规定。“买卖不破租赁规则”突破合同的相对性原理,使原租赁合同对新房主产生约束力,主要适用于房屋、土地等不动产买卖。租赁权虽是债权,但租赁权的行使需要占有、使用租赁物,而占有、使用是物权的四项权能(占有、使用、收益、处分)中的两项,“买卖不破租赁规则”旨在保护承租人的占有、使用利益,因此有人说该规则是租赁权的物权化或者称租赁权为物权化的债权的体现。

执行程序中法院组织的拍卖、变卖是公法上的拍卖、变卖,[①]不同于私权处分(私法)的买卖,是否也应当适用“买卖不破租赁规则”呢?并无疑问,应当适用。但执行程序解决的是申请执行人的债权实现问题,对被执行人的不动产,只有符合一定条件,案外人的租赁权才可以对抗申请执行人。通过梳理相关的司法解释可以发现,相关规定有一个逐渐明确的过程。

首先,2005 年 1 月 1 日施行的《查扣冻规定》第 24 条第 1 款规定,人民法院查封后财产,如设定权利负担的,不得对抗申请执行人。被执行人在不动产被查封后出租的,因租赁权的实现需占有、使用该不动产,租赁权是该条文规定的“权利负担”之一,不得对抗申请执行人。同日施行的《拍卖变卖规定》第 28 条规定人民法院在执行程序中可依法涤除租赁权,以避免继续存在的租赁对在先的担保物权或其他优先权的实现产生影响。根据上述两个司法解释,执行程序中适用“买卖不破租赁规则”的例外情形有两种:一是查封后出租;二是设定担保物权或其他优先权后出租且不涤除将影响上述优先权的实现。

其次,2009 年 9 月 1 日起施行的《房屋租赁合同解释》第 20 条[②]明确规定适用“买卖不破租赁”规则的两种法定例外情形:一是出租前被人民院查封;二是出租前设定抵押权,因抵押权人实现抵押权发生所有权变动的。该司法解释虽不是对执行程序法律适用问题的解释,但对执行程序也是有参照意义的。《民法典》出台后,上述司法解释的意见,也可供参考。根据该条规定,出租前设定抵押权的,只要抵押权人为实现抵押权而发生房屋所有权变动,承租人请求房屋受让人继续履行原租赁合同的主张即不能获得支持,而不再需要“不涤除将影响优先权实现”的条件。人民法院因抵押债权而执行城镇房屋的,无论经拍卖还是变卖,其买受人应属于该条规定的“受让人”。

再次,2009 年 12 月 22 日出台的《最高人民法院关于人民法院能否在执行程序中以被执行人擅自出租查封房产为由认定该租赁合同无效或解除该租赁合同的答复》作为具有司法解释效力的批复,对被执行人擅自出租已查封的财产的情况,执行法院可采取的执行措施予以明确,即有权以裁定形式直接予以处理,并指出:擅自出租时签订的租赁合同并不当然无效,只是不得对抗申请执行人。第三人依据租赁合同占有查封物的,人民法院可以解除其占有,不应当在裁定中直接宣布租赁

① 关于司法拍卖、变卖的性质,主要存有两种观点。主流观点认为属于公法拍卖,是行使司法权对执行标的物进行的处置行为,评估拍卖机构是基于法院授权而进行相关活动,拍卖、变卖仍然是法院主导进行的司法行为;也有观点认为属于公法拍卖,但具有一定的私法属性,具有一定的合同行为的特点。

② 现《房屋租赁合同解释》第 14 条。

合同无效或解除租赁合同,而仅应指出租赁合同不能对抗申请执行人。据此实务中,可裁定涤除不动产被查封后设立的租赁,强制腾空。

最后,自2015年5月5日起施行的《异议复议规定》第31条第1款从承租人作为案外人提出异议,应如何审查的角度,对查封与租赁的冲突问题,明确规定承租人请求阻止向受让人移交占有被执行的不动产的条件有两个:一是查封之前已签订合法有效的书面租赁合同;二是占有使用该不动产。《民法典》施行后,上述规定的内容与《民法典》相关规定不冲突,司法实践中可继续适用。

2. 对租赁权人所提执行异议的审查程序

案外人基于租赁权而提出"带租拍卖"的异议的,执行法院应通过何种程序审查,法律和司法解释并无直接的规定。2007年《民事诉讼法》修改后,一般认为此种异议应属第204条(现行《民事诉讼法》第238条)规定的案外人异议,可通过案外人异议和案外人异议之诉程序审查。2015年5月最高人民法院出台的《异议复议规定》第31条虽然规定了对查封前设定租赁应保护的标准,但也未在条文中明确规定审查程序。

(1)苏、浙、沪三地高级人民法院的意见。苏、浙、沪三地高级人民法院最早出台相关疑难问题解答文件,部分内容对执行和执行异议之诉实务具有一定的参考意义。2014年9月《浙江省高级人民法院执行局关于执行非住宅房屋时案外人主张租赁权的若干问题解答》认为:在法院查封或抵押登记之后,被执行人将房屋出租,案外人依据后签订的租赁合同主张拍卖房屋不得影响其租赁权的,按照《民事诉讼法》第236条的规定进行审查;法院认为应保护案外人的租赁权,决定"带租拍卖",但申请执行人坚持不同意的,按照《民事诉讼法》第238条的规定审查;法院认为不需要"带租拍卖",案外人坚持提出异议的,依照《民事诉讼法》第238条的规定进行审查。2015年3月《上海市高级人民法院执行局关于在执行程序中审查和处理房屋租赁权有关问题的解答(试行)》认为上述三种情形,都应依照《民事诉讼法》第238条的规定进行审查处理。2015年11月,江苏省高级人民法院执行局出台《关于执行不动产时承租人主张租赁权的若干问题解答》认为:法院认为可"带租拍卖",申请执行人对"带租拍卖"提出异议,认为应当除去租赁关系的,法院应依据《民事诉讼法》第236条规定审查;法院决定除去租赁关系拍卖,承租人提出应当"带租拍卖"的,法院依据《民事诉讼法》第238条规定审查。

(2)最高人民法院法官相关书籍的意见。《最高人民法院关于人民法院办理执行异议和复议案件若干问题的规定理解与适用》中的观点认为"在案外人异议程序的相关规定中,本条(第31条)是解决实践中常见的主张不动产租赁权异议的审查问题"。而"案外人"是《民事诉讼法》第238条规定的特定概念。同时,该书还列举了两个适用上述条文审查此类异议的案例。因此,我们认为,对于案外人主张不动产租赁权的异议,请求“带租拍卖”的,都应按照《民事诉讼法》第 238 条规定的程序进行处理。[①] 此后,对案外人提出的租赁权应予以保护的书面异议,应依照《民事诉讼法》第 238 条的规定进行审查,已经成为实务共识。

(二)审理重点

在当前执行实务中,基于租赁权提出的执行异议之诉,主要有两种类型:一是案外人(租赁权人)提出“带租拍卖”的书面异议,执行法院裁定驳回其异议后,该案外人不服,向执行法院提起执行异议之诉;二是执行法院裁定案外人(租赁权人)异议成立,申请执行人向执行法院提起执行异议之诉,请求不“带租拍卖”。此外,实务中也偶有案外人以其享有租赁权益,向执行法院提出排除一切执行行为的异议,即不处置财产的异议,但如前所述,案外人对执行标的享有租赁权的,不足以请求解除执行措施,不停止执行。

执行实务中,案外人基于租赁权向执行法院提出的书面的异议并引起执行异议之诉的,常见情形归纳如下:

(1)案外人在法院查封被执行人不动产之前与被执行人签订租赁合同,并实际占有不动产。法院查封该不动产时,案外人向执行法院提出异议,要求保护其租赁权,进行“带租拍卖”。执行法院裁定后,案外人或申请执行人不服,提起执行异议之诉。

(2)案外人在法院查封被执行人不动产之前与被执行人签订租赁合同,但尚未占有不动产。法院查封该不动产时,案外人向执行法院提出异议,要求保护其租赁权,进行“带租拍卖”。执行法院裁定后,案外人或申请执行人不服,提起执行异议之诉。

(3)案外人在法院查封被执行人不动产之后与被执行人签订租赁合同,且实际占有该标的物,法院准备处置该不动产时,该案外人提出异议,要求保护其租赁权,进行“带租拍卖”。执行法院裁定后,案外人或申请执行人不服,提起执行异议之诉。

(4)不动产办理抵押登记手续后,不动产所有人与案外人签订租赁合同将该不动产出租。后抵押债权进入执行程序,法院查封该不动产时,案外人持租赁合同向执行法院提出异议,要求保护其租赁权,进行“带租拍卖”。执行法院裁定后,案外

---

① 参见江必新、刘贵祥主编:《最高人民法院关于人民法院办理执行异议和复议案件若干问题的规定理解与适用》,人民法院出版社 2015 年版,第 443～456 页。

人或申请执行人不服,提起执行异议之诉。

上述情形中的案外人还可以是次承租人,甚至是多次转租后的次承租人。而被执行人也可能存在诸多债务,涉及一个案件中的多个申请执行人或者多个案件中的多个申请执行人。无论在执行异议程序还是执行异议之诉程序,审理此类案件,要特别注意审查法院查封(含保全查封)的时间、设立租赁的时间、租赁合同的真实性、优先权的设立时间和登记情况、承租人是否一直占有使用该不动产等情况。

二、操作指引

(一)查封与租赁冲突的裁判规则

1. 租赁权可对抗申请执行人的条件

《异议复议规定》第31条第1款规定,保护案外人租赁权("带租拍卖"、变卖)有两个条件,缺一不可:第一,案外人与被执行人在人民法院对不动产予以查封之前,已订立真实有效的不动产租赁合同;第二,案外人在人民法院对不动产予以查封之前,已对不动产持续占有、使用,即已交付租金并采取明显方式在不动产内生活、生产、经营、装修等,以产生对不特定第三人的公示效果。虽然上述规则被规定在司法解释中,但也是执行异议之诉案件的裁判标准。

执行异议之诉审查中需注意以下两点。第一,关于查封的含义。查封应包括财产保全过程中的查封和强制执行过程中的查封。另外,查封应以查封登记为准,不动产所在地是否有贴封条则在所不问。虽然执行实务中,查封不动产的,应当同时做好查封登记和现场查封,但对于不动产而言,查封登记就可以产生公示效果。即便执行人员去做了现场查封作为公示,很多被执行人或其家属等也会撕毁封条,所以不能以现场封条作为查封公示的依据。案外人在执行异议之诉中以签订租赁合同时出租人(被执行人)未告知查封情况或者未看到现场封条为由提出抗辩的,不予支持。第二,关于占有、使用的含义。占有、使用,应理解为持续性的占有,且在法院开始执行时仍然处于占有使用的状态。法院查封之后设定租赁的,可以忽略对占有的审查。查封前承租的,案外人对租赁物的"占有"主要包括以下情形:在查封前占有且至今仍在案涉房屋内生产经营;查封前已经领取了案涉房屋作为住所地的营业执照且至今未变更住所地;查封前已经由其且至今仍由其缴纳水电、物业管理费用;查封前已经根据租赁用途进行了装修;等等。

2. 租赁权不得对抗申请执行人的情形

《查扣冻规定》第24条和《最高人民法院关于人民法院能否在执行程序中以被执行人擅自出租查封房产为由认定该租赁合同无效或解除该租赁合同的答复》先

后明确法院查封后再设定租赁的，该租赁合同不得对抗申请执行人。2015 年施行的《异议复议规定》第 31 条第 1 款规定案外人的租赁权可对抗申请执行人应满足的两个条件，因此，案外人的租赁权不能同时满足上述两个条件的，其关于“带租拍卖”的主张将不能得到支持。所谓“不得对抗申请执行人”，即法院在处置该财产时，租赁权人提出的阻止移交占有的请求（提出书面异议和提起异议之诉时），人民法院不予支持，也即不适用“买卖不破租赁规则”。

（二）抵押权与租赁权冲突的裁判规则

1. 抵押前已经设立的租赁，应得到保护

《担保法》（已废止）第 48 条规定：“抵押人将已出租的财产抵押的，应当书面告知承租人，原租赁合同继续有效。”《最高人民法院关于适用〈中华人民共和国担保法〉若干问题的解释》（已废止）第 65 条规定：“抵押人将已出租的财产抵押的，抵押权实现后，租赁合同在有效期内对抵押物的受让人继续有效。”根据上述条文，设立在先的租赁权可以对抗抵押权人。也就是说，租赁权人虽不能阻止法院处置不动产，但法院在处置时应遵循“买卖不破租赁”的规则，即应“带租拍卖”。如执行人员决定涤除租赁或者抵押权人不同意“带租拍卖”，案外人提出书面异议的，在案外人异议和案外人异议之诉程序中，其请求应予支持。《民法典》第 405 条规定：“抵押权设立前，抵押财产已经出租并转移占有的，原租赁关系不受该抵押权的影响。”《民法典》施行后，《担保法》及其司法解释废止，但从《民法典》第 405 条除明确“转移占有”的条件外，基本与之前的主流观点一致。

首先，可以对抗抵押权人的“租赁”，其含义应为已经签订了合法有效的书面租赁合同且案外人已经占有、使用该不动产。占有使用的标准，也应为持续的实际占有、管理、使用。仅仅签订了书面的租赁合同而未占有使用该不动产的，并无合理的公示，抵押权人为善意第三人的，租赁权不可以对抗抵押权人。

其次，关于租赁的时间期限，应为抵押权成立之前，即抵押登记完成之前。仅仅签订了抵押合同，但尚未办理抵押登记，后案外人因不知情与债务人签订了租赁合同且合法占有、使用该不动产的，在异议之诉中应确认租赁权人为善意，其租赁权可以对抗抵押权人。

2. 抵押后擅自出租的，租赁合同不能对抗抵押权人

对于该问题，实体法和程序法均有明确规定。《最高人民法院关于适用〈中华人民共和国担保法〉若干问题的解释》（已废止）第 66 条规定：“抵押人将已抵押的财产出租的，抵押权实现后，租赁合同对受让人不具有约束力。抵押人将已抵押的财产出租时，如果抵押人未书面告知承租人该财产已抵押的，抵押人对出租抵押物

造成承租人的损失承担赔偿责任;如果抵押人已书面告知承租人该财产已抵押的,抵押权实现造成承租人的损失,由承租人自己承担。"《物权法》(已废止)第190条规定:"订立抵押合同前抵押财产已出租的,原租赁关系不受该抵押权的影响。抵押权设立后抵押财产出租的,该租赁关系不得对抗已登记的抵押权。"《拍卖变卖规定》第28条第2款规定:"拍卖财产上原有的租赁权及其他用益物权,不因拍卖而消灭,但该权利继续存在于拍卖财产上,对在先的担保物权或者其他优先受偿权的实现有影响的,人民法院应当依法将其除去后进行拍卖。"最高人民法院于2011年10月8日在《最高人民法院关于抵押人未经抵押权人同意擅自出租抵押物,抵押权人能否通过诉讼程序请求解除租赁合同的答复》(〔2011〕民二他字第18号)中,答复山东省高级人民法院认为,"根据《〈担保法〉司法解释》规定的精神,抵押人未经抵押权人同意将抵押物出租的,原则上抵押权人不能通过另行提起诉讼的方式请求解除抵押人与第三人订立的租赁合同,抵押权的实现应当在执行程序中解决。对于在执行程序中抵押人作为被执行人擅自出租经法院查封抵押物的行为,最高人民法院执行局已经另案答复你院。执行法院有权以裁定形式直接予以处理。第三人依据租赁合同占有查封物的,人民法院可以在执行程序中解除其占有,但不应当在裁定中直接宣布租赁合同无效或解除租赁合同,而仅应当指出租赁合同不能对抗申请执行人"。

根据以上条文,不动产抵押合同签订且依法登记的,则抵押权设立,之后抵押人将抵押物出租给案外人的,该租赁关系不能对抗已经登记的抵押权实现。即抵押权人可以在执行程序中依照《拍卖变卖规定》第28条第2款的规定,请求执行机构除去租赁后再拍卖该不动产。租赁权人对执行人员涤除租赁行为(如出具涤除裁定或者强制腾空等)存有异议并提起执行异议之诉,要求进行"带租拍卖"的,应判决驳回诉讼请求。《民法典》施行后,上述观点仍具有适用价值。

(三)申请执行人对"带租拍卖"所提异议及执行异议之诉

执行人员根据案件实际情况,认为应适用"买卖不破租赁规则",决定"带租拍卖",而申请执行人认为不应保护租赁权(如认为"带租拍卖"导致成交价降低,影响抵押债权实现,故应涤除租赁后拍卖,或认为被执行人与案外人之间的租赁合同是虚假等),向法院提出书面异议,应如何审查呢?实务中,对申请执行人提出的"不应带租拍卖"的书面异议,有些法院参照《民事诉讼法》第238条的规定,但将申请执行人列为异议人,将租赁权人列为"案外人",然后在执行裁定中载明不服该裁定,可以在收到裁定之日起15日内向执行法院提起诉讼。我们认为,此种做法固然保障了申请执行人的权益,且通过执行异议之诉对租赁权能否对抗申请执行人的问题进行了审查，符合“实体争议通过异议之诉审查”的法理，但并不符合现有法律和司法解释的规定。执行异议之诉中发现此情况的，可裁定撤销该裁定，发回重新审查。

申请执行人提出的应“不带租拍卖”的异议仍然涉及租赁权能否对抗申请执行人的问题，通过一个与案外人异议之诉相似的诉讼程序审查更妥当。但《民事诉讼法》第 238 条规定的执行异议之诉，是以案外人提出异议为前提的，申请执行人提出的异议只能适用该法第 236 条的规定进行审查，不能引起案外人异议之诉。如此，这似乎走入一个怪圈。为解决此问题，我们建议，如果执行人员判断应“带租拍卖”，而申请执行人坚决反对“带租拍卖”的，执行人员动员承租人提出书面异议，在承租人提出书面异议后，即可按照《民事诉讼法》第 238 条审查。实际上，执行人员在查封现场时，承租人一般会出示租赁合同，要求保护其租赁权，这就是在提出执行异议。执行人员审查后，再次动员该租赁权人提出书面异议，是为了更好地保护其权益，承租人是容易接受其建议的。

（四）承租人对装修财产的异议及审查

如果不动产的租期较长或者毛坯出租的，承租人为了更好地使用、居住该房产，往往会进行装修。特别是在商业地产或者工业地产整体出租的情况下，承租人的装修往往投入不菲。在执行法院查封被执行人名下不动产，准备处置时，承租人在主张“带租拍卖”被驳回后，实务中经常出现承租人主张装修财产归其所有或者要求从拍卖、变卖款中优先补偿其装修损失，但出租人或申请执行人并不同意的情况。此时，承租人对装修财产提出的书面异议，是否应该按照《民事诉讼法》第 238 条的规定进行审查呢？

承租人在装修前，其对装修的投入是主要体现在购买的每一项财产和人工成本上的。其装修时购买的每一项财产，都是法律意义上的单一物，如一个电器、一件家具、一根电线或者机器设备、管道等。在装修完成后，其装修的投入，仍有部分以动产形式存在，如家具、灯具、机器设备等，但也有很大一部分与不动产结合后，无法再分离或者分离耗费太大而转为该不动产的一部分，如管道设施、瓷砖、墙纸墙面、基础水电等。按照民法上的添附规则，非产权人在使用他人的财产上增添附属物，财产所有人同意增添，并就财产返还时附属物如何处理有约定的，按约定办理；没有约定又协商不成，能够拆除的，可以责令拆除；不能拆除的，也可以折价归财产所有人；造成财产所有人损失的，应当负赔偿责任。此外，《房屋租赁合同解释》规定了租赁合同无效、届满、解除等情形下装饰装修财产的归属、补偿问题。在执行不动产过程中，如租赁权无法对抗申请执行人的，处置前执行法院一般需要对不动产进行腾空。对装饰装修财产,可参照上述司法解释的规定依法处理。

承租人对执行法院参照上述司法解释处置装饰装修财产不服,提出书面异议,但不主张“带租拍卖”,而仅对装修财产的处置提出异议的,无论该异议是主张装修补偿还是主张装修财产的所有权,都不应按照《民事诉讼法》第238条进行审查,而应通过诉讼或仲裁等方式另行解决。理由如下:

第一,装修财产在执行时,已经分为两部分,仍是动产的部分,其所有权本身就归承租人所有,也不属于执行标的物,在清点、核对后,自行搬离即可,不存在补偿和阻止执行的问题。已和不动产结合为一个整体的装修投入,原物已经不存在,按照添附规则,只存在是否应该折价补偿的问题。

第二,执行程序和执行异议之诉中都无法对装饰装修财产的归属、补偿问题进行审查,而应由承租人和被执行人根据租赁合同的约定或按照《房屋租赁合同解释》的相关规定协商处理,或通过诉讼或仲裁等方式另行解决。

第三,承租人对装修财产主张的权利,实际也并不是对执行标的物(不动产)主张实体权利以阻却执行或阻止向买受人交付,因此不属于《民事诉讼法》第238条规定的案外人。所以,对于装修财产的任何主张,都应该由承租人另行起诉解决。

执行实务中,对装修补偿问题,执行人员可在腾空前协调承租人、被执行人、申请执行人三方达成协议,通过约定在拍卖、变卖款中优先补偿一定款项的方式予以解决。如无法达成协议,在承租人另行起诉的情况下,对于待分配的执行款,可预留部分款项给租赁权人。客观地说,很多装饰装修财产的保留,对不动产处置价格增加的影响是显而易见的,从公平角度看,应予以预留。

(五)有关举证责任分配

在举证责任的分配上,对案外人提出的主张保护其租赁权(要求“带租拍卖”)的异议,执行机构在审查过程中,应要求案外人提供证据证明其租赁权应得到保护,未能提供证据或者提供的证据不足以证明其符合保护条件的,应裁定驳回异议。同样,在执行异议之诉审理过程中,无论是申请执行人提起的诉讼还是案外人提起的诉讼,案外人均应承担其租赁权可对抗申请执行人的举证责任。

实务中,案外人在执行异议审查阶段未提交的证据,是否可以在执行异议之诉程序中继续提交或者提交后是否应予以质证,仍有争议。一般认为,执行异议之诉中提交的新证据,仍应进行质证,可以采纳。

(六)擅自支付租金的承租人赔偿款权属问题

被执行人出租土地或者房产等收取第三方的租金,一般情况下属于被执行人的财产，当租金被冻结后，协助执行人擅自支付而未能追回的，法院通常裁定其在擅自支付的租金范围内向特定申请执行人承担赔偿责任。但当被执行人出租土地或者房产上设有抵押时，根据《民法典》第412条第1款“债务人不履行到期债务或者发生当事人约定的实现抵押权的情形，致使抵押财产被人民法院依法扣押的，自扣押之日起，抵押权人有权收取该抵押财产的天然孳息或者法定孳息，但是抵押权人未通知应当清偿法定孳息义务人的除外”的规定，前述情形下租金可由抵押权人收取。当存在多个抵押权人时，赔偿款项的权属问题往往存在争议。对此，浙江高院(2021)浙民申4862号案提供了明确裁判思路：抵押财产的租金系法定孳息，执行裁定书裁定协助执行人在擅自支付而未能追回的租金范围内向特定申请执行人承担赔偿责任，非确权性文书，并不能改变赔偿款法定孳息的性质以及抵押权人依法对其享有的收取权益。该款项并不当然属于该申请执行人单独所有，应根据相关债权人对抵押财产所享有的权利性质依法进行分配。

审判前沿

武汉和平华裕物流有限公司与乐昌市粤汉钢铁贸易有限公司等案外人执行异议之诉案

[(2019)最高法民终1790号民事判决书]

【裁判要旨】

出租人将土地出租给承租人，当该土地被强制执行时，案外人主张承租人向其转租土地，且其在土地上兴建建筑物并对之享有足以排除强制执行的合法权益时，可通过案外人执行异议之诉主张权利。人民法院在审理次承租人以案外人提起的执行异议之诉案件时，既要依法维护次承租人的正当权利，也要防止其滥用案外人执行异议之诉，妨害强制执行程序的正常进行。对于次承租人提起的执行异议能否排除强制执行，应当依据案外人异议之诉的规定进行审查。

【基本案情】

乐昌市粤汉钢铁贸易有限公司(以下简称粤汉钢铁公司)与武汉华裕李氏经贸集团有限公司(以下简称华裕李氏公司)、李少某民间借贷纠纷一案，湖北省高级人民法院于2017年12月25日作出(2017)鄂民初49号民事判决。粤汉钢铁公司不服，向最高人民法院提起上诉。最高人民法院于2018年4月27日作出(2018)最高法民终198号民事判决,撤销湖北省高级人民法院(2017)鄂民初49号民事判决,判决华裕李氏公司偿还粤汉钢铁公司借款并支付利息,李少某承担连带保证责任等。

案件审理过程中,2017年8月3日,粤汉钢铁公司向湖北省高级人民法院提出财产保全申请,该院于2017年8月4日作出(2017)鄂民初49－1号保全裁定。2017年10月30日,该院查封了龚家岭地块上所建的厂房、仓库等地上建筑物,和平镀锌板厂土地上所建厂房、仓库等地上建筑物以及李少某享有的原武汉市和平总观园工贸发展有限公司(以下简称总观园公司)厂房、仓库、办公楼等地上建筑物80%的收益。2018年8月14日,武汉和平华裕物流有限公司(以下简称华裕物流公司)向湖北省高级人民法院提出执行异议,称上述被查封的财产均属该公司所有,并非华裕李氏公司的财产。该院经审查后,于2018年9月29日作出(2018)鄂执异6号执行裁定:驳回华裕物流公司的异议请求。华裕物流公司不服该裁定,于2018年10月26日向湖北省高级人民法院提起案外人执行异议之诉。

湖北省高级人民法院认为,本案争议焦点为华裕物流公司对案涉建筑物是否享有权益并足以排除强制执行的问题。

关于龚家岭地块所建地上建筑物的权属问题。本案中,华裕物流公司提交了华裕李氏公司与华裕物流公司于2010年1月1日签订的租赁合同以及与相关设计、施工单位、银行签订的《建设工程设计合同》《建筑工程施工合同》《固定资产借款合同》及借款、转账凭证等证据。原审法院综合全案证据审查认为,华裕物流公司虽提交了其与华裕李氏公司之间的租赁合同,但未提交与该合同约定的租金数额、租期、支付方式相对应的租金支付凭证以及其他合同履行依据。因此,在无其他证据佐证的情况下,仅依据租赁合同尚不足以认定华裕物流公司与华裕李氏公司之间就龚家岭地块形成了转租关系的事实。华裕物流公司提交的《建设工程设计合同》《施工图》《建筑工程施工合同》,对应的工程项目均系路面、围墙、护坡、给排水等构筑物附属工程,与本案争议的厂房、仓库等主体建筑物并不一致。同时,也没有证据佐证相应的履约依据与上述合同相对应。《固定资产借款合同》及借款凭证只能证明华裕物流公司以仓储扩建的名义向武汉农村商业银行股份有限公司青山支行借款3000万元的事实,而该借款合同对应的具体工程项目不明,且转账凭证中用途亦未填写,无法证明与龚家岭地块地上建筑物存有关联。因此,上述证据均不足以证明华裕物流公司实际投资建设了龚家岭地块上的厂房、仓库等地上建筑物的主张。华裕物流公司在原审庭审中提出,上述合同、借款及转账凭证对应的是龚家岭地块、先锋村地块以及和平镀锌板厂的全部地上建筑物的建设工程项目,是统一设计、统一施工,但是无论从华裕物流公司提交的设计、施工合同的具体内容,还是借款及转账凭证中载明的款项用途,都无法与其主张相印证。因此,对华裕物流公司关于其与华裕李氏公司之间关于龚家岭地块形成了租赁关系以及实际投资建设了龚家岭地块地上建筑物的相关主张均不予支持。在华裕物流公司未能提交充分证据证明其实际承租以及投资建设了龚家岭地块地上建筑物的情形下,华裕物流公司对被查封的上述建筑物享有足以排除强制执行实体权利的理由不能成立。故依据相关法律规定查封龚家岭地块上的厂房、仓库等地上建筑物并无不当。

关于和平镀锌板厂地块上所建建筑物的权属问题。本案中,粤汉钢铁公司提交的《和平镀锌板厂资产移交表》显示,和平镀锌板厂的全部资产在经过改制之后已全部移交至总观园公司。总观园公司股东李少某、李安某将上述部分资产以实物作价的方式出资设立了华裕李氏公司。之后,李少某、李安某申请注销总观园公司。注销清算报告显示,总观园公司在申请注销时的固定资产为“零”。华裕物流公司认为,总观园公司的固定资产为零,表明该公司的资产已经发生转移,结合华裕物流公司是总观园公司现有资产管理人的实际情况,可以确定总观园公司的上述资产已被华裕物流公司合法接收。因此,华裕物流公司是和平镀锌板厂厂房、仓库等地上建筑物的实际权利人。对此,该院认为,根据《物权法》(已废止)第6条“不动产物权的设立、变更、转让和消灭,应当依照法律规定登记”的规定,总观园公司在处置和平镀锌板厂移交的厂房、仓库等不动产时,应当依法进行登记,否则不发生物权变更的法律效力。因此,即便华裕物流公司对和平镀锌板厂的相关资产行使着管理和收益的权利,在没有任何物权登记的情况下,也不能认定华裕物流公司系上述资产的实际权利人。华裕物流公司还认为,武汉市房产测绘中心出具的《武汉市房屋面积调查测丈表》以及武汉市青山区房产测绘站出具的《武汉市房地产平面图》可作为认定该公司系上述资产产权人的依据。对此,该院认为,首先,华裕物流公司、华裕李氏公司以及华裕李氏公司物流仓储分公司均有物流仓储经营项目,且部分管理和财务人员还存在重合,华裕物流公司与华裕李氏公司之间存在一定的关联关系,而上述文件中产权人记载的“华裕物流”以及“华裕物流仓储公司”,在无明确依据的情况下,上述记载明显指向不明;其次,上述文件均系房产测绘文件,即对房屋进行位置、面积、结构等内容的测定,而对于权属的审核和登记,不属于测绘部门的职责范围。因此,上述测绘资料不能作为认定争议执行标的物权属的依据。加之,从和平镀锌板厂的资产流转过程分析,现有证据只能证明上述资产通过李少某、李安某等人的操作,部分移交至华裕李氏公司名下,但不能证明上述资产合法移交至华裕物流公司。且华裕物流公司提交的《建设工程设计合同》《施工图》《建筑工程施工合同》均系2008年6月之后形成,而和平镀锌板厂的厂房、仓库等地上建筑物于2003年在和平镀锌板厂改制之前就已经存在。因此,华裕物流公司关于其对和平镀锌板厂的厂房、仓库等地上建筑物享有实体权利,并足以阻却执行措施的主张,缺乏相应的事实和法律依据,不予支持。综上,该院认为华裕物流公司的请求及理由依据不足,不予支持。判决驳回华裕物流公司的诉讼请求。

华裕物流公司不服,提出上诉。最高人民法院经审理,作出(2019)最高法民终1790号民事判决书,驳回华裕物流公司上诉,维持原判。

【要点评析】

案外人异议之诉审理范围即案外人对诉讼标的能否享有足以排除强制执行的民事权益,本案中华裕物流公司主张原审法院对案涉财产的查封措施错误、执行行为正当性审查等,不属于执行异议案件的审理范围。次承租人作为案外人主张承租人向其转租土地,且其在土地上兴建建筑物并对之享有足以排除强制执行的合法权益的,应当赋予其通过案外人执行异议之诉救济的权利。

浙江运业建筑工程有限公司与潘某江、绍兴益析光电科技有限公司执行人执行异议之诉案

[(2016)最高法民申700号民事判决书]

【裁判要旨】

案外人以不动产租赁权为由主张拒绝向受让人移交占有被执行的不动产,必须具备两项要件:其一,案外人与被执行人在人民法院对不动产予以查封之前,已订立真实有效的不动产租赁合同。其二,案外人在人民法院对不动产予以查封之前,已对不动产持续占有、使用,即已交付租金并采取明显方式在不动产内生活、生产、经营、装修等,以产生对不特定第三人的公示效果。如案外人基于不动产租赁权提起执行异议之诉的,需对其具备上述两个条件承担举证责任。

【基本案情】

再审申请人潘某江因与被申请人浙江运业建筑工程有限公司及一审被告绍兴益析光电科技有限公司(以下简称益析光电公司)、一审第三人杭州银行股份有限公司绍兴分行申请执行人执行异议之诉一案,不服浙江省高级人民法院(2015)浙执异终字第10号民事判决,向最高人民法院申请再审,主要理由为:(1)提交新的证据,即由潘某江的委托代理人范某慧律师出具的证明及相关照片,内容为范某慧于2013年9月22日在绍兴迪荡昆仑国际1号楼1103室见证了案涉租赁合同的签署过程,据以证明潘某江与益析光电公司房屋租赁关系的真实性及成立时间。(2)潘某江与益析光电公司于2013年9月22日成立房屋租赁关系;潘某江在原审中所提交以下证据,足以证明案涉房屋已在2013年9月已由潘某江占有使用至今的事实:①潘某江与浙江合益电子科技有限公司(以下简称合益公司)签订的房屋租赁合同;②合益公司与苏州克林络姆空调系统工程有限公司(以下简称克林络姆公司)所签订净化安装工程和辅助装修相关资料;③浙江省绍兴市柯桥区人民法院(2015)绍柯民初字第334号民事判决。因此,本案租赁合同的签订和占有使用均在案涉房屋查封之前,应当维护租赁权人的合法权益。综上,潘某江依据2012年《民事诉讼法》第200条第1项、第2项规定,向最高人民法院申请再审。

最高人民法院经审理认为,案外人以不动产租赁权为由主张排除强制执行,必须具备两项要件:其一,案外人与被执行人在人民法院对不动产予以查封之前,已订立真实有效的不动产租赁合同。其二,案外人在人民法院对不动产予以查封之前,已对不动产持续占有、使用,即已交付租金并采取明显方式在不动产内生活、生产、经营、装修等,以产生对不特定第三人的公示效果。如不符合以上两项要件,则不能排除强制执行。潘某江虽于本案一审、二审中提交了于人民法院查封之前所签订的房屋租赁合同,但仍需证明其于人民法院查封之前已对房屋持续占有使用。潘某江在本案一审、二审中提交了其与合益公司签订的房屋租赁合同、合益公司与克林络姆公司所签订净化安装工程和辅助装修相关资料、(2015)绍柯民初字第334号民事判决等,据以证明潘某江已对房屋持续占有使用。但以上证据仅能证明合益公司与克林络姆公司于2013年9月达成工程协议及工程施工已实际发生,并不能证明克林络姆公司在案涉房屋查封之前已经进场施工,也即不能证明案涉房屋于查封之前已由承租人以明显方式占有使用。因此,潘某江于本案一审、二审中所提交证据,虽证明其于查封之前签订了房屋租赁合同,但不足以证明其已占有使用案涉房屋,故不能排除人民法院强制执行。对潘某江的申请再审事由,不予支持。

【要点评析】

不动产的执行过程中,应查明其权利负担情况。案外人基于租赁权,认为根据“买卖不破租赁”规则可以对抗申请执行人的,可向执行法院提出异议。租赁权是否应得到保护,是否带租拍卖、变卖,将在异议和执行异议之诉程序中予以审查。案外人的租赁权真实存在的,其能否对抗申请执行人,能否阻止执行法院向受让人移交占有被执行的不动产,还需要看其占有使用该不动产的时间。本案中案外人无法证明其占有使用该不动产在法院查封之前,最终其主张未获得支持。

山西江河生物质能发电有限公司、浙江乐清市东南线缆有限公司执行异议之诉案

[(2016)最高法民申3642号民事判决书]

【裁判要旨】

案外人受被执行人委托向设备出卖人支付货款,并承租占有该设备,但代付款的行为并不能产生所有权的转移,案外人并不能因此享有所有权,不因代付款而享有足以排除强制执行的民事权益。案外人虽对执行标的物享有租赁权益,在执行法院拍卖时亦可对其享有优先购买权,但不能阻止对该执行标的物的强制执行。

【基本案情】

再审申请人山西江河生物质能发电有限公司(以下简称江河公司)因与被申请人浙江乐清市东南线缆有限公司执行异议之诉一案,不服山西省高级人民法院于2016年8月17日作出的(2016)晋民终246号民事判决,向最高人民法院申请再审称:(1)一审、二审判决漏列当事人,程序违法。一审、二审判决将江河公司列为被告,而没有将被执行人山西江河金属硅有限公司(以下简称金属硅公司)列为被告或者第三人,属程序违法。(2)江河公司提供的150万元收款收据,足以证明其对该执行标的享有实体权利,江河公司对诉争的锅炉享有足以排除强制执行的民事权益。(3)执行标的一直由江河公司占有和使用,现执行拍卖该台锅炉,应当考虑江河公司作为实际使用人的权益如何进行保护的问

题。综上所述,江河公司根据2012年《民事诉讼法》第200条第2项之规定申请再审。

最高人民法院经审理认为:第一,关于一审、二审是否漏列当事人,存在程序错误问题。2015年《民事诉讼法解释》第308条规定:"申请执行人提起执行异议之诉的,以案外人为被告。被执行人反对申请执行人主张的,以案外人和被执行人为共同被告;被执行人不反对申请执行人主张的,可以列被执行人为第三人。"即在被执行人不反对申请执行人主张时,可以列被执行人为第三人,而不是"应当"列被执行人为第三人。本案中,一审法院在依照生效的(2006)运中民二初字第11号民事判决对被执行人金属硅公司采取执行措施中,其作为被执行人对该生效判决及一审法院执行措施均未提异议。在本案进入执行异议程序后,江河公司法定代表人杨某元为被执行人金属硅公司股东,且与被执行人金属硅公司的法定代表人杨某运之间系父子关系,被执行人金属硅公司应当知晓本案执行异议诉讼,但其未明确反对申请执行人东南公司的主张。江河公司在历经发回重审等多次审理中亦均未提出漏列当事人问题。因此,一审、二审判决未追加被执行人金属硅公司为案件当事人,程序并无不当。对江河公司关于一审、二审漏列当事人存在程序错误的申请理由,不予支持。

第二,关于江河公司是否对讼争的锅炉享有足以排除强制执行的民事权益问题。本案两审中均查明,涉案锅炉系被执行人金属硅公司向太原锅炉集团有限公司购买,双方之间订有购销合同。江河公司与金属硅公司之间就涉案锅炉,订有设备租赁合同,因此,涉案锅炉所有权应认定归属于被执行人金属硅公司。江河公司受托向太原锅炉集团有限公司支付锅炉款150万元,但代付款行为并不能产生所有权的转移,并不能因此享有所有权,江河公司关于因代付款而享有足以排除强制执行的民事权益的再审理由,本院不予支持。江河公司基于设备租赁合同而占有使用涉案锅炉,享有租赁权益,在执行法院拍卖时亦可对其享有优先购买权,但不能阻止对涉案锅炉的强制执行。

综上所述,江河公司的再审申请不符合2012年《民事诉讼法》第200条第2项规定的情形。依照2012年《民事诉讼法》第204条第1款之规定,裁定驳回江河公司的再审申请。

【要点评析】

本案中江河公司代被执行人金属硅公司支付涉案锅炉货款,并与其签订设备租赁合同而占有使用该锅炉。后金属硅公司因债务纠纷进入执行程序。此时,江河公司作为执行案件的案外人,就涉案锅炉享有的民事权利,仅仅是租赁权,该权利并非2012年《民事诉讼法》第227条规定的可以“阻却执行的”实体权利,不能对抗申请执行人,不能阻止执行法院拍卖、变卖该涉案锅炉。

第二节 虚假租赁权人提起的异议之诉

法律依据

《异议复议规定》第31条第2款 承租人与被执行人恶意串通,以明显不合理的低价承租被执行的不动产或者伪造交付租金证据的,对其提出的阻止移交占有的请求,人民法院不予支持。

一、制度阐述

(一)制度渊源

“买卖不破租赁”是为保护承租人的弱势地位而设立的特别制度,其赋予了承租权这一债权具备了物权化的对抗属性,是对合同的相对性的突破。然而实践之中有些被执行人作为房屋产权人为了对抗执行,虚构租赁关系,恶意利用“买卖不破租赁规则”向执行法院提出异议,意图限制在先买受人的权利。《异议复议规定》施行前,只能对有确切证据证明存在虚假租赁的行为,以规避执行进行处理。《异议复议规定》施行后,除了恶意串通以明显不合理的低价承租、伪造租金等情形外,案外人(承租人)不能提供证据证明其租赁权的设立时间、占有使用方式与其称述一致的,都可被视为虚假租赁,不予以保护。

(二)审理重点

执行机构在异议审查程序中,因审查时间和程序的限制,一般秉持形式审查的原则,对隐藏较深、伪装较好的虚假租赁,难以识别。因此,在执行异议之诉中,对可疑的租赁合同应从多个侧面重点审查租赁合同的真实性。

1.虚假租赁的类型

常见的虚假租赁,主要有以下几种情形:

(1)被执行人串通他人虚构租赁合同并办理虚假租赁合同备案登记或者公证,意图对抗执行。

(2)被执行人与他人串通,伪造名为租赁实为借款担保的“房屋租赁合同”,且将合同签订和交付租赁的日期倒签，以对抗执行。

(3)被执行人伪造、变造房屋租赁合同，并指使他人据此要求退还剩余的房屋租赁费。

(4)被执行人串通他人签订租赁合同，将租赁合同签订时间提前、租期延长，以对抗对抵押房屋的执行。

从虚假租赁的目的来看，被执行人一般是在财产不足以清偿全部债务的情况下，通过串通其他债权人(特别是清偿顺位在后的债权人和未进入执行程序的债权人)或者生意伙伴、亲属、朋友实现的，主要意图是通过对抗抵押权人、在先查封的债权人等，为其他债权人以租抵债进行掩护或者减少自身损失。

2. 虚假租赁特点

虽然虚假租赁在实务中的表现五花八门，但也存在某些共性。

(1)表面上看，租赁合同上写明的合同订立时间和租赁起始时间一般早于抵押登记时间或者法院查封时间，以实现“买卖不破租赁”的目的。

(2)合同约定的租期很长，一般都在10年以上，甚至20年，以实现“带租拍卖”后仍可以长时间占有和使用房产的目的。

(3)承租人一般声称租期内租金都已一次性付清，以实现拍卖后可长期免费使用的目的。

(4)执行人员在进行现场查封和调查时，一般不见承租人实际占有、使用该不动产的迹象。

执行异议之诉审理过程中，若发现案外人主张的租赁关系符合上述4个特点的，应警觉可能存在虚假租赁的情况，及时通知申请执行人、抵押权人、执行人员一同收集、整理证据。

二、操作指引

(一)虚假租赁的证明标准及举证责任的分配

执行异议之诉审理中，发现当事人自认或者有其他明确的证据证明租赁合同为虚假，或者名为租赁实为借贷担保、房屋使用权抵债等关系的，可对租赁合同的真实性不予认可。租赁合同未生效或者已在另案中被撤销、确认无效的，对案外人的租赁权不予认可。

有观点认为，在执行异议之诉程序中，根据现行的举证责任制度及有关调整租赁关系的法律，承租人所需提交的证据材料十分简单，只要向执行法院提出与被执行人就被处置不动产存在租赁关系，并提供租赁合同，就可以认定为完成了举证。我们认为，此种观点使承租人处于十分有利的地位，债权人和法院如果想证明该租赁合同虚假,则需要进行深入的调查和举证,举证难度远远大于承租人,非常不利于防范实务中已经泛滥的虚假租赁。按照《异议复议规定》第31条的规定,承租人作为案外人在异议审查过程中,其应当承担举证责任,即应当举证证明:(1)其在人民法院查封之前已经签订了合法有效的书面租赁合同;(2)其在人民法院查封之前已合法占有、使用该不动产。同样地,在因租赁关系而引起的执行异议之诉(无论是案外人提起诉讼还是申请执行人提起诉讼)中,案外人需再次承担上述责任。同理,在涉及租赁权与抵押权的对抗问题上,承租人也应在异议和执行异议之诉中举证证明:(1)其在抵押登记之前已经签订了合法有效的书面租赁合同;(2)其在抵押登记之前已合法占有、使用该不动产。

(二)租赁合同签订时间的真实性

如果在抵押、查封前,租赁合同的当事人已经根据《城市房地产管理法》第54条,住房和城乡建设部制定的《商品房屋租赁管理办法》第14条、第19条的规定办理了租赁登记备案手续的,应当认定租赁合同签订于抵押、查封前。此外,承租人提供的证据表明有下列情形之一的,一般也可认定租赁合同签订于抵押、查封前:

(1)租赁合同的当事人在抵押、查封前已就相应租赁关系提起诉讼或仲裁的;

(2)租赁合同的当事人在抵押、查封前已办理租赁合同公证的;

(3)有其他确切证据证明租赁合同签订于抵押、查封前的,如租赁合同当事人已在抵押、查封前缴纳相应租金税,在案涉房屋所在物业公司办理租赁登记或缴纳过物业费,向抵押权人声明过租赁情况等。

在多数案件中,如果承租人无法提供上述证据,而申请执行人也无法提供虚假租赁的证据,租赁合同的签订时间是根据租赁合同本身载明的日期认定的。虽然倒签合同是虚假租赁最为常用的做法,但债务人不可能在多年前就预见到该不动产会被查封拍卖,而事先预留虚假的租赁合同,以备不时之需。因此,对于租赁合同的签订时间距离执行的时点较长的,一般通过司法鉴定,可以鉴别出合同签署的真实时间,从而判别该合同是否为虚假的租赁合同。

(三)占有、使用案涉不动产的真实性

承租人支付租金的目的是获得租赁物的使用权,因此租赁物是否被承租人实际占有使用,是判断该租赁关系能否对抗抵押权人和申请执行人的重要标准,也是判别租赁合同是否真实的一个关键性因素。一般的虚假租赁合同中,案外人根本没有占有租赁物。在认定第三人已占有且至今占有租赁物时,有下列情形之一的,

可以认定案外人在抵押、查封前已经占有且至今占有案涉房屋：

(1)案外人在抵押、查封前已经在且至今仍在案涉房屋内生产经营的或者居住的；

(2)案外人在抵押、查封前已经领取以案涉房屋作为住所地的营业执照且至今未变更住所地的；

(3)案外人在抵押、查封前已经由其且至今仍由其支付案涉房屋水电、物业管理等费用的；

(4)案外人在抵押、查封前已经对案涉房屋根据租赁用途进行装修的；

(5)案外人提供其他确切证据证明其已在抵押、查封前直接占有案涉房屋的。

我们认为，在审查占有使用案涉不动产这一环节时，应严格将证明责任赋予承租人。未能证明的，承租人应承担举证不能的后果。当然，不能仅仅因案外人不能证明其占有使用或不能在抵押设立前占有使用不动产，而认定其是属于虚假租赁，但未能证明的，不得对抗抵押权人，未能证明的，租赁合同虚假的可能性较高，可结合其他证据予以综合认定。

(四)已支付租金的审查

执行实践中，被执行人编造虚假租约的主要形态是长期租金一次性支付或已支付一大部分，相当于透支被查封不动产的长期使用权益，既达到阻碍被查封不动产拍卖处分的目的，也试图继续占有被查封不动产。租赁合同的本质是出租人转移租赁物的使用权，承租人交付租金。因此，获取租金是出租人出租财产的目的，承租人是否支付了租金也是认定租赁合同是否真实的一个重要因素。一般而言，用以居住之用的住房，租金的支付方式往往是月付或者季度支付，少量情形下可能存在按年度支付的情形，而商业用房因其价值及商业属性，加之所有者出于占有成本的考虑，其租金往往较住房要高，其支付方式上极少存在按月度或季度支付的情形，多为按年支付。同时对于租金的上涨，往往“出租人”均会保留权利。而虚假的租赁合同，其租金的支付虽然在合同上存在这种符合常理的外观，然而其却多有名无实，“承租人”和“出租人”多未发生真正的租金支付关系。对于当事人之间名为租赁，实为借贷关系的情形下，租赁合同多作为借贷关系之“担保”而出现，对于租金的支付方式多采一次性支付或分次大额支付的方式，且多伴有租金不变的约定，显然不符合常理。而这些一次性支付或分次大额支付的所谓租金实则便是“承租人”出借给房屋所有权人的借款。故而在租金的支付上，宜通过判定承租人与被执行人对于租金支付义务的实际履行及租金的支付方式来认清租赁关系的真伪，让其提交租金的来源，支付的时间、地点，支付的转账凭证等，以证明支付租金的真实性。如果承租人主张以现金一次性支付大额租金又无其他佐证的,明显违背常理,一般不予采纳,可以被认定为虚假租赁。

(五)以租抵债的问题

在司法实践中,经常会遇到被执行人名下不动产被设定了以租抵债的情形。以租抵债的行为是否有效,法律上并没有明确规定;以租抵债,也容易存在被执行人利用虚构债务侵蚀不动产处置价值,达到规避执行目的的情形。执行程序上,以租抵债的行为是否有效或者以租抵债的租赁合同是否可以对抗抵押权人或申请执行人,则需要具体分析。第一,不动产是否已经交付占有使用。若仅仅签订了以租抵债的合同,案外人还没有实际占有使用租赁物,则不得对抗法院的强制执行。第二,租赁物确已交付占有使用的,则以法院的查封时间为界限,对在法院查封之前已经抵偿的部分可以认定已经实际履行完毕,但在法院查封之后,应视为自动冻结不动产的租金收益,以租抵债的合同自此终止。租赁物被法院查封后,债务人仍以该租赁物的租金抵偿债务的行为,实质上是以租金收益个别清偿其他债务的行为,应不予支持。

审判前沿

李某与中信银行股份有限公司重庆分行案外人执行异议之诉二审纠纷案

[(2017)渝民终371号民事判决书]

【裁判要旨】

案外人主张其租赁在不动产抵押登记之前设立的,应提供其他证据证明其实际占有案涉房屋的时间早于抵押登记的时间。无法证明的,其租赁权不能对抗抵押权的实现。

【基本案情】

2015年6月25日,重庆市第五中级人民法院在审理中信银行股份有限公司重庆分行(以下简称中信银行重庆分行)诉朱某敬、王某群、马某、陈某、艾夏网络公司金融借款合同纠纷一案中,作出(2015)渝五中法民初字第00801号民事调解书,各方达成如下调解协议:一、双方一致约定继续履行《中信银行个人借款合同》,朱某敬按照该合同的约定向中信银行重庆分行偿还贷款本息……

六、中信银行重庆分行就陈某所有的位于重庆市南岸区腾龙大道×号的房屋就前述第五项范围内享有优先受偿权……该调解书发生法律效力后，因债务人未如期履行义务，中信银行重庆分行申请强制执行。执行过程中，重庆市第五中级人民法院于2016年1月6日作出(2015)渝五中法民初字第1044号执行裁定，查封了被执行人陈某名下位于重庆市南岸区腾龙大道×号房屋。案外人李某认为其对案涉房屋享有租赁权，提出书面异议并提供出租人陈某(甲方)与承租人李某(乙方)签订的《房屋租赁合同》，其中约定：甲方将其坐落于重庆市南岸区腾龙大道×号房屋出租给乙方使用；租赁用途为商铺、仓库、餐饮等行业使用；租赁期共20年，即自2014年1月9日起至2034年1月9日止；免租期为三年，即自2014年1月9日起至2017年1月9日止；租金标准为2440元/月，租金支付时间为2017年1月9日。落款时间为2014年1月9日。但重庆市第五中级人民法院(2015)渝五中法民初字第00801号生效民事调解书载明："中信银行重庆分行(乙方，抵押权人)与陈某(甲方，抵押人)签订《重庆市房地产抵押合同》，约定：甲方以其所有的位于重庆市南岸区腾龙大道2栋×号(房地产权证号:106房地证2014字第00595号)的房屋设定抵押权作为朱某敬向乙方履行债务的担保，抵押期限12个月，从2014年2月14日到2015年2月14日。《重庆市房地产抵押合同》于2014年2月17日办理了抵押登记。"2014年1月12日，陈某曾向中信银行重庆分行出具关于重庆市南岸区腾龙大道2栋×号房屋的无出租声明。

案外人李某的异议被裁定驳回后，向重庆市第五中级人民法院起诉请求：(1)确认李某享有在租赁期内阻止向中信银行重庆分行移交重庆市南岸区腾龙大道×号房屋的实体权利；(2)确认重庆市南岸区腾龙大道×号房屋带租赁拍卖。重庆市第五中级人民法院认为，首先，《物权法》(已废止)第190条规定："订立抵押合同前抵押财产已出租的，原租赁关系不受该抵押权的影响。抵押权设立后抵押财产出租的，该租赁关系不得对抗已登记的抵押权。"本案中，李某称其于2014年1月9日与陈某签订房屋租赁合同并占有涉案房屋前期用作仓库、后期用于经营至今，但就李某提供的证据来看，虽房屋租赁合同落款的时间在抵押之前，但李某用于证明实际占有涉案房屋相关证据的生成时间均晚于中信银行重庆分行与陈某签订办理抵押登记的时间。除此之外，李某亦并未提供其他证据证明其实际占有案涉房屋的时间早于抵押登记的时间，故一审认定李某主张其租赁权成立时间早于抵押权成立时间的证据不足。依照前述规定，李某所称的租赁权不能对抗已登记的抵押权。其次，《异议复议规定》第31条第1款规定:“承租人请求在租赁期内阻止向受让人移交占有被执行的不动产,在人民法院查封之前已签订合法有效的书面租赁合同并占有使用该不动产的,人民法院应予支持。”李某举示的证据不足以证明在一审法院查封前实际占有案涉房屋,故李某以租赁权对抗一审法院的查封的理由不能成立。故依照《物权法》(已废止)第190条、2017年《民事诉讼法》第227条、2015年《民事诉讼法解释》第312条第1款第2项、《异议复议规定》第31条规定,判决驳回李某的诉讼请求。

李某对一审判决不服,提起上诉。重庆市高级人民法院对一审查明的事实予以确认。另查明:一审诉讼中李某围绕诉讼请求提交了中海物业公司出具的情况说明和物业管理收费收据。情况说明载明:“重庆市南岸区腾龙大道×号商铺业主陈某,于2014年1月起将该商铺租赁给李某用于堆放货物至2015年11月,2014年1月起由承租人李某支付该商铺物业费。2015年12月10日我公司收到承租人李某支付的物业服务费后向其开具物业服务发票,因租户自身原因遗失发票存根,承租人李某自2014年1月起至今使用×号商铺情况属实。特此说明。”落款时间为2016年10月17日。物业管理收费收据载明:“物业服务费期间自2014年1月至2015年12月,缴纳金额共计14,743.44元,案涉房屋为空置房。”各方对前述证据存在争议,一审判决认定中海物业公司出具情况说明的时间为2016年10月17日,其所附物管收费收据形成时间为2015年12月10日,时间均晚于案涉房屋抵押权设立时间,且无其他证据予以佐证,一审法院对该证据不予采信。2017年4月18日,一审法院走访中海物业国际社区江御客服中心,中海物业国际社区江御客服中心负责人刘某接受询问时陈述,情况说明系中海物业国际社区江御客服中心出具,情况说明中载明李某自2014年1月起租赁案涉房屋的事实系前中海物业国际社区江御客服中心员工陈某麟口述,陈某麟现已离职。李某与中信银行重庆分行一审委托诉讼代理人郑某在询问笔录尾部签字。

重庆市高级人民法院认为,本案的争议焦点是:李某对位于重庆市南岸区腾龙大道×号房屋是否享有足以排除执行的民事权益。李某上诉主张对案涉房屋享有租赁权足以排除执行的上诉理由不能成立。事实和理由如下:首先,《物权法》(已废止)第190条规定:“订立抵押合同前抵押财产已出租的,原租赁关系不受该抵押权的影响。抵押权设立后抵押财产出租的,该租赁关系不得对抗已登记的抵押权。”依照该条规定,同一财产上租赁权与抵押权并存时,两者的关系根据设定的先后,具有不同的对抗效力。租赁权成立在先而抵押权设定在后的情形,租赁权可以对抗抵押权而继续有效存在;抵押权登记设立在先而租赁权成立在后的情形,已登记的抵押权可以对抗该租赁关系。就本案而言,2014 年 2 月 17 日,申请执行人中信银行重庆分行与陈某就案涉房屋办理了抵押登记手续。虽然李某与陈某签订的房屋租赁合同落款时间为 2014 年 1 月 9 日,但是出租人陈某于 2014 年 1 月 12 日向中信银行重庆分行出具关于案涉房屋无出租申明,两者存在矛盾,无法确定房屋租赁合同的真实性。其次,李某举示了 2014 年 1 月至 2015 年 12 月案涉房屋的物管收费收据,缴纳金额为 14,743.44 元,但是该收据系李某于 2015 年 12 月 10 日一次性刷卡缴纳物业管理费形成的,与日常定期按年月缴纳物业管理费的习惯不符,无法得出李某自 2014 年 1 月起实际占有使用案涉房屋的结论。最后,中海物业国际社区江御客服中心出具的情况说明源自离职人员的转述,属于传来证据,且中海物业公司出具的物管收费收据标注 2014 年 1 月至 2015 年 12 月案涉房屋为空置房,与情况说明载明李某自 2014 年 1 月起使用案涉房屋的事实相左,故对该组证据,不予采信。综上,李某举示的证据不足以证明在抵押权设立之前与陈某就案涉房屋形成了租赁关系,不能对抗中信银行重庆分行与陈某之间已办理登记的抵押权。最终,重庆市高级人民法院判决:驳回上诉。

【要点评析】

本案租赁合同的签订时间在抵押登记之前,但案外人在执行异议之诉中仅能提供在后缴纳的物业费收费凭据,且被执行人在抵押前也向银行(抵押权人)出具了无出租的说明。二审法院据此认为,其举示的证据不足以证明在抵押权设立之前与被执行人就案涉房屋形成了租赁关系,即无法证明租赁关系真实存在,从而无法对抗登记在后的抵押权。

第二十五章　基于股权的异议之诉

第一节　基于股权转让的异议之诉

针对基于股权转让事实引起的案外人异议和异议之诉，一般存在两种情形：如果人民法院根据公司登记机关的登记信息和企业信用信息公示系统公示的信息对股权进行冻结，股权受让人向人民法院提起异议，以其已经实际受让案涉股权为由请求排除执行。如果人民法院根据股权所在公司的章程、股东名册等资料对股权冻结，此时案涉股权可能仍登记在案外人名下，但被执行人作为股权受让人已经在公司章程或股东名册中，只是尚未变更股权登记信息或公示信息，此时作为股权出让人的案外人仍可能以其为公司登记股东为由向法院请求排除执行。

法律依据

《异议复议规定》第25条　对案外人的异议，人民法院应当按照下列标准判断其是否系权利人：

（一）已登记的不动产，按照不动产登记簿判断；未登记的建筑物、构筑物及其附属设施，按照土地使用权登记簿、建设工程规划许可、施工许可等相关证据判断；

（二）已登记的机动车、船舶、航空器等特定动产，按照相关管理部门的登记判断；未登记的特定动产和其他动产，按照实际占有情况判断；

（三）银行存款和存管在金融机构的有价证券，按照金融机构和登记结算机构登记的账户名称判断；有价证券由具备合法经营资质的托管机构名义持有的，按照该机构登记的实际出资人账户名称判断；

（四）股权按照工商行政管理机关的登记和企业信用信息公示系统公示的信息判断；

（五）其他财产和权利，有登记的，按照登记机构的登记判断；无登记的，按照合同等证明财产权属或者权利人的证据判断。

案外人依据另案生效法律文书提出排除执行异议，该法律文书认定的执行标的权利人与依照前款规定得出的判断不一致的，依照本规定第二十六条规定处理。

《股权执行规定》第4条　人民法院可以冻结下列资料或者信息之一载明的属于被执行人的股权：

（一）股权所在公司的章程、股东名册等资料；

（二）公司登记机关的登记、备案信息；

（三）国家企业信用信息公示系统的公示信息。

案外人基于实体权利对被冻结股权提出排除执行异议的，人民法院应当依照民事诉讼法第二百二十七条的规定进行审查。

《公司法》第56条　有限责任公司应当置备股东名册，记载下列事项：

（一）股东的姓名或者名称及住所；

（二）股东认缴和实缴的出资额、出资方式和出资日期；

（三）出资证明书编号；

（四）取得和丧失股东资格的日期。

记载于股东名册的股东，可以依股东名册主张行使股东权利。

《公司法》第87条　依照本法转让股权后，公司应当及时注销原股东的出资证明书，向新股东签发出资证明书，并相应修改公司章程和股东名册中有关股东及其出资额的记载。对公司章程的该项修改不需再由股东会表决。

《九民纪要》第8条　当事人之间转让有限责任公司股权，受让人以其姓名或者名称已记载于股东名册为由主张其已经取得股权的，人民法院依法予以支持，但法律、行政法规规定应当办理批准手续生效的股权转让除外。未向公司登记机关办理股权变更登记的，不得对抗善意相对人。

一、制度阐释

（一）股权执行的判断标准

股权作为执行标的的，权利外观主义可以成为执行部门的权属判断标准。执行程序中，对于股权权利人的判断原则，以公司登记机关的登记信息和企业信用信息公示系统公示的信息为准。《企业信息公示暂行条例》第10条规定，企业应当将“有限责任公司股东或者股份有限公司发起人认缴和实缴的出资额、出资时间、出资方式等信息；有限责任公司股东股权转让等股权变更信息”通过企业信用信息公示系统向社会公示。因此，国家企业信用信息公示系统只公示有限责任公司股东和股份有限公司发起人信息，而且市场监督管理局登记的内容也只是有限责任公司股东和股份有限公司发起人，所以对于有限责任公司的股东，可以通过公司登记机关或者国家企业信息信用公示系统进行查询，但是对于股份有限公司的股东，还需要通过公司的章程、股东名册等资料进行确认。《股权执行规定》对此作出依“股权所在公司的章程、股东名册等资料;公司登记机关的登记、备案信息;国家企业信用信息公示系统的公示信息”作为不同的股权权属判断标准。

《公司法》第56条规定有限责任公司应置备股东名册,第87条规定转让股权后,公司应向新股东签发出资证明书,并相应修改公司章程和股东名册中有关股东及其出资额的记载。但在实践中,不乏公司不置备股东名册或不及时更新股东名册,不向新股东签发出资证明书,或者不及时修改公司章程的情形,法院遵循形式判断原则认定股权权属并采取执行措施,但对于实践中名实不符的各种情况,存在案外人主张实体权利或者排除执行权益的可能,因此,案外人可依《民事诉讼法》第238条提起案外人异议以及执行异议之诉。

(二)审理要点

股权是公司资本与股东身份的有机结合,基于法律行为的股权变动以财产权转让为表征,以法律地位转移为本质,具体分三步,因此,若是仅完成其中部分步骤,受让人可能尚未获得完整的法律地位,存在“名实分离”的情况,那么受让股东在各个阶段能够取得何种法律地位,就成为判断股权的实体权益权属的核心。以成员资格移转为中心,股权转让的三个步骤可分为:(1)受让人与出让人之间完成成员资格的转让(标志为股权转让合同成立生效、约定生效条件成就等);(2)公司层面成员资格的转让(其标志为完成股东名册的变更记载);(3)公司登记机关完成股权变更登记,产生对抗第三人的公示公信效力。① 需要说明的是,股东变更登记并非产生物权变动效力的权属登记,而是产生对抗第三人的公示登记。因此,如果仅缺乏公司登记机关的股权变更登记,不影响真实权利的取得,但缺乏对抗之效力。

除此之外,在基于股权转让提起的执行异议之诉中,还可能会出现名为股权转让,实为让与担保的情形,对于此类案件的审理,还需要对被执行人与案外人之间的法律关系进行实质审查。如果二者之间系让与担保的法律关系,则应根据让与担保的规则审查案外人的权利能否排除执行。

二、操作指引

(一)股权登记在被执行人名下,案外人作为股权受让人提起的执行异议之诉

在异议之诉中,对于案外人是股权受让人,但股权仍登记、公示在被执行人名

① 参见陈克:《论股权冻结与变更登记冲突诸问题》,载《法律适用》2021年第6期。

下的情形，司法实践基本形成了较为统一的裁判规则，即在满足下列条件的情况下，股权受让人得以排除对案涉股权的执行：

第一，受让人与被执行人应当在人民法院查封之前签订真实有效的转让合同。《查扣冻规定》第 24 条第 1 款规定，被执行人就已经查封、扣押、冻结的财产所作的移转、设定权利负担或者其他有碍执行的行为，不得对抗申请执行人。在人民法院查封之后，针对执行标的处分行为无效，因此，股权受让人主张其对股权享有实体权益，应在人民法院查封之前即客观存在。需要强调的是，法律、行政法规规定应当办理批准手续生效的股权转让的，股权转让合同的生效还应当满足批准生效的法律要件。①

第二，受让人已实际占有或控制执行标的。根据《查扣冻规定》第 15 条的规定，被执行人将其所有的需要办理过户登记的财产出卖给第三人但尚未办理产权过户登记手续的，第三人的权利能够排除执行的一个重要条件就是实际占有。受让人在没有实际占有或者控制执行标的情况下，其所享有的权利仅是请求被执行人交付执行标的的债权请求权，而债权具有平等性，不能对抗其他债权人对执行标的的强制执行。但如果受让人已经合法占有了该标的，则享有了占有、使用、收益权，具有了对该财产排除执行的可能性。股权作为股东基于其股东身份和地位而享有从公司获取经济利益并参与公司经营管理的权利。② 根据《公司法》第 56 条第 2 款的规定，记载于股东名册的股东可以依股东名册主张行使股东权利。《九民纪要》第 8 条亦认为：当事人之间转让有限责任公司股权，受让人以其姓名或者名称已记载于股东名册为由主张其已经取得股权的，人民法院依法予以支持，但法律、行政法规规定应当办理批准手续生效的股权转让除外。基于股权的特性，完成股东名册的变更则可认定受让人实际占有或者控制该标的。然而，虽然《公司法》中明确要求有限责任公司应当置备股东名册，但是目前实践中部分公司管理不规范，存在股东名册形同虚设甚至不设股东名册的情况，在不存在规范股东名册的情况下，有关的公司文件，如公司章程、会议纪要等，只要能够证明公司认可受让人为新股东的，都可以产生相应的效力，③此类文件均可以产生类似记载于股东名册的法律效果。

第三，受让人已足额支付转让价款或已依约支付部分价款且将剩余价款按照

---

① 如《商业银行法》第 24 条第 1 款第 5 项规定，变更持有资本总额或者股份总额 5% 以上的股东，应当经国务院银行业监督管理机构批准。

② 参见施天涛：《公司法论》(第 3 版)，法律出版社 2014 年版，第 254 页。

③ 参见最高人民法院民事审判第二庭编著：《〈全国法院民商事审判工作会议纪要〉理解与适用》，人民法院出版社 2019 年版，第 135 页。

人民法院的要求交付执行。在股权转让中,股权转让人负有交付股权的义务,而股权受让人负有支付股权对价款的义务,二者互负对待给付义务。股权原本作为被执行人的责任财产成为执行标的,股权转让款作为股权形态的转化,只有受让人足额支付转让价款或已依约支付部分价款且将剩余价款按照人民法院的要求交付执行,才能有效避免被执行人责任财产的不当减少从而损害债权人的合法权益。

第四,非因案外人自身原因未办理股权登记。未办理变更登记非因受让人自身原因,其对此不存在过错,让受让人承担由此产生的风险将显失公平。因执行异议之诉的一项基本价值在于平衡申请执行人与案外人之间的权利以实现公平,故在审理过程中应当考虑受让人的过错因素。

(二)股权由被执行人购买,但未登记在被执行人名下,案外人作为股权出让人提出的执行异议之诉

在金钱债权执行中,申请执行人请求对被执行人购买但尚未办理登记的股权强制执行,而出让人作为股权登记人就案涉股权提出权属主张的,应同时满足以下三个条件时,人民法院对于申请执行人继续执行的请求应当予以支持:(1)被执行人与出让人签订了合法有效的股权转让合同;(2)经公司其他股东半数以上同意并已经记载于股东名册;(3)被执行人已经支付了全部价款或按照合同约定支付了部分价款但出让人同意剩余价款从案涉股权的变价款中优先向其支付。需要注意的是,“实际占有”需要经公司其他股东半数以上同意并已经记载于股东名册。[①]

对于案外人是股权出让人,被执行人为股权受让人的情形,根据《查扣冻规定》第17条的规定,“被执行人购买需要办理过户登记的第三人的财产,已经支付部分或者全部价款并实际占有该财产,虽未办理产权过户登记手续,但申请执行人已向第三人支付剩余价款或者第三人同意剩余价款从该财产变价款中优先支付的,人民法院可以查封、扣押、冻结”。在被执行人受让股权的情况下,如果股东名册已经完成变更,被执行人可以依据股东名册主张行使股东权利,或者公司章程等其他公司文件能够证明被执行人已经实际行使股东权利的,则可认定被执行人对股权完成了实际占有或者控制。人民法院根据公司章程、股东名册等资料对股权进行查封后,如果股权出让人作为案外人提出异议要求排除执行,经查被执行人已经支付全部股权转让款(或申请执行人已向股权转让人支付剩余价款),即使股权仍登记在案外人名下,其据此要求排除执行的亦不予支持。

---

① 参见曹凤国主编:《最高人民法院股权执行司法解释理解与适用》,法律出版社2023年版,第414页。

审判前沿

厦门双润投资管理有限公司与黄某兴、丰禾(中国)有限公司案外人执行异议之诉案

[(2019)最高法民终1946号民事判决书]

【裁判要旨】

在人民法院依法查封股权后，股权受让人提出执行异议之诉成立要件应当包括：其一，受让人与被执行人应当在人民法院查封之前签订真实有效的转让合同；其二，受让人应在人民法院查封之前完成公司股东名册的变更，其可依据股东名册向公司主张股东权利；其三，受让人在查封之前已足额支付转让价款或已依约支付部分价款且将剩余价款按照人民法院的要求交付执行。

【基本案情】

2017年7月28日，丰禾(中国)有限公司(以下简称丰禾公司)与厦门思明双润小额贷款股份有限公司(以下简称双润公司)签署4份最高额质押合同，约定：丰禾公司将其持有的惠安县农村信用合作联社(以下简称惠安农信社)股权质押给双润公司，为4笔借款共计6000万元提供质押担保。合同签订后，双润公司依约发放了贷款。

2017年12月4日，双润公司以出现最高额借款合同中约定违约情形为由，宣布上述4笔贷款提前到期，借款人及保证人应立即偿还全部本息。上述4笔贷款的借款人、质押人、保证人确认上述事项。同日，双润公司将上述4份最高额借款合同项下的债权及其他相关权利转让给厦门高迅达停车楼投资管理有限公司(以下简称高迅达公司)，并向相关债务人、担保人寄送了债权转让通知书且均已被签收。高迅达公司分别于2017年12月5日、2017年12月29日向双润公司支付了上述债权转让款，共计6000万元。双润公司于2017年12月5日向高迅达公司转账4512万元，款项用途为"往来款"；于2018年1月30日向高迅达公司转账1500万元，款项用途为"惠安农联社股权转让款"。

2017年12月6日，丰禾公司和双润公司向惠安农信社提出办理股权转(受)让申请。2017年12月11日，惠安农信社第四届理事会批准该申请。同日，双润公司与丰禾公司签订股金转让协议书、确认书，确认双润公司以6000万元的价格受让丰禾公司原持有的惠安农信社34,388,095股的股金，惠安农信社

作为“股金登记部门”在合同落款处盖章且办理了案涉股权的内部质押冻结解除手续。丰禾公司将其股金账号内的股金金额34,388,095元转入双润公司股金账号且丰禾公司股金账号销户,惠安农信社为双润公司制作了股金证(未交付)并办理了内部股金系统转让变更登记手续。

2017年11月28日,福建省高级人民法院裁定查封、冻结丰禾公司等名下50,000万元的资产。2017年12月12日,福建省高级人民法院发出协助执行通知书,要求惠安农信社及惠安县市场监督管理局协助执行冻结丰禾公司名下的惠安农信社4.2%股权。双润公司对上述股权保全措施提出异议,福建省高级人民法院裁定驳回了双润公司的异议申请。后双润公司提起执行异议之诉,要求确认案涉股权为双润公司所有,并要求不得执行案涉股权并立即解除福建省高级人民法院对案涉股权的查封冻结手续。

福建省高级人民法院认为,现有证据足以证明,双方之间存在真实的股权转让交易,双润投资公司已实际支付股权转让款并取得案涉股权所有权的事实。尽管在对股权采取查封、冻结措施时,这些股权仍登记在丰禾公司名下,但由于黄某兴并非直接就这些股权与丰禾公司发生交易,其并非2011年《公司法解释(三)》第26条规定的股权善意取得制度的适用主体,并无信赖利益保护之需要,因此,黄某兴无权以案涉股权目前仍登记在丰禾公司名下为由,主张其所谓的依赖利益。依照《民法通则》(已废止)第75条第2款之规定,黄某兴无权通过申请法院强制执行的方式取得丰禾公司名下惠安农信社4.2%的股权。

最高人民法院认为,在人民法院依法查封股权后,股权受让人提出执行异议之诉成立要件应当包括:其一,受让人与被执行人应当在人民法院查封之前签订真实有效的转让合同;其二,受让人应在人民法院查封之前完成公司股东名册的变更,其可依据股东名册向公司主张股东权利;其三,受让人在查封之前已足额支付转让价款或已依约支付部分价款且将剩余价款按照人民法院的要求交付执行。

从现有证据来看,双润公司在人民法院查封之前并未向丰禾公司支付股权转让款。在得知人民法院查封之后,双润公司继续向高迅达公司支付款项,并未提出要将股权转让款交付人民法院执行。且从双润公司诉讼行为来看,其随意摘取自身与关联公司的一次款项往来作为本案股权转让款的支付证据,试图逃避股权转让款支付义务。上述行为均表明双润公司拒绝将股权转让款交付至人民法院执行。鉴于双润公司未有效支付股权转让款,导致丰禾公司责任财产不当减少,本案不符合有关股权转让款支付要件,双润公司对案涉股权并不具有足以排除强制执行的实体权利。因此,双润公司提出不得执行案涉股权,并解除对案涉股权查封冻结手续的诉讼请求,不能成立。在双润公司对案涉股权不具有排除强制执行的实体权利情况下,其提出确认案涉股权归其所有的诉讼请求,更不能成立。

【要点评析】

在人民法院依法查封股权后,股权受让人提出执行异议之诉,其成立要件应当包括在人民法院查封之前签订真实有效的转让合同,在人民法院查封之前完成公司股东名册变更,受让人在查封之前已足额支付转让价款或已依约支付部分价款且将剩余价款按照人民法院的要求交付执行等。

股权受让人在查封之前未经过转让人授权将转让款支付给第三人的,不应视为有效付款。受让人在查封之后仍然直接支付股权转让款的,将会导致人民法院保全目的落空,且损害申请人利益,不应成为阻却事由,且系以实际行为拒绝将股权转让款交付执行,其执行异议申请不应得到支持。

第二节 基于股权代持的异议之诉

股权代持是指根据实际出资人与名义股东双方之间的合意,由实际出资人(隐名股东)出资并享有实际投资收益,而将股权登记在名义出资人(显名股东)名下的一种股权安排方式。隐名股东是指对公司实际进行投资,但以他人名义记载于公司章程、股东名册、工商登记等公示文件中,并享有最终的投资收益的出资人。代持股权造成股权工商登记信息与实际归属不一致,在执行过程中容易引发隐名股东以其系该股权的真实权利人而提出排除执行的异议。

法律依据

《公司法》第56条 有限责任公司应当置备股东名册,记载下列事项:

(一)股东的姓名或者名称及住所;

(二)股东认缴和实缴的出资额、出资方式和出资日期;

(三)出资证明书编号;

(四)取得和丧失股东资格的日期。

记载于股东名册的股东,可以依股东名册主张行使股东权利。

《股权执行规定》第4条 人民法院可以冻结下列资料或者信息之一载明的属

于被执行人的股权:

(一)股权所在公司的章程、股东名册等资料;

(二)公司登记机关的登记、备案信息;

(三)国家企业信用信息公示系统的公示信息。

案外人基于实体权利对被冻结股权提出排除执行异议的,人民法院应当依照民事诉讼法第二百二十七条的规定进行审查。

《异议复议规定》第25条 对案外人的异议,人民法院应当按照下列标准判断其是否系权利人:

(一)已登记的不动产,按照不动产登记簿判断;未登记的建筑物、构筑物及其附属设施,按照土地使用权登记簿、建设工程规划许可、施工许可等相关证据判断;

(二)已登记的机动车、船舶、航空器等特定动产,按照相关管理部门的登记判断;未登记的特定动产和其他动产,按照实际占有情况判断;

(三)银行存款和存管在金融机构的有价证券,按照金融机构和登记结算机构登记的账户名称判断;有价证券由具备合法经营资质的托管机构名义持有的,按照该机构登记的实际出资人账户名称判断;

(四)股权按照工商行政管理机关的登记和企业信用信息公示系统公示的信息判断;

(五)其他财产和权利,有登记的,按照登记机构的登记判断;无登记的,按照合同等证明财产权属或者权利人的证据判断。

案外人依据另案生效法律文书提出排除执行异议,该法律文书认定的执行标的权利人与依照前款规定得出的判断不一致的,依照本规定第二十六条规定处理。

《公司法解释(三)》第24条 有限责任公司的实际出资人与名义出资人订立合同,约定由实际出资人出资并享有投资权益,以名义出资人为名义股东,实际出资人与名义股东对该合同效力发生争议的,如无法律规定的无效情形,人民法院应当认定该合同有效。

前款规定的实际出资人与名义股东因投资权益的归属发生争议,实际出资人以其实际履行了出资义务为由向名义股东主张权利的,人民法院应予支持。名义股东以公司股东名册记载、公司登记机关登记为由否认实际出资人权利的,人民法院不予支持。

实际出资人未经公司其他股东半数以上同意,请求公司变更股东、签发出资证明书、记载于股东名册、记载于公司章程并办理公司登记机关登记的,人民法院不予支持。

《公司法解释(三)》第25条 名义股东将登记于其名下的股权转让、质押或者以其他方式处分，实际出资人以其对于股权享有实际权利为由，请求认定处分股权行为无效的，人民法院可以参照民法典第三百一十一条的规定处理。

名义股东处分股权造成实际出资人损失，实际出资人请求名义股东承担赔偿责任的，人民法院应予支持。

《民法典》第 65 条　法人的实际情况与登记的事项不一致的，不得对抗善意相对人。

《民法典》第 311 条　无处分权人将不动产或者动产转让给受让人的，所有权人有权追回；除法律另有规定外，符合下列情形的，受让人取得该不动产或者动产的所有权：

（一）受让人受让该不动产或者动产时是善意；

（二）以合理的价格转让；

（三）转让的不动产或者动产依照法律规定应当登记的已经登记，不需要登记的已经交付给受让人。

受让人依据前款规定取得不动产或者动产的所有权的，原所有权人有权向无处分权人请求损害赔偿。

当事人善意取得其他物权的，参照适用前两款规定。

一、制度阐释

（一）理论争议

实践中，股权代持的情形普遍存在。在股权代持的情况下，隐名股东作为实际出资人并不出现在出资证明书、股东名册和工商登记中，出资证明书、股东名册和工商登记记载的股东均为显名股东。此种情况下，无论是隐名股东还是显名股东享有股权？在显名股东为被执行人的情况下，该股权能否作为被执行人的责任财产进行强制执行？实践中存在两种观点。

否定说认为，股权登记具有公示效力，根据商事外观主义原则，第三人对公示的权利外观具有信赖利益，隐名股东不能以其是实际出资人请求排除执行。对于股权代持来说，其是基于隐名股东与显名股东合议而作出的特殊的交易安排，股权代持协议发生在隐名股东与显名股东之间，该合同具有相对性，其只能约束协议双方当事人。股权代持仅具有内部效力，而股权登记具有外部公示公信力，申请执行人作为外部第三人，其信赖登记的股权情况并据此作出判断，应当予以保护，因此，商事外观主义原则可以扩大适用，并不限缩于与登记股东存在股权交易关系的第三人，还应当包括登记股东的一般债权人。而且，我国公司法设立登记制度，具有公示公信效力，隐名股东通过代持行为造成了股权登记体系下“名不符实”的状态，扰乱了原有的权利外观的秩序,其对登记不实的事实负有过错,该种风险应当由隐名股东自行承担。如果侧重保护实际出资人的权利而阻却执行,则可能产生鼓励以代持方式逃避债务的效果。

肯定说认为,虽然第三人享有权利外观的信赖利益,但外观主义不适用于非交易的第三人,故隐名股东可以排除对非基于股权交易第三人的强制执行。该观点认为,适用外观主义原则的目的在于维护交易安全及稳定,而不能将实际权利人的权益置于不恰当的风险之下,因此股权善意取得制度的适用主体仅限于与名义股东存在股权交易的第三人,而执行程序并非交易过程,申请执行人不是基于对登记外观信任而作出交易决定的第三人,对股权归属缺乏足够的信赖和期待,不能适用外观主义。执行异议之诉是审判程序,当名义权利人与实际权利人不一致时,在审判程序中,通过实质审查能够认定真正的权利人的,在不损害他人利益的情况下,应当保护实质权利人的权利。上述分歧主要在于公示公信原则和商事外观主义所保护的"第三人",是否限定为股权交易的相对人。自 2016 年以来,司法实践中,否定说一直占据主流地位。《担保制度解释》第 67 条规定,在所有权保留买卖、融资租赁等合同中,出卖人、出租人的所有权未经登记不得对抗的"善意第三人"的范围及其效力,参照《担保制度解释》第 54 条的规定处理,即其他债权人向人民法院申请保全或者执行抵押财产,人民法院已经作出财产保全裁定或者采取执行措施的,该债权人属于"善意第三人"的范围,保留所有权的出卖人和融资租赁的出租人的所有权如果未经登记,不能对抗该债权人。该规定明确了查封债权人"善意第三人"的地位,确立了未经公示的权利人不能对抗查封债权人的规则。参照此规定,股权代持中未经登记、公示的权利人,亦不能对抗查封债权人。①

最高人民法院早就注意到司法实践中股权代持下,隐名股东在执行程序中的权利冲突问题,并在 2019 年 8 月 6 日《九民纪要》征求意见稿第 119 条规定,在金钱债权执行过程中,人民法院针对登记在被执行人名下的房产或者有限责任公司的股权等实施强制执行,案外人有证据证明其系实际出资人,与被执行人存在借名买房、隐名持股等关系,请求阻却执行的,人民法院应予支持。但有观点认为应不予支持。为解决执行中的矛盾冲突,统一规范指引,该条在正式公布时被予以删除。最终公布的《九民纪要》第 28 条规定"实际出资人能够提供证据证明有限责任公司过半数的其他股东知道其实际出资的事实,且对其实际行使股东权利未曾提出异议的,对实际出资人提出的登记为公司股东的请求,人民法院依法予以支持。公司

---

① 参见曹凤国主编:《最高人民法院股权执行司法解释理解与适用》,法律出版社 2023 年版,第 433 页。

以实际出资人的请求不符合公司法司法解释(三)第24条的规定为由抗辩的,人民法院不予支持",通过引入"默示意思表示视为同意"和"禁止反言",降低实际出资人显名化的证明标准,更倾向对实际权利人权益的保护。

(二)审理要点

在隐名股东提起执行异议之诉中,根据隐名股东对被执行股权所享有的民事权益,可以分为两种情况:一种是隐名股东对被执行的股权已取得确权判决,也即通过另案判决显名化,债权人在其后申请执行特定股权,此时,隐名股东对被执行股权的权益在性质上属于股权,基于物权优先于债权,隐名股东享有的实体权益优先于债权人的债权请求权,能够排除对特定股权的强制执行;另一种是债权人申请执行股权在先,隐名股东提出执行异议之诉在后,隐名股东依据其与显名股东之间的股权代持协议,享有的是将股权过户至自己名下的债权请求权,并不具有优先于申请执行人的债权请求权,在此种情况下隐名股东能否排除对特定股权的强制执行,在实践中有不同的观点。

对于隐名股东能否基于其为实际出资人的身份而排除对特定股权的强制执行,我们认为,股权登记具有公示效力,遵循外观主义原则应当并无问题。但如果据此对股权名实分离时实际出资人提出的执行异议之诉均不予支持,则有所不当。对于此类案件,应当在正确认识工商登记法律性质的基础上,区分不同情形,对股权的归属及案外人是否享有排除强制执行的民事权益作出判决。

1. 正确认识股权工商登记的法律性质

从理论上来说,根据登记的目的和功能,可以将登记分为设权性登记和宣示性登记。设权性登记,是指不经登记就不能产生相应的法律关系。例如,公司的设立登记,如果未经登记,公司的主体资格不能存在,不能与其他市场主体进行各类交易活动。登记赋予了公司成为民事主体的权利。宣示性登记,是指法律关系的产生和存续并不因登记行为的行使与否而受到影响,登记与否只是产生善意第三人能否对当事人主张权利的影响。关于公司股权在工商登记机关登记的性质,有观点认为其属于设权性登记,这种观点主张:"对于股权变动而言,其生效类似于物权变动的生效。股权转让应在办理工商变更登记后才发生权属变更的效力。这是因为,股东的股权产生于公司的工商设立登记,以登记获得的权利通常都以登记形式转移,因此,股权转让当然也应以变更工商登记为要件。这实际上是物权变动登记的公示力和公信力的要求。"①也有观点认为属于宣示性登记,该观点则认为:"工商

① 参见赵旭东主编:《公司法学》,高等教育出版社2003年版,第304页。

登记机关对股权的登记只是一种宣示性登记,只要投资人认购出资或股份后,股东名册对投资人的情况进行了记载,那么投资人就可以向公司主张其股权。公司未到工商机关进行登记,则股东的权利只能向公司主张而不能对抗以工商登记为依据而主张权利的第三人。由此可见,工商登记是对股权情况的公示,与公司交易的善意第三人有权信赖依据工商机关登记的股权情况作出判断。股权变动后,如果只在股东名册上进行了变更记载,而未在工商登记机关进行变更登记,则善意第三人可以依据工商登记文件对原股东的记载要求其承担责任。"①"工商登记意在保护与公司发生交易的善意第三人,仅对其具有宣示股东的功能。因此,在认定股东资格时,工商登记只是优先适用,并不具有绝对的效力。"②

2. 股东名实分离的具体情况及原因

在股东名实分离的情况下,应当区分登记不实与登记错误等不同情形及其具体原因,对实际出资人是否享有排除对涉案股权强制执行的民事权益作出具体的判断:③

首先,在涉及债权人追究股东责任的纠纷中,应当保护善意债权人对登记内容的信赖利益,以工商登记作为认定股东资格的证据,区分股权名实分离的原因,进而判断实际出资人是否享有排除对特定股权强制执行的民事权益:(1)在股权代持的情况下,由于股权的名实分离是实际出资人的自我选择,其所享有的权益为对名义股东的债权,故并不享有排除对特定股权强制执行的民事权益,但有证据证明债权人明知或应知工商登记对股东的记载不真实而恶意申请对名义股东股权的强制执行的情形除外。(2)在股权转让的情况下,如果受让人已经交付了转让款,且已经依法请求公司办理相应的登记手续,但尚未办理完毕,即股权名实分离并非受让人造成的,则该受让人应当享有排除对特定股权强制执行的民事权益。

其次,在股权登记错误时需要探求产生登记错误的原因,具体判断实际出资人是否享有排除对特定股权强制执行的民事权益:(1)如果是实际出资人自身的原因导致登记机关登记内容与实际权利状况不一致的,由于实际出资人本身的过错性,此时应当遵循商法公示主义和外观主义的原则,保护登记公示的效力以及善意第三人的权益。(2)如果非因为实际出资人自身的原因,如登记机关的错误,此时应该遵照实际出资人真实的意思表示,保护其权利的真实状态,而不应该因其无法掌

① 金剑锋:《公司诉讼的理论与实务问题研究》,人民法院出版社2008年版,第232页。

② 最高人民法院民事审判第二庭编著:《最高人民法院关于公司法解释(三)、清算纪要理解与适用》,人民法院出版社2011年版,第397页。

③ 参见最高人民法院民事审判第二庭编著:《最高人民法院关于公司法解释(三)、清算纪要理解与适用》,人民法院出版社2011年版,第397页。

控的原因而使其利益受损。此时,名义股东的债权人不能要求对登记于其名下的股权强制执行,实际出资人对此提出的异议应该得到法院的支持。

3.债权人保护与隐名股东保护的价值选择和利益衡量

隐名股东与显名股东之间的法律关系,一般认定为合同关系;通过代持协议约定而享有的权利,根据《公司法解释(三)》所确立的"双重标准,内外有别"的原则,双方股权代持协议约定仅在当事人之间有效,就当事人内部之间的权利义务应当遵循意思自治,依据真实的意思表示进行认定;当涉及当事人与公司外部第三人的关系时,一般采用商事外观主义原则,优先保护善意第三人的利益。

在执行程序中,当显名股东是被执行人时,对于隐名股东能否阻却执行程序,外观主义能否适用,无论是在理论层面还是实践层面,都存在争议。一种观点认为,对股权的执行需要遵循商事外观主义;另一种观点则认为,执行程序中股权权属的认定,不应坚持外观主义原则,而应该回到实质主义,股权归属于实际出资人。[①] 前述争议的分歧,其实质是外观主义与实质主义的冲突。在这种冲突下,隐名股东能否阻却强制执行问题的背后体现的是对债权人保护与隐名股东保护价值的衡量。

外观主义原则在权利外观与实际情况不一致时,强调优先保护第三人的信赖利益。相对于公司内部关系,第三人只能通过公司的外在公示情况了解公司,据此作出商业判断和交易安排,第三人无法预见到登记内容与实际情况不符,由此带来的交易风险由第三人承担显然有失公允,因此,从效率和公平角度考虑,有必要保护第三人的信赖利益。实质主义原则则是根据实际权利情况进行判断,保护真正的权利。从法律普适性角度来看,外观主义原则兼顾了债权人与实际出资人的利益,真正实现实质正义,基于对双方的基础法律关系、权力来源、各方当事人的风险分配的考量,尽可能合理、合法、公平地处理当事人之间的利益冲突,确定了善意债权人利益实现的在先顺位。[②] 即在外观主义原则下,特定股权在被善意债权人执行后,隐名股东有权向名义股东主张股权代持协议中的权利。相反,在实质主义中,基于实际权利的归属,优先考虑隐名股东的权益,排除善意债权人的执行。如果仅根据存在代持协议,隐名股东就具有排除对特定股权执行的权利,债权人的权益恐难以得到保护。

需明确的是,《民法典》第65条明确规定"法人的实际情况与登记的事项不一

① 参见王延川:《执行程序中权利外观优先保护之检讨——以名义股东股权被执行为例》,载《法学杂志》2015年第3期。

② 参见张亮、孙恬静:《案外人执行异议之诉中债权人与隐名股东保护的价值衡量——兼论商事外观主义在强制执行程序中的运用边界》,载《法律适用》2021年第8期。

致的,不得对抗善意相对人”,在商事外观主义下,债权人须为善意第三人。而第三人的范围,不能是任意第三人,只有善意第三人的信赖利益才有保护的需要。对于明知存在隐名股东或未尽到合理注意义务存在重大过失等不存在合理信赖的,不宜纳入优先保护的范围。

二、操作指引

(一)审理依据

在我国现有的法律框架下,执行异议之诉包括案外人执行异议之诉和申请执行人执行异议之诉两类。执行异议之诉与执行异议是两种不同的制度,但两者之间存在密切的联系,执行异议实际上是执行异议之诉的前置程序。执行异议并非一种诉,故其不宜也不能对当事人的实体权利义务关系作出判断,因此,《异议复议规定》明确了“以形式审查为主,实质审查为辅”的案外人异议审查原则。而执行异议之诉作为一种特殊的诉,其制度目的虽然在于排除特定执行依据的强制执行力,但毫无疑问,关于能否排除执行依据强制执行力的判断,实际上就是一种实体权利义务关系的判断,即案外人就执行标的是否享有足以排除强制执行的民事权益。因此,在执行标的为股权的情况下,案外人就该股权是否享有足以排除强制执行的民事权益,是决定其诉讼请求是否成立的判断标准。

根据《股权执行规定》第 4 条的规定,在股权冻结中,对股权归属的判断采取形式审查原则,即以股权所在公司的章程、股东名册等资料,公司登记机关的登记、备案信息,国家企业信用信息公示系统的公示信息等信息的记载为依据,任何一项载明的信息能够表明系被执行人股权即可冻结,无须对各资料记载信息进行交叉验证,也不对股权归属进行实质审查。根据《股权执行规定》第 4 条第 2 款的规定,案外人可以依据《民事诉讼法》第 238 条提起案外人异议和诉讼进行救济。

(二)具体判断标准

1. 股权代持模式下隐名股东提起执行异议之诉的情形

执行法院对登记在被执行人名下的股权实施强制执行,案外人以其系真实股东或实际出资人为由提出执行异议,请求排除执行或一并提出确认其股东资格的,法院通常不予支持。但有一种例外,若案外人提供的证据能够充分证明申请执行人明知或应知其是隐名股东或实际出资人的,法院应予支持;否则,法院不予支持。

2. 案外人以其享有股权期待权为由提起执行异议之诉的情形

执行法院对登记在被执行人名下的股权实施强制执行,案外人以其系该股权受让人为由提出执行异议,请求排除执行,同时符合下列条件的,法院应予支持:

(1)案外人与被执行人在股权冻结或采取执行措施之前已签订合法有效的书面股权转让合同;(2)案外人已按合同约定支付了股权转让价款,或者在指定的期限内已将剩余价款全部交付执行;(3)案外人提供的股东名册、公司章程或其他公司文件等证据能够证明其已经实际行使股东权利;(4)案外人提供的证据能够证明未办理股权变更登记非因其自身原因造成。

3. 股权代持模式下显名股东请求排除执行的情形

除了实践中常见的隐名股东请求排除执行之情形,还有一种发生较少但确实可能存在的情形,即如果被执行人是隐名股东,申请执行人对此知悉并请求执行的,人民法院能否执行登记在显名股东名下的股权?显名股东能否提出异议以阻碍执行?一般情况下,基于商事登记外观主义,当隐名股东作为被执行人的,人民法院不得查封登记于名义股东名下的股权,除非名义股东书面确认该股权归隐名股东所有。法院查封名义股东名下的股权,系查封错误,名义股东可以通过提出行为异议进行救济。

但是,申请执行人与显名股东在执行中对于执行标的权利的归属的争议,仍应当经过实体审理加以判断。这是因为执行异议程序与异议之诉强调的价值追求不同,执行异议程序中以效率价值为追求,以形式审查为主,而执行异议之诉的基本功能在于通过实体审查程序判断案外人对执行标的享有的权利与申请执行的金钱债权谁更具有优先性,坚持实质审查原则,通过权属认定,对权利性质可否阻却执行进行判断。

《九民纪要》认为"从现行法律规则看,外观主义是为保护交易安全设置的例外规定,一般适用于因合理信赖权利外观或意思表示外观的交易行为。实际权利人与名义权利人的关系,应注重财产的实质归属,而不单纯地取决于公示外观。总之,审判实务中要准确把握外观主义的适用边界,避免泛化和滥用"。我们认为,当执行隐名股东被他人代持的股权时,第三人提出异议认为股权由其所有的,提出案外人异议请求排除执行的,应先行确认股权归属,再审查案外人所主张权利的性质,在此基础上判断其享有的权利是否能够排除执行。

此外,对于股权收益的执行,如果被执行人是隐名股东及实际投资人,通过与显名股东的代持协议,约定收取股权收益,但对于公司来说,公司在进行股权收益分配时,并无权直接将相关股权收益支付给隐名股东,而应当支付给名义股东。因此,在执行股权收益过程中名义股东提出异议的,人民法院不能执行强制执行目标公司中名义股东名下的股权收益。①

---

① 湖南省长沙市中级人民法院民事判决书,(2020)湘01民终5089号。

审判前沿

庹某伟与刘某等案外人执行异议之诉纠纷案

[(2019)最高法民再46号民事判决书]

【裁判要旨】

从法律制度的价值追求及司法政策的价值导向角度看,代持关系本身不是一种正常的持股关系,与公司登记制度、社会诚信体系等制度相背离,股东之间恣意创造权利外观,导致登记权利人和实际权利人不一致,在给实际出资人提供便利的同时,放任显名股东对外释放资产虚假繁荣信号,给公司的法律关系、登记信息带来混乱,增加社会的整体商业风险和成本,该风险和成本应当由实际出资人自行承担。

【基本案情】

成都龙泉驿区龙腾小额贷款股份有限公司(以下简称龙腾小贷公司)设立于2010年3月1日,注册资本为1亿元,设立时的验资报告显示邓某军出资为1900万元,持股比例为19%。

2011年3月6日,龙腾小贷公司作出股东会决议,新增注册资本1亿元,邓某军新增资本500万元,增资后,邓某军的出资共计2400万元,持股比例为12%。

2010年1月18日,庹某伟(甲方)与邓某军(乙方)签订代为持股协议,主要内容:龙腾小贷公司系由庹某伟等众多投资者出资1亿元设立的股份有限责任公司。由于邓某军在金融主管部门批复后资金不能到位,经协商,在龙腾小贷公司设立时,由庹某伟出资股本金1600万元(占公司注册资本的16%),并享有股东权益,邓某军退出实际股东身份,庹某伟所实际投入的股份由邓某军代为持有,并登记在邓某军名下。协议同时约定,庹某伟可以在龙腾小贷公司成立2年后,随时要求将邓某军所代持的股份过户到庹某伟名下,邓某军须无条件配合。2011年5月15日,双方再次签订代为持股协议,主要内容:龙腾小贷公司按照相关规定,将注册资本从1亿元增加至2亿元,庹某伟作为龙腾小贷公司的实际股东,在龙腾小贷公司本次增资扩股时,拟新增出资500万元。该500万元增资款到位后,加上原有的股本金1600万元,庹某伟实际持有的龙腾小贷公司的股份比例为10.5%。庹某伟实际持有的10.5%的股份均由邓某军代为持有,并登记在邓某军名下。

另案执行中，执行法院拟执行邓某军所持有的小贷公司的12%股份。

庹某伟以其系邓某军所持有的小贷公司的10.5%股份的实际权利人，且该事实已经成都仲裁委员会确认为由，提起执行异议，被裁定驳回；庹某伟不服该裁定，提起案外人异议之诉，要求确认邓某军持有的小贷公司的10.5%的股份为庹某伟所有，停止执行；一审法院判决驳回，二审法院驳回上诉维持原判；庹某伟向最高人民法院申请再审。

最高人民法院认为，(1)从合同相对性角度，股权代持协议具有相对性，对合同当事人以外的第三人不产生效力。(2)从信赖利益保护角度，经登记的法定事项具有公信力，只要第三人的信赖合理，第三人的信赖利益就应当受到法律的优先保护。(3)从代持原因角度，本案庹某伟委托邓某军代持10.5%的股份，不能排除其存在规避监管的意图，案涉股份未能及时变更登记到庹某伟名下，其自身存在一定的过错。(4)从风险与利益一致性的角度看，实际出资人选择隐名，固有其商业利益考虑，既然通过代持关系，获得了这种利益，或其他在显名情况下不能或者无法获得的利益，则其也必须承担因为此种代持关系所带来的固有风险，承担因此可能出现的不利益。由庹某伟承担因股份代持产生的相应风险和不利益，更为公平合理。最终维持二审判决。

【要点评析】

隐名股东与显名股东之间的约定在双方之间发生效力，如一方违反约定应承担相应违约责任，但该约定属于内部约定，无论隐名股东是否属实际出资人，均不能对抗外部第三人。此时对第三人基于外观主义的"信赖利益"保护，不应区分其与被执行人债权债务发生时间与股权外观登记的时间先后，在强制执行阶段仍存在信赖利益保护的问题。此时，申请执行人虽然并非实体法意义上的"善意第三人"，但其基于执行标的的权利外观同样产生程序法上的"信赖利益保护"。认定实际出资人的权利不能排除强制执行，有利于实现法律在商事领域所注重和追求的安全、秩序与效率等价值。

第三节　基于股权让与担保的异议之诉

法律依据

《担保制度解释》第68条　债务人或者第三人与债权人约定将财产形式上转移至债权人名下，债务人不履行到期债务，债权人有权对财产折价或者以拍卖、变卖该财产所得价款偿还债务的,人民法院应当认定该约定有效。当事人已经完成财产权利变动的公示,债务人不履行到期债务,债权人请求参照民法典关于担保物权的有关规定就该财产优先受偿的,人民法院应予支持。

债务人或者第三人与债权人约定将财产形式上转移至债权人名下,债务人不履行到期债务,财产归债权人所有的,人民法院应当认定该约定无效,但是不影响当事人有关提供担保的意思表示的效力。当事人已经完成财产权利变动的公示,债务人不履行到期债务,债权人请求对该财产享有所有权的,人民法院不予支持;债权人请求参照民法典关于担保物权的规定对财产折价或者以拍卖、变卖该财产所得的价款优先受偿的,人民法院应予支持;债务人履行债务后请求返还财产,或者请求对财产折价或者以拍卖、变卖所得的价款清偿债务的,人民法院应予支持。

债务人与债权人约定将财产转移至债权人名下,在一定期间后再由债务人或者其指定的第三人以交易本金加上溢价款回购,债务人到期不履行回购义务,财产归债权人所有的,人民法院应当参照第二款规定处理。回购对象自始不存在的,人民法院应当依照民法典第一百四十六条第二款的规定,按照其实际构成的法律关系处理。

《担保制度解释》第69条 股东以将其股权转移至债权人名下的方式为债务履行提供担保,公司或者公司的债权人以股东未履行或者未全面履行出资义务、抽逃出资等为由,请求作为名义股东的债权人与股东承担连带责任的,人民法院不予支持。

《九民纪要》第71条 债务人或者第三人与债权人订立合同,约定将财产形式上转让至债权人名下,债务人到期清偿债务,债权人将该财产返还给债务人或第三人,债务人到期没有清偿债务,债权人可以对财产拍卖、变卖、折价偿还债权的,人民法院应当认定合同有效。合同如果约定债务人到期没有清偿债务,财产归债权人所有的,人民法院应当认定该部分约定无效,但不影响合同其他部分的效力。

当事人根据上述合同约定,已经完成财产权利变动的公示方式转让至债权人名下,债务人到期没有清偿债务,债权人请求确认财产归其所有的,人民法院不予支持,但债权人请求参照法律关于担保物权的规定对财产拍卖、变卖、折价优先偿还其债权的,人民法院依法予以支持。债务人因到期没有清偿债务,请求对该财产拍卖、变卖、折价偿还所欠债权人合同项下债务的,人民法院亦应依法予以支持。

一、制度阐释

《担保制度解释》第68条规定了让与担保的认定及权利实现程序,在一定程度上填补了让与担保法律制度的空白。不同于典型的担保物权类型,让与担保以所有权转让的方式来实现对债权的担保,造成公示效果和担保目的之间的背离,继而容易引发担保权人之间、担保人与第三人的权利冲突。股权让与担保同股权转让在权利外观上几乎一致,均表现为股权变动。但是,股权让与担保以保障债务履行为目的而非获取股权,外观权利状态与担保权的实质相背离,在涉及外部债权人申请执行时难免会产生纠纷。《担保制度解释》第 69 条规定了股权让与担保中作为名义股东的债权人不承担出资连带责任,即债权人只在名义上享有股权,并非真正的股权所有者,解决了司法实践中的部分需要。

关于让与担保合同的效力。根据《九民纪要》第 71 条和《担保制度解释》第 68 条,确立了让与担保非典型担保的地位,在不存在其他无效情形下,让与担保合同有效。但是,让与担保合同约定流质的,流质条款无效,因此,让与担保的担保权人不能通过让与担保直接取得股权的所有权,但当满足公示条件时,能够产生对抗效力,可以参照担保物权的规定,主张优先受偿权的权利。

关于股权让与担保中的股权转让。在股权让与担保合同有效的前提下,该"让与"行为涉及股权的变动。股权区别于所有权,具有人身权和财产权双重属性,因此股权让与担保同一般让与担保的适用规则不同,其实现还受到《公司法》的调整,同时,有限责任公司的股权变动还存在股东名册变更、工商登记变更等公示形式,对内、对外效力更为复杂。在区分关系上,对内以股东名册登记为准,对外则强调工商登记产生对抗第三人效力的标准。①

二、操作指引

《担保制度解释》第 68 条基本源自《九民纪要》第 71 条,共同反映出关于让与担保的司法态度:一方面,尊重当事人意思自治,认可让与担保合同的效力;另一方面,以典型担保物权的法律框架构建让与担保的法律规则,在完成权利变动公示的情况下,赋予其担保物权效力,但不支持担保权人的所有权主张,不认可流押条款、流质条款的效力,担保权的实行方式准用抵押、质押的法律规定。因此,案外人如系股权让与担保关系中的债权人,其并不能根据让与担保合同主张所有权,故其不享有排除法院强制执行的权利;同理,若被执行人为股权让与担保关系中的债权人,在案外人清偿债务后,即使股权登记在被执行人名下,被执行人也不实际享有股权,此时案外人得以排除对股权的执行。

就有限责任公司而言,涉及股权让与担保引发的执行异议主要有两种情形:

其一,申请执行人执行登记在被执行人名下的股权,该股权系案外人提供的担

① 参见姚海放:《股权让与担保限制论》,载《政治与法律》2023 年第 3 期。

保并登记在被执行人名下,案外人对此主张实体权利,要求排除执行。在此情形下审查案外人的异议,关键问题在于申请执行人对股权的信赖利益与担保人对股权的实际权利,谁更具有优先保护性。关于实际权利人能否排除名义股东的债权人对标的股权的执行,在股权代持法律关系中隐名股东与显名股东及其债权人的冲突也同样涉及,在学术界和实务界同样存在较大的分歧。有观点认为,在股权让与担保关系中,申请执行人对案涉股权登记存有信赖利益,根据商事外观主义原则,其信赖利益更应优先得到保护,故担保人对股权享有的权利不能排除强制执行。但是,从现行法律及司法解释对于让与担保的定性及《九民纪要》限缩认定商事外观主义仅适用于交易行为的角度来看,担保人有权依据《公司法》第 4 条的规定,以其作为案涉股权的实际所有人的身份而要求排除执行。值得讨论的是,担保人如主动选择通过提前清偿债务的方式取回股权,能否获得排除强制执行的权利。对于这一问题,目前并没有明确的法律规定,亦无相关的司法实践,对此可以参照《查扣冻规定》第 14 条关于所有权保留的规则进行处理。该条规定,被执行人将其财产出卖给第三人,第三人已经支付部分价款并实际占有该财产,但根据合同约定被执行人保留所有权的,人民法院可以查封、扣押、冻结;第三人要求继续履行合同的,向人民法院交付全部余款后,裁定解除查封、扣押、冻结。该条是所有权保留制度中关于被执行人保留所有权财产执行的规定,所有权保留制度同让与担保制度同为非典型担保制度,同样是通过实体权利的让渡以担保债权的实现,在担保人主动清偿债务的情况下,通过权利让渡担保的主债权已经实现,此时应当回归到权利原本状态。况且,担保人主动清偿债务后,相当于通过执行被执行人的到期债权替代了涉案股权,对申请执行人的权利影响相对较小,故此时可以认定担保人获得了排除强制执行的权利。①

其二,申请执行人执行担保人的股权,该股权已作为让与担保物并登记在被执行人名下,担保权人对此主张实体权利,要求排除执行。若担保人兼实际股东的其他债权人对股权申请强制执行,则让与担保权人可提出执行异议,由于执行程序采用外观主义判断财产权利人,故一般情况下担保人兼实际股东的执行债权人难以就登记在担保权人名下的股权申请执行。但在有确切证据证明担保人是股权的实际权利人时,其他债权人可就股权申请强制执行。而基于让与担保的担保属性,法院在执行过程中只需保障担保权人对股权拍卖、变卖所得价款的优先受偿地位,即不损害让与担保权人的实体权益。此时让与担保权人不能以其名义股东的身份主

---

① 参见曹凤国主编:《最高人民法院股权执行司法解释理解与适用》,法律出版社 2023 年版,第 449 ~ 450 页。

张排除强制执行,否则将有损申请执行人的合法权益。让与担保权人认为其优先受偿权受到损害的,可以通过执行分配方案异议之诉予以救济。①

就股份有限公司而言,如果非上市股份有限公司的不记名股票已经交付,记名股票已经背书转让完成或记载于股东名册,上市公司的股份已经完成登记结算,担保权人实际获得相应的股份、股票,担保人无法就相应股份、股票要求排除担保权人的债权人的执行。

审判前沿

汉宸国际工程设计集团有限公司、中航信托股份有限公司等案外人执行异议之诉案

[(2022)鲁01民终899号民事判决书]

【裁判要旨】

判断股权转让双方的真实意思表示是为了转让股权取得对价,还是以转让股权的方式为债务提供担保,可以结合是否存在被担保的主债权债务关系,是否存在股权回购条款,股东是否享有并行使股东权利等内容考察判断。认定股权让与担保关系成立的可以排除执行。申请执行人申请追加该名义股东为被执行人的,人民法院应当不予支持。

【基本案情】

济南腾骐置业有限公司(以下简称济南腾骐公司)系一人有限责任公司,其股东为山东腾骐公司。2015年2月,中航信托股份有限公司(以下简称中航信托公司)作为受托人,设立了706号信托计划,并与山东腾骐公司签订了股权转让与回购合同,根据上述两份文件,山东腾骐公司将其持有的济南腾骐公司100%股权以5000万元的价格全部转让给中航信托公司,用于改善济南腾骐公司下属及关联公司财务结构,回购支付期限为18个月,山东腾骐公司应当于信托计划届满前的5日内或提前回购日一次性足额支付标的股权回购基本价款和最后期行权费。同日,济南腾骐公司修改了公司章程并于2015年3月10日进行了工商变更登记,将其股东变更为中航信托公司,中航信托公司为济南腾骐

① 参见司伟、陈泫华:《股权让与担保效力及内外部关系辨析——兼议〈民法典担保制度解释〉第68条、第69条》,载《法律适用》2021年第4期。

公司的法人独资股东。致同会计师事务所和中审众环会计师事务出具的2015～2019年中航信托公司的历年审计报告表明,中航信托公司的信托财产与中航信托公司的固有财产分别管理、分别记账、分别核算,未列入中航信托公司财务报表。

济南市历下区人民法院(以下简称一审法院)于2019年9月5日作出(2019)鲁01民终55号民事判决,判令济南腾骐公司向汉宸国际工程设计集团有限公司(以下简称汉宸设计公司)支持设计费220万元及违约金。案件执行过程中,一审法院根据汉宸设计公司的申请作出(2020)鲁002执异61号执行裁定书,以中航信托公司不能证明济南腾骐公司的财产独立于自己的财产为由,追加中航信托公司为被执行人,承担(2019)鲁0102民初55号民事判决书判定的义务。中航信托公司不服提起执行异议,后一审法院于2021年6月3日作出(2021)鲁0102民初2488号民事判决,判令不予追加原告中航信托公司为被执行人。汉宸设计公司不服提起上诉,济南市中级人民法院(以下简称济南中院)于2021年8月19日作出(2021)鲁01民终6832号民事裁定书,将本案发回重审。一审法院作出(2021)鲁0102民初10812号民事判决,汉宸设计公司不服向济南中院上诉,济南中院于2022年3月18日作出(2022)鲁01民终899号判决,驳回汉宸设计公司上诉,维持原判。

一审法院认为,本案案外人执行异议之诉纠纷。本案争议焦点为中航信托公司是否为济南腾骐公司的真实股东。

中航信托公司主张其与山东腾骐公司签订的股权转让与回购合同,明确约定了山东腾骐公司负有回购义务,且回购价格为股权转让价款加上相当于利息的行权费。中航信托公司并不参与济南腾骐公司的经营管理,未行使股东权利。双方的真实意思是以案涉股权为706号信托计划出借给山东腾骐公司的5000万元贷款提供担保。原告中航信托公司名义上取得的股权,本质为债权,即"明股实债",主张双方实际上是债权债务关系。因此,要解决本案争议焦点问题,首先应厘清中航信托公司与山东腾骐公司之间的法律关系。

一审法院认为,本案的信托计划中,中航信托公司是受托人,委托人为受益人。而要分辨基于信托合同产生的济南腾骐公司股权变更的行为系公司法上的股权转让行为还是中航信托公司所述称的股权让与担保行为,一审法院认为,认定某一交易是股权转让还是以股权转移至债权人名下的方式为债务履行提供了担保,应当从两者的本质区别出发,识别股权转让双方的真实意思表示是为了转让股权取得对价,还是以转让股权的方式为债务提供担保,通常情况下，可以从以下几个因素加以考察：是否存在被担保的主债权债务关系，是否存在股权回购条款，股东是否享有并行使股东权利等内容。结合本案中的信托计划、回购合同、资金保管合同的内容来看，该交易的实质内容是中航信托公司出于到期收取固定收益的目的，而为山东腾骐公司进行的一种融资借款行为，属于信托公司的正常经营活动。该股权转让关系的实质是济南腾骐公司通过股权转让并办理变更登记，使中航信托公司获得名义股东地位，在债务不能清偿时，中航信托公司可依其股东身份取得资产处置的主动权。《九民纪要》第 89 条规定，信托公司在资金信托成立后，以募集的信托资金受让特定资产或者特定资产收益权，属于信托公司在资金依法募集后的资金运用行为，由此引发的纠纷不应当认定为营业信托纠纷。如果合同中约定由转让方或者其指定的第三方在一定期间后以交易本金加上溢价款等固定价款无条件回购的，无论转让方所转让的标的物是否真实存在、是否实际交付或者过户，只要合同不存在法定无效事由，对信托公司提出的由转让方或者其指定的第三方按约定承担责任的诉讼请求，人民法院依法予以支持。当事人在相关合同中同时约定采用信托公司受让目标公司股权、向目标公司增资方式并以相应股权担保债权实现的，应当认定在当事人之间成立让与担保法律关系。当事人之间的具体权利义务，根据《九民纪要》第 71 条的规定加以确定。因此，山东腾骐公司与中航信托公司的股权转让行为，事实上系以涉案股权为标的进行的让与担保，中航信托公司并非实际股东。有限公司的股权职能中包括财产权及社员权，而股权让与担保本身仅涉及其中的财产权部分，但不影响实际股东社员权的行使，山东腾骐公司并不因此完全丧失股东权利。

【要点评析】

本案中，中航信托公司与山东腾骐公司的股权转让行为系股权让与担保，济南腾骐公司的股权变更登记后，中航信托公司并不掌握其实际控制权。济南腾骐公司所有经营活动实际仍由其原股东山东腾骐公司控制，中航信托公司不干涉济南腾骐公司一切正常经营活动。根据《担保制度解释》第 69 条的规定，在股权让与担保情形下，不适用股权登记的外观主义，因此不能追加中航信托公司为被执行人。

第四节 基于股权共有的异议之诉

法律依据

《民法典》第303条 共有人约定不得分割共有的不动产或者动产,以维持共有关系的,应当按照约定,但是共有人有重大理由需要分割的,可以请求分割;没有约定或者约定不明确的,按份共有人可以随时请求分割,共同共有人在共有的基础丧失或者有重大理由需要分割时可以请求分割。因分割造成其他共有人损害的,应当给予赔偿。

《民法典》第304条 共有人可以协商确定分割方式。达不成协议,共有的不动产或者动产可以分割且不会因分割减损价值的,应当对实物予以分割;难以分割或者因分割会减损价值的,应当对折价或者拍卖、变卖取得的价款予以分割。

共有人分割所得的不动产或者动产有瑕疵的,其他共有人应当分担损失。

《民法典》第1062条 夫妻在婚姻关系存续期间所得的下列财产,为夫妻的共同财产,归夫妻共同所有:

(一)工资、奖金、劳务报酬;

(二)生产、经营、投资的收益;

(三)知识产权的收益;

(四)继承或者受赠的财产,但是本法第一千零六十三条第三项规定的除外;

(五)其他应当归共同所有的财产。

夫妻对共同财产,有平等的处理权。

《最高人民法院关于适用〈中华人民共和国民法典〉婚姻家庭编的解释(一)》第73条 人民法院审理离婚案件,涉及分割夫妻共同财产中以一方名义在有限责任公司的出资额,另一方不是该公司股东的,按以下情形分别处理:

(一)夫妻双方协商一致将出资额部分或者全部转让给该股东的配偶,其他股东过半数同意,并且其他股东均明确表示放弃优先购买权的,该股东的配偶可以成为该公司股东;

(二)夫妻双方就出资额转让份额和转让价格等事项协商一致后,其他股东半数以上不同意转让,但愿意以同等条件购买该出资额的,人民法院可以对转让出资所得财产进行分割。其他股东半数以上不同意转让,也不愿意以同等条件购买该出资额的,视为其同意转让,该股东的配偶可以成为该公司股东。

用于证明前款规定的股东同意的证据,可以是股东会议材料,也可以是当事人通过其他合法途径取得的股东的书面声明材料。

一、制度阐释

《民法典》第 1062 条明确规定婚姻存续期间"生产、经营、投资的收益"属于夫妻共同财产,但并未明确"股权"是否属于夫妻共同财产。虽然股权也是基于投资所得,但是股权不同于一般财产收益,其除具有财产属性(如分红权、转让权等)外,还具有社员权的性质,包括参与公司事务的权利等,具有一定的人身属性,是一种基于股东身份而享有的具有财产权、经营管理权、表决权等多种权利在内的综合性权利集合形态。也正因如此,实践中关于股权是否属于夫妻共同财产的问题,存在两种截然相反的观点:肯定说认为,在夫妻关系存续期间使用夫妻双方共同财产取得的股权或者依法继承、受赠的股权,应认定为夫妻共同财产。登记在一方名下的股权,除非有证据证明该股权系一方个人财产,否则应推定为夫妻共同财产。否定说则认为,公司法意义上的股东,是享有股权并履行义务的人,而非仅享有投资收益的一方,股权中的财产利益可以作为夫妻共同财产,但股权本身不能认定为夫妻共同财产。

从立法上来看,2001 年《婚姻法》(已废止)修正时第 17 条第 1 款对哪些属于夫妻共同财产作出明确规定,《民法典》第 1062 条第 1 款亦以不完全列举方式对夫妻共同财产类型作出规范。从以上规定看,股权并未被列入夫妻共同财产的内容。《最高人民法院关于适用〈中华人民共和国婚姻法〉若干问题的解释(二)》(已废止)第 16 条明确规定夫妻离婚分割的是"出资额"而非"股权",《最高人民法院关于适用〈中华人民共和国民法典〉婚姻家庭编的解释(一)》第 73 条第 1 款在吸收前述规定的情况下明确:"人民法院审理离婚案件,涉及分割夫妻共同财产中以一方名义在有限责任公司的出资额,另一方不是该公司股东的,按以下情形分别处理:(一)夫妻双方协商一致将出资额部分或者全部转让给该股东的配偶,其他股东过半数同意,并且其他股东均明确表示放弃优先购买权的,该股东的配偶可以成为该公司股东;(二)夫妻双方就出资额转让份额和转让价格等事项协商一致后,其他股东半数以上不同意转让,但愿意以同等条件购买该出资额的,人民法院可以对转让出资所得财产进行分割。其他股东半数以上不同意转让,也不愿意以同等条件购买该出资额的,视为其同意转让,该股东的配偶可以成为该公司股东。"从立法沿革上来看,婚姻关系存续期间,一方持有的股权并未被列入夫妻共同财产中,但其增值收益或分红应属于投资的收益之范畴,因此股权所产生的收益应属于夫妻共同财产。

该种矛盾也体现在司法实践中,如最高人民法院在(2021)最高法民申 4323 号民事裁定书中认为“许某旗取得夜光达公司股权时处于与郑某爱的婚姻关系存续期间,该股权应认定为夫妻共同财产”。但是,最高人民法院在(2019)最高法民终424号民事判决书中认为“公司股权属于公司法上的财产性权益,对其处分应由登记的股东本人或其授权的人行使。即使是夫妻,在没有得到股东授权之前,配偶转让公司股权仍属于无权处分,认为涉案股权属于夫妻共有财产,没有法律依据”。

我们认为,股权的持有与股东身份的存在不可分离,股权不单纯是财产权,而是具有财产性权利和人身性权利的复合体,股东身份权应当由持股一方单独行使,其中的财产性权利只有当股权变现时才属于夫妻共同财产。被执行人名下的股权属于被执行人个人财产,人民法院可以直接冻结并进行变价处置。但是,人民法院在股权变价后以及向被执行人股权所在公司执行股权收益时,应当保留其配偶应有的份额。

二、操作指引

基于股权共有关系提起的执行异议之诉,主要有以下两种情形:一种情形是基于合同关系形成的共有,案外人以共有协议提起执行异议之诉;另一种情形是基于身份关系形成的共有,如被执行人的配偶对股权提起执行异议之诉。

(一)基于合同关系形成的共有

案外人主张其与被执行人存在共有协议,双方基于合同关系对股权形成共有关系,从实质上来看,被登记在被执行人名下的股权,系被执行人代持案外人实际所有的股权,是股权代持关系,此时案外人提出执行异议,应当参照股权代持的规则处理。

(二)基于身份关系(夫妻关系)形成的共有

关于被执行人配偶以案涉股权为夫妻共同财产为由,请求法院排除执行的问题。有观点认为,应当参照其他类型夫妻共同财产的处置方式,允许被执行人配偶得以排除一半份额的执行;还有观点认为根据商事外观主义原则,被执行人配偶作为隐名股东,其权利不能对抗申请执行人对股权登记的信赖利益,故不能排除案涉股权的执行。

股权是股东对其投入资金在公司资产中所占份额所享有的财产权利,也是股东基于其股东资格而享有的复合性权利。在婚姻关系存续期间以夫妻共同财产出资取得但登记在夫或者妻一方名下的有限责任公司股权,仅得由登记方行使,但当股权变现时其中的财产性权利属于夫妻共同财产。夫妻共同财产是基于夫妻的特别身份关系而产生的，夫妻一方对股权享有的共有权系源于法律的规定，且夫妻关系经过婚姻登记具有一定的公示效力，基于“夫妻双方对共同所有的财产有平等处分权”原则，在被执行人配偶享有的股权共有权与申请执行人享有的债权的权利优先性比较中，应更倾向于保护被执行人配偶享有的股权共有权，允许被执行人配偶排除股权一半份额的执行。但是，股权不同于其他财产，其具有可分割性，如果直接认定配偶享有被执行人名下50%的股权，又与公司法关于公司股东依法享有的“参与重大决策和选择管理者等权利”的股东权利相冲突，是对公司人合性的突破，因此，在案外人执行异议之诉中，不宜直接认定其中一半份额的股权属于配偶，从而可以排除对该份额股权的执行；配偶享有的权利是对变价款中属于其份额部分的财产权，因而配偶有权对变价款的相应部分排除执行。

审判前沿

韩某、上海垦丰天和石油化工有限公司执行异议之诉案

［(2023)最高法民终45号民事判决书］

【裁判要旨】

股权有别于“股东的权利”，其本身具有财产属性，可由司法确认为夫妻共同财产。在有限责任公司中，股东行使财产权利虽然受到股东身份的限制，但不改变股权的财产本质属性。若不作仔细辨析，把案涉股权概括认定为包括股东身份权在内的复合型权利，则对该股东权利采取查封、扣押、冻结等强制措施亦将失去其合理性。故原审判决认为“股权具有财产权与身份权两重属性”，进而作出排除案涉股权为夫妻共同财产的认定，有失妥当。

【基本案情】

案涉公司与股权情况。1995年3月16日，韩某与马某1结婚。宝恒投资有限公司（以下简称宝恒公司）于2010年设立，法定代表人为马某1，马某1、梁某分别持有90%、10%股权；北京瑞雪丰年科技有限公司（以下简称北京丰年公司）于2001年设立，法定代表人为马某1，马某1、马某2分别持有70%、30%股权；黑龙江丰年进出口有限公司（以下简称黑龙江丰年公司）于2000年设立，法定代表人为马某1，马某1、马某2分别持有60%、40%股权。

相关案件审理情况。上海垦丰天和石油化工有限公司（以下简称垦丰公司）与中油丰年（北京）石油销售有限公司、马某1买卖合同纠纷案，上海市第一

中级人民法院作出(2019)沪01民初169号民事判决。黑龙江丰年公司、马某1提起上诉。二审期间马某1死亡,其继承人韩某、马某宁(马某1之子)被追加为当事人。上海市高级人民法院(以下简称上海高院)作出(2020)沪民终507号之二民事裁定,发回重审。

该案审理期间,2020年12月16日,上海高院作出(2020)沪民终507号之一民事裁定,认为马某1继承人韩某、马某宁承担诉讼,诉讼保全措施限于韩某和马某宁继承的遗产范围,裁定查封、冻结或扣押韩某、马某宁继承的价值5000万元的马某1遗产。上海高院作出(2020)沪执保54号执行裁定,于2021年1月冻结马某1名下宝恒公司90%股权、北京丰年公司70%股权、黑龙江丰年公司60%股权。

执行异议案件审查情况。2021年3月8日,韩某向上海高院提出异议,申请解除对宝恒公司45%股权、北京丰年公司35%股权、黑龙江丰年公司30%股权的保全措施。韩某认为,自己与马某1系夫妻关系,马某1去世后其持有的宝恒公司90%股权、北京丰年公司70%股权、黑龙江丰年公司60%股权中的50%,应属于韩某所有。上海高院冻结登记在马某1名下三公司全部股份,损害韩某权利。故申请解除对宝恒公司45%股权、北京丰年公司35%股权、黑龙江丰年公司30%股权的保全措施。

另认定,根据2015年《异议复议规定》第25条第1款第4项之规定,执行异议案件中审查案外人是否为股权权利人,应按工商行政管理机关的登记和企业信用信息公示系统的公示信息为依据。现查明案涉股权均登记在马某1名下,韩某提出的解除案涉股权保全措施的主张,于法无据。故作出(2021)沪执异1号执行裁定,驳回韩某异议申请。

2020年7月24日,北京市国信公证处作出(2020)京国信内民证字第040××号公证书,载明登记在马某1名下北京丰年公司的股份是夫妻共同财产,一半的产权份额属韩某所有,一半为马某1遗产由韩某继承。同年12月30日,北京市国信公证处作出(2020)京国信内民证字第086××号公证书,载明马某1名下宝恒公司90%股份是夫妻共同财产,一半的产权份额属韩某所有,另一半为马某1遗产由马某宁继承。

上海高院认为,根据2004年《查扣冻规定》第14条第1款和第2款的规定,韩某主张登记在马某1名下的股权系夫妻共同财产,虽然韩某提供的公证书证明相关利害关系人对案涉北京丰年公司、宝恒公司的股权进行协议分割,但债权人垦丰公司明确表示不同意该分割安排,而就黑龙江丰年公司股权分割也未达成过协议,故执行法院依据前引规定对案涉股权进行冻结并无不当。韩某若主张其是股权共有人,可按该条第3款的规定,提起析产诉讼,该诉讼期间可申请中止对该财产的执行,以保障自身权利。另外,婚姻关系存续期间,股权本可分别登记在夫妻各方名下,现仅登记在马某1名下,且韩某也没有证据证明其参与公司管理。股权具有财产权与身份权两重属性,出资与记载于股东名册、公司登记机关是取得完整股权的条件,即便韩某可证明出资源于夫妻共同财产,也不足以认定该股权为夫妻共同财产。综上,韩某对案涉股权并不享有排除保全措施的民事权益,判决驳回韩某的诉讼请求。韩某不服,提起上诉。

最高人民法院(2023)最高法民终45号民事判决认为:(1)案涉股权属马某1生前与韩某的夫妻共同财产。本案争议的并非股权收益而是股权本身能否成为夫妻共同财产,股权不同于股东的权利,是股东权利中的财产权,应当属于夫妻共同财产范围。(2)人民法院对案涉股权采取强制措施时,马某1已经死亡,夫妻共有关系终止,韩某提交的公证书证明了案涉股权归属,垦丰公司没有提交相反证据,应当依法确认公证书的效力,无须另行提起析产诉讼,以避免程序空转,有利于集约利用司法资源。(3)执行异议之诉涉及财产权益的,应按照财产案件标准计收诉讼费。诉讼费用属国家财政收入,人民法院不得自由裁量。遂判决撤销一审判决,不得冻结登记在马某1名下三家公司股权的一半,诉讼费由垦丰公司负担。

【要点评析】

从夫妻法定共同财产制度本身来看,与其他一般共有财产显著的区别在于,夫妻共同财产是基于夫妻的特别身份关系而产生的,虽然这种财产也含有共同投资、共同劳动等内容,但法律上更注重的是身份关系,即夫妻共同财产制度以基于结婚事实成立的夫妻身份关系为基础,在无特别约定和财产专属性限制的前提下,推定配偶贡献和分享均等。① 股权投资发生在婚姻关系存续期间,除股权收益外,股权可以成为夫妻共同财产。

在离婚案件财产分割争议处理中,《最高人民法院关于人民法院审理离婚案件处理财产分割问题的若干具体意见》(已废止)第7条作出了明确规定:"对个人财产还是夫妻共同财产难以确定的,主张权利的一方有责任举证。当事人举不出有力证据,人民法院又无法查实的,按夫妻共同财产处理。"对于案涉股权属于个人财产还是夫妻共同财产,应由当事人举证证明。

---

① 参见冯文生、郝晋琪:《婚内投资的股权如何排除执行——韩某诉上海垦丰公司等执行异议之诉案》,载《法律适用》2023年第11期。

第五节　基于股权分红提起的异议之诉

法律依据

《民法典》第321条　天然孳息，由所有权人取得；既有所有权人又有用益物权人的，由用益物权人取得。当事人另有约定的，按照其约定。

法定孳息，当事人有约定的，按照约定取得；没有约定或者约定不明确的，按照交易习惯取得。

《民法典》第630条　标的物在交付之前产生的孳息，归出卖人所有；交付之后产生的孳息，归买受人所有。但是，当事人另有约定的除外。

《公司法》第4条第2款　公司股东对公司依法享有资产收益、参与重大决策和选择管理者等权利。

《公司法解释(四)》第14条　股东提交载明具体分配方案的股东会或者股东大会的有效决议，请求公司分配利润，公司拒绝分配利润且其关于无法执行决议的抗辩理由不成立的，人民法院应当判决公司按照决议载明的具体分配方案向股东分配利润。

《公司法解释(四)》第15条　股东未提交载明具体分配方案的股东会或者股东大会决议，请求公司分配利润的，人民法院应当驳回其诉讼请求，但违反法律规定滥用股东权利导致公司不分配利润，给其他股东造成损失的除外。

《最高人民法院关于冻结、拍卖上市公司国有股和社会法人股若干问题的规定》第7条第2款　股权冻结的效力及于股权产生的股息以及红利、红股等孳息，但股权持有人或者所有权人仍可享有因上市公司增发、配售新股而产生的权利。

一、制度阐释

股东利润分配请求权又称股利分配请求权、分红权，是股东基于其股东资格与股东地位而享有的请求公司向自己进行利润分配的权利。我国对于利润分配的相关规定分散在《公司法》的条文中，其中《公司法》第4条规定股东依法享有请求公司进行利润分配的权利，《公司法》第59条第1款第4项规定了公司的利润分配方案以及弥补亏损方案的审议批准。《公司法解释(四)》则有3条相关内容对股东利润分配请求权作出的规定：第13条是对股东请求公司分配利润的案件中当事人的诉讼地位作出的规定，第14条和第15条是就股东请求公司分配利润的实体问题作出的规定。

股息、红利在性质上属于股权附属的权利，是法定孳息。根据《民法典》第630条的规定，关于股权分红的归属问题，一般情况下，当股权转让协议对股权分红有明确约定时，应当按照协议约定确定。但是，当股权转让协议未对股权分红未作出明确约定，或者股权是基于司法拍卖等非协议转让时，股权分红是应该归属转让人（原股东），还是归受让人（现股东），往往会产生争议。

股东基于其股东身份向股东主张分配盈余的利润分配请求权，包括两个部分：一是在股东大会决议分配利润前，股东基于其股东身份而对公司利润分配的请求是一种期待权，但该种期待能否实现取决于公司是否有盈余以及公司作出的具体的利润分配，属于抽象利润分配请求权；二是股东大会作出分配决议后，股东根据分配决议在分配范围内对公司享有确定性的权利，性质上是股东对公司享有的普通债权，此时期待权则转化为现实的给付请求权，属于具体利润分配请求权。因此，当约定不明时，认定股权分红的归属问题实际上是确定具体利润分配请求权产生时间与股权权属变动时间的问题。实践中，关于发生股权变动时，股息红利归属的判断主要有以下三种观点：

1. 根据利润分配决议时间确定归属

该观点认为，被执行人持有的股权（份）在司法拍卖、抵债前的未分配利润归属应根据利润分配决议作出的时间进行判断。如果分配决议在股权转让完成之前作出，股东的利润分配请求权已经具体化，其性质上已经属于普通债权，可以与股权分离而独立存在，不当然随同股权转移给受让人，该未分配利润归属于原股东；反之，如果分配决议在股权转让完成之后作出，则归属受让人。[①]

2. 根据未分配利润产生的时间确定归属

该观点认为，利润分配请求权是股东享有的一项基本权利，在转让基准日前，作为原股东，根据“谁投资，谁受益”的原则，应当享有未分配利润的所有权。所以，确定未分配利润的归属，不能仅根据盈余分配决议产生时间，还要根据未分配利润产生的实际时间，即便盈余分配决议产生于股权转让完成后，只要未分配利润产生的实际时间是在股权转让完成之前，未分配利润产生仍应当属于原股东。

3. 根据股权转让完成时间确定归属

该观点认为，股权转让最重要的特征是整体性和不可分割性，即股权转让是股

---

① 如在（2016）鄂01执复33号案中，执行法院认为，根据2005年《拍卖变卖规定》第29条的规定，有登记的特定动产拍卖成交后，该特定动产的所有权自拍卖成交时起转移，但股权利润作为股东的收入，其分配属于典型的公司内部事务，是公司按股东出资或所持股份分配公司盈余的行为，一旦股东大会通过了利润分配方案，股利分配给付权即转化成为股东对公司享有的债权。该权利可以与股权分离而独立存在，不当然随同股权而转移。即利润分配决议作出之后，股权通过司法拍卖转让的，不管股利是否实际发放，均应归属原股东。

东权利和义务的概括转让,新股东完全取代了原股东的地位,而不是部分权利和义务的转让。利润分配请求权是股东基于其股东资格和地位而固有的一项权利,基于股东资格而存在,当股东转让股权后,原股东的股东资格丧失,附着于股东身份的利润分配请求权也随之丧失。基于此,原股东在转让股权后不再享有利润分配请求权,无权要求分配。① 所以,只要股权转让完成,无论该未分配利润是转让前产生的还是转让后产生的,都应当归属于受让人。

二、操作指引

(一)股权拍卖成交后,竞买之前股权产生的股息红利归属的认定

被执行人的股份被执行司法拍卖等非协议转让后所产生的其持股期间未分配的红利究竟是归竞买人所有,还是归被执行人所有,需要区别对待。如果拍卖公告中明确股利归属,应依据拍卖公告的内容予以确认。如果拍卖公告中未明确的,根据《民法典》第 630 条的规定,除当事人另有约定外,股权交付之前的产生的孳息归属于出卖人,交付后产生的孳息归买受人所有。司法拍卖活动属于特别的交易程序,具有司法公信力,根据《拍卖变卖规定》,在股权拍卖成交裁定送达竞买人时,发生股权变动,该竞买人成为公司新股东,也即应当根据拍卖裁定送达之日作为认定权属变动的时间节点。

对于抽象利润分配请求权来说,其随股权转移而一并转移。而对于具体利润分配请求权,如果拍卖裁定送达前公司已作出具体利润分配方案,原股东享有具体利润分配请求权,也即根据公司作出的利润分配方案,原股东享有对公司的明确具体的债权,如果司法拍卖股权时并未将股息红利包括在内,那么该债权与股权能够相分离,该股息红利仍属于原股东,新股东对该红利不享有任何权益。相反,如果拍卖裁定送达前公司未作出具体利润分配方案,拍卖裁定送达后,原股东即丧失了利润分配请求权,新股东可以依法主张该红利为其所有,而无须区分该红利是否产生于原股东持股期间。

简言之,司法拍卖程序中竞买人主张排除申请执行人执行股息红利的,如果股权拍卖公告中已明确了股息红利的归属,以拍卖公告内容为准。如果拍卖公告未涉及股息红利的权属问题,则以拍卖裁定送达时公司是否作出利润分配决议为准,拍卖裁定送达在先、利润分配决议作出在后的,股息红利归属于竞买人,有权请求排除执行;利润分配在先、拍卖裁定送达在后的,股息红利仍归属于被执行人,竞买人不能排除执行。

---

① 重庆市第四中级人民法院民事判决书,(2012)渝四中法民初字第 00046 号。

(二)基于股权转让主张排除对股息红利的执行

股东利润分配请求权是股东享有的资产收益的权利的体现,是股权权能的重要内容,具体来说包括抽象利润分配请求权与具体利润分配请求权。发生股权转让时,原则上应认为利润分配请求权一并转让,但对抽象利润分配请求权与具体利润分配请求权应当区分对待。这是因为,抽象的利润分配请求权能否实现与公司经营状况和红利分配政策相关,具有不确定性,在权利性质上属于期待权。[①] 一旦股东会或股东大会作出具体的决议和分配方案,股东与公司之间产生了有关利润分配的债权债务关系,该请求权就具有了确定性,原来基于股东身份的抽象利润分配请求权转化为具体利润分配请求权,该权利可以独立于股东身份而单独存在,从性质上相当于普通债权,权利人依据载有具体利润分配方案的股东会或者股东大会决议请求公司分配利润,不受持股数量或者持股时间的限制,也不随股东身份的变动而发生转让。

基于上述,我们梳理出如下权属认定及执行规则,见表25－1。

表25－1　权属认定及执行规则

<table>
<tr><th>情形</th><th>协议约定</th><th>分配时间点</th><th>归属认定</th><th>能否排除执行</th></tr>
<tr><td rowspan="6">转让股东为被执行人,受让股东请求排除执行</td><td rowspan="2">未约定</td><td>转让在先,分配在后</td><td>受让股东</td><td>能够排除执行</td></tr>
<tr><td>分配在先,转让在后</td><td>转让股东</td><td>不能排除执行</td></tr>
<tr><td rowspan="2">约定归属受让股东</td><td>转让在先,分配在后</td><td>受让股东</td><td>能够排除执行</td></tr>
<tr><td>分配在先,转让在后</td><td>转让股东,但查封前已处分转让给受让股东</td><td>能够排除执行</td></tr>
<tr><td rowspan="2">约定归属转让股东</td><td>转让在先,分配在后</td><td>受让股东,转让股东对受让股东享有债权</td><td>转入到期债权执行</td></tr>
<tr><td>分配在先,转让在后</td><td>转让股东</td><td>不能排除执行</td></tr>
</table>

① 理论界关于抽象利润分配请求权性质的认定有请求权、期待权和新型权利等观点,实践中大多将其认定为期待权。

续表

情形	协议约定	分配时间点	归属认定	能否排除执行
受让股东为被执行人,转让股东请求排除执行	未约定	转让在先,分配在后	受让股东	不能排除执行
		分配在先,转让在后	转让股东	能够排除执行
	约定归属受让股东	转让在先,分配在后	受让股东	不能排除执行
		分配在先,转让在后	转让股东,受让股东对转让股东享有债权	转入到期债权执行
	约定归属转让股东	转让在先,分配在后	受让股东,转让股东对受让股东享有债权	不能排除执行
		分配在先,转让在后	转让股东	能够排除执行

审判前沿

泊头市天润纺织有限公司与李某、迁西县燕东化工有限公司案外人执行异议之诉案

[(2022)冀02民终1214号民事判决书]

【裁判要旨】

经营利润在公司未依法确定利润分配方案前属于公司所有,不是股东的个人资产。被执行人的股权被执行拍卖后产生的其持股期间未分配的红利属于法定孳息归属于股权买受人。

【基本案情】

李某与迁西县燕东化工有限公司(以下简称燕东化工)民间借贷纠纷案中,迁安法院于2015年10月15日作出(2015)安民初字第3468号民事判决,判令由蒋某偿还李某借款765万元及相应利息,燕东化工、王某承担连带保证责任。诉讼过程中,迁安法院依法查封了燕东化工持有的财达证券1000万股股权及收益,查封期限自2015年7月2日至2017年7月1日。执行过程中,该股权由唐山中院依法续封。

2019年6月27日,泊头市天润纺织有限公司(以下简称天润公司)通过司法拍卖方式以1.088亿元竞得燕东化工持有的财达证券4000万股的股权。

2019年7月13日,泊头法院作出(2015)泊执字第383－7号执行裁定,裁定该股权及相关收益归买受人天润公司所有,股权完成变更过户。

2020年6月19日,财达证券召开2019年度股东大会,通过现金红利利润分配等议案。2021年7月7日,唐山中院作出(2016)冀02执5280号之七执行裁定书,提取燕东化工在财达证券享有的收益484,931.51元至唐山中院并向财达证券送达协助执行通知书。天润公司提出执行异议申请,迁安法院于2021年9月22日作出(2021)冀02执异113号执行裁定书,裁定中止执行。李某不服,遂提起执行异议之诉。迁安法院于2021年12月30日作出(2021)冀0283民初6086号民事判决,判决准许执行(2016)冀02执5280号之七执行裁定书,提取燕东化工在财达证券享有的收益484,931.51元至唐山中院。天润公司不服,遂提起上诉,唐山中院于2022年6月8日作出(2022)冀02民终1214号民事判决,判决撤销(2021)冀0283民初6086号民事判决。

迁安法院认为,本案的争议焦点问题为天润公司对案涉收益是否享有足以排除强制执行的民事权益。案涉收益为2019年1月1日至6月27日经营利润,此时天润公司尚未取得股东身份,亦未实际参与证券公司经营,故主张收益归其所有理据不足,故不予支持。

唐山中院认为,本案的焦点在于财达证券派发的案涉股权2019年度现金红利是否应归属于天润公司。首先,现金红利是由公司经营利润而来,无论经营利润产生于什么时间段,公司经营利润在没有分配前属于公司所有,不属于股东所有。只有在公司依照合法程序确定分配方案后,相应的公司财产才能转化为股东所有。其次,现金红利属于股权孳息,关于孳息的归属,《合同法》第163条①规定,"标的物在交付之前产生的孳息,归出卖人所有;交付之后产生的孳息,归买受人所有"。本案中,财达证券于2020年6月19日召开2019年度股东大会确定分红方案,诉争的现金红利产生在股权交付之后,应当归买受人天润公司所有。最后,《公司法》第4条规定:"公司股东依法享有资产收益、参与重大决策和选择管理者等权利。"2019年7月13日,泊头市人民法院已作出拍卖成交裁定,确认天润公司取得了4000万股股权及相关权益,上述权益包括基于股东身份取得股权收益的权利。天润公司取得股权在先,财达证券决定对2019年度利润进行分配在后,在股权已不再属于燕东化工的情况下,财达证券分派的现金红利应属于天润公司所有,而非燕东化工所有。综上,天润公司对于诉

① 现《民法典》第630条。

争款项享有足以排除强制执行的民事权益,执行机构不得执行案涉股权在财达证券的现金红利484,931.54元。

【要点评析】

如果拍卖公告中未明确约定,股权拍卖前对未分配利润未作出股利分配决议的,因股利分配请求权在股东大会决议分配利润前是一种期待权,只有在决议作出后才转化为股利分配请求权,因此原股东不享有相应的股利给付请求权。

当协议处置股权时,可以在股权转让前对未分配的利润归属进行约定,如果通过拍卖方式转让股权,建议在评估报告与拍卖公告中对股权未分配利润明确公示,以免产生争议。

泊头市天润纺织有限公司与李某、迁西县燕东化工有限公司案外人执行异议之诉案

[(2022)冀02民终1213号民事判决书]

【裁判要旨】

股权产生的现金红利属于法定孳息,股权被执行拍卖前产生的现金红利,未在拍卖公告中明确包含在拍卖标的内的,因股权红利产生在先,股权拍卖、交付在后,应当认定为被执行人的责任财产。

【基本案情】

对于李某与迁西县燕东化工有限公司(以下简称燕东化工)、蒋某、王某民间借贷纠纷,迁安法院于2015年10月15日作出(2015)安民初字第3468号民事判决,判令由蒋某偿还李某借款765万元及相应利息,燕东化工、王某承担连带保证责任。诉讼过程中,迁安法院依法查封了燕东化工持有的财达证券1000万股股权及收益,查封期限自2015年7月2日至2017年7月1日。执行过程中,该股权由唐山中院依法续封。

2019年6月27日,天润公司通过司法拍卖方式以1.088亿元竞得燕东化工持有的财达证券4000万股的股权。2019年7月13日,泊头法院作出(2015)泊执字第383-7号执行裁定,裁定该股权及相关收益归买受人天润公司所有,股权完成变更过户。

法院另外查明,财达证券于2019年6月20日举行2018年度股东大会,并于当日形成股东大会会议决议,通过了2018年度利润分配方案,财达证券应向燕东化工派发现金红利600万元。

2019年11月13日,唐山中院作出(2016)冀02执5280号之二执行裁定书,划拨燕东化工在财达证券赢得的2018年度收益150万元至唐山中院指定账户,并向财达证券送达了协助执行通知。天润公司提出执行异议,迁安法院于2021年9月22日作出(2021)冀0283执异114号执行裁定,中止对天润公司所有的原燕东化工在财达证券应得收益150万元的执行。李某不服,遂提起执行异议之诉。迁安法院于2021年12月30日作出(2021)冀0283民初6087号民事判决,判决支持原告李某的诉讼请求,准许执行(2016)冀02执5280号之二执行裁定书,划拨燕东化工在财达证券应得收益150万元至唐山中院指定账户。天润公司不服,提起上诉。唐山中院于2022年8月18日作出(2022)冀民终1213号民事判决,判决驳回天润公司的上诉,维持原判。

迁安法院认为,本案的焦点问题为被告天润工公司对案涉150万元收益是否享有足以排除民事强制执行的权益。股权产生的现金红利属于法定孳息,依据法律规定,标的物交付前产生的孳息归出卖人所有;交付后产生的孳息归买受人所有。天润公司竞得股权的时间为2019年7月13日,而财达证券已于2019年6月20日通过利润方案向燕东化工派发2018年现金红利,该笔现金红利已实际产生,应属于燕东化工所有。并且,天润公司竞拍案涉股权时的资产评估报告中评估基准日为2017年12月31日,天润公司主张评估股权价格包含2018年分红不应予以支持。遂判决支持原告的诉讼请求,准许执行燕东化工所有的应得收益150万元。

唐山中院认为,天润公司基于竞买股权不能取得该股权在财达证券2018年度的现金红利。现金红利属于股权孳息。本案中,财达证券于2019年6月20日召开股东大会,形成了包括2018年利润分配方案等一系列决议,分红的对象是当时的在册股东,而天润公司竞买股权的行为发生在2019年6月27日,完成股权过户登记的时间为2019年8月20日。即案涉股权在交付前已经产生了孳息收益。泊头法院在拍卖4000万股股权时,拍卖公告中没有明确指出包括2018年度的股权红利。在没有特别约定的情况下,孳息的归属问题,应按照《合同法》第163条①的规定判断,即"标的物在交付之前产生的孳息,归出卖人所

① 现《民法典》第630条。

有;交付之后产生的孳息,归买受人所有”。因股权红利产生在先,股权拍卖、交付在后,故案涉股权在2018年度的现金红利属于燕东化工的责任财产。关于天润公司提出拍卖标的和评估报告均包含2018年度的现金红利的上诉理由,本案的评估、拍卖对象为燕东化工持有的财达证券4000万股股权,评估机构在进行股权评估时并不能预计2018年度的分红方案。且2018年度的股权红利在司法拍卖前已经确定,即红利与股权完成了分离,天润公司只有在成为股东后,通过行使利润分配请求权取得持股后的红利,而不能通过司法拍卖取得在其持股之前的红利。天润公司上诉请求理由不足,不予支持。遂判决驳回上诉,维持原判。

【要点评析】

股息、红利在性质上属于股权附属的权利,本案系因股权拍卖引发的股利归属争议。根据《民法典》第630条(《合同法》第163条)的规定,除当事人另有约定外,股权交付之前的产生的孳息归属于出卖人,交付后产生的孳息归买受人所有。股权司法拍卖作为股权转让的形式之一,因司法拍卖活动属于特别的交易程序,具有极强的司法公信力,在拍卖裁定送达之日该买受人成为公司新股东,可以认为拍卖裁定送达之日即为交付日。在司法拍卖过程中,如果拍卖公告中明确股利归属,则依据拍卖公告的内容予以确认,如果在交易前已经作出分配决议的,则原股东取得对公司利润分配的债权请求权,股利归属于原股东。

对于股权价值的评估取决于每股资产的净值,并在此基础上结合市场行情、各方购买力等因素最终确定股权的交易价格。结合上述分析,本案中如果在竞买公告中明确拍卖标的物中包含2018年现金红利,则极有可能呈现截然相反的裁判结果。因此在司法拍卖中,竞买股权时应当注意拍卖公告中是否包括对前年度的股利给付请求权,同时要详细了解评估报告的评估依据及时间。尽可能对拍卖标的是否包含股利进行明确约定,以免后续引发纠纷。

第二十六章　基于占有的异议之诉

法律依据

《民法典》第 458 条　基于合同关系等产生的占有，有关不动产或者动产的使用、收益、违约责任等，按照合同约定；合同没有约定或者约定不明确的，依照有关法律规定。

《民法典》第 462 条　占有的不动产或者动产被侵占的，占有人有权请求返还原物；对妨害占有的行为，占有人有权请求排除妨害或者消除危险；因侵占或者妨害造成损害的，占有人有权依法请求损害赔偿。

占有人返还原物的请求权，自侵占发生之日起一年内未行使的，该请求权消灭。

一、制度阐释

（一）占有的概念

占有，是指占有人基于一定的占有意图而对特定的动产或不动产进行的控制的事实状态。占有是一个十分复杂的概念，正如英国学者萨尔芒德所言："在整个法律理论中，没有什么概念比占有概念更难以定义。"不过，我国多数学者主张，占有与作为所有权权能的"占有"以及占有权不同，占有不是一种权利，而是一种事实状态，是一种民事主体对物的实际上的控制，但占有是占有权形成的基础和前提。作为占有的对象，这里的"物"主要是指动产和不动产等有形财产，既可以是独立的物，也可以是物的部分，但并未包括财产权利。也正是因为占有和占有权存在的这些区别，我国《民法典》设专编对占有做了规定，虽然没有详述占有的概念，但对占有这种事实状态明文规定予以保护，赋予占有人占有物返还请求权、占有妨害停止请求权、占有妨害防止请求权等，使其具有准物权的性质。占有制度的设立，主要是为了保护物权和维护社会秩序，排除任何人以私力改变占有的现状。就动产而言，占有本身就具有对该动产物权变动的公示作用，占有该动产之人，依法可推定其对该动产享有合法权利，并应受到法律保护。

(二)占有的构成要件

占有的构成要件包括两个方面:一是主观要件。占有人应当有占有的意思,即意识到自己正在占有某物,但是并不需要占有人必须表露出要将某物据为己有的意思;无意识的占有,并不当然构成占有,辅助他人占有也不构成占有。二是客观要件。除了占有人有占有的意图外,占有人还需要对某物形成事实上的控制、管领,形成对物的事实上的支配。

(三)占有的分类

占有根据占有人是否有权占有某物,可以分为有权占有和无权占有。有权占有是指基于法律或合同的规定而享有对某物进行占有的权利,相反,没有法律或合同依据而占有,则是无权占有。

占有根据对标的物是否直接占有为标准,可以分为直接占有和间接占有。直接占有,是指直接对物进行事实上的管领和控制;不直接管领和控制标的物,但是可以依据特定的法律关系,而对于被他人直接占有的物,享有返还占有物的请求权,这就是间接占有。

试举一例来简单的区别。例如,甲将自己享有所有权的房屋出租给乙,那么乙对房屋就是有权占有,而且是直接占有;而甲对房屋则是间接占有,在租赁合同到期后,甲有权要求乙将房屋返还,如乙在合同到期后拒绝返还,则乙对房屋是无权占有。

二、操作指引

(一)基于占有提起的异议之诉

基于占有而提出异议,并主张排除执行,并非依据占有本身排除执行,占有作为一种事实状态,并非据以提起异议之诉的实体权利。占有虽非一种权利,更非一种物权,但也属于法律所保护的一种财产利益,不受他人非法地任意侵害,当这种财产利益被执行行为损害时,占有人有权通过提起异议寻求救济。我们认为,占有人基于占有提起异议之诉,所依据的实体权利主要包括两个方面:一是有权占有所依据的本权,二是基于占有的事实而享有的、在占有受到侵夺或妨害的情况下享有的请求权,即占有保护请求权。占有人可以行使占有保护请求权对抗任何第三人的侵害和权利对抗,当然可以对抗和排除法院的不当执行。由于本部分探讨的是异议之诉,故此处要排除之执行,是其被执行人不应当是占有人,如占有人即为案件执行之被执行人,则无权依据《民事诉讼法》第238条之规定提出异议。

根据占有的分类,本部分着重探讨直接占有人提起的异议之诉和间接占有人提起的异议之诉。

(二)直接占有人提起的异议之诉

申请执行人甲公司与被执行人乙公司买卖合同纠纷一案,法院在执行过程中于2013年4月3日查封了位于A地的设备。查封现场照片显示,被查封财产存放地墙壁上张贴的若干文件中,有部分带有被执行人乙公司的显著标识;现场提取的一批请购单所署即为"乙公司"。查封时,曾在请购单上以负责人身份签名的李某某在场。查封后,案外人丙公司提出异议,称法院查封财产归其所有,而非被执行人,故请求法院解除查封。

经查明,异议人丙公司成立于2013年4月17日,异议人与被执行人的注册地址均为被查封财产存放地。

1. 基于动产所有权的直接占有

从基本案情以及异议人提出的主要事由来看,这是典型的基于动产所有权提出的异议。在静态下,占有是动产物权的公示手段。通俗而言,要判断动产所有权归属,就是看谁占有。而占有产生的法律后果之一,就是基于占有的事实,可以推定占有人有权占有,而该占有的本权,既可以是所有权,也可以是其他物权或者债权。异议人基于自身占有的事实,主张其对被查封机器设备享有所有权,并借此以所有权对抗法院强制执行。

此类案件在审查中最大的分歧,在于占有的认定,这也是以动产作为争议标的物时,各方争论最大的地方。构成占有必须要具备主观要件,即有占有的意图,从异议人提出异议,通常已经足以说明异议人这一主观要件的存在。因此,要判断占有,最核心的还是客观要件,即谁事实上控制和管理标的物。归纳起来,要判断动产由谁占有,可以从以下几个方面着手审查认定:

(1)动产标的物的存放地。空间因素是判断占有的重要方面。任何物都会占据一定空间,而这一空间必然有一定归属,而该空间就可以作为结合占有人和标的物的重要"媒介",该空间的归属者可以认定为标的物的占有人。如动产标的物存放在占有人的注册地址、经营地址、承租地、居住地等,即可认定为占有人实际占有该标的物。

(2)动产标的物的使用人、持有人、控制人、保管人、管理人。通常持续长期使用、持有、控制、保管、管理该动产的,即可认定为该标的物的占有人。

(3)动产标的物附有的权属标志。在某些特定情形下,该标的物上有明显的权属标志,也可以作为认定占有人的重要依据。

在实务中,由于各种法律关系错综复杂,往往需要从多个角度来综合分析、判断。以此案例而言,从空间上看,被执行人与异议人的注册地都在动产存放地,但是异议人在占有时间上更晚、更短,被执行人的负责人一直在现场监督、使用动产,代表被执行人实施了长期稳定的控制、管领,存放地到处还遗留有被执行人的各种标识。综合判断,尽管异议人在查封后将公司注册地址迁至设备存放地,但现有证据更足以认定被执行人是该批设备的实际占有者。就动产而言,在没有相反证据反驳的情况下,认定直接占有通常就可以确认所有权归属,进而作出是否排除执行的裁定。

值得一提的是,占有人从被执行人处购得动产并已直接占有,但占有人仅支付部分价款,根据合同约定仍由被执行人保留所有权的,占有人并不因直接占有而取得所有权。因此,当法院将该动产作为被执行人财产采取查封、扣押、冻结措施时,占有人并不能以占有为由排除执行。但是,根据法律规定,占有人可以选择继续履行买卖合同,在合理期限内向法院交付全部余款后,可以请求法院解除查封、扣押、冻结,此时,占有人实际已经取得该动产的完全所有权。

2. 基于担保物权和合同权利的直接占有

除了主张所有权外,直接占有人还会因为其他的物权依据、合同依据等而需要排除执行行为对占有的妨害,如留置权、质权、租赁合同、保管合同、运输合同等。这种异议之诉中,各方通常对所有权归属并无争议,更多的是占有人对法院执行行为限缩其占有甚至剥夺其占有所造成的损害提出异议。占有人既可以基于占有之本权提出异议,也可以基于占有保护请求权提出异议,以达到排除执行、恢复占有状态的目的。

就留置权、质权而言,占有人对动产标的物的直接占有,关乎其优先受偿权的成立与否。但是,法院在对标的物采取查封、扣押、冻结等措施时,一般会依法指定直接占有人作为保管人,也就是说,通常不会改变占有状态。确有必要改变占有状态,将标的物由法院保管的,质权、留置权不因转移占有而消灭。在此情况下,直接占有人无须因占有事实的变更而提出异议并排除执行,较为合理的做法是向法院申报优先受偿权并参与分配。当然如果法院的执行行为确实对占有人构成了侵害,占有人依据占有之本权或占有保护请求权提起异议之诉亦属必然。

如基于租赁合同而直接占有标的物的,无论是动产还是不动产,占有人之所以需要排除执行,是为了继续基于合同而合法占有该标的物,以实现其合同利益,如行使使用权。在这种情况下,法院对该标的物的查封、扣押或者拍卖等执行措施,应当尽量尊重合同各方的意思自治,特别注意保障作为案外人的合同当事方的合法权益。通常而言,法院在对租赁物采取执行措施时,很少需要改变这种占有状态，本着“买卖不破租赁”的原则，即便是对租赁物采取了查封、扣押或者拍卖等措施，也无须要求承租人将租赁物移交出来，而是维持租赁关系，配合法院的处置、拍卖等。不过，对于承租人而言，其也必须遵守法院禁令，妥善保管租赁物，不得损坏、隐藏、转移租赁物，更不得在租赁物上设定新的权利，如转租变更占有人等。当然，承租人在合同终结时，亦可以将占有物移交给法院，不再占有。在个别情况下，法院会基于对在先抵押权的保护而除去在后租赁，进而解除占有，于此，占有人该如何寻求救济，目前理论界和实务界尚存争议，有的主张依据《民事诉讼法》第236条的规定提出异议，即按照执行行为异议进行处理；有的主张依据《民事诉讼法》第238条的规定提出异议，直到提起异议之诉。我们倾向于后者，承租人基于租赁合同而占有标的物，其占有标的物的状态不容侵犯，亦有持续使用该标的物的权利，无论是基于使用权还是占有保护请求权，均是可以用于对抗执行、排除执行的实体权利，法院着重审查的应该是实体权利能否排除执行，而非执行行为的合法性，因而适用《民事诉讼法》第238条规定更为恰当。

如基于保管合同、运输合同等直接占有动产，此系为被执行人的利益占有被执行人的财产，法院可以将其查封、扣押、冻结。实际操作中，法院通常将该动产指定给直接占有人继续保管。直接占有人同样不得违反法院禁令，擅自将该标的物做任何之处分或移转，并应当配合法院处置、交付等。由于占有人是为被执行人之利益而占有财产，因此，法院的执行行为对其占有通常不会造成较为明显的损害，但由于实践中财产处置的周期较长，因而持续的保管会对占有人形成负担和成本。占有人能否将标的物移交给法院，这是实践中遇到的技术问题。从理论上来讲，法院应当准许此请求，以尽量降低对占有人的损害，但是实践中涉及搬迁、重新选择场地和保管人等问题，因而法院准许的可能性比较小。就此，占有人可能会对法院的消极行为提出异议。也就是说，法院积极改变占有的决定，占有人异议者少，法院维持占有的决定，则会因为可能损害占有人利益而被提出异议。

3. 标的物为违法建筑的占有

违法建筑因其自身违法性，占有人无法取得所有权。尽管对此类建筑的执行处置仍然有很大的争议，但实践中采取查封等强制措施并不存在障碍。违法建筑的建造者虽不能取得所有权，但不可否认其管有的权利和义务，在实践中甚至能基于该违法建筑享有大量收益。基于维护物权秩序和社会治理秩序，应当给予其占有保护。也就是说，尽管占有人对该违法建筑不享有物权，但其对建筑物的占有状态受法律保护，任何人未经法定程序，不得私自更改、剥夺此种占有。基于其对占有的保护，占有人同样享有占有保护请求权，并基于此可以排除他人妨害，当该违法建筑被查封时，占有人亦有权据此提出异议，直至排除法院执行。

(三)间接占有人提起的异议之诉

间接占有与直接占有是相对应存在的两个概念。间接占有不是对物的直接控制和管领,因而是一种观念上的占有。基于某种法律关系,直接间接占有人从间接占有人处取得对物的事实控制,但由于对物不享有所有权,因而直接占有人不能以所有权人的意思而进行占有。在此种法律关系终止后,直接占有人有义务将标的物返还给间接占有人,间接占有人也因此享有返还标的物的请求权。间接占有人虽然不直接控制和管理标的物,但由于其享有返还标的物的请求权,故仍然对物具有一种控制力。

实务中常见的间接占有可归纳如下:

(1)所有权人将标的物出典、出质、出租、出借、托管、托运等,其对标的物即属于间接占有;

(2)承租人将标的物转租后,其对标的物亦是间接占有;

(3)保留所有权的出让人,对其出让之动产,同样是间接占有;

(4)土地所有权人,对其出让、分配、发包后的土地,是间接占有。

从上述举例可以看出,与直接占有不同,间接占有人通常就是所有权人,间接占有人与直接占有人之间的关系多是合同关系,是所有人将物的占有通过合同关系让与他人所形成。间接占有与直接占有的相对应存在就体现在这里。正因如此,对间接占有的侵害,包括法院的执行措施,并非一定要通过间接占有制度来寻求保护,并据此来排除执行,完全可以依据所有权来排除执行。即便是在转租关系中,转租人作为间接占有人,虽然并非所有权人,但其仍然可以依据合同所赋予之权利主张排除执行。考虑到间接占有构成的复杂性,要主张间接占有的成立,其证明难度并不小。间接占有人在提起异议之诉时,从诉讼策略上考虑更适合依据所有权等,而不是依据占有保护请求权等,这也许正是目前甚少有此类案例的原因。

不过,在比较极端的情况下,间接占有人对自身财产管理不善,或者缺乏基本的证据保存素养,因而导致其并未持有取得所有权的凭据。也就是说,间接占有人并没有充足的证据证明其对标的物享有所有权,按照异议之诉审查标准,其所有权主张通常难以得到支持。但是,间接占有人依据占有保护请求权提起异议之诉,则可以降低举证难度,排除执行并非不可能,但最终能否实现其主张,则需要依据具体个案进行研究。

试举一例:甲拥有一台机器,但是没有任何发票、购买合同等所有权凭证。甲乙就该机器签订合同,约定甲将某台机器出租给乙使用,约定租期为两年,乙应当在租赁期满后将机器返还给甲。乙在租用过程中,因欠债而被法院执行,法院以前述机器是乙直接占有为由，作为乙的财产予以查封。甲当如何寻求救济？

争议的机器由乙直接占有，法院据此推定乙对该机器享有所有权，并无不妥，当然，如果甲或者乙能够提供足够证据推翻此结论，又另当别论。鉴于甲并无任何表明所有权的书面凭证，而且由于并未直接占有而缺乏公示所有权的主要手段，在实践中，作为被执行人的乙未必会出现，即便是乙向法院申明机器归甲所有，法院通常也不会仅凭此就采信。也就是说，甲的所有权主张，是难以被认可，甲主张所有权并提起异议，是难以达到排除执行目的的。

在此情况下，甲可以依据占有保护请求权提出异议。法院在进行审查时，应当着重审查两个方面：(1)标的物是否由间接占有人通过特定民事法律关系移转给直接占有人事实控制，主要审查间接占有人与直接占有人之间签订的各类民事合同等。(2)特定民事法律关系终结后，间接占有人是否保有返还原物请求权。如果通过审查可以确认，甲虽然没有合法所有权证明，但乙的直接占有确属通过甲取得，而且合同明确约定甲有权请求返还标的物，那么甲对标的物的间接占有成立。由于甲缺乏所有权证明，故不宜直接确认甲对标的物享有所有权，但也可以否认乙享有所有权。其基于占有保护请求权，甲可以排除任何第三人对占有标的物的妨害，由于法院采取执行措施的权利认定基础已被推翻，因而相关执行措施应当被排除。如果审查发现甲不仅缺乏所有权证明材料，甚至无法证实其享有返还请求权，那么可以认定其并未构成对标的物的间接占有，甲也就不享有占有保护请求权，其排除执行的请求得不到支持。

审判前沿

鸡东县华盛煤炭有限公司与被申请人黑龙江省八五一〇农场及黑龙江省牡丹江农垦发展热电有限责任公司案外人执行异议之诉纠纷案

［(2019)黑民终43号民事判决书、(2020)最高法民申3126号民事裁定书］

【裁判要旨】

执行和解协议约定案涉设备所有权归案外人所有，案外人与被执行人在协议约定在转移案涉设备所有权后，被执行人继续占有案涉设备，符合占有改定的法律要件。自相关协议生效时，视为完成案涉设备的交付，案外人间接占有案涉设备,执行和解协议中约定的以物抵债内容已经履行完毕。动产以交付为物权变动生效要件,案外人取得对案涉设备的实体权利,享有可以排除对案涉设备强制执行的民事权益。

【基本案情】

就黑龙江省八五一〇农场(以下简称八五一〇农场)与黑龙江省牡丹江农垦发展热电有限责任公司(以下简称农垦热电公司)供煤合同纠纷案,黑龙江省农垦中级法院于2006年7月19日作出(2006)垦商初字第17号民事调解书,确认:“农垦热电公司偿还八五一〇农场欠款2,650,000元(2006年10月末前还款1,000,000元,2007年10月末前还款1,000,000元,剩余650,000元于2006年11月起每月偿还40,000元,直至2008年2月全部还清),并以其所有的厂房、设备提供抵押担保。”因农垦热电公司未履行给付义务,八五一〇农场向黑龙江省农垦中级法院申请执行,黑龙江省农垦中级法院指定黑龙江省绥化农垦法院执行,并经黑龙江省绥化农垦法院调解,八五一〇农场与农垦热电公司于2007年10月17日达成和解协议,双方约定:“农垦热电公司以一组3000kW的汽轮发电机组、十个高低柜、一台4000kW的变压器、一台软化水箱(泵)抵偿拖欠八五一〇农场的购煤款、逾期利息及执行费用共计1,430,582元,上述设备的所有权归八五一〇农场;若农垦热电公司重新生产启动,涉及有关机器设备使用及还款等事宜与八五一〇农场另行协商;若农垦热电公司于2008年10月1日前不能重新启动,八五一〇农场将收回上述机器设备;农垦热电公司负责对上述机器设备保管,不得毁损、变卖。”2008年4月24日,八五一〇农场向黑龙江省农垦中级法院申请执行剩余购煤款本息共计1,545,000元,黑龙江省农垦中级法院指定黑龙江省宝泉岭农垦法院执行。执行过程中,经黑龙江省宝泉岭农垦法院调解,八五一〇农场与农垦热电公司于2008年10月10日达成协议,双方约定:“农垦热电公司注册的所有设备都是用黑龙江省牡丹江垦区东海热电厂的资产,该设备已于2007年10月17日执行给八五一〇农场用于偿还部分煤款,现农垦热电公司同意在2008年10月30日前先还八五一〇农场1,000,000元,如不能按期还款,农垦热电公司的所有设备过户给八五一〇农场,抵偿部分欠款。”农垦热电公司未按约定履行还款义务,双方于2008年12月签订移交资产设备清单。2009年6月15日,八五一〇农场与农垦热电公司签订设备置换协议,约定农垦热电公司将其更新的设备重新抵债给八五一〇农场,由农垦热电公司使用、维护。

就鸡东县华盛煤炭有限公司(以下简称华盛公司)与农垦热电公司买卖合

同纠纷案，鸡西市中级人民法院于2012年12月5日作出(2012)鸡商初字第26－2号民事调解书，确认农垦热电公司于2013年1月1日前给付华盛公司煤款8,607,314元。调解生效后，农垦热电公司未履行给付义务，华盛公司申请执行。执行期间，鸡西市中级人民法院于2017年11月13日作出(2013)鸡中法执字第14－12号执行裁定，查封案涉汽轮发电机等在内的133项设备。八五一〇农场不服，向鸡西市中级人民法院提出执行异议，鸡西市中级人民法院于2018年7月23日作出(2018)黑03执异68号执行裁定，驳回八五一〇农场的异议请求。八五一〇农场不服，认为置于农垦热电公司的全部机器设备均属八五一〇农场所有，故以案外人身份提起本案诉讼。

案涉133项设备未进行工商登记，亦未办理抵押权属登记等相关手续，案涉设备现置于农垦热电公司院内，且至今由农垦热电公司占有使用。

已生效的黑龙江省牡丹江农垦法院(2018)黑8108民初597号民事判决书中认定：2012年8月6日，八五一〇农场与农垦热电公司补签租赁合同，合同约定：八五一〇农场将农场现有供热管道、锅炉房、锅炉等附属设备及设施租赁给农垦热电公司，租赁合同期限为1年，自2011年10月10日起至2012年10月10日止；租赁物用途及经营范围为用于向场部场区住宅楼、农场所属单位、商服单位和居民用户供热；供热管道租金按农垦热电公司应收热电总额的25%收取，租赁费为1,694,000元；八五一〇农场新投入的锅炉、附属设备设施及锅炉供热系统除灰除尘设备等的租赁费，按资产总额的10%计算，农垦热电公司应交租赁费为800,000元；农垦热电公司完全履行各项义务，达到八五一〇农场要求，八五一〇农场兑现给农垦热电公司供热补贴款1,680,000元。

在(2018)黑03执异68号执行卷宗中，华盛公司举示了2014年7月25日农垦热电公司作为甲方与乙方曲某、公某国、丙方鸡西克雷安科技有限公司签订委托经营合同的复印件，其中约定委托经营期为4年(自2014年8月1日至2018年9月20日)。丙方经营前热电公司所发生的债权、债务由原经营方华盛公司负责，丙方经营期间所发生的债权债务由丙方负责。委托经营期结束，乙方收回经营权，丙方须如期交还。

2015年5月17日，八五一〇农场(甲方)与鸡西克雷安科技有限公司(乙方)签订供热合同，该合同记载：因农垦热电公司将其经营权通过公某国、曲某转包给乙方，为保证农场场部居民及企事业单位正常取暖，订立本合同。第2条：供热合同期限：自2015年8月20日至2017年8月20日。第4条：经双方协商，2015年甲方给予乙方供热补贴款130万元，在供暖期结束后，经甲方验收达到合同约定的供热质量,乙方完全履行合同,乙方租用甲方设备完好无损,状态止常,甲方于2016年5月15日前兑现供热补贴款。第6条:属甲方产权的全部供热外网管道、换热站、锅炉房、锅炉设备设施无偿提供给乙方使用。第19条:甲方交乙方使用的固定资产见2014年7月13日陶某亮、刘某军、公某国、孟某国、高某岩盘点数据。乙方经营权见2014年7月25日与农垦热电公司签订的委托经营合同。

2018年4月13日,农垦热电公司、八五一〇农场、鸡西克雷安科技有限公司、公某国签订结算协议书约定:八五一〇农场与农垦热电公司分别于2007年10月17日、2008年10月10日自愿达成以物抵债执行和解协议,农垦热电公司已将其所有的全部机械设备给付八五一〇农场,用以抵付(2006)垦商初字第17号民事调解书确认的全部执行标的本息、诉讼费、执行费;因农垦热电公司一直给八五一〇农场供热取暖,八五一〇农场同意将抵债设备给农垦热电公司使用并保管。鸡西克雷安科技有限公司、公某国为农垦热电公司全面履行本结算协议提供担保,如八五一〇农场与农垦热电公司发生纠纷,农垦热电公司对八五一〇农场负有债务时,鸡西克雷安科技有限公司、公某国共同与农垦热电公司负有连带偿还责任。如因本结算协议发生纠纷,四方可协商签订补充协议。本协议一式5份,八五一〇农场执2份,农垦热电公司、鸡西克雷安科技有限公司、公某国各执1份。

一审法院认为,本案争议的焦点为是否应停止对案涉汽轮发电机、锅炉机组等在内的133项设备的执行。案外人执行异议之诉的主要目的在于通过诉讼排除对执行标的物的强制执行,这不仅要求对当事人是否对执行标的物享有实体权利进行判断,还要对其实体权利是否足以阻止对执行标的物的强制执行进行判断。本案中,八五一〇农场与农垦热电公司供煤合同纠纷案,经黑龙江省农垦中级法院调解,依法确认八五一〇农场享有债权,因农垦热电公司未履行给付义务,双方自愿达成以物抵债协议,终止债权债务关系。但案涉设备属于动产,依据《物权法》(已废止)第23条的规定,动产物权的设立和转让,自交付时发生法律效力。八五一〇农场与农垦热电公司虽就案涉设备签订设备移交清单及置换协议,主张对案涉汽轮发电机等133项设备享有所有权,但八五一〇农场并未对设备直接占有,该设备一直由农垦热电公司占有使用,且八五一〇农场亦未提交其间接占有案涉设备的有效证据,仅凭设备移交清单及置换协议认定设备已交付,依据不足,不符合《物权法》(已废止)第27条关于占有改定的法律规定。案涉汽轮发电机等设备未进行登记,一直由农垦热电公司实际占有,并用于生产经营,依据《异议复议规定》第25条第1款第2项"对案外人的异议,人民法院应当按照下列标准判断其是否系权利人:……(二)已登记的机动车、船舶、航空器等特定动产,按照相关管理部门的登记判断;未登记的特定动产和其他动产,按照实际占有情况判断"之规定,应认定八五一〇农场不享有足以排除强制执行的民事权益。一审判决:驳回八五一〇农场的诉讼请求。八五一〇农场不服一审判决,提起上诉。

二审法院认为,依据在执行黑龙江省农垦中级法院作出的(2006)垦商初字第17号民事调解书的过程中,八五一〇农场与农垦热电公司分别于2007年10月17日达成和解协议以及2008年10月10日达成协议,已明确农垦热电公司将所有的设备抵偿给八五一〇农场。且通过双方于2008年12月签订的移交资产设备清单以及2009年6月15日签订的设备置换协议完成了交付。根据《物权法》(已废止)第23条及第27条规定,动产物权的设立与转让以交付为生效要件,与是否办理变更登记无关,而交付可以占有改定方式进行。双方业已通过占有改定的方式交付了案涉设备。据此,八五一〇农场取得了案涉设备的所有权。后八五一〇农场依据对案涉设备的所有权分别于2012年8月6日与农垦热电公司签订租赁合同、2015年5月17日与鸡西克雷安科技有限公司签订供热合同以及2018年4月13日与农垦热电公司、鸡西克雷安科技有限公司、公某国签订结算协议书,结合上述合同内容亦足以佐证八五一〇农场将案涉设备交由农垦热电公司使用、维护的事实存在。因此,一审判决以八五一〇农场未提交其直接或间接占有案涉设备的有效证据为由,认为其不符合《物权法》(已废止)第27条关于占有改定的法律规定,以及适用《异议复议规定》第25条第1款第2项属理解偏差,判决不得执行案涉汽轮发电机、锅炉机组等在内的133项设备。华盛公司不服该二审判决,申请再审。最高人民法院经审查后,驳回了华盛公司的再审申请。

【要点评析】

就本案而言,本案的案外人是案涉设备的间接占有人,也是案涉设备的实际所有人。然而,案外人通过主张其系间接占有的成立,相对证明难度较大,最终以案外人已通过占有改定的方式取得动产所有权,基于所有权而排除强制执行。

审查动产物权的归属主要需要审查物的占有以及物的交付。就动产的占有而言,一般来说,在没有相反证据的情况下,通常通过直接占有来确认所有权的归属。而间接占有是一种观念上的占有,不直接对物有控制和管领力,更多的是基于所有权而享有一种控制力。我国法律规定,动产物权的设立和转让,自交付时发生法律效力。就动产的交付而言,交付方式包括简易交付、指示交付、占有改定等。其中,占有改定属于观念交付的一种,在占有改定的过程中,标的物并不实际转移占有,仅是通过当事人的合意完成所有权的转移,从权利外观来看,物权变动过程没有任何外部表征,亦未经任何公示程序,第三人很难知道当事人之间发生了占有改定关系,因而相较于其他交付方式,占有改定产生的公示公信效力最弱。因而,对占有改定的约定真实存在,必须达到一定的证明标准①,才能认定案外人通过占有改定取得了动产的所有权,而排除强制执行。

① 如在(2021)鲁民终559号案中,在当事人无充分证据证明自己是案涉动产交易的善意相对人的情况下,动产以占有改定方式完成的交付不能对抗强制执行。参见李明明、孔祥昆:《动产以占有改定方式完成交付能否对抗强制执行——山东高院判决承唐公司诉董某某、岳海公司案外人执行异议之诉案》,载《人民法院报》2021年6月24日,第7版。

第二十七章　基于信托财产权的异议之诉

基于信托财产权提起的执行异议之诉，是指当事人对被执行的财产是信托财产还是被执行人的财产存在争议，进而为排除或者许可对涉案财产的执行而提起的执行异议之诉。具体包括两类：案外人可以被执行财产为信托财产而非被执行人责任财产为由，提起以排除对信托财产进行强制执行的案外人异议之诉；申请执行人也可以涉案财产为被执行人的财产而非信托财产为由，提起许可对涉案财产进行强制执行的申请执行人执行异议之诉。

第一节　信托关系及信托财产的认定

法律依据

《信托法》第 2 条　本法所称信托，是指委托人基于对受托人的信任，将其财产权委托给受托人，由受托人按委托人的意愿以自己的名义，为受益人的利益或者特定目的，进行管理或者处分的行为。

《信托法》第 14 条　受托人因承诺信托而取得的财产是信托财产。受托人因信托财产的管理运用、处分或者其他情形而取得的财产，也归入信托财产。法律、行政法规禁止流通的财产，不得作为信托财产。法律、行政法规限制流通的财产，依法经有关主管部门批准后，可以作为信托财产。

一、制度阐释

（一）制度渊源

根据《信托法》的相关规定及信托法理，信托财产具有独立性，其并不属于委托人、受托人和受益人的责任财产，因此，在委托人、受托人或者受益人作为被执行人的情况下，原则上都不能将信托财产作为执行标的。

首先，信托财产并非委托人的责任财产。《信托法》第 15 条规定：“信托财产与委托人未设立信托的其他财产相区别。设立信托后,委托人死亡或者依法解散、被依法撤销、被宣告破产时,委托人是唯一受益人的,信托终止,信托财产作为其遗产或者清算财产;委托人不是唯一受益人的,信托存续,信托财产不作为其遗产或者清算财产;但作为共同受益人的委托人死亡或者依法解散、被依法撤销、被宣告破产时,其信托受益权作为其遗产或者清算财产。"

其次,信托财产也非受托人的责任财产。《信托法》第16条规定:"信托财产与属于受托人所有的财产(以下简称固有财产)相区别,不得归入受托人的固有财产或者成为固有财产的一部分。受托人死亡或者依法解散、被依法撤销、被宣告破产而终止,信托财产不属于其遗产或者清算财产。"

再次,信托财产也并不归受益人直接所有,其不能直接作为受益人的责任财产。

最后,只有在特殊的情形,才能对信托财产进行执行。根据《信托法》第17条的规定,在下列情形下,可以对信托财产进行强制执行:(1)设立信托前债权人已对该信托财产享有优先受偿的权利,并依法行使该权利的;(2)受托人处理信托事务所产生债务,债权人要求清偿该债务的;(3)信托财产本身应担负的税款;(4)法律规定的其他情形。

正是由于信托财产具有独立性,故在将其作为被执行财产时,相关利害关系人往往会提出执行异议申请和提起执行异议之诉。

(二)审理重点

无论是当事人以被执行财产属于信托财产为由提起案外人执行异议之诉,还是申请执行人以被执行财产不属于信托财产为由提起申请执行人异议之诉,当事人争议和法院审理的重点均在于委托人与受托人之间是否存在信托关系,涉案的被执行财产是否属于信托财产。所谓信托关系,是指因信托合同成立,在当事人、受益人之间形成的以信托财产为基础的权利义务关系,信托关系实际上是信托法律关系。它由三个要素构成:(1)主体,是指信托法律关系中权利义务的承担者,包括委托人、受托人、受益人;(2)客体,是指信托法律关系主体的权利义务所共同指向的对象,即借以产生信托关系的资财;(3)内容,即信托法律关系主体所享有的权利和应当承担的义务,具体的权利义务由信托法规定。根据我国《信托法》的相关规定,信托关系的成立,需要具备以下条件:

1. 主体要件。(1)关于委托人。根据《信托法》第19条的规定,委托人应当是具有完全民事行为能力的自然人、法人或者依法成立的其他组织。(2)关于受托人。《信托法》第24条规定:"受托人应当是具有完全民事行为能力的自然人、法人。法律、行政法规对受托人的条件另有规定的，从其规定。”根据以上规定，受托人原则上只要具有完全民事行为能力即可，无论其是自然人还是法人。当然，如果法律、行政法规对受托人资格条件另有规定，则这些规定相对于《信托法》的规定来说，是特别法的规定，即应当依照特别法规定的条件执行。（3）关于受益人。《信托法》第 43 条规定：“受益人是在信托中享有信托受益权的人。受益人可以是自然人、法人或者依法成立的其他组织。委托人可以是受益人，也可以是同一信托的唯一受益人。受托人可以是受益人，但不得是同一信托的唯一受益人。”此外，该法第 11 条第 5 项规定，受益人或者受益人范围不能确定的，该信托无效。

2. 目的要件。《信托法》第 6 条规定：“设立信托，必须有合法的信托目的。”该法第 11 条同时规定“信托目的违反法律、行政法规或者损害社会公共利益”“专以诉讼或者讨债为目的设立信托”的信托无效。

3. 信托财产合法、确定。《信托法》第 7 条规定：“设立信托，必须有确定的信托财产，并且该信托财产必须是委托人合法所有的财产。本法所称财产包括合法的财产权利。”该法第 11 条同时规定“信托财产不能确定”“委托人以非法财产或者本法规定不得设立信托的财产设立信托”的信托无效。

4. 形式合法。《信托法》第 8 条规定：“设立信托，应当采取书面形式。书面形式包括信托合同、遗嘱或者法律、行政法规规定的其他书面文件等。采取信托合同形式设立信托的，信托合同签订时，信托成立。采取其他书面形式设立信托的，受托人承诺信托时，信托成立。”该法第 9 条规定：“设立信托，其书面文件应当载明下列事项：（一）信托目的；（二）委托人、受托人的姓名或者名称、住所；（三）受益人或者受益人范围；（四）信托财产的范围、种类及状况；（五）受益人取得信托利益的形式、方法。除前款所列事项外，可以载明信托期限、信托财产的管理方法、受托人的报酬、新受托人的选任方式、信托终止事由等事项。”该法第 10 条规定：“设立信托，对于信托财产，有关法律、行政法规规定应当办理登记手续的，应当依法办理信托登记。未依照前款规定办理信托登记的，应当补办登记手续；不补办的，该信托不产生效力。”

二、操作指引

在基于信托财产而提起的异议之诉案件中，最为核心的问题在于：涉案的财产是否属于信托财产？如前所述，我国实际上还缺乏真正的信托财产公示制度，换言之，对于许多类型的财产，我国实际上无法对其进行信托财产公示。此种情况下，在基于信托财产而提起的执行异议之诉中，如何区分信托财产与受托人的固有财产就会面临难题：如果仅凭委托人与受托人之间的信托关系（文件）就将相应的财产认定为信托财产,进而排除对该财产的强制执行,这必将会使信托制度成为当事人逃避执行的手段,毕竟,信托文件真实与否的判断是一个难以解决的问题。如果不将信托关系(文件)作为认定信托财产的依据,则信托财产将无法认定,进而使信托制度形同虚设。对此问题,我们提出以下几点意见:

第一,由于我国没有建立完善的信托财产公示制度,故在司法实践中,不宜简单地以没有进行信托财产公示为由,当然否定执行标的不构成信托财产。具体是否构成信托财产,应当结合信托文件的真实性以及信托财产有无与受托人的固有财产相区分为判断的重点。

第二,信托关系是信托财产设定的前提和基础,因此,执行异议人据以主张执行标的系信托财产的信托文件的真实性,是判定其主张是否成立的关键。根据相关法律规定的经验法则,经过公证的信托文件、在相关机构登记备案的信托文件的真实性原则上应当予以认定。至于执行异议人提供的一般信托文件,则应当结合具体情况,对其真实与否予以认定,以尽量避免被执行人与案外人恶意串通,通过信托制度来规避强制执行,损害申请执行人的利益。

第三,信托财产的特性在于其独立性,这种独立性固然需要一定的公示方法,但信托财产的公示,不一定是财产权转移的公示,还可以是信托财产独立性的公示。① 我国《信托法》第29条规定:"受托人必须将信托财产与其固有财产分别管理、分别记帐,并将不同委托人的信托财产分别管理、分别记帐。"该条似乎强调的就是信托财产的独立性公示。目前,在我国欠缺信托财产权属公示方法的情况下,受托人有无将信托财产与其固有财产分别管理、分别记账,实际上已经成为判断某一财产系信托财产还是受托人固有财产的关键。

审判前沿

俞某钢与广厦建设集团有限责任公司等案外人执行异议之诉纠纷案

[(2016)浙0104民初7083号民事判决书、(2017)浙01民终4658号民事判决书]

【裁判要旨】

《信托法》对信托行为有明确的法律界定,并非在民事活动中民事主体所有

① 参见赵廉慧:《信托法解释论》,中国法制出版社2015年版,第247页。

的委托行为都是信托行为,只有符合《信托法》规定的信托行为才受《信托法》的调整。股权代持,是指实际出资人与他人约定,以该他人名义代实际出资人履行股东权利义务的一种股权或股份处置方式。股权代持不符合信托行为的特征,代持的股权不属于信托财产范畴。

【基本案情】

俞某钢与赵某平一致承认双方曾签订一份股权代持协议书,约定俞某钢委托赵某平以受托方的名义持有委托方对湖南胜邦投资置业有限公司(以下简称胜邦公司)1000万元注册资本出资所占该公司10%的股权。协议第7条第2款第8项约定"甲方(委托方)向乙方(受托方)发出书面通知解除本协议"就可以提前终止该协议。协议第9条约定"协商不能解决的,双方同意提交杭州仲裁委员会裁决"。2015年12月31日俞某钢向赵某平发出终止股权代持协议通知书。

2016年3月2日俞某钢以委托合同向杭州仲裁委员会提起仲裁,仲裁请求为:(1)撤销股权代持协议书;(2)裁决赵某平返还拥有胜邦公司注册资本金股权10%计1000万元,并协助办理股东工商变更登记手续;(3)仲裁费由赵某平承担。该仲裁委员会于2016年4月29日作出(2016)杭仲字第35号裁决书。仲裁庭查明俞某钢与赵某平存在股权代持关系,以及双方签订股权代持协议书中约定的权利义务。因俞某钢通知解除双方股权代持关系后,赵某平未能将所代持股权返还给俞某钢,双方因此产生纠纷。仲裁庭裁决:赵某平向俞某钢返还所代持胜邦公司原投资1000万元所占的10%股权,并在裁决生效10日内提请办理法定手续;驳回俞某钢的其他仲裁请求。该仲裁裁决生效后俞某钢已向法院申请执行。

另查明,胜邦公司是常宁市工商行政管理局登记的有限责任公司(私营),成立日期为2010年6月23日,注册资本1亿元。俞某钢系胜邦公司监事。胜邦公司的章程载明赵某平系公司股东。

再查明,2010年11月1日江苏家天下房地产开发有限公司汇给胜邦公司1600万元,其于同日出具证明称其中1000万元为俞某钢的股本金。胜邦公司开具了两张分别为5,000,000元的收据。

一审法院在审理广厦建设集团有限责任公司(以下简称广厦公司)与赵某平借贷纠纷一案中,依广厦公司的财产保全申请,于2015年10月21日,冻结了赵某平在胜邦公司持有的16%股权,并于2015年9月22日作出(2015)杭江商初字第572号民事判决,该判决判令:(1)被告赵某平返还原告广厦公司借款本金人民币1030万元,于本判决生效后10日内付清;(2)被告赵某平支付原告广厦公司借款利息及逾期利息人民币2,847,300元(暂计算至2015年1月31日,此后逾期利息按照中国人民银行同期贷款基准利率4倍的标准计算至本判决生效之日止),于本判决生效之日起10日内付清。该判决生效后,因赵某平未履行付款义务,权利人广厦公司于2016年1月6日向一审法院申请执行,一审法院同日以(2016)浙0104执62号案件立案执行。

后俞某钢向一审法院提出执行异议,俞某钢称:其与赵某平签订股权代持协议书约定:"俞某钢委托赵某平作为俞某钢对湖南胜邦投资置业有限公司人民币1000万元出资,占注册资本金人民币1亿元股权的10%,并委托赵某平作为名义持股人。"协议签署后俞某钢于2010年11月1日委托江苏家天下房地产开发有限公司汇款人民币1000万元。2015年10月21日,赵某平在胜邦公司持有的16%股权,因与广厦公司诉讼纠纷,被江干区人民法院冻结。俞某钢已向杭州仲裁委员会提起仲裁申请,杭州仲裁委员会(2016)杭仲字第35号裁决书裁决:"被申请人赵某平向申请人俞某钢返还所代持湖南胜邦投资置业有限公司原投资1000万元人民币所占的10%股权,并在本裁决生效10日内提请办理法定手续。"请求中止对案外人俞某钢在胜邦公司10%股权的执行,并解除冻结。

申请执行人广厦公司辩称:案外人所称并不属实,(2016)杭仲字第35号裁决系虚假仲裁。案外人系自然人,不存在不能自行持有企业股份的限制情形,无须委托赵某平代为持股。案外人主张已由江苏家天下房地产开发有限公司代付的股权出让金未得到赵某平证实,仲裁裁决也未予以认可。案外人发现股权被冻结后本应直接提出执行异议,但却选择申请仲裁,致使申请执行人无法得知该仲裁案件,也无法行使抗辩权。而且从仲裁裁决可以看出,对案外人的所有主张,赵某平基本都予以承认,完全是双方串通,通过虚假仲裁转移赵某平名下财产逃避执行。即便仲裁裁决是真实的,也不能对抗法院执行。冻结股权时工商登记信息记载该16%股权属赵某平所有。工商登记因公示而具有公信力,案外人与被执行人之间的协议不能对抗善意第三人,且仲裁裁决晚于冻结措施。请求驳回案外人异议。

执行法院认为,2015年《异议复议规定》第25条第1款规定:"对案外人的异议,人民法院应当按照下列标准判断其是否系权利人:……(四)股权按照工商行政管理机关的登记和企业信用信息公示系统公示的信息判断。"案涉股权登记在被执行人名下,故应当认定为被执行人的财产,该院的冻结措施并无不当。2015年《异议复议规定》第26条第2款规定:"金钱债权执行中,案外人依据执行标的被查封、扣押、冻结后作出的另案生效法律文书提出排除执行异议的,人民法院不予支持。"本案系金钱债权执行,案涉股权即为执行标的,仲裁裁决在股权冻结之后作出,故案外人依据该仲裁裁决提出的执行异议该院不予支持。综上所述,执行法院于2016年8月26日出具了(2016)浙0104执异40号裁定书驳回了俞某钢的执行异议请求。

俞某钢不服上述裁定,向一审法院起诉请求:(1)请求确认俞某钢与赵某平签订的股权代持协议书属于信托合同,杭州仲裁委员会(2016)杭仲字第35号裁定书裁决的"被申请人赵某平向申请人俞某钢返还所代持湖南胜邦投资置业有限公司原投资1000万元人民币所占的10%股权"和其他投资权益属于信托财产;(2)撤销(2015)杭江商初字第572－1号民事裁定、(2016)浙0104执字62号执行裁定、(2016)浙0104执异40号执行裁定,解除对赵某平名下的胜邦公司10%股权和其他投资权益的查封、冻结,并终止对该股权和其他投资权益的执行;(3)本案诉讼费由广厦公司承担。

一审法院认为,对于俞某钢的第一项诉讼请求,由于《信托法》中规定的信托有其明确的法律界定,而且作为信托的受托人必须以信托机构形式从事信托活动,并非在民事活动中民事主体所有的委托行为都是信托行为,只有符合《信托法》规定的信托行为才受《信托法》的调整。在本案中,首先赵某平系自然人,不是《信托法》中规定的信托机构;其次俞某钢与赵某平之间签订的股权代持协议书是为了明确在股权代持关系中双方的权利义务所作的约定,其性质并非《信托法》中所规定的信托合同,赵某平所代持的股权也不是信托财产。俞某钢提出的第一项诉讼请求,没有事实和法律依据,该院不予支持。

对于俞某钢的第二项诉讼请求,该院认为,(1)根据2015年《异议复议规定》第25条第1款第4项关于"对案外人的异议,人民法院应当按照下列标准判断其是否系权利人:股权按照工商行政管理机关的登记和企业信用信息公示系统公示的信息判断"的规定,案涉股权登记在赵某平名下,应当认定为赵某平的财产,该院对其采取查封、冻结措施并无不当。(2)《公司法》第32条第3款规定,公司应当将股东的姓名或者名称向公司登记机关登记;登记事项发生变更的,应当办理变更登记。未经登记或者变更登记的,不得对抗第三人。在本案中,赵某平与俞某钢虽签订有股权代持协议书,从公司内部信息披露来说,公司章程、股东名单均登记为赵某平;从工商行政机关公示的企业注册登记信息来看,股东亦为赵某平。基于《公司法》第32条的上述规定,不特定社会公众对公示登记所具有的信赖利益的保护应当优于隐名股东利益保护,即股权变更不经登记不得对抗第三人。即使俞某钢委托赵某平代持股权确属客观事实,其在享受隐名的便利时也同时应当承担因此可能产生的法律风险。综上所述,俞某钢提出的撤销保全裁定、执行裁定,并解除对赵某平名下的胜邦公司10%股权和其他投资权益的查封、冻结的诉请没有法律依据,该院不予支持。遂判决:驳回俞某钢的诉讼请求。案件受理费人民币81,800元,由俞某钢负担。

二审法院认为,股权代持是指实际出资人与他人约定,以该他人名义代实际出资人履行股东权利义务的一种股权或股份处置方式。俞某钢与赵某平签订的案涉股权代持协议书涉及登记在赵某平名下的10%的胜邦公司股权是赵某平代俞某钢持有,该协议书的相关内容符合股权代持的法律特征。根据《信托法》第16条第1款规定:"信托财产与属于受托人所有的财产相区别,不得归入受托人的固有财产或者成为固有财产的一部分。"第27条规定:"受托人不得将信托财产转为其固有财产。受托人将信托财产转为其固定财产的,必须恢复该信托财产的原状;造成信托财产损失的,应当承担赔偿责任。"案涉的10%胜邦公司股权明显不属于信托财产的范围,本案争议不适用《信托法》的相关规定。

《公司法》第32条第3款规定:"公司应当将股东的姓名或者名称向公司登记机关登记;登记事项发生变更的,应当办理变更登记。未经登记或者变更登记的,不得对抗第三人。"工商登记是对股权情况的公示,与公司交易的善意第三人及登记股东之债权人有权信赖登记机关登记的股权情况并作出判断。本案中,上诉人俞某钢与赵某平曾签订过案涉股权代持协议书,但该股权代持仅具有内部效力,对外部第三人而言,股权登记具有公信力,隐名股东对外不具有公示股东的法律地位,不得以内部股权代持协议有效为由对抗外部债权人对显名股东的正当权利。前述第三款中的第三人,并不限缩于与显名股东存在股权交易关系的债权人。根据商事外观主义原则,有关公示体现出来的权利外观,导致第三人对该权利外观产生信赖,即使真实情况与第三人的信赖不符,只要第三人的信赖合理,第三人的民事法律行为效力即应受到法律的优先保护。基于上述原则,名义股东的非基于股权处分的债权人亦应属于法律保护的第三人的范畴。因此,案涉的登记在赵某平名下的10%胜邦公司股权就是赵某平对外承担民事责任的责任财产,被上诉人广厦公司有权向人民法院申请对案涉股权强制执行,上诉人俞某钢在享受隐名便利的同时也应当承担可能出现的法律风险,这样才能保护第三人对公司股权公示登记所具有的信赖利益,维护社会交易的安全。在杭州市江干区人民法院对案涉10%胜邦公司股权冻结后,杭州仲裁委员会才受理俞某钢的仲裁申请，并作出(2016)杭仲字第35号裁决，该裁决虽然解决了实际出资人俞某钢与名义股东赵某平之间因股权代持发生的纠纷，但该裁决对本案的审理没有约束力，2015年《异议复议规定》第26条第2款对此种情况已经作出了明确规定，即金钱债权执行中，案外人依据执行标的被查封、扣押、冻结后作出的另案生效法律文书提出排除执行异议的，人民法院不予支持。

由于执行程序需要贯彻已经生效判决的执行力，因此在对执行异议是否成立的判断标准上，应坚持较高的、外观化的标准。这一判断标准，要高于执行异议之诉中原告(案外人)能否排除执行的判断标准。由此，2015年《异议复议规定》第25条的规定应当在如下意义上理解，即符合这些规定所列条件的，执行异议能够成立；不满足这些规定所列条件的，异议人在执行异议之诉中的请求未必不成立。是否成立，应根据案件的具体情况和异议人主张的权利、申请执行人债权实现的效力以及被执行人对执行标的的权利作出比较并综合判断，从而确定异议人的权利是否能够排除执行。因此，原审法院以该条款作为判决依据是正确的。

综上所述，判决驳回上诉，维持原判。二审案件受理费81,800元，由上诉人俞某钢负担。

【要点评析】

从当事人的诉辩主张及法院查明的事实来看，本案争议的焦点有两个：一是俞某钢与赵某平之间是否成立有效的信托关系，这涉及涉案股权是赵某平的财产还是信托财产。二是双方之间并不成立信托关系而是股权代持关系，则俞某钢作为隐名股东，是否享有排除对涉案股权进行强制执行的权益？对于后一个问题，本书已经在相关章节进行了论述，本案中，一审、二审法院也详细阐述了理由，故本章节对此不再进行论述，现仅就前一问题展开讨论。

本案中，俞某钢主张其与赵某平签订的股权代持协议书属于信托合同，一审、二审法院对其该主张均未予以认可。双方合同的名称为股权代持协议书，并无信托合同或信托协议书的表述，具体内容中也并未出现信托的字眼，没有对信托目的、受益人或者受益人范围等作出约定。从双方当事人合同的名称和具体约定内容来看，均不符合信托合同的特征。根据《信托法》的相关规定并结合本案实际情况，法院的认定无疑是正确的，但一审判决的一个重要理由在于“赵某平系自然人，不是信托法中规定的信托机构”，这涉及受托人的资格认定问题，值得研究。《信托法》第3条规定：“委托人、受托人、受益人(以下统称信托当事人)在中华人民共和国境内进行民事、营业、公益信托活动,适用本法。”据此,我国《信托法》将信托分为民事信托、营业信托和公益信托三种。但对于三种信托的概念和区分,法律并没有作出规定。从现行法律规定来看,三种信托对受托人的要求并不一致。

1. 民事信托。根据《信托法》第 24 条的规定,受托人应当是具有完全民事行为能力的自然人、法人。法律、行政法规对受托人的条件另有规定的,从其规定。从现有法律、法规来看,并未发现对民事信托有特别的规定,因此可以认定,具有完全民事行为能力的自然人和法人,均可以作为受托人。

2. 营业信托。《信托法》第 4 条规定:“受托人采取信托机构形式从事信托活动,其组织和管理由国务院制定具体办法。”《国务院办公厅关于〈中华人民共和国信托法〉公布执行后有关问题的通知》(国办发〔2001〕101 号)指出:“一、根据《信托法》第四条的规定,由国务院法制办牵头,组织有关部门拟定《信托机构管理条例》,对信托机构从事信托活动的事项作出具体规定。二、在国务院制定《信托机构管理条例》之前,按人民银行、证监会依据《信托法》制定的有关管理办法执行。人民银行、证监会分别负责对信托投资公司、证券投资基金管理公司等机构从事营业性信托活动的监督管理。未经人民银行、证监会批准,任何法人机构一律不得以各种形式从事营业性信托活动,任何自然人一律不得以任何名义从事各种形式的营业性信托活动。人民银行、证监会要切实履行职责,加强监督管理,促进信托业规范发展。”从解释上来看,上述通知中的“营业性信托”应当指的就是营业信托。根据上述通知的规定,从事营业信托的应当只能是法人而不能是自然人,同时并非所有的法人都可以从事营业信托活动,要作为营业信托的受托人,必须是经人民银行、证监会批准的法人机构。此外,《信托公司管理办法》第 2 章对信托公司的设立、变更与终止作出了规定。根据该办法第 6 条、第 7 条的规定,设立信托公司,应当采取有限责任公司或者股份有限公司的形式,应当经中国银行业监督管理委员会(现为中国银行保险监督管理委员会,后文不再赘述)批准,并领取金融许可证。未经中国银行业监督管理委员会批准,任何单位和个人不得经营信托业务,任何经营单位不得在其名称中使用“信托公司”字样。当然,法律法规另有规定的除外。

3. 公益信托。关于公益信托,我国法律并没有一般性的规定。但在《慈善法》中,对慈善信托做了明确的规定。根据该法第 44 条的规定,慈善信托属于公益信托,是指委托人基于慈善目的,依法将其财产委托给受托人,由受托人按照委托人意愿以受托人名义进行管理和处分,开展慈善活动的行为。另根据该法第46条的规定,慈善信托的受托人,可以由委托人确定其信赖的慈善组织或者信托公司担任。而根据该法第8条的规定,该法所称的慈善组织,是指依法成立、符合该法规定,以面向社会开展慈善活动为宗旨的非营利性组织。慈善组织可以采取基金会、社会团体、社会服务机构等组织形式。

经过上述分析可知,自然人并非当然不能具有受托人资格,而是不能作为营业信托和公益信托的受托人。在本案中,从事证券信托活动,应当属于营业信托活动而非民事信托活动,因此,只有依法成立的相应机构才能成为合法的受托人。

第二节 信托财产的独立性及排除执行的判断

法律依据

《信托法》第15条 信托财产与委托人未设立信托的其他财产相区别。设立信托后,委托人死亡或者依法解散、被依法撤销、被宣告破产时,委托人是唯一受益人的,信托终止,信托财产作为其遗产或者清算财产;委托人不是唯一受益人的,信托存续,信托财产不作为其遗产或者清算财产;但作为共同受益人的委托人死亡或者依法解散、被依法撤销、被宣告破产时,其信托受益权作为其遗产或者清算财产。

《信托法》第16条 信托财产与属于受托人所有的财产(以下简称固有财产)相区别,不得归入受托人的固有财产或者成为固有财产的一部分。受托人死亡或者依法解散、被依法撤销、被宣告破产而终止,信托财产不属于其遗产或者清算财产。

《信托法》第17条 除因下列情形之一外,对信托财产不得强制执行:(一)设立信托前债权人已对该信托财产享有优先受偿的权利,并依法行使该权利的;(二)受托人处理信托事务所产生债务,债权人要求清偿该债务的;(三)信托财产本身应担负的税款;(四)法律规定的其他情形。对于违反前款规定而强制执行信托财产,委托人、受托人或者受益人有权向人民法院提出异议。

一、制度阐释

(一)制度渊源

在基于信托财产而提起的异议之诉中,当事人之所以提起异议之诉,原因在于信托财产具有独立性,除法律明确规定的情形之外,信托财产不能被强制执行。信托财产的独立性是现代信托制度的灵魂和核心。[①] “所谓信托财产的独立性,是指信托一旦有效设立,则信托财产就从委托人、受托人和受益人的固有财产中分离出来,成为一种独立的财产整体,委托人、受托人和受益人各方的债权人行使债权均不得及于信托财产。”[②]对于信托财产的独立性,我国《信托法》有明确的规定:

首先,信托财产独立于委托人的财产。对此,《信托法》第 15 条规定:“信托财产与委托人未设立信托的其他财产相区别。设立信托后,委托人死亡或者依法解散、被依法撤销、被宣告破产时,委托人是唯一受益人的,信托终止,信托财产作为其遗产或者清算财产;委托人不是唯一受益人的,信托存续,信托财产不作为其遗产或者清算财产;但作为共同受益人的委托人死亡或者依法解散、被依法撤销、被宣告破产时,其信托受益权作为其遗产或者清算财产。”

其次,信托财产独立于受托人的固有财产。对此,《信托法》第 16 条规定:“信托财产与属于受托人所有的财产(以下简称固有财产)相区别,不得归入受托人的固有财产或者成为固有财产的一部分。受托人死亡或者依法解散、被依法撤销、被宣告破产而终止,信托财产不属于其遗产或者清算财产。”

最后,信托财产独立于受益人的财产。对此,《信托法》虽然没有明文规定,但从该法第 43 条“受益人是在信托中享有信托受益权的人”、该法第 44 条“受益人自信托生效之日起享有信托受益权。信托文件另有规定的,从其规定”以及该法第 47 条“受益人不能清偿到期债务的,其信托受益权可以用于清偿债务,但法律、行政法规以及信托文件有限制性规定的除外”等规定来看,受益人享有的是信托受益权,这种信托受益权与信托财产权并非同一种权利。换言之,信托财产并不归属于受益人,信托财产与受益人的财产相互独立,这一点,类似于股东的财产与公司的财产,两者相互独立。

(二)审理重点

在涉及信托财产的执行异议之诉案件中,法院审理的重点在于:被执行财产是否构成信托财产?而判断被执行财产是否属于信托财产,则要根据法律规定的公示方法进行判断。

1. 信托财产的公示与信托财产的判定

财产权属的确定,离不开一定的公示方法。“在财产法上,基于某些目的把某些财产进行特别对待之时,有必要对财产进行公示(公示原则)。”[③]信托财产具有

---

① 参见[英]D. J. 海顿:《信托法》(第 4 版),周翼、王昊译,法律出版社 2004 年版,第 16 页。

② 徐孟洲主编:《信托法》,法律出版社 2006 年版,第 139 页。

③ 赵廉慧:《信托法解释论》,中国法制出版社 2015 年版,第 245 页。

独立性，并非委托人、受托人以及受益人的责任财产。原则上，委托人、受托人以及受益人的债权人均不能要求将信托财产作为强制执行的对象。但要实现这种效果，必须以一定的公示制度的存在为前提的。否则，信托制度将会成为债务人恶意逃债的工具。欲进行公示，须明确公示的对象。公示的对象既可以是信托财产，也可以是信托关系。[①] 信托财产虽然名义上归属于受托人，但受托人并非其所有者。对此，《信托法》第16条第1款规定："信托财产与属于受托人所有的财产相区别，不得归入受托人的固有财产或者成为固有财产的一部分。"那么，如果将信托财产与受托人的固有财产相区别，这就涉及信托财产的公示问题。

关于信托财产公示问题，我国《信托法》第10条规定："设立信托，对于信托财产，有关法律、行政法规规定应当办理登记手续的，应当依法办理信托登记。未依照前款规定办理信托登记的，应当补办登记手续；不补办的，该信托不产生效力。"据此，我国就信托财产的公示采登记生效主义，即如果以那些法律、行政法规规定应当办理登记手续的财产作为信托财产，必须要进行相应的登记，否则信托不生效。从我国现行法律关系信托财产公示的规定以及实践运行来看，至少存在以下三个方面的问题：

(1)信托登记缺乏相应的配套制度。虽然《信托法》第10条规定了信托财产登记制度，但在实践中，由于缺乏相应的配套制度，信托财产登记实际上无法进行。以不动产为例，法律、行政法规以及部门规章均没有关于不动产信托登记的规定。

(2)将信托登记规定为信托生效要件并不妥当。从法理上讲，信托关系和信托财产设定之间的关系应与合同关系和物权变动的关系类似。既然物权的变动与否并不会影响作为物权变动原因的合同关系的效力，则信托财产是否设定，也不应当影响作为其原因的信托关系的法律效力，否则即有本末倒置之嫌。而从比较法上来看，日本的信托法，还有我国台湾地区有关信托的规定均指出，信托登记为对抗要件，没有依法进行信托登记的，不得对抗善意第三人。

(3)对于法律、法规规定应当办理登记手续以外的信托财产，应当采取何种公示方法以及公示的效力如何，法律没有作出规定。目前，仅有中国银行业监督管理委员会制定颁布于2017年9月1日施行的《信托登记管理办法》对信托产品的登记问题作出规定。根据《信托登记管理办法》第2条的规定，该办法所称信托登记是指中国信托登记有限责任公司对信托机构的信托产品及其受益权信息、国务院银行业监督管理机构规定的其他信息及其变动情况予以记录的行为。根据《信托登记管理办法》第9条的规定，信托登记信息包括信托产品名称、信托类别、信托目

① 参见赵廉慧：《信托法解释论》，中国法制出版社2015年版，第245页。

的、信托期限、信托当事人、信托财产、信托利益分配等信托产品及其受益权信息和变动情况。

2. 信托关系(文件)的公示与信托财产的判定

从公示的对象来看,信托的公示可以分为信托财产的公示和信托关系的公示两类。从比较法上来看,日本信托法规定的都是信托财产的公示;而在美国,则要求对信托关系(信托文件)进行登记。从我国《信托法》及相关法律来看,实际上对信托关系的公示也作出了相应的规定。例如,《信托法》第8条规定:"设立信托,应当采取书面形式。书面形式包括信托合同、遗嘱或者法律、行政法规规定的其他书面文件等。采取信托合同形式设立信托的,信托合同签订时,信托成立。采取其他书面形式设立信托的,受托人承诺信托时,信托成立。"此外,《慈善法》第45条规定:"设立慈善信托、确定受托人和监察人,应当采取书面形式。受托人应当在慈善信托文件签订之日起七日内,将相关文件向受托人所在地县级以上人民政府民政部门备案。未按照前款规定将相关文件报民政部门备案的,不享受税收优惠。"根据上述规定可知,信托文件的存在是信托关系成立并生效的前提和基础,因而,信托文件也就成为信托财产存在的前提和基础。换言之,有了信托文件,才可能将该文件上列明的相应财产确定为是信托财产,而如果没有信托文件,则不存在将某些财产认定为信托财产的可能。由此可见,信托文件的公示对于信托财产的判定具有重要意义,这一点在以信托财产为标的提起的执行异议之诉中更为突出。因为在以信托财产为标的的执行异议之诉中,法院所要防范的是案外人与被执行人串通,以虚假的信托关系来逃避执行的行为。因此,信托文件的真实性既是审判的重点也是审判的难点,毕竟,信托文件到底是之前早已真实存在还是被执行人与案外人事后补签的,通常情况下无法作出判断,因而如果在信托文件已经公示了的情况下,就不存在这方面的问题了。

(三)资管计划份额的性质及资管计划份额收益权的执行

金融机构私募资管类业务日益增多,资管计划作为近年来证券公司新兴的一项业务,其法律性质直接影响参与主体权利义务界定以及资管计划的风险承担。资产管理的实质为受人之托、代人理财,委托人将财产交付给私募资产管理人,私募资产管理人将会从委托人最大利益的角度出发运作受托财产,使委托人获得最大利益,实践中资管计划存在多种样态,主要有定向资管计划、集合资管计划、专项资管计划等。有观点认为,资管计划在资管合同中约定委托人将资产交付给受托人,由受托人以独立的名义对委托资产进行投资管理,符合《信托法》关于信托的约定,因此应认定为信托财产。《证券期货经营机构私募资产管理业务管理办法》第6

条第1款明确规定,资产管理计划财产为信托财产,其债务由资产管理计划财产本身承担,投资者以其出资为限对资产管理计划财产的债务承担责任。但资产管理合同依照《证券投资基金法》另有约定的,从其约定。根据《证券投资基金法》第3条第3款的规定,通过公开募集方式设立的基金的基金份额持有人按其所持基金份额享受收益和承担风险,通过非公开募集方式设立的基金的收益分配和风险承担由基金合同约定。

资管计划份额不同于资管计划财产,资管计划份额是委托人基于资产管理合同而持有的权利份额。上海金融法院①认为,资管计划份额属于一种特殊的债权,除债权属性外还具有其他财产属性。而资管计划份额收益权是交易主体以资管计划份额为基础财产权利,通过合同关系创设的一种新的债权债务关系,不属于法定的物权种类,是与普通债权相区别的一种财产性权利,是在资管计划份额基础上分割而来的子权利,属于收益权之收益权。在执行效能上,资管计划份额转让的,受让人能否请求排除执行可以类比当执行标的为到期债权的情况。而资管计划份额收益权转让的,收益权不能阻却份额的转让和交付,受让人享有的是对份额变价款的权利,无法排除对资管计划份额的强制执行。受让人在执行阶段可以通过如下途径进行救济:(1)向法院申请参与分配,以收益权为请求权基础主张受偿;(2)若存在多个债权人对执行财产申请参与分配的,执行法院应当制作财产分配方案,资管计划份额收益权人可以对分配方案提出异议;(3)若其他人提出反对意见,资管计划份额收益权人作为异议人可以提出反对意见的债权人、被执行人为被告,向执行法院提起执行分配方案异议之诉。

二、操作指引

在基于信托财产而提起的异议之诉案件中,当事人争议的要点和法院审理的重点主要有两个:一是涉案的财产是被执行人的责任财产还是信托财产;二是在涉案财产属于信托财产的情况下,其能否作为执行标的进行强制执行。前述已对前一问题进行了论述,现仅就后一问题进行阐述。

1. 被执行人为委托人的情形

基于信托财产的独立性,委托人一旦将其财产设立信托,则该信托财产就不再属于委托人的责任财产,因此,在委托人作为被执行人的情况下,就不能将信托财产作为执行标的,但这并非没有例外。根据《信托法》第17条第1款第1项的规定,

---

① 参见上海高院研究室:《资管计划份额收益权的法律性质及其执行效能》,载微信公众号"中国上海司法智库"2023年2月27日,https://mp.weixin.qq.com/s/vkdxU731vQZ8vJuai12Tkw。

设立信托前债权人已对该信托财产享有优先受偿的权利,并依法行使该权利的,可以对该信托财产执行。此外,《信托法》第12条规定:“委托人设立信托损害其债权人利益的,债权人有权申请人民法院撤销该信托。人民法院依照前款规定撤销信托的,不影响善意受益人已经取得的信托利益。本条第一款规定的申请权,自债权人知道或者应当知道撤销原因之日起一年内不行使的,归于消灭。”据此,委托人为规避执行而将其财产设立信托的,申请执行人可以申请法院撤销该信托。该信托一旦被撤销,则信托财产就转归为委托人的责任财产,其自然可以作为委托人的责任财产而被执行。

2. 被执行人为受托人的情形

根据《信托法》第16条的规定,信托财产与受托人的固有相区别,即信托财产并非受托人的责任财产,因此,受托人基于自身债务而被执行时,当然不能对信托财产进行执行。但是,对于受托人处理信托事务所产生债务,债权人要求清偿该债务的,则可以将信托财产作为执行标的。对此,《信托法》第17条第1款第2项有明确规定。

3. 被执行人为受益人的情形

(1)信托财产并非执行标的。基于信托财产的独立性,信托财产的权属并不归属于受益人。根据《信托法》的相关规定,受益人享有的是信托受益权而非相应信托财产的财产权(物权、知识产权、债权等),信托受益权主要包括以下内容:信托利益的享有权、信托事务监督权和救济权。信托利益的享有权,指的是受益人享有请求受托人交付基于信托财产的管理和处分而产生的利益,受托人负有将其管理和处分信托财产而产生的收益交给受益人的义务。信托事务监督权是指确保受托人适当管理信托财产,正当履行其职责而享有的权利,具体又包括知情权、对受托人自我交易的同意权、对受托人的辞任享有同意权、信托终止时对受托人的清算报告享有异议权。受益人的救济权主要指在受托人或其他主体违反信托本旨处分信托财产时受益人享有的权利,包括受益人撤销权以及强制执行异议权。从上述的权利内容的关系来看,后两项权利内容的目的也是确保信托正常运行,以实现受益人的受益权,一旦出现违反信托本旨或者损害信托财产及信托利益的情形,受益人可行使相应的权利应用或寻求相应的救济渠道。①

对于信托受益权的性质,理论上虽然有物权说、债权说、双重权利说等不同主张,但有一点是可以确定的,信托受益权虽然也是一种财产权,受益人基于财产的转移和信托的成立而享有相应的收益和权能,但这并不意味着相应的信托财产也

① 参见刘兵、贾劲松:《信托制度与执行程序的冲突与契合》,载《人民司法》2014年第5期。

成为受益人的责任财产，信托财产与受益人的信托收益权是两个不同的概念。换言之，可以成为受益人责任财产的是受益人享有的信托受益权而非信托财产。由此可见，信托受益权和信托财产的关系，与股权与公司财产的关系相类似。

(2)信托受益权可以作为执行标的。受益人依法对信托财产享有信托受益权，该受益权作为一种财产的表现形式，当然可以归入受益人的责任财产，可以用于清偿受益人的债务。对此，《信托法》第 47 条规定："受益人不能清偿到期债务的，其信托受益权可以用于清偿债务，但法律、行政法规以及信托文件有限制性规定的除外。"由于强制执行也是债权人实现债权和债务人履行债务的一种方式，故信托受益权当然可以作为执行标的。当然，根据《信托法》第 47 条的规定，信托受益权可以作为执行标的并非绝对，法律、行政法规以及信托文件有限制性规定的除外。

审判前沿

黄冈市劳动就业管理局与方某、黄冈市中小企业投资担保有限责任公司等执行异议之诉纠纷案

[(2017)鄂 1102 民初 144 号民事判决书、(2018)鄂 11 民终 513 号民事判决书]

【裁判要旨】

为了贯彻落实地方就业再就业小额担保贷款政策，劳动就业管理机关将财政机关拨付的小额担保贷款基金委托被执行人管理，双方形成信托关系。为了履行信托合同，被执行人设立小额担保贷款基金专户，该专户仅用于下岗再就业小额贷款的担保保证金及逾期贷款的本息代偿，该账户内的资金均源自财政拨款，应属于信托财产。

被执行人对申请执行人的债务并非信托事务产生的债务，也非设立信托前申请执行人对信托财产享有优先受偿权，不能以被执行人设立在银行的保证金账户内的资金履行被执行人为其他被执行人的借款形成的担保责任。劳动就业管理机关提起异议之诉，请求停止执行户名为被执行人设立在银行保证金账户内的资金的诉讼请求，应予以支持。

【基本案情】

2015 年 2 月 11 日，黄冈市劳动就业管理局(甲方)、黄冈市中小企业投资担保有限责任公司(以下简称黄冈中小担保公司，乙方)、中国银行股份有限公司

黄冈分行(丙方)签订一份《黄冈市就业再就业小额担保贷款合作协议》,协议约定,乙方在丙××××黄冈市就业再就业小额贷款担保基金专户,市直担保基金直接拨付到上述基金专户,实行封闭运行,专项用于市直就业再就业小额担保贷款的担保,任何涉及担保基金的转移、代偿等行为必须经甲、乙双方书面同意方可执行。

2015年2月11日,黄冈中小担保公司(甲方)、中国银行股份有限公司黄冈分行(乙方)签订一份《黄冈市就业再就业小额担保贷款合作协议》,协议约定,甲方在乙方指定经办银行设立黄冈市就业再就业小额贷款担保基金专户,市直担保基金直接拨付到上述基金专户,实行封闭运行,专项用于市直就业再就业小额担保贷款的担保,任何涉及担保基金的转移、代偿等行为必须经甲方书面同意方可执行。

2015年9月22日,黄冈中小担保公司与中国银行股份有限公司黄冈分行签订一份保证金质押总合同,合同约定,出质人黄冈中小担保公司按照有关规定在中国银行股份有限公司黄冈分行开立以下保证金账户,户名为黄冈市中小企业投资担保有限责任公司,账号为48×××77,业务保证金为下岗再就业小额贷款担保专项基金1597万元,出质人应当于质权人中国银行股份有限公司黄冈分行向债务人发放下岗再就业贷款之前,将黄冈市财政局所拨付专款转至下岗再就业小额担保贷款基金专户(账号为48×××77),仅用于下岗再就业小额贷款的担保保证金及逾期贷款的本息代偿,保证金划入上述保证金账户即视为该保证金移交质权人占有,质权人有权就上述保证金优先受偿,在办理主债务合同时须就每笔保证金所担保的具体主合同及主债权、保证金额及其交付方式等具体事项予以明确约定,以使特定保证金与其所对应担保的具体主合同和主债权特定化。

《国务院关于进一步加强就业再就业工作的通知》和《中国人民银行、财政部、劳动和社会保障部关于改进和完善小额担保贷款政策的通知》颁布实施后,2006年10月24日人民银行武汉分行、湖北省财政厅、湖北省劳动和社会保障厅颁布《湖北省就业再就业小额担保贷款实施办法》,要求省市县都要建立小额担保贷款担保基金,专项用于小额担保贷款,担保基金主要由同级财政筹集,委托本级政府出资的小额担保贷款信用担保机构运作,受委托的信用担保机构应建立贷款担保基金专门账户,基金的运作与信用担保机构的其他业务分开,单独核算,小额担保贷款担保机构以基金为质物,与相关银行签订整体担保合同。

第三人中小企业投资担保公司是由黄冈市国有资产经营公司、张某等企业法人和自然人注册成立的有限责任公司。为了贯彻落实《湖北省就业再就业小额担保贷款实施办法》等文件精神,2015年2月11日黄冈市劳动就业管理局与中小企业投资担保公司、中国银行黄冈分行签订《黄冈市就业再就业小额担保贷款合作协议》,约定中小企业投资担保公司在中国银行股份有限公司黄冈分行设立黄冈市就业再就业小额贷款担保基金专户,市直担保基金直接拨付到基金专户,实行封闭运行,专项用于市直就业再就业小额贷款的担保。同日,中小企业投资担保公司与中国银行股份有限公司黄冈分行签订《黄冈市就业再就业小额担保贷款合作协议》,约定中小企业投资担保公司在中国银行股份有限公司黄冈分行指定的经办银行设立黄冈市就业再就业小额贷款担保基金专户,市直担保基金直接拨付到基金专户,实行封闭运行,专项用于市直就业再就业小额担保贷款的担保。

2015年9月22日中小企业投资担保公司与中国银行股份有限公司黄冈分行签订保证金质押总合同,约定中小企业投资担保公司在中国银行股份有限公司黄冈分行营业部设立保证金账户,账号为56××77,中小企业投资担保公司将黄冈市财政局拨付专款转至下岗再就业小额担保贷款基金专户(账号为56××77),仅用于下岗再就业小额贷款的担保保证金及逾期贷款的本息代偿。此后,该账户内资金均源于财政拨款,以及中小企业投资担保公司履行担保责任后,就业再就业人员的还本付息。

2015年11月7日,黄州区人民法院在受理的方某诉黄冈市奇恒贸易有限公司(以下简称奇恒公司)、黄冈中小担保公司民间借贷纠纷一案中作出(2015)鄂黄州民初字第01523号民事调解书,调解协议的内容为:(1)由奇恒公司在2016年1月15日前付清方某本金及利息共计107万元;(2)黄冈中小担保公司对上述欠款承担连带清偿责任。2015年11月6日,黄州区人民法院在受理的方某诉奇恒公司、黄冈中小担保公司民间借贷纠纷另一案中作出(2015)鄂黄州民初字第01728号民事调解书,调解协议如下:(1)由奇恒公司在2016年1月15日前付清方某借款200万元及利息676,500元,合计2,676,500元;(2)黄冈中小担保公司对上述第一项给付义务承担连带清偿责任。后方某依据上述两份调解书向黄州区人民法院申请强制执行,黄州区人民法院执行局于2016年5月25日依法作出(2016)鄂1102执87、88号执行裁定书,冻结、划拨被执行人奇恒公司、黄冈中小担保公司银行存款380万元。2016年11月2日,黄州区人民法院在中国银行股份有限公司黄冈分行营业部冻结黄冈中小担保公司在该行账号为48××77账户银行存款1,254,892.8元。黄冈市劳动就业管理局对此向黄州区人民法院提出执行异议。

黄冈市劳动就业管理局称,该局依据有关文件规定,将黄冈中小担保公司账号为56××77账户,设立为黄冈市就业再就业小额担保贷款的担保基金专户,即创业担保贷款基金,该基金专户属于封闭运行、专款专用,基金来源是黄冈市财政局从就业专项资金中列出专项,资金属于该局所有,不属于黄冈中小担保公司所有,不能用于偿还黄冈中小担保公司的债务,要求解除冻结。

方某称,黄冈中小担保公司发放贷款是有偿服务,至于专款专用是管理行为,是一种处分权的表现。黄冈市劳动就业管理局、黄冈中小担保公司认为56××77账户是用于黄冈市就业再就业小额担保贷款的担保基金专户,即创业担保贷款基金专户,但在发生呆账、坏账时无证据证明黄冈中小担保公司行使了追偿权。贷款人未按期还款,银行直接扣划账户内资金更说明涉案账户的所有权是黄冈中小担保公司的。法院冻结是被执行人黄冈中小担保公司名下账户内的资金,账户内资金属于被执行人黄冈中小担保公司所有,裁定冻结合法,请求驳回异议人异议。

黄冈中小担保公司称,该公司按有关文件规定和协议接受管理设立账号56××77为专款账户,该账户通过黄冈市财政局、黄冈市劳动就业管理局出资设立再就业小额担保贷款基金专户,基金专户实行专户管理,单独核算,向符合条件的申贷对象提供信用担保,基金专户不是该公司所有的,要求解除冻结裁定。

该院认为:存款账户实行的实名制度,确定了储户对开立的银行账户上的存款享有所有权的原则,故银行存款应按照金融机构登记的账户名称来判断资金的权利人。在执行中,依据民诉法规定,法院依法作出冻结裁定,冻结被执行人黄冈中小担保公司账号为56××77案涉账户内资金,适用法律正确,程序合法。案外人黄冈市劳动就业管理局认为该账户内资金属于其所有,并向该院提交了有关证据,在执行异议审查中,只对账户作形式审查,无权对案外人提出账户所有权实体性问题的真实性及合法性进行审查,案外人救济途径可通过诉讼程序解决。综上所述,黄冈市劳动就业管理局异议理由不成立,不能阻止执行,不予支持。据此,黄州区人民法院于2016年12月13日作出(2016)鄂1102执异39号执行裁定书,裁定驳回了黄冈市劳动就业管理局的异议请求。黄冈市劳动就业管理局遂向法院提出执行异议之诉。

黄冈市劳动就业管理局向一审法院提出的诉讼请求为:(1)请求依法撤销

黄冈市黄州区人民法院2016年12月13日作出的(2016)字第1102执87、88号协助冻结存款通知书,并依法解除对黄冈市劳动就业管理局的用于黄冈市就业再就业小额担保贷款的担保基金专户的查封、冻结;(2)由方某承担本案诉讼费。在诉讼过程中,黄冈市劳动就业管理局变更诉讼请求为不得执行户名为黄冈中小担保公司在中国银行股份有限公司黄冈分行账号为48××××77的账户内资金。

一审法院认为,本案双方当事人争议焦点为:黄冈中小担保公司在中国银行股份有限公司黄冈分行开立的账号为48××××77的账户资金是否属于黄冈市劳动就业管理局所有以及是否属于专项基金特定化?

黄冈市劳动就业管理局、黄冈中小担保公司、中国银行股份有限公司黄冈分行三方签订的《黄冈市就业再就业小额担保贷款合作协议》,该协议约定设立担保基金专户,由黄冈市劳动就业管理局、黄冈中小担保公司双控,根据该协议,黄冈中小担保公司在中国银行股份有限公司黄冈分行设立账户,但并未在该账户上专门标注担保基金专户,在账户设置上与其他账户没有明显区别,亦未注明系特殊账户,而且也未约定该账户基金属黄冈市劳动就业管理局所有,对第三人不具有明确的公示作用,虽然中国银行股份有限公司黄冈分行出具证明称该账户系黄冈市劳动就业管理局直接拨付给黄冈中小担保公司用于就业再就业小额担保贷款的专项资金账户,黄冈中小担保公司也认为该资金系原告所有,但三方协议均系其内部协议,其账户虽由黄冈市劳动就业管理局及黄冈中小担保公司双控,但户名仍为黄冈中小担保公司,其内部约定不能产生对抗第三人的效力。此外,该担保基金专户亦不符合《最高人民法院关于适用〈中华人民共和国担保法〉若干问题的解释》(已废止)第85条金钱质物特定化要求,并不特定针对某一特定债务担保。故黄冈市劳动就业管理局主张对该账户内资金属其所有,不得执行该账户内资金,该院依法不予支持。遂判决,驳回黄冈市劳动就业管理局诉讼请求。

二审法院认为,信托是指委托人基于对受托人的信任将其财产权委托给受托人由受托人按委托人意愿以自己的名义为受益人的利益或特定目的,进行管理或者处分的行为。在本案中,为了贯彻落实湖北省就业再就业小额担保贷款政策,黄冈市劳动就业管理局将黄冈市财政局拨付的小额担保贷款基金委托第三人黄冈中小担保公司管理,双方形成信托关系。为了履行信托合同,黄冈中小担保公司设立小额担保贷款基金专户(账号为56××××77),该专户仅用于下岗再就业小额贷款的担保保证金及逾期贷款的本息代偿,该账户内的资金均源自财政拨款,应属于信托财产。上述事实有上诉人黄冈市劳动就业管理局提供的行政机关颁布的文件、《黄冈市就业再就业小额担保贷款合作协议》、保证金质押总合同、账户性质截图、证明、移交清单、汇款凭证、账户变更证明、账户情况说明、账户明细、转账明细、还款明细表,中国银行股份有限公司黄冈分行出具的证明证实账号为56×××77系黄冈市劳动就业管理局直接拨付给黄冈中小担保公司用于就业再就业小额担保贷款的专项资金账户及该银行账户历史交易明细清单等证据证明。

《信托法》第17条第1款规定:"除因下列情形之一外,对信托财产不得强制执行:(一)设立信托前债权人已对该信托财产享有优先受偿的权利,并依法行使该权利的;(二)受委托人处理信托事务所产生债务,债权人要求清偿该债务的;(三)信托财产本身应担负的税款;(四)法律规定的其他情形。"第2款亦规定:"对于违反前款规定而强制执行信托财产,委托人、受托人或者受益人有权向人民法院提出异议。"本案中,黄冈中小担保公司对方某的债务并非信托事务产生的债务,也非设立信托前方某对信托财产享有优先受偿权,不能以黄冈中小担保公司设立在中国银行黄冈分行营业部保证金账户(账号为56×××77)内的资金履行黄冈中小担保公司为奇恒公司的借款形成的担保责任,且该账户内的资金来源清晰,资金流向和用途与本案并无关联,故对黄冈市劳动就业管理局关于停止执行户名为黄冈中小担保公司设立在中国银行股份有限公司黄冈分行营业部保证金账户内的资金的诉讼请求,该院应予以支持。一审以黄冈市劳动就业管理局、黄冈中小担保公司、中国银行股份有限公司黄冈分行三方签订的《黄冈市就业再就业小额担保贷款合作协议》均系其内部协议,其账户虽由黄冈市劳动就业管理局及黄冈中小担保公司双控,但户名仍为黄冈中小担保公司,其内部约定不能产生对抗第三人的效力及不符合《最高人民法院关于适用〈中华人民共和国担保法〉若干问题的解释》(已废止)第85条金钱质物特定化要求为由,驳回黄冈市劳动就业管理局的诉讼请求,认定事实及适用法律有误,该院应予以纠正。

综上所述,二审法院判决:(1)撤销湖北省黄冈市黄州区人民法院(2017)鄂1102民初144号民事判决。(2)在湖北省黄冈市黄州区人民法院(2016)鄂1102执87、88号执行案件中,不得执行第三人黄冈市中小企业投资担保有限责任公司在中国银行股份有限公司黄冈分行设立的账号为56×××77的银行账户内的资金;湖北省黄冈市黄州区人民法院于2016年12月13日作出(2016)鄂1102执异39号执行裁定书于本判决生效时自动失效。二审案件受理费80元,由黄冈市劳动就业管理局负担。

【要点评析】

从当事人诉辩主张及法院查明的事实来看，本案争议的焦点在于涉案银行账户中资金的归属？黄冈市劳动就业管理局主张该账户资金并不属于被执行人黄冈中小担保公司，但其主张的理由在不同的阶段有所不同：在执行异议和异议之诉的一审诉讼中，其主张涉案账户中的资金属于其所有。而在上诉时，则主张其设立的小额担保贷款基金专户（账号为56×××77）仅用于下岗再就业小额贷款的担保保证金及逾期贷款的本息代偿，该账户内的资金均源于财政拨款，黄冈中小担保公司对方某的债务不符合《信托法》第17条所规定的四种情形，因此不能以该账户内的资金履行黄冈中小担保公司的债务。质言之，其主张该资金属于信托财产，被执行人作为受托人，并非该账户资金的所有人。方某则主张，开设账户所确定的名称内的存款即为所有权人，故户名为黄冈中小担保公司在中国银行股份有限公司黄冈分行账号为48×××77的账户内资金应归黄冈中小担保公司。

从法院的裁判理由和结果来看，一审法院支持了被告的观点，认为涉案账户内的资金属于被执行人所有，故驳回了原告的相应诉讼请求。而二审法院则认为，涉案账户内的资金属于信托财产，基于信托财产独立性原则，该财产并非受托人黄冈中小担保公司的责任财产，故改判支持了原告的相应诉讼请求。

第二十八章　基于应收账款提起的异议之诉

第一节　基于应收账款权属的异议之诉

基于应收账款权属提起的异议之诉，是指法院在强制执行被执行人的到期债权时，当事人因对涉案债权是否为被执行人的债权发生争议，因而提起的异议之诉。案外人可以相应的债权归其所有为由，提起以排除对涉案债权执行为目的的案外人异议之诉；申请执行人也可以相应的债权为被执行人所有为由，提起以许可对涉案债权强制执行为目的的申请执行人异议之诉。

法律依据

《民事诉讼法解释》第499条　人民法院执行被执行人对他人的到期债权，可以作出冻结债权的裁定，并通知该他人向申请执行人履行。该他人对到期债权有异议，申请执行人请求对异议部分强制执行的，人民法院不予支持。利害关系人对到期债权有异议的，人民法院应当按照民事诉讼法第二百三十四条规定处理。对生效法律文书确定的到期债权，该他人予以否认的，人民法院不予支持。

《异议复议规定》第25条第1款　对案外人的异议，人民法院应当按照下列标准判断其是否系权利人：

（一）已登记的不动产，按照不动产登记簿判断；未登记的建筑物、构筑物及其附属设施，按照土地使用权登记簿、建设工程规划许可、施工许可等相关证据判断；

（二）已登记的机动车、船舶、航空器等特定动产，按照相关管理部门的登记判断；未登记的特定动产和其他动产，按照实际占有情况判断；

（三）银行存款和存管在金融机构的有价证券，按照金融机构和登记结算机构登记的账户名称判断；有价证券由具备合法经营资质的托管机构名义持有的，按照该机构登记的实际出资人账户名称判断；

（四）股权按照工商行政管理机关的登记和企业信用信息公示系统公示的信息判断；

（五）其他财产和权利，有登记的，按照登记机构的登记判断；无登记的，按照合同等证明财产权属或者权利人的证据判断。

一、制度阐释

(一)制度渊源

所谓应收账款,是指企业因销售商品、提供劳务等经营活动,应向购货单位或接受劳务单位收取的款项,主要包括企业销售商品或提供劳务等应向有关债务人收取的价款及代购货单位垫付的包装费、运杂费等。在法律上,应收账款是企业对债务人享有的债权,而且是金钱债权。因此,当以被执行人的应收账款为执行标的时,实际上执行的就是被执行人对第三人的金钱债权。

债务人不履行到期债务,其虽对第三人(次债务人)享有到期债权却怠于主张,从而影响债权人债权的实现时,如何在实体上和程序上救济债权人的权利,大陆法系有三种立法模式:

1. 实体法模式。即在实体法上赋予债权人以代位权,从而维护自身的权利。所谓债权人代位权,是指债权人为了保全自己的债权,以自己的名义行使属于债务人权利的权利。这一权利起源于法国习惯法,《法国民法典》第1166条对此作出了明确的规定。

2. 程序法模式。即在强制执行法上完善对第三人债权的执行制度,从而维护债权人(申请执行人)的合法权利。德国和瑞士等国就采取该种模式。德国民法和瑞士民法均没有规定债权人代位权,而是在强制执行法中规定了比较完善的对第三人债权的执行制度。

3. 实体法和程序法并行模式。即在实体法上规定了债权人代位权,又在程序法中规定了对第三人债权的执行制度。日本采取了该种立法模式。

一般认为,德国民法和瑞士民法之所以没有规定债权人代位权,是因为德、瑞两国关于强制执行法的规定颇为完备,故没有特别承认债权人代位权的必要。而法国关于强制执行的规定不太完备,为了弥补这种缺陷,才在民法上规定该种制度。日本一方面在民法中规定了债权人代位权制度,另一方面又在强制执行法中规定了对债务人债权进行执行的制度。我国台湾地区的情况与日本类似,但有学者指出,虽然有关强制执行的规定对于关于保护债权人利益非常完备,债权人代位权仍有存在的必要。首先,强制执行须有执行名义,其程序繁杂,而债权人代位权之行使则较为简捷。其次,债权人代位权不独为债务人财产一般担保之维持,为特定债权之保全也有适用的余地。其他依据强制执行不能达到其目的之保存行为,债权人仍有代为行使之必要。例如,承租人代位出租人对于不法占据者,请求迁让;不动产之受让人代位其直接让与人对于其以前之让与人,请求转移登记。①

从我国的实际情况来看,实际上采取上述实体法和程序法并行的立法模式。

1. 实体法的相关规定。我国《民法典》第535～537条和《合同法》(已废止)第73条明确规定了债权人代位权制度。根据上述规定,我国的债权人代位权制度有两个鲜明的特点:一是一改大陆法系的入库原则,赋予债权人对次债务人的直接请求权。二是对债务人与次债务人之间的债权做了限定,《合同法》(已废止)将代位权的客体限于金钱债权,而《民法典》则将其扩大到"债权或者与该债权有关的从权利",这里"与该债权有关的从权利"主要是指担保权利(包括担保物权和保证)。②

2. 程序法的相关规定。虽然我国《民事诉讼法》没有对被执行人的债权可以进行强制执行的一般性规定,但该法第249条规定:"被执行人未按执行通知履行法律文书确定的义务,人民法院有权向有关单位查询被执行人的存款、债券、股票、基金份额等财产情况。人民法院有权根据不同情形扣押、冻结、划拨、变价被执行人的财产。人民法院查询、扣押、冻结、划拨、变价的财产不得超出被执行人应当履行义务的范围。人民法院决定扣押、冻结、划拨、变价财产,应当作出裁定,并发出协助执行通知书,有关单位必须办理。"第250条规定:"被执行人未按执行通知履行法律文书确定的义务,人民法院有权扣留、提取被执行人应当履行义务部分的收入。但应当保留被执行人及其所扶养家属的生活必需费用。人民法院扣留、提取收入时,应当作出裁定,并发出协助执行通知书,被执行人所在单位、银行、信用合作社和其他有储蓄业务的单位必须办理。"上述规定中的存款、债券、收入等在法律属性上均属于被执行人的债权,对于上述财产的执行,实际上均属于对被执行人债权的执行。此外,原《最高人民法院关于适用〈中华人民共和国民事诉讼法〉若干问题的意见》第300条明确规定:"被执行人不能清偿债务,但对第三人享有到期债权的,人民法院可依申请执行人的申请,通知该第三人向申请执行人履行债务。该第三人对债务没有异议但又在通知指定的期限内不履行的,人民法院可以强制执行。"《执行规定》第45～53条对被执行人到期债权的执行作出了具体规定。

《民事诉讼法解释》在上述规定的基础上,对该规定做了一定的修改。《民事诉讼法解释》第499条规定:"人民法院执行被执行人对他人的到期债权,可以作出冻结债权的裁定,并通知该他人向申请执行人履行。该他人对到期债权有异议,申请执行人请求对异议部分强制执行的,人民法院不予支持。利害关系人对到期债权有异议的,人民法院应当按照民事诉讼法第二百三十四条规定处理。对生效法律

① 参见史尚宽:《债法总论》,中国政法大学出版社2000年版,第462～463页。

② 参见黄薇主编:《中华人民共和国民法典释义》(中),法律出版社2020年版,第1025页。

文书确定的到期债权，该他人予以否认的，人民法院不予支持。”根据该规定，当事人对到期债权发生争议时，可能会提起执行异议之诉。

（二）审理要点

在以应收账款为执行标的的执行程序中，涉及三方当事人：申请执行人（债权人）、被执行人（债务人）和第三人（次债务人）。被执行人为应收账款的债权人，因而应收账款的债务人则为协助执行人。相应地，执行的标的为被执行人的应收账款（金钱债权），而非次债务人的财产。此类案件中，当事人争议和法院审理的重点主要有两个：一是原告能否提起相应的执行异议之诉；二是如果原告可以提起执行异议之诉，则其诉讼请求是否应当获得支持。需要说明的是，无论是哪一方当事人提起的执行异议之诉，其争议的焦点基本是一致的，即被执行人对次债务人的应收账款债权是否存在以及具体的数额。

1. 原告能否提起执行异议之诉的审查和判断

（1）利害关系人可否提起案外人异议之诉？根据《民事诉讼法解释》第 499 条的规定，利害关系人对到期债权有异议的，人民法院应当按照《民事诉讼法》第 238 条规定处理。《民事诉讼法》第 238 条正是我国执行异议之诉的法律依据，因此，在以应收账款为执行标的情况下，如果案外人（不包括被执行人的债务人）认为被执行人并非实际债权人，该债权应归其所有的，其根据《民事诉讼法》第 238 条的规定，可以提出执行异议，对法院的相关裁定不服的，可以依法提起案外人执行异议之诉。

（2）申请执行人可否提起许可执行之诉？根据《民事诉讼法解释》第 499 条的规定，利害关系人对到期债权有异议的，人民法院应当按照《民事诉讼法》第 238 条规定处理。据此，如果法院支持了利害关系人的异议申请，申请执行人自然可以提起执行异议之诉，请求法院继续对该到期债权进行执行。如果次债务人提出异议，主张其与被执行人不存在相应的债务关系或者对债务数额提出异议的，根据《民事诉讼法解释》第 499 条的规定，法院会裁定不予执行。此时，申请执行人能否以次债务人为被告提起许可执行之诉，是一个非常值得思考的问题。

首先，我国《民事诉讼法》第 238 条规定：“执行过程中，案外人对执行标的提出书面异议的，人民法院应当自收到书面异议之日起十五日内审查，理由成立的，裁定中止对该标的的执行；理由不成立的，裁定驳回。案外人、当事人对裁定不服，认为原判决、裁定错误的，依照审判监督程序办理；与原判决、裁定无关的，可以自裁定送达之日起十五日内向人民法院提起诉讼。”据此，在案外人对执行标的提出执行异议，法院裁定对该执行标的中止执行的情况下，只要是与原判决、裁定无关的，申请执行人就可以提起异议之诉。既然《民事诉讼法解释》明确规定到期债权可以作为执行标的,则根据上述规定,申请执行人当然可以提起执行异议之诉。

其次,被执行人的到期债权是否存在以及数额多少,是一个实体而非程序问题,故该问题的解决需要通过诉讼由法院作出判断,而不能由法院通过行为异议程序予以解决。诚然,申请执行人可以通过提起债权人代位诉讼解决这一争议,但是,法律往往会赋予当事人多种救济权利的途径,债权人代位诉讼救济途径的存在,并不能成为排除申请执行人可以提起许可执行之诉的理由。此外,对于申请执行人而言,通过许可执行之诉实现其权利较通过债权人代位诉讼实现其权利更加有力,例如,申请执行人的债权人代位诉讼胜诉后,其仍需重新申请执行,而其提起的许可执行之诉获得支持后,则可由法院继续暂时中止的执行程序。同理,对于法院而言,允许申请执行人提起许可执行之诉也比让其另行提起债权人代位诉讼更加经济和富有效率。

最后,从比较法上来看,大陆法系国家、地区都是允许申请执行人在上述情形下提起执行异议之诉。例如,在我国台湾地区,申请执行人提起的这种诉讼被称为收取诉讼。所谓收取诉讼,"指第三人不承认债务人之债权或其他财产之存在,或于数额有争议,或有其他得对抗债务人请求之事由,于接受执行法院之收取命令,支付转给命令或交付命令后十日内以书状声明异议,而债权人认为不实时,请求法院以判决命该第三人为给付之诉讼而言"。[①] 我国台湾地区有关强制执行的规定为:"第三人不承认债务人之债权或其他财产权之存在,或於数额有争议或有其他得对抗债务人请求之事由时,应於接受执行法院命令後十日内,提出书状,向执行法院声明异议。第三人不於前项期间内声明异议,亦未依执行法院命令,将金钱支付债权人,或将金钱、动产或不动产支付或交付执行法院时,执行法院得因债权人之声请,迳向该第三人为强制执行。对於前项执行,第三人得以第一项规定之事由,提起异议之诉。第十八条第二项之规定,於前项诉讼准用之。"该法第120条规定:"第三人依前条第一项规定声明异议者,执行法院应通知债权人。债权人对於第三人之声明异议认为不实时,得於收受前项通知後十日内向管辖法院提起诉讼,并应向执行法院为起诉之证明及将诉讼告知债务人。债权人未於前项规定期间内为起诉之证明者,执行法院得依第三人之声请,撤销所发执行命令。"

(3)次债务人(该他人)可否提起执行异议之诉?根据《民事诉讼法解释》第499条第2款的规定,次债务人对到期债权提出异议的,法院将对异议部分停止执行。因此,次债务人通常情况下并无提起执行异议之诉的必要。但值得探讨的是,

---

① 杨与龄:《强制执行法论》,中国政法大学出版社2002年版,第534页。

假如法院未对次债务人提出异议的部分停止执行的，次债务人能否提起执行异议之诉？我们认为，此种情况下应当允许次债务人提起执行异议之诉。具体理由如下：

第一，在以应收账款（到期债权）为执行标的的执行程序中，次债务人并非被执行人，而是协助执行人，根据《民事诉讼法》第238条的规定，次债务人作为“利害关系人”，其应当可以作为提起案外人异议之诉的适格原告。

第二，次债务人对被执行人是否负有相应的债务是一个实体问题而非程序问题，对其产生争议的，应当由法院通过诉讼程序作出判断，而无法通过执行行为异议程序予以解决。因此，如果不允许次债务人就此问题提起案外人执行异议之诉，则其将失去救济途径，其权利就无法获得相应的程序保障。

第三，从比较法上来看，大陆法系国家和地区都是允许次债务人在上述情形下提起执行异议之诉的。例如，根据我国台湾地区有关强制执行的规定，次债务人（第三人）的救济途径如下：首先，如果其不承认债务人之债权或其他财产权之存在，或於数额有争议或有其他得对抗债务人请求之事由时，应于接受执行法院命令后10日内提出书面异议。其次，其没有在10日内提出异议，也没有依执行法院命令履行时，执行法院可以对其采取强制执行。对于法院的强制执行，其仍可以提起异议之诉。

2. 诉讼请求是否成立的审理和判断

如果涉案的到期债权已为生效法律文书所确定，当事人对此有异议的，应当通过审判监督程序或者撤销仲裁裁决程序进行救济。当事人在执行程序中提出执行异议或者提起执行异议之诉的，法院自然不应当予以支持。在涉案的到期债权未经生效法律文书确定的情况下，则需要根据不同情形，作出具体的判断：

（1）次债务人对到期债权提出异议的，当事人争议的焦点和法院审理的重点在于到期债权是否存在或者其具体的金额，法院应当依据当事人（主要是被执行人）提供的相应债权文书等证据对该争议问题作出具体的判断。

（2）利害关系人主张到期债权归其所有的，当事人争议的焦点和法院审理的重点在于到期债权的归属，法院可以根据当事人（主要是利害关系人）提供的债权转移、受让协议等证据作出具体的判断。

二、操作指引

（一）第三人提出执行异议时申请执行人的救济途径

如前所述，在债务人对第三人（次债务人）享有到期债权的情况下，债权人为实现其债权，可以采取两种救济途径：一是行使债权人代位权，提起代位诉讼，然后再请求法院强制执行；二是可以在执行程序中直接申请对被执行人的到期债权进行执行，因此而发生争议的，再提起执行异议之诉。应当说，两种救济途径的条件和程序具有不同的要求，各有利弊，当事人应当根据具体的情形，选择不同的救济途径。

在第三人对到期债权的执行提出异议的情况下，申请执行人能否提起申请执行人异议之诉请求法院许可对涉案到期债权的强制执行，理论上虽有不同的观点，但从司法实践来看，基本上持否定的观点。因此，在此种情况下，申请执行人需根据《民法典》第535条的规定，通过行使代位权寻求救济。

（二）案外人以涉案债权受让人提起执行异议之诉时的审判标准

1. 案外人的诉讼请求可获得支持的条件

案外人以其系案涉债权受让人为由提起执行异议之诉，请求排除执行，原则上应当同时具备以下几个条件：（1）案外人与被执行人订立了合法有效的书面债权转让合同；（2）该合同订立于案涉债权被查封、冻结或被采取强制执行措施之前；（3）被执行人在第三人处有多笔债权的，案外人主张其受让的债权应明显区别于被执行人未转让的其他债权；（4）债权转让行为不会导致案外人实质上享有优先受偿地位。

2. 案外人的诉讼请求无法获得支持的情形

案外人以其系案涉债权受让人为由提起执行异议之诉，请求排除执行，具有下列情形之一的，则通常无法获得支持：（1）案外人所主张的债权与被查封或执行的被执行人的案涉到期债权并非同一债权；（2）该债权转让行为损害申请执行人或被执行人其他债权人的利益；（3）案外人与被执行人存在利益关联或者实际控制关系的。

审判前沿

中国农业银行股份有限公司三峡猇亭支行与深圳国投商业保理有限公司等申请执行人执行异议之诉纠纷案

［（2017）鄂05民初61号民事判决书、
（2018）鄂民终213号民事判决书］

【裁判要旨】

在没有生效的法律文书判定被执行人系“应收账款”的债权人，当事人对“应收账款”的债权人存在争议的情况下，法院裁定中止对被执行人与次债务人之间“应收账款”的执行符合法律规定。如申请执行人不服该裁定，可以通过提起代位诉讼确认被执行人对次债务人债权的方式救济权利。

【基本案情】

2014年10月11日，湖北星宇服装有限责任公司（以下简称星宇公司，甲方）与深圳国投保理有限公司（以下简称深圳国投公司，乙方）签订《国投保理业务合同》，约定：甲方向乙方申请办理商业保理业务，乙方表示同意办理，甲方向乙方申请办理商业保理融资额度为人民币1100万元，具体金额以实际发放为准，保理融资期限为六个月，自首笔款项实际发放之日起算。甲方同意将其在顺丰速运有限公司的应收账款债权转让给乙方。一是对顺丰速运有限公司21份发票所对应总金额为18,099,519.16元的应收款债权。二是对中国人民解放军原总后勤部军需物资油料部军需军事代表局12张发票所对应总金额为12,057,365元的应收款债权。合同第5条约定，本合同项下乙方对甲方提供的商业保理服务，按甲方出让债权时是否将转让事实通知买家，可分为公开型和隐蔽型保理。乙方根据甲方提供的买家的名单结合保理业务实际需要分别选择，双方对顺丰速运有限公司的应收款债权选择了隐蔽型保理，隐蔽型保理是指应收账款债权转让给乙方后，暂不将转让的事实通知买家，如到期甲方不溢价回购，乙方再将转让的事实通知买家。但甲方需在发票销货联上注明该发票对应的债权已转让给乙方的事实，并盖章确认。甲方应签署《应收账款债权转让通知书》，并提交给乙方保存。合同第6条约定，甲方应根据拟办理保理业务的不同种类向乙方提交如下单据及相关文件：(1)基础商务合同。(2)经核实与原件无误的发票（增值税发票或国家规定的其他类型发票）或其他可表明应收账款债权凭证。在第7条中约定，甲方转让给乙方的应收账款必须符合以下条件，甲方与买方的商务合同等交易文件真实、完整、合法有效等。在第19条中约定，发生下列情形之一或乙方违反本合同约定时，甲方须按照乙方发出溢价回购通知的要求将已转让的债权无条件进行溢价回购，与该债权有关的一切从属权利亦被同时回购，甲方发生诉讼、被执行、股权转让、破产、清算、转让超过总资产5%的财产或者有其他任何可能削弱甲方溢价回购的事项时，甲方应及时履行回购义务。

2014年10月11日，星宇公司与深圳国投公司签订《应收账款转让登记协议》，内容与《国投保理业务合同》基本一致。星宇公司与深圳国投公司同意办理应收账款转让的登记手续。2014年10月14日，深圳国投公司与星宇公司通过代理登记机构，即中征动产融资登记服务有限责任公司，对21份发票所对应总金额为18,099,519.16元的应收账款债权进行了登记。2014年10月16日,星宇公司向深圳国投公司提供了一份《应收账款转让清单》,其中列明了星宇公司于2014年9月19日向顺丰速运有限公司开具的21份发票,发票记载的金额共计18,099,519.16元。该清单的发票数量与双方在合同中约定及登记的发票数量不一致,即合同约定的发票数量为26份,总金额为18,099,519.16元,而《应收账款转让清单》记载的发票数为21份,总金额18,099,519.16元。从深圳国投公司的举证情况看,应认定星宇公司向深圳国投公司提供的发票为21份,发票号与上述《应收账款转让清单》所列发票号相同。该合同附随没有送达给顺丰速运有限公司的《应收账款债权转让通知书》。

2014年10月17日,深圳国投公司向星宇公司发放保理融资款1100万元,星宇公司于次日确认收到上述款项。根据星宇公司与深圳国投公司在《国投保理业务合同》中关于保理融资期限为6个月的约定,星宇公司承诺的应收账款债权回购日为2015年4月17日。

2015年1月27日,宜昌市中级人民法院受理中国农业银行股份有限公司三峡猇亭支行(以下简称农行猇亭支行)诉星宇公司、曾某祥、曾某、江某某、湖北大明水产科技有限公司金融借款合同纠纷一案。2015年1月29日,根据农行猇亭支行提出的诉讼保全申请,宜昌市中级人民法院作出(2015)鄂宜昌中执保字第00063号财产保全民事裁定,并于2015年2月3日依法查封星宇公司在顺丰速运有限公司的应收账款债权。2015年3月19日,该案各方当事人自愿达成调解协议,星宇公司确认欠农行猇亭支行贷款5600万元本金及利息、罚息等费用,星宇公司等当事人自愿分期向农行猇亭支行偿还。该案民事调解书已生效。

2015年1月30日,星宇公司与深圳国投公司签订《国投保理业务合同补充协议(一)》,约定:"一、《国投保理业务合同》第十六条约定的甲方(星宇公司)同意转让给乙方(深圳国投公司)的其对顺丰速运有限公司对应21张发票的18,099,519.16元的应收账款债权,商务合同为甲方与顺丰速运有限公司签订的《服装采购框架合同书》。《服装采购框架合同书》约定,如果顺丰速运有限公司以其子公司、分公司或关联公司(顺丰速运有限公司的分支机构)的名义下单采购而产生采购相关费用的,甲方同意与顺丰速运有限公司所属的分支机构分别结算,发票等事宜按照《服装采购框架合同书》的约定执行,甲方与顺丰速运有限公司及其分支机构签订及履行了多份合同。二、此后,甲方与顺丰供应链公司签订了《服装采购合同书》(编号为:AD-PU-1411-0082,AD-PU-1412-

0088)，约定《服装采购框架合同书》及其相关的合同的权利义务由顺丰供应链公司承接。因此，甲乙双方确认，《国投保理业务合同》第16条约定的甲方对顺丰速运有限公司的应收账款债权的债务人包括顺丰速运有限公司及其子公司、分公司及关联公司等分支机构，即包括顺丰供应链公司等已经确定的关联公司，也包括此后成立或确认的分支机构，转让给乙方的应收款债权为2014年5月9日至2015年12月30日，甲方对顺丰速运有限公司、顺丰供应链公司及其他分支机构的所有应收款债权。三、甲方已经将应收款债权转让事宜告知顺丰速运有限公司、顺丰供应链公司等债务人，并再次承诺将配合乙方与顺丰速运有限公司、顺丰供应链公司等债务人依次签订确认函，保障乙方顺利收回应收账款债权。如需要甲方向顺丰速运有限公司的子公司、分公司或关联公司等分支机构开具发票的，甲方应依照合同开具。"2015年2月2日，星宇公司与深圳国投公司共同向顺丰供应链公司发出《应收账款债权转让通知书》，决定将顺丰供应链公司应支付给星宇公司的货款3,289,100元，转让给深圳国投公司，顺丰供应链公司确认已收到《应收账款债权转让通知书》。

2015年5月8日，深圳国投公司向宜昌市中级人民法院申请解除对顺丰速运有限公司应收货款的冻结。2015年5月12日，宜昌市中级人民法院作出(2015)鄂宜昌中执异字第00056号执行裁定书，裁定中止对星宇公司与顺丰速运有限公司间发票号码为00910787、00910790—00910794、00910796—00910815所对应应收账款18,099,519.16元的执行。农行猇亭支行认为该执行裁定书认定事实不清，适用法律错误，应准许对星宇公司在顺丰速运有限公司处的应收货款18,099,519.16元执行。

本案在诉讼期间，深圳国投公司提交了星宇公司开具的21份增值税普通发票复印件，开票时间均为2014年9月19日，购货单位为顺丰速运有限公司，发票载明的总金额为18,099,519.16元。星宇公司与深圳国投公司在《国投保理业务合同》中约定的转让应收账款发票号为00910787、00910790—00910794、00910796—00910815，共26份。经一审法院在宜昌市猇亭区国家税务局调查，星宇公司开具的发票号码为00910787、00910790—00910794、00910796—00910815的26份增值税普通发票，票面总金额为212,085.46元，开具时间为2014年8月8日，发票上载明的购货单位是重庆市某机关单位。星宇公司的财务账目上记载的上述26份增值税普通发票(记账联)显示的发票总金额、开票时间、购货单位与税务机关留存的资料一致。据此可以认定，星宇公司向深圳国投公司提供的21份增值税普通发票与税务机关留存的发票底联、星宇公司财务账目显示的发票总金额、开票时间、购货单位等均不一致。因此,可以认定星宇公司向深圳国投公司提供的上述21份增值税普通发票为虚假发票。

2015年1月1日,星宇公司与深圳市顺丰供应链公司签订了一份《服装采购合同书》,双方在该合同书中没有关于2014年5月9日星宇公司与顺丰速运有限公司签订的《服装采购框架合同书》应予以解除的约定。深圳市顺丰供应链公司系顺丰速运有限公司的子公司。

农行猇亭支行向一审法院起诉请求:判令准许农行猇亭支行对深圳国投公司提出的星宇公司在顺丰速运有限公司的应收货款的异议标的18,099,519.16元予以执行。事实和理由:2015年1月29日,宜昌市中级人民法院作出(2015)鄂宜昌中执保字第00063号民事裁定书,2015年2月3日对顺丰速运有限公司作出协助执行通知书,依法冻结星宇公司在顺丰速运有限公司处的应收货款人民币34,973,101.08元。2015年2月15日,深圳国投公司向宜昌市中级人民法院提出保全异议,要求依法裁定解除对星宇公司已经转让给深圳国投公司对顺丰速运有限公司应收货款的冻结。2015年5月12日,宜昌市中级人民法院作出(2015)鄂宜昌中执异字第00056号执行裁定书,决定中止对星宇公司与顺丰速运有限公司之间发票所对应的应收货款18,099,519.16元的执行。农行猇亭支行认为深圳国投公司提出的保全异议不能成立,理由如下:(1)该裁定程序错误,且缺乏裁定基础,裁定不当。该裁定混淆了诉讼保全异议和执行标的异议两个不同阶段的诉讼程序,2015年2月15日,深圳国投公司针对(2015)鄂宜昌中执保字第00063号民事裁定书提出了保全异议,2015年5月12日,宜昌市中级人民法院针对保全异议制作的(2015)鄂宜昌中执异字第00056号执行裁定书,错误地将深圳国投公司保全异议认定为"执行过程中对执行的异议",错误适用2017年《民事诉讼法》第227条、2015年《民事诉讼法解释》第465条的规定,中止对应收货款18,099,519.16元的执行。(2)深圳国投公司与星宇公司之间的债权转让是附条件的,条件没有成就时,合同没有生效。深圳国投公司与星宇公司签订"隐蔽型"保理合同时,深圳国投公司还没有取得通知债务人的权利。且该合同约定了星宇公司放弃"到期溢价回购"时,深圳国投公司才能取得债权转让的通知权,其债权让与关系不生效。(3)保理合同约定的费用具有违法性,不应得到支持。星宇公司保理融资是1100万元,期限6个月,深圳国投公司在保全异议仅4个月时提出的债权主张是18,099,519.16元,其主张利息收入是7,099,519.16元,利率远远高于法律强制性规定,该约定无效。(4)深圳国投公司对其主张没有提交足以排除强制执行的民事权益的证据。一是其仅提交了四份证据复印件;二是其主张的应收货款18,099,519.16元,没有提交相关证据予以证实;三是前述发票号对应基础商务合同的证据也没有提交。

一审法院认为:关于星宇公司将其在顺丰速运有限公司的债权转让给深圳国投公司的行为是否成立的问题。(1)星宇公司与深圳国投公司在《国投保理业务合同》第5条中约定,该保理合同系"隐蔽型"保理,且星宇公司可"到期溢价回购",即如星宇公司在双方约定的还款期到期,并明确表示放弃溢价回购后,深圳国投公司才取得通知顺丰速运有限公司的权利,星宇公司与深圳国投公司在合同中约定的到期时间为2015年4月17日。从目前的证据来看,没有证据证明深圳国投公司提出了要求星宇公司提前溢价回购的请求,星宇公司也没有明确表示放弃到期溢价回购的权利。星宇公司与深圳国投公司签订的《国投保理业务合同》,不仅是附条件的,也是附期限的,因此,在2015年4月17日之前,双方的债权转让关系尚未到期,深圳国投公司没有取得星宇公司对顺丰速运有限公司享有的债权,顺丰速运有限公司仍然负有对星宇公司支付货款的义务。(2)经审查,星宇公司向深圳国投公司提供的21份增值税普通发票系虚假的发票,星宇公司利用虚假的发票取得了深圳国投公司的融资借款,由于深圳国投公司疏于对星宇公司所提供发票的审查,该发票没有正确记载债权转让的金额,且与双方所订立《国投保理业务合同》的约定及登记不一致。根据《国投保理业务合同》第6条第2款、第7条的约定,深圳国投公司应当审核星宇公司提交有关债权转让的一切相关文件的真实性,但其疏于审查,在办理相关债权转让手续时,不仅没有对《国投保理业务合同》第16条约定的票据数、票据金额进行核对,而且在代理登记机构中征动产融资登记服务有限责任公司动产登记时再次出现重大疏忽,忽略了合同项下发票的数量、金额、买受人及开票时间的审查,没有取得真实的票据,导致其主张事实不清。因此,深圳国投公司对其行为应当承担过错责任。(3)星宇公司与深圳国投公司签订的补充合同及通知深圳市顺丰供应链公司确认其债权转让行为,其行为损害他人利益。一是深圳国投公司、星宇公司不能在合同中为他人设定义务。深圳国投公司与星宇公司在补充协议中约定将顺丰速运有限公司承担的《服装采购框架合同书》及相关合同的权利义务转让给其关联公司顺丰供应链公司承担。为他人设定义务,其行为明显不当。二是农行猇亭支行向一审法院申请查封星宇公司在顺丰速运有限公司的应收账款债权之后,星宇公司仍然配合深圳国投公司办理债权转让通知手续,将该笔应收账款债权转让给深圳国投公司,用于清偿其他债务。星宇公司明知该行为会损害农行猇亭支行利益而为之,因此,星宇公司的该转让行为无效。三是2015年2月15日,深圳国投公司作为案外人向一审法院提出执行异议申请时,没有提交其与星宇公司签订的《国投保理业务合同补充协议(一)》,对证实自身主张的如此重要之证据没有提供,其行为违背常理。故深圳国投公司以该协议进行抗辩不予支持。(4)2015年2月2日,星宇公司与深圳国投公司共同向顺丰供应链公司发出《应收账款债权转让通知书》。决定将顺丰供应链公司应支付给星宇公司的货款3,289,100元,转让给深圳国投公司,顺丰供应链公司对上述货款金额予以确认,并表示已收到《应收账款债权转让通知书》。因星宇公司自愿将其应收账款3,289,100元转让给深圳国投公司,且已通知了应付款人顺丰供应链公司,该应收账款应由顺丰供应链公司支付给深圳国投公司。(5)星宇公司与深圳国投公司签订的《国投保理业务合同补充协议(一)》中,并没有就双方约定的"隐蔽型"保理进行变更,因此应按《国投保理业务合同》第5条第2款关于"隐蔽型保理是指应收账款债权转让给乙方后,暂不将转让的事实通知买家,如到期甲方不溢价回购,乙方再将转让的事实通知买家"的约定履行,即星宇公司与深圳国投公司约定的还款到期时间为2015年4月17日,在一审法院依法查封星宇公司在顺丰速运有限公司的应收账款债权之后,星宇公司在2015年4月17日前将在顺丰速运有限公司的应收账款债权转让给深圳国投公司的行为,除星宇公司自愿转让给深圳国投公司,且已通知了应付款人顺丰供应链公司的3,289,100元外,系无效行为。

关于顺丰速运有限公司将其应履行合同的权利义务转让给顺丰供应链公司的行为是否有效的问题。星宇公司与顺丰供应链公司于2015年1月1日签订的《服装采购合同书》中,双方没有对关于2014年5月9日星宇公司与顺丰速运有限公司签订的《服装采购框架合同书》应予以解除的约定,星宇公司与顺丰速运有限公司签订的《服装采购框架合同书》继续有效。顺丰速运有限公司认为其尚欠星宇公司的货款应由顺丰供应链公司支付,及其不是本案的适格第三人的理由均不能成立。

综上所述,根据农行猇亭支行与星宇公司、曾某祥、曾某、江某平、湖北大明水产科技有限公司自愿达成的协议制作的(2015)鄂宜昌中民三初字第00034号民事调解书是正确的。一审法院根据农行猇亭支行的申请,依法裁定对星宇公司价值5600万元的应收货款、银行存款、股票、房产、车辆或等值财产进行查封、冻结并无不当。因星宇公司下欠深圳国投公司的保理融资款尚未到还款期限,星宇公司与深圳国投公司通过合同约定将第三人的义务转让给他人,其行为的主要目的是规避法院已经作出的财产保全措施,该行为损害了农行猇亭支行的利益,除星宇公司自愿转让给深圳国投公司,且已通知了应付款人顺丰供应链公司的3,289,100元外,剩余货款14,810,419.16元,深圳国投公司提供的证据不足以阻止上述执行标的物的转让和交付。因此,农行猇亭支行请求对星宇公司在顺丰速运有限公司的应收债权予以执行的理由部分成立。遂判决:准予农行猇亭支行对顺丰速运有限公司的应收货款14,810,419.16元予以执行。案件受理费130,397元由深圳国投公司负担106,704元,由农行猇亭支行负担23,693元。(2015)鄂宜昌中执异字第00056号执行裁定于本判决生效时自动失效。

二审法院认为,2015年《民事诉讼法解释》第501条规定:人民法院执行被执行人对他人的到期债权,可以作出冻结债权的裁定,并通知该他人向申请执行人履行。该他人对到期债权有异议,申请执行人请求对异议部分强制执行的,人民法院不予支持。利害关系人对到期债权有异议的,人民法院应当按照2017年《民事诉讼法》第227条规定处理。对生效法律文书确定的到期债权,该他人予以否认的,人民法院不予支持。在本案中,农行猇亭支行申请执行星宇公司对顺丰速运有限公司的到期债权。顺丰速运有限公司称其于2015年1月1日通过签订与星宇公司的0088号合同将采购合同项下的付款义务转移至顺丰供应链公司;2015年4月10日,星宇公司将其享有的应收债权1400万元转让给浙江新建纺织有限公司,顺丰供应链公司向新建纺织有限公司支付了相应的款项;0050号合同只是概括性约定了交易的品名、数量、单价及总金额,星宇公司实际并未按照合同约定足额履行。顺丰速运有限公司的主张属于上述法律规定的"对到期债权有异议",且农行猇亭支行请求执行的"应收账款"未经过生效法律文书确定。虽然(2015)鄂宜昌中执异字第00056号执行裁定书是针对深圳国投公司的异议作出,但深圳国投公司所主张的权利亦须以星宇公司对顺丰速运有限公司享有债权为前提条件。换言之,在判定争议的"应收账款"债权人是星宇公司还是深圳国投公司之前,须有生效法律文书确定或顺丰速运有限公司认可其负有支付"应收账款"的义务。故顺丰速运有限公司的异议可能导致深圳国投公司在执行程序中主张的权利丧失实质意义。宜昌市中级人民法院裁定中止对星宇公司与顺丰速运有限公司间应收账款的执行符合法律规定。如农行猇亭支行不服该裁定,可以通过提起代位诉讼确认星宇公司对顺丰速运有限公司债权的方式救济权利。

综上所述,一审判决适用法律错误,应予纠正。遂判决:(1)撤销湖北省宜昌市中级人民法院(2017)鄂05民初61号民事判决。(2)驳回农行猇亭支行的诉讼请求。一审案件受理费130,397元,二审案件受理费110,662元,均由农行猇亭支行负担。

【要点评析】

本案是当事人基于应收账款而提起的执行异议之诉,原告为申请执行人,而被告则为提出异议的利害关系人,第三人分别为被执行人(债务人)及其应收账款的债务人(次债务人)。特别需要指出的是,本案中,深圳国投公司之所以主张其系涉案到期债权的权利人,依据在于其与星宇公司之间存在保理合同关系。所谓保理合同,是指债权人与保理商之间签订的,约定将现在或将来的、基于债权人与债务人订立的销售商品、提供服务、出租资产等基础合同所产生的应收账款债权转让给保理商,由保理商向债权人提供融资、销售分户账管理、应收账款催收、资信调查与评估、信用风险控制及坏账担保等至少一项服务的合同。深圳国投公司提出异议的理由在于,其根据双方之间的保理合同已经受让了涉案的应收账款,该应收账款已经不再是被执行人的责任财产。从当事人的诉辩主张及法院查明的事实来看,本案争议的焦点有两个:一是在执行被执行人的应收账款时,如果有人对应收账款的归属或者数额提出异议,执行法院因此而中止执行时,申请执行人能否提起许可执行之诉?二是如果申请执行人可以提起许可执行之诉,则在该诉讼中,作为被执行人的星宇公司对顺丰速运有限公司是否享有相应的应收账款?

对于上述两个争议焦点,一审法院认为,申请执行人农行三峡猇亭支行可以提起执行许可之诉,在对被执行人星宇公司是否享有相应的应收账款债权进行实体审理的基础上,支持了农行三峡猇亭支行的相应诉讼请求。而二审法院则认为:在判定争议的“应收账款”债权人是星宇公司还是深圳国投公司之前,须有生效法律文书确定或顺丰速运有限公司认可其负有支付“应收账款”的义务,故顺丰速运有限公司的异议可能导致深圳国投公司在执行程序中主张的权利丧失实质意义。宜昌市中级人民法院裁定中止对星宇公司与顺丰速运有限公司间应收账款的执行符合法律规定。如农行猇亭支行不服该裁定,可以通过提起代位诉讼确认星宇公司对顺丰速运有限公司债权的方式救济权利。从上述判决理由来看,二审法院实际上认为,在对作为执行标的的应收账款债权存在争议的情况下,申请执行人(债权人)只能提起债权人代位诉讼而不能提起许可执行之诉。我们认为,这种观点值得商榷。我国《民法典》虽然规定了债权人代位权制度,债权人可以提起代位诉讼。但与此同时,我国《民事诉讼法》及相关司法解释也规定了对被执行人债权的执行制度,并允许申请执行人提起执行异议之诉。在已经进行执行程序的情况下，要求债权人另行提起代位诉讼而不能提起执行异议之诉，缺乏法律依据。此外，既然是发生在执行程序中的实体争议，顺理成章的应当是通过执行异议之诉进行解决。如果要求当事人另案通过债权人代位诉讼进行解决，实际上只是徒增当事人诉累，重复浪费司法资源。对于问题的解决，并没有任何益处。

另须指出的是，二审判决混淆了是否具备起诉条件和诉讼请求是否成立的关系。如果认为本案中农行猇亭支行只能通过提起代位诉讼进行救济而不能提起异议之诉，则意味着农行猇亭支行提起本诉不符合起诉的条件，二审法院应当撤销一审判决，裁定驳回农行猇亭支行的起诉，而不应该是撤销一审判决，驳回农行猇亭支行的诉讼请求。如果认为农行猇亭支行可以提起本诉，法院不能裁定不予受理或者驳回起诉，则二审法院就应当像一审法院一样，对当事人之间的实体法律关系作出实体性的判断，具体而言，就是对星宇公司对顺丰速运有限公司是否享有相应的应收账款债权作出实体判断，如果认为星宇公司对顺丰速运有限公司享有相应的应收账款债权，则应当判决许可对该债权的执行；反之，如果认为不享有，则应当驳回农行猇亭支行的相应诉请。本案中，二审法院在未对上述争议问题作出实体判断的情况下，径行判决驳回了农行猇亭支行的相应诉讼请求，明显缺乏依据。

第二节　基于应收账款质押的异议之诉

法律依据

《民法典》第440条　债务人或者第三人有权处分的下列权利可以出质：

（一）汇票、本票、支票；

（二）债券、存款单；

（三）仓单、提单；

（四）可以转让的基金份额、股权；

（五）可以转让的注册商标专用权、专利权、著作权等知识产权中的财产权；

（六）现有的以及将有的应收账款；

（七）法律、行政法规规定可以出质的其他财产权利。

《民法典》第445条　以应收账款出质的，质权自办理出质登记时设立。

应收账款出质后，不得转让，但是出质人与质权人协商同意的除外。出质人转让应收账款所得的价款,应当向质权人提前清偿债务或者提存。

一、制度阐释

(一)应收账款质押的概念和范围

《民法典》第440条规定,“债务人或者第三人有权处分的下列权利可以出质:(一)汇票、本票、支票……(六)现有的以及将有的应收账款;(七)法律、行政法规规定可以出质的其他财产权利”,应收账款质押在法律性质上属于权利质押。

应收账款质权兼具物权和债权两种特性。一方面,作为担保物权,出质人不履行债务时,质权人对应收账款质押标的享有优先受偿权;另一方面,应收账款质权实质上是以一种请求权担保另一种请求权的实现,质权的最终实现,受到出质人的债务人履行能力即其全部责任财产多少的影响,仍然是以债权为基础。

从我国规定的应收账款范围来说,限于金钱之债,包括现有和未来的债权,不包括非金钱债权,也不包括因票据或者其他有价证券产生的付款请求权。根据《动产和权利担保统一登记办法》第3条的规定,应收账款是指应收账款债权人因提供一定的货物、服务或设施而获得的要求应收账款债务人付款的权利以及依法享有的其他付款请求权,包括现有的以及将有的金钱债权,但不包括因票据或其他有价证券而产生的付款请求权,以及法律、行政法规禁止转让的付款请求权。具体而言,包括:(1)销售、出租产生的债权,包括销售货物,供应水、电、气、暖,知识产权的许可使用,出租动产或不动产等;(2)提供医疗、教育、旅游等服务或劳务产生的债权;(3)能源、交通运输、水利、环境保护、市政工程等基础设施和公用事业项目收益权;(4)提供贷款或其他信用活动产生的债权;(5)其他以合同为基础的具有金钱给付内容的债权。

(二)应收账款质押的设立

1. 必须订立书面合同

《物权法》(已废止)第228条规定,以应收账款出质的,当事人应当订立书面合同。质权自信贷征信机构办理出质登记时设立。应收账款出质后,不得转让,但是经出质人与质权人协商同意的除外。出质人转让应收账款所得的价款,应当向质权人提前清偿债务或者提存。

《民法典》删除了关于订立书面合同的表述,但是《民法典》第427条规定,设立质权,当事人应当采用书面形式订立质押合同。质押合同一般包括下列条款:(1)被担保债权的种类和数额;(2)债务人履行债务的期限;(3)质押财产的名称、数量等情况;(4)担保的范围;(5)质押财产交付的时间、方式。同时《民法典》第

446 条规定,“权利质权除适用本节规定外,适用本章第一节的有关规定”。因此,设立应收账款质权必须订立书面合同。

2. 必须办理出质登记

根据《民法典》第 445 条的规定,应收账款质权自办理出质登记时设立。应收账款质押的设立采取登记生效主义,应收账款质权为担保物权,根据物权法定原则要求,仅订立应收账款质押合同不能设立质权,还必须办理出质登记。仅订立书面合同而未经登记的,只能产生合同效力,而不能产生担保物权效力。

二、操作指引

1. 案外人能否以对执行标的享有应收账款质押权为由,依据《民事诉讼法》第 238 条提起异议

就案外人能否以对执行标的享有应收账款质押权为由,依据《民事诉讼法》第 238 条提起异议的问题,主要有三种观点:第一种观点认为,案外人不能以其享有担保物权为由提起异议,因为权利人享有的担保物权是对担保物变价后的优先受偿权,权利人在顺位上的优先权不会因执行而丧失,担保物权不能产生排除执行的效果,继而担保物权人不能提出执行异议。第二种观点认为,与《民事诉讼法》第 236 条的执行行为异议相区别,《民事诉讼法》第 238 条规定的是基于实体权利而提出的执行异议,而应收账款质押权系债务人为担保其债务实现而向债权人提供的担保物权,属于实体权利范畴,因而案外人有权根据法律规定以其对应收账款享有质押权为由提起执行异议。第三种观点认为,担保物权分为抵押权、质权、留置权,基于担保物权的特殊性,不应“一刀切”地判断案外人是否享有诉的权利,而是需要区分是否属于参与分配程序、被执行人的性质以及提出执行异议的阶段等内容具体问题具体分析。①

第三种观点相对合理。《民事诉讼法解释》第 506 条规定:“被执行人为公民或者其他组织,在执行程序开始后,被执行人的其他已经取得执行依据的债权人发现被执行人的财产不能清偿所有债权的,可以向人民法院申请参与分配。对人民法院查封、扣押、冻结的财产有优先权、担保物权的债权人,可以直接申请参与分配,主张优先受偿权。”《执行规定》第 31 条规定:“人民法院对被执行人所有的其他人享有抵押权、质押权或留置权的财产,可以采取查封、扣押措施。财产拍卖、变卖后所得价款,应当在抵押权人、质押权人或留置权人优先受偿后,其余额部分用于清

---

① 参见袁楠:《对执行标的享有担保物权的案外人异议途径选择——中车资阳机车有限公司案外人异议之诉评析》,载最高人民法院执行局编:《执行工作指导》2017 年第 3 辑(总第 63 辑),中国民主法制出版社 2018 年版。

偿申请执行人的债权。”对应收账款质押权人来说,在参与分配程序中,如果被执行人为公民或者其他组织,可以直接申请参与分配主张其优先权,对分配方案有异议的,可以依据《民事诉讼法解释》第510条向执行法院提起分配方案异议之诉(而非案外人异议之诉);如果被执行人为法人,由于营利法人能否适用参与分配制度尚有争议,无法通过参与分配异议的途径寻求救济,只得通过《民事诉讼法》第238条提起案外人异议。而在非参与分配程序中,质押权人对应收账款享有实体权利,属于案外人异议之诉的审理范围。

2. 案外人享有的应收账款质押权能否排除执行

应收账款一旦被执行,权利人的优先受偿权等将随之灭失,对质权人的实体权利造成损害。通过分配方案异议之诉无法对质权人提供有效的救济,因此,应当赋予质权人通过执行标的异议之诉寻求救济的权利。①

江苏省高级人民法院认为,②案外人以其对查封、冻结或者强制执行的被执行人的应收账款享有质权为由,提出执行异议,请求解除查封、冻结或不得强制执行的,同时具有下列情形的,不得执行该应收账款债权:(1)案外人与被执行人订立了书面的质押合同;(2)该质押合同签订于案涉债权被查封或冻结之前;(3)案外人与被执行人订立质押登记协议并在中国人民银行征信中心办理质押登记;(4)案涉债权与登记的应收账款具有同一性;(5)案外人与被执行人不存在恶意逃债以及规避执行情形。

审判前沿

中车资阳机车有限公司与北京农村商业银行股份有限公司商务中心区支行案外人执行异议之诉纠纷案

[(2016)京0102民初22396号民事判决书、
(2019)京02民终7516号民事判决书]

【裁判要旨】

根据查明的事实,质押账户上已不存在法院的冻结措施,客观上已经不存在法院的执行行为,故不存在不得执行的可能性,亦即不存在执行异议之诉案件的审理标的。

① 参见司伟主编:《执行异议之诉裁判思路与裁判规则》,法律出版社2020年版,第495页。

② 参见《江苏省高级人民法院执行异议及执行异议之诉案件办理工作指引(三)》。

【基本案情】

2013年3月27日中车资阳机车有限公司（以下简称中车资阳公司）与首创龙基科技有限公司（以下简称首创公司）签订应收账款质押合同约定：质权人为南车资阳机车有限公司（于2014年11月变更名称为中车资阳公司，甲方），出质人为首创公司（乙方）。鉴于甲方与乙方已经签署了对CJC－2005－118、CJC－2011－158和CJC－2011－160号机车配件供销合同（以下简称主合同），乙方作为买受人，以机车配件作为标的与作为出卖人的甲方开展购销业务。乙方同意以土库曼斯坦铁道交通部签订的No.118号合同应收的机车及配件货款作为质押物，为主合同项下甲方对乙方享有的全部债权提供担保。乙方为更好地执行CJC－2005－118号合同在中国出口信用保险公司投保的转让保险单项下于2006年12月19日向北京农商银行商务中心区支行贷款50,000万元，截至2013年3月27日尚有10,813万元未归还北京农商银行商务中心区支行……乙方全面确认并同意主合同，并根据本合同条款自愿将应收账款质押给甲方，在担保范围内向甲方全部担保责任。乙方保证是本合同项下的应收账款完全的、有效的、合法的所有者或有权处分者，除本合同项下或根据本合同创设的担保以外，不存在任何权益负担……本合同所规定的主债权系指主合同项下甲方有权向乙方收取之货款总额231,247,804.80元以及其他应收款……本合同质押标的为在主合同履行期间，乙方享有的土库曼斯坦铁道交通部签订的No.118号合同约定的应收货款及由此产生的全部收益。乙方指定专用于收取上述应收账款的专用账户如下：开户行为北京农商银行西单支行，户名为首创龙基科技有限公司，账号为×××，币种为美元。乙方在此确认上述专用账户为乙方土库曼斯坦铁道交通部签订的No.118号合同约定的应收账款唯一专用账户，乙方不得指定其他的账户接收应收账款，且该专用账户在质押期间不得变更。本合同质押担保的范围为甲方在主合同项下对乙方享有的全部债权，包括但不限于乙方应按照主合同向甲方支付的货款（总额为人民币231,247,804.80元）、违约金、手续费、损害赔偿金及其他应付款项；债权人实现债权而支付的各项费用（包括但不限于诉讼费、仲裁费、律师费、差旅费及租赁物取回时的拍卖、评估等费用）和其他所有乙方应付费用。甲方根据本合同和法律规定，在质押存续期间，对质押的应收账款享有（但不限于）以下权利：甲方对本合同质押的应收账款均享有第一顺位的优先受偿权。如乙方出现主合同项下违约行为的，甲方有权根据法律、法规的规定以及本合同规定处分质押的应收账款，处分质押的应收账款所需一切合理费用由乙方承担……甲方可以不先行使对乙方的其他担保权利(如有)而直接行使本合同项下的质权。乙方同意,在任何情况下,甲方未行使或未及时行使其与乙方在其他任何文件项下的任何权利,包括但不限于债权、担保物权、违约救济权,均不得被视为甲方怠于或放弃行使权利,亦不会影响其充分行使本合同项下的权利……乙方同意授权甲方在人民银行应收账款质押登记公示系统办理应收账款质押登记(包括初始登记、变更登记、异议登记、注销登记等)。乙方同意全面协助甲方办理相关登记手续,包括但不限于提供质押登记所需相关文件、信息、填写相关申请表格……乙方在此确认,在本合同下质押的应收账款进入专用账户中变为现金款项后,该等款项应当连同专用账户中的其他款项,一并继续作为本合同项下质押的应收账款,用于担保本合同项下被担保债务的履行。除本条另有规定之外,本合同中的各项条款和条件,在可适用的情况下,均是用于本项质押……乙方应当按照甲方要求,与甲方及甲方指定的相关银行签署关于专用账户的监管协议,由甲方或甲方委托的银行对账户中的资金进行监管……甲方作为质权人,有权随时决定将相关的专用账户内资金按照本合同约定用于偿付任何被担保债务……如乙方未依照主合同的规定向甲方支付合同项下的任何部分或全部的货款或其他费用的,或发生主合同以及本合同所列的任何违约情况,甲方有权要求行使质权,即甲方有权将专用账户内已经收取的应收账款直接扣划用于清偿担保债权,要求尚未到期的应收账款债务人直接向甲方(而非乙方)履行支付义务,或有权以其他法律允许的方式处置质押的应收账款,从而实现质权……仅为登记目的,本合同项下应收账款的质押登记期限自登记之日起5年……乙方不得采取任何可能改变或损害甲方对质押的应收账款或甲方在本合同项下的任何权利的行为。第15条约定,出现下列情况之一,甲方可以依法行使质权处分质押的应收账款,处分质押的应收账款时发生的一切合理费用,由乙方承担……乙方违反本合同约定,拒绝履行本合同约定的义务,危及质权……足以危及主合同项下债权以及本合同项下质权实现的其他事由。

中国人民银行征信中心应收账款质押登记证明变更登记,征信证明编号00×××,登记时间2013年4月18日,出质人信息:首创公司,质权人信息:南车资阳机车有限公司,合同号码:EJC2005－118、CJC2011－158、CJC2011－160,主合同币种:人民币,主合同金额:670,025,820元,债务履行期限:2011年3月7日至2013年3月31日,质押合同号码:YSZKZYSCGS20130411－02,质押财产价值231,247,804.80元,质押财产描述:出质人与土库曼斯坦铁道交通部签订的No.118号合同项下应收的机车及配件货款。

2014年7月28日北京市第二中级人民法院出具的(2014)二中执字第731号执行裁定书载明:申请执行人南车资阳机车有限公司,被执行人首创公司、北京国创兴业科技有限公司、周某威,本院依据已经发生法律效力的北京市中信公证处(2014)京中信执字00482号执行证书,于2014年7月28日向被执行人首创公司、北京国创兴业科技有限公司、周某威发出执行通知,责令被执行人首创公司、北京国创兴业科技有限公司、周某威接到执行通知后立即履行该法律文书确定的义务,但被执行人首创公司、北京国创兴业科技有限公司、周某威未按执行通知履行法律文书确定的义务。依照2017年《民事诉讼法》第154条第1款第11项、第240条、第242条、第243条、第244条、第247条以及第253条之规定,裁定如下:(1)冻结、划拨被执行人首创公司、北京国创兴业科技有限公司、周某威的银行存款人民币1亿元及违约金(自2014年5月16日起至1亿元前款还清之日止,每日按欠款总额的万分之二计算),并加倍支付迟延履行期间债务利息的相应银行存款。(2)冻结、划拨被执行人首创公司、北京国创兴业科技有限公司、周某威应负担实现债权的费用(按实际发生额计算)、申请执行费以及执行中实际支出费用的相应银行存款。(3)采取上述措施后仍不足以履行生效法律文书确定的义务,则依法查封、扣押、拍卖、变卖被执行人首创公司、北京国创兴业科技有限公司、周某威应当履行义务部分的其他财产。

2014年8月20日北京市第二中级人民法院出具的(2014)二中执字第774号执行裁定书载明:申请执行人南车资阳机车有限公司,被执行人首创公司、北京国创兴业科技有限公司、周某威,本院依据已经发生法律效力的中华人民共和国北京市中信公证处(2014)京中信内经证字06859号公证书及(2014)京中信执字第00597号执行证书,于2014年8月20日向被执行人首创公司、北京国创兴业科技有限公司、周某威发出执行通知,责令被执行人首创公司、北京国创兴业科技有限公司、周某威接到执行通知后立即履行该法律文书确定的义务,但被执行人首创公司、北京国创兴业科技有限公司、周某威未按执行通知履行法律文书确定的义务。依照2017年《民事诉讼法》第154条第1款第11项、第240条、第242条、第243条、第244条、第247条以及第253条之规定,裁定如下:(1)冻结、划拨被执行人首创公司、北京国创兴业科技有限公司、周某威的银行存款人民币2亿元及违约金(其中人民币6000万元,自2014年4月1日起至还清之日止,每日按人民币6000万元的万分之二计算;其中人民币14,000万元,自2014年8月1日起至还清之日止,每日按人民币14,000万元的万分之二计算),并加倍支付迟延履行期间债务利息的相应银行存款。(2)冻结、划拨被执行人首创公司、北京国创兴业科技有限公司、周某威应负担的案件受理费、申请执行费以及执行中实际支出费用的相应银行存款。(3)采取上述措施后仍不足以履行生效法律文书确定的义务,则依法查封、扣押、拍卖、变卖被执行人首创公司、北京国创兴业科技有限公司、周某威应当履行义务部分的其他财产。

2015年4月20日北京市第二中级人民法院出具的(2015)二中执字第685号执行裁定书载明:申请执行人南车资阳机车有限公司,被执行人首创公司、北京国创兴业科技有限公司、周某威,本院依据已经发生法律效力的中华人民共和国北京市中信公证处(2014)京中信内经证字06859号公证书及(2014)京中信执字第00417号执行证书,于2015年4月20日向被执行人首创公司、北京国创兴业科技有限公司、周某威发出执行通知,责令被执行人首创公司、北京国创兴业科技有限公司、周某威接到执行通知后立即履行该法律文书确定的义务,但被执行人首创公司、北京国创兴业科技有限公司、周某威未按执行通知履行法律文书确定的义务。依照2017年《民事诉讼法》第154条第1款第11项、第240条、第242条、第243条、第244条、第247条以及第253条之规定,裁定如下:(1)冻结、划拨被执行人首创公司、北京国创兴业科技有限公司、周某威应支付的第4期欠款本金相应的银行存款人民币89,984,286.83元,并加倍支付迟延履行期间债务利息的相应银行存款。(2)冻结、划拨被执行人首创公司、北京国创兴业科技有限公司、周某威应支付的违约金(自2014年11月30日起至第4期欠款还清之日止,每日按欠款总额的万分之二计算),并加倍支付迟延履行期间债务利息的相应银行存款。(3)冻结、划拨被执行人首创公司、北京国创兴业科技有限公司、周某威应负担的申请执行人南车资阳机车有限公司实现债权的费用(按实际发生额计算,包括但不限于公证费、执行费、律师费、评估费等)的相应银行存款。(4)冻结、划拨被执行人首创公司、北京国创兴业科技有限公司、周某威应负担的案件受理费、申请执行费以及执行中实际支出费用的相应银行存款。(5)采取上述措施后仍不足以履行生效法律文书确定的义务,则依法查封、扣押、拍卖、变卖被执行人首创公司、北京国创兴业科技有限公司、周某威应当履行义务部分的其他财产。

(2014)西执字第4270号北京市西城区人民法院执行裁定书载明:申请人北京农商行,被申请人首创公司、周某威、北京国创兴业科技有限公司,北京农商行与首创公司、北京国创兴业科技有限公司、周某威公证执行一案,北京市方正公证处作出的(2014)京方正执行证字第245号执行证书已发生法律效力。

申请人向法院申请执行,要求被执行人首创公司、北京国创兴业科技有限公司、周某威履行生效法律文书所确定的还款义务。在执行中被执行人未能自动履行,依据2017年《民事诉讼法》第242条、第243条、第244条、第253条之规定,裁定如下:(1)查询、冻结、划拨被执行人首创公司、北京国创兴业科技有限公司、周某威应当履行义务部分的银行存款。(2)扣留、提取被执行人首创公司、北京国创兴业科技有限公司、周某威应当履行义务部分的收入。(3)查封、冻结被执行人首创公司、北京国创兴业科技有限公司、周某威应当履行义务部分的财产。该裁定书的作出时间为2014年6月10日。

划款明细:(1)2014年8月28日098号账户司法扣划1,645,700美元至北京农商行;(2)2014年11月4日098号账户司法扣划1,438,428.78美元至北京农商行;(3)2014年11月26日098号账户司法扣划513,092.01美元至北京农商行;(4)2015年12月29日107号账户司法扣划1,074,755美元至北京农商行;(5)2016年8月19日107号账户司法扣划1,376,000美元至北京农商行。

从098号账户扣划款项合计1,645,700+1,438,428.78+513,092.01=3,597,220.79美元;从107号账户扣划款项合计1,074,755+1,376,000=2,450,755美元。

中车资阳公司向北京市西城区人民法院提起案外人异议。2016年7月28日北京市西城区人民法院出具(2016)京0102执异78号裁定书,载明:西城区人民法院认为,被执行人首创公司未履行生效法律文书确定的义务,执行实施机构有权冻结、划拨其名下账户内的存款。当事人对自己提出的诉讼请求所依据的事实或者反驳对方诉讼请求所依据的事实有责任提供证据加以证明,本案中,中车资阳公司所提证据仅仅能证明中车资阳公司对首创公司的098号账户中应收账款享有相关权利,但中车资阳公司并未就首创公司与其所签订的主合同所涉债权内容、债务履行情况优先受偿权的具体金额、另案执行情况等内容提供证据加以佐证,故其要求将2013年7月7日至2015年7月8日执行实施机构所扣划的所有098号账户的款项还至该账号之请求依据不足,西城区人民法院对此不予支持。执行实施机构在098号账户冻结到期后未对该账户再行续冻,故中车资阳公司请求中止对098号账户执行之请求缺乏事实依据,对此不予支持。综上所述,依据2017年《民事诉讼法》第227条之规定,裁定如下:驳回中车资阳机车有限公司的案外人执行异议。

中车资阳公司向一审法院提出中止审理本案。北京市西城区人民法院民事裁定书(2016)京0102民初22396号,载明:一审法院在审理原告中车资阳公司与被告北京农商行、首创公司案外人执行异议之诉案中,因中车资阳公司向四川省资阳市中级人民法院起诉首创公司应收账款质权纠纷案,四川省资阳市中级人民法院于2016年12月30日作出判决,首创公司对判决不服已向四川省高级人民法院提起上诉。本案所涉及的该案件事实须以中车资阳公司诉首创公司应收账款质权纠纷的审理结果为依据。现该案正在审查中,故本案无法继续审理,应中止诉讼。待该案件作出判决后本案再恢复审理。现依照2017年《民事诉讼法》第150条第1款第5项、第2款,第154条第1款第6项之规定,裁定如下:本案中止诉讼。

中车资阳公司以应收账款质权为由向四川省资阳市中级人民法院起诉首创公司。四川省资阳市中级人民法院作出(2016)川20民初181号民事判决书。载明:判决如下:(1)中车资阳公司对首创公司在土库曼斯坦铁道交通部签订的No.118号合同约定的应收账货款及由此产生的全部收益[在北京农商银行西单支行,账号:×××(待核查账户为×××)的款项]从2013年4月18日起至主债权消灭时止,享有231,247,804.80元的质权,并在其主债权331,921,419.93元范围内对231,247,804.80元质权享有优先受偿权。(2)驳回中车资阳公司的其他诉讼请求。

首创公司不服四川省资阳市中级人民法院作出(2016)川20民初181号民事判决书,向四川省高级人民法院提出上诉。四川省高级人民法院于2017年10月25日作出(2017)川民终969号民事判决:驳回上诉,维持原判。

本案于2018年4月24日中止事由消除,恢复审理。

2015年11月24日,四川省资阳市工商行政管理局准予南车资阳机车有限公司名称变更为中车资阳公司。

北京市方正公证处作出的(2014)京方正执行证字第00245号执行证书载明:被申请执行人为首创公司、北京国创兴业科技有限公司、周某威;执行标的为本金44,107,000元及利息,截止到执行之日止,实现债权所产生的其他相关费用。2014年5月6日,北京农商行向一审法院申请强制执行。

2011年12月15日首创公司向北京农商行出具的承诺书约定:承诺将包括×××在内的所有在北京农商银行处开立的账户接受监管,同时将No.118号合同项下的资金回款全部归集于上述账户,办理结汇后的人民币归集于北京农商行开立的一般账户,所有回款全额用于归还北京农商行贷款本息。到期后,仍有4700万元未能按时偿还,北京农商行于2013年12月23日对首创公司采取借新还旧方式进行了转贷,到期日为2014年6月19日。首创公司向北京农商行再次出具内容相同的承诺书。

购销合同:首创公司、中国机械工业集团公司作为买方,中国南车集团资阳机车厂作为卖方,于2005年12月12日签订(合同号为CJC-2005-118)的购销合同,约定:中国南车集团资阳机车厂提供内燃机车车厢和其他设备,标的价款为45,836.6万元。首创公司作为买方,南车资阳机车有限公司作为卖方,于2011年2月11日签订了合同号为CJC-2011-158的购销合同,约定:南车资阳机车有限公司提供内燃机车及配件,标的价款为60,886万元。首创公司作为买方,南车资阳公司作为卖方,于2012年1月17日签订合同号为CJC-2011-160的机车配件购销合同,标的价款为4518万元。中国南车集团资阳机车厂更名为中车资阳公司。

2006年11月25日北京农商行与首创公司建立借贷关系。首创公司向北京农商行贷款5亿元,在生产上,用于与土库曼斯坦铁道交通部签订No.118号合同的机车采购。贷款期限为2006年12月19日至2011年12月18日。

中车资阳公司提起案外人异议之诉,请求:(1)不得执行自2013年4月18日起首创公司名下×××号账户和×××号账户所收取的土库曼斯坦铁道交通部No.118号合同全部应收账款;(2)北京农商行返还首创公司名下×××号账户执行货款3,597,220.79美元,以及×××号账户执行货款2,450,775美元。

一审法院认为,本案的争议焦点应当确定为:中车资阳公司对首创公司于北京农村商业银行股份有限公司西单支行开立×××号账户(以下简称098号账户)内涉案资金是否享有足以排除北京农商行的优先受偿权以及法院是否应当判令不得对098号账户继续执行。

本案中,首创公司曾于2011年12月15日向北京农商行出具承诺书,并表明因2011年12月18日首创公司与北京农商行展期协议项下尚有1.8亿元待偿借款,首创公司承诺该公司在北京农商行开立的包括098号账户在内的所有账户均受北京农商行监管,并且承诺首创公司在其与土库曼斯坦铁道交通部签订的No.118号合同项下的资金回款全部归集于098号账户,办理结汇后的人民币归集于北京农商行开立的一般账户,所有汇款全额用于归还北京农商行贷款本息。对此,结合北京农商行对098号账户实际监管以及该账户内在未来有资金回款的高度可能性,一审法院认为首创公司签署此承诺书时确有以098号账户未来回款的资金优先清偿北京农商行债权的意思表示,北京农商行收取留存该承诺书即表明双方就此达成合意。而根据中车资阳公司与首创公司2013年3月27日签订应收账款质押合同约定,中车资阳公司明知首创公司于应收账款质押合同签订之时尚欠北京农商行1.0813亿元人民币贷款,此外应收账款质押合同还约定中车资阳公司与首创公司均认可098号账户即为收取涉案No.118号合同项下应收账款的唯一专用账户。基于承诺书系前述北京农商行与首创公司展期协议的组成部分,以及中车资阳公司明知展期协议存在的事实,一审法院认为中车资阳公司在签订应收账款质押合同之时有可能,也有能力获知前述承诺书的存在,并发现098号账户上已经存在针对No.118号合同项下回款的优先受偿权,进而要求首创公司作为债权人要求土库曼斯坦铁道交通部变更回款账户以避免后续可能产生的争议纠纷。因此,无论应收账款质押合同项下的应收账款质押效力是否自动及于实际回款现金,中车资阳公司享有的质权并不能产生消灭北京农商行对098号账户享有优先受偿权的效力,也不能产生对抗该优先受偿权的效力。此外,2015年《异议复议规定》第26条第2款也规定:金钱债权执行中,案外人依据执行标的被查封、扣押、冻结后作出的另案生效法律文书提出排除执行异议的,人民法院不予支持。本案中中车资阳公司依据的(2017)川民终969号民事判决书生效时间为2017年10月25日,晚于098号账户资金的冻结时间,故该判决书不应作为排除执行的依据。

此外,据查098号账户上已经不存在一审法院的冻结措施,客观上已经不存在一审法院的执行行为,故一审法院对中车资阳公司第一项诉讼请求不予支持。关于中车资阳公司第二项诉讼请求,因已经执行完毕的执行行为不具有可排除性,不属于执行异议之诉的处理对象,一审法院在本案中不予处理。

中车资阳公司对一审判决不服,提起上诉。二审法院经审理,驳回上诉,维持原判。

【要点评析】

本案案情较为复杂,争议焦点在于应收账款质押能否阻却执行。就案外人以应收账款质押权提起的执行异议之诉来说,要解决两个问题:一是确定应收账款质押是否设立,二是应收账款质押能否排除执行。

根据《物权法》(已废止)第228条第1款的规定,以应收账款出质的,当事人应当订立书面合同。质权自信贷征信机构办理出质登记时设立。本案中,中车资阳公司就应收账款质押签订了书面合同且已在中国人民银行征信中心办理质押登记,应收账款质押已经设立。

虽然中车资阳公司就案涉应收账款设立了质押,法院认为中车资阳公司仅提供了应收账款质押的证据，但未能提供债务履行情况、优先受偿的具体金额等证据，因此未支持其归还划扣款项的诉讼请求。案外人基于对被执行法人单位应收账款质权等普通担保物权，有权在非参与分配程序提出异议，但不能排除执行。

第二十九章　基于另案生效裁判提起的异议之诉

第一节　案外人依据另案生效裁判排除非金钱债权执行的异议之诉

法律依据

《异议复议规定》第26条　金钱债权执行中，案外人依据执行标的被查封、扣押、冻结前作出的另案生效法律文书提出排除执行异议，人民法院应当按照下列情形，分别处理：

（一）该法律文书系就案外人与被执行人之间的权属纠纷以及租赁、借用、保管等不以转移财产权属为目的的合同纠纷，判决、裁决执行标的归属于案外人或者向其返还执行标的且其权利能够排除执行的，应予支持；

（二）该法律文书系就案外人与被执行人之间除前项所列合同之外的债权纠纷，判决、裁决执行标的归属于案外人或者向其交付、返还执行标的的，不予支持。

（三）该法律文书系案外人受让执行标的的拍卖、变卖成交裁定或者以物抵债裁定且其权利能够排除执行的，应予支持。

金钱债权执行中，案外人依据执行标的被查封、扣押、冻结后作出的另案生效法律文书提出排除执行异议的，人民法院不予支持。

非金钱债权执行中，案外人依据另案生效法律文书提出排除执行异议，该法律文书对执行标的的权属作出不同认定的，人民法院应当告知案外人依法申请再审或者通过其他程序解决。

申请执行人或者案外人不服人民法院依照本条第一、二款规定作出的裁定，可以依照民事诉讼法第二百二十七条规定提起执行异议之诉。

《九民纪要》

123.【案外人依据另案生效裁判对非金钱债权的执行提起执行异议之诉】审判实践中，案外人有时依据另案生效裁判所认定的与执行标的物有关的权利提起执行异议之诉，请求排除对标的物的执行。此时，鉴于作为执行依据的生效裁判与作为案外人提出执行异议依据的生效裁判，均涉及对同一标的物权属或给付的认定，性质上属于两个生效裁判所认定的权利之间可能产生的冲突，人民法院在审理执行异议之诉时，需区别不同情况作出判断：如果作为执行依据的生效裁判是确权裁判，不论作为执行异议依据的裁判是确权裁判还是给付裁判，一般不应据此排除执行，但人民法院应当告知案外人对作为执行依据的确权裁判申请再审；如果作为执行依据的生效裁判是给付标的物的裁判，而作为提出异议之诉依据的裁判是确权裁判，一般应据此排除执行，此时人民法院应告知其对该确权裁判申请再审；如果两个裁判均属给付标的物的裁判，人民法院需依法判断哪个裁判所认定的给付权利具有优先性，进而判断是否可以排除执行。

一、制度阐释

基于裁判效力的相对性，另案生效裁判原则上对本案执行并无排除效力，但由于确认裁判的对世性，该生效裁判对本案执行具有一定阻碍效力。同时，另案生效裁判在执行异议之诉中应定位为关键证据，其并不具备直接排除执行的效力。在案外人异议之诉中，法官须依照确权——权利对比——禁止性因素排除的三步思路进行。另案生效裁判在权属认定，权益衡量和禁止性因素排除方面均发挥关键作用。法官应在综合分析另案生效裁判和其他案件因素的基础上，作出案外人权利是否足以排除执行的裁判。

审判实践中，案外人有时依据另案生效裁判所认定的与执行标的物有关的权利提起执行异议之诉，请求排除对标的物的执行。此时，鉴于作为执行依据的生效裁判与作为案外人提出执行异议依据的生效裁判，均涉及对同一标的物权属或给付的认定，性质上属于两个生效裁判所认定的权利之间可能产生的冲突，人民法院在审理执行异议之诉时，需区别不同情况作出判断：如果作为执行依据的生效裁判是确权裁判，不论作为执行异议依据的裁判是确权裁判还是给付裁判，一般不应据此排除执行，但人民法院应当告知案外人对作为执行依据的确权裁判申请再审；如果作为执行依据的生效裁判是给付标的物的裁判，而作为提出异议之诉依据的裁判是确权裁判，一般应据此排除执行，此时人民法院应告知其对该确权裁判申请再审；如果两个裁判均属给付标的物的裁判，人民法院需依法判断哪个裁判所认定的给付权利具有优先性，进而判断是否可以排除执行。

二、操作指引

非金钱债权执行中，案外人依据另案生效法律文书提出排除执行异议的，并非仅涉及《异议复议规定》第 26 条第 3 款提及的两个法律文书对执行标的的权属作出不同认定这种情形,《九民纪要》第123条扩展了可能涉及的类型,并给出了具体的判断规则:(1)作为执行依据的生效裁判是确权判决,提出异议或异议之诉的另案生效裁判也是确权裁判,此时案外人的异议实质是对执行依据的异议,一般不能排除执行,法院应告知案外人对作为执行依据的确权裁判提起再审。(2)作为执行依据的生效裁判是确权裁判,提出异议或异议之诉的另案生效裁判是给付裁判,一般不能排除执行,因为确权裁判与给付裁判的性质存在本质区别,给付裁判本身不会对确权裁判的执行产生任何影响。如果案外人认为作为执行依据的生效裁判确认执行标的所有权归申请执行人所有是错误的,亦应当通过再审程序解决。(3)作为执行依据的生效裁判是给付裁判,提出异议或异议之诉的另案生效裁判是确权判决,一般应该排除执行。需要说明的是,《九民纪要》第123条规定的"作为执行依据的生效裁判是给付标的物的裁判",是基于该标的物权属作出的裁判,与将标的物交付给原告使用或占有的裁判不同。如果是法院认定申请执行人有权租赁被执行人的房屋,判决被执行人将房屋交付申请执行人使用,而案外人基于生效裁判对被执行人的房屋享有所有权,此时案外人则不能排除执行,因为根据买卖不破租赁的规则,所有权人并不享有对该房屋的直接占有。(4)作为执行依据的生效裁判是给付裁判,提出异议或异议之诉的另案生效裁判也是给付裁判,需要根据给付裁判基于的请求权的优先顺位进行判断,除法律、司法解释另外有规定外,按照物权优先于债权,特殊债权优先于普通债权的规则处理。①

审判前沿

王某元、倪某华等案外人执行异议之诉案

[(2022)新0104民初8127号民事判决书]

【裁判要旨】

人民法院确认案外人与被执行人之间房屋买卖合同有效的判决,不能排除开发商依据解除商品房预售合同、要求被执行人返还房屋的判决的强制执行。

【基本案情】

万泰公司与董某戈商品房买卖合同纠纷一案,乌鲁木齐市新市区人民法院(以下简称新市区法院)于2021年6月23日作出(2021)新0104民初776号民

① 最高人民法院民事审判第二庭编著:《〈全国法院民商事审判工作会议纪要〉理解与适用》,人民法院出版社2020年版,第623页。

事判决:(1)解除万泰公司与董某戈于2016年10月19日签订的商品房买卖合同;(2)董某戈于本判决生效之日起10日内协助万泰公司办理上述商品房买卖合同(编号:1335983)备案注销的相关手续;(3)董某戈于本判决生效之日起10日内向万泰公司返还位于乌鲁木齐县萨尔达坂乡万泰·阳光城××号房屋;(4)董某戈于本判决生效之日起十日内支付万泰公司违约金152,720元;(5)董某戈于本判决生效之日起10日内赔偿万泰公司律师费4.4万元。该民事判决生效后万泰公司申请强制执行,新市区法院于2022年4月13日作出(2022)新0104执69号之一执行裁定:(1)将被执行人董某戈(现用名:董某博)名下位于乌鲁木齐经济技术开发区(头屯河区)西泉街777号万泰阳光城小区××室房屋网上签约予以撤销;(2)被执行人董某博于本裁定生效之日起十日内向万泰公司返还位于乌鲁木齐经济技术开发区(头屯河区)西泉街777号万泰阳光城小区××室房屋。王某元、倪某华依据另案生效判决提出案外人执行异议。王某元、倪某华诉董某戈及乌鲁木齐新泽西商贸有限公司确认合同有效纠纷一案,乌鲁木齐市水磨沟区人民法院于2020年6月2日受理,2020年12月28日作出(2020)新0105民初1859号民事判决,确认王某元、倪某华与董某戈于2018年4月2日签订的房屋买卖协议书有效。新市区法院于2022年6月28日作出(2022)新0104执异125号执行裁定,驳回王某元、倪某华的异议请求。王某元、倪某华不服该异议裁定,提起案外人异议之诉,请求:(1)停止对乌鲁木齐经济技术开发区西泉街777号万泰阳光城小区××号房产的执行,并解除查封措施;(2)确认上述房产归王某元、倪某华所有(房屋价值63万元);(3)判令万泰公司与董某戈配合王某元、倪某华办理上述房产的过户手续。

新市区法院查明,2018年4月2日在乌鲁木齐新泽西域商贸有限公司居间下,董某戈(甲方)与王某元及倪某华(乙方)签订房屋买卖协议书约定:甲方将位于乌鲁木齐县萨尔达坂乡西泉街777号万泰阳光城××号房屋转让给乙方,转让价63万元(含定金5万元,还包含甲方之前已支付过的各种税费、公共维修基金等所有费用);待上述房地产不动产权证发放后甲乙双方共同领取,待不动产权证领取之日起2个月内甲方有义务无条件协助乙方办理房地产转让过户事宜,甲方收到乙方支付的房款30万元(含定金5万元)需将此房屋的所有的权利交付给乙方,乙方可自行支配此房屋的使用权、可自行装修及入住;乙方于2018年4月5日前支付30万元,2018年6月10日前支付10万元,2018年12月30日前支付20万元,预留房款3万元产权变更当日一次性付清;房屋买卖协议书第12条补充协议"6.已告知乙方此房属于银行按揭房,截至2018年4月2日银行按揭贷款余38万元,甲方负责2018年12月30日之前办理完银行解押手续;7.入住费用及维修基金费用由甲方自行交纳,2018年4月30日前一次性付清”。2018年4月2日及6月6日,王某元、倪某华向董某戈支付房款30万元及25万元,董某戈分别出具了房款收条。2019年1月22日及5月17日,王某元代董某戈向万泰公司交纳垫付款8573.15元及4724.44元。该案中,王某元、倪某华申请财产保全,乌鲁木齐市水磨沟区人民法院于2020年9月21日作出(2020)新0105民初1859号民事裁定,查封董某戈名下乌鲁木齐县萨尔达坂乡万泰阳光城××号房产。因该房产在不动产登记部门无信息,(2020)新0105执保428号一案未能实施查封并电话告知王某元、倪某华。

新市区法院审查认为,执行异议之诉实质上是案外人与被执行人对执行标的的权属纠纷和案外人对执行标的所享有的权益与申请执行人在生效裁判文书等执行依据项下请求权的优先效力纠纷,结合本案的情况及相关法律法规的规定,案外人的诉讼请求不应得到支持。理由如下:

1.案外人执行异议之诉直接的功能在于排除对执行标的的强制执行,本案原告王某元、倪某华作为在强制执行之前已购买执行标的即本案涉诉房屋的买受人,其所享有的民事权益不能排除强制执行。

第一,《异议复议规定》第28条是为解决强制执行程序中,买受人对所买受不动产的权利保护与金钱债权执行申请人权利保护发生冲突时,基于对正当买受人合法权利的特别保护之目的而设置的特别规则,参照适用时须严格把握同时符合该规定的四种情形才具有排除强制执行的可能性,而该规定适用的前提是金钱债权强制执行中的不动产已登记在被执行人名下。本案涉诉房屋的商品房预售合同备案或者网上签约属于行政管理方面的措施,并不发生不动产物权变动的效力,所显示的是被执行人即本案被告董某博为该房屋买受人但非所有权人,而申请执行人即本案被告万泰公司申请强制执行的内容直接针对该房屋,即协助撤销网签备案手续并返还该房屋,非金钱债权的强制执行,故王某元、倪某华并不能以此规定排除对该房屋的强制执行。

第二,参照《异议复议规定》第25条“对案外人的异议,人民法院应当按照下列标准判断其是否系权利人:(一)已登记的不动产,按照不动产登记簿判断……案外人依据另案生效法律文书提出排除执行异议,该法律文书认定的执行标的权利人与依照前款规定得出的判断不一致的,依照本规定第二十六条规定处理”以及第二十六条“金钱债权执行中,案外人依据执行标的被查封、扣押、冻结前作出的另案生效法律文书提出排除执行异议,人民法院应当按照下列情形,分别处理:(一)该法律文书系就案外人与被执行人之间的权属纠纷以及租赁、借用、保管等不以转移财产权属为目的的合同纠纷,判决、裁决执行标的归属于案外人或者向其返还执行标的且其权利能够排除执行的,应予支持……金钱债权执行中,案外人依据执行标的被查封、扣押、冻结后作出的另案生效法律文书提出排除执行异议的,人民法院不予支持。非金钱债权执行中,案外人依据另案生效法律文书提出排除执行异议,该法律文书对执行标的权属作出不同认定的,人民法院应当告知案外人依法申请再审或者通过其他程序解决……”的规定,王某元、倪某华2020年起诉董某博是请求确认合同有效,属于合同纠纷,该案的生效民事判决并不针对本案涉诉房屋的权属,也不处理相关债务履行问题,没有强制执行内容,故以该案的生效民事判决不能排除万泰公司申请对本案涉诉房屋的强制执行。

第三,王某元、倪某华在上述案件中申请保全,但保全措施未能实施,即便查封、冻结了该房屋相关手续,保全裁定不发生不动产物权变动的效力,而优先受偿权是法定权利,财产保全是为将来生效判决得以执行的程序性、临时性的控制措施,并非对申请人权利的担保,对其他债权人不具有排他效力,故王某元、倪某华的权利并不因财产保全而具有优先性。

第四,王某元、倪某华对本案涉诉房屋所享有的民事权益不优于万泰公司在执行依据项下的请求权。王某元、倪某华已支付大部分房款并占有使用该房屋,其有权请求董某博履行协助办理产权过户登记的义务属于债权请求权,物权期待权在实质仍为债权请求权,而准物权在法理上是指以物之外的其他财产为客体的类似于物权的民事财产权。万泰公司将开发的商品房即本案涉诉房屋出售给董某博,双方签订的商品房预售合同成立生效,在转移登记之前该房屋所有权仍属万泰公司,后双方的商品房预售合同经生效判决解除,万泰公司主张恢复原状即董某博协助办理合同备案注销手续、返还房屋的请求经生效判决得以支持,故万泰公司对于该房屋是基于其所有权的物权请求权。占有属于事实状态,万泰公司与董某博之间转移该房屋所有权的基础原因消失,董某博对该房屋则为无权占有,而王某元、倪某华是相对于董某博的房屋受让方,故万泰公司的物权请求权优于王某元、倪某华对该房屋所享有的民事权益。

2. 关于王某元、倪某华与董某博之间本案涉诉房屋产权归属的问题。当事人以民事法律行为转让不动产所有权,经依法登记才能发生物权变动的效力,本案涉诉房屋所有权变动未经登记,王某元、倪某华非该房屋所有权人。

物权是权利人依法对特定的物享有直接支配和排他的权利,《民法典》第

209 条第 1 款规定"不动产物权的设立、变更、转让和消灭,经依法登记,发生效力;未经登记,不发生效力,但是法律另有规定的除外",故除法律另有规定外,不动产物权变动未经登记,不发生物权变动的法律效果,法律不承认其物权已经发生变动,也不予保护。登记是针对民事权利的变动而设定的,是与物权的变动联系在一起的,是一种物权变动的公示方法,《民法典》第 215 条规定"当事人之间订立有关设立、变更、转让和消灭不动产物权的合同,除法律另有规定或者当事人另有约定外,自合同成立时生效;未办理物权登记的,不影响合同效力",反之,合同成立生效,未经登记不发生不动产物权变动的效果。王某元、倪某华与董某博之间本案涉诉房屋买卖合同经生效判决确认有效,但未办理过户登记手续,房屋所有权不发生转移。

商品房预售预告登记的效力在于保全预告登记权利人在将来取得物权,预告登记的权利人并不因办理了预告登记而当然取得预告登记房屋的物权。董某博已无取得本案涉诉房屋所有权的可能性,根据合同的相对性原则,王某元、倪某华请求董某博协助办理过户登记手续即便获得执行依据亦无法强制执行,而实际上王某元、倪某华与董某博之间的合同已不能继续履行,转移房屋所有权的合同目的不能实现,无法归责于万泰公司,王某元、倪某华对此提出由万泰公司另寻途径解决非合理、正当的理由。

【要点评析】

《异议复议规定》第 26 条第 3 款规定,非金钱债权执行中,案外人依据另案生效法律文书提出排除执行异议,该法律文书对执行标的权属作出不同认定的,人民法院应当告知案外人依法申请再审或者通过其他程序解决。若案外人依据的另案生效法律文书不涉及执行标的物的权属认定,案外人可通过执行异议之诉进行救济。《九民纪要》第 123 条在《异议复议规定》第 26 条第 3 款的基础上,进一步区分不同情形,确定能否排除执行的判断规则:如果作为执行依据的生效裁判是确权裁判,不论作为执行异议依据的裁判是确权裁判还是给付裁判,一般不应据此排除执行,但人民法院应当告知案外人对作为执行依据的确权裁判申请再审;如果作为执行依据的生效裁判是给付标的物的裁判,而作为提出异议之诉依据的裁判是确权裁判,一般应据此排除执行,此时人民法院应告知其对该确权裁判申请再审;如果两个裁判均属给付标的物的裁判,人民法院需依法判断哪个裁判所认定的给付权利具有优先性,进而判断是否可以排除执行。按照上述规则,本案中作为执行依据的生效法律文书属于给付标的物的裁判,案外人依据的另案生效法律文书是确认合同有效的形成裁判,并不针对本案涉诉房屋的权属，也不处理相关债务履行问题，没有强制执行内容，故以该案的生效民事判决不能排除万泰公司申请对本案涉诉房屋的强制执行。而且，即使另案生效法律文书是给付标的物的裁判，如判决被执行人履行协助案外人办理产权过户登记，因该请求权属于债权请求权，而申请执行人万泰公司对于该房屋是基于其所有权的物权请求权，亦无法排除执行。

第二节　案外人依据另案生效裁判排除金钱债权执行的异议之诉

法律依据

《异议复议规定》第26条　金钱债权执行中，案外人依据执行标的被查封、扣押、冻结前作出的另案生效法律文书提出排除执行异议，人民法院应当按照下列情形，分别处理：

（一）该法律文书系就案外人与被执行人之间的权属纠纷以及租赁、借用、保管等不以转移财产权属为目的的合同纠纷，判决、裁决执行标的归属于案外人或者向其返还执行标的且其权利能够排除执行的，应予支持；

（二）该法律文书系就案外人与被执行人之间除前项所列合同之外的债权纠纷，判决、裁决执行标的归属于案外人或者向其交付、返还执行标的的，不予支持。

（三）该法律文书系案外人受让执行标的的拍卖、变卖成交裁定或者以物抵债裁定且其权利能够排除执行的，应予支持。

金钱债权执行中，案外人依据执行标的被查封、扣押、冻结后作出的另案生效法律文书提出排除执行异议的，人民法院不予支持。

非金钱债权执行中，案外人依据另案生效法律文书提出排除执行异议，该法律文书对执行标的的权属作出不同认定的，人民法院应当告知案外人依法申请再审或者通过其他程序解决。

申请执行人或者案外人不服人民法院依照本条第一、二款规定作出的裁定，可以依照民事诉讼法第二百二十七条规定提起执行异议之诉。

《九民纪要》

124.【案外人依据另案生效裁判对金钱债权的执行提起执行异议之诉】作为执行依据的生效裁判并未涉及执行标的物，只是执行中为实现金钱债权对特定标的物采取了执行措施。对此种情形，《最高人民法院关于人民法院办理执行异议和复议案件若干问题的规定》第26条规定了解决案外人执行异议的规则,在审理执行异议之诉时可以参考适用。依据该条规定,作为案外人提起执行异议之诉依据的裁判将执行标的物确权给案外人,可以排除执行;作为案外人提起执行异议之诉依据的裁判,未将执行标的物确权给案外人,而是基于不以转移所有权为目的的有效合同(如租赁、借用、保管合同),判令向案外人返还执行标的物的,其性质属于物权请求权,亦可以排除执行;基于以转移所有权为目的有效合同(如买卖合同),判令向案外人交付标的物的,其性质属于债权请求权,不能排除执行。

应需注意的是,在金钱债权执行中,如果案外人提出执行异议之诉依据的生效裁判认定以转移所有权为目的的合同(如买卖合同)无效或应当解除,进而判令向案外人返还执行标的物的,此时案外人享有的是物权性质的返还请求权,本可排除金钱债权的执行,但在双务合同无效的情况下,双方互负返还义务,在案外人未返还价款的情况下,如果允许其排除金钱债权的执行,将会使申请执行人既执行不到被执行人名下的财产,又执行不到本应返还给被执行人的价款,显然有失公允。为平衡各方当事人的利益,只有在案外人已经返还价款的情况下,才能排除普通债权人的执行。反之,案外人未返还价款的,不能排除执行。

一、制度阐释

作为执行依据的生效裁判并未涉及执行标的物,只是执行中为实现金钱债权对特定标的物采取了执行措施。对此种情形,《异议复议规定》第26条规定了解决案外人执行异议的规则,在审理执行异议之诉时可以参考适用。依据该条规定,作为案外人提起执行异议之诉依据的裁判将执行标的物确权给案外人,可以排除执行;作为案外人提起执行异议之诉依据的裁判,未将执行标的物确权给案外人,而是基于不以转移所有权为目的的有效合同(如租赁、借用、保管合同),判令向案外人返还执行标的物的,其性质属于物权请求权,亦可以排除执行;基于以转移所有权为目的的有效合同(如买卖合同),判令向案外人交付标的物的,其性质属于债权请求权,不能排除执行。

二、操作指引

在一般金钱债权的执行过程中,物权变动模式的不同选择将对出卖人的民事权益产生实质影响。对此,有观点指出,在标的物交付后买卖合同被认定无效的场景中,如果采取无因原则,当买受人的其他债权人对该标的物申请强制执行,则出卖人无法通过案外人异议之诉获得保护;如果采取有因原则,在相同情形下,则出卖人能获得保护。

在有因性构造下,如买受人尚未支付对价,则出卖人依据上述另案裁判当然能排除对标的物的强制执行。如买受人此前已经支付对价,尽管出卖人享有物权性质的返还请求权,本可排除金钱债权的执行,但毕竟买卖合同无效导致双方均负返还义务,在出卖人未返还价款的情况下,如果允许其排除金钱债权的执行,将会使申请执行人既执行不到被执行人名下的财产,又执行不到本应返还给被执行人的价款,显然有失公允。

为矫正此种利益失衡的格局,《九民纪要》第124条规定,只有在案外人已经返还价款的情况下,才能排除普通债权人的执行。该规则不拘泥于物权变动模式在实体及程序间的纯粹形式推演,而是着眼于实践问题,赋予出卖人的物权请求权具有附条件的排除执行效力,能在有因模式下妥善实现对出卖人及申请执行人的均衡保护,值得肯定。在举证责任分配上,应由提起执行异议之诉的出卖人证明其已向买受人返还价款。

根据《异议复议规定》第26条的规定,在金钱债权的执行中,即使另案生效裁判确认标的物的所有权归属于案外人,也不意味着案外人必然能够凭此阻却执行,而是要根据另案生效裁判作出的时间是在执行标的被查封、扣押、冻结之前还是之后作区分对待。如果另案生效裁判在前,则能够排除执行,反之则不可。不过,《九民纪要》第124条在执行异议之诉中处理同样问题时,并未强调另案生效裁判与查封的先后顺序,而是一般性地根据案外人与申请执行人对执行标的的权利属性进行判断。

对此,批评意见指出,此种做法将产生被执行人与案外人倒签合同的道德风险,对申请执行人明显不公;相较而言,《异议复议规定》第26条更具合理性,在执行异议之诉中仍应得到遵守。解释上可以认为,《九民纪要》第124条第2款是对《异议复议规定》第26条第1款的补充和细化,"案外人依据执行标的被查封、扣押、冻结前作出的另案生效法律文书"构成前者规范的适用前提。然而,此种观点忽视了执行异议与执行异议之诉的实质区分,前者程序的要义在于对证据方法、疏明标准、审查程序、审查范围、审查原则等作出一定程度的限制,避免异议审查的"诉讼化",避免司法资源的过度浪费,故适用略式程序进行审查和判断。

就此而言,为了避免被执行人与案外人恶意串通损害申请执行人利益,同时尽量实现执行程序的高效展开,《异议复议规定》根据另案生效裁判的作出时间以及确定的案外人权利属性这两项标准来判断能否阻却执行,简明清晰,具有合理性。相较而言,执行异议之诉采取实质审理原则,更加注重对当事人实体权益的保障。案外人所持另案生效裁判能否排除本案执行,本质上是案外人对涉案标的权利与本案申请执行人权利的博弈和对抗。在此种比较环节,相关裁判或查封的时间顺序并不构成影响当事人实体权益的判断因素。因此,在执行异议之诉中,即使另案生效裁判作出的时间晚于执行标的被查封之时,也不应参照《异议复议规定》第 26 条第 1 款的规定,径行驳回案外人的诉讼请求。

但是,如严格贯彻《九民纪要》第 124 条的规范文义,完全不考虑作出裁判的时间,认为只要另案生效裁判认定案外人对执行标的享有物权性质的返还请求权,便可以排除本案执行,也未必妥当,可能会走向过度保护案外人的另一个极端。根据此种解释方案,在债权人甲获得针对债务人乙的胜诉判决后申请执行,执行机关查封债务人占有的特定财产后,债务人很容易与第三人丙恶意串通,针对该财产倒签买卖合同,由第三人丙在另案中主张买卖合同无效并请求法院判令债务人向其返还执行标的物。

审判前沿

南宁市金通小额贷款有限公司、广西保利置业集团有限公司等案外人执行异议之诉案

[(2021)桂 0103 民初 4649 号民事判决、(2023)桂 01 民终 9996 号民事判决书]

【裁判要旨】

人民法院查封被执行人预登记的房屋,案外人依据人民法院作出的解除案外人与被执行人房屋买卖合同、被执行人向案外人返还房屋的判决,申请排除执行的,应予支持。

【基本案情】

申请执行人金通公司与被执行人李某武、韦某妮、广西宝凰商贸有限公司、广西平果县顺德采石场借款合同纠纷一案[(2016)桂 0103 执 3944 号],执行依据为(2015)青民二初字第 1405 号民事判决。在诉讼过程中,金通公司于 2015 年 6 月 23 日向南宁市青秀区人民法院(以下简称青秀区法院)提出诉讼财产保全申请,该院于 2015 年 6 月 23 日作出(2015)青民二初字第 1405 - 1 号民事裁定书,裁定轮候查封李某武名下的涉案商铺,轮候查封时间为 2015 年 7 月 30 日,现成为首封。案外人保利公司认为涉案商铺属其所有,法院的执行侵害了其合法权益,向青秀区法院提出执行异议,该院于 2020 年 12 月 30 日作出执行裁定,驳回了案外人保利公司的异议请求。保利公司不服该裁定,提起案外人异议之诉。

青秀区法院查明,2013年1月19日,案外人保利公司与李某武签订两份南宁市商品房买卖合同,约定将涉案商铺出售给被执行人李某武。合同签订后,因李某武存在合同约定解除的违约情形,为此保利公司向法院提起诉讼,法院分别作出(2015)青民一初字第3323号、(2015)青民一初字第3322号民事判决,判决双方签订的南宁市商品房买卖合同于2015年12月3日起解除,上述判决均于2018年1月19日发生法律效力。

青秀区法院审查认为,案外人基于实体权利对执行标的提出排除执行异议后,经法院审查作出裁定,当事人对执行异议裁定不服可依据2017年《民事诉讼法》第227条①之规定,向人民法院提起执行异议之诉。《物权法》(已废止)第9条第1款规定:"不动产物权的设立、变更、转让和消灭,经依法登记,发生效力;未经登记,不发生效力,但法律另有规定的除外。"第21条规定:"当事人签订买卖房屋或者其他不动产物权的协议,为保障将来实现物权,按照约定可以向登记机构申请预告登记。预告登记后,未经预告登记的权利人同意,处分该不动产的,不发生物权效力。预告登记后,债权消灭或者自能够进行不动产登记之日起三个月内未申请登记的,预告登记失效。"根据上述法律规定,房屋所有权的转让必须经过依法登记,才发生物权变动的效力,而预告登记旨在保障当事人申请物权登记的权利,本身并不等同于物权登记。现李某武尚未办理涉案商铺的产权过户登记手续,涉案商铺并未发生物权变动的效力,所有人仍为保利公司。

关于保利公司是否享有足以排除本案强制执行的民事权益的认定。根据《国土房管部门协助执行通知》第15条第3项的规定,被执行人购买的办理了商品房预售合同登记备案手续或者商品房预告登记的房屋,虽未进行房屋所有权登记,人民法院也可以进行预查封。本案中,涉案商铺已办理了预告登记,该院作出裁定对涉案商铺进行预查封,符合法律规定。但保利公司与李某武签订的南宁市商品房买卖合同经生效判决确认,已于2015年12月3日解除,合同解除后,对涉案商铺的预查封丧失了事实及法律基础,故保利公司请求停止执行涉案商铺于法有据,法院予以支持。遂作出(2021)桂0103民初4649号民事判决,确认南宁市青秀区路商铺为保利公司所有;解除对南宁市青秀区路商铺的预查封,不得执行该房产。

金通公司不服一审判决,提起上诉。南宁市中级人民法院审查认为,根据《最高人民法院关于适用〈中华人民共和国民法典〉时间效力的若干规定》第1

① 现《民事诉讼法》第236条。

条第2款“民法典施行前的法律事实引起的民事纠纷案件，适用当时的法律、司法解释的规定，但是法律、司法解释另有规定的除外”的规定，本案诉争事实发生在《民法典》施行前，故依法应适用当时的法律、司法解释的规定。房屋预告登记享有的是房屋的物权登记请求权，并不产生物权变动的效力，在未进行正式的物权变更登记前，不享有房屋所有权。本案中，李某武对涉案房屋享有预告登记权利，但并不享有该房屋的所有权。《物权法》(已废止)第20条第2款规定：“预告登记后，债权消灭或者自能够进行不动产登记之日起三个月内未申请登记的，预告登记失效。”《最高人民法院关于适用〈中华人民共和国物权法〉若干问题的解释(一)》(已废止)进一步对预告登记因债权消灭而失效进行了规定，引起债权消灭的原因很多，如债权因合同被撤销、合同被解除、混同、清偿、免除、提存以及预告登记的权利人放弃债权等其他原因而归于消灭。本案中，发生法律效力的南宁市青秀区人民法院(2015)青民一初字第3323号、(2015)青民一初字第3322号民事判决，判决李某武与保利公司签订的南宁市商品房买卖合同于2015年12月3日起解除。房屋买卖合同解除后，李某武因该合同享有的债权即物权期待权，因合同解除已丧失，涉案房屋的所有权因尚未办理房屋过户手续仍应为保利公司所有。保利公司请求确认该房屋为其所有并要求停止执行涉案房屋依法有据，应予以支持。一审判决正确，予以维持。

【要点评析】

《异议复议规定》第26条第1款规定，金钱债权执行中，案外人依据执行标的被查封、扣押、冻结前作出的另案生效法律文书提出排除执行异议，要根据不同情形分别处理。第2款规定，金钱债权执行中，案外人依据执行标的被查封、扣押、冻结后作出的另案生效法律文书提出排除执行异议的，人民法院不予支持。即《异议复议规定》根据另案生效法律文书的作出时间划定了不同的法律后果。而《九民纪要》未再区分另案法律文书的生效时间，而是将生效法律文书的内容作为判断标准：作为案外人提起执行异议之诉依据的裁判将执行标的物确权给案外人，可以排除执行；作为案外人提起执行异议之诉依据的裁判，未将执行标的物确权给案外人，而是基于不以转移所有权为目的的有效合同(如租赁、借用、保管合同)，判令向案外人返还执行标的物的，其性质属于物权请求权，亦可以排除执行；基于以转移所有权为目的有效合同(如买卖合同)，判令向案外人交付标的物的，其性质属于债权请求权，不能排除执行。本案中另案法律文书的作出时间晚于人民法院查封的时间，但该判决是基于不以转移所有权为目的的有效合同，判令向案外人返还执行标的物，其性质属于物权请求权，故可以排除执行。

第三十章　刑事裁判涉财执行中的案外人异议

刑事涉案财产的处理关涉多方利益，素来是一个复杂的问题，而当前法律规定对此问题的回应却又笼统模糊。尤其是在刑事裁判涉财产部分执行案件的办理过程中，执行机构在对被告的合法财产采取执行措施时，存在将案外人的财产作为执行标的予以执行的可能。为保护案外人的合法权益，有必要赋予案外人救济的权利。

法律依据

《刑事涉财执行规定》第14条　执行过程中，当事人、利害关系人认为执行行为违反法律规定，或者案外人对执行标的主张足以阻止执行的实体权利，向执行法院提出书面异议的，执行法院应当依照民事诉讼法第二百二十五条的规定处理。

人民法院审查案外人异议、复议，应当公开听证。

《刑事涉财执行规定》第15条　执行过程中，案外人或被害人认为刑事裁判中对涉案财物是否属于赃款赃物认定错误或者应予认定而未认定，向执行法院提出书面异议，可以通过裁定补正的，执行机构应当将异议材料移送刑事审判部门处理；无法通过裁定补正的，应当告知异议人通过审判监督程序处理。

一、制度阐释

（一）立法沿革

我国关于刑事裁判涉财产部分执行中的案外人救济在相当长一段时间处于立法空白。这是因为当时刑事涉财的执行并无特别规定，关于刑事涉案财物处置主要参照《刑法》第64条，但该条文仅是一个笼统的规定，并未对处置的时间、方式、程序等进行细化。实践中，有些公安机关、检察机关在不同阶段已采取控制措施的财务并不随案移送到法院一并处理。而且，当时对于刑事执行案件的执行机构并无明确规定，有些法院交由执行机构处理，而有些法院仍由刑事审判庭负责，总体来说执行效果不佳。鉴于上述无规定可依、无程序可遵循等问题，案外人的救济难以得到程序保障，更遑论实体保障。

直至2010年2月,最高人民法院发布《关于财产刑执行问题的若干规定》(已废止),首次规范财产刑的执行制度,并明确执行机构为第一审人民法院负责裁判执行的机构,被执行的财产在异地的,第一审人民法院可以委托财产所在地的同级人民法院代为执行。此时的案外人救济指向民事执行领域,结合《关于财产刑执行问题的若干规定》第5条"执行财产刑时,案外人对被执行财产提出权属异议的,人民法院应当审查并参照民事诉讼法的有关规定处理"之规定[①],"参照适用"民事执行领域的案外人异议制度。

2014年,最高人民法院执行局在深入调研的基础上,经过广泛征求意见,出台了《刑事涉财执行规定》,意在解决现行法律和司法解释关于刑事裁判涉财产部分的执行规定过于原则、标准难以把握等执行实践中存在的突出问题。根据《刑事涉财执行规定》第14条之规定,案外人提出异议的处理一律通过异议、复议程序审查处理。推翻了2010年《关于财产刑执行问题的若干规定》参照适用案外人异议的规定,并沿用至今。从上述立法沿革,可以看到我国法律对刑事涉案财物执行中案外人救济,可以说经历了从无到有、从参照适用到明确规定的过程。

(二)刑事涉财执行案件案外人救济现有模式的反思

对刑事案件案外人异议的审查处理,《刑事涉财执行规定》未延续民事执行规定的案外人异议和异议之诉程序的救济途径,主要基于我国刑事财产执行仅存在执行法院与被执行人两方主体,申请执行人一方缺位,若进入异议之诉程序缺乏诉讼当事人的考量。对此设计出不同于民事执行案件,而通过异议复议程序审查处理的救济程序。但是《刑事涉财执行规定》对于诉讼被告缺位的权宜之计,该等审查能否构造出完整的案外人救济却莫衷一是。其中,最为突出的就是对于案外人基于实体权利提出的异议应当以什么标准进行审查。

在民事执行领域中,异议复议程序与执行异议之诉的审查标准不同,这是执行程序与审判程序在价值取向上截然不同追求的体现。但由于刑事涉财产执行的案外人救济仅有异议复议程序而不通过执行异议之诉,若一味适用民事执行异议复议程序的审查标准,则从实际上剥夺了案外人请求实体裁决的权利。司法实践中,各地法院在实际裁决时是否进行实体审查并不统一。有法院主张对案外人的异议采用形式审查标准,该种观点认为执行法官无权判断执行标的权属,案外人在刑事涉财产部分执行程序中主张对案涉财产的实体权利,实质上是案外人对执行依据

---

① 此时2007年修正的《民事诉讼法》已增设案外人异议的规定。

的相关判项提出异议，不属于执行程序应当审查的范围，故对此不应予审查。[①] 也有法院认为，相较于效率，实体上的公平公正更为重要，刑事裁判涉财产部分执行案件中，案外人对执行标的主张足以排除执行的实体权利，向执行法院提出书面异议，因该实体权利纠纷不能同民事执行案件一样引入案外人执行异议之诉程序审查，虽然根据《刑事涉财执行规定》，执行法院应当依照异议复议的程序处理，但在该执行异议、复议程序审查中，不应仅进行形式审查，而应参照案外人执行异议之诉的审查标准进行实质审查。[②]

二、操作指引

(一)利害关系人认为执行行为违法的，应当选择的救济程序

根据《刑事涉财执行规定》第 14 条的规定，当事人、利害关系人认为执行行为违反法律规定，向执行法院提出书面异议的，执行法院应当依照执行行为异议的规定处理，即刑事执行行为违法与民事执行行为违法的救济途径相同，均为执行行为异议和执行复议程序。

(二)案外人对执行标的主张实体权利的，应当选择的救济程序

案外人对执行标的主张实体权利的，《刑事涉财执行规定》根据执行标的是否与刑事裁判有关，作出不同规定：

1. 执行标的与刑事裁判无关

根据《刑事涉财执行规定》，案外人对执行标的主张足以阻止执行的实体权利的，可以向执行法院提出书面异议，执行法院应当依照《民事诉讼法》执行行为异议的规定处理。法院审查案外人异议、复议，应当公开听证。这与民事执行中案外人通过执行标的异议及执行异议之诉救济的途径截然不同，原因如前所述，盖因诉讼程序必须有申请执行人作为原告或者被告参加诉讼，而大多数刑事涉财执行案件并不存在申请执行人，因缺乏相应的诉讼当事人，故无法进入异议之诉。

但是，案外人异议涉及较为复杂的事实，关系当事人重大实体权利，人民法院仅通过书面审查难以查清案件事实，适用异议复议程序恐不足以为各方当事人提供充分的程序保障。为此，司法解释专门对案外人提起的执行异议和复议程序，作出了与民事执行行为异议和复议不同的规定——要求必须进行公开听证，否则属于重大程序违法，应当予以撤销，发回重新审查。鉴于公开听证的目的是查清案外

---

① 最高人民法院执行裁定书，(2017)最高法执监 39 号。

② 最高人民法院执行裁定书，(2019)最高法执监 165 号。

人的实体权利是否足以排除执行,所以,对该类案件的审查,应当是对案外人的请求进行实体审查。

2. 执行标的与刑事裁判有关

《刑事涉财执行规定》第 15 条规定,案外人或者被害人认为刑事裁判中对涉案财物是否属于赃款赃物认定错误或者应予认定而未认定,向执行法院提出书面异议的,可以通过裁定补正的,由刑事审判部门处理,无法通过裁定补正的,应当告知异议人通过审判监督程序处理。

执行机构对赃款赃物的执行首先是有据以执行的生效法律文书,并且在执行依据所认定的范围予以执行。案外人、被害人认为刑事裁判对涉案财物是否属于赃款赃物认定错误或者应予认定而未认定,向执行法院提出异议,实际上是对生效刑事裁判内容的异议,涉及的是实体权利认定问题,执行机构仅对生效刑事判决所确定的内容予以执行,对刑事判决内容的审查并不属于执行机构的职责范围。除非刑事判决内容发生变更,对执行标的的执行措施才能相应变更。因此被害人、案外人提出的执行标的与刑事裁判有关的异议,原则上应以审判监督程序为救济途径。

可以裁定补正的情形,包括刑事裁判书写、计算错误、遗漏的情况,与民事裁判补正相同,自不必多言,但对于"涉案财物是否属于赃款赃物认定错误或者应予认定而未认定"亦可通过裁定补正,则是基于执行效率的考量。如果一概启动再审程序,难免过于耗费司法资源,有损效率。因此,应当视不同情况采取不同的处理方式:(1)认为异议理由明显不能成立的,告知异议人不予审查处理。(2)认为刑事裁判对于某项财物是否为赃款赃物的认定可能不当的,移送刑事审判庭,由刑事审判庭审查决定是否采取裁定补正的方式予以纠正。刑事审判庭认为异议不成立的,裁定驳回;认为异议理由成立的,裁定补正。(3)认为刑事裁判关于赃款赃物的认定根本错误的,告知异议人通过审判监督程序予以解决。刑事审判庭在前述关于是否补正的审查中,如认为需要通过再审程序予以解决的,也可以提请本院院长启动再审程序。①

此外,被害人、案外人就赃款赃物的认定提出的异议,涉及的是执行标的的权属争议,不仅事关当事人、案外人的实体权利,也存在刑事裁判认定事实错误被纠正的可能,同民事执行中案外人基于实体权益提出的异议一样,在关于赃款赃物认定的异议审查期间应当暂缓对争议财产处分。执行机构可以对执行标的采取

---

① 参见最高人民法院执行局编著:《最高人民法院关于刑事裁判涉财产部分执行的若干规定理解与适用》,中国法制出版社 2017 年版,第 205 页。

查封、扣押、冻结等控制性措施,但不得进行处分,正在实施的处分措施应当停止。

审判前沿

林某巧、朱某珺执行监督案

[(2019)最高法执监468号民事裁定书]

【裁判要旨】

案外人对生效刑事裁判认定的赃款赃物以外财物的执行提出异议的,人民法院应当按照执行异议进行审查,并且要进行公开听证。案件没有听证的,属于重大程序违法,应发回重新审查。

【基本案情】

长沙市中级人民法院(以下简称长沙中院)在执行被执行人朱某珺、黄某荣、张某华犯诈骗罪,被执行人郑某犯非国家工作人员受贿罪,被执行人黄某荣犯对非国家工作人员行贿罪一案过程中,于2018年8月20日作出(2018)湘01民初147号之三执行裁定:拍卖朱某珺在龙游大酒店有限公司名下龙游大酒店产权,并发还诈骗犯罪的被害人。林某巧提出异议,认为衢州市中级人民法院将龙游大酒店裁定折价抵偿给朱某珺的全部财产中有90%的财产份额属林某巧所有,请求停止执行。

长沙中院认为,执行标的登记在被执行人名下,案外人的异议理由不能成立,裁定驳回异议请求。林某巧不服提起复议。

湖南省高级人民法院认为,案外人证据不足,其主张的事实不能在执行程序中确认,因此维持长沙中院的执行裁定。林某巧不服,向最高人民法院申诉。

最高人民法院认为,本案异议、复议过程中未依法公开听证,属于重大程序违法,裁定发回长沙中院重新审查。

【要点评析】

刑事裁判涉财产部分执行包括:(1)罚金、没收财产;(2)责令退赔;(3)处置随案移送的赃款赃物;(4)没收随案移送的供犯罪所用本人财物;(5)其他应当由人民法院执行的相关事项。

刑事裁判涉财产部分的执行标的可能是刑事裁判中认定的赃款赃物,也可能是涉案以外的其他财物。案外人对刑事裁判涉财产部分执行案件提出的异议,不同于民事执行案件的处理程序,人民法院审查案外人对赃款赃物以外财物执行提出的异议、复议案件,应当公开听证。相较于民事执行,刑事涉财执行通常情形更为复杂,人民法院仅通过书面审查难以查清案件事实,且案外人多为受害人,公开听证更有利于当事人程序保障。执行过程中,如案外人或被害人认为刑事裁判中对涉案财物是否属于赃款赃物认定错误或者应予认定而未认定,向执行法院提出书面异议,可以通过裁定补正的,执行机构应当将异议材料移送刑事审判部门处理;无法通过裁定补正的,应当告知异议人通过审判监督程序处理。

第四编

追加变更被执行人异议之诉

PART 04

第三十一章　追加变更被执行人异议之诉概述

第一节　概　　述

一、变更追加制度的理论渊源

民法上的债权人或债务人，进入执行程序后，未必与执行债权人或执行债务人完全一致。① 在法律、司法解释规定的前提下，执行程序中变更追加被执行人时，可以在一定范围内，对生效法律文书没有明确履行义务的主体进行扩张。不同于案外人异议之诉的是，法院基于执行力主观范围的扩张变更追加特定主体为被执行人，被追加的主体不服裁定提起的诉讼，本质上不属于执行异议之诉范畴，但《执行立结案意见》第8～9条规定，申请执行人申请追加变更第三人为执行当事人的，应当以"执异字"作为执行异议案件编号立案，这导致因不服追加裁定提起的诉讼，也被称为异议之诉。② 根据最高人民法院最新修订的《民事案件案由规定》，③追加、变更被执行人异议之诉与执行异议之诉（包括案外人执行异议之诉、申请执行人执行异议之诉）、执行分配方案异议之诉相并列，共同作为执行程序中的异议之诉项下的独立的异议之诉类型。

从比较法的角度来看，德国、日本等大陆法系国家建立了变更、追加执行当事

① 参见肖建国：《执行当事人及其变更和追加》，载江必新、贺荣主编：《强制执行法的起草与论证》（三），中国法制出版社2014年版，第217页。

② 目前，关于变更追加执行当事人的审查程序，各地法院审理程序存在较大差异，有的法院在申请执行人提交变更追加书面申请后，不立执异字案号，而使用原有执行实施案件案号，由执行实施法官进行审查；有的法院尽管编立执异字案号，但仍由执行实施法官审查作出是否准许变更追加的裁定，这与案外人异议统一由立案部门编立新案号并由执行裁决机构审查的做法大相径庭。

③ 《最高人民法院关于修改〈民事案件案由规定〉的决定》（法〔2020〕346号），变更第二级案由"执行异议之诉"为"执行程序中的异议之诉"。在新变更的第二级案由"执行程序中的异议之诉"项下：增加"471.执行异议之诉"；变更"422.案外人执行异议之诉""423.申请执行人执行异议之诉"为新增加的第三级案由"471.执行异议之诉"项下的第四级案由"（1）案外人执行异议之诉""（2）申请执行人执行异议之诉"；增加"472.追加、变更被执行人异议之诉"。

人制度,理论上称为许可执行之诉。所谓许可执行之诉,“乃债权人对于执行名义所示债务人之继受人或其他因执行名义之效力扩张所及之人声请执行,经执行法院裁定驳回者,向执行法院对该债务人提起之诉讼而言。”也就是说,在执行程序中,申请执行人可以直接向执行法院对执行当事人以外的第三人申请强制执行,如果执行法院裁定驳回该申请,则申请执行人可以提起本诉,由执行法院就是否许可对该第三人强制执行作出裁决。我国被追加人异议之诉借鉴了大陆法系国家的经验和制度架构,在该诉讼中,受理法院既可以处理执行当事人主体是否适格问题,也审查被追加人所应承担的责任范围问题。

对于在执行程序中追加当事人以外的第三人为被执行人的问题,我国理论界展开了激烈的讨论,既判力主观范围扩张理论认为,既判力主观范围的扩张是变更、追加执行当事人的理论渊源。在某些特定情形下,既判力的相对性理论并不能解决当事人诉争的问题,基于维护法的安定性、权威性及节约司法资源等因素的考量,在确立了既判力制度的各主要大陆法系国家,均通过立法承认既判力的主观范围可以向第三人扩张。执行力主观范围扩张理论认为,即使是给付判决,执行力扩张仍然呈现与既判力扩张在某些方面的不一致性。为了防止执行力在扩张中的专擅,应当对其范围加以严格限制。考虑到不同的执行依据,其扩张的范围亦应不同,对于给付判决(含调解)而言,执行力扩张的主观范围应当与既判力扩张的主观范围相一致。对于其他执行依据而言,执行力应当仅扩张于执行依据形成后的继受人或者为被执行人利益而占有执行标的物的人。独立事由理论认为,如果在未来的制度设计中,能够根据不同的变更追加事由,在充分考虑公正与效率平衡的基础上规定不同的追加变更程序,许多难题或困境也许就能够得到有效缓解。债的保全制度理论认为,追加未履行或未全面履行出资义务的开办单位、出资人或股东为被执行人以及人民法院裁定直接执行债务人放弃的债权或无偿转让的财产的理论基础是债保全理论。当事人能力和适格理论认为,为诉讼方便而参加到诉讼中不具备法人资格的其他组织,只是形式上的当事人而非实质上的当事人,在执行程序中,可以直接列其实际所有人为执行当事人,而无须通过变更追加程序将其列为执行当事人。上述观点,虽然角度不同,但都基于这样的共识,即在执行程序中,追加变更第三人为执行当事人既具有合法性也具有合理性。

在执行程序中追加第三人为被执行人往往是未经民事审判而令该第三人承担实体责任,对此应持慎重态度。也就是说,变更追加第三人为被执行人应符合法律规定的条件:一是被执行人的财产不足以清偿生效法律文书确定的债务。如果被执行人的财产足以清偿法律文书确定的义务,就不能追加第三人为被执行人。二是追加被执行人不仅要有实体法上的依据,还须有程序法上的根据。如果仅有实体法上的根据而无程序法上的根据,执行法院不能直接援引实体法规定而追加被执行人。这是程序法与实体法独立性和一致性的要求。《变更追加规定》吸收了此前法律、司法解释已规定且在实践中行之有效的做法。如对未出资的股东、出资人、发起人的追加。将追加的范围限定在案件事实或法律要件比较清楚,执行程序中通过简单的形式审查即可作出判断的情形。例如,对在工商注销登记时承诺承担责任主体的追加。同时,依据法律规定证明责任在被追加人一方或者由被追加人承担债务具有高度盖然性。例如,对一人公司股东的追加。重点解决司法实践中长期存在、亟待解决的突出问题,如对清算义务人的追加。

在执行程序中变更追加执行当事人,既有维护法的安定性考虑,也是执行效率原则的体现,有利于保障申请执行人债权的及时实现。但在执行程序中追加执行当事人也是一把"双刃剑",即申请执行人的债权得到了保障,就有可能损害了被变更追加之第三人的利益。因此,为了平衡各方当事人的利益,亦需对被变更追加之人提供一定的救济途径。《变更追加规定》第 30 条根据变更追加执行当事人的不同情形,规定了不同的救济程序,被申请人、申请人或其他执行当事人对执行法院作出的变更、追加裁定或驳回申请裁定不服的,可以自裁定书送达之日起 10 日内向上一级人民法院申请复议,但依据该规定第 32 条的规定应当提起诉讼的除外。第 32 条则规定了可以提起异议之诉的六种情形,即被申请人或申请人对执行法院依据《变更追加规定》第 14 条第 2 款、第 17 条至第 21 条作出的变更追加裁定或驳回申请裁定不服的,可以自裁定书送达之日起 15 日内,向执行法院提起执行异议之诉。因此,本章分别根据这六种不同类型的变更追加异议之诉所涉及重点和难点问题,结合裁判实践铺陈展开加以分析。

二、《民事强制执行法(草案)》中的变更追加制度设计

2022 年 6 月提交立法机关审议的《民事强制执行法(草案)》所规定的变更追加制度,相对于现行追加变更司法解释发生了较大变化,也存在一些不足。

第一,草案追加变更当事人制度还没有成熟的理论研究作为支撑。谭秋桂教授认为,执行当事人的变化涉及执行力与既判力的关系、责任财产制度与程序保障的关系、执行当事人变化的正当性基础,程序空转的预防与执行力主观范围的适度扩张等问题。造成争议的主要原因之一就是对于既判力和执行力关系的认知差异,尤其是执行力的主观范围和既判力的主观范围的关系。德国、我国台湾地区在有关规定中直接将既判力与执行力的范围等同。执行力与既判力应当有所区别,执行力的主观范围和既判力的主观范围应当不是一致的。关于责任财产制度和程序保障的关系要落实责任财产制度,当然落实责任财产制度和程序保障本身没有

冲突。但是否要给予所有的责任财产完全充分的程序保障?比如,凡是涉及实体问题就要通过诉讼解决,只有诉讼才是最完善的程序保障。如果认为所有涉及实体权利关系的争议都必须通过诉讼解决就一定会形成诉讼程序中的程序空转。

第二,关于执行当事人变更追加的情形,相对于现行司法解释,《民事强制执行法(草案)》对于变更追加当事人的事由进行了限缩性规定,只规定6种情形下可以追加为执行债务人。但追加变更司法解释规定了18种可以变更追加为债务人的事由。虽然草案第19条的表述更具有概括特点,但相对于《变更追加规定》而言,缺点是不够明确具体,比现行司法解释规定的内容要少很多。

第三,关于是否可以追加配偶或者前配偶为债务人、按照何种程序执行的问题,草案进行了回避。谭秋桂教授认为,实体法明确了关于夫妻共同债务的认定,但在执行程序中执行配偶或者前配偶的财产和认定债务是否为夫妻共同债务是两个完全不同的问题。在很多理论分析中,往往把执行配偶或前配偶名下的财产,推定债务为夫妻共同债务。这是在理论上模糊不清的地方。执行夫妻共同财产,可以执行登记在前配偶或者配偶名下的财产,无论在实体法上还是执行法上都没有问题,现行司法解释和立法都回避了这个问题。建议立法机关明确执行前配偶或者配偶名下的财产,可以追加前配偶或者配偶为被执行人,对被追加的配偶的救济完全可以通过异议之诉解决,效果并不比债权人另行起诉配偶差,而且可以大幅节约司法资源,同时有利于解决夫妻共同财产执行的难题,也有利于落实责任财产制度。

第四,除追加出资人为被执行人情形外,对变更追加当事人的救济路径是诉讼与复议并行,由当事人自行选择,不作强制性规定。《民事强制执行法(草案)》第20条规定,申请人依据《民事强制执行法(草案)》第18条第2款和第19条第2款规定向有执行管辖权的人民法院或者执行法院申请变更、追加当事人并提交相关证据材料的,人民法院应予受理。人民法院受理申请后,应当在立案之日起60日内审查完毕并作出裁定。证据确实、充分,理由成立的,裁定变更、追加执行当事人;理由不成立的,裁定驳回。第21条规定,申请人或者被申请人对人民法院依据《民事强制执行法(草案)》第20条第2款规定作出的裁定不服的,可以在裁定送达之日起15日内,向作出裁定的人民法院提起诉讼,也可以在裁定送达之日起10日内,向上一级人民法院申请复议,但是依据本条第3款规定应当提起诉讼的除外。申请人或者被申请人依法申请复议的,上一级人民法院应当在立案之日起60日内审查完毕并作出裁定。申请人或者被申请人对人民法院依据《民事强制执行法(草案)》第19条第2款第5项、第6项规定作出的裁定不服,可以在裁定送达之日起15日内,向作出裁定的人民法院提起诉讼。

第五,草案对因债权转让变更申请人制度进行了一定程度改造。根据草案第

37 条的规定，如果在申请执行前转让判决确定的债权，申请执行前需要先向有管辖权的法院申请变更追加当事人，从而取得新的执行依据，然后向法院申请执行，或者可以先让前债权人向法院以自己名义申请执行，进入执行程序后在执行程序中申请变更申请人。而根据最高人民法院发布的第 34 号指导性案例，取得胜诉判决的债权人在申请执行前转让了债权，受让人可依据《执行规定》第 16 条的规定，作为权利承受人直接向法院申请执行。《变更追加规定》第 9 条规定，申请执行人将生效法律文书确定的债权依法转让给第三人，且书面认可第三人取得该债权，该第三人申请变更、追加其为申请执行人的，人民法院应予支持。根据该条规定，在执行中申请变更追加申请执行人，债权的转让人必须是申请执行人，也就是要求在执行过程中转让债权，执行前转让债权，执行后要求法院变更申请人的，人民法院不予支持，这一观点已经得到了诸多判例的明证。从《民事强制执行法（草案）》第 20 条"申请人依据本法第十八条第二款和第十九条第二款规定向有执行管辖权的人民法院申请"表述似乎可以推出，在申请执行前也可以启动变更追加程序，但如果生效法律文书还没有进入执行程序，称谓变更为申请执行人和变更追加为被执行人似有不妥。

第二节　基于有限合伙提起的异议之诉

执行程序中，被执行人为合伙企业的，追加合伙人为被执行人的制度由来已久，1998 年《执行规定》第 77 条规定，[①]被执行人为个人合伙组织或合伙型联营企业，无能力履行生效法律文书确定的义务的，人民法院可以裁定追加该合伙组织的合伙人或参加该联营企业的法人为被执行人。因 2007 年新《合伙企业法》确立了有限合伙企业的组织形式，《变更追加规定》对追加合伙人为被执行人的范围进行了一定程度的拓展，从承担无限连带的普通合伙人扩展到仅以出资为限承担有限责任的有限合伙人。合伙企业不能清偿生效法律文书确定的债务的，申请执行人既可以依据《变更追加规定》第 14 条第 1 款申请变更追加该合伙企业的普通合伙人为被执行人，也可依据该条第 2 款申请变更追加合伙企业未按期足额缴纳出资的有限合伙人为被执行人。普通合伙人不服追加裁定以及申请执行人不服驳回追加申请的裁定，只能通过异议复议程序寻求救济，而有限合伙人不服追加裁定，可以

① 《最高人民法院关于修改〈最高人民法院关于人民法院扣押铁路运输货物若干问题的规定〉等十八件执行类司法解释的决定》（法释〔2020〕21 号，2020 年 12 月 23 日最高人民法院审判委员会第 1823 次会议通过，自 2021 年 1 月 1 日起施行）已将《执行规定》第 76 ~ 83 条整体删除。

提起异议之诉,同样,申请执行人不服执行法院驳回追加有限合伙人为被执行人申请的,亦可提起许可追加之诉。

法律依据

《变更追加规定》第14条第2款 作为被执行人的有限合伙企业,财产不足以清偿生效法律文书确定的债务,申请执行人申请变更、追加未按期足额缴纳出资的有限合伙人为被执行人,在未足额缴纳出资的范围内承担责任的,人民法院应予支持。

《合伙企业法》第65条 有限合伙人应当按照合伙协议的约定按期足额缴纳出资;未按期足额缴纳的,应当承担补缴义务,并对其他合伙人承担违约责任。

一、制度阐释

(一)有限合伙概念和内涵

有限合伙,是指由至少一名普通合伙人和至少一名有限合伙人组成的合伙。在有限合伙中,普通合伙人负责合伙业务的经营,并对合伙债务负无限连带责任;有限合伙人不参加合伙业务的经营,也不能以其行为约束合伙商号或随意撤回其出资,对合伙债务仅以其出资额承担有限责任。在我国,有限合伙一般由两类不同责任形式的合伙人构成:普通合伙人,主要对合伙企业进行日常的经营和管理,对合伙企业债务承担无限连带责任;有限合伙人,通常情况下不对合伙企业的经营管理具有职责,而是以其对合伙企业的出资额为限度承担有限责任。由此可见,有限合伙兼合商事公司和普通合伙企业的商事组织形态,使企业设立简便灵活,有利于实现两种合伙企业形式的互补,保持合伙经营的稳定与持久,从而促进社会经济的发展。然而也要看到,有限责任鼓励了投资的同时,却向债权人转嫁了风险。普通合伙是以普通合伙人承担无限连带责任来保障债权人债权的实现。公司制度中虽然存在有限责任,但是其以严格的组织形式审批以及信息披露和资本制度来保障公司的偿债能力。而有限合伙是介于普通合伙与公司之间的组织,它缩小了承担无限连带责任的人数,投资人承担的风险转嫁到了债权人的身上,因此,应当加大有限合伙企业债权人的保护。

(二)有限合伙人的出资义务

在有限合伙中,一般多数出资均由有限合伙人来承担,无限合伙人负责企业管理和经营,而这一部分资金则成为有限合伙企业保障日常运营和维护其债权人利益的主要来源。《合伙企业法》第66条还规定,有限合伙企业登记事项中应当载明有限合伙人的姓名或者名称及认缴的出资数额。以此作为有限合伙人出资的公示手段。《公司法》及司法解释对于股东虚假出资和抽逃出资的行为，规定了补缴责任和其他股东的连带责任，另外还可能承担行政责任和刑事责任，有限合伙企业的有限合伙人也可能存在虚假出资和抽逃出资行为，但《合伙企业法》没有直接规定有限合伙人虚假出资和抽逃出资的法律责任，似乎可以理解为参照《公司法》中关于股东承担责任的规则，方符合立法增加有限合伙企业的初衷。

（三）有限合伙人虚假出资和抽逃出资的责任

有限合伙人的责任分为对内和对外两种责任。根据《合伙企业法》第65条的规定，有限合伙人对内的责任包括两个方面：一是对合伙企业承担补缴出资的义务；二是对其他合伙人承担违约责任。对外责任承担方面，根据《合伙企业法》第39条的规定："合伙企业不能清偿到期债务的，合伙人承担无限连带责任。"根据该法第60条有限合伙准用普通合伙之规定，有限合伙人对外亦应对合伙企业的债务承担责任。尽管该法没有明确有限合伙人承担责任的范围，但从区分普通合伙与有限合伙的立法目的来看，有限合伙人对合伙企业的债务应当以其认缴的出资为限承担连带责任。

二、操作指引

（一）未按期足额缴纳出资的认定

《合伙企业法》第64条规定："有限合伙人可以用货币、实物、知识产权、土地使用权或者其他财产权利作价出资。有限合伙人不得以劳务出资。"因此，有必要结合《公司法解释（三）》的有关规定，对有限合伙人以除货币以外的财产作价出资，是否构成未足额缴纳出资的认定标准，分别予以分析。具体而言，有限合伙人以划拨土地使用权出资或者以设定权利负担的土地使用权出资，有限合伙企业债权人主张认定出资人未履行出资义务的，人民法院应责令当事人限期办理土地变更手续或者解除权利负担，否则构成合伙人未依法全面履行出资义务。有限合伙人以非货币财产出资，未依法评估作价，债权人请求认定出资人未履行出资义务的，人民法院应当对该财产进行评估作价，评估确定的价额显著低于合伙协议约定的价额的，构成出资人未全面履行出资义务。同理，有限合伙人以房屋、土地使用权或者需要办理权属登记的知识产权等财产出资，也必须在人民法院指定的合理期间内办理权属变更手续，才符合履行了出资义务的认定。有限合伙人以其持有的其他公司股权出资，必须符合法律规定的条件：（1）股权由出资人合法持有且可依法转让；（2）股权无权利瑕疵或者负担；（3）已经履行关于股权转让的法定手续；（4）股权已经依法作价评估。如果出资人不符合上述条件且经过指定合理期间仍未采取补正措施,构成未依法全面履行出资义务。

(二)有限合伙企业财产不足以清偿的判断

1998年《执行规定》第77条对启动追加合伙人为被执行人程序所设定的前提为,合伙企业无能力履行生效法律文书确定的义务,《变更追加规定》则修改为"财产不足以清偿生效法律文书确定的债务",因有限合伙企业合伙人由普通合伙人和有限合伙人组成,普通合伙人对合伙企业承担无限连带责任。合伙企业的对外债务,人民法院在执行过程中,需要先执行合伙企业财产,企业财产执行完毕仍不足清偿的,是否仍需要继续执行普通合伙人的财产,普通合伙人财产仍不足清偿的,才可以申请追加有限合伙人为被执行人,还是说只要合伙企业财产不足清偿,即使不继续执行普通合伙人的财产,也可以直接申请追加有限合伙人为被执行人?从立法主旨看,有限合伙企业财产不足以清偿的,债权人自然可以申请追加该企业普通合伙人为被执行人,也可以追加有限合伙人以其未按期缴纳的出资部分履行清偿义务,追加有限合伙人为被执行人不以启动追加普通合伙人程序为前提,也不以被追加的普通合伙人不能履行清偿义务为条件。

(三)被追加人主张无合伙人资格的处理

人民法院在审查追加有限合伙人为被执行人申请的过程中,合伙人如果提出其在合伙协议及有关登记材料中的签名为冒名登记,不具有合伙人资格或合伙协议无效,属于被追加申请人与其他合伙人之间的实体法律关系争议,执行程序不予以审查和处理,被追加申请人应通过其他民事诉讼或者行政诉讼程序解决,在合伙协议或合伙人资格未经诉讼程序否定,或者工商登记行为未被撤销之前,人民法院裁定追加该合伙人为被执行人依然符合法律的规定。①

(四)有限合伙人出资在执行程序中的加速到期问题分析

《合伙企业法》第18条第4项规定,合伙企业的合伙协议应当载明合伙人的出资方式、数额和缴付期限。但法律未将有限合伙人出资是否到位作为其承担责任的前提,如果合伙企业财产不足以清偿生效法律文书确定的债务,对合伙企业债务承担有限责任的有限合伙人,通过合伙协议约定的出资期限过长,是否也应参照《九民纪要》第6条规定实行加速到期。因《九民纪要》仅规定了公司股东可以加速到期,并未包括有限合伙企业有限合伙人,有限合伙人在出资未到期的情形下仍然

① 参见(2017)鲁执复292号执行裁定书。

享有期限利益。[①] 但有限合伙人与有限责任公司股东的法律地位具有相似性，对外承担责任的范围和方式相同，均以各自认缴的出资额为限，法律特征基本一致。因此，对有限合伙人是否实行加速到期，应当与公司股东作一体判断，《合伙企业登记管理办法》（已废止）第31条规定了包括有限合伙人出资缴付期限在内的登记事项通过企业信用信息公示系统向社会公示，作为交易相对方的债权人可以在交易前评估和判断出资未到期的交易风险，因此，原则上有限合伙人不适用加速到期制度，但符合《九民纪要》规定的两种加速到期情形的，仍可以追加有限合伙人为被执行人。[②]

审判前沿

王某勤与唐某健、周某妹、苏州优瑞投资管理合伙企业民间借贷纠纷案

［（2017）苏0591民初9712号民事判决书］

【裁判要旨】

作为被执行人的有限合伙企业，财产不足以清偿生效法律文书确定的债务，申请执行人申请变更、追加未按期足额缴纳出资的有限合伙人为被执行人，在未足额缴纳出资的范围内承担责任的，人民法院应予支持。

【基本案情】

原告施某艳与被告王某勤执行异议之诉一案，苏州工业园区人民法院（以下简称工业园区法院）于2017年11月13日立案受理，依法适用普通程序组成合议庭，于2018年1月3日公开开庭进行审理。

王某勤与唐某健、周某妹、苏州优瑞投资管理合伙企业（有限合伙）（以下简称优瑞投资合伙企业）民间借贷纠纷一案，该院于2016年9月12日作出（2016）苏0591民初1016号民事判决：一、优瑞投资合伙企业、唐某健、周某妹于本判决生效之日起10日内归还王某勤借款本金1,700,000元……该判决发生法律效

① 参见（2019）沪01民终549号民事判决书。

② 参见（2018）浙01民初2243号民事判决书。需要说明的是，《九民纪要》施行后，各地法院将公司股东加速到期的规则运用到有限合伙企业的案例逐渐增多，但实践中仍存在较大分歧，比如有观点认为《变更追加规定》第14条第2款准许追加有限合伙人为被执行人，仅限于“未按期”足额缴纳出资的有限合伙人，实为认可有限合伙人的出资期限利益。另外，普通合伙人已经承担无限连带责任，对有限合伙人加速到期也没有必要。

力后,根据王某勤的申请,工业园区法院于2017年2月14日立案执行,案号为(2017)苏0591执568号。立案后穷尽执行措施,被执行人的财产不能清偿法律文书确定的债务,于2017年8月9日裁定终结该次执行程序。2017年8月,申请执行人王某勤向该院提出申请,请求追加施某艳为本案被执行人。其主要理由为:被申请人施某艳是被执行人优瑞投资合伙企业的有限合伙人,其对该合伙企业有80万元未缴出资,为此申请法院将施某艳追加为被执行人,在未缴纳出资范围内承担责任。2017年9月25日,该院作出(2017)苏0591执异79号执行裁定书,裁定追加施某艳为该院(2017)苏0591执568号执行案件被执行人,被申请人施某艳在未足额缴纳80万元出资的范围内承担责任。该裁定书送达后,原告施某艳向该院提出执行异议之诉。

原告施某艳向该院提出诉讼请求判令原告对(2017)苏0591执568号案件所涉债务不承担责任。经法院审理查明,优瑞投资合伙企业为有限合伙企业,2011年10月申请登记,2011年11月4日获准登记,登记的合伙人为周某妹(无限责任)、施某艳(有限责任)。合伙协议约定的合伙人出资情况是:周某妹(无限责任)认缴出资400万元,实缴出资80万元,缴付期限至2014年11月2日;施某艳(有限责任)认缴出资100万元,实缴出资20万元,缴付期限2013年11月2日。2017年6月,优瑞投资合伙企业变更登记主要经营场所时,公司登记的合伙人出资情况是:周某妹认缴出资400万元,实缴出资80万元;施某艳认缴出资100万元,实缴出资20万元。两人签订的合伙协议中约定的承诺出资额和出资额与上述内容相同,并约定:合伙企业成立后,应当向合伙人签发出资证明书。在(2017)苏0591执异79号案件听证审查中,施某艳一方提交了一份优瑞投资合伙企业的银行交易流水清单,称该清单证明:优瑞投资合伙企业的账上,2011年11月29日分别有80万元、80万元、70万元金额入账,2011年11月30日分别有100万元、70万元金额入账,合计400万元,加上周某妹、施某艳在合伙协议时已缴的80万元和20万元,优瑞投资合伙企业的出资已全部足额到位。在本案审理过程中,原告施某艳提交了一份金额为80万元的银行现金解款单,用以证明其已于2011年11月29日通过向优瑞投资合伙企业汇款80万元履行了出资义务,该份解款单汇款人处手写有“施某艳”字样。被告对该份解款单的真实性不予认可。

工业园区法院经审理认为,(2017)苏0591执异79号执行裁定书裁定追加施某艳作为执行案件的被执行人,并在未足额缴纳80万元出资的范围内承担责任,有事实及法律依据,原告施某艳在本案中的诉讼请求,不予采信。依据2017

年《民事诉讼法》第 64 条、第 227 条,2015 年《民事诉讼法解释》第 312 条第 1 款第 2 项,《变更追加规定》第 14 条第 2 款之规定,判决驳回原告施某艳的诉讼请求。

【要点评析】

本案具有较强的代表性,作为被执行人的有限合伙企业,财产不足以清偿生效法律文书确定的债务,申请执行人申请变更、追加未按期足额缴纳出资的有限合伙人为被执行人,在未足额缴纳出资的范围内承担责任的,人民法院应予支持。案件执行过程中,因被执行人的财产不能清偿法律文书确定的债务而终结本次执行程序。申请执行人主张被追加人作为优瑞投资合伙企业的有限合伙人未按期足额缴纳出资,申请追加其作为被执行人在未足额缴纳出资的范围内承担责任,符合法律规定,理应予以支持。原告施某艳作为有限合伙的出资人,应依据相应验资证明及有限合伙签发的《出资证明》等资料证明其已履行出资义务,并就其出资状况在工商部门办理登记以达到公示公信的效力。原告举证优瑞投资合伙企业入账的一笔 80 万元为其缴纳的合伙出资,已按期足额缴纳出资,但就其所称的出资未取得任何验资证明或出资证明予以佐证。优瑞合伙企业在 2017 年 6 月办理工商登记变更时登记的原告实缴出资额仍为 20 万元,可以证明原告未按期足额缴纳出资的事实。原告施某艳作为优瑞投资合伙企业的有限合伙人,认缴出资额为 100 万元,实缴出资 20 万元,无论从优瑞合伙企业的账户流水情况还是工商登记看,均未显示原告施某艳按期足额缴纳了认缴的出资额。执行法院裁定追加施某艳作为执行案件的被执行人,并在未足额缴纳出资的范围内承担责任,有事实及法律依据,原告施某艳提出的诉讼请求,应予以驳回。

第三节　基于出资不实提起的异议之诉

有限责任公司股东、有限合伙企业的有限合伙人,如果已经实际履行出资义务,不存在出资不实的情况,法院判令有限责任公司或者有限合伙企业承担责任,即意味着股东或者有限合伙人在出资范围内对公司或者有限合伙企业承担责任,无须再单独判决股东或者有限合伙人在认缴出资范围内承担责任。但如果公司股东存在虚假出资或抽逃出资等出资不实行为,未能实际履行出资义务,则需要单独通过诉讼或者执行程序追加责任股东或者有限合伙人为被执行人。

在执行程序中,作为被执行人的公司财产不足以清偿法律文书确定的债务,申请执行人申请追加出资不实的股东、出资人、发起人为被执行人,被追加人不服执行法院作出的追加其为被执行人裁定的,可以提起异议之诉;申请执行人不服执行法院作出的驳回其追加该股东为被执行人裁定的,亦可提起许可执行异议之诉。

法律依据

《变更追加规定》第17条 作为被执行人的营利法人,[①]财产不足以清偿生效法律文书确定的债务,申请执行人申请变更、追加未缴纳或未足额缴纳出资的股东、出资人或依公司法规定对该出资承担连带责任的发起人为被执行人,在尚未缴纳出资的范围内依法承担责任的,人民法院应予支持。

《公司法解释(三)》第13条 股东未履行或者未全面履行出资义务,公司或者其他股东请求其向公司依法全面履行出资义务的,人民法院应予支持。

公司债权人请求未履行或者未全面履行出资义务的股东在未出资本息范围内对公司债务不能清偿的部分承担补充赔偿责任的,人法院应予支持;未履行或者未全面履行出资义务的股东已经承担上述责任,其他债权人提出相同请求的,人民法院不予支持。

股东在公司设立时未履行或者未全面履行出资义务,依照本条第一款或者第二款提起诉讼的原告,请求公司的发起人与被告股东承担连带责任的,人民法院应予支持;公司的发起人承担责任后,可以向被告股东追偿。

股东在公司增资时未履行或者未全面履行出资义务,依照本条第一款或者第二款提起诉讼的原告,请求未尽公司法第一百四十八条第一款规定的义务而使出资未缴足的董事、高级管理人员承担相应责任的,人民法院应予支持;董事、高级管理人员承担责任后,可以向被告股东追偿。

一、制度阐释

公司人格独立和股东有限责任是现代公司法的基本原则,让股东对公司债务承担清偿责任,是股东有限责任的例外情形。目的在于矫正有限责任制度在特定法律事实发生时对债权人保护的失衡现象。[②] 我国《公司法》经过修订后,资本制度从实缴制变为认缴制,但承诺出资义务的履行仍然是股东最基本、最重要的义务,

---

① 《最高人民法院关于修改〈最高人民法院关于人民法院扣押铁路运输货物若干问题的规定〉等十八件执行类司法解释的决定》(法释〔2020〕21号,2020年12月23日最高人民法院审判委员会第1823次会议通过,自2021年1月1日起施行)将该条中的"企业法人"修订为"营利法人"。

② 参见最高人民法院民事审判第二庭编著:《〈全国法院民商事审判工作会议纪要〉理解与适用》,人民法院出版社2019年版,第145页。

股东不履行出资义务，致使公司资本严重不足，将严重减损公司对债务的清偿能力，股东是否履行出资义务，不仅影响公司和其他已出资股东的利益，而且还间接地影响公司外部债权人的利益。只有适当突破股东对公司债务不承担责任的一般规则，例外地让出资不实的股东、发起人承担补充责任，才能更好地保护债权人的合法利益。股东、发起人未缴纳或未足额缴纳出资，在审判程序中可以引起刺破公司面纱的诉讼，在执行程序中则直接发生变更追加执行当事人的情形。因出资不实追加股东引起的异议之诉，法院审理该诉讼案件时，重点审查以下四个方面内容。

（一）被执行人不足以清偿债务的认定

追加出资不实的股东为被执行人的前提是，先要对股东所在公司的财产进行执行，如果对被执行人穷尽执行措施仍然不足以清偿公司债务，法律才准许申请执行人启动追加程序，也就是说，即使股东存在出资不实的行为，对债权人而言仍然存在所谓的先执行公司财产的抗辩权。进一步说明出资不实的股东在执行程序中承担的义务是补充清偿责任，而非连带清偿责任。执行程序和执行权在对第三人财产进行实体判断时应遵循内敛和谦抑的原则。需要注意的是，《变更追加规定》第17条已经将《执行规定》第80条规定的无财产清偿债务，变更为“财产不足以清偿生效法律文书确定的债务”，对追加的条件进行了适度从宽理解，不足以清偿并非指公司没有任何财产，更多的是指没有方便法院执行的财产，它包括以下四种情形：一是客观上无任何财产。经过“六查”之后确实无财产的，应当视为没有财产。二是有财产但是豁免执行。有的被执行公司虽然有财产，但法律禁止流通，如军事单位持有的枪支、弹药。或者虽然可以流通，但法律基于特殊的价值考虑豁免执行。例如，承担义务教育学校的教学资产，依照最高人民法院的批复不能被执行。三是有财产但是难以变现。公司财产存在权利瑕疵，如违章建筑。财产变现可能性小，如公司股权、已经陈旧老化的机器设备等。对于经过公开拍卖、变卖程序流拍的财产，申请执行人不同意以物抵债，以其股东出资不实为由请求追加为被执行人，股东是否能够以申请执行人不愿接受抵债、自愿放弃受偿、不属于无财产可供执行为由，提出有财产可供执行、不应追加股东为被执行人的抗辩？从以物抵债的制度目的看，以物抵债程序应当遵循债权人自愿原则，债权人不同意以物抵债的，法院可以将财产退还给被执行人。仍然符合被执行人财产不足以清偿的法律界定。四是有财产但因其他机关在先查封而无法处置。股东所在公司虽然有财产，但被其他法院或有权机关另案查封，导致执行法院无法处置，也应当作有利于债权人的理解，视为没有方便法院执行的财产，公司财产不足以清偿债务。

(二)股东出资不到位不得否认公司法人人格

执行程序中可以追加为被执行人的对象为出资不实的股东、出资人及发起人,而不能扩展为其他股东和发起人、出资人,更不能扩展至公司董事、高级管理人员和实际控制人。《执行规定》第80条曾将追加的对象限定为开办单位,《变更追加规定》重新使用股东和出资人的概念,更符合现代公司法关于股东权利义务的界定。需要注意的是,执行程序追加股东为被执行人,需要遵守法定原则,对于程序法没有明确规定可以追加的对象,即使依据实体法应当承担清偿责任的人,也不允许直接在执行程序中追加为被执行人。比如,《公司法》中规定如果公司股东滥用公司独立法人地位,出现人格混同,侵害债权人利益,债权人可以依据《公司法》第21条、第23条之规定,提起诉讼,要求刺破公司面纱,否定公司的法人人格,直接要求股东承担清偿责任。有观点认为,在执行中直接适用公司法人人格否认制度,可以有效地解决在执行过程中股东滥用公司独立人格逃避执行的问题,更好地保护债权人的利益,但执行程序直接否认债务人公司人格,对民事主体权利影响甚巨,应交由审判程序经过实体审理后作出判断,从而给各方当事人充分的救济权,如果为追求个案执行效果,易引发对人格否认制度的滥用,损害债权人之外的其他民事主体的合法权益,动摇公司制度的根基,也超越了人民法院在执行行为异议审查程序中享有的权限。

另外,因出资不实追加股东为被执行人,并不以"刺破公司面纱"、否认公司法人人格为前提,最高人民法院在此前颁布的执行批复中反复强调,股东出资不实,由股东在出资不实的范围内承担责任即可,不需要在裁定中否认作为债务人的公司法人人格,对于已经履行出资义务的股东,没有代公司或出资不实股东清偿的责任。

(三)出资不实的认定

《公司法解释(三)》第13条将出资不实定义为未履行或未全面履行出资义务,包括拒绝出资、不能出资和瑕疵出资等出资期限已经届至但出资不到位的情形。认缴制下,出资期限由股东在章程中自行约定,但股东仍负有按期足额缴纳公司章程中规定的各自缴纳出资额的义务。

在追加被执行人之前,首先要确定股东有出资不实的事实。在出资不实的三种情形中,出资不足和瑕疵出资的情形比较容易判断,难的是如何确定虚假出资的情形。股东即使是虚假出资,表面上也会伪装成已经足额出资。应当由被追加的股东承担已经足额出资的举证责任,如果不能举证,则应推定出资不足。理由是,目前股东出资不足是普遍现象,由于出资的信息都掌握在股东和企业手中,让债权人承担举证责任实在是勉为其难。从举证责任的分配角度来看待,债权人或者执行法院有证据证明股东可能存在出资不实的行为的,举证责任即发生转移,由相关股东承担证明足额出资的责任。如果其举证不能,即应认定出资不实。具体而言有以下证据证实股东出资不实的,即可转移举证责任:(1)债权人举证证明据以出资的银行凭证或者出资凭证为虚假。(2)评估机构的评估报告已经被生效法律文书所推翻。(3)其他证明出资可能存在不实的证据。如果出资是否不实难以确定的,也可委托审计机构进行审计后确定。

(四)被追加为被执行人的股东承担补充赔偿责任

股东对公司的债务仅为出资义务,执行程序中债权人要求股东承担责任,也应当是在股东应缴出资与未缴出资的差额范围之内,不能让股东对公司债务承担无限连带责任。按照《公司法》第49条的规定,股东对公司仅仅有补足出资的责任,如果该责任可以通过执行程序确定,依照《公司法解释(三)》第13条,债权人可以"请求未履行或者未全面履行出资义务的股东在未出资本息范围内对公司债务不能清偿的部分承担补充赔偿责任"的规定,由此可见,债权人请求的范围除本金外,还有利息,既然债权人对股东直接请求出资的基础源于债权人代位权,对利息部分的请求权自然也能够代位,为避免对同一主体的一个纠纷分两次解决,股东未出资的本息应当一并在执行程序中作出判断。

二、操作指引

债权人可以选择在执行程序中申请追加出资不实的股东为被执行人,要求其承担出资不实的责任,也可以选择通过诉讼程序追究股东出资不实的责任。有的人民法院指引申请执行人通过诉讼程序解决追加问题,无疑加重申请人的经济负担,也增大了申请执行人债权清偿的时间成本。实践操作中比较关键的环节应引起注意。

(一)加速到期在执行程序中的适用

在非破产和清算情形下,股东出资原则上不应加速到期,从资本与债权人保护的关系看,债权人一旦决定进行交易,就应受制于股东出资时间的约束,个案原则上以法律法规没有规定为由不支持债权人提出的加速到期请求,激励当事人运用破产规则来解决问题。①

① 参见最高人民法院民事审判第二庭编著:《〈全国法院民商事审判工作会议纪要〉理解与适用》,人民法院出版社2019年版,第123页。

1. 修改章程推迟出资日期应当认定为出资不实可以追加股东为被执行人

对于股东出资应否加速到期的问题,《九民纪要》规定,在注册资本认缴制下,股东依法享有期限利益,债权人以公司不能清偿到期债务为由,请求未届出资期限的股东在未出资范围内对公司不能清偿的债务承担补充赔偿责任的,人民法院不予支持,但是公司作为被执行人的案件,人民法院已经穷尽执行措施无财产可供执行,已具备破产原因,但不申请破产的,在公司债务产生后,公司股东会决议或以其他方式延长股东出资期限的,可以适用加速到期制度。

股东认缴出资构成对公司的出资承诺,该承诺记载于公司章程并登记在工商登记管理机构后,与公司进行商事交易的主体有理由对股东的承诺以及公司的注册资本产生信赖利益,因此,在明知公司对外负有未清偿债务情况下,修改章程延长出资期限,损害了债权人的信赖利益,违反诚实信用原则,也损害了公司资本充实,应当确认股东出资不实,可以追加股东为被执行人。《九民纪要》第6条规定,在公司债务产生后,公司股东会、股东大会决议或以其他方式延长股东出资期限的,可以要求未届出资期限的股东在未出资范围内对公司不能清偿的债务承担补充赔偿责任。

2. 公司已达到破产界限又不申请破产的,股东不享有出资的期限利益,可以加速到期追加股东为被执行人

公司作为被执行人的案件,人民法院穷尽执行措施无财产可供执行,已具备破产原因,但不申请破产的,债权人以公司不能清偿到期债务为由,请求未届出资期限的股东在未出资范围内对公司不能清偿的债务承担补充赔偿责任的,人民法院应予支持。需要注意的是,执行程序加速到期取得的财产归属于债权人,如果公司或其他债权人申请破产,未届出资期限的股东出资也要加速到期,不过此时加速到期的财产要归属于债务人,实现全部债权人的公平受偿。从变更追加程序的启动时机看,破产申请受理后不得追加股东为被执行人。人民法院受理破产申请后,执行程序必须中止,尽管不排除追加债务人公司的股东为被执行人程序的适用,但因股东未缴纳的出资应当作为破产债务人的财产对全体债权人公平受偿,根据《企业破产法》第35条之规定,由破产管理人追缴该出资较为妥当。在破产宣告情况下,执行程序已经终结且不能恢复执行,也不应再适用变更追加程序。

(二)出资不实股东因向公司外部债权人承担出资不实的股东责任并被扣划款项后,能否以其对于公司的债权与外部债权人就上述款项进行分配

我国法律尚未明确规定,而美国历史上深石案所确立的衡平居次原则对本案的处理具有一定的借鉴意义。在该类案件的审判实践中,若允许出资不实的问题

股东就其对公司的债权与外部债权人处于同等受偿顺位，既会导致对公司外部债权人不公平的结果，也与公司法对于出资不实股东课以的法律责任相悖。否定出资不实股东进行同等顺位受偿的主张，社会效果较好，对同类案件的处理也有较好的借鉴意义。

（三）追加虚假出资的股东、出资人为被执行人与债权形成时间的关系

《变更追加规定》第 17 条没有明确公司成立后，股东在增资扩股时存在虚假出资或瑕疵出资行为，如何承担责任的问题，但从立法主旨看，出资不实显然包括增资不实在内，毋庸讳言。但增资瑕疵的股东对公司全部债权人承担责任还是仅对增资后与公司交易的债权人承担责任，实践中争议很大。最高人民法院执行工作办公室 2003 年 12 月 11 日作出《关于股东因公司设立后的增资瑕疵应否对公司债权人承担责任问题的复函》（〔2013〕执他字第 33 号）、2006 年 9 月 12 日作出《最高人民法院关于股东增资扩股不实或抽逃增资扩股资金如何承担责任的请示答复》（〔2015〕执他字第 32 号）均认为在增资发生前与公司交易的债权人不能要求增资瑕疵的股东承担清偿责任，该观点在公司注册资本实缴制背景下具有一定合理性，但公司信用从资本信用转向资产信用之后，交易之后公司应取得的资产，也是债权人决定与公司交易的重要判断标准，从最新的司法解释看，并未对公司债权人申请追加公司股东为被执行人设置任何额外条件，不以债权形成与增资瑕疵之间时间先后而限缩股东抽逃出资应承担的责任。

审判前沿

中国建设银行股份有限公司兰州城关支行
与被上诉人甘肃中汇房地产开发有限公司、
张某 1，原审被告张某 2 申请执行人执行异议之诉案

［（2019）甘民终 86 号民事判决书、
（2019）最高法民申 4450 号民事裁定书］

【裁判要旨】

作为被执行人的公司已经注销的情况下，申请执行人对公司的主债权已经生效判决确认，请求在执行程序中追加出资不实的出资人、股东在未出资范围内承担责任的，不服追加裁定提起诉讼的，诉讼请求不受诉讼时效的限制，追加申请应得到人民法院支持。

【基本案情】

兰州凯乐伯餐饮有限公司(以下简称凯乐伯公司)、甘肃中汇工程设备材料有限公司(以下简称中汇材料公司)未履行兰州市中级人民法院(以下简称兰州中院)于2006年7月20日作出(2006)兰法民二初字第70号民事判决确定的义务,建行中山路支行向兰州中院申请强制执行,执行中,兰州中院作出(2007)兰法执字第110号民事裁定,裁定变更中国建设银行股份有限公司兰州城关支行(以下简称建行城关支行)为本案的申请执行人。2007年10月22日,兰州中院作出(2007)兰法执字第110号民事裁定,终结了(2006)兰法民二初字第70号民事判决书本次执行程序。随后建行城关支行申请追加甘肃中汇房地产开发有限公司(以下简称中汇房地产公司)、张某1、张某2为该案被执行人。一审法院作出(2017)甘01执异159号裁定书,以申请人建行城关支行未提供相关中汇房地产公司、张某1未足额缴纳出资的证据,中汇房地产公司、张某2作为中汇材料公司的股东已履行了公司清算义务为由,驳回申请人请求。建行城关支行向甘肃省高级人民法院(以下简称甘肃高院)申请复议,甘肃高院于2018年1月22日作出(2018)甘执复27号民事裁定:以原裁定未赋予当事人申请复议的程序权利,受理建行城关支行复议申请程序不当为由,驳回建行城关支行申请。

另查明,中汇材料公司设立登记申请书记载股东(发起人)中汇房地产公司(占股51%)、张某1(占股49%);验资报告注明中汇材料公司申请注册登记资本为人民币1000万元,由中汇房地产公司、张某1于2002年7月24日之前缴足,经审验,截至2002年7月24日止,公司已收到全体股东缴纳注册资本合计人民币1000万元,其中实物出资900万元(各股东以兰州市城关区广场西口东方大厦一层的部分商铺及二十六层、二十七层写字楼资产出资评估价值1076.8万元,其中900万元作为实物出资,余176.8万元为资本公积金在公司挂账),货币出资100万元;中汇材料公司经营期限(成立日期)自2002年9月4日至2012年9月3日,注销时间2013年12月2日;2013年7月15日成立清算组,2013年7月25日在《兰州晚报》刊登清算公告,2013年10月25日结束,所有债权债务已清理完毕,清算后剩余固定资产价值9,632,429.25元,由法人股东中汇房地产公司(占股51%)和自然人张某2(占股49%)按出资比例进行了分配,中汇房地产公司分配了4,912,538.92元,张某2分配了4,719,890.33元,主要是办公设备、运输设备、仪器工具等,注销后如有未清算的债权债务由公司股东予以继承。

兰州中院认为,2016年《变更追加规定》第17条规定,作为被执行人的企业法人，财产不足以清偿生效法律文书确定的债务，申请执行人申请变更、追加未缴纳或未足额缴纳出资的股东、出资人或依公司法规定对该出资承担连带责任的发起人为被执行人，在尚未缴纳出资的范围内依法承担责任的，人民法院应予支持。同时第22条规定，作为被执行人的法人或其他组织，被注销或出现被吊销营业执照、被撤销、被责令关闭、歇业等结算事由后，其股东、出资人或主管部门无偿接受其财产，致使该被执行人无遗留财产或者财产不足以清偿债务，申请执行人申请变更、追加该股东、出资人或者主管部门为被执行人，在接受财产的范围内承担责任的，人民法院应予支持。在本案中，清算报告显示，该公司在注销登记时尚有固定资产9,632,429.25元，中汇房地产公司、张某2按照股权比例对剩余固定资产进行了分配，且中汇房地产公司、张某2承诺对中汇材料公司注销后未清算的债权债务予以承继。追加出资不实的股东需具备被执行人无财产清偿债务、存在出资不实的事实等要件。现中汇材料公司虽已注销，但其剩余资产由股东接受，清算报告显示该公司在注销登记时的剩余财产数额远大于建行城关支行申请执行的债权数额，建行城关支行依据《变更追加规定》第17条要求追加股东承担出资不实的责任，不符合该条规定的被执行人的企业法人财产不足以清偿生效法律文书确定的债务的前提条件。

建行城关支行不服一审判决，向甘肃高院提起上诉，甘肃高院经过审理认为，《变更追加规定》第32条规定的执行异议之诉是在2017年《民事诉讼法》第227条规定的对执行标的提出异议的执行异议之诉外增加的特殊类型的执行异议之诉。本案即属此类。总结争议焦点如下。

关于诉讼时效问题。依据《公司法解释（三）》第19条第2款的规定，建行城关支行对中汇材料公司的主债权已经生效判决确认，请求中汇房地产公司、张某1在未出资范围内承担责任的诉讼请求不受诉讼时效的限制。关于张某1出资人身份的问题。依据工商登记信息及验资报告，张某1以房产出资490万元。张某1虽认为，中汇材料公司工商登记档案中的张某1所有签名均非张某1本人所签，张某1并非中汇公司股东，其身份系被冒用，但二审庭审中，张某1、中汇房地产公司均认可张某2、张某1系兄弟关系，证据显示张某1曾任中汇材料公司法定代表人，并主持过中汇材料公司的相关会议，中汇材料公司工商登记档案中有张某1身份证复印件、计划生育证等私密性较强的资料，张某1认为身份被冒用与常理不符，张某1虽对工商档案中个人签字的真实性持异议，但其一审、二审均未提交司法鉴定申请，在工商登记档案真实性未被推翻的前提下，中汇材料公司设立时张某1作为出资人的事实，应予确认。

关于是否履行了出资义务的问题。用于出资的房产并未过户到中汇材料公司名下。中汇房地产公司与他人的商品房买卖合同、《房屋产权兑换协议书》证明中汇房地产公司未履行以房屋出资的义务,并将出资房屋以买卖、兑换的方式处分给他人。依照《公司法解释(三)》第10条的规定,出资人以房屋出资的,应以办理权属变更手续及实际交付使用作为判断是否履行了出资义务的标准。《公司法解释(三)》第20条规定,当事人之间对是否已履行出资义务发生争议,原告提供对股东履行出资义务合理怀疑证据的,被告股东应当就其已履行出资义务承担举证责任。在本案中,建行城关支行提交的证据足以引起对中汇房地产公司、张某1是否履行了房产出资义务的合理怀疑。中汇房地产公司、张某1应进一步提供在中汇材料公司成立时将出资房产过户至中汇材料公司名下、并交由中汇材料公司使用的证据。张某1在不能推翻其为中汇材料公司出资人身份的前提下,对是否如实出资亦未提供证据予以证明。因此,中汇房地产公司、张某1均不能证明履行了以房产出资的义务。

关于中汇材料公司是否具有清偿能力的问题。中汇材料公司作为建行城关支行申请执行案件的被执行人,已于2013年经公司清算后被依法注销登记,依据工商登记信息显示,中汇材料公司清算后的剩余财产由中汇房地产公司和张某2接收,但二审庭审中,中汇房地产公司、张某2、张某1均表示对剩余财产去向不知情。截至诉讼之日,中汇材料公司对所欠建行城关支行债务未完全清偿,中汇材料公司清算后的剩余财产已进行分配,其名下再无财产,现中汇材料公司已被注销登记,已无法清偿(2006)兰法民二初字第70号民事判决确定的债务。建行城关支行申请变更、追加中汇房地产公司、张某1为被执行人,在尚未缴纳出资范围内承担责任,应予支持。甘肃高院判决撤销兰州市中级人民法院(2018)甘01民初1112号民事判决,追加中汇房地产公司、张某1为申请人建行城关支行申请执行被执行人凯乐伯公司、中汇材料公司借款纠纷一案的被执行人;中汇房地产公司在410万元范围内、张某1在490万元范围内对(2006)兰法民二初字第70号民事判决确定的中汇材料公司所负债务承担清偿责任。

张某1、中汇房地产公司不服甘肃高院作出的(2019)甘民终86号执行异议之诉民事判决,向最高人民法院申请再审。最高人民法院的裁判理由基本与甘肃高院一致,对于中汇房地产公司认为其自2004年起不再是中汇材料公司股东,在中汇材料公司注销时已没有出资义务的主张,最高人民法院认为,依据《公司法解释(三)》第18条,中汇房地产公司作为中汇材料公司的发起人没有全面履行出资义务,无论其是否转让股权,是否仍是中汇材料公司股东,均不能免除其出资义务。中汇房地产公司的该项再审申请主张不能成立。最终作出(2019)最高法民申4450号裁定，驳回了再审申请。

【要点评析】

本案一审、二审判决的裁判结果截然不同，集中体现了因出资不实追加股东为被执行人常见的三个问题：追加诉讼时效、不能清偿的判断和原股东转让股权后责任的承担。首先，关于追加被执行人诉讼时效，《公司法解释（三）》第19条第2款规定："公司债权人的债权未过诉讼时效期间，其依照本规定第十三条第二款、第十四条第二款的规定请求未履行或者未全面履行出资义务或者抽逃出资的股东承担赔偿责任，被告股东以出资义务或者返还出资义务超过诉讼时效期间为由进行抗辩的，人民法院不予支持。"本案建行城关支行已在诉讼时效内提起诉讼，其债权并未超过诉讼时效期间，中汇房地产公司的该项再审申请主张不能成立。

其次，不能清偿的判断问题。作为被执行人的营利法人不足以清偿债务，不等同于被执行人没有财产可供执行，只要对被执行人可以执行或者方便执行的财产执行完毕后，债务仍未得到清偿的，可以认定达到了不足以清偿债务的状态。如果执行法院已经裁定终结本次执行程序，仍未出现恢复执行的财产线索，即满足了财产不足清偿的标准。对于被执行人的法人企业经清算后注销，剩余房产有股东接收，注销前剩余财产经过分配导致公司没有财产，注销后也已经无法清偿生效法律文书确定的债务，更加符合财产不足以清偿的要件。

最后，本案中，被追加为被执行人的股东既符合公司注销后无偿接受公司财产的情形，也符合未履行出资义务的情形，实际上是《变更追加规定》第17条和第22条产生了竞合，申请执行人也一度以股东、出资人或者主管部门无偿接受财产为由，申请变更追加接受财产的股东为被执行人，但一审、二审法院对该项请求未进行实体审理。

第四节　基于抽逃出资提起的异议之诉

在执行程序中，作为被执行人的公司不足以清偿法律文书确定的债务，申请执行人申请追加抽逃出资的股东为被执行人，该股东不服执行法院追加其为被执行人裁定的，可以提起异议之诉；申请执行人不服执行法院驳回其追加该股东为被执行人裁定的，亦可提起异议之诉。

法律依据

《变更追加规定》第18条 作为被执行人的营利法人,[①]财产不足以清偿生效法律文书确定的债务,申请执行人申请变更、追加抽逃出资的股东、出资人为被执行人,在抽逃出资的范围内承担责任的,人民法院应予支持。

《公司法解释(三)》第12条 公司成立后,公司、股东或者公司债权人以相关股东的行为符合下列情形之一且损害公司权益为由,请求认定该股东抽逃出资的,人民法院应予支持:(一)制作虚假财务会计报表虚增利润进行分配;(二)通过虚构债权债务关系将其出资转出;(三)利用关联交易将出资转出;(四)其他未经法定程序将出资抽回的行为。

《公司法解释(三)》第14条 股东抽逃出资,公司或者其他股东请求其向公司返还出资本息、协助抽逃出资的其他股东、董事、高级管理人员或者实际控制人对此承担连带责任的,人民法院应予支持。

公司债权人请求抽逃出资的股东在抽逃出资本息范围内对公司债务不能清偿的部分承担补充赔偿责任、协助抽逃出资的其他股东、董事、高级管理人员或者实际控制人对此承担连带责任的,人民法院应予支持;抽逃出资的股东已经承担上述责任,其他债权人提出相同请求的,人民法院不予支持。

一、制度阐释

(一)股东抽逃出资行为的法律界定

抽逃出资,是指公司发起人、股东在公司成立后,违反《公司法》不得抽回出资的规定以及公司章程的约定,利用各种手段将其已缴纳出资的全部或部分公司资产非法转移为自己所有,而继续享有股东权利的行为。《公司法》第53条规定,公司成立后,不得抽逃出资。构成股东抽逃出资需满足下列要件:(1)抽逃出资的主体为公司的股东,既包括公司设立时的发起人股东也包括公司成立后受让股权的股东。(2)从主观上看,抽逃出资的股东必须有欺诈的故意。我国《公司法》实行股东财产所有权与公司法人财产权相分离原则。在公司登记注册前,设立者应该共同制定公司章程,并按照章程所规定的注册资本缴付出资。股东出资后,出资财产转移为公司所有,股东对出资财产不再享有所有权。股东出资后也不能随意地抽回出资,但是抽逃出资者却把公司财产占为已有,达到少出资或不出资而继续保有

① 《最高人民法院关于修改〈最高人民法院关于人民法院扣押铁路运输货物若干问题的规定〉等十八件执行类司法解释的决定》(法释〔2020〕21号,2020年12月23日最高人民法院审判委员会第1823次会议通过,自2021年1月1日起施行)将该条中的"企业法人"修订为"营利法人"。

股东资格的目的，以出资为名，行欺诈之实。(3)从行为表现上看，在公司财务账册上关于实缴出资的记载是真实的，且在公司成立之时已足额缴存于公司账户，但在公司成立后，又以违反公司章程或财务会计准则的各种手段将其全部或部分出资从公司转移出去并归于己有。(4)从发生的时间上看，股东抽逃出资发生在公司成立之后至终止期间内的任何时间。对于新成立公司，抽逃出资发生在新公司设立登记核准后；已成立的公司采取分期出资方式出资，则发生在各期出资办理实收资本到位的变更登记核准后；在公司增资的情形下，则发生在增资到位的变更登记核准后，即办理增资时增资资本同时到位、增资属分期出资的其各期实收资本到位之后。

《公司法解释(三)》第12条明确列举了抽逃出资的类型，对于将出资款转入公司账户验资后又转出的情形，资本实缴制变更为认缴制后，该抽逃出资的情形已经不复存在，因此，抽逃出资主要体现为如下四种情形：一是通过虚构债权债务关系将其出资转出，二是制作虚假财务会计报表虚增利润进行分配，三是利用关联交易将出资转出，四是未经法定程序将出资抽出的行为。

(二)抽逃出资股东与其他行为人的责任承担

首先，抽逃出资的股东应当向公司返还出资本息。协助抽逃出资的其他股东、董事、高级管理人员或者实际控制人应当承担连带责任。其次，抽逃出资的股东应当对公司债权人承担责任。《公司法解释(三)》第14条第2款不仅规定了抽逃出资的股东对公司的债务应该在抽逃出资的本息范围内对公司债务不能清偿的部分承担补充赔偿责任，而且协助抽逃出资的其他股东、董事和高级管理人员或者实际控制人对此也应承担连带责任。相对于实体法的规定，《变更追加规定》第18条并没有赋予申请执行人申请追加协助抽逃单位其他股东、董事、高级管理人员、实际控制人的权利，而仅选取了具有实际抽逃出资行为的股东和出资人本人作为责任主体追加为被执行人，而对于其他股东、董事和高级管理人员、实际控制人则不能在执行程序中申请变更追加，只能由债权人另行提起诉讼，在审判程序中解决。

(三)公司减资瑕疵情形下能否追加股东为被执行人

公司资本认缴制下，依然要遵循公司资本维持原则，《公司法》第224条对公司减资做了程序性的要求："公司减少注册资本，应当编制资产负债表及财产清单。公司应当自股东会作出减少注册资本决议之日起十日内通知债权人，并于三十日内在报纸上或者国家企业信用信息公示系统公告。债权人自接到通知之日起三十日内,未接到通知的自公告之日起四十五日内,有权要求公司清偿债务或者提供相应的担保。公司减少注册资本,应当按照股东出资或者持有股份的比例相应减少出资额或者股份,法律另有规定、有限责任公司全体股东另有约定或者股份有限公司章程另有规定的除外。"公司违法减资决议的效力法律并无明确规定,对股东如何承担责任也无直接法律依据,由此导致第224条对债权人权利保护的立法目的并不能有效实现。司法裁判应对违法减资的效力作出明确的否定性评价,并对公司违法减资负有责任的股东、董事、高级管理人员等明确责任承担。我国目前采用的是披露程序下严格债权人保障模式,要求公司必须履行通知债权人义务,债权人可以要求公司清偿债务或提供担保。但是,对公司违反规定进行减资,损害债权人利益的决议的效力,法律和司法解释均未作出回应。有观点认为,违反第224条的减资决议,只是不能发生减资的法律后果,减资决议仍然有效。因"损害的是特定债权人的利益,与国家利益、社会公共利益无涉"。折中观点认为,公司决议分对内和对外而不同,"债权人对作为债务人公司的减资的接受和妥协的前提是公司具有偿债能力,如果公司偿债能力明显不足或者是进行以逃避债务为目的减资,债权人必定不同意,也会冲击以债作为根基的资本市场"。债权人据此主张决议无效的,应予支持。部分无效说认为,面对司法实践所面临的诸多现实,参考通行的司法裁判经验,未通知债权人的减资,不是当然无效,只是部分无效,不对未通知的债权人发生对抗效力,建议减资股东之间应对债权人在减资范围内承担连带责任。《公司法》对协助股东抽逃出资的高级管理人员作出了连带责任承担的规定,但对协助进行违法减资并未作出明确规定。对于明知减资分配是非法而批准分配决议的,美国法院会判决董事要对公司承担责任,而且也会判决参与非法分配的股东对公司也承担个人责任。在韩国,资本减少被判决无效后,因从股东处无法回收减少代价而公司蒙受损害时,产生董事责任问题,对股东或者公司债权人产生损害时,可向公司或董事请求损害赔偿。[①] 因此,至少赋予债权人这样一种诉权,对债权人造成损失的,应当在其减资范围内对债权人承担补充赔偿责任,同意减资的股东承担连带责任;不同意或未参加减资股东会的股东,只在同意股东承担责任不足以清偿债权人债务时,以其分配到的资本为限承担补充赔偿责任,未分配到资本的除外。公司董事、高管对公司违反此条规定进行减资负有责任的,应与减资股东承担连带赔偿责任。

股东认缴出资未到期时,股东可以依程序来减少认缴的出资额。股东在无法按时缴付公司章程规定的应缴出资时,有权通过修改公司章程并依法办理减资手

---

① [韩]李哲松:《韩国公司法》,吴日焕译,中国政法大学出版社1999年版,第592页。

续进行减资。有观点认为,如果出现了未依法减资,债权人也不能直接要求股东在未认缴部分出资范围内对公司债务承担补充赔偿责任。在现行的认缴制下,公司减资的实质是减少实收资本,而非注册资本。公司股东对未到期的出资不负有立即出资的义务。与公司交易的债权人依据公司公开的公司年度报告等应知道公司实收资产状况,公司债权人应是基于对实有资产的信赖与公司交易。对公司股东认缴尚未届至实缴期限的出资,公司债权人不得直接请求股东就认缴但未届至认缴期部分的出资对公司承担补充赔偿责任。

在实践中,多数判例认为,即使公司在股东认缴的出资期限届满前,作出减资决议而未依法通知债权人,免除了股东认缴但尚未履行的出资义务,损害了债权人利益。债权人起诉请求股东对公司债务在减资范围内承担补充赔偿责任的,人民法院应予支持。[①] 对于出资期限未届满的认缴股东,为逃避出资义务和公司对债权人清偿义务,在期限即将届满时,通过减资程序将高额出资减至较小注册资本,如果未通知债权人,可以在诉讼程序中追究减资股东的责任。注册资本认缴制并未免除股东的出资义务,减少认缴出资会导致公司责任财产的减少,会对公司偿债能力造成实质影响,故认缴制下的股东减资不当依然需要承担相应责任。

在实体法依据上,有参照《公司法解释(三)》关于抽逃出资的规定,认为减资行为减少了公司的责任财产,严重影响了公司的偿债能力,使公司无力清偿减资前产生的巨额债务,所产生的后果与股东未履行或未全面履行出资义务及抽逃出资产生的法律后果并无不同。[②] 实务中更多援引《公司法解释(三)》第 13 条第 2 款的规定,认定股东减资行为属于未履行或未全面履行出资义务情形,应在未出资本息范围内对公司债务不能清偿部分承担补充赔偿责任。

程序法上,《民事诉讼法》《变更追加规定》以及其他最高人民法院指导意见未对不当减资行为可以追加股东作出规定,因股东补充赔偿责任属于实体法上的责任范畴,债权人比照《九民纪要》第 6 条所规定加速到期的两种情形,在执行程序中申请追加减资股东为被执行人,目前仍无法得到法院的支持,目前也未见因减资准许追加减资股东为被执行人的成功判例。实际上,通过减资逃避出资义务的行为更为恶劣,也应当允许在减资行为无效的认定下,可以要求减资股东承担责任,《九民纪要》未对该种对债权人损害的情形加以规制,不能不说是一大疏漏。

---

① 参见江苏万丰光伏有限公司与上海广力投资管理有限公司、丁某焜等分期付款买卖合同纠纷案,载《最高人民法院公报》2018 年第 12 期。另参见上海慧想办公用品有限公司与傅某、程某刚、刘某,以及上海创齐智能科技有限公司的执行异议之诉案,(2019)沪民终 112 号。

② 最高人民法院民事判决书,(2017)最高法民终 422 号。

二、操作指引

在因抽逃出资追加被执行人引起的执行异议之诉中,需要注意如下几点:

(一)判断出资转出行为是否构成抽逃出资需从形式要件与实质要件两方面加以认定

2014年最高人民法院通过修订《公司法解释(三)》第12条,删除了“将出资款项转入公司账户验资后又转出的行为”作为抽逃出资的形式要件,是适应《公司法》修订后注册资本登记制度改革,取消验资制度,该条款实际上已经为《公司法解释(三)》第12条第4项兜底条款“其他未经法定程序将出资抽回的行为”所吸收。实践中,对于出资转入公司账户又转出的行为是否构成抽逃出资的定性、如何区分合法减资与抽逃出资,仍存在较大争议。股东将注册资本转出的行为合法与否,公司法及相关司法解释中未作明确界定,需要在实务中根据具体情况具体分析,《公司法解释(三)》第12条规定的三种具体情形加兜底条款,作为抽逃出资的形式要件,除此,还要具备损害公司权益的实质要件。实践中,通行的做法为对于直接抽回出资的行为,只要公司、股东或者公司债权人提供初步证据证明股东存在转移出资的行为,法院即可认定足以使公司、股东或者债权人对该股东是否履行了出资义务产生合理怀疑,股东除非举证证明自身并不存在抽逃出资的情形,证明资金流动的合理性,否则法院将会认定该股东转出注册资本的行为构成抽逃出资;而对于间接转出股东出资的行为,情况较为复杂,一般情况下,不能认定抽逃出资成立,例如,在2014年执申字第9号申诉审查案件中,作为股东的昌鑫公司虽然在形式上是将出资款项转入公司账户验资后又转回其账户,但是实质上昌鑫公司在出资前已取得对公司的债权,前述转出资金的行为系为偿还该债权,并未损害公司的合法权益,因而不构成抽逃出资,最高人民法院最终认定不应追加昌鑫公司为被执行人。而在(2021)最高法民申2247号再审审查案件中,对于公司以股东出资清偿所欠股东债务或者有其他诸如借款给股东等正当理由将出资款转出的情形,最高人民法院认为,既不符合损害公司权益的实质要件,也不符合抽逃出资的形式要件,因此以抽逃出资为理由追加股东为被执行人不能成立。

(二)发生在抽逃出资行为之前的债权人是否有权申请追加抽逃股东为被执行人

依据最高人民法院执行工作办公室2003年12月11日作出的〔2003〕执他字第33号《关于股东因公司设立后的增资瑕疵应否对公司债权人承担责任问题的复

函》,瑕疵出资股东不对瑕疵出资以前形成的公司债务承担补充赔偿责任。该复函指出:“公司设立后增资与公司设立时出资的不同之处在于,股东履行交付资产的时间不同。正因为这种时间上的差异,导致交易人(公司债权人)对于公司责任能力的预期是不同的。股东按照其承诺履行出资或增资的义务是相对于社会的一种法定的资本充实义务,股东出资或增资的责任应与公司债权人基于公司的注册资金对其责任能力产生的判断相对应。”在实践中,各地法院依据上述复函判决瑕疵出资股东不对增资前形成的公司债务承担责任的判例,多有出现。

支持瑕疵出资股东对瑕疵出资行为发生之前的债务承担责任的观点认为,“预期交易”的观点显然具有很大的主观性和随意性。股东履行出资义务是一种法定的资本充实义务,无论是设立时的出资还是增资时的出资,股东均应按公司章程的规定按期足额履行出资义务,出资时间上的差异与股东履行出资义务没有必然的关系。股东依法履行出资义务,该出资即成为公司的责任财产,若股东未按期足额缴纳出资,就降低了公司的偿债能力。股东出资只与公司章程确定的各股东出资期限和出资数额有关,与公司债务的形成时间无关。公司债权人是否基于公司的注册资本而与之进行交易是一种商业判断,应由债权人自主决定。因此,瑕疵出资股东应当对瑕疵出资以前形成的公司债务承担补充赔偿责任。同理,抽逃出资的股东应当对抽逃出资之前形成的公司债务承担补充赔偿责任。

(三)人民法院在驳回追加申请的裁定中应交代救济权利和期限

在实践中,对申请执行人针对抽逃出资股东提起的追加申请,裁定驳回后,经常不能正确赋予申请人的救济权利,有的写明“本裁定送达后立即生效”,有的要求当事人向上级法院申请复议。《执行立结案意见》第10条第2款规定,对因抽逃出资变更追加裁定提出的异议应当依照《民事诉讼法》第236条审查处理,《变更追加规定》施行后,当事人的复议权转换为诉权。因此,如果法院未能正确赋予当事人救济途径,属于严重违反法律程序的情形,上级法院应当撤销下级法院的裁定,要求下级法院重新审查。①

① 参见江苏省高级人民法院(2017)苏执监640号杭州布莱迪强磁有限公司与常州市赛泰机械技术服务有限公司买卖合同纠纷执行裁定书。该案中,天宁区人民法院在驳回追加申请后没有交代申请执行人有提起异议之诉的权利,当事人申请复议后,常州市中级人民法院先以通知书的形式要求申请执行人提起诉讼,后又再次作出裁定,撤销天宁区人民法院裁定,发回天宁区人民法院重新审查,当事人申请执行监督后,江苏省高级人民法院认为应当维持常州市中级人民法院的裁定,责令常州市中级人民法院撤销开始发出的执行通知书。

审判前沿

再审申请人史某因与被申请人华电国际电力股份有限公司及一审第三人安徽国华新材料有限公司、一审第三人安徽亚利蒙电力新材料有限公司执行异议之诉再审案

[(2019)最高法民申1317号民事裁定书]

【裁判要旨】

股东对公司出资后,未经法定程序又将该出资抽回,且损害公司权益的行为,应认定构成抽逃出资。公司债权人请求追加其为被执行人,并在抽逃出资本息范围内对公司不能清偿债务的部分承担赔偿责任的,人民法院应予支持。

【基本案情】

再审申请人史某因与被申请人华电国际电力股份有限公司(以下简称华电公司)及一审第三人安徽国华新材料有限公司(以下简称国华公司)、一审第三人安徽亚利蒙电力新材料有限公司(以下简称亚利蒙公司)执行异议之诉一案,不服安徽省高级人民法院(以下简称安徽高院)(2018)皖民终758号民事判决,向最高人民法院申请再审。

2015年5月19日,安徽高院因华电公司与国华公司及安徽华麟国际能源有限公司(以下简称华麟公司)债权人代位权纠纷一案作出(2015)皖民二初字第00009号民事判决:国华公司于判决生效后十五日内支付华电公司4000万元及利息;上述给付义务履行完毕,华电公司对华麟公司、华麟公司对国华公司之间相应数额的债权债务关系即予消灭。国华公司不服该判决,向最高人民法院上诉。最高人民法院作出(2016)民二终字第238号民事判决,维持原判。因国华公司未履行上述生效法律文书所确定的给付义务,华电公司遂向安徽高院申请强制执行。安徽高院以(2016)皖执28号执行裁定,指定合肥市中级人民法院予以执行。

该案执行过程中,被执行人国华公司的股东史某于2014年1月20日申请向国华公司新增注册资金(货币)5000万元,史某于同日从其个人账户分5次汇入被执行人国华公司账户,作为新增注册资金;同年1月28日,国华公司将5000万元一次性转入其另一账户,并于同日将5000万元分25次转入亚利蒙公司账户,亚利蒙公司同日随即将该5000万元分10次,转入史某前述同一账户,注册

资金先后经国华公司、亚利蒙公司账户几次转汇，最终被史某取回。执行法院认定史某上述行为构成抽逃国华公司注册资金，于2016年8月17日作出(2016)皖01执366号执行裁定：追加史某为被执行人，在其抽逃注册资金的范围内清偿华电公司前述4000万元及逾期付款利息。史某不服该裁定，向执行法院提出执行异议，该院于2016年11月14日作出(2016)皖01执异53号执行裁定，驳回史某的异议请求。史某向安徽高院提出复议，2017年6月26日，安徽高院作出(2016)皖执复82号裁定，将该案发回该院重新审查。2017年11月1日，该院作出(2017)皖01执异91号执行裁定，驳回史某的异议请求。史某不服该裁定，向安徽高院提出复议。安徽高院经审查认为，执行法院作出(2017)皖01执异91号执行裁定时，《变更追加规定》已施行，被追加的当事人对执行法院作出的变更、追加裁定不服的，可向执行法院提出执行异议之诉，安徽高院于2018年3月9日作出裁定，撤销合肥市中级人民法院（以下简称合肥中院）(2017)皖01执异91号执行裁定。史某向该院提出执行异议之诉。

涉案争议的账户系史某个人账户，在该院先前执行追加裁定以及之后形成的执行异议和复议，包括该案开庭审理前，史某对此均无异议，但在该案庭审中史某变更了之前确认的事实，主张争议的中国工商银行合肥繁华大道支行账户（尾数9105）系国华公司因经营需要以史某名义开立账户，其不持有该账户并使用，该账户内资金由国华公司使用，由此可见，史某改变了该案基础事实。一审法院认为，如涉案争议账户非史某本人所有，而系国华公司以史某名义设立，该账户内资金归国华公司所有，所转款项应是国华公司向国华公司转款，该汇款与史某向国华公司增资无涉。因此，史某应当提供证据证实其个人向国华公司进行了增资，而该案中，除此笔5000万元转款外，史某无证据显示其另行向国华公司注资5000万元。故合肥中院判决史某符合司法解释规定的抽逃出资的情形，应当追加为被执行人，遂作出(2018)皖01民初627号民事判决，驳回了史某的诉讼请求。

史某不服一审判决，向安徽高院提起上诉，安徽高院经过审理，认为抽逃资金已经构成，关于国华公司是否存在无财产清偿或者财产不足以清偿案涉债务的情形。国华公司在民事判决确定的履行期限内未清偿上述债务，该案进入强制执行程序以来，执行法院已对被执行人国华公司相应财产采取了强制执行措施，截至一审开庭时，大部分债务仍未清偿，国华公司不能清偿涉案到期债务呈连续状态。从国华公司财产状况来看，史某主张国华公司对华麟公司享有到期债权、华电公司至今尚欠国华公司股权转让款等应收债权，但其在一审及二审中提供的证据均不足以证明上述事实。史某认为截至一审开庭时,国华公司拥有成品及原料及固定资产,其在一审中虽提交了国华公司存货盘存表及固定资产台账,但其提交的上述证据亦不足以证明上述资产的权属能有效用于清偿案涉债务等情况,且截至本案二审,亦未见国华公司就史某述称的前述财产清偿案涉债务情况。综上所述,国华公司存在财产不足以清偿案涉债务的情形,对史某在二审中申请对国华公司现存资产价值进行审计的请求不予支持。一审法院在史某构成抽逃国华公司注册资金及国华公司的财产不足以清偿案涉债务情形下,判决驳回史某的诉讼请求,并无不当。

史某不服二审判决,申请最高人民法院再审,理由如下:(1)原审法院未采信涉及史某与国华公司、亚利蒙公司之间往来账目的专项审计报告等证据,在未查清基本事实的情况下,追加史某为被执行人没有事实和法律依据。而且,史某提交两份申请,请求对国华公司现存的资产价值进行鉴定及对其向国华公司新增5000万元注册资金是否构成抽逃进行专项审计,该两份申请均未获得准许,导致无法查清事实。(2)原审法院以史某抽逃注册资本为由追加其为被执行人,违反了2014年公司法修正案确认的注册资本认缴制的规定。抽逃出资只是针对法律、行政法规以及国务院决定对有限责任公司必须实缴资金的企业,而国华公司不属于必须实缴资金的企业,出资只需认缴即可,史某不应构成抽逃注册资金。(3)原审法院割裂5000万元的实际来源,认定史某未履行出资义务,违背事实和逻辑,且与合肥中院(2016)皖01执366号执行裁定认定事实相矛盾,属于事实认定错误。(4)原审法院没有对被执行人国华公司的具体财产进行调查核实,在国华公司主动提供资产情况的汇报说明后,未加实质审查,直接追加史某为被执行人,没有事实依据。(5)原审法院在华电公司没有申请重新鉴定的情况下,否定史某根据一审法院要求进行审计且有审计机构出具的专项审计报告,明显违反民事诉讼证据规则。

最高人民法院认为,依照《公司法解释(三)》第12条的规定,相关股东的行为符合下列情形之一且损害公司权益,应当认定该股东抽逃出资成立:(1)制作虚假财务会计报表虚增利润进行分配;(2)通过虚构债权债务关系将其出资转出;(3)利用关联交易将出资转出;(4)其他未经法定程序将出资抽回的行为。史某虽主张上述转账系国华公司与亚利蒙公司归还其个人的借款,并提交专项审计报告等证据,但该专项审计报告系国华公司单方委托形成,而史某又系国华公司和亚利蒙公司的控股股东,不排除史某与国华公司之间存在利益一致性。史某亦未能提供相应的合同以及货物交易凭证以证明其与国华公司、亚利蒙公司之间存在真实交易关系。原审法院基于上述事实,未采信专项审计报告作为定案依据,认定史某的行为符合抽逃出资的情形并无不当,对史某就其是否构成抽逃出资进行专项审计的申请未予准许亦无不当。史某主张国华公司不属于必须实缴资本的企业,其不构成抽逃注册资金,不符合法律、司法解释规定,不予支持,最终驳回了再审申请人的再审申请。

【要点评析】

该案件涉及几个问题都比较有代表性,一是认缴制下是否还有抽逃出资行为,显而易见,抽逃出资和公司资本制度无关,只要股东在认缴期限截止时缴纳了出资,又将出资通过各种方式转回股东,就有可能构成出逃出资的行为,对出逃出资行为要结合《公司法解释(三)》第 2 条规定的情形和行为主观故意进行认定,不必进行专项的审计也可判断。二是对公司财产不足以清偿生效法律文书确定的债务的判断,是否必须通过专业审计和鉴定机构进行判断。《变更追加规定》对财产不足以清偿的认定采取了宽松的标准,不等同于被执行人无任何财产可供执行,即使被执行人名下有到期债权及拥有盘存货物、原料及固定资产,只要未实际进行清偿和不便于清偿,即满足启动追加变更当事人程序的要件。三是出资不实行为和抽逃出资行为之间可发生转换。在本案中,史某一度以名下账户归属于被执行公司使用为理由,否定其抽逃出资行为的存在,如果该主张属实,即使其不因抽逃出资被追加为被执行人,也会因其出资不实行为的存在,被执行法院依照《变更追加规定》第 17 条追加为被执行人,仍然无法逃脱向申请执行人承担补充清偿责任的后果。

第五节　基于一人公司提起的异议之诉

一人有限责任公司(以下简称一人公司)有独立的财产和人格,是独立法人,但因其完全被一个股东控制,相对于其他类型的人合公司,更容易发生股东滥用公司法人独立地位和股东有限责任,将公司财产与股东财产混同逃避债务,损害公司债权人利益的问题。正因如此,《公司法》第 23 条规定了举证责任倒置规则,由股东举证证明公司财产独立于自己的财产,否则即由股东对公司债务承担连带责任。《公司法》通过年度法定审计和公司人格否认举证责任倒置来加重公司和股东义务,加强对一人公司的法律规制。在司法实践中,有裁判将实质性的一人公司纳入一人公司范围之内,而不仅是从工商登记上形式判断股东个数为一人。夫妻作为股东的公司作为债务人,可视其为一人公司,追加为被执行人。①

法律依据

《变更追加规定》第20条 作为被执行人的一人有限责任公司,财产不足以清偿生效法律文书确定的债务,股东不能证明公司财产独立于自己的财产,申请执行人申请变更、追加该股东为被执行人,对公司债务承担连带责任的,人民法院应予支持。

《公司法》第23条 公司股东滥用公司法人独立地位和股东有限责任,逃避债务,严重损害公司债权人利益的,应当对公司债务承担连带责任。

股东利用其控制的两个以上公司实施前款规定行为的,各公司应当对任一公司的债务承担连带责任。

只有一个股东的公司,股东不能证明公司财产独立于股东自己的财产的,应当对公司债务承担连带责任。

一、制度阐释

(一)一人公司的法律特征

所谓一人公司,是指公司的出资全部属于单一股东的公司。《公司法》允许自然人或法人单独出资设立一人公司,除国有独资公司外,一人公司是有限责任公司的特殊形式,依法具有独立的法人人格,并以其拥有的全部财产对外承担有限责任,股东对公司债务不承担责任。但为保护债权人的合法权益,公司法明确一人公司的股东财产与公司财产应当分别独立,在财务上提出了年度审计的强制性要求,以保障公司财产独立于股东财产。

(二)一人公司人格否认制度

与传统的有限责任公司和股份有限公司不同,一人公司由于股权的集中和对公司决议的监督制约机制的缺失,公司法人人格更容易被股东滥用,损害公司债权人利益。一人公司人格否认制度在保护公司债权人利益方面发挥了重要作用。根据《公司法》第23条规定,一人公司也要像其他类型的公司一样,需要有完整的会计部门、完备的财务会计报表,而且这种报表是连续的、有备案的,而非是应对诉讼临时赶制的,同时要求提交的报表能显示出公司的真实账目往来。只有这样,股东

---

① 参见湖北省高级人民法院民事判决书,(2018)鄂民终1270号;最高人民法院民事判决书,(2019)最高法民再372号。

才能完成公司财产与其个人财产是区分开来的证明,不存在混同,从而才能使股东不至于对公司的债务承担连带清偿责任。首先,如果一人公司的股东抽逃出资,就会使公司的财产与股东的财产无法区分,导致财务混同而否认公司的法人人格。其次,一人公司人格滥用实行推定制度,即股东的财产是否独立于公司的财产,举证责任由股东承担而不是由公司债权人承担。对于这样的事实,股东往往很难举证证明,除非其公司财务制度非常健全,会计凭证非常完整,运营非常规范。最后,一人公司股东对公司债权人承担的是连带责任而非补充赔偿责任,这与其他有限责任公司股东承担的责任完全不同。因此,既然《公司法》给了股东便于投资的法律地位,而在管理上就更加严格。如果股东不能证明公司的财产独立于其自己的财产,应当对公司的债务承担连带责任。

(三)执行程序追加一人公司股东为被执行人的法律适用

从司法实践看,债权人通过诉讼程序刺破一人公司面纱的情况比较少见。如果在执行程序中设定合理的条件,直接变更、追加一人公司的股东为被执行人,不仅与《公司法》第 23 条规定的初衷相吻合,而且有利于更迅速地实现债权,节约司法资源。由于股东与一人公司的财产乃至人格是否混同,属于实体问题,应当赋予申请执行人或被变更、追加的股东事后通过诉讼进行救济的权利。《变更追加规定》第 32 条规定,申请执行人或被变更、追加的股东对裁定不服的,可以向执行法院提起异议之诉寻求救济。人民法院在审理变更、追加一人公司的股东为被执行人引起的异议之诉时,一般应从三个方面审查:一是公司财产不足以清偿生效法律文书确定的债务,这是执行程序中尊重公司法人独立地位和股东有限责任的基本要求。二是公司不能提供符合法律要求的财务会计报告。根据《公司法》第 208 条的规定,一人有限责任公司应当在每一会计年度终了时编制财务会计报告,并经会计师事务所审计。如果一人公司已经提交了财务会计报告,基于形式审查的要求,执行机构不宜对报告进行实质审查,因此不能变更、追加公司股东为被执行人。三是公司股东不能证明公司财产独立于自己的财产。这是《公司法》第 23 条确立的实质要件,如果股东能够证明公司财产独立于自己的财产,也不能变更、追加其为被执行人。执行程序中变更、追加一人公司股东为被执行人的前提条件比在诉讼程序中要求股东承担责任的条件严格,也更容易从形式上进行审查判断,符合执行程序形式审查的基本要求。

关于股东证明公司财产独立于自身财产的标准。实践中,股东为了逃避清偿责任,都会尽可能提供各种证据。在股东提供了相应的证据的情况下,人民法院应当如何作出准确的判断,即如何认定这些证据"不能证明"财产的独立性。既然法律已经明确规定由股东承担举证责任,公司债权人是否还需要举证。如果股东没有提供证据,即可径行认定其“不能证明”。若由公司债权人举证证明,人民法院同样可依有证据证明公司财产不能独立于股东个人财产为由,否定公司法人资格,由股东对公司债务承担连带责任。而不应一概排除公司债权人的举证权利。对于一人公司股东提供的证据,应当从以下几个方面进行判断:经过审计的会计报告、账册是否完整、会计凭证是否齐全规范、股东决议是否完备、公司账户与股东个人账户是否有非正常的资金往来等。应当注意的是,如果股东提供了相应的证据,人民法院应当对这些证据作出分析认证,在裁判理由部分作出充分的说明。

二、操作指引

(一)一人公司股东下落不明时能否追加为被执行人

在实践中,如果一人公司股东下落不明,受理追加申请的法院往往以股东下落不明、无法保障程序权利为由不予追加。证明公司财产独立于股东个人财产的举证责任分配给了股东,考虑到追加一人公司股东为被执行人对其实体权利义务产生重大影响,应在程序上充分保障股东进行听证、言词辩论以及对法院追加裁定不服提起诉讼的权利。而执行程序在程序保障上不同于诉讼程序,如果被执行人和股东均下落不明,无法送达追加被执行人申请书等材料,在原告提供的现有证据不足以证明被执行人股东与被执行人财产混同的情形下,不宜直接在执行程序中追加股东为被执行人。[①] 我们认为,被执行人和一人公司股东下落不明,本身就是逃避公司债务的体现,依法追加一人公司股东符合司法解释的规定,法院经过文书的送达程序,股东不参加听证,可视为其放弃程序权利,应当依法追加股东为被执行人。

(二)一人公司股东为被执行人时不能反向刺破追加一人公司为被执行人

如果被执行人名下无财产可供清偿,但其一人开办的有限责任公司具有履行能力,是否可以执行该公司名下的财产,在实务中也经常出现与传统“刺破公司面纱”相反的“反向刺破”,即在某些情况下,公司特定股东的债权人,要求将特定股东与公司视为一体,从而强制公司对该股东的个人债务承担责任。一般被称为“外部人反向刺破”,主要是为了以公司财产清偿股东个人债务。“外部人反向刺破”在理论界有很大争议,在实务中无相关规则直接适用。“外部人反向刺破”侵犯了公司

① 上海市徐汇区人民法院民事裁定书,(2018)沪0104执异35号。

的独立法人财产权，违反了法律逻辑并侵犯了公司债权人和其他股东的正当利益，此外，我国《公司法》对揭开公司“面纱制度”的权利主体和责任主体均做了明确的规定，“反向刺破”公司“面纱制度”与该条规定相冲突，因此，在我国司法体系下，不得逆向揭开公司面纱。我们认为，就目前执行实务而言，对被执行人采取执行措施，必须严格按照法定程序进行，股东不承担债务时，不能执行公司本身的财产，更不可以在执行程序中裁定一人公司不具备法人资格，只能执行被执行人在公司持有的全部股权。

（三）《变更追加规定》第19条和第20条竞合适用问题

如果一人公司股东转让股权给一个或数个第三人，导致法律的适用上出现竞合，依据《变更追加规定》第19条的规定，作为被执行人的公司，财产不足以清偿生效法律文书确定的债务，其股东未依法履行出资义务即转让股权。一人公司的原股东在未依法履行出资义务即转让股权，且无法证明公司财产独立于自己财产时，应当对公司债务承担连带责任。转让后的股东是否应承担责任？如果是转让后变为2名以上股东的有限责任公司，受让股东无须承担责任，如果转让后仍为一人公司，则受让股东也要承担责任。

审判前沿

上诉人韵某某与被上诉人青海元鑫矿业有限公司、原审第三人太原市明兴发煤业有限公司案外人执行异议之诉案

［（2019）最高法民终1364号民事判决书］

【裁判要旨】

作为被执行人的一人有限责任公司，财产不足以清偿生效法律文书确定的债务，股东不能提供在每一会计年度终了时编制的经会计师事务所审计的财务会计报告，应当认定被追加股东不能证明股东个人财产独立于公司财产，人民法院可以依申请变更、追加一人公司股东为被执行人。

【基本案情】

青海元鑫矿业有限公司（以下简称元鑫公司）与太原市明兴发煤业有限公司（以下简称明兴发公司）、韵某某、赵某萍买卖合同纠纷一案，最高人民法院于2016年12月28日作出（2016）最高法民终577号民事判决，认为元鑫公司未能

提交充分证据证明韵某某存在《公司法》第 20 条第 3 款规定的滥用公司人格、逃避债务、严重损害公司债权人利益的行为,未支持元鑫公司请求韵某某对明兴发公司欠付煤炭货款承担连带责任的主张。执行阶段,经元鑫公司申请,一审法院作出(2018)青执异 193 号执行裁定,追加韵某某为被执行人。韵某某不服,提起变更追加被执行人之诉,要求撤销(2018)青执异 193 号执行裁定,不得追加韵某某为被执行人。

青海省高级人民法院(以下简称青海高院)查明,2017 年 9 月 25 日前,明兴发公司股东为韵某某、赵某萍夫妇二人。2017 年 9 月 25 日,明兴发公司办理工商变更登记,变更为一人有限责任公司,韵某某任法定代表人。2018 年 11 月 13 日,在元鑫公司与明兴发公司、韵某某、赵某萍买卖合同纠纷一案执行程序中,申请执行人元鑫公司向一审法院申请追加韵某某、赵某萍为被执行人。青海高院作出(2018)青执异 193 号执行裁定,追加韵某某为被执行人。韵某某不服,向青海高院提起诉讼。另外,2016 年 12 月 29 日,太原市东方国泰能源有限公司(以下简称国泰公司)与明兴发公司签订《煤炭购销合同》,约定合同履行期间为 2016 年 12 月 24 日至 2017 年 1 月 31 日,由国泰公司将运费先行支付至明兴发公司法定代表人韵某某个人银行卡上。青海高院在庭审过程中要求韵某某提交明兴发公司 2017 年、2018 年财务账册,韵某某以可能造成商业秘密泄露为由不予提交。

青海高院经审理认为,根据《公司法》第 23 条"一人有限责任公司的股东不能证明公司财产独立于股东自己的财产的,应当对公司债务承担连带责任"和《变更追加规定》第 20 条"作为被执行人的一人有限责任公司,财产不足以清偿生效法律文书确定的债务,股东不能证明公司财产独立于自己的财产,申请执行人申请变更、追加该股东为被执行人,对公司债务承担连带责任的,人民法院应予支持"的规定,结合双方当事人诉辩主张,确定本案争议焦点为韵某某个人财产是否独立于作为被执行人的明兴发公司财产。韵某某提交的证据不能证明公司财产独立于股东自己的财产。首先,根据《公司法》第 62 条"一人有限责任公司应当在每一会计年度终了时编制财务会计报告,并经会计师事务所审计"的规定,明兴发公司应当对 2017 年年底和 2018 年度公司财务会计报告进行逐年审计并形成两份年度审计报告。韵某某在本案中所提交的审计报告及其所附明兴发公司的财务会计资料显示,该报告的审计期间仅为 2018 年度,韵某某未提供 2017 年度审计报告和财务账册,亦未对没有形成 2017 年度审计报告作出合理解释,且该审计报告是为应对被追加为被执行人的执行程序作出。为加强公司治理和监督制约,防止一人股东控制公司,混淆公司财产和股东个人财产等滥用公司独立人格和有限责任的行为,更好地保护交易相对人的利益,《公司法》对一人有限公司必须作出年度审计的特别规定,以取得保护与规范的平衡。公司法规定对一人有限责任公司实行法定审计,属于法律的强制性规范。明兴发公司违反法律规定,没有在每一会计年度进行审计,不能排除韵某某滥用公司独立人格和有限责任原则的合理怀疑。其次,国泰公司与明兴发公司签订的煤炭购销合同履行至2017年1月,国泰公司向韵某某个人银行卡支付运费,该笔交易事项并未在审计报告及所附财务会计资料中显示,韵某某未能就此作出合理解释,也未对公司经营往来款项通过其个人银行卡支付作出合理解释。公司之间在资金往来交易中应当严格按照会计准则要求使用公司账户进行交易结算,以维系法人的独立性,避免个人财产与公司财产混同。国泰公司与明兴发公司约定并依约多次将运费支付至韵某某个人银行卡中,与公司应当以自有账户进行交易结算的要求不符。同时,韵某某在收到国泰公司支付的运费后,是否将该运费支付给明兴发公司,抑或按合同约定返还给国泰公司,银行卡交易明细清单中未作反映,韵某某也未作出合理解释,不能认定其个人财产独立于公司财产。最后,在执行程序中,通过执行查询系统形成韵某某《财产查询反馈汇总表》,该汇总表显示韵某某个人名下开立37个金融账户,一审法院通知其提交上述账户的交易明细清单,韵某某最终仅提交其中部分账户交易明细清单。在尾号为5100的个人银行卡中,发生大额交易,韵某某对交易具体事由未作出解释;对未提交部分账户交易明细清单的解释,与一审法院《财产查询反馈汇总表》的查询结果不符,也未能对此作出合理解释。故韵某某提交的个人账户交易明细清单也不能证明个人财产未与公司财产发生混同。综上所述,一审法院认为韵某某不能证明个人财产独立于公司财产,其诉讼请求不能成立,依照《公司法》第23条、《执行程序解释》第19条之规定,判决驳回韵某某的诉讼请求。

韵某某不服青海高院一审判决,向最高人民法院提起上诉,请求依法撤销一审法院(2019)青民初34号民事判决,将本案发回重审或改判撤销一审法院(2018)青执异193号执行裁定,不追加韵某某为被执行人,理由为:一是原审判决认定事实不清。韵某某提交的审计报告能够证明明兴发公司资产与韵某某个人资产相互独立。因明兴发公司2017年未从事经营活动,故未进行2017年度财务审计。同时,虽然韵某某名下有37个金融账户,但并不能因此认定其个人资产与公司资产相互混同。二是一审判决适用法律错误。根据《公司法》第

20条的规定,适用公司人格否认制度,除需具备股东与公司人格混同外,还需证明股东存在滥用公司独立人格、逃避债务、严重损害公司债权人利益的行为,具有严格的证明标准。但一审判决仅因不能排除韵某某滥用公司独立人格和有限责任原则的合理怀疑,就认定人格混同,依据不足且适用法律错误。三是最高人民法院(2016)最高法民终577号民事判决已确认韵某某与明兴发公司之间不构成财产混同、人格混同。本案一审判决与最高人民法院该生效判决产生冲突。元鑫公司辩称,明兴发公司2017年仍有业务发生,韵某某一审中提供的明兴发公司审计报告内容不真实。明兴发公司的应收款项支付至韵某某个人账户,即可说明韵某某个人财产与明兴发公司财产混同。因此,韵某某作为明兴发公司的股东,理应对明兴发公司债务承担连带责任。韵某某的上诉请求不能成立。明兴发公司未发表陈述意见。

最高人民法院经审理认定,韵某某作为一人公司股东不能证明其个人财产是否独立于明兴发公司财产,应对公司债务承担连带清偿责任,上诉请求不能成立,遂作出(2019)最高法民终1364号判决,驳回了异议人的上诉,维持了一审判决。

【要点评析】

一人有限责任公司应当在每一会计年度终了时编制财务会计报告,并经会计师事务所审计,系《公司法》的强制性规定。明兴发公司未依法进行年度财务会计审计,违反法律规定的强制性义务,足以令人对明兴发公司股东韵某某的个人财产是否独立于明兴发公司财产形成合理怀疑。明兴发公司股东韵某某提交山西财信会计师事务所晋财信财审〔2019〕0103号审计报告,用以证明公司财产与韵某某个人财产相互独立。该会计师事务所出具说明称该报告系对明兴发公司2017年1月1日至2018年12月31日的财务进行审计,但审计报告所附财务报表仅为明兴发公司2018年12月31日资产负债表、2018年度利润表及财务报表附注等资料,不包括2017年度财务会计资料。该审计报告不能反映明兴发公司2017年度财务状况。且在一审中一审法院要求韵某某提交明兴发公司财务账册,韵某某未予提交,该审计报告依据的财务资料的真实性存疑,故一审法院未予采信该审计报告并无不当。同时,根据查明的事实,明兴发公司在对外经营过程中,有使用股东个人账户收取公司往来款项的情形,与公司之间的经济往来应当通过公司账户结算的会计准则相悖,且股东未提交证据证明其收到明兴发公司往来款项后,将该款项转付给明兴发公司。现有证据不足以证明明兴发公司财产独立于股东个人财产,应当由股东承担举证不能的不利后果。

(2016)最高法民终577号民事判决因元鑫公司提交的证据不足以证明韵某某存在《公司法》第20条第3款规定的情形,才认定韵某某不应对明兴发公司债务承担连带责任的,该判决作出后,相关事实发生了变化,即明兴发公司变更为一人公司,明兴发公司性质发生变化,本案与前案的举证证明责任分配亦发生变化。只要作为一人公司股东未能提交充分证据证明公司财产独立于个人财产,而公司又未能履行生效裁判文书确定的债务,执行法院就可以依申请追加一人公司股东为被执行人,符合法律和司法解释规定的旨意。

第六节 基于股权转让提起的异议之诉

认缴资本制度下,股东是否履行足额出资义务不是股东资格取得的前提条件,股权的取得具有相对独立性,股权出资不实或者抽逃出资等瑕疵出资情形不影响股权的设立和享有。有限责任公司的注册资本为全体股东认缴的出资额,股东的出资方式、出资额和出资时间由公司章程规定,属于公司自治范畴,如果公司未出现解散、破产等法定情形时,股东享有出资的期限利益。未履行出资义务的股东,一般是指出资期限届满应履行出资义务未履行或者未全面履行出资义务的股东,不包括认缴期限未届满未缴纳出资的股东。公司债权人与公司交易时有机会在审查股东出资时间等公示信息时综合考察决定是否进行交易,决定交易就要受到股东出资时间的约束。①

法律依据

《变更追加规定》第19条 作为被执行人的公司,财产不足以清偿生效法律文书确定的债务,其股东未依法履行出资义务即转让股权,申请执行人申请变更、追加该原股东或依公司法规定对该出资承担连带责任的发起人为被执行人,在未依法出资的范围内承担责任的,人民法院应予支持。

《公司法解释(三)》第18条 有限责任公司的股东未履行或者未全面履行出资义务即转让股权,受让人对此知道或者应当知道,公司请求该股东履行出资义务、受让人对此承担连带责任的,人民法院应予支持;公司债权人依照本规定第十三条第二款向该股东提起诉讼,同时请求前述受让人对此承担连带责任的,人民法

① 最高人民法院民事判决书,(2019)最高法民终230号。

院应予支持。

受让人根据前款规定承担责任后,向该未履行或者未全面履行出资义务的股东追偿的,人民法院应予支持。但是,当事人另有约定的除外。

一、制度阐释

《变更追加规定》第19条规定,作为被执行人的公司,财产不足以清偿生效法律文书确定的债务,其股东未依法履行出资义务即转让股权,申请执行人申请变更、追加该原股东或依公司法规定对该出资承担连带责任的发起人为被执行人,在未依法出资的范围内承担责任的,人民法院应予支持。申请执行人对执行机构作出的不予追加裁定不服的,可以提起许可执行异议之诉;原股东或发起人对追加其为被执行人的裁定不服,可以提起不得追加的执行异议之诉。在此类执行异议之诉的案件审理中,能否追加原股东和发起人为被执行人,一般参照下列标准进行判断。

(一)被执行人财产不足以清偿生效法律文书确定的债务

被执行人财产不足以清偿生效法律文书确定的债务,不仅是追加原股东或发起人为被执行人的前提条件,也是追加案外第三人为被执行人总的前提条件。如果公司的财产能够清偿债务,法律不准许法院启动变更追加被执行人的程序。

公司财产不足以清偿生效法律文书确定的债务可以从以下两个方面来认定:一是执行机构已按照有关规定通过执行查控系统对被执行人的财产进行了查找,公司现有财产的价值明显低于公司所欠债务的数额,没有发现被执行人有可供执行的财产或财产价值有限;二是公司现有财产的价值虽高于生效法律文书确定债务的数额,但该财产不方便处置和变现。具有以上情形,申请执行人可以申请执行法院追加原股东或发起人为被执行人。

(二)被追加的原股东未依法履行出资义务

股东未依法履行出资义务表现为未履行或未全面履行出资义务。未履行出资义务是指股东未依照公司章程确定的期限和数额履行出资义务,包括以金钱出资的,未将金钱打入公司出资账户;以动产出资的,未将该财产转移公司占有;以不动产出资的,未将该不动产过户登记至公司名下;以无形财产出资的,未交付公司占有或者未依法将该财产权证照变更登记至公司名下等。未全面履行出资义务指股东只履行了部分出资义务,未按公司章程规定足额出资等。股东用以出资的非货币财产的价值显著低于公司章程记载的价值的,为出资不实,视为未全面履行出资义务;股东以有权利负担的财产出资的,在涤除权利负担以前,视为未履行或未全面履行出资义务;股东以不享有所有权的财产出资或者该出资财产发生权属争议的,在解决争议前,视为未履行出资义务。

需要注意的是,“股东未依法履行出资义务”一般不包括出资期限未到期的情形,但如果符合《九民纪要》第 6 条规定的两种情形,公司已经到达破产界限,又无人申请破产,或者公司股东出资到期后,经过修改公司章程延长出资期限后转让股权的,申请执行人可以要求法院追加已经转让股权的原股东在未出资范围内承担清偿责任。

(三)股东未依法履行出资义务即转让其股权

《公司法》并不禁止股东将未实缴出资的股权对外转让,股东在依法履行出资义务前按照公司章程和公司法的规定将股权转让给公司其他股东或者股东以外的人,修改了公司章程,完成了股东变更登记等全部转让手续。仅与受让人签订股权转让合同而未进行变更登记的,不能认定为其股权已经转让。股东转让股权不能免除其依法履行出资的义务,否则就动摇了公司资本制度的基石。股东未依法履行出资义务即转让其股权,不仅损害了公司的利益,也损害了其他股东和公司债权人的利益,是一种滥用公司独立人格逃避债务的行为,不能因为其股权已经转让而免除其出资义务。

缴资期限届满股东未实际出资即转让股权的,系瑕疵股权转让,符合“未履行或者未全面履行出资义务”及“未依法履行出资义务”之规定,受让人知道或者应当知道瑕疵出资情形的,原股东及受让股东在未出资范围内承担连带责任。若公司债权人未通过诉讼程序向原股东及受让人主张权利,拟在执行程序中追加原股东及受让人为被执行人,受执行追加法定原则约束,根据《变更追加规定》第 19 条之规定,只能追加原股东为被执行人,对受让人主张权利需通过诉讼程序进行。

缴资期限尚未届满股东未实际出资即转让股权的,在公司财产不足以清偿生效法律文书确定的债务时,债权人能否依据《变更追加规定》第 19 条追加原股东为被执行人,实践中存在争议。部分法院根据《公司法》第 49 条第 1 款“股东应当按期足额缴纳公司章程中规定的各自所认缴的出资额”之规定,认定股东在认缴期限届满前享有期限利益,以缴资期限尚未届满未出资的不属于未依法履行出资义务的情形为由驳回追加未届出资期限转让股权的原股东为被执行人的申请。部分法院认可追加未届出资期限转让股权的原股东为被执行人,裁判理由包括以下几类:出资义务系法定义务,股东转让未届出资期限的股权构成预期违约;股权转让合同具有特殊性,出资义务不因股权转让免除或转移;股东享有的出资期限利益具有边界，在符合《九民纪要》第6条规定情形时，出资义务加速到期；当具备认缴期限畸长、实缴出资为零、转让对价为零等条件时，认定原股东滥用股东期限利益恶意逃避出资义务，严重侵害债权人利益。在执行程序中追加未届出资期限即转让股权的原股东为被执行人能否得到支持司法实践存在争议，债权人最好在诉讼程序中一并起诉公司、原股东及受让股东，最大限度提高债权实现效率。

二、操作指引

(一)不能追加继受股东为被执行人

《公司法解释(三)》第18条规定，有限责任公司的股东未履行或者未全面履行出资义务即转让股权，受让人对此知道或者应当知道，公司债权人依照第13条第2款向该股东提起诉讼，同时请求前述受让人对此承担连带责任的，人民法院应予支持。从实体法上，申请执行人对未履行出资义务的股东转让股权的，可以在诉讼中将原股东和受让股东作为共同被告，要求其承担连带清偿责任。但是该司法解释中要求股权受让人承担责任的规定只能适用于诉讼程序，而不能在变更追加程序中直接援引，故《变更追加规定》舍弃了对股权受让人的追加，只保留了未出资或未足额出资的转让股东。执行程序中追加被执行人，应严格遵照法定原则，只有在法律或司法解释有专门规定的情况下才可以裁定追加，因此，执行程序中不可以追加受让股东为被执行人。也就是说，人民法院可以追加未缴纳或未足额缴纳出资的股东为被执行人，“未缴纳或未足额缴纳出资的股东”，仅限于公司原股东，不包括受让股权的继受股东。

最高人民法院在制定《变更追加规定》时，也曾慎重研究过是否追加继受股东问题。经广泛征求全国人大常委会法工委、相关部门单位以及专家学者的意见，主流观点认为，追加继受股东需审查该股东受让股权时是否“知道或者应当知道”未缴纳或未足额缴纳出资情况，这类问题非常复杂，不宜过于扩大执行权而通过执行程序审查认定，应在诉讼程序中予以审查认定。因此，《变更追加规定》并未规定追加继受股东问题，执行程序不能代替诉讼程序予以审查。需要说明的是，虽然不能在执行程序中追加继受股东为被执行人，申请执行人仍然可以依据《公司法解释(三)》的相关规定，另行起诉寻求救济。

原股东承担的出资义务是法定义务，原股东欠缴出资对公司、其他股东以及债权人承担的是认缴出资的债务，该债务不因股权转让而直接由受让股权的人承继，也不因股权转让而得到免除。但对于未届出资期限股权的受让人，最高人民法院已经存在可以追加受让股东为被执行人的判例，(2020)最高法民申133号民事裁定书，申请人宁夏中启鑫工贸有限公司申请追加持有银川鑫天利商贸有限公司股权的原股东为被执行人，因二审法院宁夏回族自治区高级人民法院在（2019）宁民终248号民事判决中追加了在增资期限届满之前的股权受让人为被执行人，最高人民法院进而认为没有追加原股东为被执行人并无不当。我们认为，上述判决和裁定存在两方面问题值得商榷：一是最高人民法院仍坚持认为执行依据确定的债权形成时间应在增资期限届满之后，才对债权人案涉交易产生公示效果和信赖基础，在增资之前已经发生的债权不能以增资瑕疵为由追加股东为被执行人；二是没有准许追加原股东为被执行人，而准许追加受让股东为被执行人的做法缺乏明确的法律依据，上述判决和裁定也没有在裁判理由中展开论证，该裁判结果似乎难以作为今后类案的裁判标准。

（二）认缴出资未到期转让股权的股东是否可以加速到期

由于追加公司股东为被执行人的情形比较复杂，再加上我国《公司法》修订后将公司资本制度由实缴制改为认缴制，在公司不能清偿到期债务时，股东认缴的出资能否加速到期，在法律适用上出现了较大的争议。认缴制度下，股东转让未到认缴出资期限的股权，是否属于未依法履行出资义务即转让股权的情形，在实践中争议也很大。有观点认为，公司股东在认缴出资期限未届至即转让股权，应视为其以行为明确表示不再履行未届的出资义务，依申请执行人申请，可以追加其为被执行人。股东在未届出资期限的情况下转让股权，可视为股东对其法定义务的“预期违约”。可以类比《合同法》（已废止）第108条之规定，当事人一方明确表示或者以自己的行为表明不履行合同义务的，对方可以在履行期限届满之前要求其承担违约责任。出让股东在负有出资义务这项法定义务的前提下，未届出资期限即转让股权，可视为对公司出资责任的预期违约，应当允许该项出资义务加速到期。①

否定加速到期的观点认为，转让未届出资期限的股权的股东不应承担补充赔偿责任，因该转让行为系新旧股东之间关于认缴出资义务的转移行为，既不侵害公司财产，也不侵害第三人债权。要求转让出资不到期的股东承担补充赔偿责任缺乏法律依据，相对人的请求缺乏请求权基础。肯定加速到期的观点认为，股东出资加速到期具有正当性。股东的内部约定不能对抗外部第三人。出资义务是股东的法定义务，章程关于出资期限的约定仅是对其法定义务作出的具体安排，其本身不能对抗法定义务。折中说认为，出资是否加速到期应视情况而定，原则上不应加速到期，但在特殊情形下应当加速到期。比如，公司不能清偿到期债务，经营已经面临严重困难，面临破产，应允许债权人请求股东在未出资本息范围内承担补足责

---

① 参见湖南省高级人民法院民事裁定书，（2020）湘民申845号。

任,而不必等到公司清算、破产或出资期限届满之日。①

从判例上看,多数案例认可追加未届出资期限转让股权的原股东为被执行人,少数判例则持相反的判断。北京市高级人民法院(2019)京民终359号该异议之诉的二审判决,没有支持申请执行人加速到期的主张,法院认为,如果股东转让股权时,因认缴出资的时间尚未届满,出资义务也一并转移。根据现行《公司法》的规定,股东分期缴纳出资的期限利益受法律保护。债权人对股东认缴出资金额、实缴期限可以通过企业信用信息系统查询,作为一种公示信息,对此应当知晓。对于交易中的风险应当预见,在无证据显示股东存在欺诈或者其他恶意损害债权人利益的情形下,直接要求股东放弃期限利益对公司债务承担责任,并不符合股东出资认缴制度的设立初衷。

江苏省启东市中级人民法院在周某珍申请执行南通宏拓建材有限公司欠款纠纷案中,周某珍申请追加该公司原股东陆某峰、徐某敏、杨某雷为被执行人,②南通市中级人民法院二审认为,尽管现行公司法规定的股东出资方式是认缴制,但公司的正常经营直接依赖于股东的出资,股东不履行义务或不恰当出资而导致的瑕疵出资,直接影响或损害公司经营和债权人的利益。在法律制度框架内存在股东出资加速到期的制度,其目的就是公平处理公司对外债务,避免债权人的利益遭受损害,应准许追加三名原股东为被执行人。

(三)新公司法视角下能否追加原股东及受让股东为被执行人

注册资本认缴制下,未实缴出资股权转让分为未届缴资期限转让股权和缴资期限届满未实际出资转让股权两种情形。前者出资责任如何承担在现行公司法及司法解释中均无明确规定,后者系瑕疵股权转让,《公司法解释(三)》第18条对于出资责任承担有明确规定,受让人知道或者应当知道原股东存在瑕疵出资情形的,受让人和原股东在出资不足的范围内承担连带责任。

2023年修订的《公司法》(以下简称新《公司法》)第88条规定,“股东转让已认缴出资但未届出资期限的股权的,由受让人承担缴纳该出资的义务;受让人未按期足额缴纳出资的,转让人对受让人未按期缴纳的出资承担补充责任。未按照公司

---

① 另有观点认为,公司债权人可分为非自愿债权人和自愿债权人:前者主要指侵权行为的受害人;后者典型者如契约之债的债权人。对于非自愿债权人,不应要求其了解公司信用信息并承受知悉该信息后风险自担的义务,有权直接要求股东承担补充赔偿责任。自愿债权人在知晓股东出资期限约定的情况下,负有尊重义务,适用风险自担、责任自负的原则。

② 2015年12月8日,该公司登记设立时其注册资本为1000万元,股东陆某峰认缴334万元,股东徐某敏、杨某雷各认缴333万元,三股东认缴出资时间均为2025年11月30日,后三股东将各自的股权转让给他人。

章程规定的出资日期缴纳出资或者作为出资的非货币财产的实际价额显著低于所认缴的出资额的股东转让股权的,转让人与受让人在出资不足的范围内承担连带责任;受让人不知道且不应当知道存在上述情形的,由转让人承担责任”。新《公司法》第 88 条之规定吸纳了《公司法解释(三)》第 18 条第 1 款的内容,又增加了未届缴资期限股权转让后“受让人承担,转让人补充”的出资责任承担规则作为第 1 款。相较于一审稿第 89 条、二审稿第 88 条,增加了“受让人未按期足额缴纳出资的,出让人对受让人未按期缴纳的出资承担补充责任”的规定,新《公司法》保留了二审稿的规定。一审稿第 89 条基于商事外观主义确定未届出资期限股权转让后出资责任由受让人承担,该条款意味着股东能够通过股权转让免除出资义务。仅由受让股东承担出资责任可能导致实践中出现更多出让人与受让人恶意串通转让股权逃避债务的行为,侵害公司、其他股东和债权人合法权益,考虑保障交易安全需要,构建出让股东通过股权转让免除出资义务的合法路径并不可取。

新《公司法》第 54 条规定,“公司不能清偿到期债务的,公司或者已到期债权的债权人有权要求已认缴出资但未届出资期限的股东提前缴纳出资”,降低了加速到期制度的适用门槛,但该条未明确债权人主张未届缴资期限的股东提前缴纳出资的资金归属问题。根据新《公司法》第 54 条及第 88 条之规定,未届出资期限的股权转让后加速到期条件成就的,债权人能否在执行程序中追加原股东及受让股东为被执行人的问题值得探析。

若申请执行人拟在执行程序中追加受让未届出资期限股权的股东为被执行人,根据新《公司法》第 88 条之规定,未届缴资期限的股权转让后受让人作为直接责任人承担出资义务,又有新《公司法》第 54 条关于公司不能清偿到期债务时,已到期债权的债权人有权要求已认缴出资但未届缴资期限的股东提前缴纳出资的规定,此时受让股东符合《变更追加规定》第 17 条“未缴纳或未足额缴纳出资的股东”的情形,申请执行人申请追加受让股东为被执行人的,人民法院应予支持。

若申请执行人拟在执行程序中追加出让未届出资期限股权的原股东为被执行人,根据新《公司法》第 88 条之规定,出让人对受让人未按期缴纳的出资承担补充责任,因实现补充责任具有顺序性,在无法证明受让股东财产经强制执行后仍无法足额缴纳出资时,难以直接在执行程序中追加出让股东为被执行人。

审判前沿

唐某与韩某水、中铁财富担保有限公司、中铁传媒有限公司、金茂城(北京)投资担保有限公司、朱某涛变更追加被执行人异议之诉案

[(2018)京01民终2015号民事判决书]

【裁判要旨】

作为被执行人的公司,财产不足以清偿生效法律文书确定的债务,其股东未依法履行出资义务即转让股权,申请执行人申请追加该原股东及依公司法规定对该出资承担连带责任的发起人为被执行人,在未依法出资的范围内承担连带赔偿责任的,人民法院应予支持。股东以公司章程已经修改认缴出资的期限,且受让人承诺补足认缴出资主张其不应再承担出资义务的,人民法院不予支持。

【基本案情】

北京市海淀区人民法院(以下简称海淀法院)作出(2015)海民(商)初字第45207号判决,原告韩某水向法院申请执行,因被执行人中铁财富担保有限公司(以下简称中铁财富公司)无财产可供执行,韩某水申请追加公司受让股东朱某涛以及原股东中铁传媒有限公司(以下简称中铁传媒公司)、金茂城(北京)投资担保有限公司(以下简称金茂城公司)、唐某为被执行人。海淀法院作出(2017)京0108执异118号裁定,准予追加中铁传媒公司、金茂城公司、唐某为被执行人,唐某不服,向海淀法院提起异议之诉。

海淀法院经审理查明,2012年7月12日,中铁财富公司注册成立,公司性质为非上市股份有限公司,注册资本10,000万元。公司股份总数10,000万股,每股金额为1元,唐某认购股份2500万股,设立时实缴首次货币出资2000万元,剩余出资额应在2014年7月10日前缴足;中铁传媒公司认购股份500万股,出资应在2014年7月10日前缴足;金茂城公司认购股份7000万股,出资应在2014年7月10日前缴足。2014年11月10日,中铁财富公司申请将公司类型由股份有限公司变更为有限责任公司。2014年11月23日的《中铁财富公司章程》显示:金茂城公司、唐某、中铁传媒公司共同出资设立中铁财富公司,公司注册资本10,000万元人民币,金茂城公司认缴7000万元,唐某认缴2500万元,

中铁传媒公司认缴500万元,认缴出资期限均为2062年7月10日。2015年1月26日,中铁财富公司召开股东会,一致同意增加新股东朱某涛,唐某将其持有的出资2500万元转让给朱某涛,于当日修订的《中铁财富公司章程》显示,朱某涛认缴出资2500万元,认缴出资时间为2062年7月10日,其他股东认缴出资金额和时间不变。2015年5月12日,中铁财富公司召开股东会作出决议:同意中铁传媒公司将其持有的出资500万元转让给朱某涛;2015年5月10日修订的《中铁财富公司章程》显示,朱某涛认缴出资3000万元,金茂城公司认缴出资7000万元,认缴出资时间均为2062年7月10日。中铁财富公司将股东变更为金茂城公司、朱某涛。

海淀法院认为,中铁传媒公司、金茂城公司、唐某作为中铁财富公司的发起人,除首期出资外,剩余部分应当在2014年7月10日前将认购股份的出资缴足;股份有限公司成立后,发起人未按照公司章程的规定缴足出资的,应当补缴,其他发起人承担连带责任。而中铁财富公司于2014年11月23日通过修改公司章程,将股份有限公司变更为有限责任公司,同时将原2014年7月10日的认购股份出资期限修改为2062年7月10日,该事实表明中铁财富公司的发起人唐某、中铁传媒公司和金茂城公司并未在原认购股份出资期限内补足出资,而是通过在出资期限届满之后修改公司章程的行为推迟出资时间。唐某、中铁传媒公司未依法履行出资义务即转让股权和金茂城公司未依法足额缴纳出资的行为均属于逃避自身出资义务致使公司缺乏偿还债务能力,已经损害公司债权人的合法权益。韩某水申请追加唐某、中铁传媒公司和金茂城公司在未缴纳出资范围内对(2015)海民(商)初字第45207号民事判决中的债务承担责任于法有据。就唐某所主张的,其早在2015年1月26日就将股权转让给了朱某涛,朱某涛承诺由其承担补足出资的义务,故其不应继续就公司的债务在出资不足的范围内承担责任。但此系二人之间的内部约定,不能免除唐某对第三人的责任。因此,唐某的抗辩不能成立。判决驳回唐某的诉讼请求。唐某不服,向北京市第一中级人民法院(以下简称北京一中院)提起上诉。

北京一中院认为,依据《变更追加规定》第19条的规定,唐某虽然在2015年1月26日将其持有的中铁财富公司2500万元出资转让给朱某涛,但在其转让股权之前,唐某并未全面履行其2500万元的出资义务,依据上述司法解释的规定,韩某水作为债权人有权追加未履行出资义务的原股东唐某在其未出资的范围内承担责任,且该等责任的承担不因唐某与朱某涛存在任何内部约定而变更或免除。故唐某主张应当由股权受让人朱某涛承担责任的上诉理由没有事实及法律依据,唐某另主张在其出让股权时中铁财富公司的担保责任尚未确定,故其不应承担相应的责任。该院认为,唐某将其持有的中铁财富公司的股权出让给朱某涛时,中铁财富公司已向韩某水出具了担保函,担保函的出具即表明中铁财富公司连带保证责任的设立,虽然保证责任所涉主债务的履行期限尚未到期,但此保证责任自签署担保函之日起即为确定的民事责任,唐某是否应当承担责任应当以签署担保函的时间节点为准,该时间节点之时,唐某仍为中铁财富公司的股东,其法律义务已经产生,故对唐某的上诉理由亦不予支持,遂判决驳回上诉,维持原判。

【要点评析】

《公司法解释(三)》第13条第2款规定:“公司债权人请求未履行或者未全面履行出资义务的股东在未出资本息范围内对公司债务不能清偿的部分承担补充赔偿责任的,人民法院应予支持。”唐某作为股东,出资期限届满后,应在未足额出资的范围内对公司的债务承担补充赔偿责任。即使其未依法履行出资义务即转让股权,也不能免除其出资义务。《公司法解释(三)》第18条第1款规定:有限责任公司的股东未履行或者未全面履行出资义务即转让股权,公司债权人依照本规定第十三条第二款向该股东提起诉讼,同时请求前述受让人对此承担连带责任的,人民法院应予支持。约定由受让人补缴出资,该约定仅对当事人双方有约束力,对包括公司债权人在内的第三人不具有约束力。

公司发起人应当对未依法履行出资义务的股东在未出资的范围内承担连带赔偿责任。股东在公司设立时未履行或者未全面履行出资义务,提起诉讼的债权人请求公司的发起人与被告股东承担连带责任的,人民法院应予支持。本案唐某和中铁传媒公司以及金茂城公司均是中铁财富公司的发起人,因上述二公司亦未全面履行出资义务,在实体法上,唐某依法应当对其应承担的清偿义务承担连带责任。因此,执行法院裁定追加唐某为本案被执行人,在其未履行出资义务的范围内对公司债务承担补充赔偿责任,并由其在金茂城公司和中铁传媒公司应承担的清偿义务范围内承担连带责任事实清楚,证据充分。

另外,金茂城公司和中铁传媒公司作为股东在原始出资期限届满后,通过股东会决议将认缴期限延长,依然损害了债权人的利益,即使不作为中铁财富公司的发起人的身份,公司股东出资到期后,经过修改公司章程延长出资期限后转让股权的,申请执行人可以要求法院追加已经转让股权的原股东在未出资范围内承担清偿责任,符合《九民纪要》第6条规定的两种可以加速到期的情形。

第七节　基于清算义务提起的异议之诉

公司清算是公司退出市场的必经程序。清算义务人违反公司法上的清算义务，既可能承担侵权赔偿责任，也可能对债权承担连带清偿责任。所谓清算义务人，是指基于与公司之间存在的特定法律关系而在公司解散时对公司负有依法组织清算义务，并在公司未及时清算给相关权利人造成损害时依法承担相应责任的民事主体。① 根据《公司法解释（二）》第20条的规定，清算义务人包括有限责任公司的股东、股份有限公司的董事和控股股东及公司实际控制人，2023年修订的《公司法》第232条将清算义务人的主体范围统一变更为“董事”，并首次规定公司有权要求清算义务人承担怠于清算责任。清算义务人承担连带清偿责任的基础是未经清算即办理注销登记，股东受有限责任制度保护的前提是公司注销前要经过合法清算。

从清算程序看，如果公司只是履行了形式上的清算程序，但违反了法律规定的清算程序和实质要件，也不能产生合法清算的法律效果。如果作为被注销公司的股东和清算组成员未通知已知债权人，以致涉案债务未经清算的，应认定为符合“未经清算即办理注销登记”的标准，应承担清算不实的责任。在司法实践中，人民法院应当慎重使用形式清算的标准，否则会刺激清算义务人在公司清算中弄虚作假，故意通过注销公司侵害债权人合法权益。

法律依据

《变更追加规定》第21条　作为被执行人的公司，未经清算即办理注销登记，导致公司无法进行清算，申请执行人申请变更、追加有限责任公司的股东、股份有限公司的董事和控股股东为被执行人，对公司债务承担连带清偿责任的，人民法院应予支持。

《公司法解释（二）》第20条　公司解散应当在依法清算完毕后，申请办理注销登记。公司未经清算即办理注销登记，导致公司无法进行清算，债权人主张有限责任公司的股东、股份有限公司的董事和控股股东，以及公司的实际控制人对公司债务承担清偿责任的，人民法院应依法予以支持。

公司未经依法清算即办理注销登记，股东或者第三人在公司登记机关办理注销登记时承诺对公司债务承担责任，债权人主张其对公司债务承担相应民事责任

---

① 参见最高人民法院民事审判第二庭编著：《最高人民法院关于公司法司法解释（一）、（二）理解与适用》，人民法院出版社2008年版，第334页。

的,人民法院应依法予以支持。

一、制度阐释

(一)制度渊源

根据《公司法》及《公司登记管理条例》(已废止)的相关规定,除简易注销外,公司注销前应当进行清算。对于经过合法清算程序的公司法人,虽然实体上仍然存在遗漏债权的可能性,但只要股东不存在损害债权人利益的故意,则不应追究股东无限责任。但如果股东在清算过程中存在损害债权人利益的故意,如存有未经清算或未经合法清算等情形,此时,股东不再受到有限责任原则的保护,将依法承担清算不实的责任。清算义务人对债权责任的承担,既可以在独立的诉讼中经审理后判决,也可以在执行程序中经过变更追加程序达成目的。

因被执行人未经清算即注销公司引发的变更与追加责任,在实体法上,源于《公司法解释(二)》第 20 条之规定。《公司法解释(二)》第 20 条第 1 款规定,公司未经清算即办理注销登记,导致公司无法进行清算,债权人主张有限责任公司的股东、股份有限公司的董事和控股股东以及公司的实际控制人对公司债务承担清偿责任的,人民法院应依法予以支持。在实践中,大量公司存在未经实际清算即注销的情况,严重损害了申请执行人的合法权益。《变更追加规定》第 21 条参照《公司法解释(二)》第 20 条第 1 款的规定,赋予申请执行人申请变更、追加被执行人的权利。

(二)未经清算即办理注销登记的理解

我国《公司法》并没有赋予债权人申请撤销公司注销登记的权利,公司注销后无法再通过恢复登记而取得法人资格。在实践中,如何理解未经清算即办理注销登记,应当从认定清算程序是否具有法律效力开始。清算程序的设置旨在快速清偿公司债务,合理分配公司剩余资产,在综合平衡各方利益后,消灭法人主体资格。如果注销登记仅满足形式要件,则不能产生合法清算的法律效果,只有与清算程序的实体要件共同作用时,才能达到清算目的,否则公司清算便无现实意义。因公司的股东多有通过虚假清算和形式清算逃避责任的行为,故对于形式清算程序与实质清算程序有遗漏债务要加以区分。公司清算过程中,几个程序环节应当符合法律和司法解释的规定,否则即使成立清算组,也可能发生追加被执行人的情形。

一是清算义务人应符合法律规定。清算义务人是指有限责任公司的股东,股份有限公司的董事、控股股东和实际控制人。清算义务人怠于履行清算责任,或者未经清算违法注销公司登记,损害公司债权人利益的,应当依法承担相应的民事责任。在实践中,未经清算即办理注销登记主要有两种方式:一种是公司解散事由出现后,清算义务人没有对公司进行清算,但以虚假的清算报告骗取公司登记机关办理公司注销登记。另一种是公司解散事由出现后,股东、董事或第三人向公司登记机关承诺负责清理公司债权债务,在公司未清算的情况下办理了公司注销登记。但无论是哪一种情形,清算义务人均应承担相应的责任。

二是清算过程符合规定。此处"未经清算"作"未经依法进行清算"理解。因为,根据《公司登记管理条例》(已废止)的规定,公司申请注销登记,除其他应提交的材料外,还应提交股东会、股东大会、一人有限责任公司的股东、外商投资的公司董事会或者人民法院、公司批准机关备案、确认的清算报告,清算义务人不提交清算报告的,公司登记机关不可能进行注销登记。但即使向登记机关提交了清算报告,如果清算程序违反法律规定,损害债权人利益,依然视为未进行清算,不能仅因为清算义务人从形式上组成了清算组,在有关媒体上发布了清算公告,或者出具了清算报告,就认定公司进行了清算。

公司解散清算时应书面通知全体已知债权人,并在具有相应影响力的报纸上进行公告,这使清算程序具有公示免责效果。因此,只要被执行人依法清算并注销的,即便申请执行人未获清偿,也不能再向分得剩余财产的股东主张权利。作为被执行人的公司经依法清算并注销后,不得变更、追加分得剩余财产的股东为被执行人。这就要求清算义务人向执行债权人尽到通知义务。案件已经进入执行程序后,对清算组而言,申请执行人是已知的债权人,如果清算义务人没有按照规定通知,可以推定其借清算逃债,不能认为其已经进行了清算。

二、操作指引

(一)未经清算即注销导致公司无法进行清算与怠于履行清算义务导致公司主要财产、账册、重要文件等灭失无法进行清算责任相区分

《公司法解释(二)》第18条第2款规定:"有限责任公司的股东、股份有限公司的董事和控股股东因怠于履行义务,导致公司主要财产、账册、重要文件等灭失,无法进行清算,债权人主张其对公司债务承担连带清偿责任的,人民法院应依法予以支持。"上述情形出现后,债权人可以起诉要求股东、董事和控股股东承担连带清偿责任,但不属于可以在执行程序中变更追加被执行人的法定情形,只有未经清算即注销公司导致的无法进行清算,才能在执行程序中追加。

(二)不能在执行程序中追加实际控制人为被执行人

根据《公司法解释(二)》第20条第1款的规定,公司的实际控制人也是承担对

债权人清偿责任的主体,但《变更追加规定》未将实际控制人纳入追加对象,因认定实际控制人的程序过于复杂,涉及实质性判断,不宜在变更追加程序中进行,只能由债权人另行提起诉讼,不能在执行程序中申请追加实际控制人为被执行人。

(三)公司未经清算注销后是否还可以进行清算

如果当事人在庭审中举出公司主要财产、账册、重要文件等证据资料,证明公司仍有清算的可能,不影响法院对执行异议之诉案件的审理,此时,公司已经注销,清算对债权人而言已经失去了意义。

(四)违反义务的被追加主体承担连带清偿责任

因未经清算办理注销登记的行为将作为被执行人的公司主体资格消灭,债权人的损害更为严重,不同于出资不实和抽逃出资的行为,这种情形下的股东、控股股东和董事对债权人承担的是连带清偿责任。

审判前沿

江苏省无锡蠡园经济开发区发展总公司与无锡西区燃气热电有限公司执行异议之诉案

[(2017)苏02民初583号民事判决书]

【裁判要旨】

在执行过程中,作为被执行人的公司未经依法清算而注销登记,导致公司无法清算,损害申请执行人的债权实现,申请执行人申请追加该有限责任公司的股东为被执行人,并对该公司的债务承担连带清偿责任的,人民法院应予支持。

【基本案情】

无锡西区燃气热电有限公司(以下简称热电公司)申请无锡世纪明珠休闲娱乐有限公司(以下简称世纪明珠公司)供用热力合同纠纷一案,申请执行人热电公司以被执行人世纪明珠公司未经依法清算即被注销,无财产可供执行为由,请求执行法院追加明珠公司股东为被执行人,对明珠公司所结欠其债务承担连带清偿责任。

世纪明珠公司于2004年5月27日经无锡市滨湖区工商行政管理部门核准成立,经营至2015年12月23日,公司注册资金由200万元增至2200万元,股东李某占11.364%、股东于某良占67.727%、股东车某占20.454%、股东江苏省无锡蠡园经济开发区发展总公司(以下简称蠡园总公司)占0.455%。2016年4月8日世纪明珠公司全体股东通过股东会决议:自该日起停止经营,成立清算组进行清算。清算组由贾某、于某新、车某三人组成,由车某任清算组负责人。蠡园总公司作为股东之一在股东会决议上盖章确认。同年5月蠡园总公司以甲方身份与车某为乙方签订了《无锡世纪明珠休闲娱乐有限公司清算权转让协议》,载明"甲方出资额10万元,自公司成立后,甲方从未干预过公司经营管理;现公司拟注销并进行清算,经中介机构评估,公司目前净资产为负61.58万元且有68万元的债务尚未清偿;甲方同意公司清算并将清算权转让给乙方,乙方同意按照10万元受让甲方对公司的清算权……"

2016年6月7日世纪明珠公司清算组在《无锡商报》上刊登《公司注销公告》,载明:世纪明珠公司股东会于2016年4月8日决议解散公司,并于同日成立清算组。请公司债权人于该公司发布之日起45日内,向该公司清算组申报债权。2017年1月17日,世纪明珠公司清算组出具清算报告称:(1)公司清算组已于成立之日起10日内通知债权人,2016年6月7日起在《无锡商报》上公告《公司注销公告》;(2)公司人员已全部安置完毕;(3)公司债权债务清理情况:清算费用、职工工资和社会保险费用、法定补偿金、税款已全部缴清,债权债务已全部清理完毕;(4)公司清偿债务后的剩余资产已按照股东的出资比例分配完毕;(5)至本清算报告出具之日,公司已清算完毕。蠡园总公司作为股东之一在清算报告上盖章确认。2017年1月18日,清算组成员备案经无锡市滨湖区市场监督管理局核准。同年1月19日,无锡市滨湖区市场监督管理局向世纪明珠公司发出了《公司准予注销登记通知书》。

无锡市中级人民法院认为,热电公司申请法院追加世纪明珠公司的股东为执行案件的被执行人,对明珠公司所欠热电公司的无锡仲裁委员会(2016)锡仲裁字第603号裁决书项下全部债务承担连带清偿责任,符合客观事实和法律规定,应予维持。蠡园总公司的诉讼请求于法无据,该院不予支持。判决驳回蠡园总公司的诉讼请求。

【要点评析】

首先,未依法组成清算组,依照《公司法》第183条的规定,有限责任公司的清算组由股东组成,公司股东应当参加清算组而未参加,以其已将清算权转让给其他股东要求免责的理由,没有法律依据,清算组的组成不符合法律规定。

其次,清算组未履行应尽的通知义务。依照《公司法》第185条的规定,清算组应当自成立之日起10日内通知债权人,并于60日内在报纸上公告。《公司法解释(二)》第11条规定,公司清算时,清算组应当按照《公司法》第185条的规定,将公司解散清算事宜书面通知全体已知债权人,并根据公司规模和营业地域范围在全国或者公司注册登记地省级有影响的报纸上进行公告。对于已知债务,世纪明珠公司在清算时不仅未主动偿还该欠款,甚至未向热电公司履行书面通知义务,违反了法律强制性规定,存在明显逃废债务的故意。

最后,世纪明珠公司未按照法律规定正确履行清算职责,亦未积极偿还已知债务,却在清算报告中声称已通知所有债权人,对债权债务已全部清理完毕,并报请登记机关核准公司注销,属于滥用公司法人独立地位和股东有限责任,严重侵害了包括本案申请执行人热电公司在内的债权人的合法利益。因此,世纪明珠公司的股东对公司未偿还债务应当承担连带清偿责任。

第五编

分配方案异议之诉

PART 05

第三十二章　分配方案异议之诉

第一节　分配程序中的行为异议与分配方案异议

法律依据

《民事诉讼法》第236条　当事人、利害关系人认为执行行为违反法律规定的，可以向负责执行的人民法院提出书面异议。当事人、利害关系人提出书面异议的，人民法院应当自收到书面异议之日起十五日内审查，理由成立的，裁定撤销或者改正；理由不成立的，裁定驳回。当事人、利害关系人对裁定不服的，可以自裁定送达之日起十日内向上一级人民法院申请复议。

《执行程序解释》第17条　多个债权人对同一被执行人申请执行或者对执行财产申请参与分配的，执行法院应当制作财产分配方案，并送达各债权人和被执行人。债权人或者被执行人对分配方案有异议的，应当自收到分配方案之日起十五日内向执行法院提出书面异议。

《民事诉讼法解释》第509条　多个债权人对执行财产申请参与分配的，执行法院应当制作财产分配方案，并送达各债权人和被执行人。债权人或者被执行人对分配方案有异议的，应当自收到分配方案之日起十五日内向执行法院提出书面异议。

一、制度阐释

（一）制度渊源

1. 执行分配与参与分配

我国法律采取的是有限破产模式，即仅规定营利法人的破产制度，而无个人破产制度。自然人及非法人组织作为债务人进入执行程序后，因涉多个案件，对其执行到位的款项如何在多个债权人之间进行分配呢？营利法人未进入破产程序，因涉多个执行案件,对其执行到位的款项如何在多个债权人之间进行分配呢?上述两个问题属于执行分配制度问题。《民事诉讼法》虽经几次修改,但对上述问题一直未予规定,存在空白。

为解决实务中的执行分配问题,原《最高人民法院关于适用〈中华人民共和国民事诉讼法〉若干问题的意见》用3个条文[①]初步建立了参与分配制度,以期用有限的条文最大限度地解决执行中的案款分配顺位问题。2008年《执行规定》用9个条文[②]较完整地规定执行分配制度,其中既有针对自然人、非法人组织的参与分配制度,也有针对营利法人的破产制度,更有后来被滥用的针对未经清理或清算而撤销、注销或歇业的营利法人的参与分配制度。随后《执行程序解释》用了2个条文[③]规定了分配方案异议和异议之诉制度,《民事诉讼法解释》又用了9个条文[④]对该制度的已有条文进行了继承、修改和完善。

根据现行司法解释规定,我国执行分配程序包括以下内容:第一,作为被执行人的自然人和非法人组织的财产足以清偿对多个债权人所负担的债务的,在清偿优先债权后按照执行法院采取执行措施的先后顺序依次清偿;第二,作为被执行人的自然人和非法人组织的财产不足以清偿对多个债权人所负担的债务的,适用参与分配制度进行清偿;第三,作为被执行人的营利法人符合《企业破产法》规定的破产情形的,经申请执行人之一或者被执行人同意,裁定中止执行并移送破产,执行法院应对执行到位的款项中止分配,待破产受理后由管理人依照破产法的相关规定清偿债务;第四,当事人不同意移送破产或者被执行人住所地人民法院不受理破产案件的,扣除执行费用和清偿优先债权后,按照执行法院采取执行(含保全)措施的先后顺序依次清偿;第五,无论被执行人是营利法人还是自然人、非法人组织,执行分配时均应制作执行分配方案;[⑤]第六,对分配方案提出的异议,可对分配方案异议和分配方案异议之诉程序进行审查,确定最终的分配方案。

参与分配的概念,存在狭义和广义之分。狭义的参与分配是指在执行程序中,因为债务人的财产不能清偿所有债权人的全部债权,申请执行人以外的其他普通

---

① 《最高人民法院关于适用〈中华人民共和国民事诉讼法〉若干问题的意见》第297~299条,该司法解释已废止。

② 2008年《执行规定》第88~96条。

③ 2008年《最高人民法院关于适用〈中华人民共和国民事诉讼法〉执行程序若干问题的解释》原第25~26条。

④ 《民事诉讼法解释》第506~514条。

⑤ 当前,被执行人是营利法人,财产不足以清偿全部债务且未进入破产程序的,在执行分配时是否应制作分配方案,是否可以提出分配方案异议及提起分配方案异议之诉,实务中尚存有一定的争议,后文将予以专门论述。

债权人依据有效的执行依据申请加入已经开始的执行程序，全体普通债权人就执行标的物的变价公平受偿的制度。广义的参与分配是指在实现金钱债权的执行中，民事执行机关依债权人的申请对债务人的财产实施执行后，其他债权人请求就执行已得的金额受偿，以实现自己的债权的一种执行法律制度。也就是说，狭义的参与分配仅指对普通债权，就执行案款所做的分配；广义的参与分配为执行程序中的一项制度，在该制度中，不仅要处理普通债权的公平受偿问题，还需要解决享有优先权的债权实现问题。[①] 从现有规定来看，我国采取的是广义的参与分配制度，且该制度仅适用于自然人和非法人组织。

2. 分配程序中的两种异议

在执行分配程序中，根据异议主体、异议请求的不同，分配程序中的执行异议可以分为两种类型，即执行行为异议和分配方案异议，前者为程序性异议，后者为实体性异议。

所谓实体性异议，是指执行法院将制定的分配方案送达当事人后，申请执行人、被执行人对分配方案中记载的债权是否存在、清偿顺位是否正确等提出异议，请求更正分配方案。这些异议指向的是当事人的实体权利存在与否、是否优先、优先顺位排列是否正确等问题，针对的是分配方案本身所涉及的债权审查问题；异议请求也很明确，即应根据异议人的意见修改分配方案，故叫作分配方案异议。

分配方案异议和分配方案异议之诉，最早被规定于2008年颁布的《执行程序解释》第25条、第26条[②]中，2015年《民事诉讼法解释》第511条、第512条[③]基本延续了上述司法解释的规定，只是在个别文字上做了修正。《执行程序解释》施行前，法律和司法解释并未创设针对分配方案异议的专门处理程序，故在2008年前，债权人、债务人对分配方案提出实体性异议的，只能参照执行异议复议程序或执行监督程序处理。2008年之后，此类异议则被列入分配方案异议，有专门的处理程序。

所谓的程序性异议，是指申请执行人、被执行人、其他债权人对执行分配程序中的执行法院的执行行为或程序推进环节存有异议，按是否应当适用参与分配程序、申请参与分配是否超出期限、参与分配的资格是否具备、分配方案的未送达等

---

① 参见江必新、刘贵祥主编：《最高人民法院执行最新司法解释统一理解与适用》，中国法制出版社2016年版，第88页。

② 现为《最高人民法院关于适用〈中华人民共和国民事诉讼法〉执行程序若干问题的解释》第17条、第18条。

③ 现《民事诉讼法解释》第509条、第510条。

提出异议,实质上是执行行为异议的一种。在执行分配程序中,申请执行人、被执行人、利害关系人(如未被列入分配方案的其他债权人)提出书面的程序性异议的,执行法院应依照《民事诉讼法》第236条进行审查;当事人对异议裁定不服的,可以向上一级人民法院申请复议。需要说明的是,执行异议复议制度最早被规定于2007年修订的《民事诉讼法》中,而参与分配制度最早出现在1992年《最高人民法院关于适用〈中华人民共和国民事诉讼法〉若干问题的意见》中,执行分配制度正式确立于1998年《执行规定》中,故自参与分配制度出现至2007年修订《民事诉讼法》开始施行之间,对执行分配的程序性异议,无论是对参与分配程序的异议还是对普通执行分配的异议,都只能视为申诉信访,通过执行监督程序处理;2007年之后,此类异议则按照异议复议程序由执行机构审查。

(二)审理重点

在广义的参与分配程序中,当事人对案款分配提出的异议,也存在程序性异议与实体性异议的区别。准确区分参与分配阶段的程序性异议和实体性异议,是一大难题。实务中,将程序性异议作为分配方案异议处理,或将实体性异议当执行行为异议处理,屡见不鲜。

对两种异议应如何区分,我国台湾地区的观点值得参考。在我国台湾地区,分配方案被称为分配表,债权人和债务人在参与分配阶段提出的异议可分为程序性的异议和实体性的异议。程序性的异议是指债权人或者债务人对执行法院制作分配方案的方法和程序上的事项不服,请求救济,包括:债权人的债权应列入而未列入,或者不应列入而列入,分配方案送达时间不符合规定,分配金额误算或者漏算等。实体性的异议是指债权人或者债务人对分配表所记载的各债权人的债权存否或分配金额不同意等,而向法院声明异议。①

实务中有人提出,区分参与分配阶段的两种异议,主要看异议是否以实体权利作为基础,凡是以实体权利作为基础而提出的异议,则为实体性的异议,反之,仅对执行程序本身提出的异议,则为执行行为异议,为程序性的异议。我们认为,此观点在实务中有实用性,识别起来较为简单、方便。另外,如果异议是以执行人员(执行法官、执行员、书记员)为对象,认为其在参与分配阶段适用的程序、方法违反法律规定的,应为《民事诉讼法》第236条规定的执行异议。而以其他债权人为对象,对分配方案确定的债权存在与否、债权金额大小(包括异议人本身的债权)存有异议,或者认为分配方案记载的债权优先顺序存在错误的,则是实体性的异议,为分

① 参见杨与龄:《强制执行法论》,中国政法大学出版社2002年版,第296页。

配方案异议。

二、操作指引

(一)执行分配中执行行为异议识别与审查

1. 实务中的常见类型

实务中,当事人对执行分配提出异议是非常普遍的,但什么样的异议属于程序性异议(执行行为异议),应适用《民事诉讼法》第236条进行审查,法律和司法解释并未明确规定。有些执行人员认为在参与分配程序中提出的异议,都属于分配方案异议;有些则对当事人提出的分配方案异议,自行审查、修正或不予理睬;还有的将分配方案异议(实体性异议)按照执行行为异议审查。我们认为,债权人、被执行人对参与分配程序提出的以下异议较为常见,均属于执行行为异议:

(1)对主持分配的法院是否适用参与分配程序的决定提出异议。如债权人、债务人认为应按照采取执行措施的先后顺序进行清偿,而执行法院适用参与分配,导致其利益受损的,或者认为应当适用参与分配,而执行法院按照采取执行措施的先后顺序进行清偿,导致其利益受损的,此两种情况下所提的异议,主要针对主持分配法院的程序适用是否妥当,故争议焦点为是否适用参与分配程序问题,应属于程序性异议。

(2)对分配方案中列出的债权人申请参与分配的资格是否符合提出异议。债权人申请参与分配的,应由执行法院将材料转至主持分配的法院,[①]但是否具备资格或者是否逾期申请,司法解释并未规定应在何时以何种文书通知申请参与分配的债权人。实务中,在分配方案作出并送达之后,债权人才可获知。此时,如债权人认为本人具备申请参与分配的资格但执行法院未准许,或者认为其他债权人不具备参与分配的资格但执行法院准许其参与分配,可以向主持分配的法院提出异议。[②]

(3)对法院关于债权人申请参与分配是否逾期的认定提出异议。根据《民事诉讼法解释》第507条的规定,申请参与分配的截止日期为“被执行人的财产执行终结前”,2008年《最高人民法院关于适用〈中华人民共和国民事诉讼法〉的若干意见》第298条表述为“被执行人的财产被清偿前”,2008年《执行规定》第90

① 2008年《执行规定》第92条规定:债权人申请参与分配的,应当向其原申请执行法院提交参与分配申请书,写明参与分配的理由,并附有执行依据。该执行法院应将参与分配申请书转交给主持分配的法院,并说明执行情况。

② 实务中,也有高级人民法院将该异议纳入分配方案异议之诉的审理范围。如福建省高级人民法院审理的李某惠、吴某雄、谢某兴执行分配方案异议之诉一案,(2017)闽民终86号。

条表述为“被执行人财产被执行完毕前”。无论是“财产被清偿前”还是“财产执行终结前”“财产被执行完毕前”,表述都较为模糊,而申请参与分配的截止日期对各方当事人的利益影响巨大。实务中对申请参与分配的截止日期,往往多方存有不同的理解,不同法院甚至同一法院不同执行人员也存有不同理解。为解决此问题,部分高级人民法院、中级人民法院多以疑难解答或指导文件的方式统一辖区内做法。① 债权人对主持分配的法院认定自己申请参与分配超过截止日期存有异议,或者对主持分配的法院认定其他债权人申请参与分配未超过截止日期而准许其参与分配存有异议,或者债务人对某个债权人申请参与分配超过截止日期存有异议的,均为程序性异议,可以向主持分配的法院或者应当主持分配的法院提出。

(4)分配方案未送达的异议。分配方案作出后,应送达本院申请执行人、被执行人和申请参与分配的其他债权人。送达日期决定了提出分配方案异议期限的起算点。分配方案未送达相关当事人的,属程序失当。对此提出异议,应为执行行为异议。

(5)被执行人提出的分配方案中的某项债权已经消灭或丧失强制执行效力的

---

① 如《浙江省高级人民法院执行局关于多个债权人对同一被执行人申请执行和执行异议处理中若干疑难问题的解答》(浙高法执〔2012〕5 号)(十二)申请参与分配的截止日期如何确定?答:主持分配法院的执行程序中只有一个申请执行人的,其他债权人申请参与分配(根据《执行规定》第 92 条的规定,应通过其原申请执行法院向主持分配的法院转交参与分配申请书,下同)的截止日期,为执行价款支付给申请执行人的前一工作日,或者执行标的物因以物抵债而将产权转移给承受人的前一工作日。主持分配法院的执行程序中已有两个以上债权人参与分配的,其他债权人申请参与分配的截止日期,为执行法院将分配方案送达第一个当事人的前一工作日。江苏省高级人民法院《关于执行疑难若干问题的解答》(苏高法电〔2013〕901 号)12. 如何确定参与分配的时点?答:关于参与分配的时点,《最高人民法院关于人民法院执行工作若干问题的规定(试行)》规定为“在被执行人的财产被执行完毕前”。可以分三种情况进行具体界定:(一)拍卖、变卖被执行人财产的,时点为拍卖、变卖成交之日的前一日,不因以后因买受人不缴价款而再拍卖或变卖而变动。(二)依法交债权人以物抵债的,时点为送达债权人以物抵债裁定之日的前一日。(三)上述两种处置方式以外的被执行财产,时点为当次分配表已送达任一债权人之日的前一日,不因以后因债权人提出异议而重作分配表而变动。在上述时点以后提出参与分配申请的债权人,只能参与分配剩余财产。北京市高级人民法院《关于案款分配及参与分配若干问题的意见》10. 按照《执行规定》第 90 条的规定,若执行标的物为货币类财产,以案款到达主持分配法院的账户之日作为申请参与分配的截止日;若执行标的物为非货币类财产,需对该财产予以拍卖、变卖或以其他方式变价的,以拍卖、变卖裁定送达买受人之日或以物抵债裁定送达申请执行人之日作为申请参与分配的截止日。前款中的以物抵债裁定应当载明执行标的物折抵的价款数额,但不应载明折抵的债权数额,待分配方案确定后再作出认定。同一案件中,法院执行多项财产的,各项财产分别确定申请参与分配的截止日;同一项财产(指同一项执行措施控制的财产)为可分的多个财产的,以被处置的最后一个财产确定申请参与分配的截止日。佛山市中级人民法院《关于规范执行程序中权利主体参与分配会议纪要》第 9 条,债权人申请参与分配的,应当在主持分配法院制作的分配方案首次送达任一当事人之日前提出。逾期提出申请的,只能就清偿或者分配余额受偿。分配方案审批确定后应当在 3 个工作日内送达任一当事人。

异议。债权是否已经消灭或丧失强制执行效力，应属于实体争议，本应通过分配方案异议之诉解决。但《异议复议规定》第7条第2款明确规定："被执行人以债权消灭、丧失强制执行效力等执行依据生效之后的实体事由提出排除执行异议的，人民法院应当参照民事诉讼法第二百二十五条①规定进行审查。"执行分配阶段提出此项异议的，应与执行分配之外其他环节提出该异议的审查程序保持一致，可通过异议复议程序审查。

(6)对主持参与分配法院认定的债权金额的数学计算存有异议。例如，认为主持分配的法院在计算债权金额时存在错误(漏算或者多算)，或者认为分配方案确定的迟延履行利息计算方式错误等。这些异议仍然指向的是执行人员的执行标的额计算行为，应属于程序性异议。实务中一般将此类异议作为实体性异议，原因可能是很难分清此类计算错误到底是纯粹的数学计算失误还是法律条文理解错误导致计算错误。例如，属于数学计算失误范围的，对其异议适用异议复议程序审查更好，效率更高；属于法律条文理解错误或者优先权范围认定错误导致债权金额错误等，对该行为提出异议，则属于实体性异议、分配方案异议。

(7)债权人提出的其他债权人的债权已经超过申请执行时效的异议。其他债权人在取得执行依据后未在申请执行时效内申请强制执行的，在法院对被执行人执行到款项后，该债权人径直向主持分配的法院提交材料申请参与分配的，其他债权人以不应在强制执行程序中对前述债权人进行清偿提出异议的，实际属于对申请参与分配资格的异议，属于执行行为异议。

2. 审查程序

在执行过程中，执行人员制作的分配方案应当尽量载明可供分配的款项总额、申请执行的债权总额、各债权的性质和数额、分配顺位、各债权的受偿比例及数额、分配的法律依据、提出异议的权利等内容，并送达所有申请参与分配的债权人和债务人。债权人(申请执行人和其他债权人)、债务人提出上述程序性异议的，执行人员可依法进行释明。例如，当事人坚持异议，应告知其可以提出书面执行异议。执行人员在收到书面执行异议后，应及时转交立案机构按照《执行立结案意见》和《异议复议规定》的规定，立"执异"字案件，进行审查。对主持分配的法院作出的异议裁定不服的，债权人、债务人可自收到裁定之日起10日内向其上一级人民法院申请复议。对复议裁定仍不服的，可以向复议法院的上一级人民法院申诉。根据《最高人民法院关于人民法院办理执行信访案件若干问题的意见》第15条

① 现《民事诉讼法》第236条。

的规定,①复议法院的上一级人民法院应当对该申诉予以立"执监"字案件审查,以裁定的方式作出结论。

(二)分配方案异议的识别与审查

1. 实务中的常见类型

《执行程序解释》和《民事诉讼法解释》虽然规定了分配方案异议和分配方案异议之诉制度,但并未明确什么样的异议为分配方案异议。实务中,部分高级人民法院以会议纪要的形式指导下级法院。例如,北京市高级人民法院的会议纪要第25条明确了3种异议属于分配方案异议。② 根据现有的法律和司法解释,实务中债权人或债务人提出的如下异议,可称为分配方案异议:

(1)债权人提出的其他债权人申请参与分配的执行依据确定的债权因清偿、抵销、免除等事由而消灭的异议。债务人提出类似异议的,已如前述,为统一救济途径应参照执行异议复议程序审查。但债权人提出的上述异议的,法律上并未禁止,债权人具有诉的利益且现行司法解释未规定应通过异议复议程序处理,故理论上可通过分配方案异议和分配方案异议之诉程序审查,予以救济。

(2)未取得执行依据但对执行标的物有优先权的债权人,直接申请参与分配时,其他债权人、债务人对债权存在与否、数额大小等提出的异议。2008年《执行规定》第93条③和《民事诉讼法解释》第506条规定"对人民法院查封、扣押、冻结的财产有优先权、担保物权的债权人,可以直接申请参与分配,主张优先受偿权"。实务中,哪些优先权人可以直接申请参与分配,浙江省高级人民法院的解答文件做了归

---

① 《最高人民法院关于人民法院办理执行信访案件若干问题的意见》第15条规定:当事人、利害关系人不服《民事诉讼法》第二百二十五条所规定执行复议裁定,向上一级人民法院申诉信访,上一级人民法院应当作为执行监督案件立案审查,以裁定方式作出结论。

② 《北京市高级人民法院关于案款分配及参与分配若干问题的意见》第25条规定:案款分配或参与分配程序中,债权人或者被执行人提出的以下异议,适用《最高人民法院关于适用〈中华人民共和国民事诉讼法〉执行程序若干问题的解释》第二十五条、第二十六条的规定进行处理:(1)执行依据确定的债权是否已经履行或部分履行及履行的数额,以及该债权是否已经超过申请执行时效;(2)执行依据确定的建设工程价款是否享有优先受偿权及优先受偿的款项范围;(3)担保物权人以及其他有权请求实现担保物权的人申请执行法院作出的拍卖、变卖担保财产的裁定,该裁定未明确债权数额,当事人对分配方案中确定的债权数额提出异议的;(4)其他应当通过参与分配异议及参与分配异议之诉处理的情形。

③ 2020年12月23日最高人民法院审判委员会第1823次会议修正后,该条被删除。

类列举,可资参考。①

(3)债权人、债务人对分配方案确定的清偿顺序提出的异议。实务中,此类异议主要针对多个优先债权存在时的清偿顺位,或者认为自己为优先债权但主持分配的法院将其列为普通债权等。

(4)债权人、债务人对分配方案确定的分配金额提出的异议。实务中,此类异议多表现为债权人对其他优先债权的金额或者利息存有异议。

(5)执行法院对优先债权先行支付后,再制作分配方案。其他债权人认为优先债权不存在,且不应优先支付,应在分配方案中一并处理的,此类异议既涉及程序异议,又有实体异议,应作为实体上的异议处理,更为恰当。

2. 处理程序

对分配方案异议,程序上应如何处理?《民事诉讼法解释》第 510 条延续了《执行程序解释》的规定,采用较彻底的“当事人主义”,即不归执行程序审查的实体争议,由当事人自行处分实体权利和诉讼权利。在司法实务中,应注意如下几点。

(1)当事人提出分配方案异议后,执行机构无权对该异议进行审查,但负有将异议通知未提出异议的债权人、债务人的义务。

(2)司法解释未规定通知异议的具体方式,实务中最好采用“书面通知 + 短信通知”的方式,确保提出反对意见的权利人可以收到通知。如通知方式和内容不适当的,将视为未通知。

(3)其他债权人、债务人提出反对意见的期限为收到异议之后的 15 日。15 日内未提出反对意见或者超过 15 日提出反对意见的,应推定为同意异议人的意见,主持分配的法院可依据异议修正分配方案并据此分配。

(4)须向主持分配的法院提出反对意见。由主持分配的法院通知异议,对该异议提出反对的意见的,自然应向主持分配的法院提出,符合执行程序的效率要求。

(5)对其他债权人、债务人提出的反对意见,执行机构应通知异议人。司法解释未明确通知的具体方式,实务中应注意采用书面通知的方式,告知其提起分配方

---

① 《浙江省高级人民法院执行局关于多个债权人对同一被执行人申请执行和执行异议处理中若干疑难问题的解答》(浙高法执〔2012〕5 号)(八) 问题(七)中的优先权包括哪些? 答:根据现行法律和司法解释的规定,包括:1.《物权法》(已废止)、《担保法》(已废止)、《民法通则》(已废止)规定的“担保物权”;2.《海商法》第 21 条和第 22 条规定的“船舶优先权”;3.《民用航空法》第 18 ~ 19 条规定的“民用航空器优先权”;4.《合同法》(已废止)第 286 条规定的“建设工程价款优先受偿权”;5.《担保法》(已废止)第 56 条规定的“土地使用权出让金优先权”;6.《税收征收管理法》第 45 条规定的“税收优先权”;7.《民办教育促进法》第 59 条规定的“应退受教育者学杂费用优先权”;8.《最高人民法院关于建设工程价款优先受偿权问题的批复》(已废止)第 2 条规定的“已交付全部或大部分款项的商品房买受人(消费者)优先权”;9.《查扣冻规定》第 18 ~ 19 条规定的“基于保留所有权或未转移登记而产生的剩余价款优先受偿权”。

案之诉的权利、期限和方式以及逾期不提起诉讼的后果。否则,将被视为未通知。①

另需注意的是,债权人提出分配方案异议的,应直接向主持分配的法院提出,而不再交由受理其执行申请的法院予以转交。债务人、债权人确有异议事由,但未在15日内提出或者提出后撤回的,是否产生失权效果,是否可以在分配结束后提起不当得利之诉,目前实务中尚未看到案例。理论上,应有不当得利的返还请求权,可以另诉解决。

(三)实务中首封债权人多分的问题及异议处理

《民事诉讼法解释》第508条规定参与分配执行中,对于普通债权,原则上按照其占全部申请参与分配债权数额的比例受偿。《民事诉讼法》及其司法解释虽然并未规定首封债权人(对执行财产最先采取查封、扣押、冻结措施的债权人)在参与分配程序中可以多分,但在实务中很多地方法院很早就以疑难解答或者意见的方式对首封债权人予以"照顾"。②《民事诉讼法解释》出台后,部分执行人员认为该条的"原则上"的意思即允许例外,因此在原则之外,还有余地例外继续沿用各地的指导意见或者疑难解答文件,对首封债权人进行"适当多分"。客观来说,对那些通过及时申请首封、行使撤销权诉讼和收集证据举报虚假诉讼等方式保全、追回被执行人财产的债权人,对其适当多分,有一定的合理性。但对分配方案中为首封债权人适当多分的行为,其他债权人或者债务人提出的,或者首封债权人认为其

---

① 湖南省高级人民法院在(2016)湘执复7号案中认为:"交通银行湖南省分行对《分配方案》提出异议,其他债权人反对交通银行湖南省分行的异议。执行法院应当正式通知告知交通银行提起分配方案之诉的权利、期限和方式以及逾期不提起诉讼的后果。益阳中院在债权人会上笼统告知'异议人可以按照《民诉法解释》第五百一十二条之规定主张权利'不能起到告知的法律效果。"

② 《浙江省高级人民法院关于在立案和审判中兼顾案件执行问题座谈会纪要》(浙高法〔2009〕116号)第3条第4项规定,首先申请财产保全并成功保全债务人财产的债权人在参与该财产变价所得价款的分配时,可适当多分,但最高不得超过20%(1:1.2的系数)。福州市中级人民法院《关于参与分配具体适用的指导意见(试行)》第9条规定:被执行人的财产无法清偿所有债务时,对首先采取财产诉讼保全措施的债权人,可以适当提高执行款分配比例。其债权额高于保全财产价额的,则在其债权额的范围内,提高比例幅度为保全财产价额的15%到20%;其债权额低于保全财产价额的,则在保全财产范围内,提高比例幅度为其债权额的15%到20%。第10条规定:在执行过程中,对确实因其查到法院未能依职权查明的财产线索而实施查封,并积极预交测绘、评估费用的债权人,可以适当照顾,提高执行款分配比例。其债权额高于控制财产价额的,则在其债权额的范围内,提高比例幅度为控制财产价额的15%到20%;其债权额低于控制财产价额的,则在控制财产范围内,提高比例幅度为其债权额的15%到20%。《重庆市高级人民法院关于执行工作适用法律若干问题的解答(一)》(渝高法〔2016〕63号)第7条规定:……有以下情形之一的普通债权,人民法院应根据案件具体情况,在保证参与分配债权都有受偿的前提下,可适当予以多分,多分部分的金额不得超过待分配财产的20%且不高于该债权总额,未受偿部分的债权按普通债权比例受偿。(1)依债权人提供的财产线索,首先申请查封、扣押、冻结并有效采取措施的债权,但人民法院依职权查封的除外;(2)依债权人申请采取追加被执行人、行使撤销权、悬赏执行、司法审计等行为而发现被执行人财产的债权。

应当适当多分而提出异议，此种异议是执行行为异议还是分配方案异议，应如何处理？

当前实务中，多将其归入分配方案异议，引入分配方案异议之诉处理。在分配方案异议之诉中，有些地方的审判部门依照《民事诉讼法解释》第508条规定，认为“适当多分”并无法律依据。如上海市黄浦区人民法院（2014）黄民二（商）初字第829号民事判决认为上海地区并未制定首封应当适当多分的规则，系争执行分配方案中的“首封权益”“优先分配20%”，并无相关法律依据，应当依法予以调整。[①] 当然，那些以高级人民法院文件形式指导“首封适当多分”的地区，审判部门则在分配方案异议之诉中维持首封债权人的利益。还有一些执行人员为了给首封债权人适当多分，会在制作分配方案前做其他债权人的工作，达成一致意见后再作分配，以避免引起分配方案异议。

（四）营利法人为被执行人的案款分配异议

1. 现行规定

2008年《执行规定》针对债务人不能清偿全部债务时以是否具备破产资格为依据分为参与分配制度和破产程序，具体规定在第89～90条，但是在原第96条中又作出了例外规定，即“被执行人为企业法人，未经清理或清算而撤销、注销或歇业，其财产不足清偿全部债务的，应当参照本规定第90～95条的规定（参与分配程序），对各债权人的债权按比例清偿”。该条规定了参与分配制度对于营利法人例外适用的情形，但因“歇业”概念的模糊性、破产程序启动困难、化解执行信访压力的需要等原因，该制度在实务中被扩大适用，甚至到了滥用的地步。2020年12月23日修正《执行规定》时，上述条文被删除。

2020年《民事诉讼法解释》就参与分配制度与破产程序的衔接重新进行了规范，第516条[②]规定：“当事人不同意移送破产或者被执行人住所地人民法院不受理破产案件的，执行法院就执行变价所得财产，在扣除执行费用及清偿优先受偿的债权后，对于普通债权，按照财产保全和执行中查封、扣押、冻结财产的先后顺序清偿。”此条文的目的，在于倒逼债权人积极申请破产，但从条文来看，该条实际排除了营利法人适用参与分配制度。即当营利法人不能清偿全部债务而又未进入破产程序的，执行程序中，对执行案款应先扣除执行费用和优先债权的金额，然后按照执行优先的原则，对普通债权按照执行措施或者财产保全措施的先后顺序分配财

---

① 参见最高人民法院中国应用法学研究所编：《人民法院案例选》2015年第4辑（总第94辑），人民法院出版社2016年版。

② 现《民事诉讼法解释》第514条。

产。因此,在2020年《民事诉讼法解释》出台后,2008年《执行规定》第96条因和2020年《民事诉讼法解释》第516条存在冲突,应不再适用。2020年12月23日,《执行规定》第96条因司法解释修正而被删除。

2. 审理要点

虽然司法解释的条文较为明确,但由于破产审判不堪重负和地方政府干预等原因,实践中大量的应进入破产程序的被执行人,对其债务清理仍留在执行程序。由此,作为被执行人的营利法人的财产不足以清偿全部债务,且未能进入破产程序概括执行的,是否可以继续对其适用参与分配制度,在实务中依然存有争议。

(1)有条件地适用参与分配制度更公平

《民事诉讼法解释》第506条虽然排除了营利法人适用参与分配制度,但《执行规定》第96条规定了营利法人适用参与分配的例外情形,因此,从新旧司法解释的衔接角度看,对2020年《民事诉讼法解释》修正之前的已经有充分证据证明进入歇业状态的营利法人,其债权人在2020年《民事诉讼法解释》修正前已经申请执行的或者申请参与分配的,应允许继续适用参与分配制度。实际上,参与分配类似于破产,从清偿角度看,相当于概括执行,是比较公平的。这样可以避免大量财产并不多且已经处置完毕的案件进入破产程序,导致破产程序空转,消耗司法资源,增加债权实现的费用,这对所有债权人并无益处。另外,被执行人为营利法人,在无法启动破产程序或基于其他考虑,其全体债权人一致同意适用参与分配制度的,也应允许。债权人或债务人对执行法院适用参与分配程序清偿债务不服提出异议的,应属于执行行为异议,按照执行异议、复议程序审查;对分配方案本身提出异议的,为分配方案异议,可适用《民事诉讼法解释》第510条。

(2)当事人可以提起分配方案异议和分配方案异议之诉

按照债权顺位和执行措施先后顺序清偿,是否应制作分配方案?对此种分配方案不服提出异议而被其他债权人提出反对意见的,是否可以提起分配方案异议之诉?实务中,多数法院对上述两个问题均持反对意见。也有部分高级人民法院认为,在执行程序中,被执行人是法人的,执行法院需要对多个债权进行财产分配时,也可以制作财产分配方案。该分配方案与《民事诉讼法解释》第506条规定的被执行人为自然人或者非法人组织的分配方案虽然在财产分配顺序上不同,但应当赋予债权人和被执行人同样的救济权利。因此,债权人和被执行人对被执行人是法人的财产分配方案有异议的,可以参照《民事诉讼法解释》第509条规定提出分配方案异议。执行法院应当参照《民事诉讼法解释》第510条规定,对于程序性异议,按照《民事诉讼法》第236条关于执行异议、复议的规定处理;对于实体性异议,按照分配方案异议之诉的规定处理。①

我们认为,从权利救济方式统一的角度看,上述的意见当然是合理的。从争议最终解决的途径来看,上述意见也同样合理,试举一例说明。A 公司为被执行人,B 为申请执行人。A 公司已停止经营,其唯一财产即厂房及土地使用权(已抵押给自然人 C,最高额抵押 800 万元)被法院处置完毕得款 1000 万元。C 尚未起诉 A 公司,A 公司尚有其他已经取得执行依据的普通债权人 D(债权 200 万元)、E(债权 100 万元)、F(债权 80 万元)三人。在不考虑利息的情况下,A 公司的财产已不足清偿全部债务,但因种种原因 A 公司并未进入破产程序。执行法院拟按照《民事诉讼法解释》第 514 条的规定,进行案款分配,先清偿对 C 的 800 万元债务,再清偿先申请执行并先采取执行措施的 D 的债务 200 万元。此时,债权人 E 认为 C 申报的优先受偿金额 800 万元计算不对,实际应为 500 万元,并向法院提出异议。C 尚未起诉 A,但其对经执行处置的标的物享有抵押权,其优先受偿的数额应如何确定呢?无论是 C 自行申报,还是执行法院审核确定,在其他债权人提出异议的时候,对该异议参照分配方案异议处理,对最高额抵押的抵押债权金额的确定,可以在分配方案异议之诉中予以解决,无疑是最佳选择。否则,如作为执行行为异议审查,会导致执行异议、复议程序审查实体争议问题;如由其他债权人提起诉讼,又面临主体资格不符的问题。

需要特别注意的是,最高人民法院在重庆中集物流有限公司、重庆三峡融资担保集团股份有限公司执行分配方案异议之诉再审一案②中认为,《民事诉讼法解释》第 511 条并未限制被执行人为营利法人时申请执行人提起执行分配方案异议之诉的诉权,对于执行法院作出的执行分配方案,债权人有异议时应当赋予其提起异议之诉的权利,以维护其合法权益,据此撤销了重庆市高级人民法院的二审判决。最高人民法院执行局组织编写的《人民法院办理执行案件规范》③一书也认为被执行人是法人的,执行法院需要对多个债权进行分配时,也需要制作分配方案。当事人可以根据该规范第 484 条的规定提起分配方案异议、分配方案异议之诉。上述观点应该可以代表最高人民法院执行局和执行异议之诉审判部门的意见,对下级法院的执行和审判具有指导作用,实务中需多加注意。

---

① 参见《广东省高级人民法院执行局关于执行程序法律适用若干问题的参考意见》。

② 参见最高人民法院民事裁定书,(2019)最高法民再 146 号。

③ 参见最高人民法院执行局编:《人民法院办理执行案件规范》(第 2 版),人民法院出版社 2022 年版,第 267 页。

审判前沿

张某成执行分配方案异议案

[(2014)阜民初字第00117号民事裁定书]

【裁判要旨】

债权人对执行法院决定适用参与分配程序提出的异议,认为执行款分配按比例分配不当的,属于执行行为异议,不属于分配方案异议。异议人据此提起分配方案异议之诉的,应裁定驳回起诉。

【基本案情】

张某成、李某华、高某先对康某华分别享有到期普通债权53万元、120万元和90万元,均已取得生效判决,但康某华下落不明。2014年2月6日,张某成申请强制执行,江苏省阜宁县人民法院对康某华的41万元工程款予以冻结。李某华、高某先得知后,亦申请执行并要求参与分配,法院依照债权比例制作分配方案后送达各债权人,张某成提出异议,要求执行款归其一人所有,李某华、高某先二人提出反对意见。张某成遂向阜宁县人民法院提起执行分配方案异议之诉,要求确认被告李某华、高某先二人无权参与分配41万元冻结款。阜宁县人民法院经审理后认为,原告诉讼不符合执行分配方案异议之诉的受理条件,遂裁定驳回起诉。一审宣判后,原告张某成未提起上诉。

【要点评析】

虽然原告张某成对法院制作的分配方案提出了书面异议,但该异议名为分配方案异议,实为执行行为异议。因为根据原告诉称,无论是被执行人并非资不抵债,尚有其他财产可供执行,还是执行款为原告独自保全,其当然享有优先受偿权,抑或两被告未付出劳动却要参与分配有失公平,均意指阜宁县人民法院不该适用参与分配程序。决定是否适用参与分配程序属于执行实施权范畴,若当事人认为执行法院适用该程序违法或不当的,应当依照2012年《民事诉讼法》第225条之规定,提出执行行为异议,由执行法院进行审查并作出裁定;当事人对裁定不服的,还可以向上一级人民法院申请复议,故原告诉讼不符合执行分配方案异议之诉的受理条件,应予以驳回。

实务中,被执行人为自然人,债权皆为普通债权,在被执行人的财产不足以清偿全部债务时,执行法院应按照债权比例制作分配方案。上述案件中债权人提出的执行款归其一人所有的异议，看似是实体性异议，但其理由并无实体权利作为依据，因此其实质仍然是对法院制作分配方案的方法或者对其他债权人申请参与分配的资格提出异议，应属于执行行为异议。很多法院将此类异议作为分配方案异议，在一审、二审甚至再审程序之后才最终决定该程序性事项，浪费司法资源，导致执行款发放的拖延，实无必要。

襄阳金湘磷化有限公司与中国农业银行股份有限公司吉首市支行分配方案异议之诉案

[（2015）民提字第65号民事裁定书]

【裁判要旨】

执行分配方案作出后，债权人以其对保全的标的物享有优先受偿权为由提出异议，请求停止分配案款并对其优先受偿的，应作为分配方案异议处理。债权人应当自收到分配方案之日起15日内向执行法院提出书面异议，其他债权人对该异议提出反对意见的，异议人可以自收到通知之日起15日内，以提出反对意见的债权人为被告，向执行法院提起诉讼。

【基本案情】

2009年2月，襄阳金湘磷化有限公司（以下简称金湘公司）因与湘西自治州湘吉有限责任公司（以下简称湘吉公司）出资款纠纷一案，向襄城区人民法院（以下简称襄城区法院）提起诉讼，并对湘吉公司的财产申请保全。襄城区法院于2月20日向湘西自治州国土资源局送达了民事裁定书和协助执行通知书，查封了湘吉公司州国用（2004）字第0694号土地（以下简称案涉土地）。2011年中国农业银行股份有限公司吉首市支行（以下简称农行吉首市支行）与湘吉公司贷款纠纷一案判决也已生效，进入执行程序，由湖南省湘西土家族苗族自治州中级人民法院（以下简称湘西中院）立案执行。2012年5月16日，湘西中院执行局向金湘公司送达了对湘吉公司财产分配方案，认为农行吉首市支行的抵押权应优先受偿，该分配方案确认金湘公司的分配金额为零。2012年9月20日拍卖湘吉公司案涉土地，所得案款411万元。金湘公司提出分配方案异议，要求优先分配。农行吉首市支行对金湘公司的异议提出反对意见，故金湘公司以农行吉首市支行为被告向湘西中院提起执行分配方案异议之诉，请求判决金湘公司对其申请保全的案涉土地拍卖价款优先受偿;对土地拍卖价款停止执行或分配。湘西中院认为,金湘公司的执行异议理由不能成立,故判决驳回金湘公司的诉讼请求。

金湘公司不服湘西中院一审判决,向湖南省高级人民法院(以下简称湖南高院)上诉。湖南高院认为,对农行吉首市支行的执行案提出异议,根据2012年《民事诉讼法》第227条的规定,金湘公司作为案外人可按该条款规定的程序行使自己的民事权利,而不应以农行吉首市支行为被告提起本案诉讼,裁定撤销湘西中院判决,驳回金湘公司的起诉。金湘公司不服湖南高院民事裁定,向最高人民法院申请再审,请求:撤销一审民事判决和二审民事裁定;金湘公司对案涉土地拍卖价款优先分配或受偿。最高人民法院经审理,裁定撤销湖南高院裁定,指令湖南高院继续审理本案。

【要点评析】

案外人异议之诉和分配方案异议之诉的区别在于两者诉讼请求不同。权利人提起案外人异议之诉的目的在于阻止执行,故诉讼请求一般为判令不得继续执行,而分配方案异议之诉的目的在于调整现有的分配方案,故诉讼请求一般为请求判令撤销原分配方案,按照其异议的意见进行重新分配。在异议阶段,执行法院就应该作出判断,到底属于案外人异议还是分配方案异议。两个异议的区别也在于异议请求的不同,判断规则同上。本案中金湘公司提出异议的原因系对分配方案不满意,目的在于请求对其优先分配,理由为其享有优先受偿权,故应属于分配方案异议无疑。

根据《执行程序解释》第17条、第18条的规定,在执行法院作出分配方案后,异议人金湘公司可以以提出反对意见的债权人农行吉首市支行为被告向执行法院提起诉讼。本案为执行分配方案异议之诉,金湘公司依法享有诉权,二审法院应当对本案进行实体审理。至于金湘公司对分配方案中所确定的债权受偿顺序和分配数额等问题,则属于实体审理范围。二审法院适用2012年《民事诉讼法》第227条的规定裁定驳回起诉,适用法律不当。

第二节　分配方案异议之诉的审理与裁判

法律依据

《执行程序解释》第 18 条　债权人或者被执行人对分配方案提出书面异议的，执行法院应当通知未提出异议的债权人或被执行人。

未提出异议的债权人、被执行人收到通知之日起十五日内未提出反对意见的，执行法院依异议人的意见对分配方案审查修正后进行分配；提出反对意见的，应当通知异议人。异议人可以自收到通知之日起十五日内，以提出反对意见的债权人、被执行人为被告，向执行法院提起诉讼；异议人逾期未提起诉讼的，执行法院依原分配方案进行分配。

诉讼期间进行分配的，执行法院应当将与争议债权数额相应的款项予以提存。

《民事诉讼法解释》第 510 条　债权人或者被执行人对分配方案提出书面异议的，执行法院应当通知未提出异议的债权人、被执行人。

未提出异议的债权人、被执行人自收到通知之日起十五日内未提出反对意见的，执行法院依异议人的意见对分配方案审查修正后进行分配；提出反对意见的，应当通知异议人。异议人可以自收到通知之日起十五日内，以提出反对意见的债权人、被执行人为被告，向执行法院提起诉讼；异议人逾期未提起诉讼的，执行法院按照原分配方案进行分配。

诉讼期间进行分配的，执行法院应当提存与争议债权数额相应的款项。

一、制度阐释

（一）制度渊源

分配方案异议之诉制度最早出现在 2008 年《执行程序解释》第 26 条，仅此一个条文。2015 年《民事诉讼法解释》第 512 条沿用了该规定的条文内容。

分配方案异议之诉制度虽已确立了十多年，但由于执行分配制度的复杂性，实务中遇到的很多问题大部分通过调解或者和解进行了处理，并未真正进入异议之诉程序，很多疑难问题未完全进入学界视野，理论研究不够深入。我们查阅了中国裁判文书网公布的分配方案异议之诉的判决、裁定，发现已经上网的该类裁判文书较少。目前，各高级人民法院出台的关于审理分配方案异议之诉的指导性文件也比较少。在已出台的关于执行异议之诉的指导性文件中，分配方案异议之诉的内容占用篇幅也远不及案外人异议之诉。由此可见,分配方案异议之诉在实务层面上,案件数量较少,已经达成的共识也较少。

(二)审理重点

首先,如前所述,执行案款分配阶段的异议有两种,分别对应不同的审查路径。因此,分配方案异议之诉的起诉、审理过程,应首先审查原告在执行案款分配阶段提出的异议是否为分配方案异议。如属于执行行为异议的,应裁定不予受理;受理后发现并非分配方案异议的,应裁定驳回起诉。

其次,关于分配方案异议之诉的审理程序,现行法律和司法解释并无特殊规定。一般认为,应适用普通程序审理,但作为执行程序的衍生诉讼,其也有自身的特殊性。本节关于分配方案异议之诉的审理程序的内容,主要讨论该类型诉讼的一些特殊性问题。

最后,关于分配方案异议之诉裁判规则,有实体法和程序法两个方面。实体法方面,几乎可以涉及民商事法律关系的各个领域,在具体法律规则的适用上,与一般民商事案件并无二致,实务中主要涉及优先权的确认、优先受偿金额及优先受偿顺位等问题。程序法方面,主要涉及《民事诉讼法》及其司法解释中的清偿规则。

二、操作指引

(一)分配方案异议之诉中的程序问题

1. 起诉前置程序的审查

《执行程序解释》第 18 条和《民事诉讼法解释》第 510 条规定,对分配方案提出异议的异议人应当先提出书面异议,只有在未提出异议的债权人、被执行人提出反对意见且异议人收到通知后 15 日内,方可提起分配方案异议之诉。

需注意的是,执行方案异议之诉前置程序中的“对分配方案提出的书面异议”应为实体性异议(可参照本章第一节对程序性异议和实体性异议进行识别,识别后认定为程序性异议的,则不属于分配方案异议之诉的受理范围,而应当按照《民事诉讼法》第 232 条的规定进行审查)。

2. 分配方案异议之诉的管辖

《执行程序解释》第 18 条和《民事诉讼法解释》第 510 条规定,分配方案异议之诉管辖法院应为“执行法院”。参与分配的案件,多个债权人存在,可能每个债权人已经取得执行依据,存在多个执行法院,因此,两个法律条文中的“执行法院”理解为特定的法院,即主持案款分配的执行法院。理论上和实务中,对分配方案异议之

诉应属于专属管辖的观点,并无异议。实务中,尚有如下两点需要注意:

第一,经委托执行、指定执行的,也应由主持案款分配的法院管辖。有观点认为,执行案件经委托执行、指定执行后,受指定或者受委托的人民法院是原执行法院的下级人民法院且在主持分配的,分配方案异议之诉应由主持分配的法院的上级法院管辖。也有观点认为,提级执行、指定执行、委托执行,都应由最终执行的法院管辖,即主持分配的法院管辖。我们认为,无论何种情况,都由最终主持分配的法院管辖分配方案异议之诉,有利于查明案件详细情况,有利于审执衔接,有利于提高诉讼效率和案款分配效率。

第二,债务人对分配方案中无生效法律文书确认优先债权的提出异议,请求变更分配方案的,不得另诉。对未取得执行依据但案款分配方案直接对优先债权予以确认的,债务人反对的,应向主持分配的法院提出异议,经分配方案异议、分配方案异议之诉程序审查。债务人未提出分配方案异议,而是直接向其他法院起诉的并请求变更分配方案的,应裁定不予受理;已经受理的,在查明债务人状况后,应裁定驳回起诉;对其他法院受理作出的判决,应通过审判监督程序审查。

3. 提起分配方案异议之诉的期间

对分配方案提出异议的异议人,应在自收到反对意见的通知之日起 15 日内向主持分配的法院提起诉讼。关于起诉的期限,两个司法解释的条文均未明确是否可以延长,因此应将 15 日的起诉期限理解为法定期间。

(1)期间的起算、顺延

《民事诉讼法》第 85 条、第 86 条关于期间规定,对分配方案异议的反对意见送达的当日,不计算在 15 日的起诉期限内,期间届满的最后一日是法定休假日的,以法定休假日后的第一日为届满的日期;15 日的期间不包括在途时间,起诉材料在期满前交邮的,不算过期;异议人因不可抗拒的事由或者其他正当理由耽误期限的,在障碍消除后的 10 日内,可以申请顺延期限,是否准许,由主持分配的法院决定。

(2)期间经过的后果

异议人明显已超过司法解释规定期限起诉的,法院是否可以受理?如可以受理,应如何裁判呢?我们认为,主持分配的法院可在查明超期起诉后,裁定不予受理;已经受理的,应裁定驳回起诉。理由是:超过 15 日未起诉的,主持分配的法院应按照司法解释的规定依原分配方案进行分配。

实务中,有的异议人在收到反对意见的通知后,未在法院通知的 15 日内向主持分配的法院提起诉讼,而是向上一级法院申诉或越级上访寻求救济。我们认为,即使信访的时间在通知反对意见的 15 日内的,也不应视为起诉;信访接待人员可告知信访人在法定期限内起诉,否则将只能面临不利后果。

4. 案件受理费

《诉讼费用交纳办法》第 13 条规定了案件受理费的交纳标准,但分配方案异议之诉的收费标准是参照非财产案件进行,还是按照诉讼请求的标的额计算,并无明确的规定。实务中,有法院认为,当事人已经交纳执行申请费,执行分配方案制作属于执行行为,如果按照诉讼请求的标的额计算案件受理费,将出现异议人胜诉的情况下,诉讼费用由作为被告的债权人或被执行人负担,这将导致两个后果:一是诉讼费用可能接近或高于作为被告的债权人的债权,令该部分债权人对异议人意见表现消极,执行分配方案异议之诉制度亦会失去其存在意义;二是由作为被告的被执行人负担,如果诉讼费用过高,则无疑增加执行债权,影响到执行分配比例。所以,这种观点认为,应比照非财产案件收取 100 元案件受理费。

分配方案异议之诉,应属于该条规定的财产案件,可根据异议人和提出反对意见的债权人关于分配方案中存有争议的金额部分,分段按照比例交纳。理由是:第一,按照《诉讼费用交纳办法》,执行费不需要债权人交纳,而是在执行后由被执行人承担;第二,分配方案异议之诉审理的是实体问题,与普通民事诉讼无异;第三,诉讼费用虽然应现行交纳,但最终由败诉方承担,按照财产案件收费有助于规制滥诉。当事人在规定期限内向人民法院提起诉讼,人民法院应当通知其预交,通知后仍不预交或者申请减、缓、免未获批准而仍不在法定期限内预交的,可依照《民事诉讼法解释》第 213 条的规定,裁定按撤诉处理。①

5. 可裁定不予受理或驳回起诉的具体情形

对债权人、债务人提起的分配方案异议之诉,现行法律和司法解释并未规定在哪些情形下应裁定不予受理或驳回起诉。我们认为,当事人在执行案款分配阶段提出的程序性异议,本应通过执行异议、复议程序审查,但有时被执行机构当作实体性异议(分配方案异议),后当事人据此提起分配方案异议之诉,可裁定不予受理或者驳回起诉。比如,债权人认为其有资格申请参与分配,但分配方案未将其债权列入,后其直接向主持分配的法院提起分配方案异议之诉,请求确认其参与分配的资格并修改分配方案的,在被明确告知不符合立案条件后仍然坚持起诉的,法院依照《民事诉讼法》第 126 条的规定,裁定不予受理;受理后发现不符合分配方案异议之诉受理条件的,可依照《民事诉讼法解释》第 208 条的规定,裁定驳回起诉。

此外,生效法律文书已经确认了债权金额、优先受偿权,债权人据此申请参与分配并被法院批准,其他债权人对该债权或者金额不服,提起分配方案异议之诉

① 参见浙江省嘉兴市中级人民法院民事裁定书,(2010)浙嘉民受终字第 7 号。

的,也应裁定不予受理或驳回起诉。理由是:如允许对已经发生法律效力的生效法律文书提起分配方案异议之诉,则审理此诉的法官需对生效法律文书进行审查。而依《民事诉讼法》的规定,对于可能存在错误的生效判决书、裁定书应通过审判监督程序或第三人撤销之诉予以纠正;对于可能存在错误的生效仲裁裁决、公证债权文书等,也有独立的司法审查程序,故对生效法律文书持有异议的,不应在分配方案异议之诉中解决。

此外,对执行过程中依职权对拍卖物余款所制作的财产分配方案,不属于执行分配方案异议之诉的范围。海南省高级人民法院在(2020)琼民终37号民事裁定书中明确指出,在首封执行案已先行执行完毕的情况下,人民法院针对首封执行案剩余执行款依职权制作拍卖余款分配方案,不属于司法解释规定的"被执行人的财产不能清偿所有债权,由多个债权人对执行财产申请参与分配后制作的财产分配方案",不属于可以提起执行分配方案异议之诉的财产分配方案。

6. 当事人的主体地位的确定

现行司法解释的两个条文,对分配方案异议之诉的当事人的规定较简单,但实务问题远比条文复杂。

(1)原告的确定

原告为对分配方案提出异议的债务人或者债权人。需要注意的是,如同时有多个债权人或债权人、债务人同时对分配方案提出异议,后他人提出反对意见的,多个异议人同时起诉的,应如何处理其地位?此处涉及诉的合并问题。多个异议人单独起诉的,存在多个诉。但根据诉的合并理论,如多个诉的诉讼标的是同一种类的,由同一个法院管辖,适用同一诉讼程序,人民法院可遵循当事人的意见,因诉讼标的是同一种类而进行诉的客体合并,从而导致诉讼主体也合并,形成一个普通共同诉讼,方便审理,实现诉讼经济,节约司法资源。因此,对多个异议人提起分配方案异议之诉的,应区分情况,分两种情况处理。首先,异议人起诉时的诉讼请求和理由相同的,如均认为分配方案中所列的某个债权不应优先受偿,故请求修改分配方案的,可作为普通共同诉讼合并审理,一个诉讼中存在多个原告;其次,多个异议人针对分配方案中不同的债权提出异议,理由不同,诉讼请求也不同,此时诉讼标的的种类不同,可分别立案,分别审理。

(2)被告的确定

在原告确定后,每一个诉的被告也就确定了。依照司法解释的规定,被告应为不同意该异议人意见的债权人、债务人。异议人在民事诉状中坚持将非分配方案当事人列为共同被告的,不符合法律规定,法院可裁定驳回异议人的起诉。

(3)第三人的确定

对分配方案未提出异议,也未提出反对意见的债权人或债务人,在分配方案异议之诉中的地位如何?目前争议较大。最高人民法院认为无须统一规定,由审判庭根据争议事项是否会影响其他主体的权利而予以灵活掌握。① 实务中,有不少法院将其列为第三人。从实务角度看,经常有被执行人故意"下落不明"以躲避债务,如将未提出反对意见的债务人列为第三人,需适用公告送达程序,导致异议之诉程序拖沓,影响效率,故不必将此类债务人列为第三人;而未提出任何反对意见的债权人,实际已经放弃了程序权利和可能存在的实体权益,故也可不将其列为第三人。

7. 申请撤诉与按撤诉处理

分配方案异议之诉中的撤诉问题,与普通民事诉讼并无差别,因此裁判规则是一致的,唯需注意撤诉后是否可以再次起诉的问题。

(1)申请撤诉的情形

《民事诉讼法》第 148 条规定,宣判前,原告申请撤诉的,是否准许,由人民法院裁定;人民法院裁定不准许撤诉的,原告经传票传唤,无正当理由拒不到庭的,可以缺席判决。

(2)按撤诉处理的情形

按照撤诉处理的,主要为三种情形:①原告经传票传唤,无正当理由拒不到庭的;②未经法庭许可中途退庭的;③无正当理由未按期足额补交诉讼费用的。前两种情形规定在《民事诉讼法》第 146 条,后一种情形被规定在《民事诉讼法解释》第 199 条、第 213 条和《最高人民法院关于适用〈诉讼费用交纳办法〉的通知》第20 条。

(3)撤诉后是否还可以再起诉

对此问题,尚存争议。一般认为,从维护当事人权益和彻底化解纠纷的角度考虑,撤诉后在法定期间内(15 日)再次起诉的,应予以受理。因此,异议人撤诉后,执行机构需要等待 15 日的法定期间经过,再依据原分配方案分配案款。

8. 一审程序

关于分配方案异议之诉的审理程序,两个司法解释均未有明确规定。一审程序,一般应适用普通程序审理,但在基层"案多人少"矛盾日益突出、执行异议之诉逐渐增多的今天,分配方案异议之诉能否适用简易程序,甚至小额速裁程序,也有讨论的必要。我们认为,对于一些简单的争议不大的案件,符合《民事诉讼法》第

---

① 参见最高人民法院修改后民事诉讼法贯彻实施工作领导小组编著:《最高人民法院民事诉讼法司法解释理解与适用》(下),人民法院出版社 2015 年版,第 1349 页。

160 条规定的情形时，[①]也有适用简易程序甚至小额速裁程序的余地。

另外，是否可以进行调解呢？江苏省高级人民法院认为，执行异议之诉案件不得进行调解，理由是执行异议及执行异议之诉案件涉及执行法院对被执行主体的确立、执行标的财产的确定及其处置等执行行为的正当性与合法性，执行异议及执行异议之诉案件的裁判结果不受当事人处分权利的约束。[②] 我们认为，民事权利的处分权在执行异议之诉中仍然需要得到尊重，如分配方案中列明的债权人、债务人全部为分配方案异议之诉的当事人，或调解结果对未进入诉讼的债权人、债务人并无损害（最终的受偿金额与原分配方案相比），调解并无不妥。

9. 诉讼请求、审理范围及判决主文

（1）分配方案异议之诉的性质

理论上对分配方案异议之诉，主要有形成之诉说、确认之诉说、命令之诉说、救济诉讼说四种。我国大陆对该诉的性质讨论较少，实务中较为混乱，实际多采纳确认之诉说。该说认为，原告的诉讼请求应为请求法院确认其异议是否成立，确定应分配的金额、顺位是否正确，其目的在于解决分配方案所记载的内容有无错误，若有错误的，需确定错误的范围，以便执行机关根据该判决确定的分配标准重新制作分配方案。

（2）分配方案异议之诉的诉讼请求

按照确认之诉说，实务上债权人、被执行人提起分配方案异议之诉的，应当在诉讼请求中写明其权利属性、分配顺序、分配份额等。执行分配方案异议之诉，其最终目的是撤销、部分撤销执行分配方案，前提当然是要确认债权人或被执行人的某项实体权利，如优先受偿权、抵销权，或是对执行分配方案中的分配比例、数额的更正。因此，执行分配方案异议之诉的诉讼请求主要有两项，第一项是“请求确认债权人或被执行人的某项实体权利”，第二项为“撤销或部分撤销执行分配方案”。

（3）分配方案异议之诉的审理范围

分配方案异议之诉的审理范围，应围绕原被告双方的争议焦点进行。原告所提出的实体性异议所涉及的内容，转化为诉讼请求，进而成为双方的争议焦点。从各地人民法院的生效判决来看，分配方案中列明的债权的数额计算、优先性、享有优先受偿权的担保物权和法定优先权等问题应属于该诉的审理范围，已经达成了共识，但是对于债权的真实性是否属于执行分配方案异议纠纷的审理范围，从现有

---

① 《民事诉讼法》第 160 条规定：基层人民法院和它派出的法庭审理事实清楚、权利义务关系明确、争议不大的简单的民事案件，适用本章规定。基层人民法院和它派出的法庭审理前款规定以外的民事案件，当事人双方也可以约定适用简易程序。

② 参见《江苏省高级人民法院执行异议及执行异议之诉案件办理工作指引（一）》。

判决来看,分歧较大。另外,很多本应通过执行异议、复议程序审查的程序性异议,都进入了分配方案异议之诉程序审理。因此,实务中存在将该诉的审理范围扩大化的现象。我们认为,按照现有的司法解释的规定,分配方案异议之诉的审理范围,即执行分配阶段的实体性异议的范围,不含程序性异议,详见本章第一节。

另外,分配方案异议之诉的提起是因债权人或债务人反对分配方案异议人的异议而致,根据民事诉讼不告不理原则,人民法院审理范围应该限定在异议人提出异议的部分,而非对整个执行分配方案进行审理,所以异议人当初对分配方案无异议的部分,一般无须在分配方案异议之诉中审查。实务中,还有当事人提起执行分配方案异议之诉的同时,提出了数个性质不同的其他请求,在法院对其进行释明和诉讼指引后,仍声明民事诉状不做任何修改,坚持不变更主体,不变更诉讼请求。[①]对不符合法律规定的部分起诉可裁定驳回起诉,仅对符合分配方案异议之诉审理范围的部分继续审理。

(4)判决主文

分配方案异议之诉经审理,认为异议人的理由不成立的,应判决驳回其诉讼请求。理由成立的,应判决撤销原分配方案,同时根据原告的诉讼请求作出相应的裁判。也有观点认为,判决主文除应撤销原分配方案外,在主文中应对分配方案作出实际的变更(制作或修改执行分配方案),但实务中采用该观点的判决较少见。

需要注意的是,如果原告的诉求成立的,不得仅仅作出执行机构重新作出分配方案的判决,而是应包括以下两项内容:第一,确认原告的债权数额和分配顺位,或者确认某项债权不存在或者实体上丧失分配资格(根据诉讼请求不同而不同);第二,责成执行机构重新制作分配方案。

10. 二审、审判监督程序

当事人不服分配方案异议之诉的判决、裁定,提起上诉的,应适用《民事诉讼法》关于二审程序的相关规定。自愿申请撤回上诉,系当事人对其诉讼权利的自由处分,可依照《民事诉讼法》第 180 条的规定进行审查。

分配方案异议之诉的判决、裁定生效后,申请再审、法院依职权再审、检察院抗诉后再审的,适用《民事诉讼法》关于审判监督程序的相关规定。

11. 分配方案异议之诉判决生效后再诉的问题

在分配方案异议之诉后,执行机构根据生效判决重新制作了新的分配方案,对重新制作的分配方案,债权人和债务人能否再次提起执行分配方案异议之诉?对

---

① 参见顾某军、广东格林柯尔企业发展有限公司、格林柯尔制冷剂(中国)有限公司与海信科龙电器股份有限公司、青岛海信空调有限公司等上诉案,广东省高级人民法院(2015)粤高法立民终字第 620 号民事裁定书。

此问题,最高人民法院的司法解释并未明确,实务中争议较大。一种观点认为,执行机构作出的新的分配方案是根据分配方案异议之诉判决的主文进行调整的,如认为执行机构对方案的调整与判决主文不符的,应通过异议复议程序处理。另一种观点则认为,原分配方案被撤销后,执行机构重新制作了新的分配方案,对新的分配方案,应赋予再次提起异议和分配方案异议之诉的权利。

对此问题,我国台湾地区有关强制执行的规定理论持反对意见,认为"至于未为反对陈述之他债权人或者被执行人,其分配额及分配之次序或剩余金额,纵受影响,亦不得再为反对陈述之"①。关于判决的效力,通说认为,分配方案异议之诉的生效判决,对参与分配的所有债权人均发生效力。即无论该诉的原告是债务人,还是债权人,也无论全部债权人是否都参与了该诉,债务人及分配方案列明的债权人皆受该判决的约束。对异议未提出反对意见的债权人或债务人,在判决生效后,其分配额或者受偿顺序受到影响的,也不得再提出反对意见或者提出新的异议。据此,我们认为,对重新制作的分配方案,其他债权人或被执行人能否再次提起执行分配方案异议之诉,应区分两种不同情形,分别处理。

第一,如果执行机构严格按照前诉判决要求重新制作执行分配方案,并未在前诉判决之外对参与分配的当事人、债权性质和金额等做其他变更或增加的,则根据既判力要求,其他债权人或被执行人均不能再次提起分配方案异议之诉。理由是:(1)如异议人胜诉,则前诉判决必然导致对原分配方案的修改,如影响未参与诉讼债权人的,也是前诉判决的必然结果。如认为前诉判决存有错误的,应通过审判监督程序解决。(2)执行机构只是依据生效判决对原来的分配方案中的部分债权进行了"加减乘除"的数学计算。如对此数学计算的正确性与否有异议的,可由执行部门依照《民事诉讼法》第236条的规定审查。(3)如允许再次提起分配方案异议之诉,将导致多次提起分配方案异议之诉,甚至无限产生分配方案异议之诉,这无疑是荒谬的。

第二,如果执行机构重新制作执行分配方案时,在前诉判决主文确定的内容之外,又对原分配方案中的债权另作变更或增加,则其他债权人或被执行人,甚至前诉的原告均可针对新的分配方案再次提起分配方案异议之诉。

(二)分配方案异议之诉中的实体问题

1. 建设工程价款优先受偿权的相关争议及裁判

建设工程价款优先受偿权,是指承包人对于建设工程的价款就该工程折价或

---

① 杨与龄:《强制执行法论》,中国政法大学出版社2002年版,第296页。

者拍卖的价款享有优先受偿的权利,优先于一般的债权和抵押债权,最早由《合同法》(已废止)第286条规定。2002年6月最高人民法院出台《关于建设工程价款优先受偿权问题的批复》(已废止),共5条,进一步明确了不少实务难题。《民法典》第807条基本沿袭了《合同法》(已废止)的规定,并无变化。2021年1月1日起施行的《建设施工合同解释(一)》则用了7个条文(第35~42条),对建设工程价款优先受偿权制度进行了完善。

《民法典》施行前,在分配方案异议之诉中,《合同法》(已废止)条文及上述批复是关于建设工程价款优先受偿权的主要裁判依据。《民法典》及《建设施工合同解释(一)》施行后,则应以《民法典》及其司法解释为适用的依据。但在法不溯及既往的原则下,[①]对于2021年1月1日前发生的涉及建设工程价款优先受偿权的法律关系引起的纠纷,仍应适用《合同法》(已废止)及其司法解释进行审理,但在"有利溯及为例外"及《建设施工合同解释(一)》有新规定更有利于保护建设工程价款优先受偿权的前提下,有时也应适用新法。在分配方案异议之诉中,建设工程价款优先受偿权纠纷案件的争议焦点,主要是实体法问题,但也有一些执行程序特有的问题。

(1)执行程序可审查并确认建设工程款优先权

未取得执行依据的债权人,以其享有建设工程价款优先受偿权为由申请参与分配的,执行机构应予以审查,并作出分配方案。其他债权人认为,无生效法律文书确认建设工程价款优先受偿权,执行程序予以确认不妥,分配方案中不能对该债权人优先受偿而提起分配方案异议之诉的,应不予支持。

另外,2008年2月29日《最高人民法院关于对人民法院调解书中未写明建设工程款有优先受偿权应如何适用法律问题的请示的复函》(〔2007〕执他字第11号)指出:"建设工程款优先受偿权是一种法定优先权,无需当事人另外予以明示。"因此,人民法院出具的调解书中未写明建设工程价款优先受偿权,但施工人在参与分配中主张建设工程价款优先受偿权的,且可以提供证明其已在法定期限内主张行使过建设工程价款优先受偿权的,执行机构应予以支持。债务人或者其他债权人以调解书中未明确建设工程价款优先受偿权为由提起分配方案异议之诉的,应不予支持。

(2)建设工程价款优先受偿权的行使方式

建设工程价款优先受偿权需在法定期限内行使,否则施工人将丧失对工程处置后的价款优先受偿的权利。实务中施工人是否行使了建设工程价款优先受偿

---

① 参见《最高人民法院关于适用〈中华人民共和国民法典〉时间效力的若干规定》第1~5条。

权,为常见的争议之一。一般认为,施工人自行与发包人协商以该工程折价抵偿尚未支付的工程价款,或者提起诉讼、申请仲裁要求确认其对该工程拍卖价款享有优先受偿权,或者直接申请法院将该工程拍卖以实现工程款债权,或者申请参加对建设工程变价款的参与分配程序主张优先受偿权,均属于对建设工程价款依法行使优先权。施工人提起诉讼、申请仲裁仅要求判决或裁决由发包人向其支付工程款,未要求确认其对该工程拍卖价款享有优先受偿权的,不视为行使优先权。[①]

(3)建设工程优先受偿权与工程竣工的关系

有些建筑工程虽然未完工,也未取得产权证书,但特定情形下执行机构也可以对在建工程进行处置。对于处置获得的价款,施工人是否拥有建设工程价款优先受偿权并直接申请参与分配?换言之,建设工程优先受偿权的行使是否以建设工程竣工为条件?

在《建设施工合同解释(一)》施行前,主流观点认为,建设工程价款的优先受偿权是以发包人欠付工程款为前提的,所以即使工程未竣工,只要发包人有欠付工程款的事实,承包人就可以依照法律规定的程序主张工程价款优先受偿权。这样理解,有利于保护农民工的利益,也符合立法本意。但是如果因承包人自身原因导致施工质量不合格或工程进度未按约定完成的,就无权要求发包人支付工程款,相应地其也不能行使工程价款的优先受偿权。[②] 因此,在分配方案异议之诉中,原告以被告承建的建设工程并未竣工而不享有建设工程价款优先受偿权的理由,应予以驳回。《建设施工合同解释(一)》第 38 ~ 39 条基本采纳了上述观点。

(4)建设工程价款优先受偿权的客体

我国实行“房地一体主义”,对建筑工程进行处置时,应将土地使用权和房产一并处置,所得的款项是否均为建设工程价款优先受偿权的效力范围?主流观点认为,土地不是优先受偿权的客体。[③] 理由是,建设工程优先受偿权是法定优先权。《合同法》(已废止)第 286 条和《民法典》第 507 条规定的基础(理由)在于,承包方在整个建设的过程当中,承包人的建筑材料和劳动力已经物化在在建工程当中,它的所有的投入就转化为在建工程,它的投入在权利的标的物当中,在物的所有权的转化中转化为在建工程,已经和在建工程不可分离了,所以施工人基于所有权的转化而对在建工程享有优先受偿的权利。土地是建设工程的一个载体。对于工程占

① 参见浙江省高级人民法院执行局《执行中处理建设工程价款优先受偿权有关问题的解答》。

② 参见杜万华主编,最高人民法院民事审判第一庭编:《民事审判指导与参考》2015 年第 2 辑(总第 62 辑),人民法院出版社 2015 年版,第 294 页。

③ 参见杜万华主编,最高人民法院民事审判第一庭编:《民事审判指导与参考》2015 年第 2 辑(总第 62 辑),人民法院出版社 2015 年版,第 294 页。

用范围内的土地使用权,施工人没有任何的投入,因此土地使用权不应该作为建设工程优先受偿权的客体,建设工程施工人只能在其承建工程拍卖价款的范围内行使优先受偿权,对土地拍卖价款不能主张优先受偿。

基于此,执行实务中,可对建设工程(房产)和土地使用权分开进行评估,确定各自在总价值中的比例后再一并拍卖,拍卖成交后再依据建设工程(房产)占总价值的比例,确定建设工程承包人可以优先受偿的金额。如未分别评估,其他债权人以土地使用权的价款纳入建设工程优先受偿权的效力范围不当为由提起诉讼的,在分配方案异议之诉中,可委托评估分别确定土地和建筑工程的价值后,视情作出判决;如已经分开评估,分配方案未将土地使用权纳入优先受偿的范围,当事人对此提起分配方案异议之诉的,应不予支持。

(5)行使建设工程价款优先权的期限

《最高人民法院关于建设工程价款优先受偿权问题的批复》(已废止)第4条规定,建设工程承包人行使优先权的期限为6个月,自建设工程竣工之日或者建设工程合同约定的竣工之日起计算。而《建设施工合同解释(一)》第41条则规定,承包人应当在合理期限内行使建设工程价款优先受偿权,但最长不得超过18个月,自发包人应当给付建设工程价款之日起算。从应当给付建设工程价款之日起计算18个月,作为行使建设工程价款优先受偿权的期限,显然更有利于保护建设工程价款优先受偿权人及维护社会和经济秩序,更有利于弘扬社会主义核心价值观,故《民法典》施行后,根据有利溯及为例外的原则,①应一律采用18个月的期限的规定。至于"应当给付建设工程价款之日",《建设施工合同解释(一)》第27条规定,一般以当事人对付款时间的约定为准,未约定或者约定不明的,下列时间视为应付款时间:①建设工程已实际交付的,为交付之日;②建设工程没有交付的,为提交竣工结算文件之日;③建设工程未交付,工程价款也未结算的,为当事人起诉之日。按照新的司法解释规定,起算点也不再以竣工日期为准,避免了之前关于竣工日期认定的实务难题。

(6)建设工程价款优先受偿权的范围

《最高人民法院关于建设工程价款优先受偿权问题的批复》(已废止)第3条规定,建筑工程价款包括承包人为建设工程应当支付的工作人员报酬、材料款等实际支出的费用,不包括承包人因发包人违约所造成的损失。在实践中,建设工程价款的表现形式有工程估算价、设计概算价、施工图预算价、施工预算(概算)价和竣工结算价五种。主流观点认为,《合同法》(已废止)和《民法典》所称工程价款,如系

① 《最高人民法院关于适用〈中华人民共和国民法典〉时间效力的若干规定》第3条。

已竣工工程,应指竣工结算价;未竣工工程则应以施工预算价为基础进行评估确定工程价款。《合同法》(已废止)和《民法典》的立法精神是保护建筑施工企业被拖欠的工程款,主要是工人的工资、承包人的管理费和正常的利润。利润是工程价款的重要组成部分,显然应享有优先受偿权。因此,建设工程价款优先受偿权的范围为建设工程的工程价款,包括承包人应当支付的工作人员报酬、材料款、用于建设工程的垫资款、承包人的正常利润等。[①] 但工程价款的利息、发包人应当支付的违约金或者因为发包人违约所造成的损失、工程监理费等,不属于建设工程价款优先受偿权的受偿范围。而《建设施工合同解释(一)》第40条也采纳了以前的实务观点,规定承包人建设工程价款优先受偿的范围依照国务院有关行政主管部门关于建设工程价款范围的规定确定,承包人就逾期支付建设工程价款的利息、违约金、损害赔偿金等主张优先受偿的,人民法院不予支持。

(7)装饰装修工程承包人、工程勘察人或设计人的优先受偿权问题

此前,一般认为装饰装修工程承包人主张工程价款优先受偿权的,可予以支持。但装修装饰工程的发包人不是该建筑的所有人,或者承包人与该建筑物的所有权人之间没有合同关系的除外。享有优先权的承包人只能在建筑物因装修装饰而增加价值的范围内优先受偿。工程勘察人或设计人就工程勘察或设计费主张优先受偿权的,不予支持。[②] 但《建设施工合同解释(一)》第37条规定,装饰装修工程具备折价或者拍卖条件,装饰装修工程的承包人请求工程价款就该装饰装修工程折价或者拍卖的价款优先受偿的,人民法院应予支持。看起来司法解释附加了一个条件:装饰装修工程具备折价或者拍卖条件,其承包人才享有优先受偿权,但其实对实务影响不大。

2. 涉抵押权的相关争议和裁判

抵押权是债权人对债务人或者第三人不转移占有的担保财产,在债务人届期不履行债务或者发生当事人约定的实现抵押权的情形时,依法享有的就该抵押财产的变价处分权和优先受偿权的总称。抵押包括不动产抵押、动产抵押、权利抵押、最高额抵押、财团抵押等。同建设工程价款优先受偿权一样,在分配方案异议之诉中,抵押权纠纷案件的争议焦点主要是实体法上的相关争议,但也有一些特殊的问题。

(1)合同约定担保范围与抵押登记内容不符的问题

在实践中,有的登记部门操作不够规范,在办理房地产抵押登记时,会发生登

---

① 参见中华人民共和国最高人民法院民事审判第一庭编:《民事审判指导与参考》2009年第2集(总第38集),法律出版社2009年版,第306~307页。

② 《浙江省高级人民法院执行局执行中处理建设工程价款优先受偿权有关问题的解答》。

记范围与合同约定不一致的情况。如不动产抵押合同约定抵押担保金额为本金、利息及其他实现债权的费用,但登记时仅登记本金数额,制作分配方案时,各方当事人对如何确定优先受偿范围,往往有不同认识。分配方案异议中,各地法院认识也不统一,争议较大。《民法典》第 389 条和《物权法》(已废止)第 173 条,内容基本一致。

有观点认为,担保物权的担保范围包括主债权及其利息、违约金、损害赔偿金、保管担保财产和实现担保物权的费用,当事人另有约定的,按照其约定。在合同各方意思表示真实、一致且内容合法的情形下,不能因不规范的行政行为而影响当事人实体权益的实现。在合同已作约定,且主债权本金已经合法登记的情况下,登记效力应及于合理的利息、违约金等其他费用,申请人可以在据以登记的担保合同约定的范围内依法享有优先受偿权,[①]但最高额抵押以及抵押权人对登记内容与合同约定不一致有过错的,仍应当以登记为准。[②] 同时,也有观点认为,以不动产抵押的应当办理抵押登记,抵押权自登记时设立,抵押担保范围应当以登记机关不动产登记簿记载内容为准,除非有证据证明登记簿记载错误。[③]

在执行分配阶段,因抵押权人的优先受偿范围应首先考虑登记的公示效力,担保的范围因公示而具有对抗其他债权人的效力。因此,在执行分配中,如同一抵押物之上有多个抵押权,在先顺位的抵押权人以其登记债权数额为限参与优先受偿;抵押合同约定的担保范围超出抵押登记的担保范围,抵押权人仅能就登记的抵押担保范围主张优先受偿。

(2)最高额抵押的债权数额确定问题

2000 年颁布施行的《最高人民法院关于适用〈中华人民共和国担保法〉若干问题的解释》(已废止)第 81 条规定:“最高额抵押权所担保的债权范围,不包括抵押物因财产保全或者执行程序被查封后或债务人、抵押人破产后发生的债权。”2008 年《查扣冻规定》第 27 条进一步规定,人民法院查封、扣押被执行人设定最高额抵押权的抵押物的,应当通知抵押权人。抵押权人受抵押担保的债权数额自收到人民法院通知时起不再增加。人民法院虽然没有通知抵押权人,但有证据证明抵押权人知道查封、扣押事实的,受抵押担保的债权数额从其知道或者应当知道该事实时起不再增加。但《物权法》(已废止)第 206 条第 4 项规定,抵押财产被查封、扣押,抵押权人的债权确定。2021 年 1 月 1 日起施行的《民法典》第 423 条第 4 项规

① 参见《浙江省高级人民法院关于审理实现担保物权案件若干问题的解答》。

② 参见《浙江省高级人民法院关于审理执行异议之诉案件疑难问题解答(二)》。

③ 参见孙某成与宜兴市江山生物科技有限公司、周某华民间借贷纠纷案,(2014)苏民终字第 0207 号民事判决书。

定,抵押权人知道或者应当知道抵押财产被查封、扣押的,抵押权人的债权确定。2020 年 12 月 23 日修正的《查扣冻规定》第 27 条则与《民法典》的规定保持了一致。

显然,关于人民法院查封对最高额抵押的债权数额确定的影响,在《民法典》施行前,法律和司法解释条文规定并不一致。如适用 2008 年《查扣冻规定》第 27 条,显然对债权人更为有利,但《物权法》(已废止)出台在后,且其效力也比《查扣冻规定》更高,按照法律适用规则,应适用《物权法》(已废止)的规定。因此,实务中审判部门多认为,抵押财产被查封、扣押后,最高额抵押担保合同约定的债权确定时间未届满的,应以查封、扣押的时点作为债权确定时间,而非人民法院通知查封的时间。① 但执行部门多认为,应以查封法院通知或抵押权人知道或应当知道查封、扣押事实的时点作为抵押债权的确定时间,更为合理。《民法典》施行及《查扣冻规定》修正后,应以《民法典》的规定为准。

(3)执行分配阶段能否确认抵押权的问题

执行依据(实务中主要是调解书)未确认抵押权,在申请参与分配时依据已经登记的抵押权,要求法院对其债权优先受偿。或者分配方案作出后提出异议,要求法院依据登记的抵押权对债权优先受偿,是否支持?对此问题,实务中存有争议。有的法院认为,执行依据未确认抵押权,执行机构无权在分配方案中予以确认,故不予支持。有的法院则认为,虽然制定执行分配方案所依据的生效调解书未确认该项权利,但民事调解书未确认抵押优先权并非导致该项权利灭失的法定事由,故抵押权人仍然享有对抵押财产拍卖后优先受偿的权利,故应予以支持。我们认为,后一种意见更可取。

(4)抵押预告登记的效力

债权人和债务人一同办理了抵押预告登记,但未办理抵押登记,在执行分配时,债权人是否可因抵押预告登记而优先受偿?《物权法》(已废止)第 20 条规定:"当事人签订买卖房屋或者其他不动产物权的协议,为保障将来实现物权,按照约定可以向登记机构申请预告登记。预告登记后,未经预告登记的权利人同意,处分该不动产的,不发生物权效力。预告登记后,债权消灭或者自能够进行不动产登记之日起 3 个月内未申请登记的,预告登记失效。"《民法典》第 221 条基本沿袭了上述规定的内容。根据该条文,不动产预告登记是在不动产财产权利登记条件还不具备时,为了保证将来财产权利登记能够顺利进行,取得物权,而进行的登记;经预告登记后,该不动产未经预告登记的权利人同意,无法转让他人或即使转让的,他

---

① 参见王雄飞:《查封后最高额抵押债权数额确定的问题探究》,载《人民法院报》2017 年 8 月 23 日,第 7 版。

人也无法取得物权。因此,抵押预告登记的实质是排他性的请求权,与抵押权是两种不同的权利。债权人仅办理了抵押预告登记的,不可优先受偿。

3. 对已采取财产保全措施的普通债权是否预留案款

《民事诉讼法解释》第506条仅规定已经取得执行依据的债权人有资格申请参与分配。因此,对已经起诉或申请仲裁但尚未取得执行依据的普通债权人申请参与分配的,一般不予准许,分配方案中也不会为其预留案款。但对已经申请财产保全但未取得执行依据的普通债权人,分配方案是否一律不预留案款呢?

有高级人民法院认为,有以下情形之一的,主持分配的法院应当按照相关债权人诉讼或申请仲裁请求给付的债权数额确定其可分得的款项予以留存,待该债权人取得执行依据后支付:①

(1)在先查封为财产保全,所涉案件尚未审结,经协调由首先进入终局执行的法院处置财产并主持分配,在先查封的申请人要求参与分配的;

(2)被执行人的职工主张支付被拖欠的工资和医疗、伤残补助、抚恤费用,应当划入职工个人账户的基本养老保险、基本医疗保险费用,以及法律、行政法规规定应当支付给职工的补偿金的;

(3)人身损害赔偿纠纷案件的受害人向被执行人主张赔偿金,不能实现将严重影响受害人生活的。

从实务反馈看,因这些未决债权本身涉及民生或预留份额更公平的缘故,其他债权人对预留的方案异议不大;反过来,如执行法院不为此类未决债权预留份额,此类债权人情绪很大,容易造成信访压力,法律效果和社会效果均不好。因此,上述意见是值得肯定的。需要说明的是,2015年12月16日《最高人民法院关于首先查封法院与优先债权执行法院处分查封财产有关问题的批复》已明确,首先查封债权尚未经生效法律文书确认的,在移送处置后,主持分配的法院应当按照首先查封债权的清偿顺位,为其预留相应份额。这是司法解释层面对上述意见第一种情形的肯定。实际上后面的两种情形,从现有类似规定看,是借鉴了破产法关于清偿顺位的规定,体现了公平的精神,也是值得肯定的。

4. 迟延履行期间债务利息的计算和清偿

根据《最高人民法院关于执行程序中计算迟延履行期间的债务利息适用法律若干问题的解释》的规定,判决生效之后迟延履行期间的债务利息,包括一般债务利息和加倍部分债务利息。迟延履行期间的一般债务利息,根据生效法律文书确

---

① 参见《浙江省高级人民法院执行局关于多个债权人对同一被执行人申请执行和执行异议处理中若干疑难问题的解答》。

定的方法计算;生效法律文书未确定给付该利息的,不予计算。加倍部分债务利息的计算方法为:加倍部分债务利息 = 债务人尚未清偿的生效法律文书确定的除一般债务利息之外的金钱债务 × 日万分之一点七五 × 迟延履行期间。在实务中,优先债权一般金额较大,其一般债务利息和迟延履行利息是否优先受偿及应如何计算,往往会决定其他债权受偿的大小或者有无,所以无论执行人员在分配方案中如何处理此问题,都会成为当事人之间的争论焦点。

(1)迟延履行期间的债务利息计算是否正确,属于分配方案异议之诉的审理范围

迟延履行期间的债务利息计算,现有的司法解释规定曾经过两次调整,[①]执行实务中,如何计算是非常复杂且争议较多的。对迟延履行利息计算的争议,在不涉及多个债权人之间案款分配时,当然是按照执行异议、复议程序审查的。在涉及多个债权人的执行案款分配程序中,如当事人对分配方案中的某些债权的迟延履行利息计算持有异议的,是属于执行行为异议还是分配方案异议呢?这也是一个较有争议的问题。我们认为,此种异议应属于程序和实体兼有的异议,应按照实体性异议进行审查。实务操作中,因为此种异议往往争执较大,且对分配方案影响较大,也往往将该争议纳入分配方案异议之诉的审理范围。

(2)加倍部分债务利息不应优先受偿

首先,迟延履行期间债务利息是否优先受偿的问题,属于分配方案异议之诉的审理范围,并无疑问。其次,分配方案中的某个债务在迟延履行期间产生的一般债务利息,是否应优先受偿,应根据生效法律文书的主文或债务的性质而定。最后,不论债务本金是否因优先权而优先受偿,其迟延履行期间产生的加倍部分债务利息,均不应优先受偿。迟延履行债务利息是由于债务人不履行生效法律文书义务而产生的,其本质是法院为监督债务人及时履行义务而作出的具有惩罚和赔偿性质的措施。根据《最高人民法院关于执行程序中计算迟延履行期间的债务利息适用法律若干问题的解释》第 4 条的规定,加倍部分债务利息,不属于生效法律文书确定的金钱债务(本金和一般债务利息),应在全部金钱债务清偿完毕后,再进行清偿。具体操作是:全部生效法律文书确定的金钱债务按照一定的顺序或比例全部清偿完毕后,待分配的款项仍有剩余的,对各债权对应的加倍部分债务利息,可按照比例进行清偿。

---

① 涉及的司法解释有:(1)2009 年 5 月 18 日起施行的《最高人民法院关于人民法院在执行工作中如何计算迟延履行期间的债务利息等问题的批复》;(2)2014 年 8 月 1 日起施行的《最高人民法院关于执行程序中计算迟延履行期间的债务利息适用法律若干问题的解释》。

5. 职工工资的优先受偿问题

在执行案款分配程序中，如被执行人是法人或非法人组织，其财产不足以清偿全部债务的，其职工工资是否优先受偿？这曾经是执行案款分配实务中极具争议的问题之一。应综合考虑程序法和实体法的相关规定。

首先，如被执行人是非法人组织的，从《民事诉讼法》的规定来看，其职工工资在执行案款分配程序中是否优先受偿，有一个变化的过程。《最高人民法院关于适用〈中华人民共和国民事诉讼法〉若干问题的意见》(已废止)第299条规定："被执行人为公民或者其他组织，在有其他已经取得执行依据的债权人申请参与分配的执行中，被执行人的财产参照民事诉讼法第二百零四条规定的顺序清偿，不足清偿同一顺序的，按照比例分配。清偿后的剩余债务，被执行人应当继续清偿。债权人发现被执行人有其他财产的，可以随时请求人民法院执行。"而1991年《民事诉讼法》(已废止)第204条第1款规定的是企业法人破产还债程序，该条规定："破产财产优先拨付破产费用后，按照下列顺序清偿：(一)破产企业所欠职工工资和劳动保险费用；(二)破产企业所欠税款；(三)破产债权。"此后，2008年《执行规定》第94条规定："参与分配案件中可供执行的财产，在对享有优先权、担保权的债权人依照法律规定的顺序优先受偿后，按照各个案件债权额的比例进行分配。"综合上述三个条文的规定，在原《最高人民法院关于适用〈中华人民共和国民事诉讼法〉的意见》出台至《执行规定》出台前的时间内，在对非法人组织(其他组织)适用参与分配程序时，各债权的清偿顺序是参考企业法人破产还债程序的，而根据当时的《民事诉讼法》规定的企业法人破产还债程序，其职工工资在执行案款分配时处于第一顺位，优先于担保物权、建设工程价款优先受偿权等优先债权和普通债权。《执行规定》对参与分配程序中的清偿顺位做了修改，即不再参考企业法人破产还债程序，此时职工工资作为普通债权，在享有优先权的债权人优先受偿之后才可同其他债权一起，按照比例受偿。对《最高人民法院关于适用〈中华人民共和国民事诉讼法〉若干问题的意见》(已废止)和《执行规定》关于参与分配程序中清偿顺序的冲突，应根据新法优于旧法的原则处理。此后2012年修订的《民事诉讼法》和2015年颁布的《民事诉讼法解释》的相关条文，基本与《执行规定》保持一致。因此，在《执行规定》施行后，从《民事诉讼法》的规定层面看，被执行人是非法人组织的，其职工工资在参与分配程序中再无优先受偿的地位。

其次，如被执行人是营利法人的，在执行程序中，其职工工资是否应优先受偿，也有一个变化的过程。在《执行规定》未施行前，对因未进入"企业法人破产还债程序"而进入执行程序的被执行人，当然也可以参照民事诉讼法规定的企业法人破产还债程序，对职工工资优先清偿；2008年《执行规定》第96条规定，被执行人为企业法人,未经清理或清算而撤销、注销或歇业,其财产不足清偿全部债务的,应当参照参与分配程序进行清偿。实务中对未进入破产程序的企业法人,在案款分配时,一般按照或者参照此条适用参与分配程序,并无条文规定对职工工资应优先清偿。2015年《民事诉讼法解释》第516条规定,对未进入破产程序的被执行人,在清偿优先债权及执行费用后,按照采取执行或保全措施的先后顺序清偿债务,即不再适用参与分配程序,也并未规定应对职工工资优先清偿。综上所述,被执行人为企业法人的,在案款分配程序中,对其职工工资不应优先清偿。

最后,从实体法的规定来看,有些特别法规定了特定主体的工资应优先清偿。《海商法》第22条第1款第1项规定,船长、船员和在船上工作的其他在编人员根据劳动法律、行政法规或者劳动合同所产生的工资、其他劳动报酬、船员遣返费用和社会保险费用的给付请求,是具有船舶优先权的海事请求。可见,船长、船员和在船上工作的其他在编人员的工资,如果有生效法律文书确认,应纳入船舶优先权的范畴,在船舶处置后优先受偿。《民办教育促进法》第59条规定,对民办学校的财产按照下列顺序清偿:(1)应退受教育者学费、杂费和其他费用;(2)应发教职工的工资及应缴纳的社会保险费用;(3)偿还其他债务。非营利性民办学校清偿上述债务后的剩余财产继续用于其他非营利性学校办学;营利性民办学校清偿上述债务后的剩余财产,依照公司法的有关规定处理。根据该条文的规定,无论是具有法人资格的民办学校,还是属于其他组织的民办学校,教职工的工资都应该优先于担保物权、建设工程价款优先受偿权等优先债权和普通债权。另外,根据《企业破产法》第113条的规定,[①]破产财产在优先清偿破产费用和共益债务后,职工工资应优先于税款、普通债权获得清偿。《商业银行法》第71条第2款规定商业银行破产清算时,清算费用、所欠职工工资和劳动保险费用,应当优先于个人储蓄存款的本金和利息获得清偿。

综上所述,职工工资是否应优先受偿,在执行程序中确实是一个非常复杂的问题。根据现行的法律和司法解释规定,规则归纳如下:

(1)在海事诉讼程序中,船舶被拍卖后,对船长、船员、在船上工作的其他在编人员的工资,应列入船舶优先权,在船舶拍卖款中予以优先受偿。

(2)对不具有法人资格的民办学校,资产不足以清偿全部债务的,适用参与分

---

① 《企业破产法》第113条规定:破产财产在优先清偿破产费用和共益债务后,依照下列顺序清偿:(1)破产人所欠职工的工资和医疗、伤残补助、抚恤费用,所欠的应当划入职工个人账户的基本养老保险、基本医疗保险费用,以及法律、行政法规规定应当支付给职工的补偿金;(2)破产人欠缴的除前项规定以外的社会保险费用和破产人所欠税款;(3)普通破产债权。破产财产不足以清偿同一顺序的清偿要求的,按照比例分配。破产企业的董事、监事和高级管理人员的工资按照该企业职工的平均工资计算。

配程序,但应根据《民办教育促进法》的相关规定,在制作分配方案时,对其教职工工资予以优先受偿。其他债权人对教职工工资存在与否、金额多少、是否应优先等问题存有异议的,属于分配方案异议。

(3)对具有法人资格的民办学校,如未进入破产程序,应依照《民办教育促进法》第59条和《民事诉讼法解释》第506条规定的顺序清偿。债权人对清偿顺序和金额存有异议的,应为执行行为异议。

(4)其他组织的职工工资问题。对上述组织之外的其他组织,资产不足以清偿全部债务的,应适用参与分配程序。按照现行法律规定,其职工工资并不享有实体法或者程序法规定的优先权,在分配方案中应作为普通债权处理。

(5)其他营利法人的职工工资问题。无论是《民事诉讼法》还是其司法解释,均未规定对营利法人的职工工资,在执行分配程序中应优先清偿。

当然,以上分析,是完全基于法律和司法解释的条文进行的。在执行实务上,鉴于工资对职工生存生活的影响以及社会稳定的需要,执行人员一般对职工工资予以"特殊照顾",即无论被执行人是企业法人还是其他组织,均认定其职工工资优先于担保物权、建设工程价款优先受偿权等债权,应优先受偿,且该观点也在诸多分配方案异议之诉中得到支持。该观点虽不合法律规定,但在执行程序"替代"破产程序的当下,具有一定公平性。从生存权角度看,也是一种现实需要,特别是涉及农民工工资时,更是如此。需要注意是职工工资(或劳务报酬),不应当优先于担保物权和建设工程价款优先受偿权。其他债权人对职工工资优先存有异议的,一般引入分配方案异议之诉审查确定。还需注意的是,实务中对职工工资采取优先待遇,应注意对高管工资的进行限制。在分配方案制作和分配方案异议之诉中的裁判中,可参考《企业破产法》第113条第3款的规定,高级管理人员工资不超过职工平均工资。

6. 税款的优先受偿问题

税收优先权主要体现在税收法律和破产法律的几个条文中。执行案款分配中,税款是否应优先受偿,《民事诉讼法》及其司法解释中并未规定,由此导致在当前执行实务上,对于税款是否应优先清偿的问题,做法和依据不一。

在讨论这个问题之前,可先看看《税收征收管理法》和《企业破产法》的相关规定。《税收征收管理法》第45条第1款规定:"税务机关征收税款,税收优先于无担保债权,法律另有规定的除外;纳税人欠缴的税款发生在纳税人以其财产设定抵押、质押或者纳税人的财产被留置之前的,税收应当先于抵押权、质权、留置权执行。"根据该条的规定,税收绝对优先于普通债权,但是否优先于有担保的债权,则需看税款发生的时间是否在抵押、质押、留置之前。《企业破产法》第113条第1款规定："破产财产在优先清偿破产费用和共益债务后，依照下列顺序清偿：（一）破产人所欠职工的工资和医疗、伤残补助、抚恤费用，所欠的应当划入职工个人账户的基本养老保险、基本医疗保险费用，以及法律、行政法规规定应当支付给职工的补偿金；（二）破产人欠缴的除前项规定以外的社会保险费用和破产人所欠税款；（三）普通破产债权。"根据该条文的规定，在破产程序中，税收应优先于普通债权受偿。同时根据《企业破产法》第109条的规定，①对特定财产享有担保权的权利人，享有别除权，对该特定财产享有优先受偿的权利。但在破产程序上，有担保的债权是否绝对优先于欠缴的税款优先受偿，一直以来存有较大的争议。除去法理上的论证，就条文分歧来说，主要在于：根据《企业破产法》第109条和第113条的规定，破产程序中的债权清偿顺位应为：担保物权→破产费用→共益债务→职工债权→税收债权→普通债权。而根据《税收征收管理法》第45条的规定，纳税人既欠缴税款又欠有其他债权人债务，没有能力同时清偿时，当其他债权属于担保债权时，税收债权与担保债权处于平等地位，按各自发生时间的先后决定执行的顺序，据此形成了完全违背《企业破产法》第113条规定的债权清偿顺位：税收债权→担保债权→破产费用→共益债务→职工债权→普通债权。有学者建议严格执行企业破产法的规定，担保物权优先于税收债权清偿，《税收征收管理法》第45条依照时间先后处理的规定应仅限于非破产程序之中。② 但司法实践中贯彻下来却是非常的艰难，一是因为不少税法专家并不一定认可，二是税务官员在国家税收利益问题上除非有法律和司法的确认，否则也不敢轻易让步，毕竟，渎职风险无处不在，而税务机关往往掌管着破产企业最终税务注销登记的大权，在破产程序中拥有一定的发言权，法院的压力和难处可想而知。③

从分配方案异议之诉的相关判决来看，各地虽然承认税款应优先受偿，但所用的依据却并不统一。抛开法理不谈，在分配方案异议之诉的审理过程中，如仅从现有规定出发，分配方案异议之诉中对税款是否优先受偿及具体的顺位，应遵循《税收征收管理法》第45条的规定进行处理。在破产程序中，因为《企业破产法》与《税收征收管理法》的条文冲突，具体如何适用，可以通过解释论的方法进行解决，但尚有争论的余地；而在执行案款分配程序中，现有的《民事诉讼法》和司法解释并未规定税收的清偿顺位，此时要排除适用《税收征收管理法》第45条，依据不足。

---

① 《企业破产法》第109条规定："对破产人的特定财产享有担保权的权利人，对该特定财产享有优先受偿的权利。"

② 参见徐阳光：《破产法视野中的担保物权问题》，载《中国人民大学学报》2017年第2期。

③ 参见徐阳光：《税收债权与担保债权在破产中孰先孰后？——绍兴中院（2017）浙06民终1119号判决书解读》，载搜狐网2018年2月25日，https://www.sohu.com/a223984572_689962。

实务中,也有观点认为,欠缴的税款不属于可申请参与分配的债权。如在安徽广发典当有限公司与铜陵市地方税务局铜官区第一分局执行分配方案异议之诉一案[(2017)皖民终 376 号]中,二审法院安徽省高级人民法院认为土地增值税不属于债权,而是属于优先费用范畴,对其产生异议,不能通过分配方案异议之诉程序处理。

7. 其他费用的优先问题

(1)被执行人及其家庭成员的租房费用

被执行人所有的唯一住房被拍卖或变卖后,执行机构需要依照《异议复议规定》第 20 条①参照当地房屋租赁市场平均租金标准从该房屋的变价款中扣除 5～8 年租金,以作为被执行人的租房费用。实务中对该笔租房费用,应列在优先债权之前予以分配。其他债权人对其优先支付不服的而提起分配方案异议之诉的,应不予支持。

(2)诉讼费、执行费和执行费用问题

案件受理费,在实务中一般称为诉讼费。原告预缴的案件受理费,在其取得胜诉判决后,法院应按照《人民法院诉讼费用交纳办法》第 53 条的规定,予以退还。退还案件受理费后,该笔费用应由被告承担,即从执行款中支付。对该笔费用,是否应优先于优先债权支付?实务中,一般都优先扣除。另外,对《人民法院诉讼费用交纳办法》第 6 条规定的其他诉讼费用,实务中一般不予优先扣除。

《人民法院诉讼费用交纳办法》第 20 条规定,执行费应在执行后由被执行人承担。实务中,一般在执行款优先扣除。另外,被执行人存有多个案件的,诉讼费执行费标的额较大,案款不足以清偿全部诉讼费和执行费的,如何安排扣除顺序,实务中也存有争议。一般执行法院会优先扣除本院的诉讼费、执行费,而申请参与分配的债权所对应法院的诉讼费、执行费,则排在后面。

另外,执行中产生的各项费用,如评估费、拍卖辅助费、鉴定费、审计费等,应属于《民事诉讼法解释》第 508 条规定的执行费用,应当优先扣除。

(3)律师费、鉴定费、仲裁费等

执行分配方案中的债权数额,应当以执行依据中所确定的债权数额为准进行计算,不能在执行中任意增加或减少。执行依据中确定债权包括上述费用的,执行

---

① 《异议复议规定》第 20 条规定:金钱债权执行中,符合下列情形之一,被执行人以执行标的系本人及所扶养家属维持生活必需的居住房屋为由提出异议的,人民法院不予支持:(1)对被执行人有扶养义务的人名下有其他能够维持生活必需的居住房屋的;(2)执行依据生效后,被执行人为逃避债务转让其名下其他房屋的;(3)申请执行人按照当地廉租住房保障面积标准为被执行人及所扶养家属提供居住房屋,或者同意参照当地房屋租赁市场平均租金标准从该房屋的变价款中扣除 5～8 年租金的。执行依据确定被执行人交付居住的房屋,自执行通知送达之日起,已经给予 3 个月的宽限期,被执行人以该房屋系本人及所扶养家属维持生活的必需品为由提出异议的,人民法院不予支持。

机构应将其纳入参与分配的范围，执行依据如认定应优先受偿的，则优先受偿；未认定上述费用可以优先受偿的，则作为普通债权；执行依据未载明上述费用由被执行人承担的，不纳入参与分配的范围。

（4）政府机关依法收取的费用

如城市建设配套费。一般认为，政府机关收取的费用，不能等同于税收，不能优先受偿。

审判前沿

舟山市普陀区东港小额贷款股份有限公司与浙江民泰商业银行股份有限公司舟山普陀支行、方某能等执行分配方案异议之诉二审案

［（2017）浙民终500号民事判决书］

【裁判要旨】

执行分配方案异议之诉中，既非申请执行的债权人也非被执行人的无独立请求权的第三人，在原判并未判决其承担民事责任时，无权提起上诉。

对执行分配方案中列入的已决债权的金额，其他债权人以该债权人在案款分配前获得部分受偿，故应予以扣减为由，提起分配方案异议之诉的，应予支持。判决确认核减债权金额后，可由主持分配的法院重新制作分配方案。

【基本案情】

舟山市普陀区东港小额贷款股份有限公司（以下简称东港公司）诉方某能、陈某维、浙江万翔船务有限公司（以下简称万翔公司）等船舶抵押合同纠纷一案，宁波海事法院于2016年5月16日判令方某能、陈某维共同归还东港公司借款本金370万元、部分利息93,462元（暂计至2016年2月20日），支付东港公司因实现债权发生的律师费用51,800元、违约金18,500元，以上合计3,863,726元，并支付借款本金370万元自2016年2月21日起至借款实际清偿之日止按照借款合同约定利率计算的利息，东港公司就上述债权对万翔公司所有的“福港9”轮享有船舶抵押权，有权从该船拍卖或变卖价款中优先受偿。该民事判决生效后，东港公司已向宁波海事法院申请强制执行。民泰银行诉方某能、陈某维、万翔公司等海事债权确权纠纷一案中，宁波海事法院于2016年12月28日作出民事调解书，方某能、陈某维归还民泰银行借款本金140万元、利

息、律师费、债权登记费等,民泰银行就上述债权对万翔公司所有的“福港9”轮按照抵押顺序在最高限额155万元内享有船舶抵押权。该民事调解书生效后,民泰银行已向宁波海事法院申请强制执行。执行过程中,宁波海事法院于2016年7月28日作出执行裁定,扣押万翔公司所有的“福港9”轮,后于同年8月4日再次作出执行裁定,拍卖万翔公司所有的“福港9”轮,并启动船舶评估、拍卖程序。2016年10月24日上午,周某分别向东港公司账户汇入215万元和75万元,附言分别载明“周某代方某能还万翔船务贷款本金”及“周某代方某能归还万翔船务公司‘福港9号’轮贷款本金”。同年10月25日,万翔公司出具承诺书,载明:“1.周某愿意买下‘福港9’,万翔公司及法定代表人方某能,公司第一股东方某能,公司第二股东管某森,全力配合做好一切买卖过程中应办理的手续,直至该船过户给周某或周某指定的公司。2.在法院处置该船过程中,若法院和债权人同意先运营(若可能)所有运营权、管理权、处置权及一切运营所得归周某所有。(若可能从2016年11月开始)。”同年10月25日,周某向东港公司出具通知书,载明“兹由周某于2016年10月24日分别通过两个私人账户……汇入贵方账户人民币290万元,当时贵方同意汇入290万元后不对万翔‘福港9’轮进行拍卖,但事实在2016年10月24日上午10时后还是进行了拍卖,所以该笔买船保证金没有起到当时贵方承诺的本意。现周某慎重通知小额贷款公司要求退还该笔买船保证金290万元。”“福港9”轮第一次、第二次拍卖均流拍后,宁波海事法院于2016年11月24日至12月2日变卖该船,该船被买受人芜湖县中顺船舶服务有限公司以561万元价格竞得。经审查,扣除扣押、拍卖船舶等先予支付费用、船舶优先权、船舶留置权等债权款后,“福港9”轮剩余可分配金额为406余万元。2017年2月23日东港公司向宁波海事法院申报债权金额为370万元本金、利息、律师费等合计4,532,728元。“福港9”轮的第一抵押权人为东港公司,第二抵押权人为民泰银行。另外,2016年3月6日、7日,周某参加了万翔公司发展情况会议,会议就万翔公司对外债务的处理进行了讨论,对外债务包含民泰银行及东港公司的涉案债务。民泰银行以周某替方某能归还了东港公司本金290万元,应在东港公司申报债权中扣除该290万元本金为由,向宁波海事法院提出书面异议,宁波海事法院召集各债权人制作谈话笔录,因各方无法达成一致意见,东港公司坚持全额申报债权,民泰银行向宁波海事法院提起执行分配方案异议之诉,请求确认东港公司在“福港9”轮拍卖款中作为第一顺序抵押优先受偿金额中的本金为80万元。

宁波海事法院经审理作出判决:(1)确认被告舟山市普陀区东港小额贷款

股份有限公司在(2016)浙72执1018号案件“福港9”轮拍卖款中作为第一顺序船舶抵押权人优先受偿的债权本金金额为80万元;(2)由宁波海事法院执行机构重新制作分配方案。案件受理费11,800元,由被告舟山市普陀区东港小额贷款股份有限公司负担。东港公司不服宁波海事法院(2017)浙72民初796号民事判决,向浙江省高级人民法院(以下简称浙江高院)提出上诉,请求撤销宁波海事法院的判决,依法改判驳回民泰银行的诉讼请求。原审第三人周某也上诉,请求撤销宁波海事判决,依法改判确认东港公司在(2016)浙72执1018号案件“福港9”轮拍卖款中作为第一顺序船舶抵押权人优先受偿的债权本金金额为370万元。

浙江高院经审理认为东港公司的上诉理由与请求不能成立,应予驳回。宁波海事判决认定事实清楚,适用法律正确,应予维持。依照2017年《民事诉讼法》第171条第1款第1项的规定,判决驳回上诉,维持原判。

【要点评析】

执行分配方案异议之诉,是指多个债权人对同一被执行人申请执行或者对执行财产申请参与分配的,执行法院作出分配方案后,对分配方案提出书面异议的债权人或被执行人,以对异议意见提出反对意见的债权人或被执行人为被告,向执行法院提起的诉讼。其目的是在债务人的财产不足以清偿各债权人的全部债权时,通过执行分配实现对债务人的多个债权人的公平保护。本案宁波海事判决后,周某不服,提出上诉并缴纳了上诉费。根据2015年《民事诉讼法解释》第82条的规定,在宁波海事诉讼中,无独立请求权的第三人无权提出管辖异议,无权放弃、变更诉讼请求或者申请撤诉,被判决承担民事责任的,有权提起上诉。本案执行分配方案异议之诉,周某既非申请执行的债权人也非被执行人,系无独立请求权的第三人,原判并未判决其承担民事责任,故无权提起上诉。

本案二审的争议焦点是东港公司在(2016)浙72执1018号案件中作为第一顺序船舶抵押权人有权就“福港9”轮拍卖款优先受偿的债权本金金额为80万元还是370万元。宁波海事法院于2016年5月16日作出(2016)浙72民初529号民事判决,判令方某能、陈某维共同归还东港公司借款本金370万元及利息等,东港公司就上述债权对万翔公司所有的“福港9”轮享有船舶抵押权,有权从该船拍卖或变卖价款中优先受偿。该民事判决生效后,东港公司已向宁波海事法院申请强制执行,执行案号为(2016)浙72执1018号。2016年10月24日上午,周某先后向东港公司账户汇入215万元和75万元,附言分别载明“周某代方某能还万翔船务贷款本金”及“周某代方某能归还万翔船务公司‘福港9’轮贷款本金”。结合现有证据及当事人陈述,宁波海事法院认为周某汇入东港公司的290万元应在东港公司申报债权分配金额本金370万元中予以扣减,并无不当,理由为:一、根据两份银行回单中的附言内容,文意清楚,周某代方某能向东港公司归还贷款本金的意思表示明确。方某能亦确认该款系周某替其归还贷款本金。二、东港公司在收到该290万元款项后做了贷款本金的抵扣,宁波海事法院庭审中,其明确表示“我们不是船的卖方”“还贷的钱我们是收的”“把贷款还掉我们可以解除抵押”,二审中其再次确认周某代方某能归还了290万元,现对方某能、陈某维的案涉债权本金为80万元。三、本案执行分配方案异议之诉,目的是解决民泰银行与东港公司之间关于执行分配方案的争议,审查确认的是东港公司作为方某能、陈某维的债权人,且为“福港9”轮船舶的第一顺序抵押权人,有权对执行财产申请参与分配并优先受偿的债权金额。至于周某代方某能向东港公司归还贷款本金的目的是不是为了买船,与本案中东港公司作为“福港9”轮船舶第一顺序抵押权人可以参与“福港9”轮拍卖款分配并优先受偿的债权金额的认定无关。东港公司确认其对方某能、陈某维的案涉债权本金为80万元,却主张依周某的要求申报债权本金370万元有合理性,没有事实与法律依据,不能成立。

中国银行股份有限公司广东省分行与谭某彪等执行分配方案异议之诉申请再审案

[(2017)粤民申1227号民事判决书]

【裁判要旨】

工人工资是基于劳动合同产生的,是维持劳动者生存权的特种债权,对工人工资债权应当优先保护。执行分配中,在被执行人已经没有其他财产来清偿公司工资的情况下,可认定工人工资债权优先于抵押债权受偿。

【基本案情】

中国银行股份有限公司广东省分行(以下简称中行广东省分行)因与被申请人谭某彪等59人、一审第三人广州市穗粤船务有限公司(以下简称穗粤公司)、魏某、张某执行分配方案异议之诉一案,不服广东省佛山市中级人民法院(2016)粤06民终778号民事判决,向广东省高级人民法院(以下简称广东高院)申请再审称,担保物权人对担保财产的变价款享有优先受偿权,担保法、破产法及其司法解释均有明确规定,中行广东省分行作为抵押权人,依法对涉案财产的变价款享有优先受偿权,即使在企业破产的情况下,担保权人的担保债权都是受到法律的保护的,更何况在企业还未破产的情况下,担保权人的担保债权更应得到保护,依法应享有优先受偿权。一审法院判决裁定的分配方案中载明的"参与分配的工人工资和抵押债权,作为同一清偿顺位,按债权比例进行分配",这种做法也符合广东省高级人民法院(2001)粤高法执请字第16号《关于在执行程序中工人工资与"社保"金是否优先于抵押权问题的批复》精神。二审判决否定了抵押优先受偿权,违背了立法本质和价值。综上所述,中行广东省分行依据2017年《民事诉讼法》第200条的规定申请再审。广东高院经审查,裁定驳回中国银行股份有限公司广东省分行的再审申请。

【要点评析】

本案争议的焦点是在执行分配中,工资债权与抵押债权的受偿顺位问题。工人工资是劳动债权,是基于劳动合同关系产生的,是维持劳动者生存权的特种债权,劳动债权的特殊性决定其优先权的实现针对的标的是债务人的全部财产,而担保物权债权实现针对的标的是债务人的特定财产,在债务人除抵押财产外没有其他财产可供清偿债务的情况下,实现劳动债权的标的应当及于抵押财产,即在执行分配中,在企业停产、歇业,且无其他资产清偿债务时,劳动债权应当优先于抵押债权受偿。广东高院在该案中认为,工人工资是基于劳动合同产生的,是维持劳动者生存权的特种债权,对工人工资债权应当优先保护。尽管中行广东省分行因对涉案房产享有抵押权而对房屋拍卖款享有优先受偿权,但生效判决认定谭某彪等人对穗粤公司享有工资债权,在穗粤公司已经没有其他财产来清偿工人工资的情况下,原判决认定工人工资债权应当优先于抵押债权受偿,并无不当。从现有规范看,工人工资是否应优先于抵押债权和建设工程价款优先受偿权,还存有一定的争议,但从生存权高于债权的理念看,工人工资优先受偿具有一定的合理性。

第六编

债务人异议之诉

PART 06

第三十三章 对执行债务人的救济

第一节 债务人异议之诉制度概述

一、债务人异议之诉概述

债务人执行异议之诉，是指债务人对执行依据所载明的债权请求权有消灭或妨碍债权人请求的事由，而提起民事诉讼，请求法院判决排除执行依据的执行力，停止执行依据的强制执行。[①] 我国台湾地区学者赖来焜认为，“所谓债务人异议之诉系指债务人请求确定执行名义所表示之实体上请求权，与债权人现在之实体上之权利状态不一致，主张有足以排除强制执行之原因事实发生，要求法院以判决排除执行名义之执行力为目的，宣告基于执行名义之全体的强制执行不许可为目的之诉讼而言”。[②] 张登科认为：“债务人异议之诉，系债务人主张执行名义所示之请求权，有消灭或妨碍债权人请求之事由，因此提起诉讼，请求判决不许强制执行，以排除执行名义之执行力。”[③]实际上，债权人取得执行依据后，即使在执行前获得清偿或者实体请求权消灭，也可以向法院申请执行，执行法院在实体审查前并不知晓债权请求权消灭之情事，只能依赖债务人提出异议或者诉讼，取得反对名义，以促使法院撤销原执行案件，保护债务人的合法权益。

我国《民事诉讼法》及相关司法解释并未建立债务人异议之诉制度，关于执行后债权人请求权消灭或者妨碍事由的出现，一律通过异议复议程序解决，正在起草中的《民事强制执行法》则规定了债务人异议之诉制度。

---

① 参见江伟、肖建国主编：《民事诉讼法》，中国人民大学出版社 2018 年版，第 468 页。

② 参见赖来焜：《强制执行法总论》，台北，元照出版有限公司 2007 年版，第 587 页。

③ 张登科：《强制执行法》（修订版），台北，三民书局股份有限公司 2019 年版，第 165 页。

二、债务人异议之诉的性质

(一)给付诉讼说

债务人请求债权人不得强制执行,性质上属于不作为给付之诉。如果债权人实体法上请求权不存在,强制执行请求权即不存在,债权人不享有保有利用执行名义之权利。主张此学说的我国台湾地区学者陈荣宗认为,债务人异议之诉以执行依据之请求权为诉讼标的,债务人由于有消灭或妨碍请求之事由而对债权人主张有不作为之请求权,故有权提起债务人异议之诉请求债权人为消极给付。[①] 而且,该异议之诉判决的既判力可及于作为异议原因的实体法律关系或实体法权利,当事人不得再就该法律关系再行起诉。

(二)确认诉讼说

债务人异议之诉,旨在确认执行名义所示之实体上请求权不存在,称为实体法上之确认之诉,或确认执行名义之执行力不存在,称为诉讼法上之确认之诉,该说认为执行力之所以丧失,是债务人异议之诉之胜诉判决,反射至执行机关之效果。

(三)形成诉讼说

形成诉讼说认为,当执行名义所示之请求权与实体上权利义务关系不一致时,即发生诉讼法上形成权性质之异议权,基于此异议权,得排除执行名义之执行力。该说主张债务人异议之诉以程序法上异议权为诉讼标的,请求宣告不许基于执行名义为强制执行,以排除执行名义执行力之形成诉讼。

(四)命令诉讼说

命令诉讼说认为债务人异议之诉兼具两种构造,即确定执行有关之实体关系以及将确定结果命令执行机关,因此债务人异议之诉的胜诉判决,本质上是命令执行机关不许执行。

(五)诉讼救济说

诉讼救济说认为债务人异议之诉,兼具确定实体权利义务关系以及排除强制执行两种功能,属于特殊类型之救济诉讼。

---

① 参见陈荣宗:《强制执行法》,台北,三民书局股份有限公司2000年版,第165~166页。

（六）新形成诉讼说

新形成诉讼说基于诉讼标的理论，以异议权作为诉讼标的，在债务人异议之诉的法律性质的认定上与形成诉讼说一致，均认可其为形成诉讼。但由于诉讼标的并非实体法律关系，其不受判决既判力约束，当债务人提起异议之诉败诉后，再提起的不当得利之诉如获得胜诉判决，将造成同一法律事实在前后裁判中相互矛盾的现象。因此，新形成诉讼说通过争点效的理论，将该学说予以完善，其认为实体法律关系是判决的先决问题，在符合诚实信用的原则下，已经法院在判决中审查判断所认定的事实，对后诉具有拘束力，以避免债务人就同一实体事实重复起诉。①

三、债务人异议之诉的类型

（一）基于债权消灭的债务人异议之诉

债务人异议之诉，是指债务人以排除执行依据的执行力为目的，对执行依据确定的私权，主张足以排除强制执行的理由，并在执行程序结束前，请求不予执行并撤销已执行部分的诉讼。债务人异议之诉，目的在于给予债务人主张执行依据记载的债权，在与债务人实体上的权利状态不一致的情况下，请求实体上正当性的保障。因此，债务人异议事由主要涉及执行依据记载请求权的存在及内容。我国《民事诉讼法》和司法解释均没有正式确立债务人异议之诉制度，对于被执行人以债权消灭、丧失强制执行效力等执行依据生效之后的实体事由提出排除执行异议的，执行法院只能按照行为异议进行审查，曲线达到债务人异议之诉的事实效果。

（二）基于债权不成立债务人异议之诉

根据我国台湾地区有关强制执行的规定，执行名义成立后，如有消灭或妨碍债权人请求之事由发生，债务人得于强制执行程序终结前，向执行法院对债权人提起异议之诉。如以裁判为执行名义时，其为异议原因之事实发生在前诉讼言词辩论终结后者，亦得主张之。执行名义无确定判决同一之效力者，于执行名义成立前，如有债权不成立或消灭或妨碍债权人请求之事由发生，债务人亦得于强制执行程序终结前提起异议之诉。依前二项规定起诉，如有多数得主张之异议原因事实，应一并主张之。其未一并主张者，不得再行提起异议之诉。

具体而言，如果执行依据是生效判决和仲裁裁决，债务人以执行依据成立前发

---

① 参见赖来焜：《强制执行法总论》，台北，元照出版有限公司2007年版，第585～586页。

生的实体事由提出执行异议,不属于执行异议之诉的范围,应通过再审或申请撤销仲裁裁决等程序救济。但如果执行依据是没有既判力的公证债权文书,法院在异议之诉程序可以全面审查,包括债权不成立的事由。债务人异议之诉本身就包含了债权消灭、债权妨碍、债权不成立事由,而不成立事由在公证债权文书执行中有比较大的适用空间。

(三)执行和解

当事人达成和解协议后向法院申请执行或者申请执行后达成和解协议未向法院提交,若债权人是违反和解协议约定之期限而申请强制执行的,执行终结前,法院采取执行措施的执行行为不能定性为违法,此时只有赋予债务人提起异议之诉的权利,才能实现救济的目的。

四、债务人实体异议的类型

被执行人提起实体异议的目的是排除申请执行人的实体请求权向其发生效力,其异议事由按照不同的分类标准可以划分为不同的类型。

(一)按照实体异议事由发生的时间,可以分为执行依据形成前的事由和执行依据形成后的事由

如果发生在执行依据形成前的妨碍、消灭债权人请求权的实体事由,就判决、仲裁这些具有既判力的执行依据而言,债务人本应在诉讼或者仲裁程序中提出抗辩,但其却放弃抗辩或者抗辩并没有被法庭或者仲裁庭支持,受既判力基准时的限制,在执行依据形成之后就不能再就前述事由进行争执。对于执行依据形成之后的实体异议事由,可以向执行法院提出。但这里可能存在两个例外:一是执行依据形成前的抵销事由。抵销权作为当事人的实体权利,既可以在诉讼或者仲裁程序中作为抗辩事由提出,也可就此另行提起诉讼,所以,根据《异议复议规定》第 7 条第 2 款的规定,该类事由不受既判力基准时的限制,即使发生在执行依据形成之前,也可以在执行程序中提出异议。二是当事人在执行依据形成前专门就执行程序达成的和解。例如,在甲与乙合作开发合同纠纷一案,甲、乙在仲裁之前达成和解协议约定,如甲诉乙,则甲就对乙之债权在执行程序中执行的债权总额最高不能超过2000 万元。其后,甲就与乙之仲裁裁决申请执行,执行法院按照仲裁裁决主文确定的债权金额扣划乙之银行存款达 1 亿元之多。此时,乙能否以仲裁前的和解协议提出排除执行的异议?我们认为,依据当事人意思自治原则,只要当事人的约定不违反公序良俗和其他债权人的利益,执行法院就应当尊重其约定。

对于实现抵押权的裁定、赋强公证债权文书等无既判力的执行依据而言，在执行依据形成之前的实体抗辩事由，按照《公证执行规定》第 22 条的规定，也可以通过债务人异议之诉主张。例如，被执行人主张，债权人所持公证债权文书载明的利息超过了《民间借贷规定》24% 的上限，则其可以债权人为被告向执行法院提起诉讼，主张对公证债权文书所载利息超过 24% 的部分不予执行。

（二）按照对债权人的债权请求权所起的作用，可以分为消灭事由和妨碍事由

消灭债权人全部或者部分实体请求权或者程序请求权的事由为履行、抵销、放弃（免除）、混同、超过申请执行时效等。妨碍债权人请求权行使的事由，有执行依据所附给付条件未成就、所附期间未经过、所附时间未到来、案涉债权设定有第三人质权、债权人同意延期等。

如果申请执行人在取得债权之前曾与债务人约定放弃部分或者全部债权，这种放弃是否有效？例如，乙公司是某资产公司申请执行丙公司、乙公司一案中承担连带保证责任的从债务人，甲公司自资产管理公司受让该笔债权前与乙公司协议约定，甲公司受让债权后放弃对乙公司的担保债权。但甲公司受让该债权后仍然申请法院查封了乙公司的财产，乙公司以甲公司已经放弃对其担保债权为由提出异议。有观点认为，甲公司在协议签订时尚未取得债权，无权对该债权进行处分，所以相关约定无效。这种观点是错误的。因为无论是执行前的和解协议还是执行中的和解协议，在性质上都属于民事合同的范畴，其效力认定应当依据《合同法》（已废止）的相关规定判断。依据《合同法》（已废止）第 44 条的规定，依法成立的合同，自成立时生效。同时，依据《合同法》（已废止）第 52 条和《最高人民法院关于适用〈中华人民共和国合同法〉若干问题的解释（二）》（已废止）第 14 条的规定，只要不违反法律、行政法规的效力性强制规范或者公序良俗，就不应认定合同无效。当事人对包括债权在内等预期取得的财产进行放弃、延期等处分，并不违反法律的禁止性规定，应当是有效的，在处分人取得债权变更为申请执行人后，被执行人当然也可以依据与申请执行人此前达成的放弃债权的约定排除执行。

五、被执行人实体异议的程序化救济及其问题

（一）被执行人实体异议的程序化救济

在我国台湾地区，如被执行人（债务人）以实体事由主张排除执行的，执行程序并不审查实体事由，而是由其另行提起债务人异议之诉，异议之诉如支持被执行人主张的，则执行程序即告终结。如此制度设计的理论基础在于，强制执行在性质上

属于非诉事件,执行法院对于执行依据所载实体请求权不能进行审查,但实践中又确实存在执行依据所载权利与付诸执行时实体上权利状态不符的情况,为维持公平而特许债务人提起诉讼以救济。例如,我国台湾地区有关强制执行的规定,具体内容为:"执行依据成立后,如有消灭或妨碍债权人请求之事由发生,债务人得于强制执行程序终结前,向执行法院对债权人提起异议之诉。如以裁判为执行依据时,其为异议原因之事实发生在前诉讼言词辩论终结后者,亦得主张之。"

由于我国《民事诉讼法》并未有关于债务人异议之诉的规定,《公证执行规定》规定的债务人异议之诉制度仅限于公证债权文书执行程序,其他执行依据确定债权实现程序中的此类异议依照何种程序进行救济仍然处于法无明文的状态,为了解决实践中的问题,《异议复议规定》第 7 条将此类异议纳入执行行为异议的范围,由执行法院参照《民事诉讼法》第 236 条的规定进行审查,当事人对审查结果不服的,只能向上一级人民法院提起复议。

(二)执行和解与债务人异议

执行和解实际上是执行当事人双方对生效法律文书确定的债权通过合意进行变更的协议,依据《民事诉讼法解释》第 464 条、第 465 条的规定,正在履行中以及已经履行完毕的协议分别具有中止、终结执行程序的效力,债务人当然也可持执行和解协议主张排除执行。

关于被执行人能否就与债权人私下达成的和解协议(包括申请执行前达成的和解)主张实体异议的问题,尤其是在进入执行程序后私下达成的和解协议的效力问题,基于《民事诉讼法》第 241 条第 1 款"在执行中,双方当事人自行和解达成协议的,执行员应当将协议内容记入笔录,由双方当事人签名或者盖章"的规定,实践中对"记入笔录"是执行和解的必要要件抑或仅仅是对执行法院的规范化要求,在理解上存在歧义。在最高人民法院层面,虽然对当事人私下达成的和解协议是否构成执行和解存在争议,但在以下问题上并无异议:第一,被执行人有权持私下达成的和解协议主张排除执行的实体异议;第二,只要当事人达成的关于变更原执行依据确定债权的和解协议正在履行,就应当中止执行;第三,和解协议履行完毕能够产生终结执行的效力。在地方法院层面,却形成两种不同的意见:一类和最高人民法院意见相同,即当事人私下达成的和解协议,虽然不影响债权人申请强制执行,但债务人可以根据和解协议提出排除执行的实体异议,一旦异议成立则应当中止或者终结执行。而另一类意见则认为,当事人私下达成的和解协议由于没有在法院以笔录的形式备案,不构成法律意义上的执行和解,不能产生中止执行或者终结执行的程序效力。对此,《执行和解规定》进行了规范和统一,依照该规定第 19

条，当事人私下达成的和解协议，无论是在执行前还是执行中达成的，一旦在被执行人异议程序中被人民法院认定有效，则其效力无论是在程序上还是在实体上与备案的执行和解协议并无本质的区别。

虽然执行和解协议在实践中的形态极为复杂，执行行为异议审查程序远远满足不了解决此类争议的制度供给，但由于种种原因，《执行和解规定》在执行和解协议的可诉性问题上却依然"犹抱琵琶半遮面"，一方面在一定条件下允许申请执行人对执行和解协议选择另诉和申请恢复执行，另一方面却又对被执行人就此另诉总体持否定态度。《执行和解规定》对被执行人因执行和解所提出的异议，仍然沿用执行行为异议程序审查。但根据《执行和解规定》第 16 条"当事人、利害关系人认为执行和解协议无效或者应予撤销的，可以向执行法院提起诉讼"之规定，却又赋予被执行人就和解协议无效、可撤销问题另行提起诉讼的权利，显然，在这一问题上，被执行人的实体异议救济路径出现了分歧。

（三）被执行人实体异议程序化救济存在的问题

被执行人实体异议程序化救济带来的最大问题，是如何协调执行异议与另案诉讼之间的矛盾。因为执行行为异议程序审查此类异议时不可避免要对当事人之间的实体争议，乃至当事人与第三人之间的实体争议进行判断，如和解协议是否成立并生效、当事人放弃债权的意思表示是否真实、据以抵销的债权是否已届至清偿期，而这些实体异议本身可能又构成独立的诉讼标的而得以另诉，因此必然面临执行异议审查的结果与另诉结果矛盾的问题。对此，有的实务工作者认为：执行程序对和解协议效力判断的目的并不是解决实体权利义务纠纷，而是解决程序性障碍，即一个正在进行的执行程序由于遇到了异议需要法院迅速判断，法院在执行异议中要解决是否继续执行、暂停执行和终结执行等程序性问题，由于缺少言词辩论程序这一既判力必具的制度性保障，执行法院在执行异议中对实体问题所作裁定不能对后诉形成既判力。进而，后诉对争议实体问题的判断也不受执行程序在先判断的影响。

同样的问题也出现在变更追加被执行人的程序中。由于《变更追加规定》第 33 条允许被申请人在变更追加当事人异议之诉中就其承担责任的范围进行抗辩。有的实务工作者据此认为，其中难免会涉及执行依据所载债权本身发生消灭、变更、妨碍等导致债务人责任范围发生变化的情形，所以，应当将债务人异议之诉的理由也一并纳入变更追加当事人异议之诉的审理内容。前文已述，我国并没有全面建立债务人异议之诉制度，该类诉讼所审理的内容在我国多数执行程序中是按照执行行为异议审查的，根据上述观点，变更追加当事人异议之诉的审理范围与《异议复议规定》第9条的审查范围存在重合和交叉。应当说,这种观点失之偏颇:首先,被申请人在针对变更追加裁定提起异议之诉时,确实会涉及具体的责任范围,但是,根据《变更追加规定》的规定,这里所指责任范围的外延是特定的,仅限于股东出资不足和抽逃出资的情形,即使被变更追加的股东提出抗辩,也仅能针对这两种特定情形。其次,就出资不足和抽逃出资的股东之变更追加程序而言,其理论基础是债权人代位权,被申请变更追加的股东和申请执行人(执行依据载明的债权人)之间并不存在直接的债权债务关系,其实际上是债务人的债务人,亦即申请执行人的次债务人,因此,在确定是否将其纳入责任主体范围的变更追加当事人异议之诉中,即使其能够主张债权消灭、变更、妨碍的事由,所针对的也只能是债务人的请求出资或者请求返还出资的债权,而不能对执行依据所载明的债权主张消灭、变更、妨碍等事由,针对执行依据载明的债权主张消灭、妨碍的实体异议事由应当是其确定被变更追加为被执行人之后。

被执行人实体异议程序之所以出现如此特别的问题,不能不说与制度设计者的内心纠结有关:一方面从程序的正当性来看,被执行人实体异议的审查是执行行为异议程序不能承受之重;另一方面,从解决执行难的现实需要看,执行程序夹杂过多的诉讼,又不可避免地会降低执行效率。但是,只要实体异议与程序异议分置的总体原则不变,就能纲举目张。从长远来看,要彻底解决我国被执行人实体异议的前述问题,恐怕还是要建立债务人异议之诉制度。

第二节　公证债权文书债务人不予执行之诉

一、公证债权文书不予执行之诉的制度

《公证执行规定》在第11条、第12条和第22条允许公证债权文书的债权人、债务人、第三人针对公证债权债务关系发生的争议,直接向执行法院提起诉讼,且也不强调被执行人提出的实体事由是否发生在执行依据生效之后,实际上从某种程度上突破了《异议复议规定》第7条第2款所规定的被执行人不能起诉的限制,变相在以公证债权文书作为执行依据的特定执行领域,确立了债务人异议之诉制度,但因公证债权文书只有执行力而无既判力,法院有权对当事人之间的债权债务关系全面审理,并不只限于债务人提出异议的部分,这和纯粹的债务人异议之诉仍然存在较大区别。

《公证执行规定》第22条第1款规定:“有下列情形之一的,债务人可以在执行程序终结前,以债权人为被告,向执行法院提起诉讼,请求不予执行公证债权文书:

(一)公证债权文书载明的民事权利义务关系与事实不符;(二)经公证的债权文书具有法律规定的无效、可撤销等情形;(三)公证债权文书载明的债权因清偿、提存、抵销、免除等原因全部或者部分消灭。”在公证债权文书的执行程序中,如果债务人对公证债权文书的基础法律关系提出异议,或者对公证债权文书的所载明的实体请求权主张排除,执行法院应当告知被执行人提诉讼。《公证执行规定》第22条从制度上借鉴了我国台湾地区的做法,其要件为:首先,当事人请求的内容是不予执行公证债权文书;其次,当事人应当在执行程序终结前提起诉讼;最后,此类诉讼由执行法院专属管辖。

“民事强制执行法”出台之前,除《公证执行规定》规定了债务人可以依据债权得丧变更的实际情况提起诉讼外,被执行人提出的实体异议,债务人只能按照《异议复议规定》第7条第2款、第3款之规定通过异议复议程序解决,对于被执行人以债权消灭、丧失强制执行效力等执行依据生效之后的实体事由提出异议,人民法院应当参照《民事诉讼法第》第236条规定进行审查;对于执行依据生效之前的实体事由,人民法院应当告知其依法申请再审或者通过其他程序解决。体系上,《公证执行规定》第22条规定可以视为《异议复议规定》第7条第2款的特别规定。

公证债权文书当事人、利害关系人之诉具有特殊性。从诉的性质看,《公证执行规定》所规定的债务人之诉和利害关系人之诉不是标准的债务人异议之诉,将其视为普通的实体争议之诉,亦无不可。(1)债务人不予执行之诉。《公证执行规定》第22条规定了不予执行之诉,即出现公证债权文书载明的民事权利义务关系与事实不符,经公证的债权文书具有法律规定的无效、可撤销等情形,公证债权文书载明的债权因清偿、提存、抵销、免除等原因全部或者部分消灭等情形,债务人可以在执行程序终结前,以债权人为被告,向执行法院提起诉讼,请求不予执行公证债权文书,债务人提起诉讼,不影响人民法院对公证债权文书的执行。债务人提供充分、有效的担保,请求停止相应处分措施的,人民法院可以准许;债权人提供充分、有效的担保,请求继续执行的,应当继续执行。对债务人提起的诉讼,人民法院经审理认为理由成立的,判决不予执行或者部分不予执行;理由不成立的,判决驳回诉讼请求。当事人同时就公证债权文书涉及的民事权利义务争议提出诉讼请求的,人民法院可以在判决中一并作出裁判。(2)债权人和利害关系人诉讼。《公证执行规定》第24条规定了债权人、利害关系人对实体争议的诉讼,即具备公证债权文书载明的民事权利义务关系与事实不符、经公证的债权文书具有法律规定的无效、可撤销等情形的,债权人、利害关系人可以就公证债权文书涉及的民事权利义务争议直接向有管辖权的人民法院提起诉讼;债权人提起诉讼,诉讼案件受理后又申请执行公证债权文书的,人民法院不予受理。进入执行程序后债权人又提起诉讼的,诉讼案件受理后,人民法院可以裁定终结公证债权文书的执行;债权人请求继续执行其未提出争议部分的,人民法院可以准许。利害关系人提起诉讼,不影响人民法院对公证债权文书的执行。利害关系人提供充分、有效的担保,请求停止相应处分措施的,人民法院可以准许;债权人提供充分、有效的担保,请求继续执行的,应当继续执行。

二、公证债权文书债务人异议之诉与普通债务人异议之诉的比较

即使有观点认为《公证执行规定》实质上确立了债务人异议之诉制度,该债务人异议之诉也仅适用于公证债权文书的执行程序中债务人所提出的实体争议。"民事强制执行法"出台时间不确定,而司法解释位阶较低,不能在执行程序中全面适用债务人异议之诉制度,依然成为执行立法中的短板。公证债权文书的债务人和第三人提起诉讼的,该案件在审理期间,执行实施机构并不停止原执行依据的执行,债务人的诉权也只有在债权人启动执行程序后才能部分得到恢复,在公证债权文书进入执行程序前,依然不享有提起诉讼的权利。

普通债务人异议之诉和公证债权文书债务人在执行中提起的诉讼相比,有观点认为,对于公证债权文书债务人在执行中提出的诉讼,是对公证债权文书的内容有异议,目的是不予执行公证债权文书,从针对的情形来看要小于债务人异议之诉的范围,称债务人不予执行之诉更为严谨,且相对典型的债务人异议之诉,因执行依据的特殊性,一般立法只作为普通的诉讼进行处理。另有观点认为,普通的债务人异议之诉的范围较窄,只能以执行依据生效以后发生的事实提出异议,对于债权不成立的异议,要通过再审程序救济。另外,债务人都在积极追求债务不履行的效果,但从指向上看,公证债务人起诉的目的在于否定执行名义,而普通的债务人异议之诉,目的并不在于否定执行依据。如果债权不成立视同否认执行依据,则债务人异议之诉并非限定在不否定执行依据的范畴。公证债权文书特有的性质决定了在执行前和执行后随时有可能被某一主体通过特定的程序被否定其效力,不同的只是否定的方式是在执行中行使还是在诉讼中行使。

公证债权文书与民事判决书、调解书和仲裁裁决书在既判力上有较大区别。公证机构作为证明机构,其出具的公证债权文书或者执行证书没有既判力。而法院作出的民事判决书、调解书和仲裁机构作出的仲裁裁决书生效后具有终局效力,当事人不得再对其确定的内容直接提起诉讼。如果债务人提出的异议指向执行依据中已经确定的事实或者权利义务关系,需要通过再审程序、第三人撤销之诉等途径撤销原执行依据来解决。公证债权文书执行中则与此不同,人民法院并无类似

的"撤销"公证债权文书的程序,但是可以直接审理公证债权文书涉及的权利义务关系。"依公证法作成之公证书,并无既判力,如债务人甲对其借款债务有所争执,仍应认为有请求之正当利益,而予以判决。"①其债务人异议,可以"轻装上阵",不管异议主张是否与公证债权文书相冲突,也不管涉及事实发生的时点,只要涉及实体问题,审判程序都可以直接作出处理。审判程序也无须考虑作为执行依据的公证债权文书存废,可按照普通诉讼程序作出事实的认定和法律关系的判断即可,制度设计相对简单。可见,按照我国台湾地区学者的说法,债务人异议之诉可分别针对有既判力的执行依据提出和没有既判力的执行依据提出,二者的审理规则显然不一样,但都属于执行异议之诉的范围。

我国立法对执行依据所载明的债权请求权有无明确的权利和义务主体、有无明确的给付内容、是否属于受理法院管辖等债务人异议之诉的内容没有规定,至于该执行依据所载债权在实体上是否存在或者是否超过申请强制执行的时效,当事人只能在执行程序中申请审查。但是,从实际情况来看,在执行依据形成之后,甚至在执行依据形成之前,由于履行、放弃和抵销等债之消灭事由的存在,债权人对于债务人实体上的债权请求权可能部分乃至全部消灭,或者丧失请求国家强制力实现的效力,债务人通过诉讼进行救济更为符合执行规律。

被执行人针对执行依据确定的债权存在、消灭所提异议,如果遵循程序异议和实体异议分置的原则,则应当全部交由诉讼程序终局裁判更为合理。然而,相关司法解释在被执行人实体异议的问题上却并未贯彻分置原则,而是继续走程序化救济的老路,同时,以追求程序正当性为名,又将被执行人的个别实体异议推到诉讼程序,使此类异议在实践中呈现出极为复杂的救济路径,不断引发争议。我国目前正在起草中的"民事强制执行法"草案,把异议区分开了,但是还是放到异议之诉范围里。

第三节　被执行人异议之诉制度

2022 年 6 月,《民事强制执行法(草案)》提交十三届全国人大常委会第三十五次会议审议,该草案第 88 条规定了债务人(被执行人)异议之诉制度。

我国现行法律和司法解释并未规定债务人异议之诉(被执行人异议之诉)制

① 参见赖来焜:《最新公证法论》,台北,三民书局股份有限公司 2004 年版,第 532 页。

度①,被执行人就执行依据提出的实体异议,仅能够依据《异议复议规定》第7条第2款的规定,参照适用执行行为异议的规定审查。但异议复议程序规定的审查方式限于书面审核和听证,无法对具体事实进行充分审查,不足以解决被执行人提出的实体问题。为充分保护被执行人的诉讼权利,完善执行异议之诉法律制度,草案参照传统理论和国外立法,规定了被执行人异议之诉制度。② 草案关于被执行人异议之诉规定较为简略,只有第88条和第90条第2款。

一、构成要件

草案第88条第1款规定,执行依据生效后,发生消灭或者妨碍申请执行人请求的抗辩事由的,被执行人可以在执行程序终结前,以申请执行人为被告,向执行法院提起诉讼,请求不予执行。从该条款规定的被执行人异议之诉的构成要件来看:第一,被执行人提起异议之诉,其实体异议事由出现时间应在"执行依据生效后"。这是因为,在执行依据生效前,被执行人与申请执行人之间的纠纷尚在审理程序中,既已发生的抗辩事由能够在诉讼或仲裁程序中一并审理,在执行依据生效后,当事人应当受既判力的约束。事实上,被执行人以发生在执行依据生效前的事由提起诉讼,本质上来说是因为其认为执行依据错误,进而否定执行依据的既判力并排除执行。但如本章第一节所述,债务人异议之诉的目的是排除执行依据的执行力而非既判力,因此有必要以执行依据生效时间为界,区分被执行人寻求救济的途径。值得注意的是,2019年11月最高人民法院公布的《民事强制执行法(草案)》参照我国台湾地区有关强制执行的规定中有关债务人异议之诉制度的内容,还在第38条第2款③和第3款④区分执行依据的类型做了细化规定,但最终草案没有继续沿用前述条款,一方面可能考虑到实践中类似情形较少,另一方面可能是出于作为单独制定的民事强制执行法追求立法简约化所致。第二,抗辩事由需为消灭或者妨碍申请执行人基础请求权的事由。消灭事由,包括债权因清偿、抵销、申请执行人放弃等原因消灭和时效届满等申请执行人请求权归于消灭的情形;妨碍事由,如

① 仅在《公证执行规定》第22条对公证债权文书的执行作出特别规定。

② 参见《最高人民法院院长关于〈中华人民共和国民事强制执行法(草案)〉的说明》。

③ 2019年11月最高人民法院公布的《民事强制执行法(草案)》第38条第2款规定:执行依据为人民法院判决,法庭辩论终结后至执行依据生效前,发生消灭或者妨碍债权人请求的抗辩事由的,债务人可以提起前款规定的诉讼。

④ 2019年11月最高人民法院公布的《民事强制执行法(草案)》第38条第3款规定:支付令、公证债权文书等与判决无相同效力的执行依据生效前,发生消灭或者妨碍债权人请求的抗辩事由的,或者该执行依据确定的债权不成立的,债务人可以提起本条第1款规定的诉讼。《公证执行规定》第22条就债务人申请不予执行公证债权文书的情形作出类似规定。

申请执行人同意延期、执行外和解、执行依据所附条件未成就①等情形。第三，提出的时间应在“执行程序终结前”，因为债务人异议之诉是以排除执行依据的执行力为目的的，如果强制执行程序已经终结，那么就已无诉的利益。关于“执行程序终结”，应当指全部终结，如果仅就某一执行标的物执行完毕，尚未清偿全部债权，被执行人仍有诉的利益，异议之诉仍有必要继续进行。在执行终结之后，债务人可以通过提起不当得利返还之诉要求恢复因不当执行导致的财产移转或提起损害赔偿之诉要求赔偿因不当执行导致的损害，进行事后救济。② 关于债务人能否在强制执行程序开始之前提起异议之诉的问题，理论界学者持有两种相反意见。③ 而草案规定由被执行人提起的异议之诉，势必要在执行程序中才能确立被执行人的地位，因此在草案确立的被执行人异议之诉体系下，被执行人不能在执行程序开始之前提起异议之诉。

草案第 88 条第 2 款规定，被执行人知道或者应当知道存在多个异议事由的，应当在异议之诉中一并主张。作出该规定的目的在于保障执行效率，防止被执行人滥用诉权，阻碍执行，所以要求被执行人提起被执行人异议之诉应当就其起诉时能够主张的所有异议事由一并主张，但这里并没有对被执行人未一并提出的应当承担何种不利后果作出规定。我们认为，这里主要承担的是程序方面的不利后果，如果通过审查确定被执行人在后提起的诉讼所依据的抗辩事由属于其知道或应当知道的异议事由，应当不予受理或驳回起诉。因为这并不涉及对异议事由进行实体的判断，而是解决当事人的起诉是否符合被执行人异议之诉条件的问题。

二、被执行人异议之诉的类型

（一）普通被执行人异议之诉

对于生效法律文书载明的权利义务，债务人享有的抗辩事由为消灭或者妨碍申请执行人基础请求权的事由。消灭事由，包括债权因清偿、抵销、申请执行人放弃等原因消灭和时效届满等申请执行人请求权归于消灭的情形；妨碍事由，如申请执行人同意延期、执行外和解等情形。我国台湾地区有关强制执行的规定对该类异议之诉规定得较为明确：“执行名义成立后，如有消灭或妨碍债权人请求之事由发生，债务人得于强制执行程序终结前，向执行法院对债权人提起异议之诉。如以

---

① 《民事强制执行法（草案）》第 41 条第 2 款规定，被执行人认为人民法院立案执行的执行依据所附条件尚未成就的，可以依据本法第 88 条规定提起诉讼。

② 金印：《论债务人异议之诉的必要性——以防御性司法保护的特别功能为中心》，载《法学》2019 年第 7 期。

③ 参见杨与龄：《强制执行法论》（最新修正），中国政法大学出版社 2002 年版，第 194 页。

裁判为执行名义时,其为异议原因之事实发生在前诉讼言词辩论终结后者,亦得主张之。执行名义无确定判决同一之效力者,于执行名义成立前,如有债权不成立或消灭或妨碍债权人请求之事由发生,债务人亦得于强制执行程序终结前提起异议之诉。依前二项规定起诉,如有多数得主张之异议原因事实,应一并主张之。其未一并主张者,不得再行提起异议之诉。”

(二)执行依据不成立的异议之诉

《民事强制执行法(草案)》第41条规定:“执行申请因执行依据所附条件未成就被不予受理或者驳回的,申请人可以另行提起诉讼确认执行依据所附条件已经成就。被执行人认为人民法院立案执行的执行依据所附条件尚未成就的,可以依据本法第八十八条规定提起诉讼。”从判决和民事调解书角度,该类法律文书作出后虽然生效但因附有条件和期限,债务人义务履行条件尚未成就,如果此时债权人申请执行,可能与被执行人产生争议,此前该类争议通过行为异议和复议程序解决,但由执行机构审查该类纠纷,有违审执分离原则,草案赋予债务人诉讼权利,通过异议之诉解决。

(三)次债务人提起的异议之诉

《民事强制执行法(草案)》第157条第2款规定次债务人可以直接起诉,并将其归属于第88条的债务人异议之诉。

在一般债权的执行程序中,第三人既未在规定期限内提出异议又未履行义务的,人民法院可对其强制执行,此时第三人再提出被执行人的债权不存在、已消灭或者存在其他妨碍被执行人请求事由的,《最高人民法院执行工作办公室关于到期债权执行中第三人超过法定期限提出异议等问题如何处理的请示的答复》(〔2005〕执他字第19号)规定,第三人仍应得到司法救济,所设定的救济途径是当时尚未确立的第三人异议之诉。《民事强制执行法(草案)》第157条第2款的规定吸收了前述答复关于通过执行衍生诉讼处理第三人超期异议的处理思路,并且将其嫁接到此次草案新增的债务人异议之诉。此种做法是否合适值得深思。首先,草案未对何时起诉、管辖法院等作出明确规定,缺乏实操性。其次,第三人的特殊地位与债务人异议之诉的构造缺乏适配性。债务人异议之诉针对的是执行依据生效后,债权发生消灭或者妨碍申请执行人请求的抗辩事由,是建立在债权存在或曾经存在的基础上。而第三人与被执行人之间可能并无生效法律文书,更重要的是,可能债权自始都不存在。另外,债务人异议之诉是以申请执行人为被告,若第三人提起债务人异议之诉,申请执行人和被执行人的诉讼地位如何确定?若被执行人未被列为被告，法院作出的审查结果影响的却是被执行人，是否有权责不匹配的问题？

三、被执行人异议之诉与执行实施程序的关系

同案外人异议之诉原则上停止执行的制度设计相反，《民事强制执行法（草案）》第 90 条第 2 款明确了被执行人异议之诉以不停止执行为原则，以被执行人提供书面证据时停止争议部分执行为例外，将案外人与被执行人的权利保障适当进行了区分，体现了执行程序"效力优先，兼顾公平"的原则。

总体来说，草案创设被执行人异议之诉制度，能够更加平等保护执行当事人的利益，且极力避免造成拖延执行、降低执行效率的后果，但任何法律体系的构建绝非易事，仍需经实践检验，日趋完善。

附　　录

一、法律和司法解释关于异议之诉的相关规定

1. 最高人民法院关于审理执行异议之诉案件适用法律问题的解释

（2025 年 7 月 23 日　法释〔2025〕10 号）

（2024 年 12 月 14 日最高人民法院审判委员会第 1938 次会议通过，自 2025 年 7 月 24 日起施行）

为正确审理执行异议之诉案件，依法保护当事人合法权益，根据《中华人民共和国民法典》《中华人民共和国民事诉讼法》《中华人民共和国企业破产法》等法律规定，结合审判实践，制定本解释。

第一条　案外人依照民事诉讼法第二百三十八条规定，在执行过程中就执行标的提出执行异议，由提出异议时负责执行该执行标的的人民法院审查处理；案外人、当事人对执行异议裁定不服，自裁定送达之日起十五日内向作出执行异议裁定的执行法院提起执行异议之诉的，人民法院应予受理。

案外人未在《最高人民法院关于人民法院办理执行异议和复议案件若干问题的规定》第六条规定的期限内提出异议，人民法院裁定不予受理的，可以依法另行向申请执行人、被执行人等主张权利。

第二条　金钱债权纠纷的财产保全、执行中，执行标的存在轮候查封、扣押、冻结的，案外人提起执行异议之诉，以首先查封、享有担保物权等优先受偿权的申请保全人、申请执行人为被告，以其他已知的轮候查封的申请保全人、申请执行人为第三人。

第三条　案外人就执行标的享有足以排除强制执行的民事权益，人民法院判决不得执行该执行标的的，同时判决解除执行措施并写明相关查封、扣押、冻结裁定书案号。案外人可以持生效判决请求相关执行法院解除执行措施。

第四条　案外人提起执行异议之诉并依照《民法典》第二百三十四条等规定就执行标的的归属提出确权请求的，以被执行人为被告。

第五条　案外人提起执行异议之诉并以被执行人等为被告提出返还原物、返还价款或者交付标的物、办理转移登记手续等给付请求的，人民法院可以合并审理，法律另有规定不宜合并审理的，应当分别立案。

第六条　案外人执行异议之诉案件审理期间，申请执行人请求人民法院继续执行并提供相应担保的，由负责审理执行异议之诉的人民法院裁定是否准许。执行法院依法继续执行的，案外人执行异议之诉案件按照下列情形分别处理：

（一）案外人就执行标的不享有足以排除强制执行的民事权益的，判决驳回诉讼请求；

（二）案外人就执行标的享有足以排除强制执行的民事权益，执行标的由申请执行人通过拍卖、抵债等执行程序受让的，判决不得执行该执行标的，并撤销相关拍卖或者抵债裁定；已向申请执行人交付的，同时判决申请执行人返还，拒绝返还的，强制执行；

（三）案外人就执行标的享有足以排除强制执行的民事权益，执行标的已由他人通过拍卖、变卖等执行程序合法取得的，判决不得执行该执行标的变价款，执行法院向案外人发放变价款；已向申请执行人发放变价款或者已向被执行人退还剩余变价款的，同时判决申请执行人、被执行人返还，拒绝返还的，强制执行；执行法院向案外人释明执行标的已由他人合法取得而案外人拒绝受领变价款的，应当将变价款予以提存，并告知案外人自提存之日起五年内可以随时领取。

在前款第二项、第三项规定情形下，案外人认为申请执行人请求继续执行错误，给其造成损失的，可以依法另行向申请执行人、执行担保人等主张权利。

第七条　案外人执行异议之诉案件审理或者再审申请审查期间，执行案件已经结案，执行法院未对执行标的进行处分且执行措施已经解除的，人民法院应当裁定终结诉讼或者终结审查。原由执行法院作出的执行异议裁定失效。案外人根据本解释第四条、第五条提出的确权、给付请求，人民法院可以继续审理或者审查。

第八条　执行异议之诉案件审理或者再审申请审查期间，人民法院对作为执行依据的原判决、裁定等依法决定再审，执行标的系原判决、裁定等所涉争议标的以外的财产，或者案外人可能享有足以排除担保物权等优先受偿权的强制执行的民事权益的，执行异议之诉案件可以继续审理或者审查，不能认定案外人享有足以排除强制执行的民事权益的，执行异议之诉案件应当中止审理或者审查。

第九条　执行异议之诉案件审理或者再审申请审查期间，人民法院裁定受理被执行人破产案件的，执行异议之诉案件应当中止审理或者审查，管理人接管债务人财产后,执行异议之诉案件可以继续审理或者审查。

第十条 案外人执行异议之诉案件经审判监督程序发现支持案外人排除强制执行确有错误,人民法院认定案外人不享有足以排除强制执行的民事权益,判决驳回案外人诉讼请求的,原相关执行法院按照原顺位恢复执行;执行标的已合法转让给他人,人民法院裁定撤销原判决、终结诉讼的,申请执行人可以依法另行向被执行人、案外人等主张权利。

第十一条 人民法院对登记在被执行的房地产开发企业名下的新建商品房实施强制执行,案外人以其系商品房消费者为由,提起执行异议之诉,请求排除建设工程价款优先受偿权、抵押权以及一般金钱债权的强制执行,并能够证明其主张同时符合下列条件的,人民法院应予支持:

(一)查封前,案外人已与房地产开发企业等签订合法有效的书面买卖合同;

(二)查封前,案外人已支付全部价款,或者已按照合同约定支付部分价款且查封后至一审法庭辩论终结前已将剩余价款交付人民法院执行;

(三)所购商品房系用于满足家庭居住生活需要。

案外人起诉请求被执行人办理商品房所有权转移登记手续,符合前款规定的,人民法院依法予以支持。

人民法院判决驳回案外人诉讼请求的,案外人交付执行的剩余价款应予及时退还。

第十二条 执行法院冻结被执行的房地产开发企业的预售资金监管账户,案外人以其已向该账户交付购房款,且房屋买卖合同已经解除为由,提起执行异议之诉,请求排除相应购房款的强制执行并申请向其发放,事由成立的,人民法院应予支持。

执行法院对被执行的房地产开发企业的建筑物及其占用范围内建设用地使用权实施强制执行,符合前条第一款第一项、第三项规定的商品房消费者因房屋不能交付且无实际交付可能导致房屋买卖合同已经解除,提起执行异议之诉,请求在建筑物及其建设用地使用权的变价款中排除相对应的强制执行并申请向其发放的,人民法院应予支持。

第十三条 人民法院对登记在被执行人名下的不动产实施强制执行,案外人以其系不动产的买受人为由,提起执行异议之诉,请求排除建设工程价款优先受偿权、抵押权以及一般金钱债权的强制执行,案外人与被执行人签订合法有效的书面买卖合同且在一审法庭辩论终结前交付执行法院的价款足以代为清偿相应主债权的,人民法院应予支持。

符合前款规定的案外人起诉请求抵押权人按套办理抵押权注销登记手续的,人民法院应予支持。

人民法院按照本条第一款规定判决不得执行，申请执行人可以申请将案外人依本条第一款交付的价款替代被执行人清偿相应债务。

人民法院判决驳回案外人诉讼请求的，案外人交付执行的价款应予及时退还。

第十四条　人民法院对登记在被执行人名下的不动产实施强制执行，案外人以其系该不动产买受人为由，提起执行异议之诉，请求排除一般金钱债权的强制执行，并能够证明其主张同时符合下列条件的，人民法院应予支持：

（一）查封前，案外人已与被执行人签订合法有效的书面买卖合同；

（二）查封前，案外人已支付全部价款，或者已按照合同约定支付部分价款且查封后至一审法庭辩论终结前已将剩余价款交付人民法院执行；

（三）查封前，案外人已合法占有该不动产；

（四）非因案外人自身原因未办理不动产所有权转移登记。

人民法院判决驳回案外人诉讼请求的，案外人交付执行的剩余价款应予及时退还。

第十五条　人民法院对登记在被执行人名下的不动产实施强制执行，案外人以被执行人已将该不动产向其抵偿债务为由，提起执行异议之诉，请求排除一般金钱债权的强制执行，并能够证明其主张同时符合下列条件的，人民法院应予支持：

（一）案外人与被执行人存在真实的债权债务关系且债务履行期限已届满，案外人与被执行人在查封前已签订合法有效的以不动产抵债协议；

（二）有证据证明抵债金额与抵债时执行标的的实际价值基本相当；

（三）案外人在查封前已合法占有该不动产；

（四）非因案外人自身原因未办理不动产所有权转移登记。

第十六条　人民法院查封前，符合下列情形之一，可以认定为本解释第十四条、第十五条中的“非因案外人自身原因”：

（一）案外人与被执行人已共同向不动产登记机构提交办理所有权转移登记申请；

（二）案外人已请求被执行人履行办理所有权转移登记手续等合同义务，或者因办理所有权转移登记与被执行人发生纠纷并已起诉或者申请仲裁等；

（三）新建商品房尚不符合首次登记条件；

（四）已办理买卖合同网签备案；

（五）被执行人等通知案外人办理不动产所有权转移登记而其未怠于办理；

（六）其他非因案外人自身原因的情形。

第十七条　人民法院对登记在被执行的发包人名下的不动产实施强制执行，案外人以其与被执行人约定以不动产折抵工程债务为由，提起执行异议之诉，请求

排除抵押权和一般金钱债权的强制执行,并能够证明其主张同时符合下列条件的,人民法院应予支持:

(一)案外人依据《民法典》第八百零七条规定,在查封前行使建设工程价款优先受偿权,与被执行的发包人签订合法有效的以不动产折价协议;

(二)有证据证明抵债金额与抵债时执行标的的实际价值基本相当。

案外人起诉请求被执行人办理不动产所有权转移登记手续,符合前款规定的,人民法院依法予以支持。

第十八条 人民法院对登记在被执行人名下的不动产实施强制执行,案外人以该不动产系用于产权调换的征收补偿为由,提起执行异议之诉,请求排除建设工程价款优先受偿权、抵押权以及其他债权的强制执行,并能够证明其主张同时符合下列条件的,人民法院应予支持:

(一)查封前,案外人已与房屋征收部门、房屋征收实施单位等依法签订征收补偿性质的协议;

(二)用于征收补偿的不动产的位置明确特定。

案外人起诉请求被执行人办理不动产所有权转移登记手续,符合前款规定的,人民法院依法予以支持。

第十九条 人民法院对登记在被执行人名下的不动产实施强制执行,案外人以在查封前已与被执行人签订合法有效的书面买卖合同且已按照合同约定支付价款,并已办理了合法有效的不动产预告登记为由,提起执行异议之诉,请求停止处分,事由成立的,人民法院应予支持;符合物权登记条件,案外人请求排除强制执行的,人民法院应予支持。

第二十条 不带租拍卖、变卖等情况下的强制执行中,案外人以在查封前已与被执行人签订合法有效的书面租赁合同并合法占有使用执行标的,且已按照合同约定支付租金为由,提起执行异议之诉,请求在租赁期内排除一般债权的不带租强制执行,事由成立的,人民法院应予支持;符合上述规定条件的案外人签订租赁合同及合法占有使用执行标的均在抵押权设立之前,请求在租赁期内排除抵押权的不带租强制执行的,人民法院应予支持。

申请执行人可以对带租拍卖、变卖等情况下的强制执行提出书面异议。执行法院作出执行裁定后,案外人不服,自裁定送达之日起十五日内向执行法院提起诉讼的,按前款规定处理。

申请执行人对执行裁定不服,可以自裁定送达之日起十五日内以承租人、被执行人为被告向执行法院提起诉讼,请求不带租强制执行执行标的的,人民法院经审理,按照下列情形分别处理:

（一）承租人符合本条第一款规定的，判决驳回诉讼请求；

（二）承租人不符合本条第一款规定的，判决准许不带租强制执行该执行标的。

第二十一条　案外人与被执行人、申请执行人之间恶意串通，通过伪造证据，或者单方捏造案件基本事实，以执行异议之诉妨碍依法执行的，人民法院应当驳回其诉讼请求，并根据情节轻重予以罚款、拘留；涉嫌刑事犯罪的，人民法院应当将犯罪线索移送公安机关。

诉讼代理人、证人、鉴定人等诉讼参与人适用前款规定。

案外人等通过虚假诉讼等方式致使执行标的无法执行或者价值减损等，给申请执行人造成损失的，应当依法予以赔偿。

第二十二条　申请执行人依照民事诉讼法第二百三十八条规定提起执行异议之诉的，参照本解释的相关规定处理。

第二十三条　本解释自2025年7月24日起施行。

2. 中华人民共和国民事诉讼法（节选）

（2023年9月1日　中华人民共和国主席令第106号）

（1991年4月9日第七届全国人民代表大会第四次会议通过　根据2007年10月28日第十届全国人民代表大会常务委员会第三十次会议《关于修改〈中华人民共和国民事诉讼法〉的决定》第一次修正　根据2012年8月31日第十一届全国人民代表大会常务委员会第二十八次会议《关于修改〈中华人民共和国民事诉讼法〉的决定》第二次修正　根据2017年6月27日第十二届全国人民代表大会常务委员会第二十八次会议《关于修改〈中华人民共和国民事诉讼法〉和〈中华人民共和国行政诉讼法〉的决定》第三次修正　根据2021年12月24日第十三届全国人民代表大会常务委员会第三十二次会议《关于修改〈中华人民共和国民事诉讼法〉的决定》第四次修正　根据2023年9月1日第十四届全国人民代表大会常务委员会第五次会议《关于修改〈中华人民共和国民事诉讼法〉的决定》第五次修正）

第13条　民事诉讼应当遵循诚信原则。

当事人有权在法律规定的范围内处分自己的民事权利和诉讼权利。

第116条　被执行人与他人恶意串通，通过诉讼、仲裁、调解等方式逃避履行法律文书确定的义务的，人民法院应当根据情节轻重予以罚款、拘留；构成犯罪的，依法追究刑事责任。

第 236 条 当事人、利害关系人认为执行行为违反法律规定的,可以向负责执行的人民法院提出书面异议。当事人、利害关系人提出书面异议的,人民法院应当自收到书面异议之日起十五日内审查,理由成立的,裁定撤销或者改正;理由不成立的,裁定驳回。当事人、利害关系人对裁定不服的,可以自裁定送达之日起十日内向上一级人民法院申请复议。

第 238 条 执行过程中,案外人对执行标的提出书面异议的,人民法院应当自收到书面异议之日起十五日内审查,理由成立的,裁定中止对该标的的执行;理由不成立的,裁定驳回。案外人、当事人对裁定不服,认为原判决、裁定错误的,依照审判监督程序办理;与原判决、裁定无关的,可以自裁定送达之日起十五日内向人民法院提起诉讼。

3. 最高人民法院关于适用《中华人民共和国民事诉讼法》的解释(节选)

(2022 年 4 月 1 日　法释〔2022〕11 号)

(2014 年 12 月 18 日最高人民法院审判委员会第 1636 次会议通过,根据 2020 年 12 月 23 日最高人民法院审判委员会第 1823 次会议通过的《最高人民法院关于修改〈最高人民法院关于人民法院民事调解工作若干问题的规定〉等十九件民事诉讼类司法解释的决定》第一次修正,根据 2022 年 3 月 22 日最高人民法院审判委员会第 1866 次会议通过的《最高人民法院关于修改〈最高人民法院关于适用《中华人民共和国民事诉讼法》的解释〉的决定》第二次修正,该修正自 2022 年 4 月 10 日起施行)

第 302 条 根据民事诉讼法第二百三十四条规定,案外人、当事人对执行异议裁定不服,自裁定送达之日起十五日内向人民法院提起执行异议之诉的,由执行法院管辖。

第 303 条 案外人提起执行异议之诉,除符合民事诉讼法第一百二十二条规定外,还应当具备下列条件:

(一)案外人的执行异议申请已经被人民法院裁定驳回;

(二)有明确的排除对执行标的执行的诉讼请求,且诉讼请求与原判决、裁定无关;

(三)自执行异议裁定送达之日起十五日内提起。

人民法院应当在收到起诉状之日起十五日内决定是否立案。

第304条　申请执行人提起执行异议之诉,除符合民事诉讼法第一百二十二条规定外,还应当具备下列条件:

(一)依案外人执行异议申请,人民法院裁定中止执行;

(二)有明确的对执行标的继续执行的诉讼请求,且诉讼请求与原判决、裁定无关;

(三)自执行异议裁定送达之日起十五日内提起。

人民法院应当在收到起诉状之日起十五日内决定是否立案。

第305条　案外人提起执行异议之诉的,以申请执行人为被告。被执行人反对案外人异议的,被执行人为共同被告;被执行人不反对案外人异议的,可以列被执行人为第三人。

第306条　申请执行人提起执行异议之诉的,以案外人为被告。被执行人反对申请执行人主张的,以案外人和被执行人为共同被告;被执行人不反对申请执行人主张的,可以列被执行人为第三人。

第307条　申请执行人对中止执行裁定未提起执行异议之诉,被执行人提起执行异议之诉的,人民法院告知其另行起诉。

第308条　人民法院审理执行异议之诉案件,适用普通程序。

第309条　案外人或者申请执行人提起执行异议之诉的,案外人应当就其对执行标的享有足以排除强制执行的民事权益承担举证证明责任。

第310条　对案外人提起的执行异议之诉,人民法院经审理,按照下列情形分别处理:

(一)案外人就执行标的享有足以排除强制执行的民事权益的,判决不得执行该执行标的;

(二)案外人就执行标的不享有足以排除强制执行的民事权益的,判决驳回诉讼请求。

案外人同时提出确认其权利的诉讼请求的,人民法院可以在判决中一并作出。

第311条　对申请执行人提起的执行异议之诉,人民法院经审理,按照下列情形分别处理:

(一)案外人就执行标的不享有足以排除强制执行的民事权益的,判决准许执行该执行标的;

(二)案外人就执行标的享有足以排除强制执行的民事权益的,判决驳回诉讼请求。

第312条　对案外人执行异议之诉,人民法院判决不得对执行标的执行的,执行异议裁定失效。

对申请执行人执行异议之诉,人民法院判决准许对该执行标的执行的,执行异议裁定失效,执行法院可以根据申请执行人的申请或者依职权恢复执行。

第 313 条 案外人执行异议之诉审理期间,人民法院不得对执行标的进行处分。申请执行人请求人民法院继续执行并提供相应担保的,人民法院可以准许。

被执行人与案外人恶意串通,通过执行异议、执行异议之诉妨害执行的,人民法院应当依照民事诉讼法第一百一十六条规定处理。申请执行人因此受到损害的,可以提起诉讼要求被执行人、案外人赔偿。

第 314 条 人民法院对执行标的裁定中止执行后,申请执行人在法律规定的期间内未提起执行异议之诉的,人民法院应当自起诉期限届满之日起七日内解除对该执行标的采取的执行措施。

第 499 条 人民法院执行被执行人对他人的到期债权,可以作出冻结债权的裁定,并通知该他人向申请执行人履行。

该他人对到期债权有异议,申请执行人请求对异议部分强制执行的,人民法院不予支持。利害关系人对到期债权有异议的,人民法院应当按照民事诉讼法第二百三十四条规定处理。

对生效法律文书确定的到期债权,该他人予以否认的,人民法院不予支持。

第 506 条 被执行人为公民或者其他组织,在执行程序开始后,被执行人的其他已经取得执行依据的债权人发现被执行人的财产不能清偿所有债权的,可以向人民法院申请参与分配。

对人民法院查封、扣押、冻结的财产有优先权、担保物权的债权人,可以直接申请参与分配,主张优先受偿权。

第 509 条 多个债权人对执行财产申请参与分配的,执行法院应当制作财产分配方案,并送达各债权人和被执行人。债权人或者被执行人对分配方案有异议的,应当自收到分配方案之日起十五日内向执行法院提出书面异议。

第 510 条 债权人或者被执行人对分配方案提出书面异议的,执行法院应当通知未提出异议的债权人、被执行人。

未提出异议的债权人、被执行人自收到通知之日起十五日内未提出反对意见的,执行法院依异议人的意见对分配方案审查修正后进行分配;提出反对意见的,应当通知异议人。异议人可以自收到通知之日起十五日内,以提出反对意见的债权人、被执行人为被告,向执行法院提起诉讼;异议人逾期未提起诉讼的,执行法院按照原分配方案进行分配。

诉讼期间进行分配的,执行法院应当提存与争议债权数额相应的款项。

二、各高级人民法院关于异议之诉的指导意见

1. 北京市高级人民法院关于审理执行异议之诉案件适用法律若干问题的指导意见(试行)

(2011年7月28日　京高法发〔2011〕25号)

为规范执行异议之诉案件的审理,保护当事人的合法权益,统一审判标准和裁判尺度,根据《中华人民共和国物权法》、《中华人民共和国民事诉讼法》、《最高人民法院关于适用〈中华人民共和国民事诉讼法〉执行程序若干问题的解释》等相关规定,结合我市民事审判实践,制订本意见。

第一条　执行过程中,案外人或者申请执行人依据《民事诉讼法》第二百零四条规定向法院提起的下列诉讼,应当作为执行异议之诉案件受理,具体包括:

(一)案外人执行异议之诉:案外人对驳回其异议的执行裁定不服,请求对执行标的物停止执行,而提起的与原判决、裁定、调解书等生效法律文书无关的诉讼;

(二)申请执行人执行异议之诉:申请执行人对法院依案外人异议作出的中止对执行标的物执行的裁定不服,请求对该标的物许可执行而提起的诉讼。

第二条　执行异议之诉案件由执行法院管辖;本市提级执行、指定执行、委托执行的案件,涉及执行异议之诉的,由最终执行的法院管辖;商事案件就级别管辖另有规定的,依照其规定。

法院受理前款案件后,由作出原生效裁判、调解书的民商事审判庭依照诉讼程序审理;执行依据为其他生效法律文书或执行法院并非作出原生效裁判、调解书的一审法院的,应当根据案外人提起执行异议所依据的基础法律关系的性质,由各归口民商事审判庭进行审理。

第三条　法院针对执行标的物的强制执行过程中,案外人以被执行人为被告就执行标的物另行提起确权之诉的,不予受理,已经受理的,应当裁定驳回起诉,并告知其可以依据《民事诉讼法》第二百零四条的规定主张权利。

案外人以被执行人为被告另行提起给付之诉,要求转移执行标的物所有权,该标的物已处于强制执行状态的,法院应当向案外人释明,告知其可以变更诉讼请求主张损害赔偿,经释明其仍坚持不变更的,应当判决驳回其诉讼请求,并在判决理由中写明案外人可待执行标的物解除强制执行状态后再行主张。

违反前两款规定作出的判决书、调解书应当通过审判监督程序依法撤销。

第四条 案外人提起执行异议之诉应当以申请执行人为被告;被执行人反对案外人对执行标的物所主张的实体权利的,应当以申请执行人和被执行人为共同被告。

申请执行人提起执行异议之诉应当以案外人为被告;被执行人反对申请执行人请求的,应当以案外人和被执行人为共同被告。

前两款中,被执行人不反对案外人或者申请执行人请求,案外人或者申请执行人也未将其列为第三人的,法院一般应当将被执行人追加为无独立请求权第三人。

被执行人下落不明,无法对案外人或者申请执行人的请求表明意见的,应将其列为共同被告。

第五条 案外人或者申请执行人对处理案外人异议的执行裁定不服,应当自执行裁定送达之日起十五日内提起诉讼。逾期起诉的,不予受理;已经受理的,应当裁定驳回起诉。

案外人在执行法院针对执行标的物的强制执行程序终结后提起执行异议之诉的,不予受理;已经受理的,应当裁定驳回起诉。

第六条 案外人依据《民事诉讼法》第二百零四条规定提起诉讼的,须主张其对执行标的物享有足以阻止其转让、交付的实体权利,具体包括:

(1)所有权,包括单独所有权和共有权;

(2)用益物权,但执行不妨害案外人占有使用的除外;

(3)租赁权,但执行不妨害案外人占有使用的除外;

(4)股权;

(5)法律、司法解释规定的其他实体权利。

案外人有多个异议事由的,应当一并主张。

第七条 案外人提起执行异议之诉的,诉讼请求应当表述为请求对执行标的物停止执行。

申请执行人提起执行异议之诉的,诉讼请求应当表述为请求对执行标的物许可执行。

当事人诉讼请求不明确的,法院应当予以释明,诉讼请求可以根据案件具体情况予以细化。

第八条 案外人执行异议之诉案件中,案外人同时请求确认其对执行标的物享有实体权利或要求对其主张所依据的相关实体法律关系进行裁判的,一般应当合并处理,被执行人应当作为共同被告参加诉讼。案外人未同时请求确认其对执行标的物享有实体权利的,法院应当予以释明,经释明其仍坚持不增加的,法院不在判决主文中予以宣告,但应当在判决的事实和理由中予以阐明。

第九条 执行异议之诉案件审理中,案外人应当就其对执行标的物享有所有权或者其它足以阻止执行标的物转让、交付的实体权利所依据的事实承担举证责任。被执行人对案外人的权利主张表示承认的,不能免除案外人的举证责任。

第十条 案外人执行异议之诉案件审理中,审判庭认为案外人的诉讼请求确有理由,有必要对执行标的物停止执行,或者案外人提供充分、有效的担保请求停止执行的,应当依据北京市高级人民法院《关于适用〈中华人民共和国民事诉讼法〉执行程序部分及其司法解释若干问题的指导意见(试行)》第二十九条的规定处理。

第十一条 执行异议之诉案件经审理,案外人或者申请执行人理由不成立的,应当判决驳回其诉讼请求;理由成立的,应当根据案外人或者申请执行人的诉讼请求作出相应的判决。

法院审理执行异议之诉案件,对于处理案外人异议的执行裁定不予审查,在判决主文及理由中也不予表述。

第十二条 当事人对执行法院实施的轮候查封行为有异议提起执行异议之诉的,不予受理;已经受理的,应当裁定驳回起诉,并告知其应当针对法院的正式查封行为主张权利。

第十三条 案外人或者申请执行人依据《民事诉讼法》第二百零四条规定提起诉讼,经审查当事人系对执行法院的执行行为是否违反法律规定存在争议的,不予受理;已经受理的,应当裁定驳回起诉,并告知其应当依据《民事诉讼法》第二百零二条的规定主张权利。

第十四条 执行过程中,案外人认为其对作为执行依据的生效判决、裁定、调解书确定的执行标的物享有足以阻止其转让、交付的实体权利,并提出执行异议,执行部门原则上应当裁定驳回案外人的执行异议,案外人不服提起执行异议之诉的,应当裁定驳回起诉,并告知其可以按照审判监督程序申请再审。

第十五条 法院在执行生效法律文书确定的金钱债权过程中,针对特定房屋实施强制执行,购买该房屋的案外人依据《最高人民法院关于人民法院民事执行中查封、扣押、冻结财产的规定》第十七条的规定,要求停止对该房屋执行,经审查案外人已经支付全部房屋价款并实际占有该房屋,且对未办理房屋过户登记手续没有过错的,对其诉讼请求,应予支持;案外人同时要求确认该房屋归其所有的,不予支持,申请执行人要求对该房屋许可执行的,不予支持。

第十六条 《最高人民法院关于人民法院民事执行中查封、扣押、冻结财产的规定》第十七条规定在适用上应作如下理解:

(一)案外人(第三人)应当在法院针对执行标的物的强制执行程序开始前,已经支付全部价款并实际占有该标的物。法院在处理时应当根据当事人提交的买卖合同、付款发票、付款收据、物业服务合同、物业费缴费发票等证据予以综合判断。

(二)“第三人对此没有过错”,是指案外人(第三人)未办理产权过户登记手续是由于被执行人不予协助、办理登记存在客观障碍、登记机关原因等案外人意志以外的原因造成的。案外人为规避法律、行政法规规定或逃避债务,故意将财产登记在被执行人名下的,应当认定其具有过错。

(三)在适用该规定时对案外人与被执行人之间是否存在真实的买卖关系、案外人是否已经支付全部价款并实际居住等事实应当严格审查;在判断案外人是否存在过错时不宜过于严苛;在利益冲突的权衡时,应当在依法的前提下,兼顾购房业主(案外人)的生存利益与银行、企业(申请执行人)之间的经营利益。

第十七条 法院在执行生效法律文书确定的金钱债权过程中,针对特定标的物实施强制执行,案外人依据另案确权判决或形成判决对该执行标的物享有所有权,其据此要求对该标的物停止执行的,一般应予支持;申请执行人要求对该标的物许可执行的,一般不予支持。但案外人依据的另案确权判决属于本意见第三条第一款规定情形的,应当按照该条第三款的规定处理。

申请执行人对作为案外人权利依据的另案确权判决或形成判决申请再审的,法院可以根据案件具体情况决定是否中止诉讼,等待再审的处理结果。

第十八条 法院在执行生效法律文书确定的金钱债权过程中,针对特定标的物实施强制执行,另案给付判决或调解书确认被执行人向案外人转移该执行标的物的所有权,案外人或申请执行人提起执行异议之诉的,应当裁定驳回起诉,并告知当事人可以通过执行程序或审判监督程序解决。

第十九条 法院在执行生效法律文书确定的金钱债权过程中,对登记在被执行人名下的特定房屋实施强制执行,案外人以其与被执行人之间存在借名买房关系,其是房屋实际所有权人为由,要求对该房屋停止执行的,一般不予支持;申请执行人要求对该房屋许可执行的,一般应予支持。

第二十条 执行异议之诉案件审理中,作为执行依据的原判决、裁定、调解书被依法提起再审的,可以裁定中止本案诉讼,等待再审案件的处理结果。

第二十一条 本意见自下发之日起施行。

本意见的具体规定与新颁布的法律、法规和司法解释不一致的,本意见的相关规定不予执行。

本意见施行后尚未审结的一、二审案件,适用本意见;本意见施行前已经终审,当事人申请再审或者按照审判监督程序决定再审的,不适用本意见。

2. 河北省高级人民法院执行异议之诉案件审判指南(一)

(2024年5月24日)

为妥善审理执行异议之诉案件,提高审判质效,统一全省裁判尺度,根据《中华人民共和国民法典》(以下简称《民法典》)《中华人民共和国民事诉讼法》(以下简称《民事诉讼法》)《最高人民法院关于适用〈中华人民共和国民事诉讼法〉的解释》《最高人民法院关于人民法院办理执行异议和复议案件若干问题的规定》(以下简称《执行异议复议规定》)等相关法律和司法解释的规定,制定本指南。

1.【对执行异议裁定不服的处理】案外人、当事人对异议裁定不服,以据以执行的法律文书错误为由,提起执行异议之诉,请求排除强制执行的,人民法院不予受理;已经受理的,裁定驳回起诉。据以执行的法律文书为判决、裁定、调解书的,告知案外人应当按照审判监督程序等主张权利;据以执行的法律文书为仲裁裁决书、仲裁调解书、公证债权文书的,告知案外人、当事人按照《最高人民法院关于人民法院办理仲裁裁决执行案件若干问题的规定》《最高人民法院关于公证债权文书执行若干问题的规定》等相关规定办理。

案外人、当事人对异议裁定不服,提出的诉讼请求和支撑请求的主要理由与据以执行的法律文书无关,或不否认执行依据处理结果的,可以自裁定送达之日起十五日内向执行法院提起诉讼。超过上述法定期间的,应裁定不予受理;已经受理的,裁定驳回起诉。

2.【异议裁定的告知与救济程序的选择】人民法院依据《民事诉讼法》第二百三十六条或二百三十八条作出执行异议裁定时,应当在异议裁定中完整告知相关权利人的救济路径和救济期限。

相关权利人未根据异议裁定中的告知选择后续救济程序的,法院审查后发现其自行选择正确,继续审查或审理;发现自行选择错误的,裁定驳回其申请或起诉,告知相关权利人正确的救济程序。超过法定期限的,相关权利人可申请执行监督。

相关权利人根据异议裁定中的告知选择救济程序的,法院审查(审理)后发现法院告知错误的,已进入复议程序的,撤销执行异议裁定,发回重新审查;已进入执行异议之诉程序的,裁定驳回起诉,相关权利人申请复议的期限从裁定送达之日起重新计算。

3.【不得提起执行异议之诉的权利类型】案外人基于以下权利提出执行异议的,不应依据《民事诉讼法》第二百三十八条规定的异议之诉予以受理:

(1)主张对执行标的享有抵押权或不能阻却执行的留置权、质押权;

(2)主张对执行标的享有法定优先权,如建设工程价款优先权、划拨土地使用权出让金优先权、民用航空器优先权、船舶优先权、税收优先权、受教育者学杂费用优先权等;

(3)主张对执行标的虽享有租赁权,但强制执行不影响租赁权的行使;

(4)《最高人民法院关于刑事裁判涉财产部分执行的若干规定》第十四条规定的权利。

4.【执行异议之诉的管辖】执行异议之诉案件由负责处分执行标的的执行法院管辖。

起诉时执行法院变更的,由变更后的人民法院管辖;起诉后因指定、提级、委托执行变更执行法院的,执行异议之诉案件的管辖不受影响。

5.【案外人执行异议之诉的请求范围】案外人提出执行异议之诉的,诉讼请求应当有请求对执行标的停止执行的明确意思表示;同时提出确认其实体权利诉讼请求的,人民法院可以根据案件情况一并作出判决;同时提出被执行人继续履行合同、交付标的物等具有给付内容的诉讼请求且不违反专属管辖、级别管辖规定和管辖协议的,人民法院应一并受理,分别立案,并可先就执行异议之诉作出判决。

6.【申请执行人执行异议之诉的请求范围】申请执行人提起执行异议之诉的,诉讼请求应当有明确对执行标的许可执行的意思表示。申请执行人同时提出确认被执行人享有实体权益、确认案外人和被执行人所签订合同无效等请求的,不得在判决主文中予以裁判,但可以在事实和理由部分予以阐明。

7.【执行依据被撤销后执行异议之诉的处理】执行异议之诉案件审理期间,据以执行的生效裁判被提起再审的,应当中止审理。执行依据经再审被撤销且对争议的执行标的无需再继续执行的,案外人、当事人提起执行异议之诉,根据下列情形予以处理:

(1)按照一审程序审理的,应裁定不予受理;已经受理的,裁定驳回起诉;

(2)按照二审程序审理的,应裁定撤销一审判决,驳回起诉;

(3)按照再审程序审理的,应裁定撤销原审判决,驳回起诉。

据以执行的生效法律文书经再审被撤销,但新作出的执行依据仅调整了债权数额或债务履行方式,仍需对执行异议之诉的标的继续执行的,执行异议之诉应继续审理。

8.【执行标的执行终结时执行异议之诉的处理】执行异议之诉判决生效后,经当事人申请或法院依职权进入再审的,经审理发现原执行异议之诉生效判决确有错误,应核查原执行标的是否已被执行法院处分或已经解除执行措施,并根据再审阶段执行标的的不同情况分别处理：

(1)经核查执行标的未处分或未解除执行措施的，依据当事人的诉讼请求对执行标的能否继续或排除执行作出判决；

(2)经核查执行标的已经执行终结或因解除执行措施而被处分的，人民法院可根据执行标的现状、是否尚有变价款等向当事人释明变更诉讼请求；

(3)当事人拒绝变更诉讼请求或者无法达成调解协议的，裁定撤销一、二审判决，驳回起诉，当事人可另行主张权利。

9.【执行异议之诉中权利保护的优先顺位】人民法院在执行异议之诉案件审理中判断不同权利人对执行标的所享有的权利保护顺位时，应当依照《民法典》《执行异议复议规定》《最高人民法院关于审理建设工程施工合同纠纷案件适用法律问题的解释(一)》《全国法院民商事审判工作会议纪要》等相关规定，按照被征收人补偿安置期待权、消费者物权期待权、建设工程价款优先受偿权、担保物权、一般物权期待权、普通债权依次优先的顺位，依法作出相应的裁判。

10.【不动产买受人提起执行异议之诉的处理】人民法院对登记在被执行人名下的不动产采取强制执行措施，案外人以其系该不动产买受人为由提出执行异议之诉，请求排除金钱债权强制执行的，应适用《执行异议复议规定》第二十八条规定的条件进行审查，具有下列情形的，应予支持：

(1)案外人与被执行人在案涉不动产查封之前已经签订了合法有效的书面房屋买卖合同；

(2)案外人在案涉不动产查封之前已经实际占有该不动产。案外人提供了案涉不动产被查封之前实际形成的水电费、燃气费等具有公共服务性质的缴费凭证，或者物业服务合同、交房证明、物业费缴纳凭证等足以证明其已经过交接实际接收或占有该房屋的证据的，可认定其在查封之前已经合法占有该不动产；

(3)案外人已经支付全部价款，或者已按照合同约定支付部分价款且将剩余价款按照人民法院的要求交付执行。案外人主张其已支付全部或部分价款的，应提供其通过银行转账形成的付款凭证。仅提供开发商或出卖方出具的收据，或者主张购房款系现金交付，无其他证据证明其存在支付事实的，对其主张不予支持；

(4)案外人非因其自身原因未办理过户登记手续。案外人提交其已向房屋登记机构提交过户登记的相关材料、已向出卖人提出办理过户登记请求、多次向出卖人催促办证的相关证据等积极主张过物权登记，或有其他合理客观理由未办理过户登记，应认定案外人非因自身原因未办理过户登记手续。

11.【案外人以房抵债提起执行异议之诉的处理】人民法院对登记在被执行人名下的不动产采取强制执行措施，案外人主张与被执行人就案涉房产达成以房抵

债协议,请求依照《执行异议复议规定》第二十八条情形排除金钱债权强制执行,经审查符合该条规定并具备下列情形的,应予支持:

(1)法院查封前,确因案外人与被执行人存在合法真实的到期债权债务关系而签订以房抵债协议;

(2)该债权金额与执行标的实际价值大致相当;

(3)以房抵债协议包含原债务因此而免除的意思,或案外人在原债权诉讼时效期满前后从未主张原债权。

12.【案外人以房抵工程款提起执行异议之诉的处理】人民法院对登记在被执行的房地产开发企业名下的不动产采取强制执行措施,案外人主张在人民法院查封之前已与被执行人订立以房抵债协议,且所抵之债为建设工程价款,请求排除金钱债权、抵押权的强制执行,同时符合下列情形的,应予支持:

(1)案外人系建设工程承包人,与被执行人之间存在真实的书面建设工程承包合同;

(2)抵债房屋系案外人建造;

(3)建设工程款清偿期已经届满;

(4)案外人享有的工程价款与抵债标的价值相当;

(5)抵债协议真实合法。

13.【案外人以消费购房提起执行异议之诉的处理】人民法院对登记在被执行的房地产开发企业名下的商品房采取强制执行措施,案外人(仅限自然人)以其系商品房消费者为由提起执行异议之诉,请求排除金钱债权、抵押权、建设工程价款优先受偿权的强制执行,同时符合下列情形的,应予支持:

(1)人民法院查封前,案外人已与房地产开发企业签订合法有效的书面买卖合同;

(2)案外人所购商品房系用于居住且其名下无其他用于居住的房屋,或虽有用于居住的房屋但基于改善生活所需另购置的房屋;

(3)查封前,案外人已支付全部价款,或者已按照合同约定支付部分价款且查封后已将剩余价款交付人民法院执行。

14.【案外人以物权预告登记提起执行异议之诉的处理】人民法院对登记在被执行人名下的不动产采取强制执行措施,案外人以其系物权预告登记人为由提起执行异议之诉,请求排除金钱债权强制执行的,应根据下列情形予以处理:

(1)案涉不动产已办理物权预告登记,且在预告登记有效期内,请求停止处分的,应予支持;

(2)案涉不动产已办理物权预告登记,且符合物权登记条件,案外人请求排除人民法院查封的，应予支持；

(3)案涉不动产的预告登记已经失效，或者在执行法院查封之后办理预告登记的，不予支持。

15.【案外人以物权登记提起执行异议之诉的处理】被执行人购买并实际占有、但尚未办理过户登记的房产被人民法院采取强制执行措施的，出卖人仅以房产登记在其名下请求排除强制执行的，人民法院不予支持；出卖人主张被执行人未全额支付购房款或其已代替被执行人清偿按揭还款义务的，根据下列情形处理：

(1)申请执行人将被执行人未付或未按揭支付的剩余房款交付出卖人的，应予继续执行；

(2)申请执行人不交付剩余购房款，出卖人将被执行人已经交付的购房款返还并交付法院后，不得继续执行；

(3)出卖人因购房人未支付按揭还款，在其代替清偿后通过诉讼等解除房屋买卖合同并由生效法律文书确定的，出卖人将被执行人已支付房款及相关费用交付执行法院后，不得继续执行。

出卖人主张利息、违约金等相关费用的，可另行主张权利，不得在上述补交的案涉房款中抵扣。

16.【案外人以征收安置提起执行异议之诉的处理】人民法院对登记在被执行人名下的不动产采取强制执行措施，案外人作为被征收人，对被执行人名下尚未办理产权登记手续的房屋提起案外人执行异议之诉，请求排除一般金钱债权、抵押权、建设工程价款优先受偿权等强制执行的，同时符合下列情形的，应予支持：

(1)案外人作为被征收人与房屋征收部门签订了合法有效的征收补偿协议；

(2)征收补偿协议明确约定安置用房的位置及面积。

被征收人是否实际占有房屋、是否支付房屋面积差价以及对未办理房屋过户是否存在过错，均不影响其享有排除执行的权利。

17.【案外人以共有权提起执行异议之诉的处理】人民法院对登记在被执行人名下的不动产采取强制执行措施，案外人基于执行标的共有权人身份提出执行异议之诉，请求排除金钱债权强制执行的，根据下列情形予以处理：

(1)执行标的为共有且可分割的，对案外人享有的份额部分应予支持；

(2)执行标的为共有，但不可分割的，对其排除执行的诉讼请求予以驳回，但对其享有份额的变价款不得执行。

18.【承租人以阻止移交占有提出执行异议之诉的处理】承租人基于不动产被查封之前与被执行人订立的租赁合同提出执行异议之诉，阻止租赁期内向受让人移交占有，符合下列条件的，应予支持：

(1)承租人在租赁物被查封之前已与被执行人签订了合法有效的书面租赁合同;

(2)承租人已按合同约定支付合理租金;

(3)在查封之前已实际占有使用租赁物。

19.【特殊动产买受人提起执行异议之诉的处理】人民法院对登记在被执行人名下的机动车、船舶等特殊动产采取强制执行措施,案外人以其系该特殊动产买受人为由提起执行异议之诉,请求排除金钱债权强制执行,具备下列条件的,应予支持:

(1)案外人与被执行人在案涉特殊动产被采取查封等执行措施之前已签订合法有效的买卖合同;

(2)案外人在执行法院采取查封等执行措施之前已经实际管理控制并使用该特殊动产;

(3)案外人已向被执行人支付了全部价款,或者在指定时间内将剩余价款全部交付执行;

(4)非因自身原因未按国家关于机动车管理规定办理变更登记。

20.【诉讼费的收取】执行异议之诉案件的受理费,以当事人请求执行或排除执行的标的财产金额或者价额作为计算基数,按照《诉讼费用交纳办法》第十三条第一项规定的财产案件标准收取。案外人在执行异议之诉中就执行标的同时提出确认其权利的诉讼请求的,不另行收取案件受理费。

21.本审判指南自印发之日起在工作中参照执行。

3.吉林省高级人民法院关于审理执行异议之诉案件若干疑难问题的解答

(2017年11月16日　吉高法〔2017〕118号)

为不断提高审判质效,统一裁判标准,正确、及时的审理我省执行异议之诉案件,吉林省高级人民法院经过深入调研及广泛征求意见,根据《中华人民共和国物权法》和《中华人民共和国民事诉讼法》以及相关法律和司法解释,结合我省民事审判实践,经2017年吉林省高级人民法院民事会议第7(总22)次审委会讨论通过,现就执行异议之诉案件若干疑难问题作出解答,仅供吉林省各级法院审理此类案件参考使用。

问题一:案外人、申请执行人提起执行异议之诉应满足哪些受理条件?

案外人、申请执行人提起执行异议之诉,除应符合《中华人民共和国民事诉讼法》第一百一十九条、第二百二十七条外,根据《最高人民法院关于适用〈中华人民共和国民事诉讼法〉的解释》第三百零五条、第三百零六条规定,还必须同时符合下列条件:

(一)经执行法院审查并作出执行异议裁定;

(二)案外人、申请执行人应当自执行异议裁定送达之日起十五日内提起执行异议之诉;

(三)案外人的异议是针对执行标的物权利和归属的异议,不属于对原生效裁判和执行行为的异议;

(四)案外人、申请执行人有明确的对执行标的排除执行或继续执行的诉讼请求。

案外人、申请执行人起诉不符合上述条件的,人民法院应当不予受理;已经受理的,裁定驳回其起诉。

问题二:立案部门应当按照什么标准收取执行异议之诉的案件受理费?

立案部门受理执行异议之诉案件时,如果案件当事人的请求涉及财产权益的,应当按照财产案件标准计收案件受理费。

问题三:执行、立案与审判部门如何进行衔接?

执行部门在对执行标的物采取执行措施时应当查明该标的物的占有情况,并将相关证据予以固定。

立案部门受理执行异议之诉案件后,应当调取执行卷宗及执行异议审查卷宗一并移送给审判部门,或者将执行异议审查的相关材料、法律文书以及涉及查封、扣押、冻结等具体执行措施的材料移送给审判部门。

问题四:执行、立案与审判部门如何进行衔接?

执行标的异议是指案外人针对执行标的提出的权利和归属的实体性异议,也即案外人认为其对执行标的享有实体民事权益,应当优先于申请执行人在执行依据项下请求权实现的主张。

案外人对执行标的主张权属的实体异议与原判决、裁定无关的,属于《中华人民共和国民事诉讼法》第二百二十七条规定的执行异议之诉的审理范围,案外人提起执行异议之诉的,人民法院应当围绕该异议是否成立以及案外人享有的民事权益是否足以排除执行进行裁判。

问题五:什么是执行依据异议?人民法院该如何处理?

执行依据异议是指案外人针对原生效法律文书提出执行依据存在错误应当变更、撤销的正当性异议,也即案外人认为原生效法律文书存在错误,不能作为执行依据的主张。

由人民法院作出的原生效裁判直接确定了执行标的物的,案外人对该执行标的物主张权属的实体异议,本质上是对原生效裁判作为执行依据合法性和正当性的否定,属于《中华人民共和国民事诉讼法》第二百二十七条规定的"认为原判决、裁定错误"情形,其应当针对原生效裁判通过审判监督程序或者第三人撤销之诉主张权利。案外人提起执行异议之诉的,人民法院应当不予受理;已经受理的,裁定驳回起诉。

问题六:什么是执行行为异议?人民法院该如何处理?

执行行为异议是指案外人针对执行法院作出的具体执行行为是否合法提出的程序性异议,也即案外人认为执行行为违反法律规定,侵害其程序性权益的主张。

执行法院追加案外人为被执行人或者未经原生效裁判确定直接将案外人名下的财产作为被执行人的责任财产强制执行的,案外人对执行标的主张权属的实体异议,本质上是对由执行法院作出的确认案外人给付义务和确定执行标的物的具体执行行为合法性的否定,属于《中华人民共和国民事诉讼法》第二百二十五条规定的"认为执行行为违反法律规定"的情形,其应当针对执行行为通过执行复议或执行监督程序主张权利;案外人提起执行异议之诉的,人民法院应当不予受理;已经受理的,裁定驳回起诉。

问题七:案外人同时提出执行标的异议和执行行为异议的,人民法院该如何处理?

执行异议之诉中,案外人同时提出执行标的异议和执行行为异议,如果该执行行为与案外人对执行标的享有的实体权利无关的,人民法院应当仅就其执行标的异议是否成立以及案外人享有的民事权益是否足以排除执行进行审理,而对其提出的执行行为异议不予评判。

问题八:在执行异议之诉案件中,案外人和申请执行人分别可以提出哪些诉讼请求?

案外人执行异议之诉中,案外人应当直接提出对执行标的排除执行的诉讼请求,也可以一并提出确认其民事权益以及确认与该权益相关的合同效力等具有确认性质的请求。案外人提出继续履行合同或者具有给付性质的其他请求,不属于执行异议之诉的审理范围,人民法院应当不予审理。

申请执行人执行异议之诉中,申请执行人应当直接提出对执行标的继续执行的诉讼请求,除该请求之外的其他诉讼请求,不属于执行异议之诉的审理范围,人民法院应当不予审理。

问题九:执行程序终结后,案外人才提起执行异议之诉,人民法院该如何处理?执行异议之诉案件审理过程中,执行程序终结的,人民法院该如何处理?

执行异议之诉的核心在于是否排除人民法院的强制执行,执行程序终结后,执行异议之诉因缺乏可供评价的执行事实而丧失审理基础,案外人不能通过执行异议之诉实现其排除执行的诉讼目的,其提起执行异议之诉的,人民法院应当不予受理;已经受理的,裁定驳回起诉。

在执行异议之诉案件审理期间,执行程序因据以执行的金钱债权以其他方式得以清偿或因执行标的物灭失等原因终结的,人民法院可以向作为原告的案外人或申请执行人释明其撤回起诉,该原告不同意撤回起诉的,应当裁定终结诉讼;案外人一并主张确认权利的,人民法院可以告知其另行提起诉讼。

问题十:执行异议之诉案件中,被执行人的诉讼地位该如何确定?

人民法院应当依照《最高人民法院关于适用〈中华人民共和国民事诉讼法〉的解释》第三百零七条、第三百零八条及第三百零九条的规定确定被执行人的诉讼地位;如被执行人下落不明或经法院依法传唤未到庭且无书面意见的,人民法院可以将其列为共同被告。

问题十一:如果被拆迁人作为案外人主张排除对房屋的执行,人民法院该如何处理?

金钱债权执行中,如果案外人是《最高人民法院关于审理商品房买卖合同纠纷案件适用法律若干问题的解释》第七条规定的被拆迁人,其与拆迁人按照所有权调换形式订立了真实、合法、有效的拆迁补偿安置协议,明确约定或以行为确定了拆迁人以位置、用途特定的房屋对其予以补偿安置,同时执行法院将该补偿安置房屋作为执行标的物的,该案外人请求排除执行的,人民法院应当支持。

问题十二:执行异议之诉案件中,预告登记人主张排除执行的,人民法院该如何处理?

案外人主张对执行标的物已经办理了预告登记,该预告登记应在人民法院查封之前且为尚在有效期间内的所有权预告登记,同时该预告登记人取得执行标的物的原因行为真实且合法有效,其提起执行异议之诉请求排除执行的,人民法院应当支持。

问题十三:《最高人民法院关于人民法院办理执行异议和复议案件若干问题的规定》第二十九条规定的商品房"买受人"该如何理解?

《最高人民法院关于人民法院办理执行异议和复议案件若干问题的规定》第二十九条中规定的商品房"买受人"应理解为《最高人民法院关于建设工程价款优先受偿权问题的批复》第二项规定的商品房"消费者",也即为生活居住而购买由房地产开发企业销售的商品房的个人。

商品房消费者提起案外人执行异议之诉的,其已经在查封之前与房地产开发企业签订了合法有效的商品房买卖合同,已经支付了百分之五十以上的价款,并且其个人名下及其配偶、未成年子女名下均没有其他用于生活居住的房屋时,应当认定该商品房消费者对作为执行标的物的商品房享有的物权期待权符合《最高人民法院关于人民法院办理执行异议和复议案件若干问题的规定》第二十九条规定的“足以排除执行”的条件。

问题十四:执行异议之诉案件中,预售商品房未取得预售许可证明时,商品房买受人请求排除执行的,人民法院该如何处理?

根据《最高人民法院关于审理商品房买卖合同纠纷案件适用法律若干问题的解释》第二条规定,房地产开发企业在起诉前仍未取得预售许可证明的,其与买受人签订的商品房预售合同应当按无效处理,买受人请求对该商品房排除执行的,原则上不应当支持;但房地产开发企业未能继续开发建设该工程经由人民政府善后处理将房屋处分给买受人的、或者是经由人民法院拍卖程序等合法途径将房屋处分给买受人的情形除外。

商品房预售合同在不动产登记机构网签或者备案的行为,属于行政机关的行政管理行为,可以作为房地产开发企业对该商品房取得预售许可证明的证据使用。

问题十五:执行异议之诉案件中,案外人对车库或车位主张排除执行的,人民法院该如何处理?

金钱债权执行中,具有独立产权的车库、车位作为被执行人的财产被人民法院强制执行的,案外人以其购买了该车库、车位为由提起执行异议之诉的,人民法院可以参照《最高人民法院关于人民法院办理执行异议和复议案件若干问题的规定》第二十八条的规定进行审理。

金钱债权执行中,无独立产权的车库、车位的使用权作为房地产开发企业的财产性权益被人民法院强制执行,案外人以该车库、车位的使用权已经被房地产开发企业处分给自己为由提起执行异议之诉的,如其为该车库、车位所在小区的业主,在人民法院查封之前已经签订了合法有效的书面合同、已经支付了全部价款或者按照合同约定支付部分价款且将剩余价款按照人民法院的要求交付执行的,其排除执行的请求,人民法院可以支持。

问题十六:执行异议之诉案件中,商品房消费者实际支付价款不足百分之五十的,人民法院该如何处理?

参照《最高人民法院关于人民法院办理执行异议和复议案件若干问题的规定》第二十九条规定,商品房消费者实际支付价款不足百分之五十的,如其同意将差额价款按照人民法院的要求交付执行的,其排除执行的请求,人民法院可以支持。

商品房消费者按照合同约定以银行按揭贷款方式支付了首付款,而且银行已经发放相应贷款的,应当视为其已经支付了全部价款。

问题十七：执行异议之诉案件中，对“合法占有”该如何判断？

执行异议之诉中，人民法院参照《最高人民法院关于人民法院办理执行异议和复议案件若干问题的规定》第二十八条第二项规定的“合法占有”进行审查时，应当从对占有的事实和行为两方面进行判断：

（一）人民法院判断买受人是否“占有”不动产时，应当根据买受人对不动产是否实现了支配和控制进行评价，如买受人是否取得入户门钥匙、是否办理了入住手续以及该买受人及其共同居住人是否交纳了水、暖、电、气及物业等费用。

买受人有证据证明其向他人以出租或出借等形式对不动产进行了管理的，可以视为其已经占有该不动产。

（二）人民法院判断买受人是否为“合法”的占有，应当根据买受人占有的原因行为是否合法，以及占有行为本身是否合法进行评价，如买受人未经出卖人同意擅自占有的，其对不动产现实的控制，不属于“合法”的占有。

问题十八：执行异议之诉案件中，对“因买受人自身原因未办理过户登记”该如何判断？

执行异议之诉案件中，人民法院经审查发现存在以下情形，应当认定属于《最高人民法院关于人民法院办理执行异议和复议案件若干问题的规定》第二十八条第四项规定的“因买受人自身原因未办理过户登记”：

（一）存在法律、政策上的登记障碍，如经济适用房或限购、限贷等原因不能登记的；

（二）存在如抵押权、共有等他人权利的登记障碍，而买受人未加以合理注意的；

（三）已经满足了登记条件，而买受人未积极主张办理登记的。如借名买房、预告登记等买受人未及时登记的、或者因规避法律政策、逃避纳税等原因买受人不登记的。

问题十九：不动产以物抵债受让人是否可以提起执行异议之诉？

金钱债权执行中，以物抵债受让人对登记在被执行人名下的不动产提出异议，其异议被驳回的，可以提起执行异议之诉。满足下列条件，以物抵债受让人主张排除执行的，人民法院可以支持：

（一）以物抵债受让人提供的证据足以证明该以物抵债行为客观存在，且达成以物抵债协议时原债务履行期限已经届满；

（二）在人民法院查封之前签订合法有效的以物抵债协议并合法占有该不动产；

（三）以物抵债受让人提供的证据足以证明用以抵债的不动产价值与原债务数

额合理对应,且经清算债务数额已确定;但存在高额利息的,视为其未支付全部价款;

(四)非因受让人自身原因未能办理过户登记。

问题二十:如果被执行人为房地产开发企业,且执行标的物属于商品房的,执行异议之诉中,人民法院应当参照《最高人民法院关于人民法院办理执行异议和复议案件若干问题的规定》第二十八条还是第二十九条进行审理?

执行异议之诉案件中,被执行人是《最高人民法院关于人民法院办理执行异议和复议案件若干问题的规定》第二十九条规定的"房地产开发企业",并且执行标的物是登记在该房地产开发企业名下商品房时,如果案外人享有的实体民事权益参照该规定第二十九条不足以排除执行,但参照该规定第二十八条足以排除执行的,人民法院可以参照第二十八条作出裁判。

问题二十一:不动产受让人提起案外人执行异议之诉时,应当提供哪些证据?

不动产受让人以案外人身份提起执行异议之诉的,应当向人民法院提供以下证据:

1. 案外人与被执行人签订的书面合同。房屋属于预售性质的,还应当同时提交相应的预售许可证明或其他证明材料;

2. 案外人主张其已经支付了价款的,应当向人民法院提交案涉房屋的不动产发票;不能提供不动产发票或被执行人并非房地产开发企业的,案外人应当提交相应的收款收据及银行转款凭证;以现金方式支付价款的,必须提供款项来源并作出合理解释;

3. 案外人主张其合法占有不动产的,应当提供出卖人交付钥匙的证据或房屋交接单、在物业公司办理的入住手续、交纳水、暖、燃、电及物业费等费用的凭证。如进行了装修、租赁的,还应当提供装修合同、租赁合同和费用票据;

4. 案外人主张其为商品房消费者的,应当提供由不动产登记机关出具的唯一住房证明;

5. 案外人主张其为以物抵债受让人的,如为抵顶工程款、材料款的,其应当提供相应的建设工程合同等相关合同、以物抵债协议书和清算材料;如为抵顶借款的,案外人应当提供原借款合同、收款收据或借条以及银行转账凭证,以物抵债协议书及相应的清算材料。

除以上证据外,人民法院可以根据审理需要要求案外人提供其他证据。案外人未提供证据或者证据不足以证明其异议主张的,应当承担举证不能的不利后果。

问题二十二:金钱债权执行中,案外人认为其对作为执行标的物的不动产享有建设工程价款优先受偿权的,是否可以提起执行异议之诉?人民法院该如何处理?

金钱债权执行中,案外人认为其对作为执行标的物的不动产享有建设工程价款优先受偿权的,应当在执行分配程序中主张优先受偿或者依据《中华人民共和国民事诉讼法》第二百二十五条规定主张权利,其提起执行异议之诉请求排除执行的,人民法院应当不予受理;已经受理的,裁定驳回起诉。

如执行法院作出的异议裁定否定案外人享有建设工程价款优先受偿权的,该案外人应当另行提起诉讼确认其建设工程价款优先受偿权。

问题二十三:承包人为实现工程价款申请执行房地产开发企业名下的不动产,该不动产的受让人是否可以提起案外人执行异议之诉?人民法院该如何处理?

金钱债权执行中,承包人为实现工程价款对登记在房地产开发企业名下的不动产申请执行,该不动产的受让人可以提起案外人执行异议之诉。

如果据以执行的原生效裁判已经确认了承包人建设工程价款优先受偿权,并且直接确定了承包人优先受偿的不动产就是作为执行标的物的不动产的,则案外人对执行标的物主张排除执行的异议实质上是对原生效裁判的异议,应当通过审判监督程序或第三人撤销之诉主张权利,其提起执行异议之诉请求排除执行的,人民法院应当不予受理;已经受理的,裁定驳回起诉。如果执行法院异议裁定停止执行的,申请执行人应当向执行部门申请执行复议或通过执行监督程序主张权利;其提起执行异议之诉请求继续执行的,人民法院应当不予受理;已经受理的,裁定驳回起诉。

问题二十四:案外人认为其对作为执行标的的不动产享有抵押权的,是否可以提起执行异议之诉?人民法院该如何处理?

金钱债权执行中,案外人认为其对作为执行标的物的不动产享有抵押权的,应当在执行分配程序中主张优先受偿或者根据《中华人民共和国民事诉讼法》第二百二十五条规定主张权利,其提起执行异议之诉请求排除执行的,人民法院应当不予受理;已经受理的,裁定驳回起诉。

如果执行法院作出的异议裁定否定案外人享有抵押权的,该案外人应当另行提起诉讼确认其抵押权。

问题二十五:抵押权人对登记在被执行人名下的不动产申请执行的,该不动产受让人是否可以提起案外人执行异议之诉?人民法院该如何处理?

金钱债权执行中,抵押权人依据各类具有强制执行效力的文书对登记在被执行人名下的不动产申请执行,该不动产的受让人可以提起案外人执行异议之诉。

如果据以执行的原生效裁判已经直接确定了抵押物就是执行标的物的,则案外人对该执行标的物主张排除执行的异议实质上是对原生效裁判的异议,应当通过审判监督程序或第三人撤销之诉主张权利,其提起执行异议之诉请求排除执行的,人民法院应当不予受理;已经受理的,裁定驳回起诉。如果执行法院作出异议裁定停止执行的,申请执行人应当向执行部门申请复议或通过执行监督程序主张权利;申请执行人提起执行异议之诉请求继续执行的,人民法院应当不予受理;已经受理的,裁定驳回起诉。

问题二十六:承租人提起执行异议之诉请求排除执行的,人民法院该如何处理?

金钱债权执行中,承租人认为其对作为执行标的物的不动产享有租赁权的,应当在拍卖程序中主张优先购买或依照《最高人民法院关于人民法院办理执行异议和复议案件若干问题的规定》第三十一条规定向执行法院主张权利,其提起执行异议之诉请求排除执行的,人民法院应当不予受理;已经受理的,裁定驳回起诉。

如果执行法院作出的异议裁定否定承租人租赁权的成立或存续的,承租人应当另行提起诉讼确认其租赁权的成立或存续。

问题二十七:金钱债权执行中,人民法院能否对共同共有的不动产进行分割?共有不动产被分割后,不负有给付义务的共有人提起执行异议之诉,人民法院该如何处理?

金钱债权执行中,如果共有人一方对作为执行标的物的不动产提出分割,执行法院可以对该不动产进行分割,其他共有人不得拒绝分割。

该不动产被分割后,执行法院为执行生效裁判而对作为执行标的物的不动产强制执行的,不负有给付义务的共有人对作为执行标的物的权利份额可以主张优先购买,但其直接对作为执行标的物的不动产请求排除执行的,人民法院不予支持。

问题二十八:作为执行依据的原生效裁判未确定债务为夫妻共同债务,其确定的债务人仅为夫妻一方,执行法院以该债务为夫妻共同债务而查封共有不动产的,被执行人配偶能否提起执行异议之诉?

作为执行依据的生效裁判未判决该债务为夫妻共同债务,其确定的债务人仅为夫妻一方,执行法院以案涉债务系夫妻共同债务而查封夫妻共有不动产的,被执行人的配偶以该债务非夫妻共同债务为由提出异议,异议被驳回后,其可以提起执行异议之诉。

问题二十九:作为执行依据的原生效裁判确认债务为夫妻共同债务,配偶一方认为该债务不属于夫妻共同债务的,其能否提起执行异议之诉?

作为执行依据的生效裁判确认债务系夫妻共同债务的,配偶一方以该债务非夫妻共同债务为由主张对作为执行标的物的共有不动产排除执行的,其本质上属于对原生效裁判的异议,应当通过审判监督程序主张权利,配偶一方提起执行异议之诉的,人民法院应当不予受理;已经受理的,裁定驳回起诉。

问题三十：执行异议之诉案件审理中，案外人以其借用被执行人名义购买作为执行标的物的不动产为由请求排除执行的，人民法院该如何处理？

金钱债权执行中，案外人以其借用被执行人名义购买了作为执行标的物的不动产为由请求排除执行，除其被确认为该不动产物权的真实权利人的，不予支持。

问题三十一：案外人以其与被执行人为合资、合作开发房地产为由主张对作为执行标的物的不动产排除执行的，人民法院该如何处理？

金钱债权执行中，案外人以其与被执行人系合资、合作开发房地产为由对作为执行标的物的不动产请求排除执行的，如该案外人系实际出资人或借用被执行人资质以被执行人名义开发建设房地产，并将建设用地使用权、不动产的所有权登记在被执行人名下的，其请求排除执行的，不予支持。

问题三十二：实际施工人以其系工程款债权所有人为由针对承包人的到期债权提起执行异议之诉的，人民法院该如何处理？

人民法院针对建设工程发包人应给付承包人的工程款到期债权强制执行的，实际施工人以其与承包人之间存在挂靠关系，其应享有工程款债权为由提起案外人执行异议之诉的，在建设工程存在违法分包、转包及挂靠的情形下，实际施工人不能直接向发包人主张债权，且与排除执行的诉讼目的无关，其提起执行异议之诉的，人民法院应当不予受理；已经受理的，裁定驳回起诉。

4. 吉林省高级人民法院关于审理执行异议之诉案件若干疑难问题的解答(二)

(2018 年 12 月 24 日　吉高法〔2018〕133 号)

为不断提高审判质效，统一裁判标准，正确、及时地审理我省执行异议之诉案件，吉林省高级人民法院经过深入调研及广泛征求意见，根据《中华人民共和国物权法》《中华人民共和国合同法》《中华人民共和国公司法》《中华人民共和国民事诉讼法》以及其他相关法律和司法解释，结合我省民事审判实践，现就执行异议之诉案件审理中的若干疑难问题作出解答，仅供吉林省各级法院审理此类案件参考使用。

问题一：金钱债权执行中，案外人以其向被执行人购买了案涉特殊动产为由请求排除执行的，人民法院该如何处理？

答：金钱债权执行中，人民法院对登记在被执行人名下的特殊动产实施执行，案外人以其向被执行人购买了案涉特殊动产为由提起执行异议之诉请求排除执

行,同时满足以下条件的,人民法院应当支持:

(一)在人民法院实施执行之前,案外人与被执行人就案涉特殊动产已经形成了合法有效的买卖合同关系;

(二)在人民法院实施执行之前,案外人已经实际占有并使用案涉特殊动产;

(三)案外人已经支付了全部价款,或者按照合同约定已经支付了部分价款且将剩余价款按照人民法院的要求交付执行。

问题二:金钱债权执行中,案外人以其向被执行人以外的第三人购买了案涉特殊动产为由提起执行异议之诉请求排除执行的,人民法院该如何处理?

答:金钱债权执行中,人民法院对登记在被执行人名下的特殊动产实施执行,案外人以其向被执行人以外的第三人购买了案涉特殊动产为由提起执行异议之诉请求排除执行,同时满足以下条件的,人民法院应当支持:

(一)在人民法院实施执行之前,案外人与第三人就案涉特殊动产已经形成了合法有效的买卖合同关系;

(二)在人民法院实施执行之前,案外人已经实际占有并使用案涉特殊动产;

(三)案外人已经支付了全部价款,或者按照合同约定已经支付了部分价款且将剩余价款按照人民法院的要求交付执行;

(四)案外人有理由相信第三人对案涉特殊动产有处分权。

问题三:金钱债权执行中,案外人以其与被执行人之间通过以物抵债的方式取得案涉特殊动产的所有权为由提起执行异议之诉请求排除执行的,人民法院该如何处理?

答:金钱债权执行中,人民法院对登记在被执行人名下的特殊动产实施执行,案外人以其与被执行人之间通过以物抵债的方式取得案涉特殊动产的所有权为由提起执行异议之诉请求排除执行,同时满足以下条件的,人民法院应当支持:

(一)在人民法院实施执行之前,被执行人与案外人之间存在真实、合法的债权债务关系且该债务履行期限已经届满,双方基于清偿债务的目的就案涉特殊动产已经签订了合法有效的书面以物抵债协议;

(二)在人民法院实施执行之前,案外人已经实际占有并使用案涉特殊动产;

(三)被执行人与案外人之间的债务数额经清算已经确定,且与案涉特殊动产的价值合理对应。

问题四:金钱债权执行中,案外人以其与被执行人之外的第三人之间通过以物抵债形式取得案涉特殊动产的所有权为由提起执行异议之诉请求排除执行的,人民法院该如何处理?

答:金钱债权执行中,人民法院对登记在被执行人名下的特殊动产实施执行,案外人以其与被执行人之外的第三人之间通过以物抵债形式取得案涉特殊动产的所有权为由提起执行异议之诉请求排除执行，同时满足以下条件的，人民法院应当支持：

（一）在人民法院实施执行之前，案外人与第三人之间存在真实、合法的债权债务关系且债务履行期限已经届满，双方基于清偿债务的目的就案涉特殊动产签订了合法有效的书面以物抵债协议；

（二）在人民法院实施执行之前，案外人已经实际占有并使用案涉特殊动产；

（三）第三人与案外人之间的债务数额经清算已经确定，且与案涉特殊动产的价值合理对应；

（四）案外人有理由相信第三人对案涉特殊动产有处分权。

问题五：金钱债权执行中，被执行人的配偶一方就案涉特殊动产提起执行异议之诉请求排除执行的，人民法院该如何处理？

答：金钱债权执行中，人民法院对登记在被执行人名下的特殊动产实施执行，如果被执行人的配偶一方仅以案涉特殊动产为夫妻共同财产为由请求排除执行的，人民法院不予支持；如果配偶一方以案涉特殊动产为其个人财产为由请求排除执行的，有证据证明案涉特殊动产确系配偶一方的个人财产而作为执行依据的原生效裁判未认定案涉债务为夫妻共同债务的，人民法院可以支持。

问题六：金钱债权执行中，案外人以其借用被执行人名义购买案涉特殊动产为由提起执行异议之诉请求排除执行的，人民法院该如何处理？

答：金钱债权执行中，人民法院对登记在被执行人名下的特殊动产实施执行，案外人仅以其借用被执行人名义购买案涉特殊动产为由提起执行异议之诉请求排除执行的，除法律另有规定外，人民法院不予支持。

问题七：金钱债权执行中，案外人以其系保留案涉特殊动产所有权的出卖人为由提起执行异议之诉请求排除执行的，人民法院该如何处理？

答：金钱债权执行中，人民法院对登记在被执行人名下的特殊动产实施执行，案外人以其系保留案涉特殊动产所有权的出卖人为由提起执行异议之诉请求排除执行的，在人民法院实施执行之前，案外人与被执行人就案涉特殊动产已经形成了合法有效的买卖合同关系并书面约定由案外人保留案涉特殊动产的所有权，同时被执行人已经实际占有并使用案涉特殊动产的，人民法院应当就案外人是否已经丧失了案涉特殊动产的取回权进行审查，案外人尚未丧失案涉特殊动产取回权且将其已经收取的价款按照人民法院的要求交付执行的，对案外人排除执行的请求，人民法院应当支持。

被执行人已经支付的价款虽未超过全部价款的百分之七十五但申请执行人已

经向案外人支付了剩余价款的,可以按照案外人丧失案涉特殊动产的取回权处理。

问题八:金钱债权执行中,申请执行人以被执行人系保留案涉特殊动产所有权的出卖人为由提起执行异议之诉请求继续执行的,人民法院该如何处理?

答:金钱债权执行中,人民法院对登记在被执行人名下的特殊动产实施执行,案外人以其已经购买了案涉特殊动产为由提出异议,申请执行人以被执行人系保留案涉特殊动产所有权的出卖人为由提起执行异议之诉请求继续执行的,在人民法院实施执行之前,被执行人与案外人就案涉特殊动产已经形成了合法有效的买卖合同关系并书面约定由被执行人保留案涉特殊动产的所有权,同时案外人已经实际占有并使用案涉特殊动产的,人民法院应当就被执行人是否已经丧失了案涉特殊动产的取回权进行审查,被执行人尚未丧失案涉特殊动产取回权的,对申请执行人继续执行的请求,人民法院应当支持。

案外人已经支付的价款虽未超过总价款的百分之七十五但其已经将剩余价款按照人民法院的要求交付执行的,可以按照被执行人丧失案涉特殊动产的取回权处理。

问题九:金钱债权执行中,人民法院对被执行人具备权利外观的普通动产实施执行,案外人以其系案涉普通动产的所有权人为由提起执行异议之诉请求排除执行的,人民法院该如何处理?

答:金钱债权执行中,人民法院对被执行人具备权利外观的普通动产实施执行,案外人以其系案涉普通动产的实际所有权人为由提起执行异议之诉请求排除执行的,按照以下情形分别处理:

(一)案涉普通动产为特定物的,案外人提供的证据足以证明案涉普通动产系其依法取得所有权的财产的,对其排除执行的请求,人民法院应当支持。

(二)案涉普通动产为种类物的,案外人提供的证据足以证明案涉普通动产系其依法取得所有权的特定财产且未与他人同类财产发生混同的,对其排除执行的请求,人民法院应当支持。

问题十:金钱债权执行中,案外人以其借用被执行人的银行账户或以借用被执行人名义开立账户流转资金为由提起执行异议之诉请求排除执行的,人民法院该如何处理?

答:金钱债权执行中,人民法院对被执行人开立的银行账户或银行账户内的资金实施执行,案外人仅以其借用被执行人的银行账户或以借用被执行人名义开立账户流转资金为由提起执行异议之诉请求排除执行的,除法律另有规定外,人民法院不予支持。

问题十一：金钱债权执行中，开证行作为案外人以案涉银行账户系信用证开证保证金账户或该账户内的资金系质押保证金为由提起执行异议之诉请求排除执行的，人民法院该如何处理？

答：金钱债权执行中，人民法院对被执行人名下的银行账户或账户内的资金实施执行，开证行作为案外人以案涉银行账户系信用证开证保证金账户或账户内的资金系信用证质押保证金为由提起执行异议之诉请求排除执行，同时满足以下条件的，人民法院应当支持：

（一）案外人在人民法院实施执行之前已经开立了合法有效的信用证并依合同约定将案涉银行账户设定为质押保证金账户；

（二）被执行人在人民法院实施执行之前已经将案涉银行账户交由案外人实际管理、控制的；

（三）案涉银行账户内的资金仅作为关联信用证的专属资金用于质押业务而非其他业务，同时案涉资金在人民法院实施执行之前尚未丧失保证金功能的；

（四）案外人在人民法院实施执行之前已经实际履行了对外支付义务的，或者申请开证人提供的开证保证金为外汇且信用证受益人提供的单据与信用证条款相符的。

信用证保证金账户内的质押资金丧失保证金功能的情形是指银行因信用证无效、过期或者单证不符等原因拒付信用证款项并且免除了对外支付义务的情形，以及银行已经对外支付了信用证款项并从信用证保证金中扣除相应款项之后尚有剩余资金的情形。

问题十二：金钱债权执行中，承兑行作为案外人以案涉账户系银行承兑汇票保证金账户或该账户内的资金系质押保证金为由提起执行异议之诉请求排除执行，人民法院该如何处理？

答：金钱债权执行中，人民法院对被执行人名下的银行账户或账户内的资金实施执行的，承兑行作为案外人以案涉账户系银行承兑汇票保证金账户或账户内的资金系质押保证金为由提起执行异议之诉请求排除执行，同时满足以下条件的，人民法院应当支持：

（一）案外人在人民法院实施执行之前开具了合法有效的银行承兑汇票并依合同约定将案涉银行账户设定为质押保证金账户；

（二）被执行人在人民法院实施执行之前已经将案涉银行账户交由案外人实际管理、控制的；

（三）案涉银行账户内的资金仅作为关联银行承兑汇票的专属资金用于质押业务而非其他业务，同时案涉资金在人民法院实施执行之前尚未丧失保证金功能的；

（四）案外人承兑汇票行为或对外付款行为之一发生在人民法院实施执行之前。

银行承兑汇票保证金账户内的质押资金丧失保证金功能的情形是指银行拒绝承兑汇票或者银行实际履行对外付款义务并从银行承兑汇票保证金中扣除相应款项之后尚有剩余资金的情形。

问题十三:金钱债权执行中,人民法院对被执行人名下的银行账户实施执行,出借人作为案外人以其对该账户内的资金享有质押权为由提起执行异议之诉请求排除执行的,人民法院该如何处理?

答:金钱债权执行中,人民法院对被执行人名下的银行账户实施执行,出借人作为案外人以其对该账户内的资金享有质押权为由提起执行异议之诉请求排除执行的,同时满足以下条件的,人民法院应当支持:

(一)案外人在人民法院实施执行之前为担保主债权的实现而与被执行人签订了合法有效的书面质押合同,并依合同约定将案涉银行账户内的资金质押为关联债权的保证金的;

(二)被执行人在人民法院实施执行之前已经将案涉银行账户交由案外人实际管理、控制的;

(三)案涉银行账户内的资金仅作为关联债权的专属资金用于质押业务而非其他业务,同时案涉资金在人民法院实施执行之前尚未丧失保证金功能的;

(四)案外人在人民法院实施执行之前已经按照合同约定实际履行了出借资金的义务。

借款保证金丧失保证金功能的情形是指案外人与被执行人之间的债权债务关系经其他方式清偿已经消灭的情形,以及案涉借款保证金超过借款本金及利息金额的部分,或者双方另行约定不再将该账户内的资金作为关联债权的质押保证金等情形。

问题十四:金钱债权执行中,案外人以其系案涉股权的实际出资人或隐名股东为由提起执行异议之诉请求排除执行的,人民法院该如何处理?

答:金钱债权执行中,人民法院对登记在被执行人名下的股权实施执行,案外人仅以其系案涉股权的实际出资人或隐名股东为由提起执行异议之诉请求排除执行的,除法律另有规定外,人民法院不予支持。

问题十五:金钱债权执行中,案外人以其向被执行人购买了案涉股权为由提起执行异议之诉请求排除执行的,人民法院该如何处理?

答:金钱债权执行中,人民法院对登记在被执行人名下的股权实施执行的,案外人以其向被执行人购买了案涉股权为由提起执行异议之诉请求排除执行,同时满足以下条件的,人民法院应当支持:

(一)在人民法院实施执行之前,案外人基于购买案涉股权的目的与被执行人已经形成了合法有效的股权转让关系；

（二）在人民法院实施执行之前，案外人已经公司其他股东半数以上同意并记载于股东名册；

（三）案外人已经支付了全部价款，或者按照合同约定已经支付了部分价款且将剩余价款按照人民法院的要求交付执行；

（四）非因案外人自身原因未办理股权登记。

问题十六：金钱债权执行中，申请执行人对登记在被执行人以外的第三人名下的财产请求实施执行，该第三人作为权利登记人以其未书面同意对案涉财产实施执行为由提出异议的，人民法院该如何处理？

答：金钱债权执行中，申请执行人请求对登记在被执行人以外的第三人名下的财产实施执行，该第三人作为权利登记人书面同意对案涉财产实施执行的，人民法院可以继续执行；该第三人作为权利登记人仅以其未书面同意对案涉财产实施执行为由提出异议的，应当按照《中华人民共和国民事诉讼法》第二百二十五条的规定主张权利。

问题十七：金钱债权执行中，申请执行人对登记在被执行人以外的第三人名下的财产请求实施执行，该第三人作为权利登记人就案涉财产提出权属主张的，人民法院该如何处理？

答：金钱债权执行中，申请执行人请求对登记在被执行人以外的第三人名下的财产实施执行，该第三人作为权利登记人书面同意对案涉财产实施执行的，人民法院可以继续执行；该第三人作为权利登记人就案涉财产提出权属主张的，人民法院作出执行异议裁定中止执行后，除法律另有规定外，申请执行人可以按照《中华人民共和国民事诉讼法》第二百二十七条的规定提起执行异议之诉。

问题十八：金钱债权执行中，申请执行人请求对登记在被执行人以外的第三人名下的财产实施执行的，人民法院是否可以要求申请执行人提供证据？

答：金钱债权执行中，申请执行人请求对登记在被执行人以外的第三人名下的财产实施执行，该第三人作为权利登记人就案涉财产提出权属主张的，根据执行异议之诉案件审理的需要，人民法院可以要求申请执行人提供证据证明被执行人对案涉财产的权属具有正当利益，而依法实现该正当利益所发生的行为后果足以保证将案涉财产纳入被执行人责任财产的范围。

问题十九：金钱债权执行中，申请执行人对被执行人向房地产开发企业购买但未办理登记的商品房请求实施执行，而房地产开发企业作为出卖人就案涉商品房提出权属主张的，人民法院该如何处理？

答：金钱债权执行中，申请执行人请求对被执行人向房地产开发企业购买但尚未办理登记的商品房实施执行,而房地产开发企业作为出卖人就案涉商品房提出权属主张,同时满足以下条件的,对申请执行人继续执行的请求,人民法院应当支持:

(一)被执行人与房地产开发企业之间就案涉商品房已经形成了合法有效的商品房买卖合同关系;

(二)被执行人已经合法占有了案涉商品房,或者被执行人已经办理了合法有效的所有权预告登记、合同备案登记、合同网签登记等情形之一的;

(三)被执行人已经支付了全部价款,或者被执行人按照合同约定仅支付了部分价款但房地产开发企业同意剩余价款从变价款中优先向其支付。

问题二十:金钱债权执行中,申请执行人请求对被执行人购买但尚未办理转移登记的不动产实施执行,而出卖人作为权利登记人就案涉不动产提出权属主张的,人民法院该如何处理?

答:金钱债权执行中,申请执行人请求对被执行人购买但尚未办理转移登记的不动产实施执行,而出卖人作为权利登记人就案涉不动产提出权属主张,同时满足以下条件的,对申请执行人继续执行的请求,人民法院应当支持:

(一)被执行人与出卖人之间就案涉不动产已经形成了合法有效的不动产买卖合同关系;

(二)被执行人已经合法占有案涉不动产,或者被执行人已经就案涉不动产办理了有效的所有权预告登记;

(三)被执行人已经支付了全部价款,或者被执行人按照合同约定仅支付了部分价款但出卖人同意剩余价款从变价款中优先向其支付。

问题二十一:金钱债权执行中,申请执行人以案涉房屋系被执行人应当取得的补偿安置房屋为由提起执行异议之诉请求继续执行的,人民法院该如何处理?

答:金钱债权执行中,申请执行人请求对被执行人尚未办理登记的补偿安置房屋实施执行,而开发建设该房屋的房地产开发企业就案涉房屋提出权属主张,根据《最高人民法院关于审理商品房买卖合同纠纷案件适用法律若干问题的解释》第七条的规定,有证据证明被执行人确系被拆迁人且案涉房屋确系其应当取得的补偿安置房屋的,对申请执行人继续执行的请求,人民法院应当支持。

问题二十二:金钱债权执行中,申请执行人请求对被执行人转让给他人且已经办理了权属登记的不动产实施执行,而受让人作为权利登记人就案涉不动产提出权属主张的,人民法院该如何处理?

答:金钱债权执行中,申请执行人请求对被执行人转让给他人且已经办理了权属登记的不动产实施执行,而受让人作为权利登记人就案涉不动产提出权属主张的,按照以下情形分别处理:

（一）被执行人将案涉不动产转让给受让人的行为依法应当确认无效的，对申请执行人继续执行的请求，人民法院应当支持。

（二）被执行人与受让人之间并无真实的转让案涉不动产所有权的意思表示，双方系以签订不动产买卖合同及办理所有权转移登记的方式作为借款合同的担保的，对申请执行人继续执行的请求，人民法院应当支持。

（三）被执行人将案涉不动产转让给受让人的行为系无偿转让或以明显不合理的低价转让，申请执行人有证据证明该转让行为对其债权的实现造成损害且其债权人撤销权尚未超过法律规定的行使期间的，申请执行人请求继续执行的，人民法院可以支持；但该受让人已经基于合理的价格补足价款并按照人民法院要求交付执行的，申请执行人仍请求继续执行的，人民法院不予支持。

问题二十三：执行异议之诉案件中，申请执行人请求对被执行人购买但未办理登记的特殊动产实施执行，而出卖人就案涉特殊动产提出权属主张的，人民法院该如何处理？

答：金钱债权执行中，申请执行人请求对被执行人购买但尚未办理转移登记的特殊动产实施执行，而出卖人作为权利登记人就案涉特殊动产提出权属主张，同时满足以下条件的，对申请执行人继续执行的请求，人民法院应当支持：

（一）被执行人与出卖人之间就案涉特殊动产形成了合法有效的买卖合同关系；

（二）被执行人已经实际占有并使用案涉特殊动产；

（三）被执行人已经支付了全部价款，或者被执行人按照合同约定仅支付了部分价款但出卖人同意剩余价款从变价款中优先向其支付。

问题二十四：金钱债权执行中，申请执行人请求对被执行人已经交付给他人并办理了登记的特殊动产实施执行，受让人作为权利登记人就案涉特殊动产提出权属主张的，人民法院该如何处理？

答：金钱债权执行中，申请执行人请求对被执行人已经转让给他人且办理了登记的特殊动产实施执行，受让人作为权利登记人就案涉特殊动产提出权属主张的，按照以下情形分别处理：

（一）被执行人将案涉特殊动产转让给受让人的行为依法应当确认无效的，对申请执行人继续执行的请求，人民法院应当支持。

（二）被执行人与受让人之间并无真实的转让案涉特殊动产所有权的意思表示，双方系以签订买卖合同及办理登记的方式作为借款合同的担保的，对申请执行人继续执行的请求，人民法院应当支持。

（三）被执行人将案涉特殊动产转让给受让人的行为系无偿转让或以明显不合理的低价转让，申请执行人有证据证明该转让行为对其债权的实现造成损害且其债权人撤销权尚未超过法律规定的行使期间的,对申请执行人继续执行的请求,人民法院可以支持;但该受让人已经基于合理的价格补足价款并按照人民法院要求交付执行的,申请执行人仍请求继续执行的,人民法院不予支持。

问题二十五:金钱债权执行中,申请执行人请求对被执行人购买但尚未办理登记的股权实施执行,出让人作为股权登记人就案涉股权提出权属主张的,人民法院该如何处理?

答:金钱债权执行中,申请执行人请求对被执行人购买但尚未办理登记的股权实施执行,而出让人作为股权登记人就案涉股权提出权属主张的,同时满足以下条件的,对申请执行人继续执行的请求,人民法院应当支持:

(一)被执行人与出让人签订了合法有效的股权转让合同;

(二)被执行人虽未办理股权登记但经公司其他股东半数以上同意并已经记载于股东名册;

(三)被执行人已经支付了全部价款,或者被执行人按照合同约定仅支付了部分价款但出让人同意剩余价款从案涉股权的变价款中优先向其支付。

问题二十六:金钱债权执行中,申请执行人请求对被执行人已经转让给他人且已经办理了变更登记的股权实施执行,受让人作为股权登记人就案涉股权提出权属主张的,人民法院该如何处理?

答:金钱债权执行中,申请执行人请求对被执行人已经转让给他人且办理了变更登记的股权实施执行,受让人作为股权登记人就案涉股权提出权属主张的,按照以下情形分别处理:

(一)被执行人将案涉股权转让给受让人的行为依法应当确认无效的,对申请执行人继续执行的请求,人民法院应当支持。

(二)被执行人与受让人之间并无真实的转让案涉股权的意思表示,双方系以签订股权转让合同及办理登记的方式作为借款合同的担保,对申请执行人继续执行的请求,人民法院应当支持。

(三)被执行人将案涉股权转让给受让人的行为系无偿转让或以明显不合理的低价转让,申请执行人有证据证明该转让行为对其债权的实现造成损害且其债权人撤销权尚未超过法律规定的行使期间的,申请执行人请求继续执行的,人民法院可以支持;但该受让人基于合理的价格补足价款并按照人民法院要求交付执行的,申请执行人仍请求继续执行的,人民法院不予支持。

问题二十七:金钱债权执行中,申请执行人请求对被执行人以外的第三人开立的银行账户内的资金实施执行的,人民法院该如何处理?

答:金钱债权执行中,申请执行人请求对被执行人以外的第三人开立的银行账户内的资金实施执行的，该第三人就案涉资金提出权属主张的，人民法院应当根据被执行人与第三人之间就案涉资金形成的基础法律关系进行审查并按照以下情形分别处理：

（一）申请执行人仅以被执行人对第三人具有金钱给付内容的到期债权为由请求实施执行的，除法律另有规定外，申请执行人应当通过代位权诉讼或直接通过申请执行到期债权的方式主张权利，其提起执行异议之诉的，人民法院应当不予受理；已经受理的，裁定驳回起诉。

（二）申请执行人以被执行人系案涉资金的实际所有人为由请求实施执行并提起执行异议之诉的，有证据证明被执行人为逃避债务、规避执行而将其应当取得或实际所有的资金隐匿、转移至第三人的银行账户并且能够直接、确定的指向案涉资金的，对申请执行人继续执行的请求，人民法院可以支持；但经人民法院审查确认，被执行人对第三人仅有可能形成以金钱给付为内容的债权请求权的，人民法院可以向申请执行人释明撤回起诉并告知其就该金钱债权请求权的成立及实现另行主张权利，申请执行人拒绝撤回起诉的，人民法院裁定驳回起诉。

问题二十八：本解答中规定的“在人民法院实施执行之前”该如何理解？

答：本解答中规定的“在人民法院实施执行之前”是指人民法院直接针对执行标的实施查封、扣押、冻结、划扣资金等具有控制、保全性质的执行、保全行为之前。

5. 黑龙江省高级人民法院关于审理执行异议之诉案件若干问题的解答（修订版）

（2018年12月7日　黑高法〔2018〕275号）

为准确适用《中华人民共和国民事诉讼法》及《最高人民法院关于适用〈民事诉讼法〉执行程序若干问题的解释》，统一司法标准，依法审理执行异议之诉案件，维护当事人的合法权益，结合我省法院工作实际，对审理执行异议之诉案件的若干问题解答如下：

一、如何确定案由？

案外人不服执行法院作出的裁定，依据《民事诉讼法》第二百二十七条起诉主张实体权利、请求停止执行特定标的的，案由为“案外人执行异议之诉”；申请执行人不服执行法院作出的裁定，依据《民事诉讼法》第二百二十七条起诉请求许可执行特定标的的，案由为“申请执行人执行异议之诉”；债权人或者被执行人对执行法院作出的分配方案有异议所提起的诉讼，案由为“执行分配方案异议之诉”。

当事人的诉讼请求虽然包含确认权属的内容,但是只要其诉讼目的为排除或者许可对特定标的的执行,仍应按上述方法确定案由,而不应按“确权纠纷”确定案由。

二、如何确定管辖?

案外人、申请执行人依照《民事诉讼法》第二百二十七条规定起诉的案件由执行法院受理。提级执行、指定执行、委托执行的,由提级执行法院、被指定法院、受委托法院受理。

法院受理案件后变更执行法院,各方当事人就案件管辖事项协商一致的,按照当事人意愿确定是否移送管辖。当事人未达成一致,已开庭进行实体审理的,不再移送;未开庭进行实体审理的,移送变更后的执行法院审理。执行法院变更至省外法院,或者由省外法院变更至本省法院的,由相关法院协商确定。协商不成的,根据《民事诉讼法》第三十七条第二款规定办理。

三、如何确定案件审理分工和审判组织?

以房屋、土地和设备等有形财产为执行标的的,原则上由民事审判庭(民一庭系统)审理;以债权和股权、证券、票据等无形财产为执行标的的,原则上由民商审判庭(民二庭系统)审理;以专利权、商标权等知识产权为执行标的的,原则上由负责知识产权审判工作的审判庭审理。以上为指导性分工标准,各地法院可以根据本院工作实际自行确定。审理执行异议之诉案件应当组成合议庭进行审理。

四、如何计收案件受理费?

应当依据《诉讼费用交纳办法》第十三条第一项规定,按照财产案件标准,根据当事人请求停止或者许可执行的执行标的的财产金额或者价款计算。当事人只对部分执行标的主张权利的,按照其主张部分的财产金额或者价款计收案件受理费。

五、怎样确定案件的诉讼主体?

诉讼主体应当根据不同的诉讼类型和诉讼中的不同情形确定:

(一)案外人执行异议之诉:原告为执行当事人以外的利害关系人,即对执行标的主张权利,认为强制执行特定财产侵害其实体权利的公民、法人和其他组织;被告为申请执行人;被执行人反对案外人的诉讼主张的,应为共同被告,被执行人同意案外人的诉讼主张的,可列为第三人。被执行人未表示明确意见的,根据原告请求确定。

(二)申请执行人执行异议之诉:原告为申请执行人,即认为执行法院依案外人申请裁定中止执行损害其利益的公民、法人和其他组织;被告为案外人;被执行人反对申请执行人的诉讼主张的,应为共同被告;被执行人同意申请执行人的诉讼主张的,可列为第三人。被执行人未表示明确意见的,根据原告请求确定。

(三)执行分配方案异议之诉:原告为提出异议的债权人或者被执行人,即认为执行法院作出的分配方案不公平或者存在错误而提出书面异议的公民、法人和其他组织;被告为提出反对意见的债权人、被执行人;对异议及反对意见未表示明确态度的其他债权人或者被执行人应当列为第三人。

上述当事人的权利义务发生转移的,权利义务承继人亦应按上述原则确定为诉讼主体。

六、受理案件应当符合哪些条件?

应当重点审查以下三方面条件:在前置程序上,必须先由执行法院依据《民事诉讼法》第二百二十七条对案外人就执行标的提出的书面异议作出裁定(案外人、申请执行人执行异议之诉),或者是债权人、被执行人之间对执行法院作出的分配方案持有不同意见(执行分配方案异议之诉);在起诉期限上,案外人、申请执行人必须在执行法院裁定、反对意见通知书送达之日起十五日内提起诉讼;在诉讼请求上,原告除主张实体权利外,必须请求停止或者许可对执行标的的强制执行(案外人、申请执行人执行异议之诉),或者是变更分配方案(执行分配方案异议之诉)不符合上述条件之一的,应当裁定不予受理,已经受理的,裁定驳回起诉。

审判实践常见的下列情形,可认定为不符合受理条件:

(一)案外人、申请执行人不服执行法院依据《民事诉讼法》第二百二十五条规定作出的裁定提起诉讼的;

(二)执行法院作出的裁定虽引用《民事诉讼法》第二百二十七条,但是审查确定的事项为案外人就执行法院的查封、扣押、拍卖、变卖等执行行为本身违反程序法规定提出的异议;

(三)执行法院虽对案外人就执行标的提出的异议进行了审查,但是依据《民事诉讼法》第二百二十五条作出裁定,或者赋予当事人复议申请权的;

(四)执行法院未就案外人提出的执行标的异议作出裁定,案外人径行起诉的;

(五)争议的执行标的已经执行完毕的;

(六)其他不符合《民事诉讼法》第一百一十九条、第二百二十七条规定的情形。

案外人仅以对执行标的享有担保物权为由提出异议的,应当根据《最高人民法院关于适用〈中华人民共和国民事诉讼法〉的解释》第一百五十七条规定处理。执行法院不认可其担保物权的,案外人可以另行向有管辖权的法院提起担保物权诉讼。

七、如何确定案件审理范围?

审理执行异议之诉案件应当严格依据《民事诉讼法》第二百二十七条规定的审理范围,重点审查案外人是否对执行标的享有所有权(含共同共有,下同)或者其他足以排除强制执行的实体权利,对应否停止或者许可强制执行特定标的作出裁决。当事人提出要求对方当事人承担违约、侵权责任等其他诉讼请求的,可告知其另行解决。

八、当事人起诉时未提出停止或者许可强制执行特定标的的诉讼请求如何处理?

当事人依据《民事诉讼法》第二百二十七条提起诉讼时,仅提出确认权属等实体权利请求,未请求停止或者许可强制执行特定标的的,应当向其释明法律规定,告知其补充诉讼请求。当事人不补充诉讼请求的,裁定不予受理,已经受理的,裁定驳回起诉。

九、哪些情形下,可以判决停止强制执行特定执行标的?

审理中确认存在下列情形,可以判决停止强制执行特定标的:

(一)案外人对执行标的享有所有权,但符合本解答第十条第一项规定的情形除外;

(二)案外人为附条件买卖合同的卖方,财产虽已交付买方,但是合同约定的转移所有权条件尚未成就的,但不动产买卖已办理所有权变更登记的除外;

(三)案外人依据《物权法》第二十八条、第二十九条和第三十条规定取得所有权的;

(四)案外人对执行标的依法享有土地承包权、建设用地使用权、宅基地使用权和地役权等用益物权,因强制执行使用益物权人的占有、收益受到妨碍的;

(五)在强制执行被执行人账户存款时,案外人对账户中的存款享有抚养费、赡养费、义务教育费用、抚恤金、职工工资、工会经费和证券公司账户中的客户结算资金等法律明文规定的优先性权利的;

(六)案外人为信托财产的委托人,且不存在《信托法》第十七条规定的除外事项的;

(七)案外人对执行标的享有担保物权,因对质物、留置物强制执行可能使其丧失质权、留置权的,或者强制执行部分抵押财产,可能减损抵押物价值的;

(八)案外人已依据其与被执行人的买卖合同支付部分价款并实际占有执行标的,且案外人要求继续履行合同,并可以在合理期限内支付全部余款的;

(九)案外人已依据其与被执行人的买卖合同支付全部价款并实际占有需要办理权属变更登记的执行标的,虽然未办理变更登记,但其没有不依据合同约定或者法律规定提供手续、支付费用和其他拖延办理登记等过错行为的;

(十)其他强制执行可能影响案外人实体权利的情形。

十、哪些情形下,可以判决许可强制执行特定执行标的?

审理中确认存在以下情形,可以判决许可强制执行特定标的:

（一）案外人虽为所有权人，但案外人以争议财产为被执行人提供担保、案外人的财产已经添附于被执行的不动产且无法分割的；

（二）案外人向被执行人转让财产，虽然动产未转移占有、不动产未办理变更登记，但申请执行人已向案外人支付剩余价款，或者案外人同意剩余价款从该财产变价款中优先支付的；

（三）案外人对被执行人仅享有普通债权的；

（四）案外人对执行标的仅享有交付请求权的，但是符合本解答第九条第八项、第九项规定的情形除外；

（五）案外人对执行标的享有租赁权的，但是因强制执行可能影响租赁权行使的除外；

（六）其他强制执行不影响案外人实体权利的情形。

十一、如何制作判决主文？

判决主文应区分不同情形，根据《民事诉讼法》第二百二十七条，针对当事人的诉讼请求制作：

（一）对案外人、申请执行人的诉讼请求不予支持的，判决主文为："驳回×××的诉讼请求"；

（二）对案外人的诉讼请求予以支持的，判决主文除确认原告主张的权利，或者其他排除强制执行的事由外，应当单独制作以下判决主文："不得执行×××（即执行标的）"；同时，在交代当事人上诉权利之后，另起一行写明"本院（×××）……执异……号执行异议裁定于本判决生效时自动失效"。

（三）对申请执行人的诉讼请求予以支持的，判决主文除确认原告主张的权利，或者其他应当许可强制执行的事由外，应当单独制作以下判决主文："准许执行……（×××）……号……"（即制作单位、案号、文书名称和执行标的）。同时，在交代当事人上诉权利之后，另起一行写明"本院（×××）……执异……号执行异议裁定于本判决生效时自动失效"。

十二、审理执行异议之诉案件是否可以调解？

审判人员应当根据"调解优先、调判结合"的原则，与执行人员密切配合，积极组织案外人与申请执行人、被执行人进行调解。经调解达成的调解协议，或者制作的调解书自动履行或者强制执行完毕的，执行程序终结。

十三、如何避免妨碍执行的虚假诉讼？

为防止当事人恶意串通，以虚假诉讼妨碍执行，当事人向法院提起对特定财产的确权诉讼的，应当首先查明该财产是否已被其他法院采取财产保全措施，或者已作为执行标的。如确认该争议标的物确为另案执行标的，且确权诉讼的处理结果可能影响另案执行的,应当告知其根据《民事诉讼法》第二百二十七条向执行法院提出书面异议。当事人提起的确权诉讼有虚假诉讼嫌疑的,按照《黑龙江省高级人民法院关于处理虚假诉讼行为若干问题的指导意见》的规定处理。

案外人既向执行法院提起执行异议之诉,又向另一法院提起确权诉讼的,执行法院应当通知受理确权诉讼案件的法院移送案件合并审理。受理确权诉讼案件的法院明知执行法院已受理案外人执行异议诉讼,仍作出确认原告诉讼请求的判决的,应当按照审判监督程序予以纠正。

十四、如何进一步准确把握执行异议之诉案件的受理条件和审理范围?

审理执行异议之诉案件,应当依照民事诉讼法、有关司法解释和《黑龙江省高级人民法院关于审理执行异议之诉案件若干问题的解答》等规定,准确把握执行异议之诉案件的程序设置和实体审理要求,切实做到既依法维护当事人的合法权益,又不扩张、不限缩执行异议之诉案件的受理条件和审理范围。当前实践中,要注意把握以下几个问题:

(一)要准确把握执行异议之诉案件自身的程序要求和实体要求

1. 在受案条件上,要重点把握执行程序中的执行异议审查是受理执行异议之诉案件的必经前置程序,即当事人提出的异议请求及所依据的实体权利诉求均已经过执行程序中的执行异议审查。需要注意的是,当事人提出了多项权利主张,对未经执行程序异议审查,以及实质属于执行行为异议、应向上一级法院申请复议的,执行异议之诉案件不应受理、审理。

2. 在权属判断上,要坚持以实质审查为原则,重点审查案外人与其所主张的实体权利是否有法律上的直接利害关系,权利来源是否合法,权利是否真实,追加、变更被执行人是否符合法律、司法解释规定的条件要求等,综合对案外人所主张的实体权利能否阻却、排除执行作出判断。

3. 在受案类型上,要以民事案件案由规定“四十三、执行异议之诉”所规定的案外人执行异议之诉、申请执行人执行异议之诉和执行分配方案异议之诉三类案件和《最高人民法院关于民事执行中变更、追加当事人若干问题的规定》(以下简称变更追加规定)第三十二条规定的变更、追加被执行人执行异议之诉案件为原则,对因执行行为所引发,或与执行行为相关联的代位诉讼、析产诉讼等类案件,应当依法由有管辖权的人民法院按普通民事案件受理、审理。

(二)要注意剔除应归属于执行程序处理的执行行为异议

1. 对执行所采取的查封、扣押、冻结等执行行为提出的异议,包括超标的查封,违法变更执行措施等;

2. 对执行所进行的拍卖、变卖或者以物抵债等执行措施提出的异议;

3. 除执行分配方案异议之诉案件外，对执行涉及的债权、抵押权、建设工程优先权等执行顺位所提出的异议。

（三）要注意区分第三人的撤销之诉和应申请再审的执行依据之诉

1. 认为执行所依据的判决、裁定、调解书错误，据此提出的异议，应当依照审判监督程序申请再审；

2. 认为发生法律效力的判决、裁定、调解书（非执行依据文书）的部分或者全部内容错误，损害其民事权益，据此提出的异议，应当另案提起第三人撤销之诉或申请再审；

3. 认定属于第三人撤销之诉、执行依据之诉的重点是当事人的诉求及理由与已经生效的判决、裁定、调解书有关，解决纠纷根本在于改变已经生效的判决、裁定、调解书；如不作改变，当事人的诉求无法得到实质解决。

十五、如何准确把握执行异议之诉案件的举证责任分配原则？

审理执行异议之诉案件，应当依照民事诉讼法及其司法解释规定，以“谁主张，谁举证”“证有不证无”等为举证责任基本分配原则，并注意把握以下问题：

（一）案外人提起执行异议之诉的，案外人应首先对其享有足以排除强制执行的执行标的物的民事权益承担举证责任，如有关执行标的物买卖合同订立，标的物占有转移、合同价款支付等。

（二）申请执行人提起执行许可之诉的，一般仍应由案外人对其享有足以排除强制执行的执行标的物的民事权益承担举证责任，申请执行人则应对其所提出的诉讼主张承担初步的举证证明责任，如具有执行内容的生效法律文书，执行标的物在被执行人名下的证据等。

（三）申请执行人对登记在案外人名下或案外人已经具备权利外观的财产提起许可执行之诉的，申请执行人与案外人均应对各自诉讼主张承担举证责任；被执行人承认一方当事人的权利主张的，不能免除该方当事人应负的举证责任。

十六、房屋买卖合同纠纷案件中，生效的判决书、调解书裁判主文为出卖人应继续履行合同，限期向买受人交付房屋，并协助办理权属变更登记手续，进入执行程序中，案外人以其为该房屋实际权利人为由提出异议应如何处理？

房屋买卖合同纠纷案件中，生效的判决书、调解书裁判主文如已确定为出卖人应继续履行合同，限期向买受人交付房屋，并协助办理权属变更登记手续的，案外人以其为实际权利人等为由，提出排除执行的异议，实质是对执行依据提出的异议，应当依法提起第三人撤销之诉或对生效裁判申请再审。提出执行异议之诉的，应当裁定不予受理或驳回起诉。

十七、对同一不动产所涉及的抵押权、建设工程优先权、一般不动产买受人的物权期待权和消费者物权期待权应如何确定保护顺位?

综合有关法律、司法解释规定,同一不动产所涉及的抵押权、建设工程优先权、一般不动产买受人的物权期待权和消费者物权期待权,应当按照消费者物权期待权、建设工程优先权、抵押权、一般不动产买受人的物权期待权的优先顺位予以保护。需要注意的是,执行异议之诉案件审理中所涉上述优先顺位的衡量,系辅助判断、解决案外人所主张享有的权利能否阻却正在进行中的执行(执行分配方案异议之诉除外),而对案涉相关权利的执行顺位作出裁决一般应为执行行为异议所管辖范畴。此外,案外人认为其对作为执行标的物的不动产享有建设工程价款优先受偿权的,一般应当在执行分配程序中主张优先受偿或者依法另行提起诉讼;案外人认为其对作为执行标的物的不动产享有抵押权的,一般亦应在执行分配程序中主张优先受偿或者另行提起诉讼。

十八、在执行异议之诉案件中如何正确适用一般不动产买受人的物权期待权?

《最高人民法院关于人民法院民事执行中查封、扣押、冻结财产的规定》(以下简称查封扣押冻结规定)第十七条及《最高人民法院关于人民法院办理执行异议和复议案件若干问题的规定》(以下简称异议复议规定)第二十八条对一般不动产买受人基于所享有的合法的物权期待权,依法能够排除执行作出了规定。参照上述规定,在执行异议之诉案件中准确认定买受人享有合法的物权期待权,应当注意以下问题:

(一)规定情形需全部满足,即查封前已订立合法有效的书面合同、合法占有案涉不动产、已付清全部价款及非因买受人自身原因未办理过户登记四项条件缺一不可。

(二)案件基础事实的发生时间应严格把握,即订立合同及占有不动产均需完成于查封之前。

(三)占有不能存在权利瑕疵,既须有订立有效的书面合同为前提,又须有其后合法的占有为延续。对占有的认定,不能狭义理解仅为居住,如合法取得房屋钥匙、办理了交接手续、自己缴纳水、电、物业费等都应视为已经合法占有的重要依据。并且,不能仅因房屋尚未竣工验收即直接排除案外人的合法占有。

(四)付清全部价款可适度宽泛掌握,除一次性付款、转款、分期付款等现金、转账形式支付清结外,买受人已按合同约定支付部分价款且剩余价款已按人民法院要求交付执行的,其合法权益应当予以保护。

(五)综合主观、客观两方面因素认定未办理过户登记原因,主观方面重点应考察买受人是否存在怠于甚至故意不办理权属变更登记,或由于自身没有尽到合理注意义务,而导致权属变更登记不能等情形。如为逃税等而故意未办理登记,没有注意到他人设定的抵押或是政策限制等所造成的变更登记障碍等。客观方面应重点考察是否存在诸如登记机构、出卖人及其他不归属买受人所能控制的原因而办理不能,如案涉房屋所在土地未取得土地使用权证,出卖人不配合提供相关购房原始发票,标的物系车库、无法单独办理权属证书,案涉房屋被法院查封无法过户以及出卖人被采取刑事强制措施无法取得联系等等。实践中,同类地点、相近购买时间的其他购房人过户登记办理情况可作为参考依据。

十九、在执行异议之诉案件中如何正确适用消费者物权期待权?

异议复议规定对无过错不动产买受人的物权期待权保护问题作出规定后,在第二十九条进而对其中属于商品房买受人且关系其生存基本权利的消费者物权期待权作出了规定,其较《最高人民法院关于建设工程价款优先受偿权问题的批复》规定更为明确细化。在适用上述规定时,应注意把握以下问题:

(一)主体范围的限缩性。权利主体应为满足基本生活需要而购置房屋、所购房屋关乎生存权行使的消费者,即其所购房屋系直接用于日常生活居住需要,而非用于经营或牟利。

(二)房屋用途的单一性。重点审查房屋具体用途,辅以房屋性质作出判断。对买受人名下确无其他房屋,对所购房屋性质为商住两用,买受人用以居住的,可以认定为居住。

(三)保护条件的宽展性。在权利主体为消费者,购房用途系用于居住确定后,只要满足订立了合法有效的书面合同、实际支付了超过50%的价款的,均应依法予以保护,至于是否怠于办理过户登记等则再所不问。

二十、以房抵债所涉及的执行异议之诉案件应如何认定案件性质?

对已经纠纷成讼的执行异议案件,在审查中发现买受人并未现实支付房屋价款,而是通过对出卖人或他人的到期债权,或是以其他房产、实物冲抵房款。对于此类案件的审理,在总体原则上应当注意认真审查有关案涉事实真伪,包括所谓冲抵房款的债权是否真实存在、是否合法,房屋买卖协议是否存在"倒签",名为房屋买卖实质是否为让与担保,买受人与出卖人之间是否存在恶意串通、逃废债务等。如上述问题均予排除,以房抵债确系双方当事人终止原借款等法律关系,而建立商品房买卖法律关系的真实意思表示。可以根据当事人以物抵债所达成的合意,依法认定房屋买卖协议成立、生效。如不存在其他可能导致合同无效的情形,仅因权属变更登记未予办理而造成以物抵债协议未能彻底履行完毕,鉴于以房抵债的权利人一般已对案涉房屋进行了实际占有,具备准物权的性质,其应优先于普通债权,可以依法排除执行。对此类案件的后续审理,则还应依照有关规定对其是否符合物权期待权、消费者物权期待权所规定的条件依法予以审查。

二十一、冲抵房款的债权系高息借款所产生,由此涉及的执行异议之诉案件应如何处理?

实践中,房地产开发企业或个人从他人处高息借款,经过累计利息或是累计复利,最终以房产抵债,其后房地产开发企业或个人因另案成为被执行人,有关房产成为执行标的物,对由此引发执行异议之诉案件,应当依照法律、司法解释及本解答第十九条的规定,对案涉事实真伪、协议实质性质等依法作出审查判断,并注意把握以下问题:

(一)关于房屋对价款的认定,应当依照《最高人民法院关于审理民间借贷案件适用法律若干问题的规定》,对原始借款是否实际发生,是否真实有效,累加利息,乃至累加复利,最终形成的以房抵债的债权的真实性、合法性予以审查,进而对房屋对价是否支付到位作出准确判断。

(二)在适用民间借贷规定对债权合法性予以审查中,要注意把握以下三处易混淆问题:一是注意把握对利息保护的标准:即年利率约定不超过24%合法,超过36%部分无效;二是注意把握现行规定对复利所持立场,即合理适度保护,约定的复利经综合计算不超出年24%的均为有效;三是注意把握还款实际履行后反悔权行使,即对实际履行超过年利率36%部分,借款人有权以约定无效为由请求出借人返还;而对已经实际履行但未超出年利率36%的部分,借款人无权请求出借人返还。

(三)对实践中遇到的债务人以房抵债的债权经核查存在部分计算超出年利率36%的,即以房抵债的债权存在部分无效,对基于部分以房抵债债权无效所产生的救济权利,首先应由房屋出卖人(借款债务人)行使,而非案涉申请执行人可径行主张;并且,如以房抵债协议签订、以房抵债协议履行均发生于相关执行异议涉及的查封之前,不能仅以此认定房屋出卖人(借款人)与房屋买受人(出借人)恶意串通逃废债务,进而认定以房抵债协议无效。

二十二、车辆等特殊动产转让未办理过户登记,在出卖人为被执行人,特殊动产为执行标的物的情形下,买受人是否有权排除强制执行?

车辆等特殊动产转让未办理过户登记,在出卖人为被执行人,特殊动产为执行标的物的情形下,如符合以下条件,买受人可以排除人民法院查封及强制执行:

(一)买受人与出卖人之间签订有合法有效的特殊动产转让协议;

(二)买受人已付清全部价款;

(三)买受人已实际占有特殊动产;

(四)转让协议订立及特殊动产占有均发生于法院采取保全措施前;

(五)未办理过户手续非因买受人原因造成。

二十三、经人民法院裁定以房产、股权抵债,未办理权属变更登记,原权利人为被执行人时,抵债权利人能否有权阻止对案涉房屋、股权的执行?

物权法第二十八条规定:“因人民法院、仲裁委员会的法律文书或者人民政府的征收决定等,导致物权设立、变更、转让或者消灭的,自法律文书或者人民政府的征收决定等生效时发生效力。”据此,因人民法院的法律文书等法律行为以外的原因引起物权变动,不经登记或交付,可以直接生效。涉及房产、股权等不动产和动产权利的“以物抵债裁定书”,其生效时即具有导致物权设立、变更、转让或者消灭,具有物权变动的效力。此种变动遵循的不是一般性的物权公示原则,而是法律的直接规定。自该民事裁定生效时就发生物权变动的效果,并不以登记等物权公示方式作为物权变动的生效要件。因此,案涉房屋、股权即使未办理权属变更登记,如无其他情形,抵债受偿的权利人对该房产、股权当然具有所有权,自享有阻却执行的效力。

二十四、开发商没有获得预售商品房许可,与案外人签订商品房买卖合同,案外人对案涉房产所享有的民事权益,能否对抗执行?

案外人与开发商签订商品房买卖合同时,开发商没有获得商品房预售许可证明,该商品房买卖合同属无效合同,不符合执行异议复议规定第二十八条关于“买受人与被执行人在执行前已签订合法有效的书面买卖合同”的规定,案外人对案涉房产不能过户具有过错,案外人基于无效合同对案涉房产所享有的民事权益,不能对抗申请执行人合法有效的执行申请。但开发商在执行查封前取得商品房预售许可证明的,以及系开发商未能继续开发建设,经由人民政府、人民法院等依合法途径将房屋处分给买受人的,如无其他导致合同无效的因素,则应认定合同有效。在其他条件符合规定的情形下,可以依法对抗执行。

二十五、案外人与开发商签订了合法有效的房屋买卖合同,并履行了合同项下支付全部价款义务,但房屋尚未竣工,案外人可否以享有物权期待权为由排除执行?

物权期待权规定的条件之一是买受人“合法占有”。房屋是否竣工,可以辅助判断、衡量买受人是否符合“合法占有”这一条件。即在案涉房屋尚未竣工的情形下,如案涉房屋没有交付,案外人亦未对案涉房屋合法、实际占有的,依照查封扣押冻结规定第十七条和执行异议复议规定第二十八条的规定,买受人自无法以享有物权期待权为由排除执行;但如案涉房屋虽未完成竣工备案,不具备合同中约定的交付条件,但案外人已取得了房屋钥匙,并已对案涉房屋行使了使用和收益权利的,则可视为案外人完成了对案涉房屋的占有。在其他条件亦均满足的情形下,能够以享有物权期待权为由排除执行。

此问题所引发的是,执行异议之诉所涉及的大多相关权利人的权利,均具有合法基础及受保护理由。而处理执行异议及审理执行异议之诉案件所需解决的即是依法衡量何种权利更为优先、更为迫切需要得到保护。故而,认定物权期待权或是消费者物权期待权能够排除执行,既需持较为严苛的立场,即对司法解释明确规定的条件、要件需全部满足,欠缺任何一项,或是任何一项没有达到规定情形,均不产生能够排除执行之效力。又需辨明司法解释所规定有关条件的实质,不能似是而非,甚至本末倒置。

二十六、申请执行人申请强制执行被执行人名下股权,案外人可否以其为该股权的实际权利人为由,请求排除执行?

在执行案件中,申请执行人查找到被执行人名下股权,申请人民法院对该股权强制执行。案外人主张被执行人仅为该股权的名义持有人,其方为该股权的实际权利人,不应强制执行。申请执行人则主张应依照商事外观主义原则,对其信赖利益予以保护。在商事审判的背景下,所谓外观主义原则是指:名义权利人的行为所表现出来的或者有关权利公示所表现出来的构成某种法律关系的外观,导致第三人对于该种法律关系产生信赖,并出于此信赖而为某种民事法律行为时,即使有关法律关系的真实状况与第三人主观信赖的状况不符,只要该第三人的主观信赖合理,其据以作出的民事法律行为效力受法律的优先保护。商事外观主义作为商法的基本原则之一,其实际上是一项在特定场合下权衡实际权利人与外部第三人之间利益冲突所应遵循的法律选择适用准则,通常不能直接作为案件处理依据。根据公司法解释(三)第二十五条的规定,股权善意取得制度的适用主体仅限于与名义股东存在股权交易的第三人。据此反向衡量,未与权利人具有实际交易关系的其他第三人,不能基于外观主义而产生信赖利益。进而言之,商事外观主义实际上是一项在特定场合权衡实际权利人与外部第三人之间利益冲突所应遵循的原则,而外部第三人则应限定为与名义权利人存在实际的交易关系的第三人,其在此基础上方可产生对应的信赖利益。归于所引问题,在申请执行人不存在与被执行人协议股权转让、质押等交易关系,仅因未了债务而寻查被执行人财产,其并无信赖利益保护之需要,其无权申请法院强制执行该股份。

二十七、离婚协议约定归一方或子女的房产,未办理权属变更登记,在离婚的另一方成为被执行人,可否执行该房产?

夫妻离婚分割财产时,离婚协议约定房屋归一方或子女所有,未办理权属变更登记,如解除婚姻关系及分割有关财产协议确系夫妻双方真实意思表示,夫妻双方不存在假借离婚恶意逃避债务,财产分割后,权利人一直占有使用该房屋,案涉债务形成于离婚财产分割之后的,房产分割的受让人可以其为实际权利人为由,请求排除对案涉房屋的执行。

二十八、原以物抵债的执行裁定被撤销，申请执行人是否有权提起许可执行之诉？

根据民事诉讼法第二百二十七条和民事诉讼法司法解释第三百零六条第一项的规定，申请执行人提起执行异议之诉应当具备“依案外人执行异议申请，人民法院裁定中止执行”这一条件。如人民法院作出的裁定系撤销原以物抵债具体执行行为，性质上仍为一执行行为（终止原执行行为），而非中止对执行标的的执行。申请执行人无权据此提起执行异议之诉，其权利救济则应依照民事诉讼法第二百二十五条的规定向上一级人民法院申请复议。

二十九、对执行异议之诉案件所涉的案外人根据房改政策分得的单位公房，能否依照物权期待权、消费者物权期待权的规则审查处理？

案外人根据房改政策购得单位公房，该购房行为如已于当时在相关的行政机关进行了档案记录，并一直实际占有使用该房屋，则其系基于国家政策享受的职工福利，与商品房买卖之民事活动有重大的区别。无论其是否交齐全部购房款，均不能剥夺其对该房屋享有的合法权利，购房人有权阻止他人对该房屋的申请执行。基于单位福利分房的特殊性质，对符合上述情形的案件，无须再衡量是否满足物权期待权、消费者物权期待权等规则规定的条件。

三十、借用他人名义购买房屋，后出借人成为被执行人，有关房产成为被执行标的物，由此产生的执行异议之诉应如何处理？

实践中，由于限购、限贷、逃避债务、规避税收或基于身份关系（如夫妻或父母子女）等原因，借用他人名义购买房屋，所购房屋亦登记在出借人的名义之下，后出借人成为被执行人，人民法院对登记在出借人名下的房屋予以查封，有关房产成为被执行标的物，借名人对此提起执行异议之诉。对此类案件的处理，基于借名人与出借人之间的借名予以产权登记的协议，只在其内部产生债权债务关系，而不发生物权变动的效果，不能据此认定借名人为不动产物权的所有权人。并且，基于物权公示原则，设立或转让物权，必须采用法律规定的公示方式，才能取得对抗第三人的效果。借名登记合同是借名人与出借人之间的合意，借名人对房屋登记在他人名下本身具有过错，且借名协议通常是为了规避国家法律与政策，对由此产生的风险理应自行承担。因此，在借名买房的情况下，借名人与出借人之间的借名登记约定不能对抗申请执行人。

三十一、被拆迁人提起的执行异议之诉是否应予支持？

申请执行人针对登记在被执行人（拆迁人）名下的尚未办理房屋产权登记手续的拆迁安置房屋申请强制执行的，作为案外人的被拆迁人，可以其为案涉房屋的拆迁补偿安置权利人为由,提起执行异议之诉。对此类案件的审理,依据商品房买卖合同司法解释第七条的规定,如拆迁人与被拆迁人在人民法院查封之前已经签订合法有效的拆迁补偿安置协议,且在拆迁补偿安置协议中明确约定了回迁安置房屋的具体位置、用途,能够明确指向执行标的物的,对被拆迁人停止执行的诉讼请求应当予以支持。

三十二、预告登记人提起的执行异议之诉能否得到支持?

对案外人以其为房屋的预告登记权利人、请求排除相关执行的,应当区分请求排除执行是保全性强制执行措施还是处分性强制执行措施,并区分以下情形处理:

(一)以一般金钱债权申请强制执行的,预告登记权利人请求阻止对案涉房产予以处分及排除办理登记障碍的,按照异议复议规定第三十条的规定,应当予以支持;

(二)以抵押权、建设工程价款优先受偿权申请强制执行的,按照建设工程价款优先受偿批复规定,预告登记权利人符合消费者物权期待权规定的,可以排除上述优先权的执行;预告登记权利人不符合消费者物权期待权规定的,不能仅以其办理了预告登记为由排除上述优先权的执行。

三十三、特殊动产挂靠他人名下营运,挂靠人提起的执行异议之诉能否得到支持?

对实践中遇到的车辆、船舶等特殊动产挂靠在有经营资格的运输公司名下营运,由此导致车辆、船舶的实际所有人与登记所有人相脱离,对被挂靠人为被执行人,人民法院对被执行人名下的特殊动产实施强制执行所引发的执行异议之诉案件,如经审查,案外人确与被执行人之间存在真实的车辆挂靠运营关系,且为标的物的实际所有权人,其要求对该标的物停止执行的,一般应予支持。

三十四、生效裁判文书判决房屋买卖合同有效,应继续履行并交付使用的,受让人可否以此排除对受让房屋的执行?

在人民法院生效裁判认定房屋买卖合同有效,判决出卖人应继续履行合同、将房产交付使用的情形下,由于生效文书判令房产交付仅为占有、使用的交付,未对案涉房产作出权属确权裁判,在没有进一步办理权属变更登记的情形下,案涉房产所有权并未转移。在此情形下,以出卖人为被执行人并执行案涉房产的,如受让人不具有满足物权期待权或者消费者物权期待权规定要求的,其仅以生效裁判文书判决房屋买卖合同有效、继续履行并交付使用为由请求排除执行,一般不应支持。

三十五、被执行人到期债权的债务人是否有权提起案外人执行异议之诉?

申请执行人要求执行被执行人的到期债权,被执行人的债务人以其对被执行人不负担债务为由,提起案外人执行异议之诉的,因被执行人的债务人与案件本身并无直接利害关系,不具有提起案外人异议之诉的主体资格。对其提起的执行异议之诉,不应受理、审理。对上述问题所涉的权利救济,依法应按照债务人异议、法院中止执行、申请执行人代为诉讼路径解决,而非需由债务人提起执行异议之诉主张。

6. 江苏省高级人民法院执行异议之诉案件审理指南

(2015年2月　苏高法电〔2015〕421号)

为妥善审理好执行异议之诉案件,统一执法尺度,江苏高院民一庭经过深入调研,广泛征求意见,形成了《执行异议之诉案件审理指南》,并于2015年7月2日印发,供全省法院参考。

近年来,执行异议之诉案件数量增幅较大,审理中出现了很多新情况、新问题。为妥善审理好执行异议之诉案件,统一法律适用,省法院民一庭在深入调研和综合论证的基础上,就执行异议之诉案件审理中的一些疑难问题制定本指南,供全省各级法院参考。需要说明的是,本指南仅就《中华人民共和国民事诉讼法》(以下简称《民事诉讼法》)第二百二十七条规定的执行异议之诉作出解答,对《最高人民法院关于适用〈中华人民共和国民事诉讼法〉的解释》(以下简称《民诉法解释》)规定的执行分配方案异议之诉将另行研究并适时作出疑难问题解答。

一、受理执行异议之诉案件应当符合哪些条件?

根据《民事诉讼法》第一百一十九条、第二百二十七条以及《民诉法解释》第三百零五条、第三百零六条的规定,案外人、申请执行人提起执行异议之诉,必须符合下列条件:

(一)执行异议之诉必须在执行过程中,即在执行程序开始后、针对执行标的的强制执行程序终结前提起。

(二)案外人、申请执行人提起执行异议之诉必须经过执行异议审查的前置程序,即执行法院已经作出执行异议审查的裁定,案外人或申请执行人对裁定不服的,可以提起执行异议之诉。

(三)案外人、申请执行人提起执行异议之诉必须有明确的诉讼请求,即要求停止执行或继续执行。案外人提起执行异议之诉的,可以同时提出确权的诉讼请求;申请执行人不能同时提出对执行标的进行确权的诉讼请求。

(四)案外人、申请执行人提起执行异议之诉必须有具体的事实和理由。

(五)案外人、申请执行人提起执行异议之诉的理由必须是针对执行标的的实体权利提出异议,而不是针对执行行为提出异议。

(六)案外人、申请执行人提出的诉讼请求必须与作为执行依据的生效裁判无关,即执行标的物与作为执行依据的生效裁判所确定的标的物不能是同一标的物。

(七)执行异议之诉必须在法律规定的期限内提起,即案外人、申请执行人应当自执行异议裁定送达之日起十五日内提起执行异议之诉。

案外人或申请执行人提起的执行异议之诉不符合上述条件的,应当裁定不予受理;已经受理的,裁定驳回起诉。

二、执行异议之诉案件如何确定管辖法院?

根据《民诉法解释》第三百零四条的规定,执行异议之诉案件应当由执行法院管辖。对于提级执行、指定执行、委托执行的案件,案外人或申请执行人对执行异议裁定不服提起执行异议之诉的,应当由作出中止执行或驳回异议裁定的人民法院管辖。

三、如何确定审理执行异议之诉案件的职能分工?

根据《民事诉讼法》第二百二十七条的规定,在执行异议之诉案件中,案外人提出的执行异议与作为执行依据的原生效法律文书无关。因此,执行异议之诉案件在人民法院内部的职能分工,并不取决于原生效法律文书所确定的法律关系,而应当根据案外人提出阻却执行的实体权利的性质及法律关系,由相应的审判庭进行审理。

四、针对哪些执行依据的执行可以提起执行异议之诉?

人民法院的执行依据不仅包括由人民法院作出的判决书、裁定书、调解书等生效法律文书,还包括仲裁机关作出的仲裁裁决书和仲裁调解书、公证机关作出的具有强制执行效力的债权文书等依照法律规定由人民法院执行的其他生效法律文书。在人民法院执行上述生效法律文书的过程中,案外人对执行标的提出书面异议,人民法院作出执行异议裁定后,案外人或申请执行人不服裁定,且其异议与作为执行依据的生效法律文书无关的,均可以依据《民事诉讼法》第二百二十七条的规定提起执行异议之诉。

五、对诉讼保全措施能否提起执行异议之诉?

案外人对人民法院作出的诉讼保全裁定不服的,应当依照《民诉法解释》第一百七十二条的规定向作出保全裁定的人民法院申请复议。案外人提起执行异议之诉的,应当不予受理;已经受理的,应当裁定驳回起诉。

六、案外人能否针对轮候查封提起执行异议之诉?

根据《最高人民法院关于人民法院民事执行中查封、扣押、冻结财产的规定》(以下简称《查封、扣押、冻结规定》)第二十八条第一款的规定,轮候查封、扣押、冻结自登记在先的查封、扣押、冻结解除时自动生效。因此,在登记在先的查封被解除或执行完毕之前,轮候查封并不能实际产生查封的效力,案外人不能针对轮候查封提起执行异议之诉,而只能针对首查封提起执行异议之诉。如果案外人坚持针对轮候查封提起执行异议之诉的,应当不予受理;已经受理的,应当裁定驳回起诉。

七、被执行人下落不明的,如何确定其在执行异议之诉案件中的诉讼主体地位?

根据《民诉法解释》第三百零七条的规定,被执行人在执行异议之诉案件中的诉讼地位应当根据其是否反对案外人或者申请执行人的权利主张分别予以确定。被执行人下落不明,无法对案外人或者申请执行人的诉讼请求表明意见的,应当将其列为共同被告。

八、案外人不服执行异议裁定,能否单独提起确认之诉?

执行过程中,案外人以其对执行标的享有实体权利为由提出执行异议,人民法院裁定驳回其异议后,案外人仍然不服的,既可以提起执行异议之诉,并可在执行异议之诉案件中同时提出确认其实体权利的诉讼请求;也可以单独提起确认之诉。

案外人向有管辖权的人民法院单独提起确认之诉的,不能产生阻却执行的法律效果。如果案外人既要单独提起确认之诉,又要对执行产生影响,就应当向执行法院提起确认之诉。

人民法院在审理确认之诉案件的过程中,应当注意对诉讼标的物是否被人民法院采取强制执行措施进行审查,以防止案外人通过确认之诉恶意串通规避执行、侵害债权人利益。在诉讼标的已被人民法院查封、扣押的情况下,当事人在确认之诉案件审理中自愿达成调解协议,要求人民法院出具调解书的,原则上不予准许,人民法院应当在审理后依法作出判决。

九、案外人不服执行异议裁定,能否在执行异议之诉案件中一并提出给付之诉的诉讼请求?

案外人在执行异议之诉案件中同时提出要求被执行人继续履行合同、交付标的物或支付违约金等给付之诉的诉讼请求的,因其与阻却执行的诉讼目的无关,不属于执行异议之诉案件的审理范围,在执行异议之诉案件审理中应当不予理涉,案外人可以就此另行主张权利。

十、案外人依据执行标的被查封、扣押、冻结后作出的仲裁裁决提起执行异议之诉的,如何处理?

执行过程中,案外人依据执行标的被查封、扣押、冻结后作出的仲裁裁决提起执行异议之诉,主张享有所有权等实体权利并要求停止执行的,人民法院应当参照《民事诉讼法》第二百三十七条第三款的规定,对仲裁裁决进行审查。对仲裁裁决已经确认案外人享有所有权等足以阻却执行的实体权利的,原则上应当支持案外人停止执行的诉讼请求;但如确有证据证明案外人并不享有对执行标的的实体权利,或者案外人与被执行人存在恶意串通损害其他债权人利益、妨害执行秩序情形的,对其停止执行的诉讼请求应当不予支持。

上述所指的查封、扣押、冻结包括在诉前保全、诉讼保全和执行程序中人民法院所采取的强制执行措施。

十一、案外人依据执行标的被查封、扣押、冻结后作出的另案生效裁判文书(包括判决书、裁定书和调解书)提起执行异议之诉的,如何处理?

执行过程中,案外人依据执行标的被查封、扣押、冻结后作出的另案生效裁判文书提起执行异议之诉,主张享有所有权等实体权利并要求停止执行的,应当区分不同情形进行处理:

(一)另案生效裁判文书系就案外人与被执行人之间的权属纠纷以及租赁、借用、保管等不以转移财产权属为目的的合同纠纷,裁判执行标的权属归于案外人,或者向案外人返还执行标的的,原则上应当支持案外人停止执行的诉讼请求。如果申请执行人认为该生效裁判文书内容错误,且符合《民事诉讼法》第五十六条或者第二百二十七条规定的受理条件的,可以依法提起第三人撤销之诉或案外人申请再审之诉。

(二)另案生效裁判文书系就案外人与被执行人之间除前项所列合同之外的债权纠纷,裁判被执行人向案外人履行债务、交付执行标的的,因案外人所享有的仅仅是债权,而非物权,并不因此享有足以阻却执行的实体权利,故对其提出的停止执行的诉讼请求应当不予支持。但案外人属于《最高人民法院关于人民法院办理执行异议和复议案件若干问题的规定》(以下简称《执行异议和复议规定》)第二十八条、第二十九条所规定的不动产买受人或商品房买受人,且其享有的债权符合该解释规定的构成要件的,对案外人停止执行的诉讼请求应当予以支持。

上述所指的查封、扣押、冻结包括在诉前保全、诉讼保全和执行程序中人民法院所采取的强制执行措施。

十二、执行异议之诉案件审理中,案外人既对执行行为提出异议,又对执行标的提出异议时如何处理?

案外人既对执行行为提出异议,又对执行标的提出异议的,人民法院在执行异议之诉案件中仅对执行标的异议进行审理,对执行行为异议应当不予理涉。对于案外人对执行行为提出的异议,应当告知当事人依据《民事诉讼法》第二百二十五条的规定申请执行复议。

十三、执行异议之诉案件审理中发现人民法院在执行异议裁定中对救济途径告知错误的,如何处理?

人民法院在审理执行异议之诉案件过程中,发现案外人系针对执行行为提出异议,而执行部门在执行异议裁定中告知案外人、申请执行人提起执行异议之诉的,应当裁定驳回起诉,并向案外人、申请执行人释明通过执行复议或执行监督程序解决。

人民法院在审理执行异议之诉案件过程中,发现案外人系针对执行依据提出异议,即认为原判决、裁定错误的,而执行部门告知案外人提起执行异议之诉的,应当裁定驳回起诉,并向案外人释明依据《民事诉讼法》第二百二十七条的规定申请再审。

十四、执行异议之诉案件审理期间执行程序终结的,如何处理?

执行异议之诉案件审理期间,如果发生申请执行人的债权通过其他方式得到清偿等新情况,导致针对执行标的的强制执行程序终结的,人民法院应当向案外人释明撤回起诉;案外人不同意撤回起诉的,裁定终结诉讼。案外人如果要求对执行标的确认所有权的,应当向其释明另行提起诉讼。

十五、执行异议之诉案件审理期间,作为执行依据的原生效法律文书被提起再审的,如何处理?

执行异议之诉案件审理期间,作为执行依据的生效判决、裁定或调解书被提起再审的,执行异议之诉案件应当中止审理,等待再审案件的处理结果决定继续审理还是终结诉讼。

十六、案外人系购买商品房的消费者,其针对登记在被执行的房地产开发企业名下的商品房提起执行异议之诉的,如何处理?

购买商品房的消费者与房地产开发商签订商品房买卖合同后,尚未取得商品房产权,其所购商品房被作为房地产开发企业的财产强制执行的,商品房购买者可以根据最高人民法院《执行异议和复议规定》相关规定,以其享有的权利足以排除执行为由提出执行异议,在执行异议被驳回后,可以提起执行异议之诉。人民法院在审理时,经审理符合下列条件的,应予支持:

(一)在人民法院查封之前已签订合法有效的书面买卖合同且已办理商品房预售登记。

(二)案外人签订房屋买卖合同的相对方是房地产开发企业。

(三)所购商品房系用于居住且案外人名下无其他用于居住的房屋。其中,“案外人名下无其他用于居住的房屋”是指在人民法院查封之前,案外人、案外人的配偶及其未成年子女名下均无用于居住的房屋。

(四)已支付的价款超过合同约定总价款的百分之五十。

十七、案外人系被拆迁人,其针对登记在被执行人(拆迁人)名下的房屋提起执行异议之诉的,如何处理?

根据最高人民法院《关于审理商品房买卖合同纠纷案件适用法律若干问题的

解释》第七条的规定,在拆迁人作为被执行人的案件中,对尚未办理房屋产权登记手续的拆迁安置房进行强制执行的,已经签订了拆迁补偿安置协议的被拆迁人(案外人)在执行异议被驳回后,可以提起执行异议之诉。经审理确认拆迁人与被拆迁人在人民法院查封之前已经签订合法有效的拆迁补偿安置协议,并且在拆迁补偿安置协议中明确约定了拆迁用房的具体位置、用途,能够明确指向执行标的的,因其已享有足以对抗第三人的特殊债权,对被拆迁人停止执行的诉讼请求应当予以支持。

十八、人民法院对被执行人购买但尚未办理产权过户登记手续的房屋实施预查封的情形下,案外人请求解除合同返还房屋,并提起执行异议之诉的,应如何处理?

根据《民诉法解释》第三百一十二条第二款的规定,案外人在执行异议之诉案件中同时提出确认其权利的诉讼请求的,人民法院可以在判决中一并作出裁判。据此,在执行异议之诉案件中,案外人除了可以提出确权的诉讼请求外,不得提出解除合同等其他诉讼请求。因此,人民法院对被执行人购买但尚未办理产权过户登记手续的房屋采取预查封措施的情形下,案外人请求依据合同约定或法律规定解除合同返还房屋的,不能直接提起执行异议之诉,而必须先行提出解除合同之诉,在合同依法解除后方可依据生效法律文书提出执行异议和执行异议之诉。

十九、案外人以其与被执行人之间存在借名买房关系为由主张对登记在被执行人名下的执行标的停止执行的,如何处理?

人民法院针对登记在被执行人名下的房屋实施强制执行,案外人以其与被执行人存在借名登记关系,其系房屋实际所有权人为由,请求对该标的物停止执行并确认所有权的,原则上不予支持。但是案外人有充分证据证明被执行人只是名义产权人、案外人才是真正产权人,且不违反国家利益、社会公共利益的除外。在此类案件的审判实践中,要对借名登记关系成立与否从严审查,防止被执行人与案外人以此为由逃避债务、规避执行。

二十、执行异议之诉案件审理中,发现执行标的是违法建筑的,如何处理?

案外人以其对执行标的享有阻却执行的实体权利为由提起执行异议之诉,经审查发现该执行标的是违法建筑的,人民法院对该执行异议之诉案件应当不予受理;已经受理的,裁定驳回起诉。

二十一、购买特殊动产未办理过户登记的案外人提起执行异议之诉,要求停止执行的,如何处理?

人民法院针对登记在被执行人名下的机动车、船舶等特殊动产实施强制执行,案外人以其在查封前已经购买了该特殊动产为由提起执行异议之诉,要求对该执行标的停止执行的,原则上不予支持。但经审理具备下列条件的,对案外人停止执行的诉讼请求应予支持：

(一)案外人与被执行人在人民法院查封之前已签订合法有效的机动车、船舶书面买卖合同；

(二)案外人在人民法院查封之前已向被执行人支付了全部价款；

(三)案外人在人民法院查封之前已实际占有并使用该机动车或船舶；

(四)案外人对未办理所有权过户登记手续没有过错。

二十二、案外人以其与被执行人之间存在机动车挂靠经营关系为由提起执行异议之诉，要求对登记在被执行人名下的机动车停止执行的，如何处理？

根据我国对道路运输的行政管理要求，在机动车营运行业普遍存在挂靠经营的情况。挂靠经营的机动车在实践中通常存在两种情形：一是运输企业出资购买车辆，将车辆运输经营权转让给个人，由个人挂靠在运输企业从事道路运输；二是个人出资购买车辆，挂靠在运输企业，以运输企业作为车主办理车辆所有权登记。因此，人民法院针对登记在被执行人名下的机动车、船舶等特殊动产标的物实施强制执行，案外人以其与被执行人之间存在挂靠经营关系为由主张停止执行的，应当区分情形处理。对属于上述第一种情形的，机动车的名义所有权人与实际所有权人均为运输企业，挂靠人仅享有机动车经营权，对其停止执行的诉讼请求应当不予支持；对属于第二种情形的，存在机动车名义所有权人与实际所有权人相脱离的情况，如果经审理查明案外人确系执行标的物的实际所有权人的，对其停止执行的诉讼请求应予支持。

二十三、挂靠在承包人名下承揽工程的实际施工人以其系工程款的实际债权人为由提起执行异议之诉的，如何处理？

人民法院针对建设工程发包人应给付承包人的工程款到期债权实施强制执行，实际施工人以其与承包人之间存在挂靠关系、其应享有工程款债权为由提起执行异议之诉的，应当不予支持。实际施工人可以根据合同相对性原则，向承包人主张债权。

二十四、案外人以其享有建设工程优先权为由提起执行异议之诉的，如何处理？

建设工程优先受偿权的本质是以建设工程的交换价值担保工程款债权的实现，也就是说，建设工程优先受偿权只是一种顺位权，不能达到阻却执行的效果。因此，人民法院对建设工程采取强制执行措施时，案外人不能以其对该建设工程享有优先受偿权为由提起执行异议之诉要求停止执行，而只能在执行程序中向执行法院提出优先受偿的主张。如果执行法院以案外人不享有优先受偿权为由对其主张不予支持的，由于优先受偿权属于主债权的从权利，需要在主债权确定、且符合优先受偿权条件的前提下方可行使,故案外人可以另行提起诉讼主张实现建设工程优先受偿权。案外人提起诉讼的,执行法院应当中止执行。

二十五、担保物权人作为案外人提起执行异议之诉的,如何处理?

担保物权的目的是以担保财产的交换价值担保债权的履行,并不享有排除强制执行的效力,因此,担保物权人不能提起执行异议之诉。即使执行法院的强制执行行为影响到担保物权人的权利行使,亦属于《民事诉讼法》第二百二十五条规定的执行行为异议,应当通过执行复议程序解决,担保物权人提起执行异议之诉的,应当不予受理;已经受理的,应当裁定驳回起诉。如果执行法院以案外人不享有担保物权为由对其主张不予支持的,由于担保物权属于主债权的从权利,需要在主债权确定、且享有担保物权的前提下方可行使,故案外人可以另行提起诉讼主张实现担保物权。案外人提起诉讼的,执行法院应当中止执行。

二十六、承租人作为案外人提起执行异议之诉的,如何处理?

根据"买卖不破租赁"的原则,承租人租赁的标的物被人民法院执行拍卖时,并不必然导致租赁权消灭,因此,承租人并不当然有权提起执行异议之诉。如果法院在执行过程中并不否定承租人享有的租赁权,承租人只是对执行法院要求其腾退房屋的执行行为有异议的,属于《民事诉讼法》第二百二十五条规定的执行行为异议,应当通过执行复议程序解决,承租人提起执行异议之诉的,应当不予受理;已经受理的,应当裁定驳回起诉。但如果执行法院否定承租人租赁权的成立或存续的,因涉及实体权利的争议,承租人主张其享有足以阻却执行的租赁权的,在执行异议被驳回后,可以提起执行异议之诉。在该执行异议之诉案件的审理中,对承租人租赁权的认定应当区分不同情形进行处理:

(一)关于租赁与查封的问题。承租人在人民法院采取查封等保全或执行措施之前已经与被执行人签订了合法有效的房屋租赁合同,且已按约支付租金,并实际占有使用租赁物的,应当认定为"先租赁后查封"。此时,承租人享有的租赁权适用"买卖不破租赁"的原则,执行法院在对该租赁物采取拍卖等执行措施时,如果影响到承租人租赁权的行使,对承租人要求停止执行的诉讼请求应当予以支持。

承租人在人民法院采取查封等保全或执行措施之后,与被执行人签订房屋租赁合同的,应当认定为"查封后租赁"。根据《查封、扣押、冻结规定》第二十六条第一款规定,被执行人就已经查封、扣押、冻结的财产所作的移转、设定权利负担或者其他有碍执行的行为,不得对抗申请执行。因此,承租人在法院采取诉讼保全或执行措施之后取得租赁权的,不得以其租赁权对抗申请执行人,其主张停止执行的,不予支持。

(二)关于租赁与抵押的问题。承租人在债权人设立抵押权之前已经与被执行人签订了合法有效的房屋租赁合同，且已按约支付租金，并实际占有使用租赁物的，应当认定为“先租赁后抵押”。根据《物权法》第一百九十条规定，订立抵押合同前抵押财产已出租的，原租赁关系不受该抵押权的影响，执行法院根据抵押权人的申请，在对该租赁物采取拍卖等执行措施时，如果影响到承租人租赁权的行使，对承租人要求停止执行的诉讼请求应当予以支持。

承租人在债权人设立抵押权之后，与被执行人签订房屋租赁合同的，应当认定为“先抵押后租赁”。抵押权设立后抵押财产出租的，承租人不得以其租赁权对抗申请执行人（即抵押权人），其要求停止执行的，不予支持。

二十七、作出执行依据的生效裁判并未判决夫妻一方债务为夫妻共同债务，执行法院以所涉债务系夫妻共同债务为由对夫妻共同财产采取强制执行措施，被执行人的配偶以该债务非夫妻共同债务为由提起执行异议之诉的，如何处理？

作为执行依据的生效裁判确定的债务人为夫妻一方，执行法院以所涉债务系夫妻共同债务而查封、扣押、冻结夫妻共同财产，被执行人的配偶以执行依据确定的债务不属于夫妻共同债务为由提出异议的，是对人民法院采取执行措施的财产主张排除执行的实体权利，在执行异议被驳回后，可以提起执行异议之诉。但如果配偶一方未参加诉讼，生效裁判确认该债务系夫妻共同债务的，配偶一方以该债务非夫妻共同债务提出执行异议被驳回的，因该异议与生效裁判具有直接关联，配偶一方只能对作为执行依据的生效裁判向人民法院申请再审；配偶一方提起执行异议之诉的，人民法院应当不予受理，已经受理的，应当裁定驳回起诉。

二十八、申请执行人提起许可执行之诉的，如何处理？

案外人以其对执行标的享有足以排除执行的实体权利为由提起执行异议，执行法院裁定中止执行后，申请执行人不服提起执行异议之诉请求对执行标的继续执行的，应当由案外人就其对执行标的享有足以排除强制执行的实体权利承担举证证明责任。对于审理申请执行人许可执行之诉案件中的其他问题，同样适用本指南中关于案外人停止执行之诉的相关规定。

二十九、执行异议之诉案件的案件受理费如何收取？

执行异议之诉案件应当依据《诉讼费用交纳办法》第十三条第一项规定，按照财产案件标准，根据当事人请求停止或许可执行的执行标的物的财产金额或者价额计算。

7. 江苏省高级人民法院执行异议及执行异议之诉案件办理工作指引(一)

(2022年6月1日　苏高法〔2022〕111号)

根据《中华人民共和国民事诉讼法》(以下简称《民事诉讼法》)、《最高人民法院关于适用〈中华人民共和国民事诉讼法〉的解释》(以下简称《民诉法解释》)、《最高人民法院关于适用〈中华人民共和国民事诉讼法〉执行程序若干问题的解释》(以下简称《民诉执行解释》)、《最高人民法院关于人民法院办理执行异议和复议案件若干问题的规定》(以下简称《异议复议规定》)、《最高人民法院关于民事执行中变更、追加当事人若干问题的规定》(以下简称《变更追加规定》)、《最高人民法院关于人民法院民事执行中查封、扣押、冻结财产的规定》(以下简称《查扣冻规定》)等法律及司法解释的规定,在《江苏省高级人民法院执行异议及执行异议之诉案件审理指南(一)》的基础上,结合全省法院工作实际,就执行异议及执行异议之诉案件的办理,制定本指引(一),供全省各级法院参考。

一、审理执行异议及异议之诉案件应当坚持的基本原则

(一)效率优先原则。执行异议案件及执行异议之诉案件均衍生于执行程序。执行异议案件审查应坚持效率优先、兼顾公平的审查原则。执行异议之诉案件的审理直接关系到被执行主体、执行标的财产的确定以及执行程序的顺利推进,其审理原则在追求公正的同时也应提高效率。

1. 坚持审限法定,严格遵守法律及司法解释规定的办案期限,原则上不得扣除或者延长审限。执行异议案件以书面审查为原则,公开听证为例外。案情复杂、争议较大的案件以及法律或司法解释等规定应当听证的案件,应进行听证。针对执行标的提出的异议,应坚持形式审查为原则、实质审查为例外,主要根据执行标的的权利外观表征来判断。

2. 坚持有限救济,执行标的执行完毕或者执行程序终结后提出的执行异议,应当通过执行监督予以救济。

(二)权利救济法定原则。当事人、案外人及利害关系人是否享有提出执行异议及异议之诉的权利,应有明确的法律或司法解释依据。除此之外,不得授予其提出执行异议及异议之诉的权利。

1. 当事人、利害关系人提出的异议符合下列情形的,适用《民事诉讼法》第二百三十二条规定进行审查,并明确告知复议权:

(1)《异议复议规定》第五条第(一)至(五)项、第七条;

(2)《变更追加规定》第二条至第十三条,第十四条第一款,第十五条至第十六条,第二十二条至第二十五条;

(3)《最高人民法院关于刑事裁判涉财产部分执行的若干规定》第十四条。

2. 案外人提出的异议符合下列情形的,适用《民事诉讼法》第二百三十四条规定进行审查:

(1)案外人主张对执行标的享有排除执行的实体权益,但涉及刑事裁判涉财产部分执行的除外;

(2)《民诉法解释》第四百九十九条第二款中所规定的对到期债权的执行提出异议的;

(3)依据法律、司法解释规定的其他可以排除执行的民事权益提出异议的。

3. 案外人提出的异议符合下列情形的,应通过审判监督程序或第三人撤销之诉予以救济:

(1)案外人仅认为原判决、裁定、调解书错误,或者争议的执行标的与原判决、裁定、调解书有关的,告知案外人按照《民事诉讼法》第五十九条规定向作出原判决、裁定、调解书的法院提起诉讼,或者依照《民诉法解释》第四百二十一条规定向作出原判决、裁定、调解书的法院申请再审;

(2)刑事裁判涉财产部分执行中,认为刑事裁判赃款赃物认定错误或者应予认定而未认定,且无法通过裁定补正的,告知异议人通过审判监督程序处理。

(三)执行异议之诉类型法定原则。《民事诉讼法》及相关司法解释规定的执行异议之诉案件的类型为:

1. 案外人基于所有权、用益物权、特殊担保物权、合法占有以及利害关系人基于到期债权的执行等提出异议引起的案外人执行异议之诉和申请执行人执行异议之诉;

2. 已进入分配范围的债权人或被执行人基于分配方案的异议提出的执行分配方案异议之诉;

3. 被申请变更、追加的被执行人或申请执行人基于变更、追加被执行人裁定提出的追加、变更被执行人异议之诉。

(四)专属管辖原则。根据法律及司法解释规定,执行异议、执行异议之诉,均由执行法院管辖。

1. 财产已被人民法院查封、扣押、冻结的,当事人、案外人突破专属管辖原则,在执行法院以外的法院提起诉讼或另行申请仲裁主张确权的,其他法院据此作出的裁判结论以及仲裁机构据此作出的仲裁裁决,不能对抗执行法院的执行行为。

2. 执行案件被指定执行、提级执行、委托执行后,当事人、利害关系人对原执行法院的执行行为提出异议的,或案外人对原执行法院查封、扣押或冻结的执行标的提出异议的,由提出异议时的执行法院管辖;受指定或者受委托的人民法院是原执行法院的下级人民法院的,由该上级法院管辖。

(五)执行异议之诉案件实质审理原则

1. 要基于执行标的权属变化及其争议赖以产生的基础性的实体法律关系予以判断,不能简单地根据权利外观及程序性法律或司法解释对权利归属加以审查。

2. 要坚持实体审理,无论当事人是否提出确认其权利的诉讼请求,都要作为基础法律关系查明相关实体权利的性质及其归属。

3. 要合理分配举证责任。执行异议之诉案件中,案外人应当就其对执行标的物享有所有权或者其它足以排除执行标的物转让、交付的实体权益所依据的事实承担举证责任。

4. 要慎用自认规则。被执行人对案外人的权利主张表示承认的,不能免除案外人的举证责任。

(六)禁止调解原则。根据《民事诉讼法》及相关司法解释规定,执行异议及执行异议之诉案件涉及到执行法院对被执行主体的确立、执行标的财产的确定及其处置等执行行为的正当性与合法性,执行异议及执行异议之诉案件的裁判结果不受当事人处分权利的约束,因此,执行异议及执行异议之诉案件不得进行调解。

二、执行异议及执行异议之诉程序与相关程序的协调对接

1. 案外人依照《民事诉讼法》第二百三十四条规定对执行标的提出异议的,应当在争议的执行标的执行终结前提出;执行标的由执行案件当事人受让的,应在执行程序终结前提出。

(1)案外人对执行标的提出异议的,除申请执行人提供足额有效担保之外,应当停止对争议的执行标的的处分行为。

(2)"执行标的执行终结",指人民法院处分执行标的所需的所有法定手续全部完成之前。对于不动产和需要办理过户登记手续的动产或者其他财产权,是指协助办理过户登记的通知书送达之前,如当事人自行办理过户登记手续的,是指实际变更登记之前;对于动产或者银行存款类财产,是指交付或者拨付给申请执行人之前或者分配完毕之前。

(3)"执行程序终结"是指申请执行人请求强制执行的权利已得到全部实现,执行程序已经完全终结,即相关执行案件符合《民事诉讼法》第二百六十四条以及《最高人民法院关于执行案件立案、结案若干问题的意见》第十四条、第十七条规定的结案条件。但原结案结论已通过执行异议、复议或者执行监督程序撤销的,以及终结本次执行程序的除外。

(4)案外人在执行标的执行完毕或执行程序终结后提出异议的,应裁定驳回其异议申请,告知其通过执行监督程序予以救济。

(5)案外人在执行标的执行完毕或执行程序终结前已提出异议,且法定期限内提起执行异议之诉,但因执行法院在此期间未停止处分执行标的,或因申请执行人提供相应担保导致执行标的在此期间被执行完毕或者执行程序终结的,应不予受理或者驳回起诉,告知其通过执行监督程序救济或者依职权立执行监督案件办理。

2. 案外人或申请执行人应当在执行异议裁定向其送达之日起十五日内提起诉讼。

(1)该期限属于除斥期间,除《民事诉讼法》第八十六条规定的事由外,不存在中止、中断与延长问题。

(2)案外人或申请执行人超过上述法定期间提起执行异议之诉的,应裁定不予受理;已经立案的,裁定驳回起诉。

3. 执行机构与执行裁判机构的工作衔接及材料移送

(1)申请执行人、案外人以及利害关系人向执行机构或执行人员提交异议申请的,执行机构应在收到异议申请之日起3日内将异议申请及相关材料移交执行裁判机构。同时移送作出该执行行为的主要依据等。

(2)执行裁判机构收到申请执行人、案外人以及利害关系人向其提交执行异议申请的,应在收到执行异议申请之日起3日内通知执行机构。执行机构应在接到通知之日起3日内,将上述相关材料准备齐全后移送执行裁判机构。

(3)执行裁判机构在执行异议裁定书送达当事人后3日内将该裁定书副本送交执行机构。

(4)案外人、利害关系人及申请执行人不服该裁定,提出执行异议之诉案件的衔接问题,应按上述要求执行。

4. 案外人异议之诉程序与执行监督、审判监督程序的衔接

(1)案外人提起执行异议之诉以及申请执行人提起许可执行之诉,被裁定不予受理或驳回起诉的,案外人、申请执行人对执行异议裁定不服的,可对执行异议裁定申请执行监督。

(2)人民法院作出的执行异议之诉判决生效后,原执行异议裁定自动失效,案外人、当事人又申请执行监督,要求撤销原执行异议裁定的,不予受理。

(3)在审理执行异议之诉案件过程中,发现案外人系针对执行行为提出异议,但执行异议裁定中告知案外人、申请执行人提起执行异议之诉的,应当裁定驳回起诉,并通过执行监督程序撤销原执行裁定,按照《民事诉讼法》第二百三十二条规定

重新进行审查,告知各当事主体通过执行复议程序予以救济。

(4)《民事诉讼法》第二百三十四条规定,案外人、当事人对案外人异议裁定不服,认为原判决、裁定错误的,依照审判监督程序办理;与原判决、裁定无关的,可以自裁定送达之日起十五日内向人民法院提起诉讼。人民法院在案外人异议裁定中应当完整告知上述权利,由案外人、当事人根据其具体诉求和理由选择相应的后续救济程序。

(5)在审理执行异议之诉案件过程中,发现案外人系针对作为执行依据的人民法院原判决、裁定、调解书不服提出异议并提起异议之诉的,应当裁定驳回起诉,告知案外人依据《民事诉讼法》第二百三十四条、《民诉法解释》第四百二十一条规定申请再审。

所谓属于"认为原判决、裁定、调解书错误"的情形,是指案外人权利主张所指向的民事权利义务关系或者其诉讼请求所指向的标的物,与原判决、裁定、调解书确定的民事权利义务关系或者该权利义务关系的客体具有同一性,且案外人认为原判决、裁定、调解书对该民事权利义务关系或标的物权属认定错误。

(6)案外人针对作为执行依据的仲裁裁决所指向的特定执行标的提出异议,而执行裁定告知案外人提起执行异议之诉的,应当裁定驳回起诉,并通过执行监督程序撤销原执行裁定。

三、执行异议及执行异议之诉案件的受理及诉讼请求

1. 案外人基于以下权利对执行标的提出异议,请求排除执行的,应依据《民事诉讼法》第二百三十四条规定审查处理:

(1)所有权;

(2)共有权;

(3)用益物权;

(4)部分可以排除执行的特殊担保物权;

(5)合法占有;

(6)查封、抵押前设立的租赁权;

(7)《民诉法解释》第四百九十九条第二款中规定的利害关系人对第三人享有的到期债权;

(8)《异议复议规定》第二十八条、第二十九条规定的不动产买受人的物权期待权和消费者物权期待权;

(9)《查扣冻规定》第十五条规定的需要办理过户登记的财产或财产性权利;

(10)法律、司法解释规定的其他可以排除执行的实体性民事权益。

2. 当事人、利害关系人基于以下权利提出执行异议的,不应依据《民事诉讼法》

第二百三十四条规定审查处理：

(1)主张对执行标的物享有抵押权或不能阻却执行的留置权、质押权的；

(2)主张对执行标的物享有法定优先权的，如建设工程价款优先权，船舶优先权、税收优先权、划拨土地使用权出让金优先权、民用航空器优先权、受教育者学杂费用优先权、剩余价款优先受偿权等；

(3)主张对被执行人享有普通债权的；

(4)主张对执行标的物虽享有租赁权，但强制执行不影响租赁权的行使，或该租赁权形成于抵押、查封之后的；

(5)《最高人民法院关于刑事裁判涉财产部分执行的若干规定》第十四条规定的权利；

(6)其他不足以排除执行的实体权益和程序性权益。

3. 案外人、申请执行人根据《民事诉讼法》第一百二十二条、第二百三十四条、《民诉法解释》第三百零三条、第三百零四条，以及利害关系人根据《民诉法解释》第四百九十九条规定提起执行异议之诉的，必须符合下列条件：

(1)经过执行异议审查的前置程序，即对执行法院已经作出的执行异议裁定不服；

(2)执行异议裁定送达之日起十五日内提起；

(3)有明确的诉讼请求、具体的事实及其理由；

(4)异议系针对执行标的提出；

(5)诉讼请求与执行依据无关，即执行标的与执行依据中确定的标的不具同一性、相关性或诉讼请求并不主张执行依据错误。

不符合上述条件之一的，裁定不予受理；已经受理的，裁定驳回起诉。

4. 执行异议之诉的诉讼请求

(1)案外人提出执行异议之诉的，诉讼请求应当表述为“请求对执行标的物停止执行”。申请执行人提起执行异议之诉的，诉讼请求应当表述为“请求对执行标的物许可执行”；

(2)案外人提出执行异议之诉，同时提出确认其实体权利的诉讼请求的，应在执行异议之诉中一并作出判决。未同时提出确权请求的，法院不在判决主文中予以宣告；

(3)当事人诉讼请求不明确的，应当予以释明。拒绝变更诉讼请求的，裁定不予受理；已经受理的，裁定驳回起诉。

5. 申请执行人或案外人另行诉讼或在上述第 4 条规定之外提出的诉讼请求的处理：

(1)申请执行人提出许可执行异议之诉,同时请求撤销被执行人与案外人之间的法律行为、确认合同无效、代位析产以及代位行使被执行人对第三人的到期债权等诉讼请求的,应将其作为与执行标的相关的基础关系进行审理,并对相关实体权利进行判断,以此作为判断是否具有排除执行情形的依据。但在具体判项中仅对是否许可或排除执行作出判决;

(2)案外人提出执行异议之诉,同时提出被执行人继续履行合同、交付标的物、承担违约或损害赔偿责任等诉讼请求的,不予审理。案外人、当事人可就此另行主张权利;

(3)案外人以被执行人为被告另行提起给付之诉,要求转移执行标的物所有权,该标的物已处于查封扣押状态的,应当裁定驳回起诉,并在裁判理由中写明案外人可待执行标的物解除强制执行状态后再行主张;

(4)执行标的被查封、扣押、冻结后,案外人、申请执行人未在执行异议之诉中一并提出确权请求,而就基础法律关系另行提起相关诉讼的,不予受理;已经受理的,裁定驳回起诉;已经作出判决的,应当启动审判监督程序予以撤销。拒不撤销的,由执行法院报请共同的上级法院协调处理。

6. 执行异议之诉案件中下落不明的被执行人的诉讼主体地位

(1)被执行人下落不明,无法表明其对申请执行人或者被执行人请求的意见,如案外人主张确权的,应将其列为共同被告;

(2)如案外人未主张确权,则根据其要求列被执行人的诉讼地位,原告未提出对被执行人诉讼地位的要求的,应将被执行人列为共同被告。

四、执行案外人名下财产引起的执行异议及执行异议之诉案件

1. 执行法院不得查封、扣押、冻结案外人占有的动产或者登记在案外人名下的财产,但申请执行人有充分证据证明该财产属于被执行人所有且提供有效担保,或者案外人书面确认该财产属于被执行人所有的除外。

执行法院对登记在案外人名下财产采取执行措施,该案外人提出执行异议的,应根据《民事诉讼法》第二百三十四条规定审查处理。

2. 在执行异议之诉的审理中,应对执行标的权属流转的基础法律关系进行重点审查并对其效力作出认定,比如案外人取得执行标的的资金来源及支付情况;被执行人与案外人是否存在特殊关系;交易行为是否虚假或恶意等。

五、执行异议及执行异议之诉案件的审理规则

1. 案外人提出的执行异议案件,原则上进行形式审查以及书面审理,并根据下列情形判断执行标的的权利归属:

(1)已登记的不动产,按照不动产登记簿判断;未登记的建筑物、构筑物及其

附属设施,按照土地使用权登记簿、建设工程规划许可、施工许可等相关证据判断;

(2)已登记的机动车、船舶、航空器等特定动产,按照相关管理部门的登记判断;未登记的特定动产和其他动产,按照实际占有情况判断;

(3)银行存款和存管在金融机构的有价证券,按照金融机构和登记结算机构登记的账户名称判断;有价证券由具备合法经营资质的托管机构名义持有的,按照该机构登记的实际出资人账户名称判断;

(4)股权按照工商行政管理机关的登记和企业信用信息公示系统公示的信息判断;

(5)其他财产和权利,有登记的,按照登记机构的登记判断;无登记的,按照合同等证明财产权属或者权利人的证据判断。

人民法院按照《最高人民法院关于刑事裁判涉财产部分执行的若干规定》第十四条规定办理的执行异议、复议案件,应参照案外人执行异议之诉的审理标准进行实质审查。

2. 案外人、申请执行人提起执行异议之诉的,应按普通程序进行实质性审理,对与执行标的相关的基础性法律关系——争议执行标的相关的民事法律行为效力、执行标的的权利性质及其归属进行实体审理,判断案外人是否享有足以排除执行的实体权益,并在此基础上作出判决。

六、执行异议及执行异议之诉案件中举证责任分配

1. 案外人对执行标的提出执行异议及执行异议之诉的,应当就其对执行标的享有足以排除强制执行的民事权益承担举证责任。包括但不限于执行标的转让或受让的相关合同的订立与履行情况、资金往来情况以及其他与执行标的相关的基础性法律关系的证据等等。

2. 申请执行人提起许可执行异议之诉的,案外人应当就其对执行标的享有足以排除强制执行的民事权益承担举证责任。申请执行人应对其诉讼主张承担初步的举证证明责任。包括具有执行内容的生效法律文书以及执行标的在被执行人名下的证据等。

申请执行人主张对登记在案外人名下或案外人已经具备权利外观的财产采取执行措施的,应就该财产属于被执行人所有承担举证证明责任并提供有效担保。被执行人承认一方当事人的权利主张的,不能免除该当事人的举证责任。

七、申请执行人的债权已获清偿时执行异议及执行异议之诉案件的审查处理

1. 申请执行人的债权已经通过其他方式得到清偿,无需对执行标的继续执行,案外人提出执行异议的,应裁定不予受理;已经受理的,裁定驳回异议申请。

2. 申请执行人的债权已经通过其他方式得到清偿,无需对执行标的继续执行,案外人、当事人提起执行异议之诉的,根据下列情形予以处理:

(1)按照一审程序审理的,应裁定不予受理;已经受理的,裁定驳回起诉;

(2)按照二审程序审理的,应裁定撤销一审判决,驳回起诉;

(3)按照再审程序审理的,应裁定撤销原审判决,驳回起诉。

八、执行依据提起再审时执行异议及执行异议之诉案件的处理

1. 执行异议之诉案件审理期间,据以执行的生效裁判被提起再审的,应当中止审理。

2. 据以执行的生效法律文书经再审被撤销,无需对争议的执行标的继续执行,案外人、当事人提起执行异议之诉的,根据下列情形予以处理:

(1)按照一审程序审理的,应裁定不予受理;已经受理的,裁定驳回起诉;

(2)按照二审程序审理的,应裁定撤销一审判决,驳回起诉;

(3)按照再审程序审理的,应裁定撤销原审判决,驳回起诉。

3. 据以执行的生效法律文书经再审被撤销,但新作出的执行依据仅调整了债权数额或债务履行方式,仍需对执行异议之诉的标的继续执行的,执行异议之诉应继续审理。

九、被执行人进入破产程序的,执行异议及执行异议之诉案件的审查处理

1. 被执行人进入破产程序后,执行案件应当中止执行,对进入破产程序的被执行人的执行行为应当解除。由此引发的执行异议案件应当裁定不予受理,已经受理的应驳回异议申请;在复议程序审查发现被执行人进入破产程序的,执行复议案件应裁定终结审查。

2. 被执行人进入破产程序的,执行异议之诉案件不因执行程序的中止而中止审理,应当继续审理。

十、基于执行分配方案提出的执行异议及执行异议之诉案件的审查处理

1. 债权人、被执行人根据《民诉法解释》第五百一十条、《民诉执行解释》第十七条、第十八条规定,提起执行分配方案异议之诉的,必须同时具备下列条件:

(1)异议人只能是被执行人以及执行法院已经同意其参与分配的债权人;

(2)异议系对执行法院制定的分配方案提出,包括参与分配的债权数额、优先受偿权是否成立及其分配顺序、分配份额、分配比例等等;

(3)债权人或被执行人必须在收到分配方案之日起十五日内提出书面异议,并应在收到反对意见通知之日起十五日内提起执行分配方案异议之诉;

(4)债权人或被执行人提起分配方案异议之诉,应当明确提出修正后的分配方案并按该方案进行分配的请求及其事实与理由。

不符合上述条件之一的，裁定不予受理；已经受理的，裁定驳回起诉。

2. 债权人主要是指本案申请执行人、已经取得生效法律文书的其他债权人、尚未取得生效法律文书的首查封诉讼保全人、主张优先受偿权或法定优先权的债权人以及符合《江苏省高级人民法院关于正确理解和适用参与分配制度的指导意见》第6条规定情形的债权人。

(1)执行法院应准予已诉讼或未诉讼的主张优先权的债权人进入参与分配程序，其他债权人或者被执行人因此提出异议的，适用执行分配方案异议之诉程序审查；

(2)债权人对于执行法院不同意其参与分配申请提出的执行异议，不适用执行分配方案异议之诉程序，应适用《民事诉讼法》第二百三十二条规定进行审查，并明确告知其申请复议的权利。已经开始的分配程序，应预留其相应份额。

3. 债权人或被执行人提起执行分配方案异议之诉的，应将对其异议提出反对意见的债权人、被执行人列为被告，未对其异议提出反对意见的债权人、被执行人列为第三人。

4. 债权人或者被执行人提出执行分配方案异议之后，应当停止分配程序，但不停止对被执行人财产的变价处置行为。

无争议的债权数额相应的款项可以予以分配，但对于有争议的债权数额相应的款项应予以提存。

5. 执行分配方案异议之诉中，对分配方案有异议的债权人应当就其享有足以变更分配顺序、分配份额的实体权利主张承担举证责任。被执行人或者持反对意见的其他债权人否认异议债权人的权利或者对其权利内容持反对意见的，也应承担相应的举证责任。

6. 分配方案异议之诉中异议人的理由不成立的，应判决驳回其诉讼请求，执行机构按照原分配方案进行分配；理由成立的，应对异议人的分配顺序、本案分配方案案款中应分配数额作出判决。执行裁判机构不得作出执行机构重新作出分配方案的判决。

7. 执行分配方案异议之诉判决生效后，已参加诉讼的其他债权人或被执行人再行提出异议的，不予受理；已经受理的，驳回起诉，并告知其依法通过审判监督程序予以救济。

8. 执行分配方案异议之诉判决生效后，未参加该诉讼的其他债权人，以其不知情或未参加分配为由提出异议的，按照《民事诉讼法》第二百三十二条规定进行审查。该异议人主张其享有优先权且可能改变已经启动的分配程序的，告知其通过第三人撤销权诉讼予以救济。

十一、基于变更或追加被执行人提出的执行异议及执行异议之诉案件的审查处理

1. 执行法院变更或追加执行案件被执行人必须具有明确的法律依据或者司法解释规定。

(1)被申请人或申请人不服执行法院变更、追加裁定或驳回申请裁定,符合《变更追加规定》第十四条第二款、第十七条至第二十一条规定情形的,应在裁定中明确告知当事人可自裁定书送达之日起十五日内,向执行法院提起执行异议之诉;

(2)符合《变更追加规定》中其他情形的,应在裁定中明确告知当事人可自裁定书送达之日起十日内向上一级人民法院申请复议。

2. 申请人、被申请人不服执行法院作出的是否变更或追加被申请人为被执行人的异议裁定,提起执行异议之诉的,应同时具备下列条件:

(1)必须是不服执行法院依据《变更追加规定》第十四条第二款、第十七条至第二十一条规定作出的变更、追加裁定或驳回申请裁定;

(2)必须经过执行异议审查的前置程序,即执行法院已经作出执行异议裁定且不服的;

(3)必须有明确的诉讼请求。申请人提起诉讼的请求应包括:要求变更、追加被申请人(被告)为被执行人并明确其承担责任的范围。被申请人提起的诉讼请求包括:请求不予变更、追加被申请人(原告)为被执行人或请求变更其责任范围;

(4)必须有具体的事实和理由;

(5)在执行异议裁定书送达之日起十五日内提出。

不符合上述条件之一的,裁定不予受理;已经受理的,裁定驳回起诉。

3. 变更、追加被执行人的异议审查及执行异议之诉审理期间,不得对被申请人异议范围内的财产进行处分。

被申请人仅对责任范围有异议的,可对没有异议的财产进行强制执行。

申请人请求继续执行且提供足额有效担保的,可以准许继续执行。

4. 申请人主张变更或追加被申请人为被执行人的,应对被申请人存在未缴纳或未足额缴纳出资、抽逃出资、未依法出资即转让股权、资产混同、未经清算即办理注销登记等行为承担举证责任。被申请人否认申请人主张的,应对不应变更或追加其为被执行人等主张承担举证责任。

5.《变更追加规定》施行前发生的变更、追加当事人的遗留案件,根据下列情形处理:

(1)执行法院已经裁定变更或追加被申请人为被执行人,并在执行裁定中告知当事人提起执行异议之诉,在其提起诉讼后又以执行异议裁定告知救济途径错误为由裁定不予受理或驳回起诉，相关当事人不服原裁定，执行程序尚未终结的，应通过执行监督程序撤销原裁定，重新作出裁定，告知当事人申请执行复议；执行程序已经终结的，应通过执行监督程序予以审查处理。

(2)执行法院已经裁定变更或追加未参加诉讼的被执行人配偶一方为被执行人，并在执行裁定中告知其提起执行异议之诉，但在该配偶一方提起诉讼后又以执行异议裁定错误告知救济途径为由裁定不予受理或驳回起诉，该配偶不服原裁定的，如该配偶名下财产已经执行完毕，应通过执行监督程序进行审查处理；如该配偶名下争议的财产尚未执行完毕的，通过执行监督程序撤销原裁定，告知该配偶按照《民事诉讼法》第二百三十四条规定，就执行其名下财产的行为提起案外人异议。

(3)执行法院已经作出变更或追加裁定，但在执行裁定中未告知申请人和被申请人救济途径的，根据下列情形分别处理：

一是执行法院对申请人或被申请人提出的异议未立案审查，且执行程序尚未终结的，应依法及时立案审查，并依据《变更追加规定》的相应情形作出裁定并告知其救济途径。

执行法院既不立案又不作出不予受理裁定的，异议人可以向执行法院的上一级法院提出异议。上一级法院应立“执监”案件进行审查，异议成立的，应指令执行法院在三日内立案审查处理。

二是执行法院对申请人或被申请人提出的异议已立案审查并作出执行裁定，但未告知申请人和被申请人救济途径，申请人或被申请人也未就此提出任何异议，执行法院对其采取强制措施后又对变更、追加行为及其承担责任的范围提出执行异议的，不予受理。

三是执行法院作出变更或追加裁定后，申请人或被申请人对变更、追加裁定均未提出异议，且所涉案件的执行程序已经终结，相关当事人又以原变更、追加裁定未告知其救济途径为由申请执行监督，请求撤销原追加、变更执行裁定的，原则上不予支持。

十二、执行异议及执行异议之诉案件的裁判文书制作

1. 案外人异议及执行异议之诉裁判文书事实部分，总体上应按照执行行为的发生时间及争议产生与处理的逻辑顺序制作。首先应写明执行依据的裁判内容，并依次写明执行过程、执行异议诉辩情况、异议审查情况、异议之诉原被告及第三人的诉辩情况、本院查明及认定的事实情况。二审裁判文书也应基本遵从上述文书制作方法。

2. 执行异议之诉案件进行实体审理并作出裁判的，应当引用作出该裁判结论所依据的实体法或司法解释，不能仅仅引用程序法及其司法解释作出判决。引用两部以上法律的,应当先引用基本法律,后引用其他法律。引用包括实体法和程序法的,先引用实体法,后引用程序法。除规范性法律文件之外,不得引用其他规范性文件作为裁判依据。如经审查认定为合法有效的,其他规范性文件可作为裁判说理的依据,但不得引用本院或上级法院内设机构制发的文件。

3. 判决主文部分应当严格按照《民事诉讼法》或司法解释的具体要求进行制作,且内容应当具体明确。

(1)案外人、申请执行人的诉讼请求不成立的,判决驳回其诉讼请求;

(2)案外人请求排除执行,且同时请求确认实体权益,其请求成立的,判决不得对所涉执行案件中执行标的强制执行,并确认其主张的权益;其请求确认的实体权益主张虽不成立,但其请求排除执行的主张能够成立的,判决不得对所涉执行案件中执行标的强制执行,并驳回其他诉讼请求;

(3)案外人仅请求排除执行,未请求确认实体权益,其请求成立的,仅判决不得对所涉执行案件执行标的强制执行,不得在主文中宣告涉案实体权利义务关系,但可以在事实和理由部分予以阐明;

(4)申请执行人请求许可执行,其请求成立的,判决准许对执行标的强制执行;

(5)申请执行人提出的确认被执行人享有实体权益、确认合同无效等请求不得在判决主文中予以宣告,但可以在事实和理由部分予以阐明。

4. 案外人执行异议之诉、申请执行人执行异议之诉、追加变更被执行人异议之诉以及执行分配方案异议之诉案件,应当依据《民诉法解释》第二百零一条以及《诉讼费用交纳办法》规定的财产案件收费标准交纳案件受理费。

十三、其他

本指引(一)自下发之日起施行,《江苏省高级人民法院执行异议及执行异议之诉案件审理指南(一)》不再执行。法律、司法解释另有新规定的,以法律、司法解释为准。

8. 江苏省高级人民法院执行异议及执行异议之诉案件办理工作指引(二)

(2022 年 6 月 1 日　苏高法〔2022〕111 号)

为统一全省法院涉及不动产执行异议之诉案件的裁判尺度,根据《中华人民共和国民法典》(以下简称《民法典》)、《中华人民共和国公司法》(以下简称《公司法》)、《中华人民共和国民事诉讼法》(以下简称《民事诉讼法》)、《最高人民法院关于适用〈中华人民共和国民事诉讼法〉的解释》(以下简称《民诉法解释》)、《最高人民法院关于人民法院民事执行中查封、扣押、冻结财产的规定》(以下简称《查扣冻规定》)、《最高人民法院关于人民法院办理执行异议和复议案件若干问题的规定》(以下简称《异议复议规定》)等法律及司法解释的规定,在《江苏省高级人民法院执行异议及执行异议之诉案件审理指南(二)》的基础上,结合全省法院实际情况,就不动产执行标的引发的执行异议及执行异议之诉案件的办理,制定本指引(二),供全省各级法院参考。

一、案外人对执行标的主张实体权益引发的执行异议之诉案件的裁判规则

案外人以其对执行标的享有所有权或者其他足以排除执行标的转让、交付的实体权益为由提出执行异议的,应适用《民事诉讼法》第二百三十四条规定进行审查,因此提起执行异议之诉的,一般应围绕以下内容进行审查:

1. 审查执行法院是否为执行标的首查封法院,对于具有下列情形的,应裁定驳回起诉:

(1)执行法院采取首查封措施,但已丧失处置权的;

(2)执行法院既未采取保全措施,也未获得处置权的;

(3)执行法院采取轮候保全措施,但未获得处置权的;

(4)执行法院为受指定或受委托执行的法院,但对执行标的采取的执行行为系上级法院作出的;

(5)执行标的已经执行法院处置,并为执行案件当事人之外的第三人受让,且已执行终结的;

(6)执行标的已经执行法院处置,并由执行案件当事人受让,该执行案件已经执行终结的。

裁定驳回起诉后,案外人的权利救济以及执行法院作出的执行异议裁定,应当依照《江苏省高级人民法院执行异议及执行异议之诉案件办理工作指引(一)》(以下简称《指引(一)》)相关规定处理。

2. 审查案外人提出的执行异议是针对执行行为还是针对实体权益,并根据下列情形予以处理:

(1)案外人针对执行行为提出异议,但执行异议裁定错误告知当事人提起执行异议之诉的,应裁定驳回起诉。所涉执行异议裁定应通过执行监督程序予以纠正;

(2)案外人基于《民事诉讼法》第二百三十四条所规定的实体权益提出执行异议的,应根据其异议所依据的实体权益类型,判断其是否属于《指引(一)》第三条第1款第(1)至第(10)项所规定的能够排除执行的民事实体权益。

(3)案外人的执行异议系针对执行依据指定交付的特定物提出,或者认为执行依据本身错误的,应裁定驳回起诉,并根据下列情形告知其救济途径:

①执行依据系生效判决、裁定或调解书的,可告知案外人通过审判监督程序依法寻求救济;

②执行依据系生效仲裁裁决的,可告知案外人按照《最高人民法院关于人民法院办理仲裁裁决执行案件若干问题的规定》第九条以及第十八条的规定,向执行仲裁裁决的法院申请不予执行予以救济;

③执行依据系具有强制执行效力的公证债权文书的,告知案外人按照《最高人民法院关于公证债权文书执行若干问题的规定》第二十四条的规定,另行向有管辖权的法院提起诉讼予以救济。

3. 审查案外人执行异议之诉中主张的民事权益是否具有实体法上的依据,并根据下列情形予以认定:

(1)案外人主张所有权的,应当依照《民法典》物权编及其司法解释的相关规定予以审理认定;

(2)涉及夫妻关系存续期间财产权属的,应当依照《民法典》婚姻家庭编及其司法解释相关规定予以认定;

(3)涉及股权以及股东权益认定的,应当依照《公司法》及其司法解释的相关规定予以认定;

(4)涉及债权、合同效力、租赁权以及建设工程价款优先受偿权等问题的,应当依照《民法典》总则、合同编及其相关司法解释等规定予以审理认定;

(5)涉及部分可以排除执行的特殊担保物权的,应当依照《民法典》物权编及相关司法解释等相关规定予以审理认定。

4. 审查案外人执行异议中主张的实体权益是否已经生效法律文书所确认,并根据下列情形予以处理:

(1)金钱债权执行中,案外人依据另案作出的生效法律文书提出执行异议的,适用《民事诉讼法》第二百三十四条规定进行审查,并根据《异议复议规定》第二十六条规定作出相应的执行异议裁定。

(2)金钱债权执行中,案外人依据执行标的被查封、扣押、冻结前作出的另案生效确权或形成性质的法律文书,主张其享有所有权,因此提起执行异议之诉,请求排除对该执行标的执行的,原则上应予支持。但具有下列情形的,不予支持:

①案外人根据伪造的证据取得另案生效法律文书的;

②案外人与被执行人恶意串通,以逃避债务或规避执行的;

③案外人取得的另案生效法律文书认定的事实及其裁决结果损害申请执行人

或其他债权人权利的；

④案外人取得的另案生效仲裁裁决存在《中华人民共和国仲裁法》第五十八条规定情形的。

(3)金钱债权执行中，案外人依据执行标的被查封、扣押、冻结后作出的另案生效确权或形成性质的法律文书，主张其享有所有权，由此引起的执行异议之诉案件，根据下列情形处理：

①案外人以另案生效法律文书(判决书、调解书或仲裁裁决)为依据，主张其享有民事实体权益，请求停止执行的，原则上不予支持。但案外人有充分证据足以证明其是实际权利人的除外；

②案外人未向执行法院提出执行异议，或者在提出执行异议的同时，另行对被执行人提起诉讼，请求对执行标的予以确权的，执行法院或者其他法院应当不予受理；已经受理的，应裁定驳回起诉。违反上述规定作出的生效裁判文书，应通过审判监督程序予以撤销。

(4)申请执行人对案外人在执行标的查封前取得的另案生效确权或形成类法律文书申请再审的，可以根据案件具体情况决定执行异议之诉案件是否中止审理，以等待再审的处理结果。

(5)另案生效法律文书仅作为案外人提供的证据使用，执行异议之诉案件的判决不就其对错进行评判。

5. 审查执行依据是否已经被提起再审，并根据下列情形予以处理：

(1)执行依据已经被提起再审的，执行异议以及执行异议之诉案件应中止审理，并依照《指引(一)》第八条的规定进行处理；

(2)执行依据虽未提起再审，但发现生效裁判确有错误，且本院有权提起再审的，应依法通过审判监督程序提起再审；本院无权提起再审的，应告知案外人依法申请再审或提起第三人撤销之诉。

6. 审查案外人权益与申请执行人权益的保护顺位。同一执行标的物上存在不同性质的权利且发生冲突时，除法律和司法解释另有规定外，应当根据下列原则处理：

(1)法定优先权优先于物权；

(2)物权优先于债权；

(3)法律规定的特殊债权优先于普通债权；

(4)普通债权平等保护。

二、案外人基于被执行人名下的不动产提起的执行异议之诉案件的处理

7. 金钱债权执行中，执行标的系被执行人根据《最高人民法院关于适用〈民法典〉物权编的解释(一)》第七条、第八条所规定的生效裁判、仲裁裁决或者强制执行裁定所取得,原所有权人作为案外人提起执行异议之诉,请求排除执行的,不予支持。

8.金钱债权执行中,执行法院对登记在被执行人名下的不动产采取强制执行措施,案外人以其享有物权期待权为由提出执行异议及执行异议之诉的,应参照适用《查扣冻规定》第十五条或者《异议复议规定》第二十八条规定的条件进行审查,具有下列情形的,应予支持:

(1)案外人与被执行人在案涉不动产查封之前已经签订了合法有效的书面房屋买卖合同。案外人虽然未与被执行人签订书面的买卖合同,但双方已经办理网签的,应认定其签订了书面合同。合同是否成立以及合法有效,应根据《民法典》合同编及其司法解释、《最高人民法院关于审理商品房买卖合同纠纷案件适用法律若干问题的解释》等相关规定予以认定。

(2)案外人在案涉不动产查封之前已经实际占有该不动产。案外人提供了案涉不动产被查封之前实际形成的物业服务合同、交房证明、水电费及物业费缴纳凭证,或者案外人与他人签订的有效租赁合同、租金收取凭证,以及其他足以证明其已经过交接实际接收或占有该房屋的证据的,可认定其在查封之前已经合法占有该不动产。

(3)案外人已经支付全部价款。案外人主张其已支付全部价款的,应提供其通过银行转账形成的付款凭证。仅提供开发商或出卖方出具的收据,或者主张购房款系现金交付,且无其他证据证明其存在支付事实的,对其主张不予支持。

案外人主张其与被执行人通过以房抵债,已支付全部价款,同时符合下列情形的,应予支持:

①案外人与被执行人在案涉房屋被查封前存在合法有效的到期债权债务关系;

②案外人对被执行人享有的到期债权与执行标的的实际价值大致相当;

③案外人与被执行人在案涉房屋被查封前已经签订书面以房抵债协议;

④以房抵债协议不存在规避执行或逃避债务情形;

⑤以房抵债协议不损害申请执行人或其他债权人的利益;

⑥以房抵债协议不违反《第八次全国法院民事商事审判工作会议(民事部分)纪要》精神。

案外人基于建设工程价款,与被执行人订立以物抵债协议,主张其已支付全部价款,同时具备下列情形的,应予支持:

①案外人系建设工程承包人或实际施工人;

②案外人与被执行人之间存在真实的书面建设工程承包合同；

③案外人与被执行人的工程款清偿期已经届满；

④案外人享有的工程价款与抵债标的的价值相当；

⑤以房抵债协议合法有效。

(4)案外人非因其自身原因未办理过户登记手续。

具有下列情形之一的，应认定非因案外人自身原因未办理过户登记手续：

①案外人因办理过户登记与出卖人发生纠纷并已提起诉讼或申请仲裁；

②案外人作为被征收人，其所购房屋因政府征收安置调换经济适用房等原因未能办理过户登记手续；

③案外人已向房屋登记机构提交了过户登记材料，或者已向出卖人提出了办理过户登记请求；

④新建商品房虽不符合首次登记条件，但已办理买卖合同网签备案；

⑤案外人通过其他方式积极主张过物权登记请求权，或有其他合理客观理由未办理过户登记。

9. 金钱债权执行中，执行法院对被执行人为房地产开发企业名下的商品房采取强制执行措施，商品房买受人（仅限自然人）以其系消费者为由提起案外人异议及由此引发执行异议之诉，同时符合以下条件的，应予支持：

(1)案外人与被执行人在案涉房屋被查封之前已签订合法有效的书面买卖合同（含网签）且已办理商品房预售登记；

(2)案外人签订房屋买卖合同的相对方为房地产开发企业；

(3)案外人所购商品房系用于居住且其名下无其他用于居住的房屋；

(4)案外人已支付的价款超过合同约定的总价款的百分之五十，或者已支付价款接近总价款的百分之五十且已按照合同约定将剩余价款支付给申请执行人或者按照人民法院的要求交付执行。

案外人主张其名下无其他用于居住的房屋，同时具有下列情形的，应支持其该主张：

(1)案外人及其配偶、未成年子女名下在执行标的查封时至执行异议之诉案件判决作出时均无用于居住的房屋；

(2)案外人为未成年人的，其监护人名下无用于居住的房屋；

(3)上述两种情形仅限于案外人长期居住生活所在地或者被执行房屋所在地的（县）市或设区的市区范围内。

10. 金钱债权执行中，被执行人为房地产开发企业，案外人作为被执行人开发的商品房买受人，其主张只要符合《异议复议规定》第二十八条或第二十九条规定任一条规定情形的,对其诉讼请求或抗辩主张应予以支持。

买受人的权利主张虽然不符合《异议复议规定》第二十八条或第二十九条规定情形,但符合《查扣冻规定》第十五条规定情形的,对其诉讼请求或抗辩主张也应予以支持。

11. 金钱债权执行中,执行法院对被执行人名下不动产采取执行措施,案外人以其系物权预告登记权利人为由提出执行异议,请求停止处分,应根据下列情形予以处理:

(1)案涉不动产已办理物权预告登记的,应予支持;

(2)案涉不动产符合物权登记条件,且在预告登记有效期内的,应予支持;

(3)案涉不动产的预告登记已经失效,或者在执行法院查封之后办理预告登记的,不予支持。

建设工程合同承包人为实现其建设工程价款优先受偿权,申请对其建设施工的房屋予以强制执行,不适用本部分上述规定。但案外人系商品房消费者,且符合《异议复议规定》第二十九条规定的除外。

12. 人民法院在执行异议及执行异议之诉的审查中判断不同权利人对执行标的所享有的权利保护顺位时,应当依照《异议复议规定》第二十七条至第二十九条、《最高人民法院关于审理建设工程施工合同纠纷案件适用法律问题的解释(一)》第三十六条、《全国法院民商事审判工作会议纪要》第126条等规定,按照消费者物权期待权、建设工程价款优先受偿权、担保物权、一般物权期待权、普通债权依次优先的顺位,依法作出相应的裁判。

三、案外人基于被执行人向其购买的不动产提起的执行异议之诉案件的处理

13. 执行法院对被执行人向案外人购买且已支付全部或部分价款的不动产采取查封或其他执行措施,案外人提出执行异议,主张解除或撤销合同,并请求解除查封或排除执行的,根据下列情形处理:

(1)如在执行异议之诉案件的审理中,已存在另案关于解除或撤销合同的生效判决,则对案外人请求排除执行的诉讼请求应予支持;

(2)如在执行异议之诉案件的审理中,尚未取得关于解除或撤销合同的生效判决,则对案外人请求排除执行的诉讼请求不予支持;如关于解除或撤销合同的案件正在审理过程中,执行异议之诉案件应中止审理。

四、案外人基于借名买房提起的执行异议之诉案件的处理

14. 金钱债权执行中,执行法院对案涉房屋采取查封措施后,案外人以其与被执行人存在借名买房关系,且系房屋实际所有权人为由提出异议的,应裁定驳回异议。由此引发的执行异议之诉案件,应驳回其诉讼请求。

15. 金钱债权执行中，执行法院对登记在被执行人名下的房屋采取强制执行措施，案外人与被执行人为套取银行贷款而虚构房屋买卖事实订立买卖合同的，该案外人以其系房屋实际所有权人为由，提起执行异议之诉，请求排除对该房屋执行的，不予支持。

五、案外人基于房屋合作开发或联建关系提起的执行异议之诉案件的处理

16. 金钱债权执行中，案外人以其系房屋联建合同关系当事人为由提起的执行异议之诉案件，区分下列情形予以审理认定：

(1) 执行法院依据生效法律文书，对作为被执行人的项目公司名下房屋执行时，该项目合作当事人中一方以其对房屋享有实体权益为由提起执行异议及执行异议之诉，要求排除执行的，不予支持；

(2) 执行法院依据生效法律文书，对被执行人与他人显名合作联建开发的房屋采取查封或执行措施，案外人作为合作联建开发合同的另一方，以其对房屋享有共有权为由提起执行异议，请求解除查封的，不予支持。案外人提起执行异议之诉，请求对案涉房屋停止执行的，应根据双方之间合作联建的基础合同法律关系的审理，区分以下情形予以处理：

①联建合同已明确约定案外人应分得的建筑物的具体部位、楼层或者房屋的部分，不得执行；

②联建合同未明确约定应分得的建筑物的具体部位、楼层或者房屋，仅约定分配份额或者比例的，对案外人应分得的份额或比例之内的房屋不得执行。

(3) 执行法院依据生效法律文书，对被执行人开发建设的房屋采取执行措施，案外人以其与被执行人存在隐名开发合同关系，对隐名开发合同中约定归其所有的房屋提出执行异议，并要求排除执行的，不予支持。案外人认为其权益受到损害的，可根据合作协议另行向被执行人追偿。

六、案外人基于国有土地上房屋征收用于产权调换的房屋（以下简称征收安置房）提起执行异议之诉案件的处理

17. 案外人作为被征收人，对被执行人名下尚未办理产权登记手续的房屋提起案外人执行异议之诉，请求排除执行，同时具有下列情形的，应予支持：

(1) 案外人作为被征收人与房屋征收部门签订了合法有效的征收补偿协议；

(2) 案外人以其所有的房屋以产权置换补偿的形式取得案涉房屋；

(3) 征收补偿协议明确约定了安置用房的位置及房号，该房屋已经特定化；

(4) 案外人是否实际占有房屋、是否支付房屋面积差价以及对未办理房屋过户是否存在过错，均不影响其享有排除执行的权利。

18. 案外人对基于征收集体土地的安置房屋提起的执行异议之诉的案件，可参照上述意见处理。

七、案外人基于无证房产提起的执行异议之诉案件的处理

19. 执行法院对无证房产予以现状处置,案外人以其对该无证房产享有排除执行的实体权益为由提起执行异议及执行异议之诉的,应依法受理,并对是否许可执行或不予执行该执行标的作出裁判,但不得就无证房产予以确权或判决案外人对此享有所有权。

20. 案外人就无证房产提起执行异议之诉,应区分以下情形予以处理:

(1)案外人仅请求对无证房产予以确权的,应向其释明变更诉讼请求;

(2)案外人既请求对无证房产确权,又请求对无证房产排除执行的,应向其释明放弃对无证房产确权的诉讼请求;

(3)案外人拒不变更或拒绝放弃对无证房产确权的诉讼请求的,对该请求不予受理;已经受理的,裁定驳回其要求确权的起诉。

21. 案外人就无证房产提起执行异议之诉,请求排除执行的,应当重点围绕买卖关系的真实性、款项支付情况及占有使用情况等,审查认定案涉无证房产是否属于被执行人的责任财产范畴。如果经审查属被执行人的责任财产,则对案外人排除执行的诉讼请求不予支持。

在审理该类案件过程中,不得参照适用《异议复议规定》第二十八条规定。

八、案外人基于不动产共有关系提起的执行异议之诉案件的处理

22. 案外人基于执行标的共有权人身份提出执行异议,请求排除执行的,根据下列情形予以处理:

(1)执行标的为共同共有且不可分割的,当事人对共有权及其份额无异议的,应裁定驳回其异议,并依照《民事诉讼法》第二百三十二条规定交代救济权利;

(2)执行标的为按份共有且可分割,且当事人对共有权及其份额无异议的,应支持案外人的异议请求,并依照《民事诉讼法》第二百三十二条规定交代救济权利;

(3)执行标的是否为共有财产或者共有份额存在争议的,应依照《民事诉讼法》第二百三十四条规定审查处理,并在执行异议之诉中对案外人享有的份额进行认定,判决不得执行案外人享有的变现份额。

23. 执行依据确定的债务人为夫妻一方,执行法院查封、扣押、冻结或处置被执行人在夫妻共有财产中的份额,被执行人的配偶对财产份额提出异议的,适用《民事诉讼法》第二百三十四条规定进行审查。被执行人的配偶请求排除执行的,不予支持。

24. 执行依据确定的债务人为夫妻一方,夫妻另一方对被执行人个人名下的财产主张权利,或者对登记在其名下的财产是否系共同财产或其份额提出案外人异议的，依照《民事诉讼法》第二百三十四条规定审查处理，并在执行异议之诉中对案外人享有的份额进行认定，判决不得执行被执行人配偶享有的变现份额。

25. 执行依据确定的债务人为夫妻一方，执行法院对婚前登记在被执行人名下房屋予以查封，被执行人配偶作为案外人以双方约定该婚前财产归夫妻共有为由提出执行异议，请求排除执行的，依据《民法典》第一千零六十五条第二款的规定，一般不予支持。但如果有证据证明该共同财产的约定发生在执行依据所涉债务形成之前的，可以排除执行。

26. 执行依据或其他相关生效法律文书确认案涉债务系夫妻共同债务，未参加诉讼的配偶一方以该债务非夫妻共同债务为由提出执行异议的，裁定不予受理；已经受理的，驳回其异议申请，告知其依法通过审判监督程序救济。

27. 执行依据确定的债务人为夫妻一方，被执行人已离婚，执行法院不得追加其前配偶为被执行人，但该债务形成于夫妻关系存续期间的，可对原夫妻另一方离婚时分得的财产采取执行措施，原夫妻另一方提出异议的，属于案外人异议，应当依照《民事诉讼法》第二百三十四条规定审查处理。

28. 执行依据确定的债务人为夫妻一方，被执行人在案涉房产查封前已经协议离婚，约定被查封房产归另一方所有，被执行人原配偶提起执行异议及异议之诉的，区分下列情形处理：

（1）案涉房产已经过户登记到被执行人原配偶名下，被执行人原配偶因此提起案外人执行异议之诉，请求排除执行的，如果离婚财产协议分割行为发生在执行依据诉讼或仲裁之前，或者发生在执行依据所确定的债务形成之前的，应予支持。申请执行人有证据证明被执行人系与案外人虚假离婚放弃财产或无偿转让财产的，可根据《民法典》第一百四十六条、第一百五十三条、第一百五十四条、第五百三十八条规定另行起诉，请求确认夫妻财产分割协议无效或撤销该协议；

（2）案涉房产仍在被执行人名下，尚未过户登记到被执行人原配偶名下，被执行人原配偶以其为权利人为由，提出案外人执行异议及执行异议之诉，请求排除执行的，不予支持。但其提供的证据能够证明离婚财产分割行为早于执行依据所确定的债务形成时间的，应予支持；

（3）被执行人未履行离婚协议，原配偶在该房产被查封前已通过诉讼、仲裁且已裁决被执行人为其办理房屋变更登记，查封时尚未办理过户登记手续，原配偶提出案外人执行异议之诉，主张该房归其所有，请求排除执行，如果离婚协议签订于执行依据所确定的债务形成之前的，可以参照《异议复议规定》第二十六条第一款第（一）项规定，判决不得对该房屋执行。

九、其他

29. 本指引(二)自下发之日起施行,《江苏省高级人民法院执行异议及执行异议之诉案件审理指南(二)》不再执行。法律、司法解释另有新规定的,以法律、司法解释为准。

9. 江苏省高级人民法院执行异议及执行异议之诉案件办理工作指引(三)

(2022年6月1日 苏高法〔2022〕111号)

为统一裁判尺度,根据《中华人民共和国民法典》(以下简称《民法典》)、《中华人民共和国公司法》、《中华人民共和国民事诉讼法》(以下简称《民事诉讼法》)、《最高人民法院关于适用〈中华人民共和国民事诉讼法〉的解释》(以下简称《民诉法解释》)、《最高人民法院关于人民法院执行工作若干问题的规定(试行)》(以下简称《执行工作规定》)等法律及司法解释的规定,在《江苏省高级人民法院执行异议及执行异议之诉案件审理指南(三)》的基础上,结合全省法院实际情况,就涉及租赁及抵押财产、动产所有权以及其他财产性权利的执行引发的执行异议及执行异议之诉案件的办理,制定本指引(三),供全省各级法院参考。

一、案外人基于租赁权提出的执行异议及执行异议之诉案件的处理

1. 承租人基于不动产或动产被抵押或查封之后与被执行人订立的租赁合同提出执行异议的,适用《民事诉讼法》第二百三十二条规定进行审查。

承租人请求在租赁期内停止对执行标的的处置或者阻止向受让人移交占有该不动产或动产的,不予支持。

2. 承租人基于不动产或动产被抵押、质押或查封之前与被执行人订立的租赁合同提出执行异议,请求在租赁期内阻止向受让人移交占有被执行的不动产或动产的,适用《民事诉讼法》第二百三十四条规定进行审查,并就是否停止执行作出裁定。因此引发的执行异议之诉案件,根据以下情形进行处理:

(1)承租人在租赁物被查封之前已与被执行人签订了合法有效的租赁合同,并已按约支付租金,且实际占有使用租赁物的,对承租人要求阻止交付的诉讼请求应予以支持,对其要求停止对执行标的处置的诉讼请求不予支持。

(2)承租人在租赁物被抵押之前已与被执行人签订了合法有效的租赁合同,并已按约支付租金,且实际占有使用租赁物,抵押权人或首查封法院的申请执行人申请拍卖该租赁物,承租人要求阻止交付的,应予以支持,对其要求停止对执行标的处置的诉讼请求不予支持。

(3)租赁物具有下列情形的,应分别根据《最高人民法院关于审理城镇房屋租赁合同纠纷案件具体应用法律若干问题的解释》第二条、第三条以及《民法典》第七百零六条的规定认定租赁合同的效力:

①未取得建设工程规划许可证或者未按照建设工程规划许可证的规定建设的房屋;

②未经批准或者未按照批准内容建设的临时建筑;

③租赁期限超过临时建筑的使用期限的;

④当事人以房屋租赁应办理登记备案手续为由主张合同效力的。

3. 案外人以其在执行标的被设定抵押或被查封之前与被执行人订立租赁合同,且对执行标的实际占有使用为由,提出执行异议及执行异议之诉,具有下列情形之一的,应认定为虚假租赁:

(1)承租人与被执行人恶意串通,将执行标的以明显不合理的低价出租的;

(2)承租人或者被执行人伪造、变造租赁合同的;

(3)承租人或者被执行人倒签租赁合同签署时间的;

(4)承租人或被执行人伪造租金交付或收取证据的;

(5)承租人与被执行人伪造其实际占有使用执行标的证据的;

(6)承租人系被执行人的近亲属或关联企业,该租赁关系与案件其他证据或事实相互矛盾的。

4. 承租人基于租赁期限为5年以上的长期租约,对执行标的提出执行异议或提起执行异议之诉的,应重点围绕以下几种情形对租赁合同的真实性予以审查:

①租赁合同的订立时间;

②租金约定是否明显低于所在区域同类房屋的租金水平;

③租金支付是否违反常理;

④是否办理房屋租赁登记备案手续;

⑤是否存在名为租赁实为借贷情形;

⑥租赁房屋是否实际转移占有使用;

⑦是否存在其他违反商业习惯或商业常理的情形。

案涉不动产为被执行人或其他人占有使用,承租人仅以其已向房产管理部门办理登记备案,并将该不动产登记为新设公司营业地址为由主张租赁权的,应认定其未实际占有并使用该不动产。承租人已在租赁的土地或房屋内从事生产经营活动,包括已将租赁物用于生活、生产、经营、已进行装修或以其他方式行使对租赁物的实际控制权的,应视为承租人实际占有并使用租赁物。

一、案外人基于特殊担保物权提出的执行异议及执行异议之诉案件的处理

5. 异议人基于担保物权产生的优先受偿权提出执行异议，请求排除对执行标的处分行为的，人民法院应告知其先行就财产变价款向执行实施机构主张优先受偿。执行实施机构对其主张不予支持的，其可依据《民事诉讼法》第二百三十二条规定提起执行异议。

但该处分行为同时具有下列情形的，应适用《民事诉讼法》第二百三十四条规定审查处理：

①导致案外人享有的担保物权丧失或者可能减损担保物价值的；

②导致案外人优先受偿权的实现受到实质性损害的。

6. 异议人以其对特户、封金、保证金享有质权为由提出执行异议，请求解除对案涉账户或款项的查封、冻结措施的，适用《民事诉讼法》第二百三十二条规定进行审查，并裁定不予支持。

但案外人以其对特户、封金、保证金享有质权为由，请求实现质权并要求解除查封或冻结措施或者请求不得扣划的，应依照《民事诉讼法》第二百三十四条规定进行审查。同时具有下列情形的，应予以支持：

(1)案外人与出质人订立了书面质押合同；

(2)出质人已经开设专门的保证金账户；

(3)该账户内资金已经移交给案外人实际控制或者占有；

(4)该账户有别于出质人非保证金业务的日常结算账户；

(5)案外人请求实现质权的，其实现质权的条件已经满足。

7. 案外人以其对查封、冻结或者强制执行的被执行人的应收账款(到期债权)享有质权为由，提出执行异议，请求解除查封、冻结或不得强制执行的，应适用《民事诉讼法》第二百三十四条规定进行审查。因此提起执行异议之诉，且同时具有下列情形的，应判决不得执行该应收账款债权：

(1)案外人与被执行人订立了书面的质押合同；

(2)该质押合同签订于案涉债权被查封或冻结之前；

(3)案外人与被执行人订立质押登记协议并在中国人民银行征信中心办理质押登记；

(4)案涉债权与登记的应收账款具有同一性；

(5)案外人与被执行人不存在恶意逃债以及规避执行情形。

8. 证券登记结算机构主张其对证券公司等结算参与人、投资者或发行人提供的回购质押券、价差担保物、行权担保物、履约担保物等，在交收完成前享有质权，请求不得冻结或扣划的，依照《民事诉讼法》第二百三十四条规定进行审查。该质

权有效设立的,应判决不得执行案外人享有的质权范围内的案涉财产。

9. 异议人以其系执行标的的留置权人为由,主张其享有优先受偿权,并请求排除对留置物查封、扣押的,人民法院应告知其先行就财产变价款向执行实施机构主张优先受偿。执行实施机构对其主张不予支持的,其可依据《民事诉讼法》第二百三十二条规定提起执行异议。

10. 案外人以其为留置物或质物所有人为由,对执行标的提出执行异议,请求排除执行的,不予支持,并应参照《民事诉讼法》第二百三十四条规定处理。案外人因此提起的执行异议之诉的,根据下列情形处理:

(1)案外人尚未履行对被执行人所负债务的,除案外人同意将被执行人应收款项交付执行之外,对案外人的诉讼请求不予支持;

(2)案外人已经依法履行其对被执行人所负债务,导致被执行人的留置权或动产质权已经消灭,或者因其他原因导致留置权或动产质权未依法成立的,对案外人的请求予以支持。

三、案外人基于动产所有权提出的执行异议及执行异议之诉案件的处理

11. 案外人作为被执行人保留所有权的一般动产的买受人,在该动产被查封或扣押后,主张其已支付部分价款,且实际占有为由提出执行异议,请求解除查封或扣押的,适用《民事诉讼法》第二百三十四条规定进行审查。

案外人在指定期限内将剩余价款全部交付执行的,应裁定中止执行该标的物。申请执行人因此提起执行异议之诉的,判决不得执行该标的物。

案外人未在指定期限内将剩余价款全部交付执行的,裁定驳回其异议;案外人提起执行异议之诉的,驳回其诉讼请求。

12. 被执行人买受并实际占有的一般动产,已经支付部分价款,案外人对该动产保留所有权的,人民法院可以查封、扣押、冻结。保留所有权已办理登记的,案外人的剩余价款从该财产变价款中优先支付;案外人主张取回该财产的,可以依据《民事诉讼法》第二百三十四条规定提出异议。

13. 案外人保留所有权的一般动产,出让给他人后经该他人转让由被执行人受让并占有使用,案外人在该动产被查封或采取执行措施后以其保留所有权为由提出执行异议,请求排除执行的,应裁定驳回其异议;案外人提起的执行异议之诉,如被执行人符合《最高人民法院关于审理买卖合同纠纷案件适用法律问题的解释》第二十六条第二款规定的善意取得情形的,应驳回其诉讼请求。

14. 案外人以其系登记在被执行人名下的机动车、船舶等特殊动产买受人为由对执行法院的查封、扣押等执行行为提出执行异议的,应裁定驳回其异议。案外人提起执行异议之诉,请求排除执行,同时具备下列条件的,应予以支持:

(1)案外人与被执行人在案涉特殊动产被采取查封等执行措施之前已签订合法有效的买卖合同;

(2)案外人在执行法院采取查封等执行措施之前已经实际占有并使用该特殊动产;

(3)案外人已向被执行人支付了全部价款,或者在指定时间内将剩余价款全部交付执行。

15.案外人以其与被执行人存在机动车挂靠关系为由提起执行异议,请求对登记在被执行人名下的机动车排除执行的,应裁定驳回其异议请求。由此引发的执行异议之诉案件,根据以下情形予以处理:

(1)作为被执行人的运输企业出资购买车辆,将车辆运输经营权转让给案外人,并由案外人挂靠在运输企业从事道路运输,案外人请求排除执行的,不予支持;

(2)案外人出资购买车辆,挂靠在被执行人运输企业的名下,并以运输企业作为车主办理车辆所有权登记的,如双方签订合法有效的合同,且案外人确系执行标的物实际所有权人的,对其排除执行的请求应予以支持。

四、案外人基于有限责任公司股权提出的执行异议及执行异议之诉案件的处理

16.执行法院对登记在被执行人名下的股权实施强制执行,案外人以其系该股权受让人为由提出执行异议,请求排除执行,同时符合下列条件的,应予以支持:

(1)案外人与被执行人在股权冻结或采取执行措施之前已签订合法有效的书面股权转让合同;

(2)案外人已按合同约定支付了股权转让价款,或者在指定的期限内已将剩余价款全部交付执行;

(3)案外人提供的股东名册、公司章程或其他公司文件等证据能够证明其已经实际行使股东权利;

(4)案外人提供的证据能够证明未办理股权变更登记非因其自身原因造成。

17.执行法院对登记在被执行人名下的股权实施强制执行,案外人以其系真实股东或实际出资人为由提出执行异议,请求排除执行或一并提出确认其股东资格的,不予支持。

案外人因此提起的执行异议之诉,如其提供的证据能够充分证明申请执行人明知或应知其是隐名股东或实际出资人的,应予以支持;否则,不予支持。

18.执行法院对登记在案外人名下的股权采取查封或冻结措施,该案外人提出执行异议,请求解除查封或冻结措施的,应予以支持。但同时符合下列情形的,应裁定驳回案外人的异议请求:

(1)申请执行人提供的证据能够证明或者依据其提供的线索能够查明被执行人确系该股权的隐名股东或实际出资人;

(2)被执行人实际行使股东权利的。

案外人因此提出执行异议之诉,请求排除强制执行,且同时符合下列条件的,应判决不得执行该股权:

(1)案外人原始取得股权的,已提供其出资凭证、出资证明书等直接证据予以证实。案外人继受取得股权的,已提供直接证据证明其在股权冻结之前已与出让人签订合法有效的股权转让合同,并已按合同约定支付了股权转让价款;

(2)案外人提供股东名册、公司章程或其他公司文件等证据能够证明其实际行使股东权利。

五、涉债权执行异议和执行异议之诉案件的处理

19.执行法院对被执行人在第三人处享有的到期或未到期债权,可以作出冻结债权的裁定和协助执行通知书,第三人应当依法协助履行停止支付到期或未到期债务的义务。

第三人对诉讼前及诉讼保全裁定明确指明的冻结债权不服的,应告知其向作出冻结债权裁定的审判部门申请复议。第三人对冻结裁定的实施行为有异议的,应依照《民事诉讼法》第二百三十二条规定进行审查。第三人未对冻结债权裁定提出异议的,不影响执行法院向其发出履行到期债务通知后依法享有的异议权利。

第三人在收到冻结债权裁定及协助执行通知书后,擅自向被告(被申请人)或被执行人履行债务的,可依法责令其追回擅自支付的财产;不能追回的,可裁定其在擅自支付的财产范围内承担相应的赔偿责任,并追究其妨害执行的责任。但对追回的资金或者第三人赔偿的资金采取强制执行措施,第三人提出异议的,仍应依照《民事诉讼法》第二百三十二条规定进行审查。

20.执行法院对被执行人到期债权的执行,应当向第三人送达履行到期债务通知,该通知必须依照《民事诉讼法》及相关司法解释的规定直接送达第三人;第三人系分公司的,应同时向分公司和总公司分别送达。履行债务通知未按规定直接送达第三人的,不得对第三人强制执行。但已经生效法律文书确定的债权除外。

执行法院对被执行人的到期债权的执行,直接按被执行人收入予以提取或扣划,第三人提出执行异议的,应予以支持。

21.第三人对执行法院在其提出异议后的继续执行行为不服,或对执行法院未依法向其直接送达履行债务通知不服的,可依照《民事诉讼法》第二百三十二条规定提出异议。如第三人已经依照《执行工作规定》第45条规定提出异议,或者执行法院未依法直接向第三人送达履行债务通知的,应裁定撤销或变更已经采取的执行行为。但第三人提出的异议属于《执行工作规定》第48条第一款以及《民诉法解释》第四百九十九条第三款所列情形的除外。

22. 第三人对到期债权的执行提出异议,执行法院对其异议部分停止执行后,申请执行人请求继续强制执行的,不予支持。申请执行人因此提出异议的,不予受理,并告知其可根据《民法典》第五百三十五条规定,通过行使代位权诉讼寻求救济。

23. 第三人在履行债务通知指定的期限内未提出异议,但在执行法院对其强制执行时以其对被执行人不存在到期债务为由提出异议的,应根据《最高人民法院执行工作办公室关于到期债权执行中第三人超过法定期限提出异议等问题如何处理的请示的答复》(〔2005〕执他字第19号)精神进行实质审查,并作出相应处理。

24.《民诉法解释》第四百九十九条第二款规定的"利害关系人"对到期债权的执行行为提出的异议,应适用《民事诉讼法》第二百三十四条规定进行审查。

案外人以其系案涉债权受让人为由提起执行异议之诉,请求排除执行,同时具有下列情形的,原则上应予以支持:

(1)案外人与被执行人于案涉债权被查封、冻结或被采取强制执行措施之前订立了合法有效的书面债权转让合同;

(2)被执行人在第三人处有多笔债权的,案外人主张其受让的债权应明显区别于被执行人未转让的其他债权;

案外人以其系案涉债权受让人为由提起执行异议之诉,请求排除执行,具有下列情形之一的,不予支持:

(1)案外人所主张的债权与被查封或执行的被执行人的案涉到期债权并非同一债权;

(2)该债权转让行为损害申请执行人或被执行人其他债权人的利益;

(3)案外人与被执行人存在利益关联或者实际控制关系的。

《民诉法解释》第四百九十九条第二款规定的"利害关系人"包括但不限于:

(1)案涉债权受让人;

(2)无追索权的保理合同债权人;

(3)有追索权的保理合同债务人;

(4)应收账款质权人;

(5)实际施工人。

六、涉建设工程款债权执行异议及执行异议之诉案件的处理

25. 到期工程款债权是指建设工程建设方(发包人)和承包人已就工程款进行决算(结算)或经审计,有确定的数额并已到债务履行期限的债权。但已经生效法律文书确定的债权除外。

26. 被执行人对建设工程建设方(发包人)享有的到期或者未到期工程款债权,执行法院可以依法冻结。建设方(发包人)因此提出执行异议的,适用《民事诉讼法》第二百三十二条规定进行审查,并裁定不予支持。

27. 建设方(发包人)依照建设工程合同约定应当合理支付的建设工程进度款及工人工资,执行法院不得冻结。建设方(发包人)或被执行人以此为由提出执行异议,请求解除冻结或准予支付,经查属实的,应予以支持。

28. 执行法院对被执行人在第三人处享有的工程款债权,作出冻结裁定后未直接送达履行债务通知而径行扣划或提取,第三人据此提出执行异议的,应予以支持。

29. 建设工程承包人为被执行人的,执行法院对案涉到期工程款债权采取强制执行措施,案外人以其系实际施工人为由提出执行异议,请求排除执行的,适用《民事诉讼法》第二百三十四条规定进行审查。因此引发的执行异议之诉案件,同时符合下列情形的,对案外人的主张应予以支持:

(1)案外人符合最高人民法院关于审理建设工程施工合同纠纷案件适用法律问题的相关解释中实际施工人身份;

(2)案外人提供的证据能够支持其所主张的债权数额,包括但不限于发包人欠付建设工程价款的数额以及承包人欠付其工程款数额等;

(3)案外人主张的工程价款数额覆盖案涉债权的,对其超过案涉债权部分的主张不予支持。

30. 实际施工人为被执行人的,执行法院对发包人尚未支付的案涉到期工程款债权采取强制执行措施,案外人以其对案涉工程款享有实际权益为由,请求排除执行的,适用《民事诉讼法》第二百三十四条规定进行审查。因此引发的执行异议之诉案件中,案外人应对其权利主张承担举证责任。

同时具有下列情形的,对案外人的诉讼主张应予以支持:

(1)案外人是案涉工程承包人且实际施工建设;

(2)案外人提供的证据能够支持其所主张的债权数额;

(3)案外人主张的工程价款数额覆盖案涉债权的,对其超过案涉债权部分的主张除外。

被执行人具有实际施工人身份,具有下列情形之一的,对案外人的权利主张不予支持:

(1)案外人承包案涉建设工程后,被执行人另行与发包人达成协议,存在直接的债权债务关系;

(2)案外人在执行法院采取强制执行措施前已将其工程款债权转让给被执行人,并已通知发包人;

(3)案外人仅出借资质或仅收取管理费,而未实际施工建设的。

七、案外人基于法定优先权提出的执行异议及执行异议之诉案件的处理

31. 税务机关以被执行人欠缴税款为由提出执行异议,请求对被查封、冻结或拍卖财产实现税收优先权的,人民法院应告知其先行就财产变价款向执行实施机构主张优先受偿。执行实施机构对其主张不予支持的,其可依据《民事诉讼法》第二百三十二条规定提起执行异议。

被执行人或其他债权人对人民法院支持税务机关行使优先受偿权及其受偿顺序提出异议的,适用执行分配方案异议之诉程序处理,并根据被执行人欠缴税款的发生时间,以及税款发生时被执行财产是否被设定抵押、质押或者被留置情况作出相应处理。

32. 案外人以其对执行标的物享有建设工程价款优先受偿权为由提出的异议的,人民法院应告知其先行就财产变价款向执行实施机构主张优先受偿。执行实施机构对其主张不予支持的,其可依据《民事诉讼法》第二百三十二条规定提起执行异议。

被执行人或其他债权人对人民法院支持其行使优先受偿权及其受偿顺序提出异议的,适用执行分配方案异议之诉程序处理。主张优先受偿的债权人同时具备下列情形的,应予支持其权利主张:

(1)案外人系案涉建设工程承包人或实际施工人;

(2)案外人在案涉建设工程被采取强制执行措施前已经通过诉讼或仲裁方式行使建设工程价款优先受偿权,或者在提出执行异议时尚未超过行使建设工程价款优先受偿权的18个月期限。

八、其他

33. 本指引(三)自下发之日起施行,《江苏省高级人民法院执行异议及执行异议之诉案件审理指南(三)》不再执行。法律、司法解释另有新规定的,以法律、司法解释为准。

10. 浙江省高级人民法院关于审理案外人异议之诉和许可执行之诉案件的指导意见

(2010年10月27日　浙高法〔2010〕307号)

为规范案外人异议之诉和许可执行之诉案件的审理,保护当事人、案外人的合法权益,根据《中华人民共和国民事诉讼法》和最高人民法院《关于适用〈中华人民共和国民事诉讼法〉执行程序若干问题的解释》等规定，结合我省实际，制定本意见。

第一条　执行过程中，案外人、申请执行人依照民事诉讼法第二百零四条的规定向人民法院提起的下列诉讼，人民法院应当作为案外人异议之诉和许可执行之诉案件受理：

（一）案外人对驳回其异议的裁定不服，请求对执行标的停止执行，或者同时请求确认其对执行标的主张的权利，而提起的与原判决、裁定无关的诉讼；

（二）申请执行人对处理案外人异议作出的裁定不服，请求对执行标的许可执行而提起的诉讼。

第二条　案外人异议之诉和许可执行之诉案件由执行法院管辖，由审判监督庭审理。

本省提级执行、指定执行、委托执行的案件，涉及案外人异议之诉和许可执行之诉的，由最终执行的法院管辖。

第三条　执行过程中，案外人就执行标的另行提起确权之诉，人民法院不予受理；案件已经受理的，应当驳回起诉。

违反前款规定作出的判决书、调解书应当依法撤销。拒不撤销的，由执行法院报请共同的上级法院协调处理。

第四条　多个案外人分别提起异议之诉对同一执行标的主张同一性质的权利，或者多个申请执行人分别提起诉讼请求对同一执行标的许可执行的，可以合并审理。

诉讼由不同法院受理的，后受理的法院应当将案件移送最先受理的法院审理。

第五条　案外人提起异议之诉应当以申请执行人为被告；被执行人反对案外人对执行标的所主张的实体权利的，应当以申请执行人和被执行人为共同被告。

申请执行人提起诉讼，请求对执行标的许可执行的，应当以案外人为被告；被执行人反对申请执行人的请求的，应当以案外人和被执行人为共同被告。

被执行人下落不明，无法表明其对案外人或者申请执行人请求的意见的，应当将其列为共同被告。

第六条　案外人或者申请执行人对处理案外人异议作出的裁定不服，应当自收到执行法院的异议裁定之日起 15 日内提起诉讼。逾期起诉的，人民法院不予受理。

第七条　人民法院依照民事诉讼法第二百零四条规定裁定对异议标的中止执行后，申请执行人自裁定送达之日起 15 日内未提起诉讼的，人民法院应当裁定解除已经采取的执行措施。

第八条 案外人依照民事诉讼法第二百零四条的规定提起诉讼的,须对执行标的享有足以阻止其转让、交付的实体权利,该实体权利包括:

(1)所有权,包括国家所有权、集体所有权、自然人和法人所有权,以及基于共有关系所产生的权利;

(2)用益物权,包括土地承包经营权、建设用地使用权和宅基地使用权等;

(3)部分担保物权,如质权、留置权;

(4)租赁权,但执行中不涤除该权利的除外;

(5)法律规定的其他权利。

第九条 在案外人异议之诉中,案外人可以同时要求确认其对执行标的主张的实体权利以及对执行标的停止执行。

在许可执行之诉中,申请执行人可以同时要求否定案外人对执行标的主张的实体权利以及对执行标的许可执行。

第十条 案外人异议之诉案件的案由为"请求对执行标的停止执行"。

许可执行之诉案件的案由为"请求对执行标的许可执行"。

第十一条 案外人异议之诉案件审理中,案外人应当就其对执行标的享有所有权或者其它足以阻止执行标的转让、交付的实体权利承担举证责任。

被执行人对案外人的权利主张表示承认的,不能免除案外人的举证责任。

许可执行之诉案件审理中,被执行人同意申请执行人请求的,不能免除申请执行人的举证责任。

第十二条 案外人异议之诉和许可执行之诉案件经审理,人民法院认为理由不成立的,判决驳回其诉讼请求;理由成立的,根据原告的诉讼请求作出相应的判决。

案外人、申请执行人未根据本意见第九条规定诉请对相关实体法律关系进行裁判的,人民法院应当予以释明;如案外人和申请执行人明确表示不需要对相关实体法律关系进行裁判的,人民法院不在判决主文中予以宣告,但可以在事实和理由部分予以阐明。

第十三条 案外人异议之诉进行期间,不停止执行。

案外人的诉讼请求确有理由或者提供充分、有效的担保请求停止执行的,执行法院可以裁定停止对执行标的进行处分;申请执行人提供充分、有效的担保请求继续执行的,应当继续执行。

案外人请求停止执行,请求解除查封、扣押、冻结,或者申请执行人请求继续执行有错误,给对方造成损失的,应当予以赔偿。

第十四条 本意见由浙江省高级人民法院审判委员会负责解释。

第十五条 本意见自公布之日起施行。

11. 浙江省高级人民法院审理执行异议之诉案件疑难问题解答(一)

(2011年12月7日　〔2011〕浙高法审监字第2号)

2007年修正的《中华人民共和国民事诉讼法》(以下简称《民事诉讼法》)引入了执行异议之诉制度,首次从法律上对民事执行中享有实体权利的案外人提出异议以诉的形式予以保护,改善了《民事诉讼法》对执行过程中案外人权利救济不足的局面。按照本院浙高法〔2010〕307号《关于审理案外人异议之诉和许可执行之诉案件的指导意见》(以下简称本院《指导意见》)的规定,执行异议之诉案件交由审判监督庭审理。为正确审理此类案件,省高院审判监督庭经深入调研,依照《民事诉讼法》、最高人民法院《关于适用〈中华人民共和国民事诉讼法〉执行程序若干问题的解释》(以下简称《执行程序司法解释》)以及本院《指导意见》等规定,就全省法院审理此类案件中存在的一些突出问题作出解答,供办案时参考。

一、如何确定执行异议之诉案件的案由?

按照修改后的最高人民法院《民事案件案由规定》的规定,执行异议之诉案件案由分别确定为"案外人执行异议之诉"、"申请执行人执行异议之诉"及"执行分配方案异议之诉"。"案外人执行异议之诉"是指案外人对驳回其异议的裁定不服,依照《民事诉讼法》第二百零四条的规定提起的请求对执行标的停止执行或者同时请求确认其对执行标的主张的权利,且与原判决、裁定无关的诉讼。"申请执行人执行异议之诉"是指申请执行人对处理案外人异议作出的裁定不服,依照《民事诉讼法》第二百零四条的规定提起的请求对执行标的许可执行的诉讼。"执行分配方案异议之诉"是指执行过程中债权人或者被执行人就执行分配方案提出异议而引发的诉讼。本《解答稿》不涉及执行分配方案异议之诉的有关内容。

二、如何确定执行异议之诉案件的管辖法院及审理机构?

按照《执行程序司法解释》第十八条、第二十二条的规定和本院《指导意见》第二条的规定,案外人执行异议之诉和申请执行人执行异议之诉案件由执行法院管辖,本省各级法院受理的此类案件由审判监督庭审理。本省提级执行、指定执行、委托执行的案件,涉及案外人执行异议之诉和申请执行人执行异议之诉的,由最终执行的法院管辖。

三、执行异议之诉案件如何编立案号?

按照浙高法(2009)423号《关于全省法院案件字号编立的补充规定》的规定进

行编立。即:案外人执行异议之诉、申请执行人执行异议之诉单独编号,一审案号为:(年号)法院简称执异初字第×号,二审案号为:(年号)法院简称执异终字第×号。

四、案外人、申请执行人提起诉讼,需提供哪些证据材料?

按照《民事诉讼法》第二百零四条的规定,执行法院对案外人提出的异议作出处理是提起执行异议之诉的前置程序,因此,案外人、申请执行人在提起诉讼之前,除提交能够证明停止(许可)对执行标的执行的证据材料外,还应提供执行法院对案外人提出的异议已经作出处理的裁定书。

五、执行异议之诉案件适用哪种诉讼程序?

按照《执行程序司法解释》第十九条、第二十四条的规定,案外人执行异议之诉案件、申请执行人执行异议之诉案件,应当依照诉讼程序审理。

修改后的最高人民法院《民事案件案由规定》将执行异议之诉案件归类于"第十部分适用特殊程序案件",但考虑到此类案件涉及多方当事人利益,案情和法律关系一般较为复杂,一审以组成合议庭按普通程序审理为宜。一审判决作出后,当事人不服的可以依法上诉。

六、执行异议之诉案件如何列明当事人?

在案外人执行异议之诉案件中,按照《执行程序司法解释》第十七条的规定和本院《指导意见》第五条的规定,案外人为原告,申请执行人为被告,但申请执行人中有人明确表示对该执行标的放弃执行权利的,该申请执行人可不作为被告参加诉讼;被执行人反对案外人对执行标的所主张的实体权利的,应当以申请执行人和被执行人为共同被告;被执行人下落不明,无法表明其对案外人请求的意见的,应当将其列为共同被告。

在申请执行人执行异议之诉案件中,按照《执行程序司法解释》第二十一条的规定和本院《指导意见》第五条的规定,申请执行人为原告,案外人为被告,被执行人反对申请执行人的请求的,应当以案外人和被执行人为共同被告;被执行人下落不明,无法表明其对申请执行人请求的意见的,应当将其列为共同被告;申请执行人中有人明确表示对该执行标的放弃执行权利的,该申请执行人可不参加诉讼。

七、执行异议之诉案件中,被执行人对案外人就执行标的所主张的实体权利无异议或者对申请执行人的请求无异议,是否需要参加诉讼?

执行异议之诉案件中,申请执行人往往并不掌握执行标的相关情况,而案件审理又涉及案外人与被执行人之间的法律关系,案件处理结果与被执行人具有法律上的利害关系。因此,无论被执行人对案外人就执行标的所主张的实体权利有无异议,或者被执行人对申请执行人的请求有无异议,为查清案件事实,都应当让被执行人参加诉讼。按照《民事诉讼法》第五十六条的规定,可列为无独立请求权的第三人。

八、《民事诉讼法》第二百零四条规定案外人应在“执行过程中”对执行标的提出书面异议,进而提起异议之诉。这里的“执行过程中”如何理解?

从异议之诉设置的目的来看,这里的“执行过程中”宜作限缩性理解,即指对于特定标的物的强制执行程序尚未完结。执行完结,是指法院已对该特定标的物作出了处分性措施,比如拍卖、变卖成交确认裁定或以物抵债裁定已经作出并送达给买受人或承受人,从当事人银行账户扣划的款项已分配给债权人等。

九、案外人、申请执行人收到执行法院就案外人对执行标的所提异议作出的裁定十五日后才提起诉讼的,如何处理?

应根据具体情形作不同处理:

(一)人民法院在作出裁定的同时已告知当事人诉权的,案外人、申请执行人无正当理由未在规定时间内提起诉讼的,不予受理;已经受理的,驳回起诉。

(二)人民法院在作出裁定的同时未以任何形式告知当事人诉权的,案外人、申请执行人自知道或应当知道该权利之日起十五日内向人民法院起诉的,且针对该执行标的的执行程序尚未完结的,人民法院可予受理。

十、案外人依照《民事诉讼法》第二百零四条的规定提起诉讼,须主张对执行标的享有足以阻止其转让、交付的实体权利,该实体权利包括哪些?

按照本院《指导意见》第八条的规定,该实体权利主要包括:(1)所有权,包括国家所有权、集体所有权、自然人和法人所有权,以及基于共有关系所产生的权利;(2)用益物权,包括土地承包经营权、建设用地使用权和宅基地使用权等;(3)部分担保物权,如质权、留置权;(4)租赁权,但执行中不涤除该权利的除外;(5)法律规定的其他权利。

需要指出的是,上述规定只是作了列举性的规定,实践中应该不限于上述权利,而且也不意味着案外人享有上述实体权利即可一概排除强制执行。在判定何种权利可以排除强制执行时应依该权利在实体法上的性质、效力及执行的目的、方法确定,只要案外人对执行标的享有的权利具有不受到强制执行的法律依据,无论是否物权,均可提起异议之诉。

十一、执行过程中,案外人只能提起执行异议之诉,还是也可以提起确权之诉?

按照《民事诉讼法》第二百零四条,最高人民法院《关于依法制裁规避执行行为的若干意见》第9条、第11条,最高人民法院《关于执行权合理配置和科学运行的若干意见》第26条及本院《指导意见》第三条的规定,执行过程中,案外人就执行标的向执行法院或者其他法院另行提起确权之诉,人民法院均应不予受理;案件已经受理的,应当驳回起诉,同时,可告知案外人另行向执行法院提起案外人执行异议之诉。

案外人另行向执行法院之外的其他法院起诉,并取得生效裁判文书将已被执行法院查封、扣押、冻结的财产确权或者分割给案外人,执行法院认为该生效裁判文书系恶意串通规避执行损害执行债权人利益的,可以向作出该裁判文书的人民法院或者其上级人民法院提出书面建议,有关法院应当依照《民事诉讼法》和有关司法解释的规定决定再审。

十二、司法机关对犯罪分子违法所得的财产进行追缴、责令退赔或者法院对财产刑进行执行过程中,案外人对所涉财产提出权属异议,是否可以作为案外人执行异议之诉立案受理?

目前不宜作为案外人执行异议之诉立案受理。案外人执行异议之诉的法律依据是《民事诉讼法》第二百零四条,有关当事人的法律地位平等。司法机关对犯罪分子违法所得的财产进行追缴、责令退赔或者法院对财产刑进行执行,是司法机关依照刑事法律依职权履行法定职责,与案外人不是平等的法律地位,因此不能适用《民事诉讼法》进行调整,也不宜作为被告。

十三、《民事诉讼法》第二百零二条规定的执行异议与第二百零四条规定的执行异议有何区别?

主要可从提出异议的主体、内容以及法律后果加以区别。第二百零二条规定的执行异议主要由当事人、利害关系人提出,而且主要是针对执行行为提出异议,如认为执行法院采取的执行措施不当、强制执行时未遵循相应的程序、违反执行期限规定、消极不作为等,对执行法院作出的异议裁定不服的可以向上一级人民法院申请复议;第二百零四条规定的执行异议主要是案外人提出,案外人提出异议的理由是其认为对执行标的享有所有权或者其他足以阻止执行标的转让、交付的实体权利,案外人或申请执行人对异议裁定不服的,应视情况提起执行异议之诉或按审判监督程序办理。

十四、案外人在执行过程中一方面依照《民事诉讼法》第二百零二条的规定对法院的执行行为提出异议,另一方面依照《民事诉讼法》第二百零四条的规定对执行标的主张实体权利进而提出异议,如何处理?

案外人提出的异议既指向执行行为,又对执行标的主张所有权等实体权利,或者其异议针对执行行为,但异议依据的基础权利为所有权或者其他实体权利,并主张该实体权利具有阻止执行效力的,按照《民事诉讼法》第二百零四条的规定进行审查。执行法院应向案外人作出相关释明。

十五、执行异议之诉案件的诉讼请求如何表述?

按照《执行程序司法解释》第十七条、第二十一条和本院《指导意见》第九条的规定,在案外人执行异议之诉中,案外人可以同时要求确认其对执行标的主张的实体权利以及对执行标的停止执行;在申请执行人执行异议之诉中,申请执行人可以要求否定案外人对执行标的主张的实体权利以及对执行标的许可执行。

由于这类案件的审理目前尚处在摸索阶段,只要案外人或者申请执行人停止或者许可执行的核心诉讼请求明确,法院就应作出相应的处理;同时,法院也可作相应的释明工作。

十六、案外人提起执行异议之诉期间是否停止执行?

按照《执行程序司法解释》第二十条的规定和本院《指导意见》第十三条的规定,案外人执行异议之诉案件诉讼期间,不停止执行。但案外人的诉讼请求确有理由或者提供充分、有效的担保请求停止执行的,执行法院可以裁定停止对执行标的进行处分;申请执行人提供充分、有效的担保请求继续执行的,应当继续执行。案外人请求停止执行,请求解除查封、扣押、冻结,或者申请执行人请求继续执行错误从而给对方造成损失的,应当予以赔偿。

十七、申请执行人提起执行异议之诉期间,案外人能否请求执行法院解除对执行标的的执行措施?

案外人对执行标的提出书面异议,执行法院经审查认为案外人异议理由成立的,裁定中止对该标的的执行,申请执行人对此不服的,可以提起执行异议之诉,因此,申请执行人提起执行异议之诉期间,所涉的执行标的仍处于中止执行的状态,案外人一般不能请求执行法院解除对执行标的的执行措施。但是,因情况紧急需要立即解除对执行标的的执行措施的,如被扣押的财产系按约应立即向客户交付的货物,案外人提出申请并提供充分、有效的担保,法院可以解除执行措施。案外人请求解除执行措施错误从而给对方造成损失的,应当予以赔偿。

十八、执行异议之诉案件的判决主文如何表述?

案外人执行异议之诉案件经审理,案外人提出的理由不成立的,则判决驳回其诉讼请求;理由成立的,则根据案外人的诉讼请求作出相应的裁判。其申请执行人执行异议之诉案件经审理,申请执行人提出的理由不成立的,判决驳回其诉讼请求;理由成立的,则根据申请执行人的诉讼请求作出相应的裁判。其中,有关许可执行的判决主文可表述为:准许对讼争标的物×××的执行。

十九、执行异议之诉案件的判决能否直接判令执行法院作出具体的执行行为?

此类案件不宜直接对执行法院的执行行为作出评判,也不宜直接判令执行法院作出具体的执行行为。判决生效后,即应视为是对执行标的权属状况以及能否执行的最终裁断,应由执行法院的执行机构依据该判决作出相应的执行行为,如撤销先前的执行异议裁定、解除对执行标的的强制措施等。

二十、执行异议之诉案件受理费按何种标准交纳?由哪方负担?

目前,国务院《诉讼费用交纳办法》未对此类案件的诉讼收费作出明确规定,最高人民法院也未出台相应规定,全国各地法院包括本省各级法院对此也做法不一,有的按照财产案件的标准收费,有的按照非财产案件的标准按件收费,在国家出台相关规定之前,本省各级法院可参照有关文件精神予以处理。

12.浙江省高级人民法院审理执行异议之诉案件疑难问题解答(二)

(2014年6月20日 浙高法〔2014〕104号)

一、关于执行异议之诉审理程序

1.案外人对诉讼保全所涉的执行标的是否可以提出执行异议之诉?

答:应区分案外人提出异议的对象是诉讼保全裁定,还是财产保全的实施行为。前者应由作出裁定的立案机构或者审判机构按照《民事诉讼法》第一百零八条规定的复议程序进行审查。后者应由执行机构根据异议事项的性质按照《民事诉讼法》第二百二十五条或者第二百二十七条的规定进行审查。案外人的异议既指向财产保全、先予执行的裁定,又指向实施行为的,一并由作出裁定的立案机构或者审判机构分别按照《民事诉讼法》第一百零八条和第二百二十五条或者第二百二十七条的规定审查。执行机构按照《民事诉讼法》第二百二十七条的规定进行审查后驳回案外人异议的,案外人可以在法定期限内提出诉讼。

在诉讼保全标的物即为本诉原告与被告的诉讼标的物时,案外人对执行标的物主张权利的,应告知案外人作为有独立请求权的第三人参加诉讼。

2.在财产刑的执行过程中,案外人对所涉财产提出权属异议,是否可以作为案外人执行异议之诉立案、审理?

答:不可以。

3.审理执行异议之诉案件可否适用简易程序?

答:此类案件涉及多方当事人利益,案情和法律关系较复杂,执行机构审查案外人异议也采取合议庭制,故应当适用普通程序审理,人民陪审员可以参加合议庭。

4. 审理执行异议之诉案件是否应当收取案件受理费？按照何种标准收取？

答：根据国务院《诉讼费用交纳办法》第十三条第一项之规定，审理执行异议之诉案件应收取案件受理费。具体按照财产案件标准，根据案外人、申请执行人停止或者许可执行所得利益数额为基础计算案件受理费。如申请执行人申请强制执行的债权为 100 万元，查封标的物为 1000 万元，则案外人异议请求排除强制执行的利益为 100 万元，申请执行人可以就许可执行享有的利益也为 100 万元；如申请执行人申请强制执行的债权为 1000 万元，而执行标的物的价值为 100 万元，申请执行人可以就许可执行享有的利益为 100 万元，第三人排除强制执行所得利益亦为 100 万元。

5. 同一案件有多个被执行人，在需要追加被执行人为被告或者第三人的情况下，是否都应当追加为被告或者第三人？针对同一执行标的有多个申请执行人，部分申请执行人不服执行异议裁定提出执行异议之诉，其他申请执行人是否可以追加为被告或者第三人？

答：同一案件有多个被执行人，但发生争议的执行标的仅与某被执行人有关，也不涉及其他被执行人的责任范围的，只需追加该被执行人为案外人执行异议之诉案件中的被告或者第三人。

针对同一执行标的有多个申请执行人，部分申请执行人不服执行异议裁定提出执行异议之诉，其他申请执行人可以追加为第三人。

二、关于执行异议之诉实体处理

6. 执行登记在被执行人名下的不动产的，案外人主张其系不动产的实际权利人，是否一律按照不动产登记为准？

答：判断不动产权属的依据应以登记为准，案外人主张其系不动产物权的实际权利人一般不予支持。但根据《物权法》第二十八条、第二十九条，已经因人民法院、仲裁委员会的法律文书或者人民政府的征收决定等而发生物权变动、因继承或者受遗赠而取得物权的，虽未办理登记，仍发生物权变动的效果。案外人提供证据足以证明其取得所有权的原因合法有效，并主张其系不动产的实际权利人的，可予支持。

案外人提起执行异议之诉，请求对执行标的物停止执行并要求确权的，人民法院应当依据《物权法》等相关规定审查执行标的物的权利归属，依法作出权属判断，并据此决定是否支持案外人的执行异议。

7. 如何把握《最高人民法院关于人民法院民事执行中查封、扣押、冻结财产的规定》（以下简称《查封扣押冻结规定》）第十七条规定？

答：(1)《查封扣押冻结规定》第十七条所保护的第三人权利在性质上仍属债

权,第三人并未取得财产的所有权。第三人以其系执行标的的所有权人提出执行异议之诉的,人民法院应予释明,要求其以特殊保护债权提出执行异议之诉。当事人拒绝变更诉由的,判决驳回其诉讼请求。

(2)《查封扣押冻结规定》第十七条保护的第三人范围有严格限制,必须同时满足已支付全部价款、实际占有执行标的物、对未办理过户登记没有过错三个要件。第三人没有支付全部价款,或者没有实际占有执行标的物,或者对未办理过户登记有一定过错的,都不应支持其执行异议。

(3)给予特殊保护的债权是相对一般债权人而言,对于已经在执行标的上设定抵押权、非依法律行为取得所有权的权利人,应按照一般物权优先于债权的原则处理。

8. 合同效力、合同履行情况是否属于《查封扣押冻结规定》第十七条引起的执行异议之诉案件审查的对象?

答:《查封扣押冻结规定》第十七条突破一般的物权所有权规则,给予特定债权人优先于一般债权特殊保护,目的在于平衡市场交易秩序中特定债权人的生存利益和一般债权人利益,赋予符合法定情形的特定债权以优先于一般债权的特殊保护,特定债权人的其他一般性债权并不受本条规定保护。因此,案外人据此提出执行异议和执行异议之诉必须以真实合法的合同关系为前提,自然应该将合同效力(包括真实性、合法性)和合同履行情况作为案件审理范围。

9. 被执行人银行账户内款项的所有权认定规则?

答:《物权法》第二十三条规定"动产物权的设立和转让,自交付时发生效力,但法律另有规定的除外。"货币作为一种特殊动产,其本身存在无法辨别的困难,同时又是一种价值符号,流通性系其生命。被执行人银行账户是行使货币流通手段的一种方式,在银行账户发挥其流通功能的情形下,账户内货币的占有与所有高度一致,只要货币合法转入即属于法律规定的合法交付行为,所有权自交付时发生转移。但法律、行政法规、规章和最高人民法院司法解释有特殊规定,应按照规定执行。

10. 购买商品房的消费者是否可以提出执行异议之诉?

答:根据《物权法》第三十条的规定,开发商因合法建造而对开发项目拥有所有权。开发商作为被执行人的,执行法院有权对其原始取得所有权的房屋进行执行。而根据《最高人民法院关于建设工程价款优先受偿权问题的批复》(以下简称《批复》)第二条的规定,符合条件的购买商品房的消费者的过户请求权已经从普通债权转化为物权期待权,可以阻却对其购买商品房的执行行为。消费者以该物权期待权主张停止执行的,可以提出执行异议之诉。但消费者不反对执行法院对房屋的执行行为,仅要求就已缴纳的购房款优先受偿的,不应通过执行异议之诉处理,而是通过执行分配方案异议程序获得救济。

由于《批复》对确定消费者权利成立的条件限制较宽,又不要求其实际占有房屋,人民法院在审理执行异议之诉案件中必须对相关的买卖合同的真实有效和消费者身份从严把握。购房者除应办理预售登记外,还应具备以下条件:(1)具有消费者身份。《批复》的立法目的是为保护相对弱势的消费者的生存利益,故完全为投资经营需要购买房屋、商铺的购房户和购买房屋的企事业单位不属于批复所指的消费者;(2)为购买商品房与房地产公司签订真实有效的买卖合同。购买二手房、小产权房的不能适用这一批复;(3)消费者支付的款项(包括按揭贷款)应超出应付款的50%;(4)消费者仍应按照商品房预售合同履行相应的付款义务,所付款项应作为被执行人的责任财产。消费者拒绝履行相应付款义务的,开发商有权解除合同或者由申请执行人代位提出解除合同并退还购房款的请求,从而恢复对房屋的执行。

三、关于执行分配方案异议之诉

11.执行分配方案异议之诉的诉讼主体如何确定?

答:根据最高人民法院《关于适用〈中华人民共和国民事诉讼法〉执行程序若干问题的解释》(以下简称《执行程序司法解释》)第二十五条、第二十六条的规定,依分配方案异议之诉的原告为对财产分配方案提出异议的债权人或者被执行人,被告为对分配方案异议提出反对意见的债权人或者被执行人,且债权人、被执行人对财产分配方案提出异议、对异议提出反对意见应当以书面形式提出。人民法院可以将没有提出反对意见的其他债权人或者被执行人列为第三人参加诉讼。

12.原告提出执行分配方案异议之诉的事由包括哪些?

答:根据最高人民法院执行局负责人有关《执行程序司法解释》答记者问的解答,债权人、被执行人可以提出异议的范围包括分配方案所确定的债权及其数额多少、受偿顺序。因此,执行分配方案异议之诉提起的法定事由包括执行分配方案中债权是否存在、债权的数额和受偿顺序三种。生效法律文书已对债权数额、优先受偿权作出认定的,不得对该债权是否存在以及债权数额、优先受偿权是否存在提出执行分配方案异议之诉。

13.已经起诉或申请仲裁但尚未取得执行依据的普通债权人能否以其债权应列入而未列入执行分配方案而提出执行分配方案异议之诉?

答:此类普通债权人因其债权尚未获得执行依据,不涉及其与其他债权人、被执行人在分配方案上的实体争议,而仅为程序上能否参与分配方案的程序争议,是对于执行机构制作分配方案的方法和程序有异议,不属执行分配方案异议之诉,可以依据《民事诉讼法》第二百二十五条之规定提出异议,由执行机构审查决定。

14. 执行分配方案作出后,当事人不服提起分配方案异议之诉,并获得胜诉判决,执行机构再次制作执行分配方案期间,又有获得执行依据的债权人以及其他优先权出现并申请参与分配,原债权人能否提出执行分配方案异议之诉?

答:应由执行机构决定新的债权人能否参与分配。如果执行机构决定新的债权人参与分配,原债权人对新的债权人参与分配有异议,属于对执行机构制作分配方案的程序提出异议,不属执行分配方案异议之诉的审理范围。原债权人对新的债权人的债权及其数额多少、受偿顺序提出异议,可以提出执行分配方案异议之诉。

15. 执行分配方案异议之诉的审判组织如何确定?

答:当事人对债权是否存在有争议,应适用普通程序审理。当事人仅对债权数额或受偿顺序有争议,可以适用简易程序审理。

16. 执行分配方案异议之诉是否必然中止全案执行?

答:《执行程序司法解释》第二十六条规定"诉讼期间进行分配的,执行法院应当将与争议债权数额相应的款项予以提存",根据反面解释,对无争议债权可以继续执行。故在执行分配方案异议诉讼期间,可继续执行原分配方案,但应当将与诉讼争议的债权数额相应的款项予以提存。

17. 执行分配方案异议之诉案件审理过程中是否可以调解?

答:执行分配方案异议诉讼中,当事人可以通过调解方式解决争议,但调解结果应当经参加诉讼的当事人同意,并不得损害其他未参加诉讼的债权人或者被执行人的利益。

18. 执行分配方案异议之诉如何判决?

答:人民法院经审理认为债权人或被执行人对执行分配方案提出的异议缺乏足够的事实和法律依据的,应当驳回其诉讼请求;认为债权人或被执行人对执行分配方案提出的异议有事实和法律依据的,应当在判决主文中写明:(一)确认原告的债权数额和分配顺位,或者确认某项债权不存在或实体上丧失分配资格(根据诉讼请求不同而不同);(二)由执行机构重新制作分配方案。

19. 在处理分配方案异议以及审理分配方案异议之诉时,审判机构和执行机构的职权范围如何界定?

答:债权人或债务人在执行分配程序中的异议包括程序异议和实体异议。程序异议是指债权人或者债务人认为执行法院在分配程序中存在违法行为或者不当行为,向执行法院请求救济的情形。如认为执行法院不应当适用参与分配程序而适用,债权人的债权应当列入分配方案而没有列入等。此类异议,异议人应当依据《民事诉讼法》第二百二十五条的规定提出执行行为异议,由执行法院进行审查并作出裁定。对执行法院的裁定不服的,可以请求上一级人民法院复议。该项工作由执行机构负责。

实体异议是指债权人或债务人对于分配方案所载各债权人债权的真实性存在异议,或者对应当分配的债权数额、分配顺位存在异议,而向执行法院声明的情形。对已有实体异议,执行法院不作审查,而是通知有利害关系的其他债权人、债务人。如果相关债权人或者债务人反对异议,则由异议人以反对异议的债权人或债务人为被告直接向执行法院提起分配方案异议之诉。

20. 执行分配方案异议之诉涉及未获得执行依据的抵押权的,抵押合同约定抵押金额为本金、利息及其他实现债权的费用,抵押登记时仅登记本金数额,应以何为准?

答:《物权法》第一百七十三条规定,担保物权的担保范围包括主债权及其利息、违约金、损害赔偿金、保管担保财产和实现担保物权的费用。但实践中,有的登记部门操作不够规范,在办理房地产抵押登记时,会发生登记范围与合同约定不一致的情况,如合同中约定担保范围包括主债权、利息、违约金、实现担保物权的费用等,但在相关登记证明或他项权证上却载明担保范围仅为本金。结合上述《物权法》对担保范围的规定,在合同各方意思表示真实、一致且内容合法的情形下,不能因不规范的行政行为而影响当事人实体权益的实现。在合同已作约定,且主债权本金已经合法登记的情况下,登记效力应及于合理的利息、违约金等其他费用,申请人可以在据以登记的担保合同约定的范围内依法享有优先受偿权。但最高额抵押以及抵押权人对登记内容与合同约定不一致有过错的,仍应当以登记为准。

13. 浙江省高级人民法院审理执行异议之诉案件疑难问题解答(三)

(2018 年 1 月 4 日　浙高法〔2018〕3 号)

一、案外人执行异议之诉案件的裁判范围如何确定?

答:根据《最高人民法院关于适用〈中华人民共和国民事诉讼法〉的解释》第三百零五条、第三百一十二条的规定,案外人除提出排除对执行标的执行的诉讼请求外,还可以一并提出确认其民事权利的诉讼请求。除前述两项内容外,案外人提出继续履行合同、交付标的物或者支付违约金、确认合同效力等其他诉讼请求,不属执行异议之诉的裁判范围。案外人提出的诉讼请求超出裁判范围的,应当向案外人进行释明。经释明,案外人不愿撤回或者变更前述其他诉讼请求的,可以在裁判文书说理部分对此进行阐述,主文部分不作回应。原审法院已经释明并阐述,案外人以原审对其他诉讼请求未作裁判为由主张原审遗漏诉讼请求而提出上诉或者申请再审的,不予支持。

二、申请执行人败诉是否一律承担全部案件诉讼费用?

答:申请执行人败诉的,原则上应当承担全部案件诉讼费用。但被执行人反对案外人权益主张、案外人对执行标的被采取执行措施有一定过错或者在执行异议审查阶段怠于行使诉讼权利的,如未及时提交相关证据、异议审查阶段未按法律规定要求及时支付相应款项,也可以判决被执行人、案外人承担相应的案件诉讼费用。

三、执行异议之诉案件的判决主文如何表述?

答:一般应当根据最高人民法院修改后民事诉讼法贯彻实施工作领导小组编著的《民事诉讼文书样式》中关于执行异议之诉的诉讼文书样式的说明制作。但下列两种情形,判决主文应当根据当事人诉讼请求作相应调整:

(一)案外人请求确认其享有租赁权并请求不得强制迁出(腾空)×××(具体执行标的)的,经审理确认案外人对执行标的享有租赁权并应当排除相应执行行为的,判决主文可以表述为:一、确认×××对×××(具体执行标的)享有×年×月×日至×年×月×日的租赁权;二、在前述期间,不得对×××(具体执行标的)实施强制迁出(腾空)的执行行为;案外人只请求不得强制迁出(腾空)×××(具体执行标的)的,判决主文可以表述为:在×年×月×日之前,不得对×××(具体执行标的)实施强制迁出(腾空)的执行行为。申请执行人请求涤除租赁权后执行的,经审理确认案外人对执行标的不享有足以排除执行的租赁权的,判决主文可以表述为:准许对×××(具体执行标的)实施强制迁出(腾空)的执行行为。

(二)申请人、被申请人对变更、追加被执行人的申请裁定不服提起执行异议之诉的,应当根据《最高人民法院关于民事执行中变更、追加当事人若干问题的规定》第三十三条、第三十四条规定处理。即:

1. 被申请人提起的执行异议之诉理由成立的,判决不得变更、追加被申请人为被执行人或者判决变更责任范围;

2. 被申请人提起的执行异议之诉理由不成立的,判决驳回诉讼请求;

3. 申请人提起的执行异议之诉理由成立的,判决变更、追加被申请人为被执行人并承担相应责任或者判决变更责任范围;

4. 申请人提起的执行异议之诉理由不成立的,判决驳回诉讼请求。

四、人民法院在执行已经设定抵押或者已经先期查封而后出租的房屋时，案外人以被执行人出租房屋时未告知抵押情况或者以其不知道房屋被查封为由，主张排除涤除租赁权的执行的，通过何种途径进行救济？

答：应当依照《中华人民共和国民事诉讼法》第二百二十七条的规定处理。

五、执行机构未经案外人异议审查程序，依职权决定带租拍卖并裁定驳回申请执行人异议，申请执行人提起执行异议之诉的，应当如何处理？

答：执行实施人员现场查封房屋时，发现案外人主张依据租赁合同占有案涉房屋的，应当告知案外人在指定期限内提出书面异议。案外人未在指定期限内提出书面异议的，执行机构可以实施强制迁出或者腾空等执行行为。案外人在指定期限内提出书面异议的，执行机构应当依法审查并作出执行裁定。裁定驳回案外人异议的，案外人可以提起执行异议之诉；裁定支持案外人异议的，申请执行人可以提起执行异议之诉。

执行机构未经案外人异议审查程序，依职权决定带租拍卖并裁定驳回申请执行人异议，申请执行人提起执行异议之诉的，裁定驳回起诉，并告知执行机构按前款规定重新审查。

六、如何理解《最高人民法院关于人民法院办理执行异议和复议案件若干问题的规定》第六条第二款规定的执行标的执行终结？

答：执行标的执行终结是指不动产、动产或者其他财产权等财产通过拍卖、变卖程序处置且成交裁定已经送达给买受人（第三人）。

七、执行程序终结后，案外人提出执行异议之诉如何处理？

答：执行程序终结后，案外人对执行标的主张民事权益，不属于执行异议之诉救济范围。案外人可以通过确权、返还财产（不当得利）等普通诉讼途径获得救济。

八、执行异议之诉裁定不予受理或者驳回起诉的法定情形包括哪些？

答：执行异议之诉案件符合下列情形之一的，人民法院应当裁定不予受理；已经受理的，裁定驳回起诉：

（一）案外人、申请执行人提起的执行异议之诉不符合《最高人民法院关于适用〈中华人民共和国民事诉讼法〉的解释》第三百零五条、第三百零六条规定的起诉条件的；

（二）案外人要求排除的执行行为已经被撤销或者执行程序已经终结的；

（三）案外人仅对执行行为的合法性提出异议的；

（四）当事人仅对执行依据提出异议的；

（五）法律、司法解释另有规定的。

九、案外人不服财产保全裁定能否提起执行异议之诉?

答:根据《最高人民法院关于人民法院办理财产保全案件若干问题的规定》第二十七条的规定,案外人对保全裁定或者保全裁定实施过程中的执行行为不服,对诉讼争议标的以外的被保全财产主张实体权利而提出书面异议的,执行机构依照《中华人民共和国民事诉讼法》第二百二十七条规定审查处理并作出裁定。案外人、申请保全人不服该裁定的,可以自裁定书送达之日起十五日内向人民法院提起执行异议之诉。被保全财产是诉讼争议标的的,案外人可以申请以必要共同诉讼当事人或者有独立请求权第三人身份参加诉讼,不能提起执行异议之诉。

十、《最高人民法院关于人民法院办理执行异议和复议案件若干问题的规定》能否直接作为审理执行异议之诉案件的依据?

答:执行异议之诉作为实体审理程序,与执行异议审查程序既有关联又有差异。《最高人民法院关于人民法院办理执行异议和复议案件若干问题的规定》第二十七条至三十一条等规定原则上可以作为审理执行异议之诉的依据,在适用时应当结合个案实际、各方当事人享有权利的性质、权利取得的来源和时间等因素进行价值衡量,综合作出判断。

十一、夫妻双方在离婚协议中对婚姻关系存续期间取得的不动产权属作出约定但未办理登记手续的,该协议能否作为排除执行的依据?

答:夫妻双方在离婚协议中对婚姻关系存续期间取得的不动产权属作出约定但未办理登记手续的,不动产所有权应当根据《中华人民共和国物权法》《中华人民共和国婚姻法》的相关规定进行认定,离婚协议不能作为排除执行的依据,但不动产所有权登记现状与离婚协议约定相一致等情形的除外。

十二、如何理解《最高人民法院关于人民法院办理执行异议和复议案件若干问题的规定》第二十七条规定中的"但法律、司法解释另有规定的除外"?

答:申请执行人对执行标的享有担保物权等优先受偿权已经生效法律文书确定,案外人提出排除执行异议的,原则上不应予以支持。但法律、司法解释规定案外人对执行标的享有的民事权益优先于申请执行人优先受偿权的除外,如符合法定情形的购房消费者享有的过户请求权、符合法定条件的租赁权等。

十三、如何理解《最高人民法院关于人民法院办理执行异议和复议案件若干问题的规定》第二十八条与《最高人民法院关于人民法院民事执行中查封、扣押、冻结财产的规定》第十七条的关系?

答:《最高人民法院关于人民法院办理执行异议和复议案件若干问题的规定》第二十八条是对《最高人民法院关于人民法院民事执行中查封、扣押、冻结财产的规定》第十七条的修改与完善。案外人主张其系不动产买受人并以其享有物权期待权请求排除执行的,应当适用《最高人民法院关于人民法院办理执行异议和复议案件若干问题的规定》第二十八条的规定予以审查。

十四、如何理解《最高人民法院关于人民法院办理执行异议和复议案件若干问题的规定》第二十八条规定的四项要件?

答:《最高人民法院关于人民法院办理执行异议和复议案件若干问题的规定》第二十八条的适用前提是金钱债权执行,并规定了一般不动产买受人享有物权期待权的四项要件:

(一)买受人与被执行人在查封前签订合法有效的书面买卖合同。双方未签订书面合同的原则上不予保护;

(二)买受人在人民法院查封之前已合法占有该不动产。该事实的认定不能仅依据其与被执行人双方的陈述,而应当有相当的证据证明;

(三)买受人已经支付全部价款或者买受人按照约定支付部分价款且在人民法院指定的期限内将剩余价款交付执行。买受人与申请执行人达成分期付款协议的或者买受人虽有逾期支付款项情形,但违约情节轻微、查封前出卖人未依法解除合同的,可以视为符合前述规定。买受人有无在人民法院指定的期限内将剩余价款交付执行的判断时间节点为一审法庭辩论终结前,一审法院未指定交付执行期限或者买受人名下无其他用于居住的房屋也可以适当放宽至二审法庭辩论终结前;

(四)非因买受人自身原因未办理过户登记。未办理过户登记的原因应当属于买受人意志以外的客观障碍,当事人在合同中约定了办理过户手续的期限,当事人逾期不办理且不能作出合理解释的,应当认定其有过错。

十五、如何理解《最高人民法院关于人民法院办理执行异议和复议案件若干问题的规定》第二十九条规定的各项要件?

答:根据《最高人民法院关于建设工程价款优先受偿权问题的批复》,商品房买受人对商品房享有排除执行的民事权益的构成要件包括:

(一)买受人是消费者。法人或者其他组织不适用本条规定;普通民事主体之间的二手房买卖,也不适用本条规定;

(二)查封前买受人与被执行人(房地产开发企业)签订有合法有效的书面合同。双方未签订书面合同的原则上不予保护;

(三)买受人名下无其他用于居住的房屋,是指买受人经常居住所在的直辖市或者设区的市的市区、县(县级市)域内无其他用于居住的房屋。买受人在上述区域内原有其他用于居住的房屋,在所购商品房被查封后恶意转让其他房屋导致其名下仅有该套商品房的,不予保护;

(四)买受人已经支付的价款超过合同约定总价款的百分之五十。

十六、消费者在所购商品房已经交付的情况下,能否根据《最高人民法院关于人民法院办理执行异议和复议案件若干问题的规定》第二十八条规定提起执行异议之诉?

答:消费者所购商品房已经实际交付的,买受人可以依据《最高人民法院关于人民法院办理执行异议和复议案件若干问题的规定》第二十八条规定提起执行异议之诉。

十七、不动产买受人以其已经办理不动产预告登记为由请求停止执行(解除查封)的请求,应否予以支持?

答:根据《最高人民法院关于人民法院办理执行异议和复议案件若干问题的规定》第三十条的规定,执行机构可以对办理预告登记的不动产采取查封措施,执行机构对办理预告登记的不动产采取拍卖、变卖等处分性执行措施的,对买受人提出的停止处分异议应当予以支持;执行机构采取查封措施后,买受人提供证据证明其已经符合不动产物权登记条件的,对买受人提出的解除查封异议应当予以支持。

十八、如何理解《最高人民法院关于人民法院办理执行异议和复议案件若干问题的规定》第三十一条的构成要件?

答:金钱债权执行中,案外人以其享有租赁权为由请求在租赁期限内阻止向买受人移交占有被执行的不动产的,应当符合以下条件:

(一)案外人与被执行人在查封之前签订合法有效的书面租赁合同;

(二)案外人查封之前已经占有使用被执行的不动产;

(三)案外人已经按约定支付租金且租金支付标准符合当地市场行情。

十九、在为实现抵押权执行不动产时,案外人以其享有租赁权为由请求在租赁期限内阻止向买受人移交占有被执行的不动产,需要符合哪些条件?

答:根据《中华人民共和国物权法》第一百九十条,参照《最高人民法院关于人民法院办理执行异议和复议案件若干问题的规定》第三十一条的规定,执行法院为实现抵押权而对抵押物采取执行措施并涤除抵押物上租赁关系时,案外人请求在租赁期限内阻止向买受人移交占有被执行的不动产的,应当符合以下条件:

(一)案外人与被执行人在抵押权登记前已经签订合法有效的书面租赁合同;

(二)案外人在抵押权登记前已经合法占有使用该租赁物;

(三)案外人已经按照约定支付租金且租金支付标准符合当地市场行情。

14. 浙江省高级人民法院关于完善执行异议之诉案件审理助推“基本解决执行难”工作的通知

（2018年5月8日　浙高法〔2018〕80号）

本省各级人民法院、宁波海事法院：

为公正高效审理执行异议之诉案件，助推“基本解决执行难”工作，现就我省法院审理执行异议之诉案件的有关事项通知如下：

一、严格起诉条件，统一收费标准

1. 严格起诉条件。依照《最高人民法院关于适用〈中华人民共和国民事诉讼法〉的解释》第三百零五条、第三百零六条、第五百一十二条以及《最高人民法院关于民事执行中变更、追加当事人若干问题的规定》第三十二条规定，严格审查执行异议之诉案件的起诉条件，不属于执行异议之诉或者不符合起诉条件的，及时裁定不予受理；已经受理的，及时裁定驳回起诉。

2. 统一案件受理费收取标准。执行异议之诉案件（包括《最高人民法院关于民事执行中变更、追加当事人若干问题的规定》第三十二条规定的执行异议之诉案件）属于财产案件，应依据《诉讼费用交纳办法》第十三条第一项、第十七条、第十九条的规定通知当事人交纳案件受理费。当事人申请免交、减交、缓交案件受理费的，一般不予准许。二审发现一审法院按照非财产案件收取案件受理费的，仍应按照财产案件通知当事人交纳二审案件受理费。

二、提高审判效率，加快审判流程

1. 提高审判效率。执行异议之诉案件受理后，需要开庭审理的，优先安排庭审，并适当增加直接送达方式，尽量减少公告送达；开庭后对事实清楚、权利义务关系明确、争议不大的案件，尽量当庭宣判；不能当庭宣判的，应尽快合议，一般应在法定审理期限内审结。

2. 加快审判流程。执行异议之诉案件判决后进入二审、再审的，二审、再审法院要充分利用电子阅卷系统，确需调卷的，要把握好送卷、退卷节奏，加快卷宗流转进度。

三、注重审执兼顾，加强协调沟通

1. 依法支持执行裁决机构的实体审查结论。执行裁决机构在执行异议审查阶段应依照法律、司法解释规定，特别是《最高人民法院关于人民法院办理执行异议和复议案件若干问题的规定》第二十六条至第三十一条规定进行适度实体审查。

执行裁决机构对案外人异议不予支持的,审理时应注意实体审查标准的前后衔接和《最高人民法院关于适用〈中华人民共和国民事诉讼法〉的解释》第二百 十一条案外人负举证责任的规定,对否定审查结论依据不足的,要依法支持执行裁决机构意见。

2. 加强与民商事审判部门、执行部门的信息沟通。案件审理部门对排除执行民事权益的认定问题上与相关业务部门有重大分歧或者审理中发现执行依据涉嫌虚假诉讼的,要主动报请院领导研究决定是否提交审判委员会讨论决定类案裁判规则或者启动审判监督程序。

3. 落实继续执行申请的审查。根据《最高人民法院关于适用〈中华人民共和国民事诉讼法〉的解释》第三百一十五条之规定,案外人执行异议之诉案件审理期间,申请执行人提供相应担保并申请继续执行的,对其申请应在十五日内进行审查,准许其继续执行申请的,书面通知执行实施机构;案外人所提异议明显不能成立的、申请执行人是金融机构或者案外人请求排除执行的执行标的相对于整个执行标的占比轻微,且案外人可能遭受的损失可以量化为金钱债权的,可以作为准许继续执行的酌定情形。

4. 规范后续救济程序。因申请执行人提供相应担保申请继续执行获得准许,法庭辩论前执行标的已执行终结,案件审理部门最终认定案外人对执行标的享有排除执行的民事权益的,可以在确认案外人民事权益的同时,告知案外人另行向被执行人、申请执行人请求赔偿损失;执行异议之诉裁判生效后,案外人申请再审的,原则上不停止执行,但案外人的诉讼请求确有理由或者提供充分、有效担保的,可以书面通知执行实施机构暂缓执行。

四、防范拖延执行,制裁虚假诉讼

1. 积极防范拖延执行。执行部门反映或者审理中发现案外人有利用执行异议诉讼程序拖延执行嫌疑的,可以向申请执行人释明其有申请继续执行的权利,并可传唤当事人本人到庭,就有关案件事实接受询问,告知案外人虚假诉讼的法律后果。

2. 严肃制裁虚假诉讼。被执行人与案外人涉嫌恶意串通、妨害执行的,要依职权查明事实,并重点关注以租赁关系、房屋买卖关系对抗执行的案件;对虚假诉讼参与人,要依照《中华人民共和国民事诉讼法》第一百一十三条规定适度加大罚款、拘留等妨碍民事诉讼强制措施的法律适用力度,案外人、被执行人涉嫌拒执犯罪的,主动移交公安机关处理。申请执行人要求被执行人、案外人赔偿因此造成的损失,应予支持。

15. 安徽省高级人民法院关于审理执行异议之诉案件若干问题的会议纪要

（2018年6月11日　皖高法〔2018〕110号）

为妥善审理执行异议之诉案件，统一法律适用，安徽省高级人民法院在深入调研、综合论证，并征求辖区中级人民法院意见的基础上，就执行异议之诉案件审理中的一些问题纪要如下，供全省各级人民法院参考。

1. 案外人、申请执行人提起执行异议之诉除符合《民事诉讼法》第119条之规定外，还应当符合下列条件：

（1）经过执行异议审查，自执行异议裁定送达之日起十五日内提起，申请变更、追加被执行人异议之诉除外；

（2）有排除执行或许可执行的诉讼请求；

（3）诉讼请求与作为执行依据的生效裁判无关；

（4）应当是对执行标的的实体权利提出异议，而不是针对执行行为。

2. 执行异议之诉案件由执行法院管辖。执行案件被指定执行、提级执行、委托执行后，由负责该案件执行的人民法院管辖。

执行异议之诉案件根据实体权利的性质及法律关系，由相应审判庭进行审理。

3. 人民法院执行民事调解书、仲裁机关作出的仲裁裁决书和仲裁调解书、公证机关作出的具有强制执行效力的债权文书以及依照法律规定由人民法院执行的其他生效法律文书的过程中，案外人对执行标的提出书面异议，人民法院作出执行异议裁定后，案外人或申请执行人不服裁定，可以依据《民事诉讼法》第227条的规定提起执行异议之诉。

4. 案外人仅对轮候直封提起执行异议之诉的，不予支持。

5. 承租人以其对承租的房屋，有限责任公司股东、合伙人以其对股权合伙份额享有优先购买权为由提起执行异议之诉，请求停止执行的，不予支持。

担保物权人、建设工程价款优先受偿权人以其对执行标的享有优先受偿权为由提起执行异议之诉，请求停止执行的，不予支持，但金钱质权人除外。

担保物权人、建设工程优先受偿权人对执行分配方案不服的，可依法提起执行分配方案异议之诉。

6. 人民法院对被执行人购买但尚未办理产权转移登记手续的房屋采取预查封措施的情形下，案外人请求依据合同约定或法律规定解除合同返还房屋的，一般不能直接提起执行异议之诉,可以先行提出解除合同之诉;合同依法解除后,案外人可依据生效法律文书提起执行异议和执行异议之诉。

7. 被执行人下落不明,无法对案外人的请求表明意见的,列为共同被告。

8. 案外人执行异议之诉案件,案外人应当就其对执行标的享有所有权或者其他足以阻止执行标的物转让、交付的民事权益所依据的事实承担举证责任。被执行人对案外人的权利主张表示承认的,不能免除案外人的举证责任。

申请执行人执行异议之诉案件,被执行人同意申请执行人请求的,不能免除申请执行人的举证责任。

9. 案外人未能依法提起执行异议之诉。就执行标的的权属另行提起确权之诉的,一般不予支持。

10. 案外人在执行异议之诉中附带提起的请求解除查封、要求被执行人继续履行合同、交付标的物或支付违约金等诉讼请求,不属于执行异议之诉案件的审理范围,其可以就此另行主张权利。

11. 对案外人以执行标的已经以房抵债归其所有,尚未办理产权转移登记为由,提起的执行异议之诉,一般不予支持,但符合《执行异议和复议规定》第 26 条第(三)项的除外。

12. 符合《执行异议和复议规定》第 28 条、第 29 条情形,未办理产权转移登记的买受人提起执行异议之诉的,应予支持。

《执行异议和复议规定》第 29 条中剩余价款应当是总价款减去已支付价款的余额,买受人主张被执行人应承担的违约责任可以直接抵扣剩余价款的,不予支持,买受人可以另行主张权利。

13. 人民法院对登记在被执行人名下的房屋实施强制执行,案外人在执行异议之诉中,以其与被执行人存在借名登记关系,其系房屋实际所有权人为由,请求对该标的物停止执行并确认所有权的,一般不予支持。但是,案外人有充分证据证明被执行人只是名义产权人、案外人才是实际产权人,且不违反国家利益、社会公共利益的除外。

14. 拆迁人与被拆迁人在标的物查封之前已经签订合法有效的拆迁安置补偿协议,且补偿协议中约定了拆迁用房的具体位置、用途、能够明确执行标的,被拆迁人提起执行异议之诉的,应予支持。

15. 人民法院对登记在被执行人名下的机动车、船舶、航空器等特殊动产实施强制执行,案外人以其在查封前已经购买了该特殊动产为提起执行异议之诉,一般不予支持,但同时符合下列条件的除外:

(1)案外人与被执行人在人民法院查封之前已签订合法有效的买卖合同;

(2)案外人在人民法院查封之前已向被执行人支付了全部价款或者已按照合同约定支付部分价款且将剩余价款按照人民法院的要求交付执行;

(3)案外人在人民法院查封之前已合法占有该机动车、船舶航空器;

(4)非因买受人自身原因未办理过户登记。

16. 被执行人基于仓储、保管、承揽、代销、借用、寄存、租赁等合同或者其他法律关系占有,使用他人动产的,所有权人提起执行异议之诉的,应予支持。

17. 动产所有权保留买卖中,作为买受人的被执行人尚未取得所有权,出卖人以其系所有权人提起执行异议之诉的,应予支持。

18. 执行标的为股权或合伙份额,案外人以其系执行标的的实际权利人,提起执行异议之诉的,不予支持。

19. 受让人办理了物权预告登记,符合物权登记条件,提起执行异议之诉的,应予支持。

20. 执行异议之诉案件审理期间,作为执行依据的生效判决,裁定或调解书被提起再审的,执行异议之诉案件中止审理。

21. 有下列情形之一,导致对执行标的强制执行程序终结的,人民法院应当向案外人、申请执行人释明撤回起诉;案外人、申请执行人不同意撤回起诉的,裁定终结诉讼:

(1)执行标的物灭失又没有赔偿金,保险金等替代物的;

(2)作为执行依据的生效判决,裁定成调解书被依法撤销;

(3)申请执行人撤销执行申请;

(4)执行债权通过其他方式得到清偿;

(5)其他导致对执行标的强制执行程序终结的情形。

22. 案外人伪造证据,或者与被执行人串通,恶意提起执行异议之诉的,应当依照《民事诉讼法》第 112 条、第 113 条之规定处理。

23. 执行异议之诉,按照财产案件收费。

16. 江西省高级人民法院关于执行异议之诉案件的审理指南

(2021 年 3 月 18 日　赣高法〔2021〕18 号)

为妥善审理好执行异议之诉案件,提高审判质效,统一裁判尺度,根据《中华人民共和国民法典》、《中华人民共和国公司法》、《中华人民共和国民事诉讼法》、《最高人民法院关于适用〈中华人民共和国民事诉讼法〉的解释》(以下简称《民诉法解释》)、《最高人民法院关于人民法院民事执行中查封、扣押、冻结财产的规定》(以下简称《查扣冻规定》)、《最高人民法院关于人民法院办理执行异议和复议案件若干问题的规定》(以下简称《异议复议规定》)等相关法律和司法解释的规定,制定本指南。

1. 执行标的已经执行法院处置,并由执行案件当事人受让,且该执行案件已执行终结(终结本次执行程序除外),案外人针对执行标的提起执行异议之诉的,应裁定驳回起诉。

2. 执行标的已经执行法院处置,并为执行案件当事人之外的第三人受让,且已执行完毕,案外人针对执行标的提起执行异议之诉的,应裁定驳回起诉。

3. 案外人主张对执行标的排除执行的,可以同时提出确认其民事权益的请求。案外人同时提出被执行人继续履行合同、交付标的物、承担违约责任或损害赔偿责任等诉讼请求的,不属于案外人与排除执行直接相关的实体权益审理范围,应当不予受理;已经受理的,驳回起诉。案外人可就此另行主张权利。

申请执行人不能同时提出对执行标的进行确权的诉讼请求。

4. 案外人、申请执行人提起执行异议之诉的理由必须是针对执行标的的实体权利提出异议,而不是针对执行行为提出异议。

执行异议之诉中,案外人同时提出执行标的异议和执行行为异议的,如果该执行行为与案外人对执行标的享有的实体权利无关的,人民法院应当仅就其执行标的异议是否成立以及案外人享有的民事权益是否足以排除执行进行审理,对其提出的执行行为异议不进行审查,案外人可通过执行异议、复议程序解决。

5. 不属于执行异议之诉的受理范围,但执行法院的执行异议裁定错误告知当事人提起执行异议之诉的,应裁定驳回起诉。所涉执行异议裁定应通过执行复议、执行监督程序予以纠正。

6. 案外人提起的执行异议之诉系针对执行依据指定交付的特定物提出,或者认为执行依据本身错误的,应裁定驳回起诉,并根据下列情形告知其救济途径:

(1)执行依据系生效判决、裁定或调解书的,告知案外人按照《民诉法解释》第三百零三条及第四百二十三条所规定的第三人撤销之诉程序或者审判监督程序依法寻求救济;

(2)执行依据系生效仲裁裁决的,告知案外人按照《最高人民法院关于人民法院办理仲裁裁决执行案件若干问题的规定》第九条以及第十八条的规定,向执行仲裁裁决的法院申请不予执行予以救济;

(3)执行依据系具有强制执行效力的公证债权文书的,告知案外人按照《最高人民法院关于公证债权文书执行若干问题的规定》第二十四条的规定,另行向有管辖权的法院提起诉讼予以救济。

7. 人民法院应当依照《民诉法解释》第三百零七条、第三百零八条及第三百零九条的规定确定被执行人的诉讼地位;如被执行人下落不明或经法院依法传唤未到庭且未出具书面意见的,人民法院可以将其列为共同被告。

8. 执行异议之诉案件应当由执行法院管辖。对于提级执行、指定执行、委托执行的案件,申请执行人或案外人对执行异议裁定不服提起执行异议之诉的,应当由作出中止执行或驳回异议裁定的人民法院管辖。

9. 案外人对人民法院作出的保全裁定不服的,应当依照《民诉法解释》第一百七十二条的规定向作出保全裁定的人民法院申请复议。案外人提起执行异议之诉的,应当不予受理;已经受理的,裁定驳回起诉。

10. 案外人针对轮候查封、扣押、冻结提起执行异议之诉的,不予受理;已经受理的,裁定驳回起诉。

11. 金钱债权执行中,案外人依据执行标的被查封、扣押、冻结前作出的另案生效确权或形成性质的法律文书,主张其享有所有权,因此提起执行异议之诉,请求排除执行的,应予支持。但具有下列情形的,不予支持:

(1)案外人根据伪造的证据取得另案生效法律文书的;

(2)案外人与被执行人恶意串通,以逃避债务或规避执行的;

(3)案外人取得的另案生效仲裁裁决存在《中华人民共和国仲裁法》第五十八条规定情形的。

12. 申请执行人对案外人在执行标的被查封、扣押、冻结前取得的另案生效确权或形成类法律文书申请再审的,可以根据案件具体情况决定执行异议之诉案件是否中止审理,以等待再审的处理结果。

13. 金钱债权执行中,案外人依据执行标的被查封、扣押、冻结后作出的另案生效确权或形成性质的法律文书,主张其享有所有权,由此引起的执行异议之诉案件,根据下列情形处理:

(1)案外人以另案生效法律文书(判决书、调解书或仲裁裁决)为依据,主张其享有民事实体权益,请求排除执行的,原则上不予支持。但案外人有充分证据足以证明其是实际权利人的除外;

(2)案外人未向执行法院提出执行异议,或者在提出执行异议的同时,另行对被执行人提起诉讼,请求对执行标的予以确权的,执行法院或者其他法院应当不予受理;已经受理的,应当裁定驳回起诉。违反上述规定作出的生效裁判文书应通过审判监督程序予以撤销。

14. 执行异议之诉案件审理期间,作为执行依据的生效判决、裁定或调解书被提起再审的,执行异议之诉案件应当中止审理,等待再审案件的处理结果决定继续审理还是终结诉讼。

15. 金钱债权执行中,案外人主张其借用被执行人的名义开立账户,被执行人只是名义权利人,案外人才是账户内资金的实际权利人,就此提起执行异议之诉,请求排除执行,符合下列条件的,应予支持:

(1)真实的借用账户事实;

(2)案外人对被执行人账户有排他的控制权;

(3)被执行人账户资金特定化,与被执行人的其他财产相区分;

(4)未损害申请执行人的信赖利益,即在申请执行人债权形成之时,被执行人的责任财产中不包括案涉被执行人账户资金。

16. 金钱债权执行中,案外人主张被执行人账户资金系案外人错误汇入被执行人账户,就此提起执行异议之诉,请求排除执行,符合下列条件的,应予支持:

(1)案外人确系误转的事实;

(2)案外人和被执行人均无支付和接受的意思表示;

(3)被误转后被执行人账户的资金特定化,未与被执行人的其他资金混同。

17. 金钱债权执行中,案外人主张其就被执行人账户资金享有质权,就此提起执行异议之诉,请求排除执行,符合下列条件的,应予支持:

(1)案外人与被执行人之间存在质押合同关系;

(2)用于出质的账户资金已经特定化,账户内资金独立于被执行人和案外人的其他资金;

(3)用于出质的账户已经移交案外人控制,被执行人对账户资金的支取无控制权。

18. 金钱债权执行中,案外人就自身账户资金请求排除强制执行,申请执行人请求许可执行的,申请执行人应当举证证明案外人账户资金实际系被执行人所有且该笔资金已经特定化。

19. 金钱债权执行中,案外人主张对被执行人名下的不动产已经办理了预告登记,如该预告登记在人民法院查封之前且为尚在有效期间内的所有权预告登记,同时该预告登记人取得执行标的的原因行为真实且合法有效,其提起执行异议之诉,请求排除执行的,应予支持。

20. 金钱债权执行中,买受人对登记在被执行人名下的不动产提起执行异议之诉,主张其享有物权期待权,请求排除执行的,应当按照《查扣冻规定》第十五条或者《异议复议规定》第二十八条规定的条件进行审查,符合下列情形的,应予支持:

(1)买受人与被执行人在涉案不动产查封之前已经签订合法有效的书面房屋

买卖合同(含网签)且已办理商品房预售登记;

(2)买受人在不动产查封之前已经实际合法占有该不动产;

(3)买受人已经支付全部价款;

(4)非因买受人原因未办理过户登记。

21.对《异议复议规定》第二十八条第二项规定的“合法占有”,应当从对占有的事实和行为两方面进行审查判断:

(1)人民法院判断买受人是否“占有”不动产时,应当根据买受人对不动产是否实现了支配和控制进行评价,如买受人是否取得入户门钥匙、是否办理了入住手续以及该买受人及其共同居住人是否交纳了水、暖、电、气及物业等费用。

买受人有证据证明其向他人以出租或出借等形式对不动产进行了管理的,可以视为其已经占有该不动产;

(2)人民法院判断买受人是否为“合法”的占有,应当根据买受人占有的原因行为是否合法,以及占有行为本身是否合法进行评价,如买受人未经出卖人同意擅自占有的,其对不动产现实的控制,不属于“合法”的占有。

22.符合下列下情形的,应当认定属于《异议复议规定》第二十八条第四项规定的“非因买受人自身原因未办理过户登记”:

(1)案外人未提起诉讼或仲裁行使物权登记请求权,或者未通过法院强制执行完成物权变动登记手续的;

(2)登记机关未及时办理、出卖人拒不协助办理过户登记的;

(3)抵押权人、共有权人拒不协助办理过户登记的;

(4)案外人作为被征收人,其所购房屋因政府征收调换拆迁安置房等原因未能办理过户登记手续的。

23.金钱债权执行中,商品房消费者对登记在被执行人名下的不动产提起案外人执行异议之诉的,应当按照《异议复议规定》第二十九条规定的条件进行审查,符合下列情形的,应予支持:

(1)商品房消费者在涉案不动产查封之前已经签订合法有效的商品房买卖合同(含网签)且已办理商品房预售登记;

(2)商品房消费者签订房屋买卖合同的相对方为房地产开发企业;

(3)商品房消费者已经支付了百分之五十以上的价款;

(4)商品房消费者个人名下及其配偶、未成年子女名下均无其他用于居住的房屋。

商品房消费者,是指为生活居住而购买由房地产开发企业销售的商品房的个人。

24. 金钱债权执行中,案外人主张其借用被执行人的名义购买不动产并办理登记,被执行人只是名义权利人,案外人才是该不动产的实际权利人,并就此提起执行异议之诉,请求排除执行的,不予支持。但是案外人有充分证据证明被执行人只是名义产权人,案外人才是真正产权人,且不违反国家、社会公共利益的除外。

25. 金钱债权执行中,案外人主张其与被执行人签订了以房抵债协议,以其为房屋的实际权利人为由提起执行异议之诉,请求排除执行,符合下列情形的,应予支持:

(1)案外人与被执行人在涉案房屋被查封前存在合法有效的到期债权债务关系;

(2)案外人对被执行人享有的债权清偿期已经届满且与执行标的的实际价值大致相当;

(3)案外人与被执行人在涉案房屋被查封前已经签订书面以房抵债协议;

(4)以房抵债协议不存在规避执行或逃避债务情形;

(5)以房抵债协议不违反《第八次全国法院民事商事审判工作会议(民事部分)纪要》精神。

26. 金钱债权执行中,离婚协议约定的房屋所有权人与登记所有权人不一致,离婚协议约定的房屋所有权人对登记在被执行人名下的房屋提起执行异议之诉,符合下列条件的,应予支持:

(1)离婚的事实客观存在;

(2)离婚协议约定的房屋变更登记请求权先于执行案件的债权而产生;

(3)离婚协议对房屋所有权的处分不存在规避执行或逃避债务的情形。

27. 金钱债权执行中,案外人以其系房屋合作开发或联建合同关系当事人为由提起的执行异议之诉案件,请求排除执行的,区分下列情形进行处理:

(1)执行法院对被执行人与他人显名合作开发、联建的房屋采取执行措施,案外人以其为合作开发、联建合同的另一方,并对房屋享有共有权为由提起执行异议之诉,如合作开发、联建合同已明确约定案外人应分得的建筑物的具体部位、楼层或者房屋的部分,对该约定部分应予支持;如合作开发、联建合同未明确约定应分得的建筑物的具体部位、楼层或者房屋,仅约定分配份额或者比例的,对案外人应分得的份额或比例之内的部分应予支持;

(2)执行法院对被执行人开发建设的房屋采取执行措施,案外人以其与被执行人存在隐名合作开发、联建合同关系,对隐名合同中约定归其所有的房屋提出执行异议之诉,要求排除执行的,不予支持。

28. 金钱债权执行中,案外人以其对执行标的享有足以排除执行的民事权益为由，提起执行异议之诉，经审查发现该执行标的系未取得建设工程规划许可证或者未按照建设工程规划许可证的规定进行建设的，人民法院不予受理；已经受理的，裁定驳回起诉。但案外人系以其为合法占有人为由对执行法院针对不具备首次登记条件的建筑物进行的“现状处置”提起执行异议之诉的，应依法受理，并对是否许可执行或不予执行该执行标的作出裁判，但不得就违法建筑予以确权或判决案外人对此享有所有权。

29. 金钱债权执行中，案外人基于执行标的共有权人身份提出执行异议之诉，请求排除执行的，区分下列情形予以处理：

(1)执行标的可分割的，对案外人享有的份额部分应予支持；

(2)执行标的不可分割的，应判决驳回其诉讼请求，但对案外人享有的变现份额不得执行。

30. 金钱债权执行中，执行法院针对登记在被执行人名下的机动车、船舶、航空器等特殊动产采取执行措施，案外人以其在查封前已经购买了该特殊动产为由提起执行异议之诉，请求排除执行的，不予支持。但符合下列条件的，应予支持：

(1)案外人与被执行人在人民法院查封之前已签订合法有效的买卖合同；

(2)案外人在人民法院查封之前已向被执行人支付了全部价款；

(3)案外人在人民法院查封之前已合法占有并使用该机动车或船舶；

(4)案外人对未办理所有权过户登记手续没有过错。

31. 金钱债权执行中，执行法院针对登记在被执行人名下的机动车、船舶、航空器等特殊动产采取执行措施，案外人以其与被执行人之间存在挂靠经营关系为由提起执行异议之诉，请求排除执行的，区分下列情形进行处理：

(1)运输企业出资购买车辆，将车辆运输经营权转让给个人，由个人挂靠在运输企业从事道路运输，挂靠人仅享有机动车经营权，对其排除执行的请求应当不予支持；

(2)个人出资购买车辆，挂靠在运输企业，以运输企业作为车主办理车辆所有权登记，如果经审理查明案外人确系执行标的的实际所有权人的，对其排除执行的请求应予支持。

32. 金钱债权执行中，承租人作为案外人提起执行异议之诉的，应当区分情形分别处理：

(1)如果法院在执行过程中并不否定承租人享有的租赁权，承租人只是对执行法院要求其腾退房屋的执行行为有异议的，属于对执行行为的异议，应当通过执行复议程序或执行监督程序解决，承租人提起执行异议之诉的，不予受理；已经受理的，裁定驳回起诉；

(2)如果执行法院否定承租人租赁权的成立或存续的,因涉及实体权利的争议,承租人主张其享有足以排除执行的占有、使用和收益权的,在执行异议被驳回后,可以提起执行异议之诉。

33. 金钱债权执行中,承租人在执行法院采取查封等执行措施之前,已与被执行人签订了合法有效的房屋租赁合同,且已按约支付租金并实际占有使用租赁物的,应认定为先租赁后查封。执行法院对该租赁物的执行如果影响到承租人租赁权的行使,承租人据此提起执行异议之诉,请求排除执行的,应予支持。

承租人在执行法院采取查封等执行措施之后,与被执行人签订房屋租赁合同的,应认定为先查封后租赁。承租人提起执行异议之诉,请求排除执行的,不予支持。

34. 金钱债权执行中,承租人在债权人设立抵押权之前,已经与被执行人签订了合法有效的房屋租赁合同,且已按约支付租金,并实际占有使用租赁物的,应认定为先租赁后抵押。执行法院对该租赁物的执行如果影响到承租人租赁权的行使,承租人据此提起执行异议之诉,请求排除执行的,应予支持。

承租人在债权人设立抵押权之后,与被执行人签订房屋租赁合同的,应当认定为先抵押后租赁。承租人提起执行异议之诉,请求排除执行的,不予支持。

35. 人民法院针对被执行人对第三人的到期债权实施强制执行,第三人否认其与被执行人之间存在到期债权或主张债权债务未经结算的,应通过执行复议程序或提起代位权诉讼解决。申请执行人或第三人提起执行异议之诉的,不予受理,已经受理的,裁定驳回起诉。

另案生效的法律文书在裁判主文中就被执行人对第三人的到期债权进行了确认,申请执行人或第三人对人民法院的执行异议裁定不服提起执行异议之诉的,应予受理。

36. 人民法院针对建设工程发包人应给付承包人的工程款到期债权实施强制执行,实际施工人以其与承包人之间存在挂靠关系,其应享有工程款债权为由提起执行异议之诉的,不予支持。

37. 人民法院对登记在被执行人名下的股权强制执行,案外人以其系实际出资人为由提起执行异议之诉,请求排除执行的,不予支持。

17. 山东省高级人民法院民一庭关于审理执行异议之诉案件若干问题的解答

（2020年7月28日）

为妥善审理执行异议之诉案件，统一裁判尺度，提高审判质效，根据相关法律和司法解释的规定，现就审理执行异议之诉案件若干问题，解答如下：

一、案外人在执行异议之诉中同时提出确权、给付请求，如何处理？

答：案外人在执行异议之诉中，同时提出与案外人据以主张排除执行的民事权益直接相关的权属确认、给付请求的，人民法院可以一并审理，对于相关请求是否支持、是否排除执行，均应在具体判项中予以明确。对于案外人提出的与排除执行的民事权益并非直接相关的其他请求，不予一并处理。

二、执行异议之诉案件审理期间执行程序终结，如何处理？

答：在执行异议之诉案件审理期间，执行程序因申请执行人撤销申请、申请执行人的债权已经实现等事由而终结，原告未撤回起诉的，应当依法裁定驳回起诉。

三、案外人以具有优先受偿权为由提起执行异议之诉，如何处理？

答：案外人以对执行标的具有担保物权、建设工程价款优先受偿权等法定优先权为由，提起执行异议之诉请求排除执行的，鉴于法定优先权仅影响受偿顺序，不属于排除执行的事由，一般应告知案外人通过执行异议复议程序或者分配方案异议程序解决。

四、案外人基于租赁权提出执行异议之诉，如何处理？

答：案外人以与被执行人之间存在尚未到期的房屋租赁关系为由，基于租赁权请求排除执行的，应当区分情况处理：

（一）承租人对执行法院在执行过程中否定租赁权成立或存续存有异议，以对被执行房屋享有租赁权为由请求阻止移交占有的，人民法院应当受理；

（二）承租人在被执行房屋查封前，与被执行人签订了合法有效的书面房屋租赁合同，并已按照约定支付租金且实际合法占有使用的，应予支持；

（三）承租人在被执行房屋设立抵押权前，与被执行人签订了合法有效的书面房屋租赁合同，并已按照约定支付租金且实际合法占有使用的，应予支持。

五、《最高人民法院关于人民法院办理执行异议和复议案件若干问题的规定》第二十八条如何理解与适用？

答：买受人对登记在被执行人名下的不动产提起执行异议之诉的，应当参照适用《最高人民法院关于人民法院办理执行异议和复议案件若干问题规定》第二十八条。对于案外人排除执行的诉讼请求,同时符合该条规定四项条件的,应予支持:

(一)案外人与被执行人在不动产查封之前已签订了合法有效的书面房屋买卖合同。

(二)案外人在不动产查封之前已实际占有该不动产。

(三)案外人已经支付全部价款。案外人应当提供银行转账凭证等证据证实,对于案外人主张款项系大额现金交付但无其他证据佐证的,对付款事实原则上不予确认。

(四)案外人非因自身原因未办理过户登记手续。案外人向出卖人提出过办理过户登记请求,或者向房屋登记机构递交了过户登记申请材料,以及因其他合理客观事由未办理过户登记的,可以认定为"非因案外人自身原因"。

六、《最高人民法院关于人民法院办理执行异议和复议案件若干问题的规定》第二十九条如何理解与适用?

答:买受人对于登记在被执行房地产开发企业名下的商品房提出执行异议之诉的,应当参照适用《最高人民法院关于人民法院办理执行异议和复议案件若干问题规定》第二十九条。对于案外人排除执行的诉讼请求,同时符合该条规定三项条件的,应予支持:

(一)案外人与被执行人在房屋查封之前已签订了合法有效的书面买卖合同;

(二)案外人购买商品房系用于生活居住,且房屋面积属于满足基本居住需要的;

(三)案外人已支付的价款超过合同约定总价款的百分之五十,或支付的价款接近于百分之五十,并已按照合同约定将剩余价款支付给申请执行人或按照人民法院要求交付执行的。

七、案外人基于以房抵债提起执行异议之诉,如何处理?

答:对于案外人与被执行人之间的债务清偿期届满,案外人在房产查封前,已与被执行人签订了合法有效的以房抵债协议并实际合法占有被执行房屋,且不存在规避执行或逃避债务等情形的,可以参照适用《最高人民法院关于人民法院办理执行异议和复议案件若干问题规定》第二十八条。人民法院应当对以房抵债所涉及的债权债务是否合法有效进行实质性审查,还要注意结合案件是否存在涉及消费者权益、弱势群体保护、公民基本生存权利等因素,对以房抵债的法律效力和法律后果,综合进行审查判断。

如案外人系建设工程承包人或实际施工人,其与被执行人之间存在合法有效的建设工程施工合同,且工程款清偿期已经届满,案外人基于建设工程价款与被执行人订立合法有效的以物抵债协议，据以主张支付了相应对价，请求排除执行的，一般可予支持。

八、案外人基于执行标的共有人身份提起执行异议之诉，如何处理？

答：当事人对执行标的物属共有财产没有争议，共有份额可以明确区分，且标的物可以分割的，案外人可以就相应份额请求排除执行。执行标的物不可分割或者分割会导致价值明显减损的，不能排除执行，案外人可在执行程序中通过执行标的物变现后分割价款或行使优先购买权实现权利。

九、案外人对机动车、船舶等特殊动产提起执行异议之诉，如何处理？

答：买受人主张对登记在被执行人名下的机动车、船舶等特殊动产具有民事权益，请求排除执行的，同时符合以下三个条件的，应予支持：

（一）案外人在查封前已与被执行人签订了合法有效的买卖合同；

（二）案外人在查封前已经支付了相应价款；

（三）案外人在查封前已经实际占有、使用该动产。

十、案外人以与被执行人之间存在机动车、船舶挂靠经营关系为由提起执行异议之诉，如何处理？

答：买受人对登记在被执行人名下的机动车、船舶等特殊动产，主张与被执行人存在挂靠经营关系请求排除执行的，应当区分情况处理：

（一）机动车、船舶系由案外人出资购买，挂靠在被执行人名下运营，能够确认案外人为实际权利人的，应予支持；

（二）机动车、船舶系由被执行人出资购买，交由案外人进行挂靠运营的，不予支持。

十一、案外人主张被执行人账户资金系错误汇款，提起执行异议之诉，如何处理？

答：对于货币资金的权利归属，一般应当根据资金占有的表面状态，推定现金持有人、银行账户登记人为权利人。案外人以被执行人账户资金系错误汇款主张权利，请求排除执行的，一般不予支持。

如案外人有证据证明，货币资金已通过特户、专户、封金等方式特定化，足以表明财产权益处于所有权与占有权相分离状态，应当根据真实的权利归属关系，确定货币资金的实际权利人。

十二、案外人基于隐名股东身份提起执行异议之诉，如何处理？

答：《最高人民法院关于人民法院办理执行异议和复议案件若干问题的规定》第二十五条第一款第四项规定："股权按照工商行政管理机关的登记和企业信用信息公示系统公示的信息判断。"案外人基于隐名股东的身份主张权利，请求排除执行的，可以参照该条规定处理。

十三、当事人针对执行行为提出执行异议之诉,如何处理?

答:当事人仅针对执行行为提出执行异议之诉,没有对执行标的主张实体权益要求排除执行的,裁定不予受理;已经受理的,裁定驳回起诉,并告知当事人按照《中华人民共和国民事诉讼法》第二百二十五条的规定,通过执行异议复议程序解决。

18. 山东省高级人民法院执行疑难法律问题解答(二)

一、执行程序问题

1. 申请执行人对不予受理执行申请、驳回执行申请的执行裁定不服,应通过何种程序救济?

答:《人民法院办理执行案件规范》第320条规定:"执行实施案件立案后,执行机构发现不符合申请执行的受理条件,裁定驳回执行申请。申请执行人对驳回执行申请裁定不服的,可以自裁定送达之日起十日内向上一级人民法院申请复议。人民法院作出裁定时,应当告知申请执行人申请复议的权利和期限。"申请执行人对不予受理执行申请、驳回执行申请的执行裁定不服的,可依照《人民法院办理执行案件规范》的规定,向上一级人民法院申请复议。

2. 执行法院收到执行异议后三日内,既不立案,又不作出不予受理裁定,异议人向上一级法院提出异议的,应如何处理?

答:《最高人民法院关于人民法院办理执行异议和复议案件若干问题的规定》第三条设立了执行内部监督程序,对执行异议消极立案或者消极审查行为进行监督。根据该条规定,对于异议人以下级法院消极立案为由提出异议的,上级法院应当对相关异议进行审查,判定其是否符合法律规定的执行异议立案条件。经审查符合立案条件的,以裁定、决定、通知等方式指令下级法院在3日内立案;不符合立案条件的,可按照执行申诉程序通知异议人,其所提异议不符合执行异议的立案条件。

3. 执行依据为生效仲裁裁决时,案外人的执行异议系针对执行依据指定交付的特定物提出,或者认为执行依据本身错误的,对该异议应否受理?

答:民事诉讼法第二百二十七条确立了案外人提出的异议与原判决、裁定有关时,按照审判监督程序救济的原则。当执行依据是生效仲裁裁决,且案外人的异议指向仲裁裁决内容时,案外人则无法通过该条赋予的救济途径予以救济。在该种情形下,案外人异议不符合民事诉讼法第二百二十七条规定的条件,应裁定不予受理;已经受理的,裁定驳回申请。同时,告知案外人依照《最高人民法院关于人民法院办理仲裁裁决执行案件若干问题的规定》的相关规定,向执行法院申请不予执行仲裁裁决予以救济。

4. 案外人对轮候查封、扣押、冻结的执行标的,提出排除执行异议的,法院应否受理?

答:依照《最高人民法院关于人民法院民事执行中查封、扣押、冻结财产的规定》第二十八条第一款及《最高人民法院关于查封法院全部处分标的物后轮候查封的效力问题的批复》的规定,轮候查封、扣押、冻结自在先的查封、扣押、冻结解除时自动生效。人民法院对已查封、扣押、冻结的全部财产进行处分后,该财产上的轮候查封、扣押、冻结自始未产生查封、扣押、冻结的效力。因此,轮候查封并未发生实际查封的效力,案外人对轮候查封的执行标的主张实体权利要求排除执行的,应当向首查封法院提出异议。案外人向轮候查封法院提出异议的,轮候查封法院不予受理。

5. 当事人、利害关系人重复提起异议拖延执行的,法院应否受理?

答:《最高人民法院关于人民法院办理执行异议和复议案件若干问题的规定》第十五条规定:"当事人、利害关系人对同一执行行为有多个异议事由,但未在异议审查过程中一并提出,撤回异议或者被裁定驳回异议后,再次就该执行行为提出异议的,人民法院不予受理。案外人撤回异议或者被裁定驳回异议后,再次就同一执行标的提出异议的,人民法院不予受理。"参照上述规定,当事人、利害关系人以相同理由对法院查封、拍卖等执行行为先后提出多次异议的,如执行法院对在先提出的异议已经受理,并作出处理结果的,对在后提出的异议,不予受理。

6. 当事人、利害关系人对执行裁定结果没有异议,而对裁定中认定的事实有异议,能否提起执行异议或申请复议?

答:当事人、利害关系人对执行裁定结果没有异议,而对裁定中认定的事实有异议,且该事实认定对当事人、利害关系人的实体及程序性权利有重大影响,当事人、利害关系人提起执行异议及复议,请求对执行裁定认定的事实予以纠正的,应当准许。

7. 当事人申请执行回转,是否应适用民事诉讼法关于申请执行时效的规定?

答:依照《最高人民法院关于人民法院执行工作若干问题的规定(试行)》第109条的规定,执行回转应适用执行程序的有关规定。民事诉讼法第二百三十九条规定:"申请执行的期间为二年。申请执行时效的中止、中断,适用法律有关诉讼时效中止、中断的规定。"根据上述法律规定,当事人申请执行回转,应受二年申请执行时效的限制,也可以适用诉讼时效中止、中断的法律规定。

8. 执行机构收到立案、审判机构移送的民事裁定后实施财产保全时,直接使用该民事裁定,还是根据该民事裁定另行制作执行裁定?

答:《最高人民法院关于人民法院办理财产保全案件若干问题的规定》第二条规定:"人民法院进行财产保全,由立案、审判机构作出裁定,一般应当移送执行机构实施。"如果立案、审判机构作出的民事裁定具有明确具体的实施内容,执行机构可直接依据该民事裁定实施保全,不再另行制作执行裁定;如果立案、审判机构作出的民事裁定系概括性裁定,执行机构可根据实施保全的需要,另行制作执行裁定。

二、执行实施措施

9. 冻结被执行人的工资收入,应通过被执行人所在单位协助扣留,还是冻结被执行人在银行开立的工资账户?

答:依照《最高人民法院关于人民法院执行工作若干问题的规定(试行)》第36条规定,执行法院可以向被执行人所在单位发出协助执行通知,由其协助扣留或提取被执行人的工资收入。扣留、提取收入与冻结、划拨被执行人银行存款,属于针对不同的财产类型采取的不同执行措施,仅冻结、划拨被执行人工资账户的银行存款,并不能产生扣留、提取收入的法律效果。如果执行法院在采取扣留、提取收入的执行措施时,需要冻结、划拨被执行人在银行开立的工资账户内的存款,可在向被执行人所在单位送达协助执行通知书的同时,对被执行人工资账户内的存款采取冻结、划拨措施。

10. 冻结非上市股份公司的股权,如何确定协助义务人?

答:基于《最高人民法院关于人民法院执行工作若干问题的规定(试行)》第53条、最高人民法院和国家工商总局联合下发的《关于加强信息合作规范执行与协助执行的通知》第11条规定,对于冻结非上市股份公司股权应向股权所在市场主体,还是向工商行政管理机关送达相关协助文书,存在不同认识,执行实践中引发争议。根据《公司登记管理条例》对公司登记事项的规定,有限责任公司股东或者股份有限公司发起人的姓名或者名称,属于公司登记事项,而非上市股份公司股权及变更,并非必须在工商行政管理机关登记的事项。

《中华人民共和国公司法》第一百三十八条规定:"股东转让其股份,应当在依法设立的证券交易场所进行或者按照国务院规定的其他方式进行。"对于非上市股份公司的股权登记,国务院尚未出台统一规定,目前,部分省市委托商业或国有资产主管部门、产权交易所、行业协会等办理登记、备案事项。因此,在未明确非上市股份公司股权统一登记机构的情况下,冻结被执行人持有的非上市股份公司的股权，应以被执行人股权所在市场主体为协助义务人，法院向股权所在市场主体送达冻结裁定及协助执行通知，即构成有效冻结。

11. 执行被执行人所持上市公司流通股（股票），应采取何种处置方式？

答：因股票价格公开并实时变动，法院处置被执行人所持上市公司流通股（股票）前，不需要另行评估。证券法对股票交易的方式、场所已有明确规定，法院处置股票可以不采取网络拍卖的方式。执行法院处置被执行人所持上市公司流通股（股票）时，可以采取以下方式：一是经申请执行人同意，责令被执行人限期自行处置，执行法院通过冻结被执行人资金账户控制相应价款；二是指令证券公司限期抛售（强制平仓），法院通过冻结被执行人资金账户控制相应价款；三是指令证券公司按照当日收盘价直接抵偿给债权人，并协助办理过户手续；四是对申请执行人的股票账户先行冻结后，将股票划至该账户，指令证券公司在执行法院监督下限期抛售，并由法院控制相应价款。

12. 生效法律文书载明的债务人为被执行人个人，能否执行被执行人与其配偶共有的财产？

答：生效法律文书载明的债务人为被执行人个人，对于被执行人与其配偶共有的财产，原则上，应当先行实物分割后执行。对于不能实物分割或分割会导致财产价值明显减损的财产，也可以整体处置。整体处置前，被执行人的配偶愿意支付被执行人应有份额部分对应的价款，申请排除执行，申请执行人和被执行人对此予以书面认可的，法院可以准许。整体处置时，鼓励配偶积极参与竞买，竞买成交后，仅需支付被执行人应有份额部分对应的价款即可。

13. 生效法律文书内容为交付特定资料，但未明确该资料具体包含的内容，当事人在执行过程中对交付的具体内容产生争议，应如何执行？

答：依照《最高人民法院关于人民法院执行工作若干问题的规定（试行）》第18条规定，生效法律文书给付内容明确是人民法院受理执行案件的条件之一。《最高人民法院关于人民法院立案、审判与执行工作协调运行的意见》第11条规定："交付特定标的物的，法律文书主文应当明确特定物的名称、数量、具体特征等特定信息，以及交付时间、方式等。"如生效法律文书确定的交付内容不明确，双方当事人又不能协商达成一致意见的，执行机构应当书面征询作出生效法律文书的审判部门的意见，由审判部门作出书面答复或裁定补正。

14. 被执行人的财产经依法拍卖、变卖未成交，申请执行人或其他执行债权人又不接受以物抵债的，对该财产是否必须解除查封、扣押、冻结？

答：依照《最高人民法院关于人民法院民事执行中拍卖、变卖财产的规定》第二十七条和第二十八条第二款规定，被执行人的财产经依法拍卖、变卖未成交，且申请执行人、其他执行债权人仍不表示接受该财产抵债的,应当解除查封、扣押、冻结,将该财产退还被执行人,但对该财产可以采取其他执行措施的除外。上述司法解释规定的“其他执行措施”包括强制管理,以及执行法院根据市场价格变化,重新启动评估、拍卖程序等。

被执行人的财产经依法拍卖、变卖未成交,申请执行人或其他执行债权人又不接受以物抵债的,法院可以在征得申请执行人同意后,将该财产交申请执行人管理或者重新启动评估、拍卖程序,而非必须立即解除查封、扣押、冻结措施。

15. 执行法院能否对拍卖流拍后退还的财产,继续采取执行措施?

答:依照《最高人民法院关于人民法院民事执行中拍卖、变卖财产的规定》,将财产解封后退还给被执行人,并不意味着被执行人可以不再履行生效法律文书确定的义务,亦不意味着该财产成为豁免执行财产。该财产作为被执行人的责任财产,仍可用于清偿债务。只要申请执行人的债权未得到全部清偿,对被执行人的已解封、退还的执行财产,法院仍可依法采取执行措施。

16. 首封法院在涉案财产拍卖流拍,且债权人拒绝接受抵债的情况下解除查封,轮候查封法院对涉案财产的查封发生效力后,能否不经评估拍卖程序,直接裁定将该财产以流拍价抵偿给轮候查封债权人?

答:依照《最高人民法院关于人民法院民事执行中拍卖、变卖财产的规定》第二十七条、第二十八条第二款规定,被执行人的财产经拍卖流拍后,申请执行人或者其他执行债权人申请或者同意以该次拍卖所定的保留价接受拍卖财产的,应当将该财产交其抵债。法律与司法解释并未要求启动评估、拍卖程序的法院与裁定以物抵债的法院必须是同一法院。首封法院裁定解除对涉案财产的查封后,轮候查封自动生效,轮候法院有权不经评估拍卖程序而在合理期间内直接裁定将涉案财产以流拍价抵偿给轮候查封债权人。如果拍卖流拍日至裁定以物抵债之日间隔较长,涉案财产市场价值较最后一次拍卖流拍时产生较大变化,再以流拍价裁定以物抵债则会显失公平,在此情况下,不宜直接裁定以物抵债。

17. 在罚金刑执行过程中,执行财产经拍卖未能成交,是否可以进行无保留价拍卖?

答:《最高人民法院关于刑事裁判涉财产部分执行的若干规定》第十二条第二款规定:“涉案财物最后一次拍卖未能成交,需要上缴国库的,人民法院应当通知有关财政机关以该次拍卖保留价予以接收;有关财政机关要求继续变价的,可以进行无保留价拍卖。”但无保留价拍卖仅限于“涉案财物”,而罚金刑的执行对象系被执行人的合法财产,不属于涉案财物,不可以进行无保留价拍卖。

18. 被执行人为企业法人，其名下财产经拍卖流拍后，被执行人的所有已取得执行依据的债权人共同申请以以物抵债的方式执行，法院应否准许？

答：被执行人为企业法人，其名下财产经拍卖流拍后，被执行人的所有已取得执行依据的债权人经过协商，共同申请对被执行人的财产以以物抵债的方式执行，如该申请没有损害债权人和被执行人的利益，执行法院应当尊重各债权人的意思自治，予以准许。

19. 被执行人为企业法人，执行时需要对多个债权人进行财产分配的，是否可以制作分配方案？当事人对分配方案不服应如何救济？

答：《最高人民法院关于适用〈中华人民共和国民事诉讼法〉的解释》第五百一十六条规定："当事人不同意移送破产或者被执行人住所地人民法院不受理破产案件的，执行法院就执行变价所得财产，在扣除执行费用及清偿优先受偿的债权后，对于普通债权，按照财产保全和执行中查封、扣押、冻结财产的先后顺序清偿。"依照该条规定，在执行程序中，如果被执行人是企业法人，不能清偿全部债务又无法进入破产程序的，执行法院应当按照采取执行措施的先后分配财产，并制作财产分配方案。债权人和被执行人对财产分配方案有异议的，可以参照《最高人民法院关于适用〈中华人民共和国民事诉讼法〉的解释》第五百一十一条和第五百一十二条规定，提出分配方案异议和异议之诉。

20. 作为执行依据的民事调解书约定了迟延履行责任，被执行人依照民事调解书承担了民事责任后，是否还需承担民事诉讼法第二百五十三条规定的迟延履行责任？

答：《最高人民法院关于人民法院民事调解工作若干问题的规定》第十条规定："人民法院对于调解协议约定一方不履行协议应当承担民事责任的，应予准许。"第十九条规定："调解书确定的担保条件或者承担民事责任的条件成就时，当事人申请执行的，人民法院应当依法执行。不履行调解协议的当事人按照前款规定，承担了调解书确定的民事责任后，对方当事人又要求其承担民事诉讼法第二百三十二条（现行民事诉讼法第二百五十三条）的迟延履行责任的，人民法院不予支持。"《最高人民法院关于人民法院民事调解工作若干问题的规定》第十九条规定了民事调解书中约定的不履行调解协议的民事责任与民事诉讼法第二百五十三条规定的迟延履行责任的关系问题。依照上述规定，被执行人已经履行了民事调解书确定的民事责任后，不再承担民事诉讼法第二百五十三条规定的迟延履行责任。

21. 法院在保全或执行过程中，冻结了被执行人对第三人的已决到期债权后，被执行人又向其他法院申请执行以该债权为内容的生效法律文书，法院应如何处理？

答：法院冻结被执行人对第三人的已决到期债权后，被执行人依照生效法律文书申请执行其对第三人的债权时,如第三人以生效法律文书确定的到期债权已被其他法院冻结为由提出抗辩的,生效法律文书执行法院应当与到期债权执行法院协商处理,协商不成的,逐级报请上级法院协调处理。

22.执行回转中,已执行的标的物系特定物且无法返还,当事人对折价赔偿数额又不能达成一致的,法院应如何处理?

答:《最高人民法院关于人民法院执行工作若干问题的规定(试行)》第110条规定:“执行回转时,已执行的标的物系特定物的,应当退还原物。不能退还原物的,可以折价抵偿。”《最高人民法院关于适用〈中华人民共和国民事诉讼法〉的解释》第四百九十四条规定:“执行标的物为特定物的,应当执行原物。原物确已毁损或者灭失的,经双方当事人同意,可以折价赔偿。双方当事人对折价赔偿不能协商一致的,人民法院应当终结执行程序。申请执行人可以另行起诉。”

《最高人民法院关于人民法院执行工作若干问题的规定(试行)》第110条没有规定双方当事人对于折价赔偿数额不能达成一致应如何处理,《最高人民法院关于适用〈中华人民共和国民事诉讼法〉的解释》第四百九十四条对这种情况进行了明确规定,即:双方当事人对折价赔偿不能协商一致的,人民法院应终结执行程序,申请执行人可以另行起诉。在执行回转中,已执行的标的物系特定物且无法返还,当事人对折价赔偿数额又不能达成一致的,法院应依法终结执行程序,并告知申请执行人通过另诉解决。

三、执行异议复议

23.银行以法院冻结的被执行人银行账户系保证金账户为由,主张其享有质权,提出案外人异议的,符合何种情形时可以排除执行?

答:银行就法院冻结的被执行人的银行账户资金提出异议,主张该账户系保证金账户,请求排除执行的,法院应当审查该异议是否符合下列条件:一是具备质押合意,即:被执行人与银行签订明确的担保协议;二是账户特定化,即:争议账户名称与担保协议约定的账号名称一致,并且该账户仅为担保所用,未作其他结算;三是担保协议约定银行在特定情形下有权止付、扣收,且该特定情形已实际发生。在符合上述条件时,银行基于对账户资金享有的质权可以排除一般债权人对该账户的强制执行。

24.在执行被执行人对第三人的到期债权时,该第三人提出异议的,是否一律不予审查且不得执行?

答:依照《最高人民法院关于适用〈中华人民共和国民事诉讼法〉的解释》第五百零一条第二款、《最高人民法院关于人民法院执行工作若干问题的规定(试行)》

第六十三条、第六十四条的规定，人民法院执行被执行人对第三人的到期债权，第三人对到期债权有异议的，人民法院对异议部分不得强制执行，对第三人的异议不进行审查。上述司法解释中规定的第三人异议，是指第三人对其与被执行人之间是否存在到期债权债务关系以及到期债权的具体数额有异议。因此，司法解释规定，第三人提出该异议的，法院不予审查，也不得强制执行，申请执行人应通过提起代位权诉讼主张权利。

如果到期债权已经生效法律文书确定，第三人提出在法律文书生效后已经清偿或予以抵销的，应当根据《最高人民法院关于人民法院办理执行异议和复议案件若干问题的规定》第七条第二款规定，参照民事诉讼法第二百二十五条规定进行审查；如果第三人以法院执行程序不当等与债权债务本身无关的其他事由提出异议的，适用民事诉讼法第二百二十五条规定进行审查。

25. 案外人针对执行行为提出异议，但执行异议裁定错误告知当事人提起执行异议之诉的，当事人提起诉讼被驳回起诉的，应如何救济？

答：案外人针对执行行为提出异议，执行异议裁定本应适用民事诉讼法第二百二十五条，却错误适用了第二百二十七条，并交代了当事人提起诉讼的权利。当事人提起诉讼被驳回起诉的，可对执行异议裁定申请执行监督；法院亦可依职权启动执行监督程序进行纠正。

26. 被执行人是房地产开发企业时，商品房买受人是否有权选择适用《最高人民法院关于人民法院办理执行异议和复议案件若干问题的规定》第二十八条或第二十九条排除执行？

答：《最高人民法院关于人民法院办理执行异议和复议案件若干问题的规定》第二十八条系普适性条款，对于所有类型的被执行人均可适用，第二十九条是专门针对被执行人为房地产开发企业而规定的特别条款，二者是一般规定和特别规定的关系，并非相互排斥，商品房买受人可以选择适用《最高人民法院关于人民法院办理执行异议和复议案件若干问题的规定》第二十八条或第二十九条排除执行。

27. 执行法院发出拍卖公告后，承租人向法院提交租赁协议，以执行标的物已设定租赁权为由，请求排除强制交付的，法院能否直接带租拍卖？

答：依据民事诉讼法及相关司法解释规定，案外人对执行标的主张所有权或者有其他足以阻止执行标的转让、交付的实体权利的，可以向执行法院提出案外人异议。执行法院发出拍卖公告后，承租人向法院提交租赁协议，以执行标的物已设定租赁权为由，请求在租赁期内排除对该标的物强制交付的，执行法院应根据民事诉讼法第二百二十七条规定进行审查，不得直接带租拍卖。

28. 法院如何准确把握案外人提出异议的期限?

答:《最高人民法院关于人民法院办理执行异议和复议案件若干问题的规定》第六条第二款规定:“案外人依照民事诉讼法第二百二十七条规定提出异议的,应当在异议指向的执行标的执行终结之前提出;执行标的由当事人受让的,应当在执行程序终结之前提出。”

上述规定的“执行标的执行终结之前”,是指人民法院处分执行标的所需履行的法定手续全部完成之前。对于不动产、法律规定需要登记的动产或者其他财产权,是指协助办理过户登记的通知书送达之前。如后续需要腾退房屋的,可以放宽至房屋腾退交付之前;对于其他动产或者银行存款类财产,是指交付或者拨付给申请执行人之前。“执行程序终结之前”,是指申请执行人请求强制执行的权利已得到全部实现,执行程序已经完全终结,即相关执行案件符合《民事诉讼法》第二百五十七条以及《最高人民法院关于执行案件立案、结案若干问题的意见》第十四条、第十七条规定的结案条件,但终结本次执行程序的除外。

29. 刑事裁判涉财产部分执行过程中,案外人对执行标的主张实体权利,请求排除执行的,应如何处理?

答:刑事裁判涉财产部分执行过程中,人民法院的查封、扣押、冻结行为,对涉案财产的续行查封、扣押、冻结以及直接处置行为,导致相关权利主体的利益受到影响,应保障相关主体的救济权利。依照《最高人民法院关于刑事裁判涉财产部分执行的若干规定》第十四条的规定,案外人对执行标的主张足以阻止执行的实体权利,向执行法院提出书面异议的,执行法院应当依照民事诉讼法第二百二十五条的规定审查处理。依照上述规定第十五条的规定,案外人认为刑事裁判中对涉案财物是否属于赃款赃物认定错误,向执行法院提出异议的,不属于执行异议案件受理范围。

30. 法院受理执行异议后,异议审查中的相关法律文书是否需要送达所有当事人?

答:《最高人民法院关于人民法院办理执行异议和复议案件若干问题的规定》第二条规定:“执行异议符合民事诉讼法第二百二十五条或者第二百二十七条规定条件的,人民法院应当在三日内立案,并在立案后三日内通知异议人和相关当事人。”

执行实践中,“相关当事人”应按照下列标准认定:一是被执行人提出执行行为异议的,申请执行人、该执行行为涉及的其他被执行人为“相关当事人”;二是申请执行人提出执行行为异议的,该执行行为涉及的被执行人为“相关当事人”;三是利害关系人提出执行行为异议的,申请执行人、该执行行为涉及的被执行人为“相关当事人”;四是案外人对执行标的提出异议的,申请执行人、异议标的所涉及的被执行人为“相关当事人”。执行法院在制作执行异议裁定时，可只将相关当事人在裁定首部列明，并将异议裁定送达列明的当事人。

19. 河南省高级人民法院执行裁决庭涉不动产异议之诉案件审理的若干问题

（2023 年 5 月）

为切实解决执行异议之诉案件审理中的突出问题，统一全省法院裁判尺度，依据《中华人民共和国民事诉讼法》和《最高人民法院关于人民法院办理执行异议和复议案件若干问题的规定》等相关法律法规和司法解释，针对司法实践中的疑难问题，召开全省部分中院座谈会进行了讨论，形成共识，请全省法院在审理相关案件时予以参考。

一、基本原则

1.【权利顺位原则】案外人执行异议之诉案件的办理应当遵循权利顺位原则，即按照权利的优先性来确定优先保护哪一种权利。权利顺位一般按照被拆迁人安置权 > 商品房消费者生存权 > 建设工程价款优先受偿权 > 担保物权 > 一般买受人物权期待权 > 普通债权的顺序来确定。

2.【利益平衡原则】执行异议之诉涉及申请执行人、被执行人与案外人的权利平衡，一方面要依法维护申请执行人的合法权益，防止被执行人拖延执行，另一方面要依法保障案外人的合法权益，在案件办理中，应妥善平衡申请执行人、被执行人与案外人的利益。在商业利益与生存（生活）利益难以平衡的情况下，法律的天平适当向普通民众的生存（生活）利益倾斜，以维护正常的社会生活秩序，防止群体性案事件的发生。

3.【全面审慎原则】坚持全面审慎的办案理念，防止简单机械办案。既要防止简单机械理解和适用法律，也要防止简单机械认定事实。要认识到社会生活的复杂性，全面、综合、审慎的审核证据，不应对购房人科加过于严苛的举证责任和注意义务。法官负有努力寻找案件事实真相的义务，通过行使释明权引导当事人举证、依职权调查取证等方式尽量还原客观真相，而非刻板地坚持中立立场，消极被动地审核判断证据。

4.【防范和打击虚假诉讼原则】案外人执行异议之诉是虚假诉讼的高发领域，审理时应注意对是否存在倒签合同、虚假赠与、虚假离婚协议、虚假陈述、伪造收据等情况进行审查，严防借虚假诉讼逃避执行。经认定属于虚假诉讼的，依有关规定予以惩处。

5.【调解例外原则】执行异议之诉案件涉及对执行标的权属的确定,案件的裁判结果不受当事人处分权的约束。在案件办理中,除庭外达成和解,一方申请撤诉并经法院许可外,执行异议之诉案件一般不得进行调解,不出具调解书。

二、关于《最高人民法院关于人民法院办理执行异议和复议案件若干问题的规定》第二十七条的理解与适用

6.【适用条件】案外人未否定申请执行人对案涉不动产享有担保物权或其他优先权,但以其享有顺位更优的民事权益提起执行异议之诉的,可依法予以支持。

7.【第二十七条但书的情形】第二十七条规定的“但法律、司法解释另有规定的除外”中,“另有规定”主要是指第二十九条规定的消费者生存权、建设工程价款优先受偿权、被拆迁人安置权等,一般不包括第二十八条规定的物权期待权。

但在“先卖后抵”的情形下,被执行人先把不动产出售给案外人,又在案外人不知情的情况下抵押给申请执行人,且案外人已经占有使用,而抵押权人尤其是银行等专业机构未审慎审查所抵押的不动产是否已经出售,存在明显过错,而案外人系善意、无过错的一方,又符合第二十八条所规定的条件,享有物权期待权,此种情况下,案外人要求排除执行的,一般应予支持。

三、关于《最高人民法院关于人民法院办理执行异议和复议案件若干问题的规定》第二十八条的理解与适用

(一)关于在查封之前已签订合法有效的书面买卖合同

8.【查封的时间节点】查封裁定作出并送达之时发生法律效力,因此,查封时间是指查封裁定送达的时间而非裁定作出的时间。

9.【未取得预售许可证情形下合同效力的认定】房地产开发企业未取得商品房预售许可证,一般应当认定房屋买卖合同无效;但房地产开发企业日后可以取得商品房预售许可证,或者经人民政府、人民法院等合法途径将不动产处分给买受人的,不因房地产开发企业未取得预售许可证而影响房屋买卖合同的效力。

10.【书面买卖合同的范畴】案外人与被执行人就案涉不动产形成买卖合意,以认购书、网签备案或其他形式载明买卖主体信息、不动产基本情况、价款支付方式、交付时间等房屋买卖合同基本要素的,可以认定为书面买卖合同。

案外人与被执行人虽未签订书面买卖合同,但以支付价款凭证、实际装修或出租等事实行为证明房屋买卖存在的,可以认为双方形成事实上的房屋买卖关系。

(二)关于在查封之前已合法占有该不动产

11.【合法占有的认定】合法占有包括以下情形:

(1)直接占有:案外人提供案涉不动产查封之前形成的交房证明、装修合同、物业服务合同、水电气网费及物业费支付凭证等足以证明占有事实的,应予支持。

案外人提供验房记录等客观证据足以证明在案涉不动产查封之前已经交付钥匙的,可以认定为实际占有。仅凭商品房买卖合同网签备案不能认定为实际占有。

(2)间接占有:案外人提供案涉不动产查封之前与他人签订的委托经营合同、租赁合同或转租合同及租金收取凭证等足以证明实际使用和收益事实的,应予支持。

12.【非法占有不予支持】判断是否为合法占有,应对案外人占有的原因和占有行为本身是否合法进行评价,未经出卖方同意擅自抢占的不属于合法占有,不予支持。

13.【未经竣工验收房屋的占有问题】房屋未经竣工验收合格不得交付使用,但未经竣工验收的房屋是由有关部门统一安排组织交付,或者虽然未经竣工验收但开发商擅自将房屋交付给购房人的,可以认定为合法占有。

(三)关于已支付全部价款,或者已按照合同约定支付部分价款且将剩余价款按照人民法院的要求交付执行

14.【支付价款的认定】支付价款包括以下情形:

(1)以转账方式支付的情形下,案外人应当提供转账支付购房款的相关凭证或银行交易明细。

(2)以现金方式支付的情形下,案外人仅提供出卖方的收款收据以主张现金支付的,应结合案外人的购房资金来源、出卖方财务会计账簿等证据及交易习惯、生活经验等因素综合认定。

(3)案外人主张以房抵债方式支付全部价款的,应当提供证据证明在查封之前与被执行人存在真实、合法有效的到期债权债务关系,且双方协商以房抵债,被冲抵的到期债权与案涉不动产的价值大致相当。

15.【剩余价款交付执行的认定】在执行和诉讼过程中,案外人应当按照人民法院的要求,将剩余价款交到指定的账户,未经法院许可,私自向被执行人支付的,因可能损害其他债权人的合法权益,一般不予认定。

(四)关于非因买受人自身原因未办理过户登记

16.【非因买受人自身原因的认定】具有下列情形之一的,应认定非因案外人自身原因未办理过户登记:

(1)案外人提起诉讼或仲裁要求开发商办理过户手续,但尚未完成物权变动登记手续的。

(2)案外人为被征收人,案涉不动产因政府征收安置调换经济适用房等政策原因未办理过户的。

(3)因登记机构未及时办理、出卖方拒不协助,或者案涉不动产存在诸如无法单独办理权属证书等客观障碍的。

(4)在“先抵后卖”情形下,案涉不动产存在抵押并不影响转让,但在抵押权人与抵押人明确约定禁止转让抵押物,且将该约定在登记簿上作出登记的情形下,抵押人仍将房屋出售,而案外人未尽合理注意义务的,应认定系案外人自身原因。

一般而言,买受人只要向房屋登记机构递交了过户登记材料,并积极向出卖方提出办理过户登记的请求等,即可认为符合该条件。

17.【因买受人自身原因的认定】具有下列情形之一的,原则上应认定系案外人自身原因未办理过户登记:

(1) 案外人对符合办理过户登记条件的不动产无正当理由未在合理期限内及时办理的。对合理期限的把握,有约定的从当事人约定,没有约定的,结合同类交易中的交易惯例进行判断。

(2)案外人知道或者应当知道自身因政策原因限购或者案涉不动产属于经济适用房等限制流通情形的。

(3)案外人知道或者应当知道案涉不动产存在共有等权利限制且未征得权利人书面同意的。

(4)在判断是否系案外人自身原因时应区分重大过失或轻微过失,轻微过失不应认定为“因自身原因导致的过错”。

18.【未取得产权证即转让房屋的情形】依据《城市房地产管理法》第三十八条之规定,未取得产权证的房屋不得转让。那么,案外人受让未取得产权证的房屋存在一定的过错,但基于市场普遍存在交房多年仍无法办理产权证,且案外人已经实际入住等情况,经审查符合第二十八条规定其他要件的,一般支持案外人排除执行的请求。

19.【无证房产的处理】如果案涉不动产为小产权房、安置房,该类房屋可以长期占有、使用,具有财产价值,可以成为执行标的进行现状处置,案外人对该类房产主张排除执行的,应当重点审查买卖关系的真实性、价款支付及占有使用情况等,以判断案涉无证房产是否仍属于被执行人责任财产的范畴,进而裁决是否准许不予执行,但在裁决时不得进行确权。

四、关于《最高人民法院关于人民法院办理执行异议和复议案件若干问题的规定》第二十九条的理解与适用

(一)关于所购商品房系用于居住且买受人名下无其他用于居住的房屋

20.【买受人名下的理解】在判断“买受人名下”无其他房屋时,应当将买受人及其配偶、未成年子女一并考虑。

21.【唯一住房的判断】“无其他用于居住的房屋”可理解为在案涉房屋所在地的(县)市或设区的市区范围内无其他居住房屋,原则上应以不动产登记中心出具的无房证明为判断依据。

22.【改善性住房的认定】案外人原有住房已经不能满足家庭成员居住需求,现又购买其他房屋用于改善居住条件,仍属于满足生存权范畴的,原则上应予支持。判断是否仍属于生存权范畴,应当结合家庭成员数量、当地人均住房面积标准等综合判断。

(二)关于已支付的价款超过合同约定总价款的百分之五十

23.【支付价款的认定】根据第二十九条之规定,案外人已支付的价款应当超过合同约定总价款的百分之五十。但按照《九民会纪要》第一百二十五条的规定,如果商品房消费者支付的价款接近于百分之五十,且已按照合同约定将剩余价款按照人民法院的要求交付执行的,可以理解为符合该规定的精神。

24.【消费者身份的认定】如果案外人系通过“以物抵债”的方式取得房屋,但该房屋系其唯一住房,该案外人也可视为商品房消费者。

案外人系法人或其他消费主体,执行标的系具有投资属性的商铺、写字楼、储物间等不动产的,不适用第二十九条规定。

25.【多手转让情形下诉讼的提起】案外人从前手受让案涉房屋,且已经与房地产开发商直接补签合同的情形下,前手又提起诉讼请求排除执行,因其已不是案涉房屋的权利人,原则上应当裁定驳回起诉。

26.【多手转让情形的处理】案涉房屋被开发商出售后,又经过多手转让,案外人从前手购得房屋后,与开发商签订了房屋买卖合同,但尚未办理过户登记,当开发商作为被执行人时,案外人可以通过举证自身符合第二十八条或第二十九条的规定请求排除执行。

20. 广东省高级人民法院关于执行异议诉讼案件受理与审理的指导意见(试行)

(2011 年 8 月 31 日　粤高法发〔2011〕43 号)

为进一步规范执行异议诉讼案件的受理和审理工作,统一司法标准,维护当事人的合法权益,依照《中华人民共和国民事诉讼法》、《最高人民法院关于适用〈民事诉讼法〉执行程序若干问题的解释》和《诉讼费用交纳办法》等规定,结合我省法院审判和执行工作实际,制定本意见。

第一条 本意见所称的执行异议诉讼包括执行过程中案外人提起的执行异议诉讼,申请执行人提起的许可执行诉讼,债权人或者被执行人提起的执行分配方案异议诉讼,以及被执行人提起的执行异议诉讼。

第二条 对先予执行的裁定不服的,案外人可以依照《中华人民共和国民事诉讼法》第二百零四条规定提出执行异议;案外人、当事人对执行异议裁定不服的,可以依照该规定向人民法院提起诉讼。

第三条 人民法院对案外人依照《中华人民共和国民事诉讼法》第二百零四条规定提出的执行异议所作出的裁定,应当在裁定书中告知"如不服本裁定,认为原判决、裁定错误的,依照审判监督程序办理;与原判决、裁定无关的,可以自裁定送达之日起十五日内向本院提起诉讼"。

案外人、当事人自裁定送达之日起十五日后才向人民法院提起诉讼的,依照《中华人民共和国民事诉讼法》第七十六条规定处理。

第四条 案外人对执行标的提出异议,人民法院裁定中止对该标的执行,被执行人不服的,可以依照《中华人民共和国民事诉讼法》第二百零四条规定,以案外人为被告、申请执行人为第三人提起执行异议诉讼;被执行人同时反对申请执行人请求的,以案外人和申请执行人为共同被告提起执行异议诉讼。

第五条 执行异议诉讼由执行法院管辖。委托执行的,由受托法院管辖;指定执行的,由受指定法院管辖。

执行法院不能以违反级别管辖、专属管辖、专门法院管辖为由,将案件指定或移送其他法院管辖。

第六条 同一执行标的被多个法院轮候查封、扣押、冻结的,对该执行标的提起的执行异议诉讼,由最先查封、扣押、冻结的法院管辖。

第七条 执行异议诉讼案件根据争议的民事法律关系性质编立相应的民事案号。

执行异议诉讼案件的案由可根据诉讼的主体和性质分别确定为"案外人执行异议之诉"、"申请执行人执行异议之诉"和"执行分配方案异议之诉";对被执行人提起的执行异议诉讼的案由,可以直接确定为"执行异议之诉"。

第八条 案外人提起执行异议诉讼,应当对执行标的主张实体权利,同时提出对执行标的停止执行的请求。

申请执行人提起许可执行诉讼,应当主张被执行人对执行标的享有实体权利,同时提出许可对执行标的执行的请求。

被执行人提起执行异议诉讼,应当主张自己对执行标的享有实体权利,同时提出许可或停止执行的请求。

债权人或被执行人提起分配方案异议诉讼,应当明确提出自己赞成的分配方案并按该方案进行分配的请求。

诉讼请求不符合要求的,人民法院应当释明。

第九条　审理执行异议诉讼案件按照相应民事案件的一、二审程序及审理期限进行。

第十条　不同主体就同一执行标的分别提出执行异议诉讼的,人民法院应当并合并审理。

第十一条　没有被列为被告或第三人的被执行人、债权人,人民法院应当通知其作为无独立请求权的第三人参加诉讼。

第十二条　人民法院应当全面审理各方的诉讼主张。

案外人和当事人执行异议诉讼个请求成立的,应当作出确认实体权利的判决,以及停止执行或许可执行的判决;执行分配方案异议诉讼请求成立的,应当在判决主文中写明人民法院支持的分配方案。

诉讼请求成立的,还应一并判决撤销原执行异议裁定。

诉讼请求不成立的,应当判决驳回诉讼请求。

部分诉讼理由成立的,人民法院应根据诉讼标的是否可分,以及该理由能否阻却执行等情况作出判决。

第十三条　人民法院审理案外人执行异议诉讼期间,案外人提供充分、有效的担保,或者人民法院认为案外人的诉讼请求确有理由的,应当裁定停止对执行标的进行处分。

裁定停止对执行标的进行处分的,人民法院应当维持执行标的现状,不得解除查封、扣押、冻结。

第十四条　争议财产已经在执行过程中被人民法院查封、扣押、冻结的,案外人应当依照《中华人民共和国民事诉讼法》第二百零四条规定主张权利,不得另行提起普通的民事诉讼。已经受理的,应当驳回起诉。

执行异议诉讼终结后,案外人、当事人基于同一法律关系另行提起普通民事诉讼的,人民法院不予受理。

第十五条　争议财产在人民法院采取执行措施查封、扣押、冻结前,有管辖权的人民法院已经作为普通民事案件受理的,案外人据此请求执行法院中止或者暂缓执行,执行法院应当予以支持。

第十六条　本意见所称的案外人,是指执行当事人以外,认为人民法院对财产的执行侵害其实体权利,而对执行标的主张权利并请求停止执行该标的的公民、法人和其他组织。

第十七条 《中华人民共和国民事诉讼法》第二百零四条所称的“原判决、裁定”,是指作为执行依据的生效裁判;所称的“与原判决、裁定无关”,是指执行标的不属于作为执行依据的生效裁判确权或确定要转让、交付的特定财产的情形。

第十八条 案外人提出执行异议诉讼,应当根据其诉讼请求的标的额。按照《诉讼费用交纳办法》规定的财产案件收费标准交纳案件受理费。

其他类型的执行异议诉讼案件按非财产案件交纳案件受理费。

第十九条 本意见自2011年10月1日起试行。

21. 广西壮族自治区高级人民法院执行裁判庭
执行异议之诉裁判指引

第一部分 庭前准备

一、庭前准备环节

(一)审查卷宗材料是否齐备。包括原告起诉状及证据材料、预交诉讼费、双方当事人身份信息、送达地址等。

1. 核对诉讼费用。主要核对:

(1)是否足额缴纳诉讼费用;

(2)是否存在诉讼费免、减、缓的情况,存在缓缴的,还需根据规定在开庭前催缴。

2. 核对送达情况。主要核对:

(1)案件受理、应诉通知书,合议庭通知书,举证责任通知书等必要诉讼手续是否送达双方当事人;

(2)起诉状及证据副本、答辩状副本是否送达给对应当事人;

(3)开庭传票、证人或当事人本人出庭通知等是否送达等。

(二)审查当事人是否适格

1. 审查原告主体是否适格

原告提起执行异议之诉的,除符合民事诉讼法第一百一十九条规定外,还应当具备下列条件:

(1)案外人提起执行异议之诉的,应当具备下列条件:

①案外人的执行异议申请已被人民法院裁定驳回;

②有明确的排除对执行标的执行的诉讼请求,且诉讼请求与原判决、裁定无关;

③自执行异议裁定送达之日起十五日内提起。

(2)申请执行人提起执行异议之诉的,应当具备下列条件:

①依案外人执行异议申请,人民法院裁定中止执行;

②有明确的对执行标的继续执行的诉讼请求,且诉讼请求与原判决、裁定无关;

③自执行异议裁定送达之日起十五日内提起。

(3)申请执行人对中止执行裁定未提起执行异议之诉,被执行人提起执行异议之诉的,人民法院应告其另行起诉。

2. 审查被告主体是否适格

被告是否适格并非案件立案受理的必要审查条件,因此案件移送审判业务部门后,审判业务部门应就被告主体是否适格、是否需要追加其他当事人参加诉讼进行审查。

(三)审查被告是否提出管辖权异议、申请鉴定、调查取证等。

1. 被告提出管辖权异议,应根据执行异议之诉管辖的有关规定进行审查,管辖权异议成立的,裁定异议成立并将案件移送有管辖权的法院审理。异议不成立的,裁定驳回被告提出的异议,被告就管辖权异议提出上诉的,整理好卷宗材料移交上级法院审理。

注意问题:

执行异议之诉由执行法院管辖。执行案件被指定执行、提级执行、委托执行后,由负责该案件执行的人民法院管辖。受指定或者受委托的人民法院是原执行法院的下级法院的,仍由原执行法院管辖。

2. 被告申请调查取证的,应综合原被告提供的证据材料综合分析,并根据《民事诉讼法》以及《最高人民法院关于适用〈中华人民共和国民事诉讼法〉的解释》关于调查收集证据规定作出是否准许的决定。

(四)审查起诉和答辩的相应证据是否存在重大缺漏。原、被告提供的证据目录与其起诉、答辩主张是否相符。如存在主要事实缺漏的,要求原、被告进一步举证作出明确说明。

二、归纳争议焦点

(一)明确原告的诉讼请求,即需要实现的权利,如案外人请求对执行标的停止执行、请求确认执行标的所有权,申请执行人请求对执行标的继续执行等。

(二)明确原告主张的事实和理由,即诉讼请求所依据的主要理由和法律依据。

(三)明确被告的抗辩主张,即抗辩主张的主要理由和法律依据。

(四)找出原、被告的诉讼主张所涉及的合同法、担保法、最高法关于执行工作的规定、最高人民法院关于异议和复议的规定等具体法条,并对该法条的构成要件和法律效果进行分析。

(五)将当事人所提出的诉讼主张与法条的构成要件进行对照,进一步明确当事人的主张究竟是指法条哪一项具体情形,如案外人请求其对执行标的享有足以排除人民法院强制执行的民事权益的,应明确是依据其对执行标的享有抵押权或其是执行标的实际所有人等。一般而言,对当事人未提出的理由和依据,法院不宜代替当事人提出并裁判。

(六)初步归纳出案件争议焦点,争议焦点不宜过粗,如"原告的诉讼请求有无事实和法律依据",亦不宜过细,如将需要调查的具体事实逐一列为争议焦点,争议焦点应与当事人主要争议的法条的构成要件相对应,如案外人主张停止对执行标的的强制执行,争议焦点应具体到其对执行标的享有何种足以排除强制执行的民事权益。

三、区分待证的事实

(一)明确审查的重点事实,即清理与争议焦点直接相关的事实。

(二)初步固定当事人的证据,即理清当事人提交的证据,分门别类,分别要证明什么事实。

(三)对已证事实和待证事实进行区分,明确哪些事实初步得到了证明,哪些事实待证实,哪些事实需要依职权调查等。

(四)根据当事人提交的证据,申请证人或调查取证的多寡及案件审理事实的复杂程度决定是否需要在庭前组织双方交换证据并各自发表质证意见。

四、庭审提纲及庭前会议

(一)对当事人的诉讼主张及争议焦点进行初步归纳,将应重点查清的问题告知其他合议庭成员。

(二)对于案件情复杂或证据较多、争议较大的案件,可进行庭前准备会议。根据案件具体情况,庭前会议可以包括下列内容:

1. 明确原告的诉讼请求和被告的答辩意见;

2. 审查处理当事人、变更诉讼请求的申请;

3. 根据当事人的申请决定调查收集证据,委托鉴定,要求当事人提供证据,进行勘验,进行证据保全;

4. 组织交换证据;

5. 归纳争议焦点;

6. 进行调解。

第二部分　开 庭 审 理

一、开庭准备

1. 书记员核对当事人出庭情况，当事人未准时到庭的，应查明传票送达情况，未送达的需另行开庭，已送达的需联系当事人查明不到庭的原因。

2. 书记员宣布法庭纪律。

3. 审判长核对当事人，对当事人及委托诉讼代理人进行身份审查，确定当事人身份信息是否发生变化。

4. 审判长宣布案由，宣布审判人员、书记员名单，告知当事人有关权利义务，询问当事人是否提出回避申请，询问有无证人、鉴定人、勘验人出庭。

二、法庭调查

1. 由双方陈述其主张及事实、理由。

2. 固定当事人诉讼请求。当事人的诉讼请求及理由不明确的，应引导当事人明确和修正其诉讼请求和理由。当事人当庭提出的诉讼主张与起诉状或答辩状发生变化的，应区别处理：

(1)原告提出新事实及增加诉讼请求的，如新的诉讼请求可以分开审理的，向当事人释明，另行诉讼；可以合并审理的，应当合并审理。对方当事人要求给予适当答辩期及举证期限的，应予准许。

(2)原告减少或放弃诉讼分部诉讼请求，或仅对诉讼标的数额的计算作出增减等不属于增加诉讼请求，可继续开庭。

3. 庭审组织证据交换的，应归纳证据交换情况，并由当事人予以确认。

4. 根据当事人诉辩意见以及证据交换情况，进一步确定案件争议焦点，并征求当事人意见。

5. 组织当事人围绕归纳的争议焦点进行举证和质证。应注意引导当事人仅就证据三性及与待证事实的关系发表意见。

6. 根据当事人举证质证情况固定无争议的证据和事实，明确与争议焦点有关的重要待证事实。

7. 对前一步的待证事实进行举证责任分配。无论是案外人或者申请执行人提起执行异议之诉，案外人应就其对执行标的享有足以排除强制执行的民事权益承担举证责任。

8. 法庭调查结束前，最后确认一次是否有新的事实主张或证据。

三、法庭辩论

1. 组织当事人围绕争议焦点就法律适用发表辩论意见。

2. 对当事人重复观点,进行归纳并询问当事人归纳是否正确,从而制止其重复发言。法官不宜对案件性质、是否承担责任发表意见,不宜与当事人展开辩论。

3. 征询当事人最后意见。

4. 组织当事人进行调解。

四、庭审特殊情形的处理

1. 当事人提出回避申请。首先应停止庭审工作,向当事人释明法律规定,对回避的事由进行确认,宣布休庭。准予回避的,另行开庭;不准予回避的,以口头或书面形式告知其可申请复议,复议期间不停止审理。

2. 当事人申请不公开审理。对其理由进行确认,理由不成立的可当庭驳回其申请;理由成立的,让旁听人员退庭。

3. 当事人提出延期举证或提交新证据。申请延期举证的,审查其理由是否成立,提交新证据的,审查是否属于新的证据。

4. 当事人逾期举证,应责令其说明原因。如该证据属于法律规定的新的证据,则该证据不受举证期限约束,应组织质证;如证据此前已形成,但客观原因无法在期限内举证的,应组织质证;当事人非因故意或者重大过失逾期举证,应当组织质证,并对当事人予以训诫;当事人因故意或者重大过失逾期举证,但该证据与案件基本事实有关的,应当组织质证并依照民事诉讼法第六十五条、第一百一十五条第一款的规定予以训诫、罚款。

5. 当事人违反法庭规则的。当事人发生未经允许进行录音、录像等轻微违反法庭规则,应当予以训诫;发生打断审判程序发言、喧哗吵闹等一般性违规的,可以训诫或责令退庭;发生哄闹、冲击法庭等严重扰乱法庭秩序的,依照民事诉讼法第一百一十条第三款处理。

五、最后陈述

最后陈述是当事人的重要观点的强调,是法官在庭审阶段倾听当事人意见最后环节。最后陈述结束,可以组织当事人进行调解。

法庭审理最后阶段,法官应当对认定事实、证据作出客观的阐述,应当明确就是否需要委托评估鉴定、是否需要委托专家证人出庭作证、是否需要依职权调查等作出说明。需要补充查明案件事实的,可以决定再次开庭,并可以确定下次开庭时间。如果案件不适合当庭宣判,法官可以宣告休庭。

六、案件评议

(一)评议规则

合议庭评议案件前,由主审法官提交审理报告,汇报案情。评议案件由审判长主持,实行少数服从多数原则。合议庭成员在评议案件时应遵守审判纪律和保密规定。合议庭评议先由主审法官和其他合议庭成员发表意见,审判长最后发表意见并根据评议情况得出结论性意见。

(二)评议内容

1. 证据认证。对庭审时不能当庭评议认定的,合议庭在评议中须对有争议的证据进行评议认证。对证据的认证要围绕证据的真实性、合法性、关联性,从证据的来源、形式、内容、关联程度、证明力等方面深入审查后决定是否采信。

2. 事实认定。评议时基于当事人自认的事实、无异议的事实和证据,对有争议的证据进行综合认证后,对裁决所依据的法律事实予以认定。法律事实的认定是裁判的依据,故与法律适用构成要件相关的法律事实必须齐全,不能遗漏相关的事实。

3. 争议焦点分析。找准争议焦点所对应的法律规范,对法律规范的构成要件进行分解,将当事人的主张以及案件事实与该法律规范的构成要件逐一进行比对、归入,查看原告主张所依据的法律规范的构成要件是否全部得到满足,或者被告的抗辩是否导致原告所提的法律规范的构成要件的欠缺,从而判断当事人的诉讼主张是否成立,诉讼请求应否得到支持。

4. 法律适用。法律适用应当准确、适当,围绕当事人的诉辩意见,结合讼争法律关系的性质和争点进行。要正确处理新法与旧法、一般法与特别法、上位法与下位法之间的关系。对法律进行解释应当符合一定的规定与原则,包括法律的文义解释、体系解释、目的解释、历史解释等。

第三部分 裁判文书

裁判文书应根据《民事诉讼文书样式》、《人民法院民事裁判文书制作规范》进行撰写。

一、当事人基本情况

当事人为自然人的,应当写明其居民身份证号码;当事人为法人或其他组织的,应当写明其组织机构代码。如当事人无法或拒绝提供以及依职权无法调取等情形下,可以不写。

二、案件由来和审理经过

1. 上级法院指定管辖、本院提级管辖的,应写明报请上级人民法院指定管辖(报请移送上级人民法院)日期或者下级法院报请指定管辖(下级法院报请移送)日期,以及上级法院或者本院作出管辖裁定日期。

2. 上级法院发回重审、上级法院指令受理、上级法院指定审理、移送管辖的,应当写明原审法院作出裁判的案号及日期,上级法院作出裁判的案号及日期、裁判结果,说明引起本案的起因。

三、当事人诉辩主张

根据归纳的争议焦点确定原告诉讼请求及被告抗辩意见。

四、证据的审核认定

列明双方的证据材料,对于双方无争议的证据可以简略陈述认定。对有争议的证据,应就是否采纳作出详细的说明。

五、法院认定的事实

认定的事实应包括申请执行人的执行依据、对执行标的采取强制措施的经过、案外人提起执行异议的经过等。

六、判决主文

1. 法律条文的引用。引用法律、法规等规范性法律文件时,应当按照最高人民法院《关于裁判文书引用法律、法规等规范性文件的规定》执行。

(1)法律条文的引用应当准确完整写明规范性法律文件的名称、条款序号,需要引用具体条文的,应当整条引用。即法律条文的引用要条、款、项、目齐全,适用到哪一层次的规定,就应具体写到哪一层次,避免笼统的只引用××条,不能笼统地说“根据民事诉讼法的相关规定”或“根据《物权法》的有关规定”。原则上不引用一般性条款,只有在无特别条款规定的情况下,才能引用到一般性条款。

(2)并列引用多个规范性法律文件时,引用顺序如下:法律及法律解释、行政法规、地方性法规、自治条例或者单行条例、司法解释。同时引用两部以上法律的,应当先引用基本法律,后引用其他法律。引用包括实体法和程序法的,先引用实体法,后引用程序法。

(3)民事裁判文书应当引用法律、法律解释或者司法解释。对于应当适用的行政法规、地方性法规或者自治条例和单行条例,可以直接引用。对于上述法律法规司法解释等之外的规范性文件,可以根据审理案件的需要,经审查合议庭认为合法有效的,可以作为裁判说明的依据。

(4)确需要引用的规范性文件之间存在冲突,根据《中华人民共和国立法法》等有关法律规定无法选择适用的,应依法提请有决定权的机关作出裁决,不得自行在裁判文书中认定相关规范性法律文件的效力。

(5)裁判文书不得引用宪法和各级人民法院关于审判工作的指导性文件、会议纪要、各审判业务庭的答复意见以及人民法院与有关部门联合下发的文件作为裁判依据,但其体现的原则和精神可以在说理部分予以阐述。

(6)指导性案例不作为裁判依据引用。引用最高人民法院的司法解释时,应当按照公告公布的格式书写。

2. 裁判主文的表述

民事判决书的判决主文应当明确、具体和完整。

(1)判决主文应当在当事人诉讼请求的范围内作出判决。判决主文应以当事人的诉讼请求为基础,主文确定的权利义务应与当事人的诉讼请求相对应,体现"不告不理"和当事人意思自治原则。

(2)判决主文应当对当事人的所有诉讼请求作出支持、部分支持或者不予支持的明确结论。即当事人有几项诉讼请求,对这几项诉讼请求就都要作出支持或者不支持的表态,不予支持的要在判决结果中写明驳回该项诉讼请求,不可置之不理。

(3)判决主文内容应当明确具体,方便执行。判决主文语意应当确定无疑,只能作单一解释,便于当事人、利害关系人、社会公众和执行人员理解和执行,不得产生歧义或者模棱两可。

对案外人提起的执行异议之诉,人民法院经审理,按照下列情形分别处理:案外人就执行标的享有足以排除强制执行的民事权益的,判决不得执行该执行标的;案外人就执行标的不享有足以排除强制执行的民事权益的,判决驳回其诉讼请求;案外人同时提出确认其权利的诉讼请求的,人民法院可以在判决中一并作出裁判。

对申请执行人提起的执行异议之诉,人民法院经审理,按照下列情形分别处理:案外人就执行标的不享有足以排除强制执行的民事权益的,判决准许执行该执行标的。案外人就执行标的享有足以排除强制执行的民事权益的,判决驳回诉讼请求。

对执行分配方案异议之诉,人民法院经审理,按照下列情形分别处理:原告异议不成立的,判决驳回原告诉讼请求。原告异议成立的,判决撤销原分配方案。

(4)判决主文表述应当符合法律规定,用词规范,语言准确,逻辑严密,与文书的事实、说理部分在内在逻辑上具有一致性。

(5)诉讼费用负责。按照《诉讼费用交纳办法》的规定确定承担。

第四部分　常见问题

一、执行异议之诉的管辖

执行异议之诉由执行法院管辖。执行案件被指定执行、提级执行、委托执行后,由负责该案件执行的人民法院管辖。受指定或者受委托的人民法院是原执行法院的下级法院的,仍由原执行法院管辖。

二、执行异议之诉审理程序

人民法院审理执行异议之诉,适用普通程序,不适用简易程序。

三、执行异议之诉的当事人

案外人提起执行异议之诉的,以申请执行人为被告。被执行人反对案外人异议的,被执行人为共同被告;被执行人不反对案外人异议的,可以列被执行人为第三人。

申请执行人提起执行异议之诉的,以案外人为被告。被执行人反对申请执行人主张的,以案外人和被执行人为共同被告;被执行人不反对申请执行人主张的,可以列被执行人为第三人。

债权人、被执行人提起执行分配方案异议之诉的,以对异议提出反对意见的债权人、被执行人为被告。

四、在执行异议之诉中请求确认执行标的权属的处理

在案外人执行异议之诉中,案外人同时提出确认执行标的的诉讼请求的,人民法院可以在判决中一并作出裁判。

在申请人执行异议之诉中,执行依据为给付之诉,申请执行人同时请求确认执行标的所有权权属的,不予支持。

法律依据:依照《物权法》第二十八条"因人民法院、仲裁委员会的法律文书或者人民政府的征收决定等,导致物权设立、变更、转让或者消灭的,自法律文书或者人民政府的征收决定等生效时发生效力",《最高人民法院物权法司法解释(一)》第七条"人民法院、仲裁委员会在分割共有不动产或者动产等案件中作出并依法生效的改变原有物权关系的判决书、裁决书、调解书,以及人民法院在执行程序中作出的拍卖成交裁定书、以物抵债裁定书,应当认定为物权法第二十八条所称导致物权设立、变更、转让或者消灭的人民法院、仲裁委员会的法律文书"的规定,申请人执行异议之诉中,申请执行人往往同时对执行标的物提出确认权属的诉讼请求,若执行依据为要求被执行人继续履行合同、交付标的物等给付之诉的法律文书的,不予支持。

五、案外人在执行异议之诉中提起给付之诉的处理

案外人在执行异议之诉案件中同时提出要求被执行人继续履行合同、交付标的物或支付违约金等给付之诉的诉讼请求的,人民法院不予支持。人民法院应告知案外人可以就此另行主张权利。

六、案外人对申请执行人优先受偿权提起的执行异议之诉

申请执行人对执行标的依法享有对抗案外人的担保物权等优先受偿权,对案外人请求排除执行的异议不予支持。但法律、司法解释另有规定的除外。

七、案外人主张抵押权提起的执行异议之诉

案外人主张对执行标的享有抵押权,并请求排除人民法院强制执行的,人民法院经审理，执行标的被人民法院采取保全措施前案外人的抵押权已经存在的，人民法院应判决不得对案外人所享有的抵押权所担保的债权价值进行强制执行，但法律另有规定的除外。

八、无过错不动产买受人提起的执行异议之诉

金钱债权执行中，人民法院对登记在被执行人名下的不动产实施强制执行，买受人提起执行异议之诉，同时符合下列条件且其权利能够排除执行的，应予支持：

（一）在人民法院查封之前已签订合法有效的书面买卖合同；

（二）在人民法院查封之前已合法占有该不动产；

（三）已支付全部价款，或者已按照合同约定支付部分价款且将剩余价款按照人民法院的要求交付执行；

（四）非因买受人原因未办理过户登记。

九、消费者商品房买受人提起的执行异议之诉

金钱债权执行中，买受人对登记在被执行的房地产开发企业名下的商品房提出异议，符合下列情形且其权利能够排除执行的，应予支持：

（一）在人民法院查封之前已签订合法有效的书面买卖合同；

（二）所购商品房系用于居住且买受人名下无其他用于居住的房屋；

（三）已支付的价款超过合同约定总价款的百分之五十。

注意事项：

上述第八条、第九条，应注意审查买卖合同的真实性。

当事人签订不动产买卖合同的真实意思表示不是取得涉案不动产的所有权，而是为民间借贷提供担保的，不能排除法院的强制执行。

对案外人是否已支付合同价款的认定。案外人仅凭被执行人出具的收款发票、收据等收款凭证主张已支付价款，数额巨大且主张以现金形式交付，申请执行人又否认支付价款事实发生的，如果人民法院仅根据收款凭证以当事人的经济能力，不能查证支付价款事实是否发生的，应告知案外人就资金来源、走向、支付细节等事项继续举证，经告知后，案外人所举的证据仍不能达到证明付款事实发生存在高度盖然性可能的，由其承担不利后果。人民法院应综合考虑当事人的经济能力、交易习惯、收款凭证形成前后合理期间内财产变动等因素综合判决付款事实是否发生。

对是否已实际占有涉案房屋的认定。为了减少被执行人与案外人恶意串通的可能性，占有应以一定可以识别的方式对外进行公示，如拿到房屋钥匙后办理物业入住手续、交纳水电费、物业费、垃圾处理费、对房屋进行装修等，如果案外人仅主张拿到钥匙而无其他占有外观，一般不宜认定其已实际占有房屋。

对非因买受人原因未办理过户登记问题。能够归责于买受人自身原因,通常有对政策限制的忽略,如明知某地限制购房,在不符合条件的情况下仍然购房导致无法办理过户登记手续,或者购买小产权房等。此外,交易人为了逃税故意不办理登记的,或者买受人长期不办理过户登记的,是可以归责于买受人的原因。

十、预告登记人提起的执行异议之诉

金钱债权执行中,案外人以其系房屋预告登记权利人提起执行异议之诉,其在涉案房屋实施强制执行前,已经预告登记为权利人的,予以支持。

十一、案外人主张以房抵债提起的执行异议之诉

人民法院针对登记在被执行人名下的房屋实施强制执行,案外人以其与被执行人存在以房抵债合同关系,其系房屋实际所有人为由,请求对涉案房屋排除执行的,不予支持。

人民法院针对登记在被执行人名下的房屋实施强制执行,案外人依据另案生效的以物抵债法律文书,案外人请求对涉案房屋排除执行的,不予支持。

人民法院针对登记在被执行人名下的房屋实施强制执行,案外人依据另案生效的人民法院在执行程序中作出的以物抵债裁定书,该执行裁定书裁定案外人与被执行人以房抵债,案外人请求对涉案房屋排除执行并确认所有权的,予以支持。

法律依据:依照《物权法》第二十八条“因人民法院、仲裁委员会的法律文书或者人民政府的征收决定等,导致物权设立、变更、转让或者消灭的,自法律文书或者人民政府的征收决定等生效时发生效力”,《最高人民法院物权法司法解释(一)》第七条“人民法院、仲裁委员会在分割共有不动产或者动产等案件中作出并依法生效的改变原有物权关系的判决书、裁决书、调解书,以及人民法院在执行程序中作出的拍卖成交裁定书、以物抵债裁定书,应当认定为物权法第二十条所称导致物权设立、变更、转让或者消灭的人民法院、仲裁委员会的法律文书”,故以物抵债协议、以物抵债法律文书并不能导致物权变动的效果,只有人民法院在执行程序中作出的以物抵债裁定书才能导致物权变动。

十二、借名买房的案外人提起的执行异议之诉

人民法院针对登记在被执行人名下的房屋实施强制执行,案外人以其与被执行人存在借名买房关系,其系房屋实际所有权人为由,请求对涉案房屋排除执行,不予支持。

十三、隐名股东提起的执行异议之诉

人民法院针对登记在被执行人名下的股权实施强制执行,案外人以其为真实股东为由请求排除执行的,不予支持。

十四、对银行账户提起的执行异议之诉

被执行人名下已特定化账户内的资金，不得执行。

人民法院对被执行人名下账户中的资金实施强制执行，案外人以下列事由请求对该账户资金排除执行的，不予支持：

（一）其与被执行人存在账户借用关系，其系该账户内资金实际所有权人；

（二）其对该账户内有资金享有份额；

（三）该账户内的资金是其与被执行人的往来款；

（四）其误转款到该账户。

对案外人没有特定化的银行账户查封、冻结，案外人提出排除执行的，应予支持。

十五、机动车、船舶等特殊动产买受人提起的案外人执行异议之诉

人民法院对登记在被执行人名下的机动车、船舶等特殊动产实施强制执行，案外人以其在查封前已经购买了该特殊动产为由提起执行异议之诉，要求对该执行标的停止执行的，不予支持。但经审理同时具备下列条件的，对案外人停止执行的诉讼请求应予支持。

（一）案外人与被执行人在法院查封之前已签订合法有效的机动车、船舶书面买卖合同；

（二）案外人在法院查封之前已向被执行人支付了相应的价款；

（三）案外人在法院查封之前已实际占有该机动车或船舶。

十六、机动车买卖挂靠人提起的案外人执行异议之诉

（一）由个人出资购买的机动车辆，挂靠在运输企业，以运输企业作为车主办理了车辆所有权登记，案外人确系执行标的物实际所有权人的，对其排除执行的诉讼请求，应予支持。（如出租车公司、汽车运输公司的车辆）

（二）运输企业出资购买车辆，将车辆运输经营权转让给个人，由个人挂靠在运输企业从事道路运输的，对于个人提出的排除执行的诉讼请求，不予支持。

十七、因夫妻一方的债务，执行夫妻财产时，另一方提起的执行异议之诉

执行依据确认为夫妻一方债务的，可以查封、冻结、扣押夫妻共同财产，并执行属于一方所有的份额。

另一方以被查封、冻结、扣押的财产为夫妻共同财产为由，请求解除对该财产的强制措施的，不予支持。

离婚判决（调解）书中裁判将登记在一方名下的房屋，归属另一方所有，但并未进行产权变更登记，法院对登记在一方名下的房屋实施强制执行时，另一方主张其为权利人并请求排除执行的，应予支持。

离婚协议中约定将登记在一方名下的房屋,归属另一方所有并为其实际占有,但并未进行产权变更登记,法院对登记在一方名下的房屋实施强制执行时,另一方主张其为权利人并请求排除执行的,应予支持。但双方恶意串通逃避债务的除外。

十八、承租人请求阻止向申请执行人移交租赁不动产而提起的执行异议之诉

执行法院在执行过程中并未否定承租人享有租赁权,承租人对执行法院要求其移交不动产的执行行为有异议的,应当按照民事诉讼法第二百二十五条规定提出执行异议,承租人提起执行异议之诉的,不予受理;已经受理的,应当裁定驳回起诉。

执行法院否定承租人租赁权成立或存续,承租人主张其享有足以排除执行的租赁权的,在执行异议被驳回后,可以提起执行异议之诉。人民法院应根据以下情形进行处理:

(一)承租人在人民法院采取查封等保全或执行措施之前已经与被执行人签订了合法有效的房屋租赁合同,且已按约支付租金,并实际占有使用租赁物的,对承租人要求排除执行的诉讼请求,人民法院应予支持;承租人在人民法院采取查封等保全或执行措施之后,与被执行人签订房屋租赁合同,其主张停止执行的,人民法院不予支持。

(二)承租人在债权人设立抵押权之前已经与被执行人签订了合法有效的房屋租赁合同,且已按约支付租金,并实际占有使用租赁物的,执行法院根据抵押权人的申请,对该租赁物采取拍卖等执行措施时,承租人要求停止执行的,人民法院应予支持;承租人在债权人设立抵押权之后,与被执行人签订房屋租赁合同的,承租人要求停止执行的,人民法院不予支持。

承租人与被执行人恶意串通,以明显不合理的低价承租被执行的不动产或者伪造交付租金证据的,对其提出的阻止移交占有的请求,人民法院不予支持。

十九、被执行人对第三人到期债权的执行

人民法院执行被执行人对第三人的到期债权,可以作出冻结债权的裁定,并通知第三人向申请执行人履行。第三人在履行通知指定的期间内提出书面异议的,人民法院不得对第三人强制执行,对提出的异议不进行审查。

申请执行人认为第三人的异议不成立的,可以依照《中华人民共和国合同法》第七十三条的规定另行主张。

对生效法律文书确定的到期债权,第三人予以否认的,人民法院不予支持。

二十、对执行分配方案提起的执行异议之诉

被执行人为公民或者其他组织,在执行程序开始后,被执行人的其他已经取得执行依据的债权人发现被执行人的财产不能清偿所有债权的,可以向人民法院申请参与分配。债权人或者被执行人提起分配方案异议之诉,人民法院经审理,原告异议不成立的,判决驳回原告诉讼请求。原告异议成立的,判决撤销原分配方案。

利害关系人以被执行人系企业法人为由,请求撤销分配方案的,应予支持。

22. 广西壮族自治区高级人民法院执行裁判庭执行异议之诉裁判指引(二)

(2019年12月27日　桂高法〔2019〕173号)

一、【执行异议之诉对执行依据不予审理】

在执行异议之诉案件审理过程中,人民法院对作为执行依据的法律文书不予审理。

当事人、案外人对作为执行依据的判决书、裁定书等法律文书不服的,可另行依照审判监督程序主张。

二、【作为执行依据的法律文书被撤销的处理】

执行异议之诉案件审理期间,作为执行依据的生效判决书、裁定书或者调解书被撤销的,应裁定驳回原告的起诉。

注:有观点认为,执行异议之诉案件审理期间,执行依据被撤销的,应裁定终结审理,依照《民事诉讼法》第一百五十一条规定:有下列情形之一的,终结诉讼:(一)原告死亡,没有继承人,或者继承人放弃诉讼权利的;(二)被告死亡,没有遗产,也没有应当承担义务的人;(三)离婚案件一方当事人死亡的;(四)追索赡养费、扶养费、抚育费以及解除收养关系案件的一方当事人死亡的,终结审理只限于当事人一方死亡的情形,故在《民事诉讼法》修改之前,目前裁定终结审理的法律依据不足。

三、【作为执行依据的法律文书被提起再审的处理】

执行异议之诉案件审理期间,作为执行依据的生效判决书、裁定书或者调解书被提起再审的,执行异议之诉案件应当中止审理,等待再审案件处理结果决定继续审理还是裁定驳回原告起诉。

四、【执行异议之诉的举证责任】

执行异议之诉案件审理中,案外人应当就其对执行标的所享有的所有权或其他足以排除人民法院强制执行的民事权益承担举证责任。案外人执行异议之诉案件,被执行人对案外人的权利主张表示承认的,不能免除案外人的举证责任。

注意:自认原则是民商事审判中一个重要的原则。《民诉法解释》第92条规定

“一方当事人在法庭审理中,或者在起诉状、答辩状、代理词等书面材料中,对于己不利的事实明确表示承认的,另一方当事人无需举证证明”,按照该规则,对于对方当事人自认的事实无须举证。

需要注意的是,在执行异议之诉中,应慎用自认原则。依照《民诉法解释》第311条“案外人或者申请执行人提起执行异议之诉的,案外人应当就其对执行标的享有足以排除强制执行的民事权益承担举证责任”的规定,执行异议之诉中,案外人应当就其对执行标的享有所有权、用益物权、担保物权、租赁权等实体权利承担举证责任。执行异议之诉中,很容易出现案外人与被执行人恶意串通以规避法院的强制执行的情形。因此,即使被执行人承认案外人主张,亦不能免除案外人对其所主张对执行标的享有民事权益的举证责任,这是为了防止当事人恶意利用自认制度,而对被执行人的处分权利予以限制。因为被执行人处分行为本质上是在对抗形式上具有合法性的强制执行行为,而强制执行行为仅能由法院的裁判予以变动或者否定,只有法院的裁判才可以否定强制执行行为的合法性,故应对被执行人的自认效力予以必要的限制。

五、【案外人在执行异议之诉案件中能否提起给付之诉】

执行异议之诉案件审理中,应审查案外人对执行标的是否享有足以排除强制执行的民事权益,案外人在执行异议之诉中同时提出要求被执行人继续履行合同、交付标的物或支付违约金等给付之诉诉讼请求的,因这些诉讼请求与排除执行的诉讼目的无关,不属于执行异议之诉的审理范围,故在执行异议之诉的审理中对这些诉讼请求,法院一般不予支持。人民法院应告知案外人可以就此另行主张权利。若案外人坚持起诉的,应不予受理;已经受理的,裁定驳回起诉。

六、【借名买房的案外人提起的执行异议之诉】

法院针对登记在被执行人名下的房屋实施强制执行,案外人以其与被执行人存在借名买房关系,其系房屋实际所有权人为由,请求对涉案房屋停止执行并确认所有权的,一般不予支持。

七、【隐名股东提起的执行异议之诉】

法院针对登记在被执行人名下的股权实施强制执行,案外人以其为真实股东为由请求阻却执行的,一般不予支持。

八、【账户借用人提起的执行异议之诉】

1. 法院对被执行人账户中的资金实施强制执行,案外人以其与被执行人存在账户借用关系,其系账户中资金实际所有权人为由,请求对该账户资金停止执行并确认所有权的,一般不予支持。

2. 被执行人名下账号上特定化账户内的资金,不得执行。

九、【以房抵债的债权人提起的执行异议之诉】

人民法院针对登记在被执行人名下的房屋实施强制执行，案外人以其与被执行人存在以房抵债关系，其系房屋实际所有人为由，请求对涉案房屋停止执行并确认所有权的，不予支持。

十、【机动车、船舶等特殊动产买受人提起的执行异议之诉】

法院对登记在被执行人名下的机动车、船舶等特殊动产实施强制执行，案外人以其在查封前已经购买了该特殊动产为由提起执行异议之诉，要求对该执行标的停止执行的，不予支持。但经审理同时具备下列条件的，对案外人停止执行的诉讼请求应予支持。

（一）案外人与被执行人在法院查封之前已签订合法有效的机动车、船舶书面买卖合同；

（二）案外人在法院查封之前已向被执行人支付了相应的价款；

（三）案外人在法院查封之前已实际占有该机动车或船舶。

十一、【机动车买卖挂靠人提起的执行异议之诉】

（一）由个人出资购买的机动车辆，挂靠在运输企业，以运输企业作为车主办理了车辆所有权登记，案外人确系执行标的物实际所有权人的，对其停止执行的诉讼请求，应予支持。（如出租车公司、汽车运输公司的车辆）

（二）运输企业出资购买车辆，将车辆运输经营权转让给个人，由个人挂靠在运输企业从事道路运输的，对于个人提出的停止执行的诉讼请求，不予支持。

23. 广西壮族自治区高级人民法院关于执行异议之诉案件若干疑难问题的解答

（2019年12月30日　桂高法〔2019〕175号）

问题一：被征收人提起执行异议之诉，人民法院应如何处理？

答：金钱债权执行中，人民法院针对登记在被执行人名下的房屋实施强制执行，被征收人作为案外人在人民法院查封之前已经与房屋征收部门签订补偿协议，明确约定用于产权调换房屋的地点和面积，能够明确指向执行标的，案外人以其对该特定房屋享有权利为由，提起执行异议之诉，请求排除对该房屋强制执行的，人民法院应予支持。

问题二：因执行异议裁定错误告知案外人诉权如何处理？

答：利害关系人针对执行行为提出异议，但执行异议裁定错误告知当事人提起执行异议之诉的,应不予受理,已经受理的,裁定驳回起诉。所涉执行异议裁定应通过执行监督程序予以纠正。

人民法院在审理执行异议之诉案件过程中,发现案外人系针对执行依据提出异议,即认为原判决、裁定错误的,但执行异议裁定中告知案外人提起执行异议之诉的,应不予受理,已经受理的,裁定驳回起诉,并向案外人释明依据《民事诉讼法》第二百二十七条的规定申请再审。

问题三:同一案件有多个被执行人,在需要追加被执行人为被告或者第三人的情况下,是否都应当追加为被告或者第三人?针对同一执行标的有多个申请执行人,部分申请执行人不服执行异议裁定提出执行异议之诉,其他申请执行人是否可以追加为被告或者第三人?

答:同一案件有多个被执行人,但发生争议的执行标的仅与某被执行人有关,也不涉及其他被执行人的责任范围的,只需追加该被执行人为案外人执行异议之诉案件中的被告或者第三人。

针对同一执行标的有多个申请执行人,部分申请执行人不服执行异议裁定提出执行异议之诉,其他申请执行人可以追加为第三人。

问题四:作为执行依据的原生效裁判确定债务人为夫妻一方,执行法院查封、扣押、冻结或处置被执行人在夫妻共有财产中的份额,被执行人配偶提出异议的,人民法院如何处理?

答:执行依据确定的债务人为夫妻一方,执行法院查封、扣押、冻结或处置被执行人在夫妻共有财产中的份额,被执行人的配偶对财产份额提出异议的,适用《民事诉讼法》第二百二十七条进行审查。被执行人的配偶请求排除执行的,不予支持。

问题五:作为执行依据的原生效裁判或其他相关生效法律文书确认案涉债务系夫妻共同债务,未参加诉讼的配偶一方以该债务为非夫妻共同债务为由提出执行异议之诉的,人民法院如何处理?

答:作为执行依据的原生效裁判或其他相关生效法律文书确认案涉债务系夫妻共同债务,未参加诉讼的配偶一方以该债务为非夫妻共同债务为由提出执行异议之诉的,应不予受理;已经受理的,裁定驳回起诉,告知其依法通过审判监督程序处理。

问题六:执行分配方案异议之诉的审查范围是什么?在分配方案异议之诉中被告能否提起反诉?

答:执行分配方案异议之诉审查执行法院作出的分配方案是否符合法律规定,分配方案中确定的分配顺序、分配原则是否符合法律规定。执行分配方案异议之诉仅对有异议的部分进行审理,而不得对整个分配方案进行全面审查,也不允许被告提出反诉。

问题七：执行分配方案异议之诉如何确定判决主文内容？

答：执行分配方案异议之诉审查分配方案的合法性、合理性和公平性。经审查，如发现执行法院作出的分配方案确有错误，应在判决主文中明确：1. 撤销××分配方案；2. 由××（执行法院）重新作出分配方案。在二审程序中，如一审裁判维持了执行法院作出的分配方案，则应同时撤销一审判决。至于如何作出新的分配方案以及分配原则、理由等，可在本院理由部分详细阐述，以便执行法院参考。

问题八：执行分配方案作出后，当事人不服提起执行分配方案异议之诉，并获得胜诉判决，执行机构再次制作分配方案期间，又有获得执行依据的债权人以及其他优先权出现并申请参与分配，原债权人能否提出执行分配方案异议之诉？

答：应由执行机构决定新的债权人能否参与分配。如果执行机构决定新的债权人参与分配，原债权人对新的债权人参与分配有异议，属于对执行机构制作分配方案的程序提出异议，不属执行分配方案异议之诉的审理范围。原债权人对新的债权人的债权及其数额多少、受偿顺序提出异议，可以提出执行分配方案异议之诉。

24. 海南省高级人民法院关于审理执行异议之诉纠纷案件的裁判指引（试行）

（2021 年 12 月 24 日　琼高法〔2021〕470 号）

为正确审理海南自由贸易港执行异议之诉纠纷案件，统一办案标准和裁判尺度，根据《中华人民共和国民法典》《中华人民共和国民事诉讼法》《最高人民法院关于适用〈中华人民共和国民事诉讼法〉的解释》《最高人民法院关于人民法院办理执行异议和复议案件若干问题的规定》《最高人民法院关于民事执行中变更、追加当事人若干问题的规定》《最高人民法院关于人民法院民事执行中查封、扣押、冻结财产的规定》等法律及司法解释的规定，结合审判工作实际，制定本指引。

1. 审理执行异议之诉纠纷案件，应遵循以下基本原则：

（1）物权优于债权原则；

（2）法定特殊债权优于普通债权原则；

（3）生存利益优先原则；

（4）慎用自认原则。

2. 案外人对作为执行依据的仲裁裁决与公证债权文书不服，提起案外人执行异议之诉的,人民法院应裁定不予受理;已经受理的,应裁定驳回起诉。

3. 执行标的被人民法院查封、扣押、冻结后,案外人以被执行人为被告单独提起确权之诉的,人民法院不予受理,案外人应当依照民事诉讼法第二百二十七条的规定主张权利。

4. 案外人执行异议之诉案件审理期间,根据《中华人民共和国民事诉讼法》第二百五十七条的规定,执行程序因申请执行人的债权已经通过其他方式得到清偿、申请执行人撤销申请、据以执行的法律文书被撤销等事由而终结,案外人未撤回起诉的,按照下列情形分别处理:

(1)按照第一审程序审理的,人民法院应当裁定驳回起诉;

(2)按照第二审程序审理的,人民法院应当裁定撤销一审判决,驳回起诉。

5. 案外人执行异议之诉案件审理期间,作为执行依据的生效判决、裁定、调解书已经按照审判监督程序被决定再审并裁定中止执行的,人民法院应当中止本案诉讼。案外人在执行异议之诉案件审理过程中,又针对执行依据提起第三人撤销之诉的,人民法院不予受理。

6. 在执行异议之诉中,人民法院可参照适用《最高人民法院关于人民法院办理执行异议和复议案件若干问题的规定》第二十七条、第二十八条以及第二十九条的规定。

案外人若要阻却申请执行人享有抵押权、建设工程价款优先受偿权的金钱债权的执行,应当参照适用《最高人民法院关于人民法院办理执行异议和复议案件若干问题的规定》第二十九条的规定。

案外人若要阻却普通金钱债权的执行,则既可以参照《最高人民法院关于人民法院办理执行异议和复议案件若干问题的规定》第二十八条的规定,也可以参照第二十九条的规定。

7. 针对案外人因借名买房提起的执行异议之诉,人民法院应当区分以下两种情况进行分别处理:

(1)如果案外人基于限购、限贷、逃避债务、规避税收等违法原因借名买房的,对其提起的执行异议之诉应依法不予支持;

(2)如果案外人借名买房的行为不存在损害国家利益和社会公共利益的情形,案外人能够举证证明其为真实权利人,被执行人只是名义产权人的,对其提起的执行异议之诉应依法予以支持。

8. 针对案外人因以房抵债提起的执行异议之诉,案外人只有同时具备以下四个要件,其对房产才享有足以排除强制执行的民事权益:

(1)以房抵债行为客观存在,且达成以房抵债协议时原债务履行期限已经届满；

(2)在人民法院查封之前签订合法有效的以房抵债协议并合法占有该房屋；

(3)用以抵债的房屋的价值与原债权数额一致，且经清算债务数额已经确定；

(4)非因案外人自身原因未办理过户登记。

9. 针对案外人因购买多套商品房提起的执行异议之诉，人民法院应区分以下两种情况进行分别处理：

(1)如果案外人购买多套商品房确实是为了获取其物权并自己使用，人民法院可参照《最高人民法院关于人民法院办理执行异议和复议案件若干问题的规定》第二十八条的规定判断案外人对该多套房产是否享有足以排除强制执行的民事权益。

(2)如果案外人购买多套商品房的目的是为了转让并获取差价，人民法院对其排除强制执行的诉讼请求依法不予支持。

10. 针对案外人因共有权提起的执行异议之诉，人民法院按照下列情形分别处理：

(1)全体共有人就执行标的达成分割协议，并经申请执行人认可，案外人请求排除对其依据分割协议所享有的财产份额部分执行的，依法予以支持；

(2)全体共有人未就执行标的达成分割协议或虽然达成分割协议但未经申请执行人认可的，案外人以其对执行标的享有共有权为由，提起执行异议之诉请求排除对整个执行标的的强制执行的，依法不予支持。

11. 带租赁强制执行中，案外人以其对执行标的享有租赁权为由，提起执行异议之诉，请求排除带租赁强制执行的，人民法院不予受理，案外人可以按照民事诉讼法第二百二十五条规定依法主张权利。

不带租赁强制执行中，案外人以其对执行标的享有租赁权为由，提起执行异议之诉，请求排除不带租赁强制执行，同时符合下列条件的，人民法院应予支持：

(1)在人民法院查封之前或者在抵押登记之前，案外人已基于租赁之目的与被执行人签订合法有效的书面租赁合同；

(2)在人民法院查封之前或者在抵押登记之前，案外人已合法占有使用执行标的；

(3)案外人已按照合理方式支付租金。

12. 针对被征收人提起的执行异议之诉，人民法院经审理确认拆迁人与被征收人在人民法院查封之前已签订合法有效的拆迁补偿安置协议，并且在拆迁补偿安置协议中明确约定了拆迁用房的具体位置、用途，能够明确指向执行标的的，因其已享有足以对抗第三人的特殊债权，对被征收人停止执行的诉讼请求应当依法予以支持。

13. 案外人针对未取得建设工程规划许可证或者未按照建设工程规划许可证的规定进行建设的建筑提起的执行异议之诉，人民法院应不予受理；已经受理的裁定驳回起诉。

14. 案外人在不符合海南省限购政策的情况下购买商品房，因其无法请求被执行人为其办理房产登记，故对其针对该商品房提起的案外人执行异议之诉，应依法不予支持。

15. 人民法院针对登记在被执行人名下的机动车、船舶等特殊动产实施强制执行，案外人以其在查封、扣押前已经购买了该特殊动产为由提起执行异议之诉，要求对该执行标的停止执行的，只有在同时具备下列条件时，对其请求才能予以支持：

(1)案外人与被执行人在人民法院查封、扣押之前已签订合法有效的机动车、船舶书面买卖合同；

(2)案外人在人民法院查封、扣押之前已向被执行人支付了绝大部分价款；

(3)案外人在人民法院查封、扣押之前已实际占有并使用该机动车或船舶；

(4)案外人对未办理所有权过户登记手续没有过错。

16. 申请人、被申请人不服执行法院作出的是否变更或追加被申请人为被执行人的异议裁定，提起执行异议之诉的，应同时具备下列条件：

(1)必须是不服执行法院依据《最高人民法院关于民事执行中变更、追加当事人若干问题的规定》第十四条第二款、第十七条至第二十一条规定作出的变更、追加裁定或驳回申请裁定；

(2)必须有明确的诉讼请求；

(3)必须有具体的事实和理由；

(4)在执行异议裁定书送达之日起十五日内提出。

17. 申请执行人依据《最高人民法院关于民事执行中变更、追加当事人若干问题的规定》第十四条第二款、第十七条至第二十一条规定之外的事由提起追加被执行人执行异议之诉的，人民法院不予支持。

18. 被执行人与案外人恶意串通，通过执行异议、执行异议之诉妨害执行的，申请执行人因此受到损害的，可以提起诉讼要求被执行人、案外人赔偿。

25.新疆维吾尔自治区高级人民法院执行异议之诉案件审理指南

（2020年4月26日　新高法民三明传〔2020〕5号）

根据《中华人民共和国民事诉讼法》（以下简称《民事诉讼法》）、《最高人民法院关于适用〈中华人民共和国民事诉讼法〉的解释》（以下简称《民诉法解释》）、《最高人民法院关于适用〈中华人民共和国民事诉讼法〉执行程序若干问题的解释》（以下简称《民诉执行解释》）、《最高人民法院关于人民法院办理执行异议和复议案件若干问题的规定》（以下简称《异议复议规定》）、《最高人民法院关于民事执行中变更、追加当事人若干问题的规定》（以下简称《变更追加规定》）、《最高人民法院关于人民法院民事执行中查封、扣押、冻结财产的规定》（以下简称《查扣冻规定》）等法律及司法解释的规定，就执行异议之诉案件的审理，制定本指南，供全区各级法院参考。

一、【受理条件及受案范围】案外人、申请执行人提起执行异议之诉，应当符合下列条件：

1.执行异议之诉应经过执行异议审查的前置程序。

2.案外人、申请执行人提起执行异议之诉须有明确的诉讼请求、事实及理由。

3.案外人、申请执行人针对执行行为提出异议，但执行异议裁定错误告知当事人提起执行异议之诉的，应裁定驳回起诉。所涉执行异议可通过执行监督程序予以纠正。

4.案外人对人民法院作出的同时包括执行标的和执行行为的执行异议裁定提起执行异议之诉的，人民法院应当仅就执行标的的异议进行审查。

5.案外人对轮候查封、扣押、冻结提出执行异议之诉，人民法院应当裁定不予受理；已经受理的，应当裁定驳回起诉。

二、【举证责任】执行异议之诉案件中举证责任分配：

1.案外人执行异议之诉案件中，案外人应就其对执行标的享有足以排除强制执行的民事权益承担举证责任。

2.申请执行人执行异议之诉案件中，申请执行人对其诉讼主张承担初步举证责任后，案外人应就其对执行标的享有足以排除强制执行的民事权益承担举证责任。

3.被执行人承认案外人对执行标的享有足以排除强制执行的实体权益，并不免除案外人的举证责任。

三、【不适用调解原则】执行异议之诉案件涉及到执行法院对被执行主体的确立、执行标的财产的确定及处置等执行行为的正当性和合法性,执行异议之诉案件的裁判结果不受当事人处分权利的约束,因此执行异议之诉案件原则上不适用调解。

四、【当事人诉讼地位确定】案外人执行异议之诉中,被执行人反对案外人异议的,应当将被执行人列为共同被告;被执行人不反对案外人异议的,可以将被执行人列为第三人。

案外人提出执行异议之诉同时还提出确权之诉的,应当将被执行人列为被告;案外人在执行异议之诉中未提出确权之诉的,人民法院可以不将被执行人列为本案当事人。

申请执行人执行异议之诉中,如被执行人明确反对申请执行人主张的,应将案外人和被执行人列为共同被告;被执行人明确支持申请执行人主张的,人民法院可将被执行人列为第三人;被执行人拒绝发表明确意见的,人民法院应将被执行人列为共同被告。

同一案件有多名被执行人,但与执行异议之诉的执行标的无关的,可以告知原告将无关的被执行人不列为案件当事人,原告坚持将无关的被执行人列为第三人的,人民法院可以决定是否列为案件第三人。

五、【执行终结时执行异议之诉的处理】案外人执行异议之诉案件审理或者再审申请审查期间,执行程序因申请执行人的债权已经通过其他方式得到清偿或者根据民事诉讼法第二百五十七条的规定因申请执行人撤销申请、据以执行的法律文书被撤销等事由而终结,案外人未撤回起诉或者申请再审的,人民法院按照下列情形分别处理:

(一)按照一审程序审理的,裁定驳回起诉;

(二)按照二审程序审理的,裁定撤销原判决,驳回起诉;

(三)再审申请审查期间的,裁定终结审理。

前款规定情形案外人同时提出确权请求的,人民法院对执行异议之诉作出处理后,可以对确权请求继续审理或审查。

六、【执行异议之诉与再审程序的衔接】执行异议之诉审理期间,作为执行依据的生效判决书、裁定书或调解书被提起再审的,人民法院可以对执行异议之诉案件继续审理。

七、【一般不动产买受人提起执行异议之诉的处理】金钱债权执行中,案外人对登记在被执行人名下的不动产提起执行异议之诉,主张其享有物权期待权,请求排除执行的，应当参照《查扣冻规定》第十七条及《异议复议规定》第二十八条规定的条件进行审查。

（一）对《异议复议规定》第二十八条规定的“房屋买卖合同”，人民法院应当根据取得物权的基本法律关系对合同的合法性进行审查，并且还应对买卖合同签订时间进行确定，买卖合同签订时间晚于人民法院查封涉案不动产时间的，不应适用《异议复议规定》第二十八条。

（二）对《异议复议规定》第二十八条规定的“合法占有”，符合下列情形的，人民法院应当认定为合法占有：

1. 买受人已取得交付房屋的证明；

2. 买受人以自己名义缴纳水、暖、电、气及物业费凭证等；

3. 买受人有证据证明其已向他人出租等行为的凭证；

4. 其他能够证明买受人已合法占有的证据。

（三）对《异议复议规定》第二十八条规定的“已支付全部款项”，指案外人在执行法院对涉案房屋采取强制执行措施前，已经支付了全部房屋价款；买受人若采取分期付款方式，虽未支付全部价款，但按照合同约定进度支付相应价款的，并按照人民法院要求执行交付剩余款项的，应当视为买受人已支付全部款项。

（四）符合下列情形，应当认定为《异议复议规定》第二十八条规定的“非因买受人原因”：

1. 案外人曾提起诉讼或仲裁行使物权登记请求权；

2. 因登记机关原因未及时办理过户登记手续的；

3. 因出卖人原因未能及时办理过户登记手续的。

八、【一般不动产与抵押权冲突】金钱债权执行中，案外人以一般买受人的身份，向人民法院诉请排除抵押权人针对涉案房产的强制执行，提起执行异议之诉的，人民法院在参照《查扣冻规定》第十七条或《异议复议规定》第二十八条规定的条件的基础上，还应作如下审查：

（一）案涉房产抵押行为与买卖行为成立的时间先后顺序；

（二）抵押权人是否同意抵押人出售作为执行标的抵押物；

（三）抵押权人设定抵押时是否对抵押物尽到了合理的审查注意义务；

（四）案外人订立房屋买卖合同时是否尽到合理的注意义务。

九、【消费者商品房买受人提起执行异议之诉的处理】金钱债权执行中，商品房消费者对登记在被执行人名下的不动产提起案外人执行异议之诉的，应当参照《异议复议规定》第二十九条规定的条件进行审查。

（一）对《异议复议规定》第二十九条规定的“商品房”，指房地产开发企业开发经营的专门用于销售的房屋,即签订房屋买卖合同相对方是特定的房地产经营者。

(二)对《异议复议规定》第二十九条规定的“消费者”,指用于满足生活居住的需要而购买、使用商品房的自然人。法人或者其他组织购买或购房用于经营的不适用《异议复议规定》第二十九条。

(三)对《异议复议规定》第二十九条规定的“无其他用于居住的房屋”,指商品房消费者个人名下及其配偶、未成年子女名下在所在设区市或县级市范围内均无其他用于居住的房屋。

十、【承租人提起执行异议之诉的处理】金钱债权执行中,承租人在执行法院采取执行措施之前,已经与被执行人签订了合法有效的房屋租赁合同,且已经按约定支付租金并实际占有使用的,执行法院对该租赁物的执行如果影响到承租人租赁权的行使,承租人据此提起执行异议之诉,请求排除执行的,人民法院应予支持。

十一、【一般动产买受人提起执行异议之诉的处理】金钱债权执行中,案外人以其为一般动产的买受人,已支付全部价款并实际占有为由提起执行异议之诉,请求排除执行,人民法院应予支持。

案外人若以其未支付全部价款,但已实际占有为由提起执行异议之诉,请求排除执行,案外人在指定期限内将剩余价款全部交付的,人民法院应予支持;未在指定期限内将剩余价款全部交付的,人民法院不予支持。

十二、【特殊动产买受人提起执行异议之诉的处理】金钱债权执行中,案外人以其向被执行人购买了涉案机动车、船舶等特殊动产为由提起执行异议之诉,请求排除执行,符合下列条件的,人民法院应予支持:

(一)案外人与被执行人在人民法院实施执行前已签订合法有效买卖合同;

(二)案外人与被执行人在人民法院实施执行前已支付部分价款,并按人民法院指定期限内将剩余价款全部交付的;

(三)案外人与被执行人在人民法院实施执行前已实际占有该特殊动产。

十三、【案外人以房抵债为由提出执行异议之诉的处理】金钱债权执行中,案外人以其与被执行人之间通过以房抵债方式取得涉案房产为由提起执行异议之诉,请求排除执行,符合下列条件的,人民法院应予支持:

(一)在涉案房屋被查封前案外人与被执行人存在真实合法有效的债权债务关系;

(二)在涉案房屋被查封前案外人与被执行人已签订书面以房抵债协议;

(三)在涉案房屋被查封前案外人与被执行人债权清偿期已经届满;

(四)以房抵债协议不存在规避执行或逃避债务的情形。

十四、【防止虚假诉讼】当事人之间恶意串通,通过虚构、倒签合同,提交虚假付款证据等伪造重要证据，企图通过诉讼等方式侵害他人合法权益，妨碍人民法院审理案件的，人民法院应当驳回其诉讼请求并依法予以罚款、拘留；构成犯罪的，依法移送有关司法机关追究刑事责任。

十五、本指导意见自下发之日起实施。法律、司法解释、规范性文件另有新规定的，以法律、司法解释、规范性文件为准。